Graf

BGH-Rechtsprechung Strafrecht 2016

BGH-Rechtsprechung Strafrecht 2016

Die wichtigsten Entscheidungen
mit Erläuterungen und Praxishinweisen

von

Prof. Dr. Jürgen Graf
Richter am Bundesgerichtshof,
Honorarprofessor Hochschule Offenburg
Lehrbeauftragter an der
Julius-Maximilians-Universität Würzburg

sowie
Dr. Matthias Goers
Staatsanwalt, Staatsanwaltschaft Hof

DE GRUYTER

ISBN 978-3-11-046524-2
e-ISBN (pdf) 978-3-11-046719-2
e-ISBN (epub) 978-3-11-046554-9

Bibliografische Information der Deutschen Nationalbibliothek
Die Deutsche Nationalbibliothek verzeichnet diese Publikation in der Deutschen Nationalbibliografie; detaillierte bibliografische Daten sind im Internet über http://dnb.dnb.de abrufbar.

Datenkonvertierung/Satz: jürgen ullrich typosatz, 86720 Nördlingen
Druck: CPI buch bücher.de GmbH, Birkach
♾ Gedruckt auf säurefreiem Papier
Printed in Germany

www.degruyter.com

Vorwort zur Ausgabe 2016

Die nachstehenden Ausführungen des Vorworts zur Erstausgabe der Rechtsprechungsübersicht des Bundesgerichtshofs für Straf- und Strafprozessrecht des Jahres 2010 gelten unverändert fort:

Gerade aber die Fülle der auf diesem Weg nunmehr ständig und jederzeit abrufbaren Entscheidungen macht es für den Anwender schwierig, die für seine praktische Arbeit und die jeweiligen Interessen wichtigen Erkenntnisse herauszufinden und dann nachzuvollziehen. Selbst wenn man die erforderliche Zeit hierfür aufwenden kann, gestaltet es sich mehr als freudlos, zahlreiche nur durch das Aktenzeichen und das Datum gekennzeichnete Dateien aufzurufen, um dann möglicherweise erst nach mehreren Minuten des Lesens feststellen zu können, ob die Entscheidung für die eigene Arbeit tatsächlich wichtig ist oder eher nicht.

Auch die Aufarbeitung der Rechtsprechung mittels Fachzeitschriften stellt für sich allein keine geeignete Lösung dar. Zum einen werden viele Urteile und Beschlüsse erst mit einem zeitlichen Abstand von bis zu 18 Monaten publiziert, zum anderen sind zahlreiche Entscheidungen gerade nicht in allen Zeitschriften einer Fachrichtung veröffentlicht, so dass der interessierte Praktiker mindestens drei oder mehr Zeitschriften gleichzeitig lesen müsste. Nicht eingerechnet sind dabei Urteile und Beschlüsse, welche überhaupt nicht abgedruckt werden, sondern nur online verfügbar sind.

Aber auch Studenten und Referendare, welche sich zur Vorbereitung für das jeweilige Examen über die aktuellsten Entscheidungen der letzten Monate informieren wollen, stehen vor einem ähnlichen Problem, zumal in dieser Phase meist ohnehin viel zu wenig Zeit zur Verfügung steht, um auch nur annähernd gründlich wenigstens einige Fachzeitschriften durchzusehen. Mit der üblichen Ausbildungsliteratur kommt man nicht weiter; denn für Strafrecht und Strafprozessrecht wird regelmäßig nur eine kleine Besprechungsauswahl aktueller Entscheidungen angeboten, und das meistens mit einer durch die Bearbeitung bedingten erheblichen zeitlichen Verzögerung.

Somit lag es nahe, die wesentlichen Entscheidungen im Strafrecht, Nebenstrafrecht und im Strafprozessrecht von Bundesgerichtshof und Bundesverfassungsgericht für den aktuell zurückliegenden Zeitraum zusammenzustellen und mit erklärenden Anmerkungen hinsichtlich einzelner Entscheidung zu versehen.

Ausgangspunkt für die hiermit vorgelegte neue Zusammenstellung 2016 ist das zurückliegende Jahr 2015, wobei einige Entscheidungen zwar noch ein Datum des Jahres 2014 tragen, dennoch aber erst zum Jahreswechsel oder später veröffentlicht wurden. Insgesamt habe ich erneut mehr als 1.200 Entscheidungen des Bundesgerichtshofes und etwa 120 Entscheidungen des Bundesverfassungsgerichts gesichtet und darunter etwa 700 Urteile und Beschlüsse ausgewählt, welche mir für die tägliche Praxis und die Fortentwicklung der Rechtsprechung insgesamt als bedeutsam erschienen. Die Entscheidungen, welcher jeder am Straf- und Strafprozessrecht Interessierte unbedingt kennen sollte, wurden zusätzlich als „Topentscheidung“ gekennzeichnet; ein „Muss“ auch für Examenskandidaten! Wichtige und wegweisende Entscheidungen wurden außerdem in ihrer konkreten Bedeutung für die Praxis erläutert und teilweise auch mit „Praxistipps“ oder Hinweisen zur „Praxisbedeutung“ versehen.

Um dem Leser ein mühsames Heraussuchen und Nachlesen der zitierten Erkenntnisse zu ersparen, sind wie bereits schon in den vorangegangenen Ausgaben die wesentlichen Ausführungen der Entscheidungen und überwiegend mit den autorisierten Randnummern des Gerichts auszugsweise mitabgedruckt, so dass der Benutzer alle wichtigen Informationen auf einen Blick erhält und die Entscheidungsauszüge zugleich auch zitierfähig sind. Besteht danach zusätzlicher Bedarf, eine Entscheidung in ihrer Gesamtheit zu lesen, sind Datum und Aktenzeichen verzeichnet, so dass eine Recherche über die Webseiten der einzelnen Gerichte (s.o.) ebenso möglich ist wie der Abruf über die verschiedenen Online-Datenbanken der Juristischen Fachverlage oder das Datenbanksystem Juris.

Die systematische Einordnung der Entscheidungen in Tatbestände und Tatbestandsgruppen soll zusätzlich die Möglichkeit geben, sich im Wege einer eigenen Fortbildung in aktuelle Problemfragen bestimmter Tatbestände einzuarbeiten und die daraus resultierenden Lösungen der Rechtsprechung in die tägliche Arbeit als Richter, Staatsanwalt oder Rechtsanwalt einfließen zu lassen. Die überragende Bedeutung solchen Wissens gerade für Strafverteidiger braucht nicht näher dargelegt zu werden, zumal die Unkenntnis höchstrichterlicher Rechtsprechung keine Verhinderung im Sinne des § 44 Satz 1 StPO darstellt![1]

Um schließlich auch konkrete Einzelfragen nach aktuellen Rechtsprechungslösungen überprüfen zu können, sind die abgedruckten Entscheidungen auch über ein umfangreiches Stichwortverzeichnis auffindbar. Ergänzt wird dies durch eine nach Aktenzeichen geordnete Aufstellung der enthaltenen Entscheidungen.

Ganz herzlich danke ich Herrn Staatsanwalt Dr. Matthias Goers, der mich bei der aktuellen Ausgabe mit großem Einsatz unterstützt und die Bereiche „StGB Allgemeiner Teil“ und „Strafrechtliche Nebengesetze“ übernommen hat. Herr Dr. Goers wird auch bei den künftigen Rechtsprechungsübersichten als Mitautor tätig sein, worüber ich mich sehr freue!

Im Übrigen bitte ich die Nutzer und Leser um Anregungen und Hinweise für künftige Zusammenstellungen.

Karlsruhe, Februar 2016

Jürgen Graf

---

[1] BGH, Beschlüsse vom 31.07.2012 – 4 StR 238/12 – und vom 22.01.2013 – 1 StR 557/12; bereits schon BGH, Urteil vom 01.04.2010 – 4 StR 637/09 – sowie Beschluss vom 11.01.2006 – 5 StR 466/05.

Inhaltsverzeichnis

Abkürzungsverzeichnis

a. A.	anderer Auffassung
a. F.	alte(r) Fassung
a. M.	anderer Meinung
aaO	am angegebenen Ort
abgedr.	abgedruckt
abl.	ablehnend
Alt.	Alternative
Anh.	Anhang
Anm.	Anmerkung
AnwK	AnwaltKommentar
AO	Abgabenordnung
Aufl.	Auflage
b. u. v.	beschlossen und verkündet
BayObLG	Bayerisches Oberstes Landesgericht
BeckOK	Beck'scher Online-Kommentar
Begr.	Begründung
Beschl.	Beschluss
BGBl.	Bundesgesetzblatt
BGH	Bundesgerichtshof
BGHR	Entscheidungen des BGH (systematische Sammlung)
BGHSt	Entscheidungen des BGH in Strafsachen
Bl.	Blatt
BR	Bundesrat
BT	Bundestag
BtM	Betäubungsmittel
BtMG	Betäubungsmittelgesetz
BVerfG	Bundesverfassungsgericht
BVerfGK	Kammerentscheidungen des BVerfG
BVerwG	Bundesverwaltungsgericht
BVerwGE	Entscheidungen des Bundesverwaltungsgerichts
BZRG	Bundeszentralregistergesetz
DBAG	Deutsche Bahn Aktiengesellschaft
ders.	derselbe
DNeuG	Dienstrechtsneuordnungsgesetz
Drucks., Drs.	Drucksache
DStR	Deutsches Steuerrecht (Zeitschrift)
DStZ	Deutsche Steuer-Zeitung
EGMR	Europäischer Gerichtshof für Menschenrechte
EGStGB	Einführungsgesetz zum Strafgesetzbuch
Einl.	Einleitung
EMRK	Europäische Menschenrechtskonvention
entspr.	entsprechend
ESchG	Embryonenschutzgesetz
EuGRZ	Europäische Grundrechte-Zeitschrift

f., ff.	folgende
Fn.	Fußnote
GenDG	Gendiagnostikgesetz
GG	Grundgesetz
ggf(s).	gegebenenfalls
GwG	Geldwäschegesetz
h. L.	herrschende Lehre
h. M.	herrschende Meinung
Halbs.	Halbsatz
i. d. F.	in der Fassung
i. S. d.	im Sinne des/der
i. S. v.	im Sinne von
i. V. m.	in Verbindung mit
jew.	jeweils
JGG	Jugendgerichtsgesetz
JR	Juristische Rundschau (Zeitschrift)
JuS	Juristische Schulung (Zeitschrift)
JZ	JuristenZeitung
KMR	Kommentar zur StPO, begründet von Kleinknecht/Müller/Reitberger
KritJ	Kritische Justiz (Zeitschrift)
Lfg.	Lieferung
LG	Landgericht
lit.	litera (Buchstabe)
LK	Leipziger Kommentar zum StGB
m. N.	mit Nachweisen
m. w. N.	mit weiteren Nachweisen
MDR	Monatsschrift für Deutsches Recht
MedR	Medizinrecht (Zeitschrift)
MMR	Multimedia und Recht
MRK	Menschenrechtskonvention
MschrKrim	Monatsschrift für Kriminologie und Strafrechtsreform
MünchKomm, MüKo	Münchener Kommentar
n. F.	neue(r) Fassung
N/Sch/W	Niemöller/Schlothauer/Wieder (Kommentar zum VerstG)
NJW	Neue Juristische Wochenschrift
Nr.	Nummer
NStZ	Neue Zeitschrift für Strafrecht
NStZ-RR	Neue Zeitschrift für Strafrecht – Rechtsprechungsreport
NVwZ	Neue Zeitschrift für Verwaltungsrecht
OLG	Oberlandesgericht
PID	Präimplantationsdiagnostik
RAbgO	Reichsabgabenordnung
RE	Regierungsentwurf
RG	Reichsgericht
RGSt	Entscheidungen des Reichsgerichts in Strafsachen
Rn., Rdn., Rdnr.	Randnummer

S.	Seite
s. o.	siehe oben
SK-StGB	Systematischer Kommentar zum Strafgesetzbuch
SSW-StGB	Satzger/Schmitt/Widmaier, Strafgesetzbuch, Kommentar
st. Rspr.	ständige Rechtsprechung
StA	Staatsanwaltschaft
StGB	Strafgesetzbuch
StPO	Strafprozessordnung
StraBEG	Gesetz über die strafbefreiende Erklärung
StraFo	Strafverteidiger Forum (Zeitschrift)
StrÄndG	Strafrechtsänderungsgesetz
StRG	Strafrechtsreformgesetz
StV	Strafverteidiger (Zeitschrift)
ThUG	Therapieunterbringungsgesetz
TKG	Telekommunikationsgesetz
Tz.	Textziffer
u. ä.	und ähnliche
UA	Untersuchungsakte
Urt.	Urteil
v.	vom
Var.	Variante
VerstG	Gesetz zur Regelung der Verständigung im Strafverfahren
vgl.	vergleiche
VO	Verordnung
Vorbem.	Vorbemerkung
VStGB	Völkerstrafgesetzbuch
wistra	Zeitschrift für Wirtschafts- und Steuerstrafrecht
WPflG	Wehrpflichtgesetz
z. B.	zum Beispiel
ZDG	Zivildienstgesetz
ZevKR	Zeitschrift für evangelisches Kirchenrecht
ZfL	Zeitschrift für Lebensrecht
ZGR	Zeitschrift für Unternehmens- und Gesellschaftsrecht
ZStW	Zeitschrift für die gesamte Strafrechtswissenschaft

Benutzungshinweis

Die Originalzitate aus den jeweiligen Entscheidungen folgen den einführenden Bemerkungen einer Randnummer jeweils in *Kursivschrift.*

A. StGB – Allgemeiner Teil

I. Grundsätzliches

1. Überblick

Im Vergleich zu den Vorauflagen hat sich der vormalige Schwerpunkt mit dem der **Sicherungsverwahrung** „verflüchtigt". In der neueren und neuesten Rechtsprechung des Bundesgerichtshofs zum AT des StGB sind letztlich nur noch „Ausläufer"-Entscheidungen zur Sicherungsverwahrung zu erkennen. Der Quantität der Entscheidungen nach ist für den Bereich der freiheitsentziehenden Maßregeln schwerpunktmäßig im Betrachtungszeitraum eine Vielzahl von Entscheidungen zur **Unterbringung** nach **§§ 63 f. StGB** ersichtlich. 1

Weiterhin konnten der Rechtsprechung eine Vielzahl von Entscheidungen zu **Fragen der Strafzumessung** entnommen werden. Als Fehlerquelle der Einzelfälle stellte sich hierbei idR der Abwägungsvorgang nach § 42 Abs. 1 Satz 1 StGB heraus, welcher hinsichtlich der bestimmenden Umstände im Urteil nach § 267 Abs. 3 Satz 1 StPO zu dokumentieren ist.[2] Dementsprechend war wieder in größerem Umfang Entscheidungsgegenstand die Strafzumessung an sich[3], das Doppelverwertungsverbot[4] sowie in wenigen Fällen auch Konstellationen nach §§ 46a f. StGB.[5] 2

Wiederum war auch der Versuch mit Abgrenzungsfragen zum **unbeendeten** oder bereits **beendeten Versuch** mit dem Blick auf die letzte Ausführungshandlung aus Tätersicht („Rücktrittshorizont") sowie die Frage des **Rücktritts** mit dem Kriterium der Freiwilligkeit revisionsgegenständlich.[6] Mit einer Entscheidung vierhielt sich der Bundesgerichtshof zum § 30 Abs. 2 Var. 1 StGB und erklärte diese Norm für auf den Verbrechenstatbestand der Beteiligung an einer (ausländischen) terroristischen Vereinigung als Mitglied nach § 129a Abs. 1 Nr. 1, § 129b Abs. 1 Satz 1 und 2 StGB anwendbar.[7] 3

Konstellationen im Bereich der **Mittäterschaft** sowie der **Teilnahmeformen** im weitesten Sinne blieben eher vereinzelt.[8] 4

Rechtfertigungsgründe wurden mit einigen Urteilen und Beschlüssen behandelt,[9] wobei der strafrechtliche **Rechtmäßigkeitsbegriff** in einer Entscheidung grundlegend bestätigend ausgelegt worden ist.[10] 5

---

[2] Rn. 80.
[3] Rn. 74 ff.
[4] Rn. 105 ff.
[5] Rn. 118 ff.
[6] Vgl. hierzu Rn. 39 ff.
[7] Rn. 54.
[8] Rn. 55 ff.
[9] Rn. 65 ff.
[10] Rn. 66.

6 Aus dem Bereich des **Verfalls** und der **Einziehung**[11] erweist sich eine Entscheidung zum **Verfall von Wertersatz** im Falle der Strafbarkeit nach dem **ZAG** als erheblich praxisrelevant.[12] Eine weitere Entscheidung wurde als Topentscheidung bewertet, die das **Verhältnis** zwischen **Insolvenzrecht und strafrechtlicher Vermögensabschöpfung** herausstellt.[13]

7 Im Strafrecht AT haben schließlich auch die nachfolgend genannten Entscheidungskontexte in der ausgewerteten Rechtsprechung Bedeutung erlangt:

a) **Konkurrenzfragen**[14] sowie die Thematik der **Gesamtstrafenbildung,**[15]

b) Strafaussetzungsfragen zur **Bewährung,**[16]

c) die Feststellung der Wirksamkeit eines von der Aufsichtsstelle gestellten **Strafantrags** ohne die vorherige Anhörung des Bewährungshelfers[17] und

d) **Verjährungsthemen**[18] wurden insoweit innerhalb dieses Werks eingearbeitet.

2. Ausblick

8 Die Auswertung der Rechtsprechung mit Schwerpunkt auf das Jahr 2015 hat ergeben, dass bekannte **Problembereiche** im Wesentlichen **vertieft** worden sind.

9 Ein grundlegender **Wandel** im Bereich des Strafrechts AT **deutet sich** hingegen – nach wie vor – **nicht an.**

10 Weiterhin offen ist das Ergebnis der vom Bundesminister der Justiz eingesetzten Expertengruppe zur **Reform** der **Mord- und Tötungsdelikte**. Ebenso unklar ist, inwieweit das Sanktionsinstrumentarium gegenüber Unternehmen in Form des Ordnungswidrigkeitenrechts erweitert oder ein eigenes **Unternehmensstrafrecht** eingeführt werden soll.

---

11 Rn. 209 ff.
12 Rn. 221.
13 Rn. 225.
14 Rn. 133 ff.
15 Rn. 145 ff.
16 Rn. 159 ff.
17 Rn. 236.
18 Rn. 237 f.

II. Neuere höchstrichterliche Rechtsprechung zu Einzelfragen des StGB Allgemeiner Teil

1. Geltungsbereich – §§ 1 ff. StGB

Die **Ausdehnung** der **deutschen Strafgewalt** auf **Auslandstaten ausländischer Täter** im Rahmen des **§ 6 Nr. 5 StGB** bedarf zu ihrer Rechtfertigung eines **hinreichenden Inlandsbezugs.** Die **Auslieferung** des im Ausland festgenommenen Beschuldigten und seine daran anschließende Festnahme im Inland vermögen einen **solchen nicht zu begründen.**[19] 11

[7] Der Senat ist mit der bisherigen Rechtsprechung des Bundesgerichtshofs der Auffassung, dass § 6 Nr. 5 StGB Ausdruck des Weltrechtsprinzips ist (nachfolgend 1.), es aber insoweit zur Ausdehnung der deutschen Strafgewalt auf Auslandstaten ausländischer Täter eines legitimierenden Anknüpfungspunktes bedarf (nachfolgend 2.); die Auslieferung des Beschuldigten nach Deutschland und seine daran anschließende Festnahme im Inland vermögen indes keinen solchen hinreichenden Inlandsbezug zu begründen (nachfolgend 3.).

[8] 1. Nach der ständigen Rechtsprechung des Bundesgerichtshofs ist § 6 Nr. 5 StGB Ausdruck des Weltrechtsprinzips (vgl. Senat, Beschluss vom 3. November 2011 – 2 StR 201/11, NStZ 2012, 335 mit Anmerkung von Patzak; BGH, Urteil vom 22. September 2009 – 3 StR 383/09, NStZ 2010, 521; Beschluss vom 22. November 1999 – 5 StR 493/99, BGHR BtMG § 29 Abs. 1 Nr. 1 Einfuhr 37; Urteile vom 12. November 1991 – 1 StR 328/91, BGHR StGB § 6 Nr. 5 Vertrieb 2; vom 8. April 1987 – 3 StR 11/87, BGHSt 34, 334, 336; vom 22. Januar 1986 – 3 StR 472/85, BGHSt 34, 1, 2, und vom 20. Oktober 1976 – 3 StR 298/76, BGHSt 27, 30, 32).

[9] Daran hält der Senat fest. Die Entscheidung des Gesetzgebers, den unbefugten Vertrieb von Betäubungsmitteln grundsätzlich dem Weltrechtsprinzip zu unterwerfen, findet seine völkerrechtliche Rechtfertigung u. a. (zum Einheits-Übereinkommen vom 30. März 1961 über Suchtstoffe vgl. BGH, Urteil vom 20. Oktober 1976 – 3 StR 298/76, BGHSt 27, 30, 33) im Wiener Übereinkommen vom 20. Dezember 1988 gegen den unerlaubten Verkehr mit Suchtstoffen und psychotropen Stoffen (BGBl. 1993 II, S. 1136 ff.). Dieses betont die Erkenntnis, „dass die Ausmerzung des unerlaubten Verkehrs [mit Suchtstoffen und psychotropen Stoffen] in die kollektive Verantwortung aller Staaten fällt". Dementsprechend wird in Art. 4 Abs. 3 des Übereinkommens die Ausübung einer über die dort einzeln aufgezählten – im deutschen Recht im Wesentlichen schon durch die §§ 3, 4 und 7 StGB umgesetzten – Jurisdiktionstitel hinausgehenden, nach innerstaatlichem Recht begründeten Strafbarkeit ausdrücklich nicht ausgeschlossen. Dies

[19] BGH, Beschluss vom 18.03.2015 – 2 StR 96/14.

lässt den Schluss auf die Geltung des Weltrechtsprinzips zu, dessen Funktion gerade darin besteht, eine Verfolgung von Straftaten gegen wichtige Rechtsgüter der internationalen Staatengemeinschaft zu ermöglichen (vgl. BVerfG, NJW 2001, 1848, 1852; so im Ergebnis auch Böse in NK-StGB, 4. Aufl., Vor § 3 Rn. 26, § 6 Rn. 13; Fischer, StGB, 62. Aufl., § 6 Rn. 5; Eser in Schönke/Schröder, StGB, 29. Aufl., Vorbem. §§ 3–9 Rn. 19; Weber, BtMG, Vor §§ 29 ff. Rn. 121; Patzak in Körner/Patzak/Volkmer, BtMG, 7. Aufl., § 29 Teil 4 Rn. 149; differenzierend MüKo-StGB/Ambos, 2. Aufl., Vor §§ 3–7 Rn. 43, 49). Der im Schrifttum dagegen erhobenen Kritik (vgl. etwa Werle/Jeßberger in LK, 12. Aufl., § 6 Rn. 79; Roegele, Deutscher Strafrechtsimperialismus, 2014, S. 195 f.) ist zuzugeben, dass die in § 6 Nr. 5 StGB getroffene gesetzgeberische Entscheidung nicht zwingend war; sie ist aber angesichts des den Staaten insoweit eingeräumten weiten Ermessens (vgl. StIGH, PCIJ Series A Nr. 10 – The Case of the S. S. „Lotus", S. 18 ff.) nicht völkerrechtswidrig (BGH, Urteile vom 8. April 1987 – 3 StR 11/87, BGHSt 34, 334, 336 ff., und vom 20. Oktober 1976 – 3 StR 298/76, BGHSt 27, 30, 32 f.).

[10] 2. Um im Fall des § 6 Nr. 5 StGB die Ausdehnung deutscher Strafgewalt auf Auslandstaten ausländischer Täter zu rechtfertigen, müssen diese Taten über den Wortlaut der Vorschrift hinaus allerdings einen hinreichenden Inlandsbezug aufweisen.

[11] a) Der Bundesgerichtshof hat bisher die Notwendigkeit eines Inlandsbezuges im Rahmen des § 6 Nr. 5 StGB zumeist mit der Erwägung offengelassen, dass der zu Grunde liegende Sachverhalt einen solchen aufweise, wobei alle Strafsenate, die sich mit dieser Problematik zu befassen hatten, eine Neigung zu diesem Erfordernis zu erkennen gegeben haben (vgl. BGH, Urteile vom 12. November 1991 – 1 StR 328/91, BGHR StGB § 6 Nr. 5 Vertrieb 2, vom 8. April 1987 – 3 StR 11/87, BGHSt 34, 334, 336, und vom 20. Oktober 1976 – 3 StR 298/76, BGHSt 27, 30, 33; vgl. auch BVerfG, NJW 2001, 1848, 1853; OLG Celle, Beschluss vom 15. September 2010 – 31 HEs 10/10, OLGSt StGB § 6 Nr. 3, insoweit in NStZ-RR 2011, 54 nicht abgedruckt). Entscheidungen des Bundesgerichtshofs, die die Notwendigkeit eines Inlandsbezugs in Frage stellen, sind demgegenüber nicht ersichtlich.

[12] b) Nach Auffassung des Senats bedarf es – in Übereinstimmung mit weiten Teilen der Literatur (vgl. Fischer, StGB, 62. Aufl., § 6 Rn. 5b; Lackner/Kühl, StGB, 28. Aufl., § 6 Rn. 1; MüKo-StGB/Ambos aaO § 6 Rn. 4; ders., Internationales Strafrecht, 4. Aufl., § 3 Rn. 100; Weber aaO Rn. 11; KK-StPO/Diemer, 7. Aufl., § 153c Rn. 2; vgl. auch Werle/Jeßberger in LK, 12. Aufl., § 6 Rn. 35) eines solchen Inlandsbezuges, aus dem sich ein inländisches Interesse an der Verfolgung im Ausland begangener Straftaten ergeben muss. Die dagegen im Schrifttum teilweise erhobene Kritik (vgl. Eser in Schönke/Schröder, StGB, 29. Aufl., § 6 Rn. 1; SSW-StGB/Satzger, 2. Aufl., § 6 Rn. 3) greift nicht durch.

[13] aa) Insoweit ist die Sachlage anders als bei völkerrechtlichen Kernverbrechen, bei denen der Gesetzgeber im Hinblick auf die frühere Rechtsprechung des Bundesgerichtshofs (vgl. BGH, Urteil vom 30. April 1999 – 3 StR 215/98, BGHSt 45, 64, 66) die Notwendigkeit eines Inlandsbezugs ausdrücklich verneint hat (§ 1 VStGB, vgl. BT-Drucks. 14/8524 S. 14). Für völkerrechtliche Kernverbrechen ist charakteristisch, dass das völkerrechtliche Vertrags- oder Gewohnheitsrecht eine weltrechtliche Verfolgung explizit und unbedingt vorschreibt (vgl. MüKo-StGB/Ambos aaO, Vor §§ 3–7 Rn. 43, § 6 Rn. 15; ders., Internationales Strafrecht, 4. Aufl., § 3 Rn. 94), was bei diesen Straftaten dem Erfordernis eines zu-

sätzlichen Inlandsbezuges entgegensteht (vgl. BGH, Urteil vom 21. Februar 2001 – 3 StR 372/00, BGHSt 46, 292, 307 zu § 6 Nr. 9 StGB). Eine solche völkerrechtlich begründete, umfassende Verfolgungspflicht gilt für den unbefugten Vertrieb von Betäubungsmittel aber gerade nicht: vielmehr räumt Art. 4 Abs. 3 des Wiener Suchtstoffübereinkommens 1988 den Vertragsparteien nur eine weitergehende Verfolgungsmöglichkeit in dem Sinne ein, dass diese nach innerstaatlichem Recht ihre Strafgerichtsbarkeit über die im Übereinkommen explizit geregelten Jurisdiktionstitel hinaus ausdehnen können. Insoweit ist daher Raum für eine Begrenzung der inländischen Strafgewalt.

[14] bb) Dass eine grundsätzliche Verfolgungspflicht sämtlicher im Ausland begangener Straftaten, die dem Anwendungsbereich des § 6 Nr. 5 StGB unterfallen, nicht in Betracht kommt, liegt schon mit Blick auf die begrenzten Ressourcen der deutschen Strafrechtspflege auf der Hand. Zudem wird regelmäßig eine Aufklärung und Verfolgung von Straftaten am Ort der Tatbegehung schneller und effektiver möglich sein. Dem hat der Gesetzgeber durch die Möglichkeit, gemäß § 153c Abs. 1 StPO von der Strafverfolgung abzusehen, Rechnung getragen. Die Staatsanwaltschaft hat insoweit aber einen weiten Ermessensspielraum (vgl. KK-StPO/Diemer, 7. Aufl., § 153c Rn. 19), innerhalb dessen sie das öffentliche Interesse gegen widerstreitende Interessen abwägt (vgl. Meyer-Goßner/Schmitt, StPO, 57. Aufl., § 153c Rn. 1), ohne dass klare, die Ermessensausübung ausreichend vorhersehbar machende Kriterien erkennbar wären; solche lassen sich auch Nr. 94 Abs. 1 RiStBV nicht entnehmen.

[15] Das Erfordernis eines materiell-rechtlich verstandenen Inlandsbezuges vermag demgegenüber eine gleichförmige, der revisionsrechtlichen Kontrolle zugängliche Rechtsausübung zu gewährleisten, was der Rechtssicherheit deutlich besser gerecht wird, als eine gerichtlich nicht überprüfbare Ermessensentscheidung; dies gilt umso mehr angesichts der Bedeutung, die dieser Entscheidung für den Betroffenen im Hinblick auf die Weite des § 6 Nr. 5 StGB zukäme, wollte man auf eine materiell-rechtliche Einschränkung des Tatbestandes verzichten. Insoweit findet die Notwendigkeit eines Inlandsbezuges seine Grundlage letztlich im Rechtsstaatsprinzip des Grundgesetzes, zu dessen wesentlichen Elementen die Rechtssicherheit gehört (vgl. BVerfG, NJW 2012, 669, 672 mwN sowie BVerfGE 7, 89, 92; 13, 261, 271). Damit läuft die Vorschrift des § 153c Abs. 1 StPO auch nicht leer: vielmehr kann die Staatsanwaltschaft im Rahmen der dortigen Ermessenentscheidung von der Verfolgung absehen, obwohl ein Inlandsbezug vorliegt und deutsches Strafrecht anwendbar ist, und hierbei insbesondere außenpolitische Zweckmäßigkeitserwägungen berücksichtigen (siehe § 153c Abs. 3 StPO i. V. m. Nr. 94 Abs. 1 Satz 2 RiStBV).

[16] cc) Dieses Ergebnis entspricht zudem einer völkerrechtsfreundlichen Auslegung des § 6 Nr. 5 StGB. Eine solche ist wegen des auch in Art. 2 Abs. 2 und 3 des Wiener Suchtstoffübereinkommens 1988 betonten völkerrechtlichen Nichteinmischungsgrundsatzes geboten. Das Erfordernis eines Inlandsbezuges führt insoweit zu einer sinnvollen Begrenzung des den Staaten in Art. 4 Abs. 3 dieses Übereinkommens eingeräumten Spielraums und kann daher schon auf Ebene des Tatbestandes Verstöße gegen den Nichteinmischungsgrundsatz vermeiden (vgl. MüKo-StGB/Ambos aaO Vor §§ 3–7 Rn. 13 ff., § 6 Rn. 4).

[17] c) Als legitimierende Anknüpfungspunkte im Sinne eines Inlandsbezuges kommen nach der bisherigen Rechtsprechung des Bundesgerichtshofs in Betracht: die spätere Einfuhr der im Ausland an einen Ausländer veräußerten Betäubungs-

mittel in das Bundesgebiet (BGH, Urteil vom 8. April 1987 – 3 StR 11/87, BGHSt 34, 334, 339), ein inländischer Sitz der die Betäubungsmittel produzierenden oder die dafür nötigen Rohstoffe liefernden Firma (BGH, Urteil vom 12. November 1991 – 1 StR 328/91, BGHR StGB § 6 Nr. 5 Vertrieb 2), die Festnahme des sich freiwillig im Bundesgebiet aufhaltenden Beschuldigten (BGH aaO), die Begehung einer mit der Auslandstat eng verknüpften Inlandstat (BGH aaO) sowie ein früherer Wohnsitz oder jedenfalls ein regelmäßiger oder längerer Aufenthalt des Beschuldigten im Inland (BGH, Urteil vom 21. Februar 2001 – 3 StR 372/00, BGHSt 46, 292, 307; Urteil vom 30. April 1999 – 3 StR 215/98, BGHSt 45, 64, 68; Senat, Beschluss vom 11. Dezember 1998 – 2 ARs 499/98, NStZ 1999, 236; BGH, Beschluss vom 18. August 1994 – AK 12/94, BGHR StGB § 6 Nr. 1 Völkermord 1; Beschluss – Ermittlungsrichter – vom 13. Februar 1994 – 1 BGs 100/94, NStZ 1994, 232, 233).

[18] Kein ausreichender Inlandsbezug wurde dagegen im inländischen Aufenthalt des Tatopfers oder Anzeigeerstatters gesehen (vgl. Senat, Beschlüsse vom 11. Februar 1999 – 2 ARs 51/99 und vom 11. Dezember 1998 – 2 ARs 499/98, NStZ 1999, 236).

[19] Die Frage, ob die Festnahme des ausländischen Beschuldigten im Inland nach Auslieferung einen legitimierenden Anknüpfungspunkt zu begründen vermag, ist vom 3. Strafsenat offengelassen worden (BGH, Urteil vom 8. April 1987 – 3 StR 11/87, BGHSt 34, 334, 338). Der 1. Strafsenat hat in seiner Entscheidung vom 12. November 1991 – 1 StR 328/91 (BGHR StGB § 6 Nr. 5 Vertrieb 2) offengelassen, ob es eines legitimierenden Anknüpfungspunktes bedarf, in der rechtmäßigen Auslieferung eines ausländischen Beschuldigten durch seinen Heimatstaat aber einen solchen Anknüpfungspunkt erblickt. Mit Urteil vom 5. November 2014 – 1 StR 299/14 hat der 1. Strafsenat entschieden, dass sich eine Inlandsberührung der Tat im Rahmen des § 6 Nr. 5 StGB ungeachtet der Bestimmungsorte der dort verfahrensgegenständlichen Rauschgiftlieferungen jedenfalls aus der Auslieferung des – in diesem Fall offenkundig deutschen – Angeklagten an Deutschland ergeben kann. Die anderen Strafsenate haben sich – soweit ersichtlich – bislang nicht zu dieser Frage geäußert.

[20] 3. Nach Ansicht des Senats vermag die Festnahme des Beschuldigten nach seiner Auslieferung allein keinen hinreichenden Inlandsbezug zu begründen.

[21] Zwar wird man dem Einverständnis des ausliefernden Staates mit der Auslieferung entnehmen können, dass jedenfalls dieser in der Strafverfolgung des Beschuldigten keinen Verstoß gegen den Nichteinmischungsgrundsatz erblickt (so wohl auch der 1. Strafsenat in seinem Urteil vom 12. November 1991 – 1 StR 328/91, BGHR StGB § 6 Nr. 5 Vertrieb 2); die Frage, ob dies als Inlandsbezug ausreicht, könnte aber schon anders zu beurteilen sein, wenn der ausliefernde Staat nicht mit dem Staat identisch ist, in dessen Staatsgebiet die Tat begangen wurde oder aus dem der Beschuldigte stammt. Ungeachtet dessen erschöpft sich die Funktion des Inlandsbezugs, wie dargelegt, nicht in der Vermeidung von Verstößen gegen den Nichteinmischungsgrundsatz; vielmehr soll dadurch zugleich eine gleichförmige, vorhersehbare Rechtsanwendung gewährleistet werden, was insoweit zu einer materiell-rechtlichen Einschränkung des § 6 Nr. 5 StGB führt. Aus diesem Grund ist deutsches Strafrecht von vornherein nicht anwendbar, wenn ein Bezug zum Inland fehlt. Unter diesem Gesichtspunkt rügt die Revision zu Recht, dass ein Auslieferungsersuchen, auch auf Grund eines Europäischen Haftbefehls, die Strafbarkeit der Tat nach deutschem Recht und damit die An-

wendbarkeit deutschen Strafrechts gerade voraussetzt und sie daher nicht erst begründen kann (vgl. BGH – Ermittlungsrichter –, Beschluss vom 2. Juli 2012 – 2 BGs 152/12, StV 2013, 304, 306 zum Erlass eines Haftbefehls in einer vergleichbaren Konstellation). Die der Auslieferung nachfolgende Festnahme im Inland ist nur deren unmittelbare Folge und kann daher für sich ebenfalls keinen hinreichenden Inlandsbezug begründen. Anders läge der Fall dann, wenn vor dem Auslieferungsersuchen ein diesem zu Grunde liegender tragfähiger Inlandsbezug vorgelegen hätte, der auch nach Durchführung des Strafverfahrens noch anzunehmen wäre. Dies ist nach den insoweit unergiebigen Feststellungen im landgerichtlichen Urteil hier nicht der Fall.

[22] 1. Der Senat beabsichtigt, das Urteil aufzuheben und die Sache zur Klärung der Frage, ob deutsches Strafrecht möglicherweise aus anderen Gründen anwendbar ist, an das Landgericht zurückzuverweisen.

[23] Nach den Urteilsgründen erscheint es nicht als ausgeschlossen, dass sich mittäterschaftliche Tathandlungen des früheren Mitangeklagten B. feststellen lassen, die nach §§ 3, 9 Abs. 1 und Abs. 2 Satz 1 StGB zur Anwendung deutschen Strafrechts führen könnten. Selbst wenn diese Handlungen nur als Beihilfe zu werten wären und für den Angeklagten daher keinen inländischen Tatort begründen könnten (vgl. Werle/Jeßberger in LK, 12. Aufl., § 9 Rn. 16 mwN), würden sie jedenfalls einen die Anwendung des § 6 Nr. 5 StGB rechtfertigenden Inlandsbezug darstellen. In der bisherigen Rechtsprechung ist anerkannt, dass bereits die Begehung einer mit der Auslandstat eng verknüpften Inlandstat die deutschen Strafverfolgungsbehörden zum Einschreiten berechtigt (s. o. III.2.c). Für inländische Tatbeiträge eines Gehilfen zu der im Ausland begangenen Haupttat kann nichts anderes gelten. Die Feststellung derartiger Tatbeiträge und ihres Umfangs ist aber mit den Mitteln des dem Revisionsgericht allein zur Verfügung stehenden Freibeweisverfahrens nicht zuverlässig möglich, sondern erfordert eine Beweisaufnahme nach strengbeweislichen Grundsätzen. In dieser Konstellation ist es angezeigt, das Urteil aufzuheben und die Sache an das Tatgericht zurückzuverweisen (vgl. Senat, Urteil vom 28. Februar 2001 – 2 StR 458/00, BGHSt 46, 307, 309 f. mwN).

[24] 2. Dieser beabsichtigten Entscheidung steht zwar nicht die Rechtsprechung des 3. Strafsenats entgegen, da dieser die Frage, ob die Festnahme des ausländischen Beschuldigten im Inland nach Auslieferung einen legitimierenden Anknüpfungspunkt zu begründen vermag, ausdrücklich offengelassen hat (BGH, Urteil vom 8. April 1987 – 3 StR 11/87, BGHSt 34, 334, 338). Auch das Urteil des 1. Strafsenats vom 5. November 2014 – 1 StR 299/14 dürfte nicht entgegenstehen, da es die Auslieferung eines Deutschen und damit eine andere Fallkonstellation betraf, wie schon die Wertung des § 7 Abs. 2 Nr. 1 StGB zeigt.

[25] Entgegenstehen könnte aber die Entscheidung vom 12. November 1991 – 1 StR 328/91 (BGHR StGB § 6 Nr. 5 Vertrieb 2), in der der 1. Strafsenat die Auslieferung eines ausländischen Beschuldigten durch seinen Heimatstaat als ausreichenden Inlandsbezug angesehen hat. Der Senat hat erwogen, ob diese Rechtsansicht – die im vorliegenden Fall die Verwerfung der Revision zur Folge hätte – nicht tragend gewesen sein könnte, da in der Entscheidung weitere, auch vorgreifliche, Anknüpfungspunkte für die Anwendung deutschen Strafrechts (insbesondere der inländische Sitz der die Betäubungsmittel produzierenden oder die dafür nötigen Rohstoffe liefernden Firma) genannt werden (vgl. Franke in LR, 26. Aufl., § 132 GVG Rn. 6). Um sicherzustellen, dass eine mögliche Divergenz nicht übersehen wird, fragt der Senat gleichwohl gemäß § 132 Abs. 3 Satz 1 GVG

beim 1. Strafsenat an, ob an etwa entgegenstehender Rechtsprechung festgehalten wird (vgl. auch Franke aaO Rn. 8).

12 **Erfolgsort** im Sinne von **§ 9 Abs. 1 StGB** ist der Ort, an dem ein zum gesetzlichen Tatbestand gehörender **Handlungserfolg** eintritt. „Erfolg" meint damit nicht jede Auswirkung der Tat, sondern nur solche **Tatfolgen, die für die Verwirklichung des Tatbestandes erheblich** sind.[20]

[22] b) Auf die Tat ist deutsches Strafrecht anwendbar. Trotz des im Ausland gelegenen Handlungsortes handelt es sich um eine Inlandstat im Sinne von § 3 StGB, weil der zum Tatbestand gehörende Erfolg jedenfalls auch in Deutschland eingetreten ist.

[23] aa) Erfolgsort im Sinne von § 9 Abs. 1 StGB ist der Ort, an dem ein zum gesetzlichen Tatbestand gehörender Handlungserfolg eintritt. „Erfolg" meint damit nicht jede Auswirkung der Tat, sondern nur solche Tatfolgen, die für die Verwirklichung des Tatbestandes erheblich sind (so schon zu § 3 Abs. 3 StGB aF: BGH, Urteil vom 9. Oktober 1964 – 3 StR 34/64, BGHSt 20, 45, 51). Der Erfolgsort liegt mithin im Inland, wenn dort die tatbestandlich vorausgesetzte Wirkung eingetreten ist (MüKoStGB/Ambos aaO, § 9 Rn. 16). Tatwirkungen, die für die Tatbestandsverwirklichung nicht oder nicht mehr relevant sind, begründen keinen Tatort (BGH, Beschluss vom 27. Juni 2006 – 3 StR 403/05, NStZ-RR 2007, 48, 50; OLG Köln, Beschluss vom 18. November 2008 – 82 Ss 89/08, NStZ-RR 2009, 84; MüKoStGB/Ambos aaO, § 9 Rn. 16). Beim Dauerdelikt genügt es, wenn der durch die fortdauernde Handlung bewirkte tatbestandlich vorausgesetzte Erfolg nur während eines Teils der Tatzeit im Inland eintritt (vgl. LK/Werle/Jeßberger aaO, § 9 Rn. 55; Lackner/Kühl, StGB, 28. Aufl., § 9 Rn. 2; vgl. auch OLG München, Beschluss vom 4. Dezember 2006 – OLGAusl 262/06, NJW 2007, 788, 789).

[24] bb) Nach diesen Maßstäben ist ein inländischer Erfolgsort begründet. Die Entziehung Minderjähriger nach § 235 Abs. 1 Nr. 1 StGB ist ein Erfolgsdelikt (vgl. Geppert, Gedächtnisschrift für Hilde Kaufmann, 1986, S. 759, 779; MüKoStGB/Wieck-Noodt aaO, § 235 Rn. 10, 101; iE auch SK-StGB/Wolters, 136. Lfg., § 235 Rn. 9). Die Tatbestandsmerkmale des Entziehens bzw. Vorenthaltens knüpfen an ein Handeln des Täters an, das – gegebenenfalls mit den tatbestandlich vorausgesetzten Mitteln der Gewalt, Drohung oder List – den Erfolg, nämlich die durch räumliche Trennung bedingte wesentliche Beeinträchtigung der Personensorge, bewirkt.

[25] Dieser von § 235 Abs. 1 Nr. 1 StGB vorausgesetzte Erfolg ist vorliegend jedenfalls auch im Inland eingetreten. Zwar geschah die Trennung der Sorgeberechtigten von ihrer Tochter bereits in Syrien. Doch wurde der Inlandsbezug der Tat begründet, als sich die sorgeberechtigte Mutter zurück nach Deutschland begab, wo sie ihren Wohnsitz und auch die Tochter weiterhin ihren familienrechtlich gewöhnlichen Aufenthaltsort hatte. Denn zu diesem Zeitpunkt dauerte der rechtswidrig geschaffene Zustand noch an. Da die Geschädigte im Zeitpunkt ihrer Rückkehr weiterhin an der Ausübung ihres Sorgerechts gehindert war, trat diese Wirkung der Handlung des Angeklagten nunmehr im Inland ein. Hierbei handelte es sich nicht nur um eine mittelbare Tatwirkung, die für die Tatbe-

[20] BGH, Urteil vom 22.01.2015 – 3 StR 410/14, Rn 23.

standsverwirklichung nicht mehr relevant war. Da § 235 Abs. 1 StGB ein Dauerdelikt darstellt (BGH, Urteil vom 9. Februar 2006 – 5 StR 564/05, NStZ 2006, 447, 448 mwN; MüKoStGB/Wieck-Noodt aaO; NK-StGB-Sonnen aaO, § 235 Rn. 34), setzte die Verwirklichung des Straftatbestandes sich zum Zeitpunkt der Rückkehr der Sorgeberechtigten in Deutschland fort.

[26] Die Vorschrift des § 5 Nr. 6a StGB drängt nicht zu einer anderen Beurteilung. Hiernach gilt das deutsche Strafrecht in den Fällen der Entziehung eines Kindes nach § 235 Abs. 2 Nr. 2 StGB stets, wenn sich die Tat gegen eine Person richtet, die im Inland ihren Wohnsitz oder gewöhnlichen Aufenthalt hat. Hieraus lässt sich jedoch nicht der Schluss ziehen, der Gesetzgeber habe die Entziehung von Kindern oder Minderjährigen, bei denen die Tathandlung im Ausland vorgenommen wird, generell als Auslandstat einstufen und/oder den Anwendungsbereich von § 9 StGB einschränken wollen. Den Gesetzesmaterialien lässt sich hierzu lediglich entnehmen, dass der Gesetzgeber durch die Einführung des § 5 Nr. 6a StGB in den Fällen des § 235 Abs. 2 Nr. 2 StGB die Strafbarkeit auch bei Auslandstaten sichergestellt wissen wollte (BT-Drucks. 13/8587, S. 27). Selbst wenn man in Fällen, in denen – wie hier – die Tathandlung im Ausland vorgenommen wird, annimmt, dass unter bestimmten Voraussetzungen der fortdauernde Erfolg im Inland eintritt, verbleibt für § 5 Nr. 6a StGB ein eigenständiger Anwendungsbereich. Zu denken ist etwa an die Fälle, in denen die Kindesentziehung im Ausland geschieht und auch der Sorgeberechtigte während der gesamten Zeit bis zur Rückführung des Kindes nicht ins Inland zurückkehrt, aber auch an die einer Verletzung eines im Ausland zu erfüllenden Umgangsrechts.

Ein **ehrenamtlicher Beigeordneter** ist Ehrenbeamter (§ 32 Abs. 9 Thüringer Kommunalordnung, § 2 Abs. 2 Thüringer Gesetz über kommunale Wahlbeamte) und daher **Amtsträger** gemäß § 11 Abs. 1 Nr. 2a) StGB.[21] **13**

Die **Amtsträgereigenschaft** eines Amtsträgers eines **anderen Mitgliedstaats** der Europäischen Union setzt eine zweistufige Prüfung der Amtsträgerschaft voraus. Zunächst ist seine Stellung nach dem Recht des anderen Mitgliedstaats zu beurteilen und bejahendenfalls (kumulativ) nach deutschem Recht.[22] **14**

[17] Der Begriffsdefinition des Amtsträgers im Sinne des Art. 2 § 1 Abs. 1 Nr. 2 EUBestG liegt eine zweistufige Struktur zugrunde; sie setzt bei dem Funktionsträger eines Mitgliedstaats der Europäischen Union voraus, dass dieser Amtsträger sowohl nach dem Recht des betroffenen akkreditierenden Mitgliedstaats als auch in Ansehung deutschen Rechts (§ 11 Abs. 1 Nr. 2 StGB) ist. Nur bei Vorliegen der Amtsträgereigenschaft nach beiden Rechtsordnungen zugleich kann der Tatbestand des Art. 2 § 1 Abs. 1 Nr. 2 EUBestG erfüllt sein.

[18] Dies hat das Landgericht verkannt; es hat deshalb verabsäumt, die erforderliche Bewertung der Stellung des Angeklagten nach portugiesischem Recht vorzunehmen und dementsprechende Feststellungen zu treffen.

[19] 1. Bei der Prüfung der Amtsträgerschaft ist in der ersten Prüfungsstufe von dem Recht des jeweiligen EU-Mitgliedstaats auszugehen. Nur wer danach für die Zwecke des Strafrechts Amtsträger dieses Landes ist, kann gemäß Art. 2 § 1

---

[21] BGH, Urteil vom 04.03.2015 – 2 StR 281/14, Rn. 22.

[22] BGH, Beschluss vom 10.06.2015 – 1 StR 399/14, Rn. 15 ff.

Abs. 1 Nr. 2 EUBestG die deutschen Straftatbestände der §§ 332, 334 StGB verwirklichen.

[20] Die Auslegung des Art. 2 § 1 Abs. 1 Nr. 2 EUBestG anhand allgemeiner methodischer Grundsätze lässt ein anderes Verständnis der Norm nicht zu und entspricht auch der im Schrifttum vorherrschenden Meinung (vgl. Graf in Graf/Jäger/Wittig, Wirtschafts- und Steuerstrafsachen, StGB § 332 Rn. 5; Greeve/Dörr in Volk: MAH Verteidigung in Wirtschafts- und Steuerstrafsachen, 2. Aufl., § 20 Rn. 122f.; Korte, wistra 1999, 81, 84; ders. in: MK-StGB § 332 Rn. 5; Möhrenschlager in: Dölling, Handbuch der Korruptionsprävention, 8. Kap., Rn. 368; Rübenstahl, ZWH 2012, 179ff.; Sowada in: LK-StGB Vor § 331 Rn. 25; Tinkl, wistra 2006, 126, 127; a. A. Dötterl, ZWH 2012, 54ff.).

[21] a) Ausgangspunkt und Grenzen der Auslegung ergeben sich aus dem Wortlaut der Norm (vgl. BVerfGE 75, 329, 341f. mwN). Dieser besagt in Art. 2 § 1 Abs. 1 Nr. 2 lit. a EUBestG, sonstiger Amtsträger sei (nur) ein „Amtsträger eines anderen Mitgliedstaats der Europäischen Union, soweit seine Stellung einem Amtsträger im Sinne des § 11 Abs. 1 Nr. 2 des Strafgesetzbuches entspricht". Die grammatikalische Auslegung ist eindeutig; nur ein Amtsträger im Sinne des Rechts eines anderen EU-Mitgliedstaats fällt danach überhaupt in den Anwendungsbereich der Vorschrift. Bei der Amtsträgereigenschaft nach fremdem Recht handelt es sich deshalb um ein konstitutives Merkmal des gesetzlichen Straftatbestands. Der zweite Halbsatz der Vorschrift wäre anderenfalls inhaltsleer; sinntragend wird er hingegen als anwendungsbeschränkendes Korrektiv der Strafvorschrift durch Inblicknahme des deutschen Rechts.

[22] b) Systematisch folgt dasselbe aus der gesetzlichen Überschrift. Die „Gleichstellung von ausländischen mit inländischen Amtsträgern bei Bestechungshandlungen" legt nahe, dass zwischen ihnen im Ansatz ein Unterschied besteht oder jedenfalls bestehen kann. Identische Begriffe sind gleich, sie müssen nicht gleichgestellt werden. Dies bekräftigt auch die Binnenstruktur der Vorschrift, die in Art. 2 § 1 Abs. 1 Nr. 1 lit. a EUBestG den Richter im Sinne des deutschen materiellen Strafrechts dem „Richter eines anderen Mitgliedstaats der Europäischen Union" gleichstellt und dabei für die Bestimmung der Richtereigenschaft der Person des anderen Mitgliedstaats allein dessen Recht zum Maßstab nimmt. Vor dem Hintergrund, dass der Gesetzgeber die strafrechtliche Gleichstellung von Richtern und Amtsträgern in demselben Absatz der Vorschrift mit derselben Regelungstechnik vorgenommen hat, kann für den Amtsträger nichts anderes gelten; auch hier muss das Recht des betroffenen Mitgliedstaats maßstabsgebend sein.

[23] c) Die Zweistufigkeit des Amtsträgerbegriffs nach Art. 2 § 1 Abs. 1 Nr. 2 EUBestG wird auch durch die historische Auslegung anhand der Gesetzesmaterialien und die allgemeinen Grundsätze europarechtsfreundlicher Rechtsanwendung (vgl. dazu etwa BGH, Urteil vom 3. Dezember 2009 – 3 StR 277/09, BGHSt 54, 216ff.) belegt.

[24] aa) Bereits das dem EUBestG zugrunde liegende Protokoll der Mitgliedstaaten der Europäischen Union zum Übereinkommen über den Schutz der finanziellen Interessen der Europäischen Gemeinschaften nach dem Rechtsakt des Rates der Europäischen Union vom 27. September 1996 (BT-Drucks. 13/10424, S. 8ff.; nachfolgend: Protokoll) geht von dieser Regelungstechnik aus. Nach den Definitionen des Art. 1 „wird der Ausdruck ‚nationaler Beamter' entsprechend der Definition für den Begriff ‚Beamter' oder ‚Amtsträger' im innerstaatlichen Recht des

Mitgliedstaats ausgelegt, in dem der Betreffende diese Eigenschaft für die Zwecke der Anwendung des Strafrechts dieses Mitgliedstaats besitzt." Im Sinne der zweiten Prüfungsstufe erfolgt im folgenden Satz die Einschränkung der Strafbarkeit dergestalt, dass bei einem „Verfahren, das ein Mitgliedstaat wegen einer Straftat einleitet, an der ein Beamter eines anderen Mitgliedstaates beteiligt ist", die Definition nur insoweit angewendet werden muss, „als diese mit seinem innerstaatlichen Recht im Einklang steht" (BT-Drucks. 13/10424, S. 8).

[25] bb) Der erläuternde Bericht zu dem Protokoll, vom Rat angenommen am 19. Dezember 1997 (vgl. ABl. EG 1998 C 11 S. 5; nachfolgend: erläuternder Bericht), enthält in Ziff. II. Art. 1 Nr. 1.4 eine inhaltsgleiche, gleichermaßen zweistufige Begriffsbestimmung.

[26] cc) Die Begründung zum Vertragsgesetz (BT-Drucks. 13/10424, S. 6f.) schließt hieran an. Danach verfolgt dieses den Zweck, „Beamte bzw. Amtsträger anderer Mitgliedstaaten der Europäischen Union in den Anwendungsbereich der §§ 332 und 334 StGB" einzubeziehen (vgl. BT-Drucks. 13/10424, S. 6). Soweit dort weiter ausgeführt wird, die Auslegung des Amtsträgerbegriffes orientiere sich an der für deutsche Amtsträger geltenden Regelung (BT-Drucks. 13/10424, aaO), wird damit auf die Begriffsausfüllung nach dem Recht des Mitgliedstaats nicht etwa verzichtet, sondern entsprechend dem bereits Ausgeführten auf die Möglichkeit der Einschränkung des ausländischen durch den deutschen Rechtsbegriff Bezug genommen.

[27] dd) Schließlich geht auch die Denkschrift der Bundesregierung (BT-Drucks. 13/10424, S. 12f.) zu dem benannten Übereinkommen von diesem Verständnis aus. Danach ergibt sich aus dem Protokoll und dem Erläuternden Bericht hierzu, „dass für die Amtsträgereigenschaft grundsätzlich die nationale strafrechtliche Definition des Staates maßgeblich ist, dem der Amtsträger angehört". Es sei aber „in Fällen der Bestechlichkeit und Bestechung von Amtsträgern anderer Mitgliedstaaten der Europäischen Union eine Eingrenzung des Amtsträgerbegriffs nach dem Recht des strafverfolgenden Mitgliedstaates" gestattet, von welcher (in Deutschland) bei der Umsetzung Gebrauch gemacht werde. Personengruppen, die nach ihrem Status oder ihrer Funktion nicht zur Kategorie der Amtsträger im Sinne von § 11 Abs. 1 Nr. 2 StGB gehören, aber Amtsträger nach dem Recht eines anderen Mitgliedstaats sind, seien dann in Deutschland in Fällen der Bestechung und Bestechlichkeit nicht als Amtsträger zu behandeln. Die Regelung in Art. 2 § 1 Abs. 1 Nr. 2 lit. a des Vertragsgesetzes trage diesem Umstand Rechnung (vgl. BT-Drucks. 13/10424 S. 13).

[28] Die Denkschrift der Bundesregierung setzt damit den im europäischen Rechtsraum geltenden Grundsatz der gegenseitigen Anerkennung (Art. 82 EUV, Art. 67 AEUV) um. Das Rechtssystem des betroffenen Mitgliedstaates findet durch die Zugrundelegung seines materiellen Rechtsverständnisses Eingang in die deutsche Rechtssetzung, erfährt zum Schutz des innerstaatlichen Primärraums aber im Sinne eines sich wechselseitig ergänzenden Konzepts gegebenenfalls eine Beschränkung durch die deutsche Begriffsbestimmung.

[29] d) Verfassungsrechtliche Grundsätze widerstreiten der vorbeschriebenen Auslegung nicht.

[30] Die in Rechtsprechung (BGH, Urteil vom 29. August 2008 – 2 StR 587/07, BGHSt 52, 323, 345 [nicht tragend]) und Schrifttum (vgl. Dötterl, ZWH 2012, 54, 57) angedeuteten Bedenken, eine zweistufige Prüfung der Amtsträgerstellung

könne zur Schaffung eines nicht mehr hinreichend bestimmten Blankettstraftatbestands führen, hält der Senat für unbegründet.

[31] Um eine Blankettnorm, die mit Blick auf Art. 103 Abs. 2 GG dem Erfordernis der Erkennbarkeit des Bestrafungsrisikos für den Bürger nicht hinreichend Rechnung trägt, handelt es sich bei Art. 2 § 1 Abs. 1 Nr. 2 EUBestG nicht. Tragweite und Anwendungsbereich der Vorschrift sind klar erkennbar; jedermann kann vorhersehen, welches Verhalten verboten und mit Strafe bedroht ist (vgl. BVerfGE 41, 314, 319; 45, 346, 351; 47, 109, 120; 48, 48, 56; 64, 389, 393f.).

[32] Die hinreichende Bestimmtheit der Norm folgt bereits daraus, dass sich ihre Reichweite schon alleine durch die deutschen Strafbarkeitsvoraussetzungen gemäß Art. 2 § 1 Abs. 1 Nr. 2 EUBestG, welche den Begriff des Amtsträgers im Sinne von § 11 Abs. 1 Nr. 2 StGB einschließen, für jedermann erkennbar absehen lässt. Die zusätzliche Geltung ausländischen Rechts kann daneben die Tatbestandsmäßigkeit allenfalls entfallen lassen, sich aber nicht strafbarkeitserweiternd auswirken. Ein Verstoß gegen das Bestimmtheitsgebot des Art. 103 Abs. 2 GG ist deshalb ausgeschlossen.

[33] Auch ein Verstoß gegen Art. 20 Abs. 2 Satz 1 GG ist nicht etwa deshalb zu besorgen, weil zur Prüfung der gesetzlichen Merkmale deutschen Rechts ausländische Vorschriften herangezogen werden müssen. Die Ausübung der Strafgewalt bedarf zwar der Legitimation durch das Staatsvolk, welche durch die Gesetze eines ausländischen Staates nicht bewirkt werden kann (Art. 20 Abs. 3 GG). Ausländisches Recht kann aber zur Anwendung gelangen, wenn deutsche Rechtsnormen darauf verweisen und es damit für maßgeblich erklären. Für die betreffende ausländische Vorschrift gelten dann gleichermaßen die Anforderungen des Bestimmtheitsgrundsatzes im Sinne des Art. 103 Abs. 2 GG. Die den Amtsträger im Sinne des Strafrechts definierende portugiesische Regelung des Art. 386 Abs. 1 lit. c Código Penal Português (PPC) in der zur Tatzeit geltenden Fassung wird diesen Anforderungen ersichtlich gerecht.

[34] e) Auch von bereits ergangener Rechtsprechung weicht der Senat mit den vorgenannten Erwägungen nicht ab.

[35] In seiner Entscheidung vom 29. August 2008 (BGH, Urteil vom 29. August 2008 – 2 StR 587/07, BGHSt 52, 323, 347) hat der Bundesgerichthof nicht anderslautend entschieden. Tragend für diese Entscheidung war die Auslegung des Amtsträgerbegriffs nach dem IntBestG; soweit eine Strafbarkeit nach dem EU-BestG daneben unter Ablehnung der Amtsträgereigenschaft nach § 11 Abs. 1 Nr. 2 lit. c StGB verneint wurde, enthält dies keine Aussage zu der Frage, ob daneben auch das Begriffsverständnis des EU-Mitgliedstaats maßgebend, die Prüfung also ein- oder zweistufig vorzunehmen ist.

2. Begehen durch Unterlassen – § 13 StGB

15 Das Unterlassen hat nach **§ 13 Abs. 1 StGB** der Verwirklichung des gesetzlichen Tatbestandes durch ein Tun zu **entsprechen**. Voraussetzung hierfür ist, dass das Unterlassen im konkreten Fall dem Unrechtsgehalt aktiver Tatbestandsverwirklichung so nahe kommt, dass es sich dem Unrechtstypus des Tatbestands einfügt (sog. **Modalitätenäquivalenz**). Eine Gleichstellung des Unterlassens mit der Verwirklichung des Handelns durch aktives Tun kommt insbesondere dann nicht in

Betracht, wenn dem Unterlassen der Erfolgsunwert fehlt oder es an begehungstäterbezogenen Qualifikationsmerkmalen mangelt. Bei reinen Erfolgsdelikten, wie etwa § 212 StGB, kommt der Entsprechensklausel dagegen keine eigenständige Bedeutung zu.[23]

Wird der Tatbestand der **Untreue** durch einen **Rechtsanwalt** dadurch verwirklicht, dass er **pflichtwidrig** dem **Mandanten** oder einem Dritten zustehende **Gelder nicht weiterleitet**, sondern auf seinem Geschäftskonto belässt, so liegt der **Schwerpunkt der Vorwerfbarkeit** in einem **Unterlassen.** Die **Unterscheidung** zwischen den Begehungsformen hat sich daran zu orientieren, ob **zu dem bloßen Gelderhalt** ein **Tätigwerden** des Rechtsanwalts (Anfordern des Geldes, Verwenden des Geldes zu eigenen Zwecken, Ableugnen des Zahlungseingangs) **hinzutritt oder** sich der Vorwurf in dem **bloßen Untätigbleiben** nach Zahlungserhalt erschöpft.[24] **16**

Jeder, der eine **Gefahrenquelle schafft oder unterhält,** hat die nach Lage der Verhältnisse **erforderlichen Vorkehrungen zum Schutz** anderer Personen **zu treffen.**[25] Die **Erfolgsabwendungspflicht** eines Garanten **entfällt nicht, wenn** sein Verhalten zunächst lediglich eine eigenverantwortliche **Selbstgefährdung** derjenigen Person ermöglicht, für dessen Rechtsgut bzw. Rechtsgüter er als Garant rechtlich im Sinne von § 13 Abs. 1 StGB einzustehen hat.[26] **17**

[7] 2. Nach diesen Feststellungen hat sich der Angeklagte wegen Totschlags durch Unterlassen strafbar gemacht.

[8] a) Der Angeklagte hatte im Sinne von § 13 Abs. 1 StGB rechtlich dafür einzustehen, dass der Tod des Geschädigten A. nach dessen Konsum von GBL (Gammabutyrolacton) nicht eintritt. Diese Pflicht zur Abwendung des Todeserfolgs resultierte aus der tatsächlichen Herrschaft des Angeklagten über die in seinem Besitz befindliche und von ihm in seiner Wohnung für die übrigen dort Anwesenden frei zugängliche Flasche mit dem hochgradig gesundheits- und lebensgefährlichen GBL.

[9] aa) In der Rechtsprechung des Bundesgerichtshofs ist anerkannt, dass jeder, der eine Gefahrenquelle schafft oder unterhält, die nach Lage der Verhältnisse erforderlichen Vorkehrungen zum Schutz anderer Personen zu treffen hat (BGH, Urteil vom 13. November 2008 – 4 StR 252/08, BGHSt 53, 38, 41f. Rn. 16 mwN; siehe auch BGH, Urteil vom 21. Dezember 2011 – 2 StR 295/11, NStZ 2012, 319). Die entsprechende Pflicht beschränkt sich auf das Ergreifen solcher Maßnahmen, die nach den Gesamtumständen zumutbar sind und die ein verständiger und umsichtiger Mensch für notwendig und ausreichend hält, um Andere vor Schäden zu bewahren. Eine aus der Zuständigkeit für eine Gefahrenquelle folgende Erfolgsabwendungspflicht gemäß § 13 Abs. 1 StGB besteht allerdings lediglich dann, wenn mit der Eröffnung der Gefahrenquelle die nahe liegende Möglichkeit begründet wurde, dass Rechtsgüter anderer Personen verletzt werden können (vgl. bereits BGH, Urteil vom 13. November 2008 – 4 StR 252/08, BGHSt 53, 38, 42 Rn. 16; BGH, Urteil vom 21. Dezember 2011 – 2 StR 295/11, NStZ 2012, 319). In welchem Umfang die Erfolgsabwendungspflicht be-

[23] BGH, Urteil vom 04.08.2015 – 1 StR 624/14, Rn. 39.
[24] BGH, Beschluss vom 29.01.2015 – 1 StR 587/14, Rn. 19.
[25] BGH, Beschluss vom 05.08.2015 – 1 StR 328/15, Rn. 9.
[26] BGH, Beschluss vom 05.08.2015 – 1 StR 328/15, Rn. 16.

steht, bestimmt sich nach dem Grad der Gefahr. Die Anforderungen an den für die Gefahrenquelle Zuständigen sind umso höher, je größer bei erkennbarer Gefährlichkeit einer Handlung die Schadenswahrscheinlichkeit und Schadensintensität sind (BGH, Urteil vom 13. November 2008 – 4 StR 252/08, BGHSt 53, 38, 42 Rn. 16 mwN).

[10] bb) An diesen Grundsätzen gemessen ist die rechtliche Würdigung des Tatgerichts, der Angeklagte sei Garant für das Leben des später verstorbenen A. gewesen, nicht zu beanstanden.

[11] Die dem Konsum des unverdünnten GBL durch A. zeitlich vorausgegangenen Umstände legten die Möglichkeit nahe, dass es wegen des freien Zugangs aller in der Wohnung des Angeklagten Anwesenden zu einem Zugriff auf die Flasche mit dem GBL kommen werde. Alle sich dort Aufhaltenden und damit auch A. hatten bereits im Verlaufe des Nachmittags außerhalb der Wohnung unterschiedliche Suchtmittel zu sich genommen. In der Wohnung war es zu weiterem Konsum von Alkohol und verschiedenen Betäubungsmitteln gekommen. Angesichts dieses wahllosen Suchtmittelkonsumverhaltens der in der Wohnung anwesenden Personen war trotz der zunächst ausbleibenden Reaktion der Gäste auf die Aufforderung des Angeklagten, von dem GBL zu konsumieren, die Gefahr eines Zugriffs auch auf diese Substanz nahe liegend. Unabhängig von dem jeweils konkreten Umfang des Suchtmittelkonsums der verschiedenen Gäste und den jeweiligen individuellen Auswirkungen auf die Fähigkeit zur Risikoeinschätzung, entspricht eine enthemmende Wirkung von Suchtmittelkonsum allgemeiner Erfahrung. Dass es angesichts des bis zum Vorfallzeitpunkt von allen Anwesenden gezeigten Konsumverhaltens auch zu der Einnahme von GBL kommen würde, war daher eine voraussehbare Entwicklung.

[12] Wegen der mit einer Einnahme des unverdünnt in der für jeden Anwesenden frei zugänglichen Flasche befindlichen GBL einhergehenden hohen Gefährlichkeit für das Leben und die Gesundheit von Konsumenten waren an den Angeklagten als Inhaber der Sachherrschaft über den gefährlichen Gegenstand hohe Sorgfaltsanforderungen zu stellen, um der Lebensgefährlichkeit des Konsums zu begegnen. Die ausgesprochene Warnung des Angeklagten, GBL nicht unverdünnt zu sich zu nehmen, genügte angesichts des frei zugänglichen Aufstellens der Flasche in der Wohnung in Anwesenheit mehrerer Personen, die bereits zuvor Alkohol und verschiedene Drogen konsumiert hatten, dazu nicht. Der Angeklagte hat daher als für die Flasche zuständiger Besitzer durch den geschilderten Umgang mit ihr eine Gefahrenquelle eröffnet. Dies begründete grundsätzlich seine Pflicht, dem von dieser Quelle für die Rechtsgüter Dritter ausgehenden Gefährlichkeitspotential durch geeignete und ihm zumutbare Maßnahmen zu begegnen.

[13] b) Diese Pflicht entfiel – wie das Landgericht rechtsfehlerfrei angenommen hat – auch nicht deshalb, weil der später verstorbene A. trotz der ausgesprochenen Warnung des Angeklagten aus eigenem Entschluss das GBL unverdünnt zu sich genommen hat.

[14] aa) Zwar unterfällt nach der ständigen Rechtsprechung des Bundesgerichtshofs eine eigenverantwortlich gewollte und verwirklichte Selbstgefährdung grundsätzlich nicht den Tatbeständen eines Körperverletzungs- oder Tötungsdelikts, wenn sich das mit der Gefährdung vom Opfer bewusst eingegangene Risiko realisiert. Wer eine solche Gefährdung veranlasst, ermöglicht oder fördert, kann daher nicht wegen eines Körperverletzungs- oder Tötungsdelikts verurteilt wer-

den; denn er nimmt an einem Geschehen teil, welches – soweit es um die Strafbarkeit wegen Tötung oder Körperverletzung geht – kein tatbestandsmäßiger und damit strafbarer Vorgang ist (siehe nur BGH, Urteil vom 28. Januar 2014 – 1 StR 494/13, BGHSt 59, 150, 167 Rn. 71 mit zahlr. Nachw.). Diese Grundsätze gelten sowohl für die vorsätzliche als auch die fahrlässige Veranlassung, Ermöglichung oder Förderung einer eigenverantwortlichen Selbstgefährdung oder Selbstverletzung (BGH, Urteil vom 28. Januar 2014 – 1 StR 494/13, BGHSt 59, 150, 168 Rn. 71).

[15] bb) Eine eigenverantwortliche Selbstgefährdung seines Lebens durch den Verstorbenen A. schloss jedoch die aus der Herrschaft über eine Gefahrenquelle resultierende Pflicht des Angeklagten zur Abwendung des drohenden Todeserfolgs gerade nicht aus, als sich nach der unverdünnten Einnahme von GBL gerade das Gefahrenpotential für das Leben A. s zu realisieren begann, das der Angeklagte durch das dem Zugriff seiner Gäste offene Abstellen der Flasche mit dem genannten Stoff gerade eröffnet hatte.

[16] (1) Der Bundesgerichtshof hat bereits entschieden, dass die Erfolgsabwendungspflicht eines Garanten nicht entfällt, wenn sein Verhalten zunächst lediglich eine eigenverantwortliche Selbstgefährdung derjenigen Person ermöglicht, für dessen Rechtsgut bzw. Rechtsgüter er als Garant rechtlich im Sinne von § 13 Abs. 1 StGB einzustehen hat (vgl. BGH, Urteile vom 27. Juni 1984 – 3 StR 144/84, NStZ 1984, 452 und vom 9. November 1984 – 2 StR 257/84; im Ergebnis auch BGH, Urteil vom 21. Dezember 2011 – 2 StR 295/11, NStZ 2012, 319). Die Straflosigkeit des auf die Herbeiführung des Risikos gerichteten Verhaltens ändere nichts daran, dass für den Täter Garantenpflichten in dem Zeitpunkt bestehen, in dem aus dem allgemeinen Risiko eine besondere Gefahrenlage erwächst. Mit dem Eintritt einer solchen Gefahrenlage ist der Täter verpflichtet, den drohenden Erfolg abzuwenden (BGH, Urteile vom 27. Juni 1984 – 3 StR 144/84, NStZ 1984, 452 und vom 9. November 1984 – 2 StR 257/84; in der Sache ebenso BGH, Urteil vom 21. Dezember 2011 – 2 StR 295/11, NStZ 2012, 319).

[17] (2) An diesen Grundsätzen ist jedenfalls dann festzuhalten, wenn – wie nach den tatrichterlichen Feststellungen hier (UA S. 22) – das Verhalten des Opfers sich in Bezug auf das Rechtsgut Leben in einer (möglichen) eigenverantwortlichen Selbstgefährdung erschöpft. Entgegen in der Strafrechtswissenschaft geäußerter Kritik (etwa Roxin, Strafrecht, AT/1, 4. Aufl., § 11 Rn. 112; Kühl in Lackner/Kühl, StGB, 28. Aufl., Vor § 211 Rn. 16; Fünfsinn StV 1985, 57 f.) ist es in diesen Konstellationen nicht wertungswidersprüchlich, zwar jegliche Beteiligung an der eigenverantwortlichen Selbstgefährdung selbst für einen Garanten straffrei zu stellen, bei Realisierung des von dem betroffenen Rechtsgutsinhaber eingegangenen Risikos aber eine strafbewehrte Erfolgsabwendungspflicht aus § 13 Abs. 1 StGB anzunehmen. Denn anders als in den Selbsttötungsfällen erschöpft sich im Fall der Selbstgefährdung die Preisgabe des eigenen Rechtsguts gerade darin, dieses in einem vom Betroffenen jedenfalls in seinem wesentlichen Grad zutreffend erkannten Umfang (Kenntnis sämtlicher rechtsgutsbezogener Risiken des fraglichen Verhaltens wird nicht gefordert, vgl. BGH, Beschluss vom 11. Januar 2011 – 5 StR 491/10, NStZ 2011, 341, 342; siehe auch BGH, Urteil vom 28. Januar 2014 – 1 StR 494/13, BGHSt 59, 150, 169 f. Rn. 80 und 81) einem Risiko auszusetzen. Eine Hinnahme des als möglich erkannten Erfolgseintritts bei Realisierung des eingegangenen Risikos ist mit der Vornahme der Selbstgefährdung gerade nicht notwendig verbunden (siehe insoweit auch Freund

in Münchener Kommentar zum StGB, 2. Aufl., § 13 Rn. 190; in der Sache anders dagegen Murmann NStZ 2012, 387, 388f.).

[18] Entwickelt sich das allein auf Selbstgefährdung angelegte Geschehen erwartungswidrig in Richtung auf den Verlust des Rechtsguts, umfasst die ursprüngliche Entscheidung des Rechtsgutsinhabers für die (bloße) Gefährdung seines Rechtsguts nicht zugleich den Verzicht auf Maßnahmen zum Erhalt des nunmehr in einen Zustand konkreter Gefahr geratenen Rechtsguts (vgl. Freund aaO). Eine Person, die nach den allgemeinen Grundsätzen des § 13 Abs. 1 StGB Garant für das bedrohte Rechtsgut ist, trifft dann im Rahmen des tatsächlich Möglichen und ihr rechtlich Zumutbaren die Pflicht, den Eintritt des tatbestandlichen Erfolgs abzuwenden.

[19] Dem ist der Angeklagte nicht nachgekommen, weil er in dem Zeitraum, in dem noch die Möglichkeit der Abwendung des Todes von A. bestand, auf das Herbeirufen der lebensnotwendigen medizinischen Hilfe verzichtet hat.

18 Die Frage, ob eine **Strafmilderung** nach § 13 Abs. 2, § 49 Abs. 1 StGB geboten ist, muss das Tatgericht in einer wertenden **Gesamtwürdigung** der **wesentlichen,** also **nicht nur unterlassungsbezogenen Gesichtspunkte** prüfen. Einzubeziehen sind daher auch die konkreten Tatumstände und alle in subjektiver Hinsicht für die Bewertung des Unrechtsgehalts der Unterlassung maßgebenden Umstände.[27]

3. Vorsatz – § 15 StGB

19 **Bedingt vorsätzliches Handeln** setzt voraus, dass der Täter den Eintritt des tatbestandlichen Erfolges als möglich und nicht ganz fernliegend erkennt, und dass er ihn billigt oder sich um des erstrebten Zieles willen mit der Tatbestandsverwirklichung abfindet. Beide Elemente der inneren Tatseite müssen in jedem Einzelfall gesondert geprüft und durch tatsächliche Feststellungen belegt werden. Annahme oder Ablehnung bedingten Tötungsvorsatzes können nur auf der Grundlage einer Gesamtbetrachtung aller objektiven und subjektiven Umstände erfolgen. Dabei ist die auf der Grundlage der dem Täter bekannten Umstände zu bestimmende objektive Gefährlichkeit der Tathandlung ein wesentlicher Indikator. Bei der Würdigung des Willenselements ist neben der konkreten Angriffsweise jedoch regelmäßig auch die Persönlichkeit des Täters, sein psychischer Zustand zum Tatzeitpunkt und seine Motivation mit in die erforderliche Gesamtbetrachtung einzubeziehen.[28]

20 **Ursächlich** für den Eintritt eines tatbestandsmäßigen Erfolgs ist jede Bedingung, die den Erfolg herbeigeführt hat.[29] Der **Vorsatz** des Täters muss sich auf den zum Eintritt des tatbestandlichen Erfolgs führenden Geschehensablauf erstrecken.[30]

---

[27] BGH, Urteil vom 17.06.2015 – 5 StR 75/15, Rn. 11.

[28] BGH, Beschluss vom 09.06.2015 – 2 StR 504/14, Rn. 6; vgl. auch: BGH, Beschluss vom 07.09.2015 – 2 StR 194/15, Rn. 9; BGH, Urteil vom 03.12.2015 – 1 StR 457/15, Rn. 13 und BGH, Urteil vom 03.12.2015 – 4 StR 387/15, Rn. 10.

[29] BGH, Urteil vom 03.12.2015 – 4 StR 223/15, Rn. 10.

[30] BGH, Urteil vom 03.12.2015 – 4 StR 223/15, Rn. 12.

[10] a) Ursächlich für den Eintritt eines tatbestandsmäßigen Erfolgs ist jede Bedingung, die den Erfolg herbeigeführt hat. Dabei ist gleichgültig, ob neben der Tathandlung noch andere Umstände, Ereignisse oder Geschehensabläufe zur Herbeiführung des Erfolgs beigetragen haben (BGH, Urteil vom 30. August 2000 – 2 StR 204/00, NStZ 2001, 29, 30). Ein Kausalzusammenhang ist nur dann zu verneinen, wenn ein späteres Ereignis die Fortwirkung der ursprünglichen Bedingung beseitigt und seinerseits allein unter Eröffnung einer neuen Ursachenreihe den Erfolg herbeigeführt hat (BGH, Urteil vom 10. Januar 2008 – 3 StR 463/07 Rn. 21). Dagegen schließt es die Ursächlichkeit des Täterhandelns nicht aus, dass ein weiteres Verhalten an der Herbeiführung des Erfolgs mitgewirkt hat. Ob es sich bei dem mitwirkenden Verhalten um ein solches des Opfers oder um deliktisches oder undeliktisches Verhalten eines Dritten (vgl. BGH, Urteile vom 10. Januar 2008 – 3 StR 463/07 aaO; vom 30. August 2000 – 2 StR 204/00 aaO; vom 12. September 1984 – 3 StR 245/84, StV 1985, 100; vom 18. Juni 1957 – 5 StR 164/57, BGHSt 10, 291, 293 f.; vom 6. Juli 1956 – 5 StR 434/55, bei Dallinger, MDR 1956, 526) oder des Täters selbst handelt (vgl. BGH, Urteile vom 30. März 1993 – 5 StR 720/92, BGHSt 39, 195, 198; vom 14. März 1989 – 1 StR 25/89, NJW 1989, 2479 f.; vom 26. April 1960 – 5 StR 77/60, BGHSt 14, 193, 194; vom 23. Oktober 1951 – 1 StR 348/51, bei Dallinger, MDR 1952, 16; RGSt 67, 258 f.), ist dabei ohne Bedeutung.

[12] b) Der Tod des Opfers als Folge der mit der Metallstange geführten Schläge ist dem Angeklagten auch subjektiv als von dem die Ausführung der Schläge tragenden Vorsatz mitumfasst zuzurechnen. Der Vorsatz des Täters muss sich auf den zum Eintritt des tatbestandlichen Erfolgs führenden Geschehensablauf erstrecken (vgl. BGH, Urteile vom 9. Oktober 1969 – 2 StR 376/69, BGHSt 23, 133, 135; vom 21. April 1955 – 4 StR 552/54, BGHSt 7, 325, 329). Da dieser indes kaum je in allen Einzelheiten zu erfassen ist, wird der Vorsatz durch unwesentliche Abweichungen des vorgestellten vom tatsächlichen Geschehensablauf nicht in Frage gestellt. Eine Abweichung vom vorgestellten Kausalverlauf ist nach der Rechtsprechung des Bundesgerichtshofs als unwesentlich anzusehen, wenn sie sich innerhalb der Grenzen des nach allgemeiner Lebenserfahrung Vorhersehbaren hält und keine andere Bewertung der Tat rechtfertigt (st. Rspr.; vgl. BGH, Beschluss vom 15. Februar 2011 – 1 StR 676/10, BGHSt 56, 162, 166; Urteil vom 30. August 2000 – 2 StR 204/00 aaO; Beschluss vom 11. Juli 1991 – 1 StR 357/91, BGHSt 38, 32, 34; Vogel in LK-StPO, 12. Aufl., § 16 Rn. 56 ff. mwN). Unter Zugrundelegung dieses Maßstabs ist in Fällen, in denen bei Angriffen gegen das Leben der Tod des Opfers nicht unmittelbar durch die Angriffshandlung sondern durch vorsätzliches Handeln eines Dritten oder eine nicht mehr vom Tötungsvorsatz getragene Verdeckungshandlung des Täters herbeigeführt wurde, von der Rechtsprechung eine wesentliche Abweichung vom Kausalverlauf verneint worden (vgl. BGH, Urteile vom 30. August 2000 – 2 StR 204/00 aaO; vom 26. April 1960 – 5 StR 77/60 aaO; vom 6. Juli 1956 – 5 StR 434/55, aaO).

Bewusste Fahrlässigkeit liegt hingegen dann vor, wenn der Täter mit der als mög- **21**
lich erkannten Tatbestandsverwirklichung nicht einverstanden ist und ernsthaft – nicht nur vage – darauf vertraut, der tatbestandliche Erfolg werde nicht eintreten. Vertraut der Täter darauf, die für möglich gehaltene Folge werde nicht eintreten, so kommt es auf die Umstände des Einzelfalles an, ob er das ernsthaft konnte. Da beide Schuldformen – bewusste Fahrlässigkeit und bedingter Vorsatz – im Grenz-

bereich eng beieinander liegen, ist bei der Prüfung, ob der Täter vorsätzlich gehandelt hat, eine Gesamtschau aller objektiven und subjektiven Tatumstände geboten. Sowohl das Wissens- als auch das Wollenselement muss grundsätzlich in jedem Einzelfall geprüft und durch tatsächliche Feststellungen belegt werden.[31]

22 Das Vorliegen eines **Erlaubnistatbestandsirrtums** kann gemäß § 16 Abs. 1 Satz 1 StGB die Strafbarkeit wegen vorsätzlichen Handelns entfallen lassen. In einem solchen Erlaubnistatbestandsirrtum befindet sich, wer irrig Umstände annimmt, die – wenn sie vorlägen – einen anerkannten Rechtfertigungsgrund begründen würden.[32]

4. Schuldunfähigkeit, verminderte Schuldfähigkeit – §§ 20, 21 StGB

23 Bei der **Beurteilung** der **Schuld** ist (auch) **auf** die **Einsichtsfähigkeit und** nicht allein auf die **Steuerungsfähigkeit** des Angeklagten **abzustellen.**[33]

Eine erheblich verminderte Einsichtsfähigkeit ist strafrechtlich erst dann von Bedeutung, wenn sie das Fehlen der Einsicht zur Folge hat, während die Schuld des Angeklagten nicht gemindert wird, wenn er ungeachtet seiner erheblich verminderten Einsichtsfähigkeit das Unrecht seines Tuns zum Tatzeitpunkt tatsächlich eingesehen hat. Die Voraussetzungen des § 21 StGB sind in den Fällen der verminderten Einsichtsfähigkeit nur dann zu bejahen, wenn die Einsicht gefehlt hat und dies dem Täter vorzuwerfen ist. Fehlt dem Täter aus einem in § 20 StGB genannten Grund die Einsicht, ohne dass ihm dies zum Vorwurf gemacht werden kann, ist auch bei verminderter Einsichtsfähigkeit nicht § 21 StGB, sondern § 20 StGB anwendbar, so dass in diesen Fällen ein Schuldspruch ausscheidet (st. Rspr.; vgl. etwa BGH, Beschluss vom 2. August 2012 – 3 StR 259/12, juris Rn. 5 mwN).

24 Die Beurteilung einer **erheblichen Schuldminderung** setzt zunächst die **Feststellung** einer **psychischen Störung** voraus. Sodann sind der **Ausprägungsgrad** und deren **Einfluss auf** die **soziale Anpassungsfähigkeit** des Täters zu untersuchen.[34]

[12] (…) Die richterliche Entscheidung, ob die Fähigkeit des Täters, das Unrecht seiner Tat einzusehen oder nach dieser Einsicht zu handeln, bei der Begehung der jeweiligen Tat erheblich vermindert war, besteht in einem aus mehreren Schritten bestehenden Verfahren (vgl. BGH, Beschluss vom 12. März 2013 – 4 StR 42/13, NStZ 2013, 519, 520). Zuerst ist die Feststellung erforderlich, dass bei dem Angeklagten eine psychische Störung vorliegt, die ein solches Ausmaß erreicht hat, dass sie unter eines der Eingangsmerkmale des § 20 StGB zu subsumieren ist. Sodann sind der Ausprägungsgrad der Störung und deren Einfluss auf die soziale Anpassungsfähigkeit des Täters zu untersuchen. Durch die festgestellten psychopathologischen Verhaltensmuster muss die psychische Funktionsfähigkeit des Täters bei der Tatbegehung beeinträchtigt worden sein. Die anschließende Frage der

---

[31] BGH, Urteil vom 05.11.2015 – 4 StR 124/14, Rn. 29.
[32] BGH, Urteil vom 27.10.2015 – 3 StR 199/15, Rn. 12.
[33] BGH, Beschluss vom 26.05.2015 – 3 StR 143/15.
[34] BGH, Beschluss vom 25.03.2015 – 2 StR 409/14, Rn. 12.

Erheblichkeit der Beeinträchtigung des Hemmungsvermögens ist eine Rechtsfrage, die das Tatgericht selbst zu beantworten hat, nicht der Sachverständige (vgl. BGH, Urteil vom 29. April 1997 – 1 StR 511/95, BGHSt 43, 66, 77; Urteil vom 21. Januar 2004 – 1 StR 346/03, BGHSt 49, 45, 53).

[13] Wird im Einzelfall eine schwere andere seelische Abartigkeit als Eingangsmerkmal im Sinne von § 20 StGB bejaht, so liegt wegen der damit festgestellten Schwere der Abartigkeit auch eine erhebliche Beeinträchtigung des Steuerungsvermögens gemäß § 21 StGB nahe (vgl. BGH, Beschluss vom 16. Mai 1991 – 4 StR 204/91, BGHR StGB § 21 seelische Abartigkeit 20; Beschluss vom 6. Mai 1997 – 1 StR 17/97, BGHR StGB § 21 seelische Abartigkeit 31; Fischer, StGB, 62. Aufl., § 21 Rn. 8). Dies hat das Landgericht nicht bedacht, als es die Frage nach dem Vorliegen eines Eingangsmerkmals offen gelassen und die Frage der Erheblichkeit einer hieraus gegebenenfalls resultierenden Beeinträchtigung der Steuerungsfähigkeit verneint hat.

Sexuelle Devianz, wie etwa Pädophilie, kann nicht ohne weiteres das Eingangsmerkmal der „**schweren anderen seelischen Abartigkeit**" ausfüllen. Die Störung kann aber im Einzelfall den Schweregrad des Eingangsmerkmals erreichen.[35] **25**

[14] Der Senat kann nicht ausschließen, dass bei ordnungsgemäßer Prüfung jedenfalls für einen Teil der abgeurteilten Taten eine erhebliche Beeinträchtigung der Steuerungsfähigkeit des Angeklagten anzunehmen ist. Eine festgestellte Pädophilie kann im Einzelfall die Annahme einer schweren anderen seelischen Abartigkeit und einer hierdurch erheblich beeinträchtigten Steuerungsfähigkeit rechtfertigen, wenn Sexualpraktiken zu einer eingeschliffenen Verhaltensschablone geworden sind, die sich durch abnehmende Befriedigung, zunehmende Frequenz der devianten Handlungen, Ausbau des Raffinements beim Vorgehen und gedankliche Einengung des Täters auf diese Praktik auszeichnen (vgl. BGH, Beschluss vom 17. Juli 2007 – 4 StR 242/07, NStZ-RR 2007, 337; Beschluss vom 20. Mai 2010 – 5 StR 104/10; NStZ-RR 2011, 170; Beschluss vom 6. Juli 2010 – 4 StR 283/10, NStZ-RR 2010, 304, 305; Beschluss vom 10. September 2013 – 2 StR 321/13, NStZ-RR 2014, 8, 9). Insoweit könnten entgegen der Auffassung des Landgerichts eine gedankliche Einengung des Angeklagten auf sexuelle Handlungen mit Kindern und eine Progredienz der lange andauernden Fehlentwicklung festzustellen sein, die in den letzten Jahren, in denen der Angeklagte zur gleichen Zeit sexuelle Handlungen an mehreren sehr jungen Kindern vornahm und auch nicht mehr mit seiner Ehefrau sexuell verkehrte, zum Vorliegen der Voraussetzungen des § 21 StGB geführt haben. Ob und in welchem zeitlichen Umfang dies der Fall ist, kann der Senat anhand der Urteilsgründe nicht feststellen, weshalb er den Strafausspruch im Ganzen aufhebt.

Die Entscheidung, ob das **Hemmungsvermögen** des Angeklagten zur Tatzeit aus einem der in § 20 StGB bezeichneten Gründe im Sinne von § 21 StGB **erheblich vermindert** war, erfolgt prinzipiell **mehrstufig**, wobei die Prüfungspunkte miteinander verzahnt sind. Zunächst ist die Feststellung erforderlich, dass bei dem An- **26**

---

[35] BGH, Beschluss vom 25.03.2015 – 2 StR 409/14, Rn. 14; siehe auch: BGH, Beschluss vom 03.09.2015 – 1 StR 255/15, Rn. 21.

geklagten eine **Störung** im psychiatrischen Sinn vorliegt. Sodann sind der **Ausprägungsgrad** der Störung im Hinblick auf das Vorliegen eines Eingangsmerkmals und anschließend die **Erheblichkeit** des Einflusses auf das Hemmungsvermögen gemäß § 21 StGB zu untersuchen. Hierzu ist der Richter jeweils für die Tatsachenbewertung auf die **Hilfe** eines **Sachverständigen** angewiesen. Gleichwohl handelt es sich bei der Frage des Vorliegens eines der Eingangsmerkmale des § 20 StGB bei gesichertem Vorliegen eines psychiatrischen Befundes, wie bei der Prüfung erheblich eingeschränkter Steuerungsfähigkeit zur Tatzeit, um Rechtsfragen.[36]

27 Im Rahmen der Beurteilung der **Schuldfähigkeit** folgt alleine aus der Diagnose einer **wahnhaften Störung** regelmäßig noch keine Beeinträchtigung der Schuldfähigkeit, soweit **Tatmotiv und Tathandlung** nicht in einer **direkten Beziehung zum Wahnthema** stehen.[37]

28 Allein die Diagnose einer (paranoiden) **Schizophrenie** führt für sich genommen nicht zur Feststellung einer generellen oder zumindest längere Zeiträume überdauernden gesicherten Beeinträchtigung bzw. Aufhebung der Schuldfähigkeit. Erforderlich ist stets die **konkretisierende Darlegung**, in welcher Weise sich die festgestellte Störung bei Begehung der Taten auf die Einsichts- oder Steuerungsfähigkeit ausgewirkt hat.[38]

29 Im Falle der Annahme einer **erheblich verminderten Einsichtsfähigkeit** ist zu urteilen, ob diese zum **Fehlen der Unrechtseinsicht geführt oder** der Angeklagten **gleichwohl** das Unrecht seines Tuns zum Tatzeitpunkt **tatsächlich eingesehen** hat. Abhängig von der Vorwerfbarkeit ist § 20 StGB oder § 21 StGB (nicht) anzuwenden.[39]

2. (…)
Nimmt der Tatrichter eine erheblich verminderte Einsichtsfähigkeit des Täters an, so muss er darüber befinden, ob diese zum Fehlen der Unrechtseinsicht geführt oder ob der Täter gleichwohl das Unrecht der Tat eingesehen hat (st. Rspr.; BGH, Urteile vom 13. November 1990 – 1 StR 514/90, BGHR StGB § 20 Einsichtsfähigkeit 3; vom 25. Januar 1995 – 3 StR 535/94, BGHR StGB § 21 Einsichtsfähigkeit 6; Beschluss vom 5. August 2014 – 3 StR 271/14, juris Rn. 7). Hat ihm die Einsicht gefehlt, so ist weiter zu prüfen, ob ihm dies zum Vorwurf gemacht werden kann. Ist ihm das Fehlen nicht vorwerfbar, so ist auch bei nur verminderter Einsichtsfähigkeit nicht § 21 StGB, sondern § 20 StGB anwendbar. Nur wenn dem Täter die Einsicht gefehlt hat, dies ihm aber zum Vorwurf gemacht werden kann, liegen die Voraussetzungen des § 21 StGB in den Fällen verminderter Einsichtsfähigkeit vor. Hat dagegen der Angeklagte ungeachtet seiner erheblich verminderten Einsichtsfähigkeit das Unrecht seines Tuns zum Tatzeitpunkt tatsächlich eingesehen, so ist seine Schuld nicht gemindert und § 21 StGB im Hinblick auf die verminderte Einsichtsfähigkeit nicht anwendbar. (…)

---

[36] BGH, Beschluss vom 01.07.2015 – 2 StR 137/15, Rn. 17.
[37] BGH, Beschluss vom 25.02.2015 – 2 StR 495/13, Rn. 10.
[38] BGH, Beschluss vom 26.03.2015 – 2 StR 37/15, Rn. 6.
[39] BGH, Beschluss vom 17.12.2014 – 3 StR 511/14.

Sofern **Wahnvorstellungen** in Form von **Schizophrenie** für einen Teil der Taten als **handlungsleitend** eingeschätzt werden, ist eine eingehende Auseinandersetzung mit **§ 20 bzw. 21 StGB** angezeigt.[40] 30

[2] 1. Nach den Feststellungen des Landgerichts leidet die Angeklagte spätestens seit 2002 an einer Schizophrenie, die bei ihr zu massiven Wahnvorstellungen geführt hat. (...)

[4] Das Landgericht hat sachverständig beraten festgestellt, dass bei der Angeklagten zu den Tatzeitpunkten jeweils krankheitsbedingt eine allgemeine aggressive Verstimmung, eine erhebliche Antriebssteigerung mit einer deutlich erhöhten Reaktionsbereitschaft im Rahmen sozialer Interaktionen und wahnhafte Gedankeninhalte vorlagen. Insbesondere in den Fällen II.2 bis 4 sei „die wahnhafte Vorstellung der Angeklagten, sie solle um ihr Erbe betrogen werden und ihr stünden erhebliche Geldansprüche gegen die Zeugin A. [die Mutter] zu, bestimmendes Motiv ihres Handelns" gewesen (UA S. 15). Es ist deshalb von einer erheblichen Verminderung der Steuerungsfähigkeit im Sinne von § 21 StGB ausgegangen.

[6] 3. Schuld- und Rechtsfolgenausspruch können indes nicht bestehen bleiben, weil die Annahme von – wenn auch eingeschränkt – erhalten gebliebener Schuldfähigkeit angesichts des festgestellten psychischen Zustands und der Tatmotivation der Angeklagten nicht belegt ist.

[7] Schizophrenie ist eine Bezeichnung für eine Gruppe psychischer Erkrankungen, die durch charakteristische Störungen des Denkens, des Antriebs, der Wahrnehmung, der Affektivität, des Ich-Erlebens und des Verhaltens gekennzeichnet sind (vgl. hierzu und zum Folgenden Kröber/Lau in Kröber/Dölling/Leygraf/Saß, Handbuch der Forensischen Psychiatrie, Band 2, S. 312 f., 327 ff.). In ihrer häufigsten Erscheinungsart, der paranoidhalluzinatorischen Form, ist die Schizophrenie mit wahnhaften Vorstellungen und – zumeist akustischen – Halluzinationen verbunden. Eine akute psychotische Symptomatik im Sinne einer exazerbierten schizophrenen Psychose geht mit einer Aufhebung der Fähigkeit zur Realitätswahrnehmung und zur Realitätsprüfung und einer massiven Veränderung grundlegender Denkfunktionen einher. Die Realitätswahrnehmung kann dabei so tiefgreifend verändert sein, dass die Einsichtsfähigkeit in das Rechtswidrige des Handelns nicht mehr gegeben ist.

[8] Das Landgericht hat die Wahnvorstellungen der Angeklagten für drei der Taten als handlungsleitend eingeschätzt. Gleiches liegt auch für die vierte Tat nicht fern, da der Lebensgefährte der Mutter in das Wahnsystem der Angeklagten einbezogen war. Es ist deshalb möglich, dass die Erkrankung der Angeklagten bereits deren Einsichtsfähigkeit in das Unrecht der Taten erheblich vermindert oder gar ausgeschlossen hat. Hiermit hätte sich die Strafkammer auseinandersetzen müssen. Da Schuldunfähigkeit der Angeklagten bei den Taten nicht auszuschließen ist, muss über den Schuldspruch und die gesamten Rechtsfolgen der Taten erneut entschieden werden.

Eine diagnostizierte **Persönlichkeitsstörung** kann die Annahme einer **schweren** 31
anderen seelischen Abartigkeit nur dann begründen, wenn sie Symptome auf-

[40] BGH, Beschluss vom 08.01.2015 – 3 StR 543/14.

weist, die in ihrer Gesamtheit das Leben eines Angeklagten vergleichbar schwer und mit ähnlichen Folgen stören, belasten oder einengen **wie krankhafte seelische Störungen**. Handelt es sich – wie bei der hier diagnostizierten „dissozialen Persönlichkeitsstörung" – um ein eher unspezifisches Störungsbild, das immer auch noch als – möglicherweise extreme – Spielart menschlichen Wesens einzuordnen sein kann, wird der Grad einer „schweren anderen seelischen Abartigkeit" regelmäßig erst dann erreicht, wenn der Täter **aus** einem mehr oder weniger **unwiderstehlichen Zwang heraus gehandelt** hat.[41]

32 Für die **Bewertung** der **Schwere** der **Persönlichkeitsstörung** ist im Allgemeinen maßgebend, ob es **im Alltag außerhalb des Delikts** zu **Einschränkungen des sozialen Handlungsvermögens** gekommen ist. Im Vordergrund der Prüfung müssen dabei die Wahrnehmung der eigenen und anderer Personen, die emotionalen Reaktionen, die konkrete Gestaltung zwischenmenschlicher Beziehungen und die Impulskontrolle stehen.[42]

33 Ob die **Steuerungsfähigkeit** wegen einer schweren anderen seelischen Abartigkeit bei Begehung der Tat **„erheblich"** im Sinne des § 21 StGB **vermindert** war, ist eine **Rechtsfrage**, die der **Tatrichter** ohne Bindung an Äußerungen von Sachverständigen **in eigener Verantwortung zu beantworten** hat. Hierbei fließen normative Gesichtspunkte ein, wobei entscheidend die Anforderungen sind, die die Rechtsordnung an jedermann stellt. Dazu hat der Tatrichter in einer Gesamtbetrachtung die Persönlichkeit des Angeklagten und dessen Entwicklung zu bewerten, wobei auch Vorgeschichte, unmittelbarer Anlass und Ausführung der Tat sowie das Verhalten danach von Bedeutung sind.[43]

34 Eine **Strafrahmenverschiebung** nach §§ 21, 49 Abs. 1 StGB kommt im Falle einer alkoholbedingten Verminderung der Schuldfähigkeit in Betracht, wenn sie auf einer **Trunkenheit** beruht, die dem Täter **uneingeschränkt vorwerfbar** ist. Ein die Steuerungsfähigkeit erheblich beeinträchtigender Alkoholrausch ist jedoch dann **nicht** uneingeschränkt vorwerfbar, **wenn** der Täter **alkoholkrank oder -überempfindlich** ist. Eine Alkoholerkrankung, bei der schon die Alkoholaufnahme nicht als schulderhöhender Umstand zu werten ist, liegt regelmäßig vor, wenn der Täter den Alkohol aufgrund eines unwiderstehlichen oder ihn weitgehend beherrschenden **Hanges** trinkt, der seine Fähigkeit einschränkt, der Versuchung zum übermäßigen Alkoholkonsum zu widerstehen.[44]

35 Eine **Blutalkoholkonzentration** von maximal **3,9 Promille** legt die Annahme einer erheblichen **Herabsetzung** der **Hemmungsfähigkeit** im Sinne von **§ 21 StGB sehr nahe**. Eine solche ist nach ständiger Rechtsprechung **schon ab** einer Blutalkoholkonzentration **von 2,0 Promille** in Betracht zu ziehen. Auch wenn davon auszugehen ist, dass es keinen gesicherten medizinisch-statistischen Erfahrungssatz darüber gibt, dass ohne Rücksicht auf psychodiagnostische Beurteilungskriterien allein wegen einer bestimmten Blutalkoholkonzentration zur Tatzeit in aller Regel vom Vorliegen einer alkoholbedingt erheblich verminderten Steuerungsfähigkeit ausgegangen werden muss, ist der **festgestellte Wert** ein **gewichtiges Beweisanzeichen** für die Stärke der alkoholischen Beeinflussung. Je höher dieser

---

[41] BGH, Beschluss vom 11.02.2015 – 4 StR 498/14, Rn. 6.
[42] BGH, Beschluss vom 01.07.2015 – 2 StR 137/15, Rn. 14.
[43] BGH, Beschluss vom 11.02.2015 – 4 StR 498/14, Rn. 11.
[44] BGH, Beschluss vom 15.09.2015 – 5 StR 341/15, Rn. 2f.

Wert ist, umso näher liegt die Annahme einer zumindest erheblichen Einschränkung der Steuerungsfähigkeit. Maßgeblich für die Frage, ob die Voraussetzungen des § 21 StGB gegeben sind, ist dementsprechend eine **Gesamtwürdigung**, in die sowohl die Höhe der Blutalkoholkonzentration als auch psychodiagnostische Kriterien einzustellen sind. Bei einer starken Alkoholisierung lässt sich erheblich verminderte Schuldfähigkeit nur ausschließen, wenn gewichtige Anzeichen für den Erhalt der Hemmungsfähigkeit sprechen.[45]

[4] a) Das sachverständig beratene Landgericht hat unter Rückrechnung einer etwa 7¾ Stunden nach der Tat entnommenen Blutprobe mit einer Blutalkoholkonzentration von 2,14 Promille festgestellt, dass der Angeklagte zum Tatzeitpunkt eine „Blutalkoholkonzentration von maximal 3,9 Promille" aufgewiesen habe. Auf der Grundlage der Trinkmengenangaben des Angeklagten ist es unter Anwendung der Widmark-Formel zu einer maximalen Blutalkoholkonzentration von 3,03 Promille gekommen. Ausgehend von einer Alkoholisierung von maximal 3,9 Promille hätten gleichwohl die Voraussetzungen des § 21 StGB nicht vorgelegen. Zwar sei bei einer rechnerisch derart hohen Blutalkoholkonzentration regelmäßig die Prüfung einer Aufhebung der Schuldfähigkeit gemäß § 20 StGB veranlasst und noch sorgfältiger zu prüfen, ob eine Anwendung des § 21 StGB in Betracht komme. Es gebe aber keinen gesicherten medizinisch-statistischen Erfahrungssatz darüber, dass ohne Rücksicht auf psychodiagnostische Beurteilungskriterien allein wegen einer bestimmten Blutalkoholkonzentration zur Tatzeit in aller Regel vom Vorliegen einer alkoholbedingt verminderten oder gänzlich aufgehobenen Steuerungsfähigkeit auszugehen sei. Danach ließen die vorliegenden psychodiagnostischen Beweisanzeichen den Schluss zu, dass das körperliche und geistige Leistungsvermögen des alkoholgewöhnten Angeklagten M. bei Tatbegehung trotz des angenommenen hohen Blutalkoholwerts von 3,9 Promille nicht wesentlich beeinträchtigt gewesen sei. Zwar könne Alkohol zu einer Verstärkung der Nebenwirkungen der Medikamente führen, die der Angeklagte M. habe einnehmen müssen, was sich in Schläfrigkeit und Bewegungsstörungen äußere. So habe die Zeugin P. auch ein Anstoßen am Tisch und leichten Atemalkohol bemerkt. Gegen eine erhebliche Beeinträchtigung von Einsichts- und Steuerungsfähigkeit spreche aber der Umstand, dass der Angeklagte detailreiche Erinnerungen habe, nach Angaben der Zeugin Ma. Und des Mitangeklagten K. längere Wegstrecken problemlos und ohne alkoholbedingte Einschränkungen habe zurücklegen können und auch der Abtransport eines Fernsehers ihm keine Schwierigkeiten bereitet habe. Zudem sei er in der Lage gewesen, gezielt nach Wertgegenständen zu suchen und dem Mitangeklagten beim Einpacken des Fernsehers zu helfen. Motorische Ausfälle habe es nicht gegeben. Nach der Aussage der Zeugin P. habe er genau gewusst, was er tue und sei laut und aggressiv gewesen. Schließlich sei auch zu berücksichtigen, dass der Angeklagte M. trinkgewohnt gewesen sei. Danach würden die gegen eine Einschränkung der Schuldfähigkeit sprechenden Umstände überwiegen, zumal der Mitangeklagte K. keinerlei alkoholbedingte Auffälligkeiten beim Angeklagten M. bemerkt habe und dieser auch nur angegeben habe, angetrunken und nicht betrunken gewesen zu sein.

---

[45] BGH, Beschluss vom 02.07.2015 – 2 StR 146/15, Rn. 5.

[5] b) Diese Begründung hält revisionsgerichtlicher Überprüfung nicht stand. Eine Blutalkoholkonzentration von maximal 3,9 Promille legt die Annahme einer erheblichen Herabsetzung der Hemmungsfähigkeit sehr nahe, die nach ständiger Rechtsprechung des Bundesgerichtshofs schon ab einer Blutalkoholkonzentration von 2,0 Promille in Betracht zu ziehen ist (BGH, Urteil vom 22. November 1990 – 4 StR 117/90, BGHSt 37, 231, 235; Urteil vom 12. Januar 1994 – 3 StR 633/93, BGHR StGB § 21 Blutalkoholkonzentration 27; Beschluss vom 25. Februar 1998 – 2 StR 16/98, BGHR StGB § 21 Blutalkoholkonzentration 34; BGH, Beschluss vom 26. November 1997 – 2 StR 553/97, NStZ-RR 1998, 107; BGH, Beschluss vom 7. Februar 2012 – 5 StR 545/11, NStZ 2012, 261). Auch wenn davon auszugehen ist, dass es keinen gesicherten medizinisch-statistischen Erfahrungssatz darüber gibt, dass ohne Rücksicht auf psychodiagnostische Beurteilungskriterien allein wegen einer bestimmten Blutalkoholkonzentration zur Tatzeit in aller Regel vom Vorliegen einer alkoholbedingt erheblich verminderten Steuerungsfähigkeit ausgegangen werden muss, ist der festgestellte Wert ein gewichtiges Beweisanzeichen für die Stärke der alkoholischen Beeinflussung. Je höher dieser Wert ist, umso näher liegt die Annahme einer zumindest erheblichen Einschränkung der Steuerungsfähigkeit. Maßgeblich für die Frage, ob die Voraussetzungen des § 21 StGB gegeben sind, ist dementsprechend eine Gesamtwürdigung, in die sowohl die Höhe der Blutalkoholkonzentration als auch psychodiagnostische Kriterien einzustellen sind. Bei einer starken Alkoholisierung lässt sich erheblich verminderte Schuldfähigkeit nur ausschließen, wenn gewichtige Anzeichen für den Erhalt der Hemmungsfähigkeit sprechen (BGH, Beschluss vom 26. November 1997 – 2 StR 553/97, NStZ-RR 1998, 107).

[6] aa) Die Erwägungen der Strafkammer genügen diesen Anforderungen nicht. Sie lassen zum einen besorgen, dass sie ihrer Entscheidung bereits einen fehlerhaften Maßstab zugrunde gelegt hat, indem sie – bei lediglich formelhafter Erwähnung der beim Angeklagten M. festgestellten Blutalkoholkonzentration – lediglich eine Würdigung der so genannten psychodiagnostischen Beweisanzeichen vorgenommen hat, ohne dabei die sehr hohe und deshalb für die Annahme von erheblich eingeschränkter Schuldfähigkeit streitende Blutalkoholkonzentration zu berücksichtigen. Dafür spricht maßgeblich, dass sie auch hinsichtlich des Mitangeklagten K. eine sehr hohe Blutalkoholkonzentration von 4,35 Promille festgestellt und bei der sich anschließenden Würdigung lediglich die aus ihrer Sicht gegen die Annahme erheblich eingeschränkter Schuldfähigkeit sprechenden Umstände in den Blick genommen hat, ohne sich mit der hochgradigen Alkoholisierung auseinander zu setzen. Dies lässt die nach der Rechtsprechung des Bundesgerichtshofs erforderliche Gesamtwürdigung von festgestellter Alkoholisierung einerseits und gegen die Herabsetzung der Steuerungsfähigkeit sprechender psychodiagnostischer Kriterien andererseits vermissen.

[7] bb) Zum anderen erweist sich die vom Landgericht vorgenommene Würdigung als nicht tragfähig. Als gegen die Annahme erheblich verminderter Schuldfähigkeit sprechende psychodiagnostische Beurteilungskriterien kommen dabei nur solche Umstände in Betracht, die verlässliche Hinweise darauf geben können, ob das Steuerungsvermögen des Täters trotz der erheblichen Alkoholisierung voll erhalten geblieben ist (BGH, Beschluss vom 30. Juli 1997 – 3 StR 144/97, NStZ 1997, 592). Wesentlichen vom Landgericht herangezogenen Umständen kommt eine solche Bedeutung nicht oder nur in eingeschränktem Umfang zu. Dass der Angeklagte zielgerichtet nach Wertgegenständen gesucht und dem Mitangeklag-

ten K. beim Einpacken des Fernsehers geholfen hat, stellt sich lediglich als bloße Verwirklichung des Tatvorsatzes dar, Wertgegenstände aus der Wohnung zu entwenden; daraus lassen sich regelmäßig keine tragfähigen Schlüsse in bezug auf die Steuerungsfähigkeit des Täters gewinnen (Fischer, StGB, 62. Aufl., § 20 Rn. 25). Insoweit ist auch der vom Landgericht erwähnte Umstand, der Angeklagte M. habe genau gewusst, was er getan habe, ebenso ohne jede Aussagekraft wie die Einschätzung, er sei „laut" und „aggressiv" gewesen (was eher noch ein Umstand für eine Einschränkung der Steuerungsfähigkeit sein könnte). Das Fehlen von Ausfallerscheinungen oder alkoholbedingten Einschränkungen, das die Strafkammer in verschiedener Weise heranzieht, kann zwar grundsätzlich gegen eine erhebliche Verminderung der Steuerungsfähigkeit sprechen; doch ist bei – wie hier – alkoholgewöhnten Tätern zu berücksichtigen, dass äußeres Leistungsverhalten und innere Steuerungsfähigkeit durchaus weit auseinander fallen können (vgl. BGH, Beschluss vom 12. Juni 2007 – 4 StR 187/07, NStZ 2007, 696; Beschluss vom 30. April 2015 – 2 StR 444/14) und sich gerade bei Alkoholikern oft eine durch „Übung" erworbene erstaunliche Kompensationsfähigkeit im Bereich grobmotorischer Auffälligkeiten zeigt (Fischer, aaO, § 20 Rn. 23a). Dass dies selbst bei extrem hoher Blutalkoholkonzentration zu äußerer Unauffälligkeit führen kann, hat das Landgericht, das an anderer Stelle lediglich ohne nähere Erläuterung anführt, es sei auch zu berücksichtigen, dass der Angeklagte trinkgewohnt sei, nicht erkennbar bedacht oder erwogen. Hinzu kommt, dass der Angeklagte nach dem Eindruck der Zeugin P. – was die Strafkammer an dieser Stelle nicht erwähnt – „leichte Gleichgewichtsprobleme" hatte und damit jedenfalls gewisse Anhaltspunkte für eine alkoholbedingte Einschränkung im Raum stehen. Schließlich ist zu berücksichtigen, dass die bloße Selbsteinschätzung des Angeklagten M., er sei nur angetrunken, aber nicht betrunken gewesen, ebenso wenig wie die Angaben des ebenfalls hochgradig alkoholisierten Mitangeklagten K., er habe keinerlei alkoholbedingte Auffälligkeiten beim Angeklagten M. bemerkt, ohne relevanten Beweiswert ist (vgl. BGH, Beschluss vom 26. Mai 2009 – 5 StR 57/09, BGHR StGB § 21 Blutalkoholkonzentration 41).

[8] Darüber hinaus zeigt das Tatbild Besonderheiten, die sogar positiv auf eine alkoholbedingte erhebliche Herabsetzung der Hemmungsfähigkeit des Angeklagten schließen lassen können und die von der Jugendkammer in diesem Zusammenhang nicht erörtert werden. Schon der Auslöser für die Tat ist sonderbar. Die Angeklagten wurden von einer guten Bekannten gebeten, dem Zeugen D., der sich einer anderen Frau zugewendet habe, „eins in die Fresse zu hauen" und ihm Sachen zu entwenden. Daraufhin machten sie sich unmittelbar mit einem Hund auf einen 20–30-minütigen Fußweg zur Wohnung des Zeugen, in der sie lediglich die Zeugin P. antrafen. Dort entwendeten sie einen Fernseher, den sie in einen Bettbezug packten und zu Fuß in die Wohnung des Mitangeklagten K. brachten, wo er später sichergestellt wurde. Eine zuvor mit weiteren Gegenständen bepackte Reisetasche ließen die Angeklagten am Tatort zurück, weil sie zu schwer war. Der Zeugin P. gelang es, während der Tat die Wohnung zu verlassen. Als sie nochmals zurückkehrte, um ihr Handy zurückzufordern, händigten die Angeklagten ihr dies aus und ließen sie wieder gehen. Neben diesen für eine spontane und unbedachte Tatausführung und damit auch für eine Herabsetzung der Steuerungsfähigkeit sprechenden Umständen bleibt auch unerörtert, dass die Angeklagten am frühen Abend des Tattages nochmals zu Fuß zur Wohnung des Zeugen D. zurückkehrten und dort den im Hausflur angetroffenen Zeugen Da. baten, bei diesem zu

klingeln und von ihm die am Tatort vergessene Hundeleine und die Fernbedienung für den entwendeten Fernseher zu fordern. Ein solches, ersichtlich von vornherein zum Scheitern verurteiltes Vorgehen, das zudem geeignet war, die Überführung der Angeklagten als Täter wesentlich zu erleichtern, hätte die Strafkammer ebenfalls in den Blick nehmen müssen.

36 Die **Schuldfähigkeit** eines Täters bedarf **keiner näheren Prüfung** und Erörterung, **wenn Anhaltspunkte** für ihre Beeinträchtigung **völlig fehlen.** Werden jedoch tatsächliche Gründe behauptet (§ 267 Abs. 2 StPO) oder liegen Umstände vor, die den Ausschluss oder die (erhebliche) Verminderung der Schuldfähigkeit im Sinne von §§ 20, 21 StGB auch nur möglich erscheinen lassen, so bedarf es regelmäßig – gegebenenfalls unter **Heranziehung** eines **Sachverständigen – von Amts wegen** ihrer **Prüfung,** Erörterung und Darlegung im Urteil.[46]

5. Versuch und Vollendung – §§ 22 ff. StGB

a) Vorbereitungshandlung und Versuch

37 Ein **unmittelbares Ansetzen** zur Tat im Sinne des § 22 StGB liegt bei Handlungen des Täters vor, die nach dem Tatplan der Verwirklichung eines Tatbestandsmerkmals vorgelagert sind und im Falle ungestörten Fortgangs ohne Zwischenakte in die Tatbestandshandlung unmittelbar einmünden sollen. Nicht als **Zwischenakte** in diesem Sinne anzusehen sind Handlungen, die wegen ihrer notwendigen Zusammengehörigkeit mit der Tathandlung nach dem Plan des Täters als deren Bestandteil erscheinen, weil sie an diese zeitlich und räumlich angrenzen und mit ihr im Falle der Ausführung eine natürliche Einheit bilden. Dies kann auch für ein notwendiges Mitwirken des Opfers gelten.[47]

38 Maßgebliche **Kriterien** im Einzelfall zur Beurteilung, inwieweit der Täter **unmittelbar** i. S. v. § 22 StGB **angesetzt** hat, sind u. a. die **Dichte** des **Tatplans** und der **Grad** der **Rechtsgutgefährdung.**[48]

[7] Nach § 22 StGB versucht eine Straftat, wer nach seiner Vorstellung von der Tat zur Verwirklichung des Tatbestands unmittelbar ansetzt. Hierfür ist nicht erforderlich, dass der Täter bereits ein Tatbestandsmerkmal verwirklicht. Es genügt, dass er Handlungen vornimmt, die nach seinem Tatplan schon bei ungestörtem Fortgang unmittelbar in die tatbestandliche Handlung einmünden. Dies ist der Fall, wenn der Täter die Schwelle zum „Jetzt geht es los" überschreitet, es eines weiteren Willensimpulses nicht mehr bedarf und sein Tun ohne Zwischenakte in die Erfüllung des Tatbestands übergeht. Nicht als Zwischenakte in diesem Sinne anzusehen sind Handlungen, die wegen ihrer notwendigen Zusammengehörigkeit mit der Tathandlung nach dem Plan der Täter als deren Bestandteil erscheinen, weil sie an diese zeitlich und räumlich angrenzen und mit ihr im Falle der Ausführung eine natürliche Einheit bilden; dies kann auch für ein notwendiges Mit-

---

46 BGH, Beschluss vom 27.10.2015 – 3 StR 363/15, Rn. 6.
47 BGH, Beschluss vom 16.07.2015 – 4 StR 219/15, Rn. 14.
48 BGH, Urteil vom 16.09.2015 – 2 StR 71/15, Rn. 7.

wirken des Opfers gelten (BGH, Beschluss vom 16. Juli 2015 – 4 StR 219/15 mwN). Maßgebliche Kriterien für die Beurteilung im Einzelfall sind u.a. die Dichte des Tatplans und der Grad der Rechtsgutgefährdung (BGHR StGB § 22 Ansetzen 11; BGH NStZ 2002, 309).

[8] Gemessen hieran ist die Würdigung des Landgerichts rechtlich fehlerhaft. Nach der Rechtsprechung des Bundesgerichtshofs liegt ein unmittelbares Ansetzen zum Diebstahl vor, wenn ein Diebstahl aus der Wohnung eines Opfers dadurch ermöglicht werden soll, dass sich ein Täter unter einem Vorwand Einlass verschafft, um das Tatopfer abzulenken und dann zu bestehlen. Der Angriff auf den fremden Gewahrsam beginnt in diesen Fällen bereits mit dem Begehren um Einlass (BGH, Urteil vom 12. März 1985 – 5 StR 722/84; vgl. auch BGH, Beschluss vom 11. Mai 2010 – 3 StR 105/10). Nach der zuvor bereits bei anderen Opfern vielfach erfolgreich praktizierten Vorgehensweise hatten die Angeklagten hier die Schwelle zum „Jetzt geht es los" mit dem nicht unter einem Rücktrittsvorbehalt stehenden unmittelbaren Einwirken auf das zuvor bereits ausgespähte Tatopfer an der Wohnungstür überschritten. Zu diesem Zeitpunkt war auch eine konkrete Gefährdung des Opfervermögens bereits eingetreten. Dass das Gelingen und damit die Vollendung der Tat letztlich noch von dem Erfolg der Täuschung und von dem Auffinden von Wertgegenständen innerhalb der Wohnung abhängig war, und der Diebstahl hier „ohne Zutun" der Angeklagten gescheitert ist, hindert nicht den Eintritt ins Versuchsstadium.

b) Beendeter oder unbeendeter Versuch

Die **Abgrenzung** zwischen **beendetem und unbeendetem Versuch** erfolgt auf Basis des **Abschlusses** der **letzten Ausführungshandlung** – dem sog. **Rücktrittshorizont.**[49] **39**

[6] a) Die Abgrenzung zwischen unbeendetem und beendetem Versuch bestimmt sich nach dem Vorstellungsbild des Täters nach dem Abschluss der letzten von ihm vorgenommenen Ausführungshandlung, dem sogenannten Rücktrittshorizont. Bei einem Tötungsdelikt liegt demgemäß ein unbeendeter Versuch, bei dem allein der Abbruch der begonnenen Tathandlung zum strafbefreienden Rücktritt führt, dann vor, wenn der Täter zu diesem Zeitpunkt noch nicht alles getan hat, was nach seiner Vorstellung zur Herbeiführung des Todes erforderlich oder zumindest ausreichend ist. Ein Tötungsversuch, bei dem der Täter für einen strafbefreienden Rücktritt vom Versuch den Tod des Opfers durch eigene Rettungsbemühungen verhindern oder sich darum zumindest freiwillig und ernsthaft bemühen muss, ist hingegen nicht nur dann anzunehmen, wenn der Täter den Eintritt des Todes bereits für möglich hält, sondern auch dann, wenn er sich keine Vorstellungen über die Folgen seines Handelns macht, weil ihm ein Tod des Opfers gleichgültig ist (st. Rspr.; vgl. BGH, Urteile vom 19. März 2013 – 1 StR 647/12, NStZ-RR 2013, 273, 274; vom 12. Juni 2014 – 3 StR 154/14, NStZ 2014, 507, 509).

---

[49] BGH, Beschluss vom 16.04.2015 – 3 StR 645/14, Rn. 6; siehe auch: BGH, Urteil vom 22.10.2015 – 4 StR 133/15, Rn. 5.

40 Ein **beendeter** Versuch liegt vor, wenn der Täter nach der letzten Ausführungshandlung den Eintritt des tatbestandsmäßigen Erfolgs für möglich hält.[50] Eine Korrektur des Rücktrittshorizonts ist jedoch in engen Grenzen möglich. Der Versuch eines Tötungsdelikts ist daher dann nicht beendet, wenn der Täter zunächst irrtümlich den Eintritt des Todes für möglich hält, aber „nach alsbaldiger Erkenntnis seines Irrtums" von weiteren Ausführungshandlungen Abstand nimmt.[51]

[8] (...) Die Frage, ob nach diesen Rechtsgrundsätzen von einem beendeten oder unbeendeten Versuch auszugehen ist, bedarf insbesondere dann eingehender Erörterung, wenn das angegriffene Tatopfer nach der letzten Ausführungshandlung noch – vom Täter wahrgenommen – zu körperlichen Reaktionen fähig ist, die geeignet sind, Zweifel daran aufkommen zu lassen, das Opfer sei bereits tödlich verletzt (Senat, Beschluss vom 7. November 2001 – 2 StR 428/01, NStZ-RR 2002, 73, 74; BGH, Urteil vom 6. März 2013 – 5 StR 526/12, NStZ 2013, 463; Urteil vom 17. Juli 2014 – 4 StR 158/14, NStZ 2014, 569, 570). So liegt es nach der Rechtsprechung des Bundesgerichtshofs etwa in dem Fall, dass das Opfer noch in der Lage ist, sich vom Tatort wegzubewegen (BGH, Beschluss vom 19. Dezember 2000 – 4 StR 525/00; Urteil vom 11. November 2004 – 4 StR 349/04, NStZ 2005, 331 f.; Urteil vom 17. Juli 2014 – 4 StR 158/14, NStZ 2014, 569, 570 mwN). Ein solcher Umstand kann geeignet sein, die Vorstellung des Täters zu erschüttern, alles zur Erreichung des gewollten Erfolgs getan zu haben (BGH, Urteil vom 17. Juli 2014, aaO mwN).

[9] bb) Diese zur Korrektur des Rücktrittshorizonts entwickelten Grundsätze hat das Landgericht nicht hinreichend bedacht. Die Strafkammer hat insbesondere keine ausreichenden Feststellungen zu den subjektiven Vorstellungen des Angeklagten getroffen, als dieser bemerkte, dass die Nebenklägerin das Haus nicht verlassen hatte. Allein der Umstand, der Angeklagte „befürchtete ... schwerwiegende Konsequenzen wegen der Tat in Bezug auf seine laufende Bewährung" ist mehrdeutig. Denn der Angeklagte musste erst recht in dem Fall, dass die Nebenklägerin den Angriff mit dem Messer überleben sollte und sodann als Zeugin zur Verfügung stünde, mit „schwerwiegenden Konsequenzen" rechnen. Die Feststellungen lassen es jedenfalls als möglich erscheinen, dass der Angeklagte sogleich oder jedenfalls alsbald nicht mehr davon ausging, die Nebenklägerin tödlich verletzt zu haben. Das Urteil rechtfertigt auch (noch) nicht die Annahme, die Nebenklägerin habe sich bereits so weit vom Angeklagten entfernt, dass aus dessen Sicht zur Vollendung eines Tötungsdelikts ein erneuter Geschehensablauf hätte in Gang gesetzt werden müssen (vgl. BGH, Urteil vom 8. Mai 2012 – 5 StR 528/11, NStZ 2012, 688, 689).

41 Von einem **beendeten Versuch** ist dann auszugehen, wenn sich der Täter – namentlich nach **besonders gefährlichen Gewalthandlungen**, die zu **schweren Verlet-**

---

[50] Vgl. auch: BGH, Urteil vom 22.10.2015 – 4 StR 133/15, Rn. 5 und BGH, Urteil vom 03.12.2015 – 1 StR 457/15, Rn. 16.

[51] BGH, Beschluss vom 17.12.2014 – 2 StR 78/14, Rn. 8; vgl. auch: BGH, Urteil vom 18.02.2015 – 2 StR 38/14, Rn. 12; BGH, Beschluss vom 09.04.2015 – 2 StR 402/14, Rn. 15 und BGH, Urteil vom 03.12.2015 – 1 StR 457/15, Rn. 17.

zungen geführt haben – **keine Vorstellungen über** die **Folgen** seines Handelns **macht.**[52]

Für die Beurteilung, inwieweit ein **unbeendeter Versuch** aufgrund **freiwilligen** Rücktritts vorliegt, ist entscheidend, dass der **Täter** das **„Hindernis“ wahrnimmt und hierauf** seine **Willensentschließung zumindest mit basiert.**[53] **42**

[6] Zwar kann das befürchtete alsbaldige Eintreffen der Polizei bei einem – wie ersichtlich hier – unbeendeten Versuch die Freiwilligkeit des Rücktritts ausschließen (vgl. BGH, Urteil vom 8. Februar 2007 – 3 StR 470/06, NStZ 2007, 399, 400; Beschlüsse vom 20. November 2013 – 3 StR 325/13, NStZ 2014, 202; vom 26. Februar 2014 – 4 StR 40/14, NStZ-RR 2014, 171, 172). Unfreiwillig ist aber auch in solchen Fällen das Nicht-Weiterhandeln nur dann, wenn der Täter sich auf Grund äußerer Zwänge oder psychischer Hemmungen zur Tatvollendung nicht mehr in der Lage gesehen hat (BGH, Beschluss vom 26. Februar 2014 – 4 StR 40/14, NStZ-RR 2014, 171, 172; vgl. auch BGH, Beschluss vom 10. Juli 2013 – 2 StR 289/13, StV 2014, 336, jeweils mwN). Dies setzt voraus, dass der Täter dieses „Hindernis“ wahrnimmt und es seine Willensentschließung zumindest mitbestimmt.

Ein **fehlgeschlagener Versuch** liegt dann vor, wenn der **Taterfolg aus Sicht des Täters ohne das Ingangsetzen einer neuen Handlungs- oder Kausalkette nicht mehr** erreicht werden kann.[54] **43**

[18] Ferner hat das Landgericht hier zu Recht keinen Rücktritt vom Versuch durch das Geständnis des Angeklagten T. angenommen. Ein Fall des § 24 Abs. 2 StGB liegt nicht vor, da der Versuch bereits fehlgeschlagen war, als der Angeklagte T. sein Geständnis ablegte. Fehlgeschlagen ist ein Versuch, wenn der Taterfolg aus Sicht des Täters mit den bereits eingesetzten oder zur Hand liegenden Mitteln nicht mehr erreicht werden kann, ohne dass eine ganz neue Handlungs- und Kausalkette in Gang gesetzt wird (BGH, Beschluss vom 19. Mai 1993 – GSSt 1/93, BGHSt 39, 221, 228; Urteil vom 30. November 1995 – 5 StR 465/95, BGHSt 41, 368, 369; Beschluss vom 29. Januar 2002 – 4 StR 520/01, NStZ-RR 2002, 168, 169; Urteil vom 15. September 2005 – 4 StR 216/05, NStZ-RR 2006, 168, 169; Urteil vom 19. Mai 2010 – 2 StR 278/09, NStZ 2010, 690, 691; Beschluss vom 22. März 2012 – 4 StR 541/11, NStZ-RR 2012, 239; Urteil vom 25. Oktober 2012 – 4 StR 346/12, NStZ 2013, 156, 157f.). Die Manipulation der Gasleitungen war zu diesem Zeitpunkt bereits von der Polizei entdeckt und die Angeklagte Z. der Tat verdächtigt worden, was der Angeklagte T. auch wusste. Daher war ihm bei Ablegen seines Geständnisses bewusst, dass eine Tatvollendung in Form der Auszahlung der Versicherungssumme durch die Versicherungsunternehmen nicht mehr erreicht werden könnte.

---

[52] BGH, Urteil vom 22.10.2015 – 4 StR 133/15, Rn. 5; siehe auch: BGH, Urteil vom 03.12.2015 – 1 StR 457/15, Rn. 16.

[53] BGH, Beschluss vom 28.01.2015 – 4 StR 574/14, Rn. 6.

[54] BGH, Beschluss vom 13.01.2015 – 1 StR 454/14, Rn. 18; siehe auch: BGH, Beschluss vom 09.04.2015 – 2 StR 402/14, Rn. 9; BGH, Beschluss vom 04.08.2015 – 1 StR 329/15, Rn. 11; BGH, Beschluss vom 22.09.2015 – 4 StR 359/15, Rn. 6; BGH, Beschluss vom 06.10.2015 – 4 StR 352/15, Rn. 7 und BGH, Beschluss vom 29.09.2015 – 2 StR 309/15, Rn. 8.

44 Für die Beurteilung, inwieweit ein strafbarer **fehlgeschlagener Versuch** vorliegt, ist auf die **Vorstellung des Täters nach** dem **Abschluss** von dessen **letzter Ausführungshandlung** abzustellen (sogenannter Rücktrittshorizont).[55]

[5] Die Feststellungen des Landgerichts tragen den Schuldspruch wegen versuchten Diebstahls (in einem besonders schweren Fall) nicht. Die Verneinung eines strafbefreienden Rücktritts vom Versuch gemäß § 24 Abs. 2 StGB hält der rechtlichen Nachprüfung nicht stand.

[6] a) Zutreffend ist allerdings der rechtliche Ausgangspunkt des Landgerichts, wonach bei einem fehlgeschlagenen Versuch ein strafbefreiender Rücktritt nach § 24 StGB von vornherein ausscheidet (st. Rspr.; vgl. nur BGH, Urteile vom 10. April 1986 – 4 StR 89/86, BGHSt 34, 53, 56, und vom 30. November 1995 – 5 StR 465/95, BGHSt 41, 368, 369). Fehlgeschlagen ist der Versuch jedoch erst, wenn die Tat nach Misslingen des zunächst vorgestellten Tatablaufs mit den bereits eingesetzten oder anderen naheliegenden Mitteln objektiv nicht mehr vollendet werden kann und der Täter dies erkennt oder wenn er subjektiv die Vollendung nicht mehr für möglich hält. Maßgeblich dafür ist nicht der ursprüngliche Tatplan, dem je nach Fallgestaltung allerdings Indizwirkung für den Erkenntnishorizont des Täters zukommen kann (vgl. BGH, Beschluss vom 2. November 2007 – 2 StR 336/07, NStZ 2008, 393), sondern dessen Vorstellung nach Abschluss der letzten Ausführungshandlung (BGH, Beschluss vom 22. März 2012 – 4 StR 541/11, NStZ-RR 2012, 239).

[7] b) Die vom Landgericht getroffenen Feststellungen belegen einen solchen Fehlschlag nicht. Zwar ergibt sich aus dem entfalteten Vandalismus am Ende der Tatausführung, dass der Angeklagte und seine Mittäter den Versuch, weitere stehlenswerte Gegenstände auf dem Gelände des Containerdienstes zu finden, für gescheitert hielten. Aus welchem Grund dies aber auch für den zu Beginn der Tat aus dem Führerhaus des aufgebrochenen Lkws entnommenen Koffer mit Werkzeug gelten soll, belegen die Ausführungen des Landgerichts nicht. Angesichts der Anwesenheit mehrerer Mittäter am Tatort ist der festgestellte Umstand, dass der Angeklagte den Werkzeugkoffer verletzungsbedingt nicht fortschaffen konnte, für sich allein genommen nicht tragfähig.

45 Ein **Fehlschlag** liegt **nicht** bereits darin, dass der **Täter** die **Vorstellung** hat, er müsse **von** seinem **Tatplan abweichen,** um den Erfolg herbeizuführen. **Hält** er die **Vollendung** der Tat **im unmittelbaren Handlungsvorgang noch für möglich,** wenn auch mit anderen Mitteln, so ist der Verzicht auf ein Weiterhandeln als freiwilliger Rücktritt vom unbeendeten Versuch zu bewerten.[56]

46 **Fehlgeschlagen** ist der **Versuch** erst, wenn der **Täter erkennt** oder die subjektive Vorstellung hat, dass es zur Herbeiführung des Erfolgs eines **erneuten Ansetzens bedürfte,** etwa mit der Folge einer zeitlichen Zäsur und einer Unterbrechung

[55] BGH, Beschluss vom 15.01.2015 – 4 StR 560/14, Rn. 6; vgl. auch: BGH, Beschluss vom 09.04.2015 – 2 StR 402/14, Rn. 9; BGH, Beschluss vom 21.04.2015 – 4 StR 92/15, Rn. 10; BGH, Beschluss vom 22.09.2015 – 4 StR 359/15, Rn. 6 und BGH, Beschluss vom 06.10.2015 – 4 StR 352/15, Rn. 7.

[56] BGH, Beschluss vom 22.09.2015 – 4 StR 359/15, Rn. 6 und BGH, Beschluss vom 06.10.2015 – 4 StR 352/15, Rn. 7.

des unmittelbaren Handlungsfortgangs, sodass sich das Geschehen aus der Perspektive eines Dritten nicht mehr als ein einheitlicher Lebenssachverhalt darstellen würde.[57]

Erst, wenn ein Fehlschlag nicht gegeben ist, kommt es auf die Unterscheidung zwischen **unbeendetem und beendetem Versuch** an, wobei § 24 Abs. 1 StGB oder § 24 Abs. 2 StGB anzuwenden ist. Jeweils entscheidend ist das **Vorstellungsbild** des Täters im entscheidungserheblichen Zeitpunkt, welches sich **aus den Urteilsfeststellungen zu ergeben** hat.[58] **47**

[7] a) Fehlgeschlagen ist ein Versuch, wenn die Tat nach Misslingen des zunächst vorgestellten Tatablaufs mit den bereits eingesetzten oder anderen nahe liegenden Mitteln objektiv nicht mehr vollendet werden kann und der Täter dies erkennt oder wenn er subjektiv die Vollendung nicht mehr für möglich hält. Dabei kommt es auf die Sicht des Täters nach Abschluss der letzten Ausführungshandlung an (Rücktrittshorizont). Wenn der Täter zu diesem Zeitpunkt erkennt oder die subjektive Vorstellung hat, dass es zur Herbeiführung des Erfolgs eines erneuten Aussetzens bedürfte, etwa mit der Folge einer zeitlichen Zäsur und einer Unterbrechung des unmittelbaren Handlungsfortgangs, liegt ein Fehlschlag vor. Ist dies der Fall, scheidet ein Rücktritt vom Versuch nach allen Varianten des § 24 Abs. 1 oder Abs. 2 StGB aus. Umgekehrt kommt es nur dann, wenn ein Fehlschlag nicht gegeben ist, auf die Unterscheidung zwischen unbeendetem und beendetem Versuch an, die für die vom Täter zu erbringende Rücktrittsleistung in Fällen des § 24 Abs. 1 StGB stets, in solchen des § 24 Abs. 2 StGB mittelbar dann von Bedeutung ist, wenn sich die (gemeinsame) Verhinderungsleistung von Versuchsbeteiligten in einem einverständlichen Unterlassen des Weiterhandelns erschöpft. Allen Fällen ist gemeinsam, dass es auf das Vorstellungsbild des Täters im entscheidungserheblichen Zeitpunkt ankommt. Diese Vorstellung ist gegebenenfalls auch für die Beurteilung der Freiwilligkeit eines Rücktritts von Bedeutung. Lässt sich den Urteilsfeststellungen das entsprechende Vorstellungsbild des Angeklagten, das zur revisionsrechtlichen Prüfung des Vorliegens eines freiwilligen Rücktritts vom Versuch unerlässlich ist, nicht hinreichend entnehmen, hält das Urteil sachlich-rechtlicher Nachprüfung nicht stand (zum Ganzen: BGH, Urteil vom 19. März 2013 – 1 StR 647/12, NStZ-RR 2013, 273, 274; zur revisionsgerichtlichen Überprüfung ferner: BGH, Beschlüsse vom 11. März 2014 – 1 StR 735/13, NStZ-RR 2014, 201, 202; vom 27. November 2014 – 3 StR 458/14, NStZ-RR 2015, 105, 106; vom 4. Juni 2014 – 4 StR 168/14 jeweils mwN). Dies gilt umso mehr, wenn es sich um ein mehraktiges Tatgeschehen handelt und auch die Prüfung der Annahme nur einer Tat im Rechtssinne vorzunehmen ist. Denn würde man eine Zäsur annehmen, wäre die Mitteilung des Vorstellungsbildes des Angeklagten nach der jeweils letzten Ausführungshandlung geboten (BGH, Urteil vom 19. März 2013 – 1 StR 647/12, NStZ-RR 2013, 273, 274).

[57] BGH, Beschluss vom 22.09.2015 – 4 StR 359/15, Rn. 6.
[58] BGH, Urteil vom 13.08.2015 – 4 StR 99/15, Rn. 7.

c) Rücktritt

48 Ein strafbefreiender **Rücktritt** vom Versuch ist von vornherein dann **ausgeschlossen, wenn** der Versuch **fehlgeschlagen** ist.[59]

49 Der Annahme von **Freiwilligkeit** steht es **nicht** von vornherein **entgegen**, dass der **Anstoß zum Umdenken von außen kommt** oder die Abstandnahme von der Tat erst nach dem **Einwirken eines Dritten** erfolgt. Entscheidend für die Annahme von Freiwilligkeit ist, dass der Täter die Tatvollendung aus **selbstgesetzten Motiven** nicht mehr erreichen will.[60]

50 Ein **Rücktritt vom Versuch** des Mordes an einem geschädigten Polizeibeamten setzt voraus, dass die **Flucht freiwillig** im Sinne von § 24 Abs. 2 StGB unter Vorliegen von dessen weiteren Voraussetzungen erfolgt. Dies ist nicht der Fall, wenn die **Flucht** als **Reaktion auf** die **Schüsse der Geschädigten** und Folge des **erhöhten Entdeckungsrisikos** zu werten sind.[61]

[7] 1. Das Landgericht hat aufgrund einer rechtsfehlerfreien Beweiswürdigung festgestellt, dass der Angeklagte und sein Bruder sich am 28. Oktober 2011 gegen 2.45 Uhr auf dem südlichen Kuhseeparkplatz in Augsburg aufhielten und dort den Inhalt eines Seesackes inspizierten, als eine Polizeistreife, bestehend aus PHM V. und POMin K., auf die Brüder aufmerksam wurde und eine Personenkontrolle durchführen wollte. Dieser entzogen sich der Angeklagte und M., indem sie mit einem Motorrad in einen für Pkw nicht befahrbaren Waldweg einbogen. An der Kreuzung zwischen Münchener Straße und Oberländerstraße konnte die Streife das Motorrad dennoch wiederentdecken und die Verfolgung aufnehmen, die anschließend über einen zweigeteilten Waldweg führte. Während das Motorrad den Radweg nahm, befuhr das Polizeiauto den hiervon nur durch einen 4,7 m breiten Grünstreifen getrennten, parallel dazu verlaufenden Fußweg. Nach ca. 200 m kam das Motorrad aus unbekannten Gründen zum Sturz. PHM V. stieg aus dem in etwa elf Metern Entfernung geparkten Streifenwagen mit gezogener Dienstwaffe sowie einer brennenden Taschenlampe in der Hand und rief „Polizei, stehen bleiben, hinlegen oder ich schieße". Auch POMin K. verließ den Pkw mit gezogener Waffe. Beide Polizisten rechneten nach den Feststellungen des Landgerichts in diesem Moment nicht mit einem Schusswechsel und zur Tötung bereiten Tätern. Vielmehr gingen sie davon aus, dass sie aufgrund des Motorradunfalls möglicherweise Erste Hilfe leisten müssten. Der ca. 7,5 m vom Motorrad im mit Bäumen und Buschwerk bewachsenen Gelände versteckte M. eröffnete entsprechend seines gemeinsamen Tatplans mit dem Angeklagten das Feuer auf den im Scheinwerferlicht des Autos ungeschützt stehenden PHM V.. Dieser suchte daraufhin zunächst Schutz hinter einem etwa sechs Meter vom Polizeiauto entfernten Baum, löschte die Taschenlampe und eröffnete sodann selber das Feuer, wobei er sich in Richtung des Schützen auf das Gebüsch zubewegte. Nach rund neun Metern wurde er von drei Schüssen aus dem Gewehr des M. getroffen, wobei einer davon unterhalb seiner Schutzweste und unterhalb des Bauchnabels in seinen Körper eindrang. PHM V. ging daraufhin zu Boden. M.

---

59 BGH, Beschluss vom 09.04.2015 – 2 StR 402/14, Rn. 13.
60 BGH, Beschluss vom 22.04.2015 – 2 StR 383/14, Rn. 9.
61 BGH, Beschluss vom 16.12.2014 – 1 StR 496/14, Rn. 9 f.

feuerte anschließend auch auf die während der Schießerei zum Streifenwagen zurücklaufende POMin K. Ein Schuss traf im Rückenbereich die Tasche mit dem Reservemagazin von POMin K. und wurde hierdurch abgelenkt. Auch der Angeklagte eröffnete mit einem Schnellfeuergewehr das Feuer auf POMin K., traf diese jedoch nicht. Der Angeklagte begab sich anschließend zu dem am Boden liegenden PHM V., um den dort befindlichen Seesack erneut in seinen Besitz zu bringen. Er feuerte sodann aus relativ naher Distanz mindestens fünf Schüsse auf den Genickbereich des kampfunfähig am Boden liegenden PHM V. ab, um diesen endgültig zu töten. Motiv hierfür war neben dem Wunsch, sich der Kontrolle zu entziehen und das Mitführen der Waffen zu verschleiern, auch noch sein abgrundtiefer Hass auf Staat und Polizei, die PHM V. in diesem Augenblick für ihn repräsentierte. Nachdem der Angeklagte den Seesack an sich genommen hatte, eröffnete POMin K. das Feuer auf ihn, traf ihn jedoch nicht. Der Angeklagte und M. ergriffen daraufhin die Flucht, wobei sie aus ca. 24 m Entfernung erneut auf POMin K. schossen, diese jedoch verfehlten. (…)

[9] 3. Das Landgericht hat im Ergebnis rechtsfehlerfrei einen Rücktritt vom Mordversuch an POMin K. verneint. Sind an der Tat mehrere beteiligt, so wird wegen Versuchs nicht bestraft, wer freiwillig die Vollendung verhindert oder sich freiwillig und ernsthaft darum bemüht (§ 24 Abs. 2 StGB).

[10] Der Angeklagte und sein Bruder haben weder die Vollendung der Tat verhindert noch sich darum bemüht. Sie sind vielmehr geflohen. Diese Flucht war auch nicht freiwillig, da sie zum einen die Reaktion auf die Schüsse der POMin K. darstellte und zum anderen sich das Entdeckungsrisiko für die Täter beträchtlich erhöht hatte (vgl. z.B. BGH, Beschluss vom 19. Dezember 2006 – 4 StR 537/06, NStZ 2007, 265, 266). Ein einvernehmlicher freiwilliger Rücktritt (vgl. hierzu mit weiteren Nachweisen BGH, Beschluss vom 27. Februar 2014 – 1 StR 367/13, StV 2014, 472, 473) scheidet nach den Feststellungen aus. Deshalb kann dahinstehen, ob die Annahme des Landgerichts, es habe sich um einen beendeten Versuch gehandelt, rechtsfehlerfrei ist.

An der **Freiwilligkeit** des Abbruchs der weiteren Tatausführung kann es **fehlen, wenn willensunabhängige Tatumstände das Weiterhandeln unmöglich machen.** Solche können gegeben sein, wenn der Täter an der weiteren Tatbegehung wegen unwiderstehlicher innerer Hemmungen, etwa infolge **Schocks** oder **seelischen Drucks** gehindert ist. Entscheidend ist in diesen Fällen, ob der Täter „Herr seiner Entschlüsse“ bleibt und die Ausführung seines Tatplans noch für möglich hält.[62] **51**

Die Verurteilung wegen versuchten Mordes in Tateinheit mit versuchtem Herbeiführen einer Sprengstoffexplosion mit Todesfolge sowie versuchter Brandstiftung mit Todesfolge kann keinen Bestand haben, weil die Strafkammer einen möglichen **strafbefreienden Rücktritt** vom Versuch nicht geprüft und erörtert hat.[63] **52**

[3] 1. Nach den Feststellungen des Landgerichts entschloss sich der Angeklagte in den frühen Morgenstunden des Tattages, spätestens gegen fünf Uhr, zum

[62] BGH, Urteil vom 28.05.2015 – 3 StR 89/15, Rn. 4.
[63] BGH, Beschluss vom 27.11.2014 – 3 StR 458/14.

Selbstmord durch Herbeiführen einer Explosion, durch die das gesamte Mehrfamilienhaus, in dessen ersten Obergeschoss er wohnte und das achtzehn Wohneinheiten umfasste, zum Einsturz gebracht und zerstört werden sollte. Zu diesem Zweck verband er innerhalb der folgenden circa 30 Minuten in seinem, zwei Geschosse unterhalb seiner Wohnung gelegenen Kellerraum eine dort auf dem Boden stehende elektrische Camping-Kochplatte mit einer im Kellerraum montierten Steckdose, die von seinem Schlafzimmer aus schaltbar war. Auf die Kochplatte legte er einen Stapel mit Prospekten und Zeitschriften und übergoss diesen mit Benzin. Unmittelbar neben die Kochplatte legte er einen mit einem Butan/Propangasgemisch gefüllten Behälter, der nach seiner Vorstellung durch das nach Einschalten der Kochplatte entstehende Feuer so stark erhitzt werden sollte, dass es in der Folge zu einer Gasexplosion kommt.

[4] Nachdem der Angeklagte den Schalter in seinem Schlafzimmer betätigt hatte, erhitzte sich die Kochplatte, so dass sich das darauf gestapelte Papier entzündete und der Gasdruckbehälter erwärmt wurde. Infolge des Brandes entwickelte sich im Keller des Angeklagten starker Rauch, so dass ein seine Wohnung verlassender Mieter im Treppenhaus Rauchgeruch wahrnahm und einen im Erdgeschoss des Hauses wohnenden Mitbewohner über ein mögliches Feuer informierte sowie umgehend die Feuerwehr rief. Der alarmierte Mitbewohner klingelte sodann bei „sämtlichen Hausbewohnern, um diese zum Verlassen des Hauses aufzufordern". Die etwa 30 Minuten nach Bemerken des Rauchgeruches eintreffende Feuerwehr brach das sich an der Kellertür des Angeklagten befindliche Vorhängeschloss auf und löschte das auf der Kochplatte liegende, glimmende Papier sowie eine kleine offene Flamme, die auf der anderen Seite des Kellerraumes entstanden war. Der in den Kellerraum vorgedrungene Feuerwehrmann trennte sodann die Kochplatte von der Steckdose durch Herausziehen des Steckers. Eine nach dem Löschen durchgeführte Messung mittels einer Wärmebildkamera ergab eine Temperatur des Kochfeldes von etwa 180 Grad Celsius sowie eine Außentemperatur des – nahezu vollständig gefüllten – Gasbehälters von etwa 85 Grad Celsius. Zum Zeitpunkt des Brandes befanden sich neben dem Angeklagten noch 13 andere Personen in dem Haus. Nach der Verhaftung des Angeklagten war der Schalter im Schlafzimmer des Angeklagten (wieder) ausgeschaltet und in dieser Stellung mit einem Klebeband fixiert.

[5] 2. Auf der Grundlage dieser Feststellungen hätte das Landgericht prüfen und erörtern müssen, ob der Angeklagte strafbefreiend von der versuchten Tat zurückgetreten ist; denn sie belegen weder, dass der Versuch fehlgeschlagen war, noch schließen sie es aus, dass der Angeklagte freiwillig vom unbeendeten Versuch der Tat zurückgetreten ist.

[6] a) Ein Versuch ist fehlgeschlagen, wenn der Täter nach der letzten von ihm vorgenommenen Tathandlung erkennt, dass mit den bereits eingesetzten oder den ihm sonst zur Hand liegenden Mitteln der erstrebte Taterfolg nicht mehr herbeigeführt werden kann, ohne dass er eine neue Handlungs- und Kausalkette in Gang setzt (s. etwa nur BGH, Urteile vom 30. November 1995 – 5 StR 465/95, BGHSt 41, 368, 369; vom 19. Mai 2010 – 2 StR 278/09, NStZ 2010, 690, 691 mwN). Die subjektive Sicht des Täters ist auch dann maßgeblich, wenn der Versuch zwar objektiv fehlgeschlagen ist, der Täter dies aber nicht erkennt; zumindest soll ein freiwilliger Verzicht auf weitere Tathandlungen zur Straffreiheit nach § 24 Abs. 1 Satz 2 StGB führen (vgl. BGH, Beschluss vom 24. November 2004 – 5 StR 239/04, NStZ-RR 2005, 70, 71).

[7] Nach diesen Maßstäben belegen die Urteilsgründe einen fehlgeschlagenen Versuch nicht. Entgegen der Ansicht des Generalbundesanwalts ergibt sich auch aus ihrem Gesamtzusammenhang nicht, dass in dem Zeitpunkt, in dem der Angeklagte die Stromzufuhr zu der Kochplatte wieder abstellte und den Schalter überklebte, der Taterfolg aufgrund der Entdeckung des Feuers und des Eingreifens der Feuerwehr nicht mehr eintreten konnte und der Angeklagte dies erkannt hatte. Das Landgericht führt im Rahmen der rechtlichen Würdigung lediglich aus, dass die Vollendung der Tat „allein durch die Alarmierung und das Eingreifen der Feuerwehr verhindert" worden sei. Zu dem Zeitpunkt, in dem der Angeklagte die weitere Stromzufuhr zu der Kochplatte unterbrach, verhalten sich die Urteilsgründe indes ebenso wenig wie zu der Frage, ob in diesem Moment das Feuer bereits entdeckt war, die Feuerwehr eingegriffen hatte und – so dies der Fall war – der Angeklagte sich dessen auch bewusst war. Zwar könnten die Feststellungen zur Temperatur der Kochplatte, der Entzündung der Prospekte und Zeitschriften sowie des Grades der Erhitzung der Gasflasche beim Eintreffen der Feuerwehr dafür sprechen, dass die Stromzufuhr erst zu einem sehr späten Zeitpunkt unterbrochen wurde. Für die Annahme eines fehlgeschlagenen Versuchs genügt dies ohne nähere Prüfung und Erörterung der weiteren Tatumstände indes nicht.

[8] b) Auch für die Frage, ob ein Versuch unbeendet oder beendet ist, kommt es maßgeblich darauf an, welche Vorstellung der Täter nach seiner letzten Ausführungshandlung von der Tat hat (sog. Rücktrittshorizont; s. nur BGH, Urteil vom 19. März 2013 – 1 StR 647/12, NStZ-RR 2013, 273, 274 mwN). Danach liegt ein unbeendeter Versuch vor, wenn der Täter nach seiner Vorstellung noch nicht alles getan hat, was zur Tatbestandsverwirklichung erforderlich ist; in diesem Fall kann er allein durch das freiwillige Unterlassen weiterer auf den Taterfolg abzielender Handlungen strafbefreiend vom Versuch zurücktreten (§ 24 Abs. 1 Satz 1 Alt. 1 StGB). Hält er dagegen den Eintritt des Taterfolgs für möglich, so ist der Versuch beendet; der strafbefreiende Rücktritt setzt dann voraus, dass der Täter den Taterfolg freiwillig durch aktives Tun verhindert (§ 24 Abs. 1 Satz 1 Alt. 2 StGB) oder zumindest entsprechende ernsthafte Bemühungen entfaltet, wenn der Erfolg ohne sein Zutun ausbleibt (§ 24 Abs. 1 Satz 2 StGB; s. BGH, Beschluss vom 19. Mai 1993 – GSSt 1/93, BGHSt 39, 221, 227 mwN). Lässt sich den Urteilsfeststellungen die entsprechende Vorstellung des Täters von seiner Tat nicht entnehmen, so hält das Urteil regelmäßig sachlich-rechtlicher Prüfung nicht stand, weil es die revisionsrechtliche Prüfung eines freiwilligen Rücktritts vom Versuch nicht ermöglicht (s. etwa BGH, Urteil vom 12. Juni 2014 – 3 StR 154/14, NStZ 2014, 507, 509 mwN).

[9] So liegt es hier. Nach den getroffenen Feststellungen ist bereits ein freiwilliger Rücktritt des Angeklagten vom unbeendeten Versuch nicht ausgeschlossen. Ihnen lässt sich nicht entnehmen, welche Vorstellungen sich der Angeklagte von der Entwicklung der Vorgänge im Keller machte, als er die Stromzufuhr zur Kochplatte unterbrach, insbesondere ob er davon ausging, die Prospekte und Zeitschriften seien bereits in Brand geraten, würden die Gasflasche bis zur Explosion erhitzen oder das Feuer werde auch unabhängig hiervon auf das Wohnhaus übergreifen. Sollte seine Vorstellung gewesen sein, dass sich das Papier noch nicht entzündet hatte und auch nicht mehr entzünden werde, läge ein unbeendeter Versuch vor, von dem er durch das Abschalten des Stromes zurückgetreten wäre. Dass im Keller tatsächlich bereits ein Feuer ausgebrochen war, würde hieran

nichts ändern. Da das Urteil – wie bereits dargelegt – sich auch nicht dazu verhält, ob in dem Moment, als der Angeklagte den Strom wieder ausschaltete, das Feuer bereits entdeckt, gegebenenfalls bereits die Feuerwehr vor Ort war und der Angeklagte dies auch bemerkt hatte, schließen die bisherigen Feststellungen auch die Freiwilligkeit des Rücktritts nicht aus.

53 Für eine **freiwillige Verhinderung** der **Tatvollendung** iSv § 24 Abs. 2 Satz 1 StGB kann es genügen, wenn **Mittäter** im Falle eines unbeendeten Versuchs einvernehmlich **nicht mehr weiterhandeln, obwohl sie dies tun könnten.** Im Falle eines versuchten Totschlags ist es insoweit ausreichend, wenn die Täter freiwillig davon absehen, die Tötung des Opfers mit den verfügbaren Tatmitteln weiter zu verfolgen.[64]

d) Versuch der Beteiligung, § 30 StGB

54 **§ 30 Abs. 2 Var. 1 StGB ist auf** den Verbrechenstatbestand der Beteiligung an einer (ausländischen) terroristischen Vereinigung als Mitglied nach **§ 129a Abs. 1 Nr. 1, § 129b Abs. 1 Satz 1 und 2 StGB anwendbar.**[65]

[10] aa) § 30 Abs. 2 Var. 1 StGB ist auf den Verbrechenstatbestand der Beteiligung an einer (ausländischen) terroristischen Vereinigung als Mitglied nach § 129a Abs. 1 Nr. 1, § 129b Abs. 1 Satz 1 und 2 StGB anwendbar. Dies steht mit dem Wortlaut der Normen im Einklang; insbesondere nimmt § 30 StGB nicht einzelne Verbrechen aus seinem Anwendungsbereich heraus. Auch aus Sinn und Zweck der Regelungen ergibt sich im Ergebnis nichts anderes: Zwar darf nicht aus dem Blick geraten, dass sowohl § 30 StGB als auch die §§ 129ff. StGB bereits jeweils für sich genommen die Strafbarkeit in das Vorfeld der eigentlichen Rechtsgutsverletzung verlagern und durch die Kumulation dieser Wirkungen im Einzelfall die Grenze zwischen der verfassungsrechtlich noch zu rechtfertigenden Verfolgung strafbaren Unrechts und diesen Bereich verlassenden reinem Präventionsrecht erreicht werden kann. Maßgebend ist jedoch, dass § 30 StGB einerseits und die §§ 129ff. StGB andererseits unterschiedliche Strafzwecke verfolgen. Strafgrund des § 30 StGB ist die Gefährlichkeit eines zumindest angestrebten Zusammenwirkens mehrerer bereits vor Eintritt in das Versuchsstadium (vgl. BGH, Urteil vom 4. Oktober 1957 – 2 StR 366/57, BGHSt 10, 388, 389f.; Schröder, JuS 1967, 289). Demgegenüber sollen die §§ 129ff. StGB die erhöhte kriminelle Intensität erfassen, die in der Gründung oder Fortführung einer festgefügten, auf die Begehung von Straftaten angelegten Organisation ihren Ausdruck findet und die kraft der ihr innewohnenden Eigendynamik eine erhöhte Gefährlichkeit in sich birgt; denn diese Eigendynamik führt typischerweise dazu, dass dem einzelnen Beteiligten die Begehung von Straftaten erleichtert und bei ihm das Gefühl der persönlichen Verantwortlichkeit zurückgedrängt wird (st. Rspr.; vgl. etwa BGH, Urteil vom 14. August 2009 – 3 StR 552/08, BGHSt 54, 69, 110).

[13] (2) Aus dem im Rahmen des § 30 StGB zu stellenden Erfordernis des Zusammenwirkens mehrerer folgt, dass die bloße Kundgabe, ein Verbrechen bege-

---

[64] BGH, Beschluss vom 22.04.2015 – 2 StR 383/14, Rn. 3.

[65] BGH, Beschluss vom 17.12.2014 – 2 BJs 14/14-4, StB 10/14, Rn. 10.

hen zu wollen, den Tatbestand des § 30 Abs. 2 Var. 1 StGB nicht erfüllt; vielmehr muss die Erklärung darauf gerichtet sein, sich gegenüber deren Adressaten zu binden, sei es in Form der Annahme einer durch diesen gemachten Aufforderung, sei es in Form eines aktiven Sicherbietens diesem gegenüber in der Erwartung, dass er dem Deliktsplan zustimmen werde (LK/Schünemann, StGB, 12. Aufl., § 30 Rn. 90; SK-StGB/Hoyer, 35. Lfg., § 30 Rn. 37; S/S-Heine/Weißler, StGB, 29. Aufl., § 30 Rn. 22; Schröder aaO, 291). Diese beabsichtigte Selbstbindung macht es erforderlich, dass die Erklärung ernsthaft sein muss (BGH, Urteil vom 11. Mai 1954 – StE 152/52, BGHSt 6, 346, 347).

*[**14**] Im Fall des Sichbereiterklärens zur mitgliedschaftlichen Beteiligung an einer terroristischen Vereinigung kommt Folgendes hinzu: Die Beteiligung als Mitglied setzt eine gewisse formale Eingliederung des Täters in die Organisation und damit eine Beziehung voraus, die ihrer Natur nach der Vereinigung nicht aufgedrängt werden kann, sondern ihre Zustimmung erfordert. Die mitgliedschaftliche Beteiligung muss von einem einvernehmlichen Willen zu einer fortdauernden Teilnahme am Verbandsleben getragen sein (vgl. BGH, Beschluss vom 29. Juli 1992 – 3 StR 132/92, NStZ 1993, 37, 38; Urteil vom 14. August 2009, aaO, S. 113). Zwar schließt die Notwendigkeit einer Mitwirkung anderer an der Verbrechensbegehung die Variante des Sichbereiterklärens nicht aus (vgl. BGH, Urteil vom 20. März 1962 – 1 StR 71/62, GA 1963, 126, 127 zur Erklärung gegenüber einer Schwangeren, an dieser einen Schwangerschaftsabbruch vorzunehmen). Die dargelegten deliktsspezifischen Besonderheiten sind jedoch auch im Vorbereitungsstadium des § 30 StGB zu beachten. Hieraus folgt, dass die erforderliche Selbstbindung erst und nur dann angenommen werden kann, wenn die Erklärung demjenigen gegenüber abgegeben wird, dessen Mitwirkung notwendig ist, im Falle der § 129a Abs. 1, 2 und 4, § 129b StGB mithin gegenüber einem Repräsentanten der terroristischen Vereinigung.*

*[**15**] Diese Voraussetzungen sind vorliegend erfüllt. Nach dem Erkenntnisstand zum Zeitpunkt der Durchsuchungsanordnung war – etwa mit Blick auf die weitere Entwicklung nach Abgabe der Erklärung gegenüber dem Beschuldigten Ma. – davon auszugehen, dass die entsprechende Aussage des Beschuldigten M. ernst gemeint war. Ob der Beschuldigte Ma. als Repräsentant der AQM anzusehen ist, kann offenbleiben. Denn jedenfalls hat der Beschuldigte M. den Beschuldigten Ma. als Boten seines der AQM gegenüber abgegebenen ernsthaften Sichbereiterklärens eingesetzt. Da diese Erklärung die Vereinigung erreichte, braucht der Senat auch nicht zu entscheiden, ob der Zugang einer Erklärung Voraussetzung für eine Strafbarkeit nach § 30 Abs. 2 Var. 1 StGB ist (vgl. zu den verschiedenen Ansichten MüKoStGB/Joecks, 2. Aufl., § 30 Rn. 48).*

*[**16**] (3) Auch wenn die Erkenntnisse darauf hindeuten, dass es zwar zur Ausbildung des Beschuldigten M. bei der AQM kam, er jedoch entgegen der ursprünglichen Planung später nicht für diese kämpfte, stand dem Erlass der Durchsuchungsanordnung die Regelung des § 31 Abs. 1 Nr. 2 StGB nicht entgegen. Soweit man bereits zum Zeitpunkt der paramilitärischen Ausbildung eine Mitgliedschaft in der Vereinigung annehmen wollte, bestünde schon kein Raum für die Annahme eines strafbefreienden Rücktritts. Darüber hinaus lagen keine Erkenntnisse für die Umstände vor, aufgrund derer es nicht dazu kam, dass der Beschuldigte M. für die AQM kämpfte. Deshalb bestand zum Zeitpunkt des Beschlusserlasses jedenfalls keine Notwendigkeit, die Freiwilligkeit bei der etwaigen Aufgabe der ursprünglichen Absichten zu unterstellen.*

6. Mittäterschaft – § 25 StGB

55 Nach **§ 25 Abs. 1 Var. 1 StGB** ist **Täter**, wer vorsätzlich handelnd **sämtliche Tatbestandsmerkmale** der Straftat **in eigener Person verwirklicht. Fehlender Täterwille** oder das Berufen darauf, lediglich einem anderen behilflich sein zu wollen, **schließt** bei Vorliegen der vorgenannten Voraussetzungen die (**unmittelbare**) **Täterschaft nicht aus.**[66]

56 Mittäter im Sinne von § 25 Abs. 2 StGB ist, wer seinen **eigenen Tatbeitrag so** in die Tat **einfügt**, dass er als Teil der Handlung eines anderen Beteiligten und umgekehrt dessen Handeln als **Ergänzung des eigenen Tatanteils** erscheint. [67]

[5] Bei Beteiligung mehrerer Personen, von denen nicht jede sämtliche Tatbestandsmerkmale verwirklicht, ist Mittäter im Sinne von § 25 Abs. 2 StGB, wer seinen eigenen Tatbeitrag so in die Tat einfügt, dass er als Teil der Handlung eines anderen Beteiligten und umgekehrt dessen Handeln als Ergänzung des eigenen Tatanteils erscheint. Mittäterschaft erfordert dabei zwar nicht zwingend eine Mitwirkung am Kerngeschehen selbst; ausreichen kann auch ein die Tatbestandsverwirklichung fördernder Beitrag, der sich auf eine Vorbereitungs- oder Unterstützungshandlung beschränkt. Stets muss sich diese Mitwirkung aber nach der Willensrichtung des sich Beteiligenden als Teil der Tätigkeit aller darstellen. Ob danach Mittäterschaft anzunehmen ist, hat der Tatrichter aufgrund einer wertenden Gesamtbetrachtung aller festgestellten Umstände zu prüfen; maßgebliche Kriterien sind der Grad des eigenen Interesses an der Tat, der Umfang der Tatbeteiligung und die Tatherrschaft oder wenigstens der Wille dazu, so dass die Durchführung und der Ausgang der Tat maßgeblich auch vom Willen des Betreffenden abhängen (st. Rspr.; vgl. etwa BGH, Urteil vom 17. Oktober 2002 – 3 StR 153/02, NStZ 2003, 253, 254; Beschluss vom 2. Juli 2008 – 1 StR 174/08, NStZ 2009, 25, 26).

[6] c) Nach diesen Maßstäben begegnet die Annahme mittäterschaftlichen Handelns des Angeklagten in den vorbezeichneten Fällen durchgreifenden rechtlichen Bedenken. Allein die nach den Feststellungen gegebene vorherige Kenntnis des Angeklagten von den Taten des Mitangeklagten D. und sein Wille, diese Taten als gemeinsame anzusehen, kann eine Mittäterschaft nicht begründen (vgl. MüKo-StGB/Joecks, 2. Aufl., § 25 Rn. 17ff.). Die festgestellten Tatbeiträge des Angeklagten S. – wie etwa die Zusage, die Beute in seiner Wohnung zu lagern und sie zu verwerten – waren vielmehr nach ihrem äußeren Erscheinungsbild zunächst in Bezug zu den Tatbeiträgen des Mitangeklagten D. allenfalls Beteiligungshandlungen an dessen Diebstahlstaten, die für sich allein weder auf eine Tatherrschaft noch auf einen Willen hierzu schließen lassen. Die Taten beging der Mitangeklagte D. allein; ihre Ausführung und ihr Erfolg waren nach den Feststellungen in jeder Hinsicht dem Einfluss und dem Willen des Angeklagten entzogen. Das vom Landgericht festgestellte Interesse des Angeklagten am Gelingen der Einbrüche und die Absprache, das Diebesgut in seiner Wohnung zu lagern sowie einen eventuell erzielten Verkaufserlös hälftig aufzuteilen, vermag – entgegen der Ansicht des Generalbundesanwalts – eine andere Beurteilung sowie die rechtliche Ein-

---

[66] BGH, Urteil vom 10.02.2015 – 1 StR 488/14, Rn. 56.
[67] BGH, Beschluss vom 29.09.2015 – 3 StR 336/15, Rn. 5.

ordnung dieser Tatbeiträge durch das Landgericht nicht zu rechtfertigen. Dies gilt auch dann, wenn man dem Tatrichter bei der vorzunehmenden Abgrenzung von Mittäterschaft und Beihilfe einen Beurteilungsspielraum zubilligen wollte, der nur eingeschränkter revisionsgerichtlicher Überprüfung zugänglich ist (vgl. BGH, Urteil vom 17. Oktober 2002 – 3 StR 153/02, NStZ 2003, 253, 254). Dieser wäre hier jedenfalls überschritten.

Mittäterschaft und Teilnahme ist anhand spezifischer durch die ständige Recht- **57**
sprechung entwickelter **Kriterien abzugrenzen.**[68]

[10] (...) Mittäterschaft ist gegeben, wenn ein Tatbeteiligter mit seinem Beitrag nicht bloß fremdes tatbestandsverwirklichendes Tun fördern will, sondern dieser Beitrag im Sinne arbeitsteiligen Vorgehens Teil einer gemeinschaftlichen Tätigkeit sein soll. Dabei muss der Beteiligte seinen Beitrag als Teil der Tätigkeit des anderen und umgekehrt dessen Tun als Ergänzung seines eigenen Tatanteils wollen. Der gemeinschaftliche Tatentschluss kann durch ausdrückliche oder auch durch konkludente Handlungen gefasst werden. Ob ein Beteiligter ein derart enges Verhältnis zur Tat hat, ist nach den gesamten Umständen, die von seiner Vorstellung umfasst sind, in wertender Betrachtung zu beurteilen. Wesentliche Anhaltspunkte für diese Beurteilung können der Grad des eigenen Interesses am Erfolg der Tat, der Umfang der Tatbeteiligung und die Tatherrschaft oder wenigstens der Wille hierzu sein, so dass Durchführung und Ausgang der Tat maßgeblich auch vom Willen des Betreffenden abhängen (st. Rspr.; vgl. etwa BGH, Urteil vom 23. März 1994 – 3 StR 664/93, BGHR StGB § 25 Abs. 2 Mittäter 16). Die Annahme von Mittäterschaft erfordert allerdings nicht zwingend eine Mitwirkung am Kerngeschehen; es kann sogar ein Beitrag im Vorbereitungsstadium des unmittelbar tatbestandlichen Handelns (BGH, Beschluss vom 19. August 2014 – 3 StR 326/14, juris Rn. 7; Urteil vom 8. Januar 1992 – 3 StR 391/91, BGHR StGB § 25 Abs. 2 Mittäter 12) und ein solcher im Stadium zwischen Vollendung und Beendigung der Tat (BGH, Beschluss vom 14. Juni 1989 – 3 StR 156/89, BGHR StGB § 25 Abs. 2 Mittäter 5) genügen.

[11] Vor diesem Hintergrund ist das Oberlandesgericht bereits von einem zu engen Verständnis der (Mit-)Täterschaft ausgegangen, wenn es darauf abgestellt hat, es habe nicht feststellen können, dass die Handlungen des Angeklagten aus seiner Sicht derart wesentlich für das Massaker waren, dass dessen Durchführung maßgeblich von seiner Mitwirkung abhing. Zudem sind seine Erwägungen unvollständig, mit denen es eine mittäterschaftliche Beteiligung des Angeklagten an der Tat verneint hat; denn sie beziehen nicht alle festgestellten Umstände des Falles in die gebotene tatrichterliche wertende Betrachtung des Gesamtgeschehens ein. Von Bedeutung ist dabei etwa, dass der Angeklagte, der aufgrund seiner Stellung und Funktion eine herausgehobene Autoritäts- und Respektsperson war, bereits in die Vorbereitungen des Massakers eingebunden war. So ist im Einzelnen festgestellt, dass er sich ebenso wie G. und andere „Verwalter" am 10. April 1994 zu dem Kirchengelände begab und Gespräche mit den Priestern führte, in denen diesen zu verstehen gegeben wurde, dass auch sie bei dem bevorstehenden Angriff getötet werden würden, wenn sie das Kirchengelände nicht verließen. Am

[68] BGH, Urteil vom 21.05.2015 – 3 StR 575/14, Rn. 10.

Nachmittag desselben Tages nahm er an einer Zusammenkunft der „Verwalter" teil, bei der der Angriff besprochen und beschlossen wurde, zur Verstärkung Soldaten aus Gabiro herbeizuholen. Auch zu dem unmittelbaren Tatgeschehen leistete der Angeklagte wesentliche Beiträge. Am Vormittag des 11. April begab er sich mit G. und anderen Autoritätspersonen zu dem Kirchengelände, um den Angriff zu befehligen und zu koordinieren. Er stand neben G., als dieser befahl, mit dem Angriff zu beginnen, und verlieh auf diese Weise der Aufforderung zusätzliches Gewicht. Auch forderte er die Angreifer persönlich mit Worten wie „Helft!", „Helft mal!", „Arbeitet!" und „Fangt mit Eurer Arbeit an!" dazu auf, die versammelten Tutsi zu töten, was die Angreifer weiter bestärkte. Nachdem er sich sodann für eine Weile entfernt hatte, fuhr er erneut mit G. vor und ließ sich über den Stand der andauernden Tötungen berichten. Als er erfuhr, dass es den bislang anwesenden Angreifern nicht gelingen werde, alle Tutsi zu töten, bevor das Eintreffen der herannahenden RPR-Truppen zu erwarten war, sagte er zu, Unterstützung zu bringen, und forderte die Anwesenden auf, das Möglichste zu tun, um die anwesenden Tutsi umzubringen. Sodann fuhr er zu den umliegenden Lagern und befahl einigen der sich dort aufhaltenden Flüchtlingen, sich mit ihm zum Kirchengelände zu begeben und die dort befindlichen Tutsi zu töten. Er transportierte die Betreffenden mit seinem Fahrzeug zum Kirchengelände und setzte sie dort ab. Anschließend ging er in den Innenhof des Kirchengeländes, in dem zahlreiche Leichen lagen und das Blut knöchelhoch stand, und forderte die dort tötenden Angreifer auf, sich mit dem weiteren Töten zu beeilen. Im weiteren Verlauf des Massakers erschien er bei denjenigen Angreifern, die das Gelände umstellten, und wies diese an aufzupassen, dass niemand entkomme. Am Nachmittag des 11. April 1994 begab er sich mit Gatete zu einem in der Nähe gelegenen Krankenhaus und befahl, die dort anwesenden Tutsi herauszuholen; diese wurden sodann in Richtung des Kirchengeländes getrieben.

[12] Mit diesen zahlreichen und gewichtigen Tätigkeiten förderte der Angeklagte nicht lediglich fremdes Tun, sondern fügte mehrere eigene, vom Willen zur Tatherrschaft getragene, objektiv für die Tat wesentliche Tatbeiträge derart in eine gemeinschaftliche Tat ein, dass diese als Teil der Tätigkeit der anderen und umgekehrt deren Tun als Ergänzung seiner eigenen Tatbeiträge anzusehen sind. Da der Angeklagte sich an dem unmittelbaren Tatgeschehen beteiligte, bedarf es hier entgegen der in der Revisionsbegründung vertretenen Auffassung des Generalbundesanwalts nicht des Rückgriffs auf die für andere Fallkonstellationen in der Rechtsprechung entwickelte Rechtsfigur der „Tatherrschaft kraft Organisationsherrschaft" (BGH, Urteil vom 26. Juli 1994 – 5 StR 98/94, BGHSt 40, 218ff.), die zur mittelbaren Täterschaft gemäß § 25 Abs. 1 Alternative 2 StGB führt; das Verhalten des Angeklagten erfüllt vielmehr die objektiven Voraussetzungen einer unmittelbaren Mittäterschaft nach § 25 Abs. 2 StGB, auch wenn nicht festgestellt ist, dass er eigenhändig Tötungshandlungen vornahm.

7. Beihilfe – § 27 StGB

58 Als Gehilfe wird gemäß § 27 Abs. 1 StGB nur bestraft, wer vorsätzlich einem anderen zu dessen vorsätzlich begangener rechtswidriger Tat Hilfe leistet. Diese **Hilfeleistung** muss sich auf die Begehung der Haupttat zwar nicht kausal auswirken; erforderlich ist aber, dass sie die **Haupttat** zu irgendeinem Zeitpunkt zwischen Versuchsbeginn und Beendigung in irgendeiner Weise **erleichtert oder fördert.**[69]

[11] Feststellungen dazu hat das Landgericht nicht getroffen. Die knappen Ausführungen, der Angeklagte habe sich an dem späteren Verkauf der 10 Kokain-Briefchen beteiligen wollen, belegen für sich genommen keine tatsächlich erfolgte Förderung oder Erleichterung der Haupttat. Zwar kann eine Haupttat in Ausnahmefällen auch schon durch das bloße Bereiterklären späterer Unterstützung gefördert oder erleichtert werden. Aber auch die Voraussetzungen einer solchen psychischen Beihilfe sind nicht belegt. Es ist nicht ersichtlich, dass der Angeklagte den Haupttäter G. durch seine Zusage, ihm beim späteren Abverkauf zu unterstützen, in seinem Tatentschluss bestärkt oder ihm ein erhöhtes Sicherheitsgefühl gegeben hätte.

Eine Strafbarkeit wegen Beihilfe gemäß § 27 StGB setzt einen **doppelten Gehilfenvorsatz** auf der subjektiven Seite voraus. Insoweit muss die Unterstützungshandlung erfasst sowie die Vollendung der Haupttat begehrt werden. Hinsichtlich der Haupttat genügt die **Kenntnis** der **wesentlichen Merkmale** beim Gehilfen, insbesondere von deren Unrechts- und Angriffsrichtung. Eine andere rechtliche Einordnung seitens des Gehilfen lässt den Vorsatz demnach solange unberührt, wie dieser sich keine grundsätzlich andere Tat vorstellt – sog. **tatbestandliche Verwandtschaft** zwischen vorgestellter und tatsächlich begangener Tat.[70] **59**

Soweit eine Verurteilung wegen **Beihilfe zum versuchten Betrug** erfolgt, genügt die **Kenntnis** des Gehilfen **von** der Herbeiführung eines **Versicherungsfalles.** Das hierdurch **mehrere Versicherungsgesellschaften tangiert** werden, **lässt** den **Gehilfenvorsatz unberührt.**[71] **60**

[17] Insbesondere hat das Landgericht den Angeklagten T. rechtsfehlerfrei wegen Beihilfe zum versuchten Betrug in zwei Fällen verurteilt. Aus den Feststellungen ergibt sich, dass der Angeklagte T. gewusst hatte, dass die Angeklagte Z. „aufgrund der von ihm durchgeführten Tat gegenüber Versicherungsunternehmen einen Versicherungsfall vortäuschen würde, um dadurch zu Unrecht die Auszahlung von Versicherungssummen zu erreichen ..." (UA S. 10). Bereits dem Wortlaut nach ist also nicht nur eine Versicherung erfasst, sondern es ist vielmehr von einem Versicherungsfall die Rede. Darüber hinaus ist für den Gehilfenvorsatz nicht erforderlich, dass der Gehilfe alle Einzelheiten der Haupttat kennt. Vielmehr ist entscheidend, dass der Gehilfe die Dimension des Unrechts der ins Auge gefassten Tat erfassen kann. Der Gehilfenvorsatz unterscheidet sich insofern vom Anstiftervorsatz, da der Anstifter eine konkrete Tat vor Augen haben muss, während der Gehilfe einen von der Haupttat losgelösten Beitrag erbringt (BGH, Urteil vom 18. April 1996 – 1 StR 14/96, NStZ 1997, 272, 273; Beschluss vom 20. Januar 2011 – 3 StR 420/10, NStZ-RR 2011, 177; Urteil vom 18. Juni 1991 – 1 StR 164/91, BGHR StGB § 27 Abs. 1 Vorsatz 7). Der Angeklagte T. wusste vorliegend, dass die Angeklagte Z. den durch die Explosion entstandenen Scha-

[69] BGH, Beschluss vom 09.07.2015 – 2 StR 58/15, Rn. 10.
[70] BGH, Beschluss vom 14.10.2014 – 3 StR 167/14, Rn. 33.
[71] BGH, Beschluss vom 13.01.2015 – 1 StR 454/14, Rn. 17.

den versicherungsrechtlich geltend machen wollte. Damit hat er den Umfang des Unrechts erkannt. Auf die Anzahl der geschädigten Versicherungen kommt es dabei nicht an.

61 Trotz **mehrfacher Beihilfehandlungen** ist wegen der Akzessorietät der Beihilfe im Falle der Beihilfe zum unerlaubten Handeltreiben mit Betäubungsmitteln in nicht geringer Menge im Rechtssinne von einer **einheitlichen Tat** auszugehen.[72]

62 Bei einer **(Nicht-)Verurteilung** einer **Beihilfehandlung als besonders schwerer Fall** ist nicht **entscheidend**, dass sich die Tat des Haupttäters, zu der Beihilfe geleistet wird, als besonders schwerer Fall erweist. Zu prüfen ist vielmehr, ob das **Gewicht der Beihilfehandlung selbst** die Annahme eines besonders schweren Falles rechtfertigt.[73]

8. Besondere persönliche Merkmale – § 28 StGB

63 Das Merkmal „**Mitglied einer Bande**“ ist als ein besonderes persönliches Merkmal im Sinne des § 28 Abs. 2 StGB – in Abgrenzung zum „bloßen“ Gehilfen – nur dann erfüllt, wenn sich mehrere Täter innerhalb einer auf Dauer angelegten Verbindung zu gemeinsamer Tatbegehung zusammengeschlossen haben. Sofern hiernach der Tatbeteiligte nicht selbst als Bandenmitglied zu betrachten ist, kann dieser nur wegen Beteiligung am Grunddelikt bestraft werden.[74]

[7] (…) Weder der ursprünglich getroffenen Vereinbarung im Februar 2012 noch den einzelnen Unterstützungsleistungen des Angeklagten lässt sich aber entnehmen, dass damit der Angeklagte der erforderlichen auf Dauer angelegten Verbindung mehrerer Täter zu künftiger gemeinsamer Tatbegehung beigetreten ist. Es ist – auch wenn nicht ausgeschlossen ist, dass nach der Bandenabrede Beteiligte bei allen Bandentaten nur Gehilfen sein sollen (vgl. BGHSt 47, 214, 218f.) – zu bedenken, dass der Angeklagte lediglich auf kurzfristige Anweisung untergeordnete Unterstützungsleistungen erbracht hat, für die er nicht oder nur in geringem Umfang entlohnt worden ist. Zu berücksichtigen ist zudem, dass seit der eigentlichen Abrede im Februar 2012 mehr als neun Monate vergingen, bevor es zur ersten Unterstützungshandlung des Angeklagten kam. Dies spricht auf den ersten Blick jedenfalls dafür, dass mit der im Februar 2012 getroffenen Vereinbarung noch keine verbindliche Bandenabrede mit dem Angeklagten getroffen worden ist. Ob dies im Folgenden – konkludent im Zusammenhang mit den einzelnen Taten – geschehen ist, erscheint auf der Grundlage der getroffenen Vereinbarung und mit Blick auf die jeweilige konkrete Anforderung der Hilfeleistung des Angeklagten gleichfalls zweifelhaft.

[8] Die Bandeneigenschaft ist ein besonderes persönliches Merkmal im Sinne des § 28 Abs. 2 StGB; fehlt sie bei einem Tatbeteiligten, kann dieser nur wegen Beteiligung am Grunddelikt bestraft werden (vgl. BGH NStZ 2013, 102, 103). (…)

---

[72] BGH, Beschluss vom 14.01.2015 – 4 StR 440/14, Rn. 8.
[73] BGH, Beschluss vom 27.01.2015 – 1 StR 142/14, Rn. 6.
[74] BGH, Urteil vom 05.11.2014 – 2 StR 186/14, Rn. 7f.

Ein **besonderes persönliches Merkmal** im Sinne von **§ 28 Abs. 1 StGB** stellt die nach **§ 266 Abs. 1 StGB** erforderliche **Vermögensbetreuungspflicht** dar. Sofern eine **Milderung nach § 27 Abs. 2 StGB** erfolgt ist, **weil** das **strafbegründende persönliche Merkmal** bei dem Beteiligten **nicht vorlag,** ist eine **weitere Milderung** nach § 28 Abs. 1 in Verbindung mit § 49 Abs. 1 StGB **nicht geboten.**[75] 64

Aus der unterlassenen Strafmilderung nach § 28 Abs. 1 i. V. m. § 49 Abs. 1 StGB ergibt sich kein durchgreifender Rechtsfehler. Zwar stellt die nach § 266 Abs. 1 StGB erforderliche Vermögensbetreuungspflicht ein strafbegründendes persönliches Merkmal im Sinne des § 28 Abs. 1 StGB dar (BGH, Beschlüsse vom 12. Juli 1994 – 1 StR 300/94, StV 1995, 73; vom 8. Januar 1975 – 2 StR 567/74, BGHSt 26, 53). Nach der ständigen Rechtsprechung des Bundesgerichtshofs ist eine weitere Milderung neben derjenigen nach § 27 Abs. 2 StGB aber dann nicht geboten, wenn die Verurteilung wegen Beihilfe allein deshalb erfolgt, weil das strafbarkeitsbegründende persönliche Merkmal bei dem Tatbeteiligten nicht vorliegt (vgl. BGH, Beschlüsse vom 6. März 2013 – 5 StR 66/13; vom 22. Januar 2013 – 1 StR 234/12, NJW 2013, 949, Tz. 10; vom 8. Januar 1975 – 2 StR 567/74, BGHSt 26, 53).

Dies ist hier der Fall. Nach den Feststellungen war der Angeklagte an der Firma B. GmbH & Co. KG maßgeblich mit 38% beteiligt. Die Firma B. T. GmbH betrieb er sogar allein. Er hatte als maßgeblicher Mitgesellschafter bzw. Alleininhaber der Unternehmen und als an der Tatplanung wesentlich Beteiligter Tatherrschaft über das Geschehen und ein erhebliches Eigeninteresse am Zustandekommen der verfahrensgegenständlichen Verträge mit der Firma p. Die Strafkammer hat den Angeklagten daher ersichtlich nur deshalb (lediglich) wegen Beihilfe verurteilt, weil er gegenüber der Firma p. nicht vermögensbetreuungspflichtig war, so dass die unterlassene weitere Strafmilderung nach § 28 Abs. 1 StGB nicht zu beanstanden ist.

9. Rechtfertigungsgründe

Die **Besitzschutzrechte** und damit auch die Besitzkehr nach **§ 859 Abs. 2 BGB** sind Ausdruck eines **allgemeinen Friedensschutzes,** indem sie die auf dem Besitz beruhende **vorläufige Güterzuordnung aufrechterhalten.** Für ihre **Anwendung** ist aber **kein Raum, wenn** der **konkrete Besitz als solcher bei Strafe verboten** ist und eine im Anschluss an eine Besitzentziehung geübte Besitzkehr deshalb erneut zu einer strafrechtswidrigen Besitzlage führen würde. Aus dem gleichen Grund kann für den Verlust des **Besitzes an Betäubungsmitteln** auch kein Schadensersatz durch Wiedereinräumung des Besitzes im Wege einer Naturalrestitution nach § 249 Abs. 1 BGB verlangt werden.[76] 65

[75] BGH, Beschluss vom 27.01.2015 – 4 StR 476/14.

[76] BGH, Beschluss vom 21.04.2015 – 4 StR 92/15, Rn. 19.

■ TOPENTSCHEIDUNG

66 Die **Rechtmäßigkeit** im Sinne von **§ 32 Abs. 2 StGB** als auch nach **§ 113 Abs. 3 StGB** des Handelns von staatlichen Hoheitsträgern bei der Ausübung von Hoheitsgewalt bestimmt sich weder streng akzessorisch nach der materiellen Rechtmäßigkeit des dem Handeln zugrundeliegenden Rechtsgebiets (meist des materiellen Verwaltungsrechts) noch nach der Rechtmäßigkeit entsprechend dem maßgeblichen Vollstreckungsrecht. Die Rechtmäßigkeit des hoheitlichen Handelns in einem strafrechtlichen Sinne hängt vielmehr lediglich davon ab, dass „die **äußeren Voraussetzungen zum Eingreifen des Beamten**" gegeben sind, „er also **örtlich und sachlich zuständig**" ist, er die vorgeschriebenen **wesentlichen Förmlichkeiten** einhält und der Hoheitsträger sein – ihm ggf. eingeräumtes – **Ermessen pflichtgemäß** ausübt. Befindet sich allerdings der Hoheitsträger in einem schuldhaften Irrtum über die Erforderlichkeit der Amtsausübung, handelt er willkürlich oder unter Missbrauch seines Amtes, so ist sein Handeln rechtswidrig im strafrechtlichen Sinne.[77]

[25] c) Diese Auslegung des einfachen Gesetzesrechts mit der teilweisen Ablösung des strafrechtlichen Rechtswidrigkeitsbegriffs im Sinne von § 32 Abs. 2 StGB (und § 113 Abs. 3 StGB) von der Rechtmäßigkeit des hoheitlichen Handelns nach Maßgabe der jeweils einschlägigen außerstrafrechtlichen Rechtsvorschriften ist entgegen der von Teilen der Strafrechtswissenschaft (etwa Paeffgen in Nomos Kommentar zum StGB, 4. Aufl., Band 2, § 113 Rn. 39ff. mwN) vorgetragenen Kritik verfassungsrechtlich nicht zu beanstanden (BVerfG [1. Kammer des Ersten Senats], Beschluss vom 30. April 2007 – 1 BvR 1090/06 Rn. 26ff. bzgl. der Rechtmäßigkeit bei § 113 Abs. 3 StGB).

[27] d) Der Senat hält an der bisherigen Rechtsprechung (vgl. aber BGH, Urteil vom 2. November 2011 – 2 StR 375/11, NStZ 2012, 272, 273 mit Anm. Erb JR 2012, 207, 209f.) fest. Die gegen diese in der Strafrechtswissenschaft erhobenen Einwände (siehe etwa Rönnau/Hohn aaO Rn. 119; Kindhäuser in Nomos Kommentar zum StGB, 4. Aufl., Band 1, § 32 Rn. 69) werden den für die Beurteilung der Voraussetzungen des § 32 Abs. 2 StGB maßgeblichen Besonderheiten der Situation nicht ausreichend gerecht, in der sich ein Bürger drohenden Rechtsgutsbeeinträchtigungen durch einen Hoheitsträger ausgesetzt sieht.

[28] aa) Der Bundesgerichtshof hat bereits in seiner bisherigen Rechtsprechung im Zusammenhang mit der Rechtmäßigkeit (im Sinne von § 32 StGB und § 113 StGB) von hoheitlichem Handeln stets in den Blick genommen, in welcher Lage sich (Polizei-)Vollzugsbeamte bei Ausübung hoheitlicher Tätigkeit befinden (vgl. BGH, Urteile vom 31. März 1953 – 1 StR 670/52, BGHSt 4, 161, 164; vom 10. November 1967 – 4 StR 512/66, BGHSt 21, 334, 365f.; siehe auch BVerfG [1. Kammer des Ersten Senats], Beschluss vom 30. April 2007 – 1 BvR 1090/06 Rn. 29 und 36). Diese müssen sich in der konkreten Situation in der Regel unter einem gewissen zeitlichen Druck auf die Ermittlung eines äußeren Sachverhalts beschränken, ohne die Rechtmäßigkeit des eigenen Handelns auf der Grundlage des materiellen Rechts oder des (Verwaltungs)Vollstreckungsrechts bis in alle

[77] BGH, Urteil vom 09.06.2015 – 1 StR 606/14.

Einzelheiten klären zu können (siehe BVerfG und BGH jeweils aaO). Das Bundesverfassungsgericht hat vor dem dargestellten Hintergrund bezüglich der Auslegung des Rechtmäßigkeitsbegriffs in § 113 Abs. 3 StGB verfassungsrechtlich akzeptiert, dass bei der Notwendigkeit umgehenden behördlichen Einschreitens eine Pflicht des betroffenen Bürgers zur Befolgung einer wirksamen, wenn auch gegebenenfalls rechtswidrigen Diensthandlung besteht (BVerfG aaO Rn. 29). Er muss die Amtshandlung grundsätzlich hinnehmen und kann erst nachträglich eine Feststellung der eventuellen Rechtmäßigkeit der Maßnahme erreichen (BVerfG aaO mwN).

[29] bb) Von diesen Grundsätzen geht auch das Verwaltungsvollstreckungsrecht aus. Ihm liegt der Gedanke zugrunde, der betroffene Bürger habe eine Pflicht zur Duldung von Maßnahmen der Verwaltungsvollstreckung auch dann, wenn nicht sämtliche Rechtmäßigkeitsvoraussetzungen gegeben sind (vgl. Erb, Festschrift für Gössel, S. 217, 227 mwN). Dies ergibt sich aus den (einfach)gesetzlichen Regelungen über den Ausschluss der aufschiebenden Wirkung von Rechtsbehelfen gegen Vollstreckungsmaßnahmen in den Verwaltungsvollstreckungsgesetzen (etwa § 12 Satz 1 Landesverwaltungsvollstreckungsgesetz Baden-Württemberg [LVwVG]; siehe auch Stammberger in Engelhardt/App/Schlatmann, VwVG/VwZG, 10. Aufl., § 18 VwVG Rn. 14; Hufen, Verwaltungsprozessrecht, 9. Aufl., § 32 Rn. 13). Der Betroffene ist darauf beschränkt, nachträglichen Rechtsschutz einzuholen. Es ist mit dem Ausschluss der aufschiebenden Rechtsbehelfe gegen Verwaltungsvollstreckungsmaßnahmen wertungsmäßig nicht zu vereinbaren, gegen solche Maßnahmen dem Betroffenen im Fall ihrer Rechtswidrigkeit das Notwehrrecht aus § 32 StGB einzuräumen (zutreffend Erb aaO).

[30] cc) Die spezifische Auslegung der Rechtmäßigkeit bzw. Rechtswidrigkeit im Sinne von § 32 Abs. 2 StGB (und § 113 Abs. 3 StGB) bei hoheitlichem Handeln trägt auch dem Umstand Rechnung, dass die eingesetzten Vollzugsbeamten im Dienst der staatlichen Ordnung tätig werden, die wiederum die Sicherung der Rechtsordnung insgesamt gewährleistet (BGH, Urteile vom 31. März 1953 – 1 StR 670/52, BGHSt 4, 161, 164; vom 10. November 1967 – 4 StR 512/66, BGHSt 21, 334, 365 f.). Die Entlastung des Vollzugsbeamten von dem Risiko, dass sich bei einer ex post erfolgenden Prüfung der Rechtmäßigkeit seines hoheitlichen Handelns am Maßstab meist des materiellen Verwaltungsrechts oder des Verwaltungsvollstreckungsrechts seine ex ante unter den konkreten Bedingungen seines Handelns vorgenommene Rechtmäßigkeitsbeurteilung als unzutreffend erweist und dem von der Maßnahme betroffenen Bürger dann eine ggf. gewaltsame Verteidigung gegen den Hoheitsträger offen stünde, dient gerade im demokratischen Rechtsstaat der Sicherung der Entschlusskraft der eingesetzten Vollzugsbeamten (siehe insoweit bereits BGH, Urteil vom 10. November 1967 – 4 StR 512/66, BGHSt 21, 334, 366 und 367). Wird – wie hier – der hoheitlich handelnde Beamte mit der Vollstreckung einer durch eine andere Behörde angeordneten Verwaltungsmaßnahme beauftragt, darf er sich grundsätzlich auf die Rechtmäßigkeit der ihm übertragenen Vollstreckung verlassen. Umgekehrt muss die beauftragende Behörde von dem Vollzug der Maßnahme durch die angewiesene Behörde und deren dort konkret betraute Beamte ausgehen können. Derartige Weisungsverhältnisse bilden im Rechtsstaat das notwendige Bindeglied, um die demokratische Legitimation für die Ausübung von Staatsgewalt sowie die parlamentarische Verantwortlichkeit der Regierung gewährleisten zu können (vgl. BVerwG, Urteil vom 27. November 2014 – 2 C 24/13 Rn. 30; siehe auch grundlegend BVerfGE

93, 37, 66 ff. bzgl. der Weisungsgebundenheit der Verwaltung gegenüber der Regierung). Der von der angeordneten Verwaltungsvollstreckung Betroffene wird durch die ihm auferlegte Pflicht zur Duldung einer sich im Nachhinein als – gemessen an den einschlägigen außerstrafrechtlichen Vorschriften – rechtswidrig erweisenden hoheitlichen Maßnahme nicht rechtlos gestellt. Ihm steht die nachträgliche gerichtliche Rechtmäßigkeitsprüfung (vgl. Art. 19 Abs. 4 GG) vollständig zur Verfügung.

[31] dd) Darüber hinaus führte die Gewährung des Notwehrrechts gegen hoheitliches Handeln zu nicht akzeptablen Konsequenzen im Hinblick auf die Rechtsgüter des betroffenen Bürgers auf der einen Seite und derjenigen des ausführenden Beamten auf der anderen Seite. Der von einer – nach dem maßgeblichen materiellen Recht oder Vollstreckungsrecht – rechtswidrigen hoheitlichen Maßnahme betroffene Bürger befindet sich in einer völlig anderen tatsächlichen Lage als derjenige, der sich einem rechtswidrigen Angriff auf seine Rechtsgüter durch Private ausgesetzt sieht. Innerhalb der Grenzen seiner Duldungspflicht (siehe unten Rn. 34) ist die Eingriffsintensität der staatlichen Maßnahme durch die für hoheitliches Handeln bestehenden Schranken, vor allem den Grundsatz der Verhältnismäßigkeit (dazu im hier relevanten Zusammenhang BVerfG [2. Kammer des Ersten Senats], Beschluss vom 29. April 1991 – 1 BvR 7/90, NJW 1991, 3023) begrenzt. Es droht typischerweise kein endgültiger Verlust des beeinträchtigten Rechtsguts.

[32] Auf der anderen Seite wäre der Vollzugsbeamte bei Gewährung des Notwehrrechts gegen sein hoheitliches Handeln der Gefahr erheblicher Rechtsgutsbeeinträchtigungen in einer Situation ausgesetzt, in der er ohne ihm vorwerfbaren Irrtum von der Rechtmäßigkeit der hoheitlichen Vollstreckungsmaßnahme ausgeht. Gerade bei Notwehrhandlungen gegen bewaffnete Polizeibeamte im Rahmen des Vollzugs durch andere Behörden angeordneter Maßnahmen der Verwaltungsvollstreckung wird eine zur endgültigen und sicheren Abwehr des Angriffs führende „Verteidigung" häufig gleichsam notwendig die Tötung der eingesetzten Beamten umfassen (Erb, Festschrift für Gössel, S. 217, 222). Gegen eine solche „Verteidigung" dürfte sich der Beamte nicht rechtmäßig wehren. Eine ihm zumutbare legale Verhaltensalternative bliebe ihm dann nicht. Entweder handelt er entgegen dem ihm erteilten Vollstreckungsauftrag oder er macht sich durch eine Abwehr der dann nicht rechtswidrigen Verteidigung des von seiner hoheitlichen Maßnahme betroffenen Bürgers strafbar.

[33] ee) Daher folgt der Senat nicht einer in der Strafrechtswissenschaft vertretenen Auffassung, die bei – am materiellen Verwaltungsrecht oder dem Verwaltungsvollstreckungsrecht gemessen – rechtswidrigem Handeln des Hoheitsträgers auch strafrechtlich von einem rechtswidrigen Angriff i. S. v. § 32 Abs. 2 StGB ausgeht, dem vom hoheitlichen Handeln Betroffenen aber lediglich ein (eingeschränktes) Notwehrrecht gewährt (so etwa Amelung JuS 1986, 329, 337; Rönnau/Hohn aaO § 32 Rn. 134 mwN; der Sache nach über eine Einschränkung des Notwehrrechts über das Merkmal „geboten" wie diese auch OLG Hamm JR 2010, 361 f. mit krit. Anm. T. Zimmermann). Eine solche Rechtsauffassung wird weder den beschriebenen (oben Rn. 27–31) tatsächlichen noch den rechtlichen Besonderheiten des möglichen Notwehrrechts des einzelnen Bürgers gegen das Handeln von staatlichen Hoheitsträgern gerecht. Insbesondere verkennt sie, dass bei dem Vorgehen gegen bewaffnete Polizeibeamte deren Tötung oder zumindest deren gravierende Verletzung meist die allein eine sichere und endgültige Angriffsabwehr gewährleistende „Verteidigungshandlung" wäre (Rn. 32).

[34] e) Die Grenzen der Pflicht zur Duldung einer nach den maßgeblichen außerstrafrechtlichen Rechtsvorschriften rechtswidrigen hoheitlichen Maßnahme sind dort erreicht, wo diese mit dem Grundsatz der Rechtsbindung der Verwaltung (Art. 20 Abs. 3 GG) schlechthin unvereinbar sind (BVerfG [2. Kammer des Ersten Senats], Beschluss vom 29. April 1991 – 1 BvR 7/90, NJW 1991, 3023; in der Sache ebenso BGH, Urteil vom 31. März 1953 – 1 StR 670/52, BGHSt 4, 161, 164). Das ist jedenfalls bei Willkür und bei Nichtigkeit des Verwaltungshandelns der Fall (BVerfG und BGH jeweils aaO). Bei der Verwaltungsvollstreckung endet die Duldungspflicht des Betroffenen auch bei der Nichtigkeit von Verwaltungsakten (§§ 43, 44 LVwVfG) im Schweregrad entsprechenden Verletzungen der Voraussetzungen der Verwaltungsvollstreckung (Erb, Festschrift für Gössel, S. 217, 230; ähnlich T. Zimmermann JR 2010, 361, 365 „offensichtlich bösgläubige und amtsmissbräuchliche Vollstreckungshandlungen"). Das Handeln ist dann stets rechtswidrig im Sinne von § 32 Abs. 2 StGB.

ANMERKUNG ■

Der BGH setzt seine Rechtsprechung fort und wendet weiterhin an dem Punkt der Rechtmäßigkeitsfrage i. S. d. § 32 Abs. 2 StGB nicht den Grundsatz der Einheit der Rechtsordnung an. Für die strafrechtlich zu beurteilende Frage nach dem „korrekten" Diensthandeln ist daher kein rechtmäßiges Handeln nach dem Verwaltungsrecht erforderlich. Amtswaltern wird vielmehr strafrechtlich eine Art Irrtumsprivileg zugebilligt.

Argumentativ wird letztlich praxisbezogen erwägt, dass keine langwierige Subsumtion im Falle des Einschreitens des Hoheitsträgers angebracht ist. Vielmehr soll seine Entschlusskraft auch unter Heranziehung der zeitlichen Komponente nicht vor dem „Druck" möglicher strafrechtlicher Verfolgung eingeschränkt werden.

Eine in einer objektiven Notwehrlage verübte Tat ist nach § 32 Abs. 2 StGB gerechtfertigt, wenn es sich bei ihr um das **mildeste zu einer sofortigen und endgültigen Abwehr des Angriffs führende Mittel** handelt, das dem Angegriffenen oder seinem Helfer in der konkreten Situation zur Verfügung stand. Ob dies der Fall ist, muss auf der Grundlage einer objektiven **ex-ante-Betrachtung** der tatsächlichen Verhältnisse im Zeitpunkt der Verteidigungshandlung beurteilt werden.[78] **67**

Das Notwehrrecht erfährt unter dem Gesichtspunkt der **Gebotenheit** der Verteidigung unter anderem dann eine Einschränkung, wenn der Verteidiger gegenüber dem Angreifer ein **pflichtwidriges Vorverhalten** an den Tag gelegt hat, das bei vernünftiger Würdigung aller Umstände des Einzelfalles den folgenden Angriff als eine adäquate und voraussehbare Folge der Pflichtverletzung des Angegriffenen erscheinen lässt. In einem solchen Fall muss der Verteidiger dem Angriff unter Umständen **auszuweichen** versuchen und darf zur lebensgefährlichen **Trutzwehr** nur übergehen, wenn andere Abwehrmöglichkeiten erschöpft oder mit Sicherheit aussichtslos sind. Darüber hinaus vermag auch bereits ein **sozialethisch zu missbilligendes Vorverhalten** das **Notwehrrecht einzuschränken**, wenn zwischen die- **68**

[78] BGH, Urteil vom 02.07.2015 – 4 StR 509/14, Rn. 12; siehe auch: BGH, Urteil vom 03.06.2015 – 2 StR 473/14, Rn. 15.

sem Vorverhalten und dem rechtswidrigen Angriff ein enger zeitlicher und räumlicher **Ursachenzusammenhang** besteht und es nach Kenntnis des Täters auch geeignet ist, einen Angriff zu provozieren.[79]

69 Die **Grenzen** der **Notwehr** unter **Benutzung** einer **Schusswaffe** verpflichten den Angegriffenen derartige für ihn erreichbare Abwehrmittel zu wählen, die eine sofortige und endgültige Beseitigung der Gefahr erwarten lassen. Der lebensgefährliche Einsatz einer Schusswaffe ist hierbei nicht von vornherein unzulässig, kann aber nur das letzte Mittel der Verteidigung sein. In der Regel ist der Angegriffene gehalten, den Gebrauch der Waffe zunächst anzudrohen. Reicht dies nicht aus, so muss er, wenn möglich, vor dem tödlichen Schuss einen weniger gefährlichen Waffeneinsatz versuchen. In Frage kommen ungezielte Warnschüsse oder, wenn diese nicht ausreichen, Schüsse in die Beine, um den Angreifer kampfunfähig zu machen, also solche Abwehrmittel, die einerseits für die Wirkung der Abwehr nicht zweifelhaft sind und andererseits die Intensität und Gefährlichkeit des Angriffs nicht unnötig überbieten. Dabei wird der Rahmen der erforderlichen Verteidigung durch die Stärke und die Gefährlichkeit des Angreifers und durch die Verteidigungsmöglichkeiten des Angegriffenen bestimmt.[80]

70 Auch das **Hausrecht** darf „grundsätzlich mit scharfen Mitteln" verteidigt werden, soweit es sich bei dem Angriff nicht um eine **Bagatelle** handelt. Steht indes die mit der Verteidigung verbundene Beeinträchtigung des Angreifers in einem groben **Missverhältnis** zu Art und Umfang der aus dem Angriff drohenden Rechtsverletzung, so ist die Notwehr unzulässig.[81]

71 Im Falle des Vorliegens einer Notwehrlage in Form der **Putativnotwehr** – der irrigen Annahme eines unmittelbar bevorstehenden Angriffs – darf der Täter nicht mehr tun als der in wirklicher Notwehr Handelnde.[82]

72 Die **Überschreitung** der **Grenzen der Notwehr** aus Furcht im Sinne von **§ 33 StGB** ist entschuldigt, wenn bei dem Täter ein durch das Gefühl des Bedrohtseins verursachter **psychischer Ausnahmezustand** mit einem solchen Störungsgrad vorliegt, dass er das Geschehen nur noch in erheblich reduziertem Maße verarbeiten kann.[83]

73 Voraussetzung für die Anwendung des **§ 33 StGB** ist das Bestehen einer objektiv gegebenen Notwehrlage. Auf Fälle der sogenannten **Putativnotwehr,** also unter anderem in einer irrtümlich angenommenen Notwehrlage, ist die Vorschrift des § 33 StGB nicht anwendbar. Die **asthenischen Affekte** müssen weiter dafür ursächlich sein, dass der den Angriff wahrnehmende Täter die Grenzen der Notwehr überschreitet, wobei er gleichsam mit **Verteidigungswillen** handeln muss.[84]

---

79 BGH, Urteil vom 02.07.2015 – 4 StR 509/14, Rn. 13; vgl. auch: BGH, Urteil vom 03.06.2015 – 2 StR 473/14, Rn. 16.
80 BGH, Beschluss vom 21.07.2015 – 3 StR 84/15, Rn. 7.
81 BGH, Urteil vom 27.10.2015 – 3 StR 199/15, Rn. 11.
82 BGH, Beschluss vom 21.07.2015 – 3 StR 84/15, Rn. 7.
83 BGH, Urteil vom 03.06.2015 – 2 StR 473/14.
84 BGH, Urteil vom 27.10.2015 – 3 StR 199/15, Rn. 19.

10. Strafzumessung – §§ 46 ff. StGB

Vergleichbar zu den Vorberichtszeiträumen waren auch im Jahr 2015 vermehrte „Eingriffe“ in die **ureigene Aufgabe** des erkennenden Gerichts zu verzeichnen: Die Strafzumessung. Diese ist grundsätzlich Aufgabe des Tatrichters und unterliegt nur einer begrenzten revisionsgerichtlichen Nachprüfung.[85] **74**

Es ist Aufgabe des Tatgerichts, auf der Grundlage des umfassenden Eindrucks, den es in der Hauptverhandlung von der Tat und der Persönlichkeit des Täters gewonnen hat, die wesentlichen entlastenden und belastenden Umstände festzustellen, sie zu bewerten und hierbei gegeneinander abzuwägen. Ein Eingriff des Revisionsgerichts in diese Einzelakte der Strafzumessung ist in der Regel nur möglich, wenn die Zumessungserwägungen in sich fehlerhaft sind, wenn das Tatgericht gegen rechtlich anerkannte Strafzwecke verstößt oder wenn sich die verhängte Strafe nach oben oder unten von ihrer Bestimmung löst, gerechter Schuldausgleich zu sein. Nur in diesem Rahmen kann eine „Verletzung des Gesetzes“ nach § 337 Abs. 1 StPO vorliegen. Dagegen ist eine **ins Einzelne gehende Richtigkeitskontrolle ausgeschlossen**. Das gilt auch, soweit die tatrichterliche Annahme oder Verneinung eines minder schweren Falles zur revisionsgerichtlichen Prüfung steht.[86] **75**

Die nachfolgende **Übersicht** der **Einzelfälle** zeigt jedoch, dass sich dieser Grundsatz zunehmend zur Ausnahme zu gerieren scheint. **76**

Im Falle der Aburteilung eines deutschen Staatsangehörigen über **§ 7 Abs. 2 Nr. 1 1. Alt. StGB** sind die Strafzumessungserwägungen rechtsfehlerfrei, sofern der **Strafrahmen** nicht der ausländischen, sondern der **deutschen Strafnorm entnommen** wird.[87] **77**

[1] Die Revision des Angeklagten gegen das Urteil (...) wird als unbegründet verworfen, da die Nachprüfung des Urteils auf Grund der Revisionsrechtfertigung keinen Rechtsfehler zum Nachteil des Angeklagten ergeben hat (§ 349 Abs. 2 StPO).[88]

ANMERKUNG ■

Jedenfalls inzident billigte der BGH damit die Entscheidung des Landgerichts. Das Landgericht hat den deutschen Staatsangehörigen nach deutschem Recht über § 7 Abs. 2 Nr. 1, 1. Alt. StGB verurteilt, da die Taten auch im Ausland mit Strafe bedroht sind. Hierbei erfolgte die Strafrahmenwahl nach deutschem Recht und nicht auf Basis des ausländischen Rechts, was einen milderen Strafrahmen vorsah.

Das Landgericht führte die Strafzumessungserwägungen wie folgt aus: *Die Strafbarkeit nach (der Strafnorm des ausländischen Rechts) führt gemäß § 7 Abs. 2 Nr. 1 1. Alt. StGB zur umfassenden Geltung aller Vorschriften des deutschen*

---

85 BGH, Urteil vom 01.08.2000 – 5 StR 624/99, Rn. 34.
86 BGH, Urteil vom 04.08.2015 – 1 StR 624/14, Rn. 52.
87 Vgl. BGH, Beschluss vom 11.02.2015 – 1 StR 571/14 – unveröffentlicht.
88 BGH, Beschluss vom 11.02.2015 – 1 StR 571/14.

Strafrechts (vgl. Niemöller in NStZ 1993, 171; BGH NJW 1997, 334). Für die Anwendbarkeit des deutschen Strafrechts ist ausreichend, dass die Tat am Tatort materiell strafbar ist; tatsächlich verfolgbar braucht sie nicht zu sein (vgl. BGH NJW 2011, 3049). Dabei kommt es nicht darauf an, dass der ausländische Straftatbestand die gleiche oder eine ähnliche Schutzrichtung wie das anzuwendende deutsche Strafrecht hat (vgl. OLG Celle NJW 2001, 2734). Einen allgemeinen Grundsatz, dass bei Aburteilung von Auslandstraftaten Deutscher nach § 7 Abs. 2 Nr. 1 1. Alt. StGB im Rahmen der Strafzumessung stets ein Vergleich zum ausländischen Recht vorzunehmen ist, ist weder der höchstrichterlichen Rechtsprechung (vgl. etwa BGHSt 39, 317 ff. zu ehemaligen DDR-Bürgern) zu entnehmen noch anderweit zu erkennen (vgl. OLG Karlsruhe NStZ-RR 2010, 48).

■ WEITERE ANMERKUNGEN

Die Rechtsprechung ist daher einer auch in der Literatur vertretenen Auffassung gefolgt (vgl. etwa Schönke/Schröder, Strafgesetzbuch, § 5 Rn. 24 und § 7 Rn. 27).

Demgegenüber wurde einer weiteren Literaturansicht keine Folge gegeben. Nach dieser ist die durch die stellvertretende Strafrechtspflege abgeleitete Strafgewalt der Höhe der Strafe nach durch das Recht des vertretenen Staates begrenzt (poena mitior). Im Ergebnis setze sich nach dieser Auffassung das mildere Recht durch (Kindhäuser/Neumann/Paeffgen-*Böse*, Strafgesetzbuch, § 7 Rn. 14 und 21 mwN).

78 Für die Verhängung einer kurzen Freiheitsstrafe nach **§ 47 Abs. 1 StGB** genügt es, dass diese **aus generalpräventiven Gründen unerlässlich** ist. Im Rahmen der Anwendung vorgenannter Vorschrift dürfen auch generalpräventive Erwägungen vorgenommen werden. Nach dieser Vorschrift ist es ausreichend, wenn besondere Umstände, die in der Tat oder der Persönlichkeit des Täters liegen, die Verhängung einer kurzen Freiheitsstrafe entweder zur Einwirkung auf den Täter oder zur Verteidigung der Rechtsordnung unerlässlich machen.[89]

a) Strafzumessung im engeren Sinn – § 46 StGB

79 Die **Strafzumessung** ist grundsätzlich **Aufgabe des Tatgerichts.**[90]

[8] Der Wertungsakt, welcher der Zumessung der Strafe zugrunde liegt, ist grundsätzlich Aufgabe des Tatgerichts. Eine ins Einzelne gehende Richtigkeitskontrolle durch das Revisionsgericht findet nicht statt; dieses prüft nur nach, ob dem Tatrichter ein Rechtsfehler unterlaufen ist, etwa weil er den Strafrahmen unzutreffend bestimmt, rechtlich anerkannte Strafzwecke außer Betracht gelassen oder einzelnen Strafzumessungsgründen erkennbar ein zu hohes oder zu geringes Gewicht beigemessen hat oder weil sich die Strafe nach oben oder unten von ihrer

---

89 BGH, Beschluss vom 27.01.2015 – 1 StR 142/14, Rn. 16.

90 BGH, Urteil vom 16.04.2015 – 3 StR 605/14, Rn. 8; vgl. auch: BGH, Urteil vom 16.04.2015 – 3 StR 638/14, Rn. 3 und BGH, Urteil vom 26.10.2015 – 1 StR 317/15, Rn. 60.

Bestimmung löst, gerechter Schuldausgleich zu sein, also unvertretbar hoch oder niedrig ist. Die Begründung des Urteils muss erkennen lassen, dass die wesentlichen Gesichtspunkte gesehen und in ihrem Zusammenwirken vertretbar gewürdigt worden sind. Das Ergebnis der Zumessung muss zu den bestimmenden Strafzumessungsgesichtspunkten in einem nachvollziehbaren und vertretbaren Zusammenhang stehen. In Zweifelsfällen hat das Revisionsgericht die Wertung des Tatgerichts zu respektieren (st. Rspr.; vgl. schon BGH, Urteil vom 17. September 1980 – 2 StR 355/80, BGHSt 29, 319, 320).

Nach **§ 46 Abs. 2 Satz 1 StGB** hat das Gericht die **für und gegen** den Täter sprechenden **Umstände abzuwägen**, wobei gemäß **§ 267 Abs. 3 Satz 1 StPO allein** die **bestimmenden Umstände** in den **Urteilsgründen darzulegen** sind.[91] **80**

[4] Gemäß § 46 Abs. 2 Satz 1 StGB hat das Gericht die Umstände gegeneinander abzuwägen, die für und gegen den Täter sprechen. Dies bedeutet indes nicht, dass jeder derartige Umstand der ausdrücklichen Erörterung in den Urteilsgründen bedarf und dass die Nichterörterung stets einen Rechtsfehler begründet. Das Gericht ist vielmehr lediglich verpflichtet, in den Urteilsgründen die für die Strafzumessung bestimmenden Umstände darzulegen (§ 267 Abs. 3 Satz 1 StPO); eine erschöpfende Aufzählung aller Strafzumessungserwägungen ist weder vorgeschrieben noch möglich. Was als wesentlicher Strafzumessungsgrund anzusehen ist, ist unter Berücksichtigung der Besonderheiten des Einzelfalls vom Tatrichter zu entscheiden (vgl. BGH, Urteil vom 2. August 2012 – 3 StR 132/12, NStZ-RR 2012, 336, 337).

Es steht nicht im Widerspruch, wenn das erkennende Gericht zwar **zugunsten** des Angeklagten für die Vollendungsfälle einen nur **sehr geringen Vermögensschaden** annimmt, andererseits aber **zu** dessen **Lasten** die **Höhe des erstrebten unrechtmäßigen Vermögensvorteils** wertet. Insbesondere in Fällen, wo der **Erfolgseintritt bloß vom Zufall abhängt, liegt** die **Versagung** des fakultativen Strafmilderungsgrundes **nahe.**[92] **81**

[26] c) Die Strafzumessung des Landgerichts ist ebenfalls nicht zu beanstanden. Es hat in den Vollendungsfällen jeweils zu Gunsten der Angeklagten gewürdigt, dass der Vollendungsschaden nur sehr gering war, zu ihren Lasten aber die Höhe des erstrebten unrechtmäßigen Vermögensvorteils. Dies steht im Einklang mit der Rechtsprechung des Bundesgerichtshofs (vgl. BGH, Urteil vom 15. Dezember 2006 – 5 StR 181/06, BGHSt 51, 165, 179). Weil in derartigen Fällen regelmäßig ein gegenüber dem Erfolgsunrecht besonders gesteigertes Handlungsunrecht vorliegt, ist es für die Strafzumessung nicht immer von entscheidender Bedeutung, ob es bei (einzelnen) Betrugstaten zur Vollendung kommt oder mangels Irrtums des Getäuschten oder wegen fehlender Kausalität zwischen Irrtum und Vermögensverfügung beim Versuch bleibt. Wenn die Taten eine derartige Nähe zur Tatvollendung aufweisen, dass es vom bloßen Zufall abhängt, ob die Tatvollendung letztlich doch noch am fehlenden Irrtum des Tatopfers scheitert, kann das Tatge-

---

91 BGH, Urteil vom 16.04.2015 – 3 StR 638/14, Rn. 4.
92 BGH, Beschluss vom 04.09.2014 – 1 StR 314/14.

richt unter besonderer Berücksichtigung der versuchsbezogenen Gesichtspunkte auf der Grundlage einer Gesamtwürdigung der Persönlichkeit des Täters und der Tatumstände des konkreten Einzelfalls zum Ergebnis gelangen, dass jedenfalls die fakultative Strafmilderung gemäß § 23 Abs. 2 i. V.m. § 49 Abs. 1 StGB zu versagen ist (Senat, Beschluss vom 6. Februar 2013 – 1 StR 263/12, NStZ 2013, 422, 424).

82 Soweit innerhalb der Strafzumessung wegen sexuellem Missbrauchs von Kindern aufgrund des zeitlichen und situativen Zusammenhangs der Taten eine **Mitursächlichkeit** bezüglich der **Verhaltensänderungen** des Kindes **trotz** der psychischen **Vorschäden** durch die Sexualdelikte festgestellt wird, ist dies rechtsfehlerfrei erfolgt.[93]

83 § 46 Abs. 3 StGB wird entsprochen, wenn zu Lasten des Angeklagten das deutlich vor der **Schutzaltersgrenze** des § 176 Abs. 1 StGB liegende Alter des Kindes als **strafschärfend** gewertet wird.[94]

84 Sofern als Gesichtspunkt eine **längere Untersuchungshaft** herangezogen wird, die zum Zeitpunkt der Urteilsverkündung bereits sechs Monate angedauert hatte, und insoweit eine **ausdrückliche In-Bezug-Setzung zur bisherigen Unbestraftheit** des Angeklagten erfolgt, wird an die besondere Haftempfindlichkeit des zuvor noch nie inhaftierten Angeklagten angeknüpft und nicht lediglich auf den Vollzug von Untersuchungshaft als strafmildernd abgestellt.[95]

85 **Untersuchungshaft** ist grundsätzlich bei der Verhängung einer zu verbüßenden Freiheitsstrafe kein **Strafmilderungsgrund.** Eine andere Bewertung kann nur dann erfolgen, wenn mit dem Vollzug **ungewöhnliche,** über die üblichen deutlich hinausgehende **Beschwernisse** verbunden sind. Im Falle einer mildernden Berücksichtigung bei der Strafzumessung müssen diese Nachteile in den Urteilsgründen dargelegt werden.[96]

86 Eine **Verfahrensverzögerung** kann auch dadurch bedingt sein, dass die **Verfahrensakten** infolge von Verlust und der damit verbundenen Notwendigkeit der teilweisen **Rekonstruktion** nicht im Rahmen eines ordnungsgemäßen Verfahrensgangs vorgelegt worden sind. Die **Kompensation** ist nicht mit dem Umfang der Verzögerung gleichzusetzen und hat einen **eher geringen Bruchteil der Strafe** zu betragen.[97]

[3] 1. Das Verfahren ist nach Erlass des angefochtenen Urteils unter Verstoß gegen Art. 6 Abs. 1 Satz 1 MRK zunächst dadurch in rechtsstaatswidriger Weise verzögert worden, dass die Originalakten seit dem 22. März 2013 in Verlust geraten sind und erst im Juni/Juli 2014 teilweise rekonstruiert werden konnten, nachdem der Verteidiger sich nach dem Stand des Revisionsverfahrens erkundigt hatte. Nach Begründung der Revision durch den Verteidiger mit Schriftsatz vom 4. Februar 2013 hätten die Akten dem Generalbundesanwalt bei ordnungsgemäßem Verfahrensgang alsbald danach vorgelegt werden müssen. Tatsächlich

[93] BGH, Urteil vom 22.10.2014 – 2 StR 509/13, Rn. 15.
[94] BGH, Urteil vom 22.10.2014 – 2 StR 509/13, Rn. 16.
[95] BGH, Urteil vom 24.03.2015 – 5 StR 6/15, Rn. 8.
[96] BGH, Urteil vom 22.10.2015 – 4 StR 275/15, Rn. 12.
[97] BGH, Beschluss vom 12.02.2015 – 4 StR 391/14, Rn. 3f.

sind die Akten dort erst am 25. August 2014 eingegangen. Nachdem auf Veranlassung des Generalbundesanwalts weitere, für die Durchführung des Revisionsverfahrens notwendige Unterlagen beim Landgericht und bei der Staatsanwaltschaft beschafft worden waren, konnten die Akten dem Bundesgerichtshof schließlich am 4. Dezember 2014 vorgelegt werden. Dadurch hat sich nach Ablauf der Revisionsbegründungsfrist insgesamt eine Verzögerung von etwa eineinhalb Jahren ergeben, die auf die Sachrüge hin von Amts wegen zu berücksichtigen ist (st. Rspr.; vgl. nur BGH, Beschluss vom 16. Juni 2009 – 3 StR 173/09, BGHR StGB § 46 Abs. 2 Verfahrensverzögerung 20 mwN).

[4] 2. a) Nach der Rechtsprechung des Bundesgerichtshofs ist die Kompensation nicht mit dem Umfang der Verzögerung gleichzusetzen, sondern hat nach den Umständen des Einzelfalles grundsätzlich einen eher geringen Bruchteil der Strafe zu betragen (vgl. nur Senatsbeschluss vom 7. Juni 2011 – 4 StR 643/10, BGHR MRK Art. 6 Abs. 1 Satz 1 Verfahrensverzögerung 41 mwN). In Übereinstimmung mit dem Antrag des Generalbundesanwalts in seiner Zuschrift vom 16. Januar 2015 erscheint dem Senat im vorliegenden Fall eine Kompensation von drei Monaten angesichts der insgesamt eingetretenen Verzögerung von etwa eineinhalb Jahren als angemessen. Diese Kompensation kann der Senat in entsprechender Anwendung von § 354 Abs. 1a Satz 2 StPO selbst aussprechen (BGH, Beschluss vom 6. März 2008 – 3 StR 376/07, NStZ-RR 2008, 208, 209; Beschluss vom 3. November 2011 – 2 StR 302/11, NStZ 2012, 320, 321).

Die straferschwerende Berücksichtigung von **finanziellen** bzw. von „**Schäden**“ **87**
dem **Ansehen nach** setzt voraus, dass derartige Auswirkungen der Tat vom Täter nach Art und Gewicht im Wesentlichen **vorausgesehen** werden konnten und ihm **vorwerfbar** sind.[98]

Die **Einziehung** des **bei** der **Tat verwendeten Fahrzeugs** auf der Grundlage von **88**
§ 74 Abs. 1, Abs. 2 Nr. 1 StGB hat den Charakter einer **Nebenstrafe** und ist damit bei der **Strafzumessungsentscheidung** mit **zu berücksichtigen**. Wird dem Täter auf diese Weise ein ihm zustehender Gegenstand von **nicht unbeträchtlichem Wert** entzogen, ist dies als bestimmender Gesichtspunkt für die Bemessung der daneben zu verhängenden Strafe im Wege einer Gesamtbetrachtung bei den dem Täter treffenden Rechtsfolgen angemessen zu berücksichtigen.[99]

TOPENTSCHEIDUNG ■

Wird durch **Anwendung** eines **vertypten Strafmilderungsgrundes** die Untergrenze **89**
des Strafrahmens einer **Strafnorm**, welche nur **Freiheitsstrafe mit erhöhter Mindeststrafe androht, auf** das **gesetzliche Mindestmaß abgesenkt, ist wahlweise auch Geldstrafe bis zu 360 Tagessätzen möglich.**[100]

---

[98] BGH, Beschluss vom 18.03.2015 – 3 StR 7/15, Rn. 5.

[99] BGH, Beschluss vom 02.04.2015 – 3 StR 53/15, Rn. 3 f.; vgl. auch: BGH, Beschluss vom 03.09.2015 – 1 StR 255/15, Rn. 23 und BGH, Beschluss vom 01.12.2015 – 4 StR 397/15, Rn. 13.

[100] BGH, Urteil vom 17.03.2015 – 2 StR 379/14.

[15] c) Die Revision der Staatsanwaltschaft greift nach der Begründung des Rechtsmittels die Verurteilung der Angeklagten L. im Fall II.2. nicht an. Insoweit ist das Rechtsmittel beschränkt. Es umfasst aber ihre Verurteilung zu einer Einzelgeldstrafe von 180 Tagessätzen wegen Beihilfe zur gefährlichen Körperverletzung und die Bildung einer Gesamtgeldstrafe von 190 Tagessätzen. Auch insoweit liegt jedoch kein Rechtsfehler zugunsten der Angeklagten L. vor.

[16] aa) Allerdings benennt das Gesetz sowohl bei dem Normalstrafrahmen gemäß § 224 Abs. 1 StGB als auch bei dem gemäß §§ 27 Abs. 2 Satz 2, 49 Abs. 1 StGB gemilderten Strafrahmen jeweils nur Freiheitsstrafe als Strafart, nicht die Möglichkeit der Verhängung von Geldstrafe. Gleichwohl stand dem Tatgericht gemäß Art. 12 Abs. 1 EGStGB die weitere Strafart zur Verfügung (vgl. SK/Horn/Wolters, StGB, 122. Lfg. 2010, § 47 Rn. 3). Auf § 47 Abs. 2 StGB kommt es hier nicht an.

[17] Der Gesetzgeber wollte mit der Regelung des Art. 12 Abs. 1 EGStGB erreichen, dass neben der Androhung einer Freiheitsstrafe ohne besonderes Mindestmaß stets die wahlweise Androhung von Geldstrafe tritt. Dadurch wird die Möglichkeit eröffnet, in allen diesen Fällen auch Geldstrafen zu verhängen, ohne auf § 47 Abs. 2 StGB zurückgreifen zu müssen (BT-Drucks. 7/550 S. 204). Art. 12 Abs. 1 EGStGB kommt deshalb immer dann zur Anwendung, wenn ein Fall vorliegt, in dem das Gesetz keine erhöhte Mindeststrafe vorsieht. Nur für Fälle der Anwendbarkeit eines Strafrahmens mit erhöhtem Mindestmaß bleibt alleine § 47 Abs. 2 StGB maßgeblich (vgl. Horn NStZ 1990, 270, 271).

[18] bb) Entscheidend ist hiernach, ob Art. 12 Abs. 1 EGStGB auch anzuwenden ist, wenn zwar der Normalstrafrahmen des anzuwendenden Straftatbestands eine erhöhte Mindeststrafe vorsieht, dieser Strafrahmen im Einzelfall aber durch einen vertypten Milderungsgrund so abgesenkt wird, dass er im Ergebnis bei der gesetzlichen Mindeststrafe beginnt. Im vorliegenden Fall wird der Strafrahmen des § 224 Abs. 1 – 1. Alt. – StGB, der Freiheitsstrafe von sechs Monaten bis zu zehn Jahren vorsieht, gemäß §§ 27 Abs. 2 Satz 2, 49 Abs. 1 StGB auf Freiheitsstrafe von einem Monat bis zu sieben Jahren und sechs Monaten abgesenkt, wonach die Strafuntergrenze dem gesetzlichen Mindestmaß im Sinne von § 38 Abs. 2 StGB entspricht.

[19] Der Senat neigt zu der Ansicht, dass für die Frage, ob eine Strafandrohung ohne erhöhtes Mindestmaß vorliegt, ebenso wie bei § 47 Abs. 2 StGB (vgl. dazu Fischer, StGB, 62. Aufl., § 47 Rn. 12) stets der im konkreten Fall anzuwendende Strafrahmen maßgeblich ist (s.a. Horn aaO). Er bejaht diese Frage jedenfalls für den Fall, dass ein vertypter Milderungsgrund eingreift, der zwingend zur Strafrahmenverschiebung nach § 49 Abs. 1 StGB führt und danach kein erhöhtes Mindestmaß mehr aufweist. Ob dasselbe auch für einen fakultativen Milderungsgrund oder einen Sonderstrafrahmen für minder schwere Fälle gilt, muss hier nicht entschieden werden. Die Strafkammer hat das Vorliegen eines minder schweren Falles im Sinne von § 224 Abs. 1 – 2. Alt. – rechtsfehlerfrei verneint.

[20] Die Annahme, dass es auf den im Einzelfall anwendbaren Strafrahmen ankommt, entspricht dem Prüfungsweg. Der Tatrichter hat bei der Rechtsfolgenentscheidung zuerst über den Strafrahmen, dann über Strafart und Strafhöhe zu entscheiden. Im Anschluss an die Strafrahmenwahl steht fest, ob im konkreten Fall ein Strafrahmen gilt, der eine erhöhte Mindeststrafe vorsieht oder nicht. Entspricht sodann die Untergrenze des anzuwendenden Strafrahmens dem gesetzli-

chen Mindestmaß im Sinne von § 38 Abs. 2 StGB, so ist nach Wortlaut und Zweck des Art. 12 Abs. 1 EGStGB die Möglichkeit der Verhängung einer Geldstrafe anstelle von Freiheitsstrafe eröffnet. Das Tatgericht hat dann eine Auswahl zu treffen, ohne dass dabei allerdings ein Vorrang von Geldstrafe vor kurzer Freiheitsstrafe gilt, wie er in § 47 Abs. 2 StGB vorgesehen ist (SK/Horn/Wolters aaO § 47 Rn. 7c), oder von Freiheitsstrafe, die nach dem Straftatbestand alleine zur Anwendung kommen soll, vor Geldstrafe, die Art. 12 Abs. 1 EGStGB alternativ zur Verfügung stellt. Die Entscheidung über die Strafart liegt vielmehr im pflichtgemäßen Ermessen des Tatrichters. Wählt er in dieser Konstellation eine Geldstrafe, so besteht das Höchstmaß dieser Strafe gemäß § 40 Abs. 1 StGB aus 360 Tagessätzen, nicht aus 179 Tagessätzen, wie es nach § 47 Abs. 2 Satz 2 StGB der Fall wäre.

[21] cc) Mit der Verhängung einer Einzelgeldstrafe von 180 Tagessätzen wegen Beihilfe zur gefährlichen Körperverletzung gegen die Angeklagte L. hat das Landgericht daher nicht gegen die Bezeichnung der Strafart in § 224 StGB als Freiheitsstrafe verstoßen.

[22] Einer näheren Begründung der Auswahl einer anderen Strafart im Urteil des Landgerichts bedurfte es nicht. § 267 Abs. 3 Satz 2 Halbsatz 2 StPO, der in Fällen des § 47 Abs. 2 StGB nur für die Abweichung von der Regel der Verhängung einer Geldstrafe anstelle einer kurzen Freiheitsstrafe eine Begründung verlangt, greift auch bei der Anwendung von Art. 12 Abs. 1 EGStGB nicht ein, der kein Regel- und Ausnahmeverhältnis der Strafarten vorsieht.

PRAXISHINWEIS ■

Mit der Entscheidung zur Strafzumessung weist der BGH auf § 12 Abs. 1 EGStGB hin. Mit der Anwendung dieser Norm kann, auch wenn der nach dem StGB bestimmte Strafrahmen eine Mindeststrafandrohung in Form einer Freiheitsstrafe ergibt, eine Geldstrafe in Betracht kommen. Soweit der Tatrichter dies bei Androhung einer nicht erhöhten Mindeststrafe in Betracht ziehen sollte, gilt insbesondere nicht die Begründungspflicht iSv § 47 Abs. 2 StGB.

Schematisch gibt der BGH in der teilweise abgedruckten Entscheidung dem Rechtsanwender ein Prüfungsraster[101] zur Orientierung vor.

Im Rahmen von **§ 46 Abs. 2 StGB** können auch **nichtangeklagte Taten** grund- **90**
sätzlich als **strafverschärfend berücksichtigt** werden, wobei der bloße Verdacht weiterer Straftaten hierfür nicht geeignet ist.[102]

[3] 2. Der Strafausspruch unterliegt hingegen der Aufhebung, weil das Landgericht die durch § 46 Abs. 2 StGB gezogene Grenze zulässiger strafschärfender Berücksichtigung nicht angeklagter Taten überschritten hat.

[4] Gemäß § 46 Abs. 2 StGB hat der Tatrichter bei der Strafzumessung die für und gegen den Täter sprechenden Umstände gegeneinander abzuwägen und dabei

---

[101] BGH, Urteil vom 17.03.2015 – 2 StR 379/14, Rn. 20.

[102] BGH, Urteil vom 18.03.2015 – 2 StR 54/15; vgl. auch: BGH, Beschluss vom 22.07.2015 – 2 StR 214/15, Rn. 4.

namentlich auch sein Vorleben zu berücksichtigen. Insoweit ist er bei der Feststellung und Bewertung von Strafzumessungstatsachen durch den Anklagegrundsatz (§§ 155, 264 StPO) nicht beschränkt und kann daher auch strafbare Handlungen ermitteln und würdigen, die nicht Gegenstand der Anklage bzw. nach § 154 StPO eingestellt worden sind, soweit diese für die Persönlichkeit eines Angeklagten bedeutsam sein können und Rückschlüsse auf dessen Tatschuld gestatten. Allerdings müssen solche Taten – wie jeder für die Strafzumessung erhebliche Umstand – prozessordnungsgemäß und damit hinreichend bestimmt festgestellt werden und zur Überzeugung des Tatrichters feststehen (Senatsurteil vom 5. Juni 2014 – 2 StR 381/13, BeckRS 2014, 15068; Fischer, StGB, 62. Aufl., § 46 Rn. 40f., jeweils mwN).

[5] Diesen Anforderungen genügen die Urteilsgründe nicht. Das Landgericht hat bei der Strafrahmenwahl hinsichtlich aller Taten und bei der konkreten Strafzumessung „erheblich zulasten des Angeklagten" gewertet, dass es sich „hier nicht um einzelne ‚Ausrutscher' bzw. um Einzeltaten handelte", denn der Angeklagte habe „über einen Zeitraum von circa 20 Jahren hinweg den Willen seiner Frau seinen eigenen sexuellen Bedürfnissen" (UA S. 24) untergeordnet. Abgesehen davon, dass der zugrunde gelegte „Zeitraum von circa 20 Jahren" nicht in Einklang mit den Feststellungen der Strafkammer zu bringen ist, wonach es „in den Jahren 1998 bis 2001 ... keinen Übergriff" (UA S. 6) des Angeklagten auf die Nebenklägerin gegeben habe und die Eheleute ab 1993 auch einvernehmlich geschlechtlich verkehrten, bleibt offen, ob, welche und wie viele Straftaten der Angeklagte über die hier abgeurteilten Taten hinaus noch begangen haben soll (vgl. BGH, Beschluss vom 9. April 1991 – 4 StR 138/91, BGHR StGB § 46 Abs. 2 Vorleben 14). Dies lässt eine unzulässige Berücksichtigung des bloßen Verdachts weiterer Straftaten besorgen.

91 **Strafschärfend** können auch solche **Taten** berücksichtigt werden, deren Verfolgung ein **Verfahrenshindernis**, wie zwischenzeitlich eingetretene Strafverfolgungsverjährung, entgegensteht, wenngleich **nicht mit demselben Gewicht wie eine den Schuldspruch tragende Tat.**[103]

91 Eine **Verwertung** (bislang) **nicht abgeurteilter weiterer Straftaten** setzt stets voraus, dass diese **prozessordnungsgemäß** und so **bestimmt festgestellt** sind, dass ihr wesentlicher Unwertgehalt abgeschätzt und eine unzulässige strafschärfende Berücksichtigung eines bloßen Verdachts ausgeschlossen werden kann.[104]

92 Bei der **Bewertung sonstiger strafrechtlich relevanter Verhaltensweisen ohne gesonderte Anklage** – bei Beachtung der Unschuldsvermutung und der Vermeidung einer Doppelbestrafung – kann es in aller Regel nur darum gehen, Umstände festzustellen, die wegen ihrer **engen Beziehung zur Tat** als Anzeichen für Schuld oder Gefährlichkeit des Täters verwertbar sind. Diese durch Sinn und Zweck von § 46 Abs. 2 StGB gezogene Grenze ist jedenfalls dann überschritten, wenn es an dem notwendigen **inneren Zusammenhang mit dem angeklagten Tatvorwurf** fehlt.[105]

---

[103] BGH, Beschluss vom 15.10.2015 – 3 StR 350/15, Rn. 3.
[104] BGH, Beschluss vom 15.10.2015 – 3 StR 350/15, Rn. 4.
[105] BGH, Beschluss vom 19.05.2015 – 1 StR 152/15, Rn. 3.

[3] Jedoch hält die Begründung, mit der das Landgericht die besondere Schuldschwere im Sinne des § 57a Abs. 1 Satz 1 Nr. 2 StGB bejaht hat, rechtlicher Nachprüfung nicht stand. Zwar obliegt es dem Tatrichter, unter Würdigung aller hierfür erheblichen Umstände die Schuld des Angeklagten im Sinne der §§ 46, 57a StGB zu gewichten; das Revisionsgericht darf seine Wertung nicht an die Stelle derjenigen des Tatrichters setzen (st. Rspr.; BGH, Beschluss vom 20. August 1996 – 4 StR 361/96, BGHSt 42, 226, 227; BGH, Beschluss vom 5. April 2001 – 4 StR 106/01, NStZ-RR 2001, 296 jeweils mwN). Doch auch nach diesem eingeschränkten Prüfungsmaßstab erweist sich die tatrichterliche Entscheidung als rechtsfehlerhaft.

[4] Das Landgericht hat schulderschwerend gewertet, dass der auch wegen Diebstahls vorgeahndete Angeklagte noch während der Unterbringung in der Entziehungsanstalt im Rahmen der gewährten Vollzugslockerungen Diebstahlstaten begangen hat. Das wegen der dahingehenden Vorwürfe geführte Ermittlungsverfahren ist nach § 154 Abs. 1 StPO eingestellt worden.

[5] Zwar hat sich das Landgericht davon überzeugt, dass die eingestellten Diebstahlsvorwürfe zutreffen. Dennoch erweist sich die Berücksichtigung dieser Taten zu Lasten des Angeklagten bei der Gewichtung der Schwere der Mordschuld als rechtsfehlerhaft. Bei der Bewertung sonstiger strafrechtlich relevanter Verhaltensweisen ohne gesonderte Anklage – bei Beachtung der Unschuldsvermutung und der Vermeidung einer Doppelbestrafung – kann es in aller Regel nur darum gehen, Umstände festzustellen, die wegen ihrer engen Beziehung zur Tat als Anzeichen für Schuld oder Gefährlichkeit des Täters verwertbar sind. Diese durch Sinn und Zweck von § 46 Abs. 2 StGB gezogene Grenze ist jedenfalls dann überschritten, wenn es an dem notwendigen inneren Zusammenhang mit dem angeklagten Tatvorwurf fehlt (BGH, Beschluss vom 19. November 2013 – 4 StR 448/13, NStZ 2014, 202 mwN). Eine solche enge Beziehung der Diebstahlstaten zum Mord ist hier nicht dargetan (vgl. hierzu BGH, Urteil vom 8. August 2001 – 3 StR 162/01). Denn es handelt sich bei diesen Taten weder um vergleichbare bzw. gleichartige Schuldvorwürfe, aus denen sich unmittelbare Rückschlüsse auf die Tatschuld des Angeklagten ableiten ließen, noch waren die Diebstahlstaten Anlass für die Tötung der Geschädigten oder standen dazu in einem sonstigen inneren Zusammenhang.

Eine **straferschwerende Berücksichtigung** von **später begangenen Straftaten** ist nur dann rechtlich unbedenklich, **wenn** der **Angeklagte bereits zum Anfangszeitpunkt zur Begehung weiterer Straftaten entschlossen** war **oder** wenn die spätere Tatbegehung auf seine **besondere Rechtsfeindlichkeit** schließen lässt.[106] **94**

Soweit ein **Urteil** auf ein Rechtsmittel zugunsten eines Angeklagten **aufgehoben** wird und die **neue Aburteilung** mit einer **gleich hohen Strafe** erfolgt, obwohl die **Tat** nach den neuen Feststellung des Tatrichters in einem wesentlichen **milderen Licht** erschien, hat der **Angeklagte** einen **Anspruch auf eingehende Begründung** der Entscheidung.[107] **95**

[106] BGH, Beschluss vom 28.05.2015 – 2 StR 32/15, Rn. 2.
[107] BGH, Beschluss vom 28.04.2015 – 3 StR 92/15.

[4] Wird ein Urteil auf ein Rechtsmittel zugunsten des Angeklagten aufgehoben und trifft der neue Tatrichter Feststellungen, welche die Tat in einem wesentlich milderen Licht erscheinen lassen, hält er aber dennoch eine gleich hohe Strafe für erforderlich, so hat er nach ständiger Rechtsprechung seine Entscheidung eingehend zu begründen; denn die ursprüngliche Bewertung der Tat und die Strafzumessung in der aufgehobenen Entscheidung sind zwar kein Maßstab für die neue Strafzumessung, jedoch hat der Angeklagte einen Anspruch darauf, zu erfahren, warum er für ein wesentlich geringeres Vergehen nun gleich hoch bestraft wird (vgl. BGH, Beschluss vom 27. November 2012 – 3 StR 439/12, StV 2013, 758, 759 mwN). Gleiches gilt auch für den Fall, dass sich die mildere Beurteilung nicht aus im zweiten Verfahrensgang erstmals festgestellten schuldmildernden Umständen, sondern daraus ergibt, dass der Tatrichter nunmehr zutreffend den milderen Strafrahmen aus dem Tatzeitrecht (vgl. § 2 Abs. 3 StGB) zugrunde legt (SK-StGB/Horn, 35. Lfg., § 46 Rn. 96b).

96 Die **sorgfältige Vermeidung von Tatspuren** bzw. deren **Beseitigung** kann grundsätzlich strafverschärfend berücksichtigt werden. Straf**erschwerend** kann jedoch **nicht** herangezogen werden, dass der Angeklagte den Ermittlungsbehörden seine **Überführung nicht erleichtert** habe, indem er es **unterließ auf ihn hindeutende Hinweise** bezüglich seiner Person zu schaffen.[108]

[6] a) Als maßgeblich zu Lasten des Angeklagten gewerteten Ausdruck „erheblicher krimineller Energie" wertet die Strafkammer u. a., der Angeklagte habe die Datei mit dem Erpresserschreiben bewusst nicht auf seinem Computer abgespeichert, um ein späteres Auffinden zu vermeiden (aktiv gelöscht wurde die Datei hingegen nicht); weil er auch das Aufbringen seiner Fingerabdruckspuren durch Tragen von Handschuhen und Verwenden eines Geschirrspültuchs vermieden habe, wäre eine Ermittlung des Angeklagten als Täter durch die Ermittlungsbehörden ohne die Observation der Geldübergabe „nicht ohne weiteres gelungen". Die Bedrohungslage sei gerade wegen der Diffusität der Drohungen erheblich gewesen und durch den Umstand, dass der Angeklagte in dem Schreiben anonym als „MisterX" aufgetreten sei, noch verstärkt worden.

[7] In der Rechtsprechung des Bundesgerichtshofs ist zwar anerkannt, dass die sorgfältig geplante Vermeidung von Tatspuren oder deren Beseitigung vor der Tat als die Tat prägende Umstände strafschärfend herangezogen werden dürfen (vgl. Theune in LK, 12. Aufl., § 46 Rn. 201; Detter NStZ 1997, 476, 477f., je mwN; vgl. zuletzt auch BGH, Beschluss vom 26. März 2015 – 2 StR 489/14). Dem Angeklagten darf aber nicht straferschwerend zur Last gelegt werden, er habe den Ermittlungsbehörden seine Überführung nicht erleichtert, indem er keine auf ihn hindeutenden Hinweise geschaffen habe (vgl. BGH, Beschluss vom 17. Januar 2006 – 4 StR 422/05; zur einfachen Spurenverhinderung auch Theune aaO Rn. 202). Dies wäre aber der Fall, wenn man einem Erpresser anlastet, er trete nicht unter seinem Namen, sondern anonym auf, und er habe ein Erpresserschreiben nicht abgespeichert, sondern ohne Speicherung auf seinem Computer erstellt.

---

[108] BGH, Beschluss vom 19.05.2015 – 1 StR 200/15, Rn. 7.

Eine **strafschärfende Erwägung**, die Tat sei **nach Vorstellung des Angeklagten** bereits **vollendet** gewesen („**subjektive Vollendungsnähe**"), ist jedenfalls nicht unbedenklich. Denn der Versuch ist grundsätzlich davon gekennzeichnet, dass der subjektive Tatbestand vollständig erfüllt wird, während die Tat objektiv unvollständig bleibt. Die Verwertung von Umständen, die für die Durchführung der Tat (hier des Versuchs) typisch sind und diese nicht über den Tatbestand hinaus besonders kennzeichnen oder die regelmäßige Begleiterscheinungen eines Delikts sind, ist regelmäßig fehlerhaft.[109] **97**

Die für die Annahme eines besonders schweren Falles sprechende Indizwirkung eines **Regelbeispiels** kann im Einzelfall **durch** andere, erheblich **schuldmindernde Umstände kompensiert** werden. Hierzu kommt insbesondere das Vorliegen eines **gesetzlich vertypten Milderungsgrundes**, wie des **Versuchs** (vgl. § 23 Abs. 2 StGB), – gegebenenfalls in Zusammenschau mit weiteren allgemeinen Milderungsgründen – in Betracht.[110] **98**

Zuungunsten eines die Tat bestreitenden Angeklagten kann **fehlende Reue nicht** gewertet werden.[111] **99**

Fehlende Rechtstreue infolge **neuer Straftaten** gleichwohl des **laufenden Ermittlungsverfahrens** kann im Rahmen der Strafzumessung zuungunsten berücksichtigt werden.[112] **100**

Die tatrichterliche Erwägung, der Angeklagte habe sich „das in hiesiger Sache laufende Ermittlungsverfahren" nicht „zur Warnung dienen lassen, sondern am 01.10.2012 erneut eine Körperverletzung begangen", versteht der Senat unter Berücksichtigung des Gesamtzusammenhangs der Urteilsgründe dahin, dass der Tatrichter dem Umstand, dass der Angeklagte trotz des gegen ihn anhängigen Ermittlungsverfahrens in vorliegender Sache eine neuerliche und einschlägige Straftat begangen hat, Indizwirkung für seine fehlende Rechtstreue beigemessen hat. Dies dient der zutreffenden Erfassung der Täterpersönlichkeit und ist daher – ungeachtet des missverständlichen Hinweises auf die „Warnwirkung" des anhängigen Verfahrens, die allein in dem wegen der späteren Tat geführten Strafverfahren zu seinen Ungunsten berücksichtigt werden kann – rechtlich unbedenklich (vgl. BGH, Beschluss vom 5. Februar 1998 – 4 StR 16/98, NStZ 1998, 404; Senat, Urteil vom 30. September 2009 – 2 StR 270/09, NStZ-RR 2010, 40; Fischer StGB, 62. Aufl., § 46 Rn. 38).

Soweit innerhalb der Strafzumessung der Aspekt eingestellt wird, es **fehle an** einer **Aufarbeitung der Straftaten** durch den Angeklagten, kann dies **rechtsfehlerhaft** sein.[113] **101**

[2] Das Landgericht hat seine Erwägungen zur Bildung einer neuen Gesamtfreiheitsstrafe nach der Erläuterung von anderen Strafzumessungsgründen, die gegen den Angeklagten sprechen, wie folgt ergänzt: „Darüber hinaus ist zulasten des

---

[109] BGH, Beschluss vom 19.05.2015 – 1 StR 200/15, Rn. 9.
[110] BGH, Beschluss vom 04.08.2015 – 3 StR 267/15, Rn. 3.
[111] BGH, Beschluss vom 08.01.2015 – 3 StR 543/14, Rn. 10.
[112] BGH, Beschluss vom 11.11.2015 – 2 StR 272/15.
[113] BGH, Beschluss vom 24.09.2015 – 2 StR 362/15, Rn. 4ff.

Angeklagten zu sehen, dass auch ein Jahr nach der Verurteilung durch das Landgericht Erfurt keine Strafaufarbeitung erkennbar ist. Der Angeklagte hat weder die im Vergleich zwischen ihm und den Nebenklägern vereinbarten Zahlungen beglichen, noch hat er sich in ärztliche Betreuung begeben. Um eine Therapie zur Aufarbeitung der sexuellen Probleme hat sich der Angeklagte nicht gekümmert."

[3] Die Revision gegen die Gesamtstrafenbildung hat Erfolg.

[4] Die vom Landgericht mitgeteilte Begründung für die neue Gesamtfreiheitsstrafe begegnet durchgreifenden rechtlichen Bedenken. In den Urteilsgründen bleibt unklar, warum vom Fehlen einer Aufarbeitung der abgeurteilten Straftaten auszugehen ist. Die dafür genannten Gründe sind nicht nachvollziehbar.

[5] Nachdem das Landgericht festgestellt hat, dass der Angeklagte Schulden hat und nur Arbeitslosengeld bezieht, liegt die Annahme fern, dass ihm ein Vorwurf daraus zu machen ist, weil er bisher keinen Schadensersatz geleistet hat. Eine Erläuterung seiner abweichenden Bewertung hat das Landgericht im Urteil nicht mitgeteilt.

[6] Der Angeklagte ist nach den bindenden Feststellungen zuletzt im November 2002 wegen einer Sexualstraftat aufgefallen. Seither hat es keine vergleichbaren Delikte mehr gegeben. Warum gleichwohl trotz des Zeitablaufs zwischen der letzten Sexualstraftat und dem Urteil ein Therapiebedarf bestehen und dem Angeklagten dessen Nichterfüllung vorzuwerfen sein soll, erschließt sich nicht. Auch aus spezialpräventiven Gründen ist eine weitere Erhöhung der Einsatzstrafe zu der verhängten Gesamtfreiheitsstrafe damit nicht begründbar.

[7] Der Senat kann entgegen der Auffassung des Generalbundesanwalts nicht ausschließen, dass das Urteil auf den rechtsfehlerhaften Erwägungen beruht.

[8] Die gewählte Formulierung („Darüber hinaus ...") lässt nicht erkennen, dass es sich lediglich um eine Hilfserwägung gehandelt hat, auf die es für die Strafzumessung im Ergebnis nicht angekommen ist; denn das Landgericht hat seinen Ansatz, es fehle an einer Aufarbeitung der Straftaten durch den Angeklagten, immerhin mit zwei verschiedenen Aspekten begründet. Das wäre bei einer für das Ergebnis unerheblichen Überlegung nicht zu erwarten gewesen.

102 Der **Beweggrund** der **Vergeltung** fällt **nicht stets strafmildernd** ins Gewicht.[114]

[10] a) Dieser hätte indessen ohnehin keinen Bestand gehabt. Insoweit ist in der Stellungnahme des Generalbundesanwalts ausgeführt:

> *„Zu Recht weist die Staatsanwaltschaft darauf hin, dass das Landgericht bei der Erörterung des Vorliegens eines minder schweren Falles dem Umstand, dass Anlass der Tat eine frühere körperliche Auseinandersetzung zwischen Verwandten des Geschädigten und dem Angeklagten T. gewesen sei, wesentliches strafmilderndes Gewicht beigemessen hat. Zwar kann in einem menschlich verständlichen Vergeltungsbedürfnis nach einer Provokation ein Strafmilderungsgrund liegen. Ist der Täter vom Verletzten gereizt worden, so kann dies bei einer Körperverletzung zugunsten des Täters ins Gewicht fallen. Der Beweggrund der Vergeltung ist jedoch nicht stets strafmildernd. Wer erst nach längerer Zeit Vergeltung übt, steht einem Täter, der auf der Stelle zur Vergel-*

[114] BGH, Urteil vom 02.06.2015 – 5 StR 80/15, Rn. 10.

tungstat hingerissen worden ist, nicht gleich. Artet der Beweggrund in reine Rachsucht aus, so kann darin ein strafschärfender niedriger Beweggrund liegen (Stree/Kinzig in Schönke/Schröder, StGB, 29. Auflage 2014, § 46 Rn. 13). Dies muss erst recht gelten, wenn sich die Tat nicht gegen den Täter der früheren Tat selbst, sondern gegen einen unbeteiligten Familienangehörigen richtet.

Vorliegend lassen die Strafzumessungserwägungen besorgen, dass die Strafkammer verkannt hat, dass der Geschädigte selbst keinen Anlass zu der Tat gegeben hat. An der Tat sollen vielmehr ausschließlich in den Urteilsgründen nicht näher bezeichnete ‚Cousins' beteiligt gewesen sein. Die Tat richtete sich lediglich deshalb gegen den Geschädigten, weil dieser zur Familie der Personen gehört, mit denen der Angeklagte T. die frühere Auseinandersetzung hatte. Ein menschlich verständliches Vergeltungsbedürfnis für die Tat, das strafmildernd berücksichtigt werden könnte, ist somit nicht ersichtlich."

Ein großer zeitlicher Abstand zwischen Tat und Aburteilung mit einer damit ver- **103**
bundenen **langen Verfahrensdauer** sowie ihre nachteiligen Auswirkungen auf den Angeklagten stellen regelmäßig selbst dann **gewichtige Milderungsgründe** dar, wenn dieser sachlich bedingt war.[115]

[3] Die Strafkammer hatte schon nicht im Blick, dass zwischen den abgeurteilten Taten und dem Urteil sieben bzw. neun Jahre vergangen sind und dass eine solch lange Zeitspanne zwischen Begehung der Tat und ihrer Aburteilung einen wesentlichen Strafmilderungsgrund darstellt (vgl. Senat, Urteil vom 20. Dezember 1995 – 2 StR 468/95, BGHR StGB § 46 Abs. 2 Zeitablauf 1 mwN). Daneben hätte das Tatgericht hier strafmildernd zu bedenken gehabt, dass auch einer überdurchschnittlich langen Verfahrensdauer eine eigenständige strafmildernde Bedeutung zukommt, wenn sie für den Angeklagten mit besonderen Belastungen verbunden ist (BGH, Beschlüsse vom 16. Juni 2009 – 3 StR 173/09, BGHR StGB § 46 Abs. 2 Verfahrensverzögerung 20; vom 17. Januar 2008 – GSSt 1/07, BGHSt 52, 124, 142). Ein großer zeitlicher Abstand zwischen Tat und Aburteilung sowie eine lange Verfahrensdauer und ihre nachteiligen Auswirkungen auf den Angeklagten stellen regelmäßig selbst dann gewichtige Milderungsgründe dar, wenn diese sachlich bedingt waren (BGH, Beschluss vom 21. Dezember 2010 – 2 StR 344/10, NStZ 2011, 651 mwN).

Der Senat beabsichtigt zu entscheiden: Der Tatrichter übt sein Ermessen bei der **104**
Entscheidung über die **Strafrahmenverschiebung** nach **§§ 21, 49 Abs. 1 StGB** grundsätzlich nicht rechtsfehlerhaft aus, wenn er im Rahmen einer Gesamtwürdigung der schuldmindernden Umstände die **Versagung** der **Strafmilderung allein auf den Umstand** stützt, dass die **erhebliche Verminderung der Schuldfähigkeit des Täters auf von diesem verschuldeter Trunkenheit beruht.**[116]

[1] I. Das Landgericht hat den Angeklagten wegen Totschlags zu einer Freiheitsstrafe von neun Jahren verurteilt. Hiergegen richtet sich die Revision des Angeklagten mit sachlichrechtlichen Beanstandungen.

---

[115] BGH, Beschluss vom 29.09.2015 – 2 StR 128/15, Rn. 3.
[116] BGH, Beschluss vom 15.10.2015 – 3 StR 63/15.

[2] Nach den Feststellungen des Landgerichts tötete der bislang sowohl in Deutschland als auch in seiner litauischen Heimat strafrechtlich nicht in Erscheinung getretene Angeklagte seinen Mitbewohner nach gemeinsamem Alkoholkonsum durch massive Gewalteinwirkung gegen den Brust- und Bauchbereich sowie durch einen Schlag mit einem stumpfen Gegenstand gegen den Kopf. Den Anlass für die mit bedingtem Tötungsvorsatz vorgenommenen Verletzungen hat das Schwurgericht ebenso wenig feststellen können wie den genauen Grad der Alkoholisierung des Angeklagten. Es ist sachverständig beraten davon ausgegangen, dass der Angeklagte aufgrund einer mittelgradigen Berauschung bei erhalten gebliebener Unrechtseinsicht nicht ausschließbar in seiner Steuerungsfähigkeit erheblich vermindert war.

[3] Das Landgericht hat die Strafe aus dem Strafrahmen des § 212 Abs. 1 StGB entnommen. Für einen benannten minder schweren Fall des Totschlags (§ 213 Alternative 1 StGB) hat es keinen Anhaltspunkt gefunden. Einen sonstigen minder schweren Fall (§ 213 Alternative 2 StGB) hat es sowohl unter Berücksichtigung allein der allgemeinen Strafzumessungsgesichtspunkte als auch unter Hinzuziehung des wegen der Alkoholisierung des Angeklagten zum Tatzeitpunkt nicht ausschließbaren vertypten Milderungsgrundes des § 21 StGB abgelehnt und auch von einer Strafrahmenverschiebung nach §§ 21, 49 Abs. 1 StGB abgesehen. Im Rahmen der konkreten Strafzumessung, die auf die Erwägungen zur Frage des Vorliegens eines unbenannten minder schweren Falles gemäß § 213 StGB Bezug nimmt, hat das Landgericht sodann zugunsten des Angeklagten dessen durch die Alkoholisierung als konstellativem Faktor beeinflusste affektive Aufladung in der Tatsituation mildernd berücksichtigt.

[4] II. Der Senat beabsichtigt, die Revision des Angeklagten zu verwerfen. Die Überzeugung des Landgerichts von der Täterschaft des Angeklagten sowie vom Ausschluss einer über das Maß eines mittleren Rausches hinausgehenden Alkoholisierung beruht auf einer rechtlich nicht zu beanstandenden Beweiswürdigung. Der Senat hält auch die Strafzumessung für rechtsfehlerfrei. Anlass zu dem Anfrageverfahren gibt die Strafrahmenwahl des Tatrichters.

[5] 1. Das Landgericht ist davon ausgegangen, bei einer alkoholbedingten Verminderung der Schuldfähigkeit wohne dem Umstand, dass diese auf einer vom Täter selbst zu verantwortenden, verschuldeten Trunkenheit beruht, ein schulderhöhendes Moment inne, das die Versagung der Strafrahmenmilderung nach § 213 bzw. §§ 21, 49 Abs. 1 StGB rechtfertige. Eine Alkoholkrankheit oder Alkoholüberempfindlichkeit, die ein Verschulden hinsichtlich der Trunkenheit ausgeschlossen hätte, hat die Strafkammer rechtsfehlerfrei verneint und deshalb wegen des vorwerfbaren übermäßigen Alkoholkonsums eine Strafrahmenverschiebung abgelehnt (UA S. 48 f.).

[6] 2. Bei dieser Wertung hat sich das Landgericht erkennbar auf die Entscheidung des Senats im Urteil vom 27. März 2003 (3 StR 435/02, NJW 2003, 2394) gestützt.

[7] Dort hat der Senat – in die Entscheidung nicht tragenden Erwägungen – ausgeführt, dass eine Strafrahmenverschiebung nach §§ 21, 49 Abs. 1 StGB in der Regel nicht in Betracht komme, wenn die erhebliche Verminderung der Schuldfähigkeit des Täters auf verschuldeter Trunkenheit beruhe. Versetze sich der Täter schuldhaft in einen Rausch, so liege allein darin ein Umstand, der die durch die Herabsetzung der Einsichts- oder Steuerungsfähigkeit verminderte Tatschuld auf-

wiegen könne. Eine vorangegangene Straffälligkeit des Täters unter Alkoholeinfluss in einem Ausmaß, dass dieser damit rechnen kann, unter Alkoholeinfluss ein der Anlasstat vergleichbares Delikt zu begehen, sei nicht erforderlich.

[8] Er hat dies im Wesentlichen wie folgt begründet: Für ein Absehen von der Strafmilderung sprächen zum einen die Überlegungen des historischen Gesetzgebers, der ursprünglich die Strafmilderung bei verschuldeter Trunkenheit ausdrücklich ausschließen und nach Aufgabe dieses Vorhabens die schuldhafte Herbeiführung der verminderten Schuldfähigkeit jedenfalls als schulderschwerenden Umstand berücksichtigt wissen wollte. Zum anderen bestehe ein Widerspruch zu der gesetzlichen Regelung des Vollrausches in § 323a StGB, die das schuldhafte Sich-Berauschen zwar unter der Voraussetzung einer rechtswidrigen Rauschtat aber unabhängig davon unter Strafe stelle, ob sich der Täter aus früheren Ereignissen des Risikos der Begehung von Straftaten unter Alkoholeinfluss hätte bewusst sein können. Zuletzt habe der Gesetzgeber in § 7 WStG für militärische Straftaten, Straftaten, die gegen das Kriegsvölkerrecht verstoßen, und solche, die Soldaten in Ausübung des Dienstes begehen, die Strafmilderung wegen selbstverschuldeter Trunkenheit unterschiedslos ausgeschlossen (zu den Einzelheiten vgl. Senat aaO).

[9] 3. Diese Entscheidung des Senats hat in der Folgezeit Widerspruch erfahren: Die Berufung auf die Intentionen des historischen Gesetzgebers sei nicht zulässig, da diese gerade nicht zum Inhalt der Norm geworden seien (Neumann, StV 2003, 527, 528; Scheffler, Blutalkohol 2003, 449). Das Spannungsverhältnis zu § 323a StGB könne im Bereich der mittleren Kriminalität dadurch aufgelöst werden, dass die Strafe wegen Vollrausches durch den nach §§ 21, 49 Abs. 1 StGB gemilderten Strafrahmen nach oben begrenzt werde (Neumann aaO, 529). Die durch §§ 21, 49 Abs. 1 StGB im Bereich der schweren Kriminalität eröffnete erhebliche Absenkung der Strafdrohung und die darin zum Ausdruck kommende geringere Schuld könne durch das verschuldete Sich-Betrinken nicht ausgeglichen werden (Frister, JZ 2003, 1019). Dies gelte insbesondere für den Bereich der absoluten Strafdrohung. Auch wird vorgeschlagen, zur Angleichung auch bei § 323a StGB vorauszusetzen, dass der Täter seine Rauschtat vorhersehen können müsse (Scheffler aaO, 450). Zuletzt könne die Sondervorschrift des § 7 WStG als Argument für die Versagung einer Strafrahmenmilderung nicht dienen, denn sie sei allein den Besonderheiten des Wehrstrafrechts geschuldet (Rau, JR 2004, 401, 404 unter Verweis auf Neumann, StV 2003, 527, 530; Streng, NJW 2003, 2963, 2964).

[10] 4. Es kann hier dahinstehen, ob diese Kritik in Einzelpunkten gerechtfertigt ist. Es geht in vorliegendem Revisionsverfahren nicht um die Frage, ob eine Strafrahmenverschiebung nach den §§ 21, 49 Abs. 1 StGB regelmäßig nicht in Betracht kommt, wenn die alkoholbedingt erheblich verminderte Schuldfähigkeit des Täters auf selbstverschuldeter Trunkenheit beruht. Entscheidungserheblich ist vielmehr, ob der Tatrichter das ihm durch § 21 StGB eingeräumte Ermessen im konkreten Fall rechtsfehlerhaft ausgeübt hat, weil er von der ihm durch die Vorschrift eröffneten Möglichkeit der Strafrahmenverschiebung keinen Gebrauch gemacht und dies entscheidend auf das Argument gestützt hat, der Angeklagte habe seine erheblich verminderte Steuerungsfähigkeit durch verschuldete Trunkenheit selbstverantwortlich herbeigeführt.

[11] Einen derartigen Ermessensfehlgebrauch vermag der Senat nicht zu erkennen. Maßgeblich hierfür sind folgende Erwägungen, auf die bereits seine Überlegungen im Urteil vom 27. März 2003 (aaO) aufbauen:

[12] Durch seine von ihm zu verantwortende Berauschung versetzt sich der Täter in einen Zustand der – was allgemein bekannt ist – durch Enthemmung, Verminderung von Einsichts- und Unterscheidungsvermögen und Verschlechterung von Reaktionsfähigkeit und Körperbeherrschung und die damit einhergehende gesteigerte Gefährlichkeit gekennzeichnet ist (vgl. BGH, Urteil vom 2. Mai 1961 – 1 StR 139/61, BGHSt 16, 124, 125). Auch § 7 WStG beruht auf dieser Erkenntnis (vgl. Schölz/Lingens, WStG, 4. Aufl., § 7 Rn. 1 unter Hinweis auf die Gesetzesmaterialien, wonach dadurch wirksam der Gefahr begegnet werden soll, die der militärischen Disziplin „erfahrungsgemäß" durch den Alkoholmissbrauch droht). In der verschuldeten Herbeiführung eines Rausches liegt somit keine wertneutrale, sozialübliche Erscheinung, sondern im Hinblick auf die allgemeine Gefährlichkeit und Unberechenbarkeit des Berauschten ein selbstständiges, rechtlich fassbares, strafwürdiges Unrecht (KK-Rengier, OWiG, 4. Aufl., § 122 Rn. 8 mwN). Aus diesem Grund hat der Gesetzgeber das schuldhafte Sich-Berauschen in § 323a StGB und § 122 OWiG tatbestandlich normiert. Er hat lediglich den Bereich der Strafbarkeit des schuldhaften Sich-Berauschens durch die Einfügung einer objektiven Bedingung der Strafbarkeit bzw. der Bußgeldbewehrung dahin eingeschränkt, dass ein „folgenloses" Sich-Betrinken nicht geahndet werden soll, während derjenige, der im Rausch eine rechtswidrige Straftat oder Ordnungswidrigkeit begeht, für die er nicht bestraft oder mit Geldbuße belegt werden kann, weil er infolge des Rausches schuldunfähig war bzw. nicht vorwerfbar gehandelt hat oder dies zumindest nicht auszuschließen ist, wegen der Berauschung mit Strafe oder Geldbuße geahndet wird. Vor diesem Hintergrund erklärt sich auch zwanglos, warum das Sich-Berauschen in dem einen Fall als Straftat und in dem anderen lediglich als Ordnungswidrigkeit eingestuft wird (aA Fischer, StGB, 62. Aufl., § 323a Rn. 17). Dies beruht darauf, dass der Gesetzgeber das Sich-Berauschen im Grundsatz als strafwürdiges Unrecht bewertet, die Strafbarkeit indes je danach ausgeschlossen oder zur Ordnungswidrigkeit herabgestuft hat, ob bzw. in welchem Umfang sich die gesteigerte Gefahr für die Rechtsgüter Dritter oder die Allgemeinheit, die von einem Berauschten ausgeht, tatsächlich in einer konkreten rechtswidrigen Straftat oder Ordnungswidrigkeit niedergeschlagen hat.

[13] Ebenso wenig lässt sich der Annahme, schon allein der schuldhafte Vollrausch begründe das Tatunrecht (BGH, Urteil vom 2. Mai 1961 – 1 StR 139/61, BGHSt 16, 124, 125 f.; s. auch BGH, Beschluss vom 15. Oktober 1956 – GSSt 2/56, BGHSt 9, 390, 396), entgegenhalten, damit wäre ein Umstand unrechtsbegründend, der nach dem Gesetzeswortlaut nur nicht ausschließbar sein müsse (so ebenfalls Fischer aaO). Denn dies verkennt, dass der Rausch feststehen muss; nicht ausschließbar darf lediglich sein, dass der Täter infolge des Rausches bei Begehung der Rauschtat schuldunfähig war bzw. nicht vorwerfbar gehandelt hat.

[14] Weder für die Straftat nach § 323a StGB noch für die Ordnungswidrigkeit nach § 122 OWiG ist vorausgesetzt, dass sich der Täter im Zeitpunkt des Sich-Berauschens bewusst war oder hätte bewusst sein können, dass er im Rausch zur Begehung von Straftaten oder ordnungswidrigem Verhalten neige (BGH, Urteil vom 12. April 1951 – 4 StR 78/50, BGHSt 1, 124, 125; Urteil vom 23. November 1951 – 2 StR 491/51, BGHSt 2, 14, 18; Urteil vom 2. Mai 1961 – 1 StR 139/61, BGHSt 16, 124 f.; s. aber auch BGH, Beschluss vom 7. Mai 1957 – 5 StR 127/57, BGHSt 10, 247, 249 f.; KK-Rengier aaO, Rn. 25; Göhler/Gürtler, OWiG, 16. Aufl., § 122 Rn. 7a; Bohnert, OWiG, 3. Aufl., § 122 Rn. 2, 14).

[15] Nach alledem ist nach Ansicht des Senats nicht zweifelhaft, dass allein das verantwortliche Sich-Berauschen des Täters vor der Tat für sich ein schulderhöhender Umstand ist, der im Rahmen der Ermessensausübung nach § 21 StGB Berücksichtigung zu finden hat. Die sich daran anschließende Frage, ob dieser Umstand geeignet ist, im konkreten Fall die erhebliche alkoholbedingte Minderung der Schuldfähigkeit im Tatzeitpunkt so weit auszugleichen, dass das Absehen von der Strafrahmenverschiebung nach § 49 Abs. 1 StGB gerechtfertigt ist, betrifft indes Wertungen, die, wie die Strafzumessung generell, Sache des Tatrichters ist und vom Revisionsgericht nur auf Rechtsfehler überprüft werden kann. Danach gilt, dass der Tatrichter zwar eine Gesamtwürdigung aller wesentlichen schuldrelevanten Gesichtspunkte vorzunehmen (BGH, Urteil vom 15. Februar 2006 – 2 StR 419/05, BGHR StGB § 21 Strafrahmenverschiebung 40) und einer wertenden Betrachtung zu unterziehen hat, deren revisionsgerichtliche Überprüfung sich indes darauf beschränkt, ob die dafür wesentlichen tatsächlichen Grundlagen vom Tatrichter hinreichend ermittelt und bei der Wertung ausreichend berücksichtigt worden sind (BGH, Urteil vom 17. August 2004 – 5 StR 93/04, BGHSt 49, 239, 241). Ist dies indes geschehen, so kann das Revisionsgericht nur beanstanden, dass das Tatgericht gesetzlich vorgegebene Wertungsmaßstäbe missachtet oder eine gerechtem Schuldausgleich nicht mehr entsprechende Strafe verhängt hat.

[16] Einen gesetzlichen Wertungsmaßstab dahin, dass eine Strafrahmenverschiebung nach §§ 21, 49 Abs. 1 StGB dem infolge schuldhaften Sich-Berauschens in seiner Steuerungsfähigkeit erheblich eingeschränkten Täter nur dann versagt werden darf, wenn ihm zumindest bewusst sein konnte, dass sich infolge seiner Alkoholisierung das Risiko strafbaren oder ordnungswidrigen Verhaltens signifikant erhöhen werde, vermag der Senat – entsprechend obiger Darlegungen – nicht zu erkennen. Ob dem Gesetz nicht vielmehr – wie der Senat in seinem Urteil vom 27. März 2003 erwogen hat – ein gegenteiliger Bewertungsmaßstab zu entnehmen ist, bedarf – wie dargelegt – hier keiner Entscheidung.

[17] Hat der Tatrichter – wie hier – bei der Strafrahmenwahl neben der alkoholbedingten erheblichen Verminderung der Steuerungsfähigkeit alle relevanten weiteren schuldmildernden Gesichtspunkte berücksichtigt, so liegt daher grundsätzlich kein Ermessensfehlgebrauch darin, dass er dem Angeklagten die fakultative Strafmilderung nach §§ 21, 49 Abs. 1 StGB (oder die Annahme eines minder schweren Falles) allein deswegen versagt, weil dieser sich schuldhaft durch Alkoholgenuss in den Zustand erheblich verminderter Schuldfähigkeit versetzt hat.

[18] 5. Der Senat kann nicht ausschließen, dass der beabsichtigten Entscheidung Rechtsprechung der anderen Strafsenate entgegensteht.

[19] a) Das Urteil des Senats vom 27. März 2003 ist von den anderen Strafsenaten unterschiedlich aufgenommen worden.

[20] aa) Der 1. Strafsenat ist der Ansicht des Senats zunächst gefolgt und hat die Versagung der Strafmilderung gebilligt, da die erheblich verminderte Schuldfähigkeit auf zu verantwortender Trunkenheit beruhte. Dies spreche auch ohne einschlägige Vorverurteilungen in der Regel gegen eine Verschiebung des Strafrahmens (BGH, Urteil vom 19. Oktober 2004 – 1 StR 254/04, NStZ 2005, 151, 152; zuvor bereits Beschluss vom 5. August 2003 – 1 StR 302/03, bei Schäfer, JR 2004, 425). Er hat indes in einer jüngeren Entscheidung die Nichterörterung einer aufgrund von angenommener verminderter Schuldfähigkeit in Betracht kommenden

Strafrahmenverschiebung beanstandet und dabei im Sinne der bisherigen Rechtsprechung ausgeführt, die Strafrahmenverschiebung könne „nach der ständigen Rechtsprechung des Bundesgerichtshofs unter Umständen dann abgelehnt werden, wenn der Täter schon früher unter Alkoholeinfluss straffällig geworden ist und deshalb wusste, dass er in einem solchen Zustand zu Straftaten neigt" (BGH, Beschluss vom 25. März 2014 – 1 StR 65/14, NStZ-RR 2014, 238, 239).

[21] bb) Der 2. Strafsenat hat alsbald – nach Aufhebung des Strafausspruchs auf Revision der Staatsanwaltschaft – in einem Hinweis an den neuen Tatrichter ausgeführt, „dass er zu der in der Entscheidung des 3. Strafsenats des Bundesgerichtshofs vom 27. März 2003 – 3 StR 435/02 geäußerten Rechtsauffassung ebenfalls neigt, wonach bei einer auf verschuldeter Trunkenheit beruhenden erheblichen Verminderung der Schuldfähigkeit eine Strafrahmenverschiebung nach §§ 21, 49 Abs. 1 StGB in der Regel nicht in Betracht kommen sollte" (BGH, Urteil vom 9. Juli 2003 – 2 StR 106/03, BGHR StGB § 21 Strafrahmenverschiebung 32; vgl. auch Beschluss vom 10. September 2003 – 2 StR 304/03, bei Schäfer aaO, 426). In einer späteren Entscheidung hat er dies indes relativiert und eine gegen die Zubilligung der Strafrahmenverschiebung gerichtete Revision der Staatsanwaltschaft verworfen. Zunächst sei „von der Allgemeinkundigkeit des Umstands auszugehen, dass eine alkoholische Berauschung generell die Hemmschwelle gegenüber sozial auffälligem und aggressivem Verhalten zu senken pflegt. Deshalb meint der Senat, dass bei selbst zu verantwortender Trunkenheit in der Regel eine Strafrahmensenkung nicht geboten ist. Diese kommt jedoch bei besonderen Umständen in der Person des Täters oder in der Tat in Betracht. Wenn der Täter über keine Vorerfahrungen der Art verfügt, dass er persönlich unter Alkoholeinfluss zu rechtsgutsverletzendem Verhalten neigt, oder wenn sich für ihn zum Zeitpunkt der Berauschung auch aus sonstigen Umständen kein Anhaltspunkt dafür ergibt, dass es unter der Wirkung der konkreten Alkoholisierung zu Straftaten kommen könnte, so stellt dies einen Umstand dar, der eine Strafrahmenmilderung rechtfertigen kann" (BGH, Urteil vom 15. Februar 2006 – 2 StR 419/05, BGHR StGB § 21 Strafrahmenverschiebung 40).

[22] cc) Der 5. Strafsenat hat dem Anliegen des Senats, zu einer Änderung der Rechtsprechung zu kommen, grundsätzlich beigepflichtet, indes mit leichten Modifikationen an der alten Rechtsprechung festgehalten (vgl. Schäfer aaO: „bisheriger Rechtsprechung nicht widersprechend"). Zwar sei für die Versagung der Strafrahmenmilderung nicht mehr erforderlich, dass der Täter schon einmal unter Alkoholeinfluss vergleichbare Straftaten begangen hat. Auch müsse das Vorverhalten nicht zu Vorstrafen oder einem Strafverfahren geführt haben. Die generelle Erhöhung des Risikos der Begehung strafbarer Handlungen nach Alkoholgenuss sei aber für sich allein nicht ausreichend, um den Schuldgehalt des Täters zu erhöhen und schon deshalb die regelmäßige Ablehnung einer Strafrahmenverschiebung bei selbstverschuldeter Trunkenheit zu rechtfertigen. Diese komme vielmehr nur in Betracht, „wenn sich aufgrund der persönlichen oder situativen Verhältnisse des Einzelfalls das Risiko der Begehung von Straftaten vorhersehbar signifikant infolge der Alkoholisierung erhöht" habe (BGH, Urteil vom 17. August 2004 – 5 StR 93/04, BGHSt 49, 239). Die risikoerhöhenden persönlichen Verhältnisse könnten beispielsweise in der Neigung zu Aggressionen oder Gewalttätigkeiten unter Alkoholeinfluss bestehen, die der Tatsituation etwa in der Alkoholaufnahme in gewaltbereiten Gruppen oder gewaltgeneigten Situationen (BGH, Urteil vom 11. Juni 2008 – 5 StR 612/07, NStZ 2008, 619, 620). Bei bis-

lang nicht bestraften und auch sonst unauffälligen Tätern sei das Straftatenrisiko nicht signifikant erhöht (BGH, Urteil vom 29. Oktober 2008 – 5 StR 456/08, NStZ 2009, 202, 203; Urteil vom 7. Mai 2009 – 5 StR 64/09, NStZ 2009, 496, 497). Gleiches gelte, wenn die neue Tat in eine gänzlich andere Richtung weise als die früheren unter Alkoholeinfluss begangenen Taten (BGH, Beschluss vom 13. Januar 2010 – 5 StR 510/09, NStZ-RR 2010, 234, 235) oder wenn gleichartige Kriminalität schon mehr als zehn Jahre zurückliege (BGH, Beschluss vom 10. März 2010 – 5 StR 62/10, juris Rn. 10).

[23] dd) Der 4. Strafsenat hat sich der Rechtsprechung des 5. Strafsenats angeschlossen und in Fällen, in denen der Angeklagte bislang niemals unter Alkoholeinfluss aggressiv war (BGH, Urteil vom 15. Dezember 2005 – 4 StR 314/05, NStZ 2006, 274) bzw. nicht wegen eines Gewaltdelikts verurteilt war (BGH, Urteil vom 23. Februar 2006 – 4 StR 444/05, NStZ-RR 2006, 185, 186) eine signifikante Risikoerhöhung verneint.

[24] ee) Der Senat selbst war nach seiner Entscheidung vom 27. März 2003 nur mit Fallgestaltungen befasst, in denen die zur verminderten Schuldfähigkeit führende Trunkenheit vom Angeklagten jeweils nicht verschuldet war, weil dieser entweder alkoholkrank oder alkoholüberempfindlich war (BGH, Beschluss vom 16. Januar 2008 – 3 StR 479/07, NStZ 2008, 330) oder eine solche Konstellation vom Tatrichter hätte erörtert werden müssen (BGH, Urteil vom 12. Juni 2008 – 3 StR 84/08, NStZ 2009, 258; Beschluss vom 2. August 2012 – 3 StR 216/12, NStZ 2012, 687).

[25] b) Danach könnte die Rechtsprechung der anderen Strafsenate dahin verstanden werden, dass sie es grundsätzlich für ermessensfehlerhaft halten, wenn der Tatrichter bei sonst rechtsfehlerfreier Würdigung eine Strafrahmenverschiebung nach §§ 21, 49 Abs. 1 StGB allein mit der Begründung ablehnt, die erhebliche Verminderung der Schuldfähigkeit des Angeklagten zur Tatzeit beruhe auf dessen Trunkenheit, die er aber durch zu verantwortendes Sich-Berauschen schuldhaft selbst herbeigeführt habe, und nicht gleichzeitig festgestellt ist, dass dem Angeklagten zumindest bewusst sein konnte, dass sich infolge seiner Alkoholisierung das Risiko strafbaren Verhaltens erhöhen werde.

ANMERKUNG ■

Der BGH stellt in der zugrundeliegenden Entscheidung die möglicherweise divergierenden Entscheidungen übersichtlich dar. Hierdurch wird ein rascher Überblick über die der Entscheidung zugrundeliegende Thematik ermöglicht.

b) Verbot der Doppelverwertung

Das **Verbot der Doppelverwertung** nach § 46 Abs. 3 StGB wird missachtet, sofern im Fall einer Verurteilung wegen tatmehrheitlichen (schweren) sexuellen Missbrauchs eines Kindes strafschärfend die wiederholte Tatbegehung sowie die „Penetration des Kindes“ gewertet wird.[117] **105**

[117] BGH, Beschluss vom 09.12.2014 – 3 StR 502/14, Rn. 3.

[1] Das Landgericht hat den Angeklagten wegen sexuellen Missbrauchs eines Kindes in 20 Fällen (§ 176 Abs. 1 StGB aF – Fälle II. A. 1. bis 20. der Urteilsgründe –) und wegen schweren sexuellen Missbrauchs von Kindern in 10 Fällen (§ 176a Abs. 1 Nr. 1 StGB aF – Fälle II. A. 21. bis 29. der Urteilsgründe – sowie § 176a Abs. 2 Nr. 1 StGB nF – Fall II. B. der Urteilsgründe) zu der Gesamtfreiheitsstrafe von vier Jahren verurteilt. (...)

[3] Bei der Bemessung sämtlicher dieser Einzelstrafen hat das Landgericht strafschärfend bewertet, dass der Angeklagte – „statt aufzuhören und sein eigenes Verhalten zu reflektieren" – immer wieder sexuelle Handlungen an seiner Tochter vorgenommen habe. Zudem hat es in den Fällen II. A. 21. bis 28. zu Lasten des Angeklagten dessen „jetzt deutlich gesunkene Hemmschwelle" berücksichtigt, die sich „in der zusätzlichen Penetration des Kindes" zeige. Damit hat das Landgericht gegen das Verbot der Doppelverwertung (§ 46 Abs. 3 StGB) verstoßen, denn es hat in allen der genannten Fälle als straferhöhenden Umstand angesehen, dass der Angeklagte die ihm zur Last gelegten Taten überhaupt begangen hat. In den Fällen II. A. 21. bis 28. hat es darüber hinaus die Umstände strafschärfend berücksichtigt, welche die gegenüber § 176 Abs. 1 StGB erhöhte Strafandrohung in § 176a Abs. 1 Nr. 1 StGB aF begründen.

106 Innerhalb der Strafzumessung relevante Rechtsfehler, namentlich einen Verstoß gegen das **Doppelverwertungsverbot**, stellen es dar, wenn die **Begehung der Straftaten als solche** oder das **Fehlen pädophiler Neigungen** zu Lasten des Angeklagten berücksichtigt werden.[118]

[3] Das Landgericht hat in allen Fällen zu Lasten des Angeklagten dessen eigensüchtige Einstellung berücksichtigt, mit der er die Befriedigung seiner sexuellen Forderungen ohne Rücksicht auf die Folgen für die Nebenklägerin (seine zu den Tatzeiten zwischen sechs bzw. sieben und fünfzehn Jahre alte Stieftochter) an dieser als Ersatz für eine erwachsene Sexualpartnerin durchgesetzt habe (UA S. 135). Dabei sei der Angeklagte nicht durch eine pädophile Neigung getrieben gewesen, sondern hätte seine Neigungen legal und einverständlich an erwachsenen Sexualpartnern verwirklichen können.

[4] Diese Erwägungen erweisen sich als rechtsfehlerhaft, denn damit wirft die Strafkammer dem Angeklagten die Begehung der Straftaten als solche vor, ohne dass Besonderheiten vorliegen, die es rechtfertigen könnten, das „Unrecht der Tat" straferhöhend zu werten; dies verstößt gegen § 46 Abs. 3 StGB (vgl. dazu Fischer, StGB, 62. Aufl. § 46, Rn. 76, 76b: Täter hatte keinen Anlass zur Tat). Soweit darauf abgestellt wird, der Angeklagte habe keine pädophile Neigung, die ihn gerade zur Begehung der von ihm begangenen Taten veranlasst hätten, wird zu Lasten des Angeklagten unzulässigerweise das Fehlen eines Milderungsgrundes berücksichtigt.

107 Bei einer Verurteilung wegen **Besitzes kinderpornografischer Schriften** nach § 184b Abs. 4 S. 2 StGB kann – **ohne Verstoß gegen § 46 Abs. 3 StGB** – als strafschärfend gewertet werden, dass auf den von dem Angeklagten hergestellten und

[118] BGH, Beschluss vom 08.01.2015 – 2 StR 233/14, Rn. 4.

abgespeicherten kinderpornografischen Videos **nicht nur** ein **wirklichkeitsnahes, sondern** ein **tatsächliches Geschehen** zu sehen war.[119]

Die Strafzumessungserwägungen stellen sich im Sinne eines Verstoßes gegen das **Doppelverwertungsverbot** dar, wenn im Falle der Verurteilung unter anderem wegen Herbeiführens einer Sprengstoffexplosion die Strafzumessungserwägungen auf ein „**hohe(s) Maß an Pflichtwidrigkeit**" und den **hohen entstandenen Sachschaden** gestützt werden.[120] **108**

[12] (...) Es liegt kein Verstoß gegen das Doppelverwertungsverbot des § 46 Abs. 3 StGB vor, soweit das Landgericht zulasten der Angeklagten das „hohe Maß der Pflichtwidrigkeit" sowie den entstandenen hohen Sachschaden berücksichtigte (UA S. 22). Dass tatsächlich ein hoher, die Mindestgrenze für einen bedeutenden Sachwert (vgl. dazu Fischer, StGB, 62. Aufl., § 315 Rn. 16a) weit überschreitender Sachschaden eintrat, ist dem Gefährdungsdelikt des § 308 StGB nicht immanent und mithin ein zulässiges Strafzumessungskriterium. Ebenso verhält es sich mit dem besonders hohen Maß an Pflichtwidrigkeit, das darin zu sehen ist, dass eine unkontrollierte Explosion in einem dichtbesiedelten Bereich herbeigeführt wurde. Das sich daraus ergebende hohe Maß der persönlichen Schuld der Angeklagten darf strafschärfend berücksichtigt werden (vgl. auch Fischer, StGB, 62. Aufl., § 46 Rn. 31).

Soweit mit dem als strafverschärfend berücksichtigten Begriff der **besonderen Rohheit** der Tatausführung allein der **erhebliche Kraftaufwand bei Beibringung der Verletzungen** erfasst ist, so wird hiermit **§ 46 Abs. 3 StGB** missachtet. Hierdurch würde ein den **Tötungsvorsatz** maßgeblich begründender Faktor und die zur Umsetzung dieses Vorsatzes erforderliche Gewalt nochmals nachteilig berücksichtigt werden.[121] **109**

Kein Verstoß gegen das **Doppelverwertungsverbot** liegt vor, wenn auf das **spezifische Alter** der **Kinder der Getöteten** und damit eine zulässige einzelfallbezogene Differenzierung nach der Bedeutung des Vorhandenseins der getöteten **Bezugsperson** für die konkreten Angehörigen abgestellt wird. Diese Erwägung bezieht sich gerade nicht nur in der Heranziehung einer typischen Tatfolge eines Tötungsdelikts. Auch die **Auswirkung bei** den **Kindern durch** den **Verlust der Mutter** können im Rahmen von § 46 Abs. 2 StGB rechtfehlerfrei Berücksichtigung finden.[122] **110**

[32] Die zu Lasten des Angeklagten wirkende Erwägung des Tatrichters, er habe „seinen zwei kleinen Kindern, die aufgrund ihres jungen Alters von nur ein und vier Jahren der mütterlichen Zuwendung in besonderem Maß bedürfen, durch die Tat die Mutter" genommen (UA S. 54f.), ist nicht rechtsfehlerhaft und verstößt insbesondere nicht gegen das Doppelverwertungsverbot des § 46 Abs. 3 StGB. Das Tatgericht hat erkennbar nicht auf das mit nahezu jeder Tötung einhergehende Leid der Angehörigen und dem schmerzlichen Verlust einer Bezugsperson

---

119 BGH, Beschluss vom 11.03.2015 – 4 StR 570/14.
120 BGH, Beschluss vom 13.01.2015 – 1 StR 454/14, Rn. 12.
121 BGH, Beschluss vom 11.02.2015 – 1 StR 629/14, Rn. 11.
122 BGH, Beschluss vom 26.02.2015 – 1 StR 574/14, Rn. 32f.

abgestellt. Vielmehr hat es in rechtlich fehlerfreier Weise das spezifische Alter von Sohn und Tochter der Getöteten in den Blick genommen und damit auf eine zulässige einzelfallbezogene Differenzierung nach der Bedeutung des Vorhandenseins der getöteten Bezugsperson für die konkreten Angehörigen abgestellt. Damit erschöpft sich die Erwägung gerade nicht in der Heranziehung einer typischen Tatfolge eines Tötungsdelikts.

[33] (2) Gleiches gilt auch für die weitere Strafzumessungserwägung, die beiden Kinder litten erheblich unter dem Verlust der Mutter. Das Landgericht hat damit auf die im konkreten Fall bewirkten verschuldeten Auswirkungen der Tat (§ 46 Abs. 2 StGB) abgestellt, die bei beiden Kindern eingetreten sind. Deren Eintritt hat das Tatgericht mit der bei der Tochter weiterhin erfolgenden psychologischen Betreuung mit Feststellungen unterlegt. Dass es dabei die in der Beweiswürdigung ausdrücklich dargestellte zwischenzeitliche Besserung des Zustands der Tochter aus dem Blick verloren haben könnte, ist nicht zu besorgen.

[34] Ohne Rechtsfehler hat das Tatgericht das Leiden der Kinder unter dem Verlust der Mutter als verschuldete Auswirkungen der Tat gewertet. Dem steht die Begehung der Tat im Zustand der durch einen Affekt bewirkten erheblichen Einschränkung der Steuerungsfähigkeit des Angeklagten nicht entgegen. Da seine Einsichtsfähigkeit insgesamt erhalten geblieben ist und er – wie sich sowohl aus dem festgestellten allgemeinen Umgang mit den Kindern als auch aus seinem Nachtatverhalten (Verbringen der Leiche in den Keller, um ihnen den Anblick der toten Mutter zu ersparen) ergibt – um deren Wohl besonders bemüht war, waren die eingetretenen Tatfolgen für ihn vorhersehbar.

111 Bei der Verurteilung wegen versuchten Mordes in Tateinheit mit gefährlicher Körperverletzung ist es als Verstoß gegen das **Doppelverwertungsverbot** rechtsfehlerhaft, wenn dem Angeklagten „angelastet“ wird, es sei ihm **unbedingt darauf angekommen, seine Ehefrau zu töten,** und er habe **nicht nur mit bedingtem Vorsatz gehandelt.**[123]

112 Insoweit innerhalb der Strafzumessung **strafschärfend** gewertet wird, dass der Angeklagte mit **direktem Tötungsvorsatz** gehandelt hat, **verstößt** dies **gegen § 46 Abs. 3 StGB.** Der Tatbestand des Totschlags setzt vorsätzliche Tatbegehung voraus, deren normativer Regelfall die Tötung mit direktem Vorsatz ist.[124]

113 Bei einer Verurteilung wegen Totschlags ist es rechtsfehlerhaft, zu Lasten des Angeklagten die in der Tat zum Ausdruck kommende Gewaltbereitschaft zu berücksichtigen, die bei ihm ansonsten persönlichkeitsbedingt reduziert sei. Ebenso wie der Tötungsvorsatz als solcher darf die **Anwendung der zur Tötung erforderlichen Gewalt nicht straferschwerend** gewertet werden.[125]

114 Im Falle der Verurteilung wegen **Körperverletzungshandlungen** ist es rechtsfehlerhaft, wenn ausdrücklich **strafschärfend** gewertet wird, dass die **Geschädigte** „in allen Fällen **Verletzungen davon trug bzw. Schmerzen erlitt**“. Dies verstößt gegen **§ 46 Abs. 3 StGB,** sofern nicht dargelegt wird, worin ein an sich denkbares gesteigertes Unrecht erblickt werden soll, das das Maß an Schmerzen und Verlet-

---

[123] BGH, Beschluss vom 11.03.2015 – 1 StR 3/15, Rn. 1 f.

[124] BGH, Beschluss vom 14.10.2015 – 5 StR 355/15, Rn. 3.

[125] BGH, Beschluss vom 13.10.2015 – 2 StR 238/15, Rn. 3 f.; vgl. auch: BGH, Beschluss vom 14.10.2015 – 5 StR 355/15, Rn. 4.

zungen übersteigt, das allgemein mit einer Körperverletzungshandlung verbunden ist.[126]

Die straferschwerende Berücksichtigung, dass sich der Angeklagte zum **Vollstrecker** eines von ihm **selbst gefällten Unwerturteils** gemacht hat, **verstößt nicht gegen** das **Doppelverwertungsverbot** des § 46 Abs. 3 StGB. Insoweit wird allein das Motiv des Angeklagten zu der Gewalttat als unrechtserhöhend bewertet.[127] **115**

Die **strafverschärfende Bewertung** des Umstands, dass die **Geschädigte** dem Angeklagten zuvor **keine nachvollziehbare Veranlassung** zur Tat geboten hat sowie der bloße Vorwurf krimineller Energie und seiner Gewaltbereitschaft, verstößt gegen **§ 46 Abs. 3 StGB.**[128] **116**

[3] 2. a) Im Rahmen der Strafzumessung im Fall II.4 der Urteilsgründe hat das Landgericht zu Lasten des Angeklagten eingestellt, dass die Geschädigte dem Angeklagten zuvor keine nachvollziehbare Veranlassung zur Tat geboten habe. Diese Erwägung erweist sich als rechtsfehlerhaft. Damit wirft die Strafkammer dem Angeklagten die Begehung der Straftat als solche vor, ohne dass Besonderheiten vorliegen, die es rechtfertigen könnten, das „Unrecht der Tat" straferhöhend zu werten; dies verstößt gegen § 46 Abs. 3 StGB (vgl. dazu Fischer, StGB, 62. Aufl., § 46 Rn. 76, 76b). Hätte das Opfer Anlass zur Tat gegeben, wäre dies ein Umstand, der den körperlichen Übergriff in einem milderen Licht erscheinen lassen könnte. Mit der Erwägung des Tatgerichts wird damit zu Lasten des Angeklagten unzulässigerweise das Fehlen eines Milderungsgrundes in die Strafzumessung eingestellt (vgl. Senat, Beschluss vom 8. Januar 2015 – 2 StR 233/14). (...)

[4] b) Bei der Strafbemessung im Fall II.1 der Urteilsgründe hat die Strafkammer zu Ungunsten des Angeklagten seine kriminelle Energie und seine Gewaltbereitschaft berücksichtigt. Auch diese Formulierung lässt besorgen, dass das Landgericht damit dem Angeklagten unter Verstoß gegen § 46 Abs. 3 StGB die bloße Tatbegehung vorgeworfen hat. Umstände, die eine kriminelle Energie belegen, welche über typischerweise mit der Begehung einer Körperverletzung verbundenes Tatunrecht hinausgehen, hat die Strafkammer weder dargelegt noch ergeben sich diese aus den Urteilsgründen im Übrigen. Die Tat ist vielmehr geprägt von einem vorangegangenen Wortgefecht mit gegenseitigen Beleidigungen, an deren Ende der Angeklagte seiner Ehefrau mit der flachen Hand kräftig ins Gesicht schlug und diese durch die Wucht des Schlages zu Boden fiel. Das Verhalten des Angeklagten ist danach weder Ausdruck besonderer krimineller Energie noch lässt sich daran eine Gewaltbereitschaft ablesen, die strafschärfend zu Lasten des Angeklagten hätte berücksichtigt werden dürfen. Dies gilt im Übrigen trotz des von der Strafkammer an anderer Stelle erwähnten Umstands, dass die Ehe des Angeklagten „aufgrund von Handgreiflichkeiten des leicht aufbrausenden, aggressiven und eifersüchtigen Angeklagten gegenüber seiner Ehefrau" problematisch verlaufen ist. Auch dadurch wird die dem Angeklagten vorgeworfene „Gewalt"-Bereitschaft nicht hinreichend belegt.

---

126 BGH, Beschluss vom 29.04.2015 – 2 StR 540/14, Rn. 3.
127 BGH, Urteil vom 03.09.2015 – 3 StR 242/15, Rn. 15.
128 BGH, Beschluss vom 15.09.2015 – 2 StR 21/15, Rn. 3.

117 Einen Verstoß gegen **§ 46 Abs. 3 StGB** kann sowohl die Erwägung darstellen, der Angeklagte habe sich **aufgrund eigener Überlegung entschieden, als Drogenkurier tätig zu werden**, als auch die Feststellung, er habe die **Alternative**, mit einem zu erwartenden Verdienst von 4.000 bis 5.000 Schweizer Franken seine finanziellen Probleme über einen längeren Zeitraum zu lösen, letztlich nicht ernstlich in Erwägung gezogen, habe sich vielmehr über den schnellen und ihm lukrativer erscheinenden Einkommenserwerb als Drogenkurier entschieden. Denn damit wird dem Angeklagten die **bloße Tatbegehung vorgeworfen.**[129]

11. Täter-Opfer-Ausgleich, Schadenswiedergutmachung – § 46a StGB

118 Die Annahme eines **vertyptem Strafmilderungsgrundes** nach § 46a StGB erfordert ein **über bloßes** nach § 46 Abs. 2 StGB zu berücksichtigendes **Nachtatverhalten.** Namentlich müssen die Anstrengungen zur Annahme des § 46a StGB daher ein ernsthaftes Bemühen des Täters um Wiedergutmachung erkennen lassen. Der hierbei erforderlich **kommunikative Prozess** bedingt jedenfalls den Versuch der Einbeziehung des Opfers. Im Falle eines erfolgreichen Täter-Opfer-Ausgleichs hat das Opfer in der Regel die erbrachten Leistungen oder Bemühungen des Täters als **friedensstiftenden Ausgleich** zu akzeptieren.[130]

[54] a) Nach § 46 Abs. 2 StGB ist das Nachtatverhalten des Täters, insbesondere sein Bemühen um Wiedergutmachung und das Erstreben eines Ausgleichs mit dem Verletzten, bei der Strafzumessung zu berücksichtigen. Vor diesem Hintergrund muss bereits aus gesetzessystematischer Sicht der vertypte Strafmilderungsgrund des § 46a StGB an weitergehende Voraussetzungen geknüpft sein (vgl. BGH, Urteil vom 31. Mai 2002 – 2 StR 73/02, insoweit nicht abgedruckt in NStZ 2002, 646).

[55] Nach § 46a Nr. 1 StGB kann zwar das ernsthafte Bemühen des Täters um Wiedergutmachung, das darauf gerichtet ist, einen Ausgleich mit dem Verletzten zu erreichen, genügen. Die Vorschrift setzt aber nach der gesetzgeberischen Intention (BT-Drucks. 12/6853, S. 21, 22) und nach ständiger Rechtsprechung des Bundesgerichtshofs einen kommunikativen Prozess zwischen Täter und Opfer voraus, der auf einen umfassenden, friedensstiftenden Ausgleich der durch die Straftat verursachten Folgen angelegt sein muss. Das einseitige Wiedergutmachungsbestreben ohne den Versuch der Einbeziehung des Opfers genügt nicht (vgl. BGH, Urteil vom 27. August 2002 – 1 StR 204/02, NStZ 2003, 29). Wenn auch ein Wiedergutmachungserfolg nicht zwingende Voraussetzung ist (vgl. BGH, Beschluss vom 22. August 2001 – 1 StR 333/01, NStZ 2002, 29), so muss sich doch das Opfer auf freiwilliger Grundlage zu einem Ausgleich bereitfinden und sich auf ihn einlassen. Ein erfolgreicher Täter-Opfer-Ausgleich im Sinne von § 46a Nr. 1 StGB setzt grundsätzlich voraus, dass das Opfer die erbrachten Leistungen oder Bemühungen des Täters als friedensstiftenden Ausgleich akzeptiert (vgl. BGH, Urteile vom 26. August 2003 – 1 StR 174/03, NStZ-RR 2003, 363 und

---

[129] BGH, Beschluss vom 05.11.2015 – 2 StR 296/15.

[130] BGH, Urteil vom 05.11.2014 – 1 StR 327/14; vgl. auch: BGH, Urteil vom 28.05.2015 – 3 StR 89/15, Rn. 11 und BGH, Urteil vom 29.04.2015 – 2 StR 405/14, Rn. 20 f.

vom 12. Januar 2012 – 4 StR 290/11, NStZ 2012, 439; jeweils mwN). Das ergibt sich aus der ratio und der Entstehungsgeschichte dieser Norm. Der Täter muss zudem mit dem ernsthaften Bestreben handeln, das Opfer „zufriedenzustellen". Ob der nach § 46a Nr. 1 StGB erforderliche kommunikative Prozess gegeben ist, ist im Einzelfall anhand deliktsspezifischer Gesichtspunkte zu prüfen (BGH, Urteil vom 31. Mai 2002 – 2 StR 73/02, NStZ 2002, 646, 647).

[56] b) Hier hat das Landgericht ausgehend von zutreffenden Maßstäben das Vorliegen der Voraussetzungen eines Täter-Opfer-Ausgleichs im Sinne von § 46a Nr. 1 StGB rechtsfehlerfrei verneint.

[57] Zwar schloss der Verteidiger des Angeklagten in der Hauptverhandlung mit der Nebenklägerin einen Vergleich über ein Schmerzensgeld in Höhe von 5.000 Euro, das ab dem 1. Januar 2015 in monatlichen Teilbeträgen von 250 Euro gezahlt werden sollte. Dies genügte für die Annahme eines Täter-Opfer-Ausgleichs hier jedoch nicht.

[58] Dem Vergleich fehlte bereits die für einen friedensstiftenden Ausgleich mit der Nebenklägerin erforderliche Einbeziehung des Sexualbezugs der dem Angeklagten vorgeworfenen Handlungen. Er bezog sich ersichtlich – ebenso wie die zuvor erfolgte Entschuldigung – allein auf die Verabreichung der benzodiazepinhaltigen Tabletten, nicht aber auf die Vornahme sexueller Handlungen (UA S. 11).

[59] Zudem hat sich das Landgericht rechtsfehlerfrei davon überzeugt, dass der in der Hauptverhandlung abgeschlossene Vergleich ohne vorherige Einbeziehung der Nebenklägerin in einen kommunikativen Prozess vorwiegend Mittel zur Vermeidung einer längeren Freiheitsstrafe für den Angeklagten sein sollte. Im Hinblick darauf, dass noch keinerlei Zahlungen geleistet waren und auch der in Aussicht gestellte Zahlungsbeginn erst zehn Monate in der Zukunft liegen sollte, begegnet es keinen rechtlichen Bedenken, dass das Landgericht dieses Verhalten gegenüber dem Opfer nicht als Ausdruck der Übernahme von Verantwortung, sondern als prozesstaktisches Vorgehen des Angeklagten (UA S. 29) gewertet hat. Das Landgericht hat nicht verkannt, dass auch in der Hauptverhandlung noch ein friedensstiftender Täter-Opfer-Ausgleich möglich ist. Es hat sich vielmehr davon überzeugt, dass die vom Angeklagten vorgenommenen Ausgleichsbemühungen nicht vom Willen zu einem friedensstiftenden Gesamtausgleich mit der Nebenklägerin getragen waren. Dies ist aus Rechtsgründen nicht zu beanstanden. Somit fehlte es an einem Täter-Opfer-Ausgleich im Sinne von § 46a Nr. 1 StGB.

Die **Voraussetzungen** eines Täter-Opfer-Ausgleichs nach **§ 46a Nr. 1 StGB** liegen **119** vor, wenn der Täter einen Geldbetrag vor der Verhandlung an den Geschädigten zahlt, weitere Zahlungen beabsichtigt und eine Entschuldigung vornimmt, die der Geschädigte auch annimmt.[131]

[2] 1. Das Landgericht hat die Voraussetzungen eines Täter-Opfer-Ausgleichs nach § 46a Nr. 1 StGB für nicht gegeben erachtet, weil es an „umfassenden Ausgleichsbemühungen" und einem „kommunikativen Prozess" zwischen Täter und Opfer fehle. Dies wird dem festgestellten Nachtatverhalten des Angeklagten nicht

[131] BGH, Beschluss vom 28.04.2015 – 3 StR 647/14, Rn. 2.

gerecht. Danach hat dessen Familie vor der Verhandlung 500 € an die Geschädigte gezahlt. Weitere Zahlungen sind beabsichtigt. Der Angeklagte selbst hat sich aus der Untersuchungshaft brieflich und sodann in der Hauptverhandlung persönlich bei der Geschädigten entschuldigt. Diese hat die Entschuldigung angenommen. Damit hat der erforderliche, vom Bestreben nach Wiedergutmachung getragene kommunikative Prozess stattgefunden. Dass die Zahlung von der Familie des in Untersuchungshaft befindlichen, zur Tatzeit 23 Jahre alten Angeklagten erbracht wurde, steht der Anwendung der Vorschrift nicht entgegen, da diese – anders als § 46a Nr. 2 StGB – keine erhebliche persönliche Leistung oder erheblichen persönlichen Verzicht voraussetzt (BGH, Beschluss vom 17. Juni 1998 – 1 StR 249/98, BGHR StGB § 46a Nr. 1 Ausgleich 2).

120 Der **vertypte Strafmilderungsgrund** des § 46a Nr. 1 StGB ist auf den vorsätzlichen **Eingriff in den Straßenverkehr nach § 315b StGB**, die **Rechtsbeugung nach § 339 StGB** und **Steuerdelikte** als „opferlose" Delikte **nicht anwendbar**. Im Falle der Verwirklichung mehrerer Delikte ist in Bezug auf jedes konkurrierende Delikt das Bestehen des deliktsspezifischen Opferbezuges zu prüfen.[132]

[9] aa) Obgleich § 46a StGB nach seinem Wortlaut in beiden Varianten für alle Delikte gilt (BGH, Beschluss vom 18. August 2009 – 2 StR 244/09, NStZ-RR 2009, 369), können sich aus den verschiedenen tatbestandlichen Voraussetzungen, die in den Nummern 1 und 2 der Bestimmung festgeschrieben sind, Anwendungsbeschränkungen ergeben (vgl. BGH, Beschluss vom 2. Mai 1995 – 5 StR 156/95, NStZ 1995, 492). Im Gegensatz zu § 46a Nr. 2 StGB, der vorwiegend den materiellen Schadensausgleich betrifft und deshalb hier nicht einschlägig ist, zielt § 46a Nr. 1 StGB vorrangig auf den Ausgleich der immateriellen Folgen einer Straftat ab (st. Rspr.; vgl. nur BGH, Urteil vom 8. August 2012 – 2 StR 526/11, NJW 2013, 483 Tz. 17; Beschluss vom 2. Mai 1995 – 5 StR 156/95, NStZ 1995, 492). Dazu bedarf es eines kommunikativen Prozesses zwischen Täter und Opfer, der auf einen umfassenden, friedensstiftenden Ausgleich der durch die Straftat verursachten Folgen angelegt ist (st. Rspr.; vgl. nur BGH, Urteil vom 23. Mai 2013 – 4 StR 109/13, Rn. 11; Urteil vom 12. Januar 2012 – 4 StR 290/11, NStZ 2012, 439; Urteil vom 19. Dezember 2002 – 1 StR 405/02, BGHSt 48, 134, 142 f.; Fischer, StGB, 62. Aufl., § 46a Rn. 10a mwN). Dafür ist eine von beiden Seiten akzeptierte, ernsthaft mitgetragene Regelung Voraussetzung. Das Bemühen des Täters muss Ausdruck der Übernahme von Verantwortung sein und das Opfer muss die Leistung des Täters als friedensstiftenden Ausgleich akzeptieren (st. Rspr.; vgl. nur BGH, Urteil vom 12. Januar 2012 – 4 StR 290/11, NStZ 2012, 439, 440; Urteil vom 19. Oktober 2011 – 2 StR 344/11, BGHR StGB § 46a Nr. 1 Ausgleich 8; Urteil vom 27. August 2002 – 1 StR 204/02, BGHR StGB § 46a Nr. 1 Ausgleich 6). Dies und der Wortlaut des § 46a Nr. 1 StGB schließen eine Anwendung dieser Vorschrift auf „opferlose" Delikte aus (weiter gehend in Bezug auf eine juristische Person, BGH, Urteil vom 18. November 1999 – 4 StR 435/99, NStZ 2000, 205).

[10] bb) Danach ist eine Anwendung von § 46a Nr. 1 StGB bei einem vorsätzlichen Eingriff in den Straßenverkehr gemäß § 315b StGB grundsätzlich ausgeschlossen.

---

[132] BGH, Urteil vom 04.12.2014 – 4 StR 213/14.

[11] (1) § 315b StGB schützt die Sicherheit des öffentlichen Straßenverkehrs (BGH, Beschluss vom 8. Juni 2004 – 4 StR 160/04, NStZ 2004, 625; Urteil vom 4. Dezember 2002 – 4 StR 103/02, BGHSt 48, 119, 123; Beschluss vom 23. Mai 1989 – 4 StR 190/89, NJW 1989, 2550; Urteil vom 21. Mai 1981 – 4 StR 240/81, VRS 61, 122, 123; König in: Leipziger Kommentar zum StGB, 12. Aufl., § 315b Rn. 3 und § 315 Rn. 4 mwN). Die in der Norm aufgezählten Individualrechtsgüter (Leben, Gesundheit und bedeutende Sachwerte der durch den Eingriff betroffenen Verkehrsteilnehmer) werden dabei lediglich faktisch mit geschützt (BGH, Urteil vom 4. Dezember 2002 – 4 StR 103/02, BGHSt 48, 119, 123; Beschluss vom 14. Mai 1970 – 4 StR 131/69, BGHSt 23, 261, 264 zu § 315c StGB; SSW-StGB/Ernemann, 2. Aufl., § 315b Rn. 1; König in: Leipziger Kommentar zum StGB, 12. Aufl., § 315b Rn. 3 und § 315 Rn. 5). Auch wenn § 315b StGB voraussetzt, dass sich die durch die tatbestandliche Handlung begründete abstrakte Gefahr für die Sicherheit des öffentlichen Straßenverkehrs zu einer konkreten Gefahr für eines der genannten Individualrechtsgüter verdichtet hat (vgl. BGH, Urteil vom 4. Dezember 2002 – 4 StR 103/02, BGHSt 48, 119, 122; SSW-StGB/Ernemann, 2. Aufl., § 315b Rn. 5) und der Täter bei Eingriffen innerhalb des fließenden Verkehrs mit einem zumindest bedingten Schädigungsvorsatz gehandelt haben muss (BGH, Beschluss vom 5. November 2013 – 4 StR 454/13, NStZ 2014, 86, 87; Beschluss vom 18. Juni 2013 – 4 StR 145/13, VRR 2013, 387, 388; Urteil vom 20. Februar 2003 – 4 StR 228/02, BGHSt 48, 233, 237f.), werden die betroffenen Verkehrsteilnehmer dadurch nicht zum Träger des bestimmenden Rechtsguts. Ein zwischen ihnen und dem Täter durchgeführter dialogischer Ausgleichsprozess kann daher grundsätzlich weder zu einem friedensstiftenden Ausgleich der durch die Straftat veranlassten Folgen, noch – wie dies von § 46a Nr. 1 StGB vorausgesetzt wird – zu einer Lösung des der Tat zugrunde liegenden Gesamtkonflikts führen (im Ergebnis wie hier Theune in LK-StGB, 12. Aufl., § 46a Rn. 21; MüKoStGB/Maier, 2. Aufl., § 46a Rn. 3; NK-StGB/Streng, 4. Aufl., § 46a Rn. 10; Schönke/Schröder-Stree/Kinzig, StGB, 29. Aufl., § 46a Rn. 4a; a. A. Fischer, StGB, 62. Aufl., § 46a Rn. 8; SSW-StGB/Eschelbach, 2. Aufl., § 46a Rn. 20; Kaspar/Weiler/Schlickum, Der Täter-Opfer-Ausgleich, 2014, S. 26 jeweils zu § 315c StGB; Maiwald, GA 2005, 339, 345; Pielsticker, § 46a StGB – Revisionsfalle oder sinnvolle Bereicherung des Sanktionenrechts?, 2004, S. 118; Kasperek, Zur Auslegung und Anwendung des § 46a StGB, 2002, S. 65f.; Schöch, 50 Jahre Bundesgerichtshof, Festgabe aus der Wissenschaft, Bd. IV, 2000, S. 309, 333f.). Hiermit steht in Einklang, dass der Bundesgerichtshof einen Täter-Opfer-Ausgleich nach § 46a Nr. 1 StGB sowohl bei der Rechtsbeugung gemäß § 339 StGB (Urteil vom 4. April 2001 – 5 StR 68/01, BGHR StGB § 339 DDR-Richter 2, nicht tragend entschieden), als auch bei Steuerdelikten (Beschluss vom 25. Oktober 2000 – 5 StR 399/00, NStZ 2001, 200, 201; Beschluss vom 18. Mai 2011 – 1 StR 209/11, wistra 2011, 346) für ausgeschlossen erachtet hat, weil diese Delikte nur Gemeinschaftsrechtsgüter schützen und – im Fall der Rechtsbeugung – Individualinteressen allenfalls mittelbar geschützt werden.

[12] (2) Dem steht nicht entgegen, dass nach § 46a Nr. 1 StGB ein gelungener Täter-Opfer-Ausgleich auch schon anzunehmen sein kann, wenn der Täter eine Wiedergutmachung seiner Tat nur zum überwiegenden Teil erreicht oder lediglich ernsthaft erstrebt hat (so aber Pielsticker, § 46a StGB – Revisionsfalle oder sinnvolle Bereicherung des Sanktionenrechts?, 2004, S. 118; Kaspar/Weiler/Schlickum, Der Täter-Opfer-Ausgleich, 2014, S. 26). Eine nur zum überwiegenden Teil er-

reichte oder lediglich erstrebte Wiedergutmachung vermag die Annahme eines erfolgreichen Täter-Opfer-Ausgleichs nach § 46a Nr. 1 StGB nur dann zu rechtfertigen, wenn sie auf der Grundlage umfassender Ausgleichsbemühungen geleistet worden ist (vgl. BGH, Beschluss vom 20. September 2002 – 2 StR 336/02, BGHR StGB § 46a Anwendungsbereich 2). Hieran fehlt es aber, wenn der Geschädigte nicht Träger des bestimmenden Rechtsguts ist, sondern nur faktisch in den Schutzbereich der verletzten Norm einbezogen wird. Auch kann die gegenüber einem einzelnen Geschädigten geleistete Wiedergutmachung grundsätzlich nicht als eine Teilwiedergutmachung oder ein Wiedergutmachungsbemühen in Bezug auf andere verletzte Rechtsgüter gedeutet werden, deren Träger nicht in den Ausgleichsprozess einbezogen wurden oder für die es – wie hier in Bezug auf das Rechtsgut der Sicherheit im öffentlichen Straßenverkehr – keine individualisierbaren Opfer gibt.

[13] cc) Soweit der Senat in einer früheren Entscheidung eine Anwendung des § 46a StGB bei einer Verurteilung wegen vorsätzlichen gefährlichen Eingriffs in den Straßenverkehr, gefährlicher Körperverletzung u.a. für zulässig erachtet hat, betraf dies einen Fall des § 46a Nr. 2 StGB (Beschluss vom 17. Januar 1995 – 4 StR 755/94, NStZ 1995, 284).

[14] b) Eine Anwendung der Vorschrift des § 46a Nr. 1 StGB in Bezug auf § 315b StGB kam hier auch nicht deshalb in Betracht, weil sich der Angeklagte durch dieselbe Tat im Rechtssinn (§ 52 Abs. 1 StGB) einer gefährlichen Körperverletzung gemäß § 224 Abs. 1 Nr. 2 StGB schuldig gemacht hat und insoweit ein Täter-Opfer-Ausgleich (Entschuldigung und Zahlung von Schmerzensgeld) erfolgt ist.

[15] Bezugspunkt für den Täter-Opfer-Ausgleich nach § 46a Nr. 1 StGB, soweit er zu einem vertypten Strafmilderungsgrund führt, ist – wie bei anderen vertypten Strafmilderungsgründen grundsätzlich auch – der konkret verwirklichte Straftatbestand. Hat der Täter – wie hier – tateinheitlich mehrere Delikte begangen, führt dies dazu, dass im Hinblick auf jede der konkurrierenden Gesetzesverletzungen gesondert zu prüfen ist, inwieweit ein die Anwendung von § 46a Nr. 1 StGB ermöglichender Opferbezug besteht und – bejahendenfalls – ob ein gelungener Ausgleich mit dem betroffenen Opfer erfolgt ist. Ist dies lediglich in Bezug auf eines oder mehrere der konkurrierenden Delikte der Fall, kann dem Täter § 46a StGB als vertypter Strafmilderungsgrund auch nur insoweit zugute kommen.

[16] Eine Ausnahme hiervon ist nicht geboten. Zwar wird unter diesen Umständen für einen Täter nur ein eingeschränkter Anreiz für Ausgleichsbemühungen bestehen, wenn ihm – wie hier – in Tateinheit zu einem dem Täter-Opfer-Ausgleich zugänglichen Delikt auch noch ein zumindest gleichgewichtiges „opferloses" Delikt zur Last liegt (vgl. OLG Karlsruhe, NJW 1996, 3286 zu § 46a Nr. 2 StGB bei einer Verurteilung wegen Betrugs in Tateinheit mit Urkundenfälschung; Theune in LK-StGB, 12. Aufl., § 46a Rn. 49f.; dagegen SSW-StGB/Eschelbach, 2. Aufl., § 46a Rn. 23 [keine Milderungsmöglichkeit auch hinsichtlich des opferbezogenen Delikts]; noch weiter gehend Kespe, Täter-Opfer-Ausgleich und Schadenswiedergutmachung, 2011, S. 96). Dieser Einwand vermag aber mit Rücksicht auf die systematische Einordnung von § 46a Nr. 1 StGB als vertypter Strafmilderungsgrund nicht zu überzeugen. Im Übrigen sind Wiedergutmachungsleistungen und Ausgleichsbemühungen, die in Bezug auf die Folgen eines tateinheitlich begangenes Delikt erbracht wurden, dessen Strafandrohung nicht die nach § 52

Abs. 2 Satz 1 StGB Maßgebliche ist, bei der konkreten Strafzumessung nach § 46 Abs. 2 StGB zu berücksichtigen.

12. Aufklärungshilfe – § 46b StGB

§ 46b Abs. 1 Nr. 1 StGB erfordert, dass die **aufgedeckte Tat** mit der **abgeurteilten** im **Zusammenhang** stehen muss. Ein solcher Zusammenhang setzt jedoch nicht voraus, dass die Taten Teil derselben prozessualen Tat sind. Vielmehr genügt es, dass sie Einzeldelikte eines kriminellen Gesamtgeschehens sind, mithin ein innerer oder inhaltlicher Bezug zwischen ihnen besteht. Hiervon ist bei mehreren Bandentaten derselben Bandenmitglieder auszugehen.[133] **121**

Für die Bewertung der Voraussetzungen des **§ 46b StGB** kommt es allein auf die **Beurteilung** der aufgeklärten Tat durch die zur Entscheidung berufene Strafkammer zum **Urteilszeitpunkt** an.[134] **122**

Zur Frage der Anwendbarkeit des § 46b StGB hat der Generalbundesanwalt zutreffend angeführt:

> *„Die Nichtanwendung des § 46b Abs. 1 Satz 1 Nr. 1 StGB ist rechtsfehlerfrei. Bei einer Verurteilung wegen Diebstahls (auch im besonders schweren Fall) handelt es sich nicht um eine Katalogtat im Sinne des § 100a Abs. 2 StPO. Für die maßgebliche rechtliche Bewertung der Voraussetzungen des § 46b StGB kommt es allein auf die Beurteilung der aufgeklärten Tat durch die zur Entscheidung berufene Strafkammer zum Urteilszeitpunkt an (vgl. Schäfer/Sander/van Gemmeren, Praxis der Strafzumessung, 5. Aufl., Rdnr. 1046). Deren rechtliche Wertung, bei den Taten habe es sich in Übereinstimmung mit den überprüften geständigen Angaben des Angeklagten nicht um Bandentaten im Sinne des § 244 Abs. 1 Nr. 2 StGB gehandelt (vgl. hierzu insoweit UA S. 43 f.), ist nachvollziehbar. Der Grundsatz „in dubio pro reo" gilt insoweit nicht (vgl. BGH, Urteil vom 14. Juli 1988 – 4 StR 154/88 – in BGHR BtMG § 31 Nr. 1 Aufdeckung 7; Beschluss vom 5. August 2010 – 3 StR 271/10 – in BGHR StGB § 46 Abs. 2 Nachtatverhalten 27)."*

Die Voraussetzungen von **§ 46b Abs. 1 Nr. 1 StGB** sind gegeben, wenn der Angeklagte durch seine Angaben wesentlich zur Feststellung seines Mittäters beigetragen hat. Hierbei **steht nicht entgegen, wenn er zuerst wahrheitswidrig behauptet** hat, er sei von seinem Mittäter mit einer Waffe bedroht und zur Tatbegehung gezwungen worden.[135] **123**

Aufklärungshilfe ist in die Gesamtabwägung, ob ein minder schwerer Fall bejaht werden kann, nicht nur als allgemeiner strafmildernder Gesichtspunkt, sondern als **vertypter Milderungsgrund** einzustellen.[136] **124**

---

[133] BGH, Beschluss vom 03.03.2015 – 3 StR 595/14, Rn. 9.
[134] BGH, Beschluss vom 30.04.2015 – 5 StR 132/15.
[135] BGH, Beschluss vom 28.04.2015 – 3 StR 647/14, Rn. 3.
[136] BGH, Beschluss vom 18.08.2015 – 3 StR 260/15, Rn. 2. f.

13. Besondere gesetzlicher Milderungsgründe – § 49 StGB

125 In den Fällen, in denen das Gesetz bei einer Straftat einen **minder schweren Fall** vorsieht und im Einzelfall ein **gesetzlicher Milderungsgrund nach § 49 StGB gegeben** ist, ist bei der Strafrahmenwahl zunächst zu prüfen, ob ein minder schwerer Fall vorliegt.[137]

[10] Sieht das Gesetz den Sonderstrafrahmen eines minder schweren Falles vor und ist – wie hier gemäß § 27 Abs. 2, § 49 Abs. 1 StGB – auch ein gesetzlich vertypter Milderungsgrund gegeben, so ist bei der Strafrahmenwahl zwar zunächst im Rahmen einer Gesamtwürdigung auf die allgemeinen Strafzumessungsgründe abzustellen. Vermögen bereits diese die Annahme eines minder schweren Falles zu tragen, stehen die den gesetzlich vertypten Milderungsgrund verwirklichenden Umstände noch für eine (weitere) Strafrahmenmilderung nach § 49 StGB zur Verfügung. Scheidet nach Abwägung aller allgemeinen Strafzumessungsumstände jedoch – wie das Landgericht hier für sich gesehen rechtsfehlerfrei angenommen hat – ein minder schwerer Fall aus, so sind zusätzlich die den gesetzlich vertypten Strafmilderungsgrund verwirklichenden Umstände in die gebotene Gesamtabwägung einzubeziehen. Erst wenn der Tatrichter danach weiterhin die Anwendung des milderen Sonderstrafrahmens nicht für gerechtfertigt hält, darf er seiner konkreten Strafzumessung den allein wegen des gesetzlich vertypten Strafmilderungsgrundes herabgesetzten Regelstrafrahmen zugrunde legen (st. Rspr.; vgl. zuletzt Senatsbeschluss vom 5. August 2014 – 3 StR 138/14, juris Nr. 6). (…)

126 Das **Vorliegen** eines **gesetzlichen vertypten Strafmilderungsgrunds kann** allein oder in Verbindung mit den sonstigen Strafmilderungsgründen die Annahme eines **minder schweren Falles nahelegen.**[138]

[4] Dabei hat die Strafkammer nicht erkennbar bedacht, dass das Vorliegen eines gesetzlichen vertypten Strafmilderungsgrunds allein oder in Verbindung mit den sonstigen Strafmilderungsgründen die Annahme eines minder schweren Falles nahe legen kann (vgl. Senatsbeschluss vom 26. Oktober 2011 – 2 StR 218/11, NStZ 2012, 271, 272; Fischer, StGB, 60. Aufl., § 50 Rn. 3 f., jeweils mwN). Ist nach einer Abwägung aller allgemeinen Strafzumessungsgesichtspunkte das Vorliegen eines minder schweren Falls abzulehnen, sind bei der weiteren Prüfung, ob der mildere Sonderstrafrahmen zur Anwendung kommt, gesetzlich vertypte Strafmilderungsgründe zusätzlich heranzuziehen. Erst wenn der Tatrichter danach weiterhin keinen minder schweren Fall für gerechtfertigt hält, darf er seiner konkreten Strafzumessung den (allein) wegen des gegebenen gesetzlich vertypten Milderungsgrunds gemilderten Regelstrafrahmen zugrunde legen. Diese Prüfungsreihenfolge hat das Landgericht nicht beachtet und nicht erkennbar erwogen, ob das Vorliegen des vertypten Milderungsgrunds allein oder in Verbindung

[137] BGH, Beschluss vom 22.01.2015 – 3 StR 535/14, Rn. 10; vgl. auch: BGH, Beschluss vom 22.01.2015 – 5 StR 520/14, Rn. 3; BGH, Beschluss vom 11.02.2015 – 1 StR 629/14, Rn. 9; BGH, Beschluss vom 03.03.2015 – 3 StR 612/14, Rn. 7; BGH, Beschluss vom 09.04.2015 – 2 StR 39/15, Rn. 2; BGH, Beschluss vom 16.06.2015 – 4 StR 215/15, Rn. 4 und BGH, Beschluss vom 10.06.2015 – 2 StR 454/14, Rn. 7.
[138] BGH, Beschluss vom 02.09.2015 – 2 StR 292/15, Rn. 4.

mit den allgemeinen Strafmilderungsgründen die Annahme eines minder schweren Falls rechtfertigen kann.

Bevor die **Anwendung** des **gemilderten Strafrahmens** des **§ 212 StGB gemäß §§ 23 Abs. 2, 49 Abs. 1 StGB** in Betracht kommt, ist eine **vorrangige Prüfung** geboten, ob das Hinzutreten des „vertypten" Milderungsgrundes zu den allgemeinen Milderungsgründen ausreicht, um einen sonstigen minder schweren Fall nach **§ 213 StGB** anzunehmen.[139] **127**

Das Tatgericht ist zwar bei der Strafrahmenwahl **verpflichtet**, in einer Gesamtwürdigung zu **prüfen**, ob es den nach **§ 49 StGB gemilderten Regelstrafrahmen oder** denjenigen eines **minder schweren Falls** anwendet. Es ist indes **nicht verpflichtet**, den jeweils für den Angeklagten **günstigeren Strafrahmen zugrunde zu legen**. Es unterliegt vielmehr seiner **pflichtgemäßen Entscheidung**, welchen Strafrahmen es wählt. Der Zweifelssatz findet insofern keine Anwendung.[140] **128**

Die Annahme eines **minder schweren Falles** setzt nicht das Vorliegen ganz außergewöhnlicher Milderungsgründe voraus. Ausreichend ist vielmehr, wenn im Rahmen der anzustellenden **Gesamtwürdigung** ein **beträchtliches Überwiegen** der **strafmildernden Umstände** festgestellt werden kann.[141] **129**

14. Anrechnung von Freiheitsentziehungen – § 51 StGB

Die **Strafzumessung** ist **rechtsfehlerhaft**, soweit – ohne Feststellung von besonderen Erschwernissen – **strafmildernd** der **Vollzug von Untersuchungshaft** gewertet wird. Der durch Untersuchungshaft erlittene Freiheitsentzug ist bei Verhängung einer zu verbüßenden Freiheitsstrafe wegen der vollen Anrechenbarkeit nach § 51 StGB kein strafmildernd zu berücksichtigender Nachteil.[142] **130**

Nach **§ 51 StGB** kann keine **Anrechnung** für die Zeit der Außervollzugsetzung des Haftbefehls mit der Auflage erfolgen, der Angeklagte dürfe das von ihm bewohnte Grundstück nur mit Genehmigung des Gerichts verlassen.[143] Hierbei ist auf die konkrete Ausgestaltung der Belastung und die Intensität des dadurch ausgelösten Eingriffs in die körperliche Bewegungsfreiheit abzustellen.[144] Eine Freiheitsentziehung liegt nicht vor, wenn sich der Angeklagte auf dem von ihm bewohnten Grundstück aufhalten konnte. Hieraus lässt sich nämlich entnehmen, dass sich der Angeklagte weder einer Anstaltsordnung unterwerfen musste noch durch aufgezwungene Gemeinschaft belastet war, sondern nur Ausgangsbeschränkungen zu gewärtigen hatte, die zudem ggf. durch zahlreiche Ausgangsge- **131**

---

139 BGH, Beschluss vom 25.11.2014 – 2 StR 262/14, Rn. 3; siehe hierzu auch: BGH, Beschluss vom 18.03.2015 – 3 StR 7/15, Rn. 2; vgl. auch zum **Verhältnis § 249 Abs. 2 StGB und §§ 27 Abs. 2 S. 2, 49 Abs. 1 StGB**: BGH, Beschluss vom 17.12.2014 – 3 StR 521/14, Rn. 3 f. bez. Angeklagten S; siehe auch: BGH, Urteil vom 28.05.2015 – 3 StR 89/15, Rn. 8 und BGH, Beschluss vom 01.07.2015 – 4 StR 161/15, Rn. 4.

140 BGH, Beschluss vom 04.06.2015 – 5 StR 201/15.

141 BGH, Beschluss vom 19.02.2015 – 2 StR 343/14, Rn. 4.

142 BGH, Urteil vom 27.01.2015 – 1 StR 142/14, Rn. 25.

143 BGH, Beschluss vom 28.07.2015 – StR 602/14, Rn. 65 ff.

144 BGH, Beschluss vom 28.07.2015 – StR 602/14, Rn. 69.

nehmigungen, etwa einem täglichen zweistündigen Spaziergang, abgemildert waren.[145]

132 Die Anrechnung von Zahlungen auf die einbezogene Geldstrafe erfolgt hingegen kraft Gesetzes (§ 51 Abs. 2, 4 Satz 1 StGB). Für ein Ermessen des erkennenden Gerichts ist – anders als bei Anrechnung der Untersuchungshaft (§ 51 Abs. 1 Satz 2 StGB) – kein Raum. Die Berechnung erfolgt im Rahmen der Strafvollstreckung, nicht aber durch das Tatgericht.[146]

15. Tateinheit, Tatmehrheit, Gesamtstrafenbildung – §§ 52 ff. StGB

a) Tateinheit, Tatmehrheit – §§ 52, 53 StGB

133 Eine **natürliche Handlungseinheit**, die mehrere Handlungen im natürlichen Sinne zu einer Einheit im Rechtsinne verbinden kann, ist dann anzunehmen, wenn zwischen einer **Mehrheit gleichartiger strafrechtlich erheblicher Verhaltensweisen ein derart unmittelbarer räumlicher und zeitlicher Zusammenhang** besteht, dass das **gesamte Handeln** des Täters objektiv auch für einen Dritten **als** ein **einheitliches zusammengehöriges Tun erscheint, und** wenn die einzelnen Betätigungsakte **durch** ein **gemeinsames subjektives Element miteinander verbunden** sind.[147] Richten sich die Handlungen des Täters bzw. Tatbeteiligten gegen **höchstpersönliche Rechtsgüter** der Opfer, ist die Annahme einer **natürlichen Handlungseinheit** zwar nicht grundsätzlich ausgeschlossen, sie **liegt** aber **regelmäßig nicht nahe.**[148]

[45] 1. Das Landgericht hat nicht ausreichend in den Blick genommen, dass als Tat bzw. als Taten auch Nötigung(en) in Bezug auf die von den Sprengstoffanschlägen bzw. Briefbombenattrappen unmittelbar bedrohten Angehörigen (Bruder, Schwiegermutter) bzw. Geschäftspartner (Geschäftsführer der A.) von C. H. in Betracht kamen. Ausweislich der Urteilgründe sollte durch die von dem Angeklagten verübten Anschläge bzw. das Versenden der Briefbombenattrappen auf die betroffenen Angehörigen und Geschäftspartner von C. H. „Druck dahingehend ausgeübt werden, dass diese sich an H. wenden und ihn veranlassen, sich mit seinen Gläubigern in Verbindung zu setzen, damit diese in der Folge ihre behaupteten Ansprüche gegen H. geltend machen können" (UA S. 21). Waren aber die Handlungen des Angeklagten darauf gerichtet, die direkt davon Betroffenen selbst wenigstens zu einer Kontaktaufnahme mit C. H. zu bewegen, sollten diese aufgrund nötigenden Drucks zu einem eigenen Handeln veranlasst werden. Dementsprechend sollte vorsätzlich eine Beeinträchtigung ihrer durch § 240 StGB geschützten Willensentschließungs- und Willensbetätigungsfreiheit (BVerfGE 92, 1, 13 f.; siehe auch BGH, Beschlüsse vom 21. März 1991 – 1 StR 3/90, BGHSt 37, 350, 353; vom 24. Februar 2005 – 1 StR 33/05, NStZ 2005, 387; Schluckebier in Satzger/Schluckebier/Widmaier, StGB, 2. Aufl., § 240 Rn. 1) herbeigeführt werden.

---

[145] BGH, Beschluss vom 28.07.2015 – StR 602/14, Rn. 70.
[146] BGH, Beschluss vom 17.11.2015 – 4 StR 378/15.
[147] Vgl. auch: BGH, Beschluss vom 13.10.2015 – 3 StR 260/15, Rn. 3.
[148] BGH, Urteil vom 10.02.2015 – 1 StR 488/14, Rn. 48.

[46] Mit diesen Taten würde eine bzw. würden mehrere versuchte Nötigung(en) zu Lasten von C.H. – die gegen Angehörige und Geschäftspartner gerichteten (konkludenten) Drohungen sollten von diesem als eigenes Übel empfunden werden (siehe dazu Fischer, StGB, 62. Aufl., § 240 Rn. 37; Altvater in Leipziger Kommentar zum StGB, 12. Aufl., Band 7/2, § 240 Rn. 83 jeweils mwN) – jeweils in gleichartiger Tateinheit stehen, weil mittels derselben Nötigungshandlung, den jeweiligen Anschlägen als konkludente Drohungen mit weiteren solcher Angriffe, von je zwei verschiedenen Nötigungsopfern unter Beeinträchtigung ihrer Willensentschließungs- und Willensbetätigungsfreiheit Verhaltensweisen erzwungen wurden bzw. erzwungen werden sollten (vgl. BGH, Beschluss vom 17. Juli 2007 – 4 StR 220/07 Rn. 3; Schluckebier aaO Rn. 28).

[47] 2. Unter Berücksichtigung des Vorgenannten und der insgesamt festgestellten vier Handlungen des Angeklagten (Versenden von zwei Briefbombenattrappen an zwei unterschiedliche Empfänger, zwei Anschläge mit Feuerwerkskörpern gegen zwei verschiedene Opfer) lässt sich das Vorliegen lediglich einer einheitlichen Nötigungstat zu Lasten von C.H. auch nicht auf die Rechtsfigur der natürlichen Handlungseinheit stützen.

[48] a) Die Rechtsprechung des Bundesgerichtshofs nimmt eine natürliche Handlungseinheit, die mehrere Handlungen im natürlichen Sinne zu einer Einheit im Rechtsinne verbinden kann, an, wenn zwischen einer Mehrheit gleichartiger strafrechtlich erheblicher Verhaltensweisen ein derart unmittelbarer räumlicher und zeitlicher Zusammenhang besteht, dass das gesamte Handeln des Täters objektiv auch für einen Dritten als ein einheitliches zusammengehöriges Tun erscheint, und wenn die einzelnen Betätigungsakte durch ein gemeinsames subjektives Element miteinander verbunden sind (BGH, Urteile vom 30. November 1995 – 5 StR 465/95, BGHSt 41, 368; vom 19. November 2009 – 3 StR 87/09 Rn. 16 [in NStZ-RR 2010, 140f. nur LS], vom 8. Februar 2012 – 1 StR 427/11, NStZ-RR 2012, 241, 242f.; Fischer aaO Vor § 52 Rn. 3 mwN). Richten sich die Handlungen des Täters bzw. Tatbeteiligten – wie hier – gegen höchstpersönliche Rechtsgüter der Opfer, ist die Annahme einer natürlichen Handlungseinheit zwar nicht grundsätzlich ausgeschlossen, sie liegt aber regelmäßig nicht nahe (BGH, Urteil vom 19. November 2009 – 3 StR 87/09 Rn. 16). In solchen Konstellationen können unterschiedliche Handlungen regelmäßig weder durch ihre Aufeinanderfolge noch durch einen einheitlichen Plan oder Vorsatz zu einer natürlichen Handlungseinheit zusammengefasst werden. Ausnahmen kommen nur in Betracht, wenn die Aufspaltung des Tatgeschehens in Einzelhandlungen wegen eines außergewöhnlich engen zeitlichen und räumlichen Zusammenhanges willkürlich oder gekünstelt erschiene (BGH aaO mwN).

[49] b) Nach diesen Maßstäben können die einzelnen Handlungen des Angeklagten, die sich als konkludente Drohungen gegenüber den verschiedenen von den Anschlägen betroffenen Personen erweisen, nicht zu einer natürlichen Handlungseinheit zusammengefasst werden. Dem steht bereits die Tatbegehung zu Lasten des höchstpersönlichen Rechtsguts Willensfreiheit unterschiedlicher Rechtsgutsinhaber entgegen. Das Landgericht hat, wie bereits aufgezeigt, bei der Annahme natürlicher Handlungseinheit nicht ausreichend im Blick behalten, dass mit den Anschlägen die unmittelbar dadurch Bedrohten veranlasst werden sollten, sich an C.H. zu wenden. Die Voraussetzungen dafür, mehrere Handlungen des Täters gegen höchstpersönliche Rechtsgüter verschiedenen Inhaber ausnahmsweise als natürliche Handlungseinheit zu bewerten, liegen ersichtlich nicht vor. Zwischen

dem Versenden der Briefbombenattrappen und den beiden Anschlägen mit Feuerwerkskörpern sowie zwischen den letztgenannten Handlungen untereinander besteht kein außergewöhnlich enger zeitlicher und räumlicher Zusammenhang.

134 Bei **Übermittlung von Bild- und Textnachrichten in dem gleichen Chat am selben Tag** sollen sich die rechtsgutverletzenden Handlungen bei natürlicher Betrachtungsweise als Einheit darstellen, so dass **Tateinheit** im Sinne von § 52 StGB vorliegen soll.[149]

135 Alle mit **derselben Geldkarte in unmittelbarem zeitlichen Zusammenhang an demselben Geldautomaten vorgenommenen Abhebungen** – jeweils strafbar als Computerbetrug nach § 263a StGB – stehen **in natürlicher Handlungseinheit** zueinander.[150]

[2] Der Generalbundesanwalt hat in seiner Antragsschrift u.a. folgendes ausgeführt:

> *„Nach der Rechtsprechung des Bundesgerichtshofs stehen ... alle mit derselben Geldkarte in unmittelbarem zeitlichen Zusammenhang an demselben Geldautomaten vorgenommenen Abhebungen in natürlicher Handlungseinheit zueinander (st. Rspr.; vgl. BGH, Beschlüsse vom 24. Juli 2012 – 4 StR 193/12, juris Rn. 3; 3. April 2012 – 2 StR 63/12, juris Rn. 7, 1. Februar 2011 – 3 StR 432/10, juris Rn. 18f.; 4. November 2010 – 4 StR 404/10, juris Rn. 21 und 27. April 2010 – 4 StR 112/10, juris Rn. 1). Dies gilt, unabhängig von der genauen zeitlichen Reihenfolge, auch für das Zusammentreffen einer erfolgreichen Abhebung mit einem fehlgeschlagenen Versuch (vgl. BGH, Beschluss vom 19. Dezember 2007 – 2 StR 457/07, juris Rn. 4). Eine relevante, die Annahme eines neuen Tatentschlusses rechtfertigende Zäsur liegt demgegenüber erst dann vor, wenn der Täter entweder eine andere Karte verwendet und infolgedessen eine neue Geheimnummer eingeben muss oder zu einer anderen Bankfiliale wechselt (vgl. BGH, Beschlüsse vom 4. November 2010 – 4 StR 404/10, juris Rn. 21; 21. November 2002 – 4 StR 448/02, juris Rn. 4 und 10. Juli 2001 – 5 StR 250/01, juris Rn. 4).“*

[3] Der Senat schließt sich diesen zutreffenden Ausführungen an. (...).

136 Verstößt ein Täter über einen längeren Zeitraum immer wieder bzw. ständig gegen eine **Weisung** der **Führungsaufsicht,** so ist nach allgemeinen Grundsätzen zu beurteilen, ob eine oder mehrere Taten des **§ 145a StGB** vorliegen. **Mehrere Verstöße gegen dieselbe Weisung** stehen regelmäßig in **Realkonkurrenz,** sofern nicht die Grundsätze über die natürliche oder rechtliche (tatbestandliche) Handlungseinheit eingreifen.[151]

137 Einzelne **betrugsrelevante Vertragsabschlüsse** stellen für sich genommen **selbständige Handlungen** dar. Für die Frage des Vorliegens einer oder mehrerer Handlungen im Sinne der **§§ 52, 53 StGB** kommt es aber auf die eigenen **Tatbeiträge** der Angeklagten zu den jeweiligen Vertragsabschlüssen an. Nur soweit sie **selbst** die **Käufer getäuscht oder** sonst einen **konkreten Beitrag zu** dem jeweiligen

[149] BGH, Beschluss vom 22.01.2015 – 3 StR 490/14, Rn. 5.
[150] BGH, Beschluss vom 11.03.2015 – 1 StR 50/15, Rn. 2.
[151] BGH, Beschluss vom 25.03.2015 – 4 StR 600/14, Rn. 4.

Abschluss geleistet hätten, läge **Tatmehrheit** vor. Bestand ihr Tatbeitrag zum Abschluss der Kauf- und Werbeverträge aber **lediglich** in der **Leitung und Organisation** einer der **beteiligten Gesellschaften**, läge **nur eine Tathandlung** vor.[152]

Mehrere Handlungen während eines Gesamtablaufs, die ebenso wie die erste Täuschung nur auf die Herbeiführung des vom Täter **von vornherein ins Auge gefassten endgültigen Erfüllungsschadens gerichtet** sind, haben rechtlich keine selbständige Bedeutung, mag sich der **Erfüllungsschaden** auch nur **in Etappen realisieren.** Insoweit ist daher von **Tateinheit** auszugehen.[153] **138**

[5] (...) Das Vermögen der Geschädigten war bereits durch den jeweiligen Vertragsabschluss geschädigt worden. Mit der Erbringung der versprochenen Leistung in jeweils zwei Raten (Erfüllungsschaden) materialisierte sich der zunächst durch die rein rechnerische Gegenüberstellung der wirtschaftlichen Werte der gegenseitigen vertraglichen Ansprüche zu bestimmende Schaden und bemaß sich – wie vom Landgericht zutreffend angenommen – nach deren vollen wirtschaftlichen Wert, da die Gegenleistung völlig ausblieb (vgl. BGH, Beschlüsse vom 7. Dezember 2010 – 3 StR 434/10, StraFo 2011, 238, 239; vom 14. April 2011 – 2 StR 616/10, NStZ 2011, 638, 639; Urteil vom 8. Oktober 2014 – 1 StR 359/13, NStZ 2015, 89, 91).

Erschöpft sich der **Tatbeitrag** auf den **Aufbau** und die **Aufrechterhaltung** des **auf Straftaten ausgerichteten „Geschäftsbetriebes"**, sind die Tathandlungen als uneigentliches Organisationsdelikt **tateinheitlich** verwirklicht.[154] **139**

[6] b) Auch in den Fällen III. 3. a)–c) der Urteilsgründe (Zahlungen zum Vorteil der P. GmbH) hält die konkurrenzrechtliche Beurteilung durch das Landgericht, das drei selbständige Taten des Bankrotts in Tateinheit mit Untreue angenommen hat, einer revisionsrechtlichen Überprüfung nicht stand. Bei einer Deliktsserie unter Beteiligung mehrerer Personen ist die Frage, ob die einzelnen Taten tateinheitlich oder tatmehrheitlich zusammentreffen, für jeden einzelnen Beteiligten gesondert zu prüfen und dabei auf seinen individuellen Tatbeitrag abzustellen. Wirkt ein Täter an einzelnen Taten anderer Beteiligter selbst nicht unmittelbar mit, sondern erschöpfen sich seine Tatbeiträge hierzu im Aufbau und in der Aufrechterhaltung des auf die Straftaten ausgerichteten „Geschäftsbetriebes", sind diese Tathandlungen als uneigentliches Organisationsdelikt zu einer einheitlichen Tat im Sinne des § 52 Abs. 1 StGB zusammenzufassen. Als rechtlich selbständige Taten können dem Mittäter – soweit keine natürliche Handlungseinheit vorliegt – nur solche Einzeltaten der Serie zugerechnet werden, für die er einen individuellen, nur je diese fördernden Tatbeitrag leistet (st. Rspr.; vgl. BGH, Beschlüsse vom 14. Oktober 2014 – 3 StR 365/14, NStZ 2015, 334; vom 17. September 2013 – 3 StR 259/13, juris Rn. 3).

[7] Nach diesen Maßstäben liegen in den Fällen III. 3. a)–c) der Urteilsgründe nur zwei Taten des Angeklagten vor: Die Strafkammer hat lediglich mit der von dem Angeklagten M. durchgeführten Überweisung vom 19. Mai 2008 einen indi-

152 BGH, Urteil vom 19.11.2015 – 4 StR 115/15, Rn. 16.
153 BGH, Beschluss vom 23.07.2015 – 3 StR 518/14, Rn. 5.
154 BGH, Beschluss vom 23.07.2015 – 3 StR 518/14, Rn. 6.

vidualisierten, nur diese Einzeltat [Fall III. 3. a) der Urteilsgründe] fördernden Tatbeitrag dieses Angeklagten festgestellt. Im Übrigen hat sie keine Feststellungen dahin getroffen, welcher der Angeklagten den gemeinsam gefassten Tatentschluss hinsichtlich der im Einzelnen dargestellten Zahlungen zum Vorteil der P. GmbH jeweils umsetzte. Der Beitrag des Angeklagten erschöpfte sich insoweit neben seiner Mitwirkung an der Tatabrede darin, dass er sich weiter um die Kundenakquise kümmerte und hierdurch half, den Geschäftsbetrieb der A., aus dem heraus die Zahlungen zu Gunsten der P. GmbH getätigt wurden, aufrecht zu erhalten. Zu dem durch die Überweisung vom 19. Mai 2008 verwirklichten Delikt des Bankrotts in Tateinheit mit Untreue tritt somit lediglich eine weitere Tat des Bankrotts in Tateinheit mit Untreue als uneigentliches Organisationdelikt hinzu.

140 Im Falle der **Überschneidung** von **Täuschungshandlungen** ergibt sich eine Teilidentität der objektiven Ausführungshandlungen, so dass hieraus eine **tateinheitliche** Verknüpfung der jeweiligen Betrugshandlungen folgt.[155]

141 Der **Festsetzung** der **Höhe des Tagessatzes** bedarf es aber **auch dann, wenn** die Einzelgeldstrafe gemäß **§ 53 Abs. 2 S. 1 StGB in** eine **Gesamt(freiheits)strafe einbezogen** wird.[156]

142 Bei Zusammentreffen von Geldstrafe und Freiheitsstrafe kann im Sinne einer Ermessensentscheidung von der Möglichkeit des **§ 53 Abs. 2 S. 2 StGB** Gebrauch gemacht werden. Einer **näheren Begründung** im Urteil bedarf es, **wenn** die **Gesamtstrafe** – etwa wegen ihrer nicht mehr aussetzungsfähigen Höhe – das **schwerere Strafübel** darstellt und daher auf deren Bildung verzichtet wird.[157]

143 In Fällen, in denen gemäß **§ 53 Abs. 2 S. 2 StGB gesondert auf** eine **Geldstrafe erkannt** wird, muss sich **bereits aus** der **Entscheidungsformel ergeben, welche (Gesamt-)Strafe für welche Tat(en) verhängt** wird.[158]

144 Ob bei **Beihilfe Tateinheit oder Tatmehrheit** anzunehmen ist, hängt von der **Anzahl der Beihilfehandlungen** und der vom **Gehilfen geförderten Haupttaten** ab. Tatmehrheit gemäß § 53 StGB ist anzunehmen, wenn durch mehrere Hilfeleistungen mehrere selbstständige Taten gefördert werden, also den Haupttaten jeweils eigenständige Beihilfehandlungen zuzuordnen sind. Dagegen liegt eine einheitliche Beihilfe i.S.v. § 52 StGB vor, wenn der Gehilfe mit einer einzigen Unterstützungshandlung zu mehreren Haupttaten eines anderen Hilfe leistet. Dasselbe gilt wegen der Akzessorietät der Teilnahme, wenn sich mehrere Unterstützungshandlungen auf dieselbe Haupttat beziehen.[159]

b) Gesamtstrafenbildung – §§ 54, 55 StGB

145 § 54 Abs. 1 S. 2 StGB bestimmt die **Bildung** einer **Gesamtstrafe** durch **Erhöhung** der **verwirkten höchsten Einzelstrafe.** Nach § 54 Abs. 1 S. 3 StGB sind hierbei die Person des Täters und die einzelnen Straftaten zusammenfassend zu würdigen.

---

[155] BGH, Beschluss vom 06.10.2015 – 4 StR 38/15, Rn. 2.
[156] BGH, Urteil vom 10.02.2015 – 1 StR 488/14, Rn. 21.
[157] BGH, Beschluss vom 25.02.2015 – 4 StR 516/14, Rn. 10.
[158] BGH, Urteil vom 14.01.2015 – 1 StR 93/14, Rn. 64.
[159] BGH, Urteil vom 22.07.2015 – 1 StR 447/14, Rn. 20.

Dieser **eigenständige Strafzumessungsvorgang** ist gemäß § 267 Abs. 3 S. 1, 2. Halbsatz StPO **gesondert zu begründen.**[160]

Bei dem **Zumessungsakt** (§ 54 Abs. 1 Satz 2 StGB) sind die hierfür maßgebenden Gesichtspunkte in einer Gesamtschau erneut zu berücksichtigen. Jedoch ist **nicht** in jedem Fall eine **ausdrückliche Wiederholung** in den Urteilsgründen **erforderlich.**[161] **146**

Bei der **Bemessung** der **Gesamtstrafe** sind nach § 54 Abs. 1 Satz 3 StGB durch einen **gesamtstrafenspezifischen Zumessungsakt** die Person des Täters und die einzelnen – verfahrensgegenständlichen – Straftaten zusammenfassend zu würdigen.[162] **147**

Die Strafkammer hat bei der Bemessung der Gesamtstrafe auch berücksichtigt, dass die Staatsanwaltschaft Augsburg eine „Einstellung" ihres Ermittlungsverfahrens gemäß § 154 StPO zugesagt hat, falls der Angeklagte „im hiesigen Verfahren" durch das Landgericht München I rechtskräftig zu einer Freiheitsstrafe von nicht unter drei Jahren verurteilt werden sollte; hierzu habe der Angeklagte im Rahmen seines letzten Wortes geäußert, für ihn sei es von Bedeutung, auf Grund dieses Verfahrens und der in Aussicht gestellten „Gesamterledigung" der noch anhängigen Verfahren einen „Schlussstrich" ziehen zu können.

Die Berücksichtigung dieser Zusage der Staatsanwaltschaft Augsburg als Strafzumessungstatsache bei der Bildung der Gesamtstrafe (§ 54 Abs. 1 StGB) begegnet Bedenken; denn bei der Bemessung der Gesamtstrafe sind nach § 54 Abs. 1 Satz 3 StGB durch einen gesamtstrafenspezifischen Zumessungsakt die Person des Täters und die einzelnen – verfahrensgegenständlichen – Straftaten zusammenfassend zu würdigen (vgl. Fischer, StGB, 62. Aufl., § 54 Rn. 6 mwN).

Im Hinblick darauf, dass die Staatsanwaltschaft Augsburg nach den Urteilsgründen ersichtlich eine bindende Zusage abgegeben hat, nach § 154 StPO von Strafverfolgung abzusehen, kann der Senat allerdings bei der hier gegebenen Fallgestaltung jedenfalls ausschließen, dass der Angeklagte im Ergebnis beschwert ist.

Bei der **Gesamtstrafenbildung** sind **Feststellungen zum Vollstreckungsstand** der einbezogenen Einzelstrafen sowie die Mitteilung der den Verurteilungen **zugrunde liegenden Tatzeiten** geboten,[163] insbesondere um eine Beurteilung hinsichtlich einer etwaigen **Zäsurwirkung** vornehmen zu können. **Auszugehen** ist hierbei **stets von** der **ersten unerledigten Verurteilung,** die Zäsurwirkung entfaltet, sodass eine Gesamtstrafenbildung nur für die bis dahin begangenen Taten möglich ist.[164] **148**

Im Falle der **revisionsrechtlichen Aufhebung** einer nachträglichen Gesamtstrafe und Zurückverweisung der Sache an das Tatgericht hat die **(erneute) Bildung** der **Gesamtstrafe** gemäß § 55 Abs. 1 S. 1 StGB nach Maßgabe der Vollstreckungssituation zum **Zeitpunkt** der **ersten Entscheidung** zu erfolgen.[165] **149**

---

160 BGH, Beschluss vom 25.02.2015 – 4 StR 564/14, Rn. 6.
161 BGH, Urteil vom 17.06.2015 – 5 StR 140/15, Rn. 5.
162 BGH, Beschluss vom 01.09.2015 – 1 StR 382/15.
163 Vgl. auch: BGH, Beschluss vom 15.01.2015 – 4 StR 503/14, Rn. 4.
164 BGH, Beschluss vom 26.02.2015 – 4 StR 548/14, Rn. 11.
165 BGH, Beschluss vom 26.02.2015 – 4 StR 548/14, Rn. 13.

150 Eine **nachträgliche Gesamtstrafenbildung** kommt nur in Betracht, wenn die **einzubeziehende Tat vor** der **früheren Verurteilung** begangen worden ist. Für die Frage, ob dies der Fall ist, kommt es auf die **Beendigung** der **Tat** an, weil sie erst in diesem Zeitpunkt abschließend beurteilt werden kann. § 55 StGB soll nur denjenigen Zustand herstellen, der sich ergeben hätte, wenn der damalige Richter die jetzt zu beurteilende Tat mit abgeurteilt hätte, was voraussetzt, dass er sie überhaupt hätte aburteilen können. Ist die Tat zum damaligen Zeitpunkt noch nicht beendet, ist dies nicht der Fall.[166]

151 Bei der nachträglichen **Gesamtstrafenbildung** nach § 55 Abs. 1 StGB kommt es auf das letzte Urteil des früheren Verfahrens an, in dem noch eine tatrichterliche Entscheidung zur Schuld- und Straffrage getroffen worden ist. Dies kann auch ein **Berufungsurteil** sein, sofern wenigstens noch über einen Teil der Strafe – zu der auch die Entscheidung über eine Strafaussetzung gehört – zu befinden war.[167]

152 Bei **mehreren Vorverurteilungen** kann **nur** die **(zeitlich) erste Vorverurteilung eine Zäsur** mit der Folge bilden, dass eine später begangene Straftat gesamtstrafenrechtlich so zu betrachten ist, als ob sie nach der (aus der ersten und zweiten Vorverurteilung gewissermaßen zusammengesetzten) ersten und einzigen Vorverurteilung begangen wäre.[168]

[3] a) Nach den hierzu vom Landgericht getroffenen Feststellungen wurde der Angeklagte K. am 27. Februar 2009 vom Amtsgericht Essen wegen gefährlicher Körperverletzung zu einer Freiheitsstrafe von neun Monaten verurteilt (Tatzeit: 9. November 2008). Auf die hiergegen eingelegte Berufung hin verurteilte das Landgericht Essen den Angeklagten am 27. August 2014 unter Einbeziehung einer Strafe aus dem Strafbefehl des Amtsgerichts Essen vom 15. Juli 2014 zu einer Gesamtfreiheitsstrafe von elf Monaten und setzte deren Vollstreckung zur Bewährung aus. In diesem Strafbefehl war gegen den Angeklagten wegen eines Verstoßes gegen das Aufenthaltsgesetz eine Freiheitsstrafe von drei Monaten (mit Bewährung) verhängt worden (Tatzeit: 13. Januar 2014). Den nunmehr abgeurteilten besonders schweren Raub in Tateinheit mit gefährlicher Körperverletzung hat der Angeklagte am 9. August 2014 begangen.

[4] b) Angesichts dieser Feststellungen war die nachträgliche Gesamtstrafenbildung im Urteil des Landgerichts Essen vom 27. August 2014 richtig; insbesondere ist das Landgericht zutreffend davon ausgegangen, dass dem Strafbefehl des Amtsgerichts Essen vom 15. Juli 2014 Zäsurwirkung zukommt. Da die nunmehr abgeurteilte Tat aber erst nach diesem Strafbefehl vom 15. Juli 2014 begangen wurde, scheidet eine Gesamtstrafenbildung gemäß § 55 Abs. 1 StGB aus.

[5] In einem solchen Fall bildet nach der Rechtsprechung des Bundesgerichtshofs nur die (zeitlich) erste Vorverurteilung eine Zäsur mit der Folge, dass eine später begangene Straftat gesamtstrafenrechtlich so zu betrachten ist, als ob sie nach der (aus der ersten und zweiten Vorverurteilung gewissermaßen zusammengesetzten) ersten und einzigen Vorverurteilung begangen wäre (vgl. BGH, Beschluss vom 7. Mai 2013 – 4 StR 111/13, StraFo 2013, 345 f.). So verhält es sich hier. Damit

---

166 BGH, Beschluss vom 18.08.2015 – 1 StR 305/15, Rn. 3.

167 BGH, Beschluss vom 03.11.2015 – 4 StR 407/15, Rn. 8.

168 BGH, Beschluss vom 17.11.2015 – 4 StR 276/15, Rn. 5; vgl. auch: BGH, Beschluss vom 11.11.2015 – 1 StR 339/15, Rn. 6.

ist eine Gesamtstrafenbildung gemäß § 55 Abs. 1 StGB mit der verhängten Einzelstrafe für die am 9. November 2008 begangene, jedoch erst am 27. August 2014 abgeurteilte Tat ausgeschlossen; sie ist infolge der in diesem Urteil zutreffend gebildeten nachträglichen Gesamtstrafe gesamtstrafenrechtlich „verbraucht" und steht für eine erneute Gesamtstrafenbildung nicht mehr zur Verfügung (vgl. BGH, Beschluss vom 27. März 2014 – 4 StR 574/13 mwN).

Eine **nachträgliche Gesamtstrafenbildung** nach § 55 Abs. 1 StGB **knüpft allein an** **150**
die **Rechtskraft der früheren Entscheidung** an, so dass es dem neu entscheidenden Gericht grundsätzlich **verwehrt** ist, die (sachliche) Richtigkeit im Sinne einer **Nachprüfung** der einzubeziehenden Entscheidung zu vollziehen.[169]

[2] 1. Die Entscheidung des Landgerichts über die Bildung der (nachträglichen) Gesamtstrafe hält der rechtlichen Überprüfung nicht stand.

[3] a) Die Strafkammer hat in die von ihr gebildete Gesamtfreiheitsstrafe die hier verhängten vier Einzelfreiheitsstrafen von zwei Mal einem Jahr sowie elf und acht Monaten und – gemäß § 55 Abs. 1 StGB – die im Urteil des Amtsgerichts Essen vom 15. August 2012 wegen neun Fällen der Steuerhinterziehung verhängten Einzelfreiheitsstrafen von sechs Monaten bis zu einem Jahr und vier Monaten einbezogen. Von der Bildung einer Gesamtfreiheitsstrafe unter Einbeziehung der im Strafbefehl des Amtsgerichts Recklinghausen am 11. Januar 2012 wegen Betruges verhängten Geldstrafe von 120 Tagessätzen zu je 10 € hat es gemäß § 53 Abs. 2 Satz 2 StGB abgesehen, weil anhand der dort „getroffenen Feststellungen Gehalt und Ausmaß der Schuld des Angeklagten ... nicht zu bestimmen" seien und die „Feststellungen des rechtskräftigen Strafbefehls schon die Verurteilung wegen Betruges nicht" tragen (UA S. 76).

[4] b) Mit dieser Begründung durfte das Landgericht von der Einbeziehung der in dem Strafbefehl verhängten Geldstrafe nicht absehen.

[5] Die nachträgliche Gesamtstrafenbildung gemäß § 55 Abs. 1 StGB knüpft – soweit hier von Bedeutung – allein an der Rechtskraft der früheren Verurteilung an. Die (sachliche) Richtigkeit dieser Entscheidung hat das neu entscheidende Gericht grundsätzlich nicht zu prüfen (vgl. SSW-StGB/Eschelbach, 2. Aufl., § 55 Rn. 14f.; Rissing-van Saan in LK-StGB, 12. Aufl., § 55 Rn. 4 jeweils mwN; zur früheren Verurteilung trotz eines entgegenstehenden Verfahrenshindernisses auch: BGH, Urteil vom 11. November 1955 – 1 StR 409/55, BGHSt 8, 269, 271; Urteil vom 10. August 1982 – 5 StR 412/82, wistra 1982, 227, 228; anders bei einer auch der Gesamtstrafenbildung als solcher entgegenstehenden Verfahrensvoraussetzung: BGH, Beschluss vom 12. August 1997 – 4 StR 345/97, NStZ-RR 1998, 6).

[6] Dieser Grundsatz kann – entgegen der Ansicht der Strafkammer – auch nicht im Rahmen der Entscheidung gemäß § 53 Abs. 2 Satz 2 StGB umgangen werden, zumal das dort eingeräumte Ermessen (allein) nach Strafzumessungsgesichtspunkten auszuüben ist (vgl. BGH, Beschluss vom 11. Juni 2002 – 1 StR 142/02, NStZ-RR 2002, 264; SSW-StGB/Eschelbach, aaO, § 53 Rn. 14). Hinzu kommt, dass die Annahme des Landgerichts, die im Strafbefehl vom 11. Januar 2012 ge-

---

169 BGH, Beschluss vom 17.12.2014 – 4 StR 486/14, Rn. 5.

troffenen Feststellungen seien für die Bestimmung von „Gehalt und Ausmaß der Schuld des Angeklagten" nicht ausreichend, Zweifeln begegnet.

154 Sofern **durch** die **Zäsurwirkung** einer **einzubeziehenden Vorverurteilung mehrere Gesamtstrafen** zu bilden sind, hat das Gericht einen sich daraus möglicherweise für den Angeklagten ergebenden **Nachteil** infolge eines zu hohen Gesamtstrafenübels **auszugleichen.** Insoweit bedarf es jedenfalls der **Darlegung,** dass das Gericht das **Gesamtmaß der Strafen** für **schuldangemessen** hielt.[170]

[2] 1. Der Ausspruch über die Gesamtstrafe kann nicht bestehen bleiben.

[3] a) Der Angeklagte ist im Strafbefehlswege u. a. wie folgt vorgeahndet:

[4] Am 15. November 2013 belegte ihn das Amtsgericht Kaiserslautern wegen am 27. August 2013 festgestellten unerlaubten Besitzes von Betäubungsmitteln mit einer Geldstrafe von 80 Tagessätzen zu je 10 €. Diese (in das angefochtene Urteil einbezogene) Geldstrafe war im Zeitpunkt der Urteilsverkündung teilweise im Wege der Ersatzfreiheitsstrafe vollstreckt.

[5] Am 18. Dezember 2013 ahndete das Amtsgericht Kaiserslautern einen am 4. Dezember 2013 (UA 4, 37; bei dem ebenfalls auf UA 4 genannten Datum „04.01.2013" handelt es sich um ein offensichtliches Schreibversehen) begangenen Diebstahl geringwertiger Sachen mit einer Geldstrafe von 20 Tagessätzen zu je 10 €. Diese Geldstrafe wurde vor der Verkündung des angefochtenen Urteils durch Ersatzfreiheitsstrafe vollständig vollstreckt.

[6] Schließlich verurteilte das Amtsgericht Saarbrücken den Angeklagten am 17. Februar 2014 wegen eines am 5. Dezember 2013 begangenen Diebstahls zu einer Geldstrafe von 50 Tagessätzen zu je 10 €. „Über den Vollstreckungsstand dieser Strafe ist der Kammer nichts bekannt".

[7] b) Gemäß § 55 Abs. 1 Satz 1 StGB war das Landgericht wegen der Zäsurwirkung des Strafbefehls des Amtsgerichts Kaiserslautern vom 15. November 2013 gehindert, unter Einbeziehung der dort verhängten Geldstrafe „für alle ... Taten" (UA 37) eine einheitliche Gesamtfreiheitsstrafe zu bilden (vgl. BGH, Beschluss vom 10. Juni 1985 – 4 StR 153/85, BGHSt 33, 230; Urteil vom 13. November 1985 – 3 StR 311/85, BGHSt 33, 367; Beschluss vom 9. September 2014 – 4 StR 314/14). Vielmehr hätte es aus der genannten Geldstrafe – sofern es diese nicht gemäß § 55 Abs. 1 Satz 1, § 53 Abs. 2 Satz 2 StGB gesondert bestehen lässt – und der für die Tat vom 25. Mai 2013 verhängten Einzelfreiheitsstrafe von einem Jahr und fünf Monaten eine Gesamtstrafe sowie für die weiteren im vorliegenden Verfahren verhängten Einzelstrafen eine weitere Gesamtstrafe bilden und im Tenor gesondert aussprechen müssen. Dem durfte es nicht unter Hinweis auf eine mit dem Vorliegen einer Zäsurwirkung verbundene „Zufälligkeit" ausweichen (vgl. BGH, Beschlüsse vom 9. November 1995 – 4 StR 650/95, BGHSt 41, 310, 312 f., und vom 6. März 1996 – 2 StR 36/96, NStZ-RR 1996, 227). Nötigt – wie hier – die Zäsurwirkung einer einzubeziehenden Vorverurteilung zur Bildung mehrerer Gesamtstrafen, muss das Gericht einen sich daraus möglicherweise für den Angeklagten ergebenden Nachteil infolge eines zu hohen Gesamtstrafübels vielmehr ausgleichen. Es muss also darlegen, dass es sich dieser Sach-

---

[170] BGH, Beschluss vom 12.02.2015 – 4 StR 408/14, Rn. 7.

lage bewusst gewesen ist und erkennen lassen, dass es das Gesamtmaß der Strafen für schuldangemessen gehalten hat (vgl. BGH, Beschlüsse vom 9. November 1995 aaO, vom 14. November 1995 – 4 StR 639/95, BGHR StGB § 55 Abs. 1 Satz 1 Zäsurwirkung 11, vom 30. Januar 1996 – 1 StR 624/95, und vom 17. April 200 – 4 StR 118/08, NStZ-RR 2008, 234).

[8] Die von der Strafkammer in unklarer und allenfalls hypothetischer (UA 37) Weise gebildete Gesamtstrafe von einem Jahr und sieben Monaten aus der für die Tat II. 5 der Urteilsgründe verhängten Einzelstrafe und der Geldstrafe aus dem Strafbefehl des Amtsgerichts Kaiserslautern vom 15. November 2013 sieht § 55 Abs. 1 Satz 1 StGB nicht vor; sie entfällt mit dieser Entscheidung.

Für die Beurteilung der Frage inwieweit ein **Härteausgleich** im Sinne von § 55 StGB in Betracht kommt, ist die **letzte tatrichterliche Entscheidung zur Schuld- oder Straffrage entscheidend.**[171] **155**

Soweit die Strafkammer einen Härteausgleich für die – teilweise durch Vollstreckung der Ersatzfreiheitsstrafe – erledigte Verurteilung des Amtsgerichts Dortmund vom 22. August 2013 zu 60 Tagessätzen zu je 10 € unterlassen hat, liegt hierin kein durchgreifender Rechtsfehler.

Nach dem Grundgedanken des § 55 StGB sollen Taten, die bei gemeinsamer Verhandlung nach §§ 53, 54 StGB behandelt worden wären, bei getrennter Aburteilung dieselbe Behandlung erfahren, so dass Täter im Endergebnis weder besser noch schlechter gestellt sind. Die Tatsache, dass eine durch Vollstreckung erledigte Strafe nicht mehr in eine Gesamtstrafe einbezogen werden kann und allein deshalb eine Gesamtstrafenbildung gemäß § 55 StGB ausscheidet, ändert nichts an der Forderung nach einem Ausgleich der sich durch getrennte Aburteilung ergebenden Nachteile; dieser Ausgleich ist – soweit er geboten ist – im Wege des sog. Härteausgleichs vorzunehmen (vgl. etwa BGH, Urteile vom 6. Juni 2002 – 3 StR 118/02, wistra 2002, 422; vom 5. November 2014 – 1 StR 299/14, BGHR StGB § 55 Bemessung 4 jeweils mwN).

Eine für einen solchen Härteausgleich vorausgesetzte, lediglich infolge Vollstreckung ausgeschlossene Gesamtstrafenlage im Sinne des § 55 Abs. 1 StGB war vorliegend gegeben. Denn nach Aufhebung der Strafaussprüche im Urteil des Landgerichts Dortmund vom 22. März 2011 durch den Beschluss des Senats vom 19. Oktober 2011 wäre die im Urteil des Amtsgerichts Dortmund vom 22. August 2013 verhängte Geldstrafe an sich in dem nunmehr angegriffenen Urteil des Landgerichts Dortmund vom 11. Dezember 2014 einbeziehungsfähig gewesen. Für die Anwendbarkeit des § 55 StGB kommt es nämlich auf die letzte tatrichterliche Entscheidung zur Schuld- oder Straffrage an. Dies gilt auch für den Tatrichter, der nach in der Rechtsmittelinstanz erfolgter (teilweiser) Aufhebung und Zurückverweisung mit der Sache befasst wird (BGH, Beschluss vom 22. Februar 2012 – 4 StR 22/12, wistra 2012, 221; ebenso bereits Beschluss vom 30. Juni 1960 – 2 StR 147/60, BGHSt 15, 66, 69ff.). Anders ist es lediglich hinsichtlich der Vollstreckungssituation für eine schon im ersten tatrichterlichen Urteil nach § 55 StGB gesamtstrafenfähige Entscheidung; für deren Beurteilung ist der Zeit-

---

[171] BGH, Beschluss vom 03.06.2015 – 4 StR 176/15.

punkt der früheren tatrichterlichen Entscheidung maßgeblich (BGH, Beschluss vom 19. Februar 2014 – 2 StR 558/13, NStZ-RR 2014, 242, 243).

Der Senat kann jedoch ausschließen, dass das Urteil auf dem Unterlassen der Prüfung eines solchen Härteausgleichs beruht. Denn ein Härteausgleich bezieht sich, sofern eine solche zu bilden ist, auf die nunmehr zu verhängende Gesamtstrafe (vgl. etwa BGH, Beschlüsse vom 25. Juni 2013 – 5 StR 266/13; vom 9. November 2010 – 4 StR 441/10, BGHR StGB § 55 Abs. 1 Satz 1 Härteausgleich 20, dort auch zur Unanwendbarkeit der sog. Vollstreckungslösung bei Verhängung einer zeitigen Freiheitsstrafe). Diese hat das Landgericht indes in der unter Beachtung von §§ 39, 54 StGB geringstmöglichen Höhe festgesetzt. Denn es hat die – rechtsfehlerfrei zugemessenen – Einzelstrafen für die im vorliegenden Verfahren abgeurteilten Straftaten von zwei Jahren und einem Monat sowie von 20 Tagessätzen zu einer Gesamtfreiheitsstrafe von zwei Jahren, einem Monat und einer Woche zusammengefasst. An der Verhängung einer noch geringeren Gesamtstrafe bei Vornahme eines Härteausgleichs wäre es daher aus Rechtsgründen gehindert gewesen.

156 Bei der Bildung einer **Gesamtstrafe** ist das erkennende Gericht trotz **Einbeziehung einer weiteren Strafe nicht** aus Rechtsgründen **verpflichtet**, eine **höhere Gesamtstrafe** als die frühere **zu verhängen.**[172]

157 Innerhalb einer **Gesamtstrafe** darf eine aufgrund der Nichtbeachtung des **auslieferungsrechtlichen Spezialitätsgrundsatzes** nach **Art. 83h Abs. 1 IRG nicht vollstreckbare Strafe nicht einbezogen** werden.[173]

[4] Der Angeklagte ist aufgrund des Europäischen Haftbefehls vom 23. Januar 2013 (Bl. 64ff., Bd. II HA), der Bezug nimmt auf den Haftbefehl des Amtsgerichts Lingen vom 5. Januar 2013 (Bl. 55, Bd. II HA), von der Republik Polen ausgeliefert worden, nachdem das Bezirksgericht Opole mit Entscheidung vom 23. April 2013 (Bl. 89ff., Bd. II HA) die Auslieferung bewilligt hatte. Der vorgenannte Europäische Haftbefehl erfasst lediglich die im hiesigen Verfahren gegenständliche Straftat unter Einschluss eines weiteren Delikts, hinsichtlich dessen das Verfahren in der Hauptverhandlung gemäß § 154 Abs. 2 StPO eingestellt worden ist. Nur zur Verfolgung dieser Straftaten ist der Angeklagte, der auf die Beachtung des Spezialitätsgrundsatzes auch nicht verzichtet hat, von der Republik Polen ausgeliefert worden. Eine Auslieferungsbewilligung zur Vollstreckung der Strafe aus dem Urteil des Amtsgerichts Nordhorn liegt bisher nicht vor.

[5] Bei dieser Verfahrenslage verstößt die Einbeziehung der Freiheitsstrafe aus dem Urteil des Amtsgerichts Nordhorn vom 15. Juli 2010 in die Gesamtfreiheitsstrafe gegen den Grundsatz der Spezialität (Art. 83h Abs. 1 IRG). Die Nichtbeachtung des auslieferungsrechtlichen Spezialitätsgrundsatzes bewirkt ein Vollstreckungshindernis. Eine wegen dieses Hindernisses nicht vollstreckbare Strafe darf nicht in eine Gesamtstrafe einbezogen werden (BGH, Beschlüsse vom 4. Februar 2013 – 3 StR 395/12, NStZ-RR 2013, 178; vom 25. Juni 2014 – 1 StR 218/14,

---

172 BGH, Beschluss vom 10.03.2015 – 5 StR 22/15, Rn. 2.
173 BGH, Beschluss vom 03.03.2015 – 3 StR 40/15, Rn. 5.

NStZ 2014, 590 mwN). Dies gilt ungeachtet des Umstandes, dass die Vollstreckung der Strafe aus dem Urteil des Amtsgerichts Nordhorn zur Bewährung ausgesetzt worden ist; ein Anwendungsfall der Ausnahmeregelung des § 83h Abs. 2 Nr. 3 IRG liegt insoweit nicht vor (vgl. BGH, Beschlüsse vom 27. Juli 2011 – 4 StR 303/11, NStZ 2012, 100; vom 25. Juni 2014 – 1 StR 218/14, NStZ 2014, 590).

Nach **§ 55 Abs. 2 StGB** sind nur solche **Maßnahmen aufrechtzuerhalten**, die noch **nicht erledigt sind.**[174] **158**

16. Strafaussetzung zur Bewährung – §§ 56ff. StGB

Die **Entscheidung** über die **Strafaussetzung zur Bewährung** ist ebenso wie die Strafzumessung **Aufgabe des Tatrichters.** Ihm kommt bei der Beurteilung der Prognose nach § 56 Abs. 1 StGB ein weiter **Beurteilungsspielraum** zu.[175] **159**

§ 56 Abs. 2 in Verbindung mit Abs. 1 StGB ermöglicht es dem Gericht, bei **Vorliegen einer günstigen Sozialprognose** und **besonderer, in der Tat oder der Persönlichkeit des Angeklagten liegender Umstände** auch die Vollstreckung einer Freiheitsstrafe von bis zu zwei Jahren zur Bewährung auszusetzen, sofern nicht der Vollzug der Freiheitsstrafe zur Verteidigung der Rechtsordnung geboten ist (§ 56 Abs. 3 StGB).[176] Im Rahmen des **§ 56 Abs. 1 StGB** kann dabei Mitleid, Handeln nicht aus eigenem Gewinnstreben, ein frühzeitiges Geständnis, Aufklärungshilfe, das Leben in einer festen Beziehung sowie das Nachgehen von Arbeit für die Aussetzung zur Bewährung sprechen.[177] **Besondere Umstände** nach **§ 56 Abs. 2 StGB** müssen umso **gewichtiger** sein, **je näher** die Freiheitsstrafe **an** der **Zweijahresgrenze** liegt.[178] Schließlich können **generalpräventive Erwägungen** im Rahmen von **§ 56 Abs. 3 StGB** allein **nicht** dazu führen, dass **bestimmte Straftatbestände** von vornherein der **Strafaussetzungsmöglichkeit zur Bewährung entzogen** sind.[179] **160**

[23] 2. Das Landgericht hat auch rechtsfehlerfrei die Freiheitsstrafe in Höhe von zwei Jahren gegen den Angeklagten T. zur Bewährung ausgesetzt. Erforderlich für die Aussetzung zur Bewährung sind neben einer günstigen Sozialprognose auch noch besondere Umstände im Sinne des § 56 Abs. 2 StGB; außerdem darf die Verteidigung der Rechtsordnung den Vollzug der Freiheitsstrafe nicht gebieten (§ 56 Abs. 3 StGB). Dem genügt das angefochtene Urteil.

[24] Das Landgericht nahm vorliegend ohne Rechtsfehler an, dass sich der Angeklagte T. bereits die Verurteilung zur Warnung dienen lassen und künftig auch aufgrund des Eindrucks der Untersuchungshaft ein Leben ohne Straftaten führen wird (§ 56 Abs. 1 StGB). Dies begründet das Landgericht vor allem damit, dass der Angeklagte T. aus Mitleid mit der Angeklagten Z. und nicht aus eigenem Ge-

---

174 BGH, Beschluss vom 25.02.2015 – 4 StR 516/14, Rn. 10.
175 BGH, Beschluss vom 06.05.2015 – 4 StR 89/15, Rn. 3.
176 BGH, Beschluss vom 13.01.2015 – 1 StR 454/14, Rn. 23ff.
177 BGH, Beschluss vom 13.01.2015 – 1 StR 454/14, Rn. 24.
178 BGH, Beschluss vom 13.01.2015 – 1 StR 454/14, Rn. 25.
179 BGH, Beschluss vom 13.01.2015 – 1 StR 454/14, Rn. 26.

winnstreben agierte, sich frühzeitig geständig zeigte und Aufklärungshilfe leistete. Ferner lebe der Angeklagte T. in einer festen Beziehung und gehe einer Arbeit nach. Auch die Tatsache, dass das Landgericht an dieser Stelle nicht explizit auf den Strafbefehl vom 4. Februar 2013 eingeht, begründet keinen Rechtsfehler. Aus dem Gesamtzusammenhang der Urteilsgründe – insbesondere den Ausführungen unter II.2. – ergibt sich, dass das Landgericht die Verurteilung durch den Strafbefehl des Amtsgerichts Mannheim durchaus gesehen hat. Es ist daher nicht zu besorgen, dass im Rahmen der Frage nach der positiven Sozialprognose dieser Aspekt keine Berücksichtigung fand.

[25] Auch bei der Annahme der besonderen Umstände im Sinne des § 56 Abs. 2 StGB unterliefen dem Landgericht keine ersichtlichen Rechtsfehler. Zwar weist die Staatsanwaltschaft zu Recht darauf hin, dass die besonderen Umstände im Sinne des § 56 Abs. 2 StGB umso gewichtiger sein müssen, je näher die Freiheitsstrafe an der Zweijahresgrenze liegt (BGH, Urteil vom 21. März 1985 – 4 StR 53/85, wistra 1985, 147, 148; Urteil vom 27. August 1986 – 3 StR 265/86, NStZ 1987, 21; Urteil vom 18. September 1986 – 4 StR 455/86, BGHR StGB § 56 Abs. 2 Aussetzung, fehlerhafte 2; Urteil vom 12. November 1987 – 4 StR 550/87, wistra 1988, 106, 107; Urteil vom 15. Februar 1994 – 5 StR 692/93, wistra 1994, 193; Urteil vom 12. Juni 2001 – 5 StR 95/01, StV 2001, 676). Jedoch hat das Landgericht hier eine umfassende Abwägung vorgenommen, die diesen Anforderungen genügt. Es bezieht insbesondere in seine Betrachtung mit ein, dass der nicht vorbestrafte Angeklagte sich nach der Untersuchungshaft erfolgreich um Arbeit bemüht hat, geständig war und Aufklärungshilfe leistete, durch die die Angeklagte Z. überführt werden konnte.

[26] Ebenso wenig rechtsfehlerhaft ist die Annahme des Landgerichts, dass die Verteidigung der Rechtsordnung den Vollzug der Freiheitsstrafe nicht gebietet (§ 56 Abs. 3 StGB). Die Rüge der Staatsanwaltschaft, dass hier eine substantiellere Auseinandersetzung mit der Frage der Verteidigung der Rechtsordnung geboten gewesen wäre, greift nicht durch. Eine solche ist zwar, wie die Revision zu Recht vorträgt, geboten, wenn im Hinblick auf schwerwiegende Besonderheiten des Einzelfalls eine Strafaussetzung für das allgemeine Rechtsempfinden schlechthin unverständlich oder gar unerträglich wäre, und die Strafaussetzung das Vertrauen der Bevölkerung in die Unverbrüchlichkeit des Rechts und den Schutz der Rechtsordnung vor kriminellen Angriffen erschüttern könnte (BGH, Urteil vom 8. Dezember 1970 – 1 StR 353/70, BGHSt 24, 40, 46; Beschluss vom 21. Januar 1970 – 4 StR 238/70, BGHSt 24, 64, 66). Solch ein Fall liegt hier jedoch gerade nicht vor. Das Landgericht führt an, dass der Angeklagte T. den erheblichen Fremdschaden an den umliegenden Häusern nicht gewollt habe. Soweit die Staatsanwaltschaft in ihrer Revision auf die allgemeine Gefährlichkeit von Sprengstoffexplosionen abstellt, übersieht sie, dass generalpräventive Erwägungen – wie das Landgericht zu Recht ausgeführt hat (UA S. 25) – nicht dazu führen dürfen, bestimmte Tatbestände gänzlich von der Möglichkeit einer Strafaussetzung zur Bewährung auszuschließen (st. Rspr.; z.B. BGH, Beschluss vom 21. Januar 1970 – 4 StR 238/70, BGHSt 24, 64, 67; Urteil vom 27. September 2012 – 4 StR 255/12, NStZ-RR 2013, 40, 41). Auch wurde nicht festgestellt, dass zu dieser Zeit eine den Rechtsfrieden bedrohende Häufung derartiger Straftaten in der Gegend vorlag, die entsprechende Reaktionen erfordern würden (vgl. dazu Fischer, StGB, 62. Aufl., § 56 Rn. 14).

Für das Vorliegen einer **positiven Kriminalprognose** iSv § 56 Abs. 1 StGB **reicht** das Bestehen einer **bloßen „Hoffnung"** künftigen straffreien Lebens **nicht aus.**[180] **161**

Besondere Umstände im Sinne von **§ 56 Abs. 2 StGB** sind solche, die nach der ermessenfehlerfreien Entscheidung des Tatgerichts Milderungsgründe von besonderem Gewicht darstellen.[181] **162**

[13] Besondere Umstände im Sinne von § 56 Abs. 2 StGB sind Milderungsgründe von besonderem Gewicht, die eine Strafaussetzung trotz des Unrechts- und Schuldgehalts, der sich in der Strafhöhe widerspiegelt, als nicht unangebracht erscheinen lassen. Dazu können auch solche gehören, die schon für die Prognose nach § 56 Abs. 1 StGB zu berücksichtigen waren. Wenn auch einzelne durchschnittliche Milderungsgründe eine Aussetzung nicht rechtfertigen, verlangt § 56 Abs. 2 StGB jedoch keine „ganz außergewöhnlichen" Umstände. Vielmehr können dessen Voraussetzungen sich auch aus dem Zusammentreffen durchschnittlicher Milderungsgründe ergeben (BGH, Beschluss vom 29. Juli 1988 – 2 StR 374/88, BGHR StGB § 56 Abs. 2 Umstände, besondere 7). Bei der Prüfung ist eine Gesamtwürdigung von Tat und Persönlichkeit des Verurteilten in einer für das Revisionsgericht nachprüfbaren Weise vorzunehmen. Eine erschöpfende Darlegung aller Erwägungen ist weder möglich noch geboten; nachprüfbar darzulegen sind lediglich die wesentlichen Umstände. Die Entscheidung steht im pflichtgemäßen Ermessen des Tatgerichts; das Revisionsgericht hat dessen, ganz maßgeblich auf dem in der Hauptverhandlung gewonnenen persönlichen Eindruck beruhende Wertungen bis zur Grenze des Vertretbaren zu respektieren (st. Rspr.; vgl. etwa BGH, Urteil vom 12. Juni 2001 – 5 StR 95/01, StV 2001, 676; Urteil vom 28. Mai 2008 – 2 StR 140/08, NStZ-RR 2008, 276).

Nach **§ 56 Abs. 2 StGB** rechtfertigen **einzelne durchschnittliche** Gründe eine Aussetzung **nicht.** Es **genügt** jedoch, dass Umstände, die bei ihrer Einzelbewertung nur durchschnittliche oder einfache Milderungsgründe wären, durch ihr **Zusammentreffen** das Gewicht besonderer Umstände erlangen.[182] **163**

Die Versagung der **Strafaussetzung zur Bewährung** ist rechtsfehlerhaft, sofern sie damit begründet wird, der Angeklagte habe sich **„keine professionelle Hilfe** bei der Aufarbeitung des Tatgeschehens" gesucht. Insoweit besteht eine **Kollision mit** den **Verteidigungsrechten** des Angeklagten. Das Tatgericht hat sich ferner damit auseinanderzusetzen, inwieweit **durch Weisungen** eine **günstige Sozialprognose begründet** werden kann. Insoweit besteht eine **Verknüpfung** zwischen **günstiger Sozialprognose und** der Prüfung nach **§ 56 Abs. 2 StGB.**[183] **164**

[4] a) Die Verneinung einer günstigen Sozialprognose begegnet durchgreifenden rechtlichen Bedenken. Das Landgericht ist von einer Neigung des Angeklagten zu sexuellen Übergriffen auf Mädchen im Kindesalter ausgegangen, „die bisher weder von ihm noch im Familienverbund aufgearbeitet" worden sei. Es hat dem

[180] BGH, Beschluss vom 29.09.2015 – 5 StR 394/15.

[181] BGH, Urteil vom 16.04.2015 – 3 StR 605/14, Rn. 13; siehe auch: BGH, Beschluss vom 13.10.2015 – 1 StR 416/15, Rn. 4.

[182] BGH, Beschluss vom 13.10.2015 – 1 StR 416/15, Rn. 4.

[183] BGH, Beschluss vom 13.01.2015 – 4 StR 445/14, Rn. 4 ff.

Angeklagten angelastet, „keine professionelle Hilfe bei der Aufarbeitung des Tatgeschehens" gesucht zu haben. Der – die Tat in Abrede nehmende – Angeklagte hätte sich indes zu seinem Recht, den Tatvorwurf zu bestreiten, in Widerspruch setzen müssen, wenn er diese Neigung zugegeben und z. B. vorgetragen hätte, er habe bereits an einer fachkundigen Behandlung teilgenommen. Im Hinblick auf die Verteidigungsrechte des Angeklagten durfte ihm der Tatrichter diesen Vorwurf nicht machen (vgl. BGH, Beschluss vom 9. April 1997 – 2 StR 44/97, NStZ 1997, 434).

[5] Die Strafkammer hat sich an dieser Stelle auch nicht – wie erforderlich – mit der Frage auseinandergesetzt, inwieweit insbesondere durch die Erteilung von Therapieweisungen sowie Weisungen nach § 56c Abs. 2 Nr. 3 StGB die Voraussetzungen für eine günstige Kriminalprognose geschaffen werden können (vgl. BGH, Beschlüsse vom 8. Oktober 1991 – 4 StR 440/91, BGHR StGB § 56 Abs. 1 Sozialprognose 21, und vom 19. März 2013 – 5 StR 41/13, BGHR StGB § 56 Abs. 2 Sozialprognose 5).

[8] Hätte die Strafkammer eine günstige Prognose gestellt, so wäre sie auch bei der Prüfung des Vorliegens „besonderer Umstände" (§ 56 Abs. 2 StGB) möglicherweise zu einem anderen Ergebnis gelangt. Denn nach ständiger Rechtsprechung kann die Frage einer günstigen Sozialprognose auch für die Beurteilung bedeutsam sein, ob Umstände von besonderem Gewicht im Sinne des § 56 Abs. 2 StGB vorliegen (vgl. BGH, Beschlüsse vom 23. Februar 1994 – 2 StR 623/93, StV 1995, 20, vom 28. Juni 1995 – 2 StR 284/95, und vom 9. April 1997, aaO; Urteil vom 20. Januar 2000 – 4 StR 365/99).

165 Bei einer (**Gesamt-)Freiheitsstrafe** von **mehr als einem Jahr** kann eine **Strafaussetzung nicht** allein mit der Begründung **verneint** werden, **besondere Umstände im Sinne des § 56 Abs. 2 StGB lägen nicht vor.** Auch in diesem Fall hat sich der Tatrichter **zunächst** mit der Frage zu befassen, ob dem Angeklagten eine **günstige Sozialprognose nach § 56 Abs. 1 StGB** zu stellen ist. Dies gilt schon deshalb, weil zu den nach Absatz 2 zu berücksichtigenden Faktoren auch solche gehören, die schon für die Prognose nach Absatz 1 von Belang sein können.[184]

166 Soweit in einem einbezogenen Urteil durch den Verurteilten **bereits Leistungen erbracht** worden sind, ist bei der nunmehrigen Verurteilung des Angeklagten zu einer zur Bewährung ausgesetzten Freiheitsstrafe mit der Auflage zur Leistung eines Geldbetrages zu prüfen, ob eine **Anrechnung** erfolgen kann. Die Frage einer Anrechnung der auf die Bewährungsauflage erbrachten Leistung gemäß § 58 Abs. 2 Satz 2 StGB i. V. m. § 56 f. Abs. 3 Satz 2 StGB ist in den Urteilsgründen zu erörtern. Nach dieser Regelung können Leistungen, die auf Bewährungsauflagen nach § 56b Abs. 2 Satz 1 Nr. 2 bis 4 StGB erbracht worden sind, durch eine die Vollstreckung verkürzende Anrechnung auf die gebildete Gesamtfreiheitsstrafe ausgeglichen werden.[185]

---

[184] BGH, Beschluss vom 10.02.2015 – 4 StR 418/14, Rn. 5; vgl. auch: BGH, Beschluss vom 09.04.2015 – 2 StR 424/14, Rn. 9 und BGH, Beschluss vom 22.09.2015 – 4 StR 152/15, Rn. 16.

[185] BGH, Beschluss vom 02.09.2015 – 2 StR 31/15, Rn. 3; zur **Bestimmtheit von Auflagen:** BVerfG, Beschluss vom 02.09.2015 – 2 BvR 2343/14, Rn. 19 ff.

17. Absehen von Strafe

Für ein **Absehen von Strafe** nach § 60 StGB sind allein die **schweren Folgen für den Täter maßgeblich.**[186] 167

[11] Die Deliktsart hindert die Anwendung des § 60 StGB nicht; maßgeblich sind vielmehr die schweren Folgen für den Täter (vgl. BGH, Urteil vom 23. November 1977 – 3 StR 397/77, BGHSt 27, 298, 300f.; OLG Karlsruhe, NJW 1974, 1006, 1007; Stree/Kinzig in Schönke/Schröder, StGB, 29. Aufl., § 60 Rn. 9; Hubrach in LK-StGB, 12. Aufl., § 60 Rn. 4). Das Landgericht hat den Ausnahmecharakter der Vorschrift erkannt (vgl. UA S. 35) und die Feststellung, dass im vorliegenden Fall eine Strafe offensichtlich verfehlt wäre, nach der erforderlichen Gesamtabwägung (vgl. BGH, Urteil vom 23. November 1977, aaO, S. 301f.; BGH, Beschluss vom 3. September 1996 – 1 StR 475/96, NJW 1996, 3350f.; OLG Karlsruhe aaO; Mosbacher in SSW StGB, 2. Aufl., § 60 Rn. 7; Hubrach, aaO Rn. 27, 38; Stree/Kinzig in Schönke/Schröder, aaO Rn. 8) vorgenommen und im Urteil eingehend begründet. Dabei hält sich die Einschätzung der Folgen als gravierend und der Situation als außergewöhnlich im tatrichterlichen Beurteilungsspielraum und lässt Rechtsfehler nicht erkennen. Entgegen dem Revisionsvorbringen hat das Landgericht auch die Interessen der Kindsmutter ausdrücklich erwogen und zudem das Zerbrechen ihrer Beziehung berücksichtigt, indem es gewürdigt hat, dass sie „als ehemalige Lebensgefährtin auch nach der Tat zum Angeklagten" hält (vgl. UA S. 36).

18. Maßregeln der Besserung und Sicherung

Sofern mehrere freiheitsentziehende Maßregeln angeordnet werden, ist nach § 72 Abs. 3 S. 1 StGB die **Vollstreckungsreihenfolge** durch das Gericht zu bestimmen.[187] 168

[5] Es wird überdies § 72 Abs. 3 Satz 1 StGB zu beachten und die Reihenfolge der Vollstreckung der Maßregeln zu bestimmen haben (BGH, Beschluss vom 21. Dezember 1994 – 3 StR 347/94, NStZ 1995, 284). Dabei ist die Unterbringung in der Entziehungsanstalt im Zweifel grundsätzlich vor der Sicherungsverwahrung zu vollstrecken, weil eine erfolgreiche Entziehungskur die Voraussetzungen für eine Aussetzung der Vollstreckung der Sicherungsverwahrung zur Bewährung (§ 67c Abs. 1 Satz 1 Nr. 1 StGB) oder jedenfalls günstigere Voraussetzungen für die Resozialisierung in der Sicherungsverwahrung schaffen kann.

---

[186] BGH, Urteil vom 14.01.2015 – 5 StR 494/14, Rn. 11.
[187] BGH, Beschluss vom 15.01.2015 – 5 StR 473/14, Rn. 5.

a) Unterbringung in einem psychiatrischen Krankenhaus – § 63 StGB

169 Die Anordnung der Unterbringung in einem psychiatrischen Krankenhaus nach **§ 63 StGB** kann als außerordentlich belastende Maßnahme nur unter engen Voraussetzungen aufgrund einer **Prognoseentscheidung** angeordnet werden.[188]

[17] a) Die grundsätzlich unbefristete Unterbringung in einem psychiatrischen Krankenhaus gemäß § 63 StGB ist eine außerordentlich belastende Maßnahme, die einen besonders gravierenden Eingriff in die Rechte des Betroffenen darstellt. Sie darf daher nur dann angeordnet werden, wenn zweifelsfrei feststeht, dass der Unterzubringende bei der Begehung der Anlasstaten aufgrund eines psychischen Defekts schuldunfähig oder vermindert schuldfähig war und die Tatbegehung hierauf beruht. Daneben muss eine Wahrscheinlichkeit höheren Grades bestehen, der Täter werde infolge seines fortdauernden Zustandes in Zukunft erhebliche rechtswidrige Taten begehen; die zu erwartenden Taten müssen schwere Störungen des Rechtsfriedens besorgen lassen. Die notwendige Prognose ist auf der Grundlage einer umfassenden Würdigung der Persönlichkeit des Täters, seines Vorlebens und der von ihm begangenen Anlasstat(en) zu entwickeln (st. Rspr.; vgl. Senat, Beschluss vom 5. Juni 2013 – 2 StR 94/13; BGH, Beschluss vom 29. April 2014 – 3 StR 171/14, jeweils mwN). An die Darlegungen sind umso höhere Anforderungen zu stellen, je mehr es sich bei dem zu beurteilenden Sachverhalt unter Berücksichtigung des Verhältnismäßigkeitsgrundsatzes (§ 62 StGB) um einen Grenzfall handelt (BGH, Beschluss vom 26. September 2012 – 4 StR 348/12, juris Rn. 10; Beschluss vom 4. Juli 2012 – 4 StR 224/12, NStZ-RR 2012, 337, 338; Senat, Beschluss vom 8. November 2006 – 2 StR 465/06, NStZ-RR 2007, 73, 74).

[20] Dass ein Täter trotz bestehenden Defekts über Jahre hinweg keine erheblichen Straftaten begangen hat, ist ein gewichtiges Indiz gegen die Wahrscheinlichkeit künftiger solcher Straftaten (vgl. Senat, Beschluss vom 11. März 2009 – 2 StR 42/09, NStZ-RR 2009, 198, 199; Urteil vom 17. November 1999 – 2 StR 453/99, BGHR StGB § 63 Gefährlichkeit 27; BGH, Beschluss vom 4. Juli 2012 – 4 StR 224/12, NStZ-RR 2012, 337, 338). Da der Angeklagte wiederholt auch in sehr problematischen Verhältnissen wie etwa in Obdachlosenheimen oder in Notschlafstellen gelebt und auch in konfliktbeladenen Situationen (wie nach Entdecken seiner Diebstahlstaten) keine Person gezielt körperlich angegriffen hat, ist es nicht zu beanstanden, dass das Gericht unter Abwägung aller Umstände davon ausgegangen ist, dass krankheitsbedingte tätliche Übergriffe seitens des Angeklagten künftig lediglich „möglich" seien. Damit fehlen Feststellungen zum Vorliegen einer Wahrscheinlichkeit höheren Grades, denn eine lediglich latente Gefahr reicht für die Annahme einer Wahrscheinlichkeit (höheren Grades) nicht aus (vgl. BGH, Beschluss vom 19. Dezember 2012 – 4 StR 417/12, NStZ-RR 2013, 145, 147; Beschluss vom 11. Januar 2011 – 5 StR 547/10; Senat, Urteil vom 2. März 2011 – 2 StR 550/10, NStZ-RR 2011, 240, 241).

---

[188] BGH, Beschluss vom 10.12.2014 – 2 StR 170/14; vgl. auch: BGH, Beschluss vom 26.03.2015 – 4 StR 65/15, Rn. 4; BGH, Beschluss vom 15.01.2015 – 4 StR 419/14, Rn. 14; BGH, Beschluss vom 17.12.2014 – 3 StR 377/14, Rn. 8; BGH, Beschluss vom 09.12.2014 – 2 StR 297/14, Rn. 6; BGH, Beschluss vom 19.08.2014 – 3 StR 243/14, Rn. 8; BGH, Beschluss vom 03.09.2015 – 1 StR 255/15, Rn. 17; BGH, Beschluss vom 02.09.2015 – 2 StR 239/15, Rn. 5, 7 und 9 und BGH, Urteil vom 08.10.2015 – 4 StR 86/15, Rn. 7.

Die Unterbringung in einem psychiatrischen Krankenhaus setzt unter anderem die positive Feststellung voraus, dass der Beschuldigte eine **rechtswidrige Tat im Zustand** der Schuldunfähigkeit (**§ 20**) oder der verminderten Schuldfähigkeit (**§ 21**) begangen hat. Hierfür muss vom Tatgericht im Einzelnen dargelegt werden, wie sich die festgestellte, einem Merkmal von §§ 20, 21 StGB unterfallende Erkrankung in der jeweiligen Tatsituation auf die Einsichts- oder die Steuerungsfähigkeit ausgewirkt hat und warum die Anlasstaten auf den entsprechenden psychischen Zustand zurückzuführen sind. Insoweit ist insbesondere zu untersuchen, ob in der Person des Beschuldigten oder in seinen Taten letztlich nicht nur Eigenschaften und Verhaltensweisen hervortreten, die sich im Rahmen dessen halten, was bei schuldfähigen Menschen anzutreffen und übliche Ursache für strafbares Verhalten ist.[189] **170**

Eine **Persönlichkeitsstörung reicht** in Kombination mit einer auf eine Grundanspannung zurückzuführende Disposition des Angeklagten, in bestimmten Belastungssituationen wegen **mangelnder Fähigkeit zur Impulskontrolle** in den Zustand erheblich verminderter Steuerungsfähigkeit zu geraten, zur Bejahung eines dauernden Zustands im Sinne des § 63 StGB **nicht aus.** Denn die Störung der Affektverarbeitung führt erst in Kombination mit der – aufgrund sozialer Vereinsamung und Isolation entstandener – Grundanspannungslage und einer zusätzlichen Belastungssituation zur tiefgreifenden Bewusstseinsstörung, wobei der Alkoholkonsum „zu einer zusätzlichen Enthemmung" führt.[190] **171**

Soweit der Täter strafbefreiend **vom Versuch zurückgetreten** ist, kann auf eine solche **Anlasstat** die Unterbringung nach § 63 StGB **nicht gestützt** werden.[191] **172**

Grundsätzlich ist auch die **wiederholte Anordnung** der Maßregel nach **§ 63 StGB** gegenüber einem bereits in einem psychiatrischen Krankenhaus Untergebrachten unter strenger **Verhältnismäßigkeitsprüfung** möglich.[192] **173**

[6] a) Die Strafkammer ist zutreffend davon ausgegangen, dass die wiederholte Anordnung der Maßregel nach § 63 StGB gegenüber einem bereits in einem psychiatrischen Krankenhaus Untergebrachten nicht grundsätzlich ausgeschlossen ist, der nochmalige Maßregelausspruch jedoch voraussetzt, dass dieser in besonderer Weise mit dem Grundsatz der Verhältnismäßigkeit in Einklang steht. Hierbei geht es nicht um den Gesichtspunkt der Angemessenheit der Rechtsfolge, wie ihn § 62 StGB dahin umschreibt, dass der Maßregelausspruch nicht außer Verhältnis zur Bedeutung der vom Beschuldigten begangenen und zu erwartenden Taten sowie dem Grad seiner Gefährlichkeit stehen darf. Maßgeblich ist vielmehr, ob die erneute Unterbringungsanordnung zur Erreichung des Maßregelziels der Besserung und Sicherung geeignet und erforderlich ist, weil von ihr Wirkungen ausgehen, die der erste Maßregelausspruch nach § 63 StGB nicht zeitigt. Dies wird insbesondere dann der Fall sein, wenn das neue Urteil erhebliche Auswir-

[189] BGH, Beschluss vom 17.06.2015 – 4 StR 196/15, Rn. 5.

[190] BGH, Urteil vom 17.06.2015 – 2 StR 358/14, Rn. 7; siehe auch: BGH, Urteil vom 03.12.2015 – 4 StR 387/15, Rn. 24.

[191] BGH, Beschluss vom 10.06.2015 – 1 StR 190/15, Rn. 10.

[192] BGH, Beschluss vom 16.10.2014 – 3 StR 329/14, Rn. 6; siehe auch: BGH, Beschluss vom 26.03.2015 – 4 StR 65/15, Rn. 5; vgl. zur **Verhältnismäßigkeit:** BVerfG Beschluss vom 22.01.2015 – 2 BvR 2049/13, 2 BvR 2445/14, Rn. 32 und BVerfG, Beschluss vom 21.04.2015 – 2 BvR 2462/13, Rn. 37 ff.

kungen auf Dauer und Ausgestaltung des Maßregelvollzugs haben kann und das Erkenntnisverfahren in besserer Weise als das Vollstreckungsverfahren dazu geeignet ist, die neue Symptomtat sowie die sich darin widerspiegelnde Gefährlichkeit des Beschuldigten für alle an der Maßregelvollstreckung Beteiligten verbindlich festzustellen und damit Änderungen in der Ausgestaltung des Vollzugs oder die Anordnung von dessen Fortdauer zu legitimieren (vgl. BGH, Beschlüsse vom 14. Juli 2005 – 3 StR 216/05, BGHSt 50, 199; vom 9. Mai 2006 – 3 StR 111/06, NStZ-RR 2007, 8; Urteil vom 17. September 2009 – 4 StR 325/09, juris Rn. 8; OLG Celle, Beschluss vom 10. November 2011 – 2 Ws 281/11, RuP 2012, 227 [nur Ls]).

[7] b) Nach diesen Grundsätzen ist die Entscheidung des Landgerichts frei von Rechtsfehlern.

[8] aa) Erhebliche Auswirkungen auf die Dauer und die Ausgestaltung des Maßregelvollzugs sind von einer erneuten Anordnung nicht zu erwarten. Zum einen ist die jetzige Straftat auf dieselbe Motivation des Beschuldigten zurückzuführen, zum anderen hat sich auch die Tatmodalität wiederholt. Dabei ist es lediglich zu einer – allerdings nur geringfügigen – Abschwächung der Tatbegehung gekommen: Der Beschuldigte hat sein Opfer nur noch bedroht und an der Gesundheit beschädigt, es aber unterlassen, die Herausgabe von Geld zu fordern. Sein eingeschliffenes Verhalten ist bereits im Vorfeld des vorliegenden Verfahrens in die Beurteilung seiner Gefährlichkeit durch die Maßregelvollzugsklinik und die Strafvollstreckungskammer eingegangen. Eine erneute Anordnung würde den Vollzugsverlauf nicht beeinflussen.

[9] bb) Eine wiederholte Anordnung ist auch nicht allein deshalb geboten, weil die Staatsanwaltschaft die Durchführung des Sicherungsverfahrens beantragt und das Landgericht am Ende der Hauptverhandlung die fortbestehende Gefährlichkeit des Beschuldigten festgestellt hat. Die Durchführung eines bloßen „Feststellungsverfahrens“, welches der Strafprozessordnung fremd ist (vgl. BGH, Beschluss vom 14. Juli 2005 – 3 StR 216/05, BGHSt 50, 199, 205), kann darin nicht gesehen werden. Die Strafkammer hat sich nicht auf diese Feststellung beschränkt, sondern die möglichen Auswirkungen einer weiteren Unterbringungsentscheidung aufgeklärt und ist dabei – sachverständig beraten – aufgrund der Hauptverhandlung zu der Überzeugung gelangt, dass Ausgestaltung und Dauer des künftigen Vollzugs der Maßregel von einer solchen weiteren Anordnung nicht beeinflusst werden würden.

[10] cc) Einer Anordnung bedarf es auch nicht im Hinblick auf die weiteren Entscheidungen der Strafvollstreckungskammer nach § 67d Abs. 2 StGB. Die Feststellungen des angefochtenen Urteils zu der neuerlichen Tat des Beschuldigten verlieren ihre Bedeutung für die Überzeugungsbildung der Strafvollstreckungskammer vom Vorliegen bestimmter Tatsachen (vgl. hierzu LR/Kühne, StPO, 26. Aufl., Einl. Abschn. K Rn. 95) nicht dadurch, dass der Tenor der Entscheidung auf „Ablehnung des Antrags der Staatsanwaltschaft“ oder auf „Absehen von der Unterbringung“ lautet. Unzutreffend ist deshalb die Argumentation der Beschwerdeführerin, die Vorteile des Erkenntnisverfahrens für die Aufklärung des Sachverhalts könnten nur gewonnen oder erhalten werden, wenn eine erneute Anordnung der Unterbringung erfolgt. Diesem Rechtsirrtum ist möglicherweise auch die Strafkammer unterlegen, wenn sie darlegt, dass eine erneute Unterbringung „lediglich den Vorteil“ hätte, „dass die Tat als solche im Rahmen des Er-

kenntnisverfahrens rechtskräftig festgestellt werden könnte" (UA S. 31). Auf dieser Fehleinschätzung könnte indes das Urteil nicht beruhen.

[11] dd) Auch unter dem Gesichtspunkt einer notwendigen Anrechnung des Maßregelvollzugs auf eine Begleitstrafe (vgl. BGH, Beschlüsse vom 23. November 2010 – 5 StR 466/10, juris s. Rn. 4ff.; vom 17. Juli 2012 – 4 StR 179/12, StraFo 2012, 369) ist die erneute Anordnung nicht geboten, da eine solche Strafe hier nicht verhängt worden ist.

Bei der Maßregelanordnung nach **§ 63 StGB** ist im Rahmen der **Verhältnismäßigkeitsprüfung gemäß § 62 StGB** auch mit zu beurteilen, inwieweit **außerstrafrechtliche Sicherungssysteme** hinreichend sind.[193] **174**

[5] Wie der Generalbundesanwalt in seiner Antragsschrift im Einzelnen zutreffend ausgeführt hat, lässt das angefochtene Urteil die im Rahmen der Prüfung der Verhältnismäßigkeit gemäß § 62 StGB gebotene Überlegung vermissen, ob der Gefährlichkeit des Angeklagten ausreichend durch außerstrafrechtliche Sicherungssysteme begegnet werden könnte. Anlass hierzu geben die Umstände, dass der Angeklagte seit Oktober 2012 unter Betreuung u. a. für die Bereiche Gesundheitsfürsorge und Aufenthaltsbestimmungsrecht steht, dass er in der Unterbringung nach dem Landesgesetz für psychisch kranke Personen in der neuen Klinik gut zurecht kommt und inzwischen als für begleitete Ausgänge geeignet angesehen wird und dass er sich bislang straflos verhalten hat.

Die **Verhältnismäßigkeit** gemäß **§ 62 StGB** ist allein auf Basis der **jetzigen Taten** **175**
und der **aktuellen Gefährlichkeitsprognose** zu beurteilen.[194]

[22] Der Verhältnismäßigkeitsgrundsatz (§ 62 StGB) stünde einer Anordnung der Unterbringung in einem psychiatrischen Krankenhaus ebenfalls nicht zwingend entgegen. Anders als der Generalbundesanwalt meint, kommt jedenfalls dem Umstand, dass der frühere Vollzug der 1985 angeordneten Unterbringung gemäß § 63 StGB wegen Unverhältnismäßigkeit beendet worden ist, grundsätzlich keine unmittelbare Bedeutung für die Voraussetzungen der Unterbringung wegen der Begehung der jetzigen Anlasstaten zu. Ob die Anordnung der Maßregel gemäß § 63 StGB im gegenständlichen Verfahren verhältnismäßig wäre, bestimmt sich nach der Bedeutung der jetzigen Anlasstaten sowie derjenigen der zu erwartenden Taten und dem von dem Täter ausgehenden Grad der Gefährlichkeit (vgl. Fischer, StGB, 62. Aufl., § 62 Rn. 3–5). Bei der Erledigungserklärung nach § 67d Abs. 6 Satz 1 Var. 2 StGB wegen Unverhältnismäßigkeit des (weiteren) Vollzugs einer angeordneten Maßregel kommt es als Abwägungsfaktor zwar auch auf Grad und Art der zukünftigen Gefährlichkeit des Untergebrachten an. Maßgebend ist im Rahmen der Erledigungserklärung gemäß § 67d Abs. 6 Satz 1 Var. 2 StGB jedoch vor allem, dass bei langandauernden Unterbringungen der Freiheitsanspruch des Untergebrachten zunehmendes Gewicht erhält (siehe etwa BVerfGE 70, 297, 315; BVerfG [2. Kammer des Zweiten Senats], Beschluss vom 19. November 2012 – 2 BvR 193/12, StV 2014, 148, 150 sowie Veh in Münche-

---

[193] BGH, Beschluss vom 08.01.2015 – 3 StR 590/14, Rn. 5.

[194] BGH, Beschluss vom 03.09.2015 – 1 StR 255/15, Rn. 22.

ner Kommentar zum StGB, 2. Aufl., Band 2, § 67d Rn. 21 mwN). Gerade dieser Aspekt ist für die Verhältnismäßigkeit der erneuten Unterbringung in einem psychiatrischen Krankenhaus wegen neuer Anlasstaten dagegen nicht von Bedeutung.

176 Die Unterbringung in einem psychiatrischen Krankenhaus nach § 63 StGB darf nur angeordnet werden, wenn **zweifelsfrei feststeht**, dass der Unterzubringende **bei der Begehung der Anlasstaten aufgrund eines psychischen Defekts schuldunfähig oder vermindert schuldfähig** war und die **Tatbegehung auf diesem Zustand beruht.** Der Defektzustand muss, um eine Gefährlichkeitsprognose tragen zu können, von längerer Dauer sein. Der Tatrichter hat die der Unterbringungsanordnung zugrunde liegenden Umstände in den Urteilsgründen so umfassend darzustellen, dass das Revisionsgericht in die Lage versetzt wird, die Entscheidung nachzuvollziehen. Hierzu bedarf es insbesondere der **Wiedergabe** der **tragenden Anknüpfungs- und Befundtatsachen.**[195]

[4] a) Die Unterbringung in einem psychiatrischen Krankenhaus nach § 63 StGB darf nur angeordnet werden, wenn zweifelsfrei feststeht, dass der Unterzubringende bei der Begehung der Anlasstaten aufgrund eines psychischen Defekts schuldunfähig oder vermindert schuldfähig war und die Tatbegehung auf diesem Zustand beruht. Der Defektzustand muss, um eine Gefährlichkeitsprognose tragen zu können, von längerer Dauer sein (st. Rspr.; vgl. nur BGH, Beschluss vom 16. Januar 2013 – 4 StR 520/12, NStZ-RR 2013, 141). Der Tatrichter hat die der Unterbringungsanordnung zugrunde liegenden Umstände in den Urteilsgründen so umfassend darzustellen, dass das Revisionsgericht in die Lage versetzt wird, die Entscheidung nachzuvollziehen (BGH, Beschluss vom 30. Juli 2014 – 4 StR 183/14).

[5] b) Diesem Maßstab wird die landgerichtliche Entscheidung nicht gerecht.

[6] Soweit die Strafkammer im Anschluss an den Sachverständigen davon ausgeht, dass der Angeklagte an einer paranoiden Psychose leidet, werden die diese Bewertung tragenden Anknüpfungs- und Befundtatsachen nicht in ausreichendem Umfang wiedergegeben (vgl. BGH, Beschlüsse vom 14. September 2010 – 5 StR 229/10, StraFO 2011, 55; vom 30. Juli 2013 – 4 StR 275/13, NStZ 2014, 36, 37). Das Landgericht beschränkt sich im Wesentlichen darauf, die gutachterliche Einschätzung in ihrem Ergebnis darzulegen, ohne zu erörtern, worauf dieses im Einzelnen beruht. Dies versteht sich auch bei dem bisher lediglich wegen Erschleichens von Leistungen und einer Bedrohung im Jahre 2012 auffällig gewordenen Angeklagten nicht von selbst. Dies gilt um so mehr, als der Angeklagte bisher von „schwerwiegenden Krankheiten und Unfällen verschont geblieben" ist (UA S. 4), es also offensichtlich keine „Krankheitsvorgeschichte" gibt, die die jetzt vorgenommene Einschätzung bestätigen könnte. Der Umstand allein, dass das beschriebene Krankheitsbild die abgeurteilten Straftaten grundsätzlich zu erklären vermag, ist für sich noch keine tragfähige Grundlage für den gutachterlichen Befund, weil der Senat ohne nähere Erläuterung nicht ausschließen kann, dass dieser allein auf einem Rückschluss aus den abgeurteilten Straftaten beruht,

[195] BGH, Beschluss vom 08.01.2015 – 2 StR 263/14, Rn. 4 ff.; vgl. auch BGH, Beschluss vom 28.01.2015 – 4 StR 514/14, Rn. 6 f.

ohne dass erwogen worden ist, ob es auch andere denkbare Auslöser für die Straftaten gegeben hat. Im Übrigen erlaubt dieser Umstand dem Senat noch nicht die Beurteilung, ob der angenommene psychische Defekt, der entweder plötzlich hervorgetreten sein oder länger bestehen muss, ohne sich auf das Verhalten des Angeklagten ausgewirkt zu haben, als eine schwere seelische Störung einzuordnen und von längerer Dauer ist.

Eine **Unterbringung** nach § 63 StGB kommt nach konkreter Prüfung der Einzelfallumstände nur in Betracht, wenn eine **Wahrscheinlichkeit höheren Grades** dafür besteht, dass der Täter infolge seines Zustands in Zukunft **Straftaten von erheblicher Bedeutung** begehen wird,[196] also solche, die eine schwere Störung des Rechtsfriedens zur Folge haben. Hierbei kommen nur Störungen des Rechtsfriedens in Betracht, die zumindest in den Bereich der **mittleren Kriminalität** hineinragen.[197] Diese erforderliche **Gefährlichkeitsprognose** ist auf Grundlage einer umfassenden Persönlichkeitswürdigung des Täters, seines Vorlebens und der von ihm begangenen Anlasstaten zu entwickeln.[198] **177**

[8] 2. Auch die Gefährlichkeitsprognose begegnet durchgreifenden rechtlichen Bedenken.

[9] Eine Unterbringung nach § 63 StGB kommt nur in Betracht, wenn eine Wahrscheinlichkeit höheren Grades dafür besteht, dass der Täter infolge seines Zustands in Zukunft Taten begehen wird, die eine schwere Störung des Rechtsfriedens zur Folge haben (BGH, Urteil vom 2. März 2011 – 2 StR 550/10, NStZ-RR 2011, 240, 241). Ob eine zu erwartende Straftat zu einer schweren Störung des Rechtsfriedens führt, muss anhand der konkreten Umstände des Einzelfalls entschieden werden. Die erforderliche Prognose ist auf der Grundlage einer umfassenden Würdigung der Persönlichkeit des Täters, seines Vorlebens und der von ihm begangenen Anlasstaten zu entwickeln (BGH, Beschluss vom 26. September 2012 – 4 StR 348/12, Rn. 10; Urteil vom 17. November 1999 – 2 StR 453/99, BGHR StGB § 63 Gefährlichkeit 27).

[10] Diesen Anforderungen werden die Erwägungen des Landgerichts nicht gerecht. Eine die Biographie des Beschuldigten und seine Krankheitsgeschichte in den Blick nehmende Gesamtwürdigung wurde nicht erkennbar vorgenommen. Dabei hätte Berücksichtigung finden müssen, dass der inzwischen 48 Jahre alte Beschuldigte seit dem Jahr 1999 unter psychischen Störungen leidet und zuvor nur im Jahr 2005 strafrechtlich in Erscheinung getreten ist. Ob er die Bewährungszeit aus dem Urteil vom 2. März 2007 durchgestanden hat, teilen die Urteilsgründe nicht mit. Aus den Gründen jenes früheren Urteils ergibt sich, dass der Betreuer des Beschuldigten auch für den Wirkungskreis Gesundheitssorge einschließlich der Zuführung zu einer Zwangsmedikation und das Aufenthaltsbestimmungsrecht bestellt war. Zu diesem Umstand verhalten sich die aktuellen Ur-

[196] Vgl. hierzu auch: BGH, Beschluss vom 15.07.2015 – 4 StR 277/15, Rn. 10; vgl. auch: BGH, Urteil vom 27.10.2015 – 1 StR 142/15, Rn. 10.

[197] BGH, Beschluss vom 03.06.2015 – 4 StR 167/15, Rn. 10; vgl. BGH, Beschluss vom 03.09.2015 – 1 StR 255/15, Rn. 18 und BGH, Urteil vom 27.10.2015 – 1 StR 142/15, Rn. 10.

[198] BGH, Beschluss vom 28.01.2015 – 4 StR 514/14, Rn. 9; vgl. auch: BGH, Urteil vom 22.04.2015 – 2 StR 393/14, Rn. 19; BGH, Beschluss vom 03.06.2015 – 4 StR 167/15, Rn. 10 und BGH, Urteil vom 27.10.2015 – 1 StR 142/15, Rn. 12.

teilsgründe nicht. Auch wäre das Landgericht gehalten gewesen, näher auf die Schwere und den bisherigen Verlauf der angenommenen schizoaffektiven Störung einzugehen. Derartige Erkrankungen verlaufen phasenhaft, wobei es zu Zeiten vollständiger Remission kommen kann, in denen keine psychischen Beeinträchtigungen zu beobachten sind (Hoff/Sass in: Kröber/Dölling/Leygraf/Sass, Handbuch der Forensischen Psychiatrie, Bd. 2, S. 84f.; Nedopil/Müller, Forensische Psychiatrie, 4. Aufl., S. 181f.; Müller-Isberner/Venzlaff in: Venzlaff/Foerster, Psychiatrische Begutachtung, 5. Aufl., S. 181f.). Es hätte daher näherer Darlegung bedurft, mit welcher Häufigkeit es in der Vergangenheit bei dem Beschuldigten zu Krankheitsphasen gekommen ist und welche prognoserelevanten Schlüsse daraus zu ziehen sind.

178 Für die **Erwartung zukünftiger Straftaten,** die eine schwere Störung des Rechtsfriedens befürchten lassen, **brauchen** zwar die **verfahrensgegenständlichen Anlasstaten selbst nicht erheblich** zu sein.[199]

179 Ergibt sich die **Erheblichkeit drohender Taten** nicht **aus** dem **Delikt selbst,** wie etwa bei Verbrechen, kommt der **zu befürchtenden konkreten Ausgestaltung der Taten** maßgebliche Bedeutung zu.[200]

180 Erreichen die **Anlasstaten** ihrem Gewicht nach **nicht** den Bereich der **mittleren Kriminalität,** ist eine Anordnung der Maßregel gemäß § 63 StGB nicht von vornherein ausgeschlossen. Vielmehr muss das Tatgericht in solchen Fällen die **erforderliche Gefährlichkeitsprognose besonders sorgfältig** darlegen. Hierzu ist besonders eingehend die Person des Beschuldigten zu würdigen, vor allem die Krankheitsgeschichte sowie die Anlasstaten.[201]

181 Soweit zur **Gefährlichkeitsprognose Anhaltspunkte außerhalb** der **Anlasstaten** verwandt werden, sind diese strafrechtlich nicht relevanten Vorgänge – wie das Werfen von Gegenständen und Gießen von kochend heißem Wasser aus einem Fenster – im Einzelnen **konkret zu schildern.**[202]

182 **Richten** sich **Straftaten,** aufgrund derer die Unterbringung angeordnet wird, nur **gegen** eine **bestimmte Person** oder haben sie in der Beziehung zu dieser Person ihre alleinige Ursache, so bedarf die Annahme, dass der Täter für die Allgemeinheit gefährlich ist, **genauer Prüfung und Darlegung** aufgrund konkreter tatsächlicher Feststellungen.[203]

183 Die **Gründe,** aus denen die Anwendung von § 21 StGB und damit von § 63 StGB folgt, sind **mit** dem **Tatgeschehen ausreichend** durch das Tatgericht **zu belegen.**[204]

[8] 1. Das Landgericht hat den für die Annahme erheblich verminderter Steuerungsfähigkeit vorausgesetzten ursächlichen symptomatischen Zusammenhang

---

199 BGH, Beschluss vom 03.09.2015 – 1 StR 255/15, Rn. 18.
200 BGH, Urteil vom 28.10.2015 – 1 StR 142/15, Rn. 10.
201 BGH, Beschluss vom 03.09.2015 – 1 StR 255/15, Rn. 18.
202 BGH, Beschluss vom 03.06.2015 – 4 StR 167/15, Rn. 12.
203 BGH, Urteil vom 22.04.2015 – 2 StR 393/14, Rn. 16.
204 BGH, Beschluss vom 17.06.2014 – 4 StR 171/14; vgl. für § 20 StGB: BGH, Urteil vom 27.10.2015 – 1 StR 142/15, Rn. 11.

der von dem Sachverständigen diagnostizierten leichten bis mittelgradigen Intelligenzminderung mit dem Tatgeschehen nicht ausreichend belegt.

[9] Die Frage, ob die Steuerungsfähigkeit bei Tatbegehung aufgrund einer festgestellten Störung im Sinne des § 21 StGB erheblich vermindert war, ist tatsachengestützt zu begründen. Dies erfordert es, sowohl konkrete Feststellungen zum Ausmaß der vorhandenen Störung zu treffen als auch ihre Auswirkungen auf die Tat darzulegen. Geboten ist insbesondere eine Auseinandersetzung damit, ob in der Person des Angeklagten letztlich nicht nur Eigenschaften und Verhaltensweisen hervortreten, die sich im Rahmen dessen halten, was bei voll schuldfähigen Menschen anzutreffen und übliche Ursache für strafbares Verhalten ist (vgl. Senatsbeschluss vom 19. Februar 2015 – 2 StR 420/14 mwN).

Hat der **bereits in** einem **psychiatrischen Krankenhaus untergebrachte Angeklagte** 184
die in dem neuen Verfahren **angeklagte Tat** im Zustand verminderter Schuldfähigkeit begangen (**§ 21 StGB**), während Schuldunfähigkeit (§ 20 StGB) sicher ausgeschlossen werden kann, und muss daher gegen ihn eine Freiheitsstrafe verhängt werden, so ist der **erneute Maßregelausspruch nach § 63 StGB** nicht nur zulässig, sondern **geboten,** um die Anrechenbarkeit der Zeit des Maßregelvollzugs auf die Strafe zu gewährleisten. Wurden Strafe und Maßregel in demselben Urteil festgesetzt und wird die Unterbringung der gesetzlichen Regel entsprechend vor der Freiheitsstrafe vollzogen (§ 67 Abs. 1 StGB), ist die Zeit des Maßregelvollzugs auf die Strafe anzurechnen, bis diese zu zwei Dritteln erledigt ist (§ 67 Abs. 4 StGB). Wurde der Maßregelvollzug hingegen nicht in demselben Urteil wie die Strafe angeordnet, findet eine Anrechnung auf die isoliert verhängte Freiheitsstrafe nicht statt. Das **Absehen** von der **wiederholten Maßregelanordnung** hat deshalb nicht ausschließbar eine **sachlich ungerechtfertigte Benachteiligung** des Angeklagten zur Folge.[205]

b) Unterbringung in einer Entziehungsanstalt – § 64 StGB

Der **Hang** im Sinne von **§ 64 StGB** verlangt eine chronische, auf körperlicher 185
Sucht beruhende Abhängigkeit oder zumindest eine eingewurzelte, auf psychischer Disposition beruhende oder durch Übung erworbene **intensive Neigung, immer wieder Alkohol oder andere Rauschmittel im Übermaß zu sich zu nehmen.**[206]

Methadon stellt ein **berauschendes Mittel** im Sinne von § 64 StGB dar.[207] 186

Für die Unterbringung in einer Entziehungsanstalt ist das Vorliegen eines 187
Hangs festzustellen. Ausreichend für die Annahme eines Hangs zum übermäßigen Genuss von Rauschmitteln ist jedenfalls, dass der Betroffene **aufgrund** seiner **Konsumgewohnheiten sozial gefährdet oder gefährlich erscheint.** Insoweit kann dem Umstand, dass durch den Rauschmittelgenuss die Gesundheit, Arbeits- und Leistungsfähigkeit erheblich beeinträchtigt sind, zwar indizielle Bedeutung für das

---

[205] BGH, Beschluss vom 24.03.2015 – 1 StR 39/15, Rn. 11.
[206] BGH, Beschluss vom 26.05.2015 – 3 StR 159/15, Rn. 7.
[207] BGH, Beschluss vom 04.11.2015 – 4 StR 337/15, Rn. 5.

Vorliegen eines Hangs zukommen. Das Fehlen dieser Beeinträchtigungen schließt indes nicht notwendigerweise die Bejahung eines Hangs aus.[208]

188 Soweit das Urteil hinsichtlich des Maßregelausspruchs die **voraussichtliche Dauer der Unterbringung** in der Entziehungsanstalt **nicht feststellt,** führt dies zu dessen Aufhebung. Hierdurch wird bereits die nach § 64 S. 2 StGB erforderliche **hinreichend konkrete Erfolgsaussicht nicht belegt,** die nach § 67d Abs. 1 S. 1 StGB eine maximale Unterbringungsdauer von 2 Jahren voraussetzen würde. Zudem kann ohne die Feststellung der voraussichtlichen Dauer durch das Revisionsgericht die **Entscheidung über** den **Vorwegvollzug** im Sinne von § 67 Abs. 2 S. 2 StGB **nicht überprüft werden,** welcher voraussetzen würde, dass eine Entlassung zum Halbstrafenzeitpunkt möglich ist, §§ 67 Abs. 2 S. 3, 67 Abs. 5 S. 1 StGB.[209]

189 Die Regelung des **§ 67 Abs. 5 Satz 2 StGB** kann ausnahmsweise auch dann Anwendung finden, wenn nach dem landgerichtlichen Urteil durch **Wegfall** des **Vorwegvollzugs sogleich** mit dem **Maßregelvollzug** begonnen wird, weil nur die sofortige Behandlung des Verurteilten eine erfolgreiche Therapie verspricht und ein danach anschließender Strafvollzug die positiven Auswirkungen des Maßregelvollzugs wieder gefährden würde.[210]

190 Die (Ablehnung der) Unterbringungsentscheidung bedarf stets im Hinblick darauf der Prüfung, ob **konkrete Aussicht** besteht, die **Therapiebereitschaft** für eine erfolgsversprechende Behandlung **zu wecken.** Die derzeitige Therapieunwilligkeit ist gerade nur ein Indiz für das Fehlen hinreichend konkreter Erfolgsaussicht.[211]

[7] Das Landgericht begründet seine Entscheidung lediglich mit der Therapieunwilligkeit des Angeklagten und verkennt dabei, dass dieser Umstand nur ein Indiz für das Fehlen einer hinreichend konkreten Erfolgsaussicht ist und es regelmäßig der Prüfung bedarf, ob die konkrete Aussicht besteht, die Therapiebereitschaft für eine erfolgversprechende Behandlung zu wecken (BGH, Urteil vom 31. Juli 2013 – 2 StR 620/12; Fischer, StGB, 61. Aufl., § 64 Rn. 20, jeweils mwN).

[8] Diese Prüfung war hier auch nicht ausnahmsweise entbehrlich, weil der Angeklagte bereits eine Vielzahl fehlgeschlagener Rückstellungsversuche nach § 35 BtMG und eine Unterbringung nach § 64 StGB hinter sich hatte. Die Unterbringung in der Entziehungsanstalt liegt fast 20 Jahre zurück. Außerdem hat der Angeklagte im Jahre 2003 eine stationäre Drogentherapie absolviert, die zumindest für einen gewissen Zeitraum Erfolg hatte. Darüber hinaus sind die Ausführungen der Strafkammer widersprüchlich, soweit sie die Erfolgsaussicht im Rahmen des

---

208 BGH, Beschluss vom 18.03.2015 – 3 StR 29/15, Rn. 4; vgl. auch: BGH, Beschluss vom 02.04.2015 – 3 StR 103/15, Rn. 5; BGH, Beschluss vom 14.10.2015 – 1 StR 415/15, Rn. 7; BGH, Beschluss vom 05.08.2015 – 1 StR 328/15, Rn. 28 und BGH, Beschluss vom 10.11.2015 – 1 StR 482/15, Rn. 14.

209 BGH, Beschluss vom 25.11.2014 – 3 StR 508/14, Rn. 2; vgl. hierzu auch: BGH, Beschluss vom 24.11.2015 – 1 StR 494/15, Rn. 3.

210 BGH, Beschluss vom 03.12.2015 – 1 StR 576/15, Rn. 6.

211 BGH, Urteil vom 26.11.2014 – 2 StR 132/14, Rn. 7; vgl. auch zur hinreichend konkreten Erfolgsaussicht eines Therapieerfolgs: BGH, Beschluss vom 14.04.2015 – 5 StR 131/15, Rn. 2 und BGH, Beschluss vom 21.04.2015 – 4 StR 92/15, Rn. 15.

§ 64 StGB wegen Therapieunwilligkeit des Angeklagten verneint, jedoch die Voraussetzungen einer Maßnahme nach § 35 BtMG, die eine Therapiezusage seitens des Angeklagten voraussetzen würde, „unproblematisch“ als gegeben ansieht (UA 20). Diese Einschätzung spricht auch dafür, dass die Therapiebereitschaft des Angeklagten als Voraussetzung einer Anordnung nach § 64 StGB bei dem Angeklagten zumindest geweckt werden kann.

Die **Voraussetzungen** für die gemäß **§ 64 Satz 2 StGB** erforderliche hinreichend konkrete Aussicht eines Behandlungserfolges **hat** das **Tatgericht zu schildern.** Ein bloßer Verweis auf die Beurteilung des forensisch-psychiatrischen Sachverständigen, dass der Angeklagte zurzeit zwar nicht motiviert sei, an einer solchen Behandlung teilzunehmen, was einer Heilbehandlung aber nicht entgegenstehe, weil dieser motivierungsfähig sei, genügt ohne die Schilderung einer eigenen Einschätzung nicht.[212] **191**

Allein ein **fehlender Schulabschluss** spricht **nicht** für eine intellektuelle Behinderung, die wegen ihrer Schwere dazu führen könnte, dass der Angeklagte in einer **Entziehungsanstalt nicht behandelbar** wäre.[213] **192**

Soweit eine Revision allein auf die **Nichtanordnung** der Maßregel des **§ 64 StGB** gestützt wird, ist diese **mangels Beschwer unzulässig.**[214] **193**

Die Maßregel nach **§ 64 StGB** ist jedenfalls **gegenüber** der Zurückstellung nach **§ 35 BtMG vorrangig.**[215] **194**

Eine **Tat** hat dann **Symptomcharakter**, wenn sie in dem Hang ihre Wurzel findet, also **Symptomwert** für den Hang des Täters zum Missbrauch von Alkohol oder anderen berauschenden Mitteln hat. Sie muss – zumindest mitursächlich – auf den Hang zurückgehen. Typisch sind hierfür Delikte, die begangen werden, um **Rauschmittel** oder **Geld** für ihre **Beschaffung** zu erlangen.[216] **195**

Andere Delikte als solche der **Beschaffungskriminalität** kommen als Hangtaten nur dann in Betracht, wenn sich in ihnen die **hangbedingte besondere Gefährlichkeit** des Täters zeigt.[217] **196**

Soweit **nahe liegt**, dass die Taten auf einen **Hang** des Angeklagten zum übermäßigen Konsum berauschender Mittel zurückzuführen sind, ist die Prüfung nach **§ 64 StGB** angezeigt. Hierbei ist das **subjektive Empfinden** des Angeklagten hinsichtlich seines Zustandes **nicht maßgeblich.**[218] **197**

[3] Das Urteil hat indes keinen Bestand, soweit das Landgericht die Prüfung der Unterbringung des Angeklagten in einer Entziehungsanstalt (§ 64 StGB) unterlassen hat, obwohl dies nach den Urteilsfeststellungen veranlasst war. Danach konsumierte der Angeklagte, der sich weder körperlich noch psychisch für betäubungsmittelabhängig hält, seit dem 16. Lebensjahr regelmäßig und ohne längere drogenfreie Phasen Amphetamin und Marihuana. Die Taten – gewinnbringender

212 BGH, Urteil vom 29.04.2015 – 5 StR 79/15, Rn. 14 f.
213 BGH, Beschluss vom 27.10.2015 – 3 StR 314/15, Rn. 4.
214 BGH, Beschluss vom 28.01.2015 – 1 StR 619/14, Rn. 3.
215 BGH, Urteil vom 26.11.2014 – 2 StR 132/14, Rn. 9.
216 BGH, Beschluss vom 10.11.2015 – 1 StR 482/15, Rn. 17.
217 BGH, Beschluss vom 10.11.2015 – 1 StR 482/15, Rn. 20.
218 BGH, Beschluss vom 08.01.2015 – 3 StR 600/14, Rn. 3 f.

Verkauf von 50 g Amphetamin (II. 1. der Urteilsgründe) sowie Aufbewahrung von 5 kg Amphetamin für einen Lieferanten gegen Entgelt (II. 2. der Urteilsgründe) – beging der Angeklagte, um seinen eigenen Konsum zu finanzieren und um Schulden aus vorangegangenen Betäubungsmittelgeschäften zu begleichen.

[4] Dies legt nahe, dass die Taten auf einen Hang des Angeklagten zum übermäßigen Konsum von berauschenden Mitteln zurückzuführen sind. Das Landgericht hätte daher prüfen müssen, ob die (weiteren) Voraussetzungen für die Unterbringung des Angeklagten in einer Entziehungsanstalt gegeben sind. Unabhängig davon, dass das Vorliegen einer Abhängigkeit für die Annahme eines Hangs nicht notwendige Voraussetzung ist (st. Rspr., vgl. BGH, Urteil vom 15. Mai 2014 – 3 StR 386/13, juris Rn. 9 f.), ist das subjektive Empfinden des Angeklagten über seinen Zustand nicht maßgeblich. Soweit dessen eigener Umgang mit Betäubungsmitteln nicht in deren Einnahme bzw. in Beschaffung von Geldern für deren Erwerb bestand, sondern durch ihn Schulden aus vorangegangenem Konsum zurückgeführt werden sollten, steht dies der Annahme eines symptomatischen Zusammenhangs schon für sich betrachtet nicht von vornherein entgegen (vgl. BGH, Beschluss vom 27. März 2008 – 3 StR 38/08, StV 2008, 405, 406). Darüber hinaus genügt es, wenn nur ein Teil der Taten auf den Hang zurückzuführen (vgl. BGH, Beschluss vom 10. Dezember 2014 – 3 StR 466/14) bzw. dieser für sie lediglich mitursächlich ist (vgl. BGH, Beschluss vom 19. Mai 2009 – 3 StR 191/09, BGHR StGB § 64 Zusammenhang, symptomatischer 5).

198 Ein **symptomatischer Zusammenhang** ist zu bejahen, wenn der **Hang allein oder zusammen mit anderen Umständen dazu beigetragen** hat, dass der Täter eine **erhebliche rechtswidrige Tat begangen** hat **und** dies bei unverändertem Suchtverhalten auch **für** die **Zukunft zu besorgen** ist.[219]

[14] Ein symptomatischer Zusammenhang ist zu bejahen, wenn der Hang allein oder zusammen mit anderen Umständen dazu beigetragen hat, dass der Täter eine erhebliche rechtswidrige Tat begangen hat und dies bei unverändertem Suchtverhalten auch für die Zukunft zu besorgen ist (BGH, Beschluss vom 6. November 2013 – 5 StR 432/13, Rn. 4; Beschluss vom 30. Juli 2013 – 2 StR 174/13, NStZ-RR 2013, 340; Beschluss vom 25. Mai 2011 – 4 StR 27/11, NStZ-RR 2011, 309; Beschluss vom 19. Mai 2009 – 3 StR 191/09, BGHR StGB § 64 Zusammenhang, symptomatischer 5 mwN). Dabei kann es zwar auch ausreichend sein, dass sich der Täter nur wegen seines übermäßigen Konsums berauschender Substanzen in dem „sozialen Milieu" aufgehalten hat, in dem es zu der Tat kam (vgl. BGH, Beschluss vom 14. Januar 2014 – 1 StR 531/13, NStZ 2014, 107; zum sog. indirekten symptomatischen Zusammenhang Schöch in Leipziger Kommentar zum StGB, 12. Aufl., § 64 Rn. 40; SSW-StGB/Kaspar, 2. Aufl., § 64 Rn. 27). Hierzu bedarf es aber konkreter Feststellungen und einer am Fall orientierten Bewertung (vgl. Fischer, StGB, 62. Aufl., § 64 Rn. 13). Dafür reicht die lediglich allgemein gehaltene und nicht durch bestimmte Tatsachen belegte Erwägung des Landgerichts nicht aus.

---

[219] BGH, Beschluss vom 21.04.2015 – 4 StR 92/15, Rn. 14.

c) Anordnung der Sicherungsverwahrung – § 66 StGB

Die Rechtsprechung war bereits in der vorangegangenen Zeit – entsprechend der eindeutigen Gesetzeslage – davon ausgegangen, dass wegen **bis zum 31. Mai 2013 begangener Taten** die Sicherungsverwahrung weiterhin nur mit der **Einschränkung strikter Verhältnismäßigkeit** im Sinne des Urteils des Bundesverfassungsgerichts vom 4. Mai 2011[220] angeordnet werden darf.[221] **199**

Sofern die **Tat ab dem 1. Juni 2013 begangen** wurde, findet dieser strikte Verhältnismäßigkeitsmaßstab keine Anwendung. Vielmehr ist die Beurteilung allein an § 66 Abs. 1 Nr. 4 StGB anzuknüpfen und insoweit darauf abzustellen, ob die **Gesamtwürdigung** des Täters die Einschätzung einer **Gefährlichkeit für die Allgemeinheit** zulässt.[222] **200**

[14] b) Die Begründung, mit der das Landgericht die erforderliche ungünstige Legalprognose und die Verhältnismäßigkeit der Sicherungsverwahrung verneint, hält im Ergebnis ebenfalls rechtlicher Prüfung stand.

[15] aa) Allerdings legt die Revision zutreffend dar, dass das Landgericht seiner Prüfung im Ansatz einen unzutreffenden Maßstab zugrunde legt. Nach § 66 Abs. 1 Nr. 4 StGB muss die Gesamtwürdigung des Täters und seiner Taten ergeben, dass der Angeklagte infolge des Hangs zu erheblichen Straftaten, namentlich zu solchen, durch welche die Opfer seelisch oder körperlich schwer geschädigt werden, zum Zeitpunkt der Verurteilung für die Allgemeinheit gefährlich ist. Die Kammer stellt demgegenüber auf „die erhebliche Gefahr der Begehung schwerer Gewalt- und Sexualdelikte" ab (UA 84) und verlangt zusätzlich die Unerlässlichkeit der Anordnung der Sicherungsverwahrung (UA 89). Damit legt sie ersichtlich die höheren Anforderungen der „strikten Verhältnismäßigkeitsprüfung" zu Grunde, die das Bundesverfassungsgericht in seinem Urteil vom 4. Mai 2011 mit der Weitergeltungsanordnung für die verfassungswidrigen gesetzlichen Regelungen zur Sicherungsverwahrung aufgestellt hat (siehe BVerfG, Urteil vom 4. Mai 2011 – 2 BvR 2333/08 u.a. – BVerfGE 128, 326, 404ff.; zur Rspr. des Bundesgerichtshofs vgl. nur BGH, Urteil vom 13. März 2013 – 2 StR 392/12 m.w.N.).

[16] Diese erhöhten Anforderungen finden jedoch auf den vorliegenden Fall keine Anwendung mehr. Denn die Taten wurden am 29. Juli 2013 und damit nach dem Inkrafttreten des Gesetzes zur bundesrechtlichen Umsetzung des Abstandsgebotes im Recht der Sicherungsverwahrung vom 5. Dezember 2012 (BGBl. I 2425) am 1. Juni 2013 begangen. Mit der Schaffung des § 66c StGB durch dieses Gesetz wurde den Bedenken des Bundesverfassungsgerichts, die sich ausdrücklich auf die Ausgestaltung der Unterbringung in der Sicherungsverwahrung und den vorhergehenden Strafvollzug, nicht aber auf die formellen und materiellen Anordnungsvoraussetzungen bezogen, Rechnung getragen. Damit ist auch der Grund für die über den Gesetzeswortlaut hinausgehende Einschränkung des Anwendungsbereichs der Sicherungsverwahrung entfallen, die trotz der Verfassungs-

---

220 BVerfGE 128, 326.

221 BGH, Urteil vom 11.03.2014 – 5 StR 563/13; vgl. hierzu auch BGH, Beschluss vom 01.04.2014 – 2 StR 603/13.

222 BGH, Urteil vom 07.01.2015 – 2 StR 292/14; vgl. auch BGH, Beschluss vom 15.01.2015 – 5 StR 473/14, Rn. 2.

widrigkeit der Vorschriften deren Anwendung in der vom Bundesverfassungsgericht eingeräumten zweijährigen Übergangsfrist bis zu einer den verfassungsrechtlichen Vorgaben gesetzlichen Neuregelung des Abstandsgebotes ermöglichen sollte (vgl. BT-Drucksache 17/11388 S. 24). Nach dem Inkrafttreten des Gesetzes zur bundesrechtlichen Umsetzung des Abstandsgebotes im Recht der Sicherungsverwahrung am 1. Juni 2013 bestehen gegen die Gültigkeit und Verfassungsmäßigkeit von § 66 Abs. 1 StGB keine Bedenken mehr (BGH, Urteil vom 24. Oktober 2013 – 4 StR 124/13 – NJW 2013, 3735). Für danach begangene Straftaten besteht auch – anders als bei Taten, die zwar nach dem Inkrafttreten des Gesetzes abgeurteilt, aber bereits vor dem 1. Juni 2013 begangen wurden (vgl. BGH, Beschluss vom 17. April 2014 – 3 StR 355/13 – NStZ-RR 2014, 207) – kein Anlass, die erhöhten Voraussetzungen aus Vertrauensschutzgesichtspunkten weiter gelten zu lassen.

201 In Einzelfällen kann die **Wirkung** von im Strafvollzug **etwaigen wahrgenommenen Therapieangeboten** gegen die Anordnung der Maßregel der Sicherungsverwahrung sprechen. Soweit bei bestehender hangbedingter Gefährlichkeit die Ermessensausübung im Rahmen des § 66 Abs. 2 und 3 S. 2 StGB a.F. zum **Zeitpunkt des Urteilserlasses** zu dem Ergebnis gelangt, dass keine **konkreten Anhaltspunkte für** den **Behandlungserfolg** bestehen, ist die Anordnung der Sicherungsverwahrung als rechtfehlerfrei zu beurteilen.[223]

202 Für einen **Hang** ist ein **eingeschliffener innerer Zustand** des Täters Voraussetzung, der ihn immer wieder neue Straftaten begehen lässt. Hangtäter ist derjenige, der dauerhaft zu Straftaten entschlossen ist oder aufgrund einer festen eingewurzelten Neigung straffällig wird, wenn sich die Gelegenheit bietet, ebenso wie derjenige, der willensschwach ist und aus innerer Haltlosigkeit Tatanreizen nicht zu widerstehen vermag. Der Hang als eingeschliffenes Verhaltensmuster bezeichnet einen aufgrund umfassender Vergangenheitsbetrachtung festgestellten gegenwärtigen Zustand.[224]

[30] Von dem Hang bzw. der Hangtätereigenschaft ist die durch § 66 Abs. 1 Nr. 4 StGB ebenfalls geforderte Prognose über die zukünftige Gefährlichkeit des Täters zu trennen; die Merkmale sind nicht identisch (BGH, Urteil vom 8. Juli 2005 – 2 StR 120/05, BGHSt 50, 188, 196; Beschluss vom 30. März 2010 – 3 StR 69/10, NStZ-RR 2010, 203 f.; Ullenbruch/Drenkhahn/Morgenstern in Münchener Kommentar zum StGB, 2. Aufl., Band 2, § 66 Rn. 99 mwN; siehe auch BVerfG [2. Kammer des Zweiten Senats], Beschluss vom 5. August 2009 – 2 BvR 2098/08 u.a. Rn. 20). Vielmehr bildet der Hang ein wesentliches Kriterium für die Gefährlichkeitsprognose (Senat, Urteil vom 19. Februar 2013 – 1 StR 275/12, NStZ-RR 2014, 13; vgl. auch BVerfGK 9, 108, 114; BVerfG [2. Kammer des Zweiten Senats], Beschluss vom 5. August 2009 – 2 BvR 2098/08 u.a., Rn. 20). Diese schätzt die Wahrscheinlichkeit dafür ein, ob sich der Täter in Zukunft trotz seines Hangs erheblicher Straftaten enthalten kann oder nicht (BGH jeweils aaO). Nach der Rechtsprechung des Bundesgerichtshofs beeinflusst dabei der Grad der „Eingeschliffenheit" der Verhaltensweisen des Täters die Beurteilung

223 BGH, Beschluss vom 16.12.2014 – 1 StR 515/14.

224 BGH, Urteil vom 28.04.2015 – 1 StR 594/14, Rn. 29.

der Wahrscheinlichkeit der zukünftigen Begehung von Straftaten. Wird die Hangtätereigenschaft festgestellt, ist regelmäßig auch eine ausreichende Wahrscheinlichkeit gegeben; zwingend ist dies jedoch nicht (vgl. BGH, Urteile vom 13. September 1989 – 3 StR 150/89, BGHR StGB § 66 Abs. 1 Hang 4; vom 8. Juli 2005 – 2 StR 120/05, BGHSt 50, 188, 196; siehe auch BGH, Urteil vom 10. Januar 2007 – 1 StR 530/06, NStZ 2007, 464 Rn. 5).

[34] (…) Wie bereits aufgezeigt, ist nach der Rechtsprechung des Bundesgerichtshofs mit der Annahme der Hangtätereigenschaft – wegen der Bedeutung für die Prognose zukünftiger Gefährlichkeit – regelmäßig auch die Wahrscheinlichkeit der Begehung weiterer Straftaten durch den Angeklagten gegeben (vgl. BGH, Urteile vom 13. September 1989 – 3 StR 150/89, BGHR StGB § 66 Abs. 1 Hang 4; vom 20. Februar 2002 – 2 StR 486/01, BGHR StGB § 72 Sicherungszweck 6; vom 8. Juli 2005 – 2 StR 120/05, BGHSt 50, 188, 196; vom 10. Januar 2007 – 1 StR 530/06, NStZ 2007, 464, 465). Anderes kann gelten, wenn nach der letzten hangbedingten Tat und dem Zeitpunkt der Urteilsverkündung neue Umstände eingetreten sind, die die Wahrscheinlichkeit künftiger (erheblicher) Straftaten entfallen lassen (BGH, Urteile vom 20. Februar 2002 – 2 StR 486/01, BGHR StGB § 72 Sicherungszweck 6; vom 10. Januar 2007 – 1 StR 530/06, NStZ 2007, 464, 465). (…)

[37] Gemäß § 66 Abs. 1 Nr. 4 StGB kommt es für die Gefährlichkeitsprognose auf den Zeitpunkt der Verurteilung an (näher Senat, Urteil vom 22. Oktober 2013 – 1 StR 210/13, NStZ-RR 2014, 273; BGH, Urteil vom 7. Januar 2015 – 2 StR 292/14 Rn. 18, NStZ 2015, 208, 209). Angesichts dessen können während des Strafvollzugs denkbare Änderungen im Verhalten des Verurteilten oder sonstiger für seine zukünftige Gefährlichkeit bedeutsamer Umstände nur herangezogen werden, wenn dafür konkrete Anhaltspunkte oder tragfähige Gründe dargelegt sind (Senat, Urteil vom 19. Februar 2013 – 1 StR 275/12 Rn. 35; siehe auch Senat, Urteil vom 22. Oktober 2013 – 1 StR 210/13, NStZ- RR 2014, 273 sowie BGH, Urteil vom 7. Januar 2015 – 2 StR 292/14 Rn. 18, NStZ 2015, 208, 209 f.). Im Übrigen sind solche möglichen Veränderungen erst im Rahmen der obligatorischen Entscheidung gemäß § 67c Abs. 1 StGB vor dem Ende des Vollzugs der Freiheitsstrafe zu berücksichtigen.

Das **Absehen** von der **Anordnung** der **Sicherungsverwahrung** nach § 66 Abs. 2 StGB kommt in Betracht, wenn bereits zum Zeitpunkt des Urteilserlasses die **Erwartung** begründet ist, der Täter werde hierdurch eine **Haltungsänderung** erfahren, so dass für das Ende des Strafvollzugs eine günstige Prognose gestellt werden kann. Hierbei müssen **konkrete Anhaltspunkte** für einen Behandlungserfolg vorliegen.[225] **203**

[6] b) Die auf § 66 Abs. 2 StGB gestützte Entscheidung des Landgerichts, nach seinem Ermessen von der Anordnung der Sicherungsverwahrung abzusehen, leidet an einem durchgreifenden Rechtsfehler.

[7] aa) Die Wirkungen eines erstmals erlebten längeren Strafvollzugs und von in diesem Rahmen (möglicherweise) wahrgenommenen Therapieangeboten können zwar im Einzelfall wesentliche gegen die Anordnung der Maßregel sprechende

225 BGH, Urteil vom 22.10.2015 – 4 StR 275/15, Rn. 6 ff.

Gesichtspunkte darstellen (vgl. BGH, Beschluss vom 9. Dezember 2010 – 5 StR 421/10, StV 2011, 276). Ein Absehen von der Anordnung trotz bestehender hangbedingter Gefährlichkeit kommt in Ausübung des in § 66 Abs. 2 (und Abs. 3) StGB eingeräumten Ermessens aber nur dann in Betracht, wenn bereits zum Zeitpunkt des Urteilserlasses die Erwartung begründet ist, der Täter werde hierdurch eine Haltungsänderung erfahren, so dass für das Ende des Strafvollzugs eine günstige Prognose gestellt werden kann (BGH, Urteil vom 28. März 2012 – 2 StR 592/11, NStZ-RR 2012, 272 [Ls.]; Beschlüsse vom 16. Dezember 2014 – 1 StR 515/14, NStZ-RR 2015, 73, und vom 11. August 2011 – 3 StR 221/11). Im Zeitpunkt des Urteilserlasses noch ungewisse positive Veränderungen und lediglich mögliche Wirkungen künftiger Maßnahmen im Strafvollzug können indes nicht genügen (vgl. BGH, Urteile vom 15. Oktober 2014 – 2 StR 240/14, NStZ 2015, 510, 511, vom 28. Mai 1998 – 4 StR 17/98, BGHR StGB § 66 Abs. 2 Ermessensentscheidung 6, und vom 22. Januar 1998 – 4 StR 527/97, NStZ-RR 1998, 206). Solche möglichen Veränderungen sind, sofern sie eingetreten sind, erst im Rahmen der obligatorischen Entscheidung gemäß § 67c Abs. 1 StGB vor dem Ende des Vollzugs der Freiheitsstrafe zu berücksichtigen.

[8] bb) Diesen rechtlichen Maßstab hat das Landgericht bei seiner Ermessensausübung verfehlt:

[9] Es hätte prüfen müssen, ob zumindest konkrete Anhaltspunkte für einen Behandlungserfolg vorliegen (vgl. BGH, Urteile vom 3. Februar 2011 – 3 StR 466/10, NStZ-RR 2011, 172, und vom 19. Juli 2005 – 4 StR 184/05, NStZ-RR 2005, 337, 338; Beschlüsse vom 16. Dezember 2014 – 1 StR 515/14, NStZ-RR 2015, 73, und vom 28. März 2012 – 2 StR 592/11, NStZ-RR 2012, 272 [Ls.]). Es gibt keine gesicherte Vermutung dahingehend, dass eine langjährige, erstmalige Strafverbüßung stets zu einer Verhaltensänderung führen wird (BGH, Beschluss vom 4. August 2009 – 1 StR 300/09, NStZ 2010, 270, 272). Die Jugendschutzkammer hat selbst – nach sachverständiger Beratung – ausgeführt, „dass derzeit gänzlich ungewiss ist, ob Therapiebemühungen eine innere Haltungsänderung bei dem Angeklagten erzielen können" (UA 34). Der Umstand, dass der Angeklagte nach ihrer Auffassung „den ersten Schritt" gemacht habe, ist nicht geeignet, die in ständiger Rechtsprechung verlangte gesicherte Erwartung zu begründen, die unter Ermessensgesichtspunkten ein Absehen von der Anordnung der Sicherungsverwahrung rechtfertigen könnte (vgl. dazu auch BGH, Urteil vom 15. Oktober 2014 – 2 StR 240/14, NStZ 2015, 510, 511).

[10] cc) Sonstige Gründe, die einer Anordnung der Sicherungsverwahrung zwingend entgegenstehen könnten, ergeben sich aus dem angefochtenen Urteil nicht (vgl. zur Prüfung der Verhältnismäßigkeit BGH, Urteil vom 7. Januar 2015 – 2 StR 292/14, NStZ 2015, 208; s. ferner BGH, Beschluss vom 15. Januar 2015 – 5 StR 473/14, NStZ 2015, 210).

204 Ordnet das Tatgericht eine nach § 66 Abs. 3 Satz 1 StGB in sein Ermessen gestellte Unterbringung in der Sicherungsverwahrung an, muss **aus den Urteilsgründen deutlich** werden, dass es sich seiner **Entscheidungsbefugnis bewusst** war und welche Gründe für seine Ermessensausübung leitend waren.[226]

---

[226] BGH, Beschluss vom 21.07.2015 – 3 StR 170/15, Rn. 2.

Bei der Anordnung von Sicherungsverwahrung nach **§ 66 Abs. 3 Satz 1 StGB** ist anders als in den Fällen des § 66 Abs. 3 Satz 2 StGB im Fall der Verhängung einer Gesamtstrafe als Vorverurteilung nicht eine **Vorverurteilung** zu einer Einzelstrafe von mindestens **drei Jahren** erforderlich. Eine entsprechend hohe **Gesamtfreiheitsstrafe genügt** jedenfalls dann, **wenn** dieser **ausschließlich Katalogtaten zugrunde liegen.** Nichts anderes gilt für eine **Einheitsjugendstrafe** als Vorverurteilung.[227] 205

d) Vorwegvollzug – § 67 Abs. 2 StGB

Im Rahmen der Bestimmung der Dauer des Vorwegvollzugs der Maßregel hat das Urteil **mitzuteilen, wie lange** die **Unterbringung** des Angeklagten **voraussichtlich erforderlich sein wird.**[228] 206

[4] 2. Die vom Landgericht vorgenommene Bestimmung der Dauer des Vorwegvollzugs der Maßregel ist jedoch rechtsfehlerhaft. Denn die Strafkammer hat es unterlassen, in dem Urteil mitzuteilen, wie lange die Unterbringung des Angeklagten voraussichtlich erforderlich sein wird (vgl. dazu etwa BGH, Beschluss vom 4. Dezember 2012 – 4 StR 409/12). Die Dauer des Vorwegvollzugs ist so zu bemessen, dass nach seiner Vollziehung und einer anschließenden Unterbringung eine Entscheidung nach § 67 Abs. 5 Satz 1 StGB, also eine Entlassung zum Halbstrafenzeitpunkt, möglich ist. Das zur neuen Verhandlung und Entscheidung berufene Tatgericht wird – unter erneuter Hinzuziehung eines Sachverständigen (§ 246a Abs. 1 Satz 2 StPO) – bei der Berechnung des vorweg zu vollstreckenden Teils der Freiheitsstrafe die voraussichtlich notwendige Therapiedauer feststellen und diese von den zwei Jahren und sechs Monaten – der Hälfte der (nunmehr rechtskräftig) erkannten Freiheitsstrafe – abziehen müssen.

19. Entziehung der Fahrerlaubnis – § 69 StGB

Die **Anordnung** der Maßregel einer **isolierten Sperrfrist** nach § 69a Abs. 1 S. 3 StGB setzt im Falle des Nichtvorliegens einer Katalogtat im Sinne von § 69 Abs. 2 StGB voraus, dass das Gericht eine **umfassende Gesamtwürdigung** der **Tatumstände** und der **Täterpersönlichkeit** vollzieht.[229] 207

[3] Soll gegen einen Angeklagten wegen einer Straftat, die nicht in dem Katalog des § 69 Abs. 2 StGB enthalten ist, eine isolierte Sperrfrist für die Erteilung einer Fahrerlaubnis gemäß § 69a Abs. 1 Satz 3 StGB angeordnet werden, so muss der Tatrichter eine Gesamtwürdigung der Tatumstände und der Täterpersönlichkeit vornehmen, um die fehlende Eignung des Angeklagten zum Führen von Kraftfahrzeugen (§ 69 Abs. 1 Satz 1 StGB) zu belegen; der erforderliche Umfang der Darlegung hängt vom Einzelfall ab (BGH, Beschluss vom 17. Mai 2000 – 3 StR 167/00, NStZ-RR 2000, 297, 298 mwN). Zwar liegt es bei typischen Verkehrsde-

---

227 BGH, Beschluss vom 03.11.2015 – 4 StR 309/15.
228 BGH, Beschluss vom 15.01.2015 – 5 StR 473/14, Rn. 4.
229 BGH, Urteil vom 17.12.2014 – 3 StR 487/14, Rn. 2 f.

likten, zu denen Fahren ohne Fahrerlaubnis zählt, nicht fern, dass der Täter zum Führen eines Kraftfahrzeugs ungeeignet und daher eine isolierte Sperrfrist anzuordnen ist (BGH, Urteil vom 5. September 2006 – 1 StR 107/06, NStZ-RR 2007, 40). Eine auf den Einzelfall bezogene Begründung macht dies indes nicht entbehrlich.

20. Berufsverbot – § 70 StGB

208 Die Sicherungsmaßregel des **Berufsverbots** nach § 70 StGB soll die **Allgemeinheit** vor den Gefahren **schützen**, die von der Ausübung eines Berufs durch hierfür nicht hinreichend zuverlässige Personen ausgehen.[230]

[17] Die in das Ermessen des Gerichts gestellte Sicherungsmaßregel gemäß § 70 Abs. 1 Satz 1 StGB soll die Allgemeinheit vor den Gefahren schützen, die von der Ausübung eines Berufs durch hierfür nicht hinreichend zuverlässige Personen ausgehen. Dabei ist zu prüfen, ob die Anlasstat in symptomatischer Weise die Unzuverlässigkeit des Täters in seinem Beruf erkennen lässt. Ein Missbrauch des Berufs liegt nur vor, wenn die Tat in einem inneren Zusammenhang mit der Berufsausübung steht. Es genügt nicht, dass der Beruf rein äußerlich die Möglichkeit gibt, bestimmte strafbare Handlungen zu begehen (vgl. Senat, Beschluss vom 20. April 1983 2 StR 175/83, NJW 1983, 2099). Ob dies alleine aufgrund der Tatsache der Fall ist, dass die Angeklagte sich unter Ausnutzung ihrer Approbation als Ärztin das Morphium verschafft hat, das sie selbst konsumieren wollte, in der zugespitzten Auseinandersetzung mit ihrem Ehemann aber als Tatmittel eingesetzt hat, ist vom Landgericht nicht erschöpfend erörtert worden. Die weitere Erwägung, sie habe ihre beruflichen Fähigkeiten nicht zur Heilung und Pflege von Menschen, sondern zur Tötung eines anderen eingesetzt, erscheint als Maßregelanlass bedenklich.

[18] Jedenfalls begegnet die Prognose, dass die Angeklagte künftig unter Verletzung ihrer ärztlichen Pflichten im Beruf rechtswidrige Taten begehen werde, rechtlichen Bedenken. Dabei ist die Tatsache nicht berücksichtigt worden, dass es sich bei der Anlasstat der Maßregelanordnung, die bei der Prognose Indizbedeutung für künftiges strafwürdiges Verhalten haben könnte, um ein Kapitaldelikt gehandelt hat, das gerade aus der konfliktbeladenen Beziehung zu dem Opfer entstanden ist und zu dem sie durch dessen Verhalten provoziert wurde. Mit einer vergleichbaren Tat ist für die Zukunft kaum noch zu rechnen. Welche anderen rechtswidrigen Taten zu erwarten sind, hat die Kammer nicht erläutert. Das wäre aber zur Prüfung der Verhältnismäßigkeit des Eingriffs in die Freiheit der Berufsausübung erforderlich gewesen.

---

[230] BGH, Urteil vom 11.03.2015 – 2 StR 423/15, Rn. 17.

21. Verfall und Einziehung – §§ 73 ff. StGB

Eine **Einziehungsentscheidung** ist **rechtfehlerhaft**, wenn die eingezogenen Gegenstände, allein durch die **Bezugnahme auf** ein **Sicherstellungsverzeichnis in** den Akten und damit **nicht ausreichend bezeichnet** sind.[231] **209**

Eine **Verfallsanordnung** kommt **nicht** in Betracht, **wenn** auf Rückgewähr gerichtete **Ersatzansprüche Verletzter** entgegenstehen, § 73 Abs. 1 S. 2 StGB. Dies ist der Fall, wenn die Gelder durch Betrugshandlungen erlangt worden sind. Hierbei ist irrelevant, ob der Täter oder Teilnehmer durch den Verletzten auch tatsächlich in Anspruch genommen wird oder hiermit zumindest noch zu rechnen ist.[232] **210**

„**Aus der Tat erlangt**" im Sinne von § 73 Abs. 1 Satz 1 StGB sind alle Vermögenswerte, die dem Täter unmittelbar aus der Verwirklichung des Tatbestandes selbst in irgendeiner Phase des Tatablaufs zufließen.[233] **211**

Bei der Bestimmung dessen, was „**aus der Tat erlangt**" ist (§ 73 Abs. 1 Satz 1 StGB), ist zu prüfen, welchen geschäftlichen Vorgang die Strafvorschrift nach ihrem Zweck verhindern will, was also letztlich strafbewehrt ist. Nur der aus diesem Vorgang gezogene **Vorteil** ist dem Täter im Sinne des § 73 Abs. 1 Satz 1 StGB erwachsen. Soweit das Geschäft bzw. seine Abwicklung an sich verboten und strafbewehrt ist, unterliegt der gesamte hieraus erlangte Erlös dem Verfall. Ist dagegen strafrechtlich nur die Art und Weise bemakelt, in der das Geschäft ausgeführt wird, ist nur der hierauf entfallende Sondervorteil erlangt.[234] **212**

Wirtschaftlich erlangt ist ein Gegenstand oder Wert im Sinne von § 73 Abs. 1 StGB, sobald dieser **unmittelbar** aus der Tat in die eigene Verfügungsgewalt des Täters **übergegangen** ist. Beim Erlangen im Sinne von § 73 Abs. 1 StGB handelt es sich um einen tatsächlichen Vorgang. Auf zivilrechtliche Besitz- und Eigentumsverhältnisse zwischen mehreren Tatbeteiligten kommt es nicht an. Spätere Mittelabflüsse können nur im Rahmen der Härtefallklausel des § 73c Abs. 1 Satz 2 StGB berücksichtigt werden.[235] **213**

Werden **Zahlungsdienste ohne Erlaubnis** (§ 31 Abs. 1 Nr. 2, Abs. 2 ZAG) erbracht, ist die Vereinbarung und Durchführung des Zahlungsdienstes strafrechtlich bemakelt. Dazu gehört der gesamte Geldkreislauf, der mit dem Angebot und der Auszahlung an den Kunden durch das EC-Cash-Terminal beginnt und mit dem Eingang der Gutschrift auf dem Konto der Verfallsbeteiligten endet.[236] **214**

Bei **verbotenen Insidergeschäften** gilt „lediglich" der **realisierte Sondervorteil** gegenüber anderen Marktteilnehmern als erlangt im Sinne des § 73 Abs. 1 Satz 1 StGB, weil der Veräußerungsakt als solcher legal ist. Bemakelt ist das Geschäft deshalb, weil der Insider aus seinem Sonderwissen keinen Sondervorteil gegenüber den anderen Marktteilnehmern ziehen soll.[237] **215**

---

231 BGH, Beschluss vom 17.02.2015 – 3 StR 547/14, Rn. 2; BGH, Beschluss vom 14.10.2015 – 2 StR 249/15, Rn. 2f. und BGH, Beschluss vom 14.10.2015 – 2 StR 512/14, Rn. 5f.; vgl. auch: BGH, Beschluss vom 01.12.2015 – 4 StR 397/15, Rn. 14.
232 BGH, Beschluss vom 09.12.2014 – 3 StR 438/14, Rn. 3.
233 BGH, Beschluss vom 11.06.2015 – 1 StR 368/14, Rn. 30.
234 BGH, Beschluss vom 11.06.2015 – 1 StR 368/14, Rn. 35.
235 BGH, Urteil vom 02.07.2015 – 3 StR 157/15, Rn. 13.
236 BGH, Beschluss vom 11.06.2015 – 1 StR 368/14, Rn. 37.
237 BGH, Beschluss vom 11.06.2015 – 1 StR 368/14, Rn. 42.

216 Auch in den Fällen **korruptiv erlangter Auftragserteilungen** soll lediglich die Art und Weise **bemakelt** sein, **wie** der **Auftrag erlangt** wurde, **nicht** hingegen, dass er **ausgeführt** wurde.[238]

217 Bei nach dem **Außenwirtschaftsgesetz verbotenen Ausfuhren** kommt es schließlich darauf an, ob das dem Vorgang zugrunde liegende Geschäft **genehmigungsfähig** ist und genehmigt werden müsste. Ist dies der Fall, wird allein das **Umgehen der Kontrollbefugnis der Genehmigungsbehörde** sanktioniert. Erlangt sind nur die hierdurch **ersparten Aufwendungen.** Ist das **Geschäft** demgegenüber **nicht genehmigungsfähig,** so ist es als solches bemakelt und die **gesamte Gegenleistung** kann **abgeschöpft** werden.[239]

218 Ein Täter kann auch dadurch **etwas** i. S. v. **§ 73 Abs. 1 S. 1 StGB erlangen,** dass er sich **Aufwendungen erspart.** Infolgedessen kann bei einer **Steuerhinterziehung** auch ein Betrag in Höhe **nicht gezahlter Steuern** dem Verfall von Wertersatz unterliegen.[240]

[15] (...) Das Landgericht hat jedoch nicht beachtet, dass der Steuerhehler die vom Verbringer hinterzogenen Steuern und Abgaben weder aus der Tat noch für die Tat erlangt. Er erspart sich „aus der Tat“ auch nicht Aufwendungen, nur weil er die Ware günstiger beziehen kann und wegen der Tat für die (zuvor) verkürzten Steuern gemäß § 71 AO haftet. Vielmehr erlangt der Steuerhehler, indem er die Zigaretten ankauft oder sich sonst verschafft, zunächst die Zigaretten und durch den anschließenden Weiterverkauf den hieraus erzielten Erlös (BGH, Beschluss vom 28. Juni 2011 – 1 StR 37/11, wistra 2011, 394). Die Aufwendungen des Steuerhehlers für den Erwerb der Zigaretten bleiben dabei unberücksichtigt (vgl. BGH, Urteil vom 29. Juni 2010 – 1 StR 245/09, NStZ 2011, 83 mwN).

[16] Ist der Steuerhehler auch Empfänger im Sinne des § 23 Abs. 1 Satz 2 TabStG, hat er daneben die Aufwendungen für die beim Verbringen der Zigaretten in das deutsche Steuergebiet entstandene Tabaksteuer erspart (BGH, Beschluss vom 28. Juni 2011 – 1 StR 37/11, wistra 2011, 394). (...)

219 Einer **Verfallsanordnung** hinsichtlich **ersparter Steuern stehen regelmäßig Ansprüche** des **Steuerfiskus** i. S. v. § 73 Abs. 1 S. 2 StGB **entgegen.**[241]

220 Nach § 73 Abs. 1 Satz 2 StGB können **Schadensersatzansprüche des Landes gegen** die **Anordnung des Verfalls von Wertersatz** sprechen. Der Angeklagte soll insoweit **vor** einer **doppelten Inanspruchnahme geschützt** werden.[242]

[5] a) Das Landgericht ist im Ausgangspunkt zutreffend von der Anwendbarkeit des § 111i Abs. 2 StPO ausgegangen, weil der Angeklagte einen Geldbetrag in Höhe von 190.187,63 € aus den Taten erlangt hat und der Anordnung des Verfalls von Wertersatz (§ 73a StGB) Schadensersatzansprüche des Landes N. gemäß § 823 Abs. 2 BGB i. V. m. § 266 StGB in einer dem Wert des Erlangten entsprechenden Höhe entgegenstehen (§ 73 Abs. 1 Satz 2 StGB). Auch der Fiskus kann

---

238 BGH, Beschluss vom 11.06.2015 – 1 StR 368/14, Rn. 43.
239 BGH, Beschluss vom 11.06.2015 – 1 StR 368/14, Rn. 44.
240 BGH, Beschluss vom 27.01.2015 – 1 StR 613/14.
241 BGH, Beschluss vom 27.01.2015 – 1 StR 613/14, Rn. 15.
242 BGH, Beschluss vom 12.03.2015 – 2 StR 322/14, Rn. 5.

Verletzter im Sinne des § 73 Abs. 1 Satz 2 StGB sein (BGH, Beschluss vom 28. November 2000 – 5 StR 371/00, NStZ 2001, 155, 156). Die Anwendung der Vorschrift des § 73 Abs. 1 Satz 2 StGB wird nicht dadurch ausgeschlossen, dass hier das geschädigte Land zugleich Gläubiger des aufgrund einer Anordnung nach § 73a StGB entstehenden staatlichen Zahlungsanspruchs (vgl. Fischer, StGB, 62. Aufl., § 73a Rn. 8) gegen den Angeklagten wäre. § 73 Abs. 1 Satz 2 StGB verfolgt den Zweck, den Angeklagten vor einer doppelten Inanspruchnahme zu schützen und ihm die Mittel zu belassen, die er zur Erfüllung der Ansprüche des Verletzten benötigt (vgl. BGH, Beschluss vom 10. November 2009 – 4 StR 443/09, NStZ 2010, 693 f.). Die zumindest abstrakte Gefahr einer doppelten Inanspruchnahme besteht auch dann, wenn der Täter etwas aufgrund einer Tat zum Nachteil des Landes erlangt und diesem infolgedessen ein Anspruch gegen den Täter auf Rückgewähr des Erlangten oder auf Ersatz des dem Erlangten entsprechenden Geldwerts zusteht. Denn eine im Urteil getroffene Anordnung von Wertersatzverfall ließe zunächst die Möglichkeit des Verletzten unberührt, seine aus der Tat erwachsenen Ansprüche außerhalb des Strafverfahrens – hier zum Beispiel durch Vollstreckung des notariellen Schuldanerkenntnisses – durchzusetzen (vgl. BGH, Urteil vom 11. Mai 2006 – 3 StR 41/06, NStZ 2006, 621, 622). Daran ändert auch nichts, dass sich der Täter gegen eine doppelte Inanspruchnahme durch das Land erfolgreich zur Wehr setzen könnte.

TOPENTSCHEIDUNG ■

Die Anordnung des **Verfalls von Wertersatz** ist in Fällen der Strafbarkeit nach dem **ZAG** gemäß § 73 Abs. 1 Satz 2 StGB ausgeschlossen, „soweit dem Verletzten aus der Tat ein Anspruch erwachsen ist, dessen Erfüllung dem Täter oder Teilnehmer den Wert des aus der Tat Erlangten entziehen würde“. „Verletzter“ ist der durch die rechtswidrige Tat Geschädigte. Dies setzt den Eintritt eines Schadens voraus. Ist ein Schaden eingetreten, ist der Geschädigte nur dann „Verletzter“ im Sinne von § 73 StGB, wenn das verletzte Strafgesetz auch seine Interessen schützt.[243] **221**

[55] Den Spielern ist kein Schaden entstanden. Bei ihnen handelt es sich daher nicht um Verletzte im Sinne dieser Vorschrift. Ihnen stehen keine Ansprüche aus § 823 Abs. 2 BGB i. V. m. § 31 Abs. 1 Nr. 2, Abs. 2 ZAG oder aus §§ 812 ff. BGB gegen die Verfallsbeteiligte zu.

[56] Der Spieler hat auf Grund des mit der U. GmbH abgeschlossenen Geschäftsbesorgungsvertrags gegen ein Entgelt von einem Euro Bargeld erlangt, über das er frei verfügen konnte.

[57] a) Der Geschäftsbesorgungsvertrag ist wirksam. Nach § 134 BGB ist ein Rechtsgeschäft, das gegen ein gesetzliches Verbot verstößt, nichtig, „wenn sich nicht aus dem Gesetz ein anderes ergibt“. „Ein anderes“ ergibt sich aus dem Gesetz dann, wenn das Ausbleiben der Nichtigkeit dem Sinn und Zweck des Verbotsgesetzes besser gerecht wird (Armbrüster, Münchener Kommentar zum BGB, 6. Aufl. 2012, § 134 Rn. 1).

---

243 BGH, Beschluss vom 11.06.2015 – 1 StR 368/14, Rn. 54.

[58] Das Gesetz über die Beaufsichtigung von Zahlungsdiensten (ZAG) dient der Umsetzung der „Zahlungsdiensterichtlinie" (Richtlinie 2007/64/EG des Europäischen Parlaments und des Rates vom 13. November 2007 über Zahlungsdienste im Binnenmarkt, zur Änderung der Richtlinien 97/7/EG, 2002/65/EG, 2005/60/EG und 2006/48/EG sowie zur Aufhebung der Richtlinie 97/5/EG). Es ist ein aufsichtsrechtliches Spezialgesetz. Es unterwirft Zahlungsinstitute einem eigenen Aufsichtsregime (Findeisen in: Ellenberger/Findeisen/Nobbe (Hrsg.), Kommentar zum Zahlungsverkehrsrecht, 2. Aufl. 2013, § 1 Rn. 44), z.B. einer Solvenzaufsicht (Vorhalten von angemessenen Eigenmitteln, § 12 ZAG), und fordert von ihnen in § 8 Abs. 3 Nr. 1–12 ZAG umfangreiche Angaben und Nachweise (Findeisen, aaO, § 1 Rn. 56).

[59] Die Zahlungsdiensterichtlinie bezweckt die EU-weite Harmonisierung von Aufsichtsnormen (Findeisen, aaO, § 1 Rn. 55) und die Harmonisierung des Zahlungsverkehrs in Europa durch die Regulierung von Anbietern von Zahlungsdiensten (Findeisen, aaO, § 1 Rn. 3f.). Rechtspolitischer Hintergrund war das Ziel eines effizienten, modernen Zahlungssystems mit hoher Wettbewerbsfähigkeit und angemessenem Verbraucherschutz innerhalb der europäischen Union (Findeisen, aaO, § 1 Rn. 8).

[60] Die Zahlungsdiensterichtlinie hat der deutsche Gesetzgeber zweigeteilt umgesetzt. Die aufsichtsrechtlichen Bestimmungen finden sich im ZAG, die zivilrechtlichen Regelungen für Zahlungsdiensteanbieter, ihre Zahlungsverfahren und ihre Haftung im BGB (§§ 675a ff.). Mit den zivilrechtlichen Regelungen sollen die Rechte der Zahlungsdienstenutzer gestärkt werden, mit besonderem Augenmerk auf dem Verbraucherschutz (Findeisen, aaO, § 1 Rn. 42).

[61] Aus den gesetzgeberischen Zielen des ZAG ergibt sich damit, dass es sich bei § 31 Abs. 1 Nr. 2, Abs. 2 ZAG um kein Verbotsgesetz nach § 134 BGB handelt.

[62] Dies folgt bereits daraus, dass sich das Verbot – anders als nach § 134 BGB grundsätzlich erforderlich – nicht gegen beide Vertragsparteien, sondern nur gegen eine Partei, nämlich gegen das Zahlungsinstitut, richtet und dementsprechend die Strafbarkeit, die sich aus § 31 ZAG ergibt, nur auf Seiten des Zahlungsinstituts eintritt. Zudem handelt es sich bei der Erlaubnispflicht (§ 8 Abs. 1 Satz 1 ZAG) um eine aufsichtsrechtliche Vorschrift, bei der sich das in der Erlaubnispflicht liegende Verbot von Zahlungsdiensten ohne Erlaubnis nicht gegen die rechtliche Wirkung dieser Geschäfte richtet. Das Verbot bezweckt nicht, das Geschäft des Erbringens von Zahlungsdiensten als solches zu untersagen, sondern wendet sich lediglich gegen Zahlungsinstitute, die die gesetzlichen Voraussetzungen des ZAG nicht erfüllen. Das ZAG hat ordnungspolitische Funktionen im Bereich des Zahlungsverkehrs und des E-Geld-Geschäfts (Werner in: Ellenberger/Findeisen/Nobbe (Hrsg.), Kommentar zum Zahlungsverkehrsrecht, 2. Aufl. 2013, § 31 Rn. 1).

[63] Die Wirksamkeit des Vertrages widerstreitet auch nicht den Interessen des Vertragspartners, weil dieser den ausbezahlten Betrag behalten darf. Die der Auszahlung zugrundeliegende Dienstleistung hat er mit der zu entrichtenden Gebühr vergütet.

[64] b) Der Senat kann offenlassen, ob es sich bei § 31 Abs. 1 Nr. 2, Abs. 2 ZAG in Verbindung mit § 8 Abs. 1, § 9 Nr. 3c und § 9 Nr. 6 1. Alt. ZAG um ein Schutzgesetz im Sinne von § 823 Abs. 2 BGB handelt.

[65] aa) Ein Schutzgesetz liegt nur dann vor, wenn es nach Zweck und Inhalt zumindest auch dazu dienen soll, den Einzelnen oder einzelne Personenkreise gegen die Verletzung eines bestimmten Rechtsguts zu schützen. Dafür kommt es nicht auf die Wirkung, sondern auf Inhalt und Zweck des Gesetzes sowie darauf an, ob der Gesetzgeber bei Erlass des Gesetzes gerade einen Rechtsschutz, wie er wegen der behaupteten Verletzung in Anspruch genommen wird, zu Gunsten von Einzelpersonen oder bestimmten Personenkreisen gewollt oder doch mit gewollt hat (vgl. BGH, Urteile vom 13. Dezember 2011 – XI ZR 51/10, BGHZ 192, 90ff.; vom 11. Januar 2005 – VI ZR 34/04, VersR 2005, 515f. und vom 26. Februar 1993 – V ZR 74/92, BGHZ 122, 1, 3f.).

[66] § 31 Abs. 1 Nr. 2 ZAG bestraft den, der ohne Erlaubnis nach § 8 Abs. 1 Satz 1 ZAG Zahlungsdienste erbringt. § 31 Abs. 2 ZAG stellt fahrlässiges Handeln unter Strafe. In den Fällen, in denen eine Verhaltensnorm an anderer Stelle des einschlägigen Fachgesetzes um einen Straftatbestand ergänzt wird, handelt es sich um ein „zusammengesetztes Schutzgesetz", über dessen Individualschutzzweck insgesamt zu entscheiden ist (Wagner, Münchener Kommentar zum BGB, 6. Aufl. 2012, § 823 Rn. 405). § 9 ZAG wiederum bestimmt, in welchen Fällen eine Erlaubnis nach § 8 Abs. 1 Satz 1 ZAG zu versagen ist. Hier sind § 9 Nr. 3c und § 9 Nr. 6 1. Alt. ZAG einschlägig. Diese Vorschriften müssen daher in die Prüfung einbezogen werden, ob § 31 ZAG im vorliegenden Fall die Eigenschaft eines Schutzgesetzes zukommt.

[67] Das ZAG mit seinen ordnungspolitischen Funktionen im Bereich des Zahlungsverkehrs und des E-Geld-Geschäfts beschränkt sich in Fällen von besonders schwerwiegenden Verstößen zur Durchsetzung der Ziele des Gesetzes nicht darauf, nur Verwaltungsmaßnahmen zu ermöglichen. Denn dann könnte der Geltungskraft des Gesetzes nicht hinreichend Rechnung getragen werden (Werner, aaO, § 31 Rn. 1). Deshalb hat der Gesetzgeber bestimmte Gesetzesverletzungen in § 31 ZAG mit Geld- oder Freiheitsstrafe bedroht.

[68] § 8 Abs. 1 ZAG in Verbindung mit den Versagungstatbeständen des § 9 Nr. 3c und Nr. 6 1. Alt. ZAG könnten jedenfalls auch dem Schutz der Verbraucher vor Zahlungsinstituten dienen, denen kein ausreichendes Anfangskapital zur Verfügung steht oder die über keine wirksamen Verfahren zur Ermittlung, Steuerung, Überwachung und Meldung von Risiken verfügen, soweit dadurch von den Nutzern eingesetzte Gelder in Verlust geraten könnten.

[69] Dagegen könnte die zweigeteilte Umsetzung der Zahlungsdiensterichtlinie in §§ 1ff. ZAG und §§ 675a ff. BGB mit eigenen Haftungsvorschriften in §§ 675u ff. BGB dafür sprechen, dass der Gesetzgeber mit der Strafbestimmung des § 31 ZAG den verbraucherrechtlichen Schutz nicht mittels einer daran anknüpfenden deliktischen Haftung über § 823 Abs. 2 BGB erweitern wollte (offen gelassen von LG Köln, Urteil vom 29. September 2011 – 81 O 91/11, WM 2012, 405, 406).

[70] bb) Die Frage muss hier jedoch nicht entschieden werden; denn dem Zahlungsdienstenutzer ist kein ersatzfähiger Vermögensschaden entstanden.

[71] Wer zum Schadensersatz verpflichtet ist, hat den Zustand herzustellen, der bestehen würde, wenn der zum Ersatz verpflichtende Umstand nicht eingetreten wäre (§ 249 Abs. 1 BGB).

[72] Ob ein Vermögensschaden vorliegt, beurteilt sich grundsätzlich nach der sogenannten Differenzhypothese, also nach einem Vergleich der infolge des haf-

tungsbegründenden Ereignisses eingetretenen Vermögenslage mit derjenigen, die sich ohne jenes Ereignis ergeben hätte (BGH, Urteile vom 18. Januar 2011 – VI ZR 325/09, BGHZ 188, 78 Rn. 8 und vom 26. September 1997 – V ZR 29/96, NJW 1998, 302, 304). Auf den konkreten Fall bezogen bedeutet dies, dass die Vermögenslage des Nutzers nach Abschluss des Geschäftsbesorgungsvertrags mit der Vermögenslage zu vergleichen ist, wie sie ohne diesen Vertrag bestanden hätte. Ein Schaden liegt vor, wenn bei diesem Vergleich ein rechnerisches Minus verbleibt, also der Vertragsschluss für den Nutzer wirtschaftlich nachteilig gewesen ist. Wirtschaftlich nachteilig aber war er nur in Höhe der Gebühren von einem Euro je Abhebung; im Übrigen wurde die auf dem Bankkonto des Nutzers eingetretene Vermögensminderung durch das vom Terminal ausbezahlte Bargeld vollständig ausgeglichen.

[73] Die Differenzhypothese muss allerdings stets einer normativen Kontrolle unterzogen werden, weil sie eine wertneutrale Rechenoperation darstellt. Dabei ist einerseits das konkrete haftungsbegründende Ereignis als Haftungsgrundlage zu berücksichtigen. Andererseits ist die darauf beruhende Vermögensminderung unter Berücksichtigung aller maßgeblichen Umstände sowie der Verkehrsauffassung in die Betrachtung einzubeziehen. Erforderlich ist also eine wertende Überprüfung des anhand der Differenzhypothese gewonnenen Ergebnisses gemessen am Schutzzweck der Haftung und an der Ausgleichsfunktion des Schadensersatzes (BGH, Urteile vom 21. Dezember 2004 – VI ZR 306/03, BGHZ 161, 361, 366 und vom 26. September 1997 – V ZR 29/96, NJW 1998, 302, 304; Beschluss vom 9. Juli 1986 – GSZ 1/86, BGHZ 98, 212, 217f., 223f. mwN; Urteil vom 10. Juli 2007 – VI ZR 192/06, BGHZ 173, 169 Rn. 21).

[74] Der durch eine unerlaubte Handlung Geschädigte hat auch keinen Anspruch darauf, besser zu stehen als er stünde, wenn die unerlaubte Handlung nicht begangen worden wäre.

[75] Der Umfang des nach § 823 Abs. 2, §§ 249ff. BGB geschuldeten Schadensersatzes wird auch durch den Normzweck des verletzten Schutzgesetzes bestimmt (BGH, Urteil vom 18. November 2003 – VI ZR 385/02, VersR 2004, 255). Es wird also nur der Schaden ersetzt, dessen Eintritt die Einhaltung der Pflicht verhindern soll (BGH, Urteile vom 30. Januar 1990 – XI ZR 63/89, NJW 1990, 2057, 2058; vom 3. Dezember 1991 – XI ZR 300/90, BGHZ 116, 209, 212 und vom 20. März 2007 – XI ZR 414/04, WM 2007, 876 Rn. 21f., 28).

[76] Ein Anspruch auf Schadensersatz in Höhe der entrichteten Gebühren besteht also nur dann, wenn die verletzten Vorschriften über zureichendes Eigenkapital (§ 9 Nr. 3c ZAG) oder ausreichendes Risikomanagement (§ 9 Nr. 6 ZAG) den Nutzer auch vor Gebührenansprüchen für ordnungsgemäß erbrachte Leistungen schützen wollen. Dafür bieten indes weder Wortlaut und Entstehungsgeschichte noch Systematik oder Sinn und Zweck dieser Vorschriften hinreichende Anhaltspunkte.

[77] Zahlungsdienstenutzer sollen durch diese Vorschriften nicht davor geschützt werden, einem Zahlungsinstitut, das ohne Erlaubnis handelt und dem nach § 9 Nr. 3c und § 9 Nr. 6 ZAG die Erlaubnis versagt werden müsste, die vereinbarten Gebühren für eine vertragsgemäße, aber ohne Erlaubnis erbrachte Zahlungsdienstleistung zu entrichten.

[78] Hätte die Verfallsbeteiligte über eine Erlaubnis verfügt, wäre der Nutzer ebenfalls zur Leistung der für das Abheben am Automaten vereinbarten Gebühr

verpflichtet gewesen. Gemäß § 675f Abs. 4 Satz 1 BGB hat der Zahlungsdienstenutzer dem Zahlungsdienstleister das für eine Erbringung des Zahlungsdienstes vereinbarte Entgelt zu entrichten. Die Höhe dieses Entgelts kann jedes Zahlungsinstitut im Rahmen der Vertragsfreiheit selbst festlegen. Ist der Kunde mit der Höhe der verlangten Gebühr nicht einverstanden, steht es ihm frei, sich zu seiner Hausbank zu begeben und den gewünschten Betrag dort abzuheben.

PRAXISBEDEUTUNG ■

Die Entscheidung hat hohe Auswirkungen auf die Geschäftspolitik in entsprechenden Branchen. Im Ergebnis kommt eine schrankenlose vollumfängliche Abschöpfung erlangter Geldbeträge in Betracht. Hierdurch wird letztlich mittelbar dem Verbraucherschutz umfassend Geltung verschafft.

Soweit das **Betäubungsmittel** sich sowohl als **Tatobjekt** als auch – weil für die Tat erlangt – als **Verfallsobjekt** erweist, sind die Vorschriften der **§§ 73, 73a StGB** (Verfall in Höhe des Wertes des ersparten Einkaufspreises) **und** der **§ 33 Abs. 2 BtMG, §§ 74, 74a StGB** (Einziehung der Betäubungsmittel) **nebeneinander zur Anwendung** zu bringen.[244] **222**

[6] Der Angeklagte erlangte das Rauschmittel als Entlohnung für seine die Betäubungsmitteldelikte fördernden Beiträge und somit für die abgeurteilten Beihilfetaten, so dass es nach § 73 Abs. 1 Satz 1 StGB dem Verfall unterlag (BGH, Beschluss vom 20. März 1987 – 2 StR 77/87, BGHR BtMG § 33 Wertersatz 1; Weber, BtMG, 4. Aufl., § 33 Rn. 62; vgl. auch Körner/Patzak/Volkmer, BtMG, 7. Aufl., § 33 Rn. 100). Dass der Angeklagte sich mit der Entgegennahme seines „Honorars" das Heroin gleichzeitig verschaffte (§ 29 Abs. 1 Nr. 1 BtMG) und dieses – auch – als Beziehungsgegenstand nach § 33 Abs. 2 BtMG, §§ 74, 74a StGB hätte eingezogen werden können, steht der Anwendung der Verfallsvorschriften nicht entgegen (vgl. BGH, Beschluss vom 20. März 1987 – 2 StR 77/87, BGHR BtMG § 33 Wertersatz 1). In Fällen wie dem vorliegenden, in denen sich das Rauschgift sowohl als Tatobjekt (vgl. S/S-Eser, 29. Aufl., § 74 Rn. 12a) als auch – weil für die Tat erlangt – als Verfallsobjekt erweist, kommen die Vorschriften der §§ 73, 73a StGB und der § 33 Abs. 2 BtMG, §§ 74, 74a StGB nebeneinander zur Anwendung (Hohn, StraFo 2003, 302, 305; Weber, BtMG, 4. Aufl., § 33 Rn. 61; vgl. auch BGH, Beschluss vom 20. März 1987 – 2 StR 77/87, BGHR BtMG § 33 Wertersatz 1). Wollte man in diesen Fällen allein die Einziehung der Betäubungsmittel als zulässig ansehen, würde nicht angemessen berücksichtigt, dass diesen ein wirtschaftlicher Wert innewohnt, den der Angeklagte als Gegenleistung für seine Tatbeteiligung erhielt und der deshalb nach Sinn und Zweck der Verfallsvorschriften als durch die Straftat herbeigeführte unrechtmäßige Bereicherung abgeschöpft werden soll. Bei der gebotenen wirtschaftlichen Betrachtung ist der vorliegende Fall im Ergebnis nicht anders zu bewerten als derjenige, bei dem der Tatbeteiligte für seine Beiträge in Geld entlohnt wird und dieses zum Erwerb von Betäubungsmitteln einsetzt. Die Abschöpfung des Wertersatzes wegen des zwischenzeitlichen Konsums der Betäubungsmittel scheitert

[244] BGH, Urteil vom 23.07.2015 – 3 StR 37/15, Rn. 6.

deshalb hier nicht daran, dass die Voraussetzungen des § 74c Abs. 1 StGB für die Einziehung des Wertersatzes nicht vorlagen, weil die Betäubungsmittel dem Angeklagten nicht gehörten oder zustanden (vgl. BGH, – 6 – Beschlüsse vom 11. Juni 1985 – 5 StR 275/85, BGHSt 33, 233; vom 14. Dezember 2001 – 3 StR 442/01, NStZ-RR 2002, 118, 119; vom 17. März 2010 – 2 StR 67/10, NStZ 2011, 100). Vielmehr durfte das Landgericht einen Wertersatzverfall nach § 73a StGB anordnen, den es rechtsfehlerfrei nach dem Wert des ersparten Einkaufspreises berechnet hat (vgl. BGH, Beschluss vom 15. März 2001 – 3 StR 21/01, NStZ 2001, 381).

223 „**Bruttoprinzip**" bedeutet, dass nicht bloß der Gewinn, sondern grundsätzlich **alles, was der Täter für die Tat oder aus ihr erhalten hat**, für verfallen zu erklären ist. Bei der Berechnung des aus einem strafbaren Geschäft Erlangten ist deshalb vom gesamten Erlös ohne Abzug der Kosten für die eigene Leistungserbringung und sonstiger Aufwendungen auszugehen. Die durch die Einführung des Bruttoprinzips angestrebte Folge, dass auch die Aufwendungen nutzlos sind, soll zur Verhinderung gewinnorientierter Straftaten – und insbesondere diese wollte der Gesetzgeber erfassen – beitragen. Würde lediglich der Tatgewinn abgeschöpft, so wäre die Tatbegehung unter finanziellen Gesichtspunkten weitgehend risikolos. Diesen Präventionszweck – der Verfallsbetroffene soll das Risiko strafbaren Handelns tragen – hatte der Gesetzgeber im Auge, als er sich auf den Rechtsgedanken des § 817 Satz 2 BGB bezog und darauf abhob, dass das in ein verbotenes Geschäft Investierte unwiederbringlich verloren sein soll.[245]

224 Die Wertbestimmung iSv **§ 73a Satz 1 StGB** erfolgt nach dem Bruttoprinzip, sodass bei **Rauschgiftgeschäften** der **tatsächlich erzielte Verkaufserlös** – ohne Abzug von Einkaufspreis, Transportkosten etc. – anzusetzen ist.[246]

■ TOPENTSCHEIDUNG

225 Eine **Feststellung nach § 111i Abs. 2 S. 1 StPO** – das Absehen von der Verfallsanordnung, weil Ansprüche Verletzter entgegenstehen – setzt **nicht** voraus, dass eine **Beschlagnahme nach § 111c StPO vorgenommen** oder ein **Arrest** nach **§ 111d StPO (wirksam) angeordnet** wurde **und/oder** im Zeitpunkt der Feststellung, also des Urteils, **noch besteht**. Der Umstand, dass über das Vermögen eines von der Feststellung nach § 111i Abs. 2 StPO Betroffenen ein **Insolvenzverfahren eröffnet** ist, **steht** dieser Feststellung jedenfalls dann **nicht entgegen**, wenn der Staat hierdurch (lediglich) – aufschiebend bedingt – einen Zahlungsanspruch erwirbt.[247]

[16] Die Revision der Staatsanwaltschaft hat Erfolg. Die von ihr erhobene Rüge, mit der sie das Unterlassen einer Entscheidung nach § 111i Abs. 2 StPO in den Fällen V.2. und V.3. der Urteilsgründe zum Nachteil der I. beanstandet, ist begründet. Auf diese Fälle ist das Rechtsmittel der Staatsanwaltschaft wirksam beschränkt.

---

[245] BGH, Urteil vom 02.07.2015 – 3 StR 157/15, Rn. 12.
[246] BGH, Urteil vom 05.11.2015 – 4 StR 124/14, Rn. 25.
[247] BGH, Urteil vom 04.12.2014 – 4 StR 60/14, Rn. 16 ff.

[17] 1. Ob der Tatrichter eine Entscheidung nach § 111i Abs. 2 StPO trifft, steht zwar in seinem Ermessen („kann"; vgl. auch Meyer-Goßner/Schmitt, StPO, 57. Aufl., § 111i Rn. 8 mwN) und unterliegt daher nur der eingeschränkten revisionsgerichtlichen Überprüfung (BGH, Urteil vom 20. Februar 2013 – 5 StR 306/12, BGHSt 58, 152). Unterlässt er es aber, eine solche Entscheidung zu treffen und lässt sich dem Urteil – mangels jeglicher Ausführungen hierzu – auch nicht entnehmen, warum er von seinem Ermessen in entsprechender Weise Gebrauch gemacht hat oder aus welchen sonstigen Gründen er eine solche Entscheidung nicht getroffen hat, so liegt hierin jedenfalls dann ein Rechtsfehler im Sinn des § 337 StPO, wenn eine entsprechende Feststellung nahe liegt.

[18] 2. Ein solcher Rechtsfehler liegt hier vor. Denn das angefochtene Urteil enthält keine Ausführungen zu § 111i Abs. 2 StPO, obwohl nahe liegt, dass eine solche Feststellung in Betracht kam und das Landgericht davon ausging, die Eröffnung des Insolvenzverfahrens über das Vermögen der I. stehe – aus Rechtsgründen – einer Feststellung gemäß § 111i Abs. 2 StPO entgegen. Dies trifft indes nicht zu. Auch ist aus anderen Gründen eine solche Feststellung nicht von vorneherein ausgeschlossen.

[19] a) Eine Feststellung nach § 111i Abs. 2 Satz 1 StPO setzt insbesondere nicht voraus, dass eine Beschlagnahme nach § 111c StPO vorgenommen oder ein Arrest nach § 111d StPO (wirksam) angeordnet wurde und/oder im Zeitpunkt der Feststellung, also des Urteils, noch besteht. Es bedarf daher keiner Entscheidung darüber, ob die Strafkammer den angeordneten Arrest zu Recht aufgehoben hat.

[20] aa) Zwar könnte die systematische Stellung des § 111i Abs. 2 StPO (vgl. dazu auch BGH, Urteil vom 20. Februar 2013 – 5 StR 306/12, NJW 2013, 950; Rogall in SK-StPO, 4. Aufl., Vor §§ 111b ff. Rn. 2) sowohl in der Strafprozessordnung, als auch in den §§ 111b ff. StPO sowie in § 111i StPO dafür sprechen, dass es sich bei § 111i Abs. 2 StPO nicht um eine §§ 73, 73a StGB ergänzende, zumindest auch materiell-rechtliche Regelung handelt. Auch deuten Äußerungen des Gesetzgebers in den Gesetzesmaterialien darauf hin, dass dieser davon ausging, § 111i Abs. 2 StPO käme nur dann zur Anwendung, wenn eine Beschlagnahme nach § 111c StPO vorgenommen oder ein Arrest nach § 111d StPO angeordnet wurde, da durch den Auffangrechtserwerb des Staates verhindert werden soll, dass das durch die Straftat Erlangte oder dessen Wert an den Täter zurückfällt, wenn die Opfer ihre Ansprüche nicht geltend machen und die Zwangsvollstreckung in die vorläufig sichergestellten Gegenstände und Vermögenswerte nicht betreiben (BT-Drucks. 16/700 S. 1, 8, 9 sowie insbesondere S. 14 und 16/2021 S. 1, 4; dazu auch BGH, Urteil vom 7. Februar 2008 – 4 StR 502/07, NJW 2008, 1093). Es soll verhindert werden, dass gesicherte „Vermögenswerte wieder dem Täter zurückgegeben werden müssen" (BT-Drucks. 16/700 S. 8; dazu auch Rogall in SK-StPO, aaO, § 111i Rn. 3 mwN; vgl. ferner BT-Drucks. 16/700 S. 9: „... fallen die gesicherten Werte dem Staat anheim", S. 10: „... gehen die nach § 111c StPO beschlagnahmten Gegenstände mit Ablauf der Frist auf den Staat über. Zugleich kann der Staat die auf der Grundlage des dinglichen Arrestes gesicherten Vermögensgegenstände verwerten" sowie S. 16: „Es ist nicht vorstellbar, dass ein Gericht Feststellungen nach Absatz 2 trifft, ohne die Sicherungsmaßnahmen aufrecht zu halten"; ähnlich etwa Meyer-Goßner/Schmitt, aaO, § 111i Rn. 15: „Einen Zahlungsanspruch erwirbt der Staat, soweit Ansprüche des Verletzten im Wege des (aufrechterhaltenen) dinglichen Arrests (§ 111d) gesichert worden sind.").

[21] bb) Jedoch gebietet der Wortlaut von § 111i Abs. 2 StPO eine solche einschränkende Auslegung nicht. Vielmehr sieht § 111i Abs. 2 Satz 4 unter anderem vor, dass trotz einer bereits erfolgten „Verfügung" des Verletzten im Wege der Zwangsvollstreckung oder der Arrestvollziehung (Nr. 1; dazu auch Meyer-Goßner/Schmitt, aaO, § 111i Rn. 9b mwN) eine Feststellung nach dieser Vorschrift erfolgen kann. Hierdurch soll das Gericht den „Rahmen des möglichen späteren Auffangrechtserwerbs" vorgeben, indem es „den Umfang der insoweit erlangten Vermögenswerte unter Berücksichtigung der möglichen zwischenzeitlichen Restitution bestimmt" (BT-Drucks. 16/700 S. 15), was belegt, dass die Feststellung weiter gehen kann als eine infolge Beschlagnahme oder Arrestanordnung bereits durchgeführte „Restitution" (vgl. auch Johann in LR-StPO, 26. Aufl., § 111i Rn. 47: „Eines Vollstreckungstitels [nach § 111i Abs. 6 Satz 1 StPO] bedarf der Staat ... nur in den Fällen, in denen er einen Zahlungsanspruch erhält, der sich nicht auf ein bestehendes Arrestpfandrecht bezieht.").

[22] Die systematische Stellung des § 111i Abs. 2 StPO erfordert ebenfalls nicht eine Beschränkung dessen Anwendungsbereichs auf Fälle, in denen eine Beschlagnahme nach § 111c StPO vorgenommen oder ein Arrest nach § 111d StPO angeordnet wurde. Zwar hat die Vorschrift vorrangig die Sicherung und Durchsetzung der Ansprüche des Verletzten im Blick. Ferner regelt § 111i Abs. 5 Sätze 2 bis 4 StPO (zu diesen: Rogall in SK-StPO, aaO, § 111i Rn. 46) die Zwangsvollstreckung sowie die Folgen des Auffangrechtserwerbs insbesondere in den Fällen des § 73a StGB abweichend von § 459g Abs. 2 StPO und den dort in Bezug genommenen Vorschriften. Jedoch ist in der Rechtsprechung des Bundesgerichtshofs zu Recht anerkannt, dass der Auffangrechtserwerb nach § 111i Abs. 5 i. V.m. Abs. 2 StPO rechtsdogmatisch eine Modifizierung der materiell-rechtlichen Regelung zum Ausschluss des Verfalls nach § 73 Abs. 1 Satz 2 StGB darstellt und dem nicht entgegensteht, dass die Regelung in die Strafprozessordnung aufgenommen wurde (BGH, Urteil vom 7. Februar 2008 – 4 StR 502/07, NJW 2008, 1093, 1094). Die Feststellung nach § 111i Abs. 2 StPO bezieht sich somit nicht nur auf die Sicherung und Durchsetzung der Ansprüche der Verletzten, sondern bildet zudem die materiell-rechtliche Grundentscheidung für eine aufschiebend bedingte Verfallanordnung zu Gunsten des Staates, die dann zum Tragen kommt, wenn die vorrangigen Ansprüche der Verletzten nicht innerhalb der Frist des § 111i Abs. 3 StPO geltend gemacht werden (BGH, Urteil vom 7. Februar 2008 – 4 StR 502/07, NJW 2008, 1093, 1094; Beschlüsse vom 19. Februar 2008 – 1 StR 596/07, wistra 2008, 221; vom 19. Februar 2008 – 1 StR 503/07, StV 2008, 226; vom 23. Oktober 2008 – 1 StR 535/08, NStZ-RR 2009, 56f.; vom 17. Februar 2010 – 2 StR 524/09, BGHSt 55, 62, 64; vom 2. Juli 2009 – 3 StR 219/09). Dieses Verständnis eines – von einem angeordneten Arrest oder einer vorgenommenen Beschlagnahme unabhängigen – materiell-rechtlichen Entscheidungsgehalts der Feststellung gemäß § 111i Abs. 2 StPO entspricht ersichtlich auch dem Willen des Gesetzgebers, der hinsichtlich der „sich aus § 111i Abs. 2 bis 8 StPO-E ergebenden möglichen Belastungen für den Verurteilten" (ausdrücklich) die für materiell-rechtliche Vorschriften geltende Regelung des § 2 StGB für anwendbar erachtet und dargelegt hat, dass es sich (nur) „ansonsten um Änderungen des Verfahrensrechts" handelt (BT-Drucks. 16/700 S. 20; dazu auch BGH, Beschluss vom 23. Oktober 2008 – 1 StR 535/08, NStZ-RR 2009, 56, 57).

[23] Vor allem aber spricht der mit den Ergänzungen der §§ 111b ff. StPO – auch der Einfügung von § 111i StPO – verfolgte Gesetzeszweck gegen eine Be-

schränkung des Auffangrechtserwerbs des Staates auf Fälle, in denen eine Beschlagnahme nach § 111c StPO vorgenommen oder ein Arrest nach § 111d StPO angeordnet wurde. Denn mit diesen Regelungen sollte neben dem Opferschutz die strafrechtliche „Vermögensabschöpfung ... im Interesse ... einer effektiven Strafrechtspflege“ verbessert und verhindert werden, „dass Verbrechen sich lohnt“ (BT-Drucks. 16/700 S. 8; zur Gesetzesgeschichte auch Rogall in SK-StPO, aaO, Vor §§ 111b ff. Rn. 7ff., § 111i Rn. 4). Dementsprechend soll mit dem Auffangrechtserwerb des Staates auch verhindert werden, dass das aus der Straftat Erlangte dem Täter belassen werden muss (ebenso Rogall in SK-StPO, aaO, Vor §§ 111b ff. Rn. 3). Dieser Zweck kann indes nur erreicht werden, wenn die Feststellung gemäß § 111i Abs. 2 StPO ohne oder über angeordnete Beschlagnahmen oder Arreste hinaus getroffen werden kann.

[24] b) Auch der Umstand, dass über das Vermögen eines von der Feststellung nach § 111i Abs. 2 StPO Betroffenen ein Insolvenzverfahren eröffnet ist, steht dieser Feststellung jedenfalls dann nicht entgegen, wenn der Staat hierdurch (lediglich) – aufschiebend bedingt – einen Zahlungsanspruch erwirbt.

[25] Dabei bedarf keiner Entscheidung, welche Auswirkungen und Folgen die Beantragung oder Eröffnung eines Insolvenzverfahrens auf einen – wie hier – bereits angeordneten Arrest hat (vgl. dazu – aus neuerer Zeit – einerseits OLG Nürnberg, Beschlüsse vom 15. März 2013 – 2 Ws 561/12 u.a., ZWH 2013, 225 m. Anm. Mahler/Tekin; vom 8. November 2013 – 2 Ws 508/13, Anm. Neußner, EWiR 2014, 199; andererseits KG, Beschluss vom 10. Juni 2013 – 2 Ws 190/13 u.a., wistra 2013, 445, Anm. Hansen, EWiR 2014, 99; OLG Hamm, NStZ 2014, 344; ferner OLG Karlsruhe, Beschluss vom 27. November 2013 – 3 Ws 327/13, ZWH 2014, 236 m. Anm. Bittmann = ZInsO 2014, 608 m. Anm. Weyand; sowie Markgraf, NZG 2013, 1014; Bittmann, ZWH 2014, 135). Auch muss der Senat nicht abschließend klären, ob es sich bei einem auf einer Feststellung gemäß § 111i Abs. 2 StPO beruhenden Zahlungsanspruch um eine Insolvenzforderung handelt oder ob der Staat in einem solchen Fall als anderer Gläubiger, etwa als Neugläubiger, zu behandeln ist, der während des Insolvenzverfahrens beispielsweise in den nach § 850f ZPO erweitert pfändbaren Teil von Bezügen des Schuldners vollstrecken kann (§ 89 Abs. 2 Satz 2 InsO; vgl. zur entsprechenden Rechtsprechung beim prozessualen Kostenerstattungsanspruch in Zusammenhang mit Ansprüchen auf Schadensersatz aus unerlaubter Handlung: BGH, Beschluss vom 6. Februar 2014 – IX ZB 57/12, NZI 2014, 310 mwN).

[26] Wäre der Staat als Gläubiger eines auf einer Feststellung gemäß § 111i Abs. 2 StPO beruhenden Zahlungsanspruchs ein anderer Gläubiger als der einer Insolvenzforderung, stünde ein bereits eingeleitetes Insolvenzverfahren weder dieser Feststellung noch deren Durchsetzung von vorneherein entgegen (vgl. § 89 Abs. 2 Satz 2 InsO sowie Kroth in Braun, InsO, 6. Aufl., § 89 Rn. 7ff. und – beispielhaft – § 53 Rn. 8; ferner Rogall in SK-StPO, aaO, Vor §§ 111b ff. Rn. 46f.).

[27] Aber auch eine Stellung als Insolvenzgläubiger stünde der Feststellung gemäß § 111i Abs. 2 StPO nicht entgegen. Dann würde zwar gemäß § 88 InsO nach Eröffnung des Insolvenzverfahrens eine Sicherheit unwirksam, welche der Insolvenzgläubiger nach dem Antrag auf Insolvenzeröffnung durch Zwangsvollstreckung an dem zur Insolvenzmasse gehörenden Vermögen erlangt hat (BGH, Urteil vom 24. Mai 2007 – IX ZR 41/05, NJW 2007, 3350 mwN). Zudem untersagt § 89 Abs. 1 InsO während der Dauer des Insolvenzverfahrens die Zwangs-

vollstreckung einzelner Insolvenzgläubiger – auch von Deliktsgläubigern – in die Insolvenzmasse und in das sonstige Vermögen des Schuldners (BGH, Beschluss vom 6. Februar 2014 – IX ZB 57/12, NZI 2014, 310, 311). Dieses Verbot gilt jedoch nicht für bloße Vorbereitungsmaßnahmen der Zwangsvollstreckung (BGH, Beschluss vom 6. Februar 2014 – IX ZB 57/12, NZI 2014, 310, 311), wozu die Feststellung gemäß § 111i Abs. 2 StPO allenfalls zählt. Auch steht nach der Rechtsprechung des Bundesgerichtshofs ein laufendes Insolvenzverfahren einer Verfallanordnung nach §§ 73, 73a StGB nicht entgegen (vgl. BGH, Urteile vom 30. Mai 2008 – 1 StR 166/07, BGHSt 52, 227, 253; vom 2. Dezember 2005 – 5 StR 119/05, BGHSt 50, 299, 312; ferner Rogall in SK-StPO, aaO, Vor §§ 111b ff. Rn. 46); ein durch diese begründeter Zahlungsanspruch erhält – anders als der gemäß § 38 InsO zu behandelnde Anspruch des Verletzten – den Rang einer „Nebenfolge einer Straftat" gemäß § 39 Abs. 1 Nr. 3 InsO (BGH, Urteil vom 11. Mai 2010 – IX ZR 138/09, NZI 2010, 607). Steht mithin ein laufendes Insolvenzverfahren einer Verfallanordnung nach §§ 73, 73a StGB nicht entgegen, so kann während eines Insolvenzverfahrens erst Recht jedenfalls dann eine Feststellung gemäß § 111i Abs. 2 StPO getroffen werden, wenn diese lediglich einen Zahlungsanspruch des Staates aufschiebend bedingt begründet (vgl. zu letzterem BGH, Urteil vom 7. Februar 2008 – 4 StR 502/07, NJW 2008, 1093, 1094; Beschlüsse vom 19. Februar 2008 – 1 StR 596/07, wistra 2008, 221; vom 19. Februar 2008 – 1 StR 503/07, StV 2008, 226; vom 23. Oktober 2008 – 1 StR 535/08, NStZ-RR 2009, 56 f.; vom 17. Februar 2010 – 2 StR 524/09, BGHSt 55, 62, 64; vom 2. Juli 2009 – 3 StR 219/09; vgl. auch Rogall in SK-StPO, aaO, § 111i Rn. 41 f.; anders ders. in Rn. 40 für den hier nicht zu entscheidenden Fall des Eigentumserwerbs; zur Beschlagnahme auch OLG Nürnberg, Beschluss vom 15. März 2013 – 2 Ws 561/12 u.a., NZI 2013, 552, 557). Hierfür spricht auch, dass eine solche Feststellung weder einen etwaigen „Vorrang" der insolvenzrechtlichen Vorschriften in Frage stellt, noch zu unangemessenen Folgen oder unlösbaren Konflikten mit diesen Vorschriften führt, sondern sogar anerkannt ist, dass ein solcher Anspruch wieder geltend gemacht werden kann, wenn das Insolvenzverfahren beendet ist (§ 201 Abs. 1 InsO), und ein Anspruch aus unerlaubter Handlung auch von einer erteilten Restschuldbefreiung nicht erfasst wird (§ 302 Nr. 1 InsO; BGH, Urteil vom 11. Mai 2010 – IX ZR 138/09, NZI 2010, 607, 609; vgl. auch Bittmann, ZWH 2014, 135, 136 bis 138).

[28] c) Sonstige Gründe, die eine Feststellung gemäß § 111i Abs. 2 StPO von vorneherein ausschließen, sind nicht ersichtlich. Insbesondere kann eine Feststellung gemäß § 111i Abs. 2 StPO gegen einen Dritten getroffen werden (vgl. BGH, Beschluss vom 22. Januar 2014 – 5 StR 467/12, wistra 2014, 192 f.).

■ PRAXISBEDEUTUNG

Die Entscheidung stellt zunächst heraus, dass sich das Gericht – gleichwohl der im Gesetz angelegten Ermessensentscheidung – i. S. v. § 111i Abs. 2 StPO zu verhalten hat. Hierbei werden ausdrücklich auch die Fälle in Bezug genommen, in welchen eine tatsächliche Vermögenssicherung faktisch von vornherein ausscheidet.

Daneben versucht die Entscheidung das Verhältnis von Insolvenzrecht und strafrechtlicher Vermögensabschöpfung klarzustellen. Insoweit sind allein durch ein eröffnetes Insolvenzverfahren Maßnahmen der Vermögensabschöpfung nicht ausgeschlossen, in der Regel aber mangels praktischer Durchsetzbarkeit untunlich.

Ausdrücklich offen gelassen werden hierbei Abgrenzungsfragen, die künftig von Bedeutung sein können und daher weitere Entscheidungen hierzu erwarten lassen.

Eine Entscheidung nach **§ 111i Abs. 2 StPO** steht im **Ermessen** des Tatrichters, wobei § 73c Abs. 1 StGB zu berücksichtigen ist.[248] Voraussetzung für die Annahme einer **„unbilligen Härte"** nach **§ 73c Abs. 1 S. 1 StGB** ist, dass die Verfallanordnung das **Übermaßverbot verletzen** würde und daher **schlechthin „ungerecht"** wäre.[249] Hierbei hat systematisch eine **Prüfung** des **§ 73c Abs. 1 Satz 2 StGB vor** dem des **§ 73c Abs. 1 Satz 1 StGB** zu erfolgen.[250] **Maßstab** bei **§ 73c Abs. 1 Satz 1 StGB** ist der **Grund, weshalb** sich das **Erlangte bzw. dessen Wert nicht mehr im Vermögen** des Angeklagten befindet.[251] 226

[8] 1. Ob der Tatrichter eine Entscheidung nach § 111i Abs. 2 StPO trifft, steht zwar in seinem Ermessen („kann"; vgl. auch Meyer-Goßner/Schmitt, StPO, 57. Aufl., § Rn. 8 mwN) und unterliegt daher nur der eingeschränkten revisionsgerichtlichen Überprüfung (BGH, Urteil vom 20. Februar 2013 – 5 StR 306/12, BGHSt 58, 152). Auch die nach der Rechtsprechung des Bundesgerichtshofs bei der nach § 111i Abs. 2 StPO zu treffenden Entscheidung gebotene Berücksichtigung des § 73c Abs. 1 StGB (dazu BGH, Urteil vom 28. Oktober 2010 – 4 StR 215/10, BGHSt 56, 39; Beschlüsse vom 1. März 2011 – 4 StR 30/11; vom 8. August 2013 – 3 StR 179/13, NStZ-RR 2014, 44) ist Sache des Tatrichters. Daraus folgt aber nicht, dass Auslegung und Anwendung (bzw. Nichtanwendung) dieser Vorschriften jeglicher Kontrolle durch das Revisionsgericht entzogen wären; sie unterliegen vielmehr – wie jede andere Gesetzesanwendung auch – der Überprüfung auf Rechtsfehler hin (§ 337 Abs. 1 StPO; vgl. BGH, Beschluss vom 13. Februar 2014 – 1 StR 336/13).

[9] 2. Auf dieser Grundlage kann das Absehen von einer Feststellung gemäß § 111i Abs. 2 StPO durch die Strafkammer keinen Bestand haben, da das Landgericht den Regelungsgehalt des § 73c StGB rechtsfehlerhaft nicht hinreichend beachtet hat.

[10] a) Nach der Rechtsprechung des Bundesgerichtshofs ergibt sich aus dem systematischen Verhältnis zwischen der bei „unbilliger Härte" zwingend zum Ausschluss der Verfallsanordnung führenden Regelung in § 73c Abs. 1 Satz 1 StGB einerseits und der Ermessensvorschrift in § 73c Abs. 1 Satz 2 StGB andererseits, dass regelmäßig zunächst auf der Grundlage letztgenannter Vorschrift zu

---

[248] BGH, Urteil vom 26.03.2015 – 4 StR 463/14, Rn. 8; vgl. auch: BGH, Beschluss vom 18.03.2015 – 3 StR 644/14 Rn. 2f.

[249] BGH, Urteil vom 26.03.2015 – 4 StR 463/14, Rn. 12; vgl. auch: BGH, Beschluss vom 27.01.2015 – 1 StR 142/14, Rn. 9.

[250] BGH, Urteil vom 26.03.2015 – 4 StR 463/14, Rn. 10; vgl. auch: BGH, Beschluss vom 27.01.2015 – 1 StR 142/14, Rn. 11.

[251] BGH, Urteil vom 26.03.2015 – 4 StR 463/14, Rn. 11; vgl. auch: BGH, Beschluss vom 16.07.2015 – 4 StR 265/15, Rn. 5.

prüfen ist, ob von einer Anordnung des Verfalls oder Wertersatzverfalls abgesehen werden kann; denn die tatbestandlichen Voraussetzungen, welche nach Satz 2 der Vorschrift ein Absehen vom Verfall nach pflichtgemäßem Ermessen ermöglichen, können nicht zugleich einen zwingenden Ausschlussgrund nach § 73c Abs. 1 Satz 1 StGB bilden. Daher kann das Nichtmehrvorhandensein des Wertes des Erlangten im Vermögen des Betroffenen jedenfalls für sich genommen keine unbillige Härte darstellen, sondern unterfällt dem Anwendungsbereich des § 73c Abs. 1 Satz 2 StGB. Nach dieser Vorschrift kann eine Verfallsanordnung unterbleiben, soweit das Erlangte oder dessen Wert zum Zeitpunkt der tatrichterlichen Entscheidung im Vermögen des Betroffenen nicht mehr vorhanden sind. Es ist deshalb zunächst festzustellen, was der Angeklagte aus der Tat „erlangt" hat, sodann ist diesem Betrag der Wert seines noch vorhandenen Vermögens gegenüberzustellen. Wenn hiernach auch ein Gegenwert des Erlangten im Vermögen des Angeklagten nicht mehr vorhanden ist, kann der Tatrichter von einer Verfallsanordnung absehen (vgl. BGH, Beschlüsse vom 13. Februar 2014 – 1 StR 336/13; vom 26. Juni 2014 – 3 StR 83/14; Urteil vom 26. März 2009 – 3 StR 579/08, NStZ 2010, 86; vgl. auch BGH, Urteil vom 27. Oktober 2011 – 5 StR 14/11, NJW 2012, 92).

[11] Maßgebend für die Ermessensentscheidung nach § 73c Abs. 1 Satz 2 StGB ist neben der Gesamthöhe des Erlangten und den wirtschaftlichen Verhältnissen des Betroffenen insbesondere der Grund, aus welchem das Erlangte bzw. dessen Wert sich nicht mehr im Vermögen des Angeklagten befindet. Hierbei können etwa das „Verprassen" der erlangten Mittel oder ihre Verwendung für Luxus und zum Vergnügen gegen die Anwendung der Härtevorschrift sprechen; andererseits kann ihr Verbrauch in einer Notlage oder zum notwendigen Lebensunterhalt des Betroffenen und seiner Familie als Argument für eine positive Ermessensentscheidung dienen (BGH, Beschluss vom 14. Oktober 2014 – 2 StR 134/14; Urteil vom 18. September 2013 – 5 StR 237/13). Ferner darf bei dieser Entscheidung das Resozialisierungsinteresse nach der Haftentlassung des Angeklagten Berücksichtigung finden (vgl. BGH, Urteile vom 10. Oktober 2002 – 4 StR 233/02, BGHSt 48, 40, 41; vom 18. September 2013 – 5 StR 237/13, wistra 2013, 462, 463).

[12] Die Annahme einer „unbilligen Härte" im Sinn des § 73c Abs. 1 Satz 1 StGB setzt dagegen nach ständiger Rechtsprechung eine Situation voraus, nach der die Anordnung des Verfalls das Übermaßverbot verletzen würde, also schlechthin „ungerecht" wäre. Die Auswirkungen müssen im konkreten Einzelfall außer Verhältnis zu dem vom Gesetzgeber mit der Maßnahme angestrebten Zweck stehen. Es müssen daher besondere Umstände vorliegen, auf Grund derer mit der Vollstreckung des Verfalls eine zusätzliche Härte verbunden wäre, die dem Betroffenen auch unter Berücksichtigung des Zwecks des Verfalls nicht zugemutet werden kann (BGH, Beschluss vom 14. Oktober 2014 – 2 StR 134/14). Dabei kann – wie ausgeführt – das Nichtvorhandensein des Erlangten bzw. eines Gegenwertes im Vermögen des von der Verfallsanordnung Betroffenen nach der inneren Systematik des § 73c Abs. 1 StGB für sich genommen regelmäßig keine unbillige Härte begründen (BGH, Beschluss vom 13. Februar 2014 – 1 StR 336/13). Auch kann allein das Resozialisierungsinteresse bei tatsächlich vorhandenen Vermögenswerten ein völliges Absehen von der Verfallsanordnung oder der Feststellung gemäß § 111i Abs. 2 StPO regelmäßig nicht rechtfertigen (vgl. BGH, Urteil vom 26. März 2009 – 3 StR 579/08, NStZ 2010, 86).

[13] b) Daran gemessen begegnet die Entscheidung des Landgerichts, von einer Feststellung gemäß § 111i Abs. 2 StPO abzusehen, durchgreifenden rechtlichen Bedenken.

[14] aa) Denn die Strafkammer hat es unterlassen, wie geboten, zunächst die Voraussetzungen des § 73c Abs. 1 Satz 2 StGB zu prüfen sowie – falls es diese als gegeben erachtet – die Ermessensentscheidung nach dieser Vorschrift zu treffen. Sie hat vielmehr sogleich rechtsfehlerhaft auf die nachgeordnete Frage des Vorliegens einer unbilligen Härte im Sinn des § 73c Abs. 1 Satz 1 StGB abgestellt und das Absehen von der Feststellung gemäß § 111i Abs. 2 StPO ausdrücklich (nur) darauf gestützt, dass die Anordnung „eine unbillige Härte im Sinne des § 73c Abs. 1 S. 1 StGB darstellen" würde (UA S. 99).

[15] bb) Hinzu kommt das Folgende:

[16] (1) Das Landgericht hat nicht hinreichend belegt, dass der Angeklagte aus den Straftaten tatsächlich Gegenstände im Wert von fast einer Million Euro erlangt hat. Nach der Rechtsprechung des Bundesgerichtshofs ist ein Vermögenswert aus der Tat erlangt im Sinn des § 73 Abs. 1 Satz 1 StGB, wenn er dem Täter oder Teilnehmer unmittelbar aus der Verwirklichung des Tatbestands in irgendeiner Phase des Tatablaufs zugeflossen ist, er an ihm also unmittelbar aus der Tat (tatsächliche, aber nicht notwendig rechtliche) Verfügungsmacht gewonnen und dadurch einen Vermögenszuwachs erzielt hat. Bei mehreren Tätern und/oder Teilnehmern genügt insofern, dass sie zumindest eine faktische bzw. wirtschaftliche Mitverfügungsmacht über den Vermögensgegenstand erlangt hatten (BGH, Urteil vom 28. Oktober 2010 – 4 StR 215/10, BGHSt 56, 39; vgl. ferner Beschlüsse vom 1. März 2011 – 4 StR 30/11; vom 9. Februar 2010 – 3 StR 17/10, NStZ 2010, 390). Hierzu stellt die Strafkammer zwar fest, dass der Angeklagte sechs der Taten als Alleintäter begangen hat, bei 28 der bei ihm insgesamt abgeurteilten 34 Taten hat es dagegen Mittäterschaft angenommen. Ob der Angeklagte in jedem dieser Fälle Mitverfügungsmacht über den Vermögensgegenstand und damit tatsächlich Gegenstände „im Wert von fast einer Million Euro erlangt hat" (UA S. 99), hat es dagegen nicht erörtert und liegt nach den getroffenen Feststellungen auch nicht ausnahmslos auf der Hand.

[17] (2) Soweit das danach Erlangte im Vermögen des Angeklagten nicht mehr vorhanden ist (vgl. zu dieser Feststellung BGH, Urteil vom 26. März 2009 – 3 StR 579/08, NStZ 2010, 86, 87), ist in die Ermessensentscheidung gemäß § 73c Abs. 1 Satz 2 StGB einzubeziehen, dass es bei einer innerhalb etwa eines Jahres erlangten Tatbeute „im Wert von fast einer Million Euro" nicht naheliegt, dass diese nur zum notwendigen Lebensunterhalt des Betroffenen verwendet wurde. Dies gilt selbst dann, wenn berücksichtigt wird, dass der von seiner Ehefrau getrennt lebende, kinderlose Angeklagte und/oder seine Mittäter die erlangten Gegenstände weit unter Wert veräußert haben und ihm in diesem etwa einem Jahr letztlich nur „mindestens 30.000 EUR" verblieben (UA S. 68).

[18] (3) Insbesondere hinsichtlich des – nach Ansicht der Strafkammer zwar nur „allenfalls" – noch im Vermögen des Angeklagten vorhandenen Wertes des Erlangten, also des gepfändeten Bargeldes und der Armbanduhr, ist es selbst angesichts der Ausführungen des Landgerichts nicht naheliegend, dass eine unbillige Härte im Sinn des § 73c Abs. 1 Satz 1 StGB gegeben ist, dass also auch insofern die Auswirkungen einer Feststellung gemäß § 111i Abs. 2 StPO außer Verhältnis zu dem vom Gesetzgeber mit der Maßnahme angestrebten Zweck stehen und be-

sondere Umstände vorliegen, auf Grund derer mit der Vollstreckung des Verfalls eine außerhalb des Verfallszwecks liegende zusätzliche Härte verbunden wäre, die dem Betroffenen nicht zugemutet werden kann.

227 Bei der **Einziehungsentscheidung** ist jeweils die Prüfung geboten, inwieweit durch eine solche die **Durchsetzbarkeit** der **Ansprüche von Geschädigten gefährdet** und deshalb nach einer Gesamtabwägung aller in Betracht kommenden Umstände diese eine **staatliche Einziehung sperren** könnten. Eine Einziehungsanordnung anstelle einer Entscheidung nach § 73 Abs. 1 S. 2, Abs. 2 S. 2 StGB i.V.m. § 111i Abs. 2 StPO kann sich insoweit im Rahmen des dem Tatrichter nach § 74 Abs. 1 StGB zustehenden **Ermessens** bewegen, **wenn** die Befriedigung der Geschädigtenansprüche **anderweit gesichert oder** der Verletzte **bereits entschädigt** ist.[252]

228 Der einem Auffangsrechtserwerb des Staates gemäß **§ 111i Abs. 5 StPO** unterliegende Zahlungsanspruch kann den Angeklagten als **Gesamtschuldner** „treffen".[253]

229 Sofern im Rahmen der persönlichen und wirtschaftlichen Verhältnisse des Angeklagten **erhebliche finanzielle Schwierigkeiten** – Privatinsolvenz – vor längerer Zeit, die aus dem Betrogenwerden im Zusammenhang mit unseriösen Geldanlagen resultieren, manifestiert werden, **hat** eine **Prüfung der Härtevorschrift des § 73c StGB zu erfolgen.**[254]

230 Soweit der Angeklagte vor seiner Festnahme über **kein legales Einkommen** verfügte, ist im Rahmen der Härtevorschrift des **§ 73c StGB** eingehend insbesondere zu prüfen, inwieweit auf den **vollen Verfallsbetrag** zu erkennen ist.[255]

[3] Zudem hat der Generalbundesanwalt in seiner Antragsschrift vom 8. Dezember 2014 Folgendes ausgeführt:

„Der Ausspruch über den Verfall von Wertersatz kann keinen Bestand haben.

Zwar sind die Berechnungen zur Höhe des durch den Angeklagten erlangten Geldbetrags nicht zu beanstanden, jedoch ist die Nichtanwendung der Härtevorschrift des § 73c StGB nicht nachvollziehbar dargelegt. Die Urteilsgründe ermöglichen nicht die revisionsgerichtliche Überprüfung, ob das Landgericht den Begriff der unbilligen Härte im Sinne des § 73c Abs. 1 Satz 1 StGB richtig angewandt und sein Ermessen nach § 73c Abs. 1 Satz 2 StGB rechtsfehlerfrei ausgeübt hat.

Nach den Feststellungen verfügte der Angeklagte vor seiner Festnahme über kein legales Einkommen (UA S. 6). Er gewärtigt die Verbüßung einer langjährigen Freiheitsstrafe. Bei dieser Sachlage kommt es entscheidend darauf an, wie sich die Anordnung des Wertersatzverfalls auf das Vermögen eines Angeklagten auswirkt. Insbesondere ist die erschwerte Resozialisierungsmöglichkeit nach einer Haftentlassung bei einer in dieser Höhe verhängten Verfallsanordnung konkret zu erörtern (st. Rspr.; vgl. nur BGH, Beschluss vom 12. Dezember 2008 – 2 StR 479/08, Rdnr. 13 m.w.N.) und zu erwägen, ob schon aus diesem Grund nicht auf den vollen Verfallsbetrag erkannt werden

---

[252] BGH, Beschluss vom 12.11.2015 – 3 StR 385/15, Rn. 2.
[253] BGH, Beschluss vom 01.10.2015 – 3 StR 102/15, Rn. 19.
[254] BGH, Beschluss vom 14.01.2015 – 2 StR 476/14, Rn. 2.
[255] BGH, Beschluss vom 14.01.2015 – 5 StR 582/14, Rn. 3 f.

kann (vgl. auch BGH, Urteil vom 2. Oktober 2008 – 4 StR 153/08). An einer derartigen Erörterung fehlt es hier ebenso wie an Feststellungen zur Vermögenslage des Angeklagten, insbesondere zu ihm zuordenbaren Vermögenswerten."

[4] Dem tritt der Senat bei, weil er nicht ausschließen kann, dass das Tatgericht bei rechtsfehlerfreier Ermessensausübung nicht auf den vollen Verfallsbetrag erkannt hätte (vgl. BGH, Beschluss vom 12. Dezember 2008 – 2 StR 479/08 Rn. 14). Die Feststellungen haben Bestand. Die vom neuen Tatgericht ergänzend zu treffenden Feststellungen dürfen zu den bestehenden nicht in Widerspruch treten.

Insofern die Angeklagten in der Art **arbeitsteilig vorgegangen** sind, dass der eine dafür zuständig war, die erworbenen **Betäubungsmittel** abzuholen, sie zu strecken und zu portionieren sowie der andere Weisungen erteilte, wobei der erwirtschaftete Gewinn schließlich geteilt wurde, haften beide als **Gesamtschuldner.**[256] **231**

[6] 2. Die Anordnung des Verfalls von Wertersatz in Höhe von 50.000 € bei den Angeklagten H. und M. hält rechtlicher Nachprüfung nicht uneingeschränkt stand.

[7] Die Strafkammer hat insoweit festgestellt, dass der Mitangeklagte M. im Wesentlichen dafür zuständig war, die erworbenen Betäubungsmittel abzuholen, sie zu strecken und zu portionieren und sie an eine Vielzahl von Abnehmern zu verkaufen. Der Angeklagte H. erteilte ihm dabei Weisungen. Den erwirtschafteten Gewinn teilten beide. Danach hatten beide Mittäter die wirtschaftliche Mitverfügungsgewalt über die vom Angeklagten M. an den Angeklagten H. weitergegebenen Beträge; beide haften insoweit als Gesamtschuldner (BGH, Beschluss vom 25. September 2013 – 4 StR 351/13; Beschluss vom 18. Juli 2013 – 4 StR 171/13 jeweils mwN). Der Senat hat die Entscheidungsformel entsprechend geändert.

Eine Gesellschaft – etwa eine GmbH – ist die Drittbegünstigte nach **§ 73 Abs. 3 StGB,** wenn die Angeklagten als ihre Geschäftsführer für das Unternehmen handelten. Werden Organe, Vertreter oder Beauftragte (§ 14 StGB) eines Unternehmens gerade mit dem Ziel tätig, dass bei diesem infolge der Tat eine Vermögensmehrung eintritt, ist das **Unternehmen** im Erfolgsfall **Drittbegünstigter.**[257] **232**

Nach § 74b Abs. 2 StGB bleibt die **Einziehung vorbehalten, wenn durch weniger einschneidende Maßnahmen der Zweck der Einziehung erreicht werden kann.**[258] **233**

[23] Gemäß § 74b Abs. 2 StGB hat das Gericht anzuordnen, dass die Einziehung lediglich vorbehalten bleibt und eine weniger einschneidende Maßnahme zu treffen ist, wenn der Zweck der Einziehung auch durch sie erreicht werden kann. Die Einziehung dient allerdings keinem einzelnen Zweck. Sie verfolgt nach ihrer gesetzlichen Ausgestaltung vielmehr eine mehrspurige Konzeption verschiedener

256 BGH, Beschluss vom 14.01.2015 – 4 StR 440/14, Rn. 7.

257 BGH, Beschluss vom 11.06.2015 – 1 StR 368/14, Rn. 27.

258 BGH, Urteil vom 02.04.2015 – 3 StR 197/14, Rn. 23; vgl. auch BGH, Beschluss vom 19.05.2015 – 4 StR 124/15, Rn. 4.

repressiver und präventiver Zwecke und hat damit je nach den Umständen des Falles Straf- und/oder Sicherungscharakter. Soweit im Einzelfall sowohl die Voraussetzungen einer personen- als auch objektbezogenen Einziehung gegeben sind, bestimmt sich der Rechtscharakter der Sanktion nach dem Zweck, dem unter Berücksichtigung der konkreten Umstände das entscheidende Gewicht beizumessen ist (S/S-Eser, 29. Aufl., vor §§ 73ff., Rn. 13ff.). Im Fall der Einziehung nach § 74 Abs. 1, Abs. 2 Nr. 1 StGB steht regelmäßig deren Strafcharakter im Vordergrund, da diese hier im Wesentlichen an täterbezogene Merkmale – die Schuld und das Eigentum des Täters – anknüpft, während der eingezogene Gegenstand an sich keine Gefährlichkeit aufweist (S/S-Eser, 29. Aufl., vor §§ 73ff., Rn. 14). Das Strafübel ist im Verlust des Eigentums an dem eingezogenen Gegenstand zu sehen. Dieses lässt sich indes nur durch die Einziehung des Gegenstandes erreichen, während denkbare weniger einschneidende Maßnahmen zwar den Sicherungszweck, nicht aber den Strafzweck der Einziehung erfüllen können (S/S-Eser, 29. Aufl., § 74b, Rn. 6; Lackner/Kühl, StGB, 28. Aufl., § 74b Rn. 3).

234 Eine auf **§ 73d Abs. 1 StGB** gestützte **Anordnung des Verfalls** erfordert unter anderem, die **Feststellung zur deliktischen Herkunft des Geldes.**[259]

235 Soweit auf die Herausgabe des sichergestellten Geldes durch den Angeklagten **verzichtet** wurde, ist die **Verfallsanordnung entbehrlich.**[260]

22. Strafantrag – § 78 StGB

236 Die **Wirksamkeit** eines von der **Aufsichtsstelle** nach § 145a S. 2 StGB gestellten Strafantrags ist **nicht** an die **vorherige Anhörung** des **Bewährungshelfers** nach § 68a Abs. 6 StGB geknüpft.[261]

Die Wirksamkeit eines von der Aufsichtsstelle nach § 145a Satz 2 StGB gestellten Strafantrages hängt nicht davon ab, dass der Bewährungshelfer zuvor nach § 68a Abs. 6 StGB gehört worden ist (vgl. MüKo-StGB/Groß, 2. Aufl., § 145a Rn. 19; Sternberg-Lieben in Schönke/Schröder, StGB, 29. Aufl., § 145a Rn. 11; Dietmeier in Matt/Renzikowski, StGB, § 145a Rn. 10; Fischer, StGB, 62. Aufl., § 145a Rn. 13; aA KG, StV 2014, 144f. mwN; Roggenbuck in LK-StGB, 12. Aufl., § 145a Rn. 29; Wolters in SK-StGB, 8. Aufl., § 145a Rn. 18). Nach § 68a Abs. 6 StGB ist der Bewährungshelfer vor Stellung eines Strafantrags zwar zu hören; ein Einvernehmen muss mit ihm aber nicht erzielt werden. Die Anhörung hat nicht nur den Sinn, eine sachgerechte Entscheidung zu treffen, sondern erfüllt auch den Zweck, Schwierigkeiten in der weiteren Zusammenarbeit zwischen der Aufsichtsstelle und dem Bewährungshelfer zu unterbinden (vgl. dazu Erster Bericht des Sonderausschusses für die Strafrechtsreform zum Entwurf des EGStGB, BT-Drucks. 7/1261, S. 12). Als bloße Verpflichtung im Innenverhältnis kommt ihr keine Außenwirkung zu (vgl. Groß aaO; Dietmeier aaO).

---

[259] BGH, Beschluss vom 09.12.2014 – 2 StR 417/14, Rn. 2.
[260] BGH, Beschluss vom 09.12.2014 – 2 StR 417/14, Rn. 3.
[261] BGH, Beschluss vom 11.02.2015 – 5 StR 571/14.

23. Verjährung, §§ 78ff. StGB

Die **Unterbrechungswirkung von Untersuchungshandlungen** im Sinne von **§ 78c Abs. 1 StGB erstreckt sich** grundsätzlich **auf alle verfahrensgegenständlichen Taten**, wenn in einem Verfahren wegen mehrerer Taten im **prozessualen Sinn** ermittelt wird, es sei denn der – insoweit **maßgebliche – Verfolgungswille der Strafverfolgungsbehörden** ist erkennbar lediglich auf eine oder mehrere Taten beschränkt. Für die Bestimmung des Verfolgungswillens ist der **Zweck der Untersuchungsmaßnahme maßgeblich.** Hierbei sind die Verdachtslage und der Umfang der Untersuchung hinreichend bestimmt darzulegen. Die **umschriebene Begehungsweise** muss dem Bedürfnis genügen, die von der Unterbrechung betroffenen Taten von denkbar ähnlichen oder gleichartigen Vorkommnissen, auf die sich die Verfolgung nicht bezieht, **zu unterscheiden.**[262] **237**

Wird in einem Strafverfahren wegen einer **Vielzahl von Taten ermittelt**, erstreckt sich die **Unterbrechungswirkung** grundsätzlich auf alle Taten, die Gegenstand des Verfahrens sind. Dies ist lediglich dann **nicht** der Fall, **wenn** der **Verfolgungswille** der Strafverfolgungsbehörden auf eine oder mehrere Taten **beschränkt** ist. Für die Bestimmung des Verfolgungswillens ist der **Zweck der Untersuchungshandlung** maßgeblich. Ergibt sich dieser nicht bereits aus deren Wortlaut, ist namentlich auf den **Sach- und Verfahrenszusammenhang** abzustellen. In Zweifelsfällen ist der **Akteninhalt** zur Auslegung heranzuziehen.[263] **238**

---

[262] BGH, Beschluss vom 29.01.2015 – 1 StR 587/14, Rn. 9.

[263] BGH, Beschluss vom 25.06.2015 – 1 StR 579/14, Rn. 3.

B. StGB – Besonderer Teil

I. Grundsätzliches

1. Überblick

Die wichtigsten Bereiche des Besonderen Teils des Strafrechts, zu denen im zurückliegenden Jahr Entscheidungen des Bundesgerichtshofes ergangen sind, waren – wie bereits auch in den Vorjahren – vor allem die Sachverhalte, bei denen erfahrungsgemäß eher selten Vereinbarungen geschlossen werden, insbesondere Tötungsdelikte, Sexualdelikte und dabei insbesondere auch solche in Verbindung mit Kindern, Delikte der gefährlichen und schweren Körperverletzung, des Raubes und der räuberischen Erpressung, Betrugstaten verschiedener Art sowie Brandstiftungs- und Straßenverkehrsdelikte. **239**

Im Einzelnen zu nennen sind: **240**

- Entscheidungen zu den immer häufiger vorkommenden Straftaten des Computerbetrugs sowie erstmals auch **Straftaten** in Verbindung mit dem virtuellen Zahlungsmittel Bitcoin,[263]
- zahlreiche Entscheidungen zum **Tötungsvorsatz** und der damit teilweise verbundenen Rücktrittsproblematik bei gefährlichen Handlungen,[264]
- die umfangreiche Rechtsprechung zur Körperverletzung, insbesondere mittels eines gefährlichen Werkzeugs[265] und der gemeinschaftlichen Begehung,
- an der Zahl zunehmende Entscheidungen zum **Raub und zur räuberischen Erpressung,** insbes. zum **Führen von Waffen**[266] sowie dem Vorliegen der **Zueignungsabsicht** bei Diebstahls- und Raubtaten,[267]
- zahlreiche und differenzierende Entscheidungen zu **Betrug** und **Untreue,**[268] insbesondere zur Problematik des **Vermögensschadens,**
- mehrere Entscheidungen wegen gefährlicher Eingriffe in den Straßenverkehr nach **§ 315b StGB**[269] und wegen **Gefährdung des Straßenverkehrs** gemäß § 315c StGB und neuerdings wieder
- Entscheidungen zum Sachverhalt des räuberischen Angriffs auf Kraftfahrer.

---

263 Rn. 272.
264 Vgl. Rn. 273 ff.
265 Vgl. hierzu Rn. 296 ff.
266 Rn. 339 ff.
267 Rn. 329 f.
268 Rn. 355 ff, 386 f.
269 Vgl. Rn. 332 f.

2. Ausblick

241 Nachdem im vergangenen Sommer und Herbst die Ergebnisse von Reform- und Expertenkommissionen beim BMJV vorgelegt worden sind, bleibt abzuwarten, welche Reformen der Gesetzgeber aufgrund der doch recht differenzierten und zugleich vielfach umstrittenen Vorschläge noch in dieser Legislaturperiode umsetzen wird.

II. Neuere höchstrichterliche Rechtsprechung zu Einzelfragen des StGB Besonderer Teil

1. Verbreitung von Propagandamitteln verfassungswidriger Organisationen – § 86 StGB

Um ein Propagandamittel im Sinne von § 86 StGB handelt es nur bei solchen Schriften, deren Inhalte gegen die freiheitliche demokratische Grundordnung verstoßen und die aufgrund dessen eine aktiv kämpferische, aggressive Tendenz in diese Richtung erkennen lassen. Kritik, Ablehnung und politisches Wunschdenken reichen ebenso wenig wie wissenschaftliche Abhandlungen, Dokumentationen oder belletristische Darstellungen, wenn und soweit ihnen der werbende, aufwieglerische Charakter fehlt, welcher der Propaganda eigen ist. Die verfassungsfeindliche Zielsetzung muss in der Schrift selbst verkörpert sein, wobei auf den verständigen Durchschnittsleser(-hörer) abzustellen ist.[270] 242

[5] Der Schuldspruch hält einer rechtlichen Überprüfung nicht stand, soweit das Landgericht die Angeklagte M. tateinheitlich zur Mitgliedschaft in einer kriminellen Vereinigung wegen Verbreitens von Propagandamitteln verfassungswidriger Organisationen verurteilt hat; daneben tragen die Urteilsgründe in einem Fall nicht die Verurteilung wegen Volksverhetzung. Im Einzelnen:

[6] 1. Die Verurteilung wegen Verbreitens von Propagandamitteln verfassungswidriger Organisationen (§ 86 Abs. 1 StGB) hat die Strafkammer auf das Abspielen des Titels „Blut und Ehre" der Gruppe Schwarze Division Sachsen in der von der Angeklagten M. am 11. Mai 2011 moderierten Sendung gestützt. Der Inhalt des Textes wird lediglich insoweit mitgeteilt, als deutlich hörbar die Parole „Deutschland Heil dir, Sieg Heil, Sieg Heil, Sieg Heil" (UA S. 42) sowie „Blut und Ehre" (UA S. 69) gesungen werde.

[7] Diese Feststellungen belegen nicht, dass es sich bei dem Lied um ein Propagandamittel im Sinne von § 86 StGB handelte. Hierunter fallen nur solche Schriften (§ 11 Abs. 3 StGB), deren Inhalte gegen die freiheitliche demokratische Grundordnung verstoßen (§ 86 Abs. 2 StGB) und die aufgrund dessen eine aktiv kämpferische, aggressive Tendenz in diese Richtung erkennen lassen (BGH, Urteile vom 23. Juli 1969 – 3 StR 326/68, BGHSt 23, 64, 72; vom 13. August 2009 – 3 StR 228/09, NJW 2010, 163, 165). Kritik, Ablehnung und politisches Wunschdenken reichen ebenso wenig wie wissenschaftliche Abhandlungen, Dokumentationen oder belletristische Darstellungen, wenn und soweit ihnen der werbende, aufwieglerische Charakter fehlt, welcher der Propaganda eigen ist. Die verfassungsfeindliche Zielsetzung muss in der Schrift selbst verkörpert sein, wobei auf den verständigen Durchschnittsleser(-hörer) abzustellen ist (BGH, Urteil

[270] BGH, Beschluss vom 14.04.2015 – 3 StR 602/14.

vom 23. Juli 1969 – 3 StR 326/68, BGHSt 23, 64, 73; MüKoStGB/Steinmetz, 2. Aufl., § 86 Rn. 13).

[8] Die in den Urteilsgründen dargestellten Textfragmente erschöpfen sich in der Wiedergabe von Kennzeichen nationalsozialistischer Organisationen („Sieg Heil", „Blut und Ehre"). Deren Verwendung alleine hebt eine Schrift noch nicht zum Propagandamittel und macht nähere Ausführungen zu dem propagandistischen Zusammenhang nicht entbehrlich (vgl. BGH, Urteil vom 13. August 2009 – 3 StR 228/09, NJW 2010, 163, 165). Das erforderliche aggressivkämpferische Element lässt sich den Urteilsgründen indes nicht entnehmen. Soweit das Landgericht im Rahmen der rechtlichen Würdigung interpretierend ausführt, der Liedtext knüpfe an die Rassenideologie ehemaliger nationalsozialistischer Organisationen an, die „als nachahmenswert dargestellt" werde, belegt auch dies den in Abgrenzung zum bloßen Wunschdenken erforderlichen aufwieglerischen Charakter nicht.

[9] 2. Hinsichtlich der Verurteilung wegen Volksverhetzung (§ 130 StGB) in drei Fällen gilt:

[10] a) Im Fall des Abspielens des Liedes „Ausländerhure" der Gruppe „Kraftschlag" in der von der Angeklagten am 29. April 2011 moderierten Sendung tragen die Feststellungen nicht die Verurteilung wegen Volksverhetzung. § 130 StGB setzt sowohl im Äußerungstatbestand nach Abs. 1 als auch im Rahmen des Verbreitungstatbestandes (Abs. 2) voraus, dass sich der Inhalt der Schrift gegen einen Teil der Bevölkerung oder gegen eine nationale, rassische, religiöse oder durch ihr Volkstum bestimmte Gruppe richtet. Als – vorliegend allein in Betracht kommend – Teil der Bevölkerung ist eine von der übrigen Bevölkerung auf Grund gemeinsamer äußerer oder innerer Merkmale politischer, nationaler, ethnischer, rassischer, religiöser, weltanschaulicher, sozialer, wirtschaftlicher, beruflicher oder sonstiger Art unterscheidbare Gruppe von Personen zu verstehen, die zahlenmäßig von einiger Erheblichkeit und somit individuell nicht mehr unterscheidbar sind (BGH, Urteil vom 3. April 2008 – 3 StR 394/07, BGHR StGB § 130 Nr. 1 Bevölkerungsteil 3). Nicht ausreichend ist es, wenn bei der Verwendung von Sammelbegriffen der Personenkreis so groß und unüberschaubar ist und mehrere, sich teilweise deutlich unterscheidende Einstellungen oder politische Richtungen umfasst, dass eine Abgrenzung von der Gesamtbevölkerung aufgrund bestimmter Merkmale nicht möglich ist (BGH, Urteil vom 3. April 2008 – 3 StR 394/07, BGHR StGB § 130 Nr. 1 Bevölkerungsteil 3 mwN; MüKoStGB/Schäfer aaO § 130 Rn. 30, 34 f. mwN).

[11] So liegt es hier. Die in dem Lied verwendete Gruppenbezeichnung „Ausländerhuren" ist für sich betrachtet vage. Welche abgrenzbare Gruppe von Frauen konkret angesprochen ist, lässt sich weder aus dem im Urteil auszugsweise wiedergegebenen Liedtext noch im Gesamtzusammenhang des Urteils eindeutig herleiten. Dahinstehen kann, ob der in dem Lied verwendete Begriff „Ausländerbanden" ausreichend bestimmt im Sinne der vorstehenden Maßstäbe ist. Bezüglich dieser Gruppe belegen die Urteilsgründe jedenfalls weder ein Aufstacheln zu Gewalt- oder Willkürmaßnahmen noch einen Angriff auf die Menschenwürde mittels Beschimpfens, böswilligen Verächtlichmachens oder Verleumdung.

[12] b) Nicht zu beanstanden ist die Verurteilung nach § 130 Abs. 2 StGB wegen der in den Sendungen vom 8. April und 8. Mai 2011 abgespielten Lieder. Zwar belegen die Feststellungen entgegen der Auffassung des Landgerichts hinsichtlich des in der Sendung vom 8. April 2011 abgespielten Stückes „Negeraufstand in

Kuba" keinen volksverhetzenden Inhalt im Sinne des Straftatbestandes. Allerdings tragen die Feststellungen zu den in dieser Sendung abgespielten Stücken der Gruppe „Landser" („Afrika Lied", „Xenophobia") den Schuldspruch.

2. Vorbereitung einer schweren staatsgefährdenden Gewalttat – § 89a StGB

Wer sich als Zivilperson in einem ausländischen Staat, auf dessen Gebiet ein bewaffneter Konflikt zwischen Regierungstruppen und Widerstandsgruppen bzw. terroristischen Organisationen – aber auch unter diesen – ausgetragen wird, bei einem Mitglied einer terroristischen Vereinigung aufhält und sich von diesem im Gebrauch von Schusswaffen zu dem Zweck unterweisen lässt, sich und seine Angehörigen im Falle eines Angriffs auch staatlicher Streitkräfte verteidigen zu können, bereitet in der Regel auch dann keine schwere staatsgefährdende Gewalttat im Sinne von § 89a Abs. 1 Satz 2, Abs. 2 Nr. 1 StGB vor, wenn er mit der betreffenden terroristischen Vereinigung sympathisiert.[271] **243**

3. Geheimdienstliche Agententätigkeit – § 99 StGB

Eine geheimdienstliche Agententätigkeit wird nicht ohne Weiteres im Sinne des § 99 Abs. 1 Nr. 1 StGB „gegen die Bundesrepublik Deutschland" ausgeübt, wenn die Ausforschungsbemühungen sich gegen Mitglieder oder Unterstützer einer durch die Europäische Union gelisteten ausländischen terroristischen Vereinigung richten, insbesondere gegen Führungsmitglieder, die mit internationalem Haftbefehl gesucht werden.[272] **244**

[4] 1. Der Schuldspruch hält im Ergebnis sachlichrechtlicher Prüfung stand. Die Tätigkeit des Angeklagten war allerdings nicht im Sinne des § 99 Abs. 1 Nr. 1 StGB gegen die Bundesrepublik Deutschland gerichtet und somit nicht tatbestandsmäßig, soweit sie die Mitglieder der von der Europäischen Union als terroristisch gelisteten Organisationen, insbesondere das mit internationalem Haftbefehl gesuchte, namentlich benannte Führungsmitglied der BK betraf; denn im Rahmen der bei der Prüfung des genannten Tatbestandsmerkmals anzustellenden Gesamtbetrachtung erlangt auch der Gesichtspunkt Bedeutung, ob die Ausforschung des Betroffenen gerade vor dem Hintergrund seines eigenen Verhaltens den Interessen der Bundesrepublik Deutschland widerspricht. Aufgrund des demnach geringeren Unrechts- und Schuldgehalts der Tat kann der Strafausspruch nicht bestehen bleiben. Im Einzelnen:

[5] a) Der Senat hält im Grundsatz an seiner bisherigen ständigen Rechtsprechung fest, wonach das Tatbestandsmerkmal „gegen die Bundesrepublik Deutschland" nicht eng im Sinne eines unmittelbar gegen den Bestand der Bundesrepublik oder gegen ihre staatlichen Institutionen gerichteten Handelns zu verstehen ist; vielmehr genügt eine Tätigkeit gegen die Interessen der Bundesrepublik Deutschland. Es reicht aus, wenn staatliche Belange zumindest mittelbar berührt sind und die

---

[271] BGH, Urteil vom 27.10.2015 – 3 StR 218/15.
[272] BGH, Beschluss v. 20.01.2015 – 3 StR 551/14.

Bundesrepublik Deutschland in ihrer funktionalen Stellung als politische Macht betroffen ist. Dies ist in der Regel auch dann der Fall, wenn die Spionagetätigkeit sich gegen Ausländerorganisationen in der Bundesrepublik Deutschland oder sonst gegen hier lebende Ausländer richtet (st. Rspr. seit BGH, Beschluss vom 22. September 1980 – StB 25/80, BGHSt 29, 325; vgl. auch KG, Urteil vom 8. Mai 2008 – (1) 3 StE 1/08 – 2 (4/08), juris Rn. 35ff.; KG, Urteil vom 12. Januar 2011 – (1) 3 StE 5/10-2 (7/10); OLG Celle, Urteil vom 20. April 2011 – 3 StE 1/11). Tatbestandsmäßig sind deshalb regelmäßig Ausforschungen, von denen Personen betroffen werden, denen ein Asylrecht zusteht, oder die sich gegen Exilanten oder deren Organisationen richten, die sich unter dem Schutz des Art. 5 GG in Deutschland in legaler Weise politisch betätigen, ohne dass es darauf ankommt, ob die ausgespähten Personen „im Lager" der Bundesrepublik Deutschland stehen. …

[6] b) Die bisherige Rechtsprechung bedarf allerdings der einschränkenden Präzisierung dahin, dass eine geheimdienstliche Agententätigkeit nicht – jedenfalls nicht ohne Weiteres – im Sinne des § 99 Abs. 1 StGB gegen die Interessen der Bundesrepublik Deutschland gerichtet ist, wenn sie Mitglieder oder Unterstützer von durch die Europäische Union gelisteten ausländischen terroristischen Vereinigungen, insbesondere mit internationalem Haftbefehl gesuchte Führungsmitglieder, betrifft. Dies folgt aus dem am Wortsinn, an Sinn und Zweck sowie der Historie der Vorschrift ausgerichteten Verständnis des Tatbestandsmerkmals. Hierzu gilt:

[7] aa) Bereits der Wortsinn des Tatbestandsmerkmals „gegen die Bundesrepublik Deutschland" lässt eine Auslegung nicht zu, die auf einen inhaltlichen Antagonismus der Spionagetätigkeit zu den staatlichen Interessen der Bundesrepublik Deutschland verzichtet. ….

[8] bb) Der Wille des Gesetzgebers spricht ebenfalls nicht für eine ausnahmslose Erfassung aller geheimdienstlichen Aktivitäten gegen Ausländer auf deutschem Boden. Die heutige Fassung der Norm beruht in dem hier relevanten Bereich auf der Neugestaltung der Vorschrift durch das Achte Strafrechtsänderungsgesetz vom 25. Juni 1968 (BGBl. I S. 741). Durch dieses wurde die zuvor auf Angelegenheiten der Bundesrepublik Deutschland aus bestimmten Sachbereichen ausgerichtete Beschränkung des Tatbestands aufgegeben und durch das Merkmal „gegen die Bundesrepublik Deutschland" ersetzt. Der Gesetzgeber wollte damit einen zentralen, bewusst weit gefassten Spionagetatbestand als wirksames Instrument zur Abwehr fremder Agententätigkeiten schaffen, der nicht mehr an den Begriff des Staatsgeheimnisses anknüpft, sondern im Ausgangspunkt darauf abzielt, die gesamte Spionagetätigkeit fremder Geheimdienste zu erfassen, ohne zunächst auf die Natur der Informationen abzustellen, auf die die Spionagetätigkeit gerichtet ist. …

[9] Der Senat hat allerdings in der Folgezeit in praktischer Umkehrung dieses vom Gesetzgeber intendierten Regel-Ausnahme-Verhältnisses dahin erkannt, dass der Tatbestand des § 99 Abs. 1 StGB von denkbaren seltenen Ausnahmefällen abgesehen auch dann erfüllt sei, wenn die geheimdienstliche Agententätigkeit sich gegen Ausländerorganisationen in der Bundesrepublik Deutschland oder sonst gegen hier lebende Ausländer richte (BGH, Beschluss vom 22. September 1980 – StB 25/80, BGHSt 29, 325, 327ff.). Danach sollte genügen, dass das allgemeine Interesse der Bundesrepublik Deutschland an der Abwehr der Spionagetätigkeit fremder Geheimdienste berührt wurde, soweit diese auf die umfassende Ausfor-

schung aller in den Bereich der Bundesrepublik Deutschland einbezogenen Angelegenheiten ausgerichtet war (BGH aaO, BGHSt 29, 325, 331). …

Mit der Einführung des § 129b StGB hat der Gesetzgeber zudem eine Wertentscheidung getroffen und deutlich gemacht, dass Tätigkeiten zu Gunsten einer solchen Gruppierung, welche die Voraussetzungen einer Vereinigung erfüllt, sei es in der Form des Gründens, der Beteiligung als Mitglied, des Unterstützens oder des Werbens um Mitglieder oder Unterstützer, nach den hier geltenden Wertmaßstäben im materiellen Sinne strafbares Unrecht darstellen. Hiermit ist es nicht vereinbar, wenn die geheimdienstliche Tätigkeit eines Agenten, der eine solche Vereinigung in der Bundesrepublik Deutschland ausspäht, ohne Weiteres regelmäßig als gegen die Interessen der Bundesrepublik Deutschland gerichtet bewertet wird (vgl. KG, Urteil vom 29. September 2003 – (2) 3 StE 1/03-1 (3/03), NStZ 2004, 209, 210).

[10] cc) Eine solche Betrachtungsweise stünde auch mit Sinn und Zweck der Vorschrift nicht im Einklang. Diese gehen dahin, dazu beizutragen, der Bundesrepublik Deutschland den Freiraum zu sichern, den sie benötigt, um sich in den Gegenläufigkeiten der internationalen Politik möglichst ungehindert und wirksam bewegen zu können, ihre eigenen politischen Vorstellungen zum Tragen zu bringen und so die Grundlage zu gewährleisten, auf der sich freiheitliche Demokratie mit ihren Grundrechtsgarantien verwirklichen und weiterentwickeln lässt (BVerfG aaO, BVerfGE 57, 250, 268f.; Beschluss vom 15. Mai 1995 – 2 BvL 19/91 u. a., BVerfGE 92, 277, 317f.). …

[11] dd) Danach handelte der Angeklagte zwar gegen die Interessen der Bundesrepublik Deutschland, soweit seine Ausforschungsbemühungen bloße Sympathisanten der gelisteten Organisationen, Familienangehörige des mit Haftbefehl gesuchten Führungsmitglieds der BK sowie gänzlich unbeteiligte Dritte betrafen. Demgegenüber erfüllte die Tätigkeit des Angeklagten jedoch nicht die Voraussetzungen des § 99 StGB, soweit sie darin bestand, Informationen über die gelisteten Organisationen, deren Mitglieder und Unterstützer sowie insbesondere das mit internationalem Haftbefehl gesuchte Führungsmitglied der BK zu beschaffen und weiterzuleiten; insoweit belegen die Feststellungen ein Handeln gegen die Bundesrepublik Deutschland nicht.

[12] ee) Im vorliegenden Fall bedarf es keiner näheren Betrachtung, ob das Tatbestandsmerkmal „gegen die Bundesrepublik Deutschland" auch bei Ausforschungen von Mitgliedern oder Unterstützern ausländischer terroristischer Vereinigungen erfüllt sein kann, etwa wenn die deutsche Souveränität in gravierender Weise missachtet wird (Lampe NStZ 2004, 210, 212), operative Methoden praktiziert werden, die mit den Grundwerten der Verfassung kollidieren (MüKo-StGB/Lampe/Hegmann, 2. Aufl., § 99 Rn. 18), oder eine zumindest abstrakte Gefahr dafür besteht, dass die gewonnenen Erkenntnisse in einer Weise genutzt werden, die den Kern- und Wesensgehalt der nach den Maßgaben des Grundgesetzes schutzwürdigen Belange der Betroffenen beeinträchtigen. Soweit das Oberlandesgericht in den Erwägungen zur rechtlichen Würdigung ausgeführt hat, der Zweck der Informationsweitergabe sei unklar und nicht ausschließbar allein auf die Abwehr verbrecherischer Bestrebungen gerichtet gewesen, bieten die getroffenen Feststellungen hierfür keinen näheren Anhaltspunkt.

[13] c) Somit kann der Strafausspruch nicht bestehen bleiben; denn das Oberlandesgericht ist von einem zu hohen Unrechts- und Schuldgehalt der Tat ausge-

gangen. Es hat auf der Grundlage seiner rechtlichen Bewertung zwar strafmildernd berücksichtigt, dass die Tätigkeit des Angeklagten auch Organisationen und Personen in Deutschland betroffen habe, an deren Aufklärung der indische Staat auch nach europäischer Rechtslage ein anerkennenswertes Interesse besitze, so dass der Schaden für die Integrität der Bundesrepublik Deutschland vor diesem Hintergrund nicht als hoch zu veranschlagen sei. Nach den dargelegten Maßstäben hätte das Tatgericht indes bei der Ermittlung des Unrechts- und Schuldumfangs die Aufklärungsbemühungen des Angeklagten gegen die terroristische Vereinigung bzw. den mit Haftbefehl Gesuchten außer Betracht lassen müssen. Es ist nicht auszuschließen, dass das Oberlandesgericht in diesem Fall auf eine geringere Strafe erkannt hätte.

4. Widerstand gegen Vollstreckungsbeamte – § 113 StGB

245 Unter **Widerstand** ist eine aktive Tätigkeit gegenüber dem Vollstreckungsbeamten mit Nötigungscharakter zu verstehen, mit der die Durchführung einer Vollstreckungsmaßnahme verhindert oder erschwert werden soll. Nach dem Schutzzweck des § 113 StGB muss die Gewalt gegen den Amtsträger gerichtet und für ihn – unmittelbar oder mittelbar über Sachen – körperlich spürbar sein. Bloße Flucht vor der Polizei ist kein (gewaltsamer) Widerstand, auch wenn dadurch gegebenenfalls Dritte gefährdet oder unvorsätzlich verletzt werden.[273]

[4] Die Angeklagten gaben nach der Kollision den Versuch auf, sich der Polizeikontrolle zu entziehen.

[5] 2. Die Strafkammer hat diesen Sachverhalt als Widerstand gegen Vollstreckungsbeamte gemäß § 113 Abs. 1 und 3 StGB sowohl in Tateinheit mit Sachbeschädigung (§§ 303 Abs. 1, 303c StGB, als auch mit Fahren ohne Fahrerlaubnis (§ 21 Abs. 1 Nr. 1 StVG) gewertet. Indem der Angeklagte D. versucht habe, sich der Polizeikontrolle durch Festnahme zu entziehen und zu diesem Zweck den PKW Smart abrupt trotz der ihn einkeilenden drei Fahrzeuge zurücksetzte, habe er bewusst und gewollt mit Gewalt Widerstand gegen die rechtmäßige Diensthandlung der Polizeibeamten geleistet.

[6] 3. Dies hält rechtlicher Nachprüfung nicht stand. Unter Widerstand ist eine aktive Tätigkeit gegenüber dem Vollstreckungsbeamten mit Nötigungscharakter zu verstehen, mit der die Durchführung einer Vollstreckungsmaßnahme verhindert oder erschwert werden soll (BGH NStZ 2013, 336). Nach dem Schutzzweck des § 113 StGB muss die Gewalt gegen den Amtsträger gerichtet und für ihn – unmittelbar oder mittelbar über Sachen – körperlich spürbar sein (BGHSt 18, 133; Lackner/Kühl, 28. Aufl. 2014, § 113 StGB Rn. 5). Bloße Flucht vor der Polizei ist kein (gewaltsamer) Widerstand, auch wenn dadurch gegebenenfalls Dritte gefährdet oder unvorsätzlich verletzt werden (BGH NStZ 2013, 336; Fischer StGB, 62. Aufl. 2015, § 113 Rn. 23).

[7] Danach fehlt es hier an einem Widerstandleisten im Sinne von § 113 StGB. Da der Polizeibeamte E. vom Angeklagten unbemerkt um das Heck des PKW Smart herumlief, als der Angeklagte das Fahrzeug zurücksetzte, fehlt es bereits an

[273] BGH, Beschluss vom 15.01.2015 – 2 StR 204/14.

der für den äußeren Tatbestand erforderlichen, gewaltsamen, gegen die Person des Vollstreckenden gerichteten Handlung. Ebenso wenig wird der für die Verwirklichung des § 113 StGB notwendige Vorsatz deutlich, durch eine nötigende Handlung gegen den Vollstreckungsbeamten die Vollstreckungsmaßnahme zu verhindern oder zu erschweren; festgestellt ist lediglich, dass der Angeklagte D. die Beschädigung des Opel Vectra billigend in Kauf nahm, nicht jedoch, dass er die Verletzung eines der Polizeibeamten im Rechtssinne gebilligt hat.

5. Verstoß gegen Weisungen der Führungsaufsicht – § 145a StGB

Voraussetzung für eine Bestrafung nach § 145a StGB ist, dass die Weisung rechtsfehlerfrei ist. Rechtsfehlerhafte Weisungen können die Strafbarkeit nach § 145a StGB nicht begründen. Für die Annahme dieser Strafnorm ist deshalb die Feststellung einer Rechtsfehlerfreiheit der Weisung als ungeschriebenes Tatbestandsmerkmal vollständig in den Urteilsgründen darzustellen.[274] **246**

[2] 1. Nach den Feststellungen des Landgerichts steht der 37 Jahre alte, homosexuell-pädophile, im Jahr 2004 wegen – teilweise schweren – sexuellen Missbrauchs von Kindern in zahlreichen Fällen zu einer Gesamtfreiheitsstrafe von sechs Jahren und sechs Monaten verurteilte Angeklagte nach Vollverbüßung dieser Strafe unter Führungsaufsicht. In dem Führungsaufsichtsbeschluss wurde der Angeklagte u.a. angewiesen, „sich nicht an Orten aufzuhalten, die ihm die unkontrollierte Kontaktaufnahme zu Kindern ermöglichen (u.a. Spielplätze, Schulen und Kindergärten), keine Kinder zu beaufsichtigen oder zu beherbergen" (UA S. 3). Nach seiner Haftentlassung bemühte sich der Angeklagte, der Diplom-Sozialpädagoge ist, um Arbeit, erhielt jedoch keine Anstellung. Daraufhin bot er eine professionelle entgeltliche Kinderbetreuung als Sozialpädagoge über das Internet an. In der Zeit von März 2012 bis Januar 2013 betreute er eine Vielzahl von Kindern, u.a. in den Fällen 1 bis 41 Jungen im Alter zwischen gut einem Jahr und elf Jahren. Mit ihnen hielt er sich überwiegend entweder in den elterlichen Wohnungen oder auf Spielplätzen auf.

[3] Im Mai 2014 betreute er ein zwei- und vierjähriges Geschwisterpärchen und spielte mit den Kindern auf einem Spielplatz. Als der vierjährige Junge eine Hängebrücke überquerte und den Angeklagten dabei zu sich rief, küsste dieser das Kind „spontan für einen kurzen Moment auf den Mund und die Stirn, um sich so sexuell zu erregen" (Fall 42, UA S. 8). Hierbei wurde er polizeilich observiert. Bei der wenige Tage später durchgeführten Durchsuchung seiner Wohnung wurden in einem Regal in einem Ordner mit der Aufschrift „Verteidigerunterlagen" Ablichtungen von Fotos gefunden, die aus dem früheren gegen den Angeklagten geführten Verfahren wegen sexuellen Missbrauchs von Kindern stammten und u.a. die erigierten Penisse verschiedener Kleinkinder zeigten, die mit gespreizten Beinen auf dem Rücken lagen (Fall 43).

[4] 2. Die Feststellungen tragen nicht die Schuldsprüche.

[5] a) § 145a StGB stellt eine Blankettvorschrift dar, deren Tatbestand erst durch genaue Bestimmung der Führungsaufsichtsweisung seinen Inhalt erhält; erst hier-

[274] BGH, Beschluss vom 19.08.2015 – 5 StR 275/15.

durch wird die Vereinbarkeit der Norm mit Art. 103 Abs. 2 GG gewährleistet. Voraussetzung für eine Bestrafung nach § 145a StGB ist deshalb, dass die Weisung rechtsfehlerfrei ist (vgl. BGH, Urteil vom 7. Februar 2013 – 3 StR 486/12, BGHSt 58, 136). Rechtsfehlerhafte Weisungen können die Strafbarkeit nach § 145a StGB nicht begründen. Für die Annahme dieser Strafnorm ist daher die Feststellung einer Rechtsfehlerfreiheit der Weisung als ungeschriebenes Tatbestandsmerkmal vollständig in den Urteilsgründen darzustellen (vgl. OLG Dresden, Beschluss vom 10. September 2014 – 2 OLG 23 Ss 557/14).

[6] Diesen Anforderungen genügt der im angefochtenen Urteil auszugsweise wiedergegebene Führungsaufsichtsbeschluss nicht. In Anbetracht des Gebots aus Art. 103 Abs. 2 GG und der Tatsache, dass § 68b Abs. 2 StGB auch nicht strafbewehrte Weisungen zulässt, muss es sich aus dem Beschluss selbst ergeben, dass es sich bei den in Rede stehenden Weisungen um solche nach § 68b Abs. 1 StGB handelt, die gemäß § 145a Satz 1 StGB strafbewehrt sind. Dafür ist zwar eine ausdrückliche Bezugnahme auf § 68b Abs. 1 StGB einerseits nicht erforderlich (aA wohl Roggenbuck in LK, StGB, 12. Aufl., § 145a Rn. 9); sie wird ohne weitere Erläuterungen andererseits auch in der Regel nicht ausreichen, um dem Verurteilten die notwendige Klarheit zu verschaffen. Der Umstand, dass eine Weisung strafbewehrt ist, muss aber in dem Führungsaufsichtsbeschluss unmissverständlich klargestellt sein (vgl. OLG Karlsruhe, NStZ-RR 2011, 30; Schönke/Schröder/Stree/Kinzig, StGB, 29. Aufl. § 68b Rn. 3). Dass dies geschehen ist, teilt das angefochtene Urteil nicht mit. Das Landgericht stellt lediglich ausdrücklich fest, dass der Führungsaufsichtsbeschluss nicht ausdrücklich den Hinweis enthielt, dass es sich bei den in Rede stehenden Weisungen um solche „nach § 68b Abs. 1 StGB" handelte (UA S. 9).

[7] Wegen der Gefahr von Missverständnissen und Unklarheiten kann die Klarstellung des Charakters der Weisungen im Führungsaufsichtsbeschluss nicht durch eine – hier auch nicht festgestellte – mündliche Belehrung (§ 268a StPO bzw. §§ 453a, 463 Abs. 1 StPO) ersetzt werden. Viel weniger kann es ausreichen, dass der Angeklagte durch Polizeibeamte im Rahmen von sogenannten Gefährderansprachen „jeweils zur Einhaltung der Weisungen aus dem Führungsaufsichtsbeschluss ermahnt und auf die Strafbarkeit eines Verstoßes gegen die Weisungen hingewiesen" worden ist (UA S. 4). Auch die entsprechenden Hinweise seines Bewährungshelfers reichten nicht aus.

247 Verstößt ein Täter über einen längeren Zeitraum immer wieder bzw. ständig gegen eine **Weisung der Führungsaufsicht,** so ist nach allgemeinen Grundsätzen zu beurteilen, ob eine oder mehrere Taten des § 145a StGB vorliegen. Mehrere Verstöße gegen dieselbe Weisung stehen regelmäßig in Realkonkurrenz, sofern nicht die Grundsätze über die natürliche oder rechtliche (tatbestandliche) Handlungseinheit eingreifen.[275]

[3] Der abgeurteilte Weisungsverstoß war entgegen der Auffassung des Landgerichts im Zeitpunkt des Erlasses des Strafbefehls bereits beendet (vgl. Fischer, StGB, 62. Aufl., § 55 Rn. 7). Insbesondere lag nicht etwa ein einheitlicher Verstoß gegen die nach § 68b Abs. 1 Satz 1 Nr. 3 StGB wirksam erteilte Weisung

---

[275] BGH, Beschluss vom 25.03.2015 – 4 StR 600/14.

darin, dass sich der Angeklagte von „Oktober/November 2012“ bis April 2013 häufig in der Wohnung seines Bekannten F. und dessen Lebensgefährtin aufhielt, dort zunächst „fast jede Nacht“ und später „immer mal wieder“ übernachtete und, soweit er sich dort aufhielt, Umgang mit der dort wohnhaften, damals drei Jahre alten Nebenklägerin hatte:

[4] Verstößt ein Täter über einen längeren Zeitraum immer wieder bzw. ständig gegen eine Weisung der Führungsaufsicht, so ist nach allgemeinen Grundsätzen zu beurteilen, ob eine oder mehrere Taten des § 145a StGB vorliegen. Mehrere Verstöße gegen dieselbe Weisung stehen regelmäßig in Realkonkurrenz, sofern nicht die Grundsätze über die natürliche oder rechtliche (tatbestandliche) Handlungseinheit eingreifen (vgl. LK-Roggenbuck, StGB, 12. Aufl., § 145a Rn. 39; Sternberg/Lieben in Schönke/Schröder, StGB, 29. Aufl., § 145a Rn. 13; NK-Schild/Kretschmer, StGB, 4. Aufl., § 145a Rn. 22, jeweils mwN).

[5] Die angeklagte und abgeurteilte Tat, die dadurch gekennzeichnet ist, dass der Angeklagte – neben weiteren mitgeteilten Verstößen – im Dezember 2012 weisungswidrig mit der Nebenklägerin in der Wohnung „alleine (…) aufhältig war“ (S. 4 der Anklageschrift vom 14. Oktober 2013) bzw. „zeitweilig alleine auf M. aufpasste“ (UA 10), war spätestens beendet, als der Angeklagte im Folgejahr „um Karneval herum“ nach einem Streit auszog und danach nur noch gelegentlich in der Wohnung übernachtete. Jedenfalls solche weiteren Weisungsverstöße der Kontaktpflege mit der Nebenklägerin, die erst nach der zeitlichen Zäsur durch den Auszug des Angeklagten erfolgten, stehen danach zu dem abgeurteilten Weisungsverstoß in Realkonkurrenz. Das Amtsgericht Gelsenkirchen hätte somit bei Erlass des Strafbefehls am 22. Februar 2013 über den später durch das Landgericht Essen abgeurteilten Weisungsverstoß mitentscheiden können.

6. Vortäuschen einer Straftat – § 145d StGB/Falsche Verdächtigung – § 164 StGB

Für eine Strafbarkeit gemäß § 145d StGB genügt es, wenn eine tatsächlich begangene Tat durch die Anzeige ein im Kern anderes Gepräge erhält. Ob dies der Fall ist, muss im Rahmen einer Gesamtbetrachtung der Umstände des Einzelfalls geklärt werden. Hierbei ist insbesondere maßgeblich, ob die für die angezeigte Tat scheinbar notwendigen und die tatsächlich erforderlichen Ermittlungsmaßnahmen im Zusammenhang stehen oder erstere sich letztlich als unnütz erweisen.[276] 248

[7] 1. Die Verurteilung des Angeklagten wegen Vortäuschens einer Straftat in mittelbarer Täterschaft (§ 145d Abs. 1 Nr. 1 StGB i. V. m. § 25 Abs. 1 Alt. 2, Abs. 2 StGB) wird von den Feststellungen getragen.

[8] a) Nach den Urteilsfeststellungen ließ der Angeklagte das Fahrzeug durch seine gutgläubige Tochter Al., die von einer Unterschlagung durch einen Mieter ausging, bei der Polizeiinspektion Bo. als durch diesen unterschlagen melden. Mithin bezog sich die Strafanzeige auf eine Unterschlagung durch einen Mieter, obwohl in Wirklichkeit der Angeklagte M. die Unterschlagung des Fahrzeugs

276 BGH, Urteil vom 15.04.2015 – 1 StR 337/14.

zum Nachteil der B. GmbH, an die das Fahrzeug sicherungsübereignet war, begangen hatte. Die Mitwirkung des anderweitig Verfolgten F. beschränkte sich darauf, über das Fahrzeug „formal" einen Mietvertrag mit der A. GmbH zu schließen und das vom Angeklagten M. erhaltene Fahrzeug an Mu. weiterzugeben.

[9] b) Beim Straftatbestand des Vortäuschens einer Straftat (§ 145d StGB) handelt es sich um ein abstraktes Gefährdungsdelikt (vgl. Schönke/Schröder-Sternberg-Lieben, StGB, 29. Aufl., § 145d Rn. 1 mwN), mit dem die zur Strafverfolgung berufenen Behörden vor ungerechtfertigter Inanspruchnahme und vor Veranlassung zu unnützen Maßnahmen geschützt werden sollen (so bereits BGH, Urteil vom 9. Juli 1954 – 1 StR 677/53, BGHSt 6, 251, 255). Für eine Strafbarkeit gemäß § 145d StGB genügt es deshalb, wenn eine tatsächlich begangene Tat durch die Anzeige ein im Kern anderes Gepräge erhält (vgl. Fischer, StGB, 62. Aufl., § 145d Rn. 5b; Schönke/Schröder-Sternberg-Lieben, aaO Rn. 1).

[10] Ob dies der Fall ist, muss im Rahmen einer Gesamtbetrachtung der Umstände des Einzelfalls geklärt werden. Hierbei ist insbesondere maßgeblich, ob die für die angezeigte Tat scheinbar notwendigen und die tatsächlich erforderlichen Ermittlungsmaßnahmen im Zusammenhang stehen oder erstere sich letztlich als unnütz erweisen (vgl. MüKoStGB/Zopfs, 2. Aufl., § 145d Rn. 25). Zum Teil wird es für eine Strafbarkeit schon als ausreichend erachtet, wenn die Ermittlungsbehörden durch die unrichtigen Angaben in der Strafanzeige in erheblichem Umfang mehr belastet wurden, als sie dies bei richtiger Schilderung des Sachverhalts wären (vgl. OLG Hamm, Beschluss vom 8. Mai 1987, NStZ 1987, 558, 559 sowie OLG Karlsruhe, Beschluss vom 24. August 1992, MDR 1992, 1166, 1167).

[11] Beides liegt hier bei der Anzeige gegen einen Mieter vor, weil der Verdacht auf eine Person gelenkt wurde, die das Fahrzeug nicht selbst unterschlagen hatte. Der Umstand, dass hinsichtlich des Fahrzeugs, auf das sich die Anzeige bezog, tatsächlich eine Unterschlagung, nämlich zum Nachteil der B. GmbH, begangen worden war, steht dem nicht entgegen. Denn die angezeigte Tat wäre eine gegenüber der tatsächlich begangenen in ihrem Grundcharakter gänzlich andere Tat, deren Aufklärung andere Ermittlungsmaßnahmen erfordern würde. Bei einer solchen Anzeige bestand die naheliegende Möglichkeit, dass von den Ermittlungsbehörden unnötige, kapazitätsbindende Maßnahmen ergriffen werden. Auf die Einzelheiten der Strafanzeige kommt es insoweit – entgegen der Auffassung der Revision – nicht an.

[12] Der Umstand, dass das Landgericht die Voraussetzungen des Tatbestands der falschen Verdächtigung (§ 164 StGB), gegenüber dem der Straftatbestand des Vortäuschens einer Straftat subsidiär ist (§ 145d Abs. 1 StGB a. E.), nicht geprüft hat, beschwert den Angeklagten ersichtlich nicht.

7. Falsche Verdächtigung – § 164 StGB

249 1. Bezichtigt ein Beschuldigter in einem Ermittlungsverfahren bewusst wahrheitswidrig eine bislang unverdächtige Person der Täterschaft und wiederholt er die entsprechenden Behauptungen in der Hauptverhandlung, weshalb gegen die bezichtigte Person ein Ermittlungsverfahren eingeleitet wird, macht er sich der falschen Verdächtigung gemäß § 164 Abs. 1 StGB strafbar.

2. Eine auf zulässiges Verteidigungsverhalten eines Beschuldigten im Strafverfahren oder dessen Selbstbelastungsfreiheit gestützte Einschränkung des Tatbestandes der falschen Verdächtigung gemäß § 164 Abs. 1 StGB kommt in der vorliegenden Konstellation nicht in Betracht.[277]

[28] b) Im Fall II.2.b) der Urteilsgründe tragen die getroffenen, allerdings knappen Feststellungen die Verurteilung wegen falscher Verdächtigung gemäß § 164 Abs. 1 StGB.

[29] aa) Indem der Angeklagte im Rahmen des gegen ihn wegen des Vorwurfs des Verstoßes gegen das Sprengstoffgesetz geführten Strafverfahrens bewusst wahrheitswidrig angegeben hatte, die in dem von ihm geführten Pkw aufgefundenen Feuerwerkskörper gehörten seinem Sohn, hat er diesen vorsätzlich der Begehung einer rechtswidrigen Tat, nämlich einer Straftat gemäß § 40 Abs. 1 SprengG, verdächtigt.

[30] Nach ganz überwiegendem Verständnis ist Verdächtigen das Hervorrufen, Umlenken oder Verstärken eines Verdachts (vgl. BGH, Urteil vom 13. April 1960 – 2 StR 593/59, BGHSt 14, 240, 246; Ruß in Leipziger Kommentar zum StGB, 12. Aufl., § 164 Rn. 5; Zopfs in Münchener Kommentar zum StGB, Band 3, 2. Aufl., § 164 Rn. 20 jeweils mwN; siehe auch Langer, Gedächtnisschrift für Schlüchter, 2002, S. 361, 366 f.). Die Tathandlung kann jedenfalls durch das Behaupten von Tatsachen verwirklicht werden, die geeignet sind (§ 152 Abs. 2 StPO), den Verdächtigten einem behördlichen Verfahren auszusetzen (Fischer aaO § 164 Rn. 3; Jeßberger in Satzger/Schluckebier/Widmaier, StGB, 2. Aufl., § 164 Rn. 6; näher Zopfs aaO § 164 Rn. 23 mwN).

[31] Diese Voraussetzungen sind angesichts der konkreten Bezichtigung des Sohns, Eigentümer der im Inland nicht zugelassenen pyrotechnischen Gegenstände zu sein, erfüllt. Da der Angeklagte die bereits während des strafrechtlichen Ermittlungsverfahrens gegen ihn erfolgte Falschbezichtigung in der Hauptverhandlung vor dem Amtsgericht wiederholt hat, handelt es sich bei den beiden wahrheitswidrigen Verdächtigungen lediglich um eine Tat im Rechtssinne (BGH, Beschluss vom 21. November 2012 – 4 StR 427/12, BGHR StGB § 164 Konkurrenzen 2; siehe auch OLG Koblenz, Beschluss vom 6. Dezember 2010 – 2 Ws 480/10 Rn. 20).

[32] bb) Eine auf zulässiges Verteidigungsverhalten eines Beschuldigten im Strafverfahren oder dessen Selbstbelastungsfreiheit gestützte Einschränkung des Tatbestandes der falschen Verdächtigung gemäß § 164 Abs. 1 StGB kommt in der vorliegenden Konstellation nicht in Betracht.

[33] (1) Ob eine in der obergerichtlichen Rechtsprechung (etwa BayObLG NJW 1986, 441, 442; OLG Frankfurt DAR 1999, 225; OLG Düsseldorf MDR 1992, 286 f.) und von Teilen der Strafrechtswissenschaft (siehe nur Ruß aaO § 164 Rn. 6 mwN; Jeßberger aaO § 164 Rn. 10) befürwortete Tatbestandseinschränkung für Fallgestaltungen, in denen der Täter wahrheitswidrig eine allein als alternativer Täter in Frage kommende Person ausdrücklich als solchen bezeichnet (gegen Einschränkungen in solchen Fällen etwa Langer aaO S. 367–369; Schneider, NZV 1992, 471, 472 ff. jeweils mwN; Fischer aaO § 164 Rn. 3a; näher auch

---

[277] BGH, Beschluss vom 10.02.2015 – 1 StR 488/14.

Deutscher, Grundfragen der falschen Straftatverdächtigung [§ 164 Abs. 1 StGB], 1995, S. 127ff.), angenommen werden kann, bedarf keiner Entscheidung. Jedenfalls dann, wenn – wie vorliegend – eine Person konkret verdächtigt wird, für deren Tatbegehung bzw. Tatbeteiligung bis dahin keine Anhaltspunkte bestanden, kommt im Hinblick auf das durch § 164 StGB auch gewährleistete Rechtsgut des Schutzes der innerstaatlichen Strafrechtspflege vor unberechtigter Inanspruchnahme (siehe nur BGH, Beschluss vom 21. November 2012 – 4 StR 427/12, StraFo 2013, 79) eine Tatbestandseinschränkung nicht in Betracht (vgl. Zopfs aaO § 164 Rn. 25f.; siehe auch Aselmann, Die Selbstbelastungs- und Verteidigungsfreiheit, 2004, S. 267f.). Anders als in Fallgestaltungen, in denen außer dem falsch Verdächtigenden überhaupt nur eine weitere Person als Täter der fraglichen rechtswidrigen Tat in Betracht kommt, wird in der hier vorliegenden Konstellation erstmals eine andere Person als vermeintlicher Täter bezichtigt. Erst dadurch werden die Ermittlungsbehörden zu einer auf eine materiell unschuldige und bis zur Falschbezichtigung unverdächtige Person bezogenen Ermittlungstätigkeit veranlasst.

[34] (2) Eine Einschränkung des Tatbestandes von § 164 Abs. 1 StGB in Anwendung auf einen sich durch Falschverdächtigung Dritter verteidigenden Beschuldigten oder Angeklagten lässt in der hier vorliegenden Fallgestaltung auch nicht mit Erwägungen aus der Rechtsprechung zu zulässigem Verteidigungsverhalten im Rahmen der Strafzumessung begründen (siehe aber OLG Düsseldorf MDR 1992, 286; krit. Schneider, NZV 1992, 471, 473f.). Zwar ist nach der Rechtsprechung des Bundesgerichtshofs strafzumessungsrechtlich die Grenze zulässigen und damit nicht strafschärfend berücksichtigungsfähigen Verteidigungsverhaltens selbst bei unberechtigten Anschuldigungen gegen Dritte noch nicht überschritten (etwa BGH, Beschluss vom 9. Oktober 2012 – 5 StR 453/12 Rn. 2 bzgl. Alternativtäterschaft); dies sei vielmehr erst dann der Fall, wenn sich dieses Verhalten als Ausdruck einer zu missbilligenden Einstellung erweise (vgl. nur BGH, Beschlüsse vom 29. Januar 2013 – 4 StR 532/12, NStZ-RR 2013, 170f. mwN sowie vom 6. Juli 2010 – 3 StR 219/10, NStZ 2010, 692). Diese für die Strafzumessung im Rahmen von § 46 Abs. 2 StGB geltenden Erwägungen können jedoch nicht die Auslegung der Tatbestandsmerkmale des § 164 StGB in einer Weise beeinflussen, die mit den Schutzzwecken dieses Tatbestandes nicht mehr vereinbar wäre.

[35] (3) Die Auslegung von § 164 StGB nach dem Wortlaut, der Systematik – der Gesetzgeber hat für die falsche Verdächtigung anders als in § 258 Abs. 1 und Abs. 5 StGB kein Selbstbegünstigungsprivileg vorgesehen – und dem Schutzzweck spricht gegen eine Einschränkung des Tatbestandes in Konstellationen wie der hier vorliegenden. Mit der durch das 43. Strafrechtsänderungsgesetz (43. StrÄndG) vom 29. Juli 2009 (BGBl. I S. 2288) erfolgten Einführung von § 164 Abs. 3 StGB hat der Gesetzgeber möglichen Missbräuchen der in § 46b StGB und § 31 BtMG enthaltenen Strafmilderungsmöglichkeiten bei Aufklärungshilfe durch in einem Strafverfahren Beschuldigte entgegen wirken wollen (BT-Drucks. 16/6268 S. 15 re. Sp.). Dabei hat er zugrunde gelegt, dass vielfach Falschangaben durch einen Beschuldigten in dem gegen ihn gerichteten Verfahren zum Zwecke der Erlangung von Strafmilderung den Tatbeständen aus § 164 StGB und § 145d StGB unterfallen, deren Strafandrohungen gravierende Fälle aber nur unzureichend erfassen (BT-Drucks. aaO). Die Entstehungsgeschichte von § 164 Abs. 3 StGB spricht damit ebenfalls gegen eine Einschränkung des Tatbestandes der fal-

schen Verdächtigung bei Falschbezichtigung Dritter durch Beschuldigte oder Angeklagte in gegen sie geführten Strafverfahren.

[36] (4) Die Restriktion könnte sich angesichts dessen lediglich aus übergeordneten verfassungsrechtlichen oder menschenrechtlichen Grundsätzen ergeben, aus denen sich für Beschuldigte bzw. Angeklagte im Strafverfahren ein Recht auf Lüge ableiten ließe (vgl. insoweit Kölbel, Selbstbelastungsfreiheiten, 2006, S. 403f.). Solche Grundsätze bestehen jedoch nicht. Die Selbstbelastungsfreiheit (nemo tenetur se ipsum accusare) gewährleistet verfassungsrechtlich dem Beschuldigten bzw. Angeklagten im Strafverfahren ein umfassendes Recht zu schweigen, um nicht zu seiner Überführung beitragen zu müssen; der Beschuldigte ist durch die Selbstbelastungsfreiheit mithin davor geschützt, auf ihn selbst bezogene Informationen zu generieren (siehe BVerfGE 56, 37, 49; BVerfGE 109, 279, 324; BVerfGE 133, 168, 201 Rn. 60; näher Verrel, Die Selbstbelastungsfreiheit im Strafverfahren, 2001, S. 261–264).

[37] Wie der Bundesgerichtshof bereits entschieden hat, lässt sich aus der einfachgesetzlichen Gewährleistung des Schweigerechts des Angeklagten in § 136 Abs. 1 Satz 2 StPO als Ausprägung der Selbstbelastungsfreiheit zwar keine Wahrheitspflicht aber auch kein „Recht zur Lüge" ableiten (BGH, Beschluss vom 17. März 2005 – 5 StR 328/04, NStZ 2005, 517, 518 Rn. 10; siehe auch OLG Koblenz, Beschluss vom 6. Dezember 2012 – 2 Ws 480/10 Rn. 13, NStZ-RR 2011, 178 [nur Leitsätze]; zum Meinungsstand bzgl. des „Rechts auf Lüge" Kölbel aaO S. 25f.). Für eine einschränkende Anwendung des § 164 StGB jedenfalls in der hier vorliegenden Konstellation der bewusst wahrheitswidrigen Verdächtigung besteht daher kein tragfähiger Grund (vgl. insoweit auch Kölbel aaO S. 404, siehe aber auch ders. aaO S. 493).

8. Störung der Totenruhe – § 168 StGB

Zur „Asche" im Sinne des § 168 Abs. 1 StGB gehören sämtliche nach der Einäscherung verbleibende Rückstände, d.h. auch die vormals mit einem Körper fest verbundenen, nicht verbrennbaren Bestandteile.[278] **250**

[4] 1. Das Landgericht ist zu Recht davon ausgegangen, dass das Entwenden von Zahngold den Tatbestand der Störung der Totenruhe (§ 168 StGB) erfüllt. Insbesondere handelt es sich bei Zahngold um „Asche" im Sinne des § 168 Abs. 1 StGB. Denn zu dieser gehören nach zutreffender Ansicht sämtliche nach der Einäscherung verbleibenden Rückstände, d.h. auch die vormals mit einem Körper fest verbundenen fremden Bestandteile, die nicht verbrennbar sind (vgl. OLG Bamberg, NJW 2008, 1543; OLG Hamburg, NJW 2012, 1601; Dippel in LK-StGB, 12. Aufl., § 168 Rn. 40; Kuhli in Matt/Renzikowski, StGB, 2013, § 168 Rn. 7; Lackner/Kühl, StGB, 28. Aufl., § 168 Rn. 2; Lenckner/Bosch in Schönke/Schröder, StGB, 29. Aufl., § 168 Rn. 3).

[5] a) Diese Auslegung ist mit dem allgemeinen Sprachgebrauch zu vereinbaren und überschreitet nicht die äußerste Wortlautgrenze (Art. 103 Abs. 2 GG; vgl. BVerfGE 71, 108, 115; 87, 209, 224; 126, 170, 197). Soweit dementgegen vertre-

---

[278] BGH, Beschluss vom 30.06.2015 – 5 StR 71/15.

ten wird, nach einem seit Jahrhunderten bestehenden, unverändert gebliebenen Wortverständnis sei mit dem Begriff Asche allein ein pulveriger staubartiger Verbrennungsrückstand gemeint, der vom Feuer unversehrte Gegenstände nicht erfasse, trifft dies nicht zu (aM OLG Nürnberg, NJW 2010, 2071, 2073f.; MüKo-StGB/Hörnle, 2. Aufl., § 168 Rn. 11; NK-StGB/Stübinger, 4. Aufl., § 168 Rn. 7). Vielmehr ist der Begriff im allgemeinen Sprachgebrauch nicht eindeutig definiert. Über die Bedeutung eines staubig-pulverigen Rückstands verbrannter Materie (so etwa Duden, Das große Wörterbuch der deutschen Sprache, Band 1, 3. Aufl., S. 300) hinaus wird Asche nämlich auch allgemein als „Verbrennungsrückstand" beschrieben und etwa als „die bei der Verbrennung pflanzlicher oder tierischer Substanzen zurückbleibenden unverbrennlichen anorganischen Bestandteile" (Der Große Brockhaus, 15. Aufl. 1929, Zweiter Band, S. 730) oder als „die von einem durch Verbrennung zerstörten organischen Körper übrigbleibenden anorganischen unverbrennlichen Bestandteile" (Brockhaus' Conversations Lexikon, Zweiter Band, 13. Aufl. 1882, S. 43) definiert (vgl. auch Meyers Enzyklopädisches Lexikon, Band 2, 1971, S. 682). Nach diesem Begriffsverständnis ist kremiertes Zahngold durch das Tatbestandsmerkmal umfasst (ebenso OLG Bamberg, aaO S. 1544 mwN; OLG Hamburg, aaO S. 1606).

[6] b) Für diese auf sämtliche Verbrennungsrückstände des menschlichen Körpers abstellende Auslegung des Aschebegriffs spricht zudem der Wille des historischen Gesetzgebers. …

[8] In der Begründung zum Vorentwurf zu einem Deutschen Strafgesetzbuch von 1909 heißt es etwa, dass die sich bei einer Feuerbestattung „ergebenden Aschereste aber den gleichen Schutz gegen einen pietätlosen Zugriff verdienen" und „nach dem Vorbild ausländischer Gesetzgebungen dem Leichnam die Asche eines Verstorbenen gleichgestellt" werden sollen (vgl. Vorentwurf zu einem Deutschen Strafgesetzbuch von 1909, Begründung, S. 520). …

[9] c) Es streiten auch systematische und teleologische Erwägungen für eine Einbeziehung kremierten Zahngoldes in den Begriff der Asche im Sinne des § 168 StGB.

[10] (1) Schutzgüter des § 168 Abs. 1 StGB sind jedenfalls das Pietätsgefühl der Allgemeinheit sowie der postmortale Persönlichkeitsschutz des Toten (vgl. BGH, Urteil vom 22. April 2005 – 2 StR 310/04, BGHSt 50, 80, 89; RGSt 39, 155, 156; Dippel, aaO Rn. 2; BT-Drucks. IV/650, S. 346; 13/8587, S. 22f.). Dieser Schutz gebührt der sterblichen Hülle und den Überresten (vgl. BT-Drucks. IV/650, aaO) eines Menschen in ihrer Gesamtheit, wie die tatbestandliche Erfassung von Teilen des Körpers eines verstorbenen Menschen zeigt. Er bezieht sich auf den zum Objekt gewordenen, einen Rückstand der Persönlichkeit darstellenden Menschenrest (vgl. von Bubnoff, GA 1968, 70, 72; Czerner, ZStW 2003, 91, 97).

[11] (2) Zum Körper eines Menschen gehören auch künstliche Körperteile, wie das Zahngold, die durch die Einbeziehung in die Körperfunktion ihres Trägers ihre Sachqualität verloren haben und nicht ohne Verletzung der Körperintegrität entfernt werden können; sie genießen damit ebenso das besondere Persönlichkeitsrecht am Körper wie die natürlichen Körperteile (vgl. OLG Bamberg, aaO S. 1544; Dippel, aaO Rn. 37; Hörnle, aaO Rn. 9; Lenckner/Bosch, aaO; Palandt/Ellenberger, BGB, 74. Aufl., § 90 Rn. 3, MüKo-BGB/Stresemann, 6. Aufl., § 90 Rn. 28; Erman/Schmidt, BGB, 14. Aufl., § 90 Rn. 5; Jickeli/Stieper in Staudinger,

BGB, Neubearbeitung 2012, § 90 Rn. 35; aA Lackner/Kühl aaO). Indem diese Gegenstände als dem Körper zugehörig empfunden werden, erstreckt sich auch auf sie das Gefühl der Verbundenheit und Pietät (Dippel, aaO Rn. 37; vgl. auch Rn. 38).

[12] (3) Dem Tatobjekt „Asche“ kommt innerhalb des Tatbestands des § 168 StGB kein geringerer Schutz zu als dem Körper oder Teilen des Körpers des verstorbenen Menschen. Ihm soll vielmehr derselbe Schutz auf würdige und pietätvolle Behandlung gewährt werden wie dem menschlichen Körper. Schon das Reichsgericht hat klargestellt, dass mit der grundsätzlichen Gleichstellung von Feuer- und Erdbestattung durch § 1 Feuerbestattungsgesetz 1934 einer unterschiedlichen Behandlung der Asche und des Leichnams der Boden entzogen worden ist und beide denselben Anspruch auf pietätvolle Behandlung und Wahrung der Totenruhe genießen (RGZ 154, 269, 274). Dieser Grundsatz gilt fort (vgl. OVG Berlin, DÖV 1964, 557, 558; OLG Bamberg, aaO S. 1544; Dippel, aaO Rn. 40). Wie der Körper des verstorbenen Menschen sind daher auch seine Verbrennungsreste in ihrer Gesamtheit zu schützen. Diese sind auch nicht deshalb weniger schutzbedürftig, weil vom verstorbenen Menschen abgetrennte Teile, wie etwa Zahngold nach dem Verbrennungsvorgang, ebenso wie abgetrennte Teile des lebenden Körpers mit der Abtrennung Sachqualität erlangen (vgl. BGH, Urteile vom 3. Juni 1958 – 5 StR 179/58, bei Dallinger MDR 1958, 739; vom 9. November 1993 – VI ZR 62/93, BGHZ 124, 52, 54; König, Strafbarer Organhandel, 1999, S. 78; Vogel in LK-StGB, 12. Aufl., § 242 Rn. 14; MüKo-StGB/Schmitz, 2. Aufl., § 242 Rn. 28, 30; MüKo-BGB/Stresemann, aaO, § 90 Rn. 32; Soergel/Marly, BGB, 13. Aufl., § 90 Rn. 7, 10). Denn der Schutz der Totenruhe ist unabhängig von der Sachqualität einzelner Körperteile zu beurteilen. Daher bleibt auch Asche so lange geschützt, wie das ihr geltende Pietätsempfinden noch nicht erloschen ist (vgl. Dippel, aaO Rn. 40).

[13] (4) Dem Schutz der Verbrennungsreste in ihrer Gesamtheit entspricht es, dass diese nach der Einäscherung nach den Regelungen des Friedhofsrechts unverzüglich und grundsätzlich vollständig in einer amtlich zu verschließenden und entsprechend zu kennzeichnenden Urne zu sammeln sind (Gaedke, aaO S. 238). Dadurch wird gewährleistet, dass die Aschenreste auch noch nach längerer Zeit einer behördlichen Untersuchung unterzogen werden können, denn es besteht ein erhebliches Interesse an der Feststellung ihrer Identität, Vollständigkeit und Ausschließlichkeit (Gaedke, aaO S. 238 f.; vgl. auch amtliche Begründung zu § 9 Feuerbestattungsgesetz 1934 in Reichs- und Staatsanzeiger Nr. 117 vom 23. Mai 1934, S. 2 f.).

[14] 2. Allerdings begegnet die Verurteilung der Angeklagten G. wegen Beihilfe zur Störung der Totenruhe in Tateinheit mit Beihilfe zum Verwahrungsbruch in 110 Fällen durchgreifenden rechtlichen Bedenken. Entsprechend den Ausführungen des Generalbundesanwalts ist nur eine Teilnahme in Form der psychischen Beihilfe gegeben, die mehrere rechtlich selbständige Haupttaten gefördert hat (vgl. Heine/Weißer in Schönke/Schröder, StGB, 29. Aufl., § 27 Rn. 42). Die Verkäufe durch die Angeklagte G. kamen als Beihilfehandlungen nicht in Betracht, da die Haupttaten zu diesem Zeitpunkt schon beendet waren. Der Senat ändert den Schuldspruch entsprechend ab. Die Vorschrift des § 265 StPO steht dem nicht entgegen, weil ausgeschlossen werden kann, dass die Angeklagte sich insoweit anders und erfolgreicher hätte verteidigen können. Die Änderung des Schuldspruchs hat zur Folge, dass die Einzelstrafen entfallen. Jedoch kann die

bisherige Gesamtstrafe als Einzelstrafe bestehen bleiben, weil die Änderung der konkurrenzrechtlichen Beurteilung den Unrechts- und Schuldgehalt der Tat nicht berührt.

9. Straftaten gegen die sexuelle Selbstbestimmung – §§ 174ff. StGB

a) Sexueller Missbrauch von Schutzbefohlenen – § 174a StGB

251 Ein Minderjähriger wird nicht im Sinne des § 174a Abs. 1 StGB **auf behördliche Anordnung verwahrt**, wenn er sich in einer stationären Jugendhilfeeinrichtung befindet, wie sie § 34 SGB VIII vorsieht.[279]

[2] 1. Die Verurteilung im Fall II. 5 der Urteilsgründe wegen Anstiftung zum sexuellen Missbrauch von Schutzbefohlenen (§ 174 Abs. 1 Nr. 3, Abs. 2 Nr. 2, § 26 StGB) hält sachlichrechtlicher Prüfung nicht stand.

[3] a) Der subjektive Tatbestand des § 174 Abs. 2 StGB setzt neben dem Vorsatz bezüglich der objektiven Tatbestandsmerkmale die Absicht des Täters voraus, sich oder den Schutzbefohlenen sexuell zu erregen. Diese Absicht wird durch die Feststellungen nicht belegt. Danach handelte die Zeugin B. allein aufgrund der ständig wiederholten Wünsche, Aufforderungen und Ermunterungen durch den Angeklagten, nicht aber aus eigenem sexuellen Interesse oder um ihren Sohn Y. sexuell zu stimulieren. Da es somit an einer tatbestandsmäßigen Haupttat fehlt, kommt eine Strafbarkeit des Angeklagten wegen einer – insoweit akzessorischen – Anstiftung hierzu nicht in Betracht (S/S-Heine, 28. Aufl., Vorbem. §§ 25ff. Rn. 27f.; § 26 Rn. 25).

[4] b) Die Umstellung des Schuldspruchs auf Anstiftung zum sexuellen Missbrauch von Kindern (§§ 176, 26 StGB) scheidet aus, weil – wie das Landgericht in seiner rechtlichen Würdigung zutreffend ausgeführt hat – die Tathandlung von der zum Tatzeitpunkt geltenden Fassung des § 176 StGB noch nicht erfasst war (§ 2 Abs. 3 StGB).

b) Sexueller Missbrauch von Kindern – §§ 176, 176a StGB

252 Wer einem Kind einen **Zettel** mit der Aufforderung zum gegenseitigen Masturbieren gegen Entgelt zu lesen gibt, **wirkt auf dieses durch Schriften ein,** um es zu sexuellen Handlungen zu bewegen.[280]

[2] 1. Die rechtliche Bewertung erweist sich als fehlerhaft, soweit das Landgericht den Angeklagten wegen sexuellen Missbrauchs eines behördlich Verwahrten verurteilt hat.

[3] a) Nach den rechtsfehlerfrei getroffenen Feststellungen war der Angeklagte als Erzieher in stationären Jugendhilfeeinrichtungen (Heimen) tätig und für die Betreuung und Erziehung der ihm anvertrauten Kinder und Jugendlichen ver-

---

[279] BGH, Beschluss vom 28.04.2015 – 3 StR 532/14.

[280] BGH, Beschluss vom 16.07.2015 – 4 StR 219/15.

antwortlich. Im Zeitraum von Juni 2005 bis Juli 2011 kam es in insgesamt 52 Fällen zu sexuellen Handlungen mit Kindern bzw. Jugendlichen, insbesondere zu Manipulationen am Geschlechtsteil der Jungen. Teilweise veranlasste der Angeklagte diese auch dazu, an ihm den Handverkehr auszuüben. Dabei war der Geschädigte im Fall II. 1. Tat 1 der Urteilsgründe 14 Jahre alt. Der Geschädigte der unter II. 2. festgestellten Taten war zu Beginn der Übergriffe 14 oder 15 (Taten 2 und 3), bei den Taten 4 bis 26 allerdings bereits 16 oder 17 Jahre alt. Der durch die unter II. 3. festgestellten Taten Geschädigte (Taten 27 bis 53) befand sich im Alter zwischen 11 und 13 Jahren.

[4] b) Während in den Fällen II. 1. Tat 1, II. 2. Taten 2 und 3 sowie II. 3. Taten 27, 28, 30 bis 53 die Verurteilung wegen sexuellen Missbrauchs von Schutzbefohlenen, teilweise in Tateinheit mit sexuellem Missbrauch von Kindern, keiner rechtlichen Beanstandung unterliegt, tragen die Feststellungen die weitere Verurteilung wegen tateinheitlichen sexuellen Missbrauchs eines behördlich Verwahrten nicht. Dies gilt auch, soweit das Landgericht in den Fällen II. 2. Taten 4 bis 26 den Angeklagten ausschließlich wegen sexuellen Missbrauchs eines behördlich Verwahrten verurteilt hat.

[5] aa) Nach § 174a Abs. 1 StGB macht sich unter anderem strafbar, wer sexuelle Handlungen an einer auf behördliche Anordnung verwahrten Person, die ihm zur Erziehung anvertraut ist, unter Missbrauch seiner Stellung vornimmt oder sexuelle Handlungen von einer solchen Person an sich vornehmen lässt. Auf behördliche Anordnung verwahrt ist, wer sich aufgrund hoheitlicher Gewalt in staatlichem Gewahrsam befindet (MüKoStGB/Renzikowski, 2. Aufl., § 174a Rn. 11). Der Begriff ist wie in § 120 Abs. 4 StGB auszulegen (S/S-Eisele, StGB, 29. Aufl., § 174a Rn. 4; MüKoStGB/Renzikowski aaO; aA LK/Hörnle, StGB, 12. Aufl., § 174a Rn. 12). Danach sind Kinder und Jugendliche, die sich in Jugendhilfeeinrichtungen aufhalten, wie sie § 34 SGB VIII vorsieht, nicht auf behördliche Anordnung verwahrt. Grundlage der Heimunterbringung ist die Entscheidung des Inhabers der Personensorge. Eine behördliche oder gerichtliche Befugnis, die Unterbringung eines Kindes oder Jugendlichen in einer stationären Einrichtung anzuordnen, ist – von wenigen, hier nicht vorliegenden Ausnahmefällen abgesehen (vgl. § 9 Nr. 2, § 12 Nr. 1, 2 JGG; dazu LK/Rosenau aaO, § 120 Rn. 20) – gesetzlich nicht vorgesehen.

[6] Im Einzelnen:

[7] § 34 SGB VIII sieht die sog. Hilfe zur Erziehung „in einer Einrichtung über Tag und Nacht (Heimerziehung) oder in einer sonstigen betreuten Wohnform" vor. Die Heimerziehung stellt eine der nach §§ 27 ff. SGB VIII gewährten Erziehungshilfen dar (Nellissen in Schlegel/Voelzke, jurisPK-SGB VIII, § 34 Rn. 1; vgl. auch Staudinger/Salgo, BGB (2015), § 1631b Rn. 16, 2), auf die unter bestimmten Umständen ein Anspruch besteht (Nellissen in Schlegel/Voelzke aaO, Rn. 8). Eine gesetzliche Grundlage für die Unterbringung Minderjähriger in einem solchen Heim enthält § 34 SGB VIII dagegen nicht. Die Entscheidung, eine stationäre Jugendhilfemaßnahme für das Kind oder den Jugendlichen in Anspruch zu nehmen, obliegt vielmehr allein dem Sorgeberechtigten, vorrangig den Eltern. Aber auch dann, wenn den Eltern das Sorgerecht entzogen (§ 1666 Abs. 1, Abs. 3 Nr. 6 BGB) und durch das Familiengericht nach §§ 1773 ff. BGB eine Vormundschaft angeordnet wurde, gilt insoweit nichts anderes. In diesen Fällen obliegt die Personensorge dem bestellten Vormund, der in seiner Tätigkeit vom Familiengericht überwacht wird, aber weder diesem noch dem Jugendamt weisungsunterworfen

ist. Seine Entscheidung, eine Heimerziehung in Anspruch zu nehmen, stellt deshalb ebenfalls keine behördliche Anordnung einer Unterbringung dar (so auch bei sonstigen Unterbringungen durch einen Betreuer oder Vormund MüKoStGB/Renzikowski aaO; Gössel, Das neue Sexualstrafrecht, 2005, § 4 Rn. 58; Laubenthal, Handbuch Sexualstraftaten, 2012, Rn. 393). Ebenso liegt es schließlich im Falle der sogenannten Amtsvormundschaft, die familiengerichtlich angeordnet wird, wenn ausnahmsweise eine als Vormund geeignete Person nicht vorhanden ist (vgl. Hamdan in Herberger/Martinek/Rüßmann/Weth, jurisPK-BGB, 7. Aufl., § 1791b Rn. 10). In diesen Fällen geht zwar die Personensorge auf das Jugendamt als Träger der Jugendhilfe über. Diesem obliegt damit auch die Entscheidung, den Jugendlichen in einer stationären Einrichtung unterzubringen. Selbst wenn das Jugendamt nach § 55 Abs. 2 SGB VIII die Ausübung der Aufgaben des Amtsvormunds einem Beamten oder Angestellten übertragen muss, der Anträge auf Hilfe zur Erziehung dann in eigenem Namen stellt, ändert dies an der Stellung des Jugendamtes als Amtsvormund nichts (Fröschle in Schlegel/Voelzke, jurisPK-SGB VIII, § 55 Rn. 40; Hamdan in Herberger/Martinek/Rüßmann/Weth aaO, Rn. 13). Doch nimmt auch dieses dabei lediglich als Sorgeberechtigter eine nach den §§ 27 ff. SGB VIII gewährte Hilfe zur Erziehung in Anspruch. Eine behördliche Anordnung ist auch in diesen Fällen nicht gegeben.

[8] Ebenso wenig sieht das Gesetz eine gerichtliche Anordnung vor (vgl. § 11 Abs. 1 Nr. 7 StGB), den Jugendlichen in einer stationären Einrichtung unterzubringen. Zwar bedarf die Entscheidung des Personensorgeberechtigten für eine Heimerziehung nach § 1631b BGB dann der Genehmigung durch das Familiengericht, wenn die Erziehungshilfe – ausnahmsweise (vgl. die Zahlen bei Staudinger/Salgo aaO, Rn. 2) – in einer geschlossenen Einrichtung geleistet werden soll, in der die Fortbewegungsfreiheit aufgehoben ist (Nellissen in Schlegel/Voelzke aaO, Rn. 24; Erman/Döll, BGB, 14. Aufl., § 1631b Rn. 3). Denn da bei der geschlossenen Unterbringung Art. 2 Abs. 2 S. 2 GG berührt wird, dessen Einschränkung nach Art. 104 Abs. 2 GG richterlicher Kontrolle unterliegen muss, schränkt § 1631b BGB insoweit das Personensorgerecht ein (Staudinger/Salgo aaO, Rn. 1). Das Familiengericht kann jedoch nicht von Amts wegen, sondern allein auf Antrag des Sorgeberechtigten tätig werden; der Jugendhilfeträger besitzt – soweit er nicht seinerseits die Personensorge wahrnimmt – kein Antragsrecht (Nellissen in Schlegel/Voelzke aaO, Rn. 29; Staudinger/Salgo aaO, Rn. 4; Erman/Döll aaO, Rn. 8). Die Genehmigung wird erteilt, wenn das Kindeswohl die geschlossene Unterbringung rechtfertigt und diese verhältnismäßig ist. Eine behördliche Anordnung stellt die Genehmigung durch das Familiengericht indes nicht dar. Auch bei Vorliegen einer Genehmigung ist der Sorgeberechtigte nicht zur Unterbringung verpflichtet (Staudinger/Salgo aaO, Rn. 4, 41).

[9] Nach alledem ist ein Minderjähriger, der sich in einer Einrichtung nach § 34 Abs. 1 SGB VIII aufhält, nicht im Sinne des § 174a Abs. 1 StGB aufgrund behördlicher Anordnung verwahrt (aA LK/Hörnle aaO, § 174a Rn. 12; MüKoStGB/Renzikowski aaO; Fischer, StGB, 62. Aufl., § 174a Rn. 4; Laubenthal, Handbuch Sexualstraftaten, 2012, Rn. 393; wie hier S/S-Eisele aaO, § 174a Rn. 4; S/S-Eser aaO, § 120 Rn. 4). Soweit im Schrifttum zur Begründung der gegenteiligen Auffassung auf das Schutzbedürfnis der in Heimen untergebrachten Kinder und Jugendlichen verwiesen wird, deren Situation unter anderem durch eingeschränkte Fortbewegungsmöglichkeit und existenzielle Abhängigkeit vom Personal gekennzeichnet sei, wird damit lediglich ein (vermeintliches) Strafbedürfnis artikuliert, auf

das der Tatbestand des § 174a Abs. 1 StGB gerade nicht erstreckt worden ist. Vielmehr hat der Gesetzgeber in Kenntnis der Problematik ausdrücklich darauf verzichtet, die Einrichtungen der freiwilligen Erziehungshilfe in den Schutzbereich des § 174a Abs. 1 StGB einzubeziehen (BT-Drucks. VI/3521, S. 26 f.).

Schmerzhafte anale Penetrationshandlungen gegenüber Kindern können eine körperlich schwere Misshandlung (§ 176a Abs. 5, § 177 Abs. 4 Nr. 2 Buchst. a StGB) darstellen.[281] **253**

[8] a) Nach gefestigter Rechtsprechung des Bundesgerichtshofs verlangt das Merkmal der schweren körperlichen Misshandlung einerseits nicht den Eintritt der in § 226 Abs. 1 StGB (schwere Körperverletzung) bezeichneten gravierenden Folgen; andererseits genügt eine „nicht nur unerhebliche Beeinträchtigung" der körperlichen Unversehrtheit nicht (vgl. BGH, Beschluss vom 14. Dezember 1993 – 4 StR 717/93, bei Miebach NStZ 1994, 223). Erforderlich, aber auch ausreichend ist es, dass die körperliche Integrität des Opfers in einer Weise verletzt wird, die mit erheblichen Schmerzen verbunden ist (vgl. BGH, Beschluss vom 27. Mai 1998 – 5 StR 216/98, NStZ 1998, 461; BGH, Urteile vom 13. September 2000 – 3 StR 347/00, BGHR StGB § 177 Abs. 4 Misshandlung 1; vom 13. Februar 2007 – 1 StR 574/06; vom 15. September 2010 – 2 StR 395/10, NStZ-RR 2011, 337, 338; vgl. zu § 176a Abs. 3 Nr. 2 StGB aF BGH, Urteil vom 11. August 1993 – 3 StR 325/93). Dabei schadet es nicht, wenn die Misshandlung nicht gerade als Nötigungsmittel eingesetzt wird, sondern im Zuge der sexuellen Handlungen erfolgt (vgl. BGH, Beschluss vom 12. Dezember 2000 – 4 StR 464/00, BGHSt 46, 225, 229).

[9] b) Daran gemessen ist das Merkmal hier gegeben. Der Angeklagte erzwang an der zur Tatzeit allenfalls zwölfjährigen Nebenklägerin den (erstmaligen) Analverkehr bis zum Samenerguss. Hierdurch fügte er ihr derart gravierende Schmerzen zu, dass er sich veranlasst sah, ihre lauten Schreie (vgl. auch UA S. 23: „... dass sie vor Schmerzen gebrüllt habe") zu ersticken, indem er ihren Kopf in ein Kissen drückte. Den Ausführungen der Jugendkammer ist zu entnehmen, dass sich die Misshandlung über geraume Zeit erstreckte.

[10] aa) Der Senat verkennt nicht, dass namentlich anale Penetrationen bei Kindern auf dieser Basis nicht selten den Qualifikationstatbestand des § 176a Abs. 5 StGB (§ 177 Abs. 4 Nr. 2 Buchst. a StGB) erfüllen werden. Er sieht jedoch keinen Grund, solche schwerwiegenden Taten nicht der verschärften Strafdrohung zu unterwerfen. Dem lässt sich nicht überzeugend entgegenhalten, dass mit dem Eindringen in den Körper von Kindern typischerweise Schmerzen verbunden sein werden, der Gesetzgeber für derartige Taten in § 176a Abs. 2 Nr. 1 StGB (§ 177 Abs. 2 Satz 1, 2 Nr. 1 StGB) aber einen günstigeren Strafrahmen vorgesehen hat (vgl. dazu SK-Wolters, StGB, § 177 Rn. 33; LK-Hörnle, StGB, 12. Aufl., § 176a Rn. 84; Kudlich, JR 2001, 378, 380). Denn es existieren – wie auch die Tatserie des Angeklagten erweist – Vorgänge des Eindringens, die nicht schmerzhaft sind oder insoweit jedenfalls nicht den erforderlichen Erheblichkeitsgrad erreichen. Es kann also nicht die Rede davon sein, dass die Verursachung beträchtlicher Schmerzen regelmäßige und damit vom Tatbestand des § 176a Abs. 2 Nr. 1 StGB

281 BGH, Urteil vom 09.12.2014 – 5 StR 422/14.

(§ 177 Abs. 2 Satz 1, 2 Nr. 1 StGB) abschließend umfasste Begleiterscheinung der darin bezeichneten Tathandlungen ist. Dass eine Privilegierung schon für sich genommen äußerst schmerzhafter Sexualhandlungen gegenüber sonstigen körperlichen Misshandlungen wie etwa heftigen und mit Schmerzen verbundenen Schlägen (vgl. BGH, Beschluss vom 27. Mai 1998 – 5 StR 216/98, aaO) vom Gesetzgeber intendiert gewesen sein könnte, liegt nicht nahe (vgl. auch BGH, Beschluss vom 12. Dezember 2000 – 4 StR 464/00, aaO).

[11] Genauso wenig lässt sich aus dem in der Vorschrift weiter aufgeführten Qualifikationsmerkmal der Verursachung einer Todesgefahr ein plausibler Grund für eine Ausgrenzung von (höchst schmerzhaften) „Penetrationshandlungen" gewinnen (sowohl MüKo/Renzikowski, 2. Aufl., § 176a Rn. 34). Denn es handelt sich um qualitativ unterschiedliche Merkmale mit divergierender Schutzrichtung.

[12] bb) Allerdings bedarf es für die Annahme einer schweren körperlichen Misshandlung hinreichender Feststellungen zu Ausmaß und Dauer der Schmerzen. Anders als bei den weiteren ausgeurteilten Fällen (analer) Vergewaltigungen bzw. deren Versuch zum Nachteil der Nebenklägerin genügen die Urteilsgründe diesem Erfordernis im Fall 4.

c) Sexuelle Nötigung, Vergewaltigung – § 177 StGB

254 Die Verwirklichung des Tatbestandes des § 177 Abs. 1 Nr. 3 StGB erfordert unter anderem, dass sich das **Opfer in einer Lage** befindet, in der es **möglichen nötigenden Gewalteinwirkungen des Täters schutzlos ausgeliefert** ist. Diese Schutzlosigkeit muss eine Zwangswirkung auf das Opfer in der Weise entfalten, dass es aus Angst vor einer Gewalteinwirkung des Täters in Gestalt von Körperverletzungs- oder gar Tötungshandlungen einen – ihm grundsätzlich möglichen – Widerstand unterlässt und entgegen seinem eigenen Willen sexuelle Handlungen vornimmt oder duldet; auf diese Umstände muss sich der – zumindest bedingte – Vorsatz des Täters erstrecken.[282]

[5] Das angefochtene Urteil hält rechtlicher Nachprüfung nicht stand. Die Verurteilung wegen Vergewaltigung unter Ausnutzung einer schutzlosen Lage im Sinne des § 177 Abs. 1 Nr. 3 StGB begegnet in beiden Fällen durchgreifenden rechtlichen Bedenken.

[6] 1. Nach der neueren Rechtsprechung des Bundesgerichtshofs erfordert die Verwirklichung des Tatbestandes des § 177 Abs. 1 Nr. 3 StGB unter anderem, dass sich das Opfer in einer Lage befindet, in der es möglichen nötigenden Gewalteinwirkungen des Täters schutzlos ausgeliefert ist. Diese Schutzlosigkeit muss eine Zwangswirkung auf das Opfer in der Weise entfalten, dass es aus Angst vor einer Gewalteinwirkung des Täters in Gestalt von Körperverletzungs- oder gar Tötungshandlungen einen – ihm grundsätzlich möglichen – Widerstand unterlässt und entgegen seinem eigenen Willen sexuelle Handlungen vornimmt oder duldet; auf diese Umstände muss sich der – zumindest bedingte – Vorsatz des Täters erstrecken (vgl. dazu BGH, Urteile vom 27. März 2003 – 3 StR 446/02, NStZ 2003, 533, 534; vom 25. Januar 2006 – 2 StR 345/05, BGHSt 50, 359, 366; Beschlüsse

---

[282] BGH, Beschluss vom 18.11.2015 – 4 StR 410/15.

vom 4. April 2007 – 4 StR 345/06, BGHSt 51, 280, 284; vom 11. Juni 2008 – 5 StR 193/08, NStZ 2009, 263; vom 10. Mai 2011 – 3 StR 78/11, NStZ-RR 2011, 311, 312; vom 20. Oktober 2011 – 4 StR 396/11,NStZ 2012, 209; vom 21. Dezember 2011 – 4 StR 404/11, NStZ 2012, 570, 571, jeweils mwN; anders noch BGH, Urteil vom 20. Oktober 1999 – 2 StR 248/99, BGHSt 45, 253, 255 ff.).

[7] 2. Gemessen daran hat das Landgericht die Voraussetzungen von § 177 Abs. 1 Nr. 3 StGB in beiden Verurteilungsfällen nicht ausreichend festgestellt.

[8] a) Das Landgericht hat im Fall 1 zwar Feststellungen dazu getroffen, dass sich die Geschädigte Z. zum Tatzeitpunkt aus psychischen Gründen objektiv in einer schutzlosen Lage befand. Dass sie die sexuellen Handlungen des Angeklagten gerade aus Angst vor Körperverletzungs- oder gar Tötungshandlungen hingenommen hat und der Angeklagte dies erkannte und zumindest billigend in Kauf nahm, ergeben die Urteilsfeststellungen jedoch nicht. Die Geschädigte Z. wurde danach vielmehr auch durch den Glauben, der Angeklagte habe ein „ehrliches" Interesse an ihr, dazu veranlasst, ihm zu folgen.

[9] b) Im Fall 2 kann der Schuldspruch nicht bestehen bleiben, weil sich das Urteil nicht zum Vorsatz des Angeklagten verhält. Das Landgericht hat keine Feststellungen dazu getroffen, welche Vorstellung der Angeklagte hatte, weshalb sich die Geschädigte S. nicht gegen seine Handlungen zur Wehr setzte und ob er es jedenfalls billigend in Kauf nahm, dass die – wie es an anderer Urteilsstelle heißt – vor Angst zitternde Frau gerade im Hinblick auf ihre Schutzlosigkeit auf möglichen Widerstand verzichtet hat.

[10] 3. Die Sache bedarf daher insgesamt der Aufhebung.

[11] a) Nach den getroffenen Urteilsfeststellungen liegt es zwar nahe, dass der Angeklagte im Fall 1 die Widerstandsunfähigkeit der Geschädigten Z. im Sinne des § 179 StGB ausgenutzt hat, wie es der Generalbundesanwalt in seiner Zuschrift vom 16. September 2015 zutreffend ausgeführt hat. Einer Schuldspruchänderung durch den Senat, wie vom Generalbundesanwalt beantragt, steht aber § 265 StPO entgegen, da nicht auszuschließen ist, dass sich der Angeklagte gegen diesen Tatvorwurf anders als geschehen hätte verteidigen können.

[12] b) Im Fall 2 wird der neue Tatrichter zu prüfen haben, ob möglicherweise (auch) die Tatbestandsvariante des § 177 Abs. 1 Nr. 1 StGB durch das Kneifen in die Brust oder das Ziehen am Nachthemd erfüllt ist oder eine konkludente Drohung (§ 177 Abs. 1 Nr. 2 StGB) vorlag.

[13] c) Im Fall 2 führt die Aufhebung der Verurteilung wegen Vergewaltigung auch zur Aufhebung der tateinheitlichen Verurteilung wegen sexuellen Missbrauchs einer Hilfsbedürftigen in einer Anstalt. Zum Tatbestandsmerkmal des Anvertrautseins weist der Senat vorsorglich auf SSW-StGB/Wolters, 2. Aufl., § 174a Rn. 15 hin.

Auch wenn ein Täter das **Regelbeispiel nach § 177 Abs. 2 Satz 2 Nr. 1 StGB** verwirklicht hat, kann gleichwohl eine **Ausnahme von der Regelwirkung** in Betracht kommen, wenn ein Regelbeispiel mit gewichtigen Milderungsgründen zusammentrifft. Der Bestrafung kann dann ausnahmsweise der Normalstrafrahmen des § 177 Abs. 1 StGB zugrunde gelegt werden.[283] **255**

[283] BGH, Beschluss vom 21.07.2015 – 3 StR 217/15.

[2] Während der Schuld- und der Strafausspruch in den Fällen II.2. bis II.4. der Urteilsgründe keinen Rechtsfehler zum Nachteil des Angeklagten aufweisen, kann das Urteil im Strafausspruch im Fall II.1. sowie im Ausspruch über die Gesamtstrafe nicht bestehen bleiben.

[3] Nach den Feststellungen bestanden zwischen dem Angeklagten und seiner Ehefrau schon kurz nach der Eheschließung erhebliche Streitigkeiten, aufgrund derer diese dem Angeklagten alsbald mitteilte, sie wolle sich dauerhaft wieder von ihm trennen. Es kam, ausgehend von dem Vorwurf des Angeklagten, seine Ehefrau habe einen Liebhaber, in der noch gemeinsam bewohnten Wohnung zu einer Auseinandersetzung. In deren Verlauf schlug der Angeklagte seiner Ehefrau mehrfach mit den Fäusten auf den Kopf und die schützend erhobenen Arme, fasste sie fest am Hals und rammte sein Knie so heftig in deren Bauch, dass sie zusammensackte. Kurze Zeit später schlug er weiter auf sie ein, so dass sie im Bereich der Küche auf den Boden fiel. Mit den Worten, er werde sich nunmehr „sein eheliches Recht" nehmen, zog er der sich wehrenden Frau die Jogginghose und den Slip bis zu den Fußgelenken herunter, legte sich auf sie und steckte ihr gegen den heftigen Widerstand zumindest einen Finger für mehrere Sekunden in die Scheide und stieß dabei jedenfalls zweimal nach. Dabei äußerte er: „Mag Dein Neuer es denn auch so?" Dann zog der Angeklagte den Finger wieder aus der Scheide und fragte: „Oder steht Dein Neuer eher darauf?", was die Zeugin dahingehend verstand, als wollte der Angeklagte den Finger nun anal bei ihr einführen. In diesem Moment schrie die gemeinsame halbjährige Tochter, worauf der Angeklagte von seiner Frau abließ und zu dem Kind lief. Diese konnte daraufhin die Wohnung verlassen und zu den Nachbarn laufen.

[4] Das Landgericht hat hierfür aus dem Strafrahmen des § 177 Abs. 2 eine Freiheitsstrafe von zwei Jahren und drei Monaten verhängt. Dies hält rechtlicher Nachprüfung nicht stand.

[5] Zwar ist die Strafkammer zu Recht davon ausgegangen, dass der Angeklagte das Regelbeispiel nach § 177 Abs. 2 Satz 2 Nr. 1 StGB verwirklicht hat. Nach ständiger Rechtsprechung kann jedoch gleichwohl eine Ausnahme von der Regelwirkung in Betracht kommen, wenn ein Regelbeispiel mit gewichtigen Milderungsgründen zusammentrifft. Der Bestrafung kann dann ausnahmsweise der Normalstrafrahmen des § 177 Abs. 1 StGB zugrunde gelegt werden (BGH, Beschluss vom 10. Februar 2004 – 4 StR 2/04, juris Rn. 5). Ob solche gewichtigen Milderungsgründe vorlagen, hat das Landgericht nicht erörtert, obwohl sich dies hier aufgedrängt hat: Es handelte sich um eine Beziehungstat zwischen Eheleuten, bei der der Angeklagte lediglich kurzzeitig mit dem Finger in die Scheide seiner Frau eingedrungen war. Der Senat kann nicht ausschließen, dass die Strafkammer – hätte sie diese Überlegungen angestellt – eine geringere Freiheitsstrafe verhängt hätte.

256 Bei sexuellen Handlungen in Gegenwart von Kindern reicht es für den Tatbestand einer sexuellen Nötigung (§ 177 Abs. 1 Nr. 3 StGB) nicht aus, dass der Täter die **Abwesenheit schutzbereiter Dritter**, namentlich der Mutter oder der großen Schwester seines Sohnes, zur Verwirklichung der Tat nutzte.[284]

---

[284] BGH, Beschluss vom 24.02.2015 – 5 StR 12/15.

[2] 1. Nach den Feststellungen des Landgerichts nutzte der Angeklagte im Fall 2 des Urteils eine bei seinem knapp vierjährigen Sohn beim Abtrocknen nach dem Baden eintretende spontane Erektion, um sein eigenes erigiertes Glied an das Geschlechtsteil seines Sohnes zu halten und von dieser Handlung ein Foto anzufertigen. Dabei ging es ihm darum, das Foto über das Internet an andere Personen mit pädophilen Neigungen weiterzugeben. Am Abend desselben Tages übermittelte er das Bild per E-Mail an einen Dritten (Fall 19).

[3] 2. Der Schuldspruch im Fall 2 ist – entsprechend dem Antrag des Generalbundesanwalts – abzuändern, da die Feststellungen die Annahme einer tateinheitlich verwirklichten sexuellen Nötigung (§ 177 Abs. 1 Nr. 3 StGB) nicht tragen. Es reicht nicht aus, dass der Angeklagte die Abwesenheit schutzbereiter Dritter, namentlich der Mutter oder der großen Schwester seines Sohnes, zur Verwirklichung der Tat nutzte (vgl. UA S. 15). Vielmehr ist es darüber hinaus erforderlich, dass die sexuellen Handlungen gegen den Willen des Opfers geschehen und das Opfer dem Tatgeschehen deshalb keinen Widerstand entgegensetzt, weil es dies aufgrund seiner schutzlosen Lage für aussichtslos hält (vgl. BGH, Beschluss vom 29. Oktober 2002 – 3 StR 358/02, StV 2003, 393). Das Vorliegen dieser Voraussetzungen hat das Landgericht nicht festgestellt. Es steht nicht zu erwarten, dass sie noch getroffen werden können.

[4] Darüber hinaus steht die Verurteilung im Fall 19 wegen Besitzverschaffens einer kinderpornographischen Schrift zum Verbrechenstatbestand des § 176a Abs. 3 StGB (Fall 2) in Tateinheit (vgl. MK-StGB/Renzikowski, 2. Aufl., § 176a Rn. 44; Schönke/Schröder/Lenckner/Perron, StGB, 29. Aufl., § 176a Rn. 16). Der Senat ändert den Schuldspruch entsprechend der gesetzlichen Überschrift (§ 260 Abs. 4 Satz 2 StPO) wie aus der Beschlussformel ersichtlich ab. § 265 StPO steht dem nicht entgegen, da sich der umfassend geständige Angeklagte nicht wirksamer als geschehen hätte verteidigen können. Mit der Schuldspruchberichtigung entfällt die im Fall II.19 verhängte Einzelfreiheitsstrafe von drei Monaten.

Wenn der Geschädigte aufgrund des vom Täter sexuell motivierten Ziehens an seinem Penis mit einer Linksdrehung seines Körpers nachgeben muss, ist damit der Tatbestand gemäß § 177 Abs. 1 Nr. 1 StGB (sexuelle Nötigung mit Gewalt) nur erfüllt, wenn der Täter eine Zwangswirkung erzielen wollte. Denn für die Annahme einer sexuellen Nötigung „mit Gewalt“ ist erforderlich, dass der Täter physische Kraft entfaltet, um den als ernst erkannten oder erwarteten Widerstand des Opfers gegen die Vornahme sexueller Handlungen zu überwinden.[285] **257**

[8] b) Auch ob die Tat als sexuelle Nötigung (vgl. Senat, Urteil vom 22. November 1991 – 2 StR 225/91, insoweit in StV 1992, 106 nicht abgedruckt; Fischer, aaO, § 177 Rn. 104) zu bewerten ist, wird der neue Tatrichter zu entscheiden haben. Selbst wenn der Nebenkläger aufgrund des vom Angeklagten sexuell motivierten Ziehens an seinem Penis mit einer Linksdrehung seines Körpers nachgeben musste, wäre damit der Tatbestand gemäß § 177 Abs. 1 Nr. 1 StGB nicht ohne Weiteres erfüllt. Denn für die Annahme einer sexuellen Nötigung „mit Gewalt“ ist erforderlich, dass der Täter physische Kraft entfaltet, um den als ernst erkannten oder erwarteten Widerstand des Opfers gegen die Vornahme sexueller

---

[285] BGH, Urteil vom 04.03.2015 – 2 StR 400/14.

Handlungen zu überwinden (vgl. auch Senat, Beschluss vom 31. Juli 2013 – 2 StR 318/13, BGHR StGB § 177 Abs. 1 Gewalt 17). Dass der Angeklagte eine solche Zwangswirkung erzielen wollte, ist bisher nicht belegt.

258 Für die Beurteilung des **Konkurrenzverhältnisses** bei mehrfach hinter einander begangenen Vergewaltigungen kommt es nach der Rechtsprechung des Bundesgerichtshofs maßgeblich darauf an, ob der Nötigung des Tatopfers ein einheitliches Tun des Angeklagten zugrunde liegt. Bei einheitlicher Gewaltanwendung liegt ebenso wie bei fortgesetzter oder fortwirkender Drohung trotz **mehrfach dadurch erzwungener Beischlafhandlungen** nur eine Tat im Rechtssinne vor.[286]

[2] Die Annahme von zwei selbständigen, real konkurrierenden Vergewaltigungstaten in den Fällen II. 2. Tatkomplex 4 und 5 der Urteilsgründe hält einer rechtlichen Prüfung nicht stand.

[3] Nach den Feststellungen hatte der Angeklagte die Nebenklägerin, mit der er eine Beziehung unterhielt und zusammenwohnte, im Verlauf des Tattags mehrfach geschlagen und getreten sowie sie gezwungen, mehrere Stunden mit ihm durch die Stadt zu laufen, wobei er sie mit dem Ziel, sie gefügig zu machen, durch Drohung mit dem Tod zu Bekundungen ihrer Loyalität und des Gehorsams ihm gegenüber genötigt hatte. In den späten Abendstunden befahl der Angeklagte der Nebenklägerin, die noch unter dem Eindruck der vorangegangenen Vorfälle und Bedrohungen stand, einem neuen Tatentschluss folgend, sich auszuziehen und aufs Bett zu legen. Er drohte hierbei, sich zu holen, was er wolle, und sie umzubringen. Als die Nebenklägerin, die – vom Angeklagten wahrgenommen – stark zitterte, erklärte, sie habe Angst vor dem Angeklagten, erwiderte dieser, es sei gut, dass sie Angst habe, jetzt habe sie endlich Respekt vor ihm. In Kenntnis dieser Ängste und der psychischen Ausnahmesituation der Nebenklägerin vollzog der Angeklagte sodann mit ihr den Geschlechtsverkehr, wobei die Nebenklägerin aufgrund ihrer Ängste und der vorangegangenen Drohungen und Beeinträchtigungen keine Gegenwehr leistete (Tatkomplex 4). Einige Stunden später führte der Angeklagte aufgrund erneuten Tatentschlusses im Bewusstsein der fortdauernden psychischen Ausnahmesituation sowie der fortbestehenden Ängste der Nebenklägerin gegen deren Willen mit ihr den Analverkehr aus, was der Nebenklägerin, die das Geschehen aufgrund ihrer vorausgegangenen Erlebnisse sowie aus Angst vor weiteren körperlichen Beeinträchtigungen über sich ergehen ließ, nicht unerhebliche Schmerzen bereitete (Tatkomplex 5).

[4] Für die Beurteilung des Konkurrenzverhältnisses bei mehrfach hinter einander begangenen Vergewaltigungen kommt es nach der Rechtsprechung des Bundesgerichtshofs maßgeblich darauf an, ob der Nötigung des Tatopfers ein einheitliches Tun des Angeklagten zugrunde liegt. Bei einheitlicher Gewaltanwendung liegt ebenso wie bei fortgesetzter oder fortwirkender Drohung trotz mehrfach dadurch erzwungener Beischlafhandlungen nur eine Tat im Rechtssinne vor (vgl. BGH, Urteile vom 19. April 2007 – 4 StR 572/06, NStZ-RR 2007, 235; vom 13. Februar 2007 – 1 StR 574/06; vom 25. Oktober 2001 – 4 StR 262/01, NStZ 2002, 199, 200; Beschlüsse vom 28. Januar 2003 – 4 StR 521/02, StraFo 2003, 281; vom 9. März 2000 – 4 StR 513/99, NStZ 2000, 419, 420; vom 23. Novem-

---

[286] BGH, Beschluss vom 18.06.2015 – 4 StR 46/15.

ber 1993 – 1 StR 739/93, BGHR StGB § 177 Abs. 1 Gewalt 10). So liegt der Fall hier. Den Feststellungen der Strafkammer ist jedenfalls in ihrem Gesamtzusammenhang zu entnehmen, dass die vom Angeklagten durch die Todesdrohung zur Erzwingung des Geschlechtsverkehrs geschaffene Bedrohungssituation noch fortbestand, als er die Nebenklägerin zur Duldung des Analverkehrs zwang. Damit wurden die sexuellen Handlungen durch den Einsatz desselben Nötigungsmittels erzwungen, sodass sich das Geschehen als einheitliche Tat der Vergewaltigung nach § 177 Abs. 1 Nr. 2, Abs. 2 Satz 2 Nr. 1 StGB darstellt.

1. **Nicht jede sexuelle Handlung** kann, nur weil sie **körperlich wirkt**, schon als Gewalt zur Erzwingung ihrer Duldung angesehen werden. **259**

2. Die Ankündigung, die Geschädigte werde „schon sehen", was passiert, begründet keine gegenwärtige Gefahr für Leib oder Leben der Geschädigten, wenn die Tatumstände offen lassen, welche Folgen zu erwarten sein sollten.[287]

[8] 1. Das Landgericht konnte sich nicht davon überzeugen, dass der Angeklagte die Axt bei der Vergewaltigung verwendet hat. Er habe das gefährliche Werkzeug bei der Nötigungshandlung nicht mit dem Ziel eingesetzt, den Widerstand der Nebenklägerin zu verhindern oder zu überwinden. Dies ist revisionsrechtlich nicht zu beanstanden.

[9] Das Landgericht hat alle Umstände gewürdigt und abgewogen. So ist der sexuelle Übergriff – was auch den Angaben der Geschädigten in der Hauptverhandlung entspricht – erst erfolgt, nachdem der Angeklagte die Axt beiseite gestellt hatte. Bis dahin hatte er diese nur gegen Sachen eingesetzt, um sich gewaltsam Zutritt zur Wohnung zu verschaffen und eine Aussprache herbeizuführen. Zu keinem Zeitpunkt vor oder während der Vergewaltigung hat der Angeklagte die Geschädigte mit der Axt bedroht, obwohl er sich der jederzeitigen Zugriffsmöglichkeit bewusst war. Dass er die Axt in einer Art und Weise weggestellt hatte, die F. konkludent bedeutet hätte, er werde sein sexuelles Verlangen erforderlichenfalls mit Hilfe des gefährlichen Werkzeugs durchsetzen, vermochte die Strafkammer in ihrer Würdigung nicht festzustellen. Entgegen der Ansicht der Revision musste sich das Landgericht nicht mit einer nur bei der polizeilichen Vernehmung getätigten Aussage des Opfers, sie habe gedacht „lieber das, als dass er die Axt in der Hand hat" auseinandersetzen. Es ist schon nicht erkennbar, ob das Landgericht die in diesen Angaben zum Ausdruck kommenden Empfindungen seinen Feststellungen zugrunde gelegt hat. Zudem gibt es keine Hinweise, dass eine solche Motivation der Geschädigten, dem sexuellen Verlangen des Angeklagten nachzukommen, für diesen erkennbar gewesen und von ihm in seinen Willen aufgenommen worden wäre. Hinzu kommt, dass die Geschädigte, wenn sie auch durch das gewaltsame Eindringen des Angeklagten beeindruckt war, die Vergewaltigung keineswegs – etwa unter dem Eindruck einer so empfundenen Drohung mit der Axt – widerstandslos hat über sich ergehen lassen. Vielmehr hat sie erheblichen Widerstand geleistet, den der Angeklagte mit einfacher körperlicher Gewalt überwunden hat, ohne dabei ausdrücklich oder konkludent auf den ihm grundsätzlich möglich gewesenen Einsatz des gefährlichen Werkzeugs hinzuweisen. Dass dieser dann beim Eintreffen der Polizeibeamten erneut zur Axt

[287] BGH, Beschluss vom 05.02.2015 – 2 StR 5/15.

gegriffen hatte, hält die Strafkammer zu Recht für unerheblich, weil zu diesem Zeitpunkt die Vergewaltigung bereits beendet war.

[10] 2. Ebenso wenig ist zu beanstanden, dass die Strafkammer eine gefährliche Körperverletzung in Form einer lebensgefährdenden Behandlung durch die massive Einwirkung auf den Hals des Opfers, nicht aber durch den Einsatz eines gefährlichen Werkzeugs in Form der Spaltaxt angenommen hat. Die Verletzungen der Nebenklägerin sind zwar beim Ringen um die Axt, nicht aber durch diese entstanden. Soweit die Revisionsführerin von einem anderen Lebenssachverhalt ausgeht, verkennt sie, dass maßgeblich die Feststellungen in der Hauptverhandlung und nicht die in der Anklageschrift geschilderten Geschehnisse sind.

260 Auch frühere Misshandlungen und Drohungen können zwar eine in die Tatgegenwart fortwirkende Drohwirkung entfalten. Grundsätzlich reicht hierzu jedoch das bloße **Ausnutzen eines „Klimas der Bedrohung und Einschüchterung"** nicht aus. Dieses kann vielmehr in der Regel lediglich Grundlage der Verwirklichung des Tatbestands des § 177 Abs. 1 Nr. 3 StGB sein.[288]

[3] 1. Die Strafkammer ist ohne Rechtsfehler davon ausgegangen, dass der Angeklagte bei Durchführung des ersten Geschlechtsverkehrs mit seiner Tochter Gewalt aufgewendet hat, um ihren Widerstand gegen den sexuellen Übergriff zu brechen. Dass er sie in diesem Fall aber auch unter Ausnutzung einer Lage, in der sie seiner Einwirkung schutzlos ausgeliefert war, zur Duldung des Geschlechtsverkehrs genötigt hat (§ 177 Abs. 1 Nr. 3 StGB), ist nicht dargetan. Das insoweit vom Landgericht der Verurteilung zugrunde gelegte Tatgeschehen ist ersichtlich allein von der Gewaltanwendung des Angeklagten gegenüber seiner Tochter geprägt.

[4] 2. Soweit das Landgericht in den folgenden Fällen – vor allem auch mit Blick auf die Drohung des Angeklagten unmittelbar nach dem ersten Vorfall, nichts weiter zu erzählen, ansonsten werde er sie, ihren Bruder und die Mutter umbringen, aber auch im Hinblick auf das kindliche bzw. jugendliche Alter des Opfers und die Tatsache, dass ihr keinerlei Hilfsmöglichkeiten zur Verfügung standen – die Voraussetzungen des § 177 Abs. 1 Nr. 3 StGB angenommen hat, ist hiergegen grundsätzlich nichts zu erinnern. Dies gilt freilich nicht für die Taten, in denen der Angeklagte zur Erreichung seines Ziels wiederum Gewalt anwenden musste; denn dies tat er nur dann, wenn sich seine Tochter widersetze (vgl. UA S. 31), die Durchführung des angestrebten Geschlechtsverkehrs also „unter Ausnutzung einer schutzlosen Lage" nicht erfolgversprechend erschien.

[5] Die weitere Annahme der Strafkammer, die Gewalteinwirkung des Angeklagten bei der ersten Tat habe in allen weiteren Fällen fortgewirkt, erweist sich schon im Hinblick auf den langen Tatzeitraum von 1998 bis 2002 und fehlende Feststellungen zur konkreten Anwendung von Gewalt in weiteren Fällen, die die ursprüngliche Wirkung der ersten Gewalthandlungen verstärkt und erneuert haben sollen, als rechtsfehlerhaft. Sie stößt aber auch insoweit auf Bedenken, als sie letztlich lediglich ein allgemeines „Klima der Bedrohung und Einschüchterung" (vgl. UA S. 31) beschreibt, das für die Annahme fortwirkender Gewalt als solcher

---

[288] BGH, Beschluss vom 07.01.2015 – 2 StR 463/14.

gerade nicht ausreicht und lediglich Grundlage für die Annahme von § 177 Abs. 1 Nr. 3 StGB sein kann.

Ohne Rechtsfehler hat das Landgericht bei beiden Taten auch die Merkmale des § 177 Abs. 1, Abs. 2 Satz 2 Nr. 1 StGB als verwirklicht angesehen. Diese veranlassen eine rechtliche Kennzeichnung der Tat in der Urteilsformel als „**Vergewaltigung**". Die Bezeichnung „**schwere Vergewaltigung**" bleibt demgegenüber der hier nicht gegebenen Qualifikation der Tat nach § 177 Abs. 3 StGB vorbehalten.[289] **261**

d) Sexuelle Missbrauch widerstandsunfähiger Personen – § 179 StGB

Eine **vollendete sexuelle Handlung** im Sinne des § 179 Abs. 1StGB liegt immer dann vor, wenn die Handlung objektiv, also allein gemessen an ihrem äußeren Erscheinungsbild, einen eindeutigen Sexualbezug aufweist.[290] **262**

Auch der Angeklagte B. hat den Tatbestand des § 179 Abs. 1 Nr. 1 StGB vollendet, obgleich er selbst „aus einer plötzlichen Unlust heraus" mit der Nebenklägerin den zunächst beabsichtigten Geschlechtsverkehr nicht mehr „eigenhändig" ausführte (MüKoStGB/Renzikowski, 2. Aufl., § 179 Rn. 3; Eisele in Schönke/Schröder, StGB, 29. Aufl., § 179 Rn. 8), sondern lediglich mit Interesse und Kommentar den Vollzug des Geschlechtsverkehrs durch den Mitangeklagten verfolgte. Dass beide Angeklagte die Nebenklägerin gemeinsam in das Schlafzimmer des Angeklagten B. brachten und ihr dort Schuhe, Hose und Slip auszogen, um unter Ausnutzung ihrer Widerstandsunfähigkeit nacheinander und jeweils in Gegenwart des Mittäters den Geschlechtsverkehr mit ihr durchzuführen (UA S. 10, 38), stellt für sich schon eine vollendete sexuelle Handlung im Sinne des § 179 Abs. 1 i. V. m. § 184h Nr. 1 StGB dar. Eine solche liegt immer dann vor, wenn die Handlung objektiv, also allein gemessen an ihrem äußeren Erscheinungsbild, einen eindeutigen Sexualbezug aufweist (BGH, Urteile vom 24. September 1980 – 3 StR 255/80, BGHSt 29, 336, 338; vom 20. Dezember 2007 – 4 StR 459/07, NStZ-RR 2008, 339, 340, und vom 22. Oktober 2014 – 5 StR 380/14, NJW 2014, 3737, 3738 mwN). Dies war hier zweifelsfrei schon bei der Entblößung des Unterkörpers der Geschädigten der Fall. Da bei äußerlich eindeutigen Handlungen nach ständiger Rechtsprechung die subjektive Zielrichtung des Täters für die Einordnung als sexuelle Handlung keine Bedeutung hat (vgl. BGH, aaO), kommt es vorliegend auch nicht darauf an, ob die Entkleidung der Geschädigten dem Tatplan des Angeklagten entsprechend dazu diente, sich schon hierdurch geschlechtliche Erregung zu verschaffen (vgl. Laufhütte/Roggenbuck in LK, StGB, 12. Aufl., § 184g Rn. 5f.; MüKoStGB/Hörnle, 2. Aufl., § 184g Rn. 6 mwN; MüKoStGB/Renzikowski, aaO, § 177 Rn. 55; offengelassen von BGH, Urteil vom 4. August 2004 – 5 StR 134/04, NStZ 2005, 90, 91; aA noch BGH, Beschluss vom 13. Februar 1997 – 4 StR 648/96, NStZ-RR 1997, 292 mwN).

---

[289] BGH, Beschluss vom 22.01.2015 – 3 StR 585/14.
[290] BGH, Beschluss vom 10.03.2015 – 5 StR 521/14.

e) Exhibitionistische Handlungen – § 183 StGB

263 1. Eine **exhibitionistische Handlung** ist dadurch gekennzeichnet, dass der Täter einem anderen ohne dessen Einverständnis sein entblößtes Glied vorweist, um sich dadurch oder zusätzlich durch Beobachten der Reaktion der anderen Person oder durch Masturbieren sexuell zu erregen, seine Erregung zu steigern oder zu befriedigen.

2. Täter im Sinne von § 183 StGB kann auch sein, wer sich in bereits entblößtem Zustand entschließt, einem anderen ohne dessen Einverständnis sein Glied zum Zwecke des sexuellen Lustgewinns zu präsentieren.[291]

[7] Die Revision der Staatsanwaltschaft führt zur Aufhebung des Urteils, soweit der Angeklagte freigesprochen worden ist.

[8] 1. Die Ausführungen der Strafkammer lassen besorgen, dass sie von einem zu engen Begriff der exhibitionistischen Handlung ausgegangen ist.

[9] Eine exhibitionistische Handlung ist dadurch gekennzeichnet, dass der Täter einem anderen ohne dessen Einverständnis sein entblößtes Glied vorweist, um sich dadurch oder zusätzlich durch Beobachten der Reaktion der anderen Person oder durch Masturbieren sexuell zu erregen, seine Erregung zu steigern oder zu befriedigen (BT-Drucks. VI/3521 S. 53; BGH, Urteil vom 5. September 1995 – 1 StR 396/95, BGHR StGB § 183 Abs. 1 Exhibitionistische Handlung 1). Die Tathandlung liegt in dem Vorzeigen des entblößten Gliedes mit dem Ziel des hierdurch bewirkten sexuellen Lustgewinns. Dass der Täter sein Geschlechtsteil bereits zu diesem Zweck entblößt hat, setzt die Vorschrift hingegen nicht voraus (aA BayObLG NJW 1999, 72, 73). Weder aus dem Gesetzeswortlaut noch aus den Gesetzesmaterialien kann eine solche Einschränkung hergeleitet werden. Vielmehr kann auch ein Täter, der sein Glied zuvor etwa zum Zwecke des Urinierens frei gemacht hat oder der aus sonstigen Gründen nackt herumläuft, die Tathandlung begehen, wenn er sich in bereits entblößtem Zustand entschließt, einem anderen ohne dessen Einverständnis sein Glied zum Zwecke des sexuellen Lustgewinns zu präsentieren.

[10] 2. Die Wertung der Strafkammer, dass dem Vorzeigen des Geschlechtsteils kein „neuer Tatentschluss" zugrunde lag (UA S. 63), beruht möglicherweise auf der – wie oben näher dargelegt – irrigen Rechtsansicht, bereits das Entblößen des Gliedes müsse in Erregungs-/Befriedigungsabsicht erfolgt sein. Maßgeblich ist hingegen allein der zum Zeitpunkt des Vorzeigens des entblößten Gliedes vom Täter verfolgte Zweck, sich gerade hierdurch oder zusätzlich durch die Reaktion des Gegenübers oder durch Masturbieren zu befriedigen. Ob dies der alleinige Zweck des Vorzeigens des Gliedes sein muss oder ob der Tatbestand auch erfüllt ist, wenn bei dem Täter ein Motivbündel vorliegt (so BGH, Urteil vom 30. März 1983 – 2 StR 32/83), kann im vorliegenden Fall dahingestellt bleiben. Nach den bisherigen Feststellungen liegt es nahe, dass der Angeklagte der Nebenklägerin nach dem Oralverkehr sein entblößtes Glied gerade zum Zwecke des sexuellen Lustgewinns vorgezeigt hat, denn er stellte sich immer wieder neben sie und forderte sie auf, doch zu schauen, was er mache, um sich zu stimulieren (UA S. 26, 62). Nicht ausschließbar beruhte auch der Schock der Nebenklägerin auf dem

[291] BGH, Beschluss vom 29.01.2015 – 4 StR 424/14.

mehrfachen Vorweisen des entblößten Gliedes zum Zwecke der sexuellen Stimulierung. Eine Belästigung der Nebenklägerin durch die exhibitionistische Handlung ist jedenfalls nach den bisherigen Feststellungen nicht auszuschließen.

[11] Die Tat zum Nachteil der Nebenklägerin muss nach alledem neu verhandelt werden. Der Senat hat die Sache nach § 354 Abs. 3 StPO an das Amtsgericht Siegen – Strafrichter – zurückverwiesen, da dessen Zuständigkeit ausreicht. Die sorgfältig getroffenen Feststellungen können als Grundlage einer möglichen Verurteilung nicht bestehen bleiben, weil der die Tat bestreitende Angeklagte deren rechtsfehlerfreies Zustandekommen mangels Beschwer nicht überprüfen lassen konnte.

f) Verbreitung, Erwerb und Besitz kinderpornographischer Schriften – § 184b StGB

§ 184b Abs. 4 Satz 1 StGB ist als **Unternehmensdelikt** ausgestaltet. Es setzt das Unternehmen voraus, sich den Besitz an einer kinderpornografischen Schrift zu verschaffen, beispielsweise durch eigenhändiges Anfertigen entsprechender Fotoaufnahmen. Hierfür genügt gemäß § 11 Abs. 1 Nr. 6 StGB der Versuch des Sich-Verschaffens.[292] **264**

[9] 2. Auch soweit das Landgericht im Fall II.60 eine Strafbarkeit des Angeklagten wegen Sich-Verschaffens kinderpornografischer Schriften gem. § 184b Abs. 4 Satz 1 StGB angenommen hat, weist das Urteil keinen Rechtsfehler auf.

[10] a) Das Landgericht hat insoweit im Wesentlichen die folgenden Feststellungen getroffen:

[11] Im Frühsommer oder Sommer des Jahres 2013 fuhr der Angeklagte mit seinem Sohn und dessen im Jahr 2004 geborenen Schulfreund Z. in ein Schwimmbad. Dort hielt er sich mit den Jungen u.a. im Saunabereich auf, wo er Z. mit seinem Handy in Badebekleidung fotografierte, ohne dass es dieser bemerkte. Nach dem Schwimmbadbesuch nahm er Z. zu sich nach Hause. Er bot dem Jungen fünf Euro an, falls dieser sich von ihm – dem Angeklagten – unbekleidet fotografieren lasse. Dies wollte Z. jedoch nicht. Der Angeklagte erklärte daraufhin, einer seiner Freunde habe sich schon von ihm fotografieren lassen. Z. weigerte sich jedoch weiterhin, auch als der Angeklagte sein Angebot auf zehn Euro erhöhte. Weil der Junge trotz einer energischen Ansprache in gehobener Lautstärke beharrlich widerstand, ließ der Angeklagte von dem Kind schließlich ab.

[12] b) Zutreffend hat das Landgericht die intensiven Bemühungen, den Minderjährigen dazu zu überreden, sich nackt ablichten zu lassen, als vollendetes Delikt nach § 184b Abs. 4 Satz 1 StGB ausgeurteilt.

[13] § 184b Abs. 4 Satz 1 StGB ist als Unternehmensdelikt ausgestaltet. Es setzt das Unternehmen voraus, sich den Besitz an einer kinderpornografischen Schrift zu verschaffen, beispielsweise durch eigenhändiges Anfertigen entsprechender Fotoaufnahmen (BGH, Beschluss vom 17. Dezember 1997 – 3 StR 567/97, BGHSt 43, 366ff.; Schönke/Schröder/Eisele, StGB, 29. Aufl., § 184b Rn. 14). Hierfür genügt gemäß § 11 Abs. 1 Nr. 6 StGB der Versuch des Sich- Verschaffens (MüKo-

[292] BGH, Beschluss vom 16.07.2015 – 4 StR 219/15.

StGB/Renzikowski, 2. Aufl., § 184b Rn. 36), hier also der Versuch, ein pornografisches Nacktbild des Kindes anzufertigen.

[14] Für die Abgrenzung zu bloßen Vorbereitungshandlungen gelten die allgemeinen Regeln (allg. Ansicht, vgl. LK-Hilgendorf, StGB, 12. Aufl., § 11 Rn. 83; MüKoStGB/Radtke, StGB, 2. Aufl., § 11 Rn. 112; Schönke/Schröder/Hecker/Eser, StGB, 29. Aufl., § 11 Rn. 43; einschränkend SK- StGB-Rudolphi/Stein, Stand Februar 2005, § 11 Rn. 41, die Versuche am untauglichen Objekt ausschließen); es ist also auf das unmittelbare Ansetzen im Sinne des § 22 StGB abzustellen (Senat, Urteil vom 1. Juni 1989 – 4 StR 135/89, NStZ 1989, 476, 477 mwN). Ein unmittelbares Ansetzen zur Tat liegt bei Handlungen des Täters vor, die nach dem Tatplan der Verwirklichung eines Tatbestandsmerkmals vorgelagert sind und im Falle ungestörten Fortgangs ohne Zwischenakte in die Tatbestandshandlung unmittelbar einmünden sollen (st. Rspr., vgl. etwa BGH, Urteil vom 20. März 2014 – 3 StR 424/13, NStZ 2014, 447, 448; BGH, Beschluss vom 11. Mai 2010 – 3 StR 105/10.A, Rn. 4). Nicht als Zwischenakte in diesem Sinne anzusehen sind Handlungen, die wegen ihrer notwendigen Zusammengehörigkeit mit der Tathandlung nach dem Plan des Täters als deren Bestandteil erscheinen, weil sie an diese zeitlich und räumlich angrenzen und mit ihr im Falle der Ausführung eine natürliche Einheit bilden; dies kann auch für ein notwendiges Mitwirken des Opfers gelten (BGH, Urteil vom 30. April 1980 – 3 StR 108/80, NJW 1980, 1759).

[15] Bei Anwendung dieser Grundsätze ist eine Verurteilung wegen des Unternehmens des Sich-Verschaffens des Besitzes an einer kinderpornografischen Schrift hier rechtlich nicht zu beanstanden. Der Angeklagte hat, indem er den Geschädigten zu sich nach Hause nahm, ihm Geld anbot, falls er sich unbekleidet und – wie sich aus dem Gesamtzusammenhang der Urteilsgründe ergibt – unter Einnahme einer sexualbetonten Haltung fotografieren lasse, und nach dessen Weigerung weiter u.a. durch Erhöhen seines Angebots sowie durch energische Ansprache in gehobener Lautstärke auf ihn einwirkte, unmittelbar zum Anfertigen der Nacktbilder angesetzt. Der nach dem Tatplan notwendige Zwischenschritt des Sich-Entkleidens des Minderjährigen stellt keinen die Annahme des unmittelbaren Ansetzens ausschließenden Zwischenakt dar.

265 Lädt der Täter im Verlaufe einer Internetsitzung jeweils **mehrere Dateien mit kinderpornographischem Inhalt** auf seinen Computer herunter, handelt es sich aufgrund natürlicher Handlungseinheit jeweils lediglich um eine Tat des Sich-Verschaffens im Sinne von § 184b Abs. 4 Satz 1 StGB.[293]

[10] a) Nach den Feststellungen hat sich der Angeklagte sämtliche der verfahrensgegenständlichen Bild- und Videodateien durch Herunterladen und Speichern auf verschiedenen internen oder externen Speichermedien selbst verschafft und dadurch den Tatbestand von § 184b Abs. 4 Satz 1 bzw. § 184c Abs. 4 Satz 1 Var. 1 StGB verwirklicht. Gegenüber dem Sich-Verschaffen gemäß § 184b Abs. 4 Satz 1 StGB tritt der vom Landgericht dem Schuldspruch u.a. zugrunde gelegte Besitztatbestand gemäß § 184b Abs. 4 Satz 2 StGB als subsidiärer Auffangtatbestand zurück (st. Rspr.; BGH, Beschlüsse vom 10. Juli 2008 – 3 StR 215/08, NStZ 2009, 208; vom 4. August 2009 – 3 StR 174/09 Rn. 25, StV 2010, 294;

[293] BGH, Beschluss vom 03.09.2015 – 1 StR 255/15.

vom 8. Februar 2012 – 4 StR 657/11 Rn. 3, StV 2012, 540). Für den in der tatbestandlichen Struktur und der Schutzrichtung weitgehend übereinstimmenden § 184c Abs. 4 Satz 1 StGB gilt im Verhältnis des Sich-Verschaffens (§ 184c Abs. 4 Satz 1 Var. 1 StGB) zu dem Besitz (§ 184c Abs. 4 Satz 1 Var. 2 StGB) jugendpornographischer Schriften (§ 11 Abs. 3 StGB) nichts anderes. Der Angeklagte war daher jeweils wegen Sich- Verschaffens von kinder- bzw. jugendpornographischen Schriften zu verurteilen (zur Bezeichnung dieses verwirklichten Tatbestandes in der Entscheidungsformel siehe BGH, Beschluss vom 8. Februar 2012 – 4 StR 657/11 Rn. 4, StV 2012, 540).

[11] b) Wegen des Wertungsfehlers bei der Bestimmung des verwirklichten Straftatbestandes tragen die Feststellungen auch die vom Landgericht angenommene Anzahl der Taten im materiell-rechtlichen Sinne nicht. Lädt der Täter im Verlaufe einer Internetsitzung jeweils mehrere Dateien mit kinderpornographischem Inhalt auf seinen Computer herunter, handelt es sich aufgrund natürlicher Handlungseinheit jeweils lediglich um eine Tat des Sich-Verschaffens im Sinne von § 184b Abs. 4 Satz 1 StGB (BGH, Beschluss vom 10. Juli 2008 – 3 StR 215/08, NStZ 2009, 208; BGH, Urteil vom 10. Oktober 2013 – 4 StR 258/13 Rn. 14; BGH, Beschluss vom 3. Dezember 2014 – 4 StR 342/14 Rn. 8; siehe auch BGH, Beschluss vom 10. Juli 2014 – 2 StR 166/14 Rn. 4). Entsprechendes gilt für § 184c Abs. 4 Satz 1 Var. 1 StGB.

[12] Soweit das Landgericht – zudem bezogen auf den jeweiligen Besitztatbestand – die Annahme jeweils einzelner Taten pro Bild- bzw. Videodatei mit jeweils „gesonderten Tatentschlüssen" begründen will (UA S. 3), wird diese Feststellung nicht tragfähig belegt. Aus den im Einzelnen mitgeteilten Daten der Erzeugung der entsprechenden Dateien ergibt sich, dass bei nahezu allen Sitzungen zwischen dem Herunterladen mehrerer Dateien jeweils lediglich Sekunden oder Minuten lagen. Das deutet nicht auf jeweils neue Tatentschlüsse hin. Weitere Umstände, auf die sich die entsprechende Feststellung des Land-gerichts stützen könnte, sind dem Urteil nicht zu entnehmen. Da sich weitere Feststellungen insoweit auch nicht treffen lassen werden, ist unter Anwendung des Zweifelsgrundsatzes von lediglich einer Tat des Sich-Verschaffens pro einheitlicher Internetsitzung auszugehen (BGH, Beschluss vom 3. Dezember 2014 – 4 StR 342/14 Rn. 8 mwN).

Nicht jede Aufnahme des nackten Körpers oder des Geschlechtsteils eines Kindes **266**
ist **Kinderpornografie im Sinne des § 184b Abs. 1 StGB.** Tatobjekte sind nur pornografische Schriften, die sexuelle Handlungen von, an oder vor Kindern zum Gegenstand haben. Zu den sexuellen „Handlungen" von Kindern gehört zwar nach der Neufassung des Gesetzes durch das Gesetz zur Umsetzung des Rahmenbeschlusses des Rates der Europäischen Union zur Bekämpfung der sexuellen Ausbeutung von Kindern und der Kinderpornographie vom 31. Oktober 2008 (BGBl. I 2008, S. 2149) auch ein Posieren in sexualbetonter Körperhaltung. Voraussetzung ist aber, dass die von dem Kind eingenommene **Körperposition objektiv, also allein gemessen an ihrem äußeren Erscheinungsbild, einen eindeutigen Sexualbezug aufweist.**[294]

[294] BGH, Beschluss vom 03.12.2014 – 4 StR 342/14.

267 Bei einer Verurteilung wegen Besitzes kinderpornografischer Schriften nach § 184b Abs. 4 Satz 2 StGB (Fassung vom 31. Oktober 2010) verstößt die Erwägung, dass auf den von dem Angeklagten hergestellten und abgespeicherten kinderpornografischen Videos nicht nur ein wirklichkeitsnahes, sondern ein tatsächliches Geschehen zu sehen ist, nicht generell gegen das Doppelverwertungsverbot des § 46 Abs. 3 StGB und kann daher strafschärfend berücksichtigt werden.[295]

Die Strafkammer durfte bei der (tateinheitlichen) Verurteilung wegen Besitzes kinderpornografischer Schriften nach § 184b Abs. 4 Satz 2 StGB in den Fällen II. 2, II. 5 und II. 6 der Urteilsgründe strafschärfend berücksichtigen, dass auf den von dem Angeklagten hergestellten und abgespeicherten kinderpornografischen Videos nicht nur ein wirklichkeitsnahes, sondern ein tatsächliches Geschehen zu sehen war. Diese Erwägung verstößt nicht generell gegen § 46 Abs. 3 StGB und war unter den hier gegebenen Umständen zulässig (vgl. BGH, Beschluss vom 17. Dezember 2008 – 2 StR 461/08, NStZ-RR 2009, 103).

Die Änderung von § 184c Abs. 4 StGB durch das Neunundvierzigste Gesetz zur Änderung des Strafgesetzbuches vom 21. Januar 2015 (BGBl. 2015 I S. 10) stellt die Verurteilung des Angeklagten wegen Besitzes jugendpornografischer Schriften im Fall II. 7 der Urteilsgründe nicht in Frage, weil das die Nebenklägerin bei sexuellen Handlungen mit dem Angeklagten zeigende Video von ihm heimlich aufgenommen wurde und deshalb eine die Anwendung von § 184c Abs. 3 StGB ausschließende Einwilligung der Nebenklägerin mit dessen Herstellung nicht vorlag.

g) Begriffsbestimmungen (der sexuellen Handlung) – § 184g StGB

268 Seit der Neufassung der Vorschrift durch das 6. Gesetz zur Reform des Strafrechts vom 26. Januar 1998 (BGBl. I S. 164) setzt das Vergehen der Vornahme sexueller Handlungen vor einem Kind zwar nicht mehr voraus, dass der Täter dabei in der Absicht handelt, sich, das Kind oder einen anderen sexuell zu erregen. Um eine vom Gesetzgeber nicht beabsichtigte Ausdehnung der Strafbarkeit zu vermeiden, hat der Bundesgerichtshof die Regelung der § 176 Abs. 4 Nr. 1, § 184g Nr. 2 StGB aber insoweit einengend ausgelegt, als für die Annahme einer sexuellen Handlung vor einem Kind über deren Wahrnehmung durch das Tatopfer hinaus **erforderlich** ist, dass der Täter **das Kind so in das sexuelle Geschehen einbezieht,** dass für ihn die Wahrnehmung der sexuellen Handlung durch das Tatopfer von handlungsleitender Bedeutung ist.[296]

10. Verletzung des höchstpersönlichen Lebensbereichs durch Bildaufnahmen – § 201a StGB

269 Der Tatbestand des § 201a Abs. 1 StGB in der Fassung vom 30. Juli 2004 erfasst jedenfalls das **unbefugte Herstellen solcher Bildaufnahmen,** die aufgrund hinrei-

[295] BGH, Beschluss vom 11.03.2015 – 4 StR 570/14.
[296] BGH, Beschluss vom 13.01.2015 – 5 StR 435/14.

chend vorhandener **Identifizierungsmerkmale** von den jeweiligen Tatopfern der eigenen Person zugeordnet werden können.[297]

[6] Nach der Strafnorm des § 201a Abs. 1 StGB aF (§ 201a Abs. 1 Nr. 1 StGB in der Fassung des 49. Gesetzes zur Änderung des Strafgesetzbuchs – Umsetzung europäischer Vorgaben zum Sexualstrafrecht vom 21. Januar 2015, BGBl I, S. 10), welche dem Schutz des durch das allgemeine Persönlichkeitsrecht sowie das Recht auf informationelle Selbstbestimmung gewährleisteten höchstpersönlichen Lebensbereichs des Einzelnen vor Eingriffen durch Bildaufnahmen dient (vgl. BT-Drucks. 15/2466, S. 1; Lenckner/Eisele in Schönke/Schröder, StGB, 29. Aufl., § 201a Rn. 2; Fischer, StGB, 62. Aufl., § 201a Rn. 3; Kühl in Lackner/Kühl, StGB, 28. Aufl., § 201a Rn. 1), macht sich in der Tatbestandsvariante des Herstellens strafbar, wer von einer anderen Person, die sich in einer Wohnung oder einem gegen Einblick besonders geschützten Raum befindet, Bildaufnahmen herstellt und dadurch den höchstpersönlichen Lebensbereich der Person verletzt. Ob und gegebenenfalls unter welchen Voraussetzungen dieser Vorschrift auch Bildaufnahmen unterfallen, die allein aus sich heraus eine Individualisierung der abgebildeten Person nicht ermöglichen (vgl. Bosch in Satzger/Schluckebier/Widmaier, StGB, 2. Aufl., § 201a Rn. 5; Altenhain in Matt/Renzikowski, StGB, § 201a Rn. 2; Koch, GA 2005, 589, 595; Kargl, ZStW 2005, 324, 340; Ernst, NJW 2004, 1277, 1278; aA Hoyer in SK-StGB [Stand: Oktober 2005], § 201a Rn. 12; Kühl in Lackner/Kühl aaO, Rn. 4), braucht der Senat nicht zu entscheiden. Tatbestandlich erfasst werden jedenfalls solche Bildaufnahmen, die – wie hier vom Landgericht in den der Verurteilung zugrunde liegenden Fällen festgestellt – aufgrund hinreichend vorhandener Identifizierungsmerkmale von den jeweiligen Tatopfern der eigenen Person zugeordnet werden können (vgl. Valerius in LK, 12. Aufl., § 201a Rn. 11; Kargl in NK-StGB, 4. Aufl., § 201a Rn. 6; Fischer aaO, Rn. 5; auf grundsätzliche Identifizierbarkeit abstellend vgl. Lenckner/Eisele aaO, Rn. 4; Heuchemer in Heintschel/Heinegg, StGB, § 201a Rn. 16.2). Weiter gehende Anforderungen an die Erkennbarkeit der abgebildeten Personen lassen sich bei einer am geschützten Rechtsgut orientierten Auslegung weder aus dem Tatbestandsmerkmal der Bildaufnahme einer anderen Person noch aus dem tatbestandlich vorausgesetzten Erfolg einer Verletzung des höchstpersönlichen Lebensbereichs ableiten. Da der Rechtsgutsangriff bereits in der Fertigung der Bildaufnahme durch den Täter liegt, ohne dass es auf eine mögliche spätere Weitergabe oder Verbreitung der Aufnahme ankommt, besteht insbesondere kein Grund, den Eintritt des Taterfolgs davon abhängig zu machen, dass die Identifizierung der abgebildeten Person von Dritten anhand auch anderen bekannter Merkmale oder Besonderheiten vorgenommen werden kann (so aber Graf in MK-StGB, 2. Aufl., § 201a Rn. 20).

[7] Dass der Angeklagte durch das Anfertigen von Bildaufnahmen während der gynäkologischen Behandlung seiner Tatopfer jeweils deren höchstpersönlichen Lebensbereich verletzte, hat die Strafkammer auf der Grundlage der von ihr zu den Inhalten der Bilder und Videosequenzen getroffenen Feststellungen rechtsfehlerfrei bejaht.

[297] BGH, Beschluss vom 26.02.2015 – 4 StR 328/14.

11. Ausspähen von Daten – § 202a StGB

270 Eine **Zugangssicherung** im Sinne von § 202a Abs. 1 StGB muss darauf angelegt sein, den Zugriff Dritter auf die Daten auszuschließen oder wenigstens nicht unerheblich zu erschweren. Darunter fallen insbesondere Schutzprogramme, welche geeignet sind, unberechtigten Zugriff auf die auf einem Computer abgelegten Daten zu verhindern, und die nicht ohne fachspezifische Kenntnisse überwunden werden können und den Täter zu einer Zugangsart zwingt, die der Verfügungsberechtigte erkennbar verhindern wollte. Schließlich muss der Zugangsschutz auch gerade im Zeitpunkt der Tathandlung bestehen.[298]

[7] 1. Die Verurteilung wegen Ausspähens von Daten in Tateinheit mit Datenveränderung (Ziffer II.1. der Urteilsgründe) hält rechtlicher Nachprüfung nicht stand; der Schuldspruch wird von den getroffenen Feststellungen nicht getragen.

[8] Die Feststellungen sind teilweise lückenhaft und weisen zudem einen inneren, auch durch den Gesamtzusammenhang der Urteilsgründe nicht auflösbaren Widerspruch auf. Sie belegen nicht hinreichend, dass der Angeklagte jeweils eine Zugangssicherung überwunden hat, die für die Erfüllung des Straftatbestands des § 202a Abs. 1 StGB erforderlich ist. Denn der Schutzbereich dieser Strafvorschrift erstreckt sich nur auf Daten, die gegen unberechtigten Zugang besonders gesichert sind. Dies sind nur solche, bei denen der Verfügungsberechtigte durch seine Sicherung sein Interesse an der Geheimhaltung der Daten dokumentiert hat (vgl. BGH, Beschluss vom 6. Juli 2010 – 4 StR 555/09, NStZ 2011, 154).

[9] Die Zugangssicherung im Sinne von § 202a Abs. 1 StGB muss darauf angelegt sein, den Zugriff Dritter auf die Daten auszuschließen oder wenigstens nicht unerheblich zu erschweren (vgl. BGH, Beschluss vom 6. Juli 2010 – 4 StR 555/09, NStZ 2011, 154; LK-StGB/Hilgendorf, StGB, § 202a Rn. 30; MüKo-StGB/Graf, StGB, § 202a Rn. 35; Rübenstahl/Debus, NZWiSt 2012, 129, 131). Darunter fallen insbesondere Schutzprogramme, welche geeignet sind, unberechtigten Zugriff auf die auf einem Computer abgelegten Daten zu verhindern, und die nicht ohne fachspezifische Kenntnisse überwunden werden können und den Täter zu einer Zugangsart zwingt, die der Verfügungsberechtigte erkennbar verhindern wollte (vgl. BT-Drucks. 16/3656 S. 10). Schließlich muss der Zugangsschutz auch gerade im Zeitpunkt der Tathandlung bestehen (vgl. MüKo-StGB/Graf, StGB, § 202a Rn. 20).

[10] Ob diese Voraussetzungen in den der Verurteilung zugrunde liegenden Fällen gegeben sind, vermag der Senat anhand der unvollständigen Feststellungen im Urteil nicht abschließend zu beurteilen. Zugleich kann nicht ausgeschlossen werden, dass das Landgericht der vorgenommenen Rechtsanwendung, die nicht näher erläutert wird (UA S. 13), ein fehlerhaftes Verständnis zugrunde gelegt hat.

[11] Es fehlt in den Urteilsgründen eine hinreichend genaue Darstellung der Wirkweise der von dem Angeklagten bereitgestellten Schadsoftware, welche die Benennung der im konkreten Einzelfall umgangenen Zugangssicherung erfasst. Der pauschale Verweis auf deren Bestehen reicht dafür ohne nähere Darlegung nicht aus, denn eine revisionsgerichtliche Kontrolle der eingangs genannten Vo-

[298] BGH, Beschluss vom 21.07.2015 – 1 StR 16/15.

raussetzungen ist nur auf der Grundlage einer ausreichend deskriptiven Darlegung der konkreten tatsächlichen und technischen Umstände möglich. Die insoweit bestehende Lücke lässt sich durch die Feststellungen auch in ihrer Gesamtheit nicht schließen.

[12] Hinzu kommt, dass das Landgericht zwischen den Begrifflichkeiten der Firewall und des Virenschutzprogrammes nicht erkennbar differenziert hat, wodurch unklar bleibt, ob es die technischen Voraussetzungen der Zugangssicherung in tatsächlicher Hinsicht zutreffend bewertet hat. Während es zunächst nämlich darauf abstellt, der Trojaner sei so konzipiert gewesen, die vorinstallierte Firewall bestimmter Betriebssysteme zu umgehen (UA S. 3), findet sich im Widerspruch dazu an späterer Stelle der Urteilsgründe die Feststellung und Wertung, die vom Angeklagten bereitgestellte Schadsoftware sei durch die Virenprogramme der 327.379 Nutzer nicht erkannt worden (UA S. 4). Unter Zugrundelegung der zu der Schadsoftware zuletzt getroffenen Feststellungen käme eine Firewall als tatbestandsmäßige Schutzvorrichtung bereits dem Grunde nach nicht in Betracht.

[13] Die aufgezeigten Mängel haben die Aufhebung auch der tateinheitlich angenommenen Datenveränderung gemäß § 303a Abs. 1 StGB zur Folge (§ 353 Abs. 1 StPO; vgl. BGH, Urteil vom 20. Februar 1997 – 4 StR 642/96, BGHR StPO § 353 Aufhebung 1; Beschluss vom 2. Juli 2015 – 2 StR 134/15). Ob sich der Tatbestand – wofür einiges spricht – auch auf Programmdaten wie hier die Registrierung der von der Schadsoftware befallenen Computer erstreckt, braucht der Senat deshalb nicht zu entscheiden.

[14] 2. Auch die tatmehrheitlich erfolgte Verurteilung des Angeklagten wegen Computerbetruges in 18 Fällen (§ 263a Abs. 1 Var. 3 StGB) in Tateinheit mit Fälschung beweiserheblicher Daten gemäß § 269 Abs. 1 StGB (Ziffer II.2. der Urteilsgründe) hat keinen Bestand.

[15] Schon auf der Grundlage der bisher getroffenen Feststellungen besorgt der Senat, dass das Landgericht das konkurrenzrechtliche Verhältnis des Ausspähens von Daten (in Tateinheit mit Datenveränderung) zu dem Tatbestand der Fälschung beweiserheblicher Daten (§ 269 StGB) nicht zutreffend bewertet hat. Das Landgericht hat nicht erkennbar bedacht, dass sich die betroffenen Tatzeiträume vom 1. Januar 2012 bis zum 17. März 2013 überschneiden. Abhängig von den konkreten Umständen des Handlungs- und Tatablaufs kann dies die Annahme von Tateinheit (§ 52 Abs. 1 StGB) zur Folge haben (vgl. auch Fischer, StGB, 62. Aufl., Rn. 12 zu § 269 und Rn. 18 zu § 303a). Da nach den Feststellungen nahe liegt, dass die 18 unter Ziffer II.2. der Urteilsgründe namentlich benannten Computernutzer bereits zu den 327.379 Geschädigten aus Ziffer II.1. zählen und Feststellungen zum Vorliegen möglicherweise automatisierter technischer Abläufe fehlen, kann der Senat eine (Teil-)Überschneidung von Handlungseinheiten und damit einer einheitlichen Tat im Rechtssinne jedenfalls nicht sicher ausschließen.

12. Straftaten gegen das Leben – §§ 211 ff. StGB

a) Tötungsvorsatz und Tötungsmotiv bei §§ 211, 212 StGB

Bedingt vorsätzliches Handeln setzt voraus, dass der Täter den Eintritt des tatbestandlichen Erfolges als möglich und nicht ganz fernliegend erkennt, und dass **271**

er ihn billigt oder sich um des erstrebten Zieles willen mit der Tatbestandsverwirklichung abfindet. Beide Elemente der inneren Tatseite müssen in jedem Einzelfall gesondert geprüft und durch tatsächliche Feststellungen belegt werden. Annahme oder Ablehnung bedingten Tötungsvorsatzes können nur auf der Grundlage einer **Gesamtbetrachtung aller objektiven und subjektiven Umstände** erfolgen.[299]

[5] Die Revision des Angeklagten hat Erfolg. Das Landgericht hat die Annahme bedingten Tötungsvorsatzes nicht tragfähig begründet.

[6] 1. Bedingt vorsätzliches Handeln setzt voraus, dass der Täter den Eintritt des tatbestandlichen Erfolges als möglich und nicht ganz fernliegend erkennt, und dass er ihn billigt oder sich um des erstrebten Zieles willen mit der Tatbestandsverwirklichung abfindet. Beide Elemente der inneren Tatseite müssen in jedem Einzelfall gesondert geprüft und durch tatsächliche Feststellungen belegt werden (BGH, Urteil vom 4. November 1988 – 1 StR 262/88, BGHSt 36, 1, 9f.; Senat, Urteil vom 18. Oktober 2006 – 2 StR 340/06,NStZ 2007, 150, 151; BGH, Urteil vom 27. Januar 2011 – 4 StR 502/10, NStZ 2011, 699, 702). Annahme oder Ablehnung bedingten Tötungsvorsatzes können nur auf der Grundlage einer Gesamtbetrachtung aller objektiven und subjektiven Umstände erfolgen (BGH, Urteil vom 23. Februar 2012 – 4 StR 608/11, NStZ 2012, 443, 444). Dabei ist die auf der Grundlage der dem Täter bekannten Umstände zu bestimmende objektive Gefährlichkeit der Tathandlung ein wesentlicher Indikator (vgl. BGH, Urteil vom 25. März 1999 – 1 StR 26/99, NJW 1999, 2533, 2534). Bei der Würdigung des Willenselements ist neben der konkreten Angriffsweise jedoch regelmäßig auch die Persönlichkeit des Täters, sein psychischer Zustand zum Tatzeitpunkt und seine Motivation mit in die erforderliche Gesamtbetrachtung einzubeziehen (vgl. Senat, Beschluss vom 1. Juni 2007 – 2 StR 133/07, NStZ- RR 2007, 267, 268).

[7] 2. Diesen Anforderungen wird die landgerichtliche Entscheidung nicht gerecht. An der erforderlichen Gesamtwürdigung aller Umstände fehlt es vorliegend gänzlich. Das Landgericht hält lediglich fest, dass die Handlungen des Angeklagten „konkret lebensgefährlich" und „jeder einzelne Schlag […] geeignet" gewesen sei, „die Nebenklägerin zu töten". Dies genügt – wie bereits der Blick auf § 224 Abs. 1 Nr. 5 StGB zeigt – für die Annahme bedingten Tötungsvorsatzes nicht. Seine Überzeugung, dass der Angeklagte die Lebensgefährlichkeit der Schläge erkannte und den Eintritt des ihm unerwünschten Erfolgs jedenfalls billigend in Kauf nahm, begründet das Landgericht nicht näher. Es setzt sich weder mit dem konkreten subjektiven Vorstellungsbild des Angeklagten, der die Nebenklägerin lediglich „außer Gefecht" setzen wollte, noch mit dem Umstand auseinander, dass die Gefährlichkeit der mit dem Fäustel geführten Schläge entscheidend von ihrer Intensität abhing. Unerörtert bleibt auch, ob das Ausbleiben knöcherner Verletzungen dafür sprechen könnte, dass der Angeklagte die Schläge jedenfalls nicht mit Wucht geführt hat.

272 **Bedingt vorsätzliches Handeln** setzt voraus, dass der Täter den Eintritt des tatbestandlichen Erfolges als möglich und nicht ganz fernliegend erkennt, und dass er ihn billigt oder sich um des erstrebten Zieles willen mit der Tatbestandsver-

[299] BGH, Beschluss vom 09.06.2015 – 2 StR 504/14.

wirklichung abfindet. Beide Elemente der inneren Tatseite müssen in jedem Einzelfall gesondert geprüft und durch tatsächliche Feststellungen belegt. Annahme oder Ablehnung bedingten Tötungsvorsatzes können nur auf der **Grundlage einer Gesamtbetrachtung** aller objektiven und subjektiven Umstände. Dabei ist die auf der Grundlage der dem Täter bekannten Umstände zu bestimmende objektive Gefährlichkeit der Tathandlung ein wesentlicher Indikator. Neben der konkreten Angriffsweise ist dabei regelmäßig auch die Persönlichkeit des Täters, sein psychischer Zustand zum Tatzeitpunkt und seine Motivation mit in die erforderliche Gesamtbetrachtung einzubeziehen.[300]

Ist der schwerwiegende Krankheitszustand eines Kindes auch für einen Laien erkennbar, ohne dass er allerdings die Ursachen hierfür kennt, so erfordert **die Annahme eines bedingten Tötungsvorsatzes**, dass das tödliche Ende der Krankheit geistig vorweggenommen und gebilligt wurde.[301] **273**

[7] 1. Während die Revision des Angeklagten K. aus den Gründen der Antragsschrift des Generalbundesanwalts unbegründet ist, führt die Revision der Angeklagten S. zur Aufhebung des Schuldspruchs und der ihn tragenden Feststellungen, mit Ausnahme derjenigen zum objektiven Tatgeschehen.

[8] Das Landgericht hat den bedingten Tötungsvorsatz der beiden einen solchen bestreitenden Angeklagten ersichtlich aus den objektiven Tatumständen gefolgert, insbesondere aus dem von allen Sachverständigen geschilderten schwerwiegenden und für Laien erkennbaren länger dauernden Leidenszustand des Kindes, der offenkundig nach ärztlicher Hilfe verlangte. Diese vom Landgericht nicht weiter begründete Annahme hält im Falle des Angeklagten K., der die Ursache für den desolaten Zustand des Kindes gesetzt und trotz weiterer von ihm erkannter Verschlechterung in der Nacht zum 31. Januar 2012 die Feuerwehr erst angerufen hatte, als das Kind reglos in Erbrochenem lag und nicht mehr atmete, der revisionsgerichtlichen Überprüfung stand. Hinsichtlich der Angeklagten S. hätte sich das Landgericht – abgesehen davon, dass die Billigung der Verursachung des Todes des eigenen Kindes naturgemäß die Überschreitung höchster Hemmschwellen voraussetzt – mit vorsatzkritischen Umständen auseinandersetzen müssen. So ist nicht festgestellt, dass auch die Angeklagte S. von dem Faustschlag oder Tritt des Angeklagten K. in den Bauch des Kindes wusste. Die Angeklagte hatte demnach nicht die Gefährlichkeit einer Gewalthandlung, sondern einen sich über einen längeren Zeitraum erstreckenden Krankheitsprozess zu beurteilen und sein mögliches Ende geistig vorwegzunehmen und zu billigen (vgl. BGH, Beschluss vom 3. Dezember 1997 – 3 StR 569/97, BGHR StGB § 212 Abs. 1 Vorsatz, bedingter 50). Angesichts dessen hätte das Landgericht insbesondere mit Blick auf die Persönlichkeitsbesonderheiten der Angeklagten (UA S. 54f.) prüfen müssen, ob sie begründet darauf hoffte, der von ihr erkannte Leidenszustand Z.s werde nicht zu ihrem Tode führen.

Die **Abgrenzung zwischen unbeendetem und beendetem Versuch** bestimmt sich nach dem Vorstellungsbild des Täters nach dem Abschluss der letzten von ihm **274**

[300] BGH, Beschluss vom 07.09.2015 – 2 StR 194/15; vgl. hierzu auch Urteil vom 16.09.2015 – 2 StR 483/14.

[301] BGH, Urteil vom 17.06.2015 – 5 StR 75/15.

vorgenommenen Ausführungshandlung, dem sogenannten Rücktrittshorizont. Bei einem **Tötungsdelikt** liegt demgemäß ein unbeendeter Versuch, bei dem allein der Abbruch der begonnenen Tathandlung zum strafbefreienden Rücktritt führt, dann vor, wenn der Täter zu diesem Zeitpunkt noch nicht alles getan hat, was nach seiner Vorstellung zur Herbeiführung des Todes erforderlich oder zumindest ausreichend ist. Ein Tötungsversuch, bei dem der Täter für einen strafbefreienden Rücktritt vom Versuch den Tod des Opfers durch eigene Rettungsbemühungen verhindern oder sich darum zumindest freiwillig und ernsthaft bemühen muss, ist hingegen nicht nur dann anzunehmen, wenn der Täter den Eintritt des Todes bereits für möglich hält, sondern auch dann, wenn er sich keine Vorstellungen über die Folgen seines Handelns macht, weil ihm ein Tod des Opfers gleichgültig ist:[302]

[4] Der Nebenkläger befand sich infolge des Blutverlusts und einer beginnenden Verlegung der Atemwege durch Einblutungen in das Halsgewebe in akuter Lebensgefahr. Er konnte einen Wohnungsnachbarn auf sich aufmerksam machen und wurde durch eine Notoperation gerettet.

[5] 2. Die Annahme des Landgerichts, die Angeklagte sei mit strafbefreiender Wirkung vom unbeendeten Versuch eines Tötungsdelikts zurückgetreten (§ 24 Abs. 1 StGB), begegnet durchgreifenden rechtlichen Bedenken.

[6] a) Die Abgrenzung zwischen unbeendetem und beendetem Versuch bestimmt sich nach dem Vorstellungsbild des Täters nach dem Abschluss der letzten von ihm vorgenommenen Ausführungshandlung, dem sogenannten Rücktrittshorizont. Bei einem Tötungsdelikt liegt demgemäß ein unbeendeter Versuch, bei dem allein der Abbruch der begonnenen Tathandlung zum strafbefreienden Rücktritt führt, dann vor, wenn der Täter zu diesem Zeitpunkt noch nicht alles getan hat, was nach seiner Vorstellung zur Herbeiführung des Todes erforderlich oder zumindest ausreichend ist. Ein Tötungsversuch, bei dem der Täter für einen strafbefreienden Rücktritt vom Versuch den Tod des Opfers durch eigene Rettungsbemühungen verhindern oder sich darum zumindest freiwillig und ernsthaft bemühen muss, ist hingegen nicht nur dann anzunehmen, wenn der Täter den Eintritt des Todes bereits für möglich hält, sondern auch dann, wenn er sich keine Vorstellungen über die Folgen seines Handelns macht, weil ihm ein Tod des Opfers gleichgültig ist (st. Rspr.; vgl. BGH, Urteile vom 19. März 2013 – 1 StR 647/12, NStZ-RR 2013, 273, 274; vom 12. Juni 2014 – 3 StR 154/14, NStZ 2014, 507, 509).

[7] b) Danach entbehrt bereits die Feststellung des Landgerichts, die Angeklagte sei beim Verlassen der Wohnung davon ausgegangen, sie habe den Nebenkläger entgegen ihrer ursprünglichen Absicht noch nicht lebensgefährlich verletzt, einer dies tragenden lückenlosen und widerspruchsfreien Würdigung der Beweise. Das Landgericht hat auch festgestellt, dass die Angeklagte den in der Wohnung der Zeugin B. anwesenden Zeugen M. jedenfalls nach dessen polizeilicher Aussage aufforderte, er solle zum Nebenkläger gehen um zu sehen, ob sie diesem „den Hals durchgeschnitten" habe. Soweit es hieraus bei der Würdigung der Beweise „allenfalls" den Schluss ziehen will, dass „die Angeklagte im Unklaren darüber war, welche Folgen ihre Stiche für den Nebenkläger gehabt hatten", steht dies gerade im Widerspruch zur Annahme eines inneren Vorstellungsbilds der Angeklag-

---

302 BGH; Urteil vom 16.04.2015 – 3 StR 645/14.

ten, noch nicht alles getan zu haben, was zur Herbeiführung des Todes erforderlich oder zumindest ausreichend ist.

[8] c) Hinzu kommt, dass das Landgericht bei der Prüfung, ob der angenommene Versuch eines Tötungsdelikts im Sinne von § 24 Abs. 1 StGB beendet war, unzureichende rechtliche Maßstäbe angelegt hat; auch deshalb hat es die Beweise nur lückenhaft gewürdigt und ist so zu unvollständigen Feststellungen gelangt.

[9] Das Landgericht hat nur geprüft, ob die Angeklagte den Tod des Nebenklägers für möglich hielt. Dem Landgericht ist deshalb aus dem Blick geraten, dass wesentliche im Urteil festgestellte Beweisanzeichen auch dafür sprechen können, dass sich die Angeklagte, als sie die Wohnung verließ, keine Vorstellungen über die Folgen ihres Handelns machte, weil ihr das weitere Schicksal des Nebenklägers gleichgültig blieb. Dies gilt nicht nur für die oben beschriebene Aufforderung an den Zeugen M. So bezeichnete die Angeklagte den Nebenkläger gegenüber der Zeugin B. auch unmittelbar nach der Tat als „Schwein"; auf deren Nachfrage, ob mit dem Nebenkläger etwas Schlimmes passiert sei, antwortete sie: „Ich weiß es nicht". Ein weiteres Indiz hierfür kann sich aus der bei der Prüfung des Rücktrittshorizonts insgesamt außer Acht gelassenen erheblichen Alkoholisierung der Angeklagten zur Tatzeit ergeben.

Die **objektive Gefährlichkeit der Tathandlung** ist nach der ständigen Rechtsprechung des Bundesgerichtshofs auf der Grundlage der dem Täter bekannten Umstände zu bestimmen und wesentlicher Indikator sowohl für das Wissens- als auch für das Willenselement des bedingten Tötungsvorsatzes.[303] **275**

[6] Die Nachprüfung des angefochtenen Urteils auf die jeweils mit der Rüge der Verletzung sachlichen Rechts begründeten Revisionen der Nebenkläger führt zur Aufhebung des angefochtenen Urteils und zur Zurückverweisung der Sache an das Landgericht. Die Erwägungen der Strafkammer leiden an einem durchgreifenden Rechtsfehler, der die Verurteilung gleichermaßen zugunsten wie auch zu Ungunsten der Angeklagten beeinflusst haben kann (§ 301 StPO; st. Rspr.; vgl. nur BGH, Beschluss vom 23. August 1995 – 2 StR 394/95, NStZ-RR 1996, 130 mwN).

[7] 1. Zur Begründung der subjektiven Tatseite der gefährlichen Körperverletzung sowie zur Abgrenzung vom bedingten Tötungsvorsatz stellt die Strafkammer maßgeblich auf das Bewusstsein der Angeklagten von der Gefährlichkeit des Zuhaltens von Mund und Nase des Opfers ab. Insoweit im Wesentlichen der Einlassung der Angeklagten folgend, gelangt sie einerseits zu der Feststellung, die Gefährlichkeit dieses Handelns sei der Angeklagten bewusst gewesen, ein bedingter Tötungsvorsatz lasse sich jedoch nicht feststellen. Die Verneinung des Tötungsvorsatzes stützt das Landgericht bei der Beweiswürdigung hingegen auf die Erwägung, das Verschließen der Atemwege eines Menschen sei zwar grundsätzlich als gefährliche Gewalthandlung anzusehen, die zum Tode führen könne, unter Berücksichtigung der Umstände des Falles sei hier jedoch nicht davon auszugehen, dass die Angeklagte die potentielle Lebensgefährlichkeit ihrer Handlungsweise erkannt und gebilligt habe. Den bedingten Vorsatz einer Körperverletzung

---

[303] BGH, Urteil vom 26.03.2015 – 4 StR 442/14; siehe hierzu auch BGH, Urteil vom 01.07.2015 – 2 StR 310/14.

im Sinne des § 224 Abs. 1 Nr. 5 StPO hält die Strafkammer schließlich für gegeben; der Angeklagten sei insbesondere die Gefährlichkeit ihres Handelns und der Umstand, dass es geeignet war, das Leben des Tatopfers zu gefährden, bewusst gewesen.

[8] 2. Diese Erwägungen begegnen durchgreifenden rechtlichen Bedenken. Die in ihnen enthaltenen Widersprüche können auch unter Berücksichtigung des Gesamtzusammenhangs der Urteilsgründe nicht aufgelöst werden.

[9] a) Die Urteilsausführungen lassen zum einen besorgen, dass die Strafkammer das Vorliegen der Voraussetzungen eines bedingten Tötungsvorsatzes auf der Grundlage von zwei einander widersprechenden Begründungen verneint hat. Während die Strafkammer einerseits der Einlassung der Angeklagten folgt, ihr sei die Gefährlichkeit des Zuhaltens von Mund und Nase des Tatopfers bewusst gewesen, schließt sie an anderer Stelle aus, dass die Angeklagte die potentielle Lebensgefährlichkeit ihrer Handlungsweise erkannt haben könnte. Da die objektive Gefährlichkeit der Tathandlung nach der ständigen Rechtsprechung des Bundesgerichtshofs auf der Grundlage der dem Täter bekannten Umstände zu bestimmen und wesentlicher Indikator sowohl für das Wissens-als auch für das Willenselement des bedingten Tötungsvorsatzes ist (vgl. nur Senatsurteil vom 23. Februar 2012 – 4 StR 608/11, NStZ 2012, 443, 444; BGH, Urteil vom 4. April 2013 – 3 StR 37/13, BGHR StGB § 212 Abs. 1 Vorsatz, bedingter 64), kann der Senat auf der Grundlage dieser widersprüchlichen Erwägungen in den Urteilsgründen nicht überprüfen, ob das Landgericht einen bedingten Tötungsvorsatz rechtsfehlerfrei ausgeschlossen hat.

[10] b) Zum anderen lassen die Ausführungen der Strafkammer besorgen, dass sie – rechtsfehlerhaft – den in-dubio-Grundsatz bereits auf die einzelnen Indizien angewandt hat (vgl. dazu Meyer-Goßner/Schmitt, StPO, 57. Aufl., § 261 Rn. 26 mwN). Denn sie geht – ohne dies näher zu belegen – davon aus, dass „gegen einen Tötungsvorsatz" das Nachtatgeschehen, also der Suizidversuch der Angeklagten, spreche, ferner, dass sie sich die Tat nicht zunutze gemacht habe und ein Tötungsmotiv nicht ersichtlich sei. All dies schließt indes einen bedingten Tötungsvorsatz nicht aus, zumal mit ihm handelnde Täter kein Tötungsmotiv haben, sondern einem anderen Handlungsantrieb nachgehen (vgl. Senatsurteil vom 23. Februar 2012 – 4 StR 608/11, NStZ 2012, 443, 445). Der Zweifelssatz bedeutet auch nicht, dass von der dem Angeklagten jeweils (denkbar) günstigsten Fallgestaltung auch dann auszugehen ist, wenn hierfür keine Anhaltspunkte bestehen. Unterstellungen zugunsten des Täters sind vielmehr nur dann rechtsfehlerfrei, wenn der Tatrichter hierfür reale Anknüpfungspunkte hat (st. Rspr.; vgl. nur Senatsurteil vom 13. Dezember 2012 – 4 StR 177/12, NStZ-RR 2013, 117, 118; BGH, Urteil vom 20. Mai 2009 – 2 StR 576/08, NStZ 2009, 630).

276 Eine **bewusste Selbstgefährdung** lässt grundsätzlich die Erfolgsabwendungspflicht des eintrittspflichtigen Garanten nicht entfallen, wenn sich das allein auf Selbstgefährdung angelegte Geschehen erwartungswidrig in Richtung auf den Verlust des Rechtsguts entwickelt.[304]

---

[304] BGH, Beschluss vom 05.08.2015 – 1 StR 328/15.

[3] Die rechtsfehlerfrei getroffenen Feststellungen tragen den Schuldspruch wegen Totschlags durch Unterlassen (§ 212 Abs. 1, § 13 Abs. 1 StGB) im Fall B.II.1. der Urteilsgründe (Geschehen vom 18. April 2013). Das Landgericht hat ohne Rechtsfehler den Angeklagten für rechtlich verpflichtet gehalten, den Tod des später verstorbenen A. zu verhindern und hat ihm den eingetretenen Tod des Geschädigten zu seinem Vorsatz zugerechnet.

[4] 1. Nach den auf einer rechtsfehlerfreien Beweiswürdigung beruhenden Feststellungen hatten sich mehrere Personen, u. a. der Angeklagte und A., bereits im Verlaufe des Nachmittags getroffen und gemeinsam Alkohol sowie verschiedene Betäubungsmittel konsumiert. Gegen Abend begab sich die Gruppe in die in einem größeren Gebäudekomplex gelegene Wohnung des Angeklagten. Dort nahmen die Anwesenden weiterhin u. a. Alkohol, Amphetamin und Cannabis zu sich. Im Verlaufe des Abends bot der Angeklagte den übrigen Personen in der Wohnung an, Gammabutyrolacton (GBL) zu konsumieren. Dieser Stoff befand sich unverdünnt in einer im Besitz des Angeklagten befindlichen Glasflasche. Außer dem nicht revidierenden Mitangeklagten F. ging keiner der sonstigen Anwesenden auf das Angebot ein. Nachdem der Angeklagte und der Mitangeklagte etwa zwei bis drei Milliliter GBL, verdünnt in einem halben Liter Wasser, konsumiert hatten, blieb die Flasche mit dem GBL frei zugänglich in der Wohnung des Angeklagten stehen. Spätestens nach dem eigenen Konsum wies der Angeklagte seine Gäste darauf hin, dass GBL nicht unverdünnt zu sich genommen werden dürfe.

[5] Einige Zeit danach setzte der später verstorbene A. die Flasche mit dem unverdünnten GBL direkt an und trank eine durch das Landgericht nicht mehr näher feststellbare Menge der Substanz. Der Angeklagte und der Mitangeklagte, die von der Aufnahme einer tödlich wirkenden Menge ausgingen, versuchten erfolglos, A. zum Erbrechen zu veranlassen. Dieser verlor vielmehr das Bewusstsein. Nachdem A. in eine stabile Seitenlage gebracht worden war, beschränkte sich der Angeklagte – wie auch die übrigen Anwesenden darauf – die Atemfrequenz des bewusstlosen Geschädigten zu kontrollieren. Spätestens als der Angeklagte wahrnahm, dass A. lediglich noch alle sechs bis acht Sekunden atmete, nahm er billigend in Kauf, dass der Geschädigte ohne das unverzügliche Herbeirufen von ärztlicher Hilfe an den Folgen der Einnahme des unverdünnten GBL versterben werde. Dennoch blieb er untätig. Hätte er zu diesem Zeitpunkt medizinische Hilfe angefordert, wäre das Leben des Geschädigten mit an Sicherheit grenzender Wahrscheinlichkeit gerettet worden. Auch nachdem – vom Angeklagten wahrgenommen – die Atemfrequenz von A. noch niedriger, die Atmung zudem unregelmäßig und geräuschintensiv wurde, leitete der Angeklagte zunächst weiterhin keine Rettungsmaßnahmen ein.

[6] Später wurde, nicht ausschließbar auf die Initiative des Angeklagten, ein erster Rettungswagen verständigt. Als der Angeklagte beobachtete, dass dieser Rettungswagen abfuhr, ohne A. aufgenommen zu haben, ließ er einen zweiten Rettungswagen herbeirufen. Dessen Besatzung unternahm Wiederbelebungsversuche. Diese führten jedoch nicht zum Erfolg. A. verstarb an einem durch den Konsum von GBL ausgelösten Atemstillstand und der dadurch bewirkten Sauerstoffunterversorgung des Gehirns.

[7] 2. Nach diesen Feststellungen hat sich der Angeklagte wegen Totschlags durch Unterlassen strafbar gemacht.

[8] a) Der Angeklagte hatte im Sinne von § 13 Abs. 1 StGB rechtlich dafür einzustehen, dass der Tod des Geschädigten A. nach dessen Konsum von GBL nicht eintritt. Diese Pflicht zur Abwendung des Todeserfolgs resultierte aus der tatsächlichen Herrschaft des Angeklagten über die in seinem Besitz befindliche und von ihm in seiner Wohnung für die übrigen dort Anwesenden frei zugängliche Flasche mit dem hochgradig gesundheits- und lebensgefährlichen GBL.

[9] aa) In der Rechtsprechung des Bundesgerichtshofs ist anerkannt, dass jeder, der eine Gefahrenquelle schafft oder unterhält, die nach Lage der Verhältnisse erforderlichen Vorkehrungen zum Schutz anderer Personen zu treffen hat (BGH, Urteil vom 13. November 2008 – 4 StR 252/08, BGHSt 53, 38, 41 f. Rn. 16 mwN; siehe auch BGH, Urteil vom 21. Dezember 2011 – 2 StR 295/11, NStZ 2012, 319). Die entsprechende Pflicht beschränkt sich auf das Ergreifen solcher Maßnahmen, die nach den Gesamtumständen zumutbar sind und die ein verständiger und umsichtiger Mensch für notwendig und ausreichend hält, um Andere vor Schäden zu bewahren. Eine aus der Zuständigkeit für eine Gefahrenquelle folgende Erfolgsabwendungspflicht gemäß § 13 Abs. 1 StGB besteht allerdings lediglich dann, wenn mit der Eröffnung der Gefahrenquelle die nahe liegende Möglichkeit begründet wurde, dass Rechtsgüter anderer Personen verletzt werden können (vgl. bereits BGH, Urteil vom 13. November 2008 – 4 StR 252/08, BGHSt 53, 38, 42 Rn. 16; BGH, Urteil vom 21. Dezember 2011 – 2 StR 295/11, NStZ 2012, 319). In welchem Umfang die Erfolgsabwendungspflicht besteht, bestimmt sich nach dem Grad der Gefahr. Die Anforderungen an den für die Gefahrenquelle Zuständigen sind umso höher, je größer bei erkennbarer Gefährlichkeit einer Handlung die Schadenswahrscheinlichkeit und Schadensintensität sind (BGH, Urteil vom 13. November 2008 – 4 StR 252/08, BGHSt 53, 38, 42 Rn. 16 mwN).

[10] bb) An diesen Grundsätzen gemessen ist die rechtliche Würdigung des Tatgerichts, der Angeklagte sei Garant für das Leben des später verstorbenen A. gewesen, nicht zu beanstanden.

[11] Die dem Konsum des unverdünnten GBL durch A. zeitlich vorausgegangenen Umstände legten die Möglichkeit nahe, dass es wegen des freien Zugangs aller in der Wohnung des Angeklagten Anwesenden zu einem Zugriff auf die Flasche mit dem GBL kommen werde. Alle sich dort Aufhaltenden und damit auch A. hatten bereits im Verlaufe des Nachmittags außerhalb der Wohnung unterschiedliche Suchtmittel zu sich genommen. In der Wohnung war es zu weiterem Konsum von Alkohol und verschiedenen Betäubungsmitteln gekommen. Angesichts dieses wahllosen Suchtmittelkonsumverhaltens der in der Wohnung anwesenden Personen war trotz der zunächst ausbleibenden Reaktion der Gäste auf die Aufforderung des Angeklagten, von dem GBL zu konsumieren, die Gefahr eines Zugriffs auch auf diese Substanz nahe liegend. Unabhängig von dem jeweils konkreten Umfang des Suchtmittelkonsums der verschiedenen Gäste und den jeweiligen individuellen Auswirkungen auf die Fähigkeit zur Risikoeinschätzung, entspricht eine enthemmende Wirkung von Suchtmittelkonsum allgemeiner Erfahrung. Dass es angesichts des bis zum Vorfallzeitpunkt von allen Anwesenden gezeigten Konsumverhaltens auch zu der Einnahme von GBL kommen würde, war daher eine voraussehbare Entwicklung.

[12] Wegen der mit einer Einnahme des unverdünnt in der für jeden Anwesenden frei zugänglichen Flasche befindlichen GBL einhergehenden hohen Gefährlichkeit für das Leben und die Gesundheit von Konsumenten waren an den Ange-

klagten als Inhaber der Sachherrschaft über den gefährlichen Gegenstand hohe Sorgfaltsanforderungen zu stellen, um der Lebensgefährlichkeit des Konsums zu begegnen. Die ausgesprochene Warnung des Angeklagten, GBL nicht unverdünnt zu sich zu nehmen, genügte angesichts des frei zugänglichen Aufstellens der Flasche in der Wohnung in Anwesenheit mehrerer Personen, die bereits zuvor Alkohol und verschiedene Drogen konsumiert hatten, dazu nicht. Der Angeklagte hat daher als für die Flasche zuständiger Besitzer durch den geschilderten Umgang mit ihr eine Gefahrenquelle eröffnet. Dies begründete grundsätzlich seine Pflicht, dem von dieser Quelle für die Rechtsgüter Dritter ausgehenden Gefährlichkeitspotential durch geeignete und ihm zumutbare Maßnahmen zu begegnen.

[13] b) Diese Pflicht entfiel – wie das Landgericht rechtsfehlerfrei angenommen hat – auch nicht deshalb, weil der später verstorbene A. trotz der ausgesprochenen Warnung des Angeklagten aus eigenem Entschluss das GBL unverdünnt zu sich genommen hat.

b) Mordmerkmale

aa) Niedrige Beweggründe

Das Mordmerkmal niedrige Beweggründe liegt bei einem Akt der Selbstjustiz nicht fern.[305] **277**

[18] Die Ablehnung niedriger Beweggründe hält sich ebenfalls innerhalb des dem Tatrichter zustehenden Beurteilungsspielraums (vgl. zu diesem etwa BGH, Urteile vom 8. März 2012 – 4 StR 498/11, NStZ 2012, 441, 442; vom 12. Juni 2013 – 5 StR 129/13, NStZ 2013, 524, 525; Beschluss vom 25. Oktober 2010 – 1 StR 57/10, NStZ-RR 2011, 7, 8 jeweils mwN). Zwar liegt dieses Mordmerkmal bei einem Akt der Selbstjustiz nicht fern (vgl. BGH, Urteil vom 10. Februar 2010 – 2 StR 391/09, NStZ-RR 2010, 175, 176; MüKoStGB/Schneider, 2. Aufl., § 211 Rn. 89 mwN). Angesichts des – namentlich vom maßgeblichen subjektiven Standpunkt des Angeklagten – durch schuldhaftes Vorverhalten des Opfers gesetzten Tatanlasses, des sich spontan steigernden Ablaufs sowie der Vorsatzform („Denkzettel") und der psychischen Verfassung des Angeklagten weist die Ablehnung niedriger Beweggründe keinen Rechtsfehler auf (vgl. auch BGH, Urteil vom 18. Mai 2010 – 5 StR 115/10; ferner BGH, Urteil vom 10. Mai 2005 – 1 StR 30/05).

bb) Heimtücke

TOPENTSCHEIDUNG ■

Heimtückisch handelt, wer in feindlicher Willensrichtung die Arg- und Wehrlosigkeit des Tatopfers bewusst zur Tötung ausnutzt. Wesentlich ist, dass der Mör- **278**

---

305 BGH, Urteil vom 29.01.2015 – 4 StR 433/14; siehe hierzu auch Urteil vom 15.09.2015 – 5 StR 222/15.

der sein Opfer, das keinen Angriff erwartet, also arglos ist, in einer hilflosen Lage überrascht und dadurch daran hindert, dem Anschlag auf sein Leben zu begegnen oder ihn wenigstens zu erschweren. Heimtückisches Handeln erfordert jedoch kein „heimliches“ Vorgehen. Nach ständiger Rechtsprechung des Bundesgerichtshofs kann das Opfer auch dann arglos sein, wenn der Täter ihm zwar offen feindselig entgegentritt, die Zeitspanne zwischen dem Erkennen der Gefahr und dem unmittelbaren Angriff aber so kurz ist, dass keine Möglichkeit bleibt, dem Angriff irgendwie zu begegnen. Maßgebend für die Beurteilung ist die Lage bei Beginn des ersten mit Tötungsvorsatz geführten Angriffs. Abwehrversuche, die das durch einen überraschenden Angriff in seinen Verteidigungsmöglichkeiten behinderte Opfer im letzten Moment unternommen hat, stehen der Heimtücke daher nicht entgegen.[306]

[8] b) Dagegen hält die Begründung, mit der das Landgericht eine heimtückische Begehungsweise verneint hat, der rechtlichen Überprüfung nicht stand.

[9] Das Landgericht hat das Mordmerkmal der Heimtücke deshalb nicht als gegeben angesehen, weil die Angeklagten die Überraschung des später Getöteten jedenfalls nicht ausgenutzt hätten. Sie hätten ihr Opfer zunächst durch die Scheibe des Supermarktes beobachtet und keine Anstalten unternommen, sich zu verbergen. Schließlich seien sie ihm offen in feindlicher Absicht entgegengetreten. Diese Ausführungen lassen besorgen, dass die Strafkammer von einem unzutreffenden rechtlichen Maßstab ausgegangen ist.

[10] Heimtückisch handelt, wer in feindlicher Willensrichtung die Arg- und Wehrlosigkeit des Tatopfers bewusst zur Tötung ausnutzt. Wesentlich ist, dass der Mörder sein Opfer, das keinen Angriff erwartet, also arglos ist, in einer hilflosen Lage überrascht und dadurch daran hindert, dem Anschlag auf sein Leben zu begegnen oder ihn wenigstens zu erschweren (st. Rspr.; BGH, Urteile vom 4. Juli 1984 – 3 StR 199/84, BGHSt 32, 382, 383f.; vom 20. Oktober 1993 – 5 StR 473/93, BGHSt 39, 353, 368; Beschluss vom 30. Oktober 1996 – 2 StR 405/96, StV 1998, 544). Heimtückisches Handeln erfordert jedoch kein „heimliches“ Vorgehen. Nach ständiger Rechtsprechung des Bundesgerichtshofs kann das Opfer auch dann arglos sein, wenn der Täter ihm zwar offen feindselig entgegentritt, die Zeitspanne zwischen dem Erkennen der Gefahr und dem unmittelbaren Angriff aber so kurz ist, dass keine Möglichkeit bleibt, dem Angriff irgendwie zu begegnen (BGH, Beschlüsse vom 13. Juli 2005 – 2 StR 236/05, NStZ-RR 2005, 309; vom 27. Juni 2006 – 1 StR 113/06, NStZ 2006, 502, 503; vom 16. Februar 2012 – 3 StR 346/11, NStZ 2012, 245 nur [LS]). Maßgebend für die Beurteilung ist die Lage bei Beginn des ersten mit Tötungsvorsatz geführten Angriffs. Abwehrversuche, die das durch einen überraschenden Angriff in seinen Verteidigungsmöglichkeiten behinderte Opfer im letzten Moment unternommen hat, stehen der Heimtücke daher nicht entgegen (BGH, Urteile vom 3. September 2002 – 5 StR 139/02, NStZ 2003, 146, 147; vom 22. August 1995 – 1 StR 393/95, NJW 1996, 471; vom 21. Januar 1970 – 3 StR 182/69, juris Rn. 6).

[11] Nach diesen Maßstäben durfte das Landgericht zur Verneinung der Heimtücke nicht allein darauf abstellen, dass die Angeklagten dem später Getöteten offen und feindselig gegenübergetreten sind. Vielmehr hätte es prüfen müssen, ob

---

[306] BGH, Urteil vom 03.09.2015 – 3 StR 242/15.

der später Getötete, als er auf die Angeklagten zuging und danach mit ihnen zusammentraf, die Gefahr so rechtzeitig erkannte, dass er noch Zeit gehabt hätte, sie abzuwehren oder sich ihrer zu entziehen. Hierzu verhalten sich die Urteilsgründe indes nicht. Soweit die Strafkammer darüber hinaus das Fehlen des Ausnutzungsbewusstseins verneint hat, weil die Angeklagten jedenfalls nicht davon ausgegangen seien, mit ihrem von Tötungsvorsatz getragenen Angriff einen arglosen Menschen zu überraschen, ist dies durch die Urteilsgründe nicht belegt. Das Landgericht hat zwar angeführt, dass die Angeklagten dem später Getöteten offen gegenübertraten. Um ein Ausnutzungsbewusstsein zu verneinen, hätte es jedoch der weiteren Feststellung bedurft, dass sie eine mögliche hilflose Lage ihres Opfers nicht erkannten.

Bei der Beurteilung der **subjektiven Voraussetzungen der Heimtücke** handelt es **279** sich um eine vom Tatgericht zu bewertende Tatfrage, bei deren Beantwortung einen maßgeblichen Grundsatz darstellen, dass affektive Erregung und Ausnutzungsbewusstsein einander nicht prinzipiell ausschließen.[307]

[14] (1) Für das im Rahmen des Heimtückemerkmals des § 211 Abs. 2 StGB erforderliche bewusste Ausnutzen der Arg- und Wehrlosigkeit genügt es, dass der Täter diese in ihrer Bedeutung für die Lage des Angegriffenen und die Ausführung der Tat in dem Sinne erfasst, dass er sich bewusst ist, einen durch seine Ahnungslosigkeit gegenüber einem Angriff schutzlosen Menschen zu überraschen (BGH, Urteile vom 31. Juli 2014 – 4 StR 147/14, NStZ 2015, 30, 31; vom 12. Februar 2009 – 4 StR 529/08, NStZ 2009, 264; vom 11. Dezember 2012 – 5 StR 438/12, NStZ 2013, 232, 233). Das gilt in objektiv klaren Fällen bei einem psychisch normal disponierten Täter selbst dann, wenn er die Tat einer raschen Eingebung folgend begangen hat (BGH, Urteil vom 31. Juli 2014 – 4 StR 147/14, NStZ 2015, 30, 31 mwN). Anders kann es jedoch bei „Augenblickstaten", insbesondere bei affektiven Durchbrüchen oder sonstigen heftigen Gemütsbewegungen sein (BGH, Urteile vom 31. Juli 2014, aaO; vom 17. September 2008 – 5 StR 189/08, NStZ 2009, 30, 31); auch kann die Spontanität des Tatentschlusses im Zusammenhang mit der Vorgeschichte der Tat und dem psychischen Zustand des Täters ein Beweisanzeichen dafür sein, dass ihm das Ausnutzungsbewusstsein gefehlt hat (BGH, Urteil vom 31. Juli 2014, aaO; Urteil vom 11. Dezember 2012 – 5 StR 438/12, NStZ 2013, 232, 233 mwN).

[15] (2) Daran gemessen ist die Ablehnung des Mordmerkmals der Heimtücke durch das Landgericht aus Rechtsgründen nicht zu beanstanden.

[16] Bei der Beurteilung der subjektiven Voraussetzungen der Heimtücke handelt es sich um eine vom Tatgericht zu bewertende Tatfrage (BGH, Urteil vom 31. Juli 2014, aaO; Urteil vom 11. Dezember 2012 – 5 StR 438/12, NStZ 2013, 232, 233 mwN). Die für deren Beantwortung maßgeblichen – oben dargestellten – Grundsätze hat das Schwurgericht nicht verkannt, insbesondere nicht den Umstand, dass affektive Erregung und Ausnutzungsbewusstsein einander nicht prinzipiell ausschließen (BGH, Beschluss vom 2. Dezember 1957 – GSSt 3/57, BGHSt 11, 139). Es hat sich im Rahmen seiner rechtlichen Würdigung zudem nicht allein auf die starke affektive Erregung, in der sich der Angeklagte befand,

---

307 BGH, Urteil vom 29.01.2015 – 4 StR 433/14.

gestützt, sondern daneben maßgeblich auf den spontanen Tatentschluss sowie den schnellen Geschehensablauf abgestellt, zumal die Annäherung des Angeklagten mit seinem Fahrzeug von hinten durch die Verfolgung des Geschädigten bedingt, aber von ihm nicht gezielt gewählt worden war. Wenn das Schwurgericht angesichts dieser äußeren und inneren Umstände der Tat unter Berücksichtigung des Vorgeschehens eine sichere Überzeugung vom Vorliegen der subjektiven Voraussetzungen der Heimtücke nicht zu gewinnen vermochte, sondern – unter Bezugnahme auf die Ausführungen des psychiatrischen Sachverständigen – zu der Auffassung gelangte, dass die Arg- und Wehrlosigkeit des Geschädigten für die Tat des Angeklagten nicht von Bedeutung war und er diese nicht bewusst ausgenutzt hat, so hält sich dies im Rahmen der dem Tatrichter vorbehaltenen Würdigung und ist vom Revisionsgericht hinzunehmen. Ferner stellt es keinen Widerspruch dar, dass die Strafkammer das Ausnutzungsbewusstsein im Rahmen des Heimtückemerkmals des § 211 Abs. 2 StGB verneint, aber bedingten Vorsatz hinsichtlich der Tötung des Geschädigten bejaht hat (vgl. Senat, Urteil vom 31. Juli 2014 – 4 StR 147/14, NStZ 2015, 30, 31).

280 Eine auf früheren Aggressionen und einer feindseligen Atmosphäre beruhende **latente Angst des Opfers** steht der Annahme von Arglosigkeit nicht entgegen; es kommt vielmehr darauf an, ob **das Opfer gerade im Tatzeitpunkt mit Angriffen auf sein Leben gerechnet** hat. Ferner kann bei einem zunächst in Körperverletzungsabsicht geführten Angriff Arglosigkeit bejaht werden, wenn der ursprüngliche Verletzungswille des Täters so schnell in einen Tötungsvorsatz umschlägt, dass der Überraschungseffekt bei Beginn der eigentlichen Tötungshandlung noch andauert.[308]

[12] 4. Für den Fall, dass die neue Hauptverhandlung abermals eine grundsätzlich aufrechterhaltene Schuldfähigkeit des Angeklagten ergeben sollte, wird Folgendes zu beachten sein:

[13] Die Revisionsführer weisen zu Recht darauf hin, dass das Landgericht seiner Prüfung des Mordmerkmals der Heimtücke unzutreffende rechtliche Maßstäbe zugrunde gelegt hat. Nach ständiger Rechtsprechung des Bundesgerichtshofs steht eine auf früheren Aggressionen und einer feindseligen Atmosphäre beruhende latente Angst des Opfers der Annahme von Arglosigkeit nicht entgegen; es kommt vielmehr darauf an, ob das Opfer gerade im Tatzeitpunkt mit Angriffen auf sein Leben gerechnet hat (vgl. etwa BGH, Urteile vom 20. Oktober 1993 – 5 StR 473/93, BGHSt 39, 353, 368 f.; vom 23. August 2000 – 3 StR 234/00, NStZ-RR 2001, 14; vom 9. September 2003 – 5 StR 126/03, NStZ-RR 2004, 14, 15 f.; vom 30. August 2012 – 4 StR 84/12, NStZ 2013, 337, 338). Ferner kann bei einem zunächst in Körperverletzungsabsicht geführten Angriff Arglosigkeit bejaht werden, wenn der ursprüngliche Verletzungswille des Täters so schnell in einen Tötungsvorsatz umschlägt, dass der Überraschungseffekt bei Beginn der eigentlichen Tötungshandlung noch andauert (st. Rspr., vgl. etwa BGH, Urteil vom 27. Juni 2006 – 1 StR 113/06, NStZ 2006, 502, 503 mwN).

[14] Nach den im angefochtenen Urteil getroffenen Feststellungen erscheint danach eine Arglosigkeit des keine Abwehrverletzungen aufweisenden Opfers nicht

308 BGH, Urteil vom 11.11.2015 – 5 StR 259/15.

ausgeschlossen. Im Blick auf die Wahnstörung des Angeklagten und den durch die Schwurgerichtskammer angenommenen Impulsdurchbruch wäre gegebenenfalls jedoch eingehend zu erörtern, ob der Angeklagte mit Ausnutzungsbewusstsein gehandelt hat (hierzu LK-StGB/Jähnke, 11. Aufl., § 211 Rn. 45 mwN).

Arglos ist ein Tatopfer, wenn es bei Beginn des ersten mit Tötungsvorsatz geführten Angriffs nicht mit einem gegen seine körperliche Unversehrtheit gerichteten schweren oder doch erheblichen – tätlichen – Angriff rechnet. Ein bloßer, der Tat vorausgegangener Wortwechsel, eine nur feindselige Atmosphäre oder ein generelles Misstrauen schließen die Heimtücke nicht aus, wenn das Opfer hieraus noch nicht die Gefahr einer Tätlichkeit entnommen hat. Das Opfer muss gerade aufgrund seiner Arglosigkeit wehrlos sein.[309] **281**

[8] Das Landgericht hat das Vorliegen von Mordmerkmalen im Ergebnis zu Recht abgelehnt. Der näheren Erörterung bedürfen nur die Merkmale der Heimtücke und der niedrigen Beweggründe. Insoweit gilt:

[9] a) Die Strafkammer ist zutreffend davon ausgegangen, dass heimtückisch handelt, wer sein Opfer unter Ausnutzung von dessen Arg- und Wehrlosigkeit tötet. Arglos ist das Tatopfer, wenn es bei Beginn des ersten mit Tötungsvorsatz geführten Angriffs nicht mit einem gegen seine körperliche Unversehrtheit gerichteten schweren oder doch erheblichen – tätlichen – Angriff rechnet. Ein bloßer, der Tat vorausgegangener Wortwechsel, eine nur feindselige Atmosphäre oder ein generelles Misstrauen schließen die Heimtücke nicht aus, wenn das Opfer hieraus noch nicht die Gefahr einer Tätlichkeit entnommen hat (vgl. BGH, Urteil vom 15. Februar 2007 – 4 StR 467/06, juris Rn. 8 mwN). Das Opfer muss gerade aufgrund seiner Arglosigkeit wehrlos sein.

[10] Das Landgericht hat die Verneinung der Arg- und Wehrlosigkeit im Ausgangspunkt damit begründet, dass der Angeklagte bei den Schlägen gegen Gesicht und Kopf der Geschädigten noch nicht mit Tötungsvorsatz gehandelt habe. Diese Schlussfolgerung ist angesichts der dadurch zugefügten, geringfügigeren Verletzungen revisionsrechtlich nicht zu beanstanden.

[11] Soweit die Strafkammer weiter ausgeführt hat, die Geschädigte habe durch diesen Angriff ihre Arglosigkeit verloren, weshalb die Voraussetzungen einer heimtückischen Begehungsweise nicht erfüllt seien, erweist sich dies als nicht frei von Rechtsbedenken. Denn eine auf Arglosigkeit beruhende Wehrlosigkeit kann auch dann gegeben sein, wenn der Täter sein argloses Opfer zunächst nur mit Körperverletzungsvorsatz angreift, diesen – die Arglosigkeit des Opfers in der Regel beseitigenden – Angriff ohne zeitliche Zäsur mit Tötungsvorsatz fortsetzt und es dem Opfer wegen des unmittelbaren Übergangs des überraschenden ersten Angriffs zur Tötungshandlung nicht mehr möglich ist, sich erfolgversprechend zur Wehr zu setzen (st. Rspr.; vgl. etwa BGH, Urteile vom 1. März 2012 – 3 StR 425/11, NStZ 2012, 691, 693; vom 28. Juni 2007 – 3 StR 185/07, juris Rn. 5; sowie schon Urteil vom 9. Dezember 1986 – 1 StR 596/86, BGHR StGB § 211 Abs. 2 Heimtücke 3; MüKoStGB/Schneider, 2. Aufl., § 211 Rn. 151 jew. mwN).

[12] Es gefährdet den Bestand des Urteils indes nicht, dass das Landgericht die sich aus dieser Rechtsprechung ergebenden – geringeren – Anforderungen an das

---

309 BGH, Urteil vom 13.05.2015 – 3 StR 460/14.

Merkmal der auf Arglosigkeit beruhenden Wehrlosigkeit nach den Urteilsgründen nicht erkennbar im Blick gehabt hat. Denn der Senat kann ausschließen, dass es bei Anwendung dieses zutreffenden Prüfungsmaßstabes zur Annahme eines heimtückischen Mordes gelangt wäre. Nach den rechtsfehlerfrei getroffenen Feststellungen liegt ein Tathergang, wie ihn diese Rechtsprechung voraussetzt, nicht nahe: Die Geschädigte setzte sich mit mindestens einem Schlag zur Wehr, brachte dem Angeklagten damit eine – wenn auch eher geringfügige – Verletzung und Hämatome bei und rangelte anschließend noch mit ihm; all dies spricht – auch mit Blick darauf, dass sie erheblich größer und schwerer als der Angeklagte war – deutlich gegen eine auf Arglosigkeit beruhende Wehrlosigkeit im Sinne der genannten Rechtsprechung.

282 Heimtückisch handelt, wer eine zum Zeitpunkt des Angriffs bestehende Arg- und Wehrlosigkeit des Opfers bewusst zur Tat ausnutzt. Für die Feststellungen von Arglosigkeit im Zeitpunkt der ersten Angriffshandlung gilt der **Zweifelsgrundsatz.**[310]

[21] 1. Die Ablehnung des Mordmerkmals der Heimtücke hält revisionsrechtlicher Überprüfung stand.

[22] Heimtückisch handelt, wer eine zum Zeitpunkt des Angriffs bestehende Arg- und Wehrlosigkeit des Opfers bewusst zur Tat ausnutzt (st. Rspr.; vgl. die Nachweise bei Fischer, 62. Aufl., § 211 Rn. 34). Für die Feststellungen von Arglosigkeit im Zeitpunkt der ersten Angriffshandlung gilt der Zweifelsgrundsatz (Fischer, aaO Rn. 38).

[23] Die Schwurgerichtskammer konnte letztlich keine Feststellungen zum konkreten Tatablauf treffen. Dem Fehlen von Abwehrverletzungen und der Stichwunde am Rücken als Indizien für eine heimtückische Begehungsweise hat sie entgegengehalten, dass der Angeklagte bei der Tatausführung nach den Erläuterungen des Sachverständigen zur Stichverletzung näherliegend dem Opfer gegenüberstand. Auch vor dem Hintergrund, dass H. S. bei der Gartenarbeit mit einer Astschere tätig war, als sich der Angeklagte ihm näherte, hat das Landgericht letztlich keinen Tatablauf feststellen können, bei dem der Geschädigte überrascht wurde oder gehindert gewesen war, dem Angriff auf sein Leben zu begegnen.

[24] Soweit die Schwurgerichtskammer in diesem Zusammenhang erwogen hat, dass es vor dem Angriff – wie schon zuvor bei Streitigkeiten zwischen dem Angeklagten und H. S. – zu einem kurzen Wortwechsel gekommen sein könnte, steht dies entgegen den Auffassungen der Staatsanwaltschaft und der Nebenklägerin zu den zeugenschaftlichen Bekundungen der Ehefrau W. S. nicht in unauflösbarem Widerspruch. Zwar hat die Zeugin S. angegeben, sie habe während ihrer Gartenarbeit wenige Meter vom Tatort entfernt keine Unterhaltung ihres Mannes mit einem Dritten oder ein Hundebellen gehört (UA S. 17). Ein möglicher Wortwechsel muss aber nicht besonders laut gewesen sein. Auch in anderem Zusammenhang (Hundebellen) stellt die Kammer im Hinblick auf die Wahrnehmungssituation von W. S. zudem darauf ab, dass sie durch die Gartenarbeit abgelenkt war.

[25] Vor dem Hintergrund des jahrelangen, auch mit Beschimpfungen durch den Angeklagten einhergehenden Nachbarschaftsstreits und der wenige Wochen vor

---

[310] BGH, Urteil vom 04.08.2015 – 1 StR 53/15.

der Tat erfolgten Beleidigungen und Bedrohungen des Tatopfers durch den Angeklagten, erweist sich die Annahme der Kammer, der Tötung von H. S. könne eine verbale Auseinandersetzung vorausgegangen sein, auch nicht als haltlose Vermutung oder Unterstellung zu Gunsten des Angeklagten, für die es keine Anhaltspunkte gibt.

[26] 2. Auch die Ablehnung des Mordmerkmals der niedrigen Beweggründe ist letztlich nicht zu beanstanden.

[27] Zwar kommt bei einer Tötung aus – wie hier – nichtigem Anlass, die Annahme niedriger Beweggründe grundsätzlich in Betracht (vgl. Fischer, aaO § 211 Rn. 18). Die Schwurgerichtskammer durfte im Rahmen der gebotenen Gesamtwürdigung aber zur Ablehnung niedriger Beweggründe auf die besonders akzentuierte (schizoide) Persönlichkeit des Angeklagten abstellen. Dieser nahm nach den Ausführungen des Sachverständigen persönlichkeitsbedingt Besitzrechte an dem „Trampelpfad" für sich in Anspruch und den Weg möglicherweise als eigene Sphäre wahr, den er habe schützen wollen, wobei ihm das Tatopfer zu nahe gekommen sei. Diese Wertung des Schwurgerichts hält sich in dem vom Revisionsgericht bei der Prüfung niedriger Beweggründe hinzunehmenden Beurteilungsspielraum des Tatgerichts (vgl. Fischer, aaO Rn. 15).

cc) Grausamkeit

Böswilligkeit im Sinne von § 225 Abs. 1 StGB bezieht sich auf das Motiv eigensüchtiger eigener Vorteile. Das Merkmal der **Grausamkeit** im Sinn von § 211 Abs. 2 StGB bezieht sich demgegenüber auf die tatbestandliche Tötung eines anderen Menschen. Beide Begriffe können sich im Einzelfall überschneiden, sind aber nach unterschiedlichen Kriterien zu prüfen.[311] **283**

[13] Die Revision der Staatsanwaltschaft ist begründet, soweit sie sich gegen die Ablehnung der Annahme eines Mordmerkmals wendet. Auf die weiteren Einwendungen gegen die Strafzumessung kommt es daher nicht an.

[14] 1. Zutreffend hat das Landgericht allerdings das Vorliegen von Grausamkeit verneint. Dem steht die Annahme nicht entgegen, dass die Angeklagte „böswillig" im Sinne von § 225 Abs. 1 StGB gehandelt hat, denn die Böswilligkeit hat sie zutreffend auf das bei der Angeklagten vorliegende Motiv eigensüchtiger eigener Vorteile gestützt. Das Merkmal der Grausamkeit im Sinn von § 211 Abs. 2 StGB bezieht sich daher gerade auf die tatbestandliche Tötung eines anderen Menschen. Beide Begriffe können sich im Einzelfall überschneiden, sind aber nach unterschiedlichen Kriterien zu prüfen. …

[18] Auch die – im Zusammenhang mit dem Merkmal der Grausamkeit – ausgeführte Erwägung, es habe, um nach außen den Schein aufrecht zu erhalten, dass die Angeklagte die Kinder gut versorge, nicht des Todes „als notwendiges Zwischenziel" bedurft (UA S. 39), trifft insoweit den Kern der Sache nicht; ebenso wenig die Erwägung, dass der Angeklagten der Tod ihrer Tochter „keineswegs recht", sondern dass ihr „die Wiederherstellung der ordnungsgemäßen Versor-

---

311 BGH, Urteil vom 20.05.2015 – 2 StR 464/14; siehe hierzu auch Urteil vom 15.09.2015 – 5 StR 222/15.

gung" lieber gewesen sei (ebd.). Diese Feststellung hätte das Landgericht gegebenenfalls bei der Beweiswürdigung zum Tötungsvorsatz berücksichtigen müssen. Wenn es aber das billigende Inkaufnehmen des Todes festgestellt hatte, kann weder der Verdeckungsabsicht – noch gar, wie hier, der Grausamkeit – entgegengehalten werden, der Angeklagten sei der Tod „nicht recht" gewesen.

dd) Ermöglichung einer anderen Straftat

284 1. Zur **Ermöglichung einer anderen Straftat** im Sinne des § 211 Abs. 2 StGB tötet, wer einen Menschen zur Erreichung eines weiteren kriminellen Ziels tötet.

2. Der Tod des Opfers muss **nicht notwendiges Mittel zur Ermöglichung der Tat** sein; es genügt, wenn der Täter sich deshalb zur Tötung entschließt, weil er annimmt, auf diese Weise die andere Straftat rascher oder leichter begehen zu können und ihm zwar nicht der Tod des Opfers, wohl aber die Tötungshandlung als Tatmittel geeignet erscheint.

3. Die „andere Tat" muss dabei **nicht prozessual selbstständig** im Sinne des § 264 StPO sein; es genügt vielmehr die tateinheitliche Verwirklichung eines gegen ein anderes Rechtsgut desselben oder eines anderen Tatopfers gerichteten weiteren Straftatbestandes.

4. Ermöglichungsabsicht im Sinne des § 211 Abs. 2 StGB setzt jedoch voraus, dass der **Täter in der Absicht tötet, zusätzliches kriminelles Unrecht verwirklichen zu können**; die besondere Verwerflichkeit der Tötung eines anderen zu diesem Zweck liegt darin, dass der Täter bereit ist, das Leben eines anderen als Mittel zur Begehung einer weiteren Tat einzusetzen, zur Verwirklichung seiner kriminellen Ziele also notfalls über „Leichen zu gehen". Die Ermöglichung einer anderen Straftat muss dabei das handlungsleitende Motiv des Täters sein.[312]

[8] Die Revision der Staatsanwaltschaft ist wirksam (vgl. BGH, Urteil vom 2. März 1995 – 1 StR 595/94, BGHSt 41, 57, 61) auf die Frage der Feststellung der besonderen Schwere der Schuld beschränkt. Sie beanstandet, das Landgericht habe zu Unrecht das weitere Mordmerkmal der Tötung zur Ermöglichung einer anderen Straftat nicht erörtert und die besondere Schwere der Schuld mit nicht tragfähiger Begründung verneint. Die Revision ist unbegründet.

[9] 1. Zur Ermöglichung einer anderen Straftat im Sinne des § 211 Abs. 2 StGB tötet, wer einen Menschen zur Erreichung eines weiteren kriminellen Ziels tötet. Der Tod des Opfers muss nicht notwendiges Mittel zur Ermöglichung der Tat sein (BGH, Urteil vom 9. März 1993 – 1 StR 870/92, BGHSt 39, 159, 161); es genügt, wenn der Täter sich deshalb zur Tötung entschließt, weil er annimmt, auf diese Weise die andere Straftat rascher oder leichter begehen zu können (vgl. BGH, Urteil vom 23. September 1999 – 4 StR 700/98 –, BGHSt 45, 211, 217 zu § 306b Abs. 2 Nr. 2 StGB) und ihm zwar nicht der Tod des Opfers, wohl aber die Tötungshandlung als Tatmittel geeignet erscheint (vgl. BGH, Urteil vom 9. März 1993 – 1 StR 870/92, BGHSt 39, 159, 161). Die „andere Tat" muss dabei nicht prozessual selbstständig im Sinne des § 264 StPO sein; es genügt vielmehr die tateinheitliche Verwirklichung eines gegen ein anderes Rechtsgut desselben oder

[312] BGH, Beschluss vom 03.06.2015 – 2 StR 422/14.

eines anderen Tatopfers gerichteten weiteren Straftatbestandes (vgl. Fischer, StGB, 62. Aufl. § 211 Rdn. 65; MüKo/Schneider, StGB 2. Aufl. § 211 Rn. 253). Ermöglichungsabsicht im Sinne des § 211 Abs. 2 StGB setzt jedoch voraus, dass der Täter in der Absicht tötet, zusätzliches kriminelles Unrecht verwirklichen zu können; die besondere Verwerflichkeit der Tötung eines anderen zu diesem Zweck liegt darin, dass der Täter bereit ist, das Leben eines anderen als Mittel zur Begehung einer weiteren Tat einzusetzen, zur Verwirklichung seiner kriminellen Ziele also notfalls über „Leichen zu gehen" (BGH, Urteil vom 9. März 1993 – 1 StR 870/92, BGHSt 39, 159, 161; Safferling, in: Matt/Renzikowski, StGB, § 211 Rn. 63). Die Ermöglichung einer anderen Straftat muss dabei das handlungsleitende Motiv des Täters sein.

[10] Dies lag hier nach den Feststellungen des Landgerichts fern. Zwar tötete der Angeklagte sein Tatopfer, damit diese das von ihm gezeugte Kind nicht zur Welt bringen konnte, ein Handlungsziel, das er – wie er wusste – auf andere Weise nicht erreichen konnte. Jenseits der Lebensvernichtung seines Tatopfers verfolgte der Angeklagte jedoch keinen darüber hinausreichenden, eigenständigen und weiteren kriminellen Zweck. Das vom Angeklagten durch die Beendigung der Schwangerschaft verwirklichte weitere Unrecht – die Tötung des noch ungeborenen Lebens – wird bei dieser Sachlage vollständig vom tateinheitlich verwirklichten Vergehen des Schwangerschaftsabbruchs erfasst.

[11] Bei dieser Sachlage musste sich das Landgericht zur Erörterung des Mordmerkmals der Ermöglichungsabsicht nicht gedrängt sehen.

ee) Verdeckung einer anderen Straftat

Um eine **andere Straftat** im Sinne von § 211 Abs. 2 Var. 9 StGB handelt es sich **285**
nicht, wenn der Täter nur diejenige Tat verdecken will, die er gerade begeht, was etwa dann der Fall ist, wenn während einer einheitlichen Tötungshandlung die Verdeckungsabsicht nur noch als weiteres Motiv für die Tötung hinzutritt. Auch ein zäsurloser Übergang vom bedingten zum unbedingten Tötungsvorsatz würde die zeitlich davorliegenden Teile einer einheitlichen Tötungshandlung nicht als eine andere Straftat erscheinen lassen. Voraussetzung der Annahme eines Verdeckungsmordes ist in diesen Fällen deshalb in aller Regel, dass zwischen einem (erfolglosen) ersten, mit Tötungsvorsatz vorgenommen Angriff und einer erneuten, nunmehr mit Verdeckungsabsicht begangenen Tötungshandlung eine deutliche zeitliche Zäsur liegt.[313]

[11] 3. Der Schuldspruch wegen Mordes erweist sich auch nicht aus anderen Gründen als im Ergebnis rechtsfehlerfrei. Zwar kann – wie der Generalbundesanwalt zutreffend ausgeführt hat – die zu verdeckende Tat auch eine solche sein, die gegen Leib und Leben gerichtet ist (vgl. BGH, Urteil vom 2. Dezember 1987 – 2 StR 559/87, BGHSt 35, 116). Um eine andere Straftat im Sinne von § 211 Abs. 2 Var. 9 StGB handelt es sich jedoch – wie dargelegt – nicht, wenn der Täter nur diejenige Tat verdecken will, die er gerade begeht, was etwa dann der Fall ist, wenn während einer einheitlichen Tötungshandlung die Verdeckungsab-

---

[313] BGH, Urteil vom 03.02.2015 – 3 StR 541/14.

sicht nur noch als weiteres Motiv für die Tötung hinzutritt. Auch ein zäsurloser Übergang vom bedingten zum unbedingten Tötungsvorsatz würde die zeitlich davorliegenden Teile einer einheitlichen Tötungshandlung nicht als eine andere Straftat erscheinen lassen (BGH, Beschluss vom 10. Mai 2000 – 1 StR 617/99, NStZ 2000, 498). Voraussetzung der Annahme eines Verdeckungsmordes ist in diesen Fällen deshalb in aller Regel, dass zwischen einem (erfolglosen) ersten, mit Tötungsvorsatz vorgenommen Angriff und einer erneuten, nunmehr mit Verdeckungsabsicht begangenen Tötungshandlung eine deutliche zeitliche Zäsur liegt (vgl. MüKoStGB/Schneider, 2. Aufl., § 211 Rn. 229 mwN; BGH, Urteile vom 12. Juni 2001 – 5 StR 432/00, NStZ 2002, 253; vom 12. Dezember 2002 – 4 StR 297/02, NJW 2003, 1060).

[12] Ob eine solche Zäsur hier gegeben ist, kann der Senat aufgrund der getroffenen Feststellungen nicht abschließend beurteilen. Das Landgericht ist zwar von einer „längere[n] […] zeitliche[n] Zäsur“ ausgegangen, hat aber deren Ausmaß – von seinem Rechtsstandpunkt aus konsequent – letztlich offen gelassen, indem es ausgeführt hat, sie lasse sich im Einzelnen nicht mehr bestimmen. Auch dem Gesamtzusammenhang der Urteilsgründe kann der Senat nicht entnehmen, ob zwischen den ersten Stichen und den späteren Tathandlungen des Angeklagten ein Einschnitt gegeben war, der die Annahme, bei den Stichen habe es sich um eine andere Tat im Sinne von § 211 Abs. 2 Var. 9 StGB gehandelt, rechtfertigen könnte.

286 Das Merkmal der **Verdeckungsabsicht** kann auch bei nur **bedingtem Tötungsvorsatz** gegeben sein kann. Dies gilt aber dann nicht, wenn nach der Vorstellung des Täters allein der sichere Tod des Opfers die Verdeckung der vorangegangenen Tat verhindern würde.[314]

[13] Die Revision der Staatsanwaltschaft ist begründet, soweit sie sich gegen die Ablehnung der Annahme eines Mordmerkmals wendet. Auf die weiteren Einwendungen gegen die Strafzumessung kommt es daher nicht an.

[14] 1. Zutreffend hat das Landgericht allerdings das Vorliegen von Grausamkeit verneint. Dem steht die Annahme nicht entgegen, dass die Angeklagte „böswillig“ im Sinne von § 225 Abs. 1 StGB gehandelt hat, denn die Böswilligkeit hat sie zutreffend auf das bei der Angeklagten vorliegende Motiv eigensüchtiger eigener Vorteile gestützt. Das Merkmal der Grausamkeit im Sinn von § 211 Abs. 2 StGB bezieht sich daher gerade auf die tatbestandliche Tötung eines anderen Menschen. Beide Begriffe können sich im Einzelfall überschneiden, sind aber nach unterschiedlichen Kriterien zu prüfen.

[15] 2. Dagegen hält die Ablehnung des Merkmals der Verdeckungsabsicht der Überprüfung nicht stand. Dass eine solche Absicht auch bei nur bedingtem Tötungsvorsatz gegeben sein kann, ist in der Rechtsprechung anerkannt; eine Ausnahme gilt nur dann, wenn nach der Vorstellung des Täters allein der sichere Tod des Opfers die Verdeckung der vorangegangenen Tat verhindern würde.

[16] Soweit das Landgericht eine „Zäsur“ und damit die Voraussetzungen einer „anderen“ Tat im Sinn des § 211 Abs. 2 StGB verneint hat, weist die Revision der Staatsanwaltschaft zutreffend darauf hin, dass die vom Landgericht gegebene

[314] BGH, Urteil vom 20.05.2015 – 2 StR 464/14.

Begründung für eine andere Konstellation gilt, nämlich für einen Handlungsablauf, in dem von vornherein Tötungsvorsatz vorliegt. So ist es vorliegend aber nicht. In Fällen, in denen ein äußerlich ununterbrochenes Handeln (bzw. Unterlassen) zunächst nur mit Körperverletzungsvorsatz beginnt und dann mit Tötungsvorsatz weitergeführt wird, liegt die erforderliche Zäsur in diesem Vorsatzwechsel selbst.

[17] Anders als der Generalbundesanwalt meint, konnte die Verdeckungsabsicht hier nicht schon mit der Überlegung ausgeschlossen werden, dass bei Verwirklichung des Todeseintritts eine Verdeckung „erst Recht" ausgeschlossen gewesen sei. Dies ist im Zusammenhang mit der Erwägung zu sehen, dass „handlungsleitend" für die Angeklagte nicht die Verdeckung, sondern ihre Selbstdarstellung nach außen gewesen sei. Beide Motive lassen sich in Fällen wie dem vorliegenden aber nicht trennen: Die Selbstdarstellung der Angeklagten als „lebenstüchtig" war ohne eine Verdeckung des Umstands, dass sie durch böswillige Misshandlung ihrer Tochter das Gegenteil unter Beweis gestellt hatte, nicht möglich. Soweit das Landgericht auf eine (fiktive) rationale Überlegung der Angeklagten über die weiteren Folgen abgestellt hat (UA S. 41), hat es nicht berücksichtigt, dass schon die Tat nach § 225 StGB und der festgestellte bedingte Tötungsvorsatz nach dem 9. Februar 2012 dagegen sprechen, dass die Angeklagte langfristig rational plante.

[18] Auch die – im Zusammenhang mit dem Merkmal der Grausamkeit – ausgeführte Erwägung, es habe, um nach außen den Schein aufrecht zu erhalten, dass die Angeklagte die Kinder gut versorge, nicht des Todes „als notwendiges Zwischenziel" bedurft (UA S. 39), trifft insoweit den Kern der Sache nicht; ebenso wenig die Erwägung, dass der Angeklagten der Tod ihrer Tochter „keineswegs recht", sondern dass ihr „die Wiederherstellung der ordnungsgemäßen Versorgung" lieber gewesen sei (ebd.). Diese Feststellung hätte das Landgericht gegebenenfalls bei der Beweiswürdigung zum Tötungsvorsatz berücksichtigen müssen. Wenn es aber das billigende Inkaufnehmen des Todes festgestellt hatte, kann weder der Verdeckungsabsicht – noch gar, wie hier, der Grausamkeit – entgegengehalten werden, der Angeklagten sei der Tod „nicht recht" gewesen.

[19] 3. Überdies begegnet es auch durchgreifenden Bedenken, dass das Landgericht das Mordmerkmal der Heimtücke nicht erörtert hat. Zutreffend hat die Revision vorgetragen, dass es nach ständiger Rechtsprechung des Bundesgerichtshofs bei Taten gegen konstitutionell arglose Kleinstkinder – wie es hier gegeben war – nicht auf die Arglosigkeit des Kindes, sondern auf die einer zur Hilfe bereiten Person ankommt. Dies war vorliegend die Familienhelferin E. Schon dies hat das Landgericht nicht gesehen.

c) Minder schwerer Fall des Totschlags – § 213 StGB

Die Urteilsgründe lassen besorgen, dass das Landgericht die nach der Rechtsprechung des Bundesgerichtshofs erforderliche Prüfung, ob das gesamte Tatbild einschließlich aller subjektiven Momente und der Täterpersönlichkeit vom Durchschnitt der erfahrungsgemäß gewöhnlich vorkommenden Fälle in einem Maße abweicht, dass die **Anwendung des Ausnahmestrafrahmens** geboten, verfehlt hat. Die Strafkammer hat zwar eine **Gesamtabwägung beziehungsweise Gesamtbetrachtung** (der mildernden Umstände) vorgenommen, das dabei gefundene Er- **287** gebnis lässt es allerdings als zweifelhaft erscheinen, ob dies tatsächlich in der geforderten Weise geschehen ist.[315]

[13] 1. Die Verfahrensrügen der Angeklagten bleiben aus den vom Generalbundesanwalt in seiner Antragsschrift vom 18. November 2014 genannten Gründen ohne Erfolg. Auch die Sachrüge deckt keinen Rechtsfehler zum Nachteil der Angeklagten im Schuldspruch auf. Jedoch ist die Prüfung des § 213 StGB durch das Landgericht bei der Strafzumessung rechtlich zu beanstanden.

[14] a) Das Landgericht hat auf der Grundlage der von ihm getroffenen Feststellungen zwar im Ergebnis rechtsfehlerfrei einen minder schweren Fall des Totschlags gemäß § 213 – 1. Alt. – StGB verneint; die Erwägungen, mit denen es einen sonstigen minder schweren Fall abgelehnt hat, halten jedoch – auch in Anbetracht des eingeschränkten revisionsrechtlichen Prüfungsmaßstabs – der Überprüfung nicht stand. Die Urteilsgründe lassen besorgen, dass das Landgericht die nach der Rechtsprechung des Bundesgerichtshofs erforderliche Prüfung, ob das gesamte Tatbild einschließlich aller subjektiven Momente und der Täterpersönlichkeit vom Durchschnitt der erfahrungsgemäß gewöhnlich vorkommenden Fälle in einem Maße abweicht, dass die Anwendung des Ausnahmestrafrahmens geboten ist (BGH, Beschluss vom 21. Dezember 1992 – 5 StR 645/92; Beschluss vom 14. März 1985 – 1 StR 105/85, NStZ 1985, 310 mwN; Beschluss vom 15. Januar 2002 – 1 StR 548/01, NStZ-RR 2002, 140), verfehlt hat. Die Strafkammer hat zwar – wie sie ausführt – eine Gesamtabwägung beziehungsweise Gesamtbetrachtung (der mildernden Umstände) vorgenommen, das dabei gefundene Ergebnis lässt es allerdings als zweifelhaft erscheinen, ob dies tatsächlich in der geforderten Weise geschehen ist. Das Landgericht führt ausnahmslos für die Angeklagte sprechende Umstände an, wenn sie auf das von Reue und Einsicht getragene Geständnis, ihre fehlende strafrechtliche Vorbelastung, die durchgreifende Veränderung ihrer Lebenssituation durch Lösung aus dem Prostitutionsmilieu und Aufbau einer beruflichen Existenz als Ärztin, die von dem Tatopfer ausgehende Gefahr einer Zerstörung dieser Lebensperspektive, die Spontanität des Tatentschlusses, ihre bei der Tat vorhandene Erregungslage sowie die von ihr in der Untersuchungshaft unternommenen Anstrengungen, um künftig straffrei zu leben (suchtmittelfreies Leben, berufliche Umorientierung), hinweist. Bei der Vielzahl der für die Angeklagte sprechenden gewichtigen Strafmilderungsgründe, denen nicht ein einziger Strafschärfungsgrund gegenübergestellt ist, ist für das Revisionsgericht nicht mehr nachvollziehbar, warum der Angeklagten eine Strafmilderung nach § 213 – 2. Alt. – StGB, für die schon ein Zusammentreffen mehrerer Milderungsgründe genügen kann, versagt worden ist. Dabei ist im Übrigen noch nicht einmal berücksichtigt, dass die Ausführungen der Strafkammer nicht erkennen lassen, ob sie die zur Tat führenden Beleidigungen und Provokationen des Tatopfers – mögen sie auch nicht die Voraussetzungen des § 213 – 1. Alt. – StGB belegen – in genügendem Umfang berücksichtigt hat.

[15] b) Weil ein Wertungsfehler des Landgerichts vorliegt, können die Feststellungen aufrechterhalten werden; ergänzende Feststellungen, die nicht im Widerspruch zu den bisher getroffenen Feststellungen stehen, bleiben möglich.

---

[315] BGH, Beschluss vom 11.03.2015 – 2 StR 423/14; vgl. hierzu auch BGH, Urteil vom 16.04.2015 – 3 StR 638/14; Beschluss vom 14.11.2014 – 3 StR 392/14.

Fehlende Berücksichtigung maßgeblicher Umstände bei **Gesamtwürdigung** nach § 213 Var. 2 StGB.[316] **288**

[2] Die Prüfung des Landgerichts, ob ein sonstiger minder schwerer Fall im Sinne von § 213 2. Alt. StGB gegeben ist, erweist sich als rechtsfehlerhaft.

[3] Die Strafkammer hat bei der gebotenen Gesamtwürdigung insoweit maßgebliche Umstände außer Betracht gelassen. Sie hat weder das Verhalten der Mutter gewürdigt, deren Pflege bei dem Angeklagten zu einer täglich wiederkehrenden psychischen Belastung geführt hat, die ihn am Tattag an den Rand dessen führte, was er noch ertragen konnte (UA S. 9), noch hat sie die Motivation berücksichtigt, aus der der Angeklagte die Tat begangen hat (UA S. 14: „jetzt erlöst du sie von ihrem Leiden, es hat keinen Zweck mehr").

[4] Als nicht unbedenklich stellt sich weiter die Erwägung dar, der Angeklagte habe den Tod seiner Mutter nicht nur billigend in Kauf genommen, sondern vorsätzlich im Sinne einer absichtlichen, zielgerichteten Handlung herbeigeführt (vgl. BGH, Beschluss vom 11. März 2015 – 1 StR 3/15). Schließlich begegnet auch der vom Landgericht angeführte Umstand, der Angeklagte habe die Tat in dem gemeinsam mit der Getöteten bewohnten Haus begangen, Bedenken. Anders als in den Fällen, in denen ein Außenstehender in eine fremde Wohnung eindringt, ist nicht zu erkennen, dass das Haus, in der das Tatopfer zusammen mit dem 54-jährigen Angeklagten von Kindheit an zusammen lebte, ein Bereich war, in dem sich das Opfer – wie das Landgericht wohl meint – gerade gegenüber dem Angeklagten „sicher" fühlen durfte.

[5] Auf diesen Rechtsfehlern beruht der Strafausspruch. Der Senat kann nicht ausschließen, dass das Landgericht bei vollständiger und richtiger Würdigung aller maßgeblichen Strafzumessungsumstände einen minder schweren Fall angenommen hätte und zu einer geringeren Strafe gelangt wäre.

1. Die Annahme eines minder schweren Falls gemäß § 213 Alt. 1 StGB können lediglich solche dem späteren Täter zugefügten Misshandlungen begründen, die nach ihrem Gewicht und den Umständen des Einzelfalls geeignet sind, die **„Jähtat als verständliche Reaktion"** auf das provozierende Verhalten des Opfers der nachfolgenden Tötungstat erscheinen zu lassen. **289**

2. Lediglich **geringfügige Eingriffe** in die körperliche oder seelische Unversehrtheit des Täters des Tötungsdelikts können regelmäßig keine Misshandlung im Sinne von § 213 Alt. 1 StGB begründen.[317]

[18] aa) Nach der Rechtsprechung des Bundesgerichtshofs können lediglich solche dem späteren Täter zugefügten Misshandlungen die Annahme eines minder schweren Falls gemäß § 213 Alt. 1 StGB begründen, die nach ihrem Gewicht und den Umständen des Einzelfalls geeignet sind, die „Jähtat als verständliche Reaktion" auf das provozierende Verhalten des Opfers der nachfolgenden Tötungstat erscheinen zu lassen (BGH, Beschluss vom 9. Februar 1995 – 4 StR 37/95, NJW 1995, 1910, 1911; BGH, Urteil vom 4. Mai 1995 – 5 StR 213/95, NStZ 1996, 33; vgl. auch BGH, Urteil vom 1. August 1996 – 5 StR 214/96, BGHR StGB

[316] BGH, Beschluss vom 09.06.2015 – 2 StR 166/15.

[317] BGH, Urteil vom 26.02.2015 – 1 StR 574/14.

§ 213 Alt. 1 Misshandlung 5; aber auch Senat, Urteil vom 4. Dezember 1990 – 1 StR 577/90, BGHR StGB § 213 Alt. 1 Misshandlung 3). Diese Voraussetzungen können selbst bei einer lediglich versuchten Körperverletzung gegeben sein (BGH, Beschluss vom 9. Februar 1995 – 4 StR 37/95, BGHR StGB § 213 Alt. 1 Misshandlung 4; Urteil vom 1. August 1996 – 5 StR 214/96, BGHR StGB § 213 Alt. 1 Misshandlung 5). Da sich die Tötungstat jedoch als „verständliche Reaktion" auf die vorausgegangene Misshandlung durch das spätere Opfer erweisen muss, werden eingetretene oder drohende lediglich geringfügige Eingriffe in die körperliche oder seelische Unversehrtheit des Täters des Tötungsdelikts regelmäßig keine Misshandlung im Sinne von § 213 Alt. 1 StGB begründen können (Senat, Urteil vom 19. Februar 1991 – 1 StR 659/90, BGHR StGB § 213 Alt. 1 Beleidigung 6 „nur erhebliche Beeinträchtigungen"; vgl. auch Jähnke in Leipziger Kommentar zum StGB, 11. Aufl., Band 5, § 213 Rn. 4; H. Schneider aaO § 213 Rn. 13 mwN).

[19] Dem entsprechend hat der Bundesgerichtshof bereits entschieden, dass es der hohe Rang des durch § 212 StGB geschützten Rechtsguts und die unter den Voraussetzungen von § 213 StGB mildere Beurteilung der Vernichtung des menschlichen Lebens gebieten, die Anforderungen an das der Tat vorausgehende Opferverhalten und auch an die auf die tatauslösende Situation zulaufende Entwicklung der Täter-Opfer-Beziehung nicht zu niedrig anzusetzen (vgl. BGH, Urteil vom 1. September 2011 – 5 StR 266/11 Rn. 10; Beschlüsse vom 21. Dezember 2010 – 3 StR 454/10, NStZ 2011, 339f.; vom 8. Juli 2014 – 3 StR 228/14 Rn. 5). An diesem Gebot hat sich trotz der Verschärfung des Strafrahmens von § 213 StGB durch das Sechste Gesetz zur Reform des Strafrechts (6. StrRG) vom 26. Januar 1998 (BGBl. I S. 164) nichts geändert (Senat, Beschluss vom 15. Januar 2002 – 1 StR 548/01, NStZ-RR 2002, 140f.; siehe auch BGH, Urteil vom 9. Juli 1998 – 4 StR 136/98).

[20] Ob nach den vorgenannten Grundsätzen eine Misshandlung gegeben ist, hat der Tatrichter auf der Grundlage einer Gesamtwürdigung aller dafür maßgebenden Umstände, namentlich unter Berücksichtigung der bisherigen Täter-Opfer-Beziehung und der damit verbundenen Motivationsgenese, zu beurteilen (siehe BGH, Urteil vom 1. September 2011 – 5 StR 266/11 Rn. 10 mwN).

[21] (1) An diesen Maßstäben gemessen hält die Bewertung des Tatgerichts, es fehle an einer der Tötungstat vorausgehenden und diese auslösenden erheblichen Misshandlung seitens der später getöteten Ehefrau sachlich-rechtlicher Prüfung stand. Das Landgericht hat mit einer Gesamtwürdigung bei objektivem Maßstab unter Einbeziehung der Gesamtbeziehung von Täter und Opfer den zutreffenden rechtlichen Ausgangspunkt gewählt. Dass es eine gewisse Erheblichkeit der „Misshandlung", sowohl unter dem Aspekt der körperlichen als auch der seelischen Beeinträchtigung, für erforderlich gehalten hat, ist ersichtlich nicht zu beanstanden.

[22] (2) Der Senat besorgt auch nicht, dass das Tatgericht seiner Beurteilung des Vorliegens einer Misshandlung rechtsfehlerhaft lediglich die unmittelbar der Tötung vorausgehende Attacke der Ehefrau auf den Angeklagten zugrunde gelegt hat. Wie die Revision und der Generalbundesanwalt in seiner Antragsschrift zutreffend hervorheben, kann § 213 Alt. 1 StGB auch dann zur Anwendung gelangen, wenn die tatauslösende Misshandlung für sich allein genommen, zwar keine „schwere Unbill" darstellt, sie aber gleichsam nur der Tropfen ist, der das Fass

zum Überlaufen bringt (Senat, Urteil vom 4. Dezember 1990 – 1 StR 577/90, StV 1991, 105 f. mwN; siehe auch bzgl. einer vorangegangenen Reihe von Kränkungen oder ehrverletzenden Situationen BGH, Beschlüsse vom 21. Dezember 2010 – 3 StR 454/10, NStZ 2011, 339, 340 mwN; vom 8. Juli 2014 – 3 StR 228/14 Rn. 5). Nach dieser Rechtsprechung ist es daher geboten, in die ohnehin erforderliche Gesamtwürdigung auch in der Vergangenheit liegende Vorgänge als mitwirkende Ursachen einzubeziehen (BGH, jeweils aaO).

[23] Auch wenn das Landgericht sich bezüglich einer tatauslösenden Misshandlung nicht ausdrücklich auf die vorgenannten Anforderungen bezogen hat, vermag der Senat nach dem Gesamtzusammenhang des Urteils auszuschließen, dass dem Tatrichter die Berücksichtigung früherer Misshandlungen im Rahmen der Gesamtwürdigung aus dem Blick geraten ist. Es hat nicht nur die Entwicklung der Beziehung zwischen dem Angeklagten und seiner Ehefrau einschließlich der jedenfalls im Jahr 2013 in der Intensität deutlich zunehmenden Spannungen und Streitigkeiten festgestellt. Vielmehr verhält sich das angefochtene Urteil auch zu den wenigen früheren Streitigkeiten der Eheleute, bei denen es über die verbale Auseinandersetzung hinaus zu Tätlichkeiten gekommen ist (UA S. 11 unten und S. 12). In diesem Zusammenhang werden die von Seiten der Ehefrau unternommenen seltenen und nicht intensiven körperlichen Angriffe ebenso beschrieben wie die Fähigkeit des Angeklagten, sich dieser Attacken mühelos zu erwehren. Da das Landgericht zudem rechtlich zutreffend von der Berücksichtigung der Gesamtbeziehung zwischen Täter und Opfer ausgeht, lässt sich nicht annehmen, es habe zunächst dazu umfassende Feststellungen getroffen, die dann im Rahmen der Strafzumessung bei der Frage der Anwendung von § 213 StGB unbeachtet geblieben seien.

[24] bb) Aus entsprechenden Gründen halten auch die Erwägungen des Landgerichts zum Fehlen einer tatauslösenden schweren Beleidigung revisionsrechtlicher Prüfung stand.

[25] (1) Die Revision und der Generalbundesanwalt zeigen im rechtlichen Ausgangspunkt übereinstimmend zutreffend auf, dass auch bei der Beurteilung des Vorliegens einer „schweren Beleidigung" im Sinne von § 213 Alt. 1 StGB nicht allein auf die in unmittelbarem zeitlichen Zusammenhang mit dem Tatgeschehen stehenden Vorgänge abzustellen ist. Nach der ständigen Rechtsprechung des Bundesgerichtshofs ist vielmehr eine „Ganzheitsbetrachtung" erforderlich, die in der Vergangenheit liegende Vorgänge als „mitwirkende Ursachen" mit einbezieht. Die Voraussetzungen von § 213 Alt. 1 StGB können demnach auch dann erfüllt sein, wenn zwar das Verhalten des Tatopfers vor der Tat isoliert betrachtet „keine schwere Beleidigung darstellt, dennoch aber den Täter zum Zorn reizte und auf der Stelle zur Tat hinriss, weil es nach einer ganzen Reihe von Kränkungen gleichsam nur noch der Tropfen war, der das Faß zum Überlaufen brachte." (siehe nur Senat, Beschlüsse vom 11. Juni 1996 – 1 StR 300/96, StV 1998, 131; vom 21. Mai 2004 – 1 StR 170/04, NStZ 2004, 631 f.; BGH, Beschluss vom 21. Dezember 2010 – 3 StR 454/10, NStZ 2011, 339, 340; Urteil vom 1. September 2011 – 5 StR 266/11 Rn. 10 jeweils mwN; Beschluss vom 8. Juli 2014 – 3 StR 228/14 Rn. 5; Fischer aaO § 213 Rn. 5 aE mit zahlr. Nachweisen). In die erforderliche Gesamtbewertung sind alle Umstände einzubeziehen, die dem konkreten Einzelfall unter dem Gesichtspunkt der Provokation durch das spätere Tatopfer sein Gepräge geben (Senat, Urteil vom 10. Oktober 1989 – 1 StR 239/89, BGHR StGB § 213 Alt. 1 Beleidigung 5).

[26] (2) Dem wird das angefochtene Urteil gerecht. Das Landgericht hat ausdrücklich eine objektive Bewertung der seitens der Ehefrau geäußerten Beleidigungen unter „Berücksichtigung der Gesamtbeziehung von Täter und Opfer" (UA S. 54) zugrunde gelegt. Die Feststellungen zeichnen die Entwicklung des Verhältnisses zwischen dem Angeklagten und seiner Ehefrau insgesamt ausführlich und sorgfältig nach (UA S. 7–12). Das umfasst vor allem die ab 2011 einsetzenden Streitigkeiten in der Ehe und deren zunehmende Eskalation seit Februar 2013. Zudem stellt das Landgericht im Rahmen der Beweiswürdigung den Inhalt der Streitigkeiten ab November 2013 mittels der von den beiden Beteiligten jeweils gefertigten Aufzeichnungen per Mobiltelefon im Einzelnen dar (UA S. 33–37). Dazu gehören auch die von der Ehefrau in diesen verbalen Auseinandersetzungen geäußerten Beleidigungen gegenüber dem Angeklagten.

13. Straftaten gegen die körperliche Unversehrtheit – §§ 223 ff. StGB

a) Vorsätzliche Körperverletzung – § 223 StGB

290 Eine körperliche Misshandlung ist **jede üble, unangemessene Behandlung**, die das **körperliche Wohlbefinden nicht nur unerheblich beeinträchtigt**. Seelische Beeinträchtigungen als solche genügen nicht; nötig sind vielmehr körperliche Auswirkungen. Danach erfüllt vorliegend zwar nicht die bloße Erregung von Ekelgefühlen; jedoch **das Hervorrufen von Brechreiz**, das Tatbestandsmerkmal ist.[318]

[2] 1. Insoweit hat das Landgericht festgestellt, dass der Angeklagte am 12. Dezember 2014 den Kriminalhauptkommissar S. zunächst unter anderem mit den Worten „Arschloch" und „Wichser" titulierte und sodann zweimal in dessen Richtung spuckte, wobei der zweite Auswurf diesen im Gesicht traf. Dies erzeugte beim Beamten starke Ekelgefühle und Brechreiz, die bis in die Abendstunden anhielten. „Bei seinem Handeln wollte der Angeklagte den Zeugen […] in dessen Ehre herabsetzen, ihn erniedrigen und nahm die bei diesem eingetretenen Ekelgefühle billigend in Kauf".

[3] 2. Diese Feststellungen tragen die Verurteilung wegen Körperverletzung nicht. Sie belegen zwar den objektiven, nicht jedoch den subjektiven Tatbestand des § 223 Abs. 1 Alternative 1 StGB.

[4] Eine körperliche Misshandlung ist jede üble, unangemessene Behandlung, die das körperliche Wohlbefinden nicht nur unerheblich beeinträchtigt (st. Rspr.; vgl. nur BGH, Urteil vom 23. Januar 1974 – 3 StR 324/73, BGHSt 25, 277). Seelische Beeinträchtigungen als solche genügen nicht; nötig sind vielmehr körperliche Auswirkungen (vgl. BGH, Beschluss vom 11. Juli 2012 – 2 StR 60/12, NStZ-RR 2012, 340). Danach erfüllt vorliegend zwar nicht die bloße Erregung von Ekelgefühlen (aA RG, Urteil vom 30. Mai 1910 – 3 D 359/10, GA 58, 184, 185; dagegen schon OLG Zweibrücken, Beschluss vom 18. Juni 1990 – 1 Ss 238/89, NJW 1991, 240, 241), jedoch das Hervorrufen von Brechreiz das Tatbestandsmerkmal (vgl. zu durch Angst hervorgerufene Magenschmerzen BGH, Urteil vom 15. Ok-

---

318 BGH, Beschluss vom 18.08.2015 – 3 StR 289/15.

tober 1974 – 1 StR 303/74, MDR 1975, 22; insgesamt S/S-Eser, StGB, 29. Aufl., § 223 Rn. 4).

[5] Einen auf die Verursachung von Brechreiz bezogenen Vorsatz des Angeklagten hat die Strafkammer indes nicht festgestellt, weshalb die Verurteilung wegen (vorsätzlicher) Körperverletzung keinen Bestand haben kann. Den entsprechenden Schuldspruch gemäß dem Vorschlag des Generalbundesanwalts entfallen zu lassen, kommt allerdings nicht in Betracht. Selbst wenn weitere Feststellungen zu einer zumindest billigenden Inkaufnahme nicht zu erwarten wären, stünde jedenfalls eine fahrlässige Körperverletzung im Raum (§ 229 StGB).

Verursacht der Griff des Täters an den entblößten Penis des Geschädigten einen „leichten Schmerz", wird dadurch das **körperliche Wohlbefinden** des Geschädigten nicht nur ganz unerheblich beeinträchtigt, was für eine Verurteilung wegen Körperverletzung ausreicht, auch wenn Verletzungsfolgen nicht festgestellt werden können.[319] **291**

[7] Nach den Feststellungen verursachte der Griff des Angeklagten an den entblößten Penis des Geschädigten einen „leichten Schmerz". In diesem Fall war aber das körperliche Wohlbefinden des Geschädigten nicht nur ganz unerheblich beeinträchtigt. Dies würde für eine Verurteilung wegen Körperverletzung ausreichen auch wenn Verletzungsfolgen nicht festgestellt werden konnten (vgl. auch Senat, Urteil vom 22. November 1991 – 2 StR 225/91, insoweit in StV 1992, 106 nicht abgedruckt; BGH, Beschluss vom 22. Oktober 2013 – 3 StR 323/13, NStZ-RR 2014, 11; Fischer, StGB, 62. Aufl., § 223 Rn. 4, 6 mwN). Die recht unklaren Feststellungen des Landgerichts lassen aber weder erkennen, ob der Begriff „Schmerz" hier zutreffend verwendet ist und ob er vom Geschädigten selbst verwendet oder diesem – etwa als Vorhalt – vorgegeben wurde, noch verhalten sie sich zu dem erforderlichen Vorsatz des Angeklagten.

1. Wirkt der Täter auf sein Opfer lediglich **psychisch** ein, liegt eine Körperverletzung im Sinne des § 223 Abs. 1 StGB erst dann vor, wenn ein **pathologischer, somatisch-objektivierbarer Zustand hervorgerufen** worden ist, der vom Normalzustand nachteilig abweicht. **292**

2. Bloß **emotionale Reaktionen** auf Aufregungen, wie etwa starke Gemütsbewegungen oder andere Erregungszustände, insbesondere Angstzustände, stellen keinen pathologischen Zustand und damit keine Gesundheitsbeschädigung im Sinne des § 223 Abs. 1 StGB dar.[320]

[3] 1. Die Annahme des Landgerichts, der Angeklagte habe bei dem Überfall auf den Kiosk der Geschädigten G.S. am 20. Juli 2013 auch den Tatbestand der Körperverletzung erfüllt, wird von den Feststellungen im angefochtenen Urteil nicht getragen.

[4] a) Als Gesundheitsbeschädigung im Sinne des § 223 Abs. 1 StGB ist jedes Hervorrufen oder Steigern eines vom Normalzustand der körperlichen Funktionen des Opfers nachteilig abweichenden Zustandes anzusehen. Dabei kommt es

---

[319] BGH, Urteil vom 04.03.2015 – 2 StR 400/14.

[320] BGH, Beschluss vom 26.02.2015 – 4 StR 548/14.

nicht darauf an, auf welche Art und Weise die Beeinträchtigung erfolgt ist (BGH, Urteil vom 4. November 1988 – 1 StR 262/88, BGHSt 36, 1, 6). Rein psychische Empfindungen genügen bei keiner Handlungsalternative, um einen Körperverletzungserfolg gemäß § 223 Abs. 1 StGB zu begründen (BGH, Urteil vom 9. Oktober 2002 – 5 StR 42/02, BGHSt 48, 34, 36; vgl. ferner BGH, Beschluss vom 11. Juli 2012 – 2 StR 60/12, NStZ-RR 2012, 340f.; OLG Düsseldorf, NJW 2002, 2118; Meyer, ZStW 115 (2003), 249, 261). Wirkt der Täter auf sein Opfer lediglich psychisch ein, liegt eine Körperverletzung daher erst dann vor, wenn ein pathologischer, somatisch-objektivierbarer Zustand hervorgerufen worden ist, der vom Normalzustand nachteilig abweicht (BGH, Urteil vom 31. Oktober 1995 – 1 StR 527/95, BGHR StGB § 223 Abs. 1 Gesundheitsbeschädigung 2). Bloß emotionale Reaktionen auf Aufregungen, wie etwa starke Gemütsbewegungen oder andere Erregungszustände, insbesondere Angstzustände, stellen keinen pathologischen Zustand und damit keine Gesundheitsbeschädigung im Sinne des § 223 Abs. 1 StGB dar (BGH, Beschluss vom 5. November 1996 – 4 StR 490/96, NStZ 1997, 123; vgl. zu Vorstehendem auch BGH, Beschluss vom 18. Juli 2013 – 4 StR 168/13, NJW 2013, 3383).

[5] b) Daran gemessen genügt es – entgegen der Auffassung des Landgerichts (UA 38, 39) – für die Verurteilung des Angeklagten M. wegen Körperverletzung nicht, dass er der Zeugin A. den von ihm mitgeführten Elektroschocker an die Schläfe hielt und die Zeugin, die glaubte, ihr werde eine Pistole an den Kopf gehalten, „große Angst" verspürte und regungslos liegen blieb. Für einen pathologischen, somatisch-objektivierbaren Zustand der Geschädigten ergeben sich auch aus dem Gesamtzusammenhang des angefochtenen Urteils keine Anhaltspunkte.

b) Gefährliche Körperverletzung – § 224 Abs. 1 StGB

293 Wird das Opfer infolge der durch die Tat bedingten psychischen Beeinträchtigung in **einen pathologischen, somatisch objektivierbaren Zustand** versetzt, ist der objektive Tatbestand einer Körperverletzung erfüllt.[321]

[2] 1. Die Annahme einer tateinheitlich verwirklichten gefährlichen Körperverletzung im Fall B.I. der Urteilsgründe hat keinen Bestand.

[3] a) Nach den Feststellungen des Landgerichts drangen der Angeklagte und sein Mittäter gegen zwei Uhr nachts in die Wohnung der zur Tatzeit 65jährigen Geschädigten ein. Sie weckten sie, indem sie ihren Hals in ein Kissen drückten. Anschließend fesselten sie ihre Hände, verklebten ihren Mund und zerrten sie ins Wohnzimmer. Während der Mittäter nun die Wohnung durchsuchte, passte der Angeklagte auf die Geschädigte auf, die um einen Arzt bat, da sie gleich „umkippen" werde. Später bat sie um ein Glas Wasser und eine Zigarette, was der Angeklagte ihr gewährte. Als der Mittäter der Geschädigten eine Schere an den Hals hielt, um das Versteck des Safes in Erfahrung zu bringen, und sie dabei leicht verletzte, schlug der Angeklagte dessen Arm weg. Er wollte nicht, dass die Geschädigte mit einer Schere verletzt wird. Anschließend fragte er erneut nach dem Ver-

---

[321] BGH, Beschluss vom 16.04.2015 – 2 StR 48/15.

steck und drohte, ihre Finger abzuschneiden. Im weiteren Verlauf drohte er der Geschädigten mit dem Tod, während er einen Finger an ihren Kopf drückte, um den Eindruck zu erwecken, er verfüge über eine Pistole. Die Geschädigte gab daraufhin das Versteck preis. Nachdem die Täter Geld und Schmuck im Wert von über 30.000 Euro an sich genommen hatten, fesselten sie die Geschädigte an einen Tisch, zerstörten das Telefon und schlossen die Wohnung von außen ab. Der Geschädigten gelang es später, sich zu befreien und um 6.40 Uhr die Polizei zu verständigen. Durch die Tat erlitt sie einen Schock, der in der Folgezeit zu einer stressbedingten Kardiomyopathie („broken-heart-syndrom") führte, ein einem Herzinfarkt ähnliches Syndrom, das potentiell lebensgefährlich ist.

[4] b) Die Strafkammer ist davon ausgegangen, dass sich der Angeklagte durch die „Art und Weise des Angehens" der Geschädigten tateinheitlich einer gefährlichen Körperverletzung gemäß § 224 Abs. 1 Nr. 4 und 5 StGB schuldig gemacht habe. Die Verletzung mit der Schere hat sie ihm nicht zugerechnet. Der Angeklagte habe aber erkannt und billigend in Kauf genommen, dass die Geschädigte aufgrund der schreckauslösenden Vorgehensweise gesundheitlichen Schaden erleiden könnte.

[5] Dies hält rechtlicher Nachprüfung nicht stand. Nach den Feststellungen ist zwar belegt, dass die durch die Tat bedingte psychische Beeinträchtigung die Geschädigte in einen pathologischen, somatisch objektivierbaren Zustand versetzte, womit der objektive Tatbestand einer Körperverletzung erfüllt ist (vgl. BGH, Beschluss vom 17. Januar 2001 – 1 StR 480/00; Urteil vom 26. November 1985 – 1 StR 393/85, NStZ 1986, 166). Auch soweit das Landgericht zur Begründung des Vorsatzes des Angeklagten im Ansatz davon ausgegangen ist, dass es allgemeiner Lebenserfahrung entspreche, dass massive Stresssituationen und panikauslösende Ereignisse, gerade zur Nachtzeit und bei älteren Personen, zu schweren gesundheitlichen Schäden führen können, gibt es dagegen nichts zu erinnern.

[6] Hinsichtlich der subjektiven Seite ist es aber auch erforderlich, dass der Angeklagte eine körperliche Beeinträchtigung der Geschädigten billigend in Kauf genommen hat; andernfalls käme nur eine fahrlässige Körperverletzung in Betracht (vgl. BGH, Urteil vom 26. November 1985 – 1 StR 393/85, NStZ 1986, 166). Dieses voluntative Element wird indes nicht tragfähig bzw. nur mit unzulässigen Erwägungen begründet.

[7] Zur Begründung hat die Strafkammer unter anderem darauf abgestellt, der Angeklagte habe zu keiner Zeit zum Ausdruck gebracht, dass er mit den gesundheitlichen Folgen nicht gerechnet oder gedacht habe, es werde schon gut gehen; wenn er darüber nachgedacht hätte, hätte er dies – wie andere entlastende Momente – auch geltend gemacht.

[8] Dass der Angeklagte sich hierzu nicht geäußert hat, durfte die Strafkammer indes nicht zu seinem Nachteil werten. Zwar dürfen grundsätzlich auch aus einem Teilschweigen nachteilige Schlüsse für einen Angeklagten gezogen werden. Dies gilt aber nur dann, wenn nach den Umständen Angaben zu diesem Punkt zu erwarten gewesen wären, andere mögliche Ursachen des Verschweigens ausgeschlossen werden können und die gemachten Angaben nicht ersichtlich lediglich fragmentarischer Natur sind (vgl. BGH, Beschluss vom 16. Dezember 2010 – 4 StR 508/10, NStZ-RR 2011, 118 mwN). Es besteht indes kein Anhalt dafür, dass sich der Angeklagte im Sinne einer zusammenhängenden Schilderung veranlasst gesehen haben musste, auch Angaben dazu zu machen, was er im Hinblick

auf den Eintritt möglicher gesundheitlicher Folgen für die Geschädigte gedacht hat. Den Urteilsgründen ist auch nicht zu entnehmen, dass er danach gefragt worden ist.

[9] Ungeachtet dessen lässt die Beweiswürdigung, die der Annahme zugrunde liegt, der Angeklagte habe eine schwere Gesundheitsschädigung billigend in Kauf genommen, die Erörterung dagegen sprechender Umstände vermissen. So wollte der Angeklagte nicht, dass die Geschädigte mit der Schere verletzt wird und er schlug dem Mittäter gegen den das Werkzeug führenden Arm. Zudem reichte er der Geschädigten im Verlauf der Tat unter teilweiser Entfernung des Klebebands ein Glas Wasser und ermöglichte ihr, eine Zigarette zu rauchen, was sie offensichtlich entspannte.

294 Der **Begriff des „gefährlichen Werkzeugs"** in § 224 Abs. 1 Nr. 2 StGB und in § 250 Abs. 2 Nr. 1 StGB ist identisch auszulegen. Für die Tatbestandserfüllung des § 250 Abs. 2 Nr. 1 StGB ist nicht allein die eingetretene Verletzungsfolge maßgeblich, sondern die potentielle Gefährlichkeit der konkreten Benutzung des Werkzeugs.[322]

[8] Die Rechtsmittel der Staatsanwaltschaft haben weitgehend Erfolg. Der Schuldspruch des angefochtenen Urteils weist mehrere Rechtsfehler zugunsten der Angeklagten auf.

[9] 1. a) Allerdings hat das Landgericht die vom Angeklagten M. verabredungsgemäß mitgeführte und eingesetzte Holzlatte – wie auch die Revision des Angeklagten P. nicht in Abrede nimmt – mit Recht als gefährliches Werkzeug im Sinne des § 224 Abs. 1 Nr. 2 Fall 2 StGB eingeordnet. Ein gefährliches Werkzeug im Sinne dieser Vorschrift ist jeder Gegenstand, der nach seiner objektiven Beschaffenheit und nach der Art seiner Benutzung im Einzelfall geeignet ist, erhebliche Körperverletzungen herbeizuführen (vgl. BGH, Beschluss vom 7. Januar 1999, NStZ-RR 2000, 43; Urteil vom 27. September 2001 – 4 StR 245/01, NStZ 2002, 86). Das ist nicht nur dann der Fall, wenn der Täter ein generell gefährliches Tatmittel einsetzt, sondern auch, wenn sich die objektive Gefährlichkeit des eingesetzten Gegenstandes erst aus der konkreten Art seiner Verwendung ergibt, welche geeignet ist, erhebliche Verletzungen herbeizuführen. Die Gefährlichkeit des Tatmittels kann sich gerade daraus ergeben, dass ein Gegenstand bestimmungswidrig gebraucht wird (BGH, Urteil vom 27. Januar 2011 – 4 StR 487/10, StV 2011, 366; vgl. z. B. BGH, Beschluss vom 20. Mai 1999 – 4 StR 168/99, NStZ-RR 1999, 355 [abgesägter Besenstiel]; Urteile vom 21. Januar 2004 – 1 StR 364/03 [zum Fesseln benutzte Paketschnur], vom 13. Januar 2006 – 2 StR 463/05 [„festes Schlauchstück"] und vom 5. August 2010 – 3 StR 190/10, NStZ 2011, 211, 212 [60 Zentimeter langes, stabiles Kunststoffband]; Beschluss vom 13. November 2012 – 3 StR 400/12 [Staubsaugerrohr]).

[10] Unabhängig davon, dass eine Platzwunde in der Rechtsprechung des Bundesgerichtshofs als eine solche nicht unerhebliche Verletzung angesehen worden ist (BGH, Urteil vom 23. Mai 2001 – 3 StR 62/01, StV 2002, 80), ist für die Tatbestandserfüllung maßgebend nicht (allein) die eingetretene Verletzungsfolge, sondern die potentielle Gefährlichkeit der konkreten Benutzung des Werkzeugs

---

[322] BGH, Urteil vom 12.03.2015 – 4 StR 538/14.

(vgl. BGH, Urteil vom 4. September 2001 – 1 StR 232/01, StV 2002, 21). Die vom Angeklagten M. – dem gemeinsamen Tatplan folgend – als Schlagwerkzeug eingesetzte Holzlatte war insbesondere angesichts der für den Transport von Küchenmöbeln erforderlichen Stabilität, ihrer Beschaffenheit sowie ihrer Länge und der damit verbundenen Hebelwirkung ohne weiteres geeignet, erhebliche Körperverletzungen zuzufügen. Der eine Platzwunde verursachende Schlag war auf die Knieregion des Geschädigten gerichtet; dass es bei derartigen Schlägen zu erheblichen Verletzungen kommen kann, liegt auf der Hand. In dem dynamischen Geschehen, in dem M. die Holzlatte einsetzte, lag es zudem nahe, dass auch andere, möglicherweise empfindlichere Körperteile getroffen werden konnten (vgl. zu diesem Gesichtspunkt noch BGH, Urteil vom 13. Januar 2006 – 2 StR 463/05; MüKo-StGB/Hardtung, 2. Aufl., § 224 Rn. 24).

Eine Körperverletzung mittels **eines anderen gefährlichen Werkzeugs** nach § 224 Abs. 1 Nr. 2 StGB begeht, wer sein Opfer durch ein von außen unmittelbar auf den Körper wirkendes gefährliches Tatmittel körperlich misshandelt oder an der Gesundheit. Wenn allerdings die Schmerzen des Geschädigten erst durch den infolge des Anstoßes ausgelösten Schleudervorgang und den anschließenden frontalen Aufprall auf einen Mast verursacht wurden, sind diese demnach nicht auf den unmittelbaren Kontakt zwischen Kraftfahrzeug und Körper zurückzuführen und können daher die Beurteilung als gefährliche Körperverletzung nicht tragen.[323] **295**

Ein **gefährliches Werkzeug** ist nur ein solches Tatmittel, das nach seiner **objektiven Beschaffenheit** und nach der **Art seiner Benutzung** im Einzelfall geeignet ist, dem Opfer erhebliche Körperverletzungen zuzufügen. Die besondere Gefährlichkeit für das Rechtsgut der körperlichen Unversehrtheit ist dabei ein Merkmal der Verwendung des Werkzeugs. Ob ein Werkzeug im Einzelfall gefährlich ist, muss anhand der Erheblichkeit der Verletzung beurteilt werden, die der Täter durch Einsatz des Mittels verursacht hat oder verursachen wollte. **296**

Der Einsatz eines **beschuhten Fußes** kann im Einzelfall die Verwendung eines gefährlichen Werkzeugs darstellen, wenn es sich um festes Schuhwerk handelt und die Art der Verwendung, insbesondere bei Tritten gegen bestimmte Körperteile, erwarten lässt, dass dadurch erhebliche Verletzungen entstehen.[324]

Einen Verurteilung nach § 224 Abs. 1 Nr. 2 StGB erfordert, dass die Körperverletzung durch ein von außen unmittelbar auf den Körper einwirkendes gefährliches Tatmittel eingetreten ist, dass also bei Verwendung eines Pkws der als gefährliches Werkzeug eingesetzte Pkw die Körperverletzung unmittelbar verursacht hat.[325] **297**

Ein Gegenstand ist nur dann ein **gefährliches Werkzeug** im Sinne von § 224 Abs. 1 Nr. 2 StGB, wenn er neben der objektiven Beschaffenheit des Werkzeugs und nach der Art seiner Benutzung im Einzelfall geeignet ist, erhebliche Körperverletzungen herbeizuführen.[326] **298**

---

323 BGH, Beschluss vom 01.12.2015 – 4 StR 270/15.
324 BGH, Beschluss vom 16.06.2015 – 2 StR 467/14; siehe hierzu auch Urteil vom 22.01.2015 – 3 StR 301/14; Beschluss vom 13.05.2015 – 2 StR 488/14.
325 BGH, Beschluss vom 12.02.2015 – 4 StR 551/14.
326 BGH, Urteil vom 24.06.2015 – 2 StR 30/15.

[10] Die Annahme des Landgerichts, der Angeklagte habe beim Einsatz des Gürtels kein gefährliches Werkzeug verwendet und sich deshalb nicht nach § 224 Abs. 1 Nr. 2 StGB strafbar gemacht, wird von den Feststellungen getragen. Ein Gegenstand ist nach der Rechtsprechung nur dann ein gefährliches Werkzeug im Sinne von § 224 Abs. 1 Nr. 2 StGB, wenn er neben der objektiven Beschaffenheit des Werkzeugs und nach der Art seiner Benutzung im Einzelfall geeignet ist, erhebliche Körperverletzungen herbeizuführen (st. Rspr.; vgl. BGH NStZ 2007, 95 zu Schlägen mit einem Ledergürtel bei leichten Hautrötungen). Da abgesehen von Hämatomen auch keine erheblichen Verletzungen verursacht worden sind, der Angeklagte mit dem Gürtel auf das durch eine Decke geschützte Opfer geschlagen hat, und dem zu entnehmen ist, dass er auch keine gravierenden Verletzungsfolgen herbeiführen wollte, ist die für die Annahme einer gefährlichen Körperverletzung notwendige potentielle Gefährlichkeit der konkreten Benutzung des Werkzeugs hier nicht gegeben.

299 Eine Körperverletzung **„mittels einer Waffe"** begeht, wer seinem Opfer durch ein von außen unmittelbar auf den Körper einwirkendes Tatmittel eine Körperverletzung im Sinne von § 223 Abs. 1 StGB beibringt.[327]

[8] 1. Die Annahme des Landgerichts, der Angeklagte habe sich im Fall „M." (UA 39) auch wegen gefährlicher Körperverletzung in der Variante „mittels einer Waffe" gemäß § 224 Abs. 1 Nr. 2 StGB strafbar gemacht, wird von den getroffenen Feststellungen nicht getragen. Eine Körperverletzung „mittels einer Waffe" begeht, wer seinem Opfer durch ein von außen unmittelbar auf den Körper einwirkendes Tatmittel eine Körperverletzung im Sinne von § 223 Abs. 1 StGB beibringt (st. Rspr.; vgl. nur BGH, Urteil vom 22. Dezember 2005 – 4 StR 347/05, NStZ 2006, 572; Beschlüsse vom 20. Dezember 2012 – 4 StR 292/12, StV 2013, 438f., und vom 30. Juni 2011 – 4 StR 266/11).

[9] Eine solche unmittelbare Einwirkung des vom Angeklagten abgeschossenen Projektils auf den Körper der beiden Opfer belegen die Feststellungen nicht. Der Geschädigte K. wurde lediglich durch Splitter der durch den Schuss geborstenen Glasscheibe verletzt. Ferner erlitten beide Geschädigte ein Knalltrauma. Die Körperverletzungserfolge sind daher erst durch das Zerbersten der Scheibe und damit durch eine Folge des Schusses eingetreten, nicht aber „mittels" der eingesetzten Waffe.

[10] Der Rechtsfehler wirkt sich jedoch weder auf den Schuld- noch auf den Strafausspruch aus, weil die Feststellungen den Schuldspruch wegen gefährlicher Körperverletzung im Sinne von § 224 Abs. 1 Nr. 5 StGB tragen und das Landgericht den Umstand, dass nach seiner Auffassung zwei Tatvarianten des § 224 Abs. 1 StGB verwirklicht waren, nicht strafschärfend berücksichtigt hat.

300 Zur Erfüllung des **Qualifikationstatbestandes der gemeinschaftlichen Körperverletzung** im Sinne von § 224 Abs. 1 Nr. 4 StGB ist zwar die eigenhändige Mitwirkung jedes Einzelnen an der Verletzungshandlung nicht erforderlich; vielmehr kann es genügen, dass ein am Tatort anwesender Tatgenosse die Wirkung der Körperverletzungshandlung des Täters bewusst in einer Weise verstärkt, welche

---

[327] BGH, Beschluss vom 16.07.2015 – 4 StR 117/15.

die Lage des Verletzten zu verschlechtern geeignet ist. Allein die Anwesenheit einer zweiten Person, die sich passiv verhält, erfüllt die Qualifikation jedoch noch nicht.[328]

[2] 1. Der Schuldspruch wegen tateinheitlicher gefährlicher Körperverletzung hält der revisionsrechtlichen Prüfung nicht stand.

[3] Nach den hierzu getroffenen Feststellungen entschlossen sich die Angeklagten, den Taxifahrer K. zu überfallen. Aus diesem Grunde ließen sie sich von diesem an einen von dem Angeklagten vorgegeben Ort fahren. Als das Taxi am Ziel zum Stillstand gekommen war, griff der Angeklagte dem gemeinsamen Tatplan entsprechend und seine Sitzposition hinter dem Geschädigten ausnutzend mit seinem rechten Arm von hinten um den Fahrersitz und den Geschädigten. Dabei führte er seinen Arm um dessen rechten Arm sowie die Brust herum und zog seine rechte Hand linksseitig am Hals des Geschädigten über dessen linke Schulter zu sich heran. Er zog dabei so kräftig, dass er den Geschädigten mit seinem Unterarm am Hals würgte und dieser sich nicht mehr bewegen konnte. Im weiteren Verlauf entnahm die auf dem Beifahrersitz befindliche Mitangeklagte aus dem Portemonnaie des Geschädigten insgesamt 30 € und steckte dessen Mobiltelefon ein. Sodann entfernten sich die Angeklagten.

[4] Diese Feststellungen belegen nicht, dass die Angeklagten die körperliche Misshandlung des Geschädigten gemeinschaftlich im Sinne von § 224 Abs. 1 Nr. 4 StGB begingen. Zur Erfüllung dieses Qualifikationstatbestandes ist zwar die eigenhändige Mitwirkung jedes Einzelnen an der Verletzungshandlung nicht erforderlich. Vielmehr kann es genügen, dass ein am Tatort anwesender Tatgenosse die Wirkung der Körperverletzungshandlung des Täters bewusst in einer Weise verstärkt, welche die Lage des Verletzten zu verschlechtern geeignet ist (BGH, Beschluss vom 17. Juli 2012 – 3 StR 158/12, BGHR StGB § 224 Abs. 1 Nr. 4 Gemeinschaftlich 4). Allein die Anwesenheit einer zweiten Person, die sich passiv verhält, erfüllt die Qualifikation jedoch noch nicht (BGH, Urteil vom 20. März 2012 – 1 StR 447/11, juris Rn. 12; MüKoStGB/Hardtung, 2. Aufl., § 224 Rn. 34 mwN). Lediglich ein solches passives Verhalten ist aber festgestellt. Die Urteilsgründe zeigen weder auf, dass die bloße Präsenz der Mitangeklagten in besonderer Weise den Geschädigten in seiner Lage beeinträchtigte, noch, dass die Mitangeklagte hinsichtlich der körperlichen Misshandlung überhaupt unterstützungsbereit war und hierdurch eine erhöhte Gefährlichkeit der konkreten Tatsituation begründete.

[5] Da ergänzende Feststellungen nicht zu erwarten sind, hat der Senat den Schuldspruch selbst geändert und die Verurteilung wegen gefährlicher Körperverletzung entfallen lassen. Eine Abänderung des Schuldspruchs gegen den Angeklagten auf tateinheitlich verwirklichte Körperverletzung (§ 223 Abs. 1 StGB) kommt nicht in Betracht, da die gemäß § 230 Abs. 1 Satz 1 StGB erforderlichen Verfolgungsvoraussetzungen nicht vorliegen. Weder hat der Geschädigte einen Strafantrag gestellt noch die Staatsanwaltschaft das besondere öffentliche Interesse an der Strafverfolgung bejaht. Eine solche (konkludente) Erklärung ist auch nicht der Anklage zu entnehmen, da diese nur den Vorwurf einer tateinheitlich

---

[328] BGH, Beschluss vom 21.07.2015 – 3 StR 261/15.

zum Raubtatbestand verwirklichten gefährlichen Körperverletzung zum Gegenstand hatte (vgl. BGH, Beschluss vom 7. Mai 2015 – 2 StR 108/15, juris Rn. 4).

301 Zwar kann das **gemeinsame Wirken eines Täters und eines Gehilfen** bei Begehung einer Körperverletzung zur Erfüllung der Qualifikation des § 224 Abs. 1 Nr. 4 StGB ausreichen. Eine gemeinschaftliche Begehung in dieser Beteiligungsform setzt allerdings voraus, dass der am Tatort anwesende Gehilfe die Wirkung der Körperverletzungshandlung des Täters bewusst in einer Weise verstärkt, welche die Lage des Verletzten zu verschlechtern geeignet ist. Eine verstärkte Gefährlichkeit der Körperverletzung für das Tatopfer wird vor allem durch eine Schwächung der Abwehrmöglichkeiten verwirklicht, wenn es durch die Präsenz mehrerer Personen auf der gegnerischen Seite insbesondere auch wegen des möglichen Eingreifens des anderen Beteiligten in seinen Chancen beeinträchtigt wird, dem Täter der Körperverletzung Gegenwehr zu leisten, ihm auszuweichen oder zu flüchten.[329]

[9] c) Auch die weitere tatmehrheitliche Verurteilung der Angeklagten im Hinblick auf das nachfolgende Tatgeschehen vor dem Wohnhaus wegen des Qualifikationstatbestands der gefährlichen Körperverletzung gemäß § 224 Abs. 1 Nr. 4 StGB (Angeklagter E.) bzw. der Beihilfe hierzu (Angeklagter G.) hält rechtlicher Prüfung nicht stand.

[10] aa) Zwar kann das gemeinsame Wirken eines Täters und eines Gehilfen bei Begehung einer Körperverletzung zur Erfüllung der Qualifikation des § 224 Abs. 1 Nr. 4 StGB ausreichen (BGH, Urteil vom 3. September 2002 – 5 StR 210/02, BGHSt 47, 383, 386). Eine gemeinschaftliche Begehung in dieser Beteiligungsform setzt allerdings – wie auch das Landgericht im Ansatz nicht verkannt hat – voraus, dass der am Tatort anwesende Gehilfe die Wirkung der Körperverletzungshandlung des Täters bewusst in einer Weise verstärkt, welche die Lage des Verletzten zu verschlechtern geeignet ist. Eine verstärkte Gefährlichkeit der Körperverletzung für das Tatopfer wird vor allem durch eine Schwächung der Abwehrmöglichkeiten verwirklicht, wenn es durch die Präsenz mehrerer Personen auf der gegnerischen Seite insbesondere auch wegen des möglichen Eingreifens des anderen Beteiligten in seinen Chancen beeinträchtigt wird, dem Täter der Körperverletzung Gegenwehr zu leisten, ihm auszuweichen oder zu flüchten (vgl. BGH, Urteile vom 3. September 2002, aaO, S. 387, und vom 22. Dezember 2005 – 4 StR 347/05, NStZ 2006, 572; Beschluss vom 17. Juli 2012 – 3 StR 158/12, BGHR StGB § 224 Abs. 1 Nr. 4 – Gemeinschaftlich 4).

[11] bb) Die diesbezüglichen Feststellungen des Landgerichts, die Anwesenheit des Angeklagten G. habe dazu gedient, „die Bedrohungswirkung auf den am Boden liegenden Geschädigten M. aufrecht zu erhalten und diesen von einer Gegenwehr abzuhalten sowie erforderlichenfalls zugunsten seines Begleiters E. einzugreifen“ (UA S. 17), werden durch die Beweiswürdigung nicht belegt (UA S. 33). Eine derart erhöhte Gefährlichkeit der konkreten Tatsituation ergab sich auch nicht aus deren Gesamtumständen: Das erheblich alkoholisierte Tatopfer lag schon zu Beginn der vom Angeklagten E. ausgeführten Tritte regungslos am

329 BGH, Beschluss vom 30.09.2015 – 5 StR 367/15.

Boden und war für beide Angeklagten ersichtlich nicht in der Lage, Gegenwehr zu leisten oder zu fliehen.

Eine **gemeinschaftliche Begehungsweise** im Sinne des § 224 Abs. 1 Nr. 4 StGB liegt nur vor, wenn Täter und Beteiligter bei Begehung der Körperverletzung einverständlich zusammenwirken. Daran fehlt es indes, wenn sich mehrere Opfer jeweils nur einem Angreifer ausgesetzt sehen, ohne dass die Positionen ausgetauscht werden; denn in diesem Fall stehen dem jeweiligen Opfer die Beteiligten gerade nicht gemeinschaftlich gegenüber.[330] **302**

[5] Die Strafkammer hat in der rechtlichen Würdigung ausgeführt, die von E. gegen den Nebenkläger ausgeführten Gewalthandlungen müsse sich der Angeklagte nach den Regeln der Mittäterschaft zurechnen lassen; er habe über die ihm zugedachte Rolle als „Lockvogel" hinaus aus Eigeninteresse am Erfolg der Tat auch selbst Gewalt gegen die Ehefrau des Nebenklägers angewendet und diese mit weiterer Gewalt bedroht. Die im Rahmen des gemeinsamen Wirkens beigebrachten Verletzungen hätten die Täter im Übrigen gemeinschaftlich im Sinne von § 224 Abs. 1 Nr. 4 StGB begangen.

[6] b) Diese rechtliche Würdigung erweist sich als nicht frei von Rechtsfehlern.

[7] Zwar begegnet die Beurteilung, der Angeklagte müsse sich auch die Gewalthandlungen des E. als Mittäter zurechnen lassen, insbesondere angesichts des festgestellten Eigeninteresses des Angeklagten am Erfolg der Tat keinen durchgreifenden rechtlichen Bedenken. Indes ergeben die Feststellungen nicht, dass der Angeklagte Mittäter einer gefährlichen Körperverletzung in Gestalt einer mit einem anderen Beteiligten gemeinschaftlich begangenen Körperverletzung gemäß § 224 Abs. 1 Nr. 4 StGB war, denn es fehlt an der gemeinschaftlichen Begehungsweise im Sinne der Vorschrift: Diese Voraussetzung ist nur erfüllt, wenn Täter und Beteiligter bei Begehung der Körperverletzung einverständlich zusammenwirken. Daran fehlt es indes, wenn sich – wie hier der Nebenkläger und seine Frau – mehrere Opfer jeweils nur einem Angreifer ausgesetzt sehen, ohne dass die Positionen ausgetauscht werden (LK/Lilie, StGB, 11. Aufl., § 224 Rn. 35; S/S-Stree/Sternberg-Lieben, StGB, 29. Aufl., § 224 Rn. 11b; MüKoStGB/Hardtung, 2. Aufl., § 224 Rn. 34; Gerhold, Jura 2010, 379, 380). Denn in diesem Fall stehen dem jeweiligen Opfer die Beteiligten gerade nicht gemeinschaftlich gegenüber. Damit fehlt es an dem Grund für die Strafschärfung des § 224 Abs. 1 Nr. 4 StGB, der in der erhöhten abstrakten Gefährlichkeit der Tat liegt, weil einem Geschädigten mehrere Angreifer körperlich gegenüber stehen und er deshalb in seiner Verteidigungsmöglichkeit tatsächlich oder vermeintlich eingeschränkt ist (LK/Lilie aaO; OLG Schleswig, Beschluss vom 17. November 2009 – 2 Ss 201/09, juris Rn. 14; Gerhold aaO).

[8] c) Da der Angeklagte aber nach der – wie dargelegt – rechtsfehlerfreien Wertung der Strafkammer Mittäter der von dem gesondert Verfolgten E. zum Nachteil des Nebenklägers begangenen (einfachen) Körperverletzung war, konnte der Senat den Schuldspruch entsprechend ändern (§ 354 Abs. 1 StPO). Soweit der Angeklagte sich auch der Körperverletzung zu Lasten der Ehefrau des Nebenklä-

[330] BGH, Beschluss vom 30.06.2015 – 3 StR 171/15.

gers schuldig gemacht haben könnte, fehlt es an dem nach § 230 Abs. 1 StGB erforderlichen Strafantrag.

303 Für den **Körperverletzungsvorsatz** im Sinne von § 224 Abs. 1 Nr. 5 StGB ist neben dem zumindest bedingten Verletzungsvorsatz erforderlich, aber auch ausreichend, dass der Täter die Umstände erkennt, aus denen sich die allgemeine Gefährlichkeit des Tuns in der konkreten Situation für das Leben des Opfers ergibt, auch wenn er sie nicht als solche bewertet.[331]

[6] Die Nachprüfung des angefochtenen Urteils auf die jeweils mit der Rüge der Verletzung sachlichen Rechts begründeten Revisionen der Nebenkläger führt zur Aufhebung des angefochtenen Urteils und zur Zurückverweisung der Sache an das Landgericht. Die Erwägungen der Strafkammer leiden an einem durchgreifenden Rechtsfehler, der die Verurteilung gleichermaßen zugunsten wie auch zu Ungunsten der Angeklagten beeinflusst haben kann (§ 301 StPO; st. Rspr.; vgl. nur BGH, Beschluss vom 23. August 1995 – 2 StR 394/95, NStZ-RR 1996, 130 mnN).

c) Misshandlung von Schutzbefohlenen – § 225 StGB

■ TOPENTSCHEIDUNG

304 1. Der Verbrechenstatbestand des § 225 Abs. 3 StGB setzt voraus, dass der Täter die schutzbefohlene Person durch die Tat, also durch einen Angriff im Sinne von § 225 Abs. 1 StGB, in die **konkrete Gefahr des Todes, einer schweren Gesundheitsbeschädigung** oder in die konkrete Gefahr einer erheblichen Schädigung der körperlichen oder seelischen Entwicklung bringt. Entscheidend ist danach, dass eine der in § 225 Abs. 1 StGB umschriebenen tatbestandlichen Handlungen die naheliegende Möglichkeit begründet, sie werde zu den in den Alternativen des § 225 Abs. 3 StGB genannten Weiterungen führen.

Unter **schweren Gesundheitsbeschädigungen** im Sinne der Nummer 1 sind solche Gesundheitsschäden zu verstehen, die mit einer anhaltenden nachhaltigen Beeinträchtigung der physischen oder psychischen Leistungsfähigkeit verbunden sind oder in einer lebensbedrohenden, qualvollen oder ernsten und langwierigen Krankheit bestehen.

2. Die in der Nummer 2 genannte erhebliche **Entwicklungsschädigung** erfordert, dass der normale Ablauf des körperlichen oder seelischen Entwicklungsprozesses dauernd oder nachhaltig gestört ist.

3. Handelt es sich um eine **Unterlassungstat**, so begründet der Täter die tatbestandlich vorausgesetzte konkrete Gefahr, wenn er deren Entstehen durch sein Eingreifen hätte abwenden können. Auch wenn vor der Tat bereits Schäden oder die Gefahr von Schäden im Sinne der Qualifikation gemäß § 225 Abs. 3 StGB bestehen, kann der Tatbestand gleichwohl verwirklicht werden. Zur Hervorrufung („bringen") der für den qualifizierten Fall vorausgesetzten Gefahren ist dann aber erforderlich, dass die Tat die Gefahr verursacht, die bereits vorhandenen oder zu

---

331 BGH, Urteil vom 26.03.2015 – 4 StR 442/14.

befürchtenden Schäden in erheblichem Maß zu vergrößern bzw. die wegen einer bereits gegebenen individuellen Schadensdisposition bestehenden Gefahren messbar zu steigern.

4. In **subjektiver Hinsicht** ist bezüglich der Verursachung der tatbestandlichen Gefahren des qualifizierten Falles (zumindest bedingter) Vorsatz erforderlich.[332]

[11] 1. Wie der Nebenkläger zu Recht beanstandet, hat das Landgericht zum Vorteil der Angeklagten rechtsfehlerhaft nicht geprüft, ob sie den Verbrechenstatbestand gemäß § 225 Abs. 3 Nr. 1 und 2 StGB – gegebenenfalls durch Unterlassen – verwirklicht hat, obwohl es von einer durch die Angeklagte begangenen Tat gemäß § 225 Abs. 1 StGB ausgegangen und nach den Feststellungen des Landgerichts die Verwirklichung aller Alternativen des Qualifikationstatbestandes jedenfalls nicht ausgeschlossen ist. Dies führt wegen der Einheitlichkeit der Tat zur Aufhebung des Urteils insgesamt, soweit es die Angeklagte betrifft. Ohne Belang ist insoweit, dass die tateinheitliche ausgeurteilte unterlassene Hilfeleistung kein Nebenklagedelikt ist (vgl. § 395 Abs. 1 bis 3 StPO).

[12] Im Einzelnen:

[13] Der Verbrechenstatbestand des § 225 Abs. 3 StGB setzt voraus, dass der Täter die schutzbefohlene Person durch die Tat, also durch einen Angriff im Sinne von § 225 Abs. 1 StGB, in die konkrete Gefahr des Todes, einer schweren Gesundheitsbeschädigung (Nr. 1; vgl. S/S-Stree/Sternberg-Lieben, StGB, 29. Aufl., § 225 Rn. 19ff.) oder in die konkrete Gefahr einer erheblichen Schädigung der körperlichen oder seelischen Entwicklung bringt (Nr. 2). Entscheidend ist danach, dass eine der in § 225 Abs. 1 StGB umschriebenen tatbestandlichen Handlungen die naheliegende Möglichkeit begründet, sie werde zu den in den Alternativen des § 225 Abs. 3 StGB genannten Weiterungen führen (vgl. LK/Hirsch, StGB, 11. Aufl., § 225 Rn. 24). Unter schweren Gesundheitsbeschädigungen im Sinne der Nummer 1 sind solche Gesundheitsschäden zu verstehen, die mit einer anhaltenden nachhaltigen Beeinträchtigung der physischen oder psychischen Leistungsfähigkeit verbunden sind oder in einer lebensbedrohenden, qualvollen oder ernsten und langwierigen Krankheit bestehen. Die in der Nummer 2 genannte erhebliche Entwicklungsschädigung erfordert, dass der normale Ablauf des körperlichen oder seelischen Entwicklungsprozesses dauernd oder nachhaltig gestört ist (vgl. LK/Hirsch, aaO, Rn. 25 mwN). Handelt es sich um eine Unterlassungstat, so begründet der Täter die tatbestandlich vorausgesetzte konkrete Gefahr, wenn er deren Entstehen durch sein Eingreifen hätte abwenden können. Auch wenn vor der Tat bereits Schäden oder die Gefahr von Schäden im Sinne der Qualifikation gemäß § 225 Abs. 3 StGB bestehen, kann der Tatbestand gleichwohl verwirklicht werden. Zur Hervorrufung („bringen“) der für den qualifizierten Fall vorausgesetzten Gefahren ist dann aber erforderlich, dass die Tat die Gefahr verursacht, die bereits vorhandenen oder zu befürchtenden Schäden in erheblichem Maß zu vergrößern bzw. die wegen einer bereits gegebenen individuellen Schadensdisposition bestehenden Gefahren messbar zu steigern (vgl. S/S-Stree/Sternberg- Lieben, aaO, Rn. 22; BeckOK-StGB/Eschelbach, § 225 Rn. 33). In subjektiver Hinsicht ist bezüglich der Verursachung der tatbestandlichen Gefahren des qualifizierten Falles (zumindest bedingter) Vorsatz erforderlich.

---

332 BGH, Urteil vom 23.07.2015 – 3 StR 633/14.

[14] Das Vorliegen dieser tatbestandlichen Voraussetzungen kann im vorliegenden Fall nicht abschließend beurteilt werden, da das Landgericht keine Feststellungen dazu getroffen hat, ob und ggf. wie sich die durch den Mitangeklagten E. bewirkten Verletzungen des Kindes während der Zeit, in der die Angeklagte eine ärztliche Versorgung pflichtwidrig unterlassen hat, hinsichtlich der tatbestandlichen Gefahren entwickelt haben. Eine wesentliche Gefahrerhöhung im Sinne von § 225 Abs. 3 StGB in diesem Zeitraum kann indes – vor allem mit Blick auf das bestehende subdurale Hämatom und die Einblutungen in die Hirnstrukturen – auch nicht ausgeschlossen werden.

■ PRAXISBEDEUTUNG

Nahezu schulbuchmäßig werden die einzelnen Voraussetzungen des Tatbestands nach § 225 StGB abgehandelt, so dass die Lektüre der Entscheidung im Zusammenhang mit dem Vorwurf solcher Straftaten dringend angeraten ist.

305 Die Qualifikation gemäß **§ 225 Abs. 3 Nr. 1 StGB** wird nicht von **§ 212 StGB** verdrängt. Beide Tatbestände stehen im Verhältnis der **Tateinheit** zueinander.[333]

[17] Nach der Rechtsprechung des Bundesgerichtshofs liegt Gesetzeseinheit nur vor, wenn der Unrechtsgehalt einer Handlung durch einen von mehreren, dem Wortlaut nach anwendbaren Straftatbeständen erschöpfend erfasst wird. Maßgebend für die Beurteilung sind die Rechtsgüter, gegen die sich der Angriff des Täters richtet, und die Tatbestände, die das Gesetz zu ihrem Schutz aufstellt. Die Verletzung des durch den einen Straftatbestand geschützten Rechtsguts muss eine – wenn nicht notwendige, so doch regelmäßige – Erscheinungsform des anderen Tatbestandes sein (vgl. BGH, Beschluss vom 20. Oktober 1992 – GSSt 1/92, BGHSt 39, 100, 108; Fischer, StGB, 61. Aufl., Vor § 52 Rdn. 39, jeweils mwN).

[18] Diese Voraussetzungen sind in § 212 StGB und § 225 Abs. 3 Nr. 1 StGB gerade nicht erfüllt. § 225 StGB enthält spezifisches Unrecht. Neben der körperlichen Unversehrtheit wird – über § 223 StGB hinaus – auch die psychische Integrität einer unter besonderen Schutzverhältnissen stehenden Person geschützt (vgl. Hirsch in LK, StGB, 11. Aufl., § 225 Rdn. 1; Horn/Wolters in SK-StGB, 57. Lfg., § 225 Rdn. 2; Paeffgen in NK-StGB, 4. Aufl., § 225 Rdn. 2; Hardtung in Münchener Kommentar, StGB, 2. Aufl., § 225 Rdn. 1; Engländer in Matt/Renzikowski, StGB § 225 Rdn. 1; Fischer, aaO, § 225 Rdn. 2, jeweils mwN; vgl. auch BGH, Urteil vom 30. März 1995 – 4 StR 768/94, BGHSt 41, 113, 116).

[19] In diesem Fall gebietet schon die Klarstellungsfunktion des Schuldspruchs die Annahme von Tateinheit. Andernfalls brächte der Schuldspruch den Unrechtsgehalt einer Handlung, die – wie hier – mehrere Straftatbestände erfüllt, nicht erschöpfend zum Ausdruck. Mit dieser Begründung hat der Bundesgerichtshof schon in der Entscheidung vom 30. März 1995 (4 StR 768/94, BGHSt 41, 113) bei Zusammentreffen von Quälen eines Schutzbefohlenen im Sinne von § 223b StGB (a. F.) und Körperverletzung mit Todesfolge (§ 226 StGB a. F.) Tateinheit bejaht (vgl. auch BGH, Beschluss vom 29. September 1998 – 4 StR 357/

[333] BGH, Urteil vom 04.08.2015 – 1 StR 624/14.

98, BGHR StGB § 223b Konkurrenzen 4, für das Verhältnis von Misshandlung eines Schutzbefohlenen und schwerer Körperverletzung). Für das Verhältnis von (schwerer) Misshandlung von Schutzbefohlenen und Totschlag, der weder eine bloße qualifizierte Körperverletzung darstellt noch an eine spezifische Täter-Opfer-Beziehung anknüpft, gilt nichts anderes (so auch: Neumann in NK-StGB, 4. Aufl., § 212 Rdn. 36; Eser/Sternberg-Lieben in Schönke/Schröder, StGB, 29. Aufl., § 212 Rdn. 20; Safferling in Matt/Renzikowski, StGB, § 212 Rdn. 86; aA Schneider in Münchener Kommentar, aaO, § 212 Rdn. 92, jeweils mwN).

1. **Quälen** i. S. d. § 225 Abs. 1 StGB bedeutet das Verursachen länger dauernder oder sich wiederholender Schmerzen oder Leiden, die über die typischen Auswirkungen der festgestellten einzelnen Körperverletzungshandlungen hinausgehen. **306**

2. **Mehrere Körperverletzungshandlungen**, die für sich genommen noch nicht den Tatbestand des § 225 Abs. 1 StGB erfüllen, können als ein Quälen im Sinne dieser Vorschrift zu beurteilen sein, wenn erst die ständige Wiederholung den gegenüber § 223 StGB gesteigerten Unrechtsgehalt ausmacht.

3. In diesem Fall werden die jeweiligen Einzelakte zu einer tatbestandlichen Handlungseinheit und damit einer den **Tatbestand des § 225 Abs. 1 StGB verwirklichenden Tat** zusammengefasst. Ob sich mehrere Körperverletzungen zu einer als Quälen zu bezeichnenden Tathandlung zusammenfügen, ist auf Grund einer Gesamtbetrachtung zu entscheiden.

4. Die einzelnen Gewalthandlungen müssen sich als ein äußerlich und innerlich geschlossenes Geschehen darstellen, wobei räumliche und situative Zusammenhänge, zeitliche Dichte oder eine sämtliche Einzelakte prägende Gesinnung mögliche Indikatoren sind.[334]

[7] Nach den insofern getroffenen Feststellungen schlug der Angeklagte in den Jahren 2008 bis 2011 (auch) diese Kinder „regelmäßig drei- bis viermal in der Woche, überwiegend mit der flachen Hand auf das Gesäß, aber auch in das Gesicht, außerdem mit den Fäusten auf den Körper, so dass die Kinder erhebliche Schmerzen, Blutergüsse, Schwellungen und Nasenbluten erlitten" (UA S. 11); darüber hinaus schloss der Angeklagte die Kinder mehrfach in ihrem Zimmer ein (UA S. 12). Konkrete Ereignisse zum Nachteil dieser Kinder teilen die Urteilsfeststellungen – anders als bei E. und Ja. – nicht mit.

[8] Der Angeklagte hat zwar eingeräumt, seine Kinder etwa jeden dritten Monat „mal" mit der flachen Hand geschlagen zu haben, alle anderen Vorwürfe bestreitet er indes. Seine Überzeugung, dass der Angeklagte (auch) J. und R. misshandelt habe, stützt die Strafkammer im Wesentlichen auf die Angaben der früheren Ehefrau des Angeklagten, wonach dieser „sie und die Kinder oft geschlagen" habe, „die Kinder hätten drei- bis viermal in der Woche Schläge bekommen, zeitweise auch täglich", dabei habe es „ordentlich gerumst" (UA S. 15); J. und R. hätten „auch mal einen ‚Klaps auf den Arsch' und auch mal eine flache Hand ins Gesicht bekommen" (UA S. 15 und 18).

[9] Auf Grund dieser hinsichtlich der Häufigkeit und der Art sowie der Intensität der Schläge widersprüchlichen, zudem Faustschläge auf den Körper, die auch bei

[334] BGH, Beschluss vom 24.02.2015 – 4 StR 11/15.

J. und R. zu „erheblichen Schmerzen, Blutergüssen, Schwellungen und Nasenbluten" geführt haben, nicht bestätigenden Angaben der Zeugin ist nicht nachvollziehbar, auf welcher Grundlage die Strafkammer die Feststellungen zu diesen Misshandlungen von J. und R. getroffen hat. Die Feststellungen hierzu werden auch nicht dadurch plausibel, dass der damals drei bis sechs Jahre alte Ja. bestätigt hat, dass „auch alle anderen Geschwister" vom Angeklagten geschlagen worden seien (UA S. 21) und ein (lediglich) verlesener Bericht des Jugendamts mitteilt, dass im Kindergarten bemerkt worden sei, dass J. häufig blaue Flecken gehabt und dazu einmal geäußert habe, dass ihr Vater sie geschlagen und getreten habe (UA S. 23). Denn insbesondere hinsichtlich der häufigen blauen Flecke kann Bedeutung haben, dass die Zeugin selbst eingeräumt hat, ihre Kinder – auch mit einem Kochlöffel – geschlagen zu haben (UA S. 19).

[10] b) Im Übrigen begegnet aber – hinsichtlich aller vier Fälle – die rechtliche Bewertung der Misshandlungen der Kinder durch den Angeklagten als Quälen im Sinne des § 225 Abs. 1 StGB durchgreifenden rechtlichen Bedenken.

[11] aa) Diese rechtliche Bewertung stützt die Strafkammer neben den „regelmäßig drei- bis viermal in der Woche" alle vier Kinder betreffenden Schlägen sowie dem Einsperren für den Tatzeitraum von 2008 bis 2011 konkret lediglich auf einen Vorfall zum Nachteil von Ja. und E. (Schläge auf das Gesäß, so dass diese kaum mehr laufen konnten) und vier weitere Vorfälle zum Nachteil von Ja. (Schlag auf das Auge, Schlag auf das Gesäß mit einem Kochlöffel, Schlag des Kopfes von Ja. gegen eine Wand, Verabreichen von Bier).

[12] bb) Damit ist ein Quälen im Sinne des § 225 Abs. 1 StGB jedoch nicht hinreichend belegt.

[13] (1) Quälen im Sinne dieser Vorschrift bedeutet das Verursachen länger dauernder oder sich wiederholender Schmerzen oder Leiden, die über die typischen Auswirkungen der festgestellten einzelnen Körperverletzungshandlungen hinausgehen. Mehrere Körperverletzungshandlungen, die für sich genommen noch nicht den Tatbestand des § 225 Abs. 1 StGB erfüllen, können als ein Quälen im Sinne dieser Vorschrift zu beurteilen sein, wenn erst die ständige Wiederholung den gegenüber § 223 StGB gesteigerten Unrechtsgehalt ausmacht. In diesem Fall werden die jeweiligen Einzelakte zu einer tatbestandlichen Handlungseinheit und damit einer den Tatbestand des § 225 Abs. 1 StGB verwirklichenden Tat zusammengefasst. Ob sich mehrere Körperverletzungen zu einer als Quälen zu bezeichnenden Tathandlung zusammenfügen, ist auf Grund einer Gesamtbetrachtung zu entscheiden. Regelmäßig wird es dabei erforderlich sein, dass sich die festgestellten einzelnen Gewalthandlungen als ein äußerlich und innerlich geschlossenes Geschehen darstellen. Dabei sind räumliche und situative Zusammenhänge, zeitliche Dichte oder eine sämtliche Einzelakte prägende Gesinnung mögliche Indikatoren. In subjektiver Hinsicht ist es erforderlich, dass der Täter bei jeder Einzelhandlung den Vorsatz hat, dem Opfer sich wiederholende erhebliche Schmerzen oder Leiden zuzufügen, die über die typischen Verletzungsfolgen hinausgehen, die mit der aktuellen Körperverletzungshandlung verbunden sind (zum Ganzen: BGH, Beschluss vom 20. März 2012 – 4 StR 561/11,NStZ 2013, 466, 467m. Anm. Renzikowski/Sick mwN).

[14] (2) Ausgehend hiervon wird der Schuldspruch wegen vier Fällen der Misshandlung von Schutzbefohlenen im Sinne von § 225 Abs. 1 Nr. 1 StGB von den Feststellungen nicht getragen. Denn das Landgericht hat nicht festgestellt, dass

die Gewalthandlungen jeweils zu länger andauernden Schmerzen geführt haben, die über die typischen Auswirkungen der festgestellten Körperverletzung hinausgegangen sind; als Folgen der Misshandlungen hat es vielmehr „Verhaltensauffälligkeiten" bei allen Kindern und eine posttraumatische Belastungsstörung bei Ja. aufgeführt. Soweit das Landgericht – wie seine Ausführungen in der rechtlichen Würdigung nahelegen – davon ausgegangen ist, dass erst durch die Vielzahl der körperlichen Übergriffe ein Quälen im Sinne von § 225 Abs. 1 StGB bewirkt worden ist, begegnet auch eine Zusammenfassung aller festgestellten „Einzeltaten" zu einer tatbestandlichen Handlungseinheit durchgreifenden rechtlichen Bedenken. Der Begriff des Quälens in § 225 Abs. 1 StGB setzt zwar nicht notwendig voraus, dass zwischen den einzelnen Teilakten ein enger zeitlicher Zusammenhang besteht. Intervalle von mehreren Tagen, bis hin zu einigen Wochen, können daher unschädlich sein, wenn das Gesamtgeschehen auf Grund anderer Umstände innerlich und äußerlich geschlossen bleibt; mehrere Monate oder sogar Jahre auseinander liegende Körperverletzungshandlungen werden in der Regel aber nicht mehr als eine einzige dem Opfer bereitete Qual verstanden werden können (BGH aaO). Die allgemein gehaltene Feststellung des Landgerichts, wonach der Angeklagte von 2008 bis 2011 „regelmäßig drei- bis viermal in der Woche" seine Kinder geschlagen hat, mag zwar ausreichen, um objektiv die Annahme einer sich über vier Jahre hinziehenden tatbestandlichen Handlungseinheit zu rechtfertigen, sie ist aber für sich genommen nicht geeignet, auch die innere Tatseite einer Handlungseinheit tragfähig zu belegen. Denn nach den Feststellungen ging es dem Angeklagten bei den einzelnen Taten stets darum, „seine Wut abzureagieren" (UA S. 11). Dies spricht dafür, dass jeder Einzeltat ein anlassbezogener neuer Tatentschluss des Angeklagten zu Grunde lag. Ein übergreifender Vorsatz, der auf die Zufügung sich wiederholender und über die konkreten Tatfolgen hinausgehender erheblicher Schmerzen oder Leiden gerichtet ist, wird dadurch nicht belegt.

[15] c) Durchgreifenden rechtlichen Bedenken begegnet die rechtliche Würdigung der Strafkammer auch, soweit sie bei Ja. neben dem Quälen den Tatbestand der rohen Misshandlung (§ 225 Abs. 1 StGB) bejaht.

[16] Insofern verweist das Landgericht zwar auf drei der Misshandlungen des Kindes (Schlag auf das Auge, Schlag auf das Gesäß mit einem Kochlöffel, Schlag des Kopfes von Ja. gegen eine Wand), die Ausführungen lassen es aber als jedenfalls nicht ausgeschlossen erscheinen, dass es dabei – zumal es hinsichtlich Ja. lediglich eine Misshandlung Schutzbefohlener angenommen hat – davon ausgegangen ist, die drei Körperverletzungen seien erst in ihrer Gesamtheit als eine rohe Misshandlung zu bewerten. Anders als das Quälen bezieht sich diese Tatalternative des § 225 Abs. 1 StGB jedoch stets auf ein einzelnes Körperverletzungsgeschehen (vgl. BGH, Beschluss vom 28. Februar 2007 – 5 StR 44/07, NStZ 2007, 405).

Böswilligkeit im Sinne von § **225 Abs. 1 StGB** bezieht sich auf das Motiv eigensüchtiger eigener Vorteile. Das Merkmal der Grausamkeit im Sinn von § 211 Abs. 2 StGB bezieht sich demgegenüber auf die tatbestandliche Tötung eines anderen Menschen. Beide Begriffe können sich im Einzelfall überschneiden, sind aber nach unterschiedlichen Kriterien zu prüfen.[335] **307**

[335] BGH, Urteil vom 20.05.2015 – 2 StR 464/14.

[13] Die Revision der Staatsanwaltschaft ist begründet, soweit sie sich gegen die Ablehnung der Annahme eines Mordmerkmals wendet. Auf die weiteren Einwendungen gegen die Strafzumessung kommt es daher nicht an.

[14] 1. Zutreffend hat das Landgericht allerdings das Vorliegen von Grausamkeit verneint. Dem steht die Annahme nicht entgegen, dass die Angeklagte „böswillig" im Sinne von § 225 Abs. 1 StGB gehandelt hat, denn die Böswilligkeit hat sie zutreffend auf das bei der Angeklagten vorliegende Motiv eigensüchtiger eigener Vorteile gestützt. Das Merkmal der Grausamkeit im Sinn von § 211 Abs. 2 StGB bezieht sich daher gerade auf die tatbestandliche Tötung eines anderen Menschen. Beide Begriffe können sich im Einzelfall überschneiden, sind aber nach unterschiedlichen Kriterien zu prüfen. …

[18] Auch die – im Zusammenhang mit dem Merkmal der Grausamkeit – ausgeführte Erwägung, es habe, um nach außen den Schein aufrecht zu erhalten, dass die Angeklagte die Kinder gut versorge, nicht des Todes „als notwendiges Zwischenziel" bedurft (UA S. 39), trifft insoweit den Kern der Sache nicht; ebenso wenig die Erwägung, dass der Angeklagten der Tod ihrer Tochter „keineswegs recht", sondern dass ihr „die Wiederherstellung der ordnungsgemäßen Versorgung" lieber gewesen sei (ebd.). Diese Feststellung hätte das Landgericht gegebenenfalls bei der Beweiswürdigung zum Tötungsvorsatz berücksichtigen müssen. Wenn es aber das billigende Inkaufnehmen des Todes festgestellt hatte, kann weder der Verdeckungsabsicht – noch gar, wie hier, der Grausamkeit – entgegengehalten werden, der Angeklagten sei der Tod „nicht recht" gewesen.

d) Körperverletzung mit Todesfolge – § 227 StGB

308 In **subjektiver Hinsicht** setzt § 227 StGB zunächst den Vorsatz einer Körperverletzung voraus. Dieser ist schon gegeben, wenn der Täter den Eintritt des tatbestandlichen Körperverletzungserfolgs als möglich und nicht ganz fernliegend erkennt und damit in der Weise einverstanden ist, dass er die Tatbestandsverwirklichung billigend in Kauf nimmt oder sich um des erstrebten Zieles willen wenigstens mit ihr abfindet, mag ihm der Erfolgseintritt auch unerwünscht sein; das für den Vorsatz erforderliche Wissen muss im Zeitpunkt der Tathandlung in aktuell wirksamer Weise vorhanden sein; bloßes nicht in das Bewusstsein gelangtes Wissen oder ein nur potentielles Bewusstsein reicht nicht aus.[336]

[5] 2. Die Begründung, mit der das Landgericht einen bedingten Körperverletzungsvorsatz verneint hat, ist revisionsrechtlich vorliegend hinzunehmen. Dies gilt nach ständiger Rechtsprechung des Bundesgerichtshofs selbst dann, wenn eine nach Ansicht des Revisionsgerichts mögliche andere Beurteilung sogar näher gelegen hätte oder überzeugender gewesen wäre (vgl. Sander in LR-StPO, 26. Aufl., § 261 Rn. 182 mwN).

[6] In subjektiver Hinsicht setzt § 227 StGB zunächst den Vorsatz einer Körperverletzung voraus. Dieser ist schon gegeben, wenn der Täter den Eintritt des tatbestandlichen Körperverletzungserfolgs als möglich und nicht ganz fernliegend

---

[336] BGH Beschluss vom 14.01.2015 – 5 StR 494/14; siehe hierzu auch Urteil vom 18.12.2014 – 4 StR 468/14.

erkennt und damit in der Weise einverstanden ist, dass er die Tatbestandsverwirklichung billigend in Kauf nimmt oder sich um des erstrebten Zieles willen wenigstens mit ihr abfindet, mag ihm der Erfolgseintritt auch unerwünscht sein; das für den Vorsatz erforderliche Wissen muss im Zeitpunkt der Tathandlung in aktuell wirksamer Weise vorhanden sein; bloßes nicht in das Bewusstsein gelangtes Wissen oder ein nur potentielles Bewusstsein reicht nicht aus (vgl. BGH, Beschluss vom 24. Juli 2003 – 3 StR 159/03, NStZ 2004, 201, 202).

[7] Das Landgericht hat sich auf der Grundlage einer eingehenden Beweiswürdigung die Überzeugung verschafft, dass sich der Angeklagte – obwohl allgemein bekannt ist, dass starkes Schütteln eines zwei Monate alten Säuglings zu einer erheblichen Beeinträchtigung seiner Gesundheit und sogar lebensgefährdender Gesundheitsbeschädigung führen kann – in der konkreten Tatsituation aufgrund seiner kognitiven Einschränkungen dieser Gefahr nicht bewusst war und diese sich für ihn aufgrund der ersten unkontrollierten Bewegungen des kindlichen Kopfes auch nicht erschloss (UA S. 20f.). Diese Würdigung zeigt keinen Rechtsfehler auf.

[8] Das Landgericht hat festgestellt, dass der Angeklagte zu keinem Zeitpunkt von Dritten darauf hingewiesen worden ist, zu welchen Folgen ein Schütteln des Kindes führen kann. Dem Angeklagten ist zwar beigebracht worden, wie er den Säugling zu halten hat; nicht jedoch der Grund dafür. Hierfür hätte es Erklärungen auf dem „Kommunikationsniveau" des Angeklagten geben müssen, die nicht erfolgt sind (vgl. UA S. 27). Dass dem Angeklagten auch nicht aus den ersten unkontrollierten Kopfbewegungen des Kindes die Gefahr eines Körperverletzungserfolges bewusst wurde (vgl. UA S. 20f., 33), hat das Landgericht mit der besonderen Tatsituation („erhebliche Stresssituation" und „frisch aus dem Schlaf gerissen") vertretbar begründet (vgl. UA S. 20f.). Diese Umstände sind zwar im Allgemeinen nicht geeignet, das kognitive Vorsatzelement beim Schütteln eines Säuglings in Frage zu stellen. In diesem Fall besteht jedoch die Besonderheit, dass der Angeklagte nur über eine stark verlangsamte und in ihrer Qualität geringe kognitive Leistungsfähigkeit verfügt. Die Wertung, dass die Gefahr dem im Denktempo verlangsamten Angeklagten in der konkreten Situation nicht ins Bewusstsein gedrungen ist, ist angesichts der vorgenommenen Würdigung der Gesamtumstände (u.a. Person des Angeklagten, Wunsch nach Obduktion des Kindes) möglich und deshalb hinzunehmen. Insofern stellt es keinen unauflöslichen Widerspruch dar, dass beim Angeklagten noch keine pathologische Intelligenzminderung bestand und das Landgericht ihm grundsätzlich die Fähigkeit zur Reflektion und auch die Vorhersehbarkeit der schweren Folgen attestiert hat (vgl. UA S. 27, 30). Denn hieraus ist nicht zwingend auf ein sofortiges Reflektieren in der aktuellen Überforderungssituation zu schließen. Die von der Revision beanstandeten Formulierungen zur niedrigeren Hemmschwelle von im Umgang mit Säuglingen unbedarften Personen und zum Kraftaufwand beim Schütteln sowie zum Handlungsfluss aus dem Halten des Kindes heraus (UA S. 27 und S. 34) lassen nach dem Gesamtzusammenhang der Urteilsgründe (insbesondere UA S. 20, 30) nicht besorgen, dass das Landgericht zu hohe Anforderungen an die Erkennbarkeit eines Körperverletzungserfolges gestellt hat. Dies gilt in besonderer Weise eingedenk des Umstandes, dass das Landgericht von nicht mehr als zweimaligem Schütteln ausgegangen ist. Rechtsfehlerfrei hat das Landgericht in einer Gesamtwürdigung (UA S. 28, 33) das voluntative Vorsatzelement verneint und dabei neben den bereits angeführten Umständen auch berücksichtigt, dass der Angeklagte

als verantwortungsbewusster, zuverlässiger und seinen Sohn liebender Vater weit mehr Interesse an der Säuglingspflege als die Kindsmutter gezeigt hat.

e) Beteiligung an einer Schlägerei – § 231 StGB

309 Der Tatbestand des § 231 StGB bezweckt als abstraktes Gefährdungsdelikt nicht nur den Schutz des Lebens und der Gesundheit des durch die Schlägerei oder den Angriff tatsächlich Verletzten oder Getöteten, sondern auch Leben und Gesundheit all der – auch unbeteiligten – Personen, die durch die Schlägerei oder den Angriff gefährdet werden. Da letztgenannter Gesichtspunkt ein Gemeininteresse darstellt, entfaltet die Einwilligung eines oder aller an der Schlägerei Beteiligten im Rahmen des § 231 StGB keine rechtfertigende Wirkung.[337]

[45] (d) Die sich an den verabredeten körperlichen Auseinandersetzungen beteiligenden Mitglieder der Gruppierung um die Angeklagten sowie die Teilnehmer auf der gegnerischen Seite erfüllten jeweils rechtswidrig und schuldhaft den Tatbestand des § 231 Abs. 1 StGB, weil sie sich damit an einer Schlägerei, also an einer mit gegenseitigen Tätlichkeiten verbundene Auseinandersetzung beteiligten, an der mehr als zwei Personen aktiv mitwirkten (vgl. zuletzt BGH, Urteil vom 19. Dezember 2013 – 4 StR 347/13, BGHR StGB § 231 Schlägerei 2). Dies führt – jedenfalls in den vorliegenden Fällen, in denen die an den Schlägereien Beteiligten aus der gebotenen ex-ante-Perspektive dadurch zumindest in die konkrete Gefahr einer schweren Gesundheitsbeschädigung gebracht wurden – nach den oben genannten Grundsätzen zur Unbeachtlichkeit der (konkludent) erteilten Einwilligungen in die mit den Auseinandersetzungen verbundenen Körperverletzungshandlungen. Insoweit gilt:

[46] (aa) Der Tatbestand des § 231 StGB bezweckt als abstraktes Gefährdungsdelikt (BGH, Urteile vom 5. Februar 1960 – 4 StR 557/59, BGHSt 14, 132, 134f. mwN; vom 20. Dezember 1984 – 4 StR 679/84, BGHSt 33, 100, 103; vom 24. August 1993, 1 StR 380/93, BGHSt 39, 305, 308; MüKoStGB/Hohmann aaO, § 231 Rn. 7; S/S-Stree/Sternberg-Lieben aaO, § 231 Rn. 1; Lackner/Kühl aaO, § 231 Rn. 1; Fischer aaO, § 231 Rn. 2; BeckOKStGB/Eschelbach aaO, § 231 Rn. 1; Jäger, JA 2013, 634, 636; differenzierend NK-StGB-Paeffgen aaO, § 231 Rn. 2; aA LK/Hirsch aaO, § 231 Rn. 1) nicht nur den Schutz des Lebens und der Gesundheit des durch die Schlägerei oder den Angriff tatsächlich Verletzten oder Getöteten, sondern auch Leben und Gesundheit all der – auch unbeteiligten – Personen, die durch die Schlägerei oder den Angriff gefährdet werden. Da letztgenannter Gesichtspunkt ein Gemeininteresse darstellt, entfaltet die Einwilligung eines oder aller an der Schlägerei Beteiligten im Rahmen des § 231 StGB keine rechtfertigende Wirkung (LK/Hirsch aaO, § 231 Rn. 18; MüKoStGB/Hohmann aaO, § 231 Rn. 18; S/S-Stree/Sternberg-Lieben aaO, § 231 Rn. 10; Zöller/Lorenz, ZJS 2013, 429, 433 mwN; so im Ergebnis auch BeckOKStGB/Eschelbach aaO, § 231 Rn. 16; NK-StGB-Paeffgen aaO, § 231 Rn. 13, die insoweit allerdings auf die fehlende Disponibilität der Rechtsgüter Leben und Schutz der Gesundheit vor schweren Verletzungen abstellen).

---

[337] BGH, Urteil vom 22.01.2015 – 3 StR 233/14.

[47] (bb) Diese Grundsätze wirken sich beim tateinheitlichen Zusammentreffen von Körperverletzungstaten – wie hier etwa nach § 224 Abs. 1 Nr. 4 StGB – einerseits und Beteiligung an einer Schlägerei andererseits dahingehend aus, dass die – rechtswidrige und schuldhafte – Verwirklichung des Tatbestands des § 231 Abs. 1 StGB zur Annahme der Sittenwidrigkeit der Körperverletzungstat im Sinne von § 228 StGB führt (wie hier Jäger aaO). Denn in diesem Gesetzesverstoß, mit dem die Beteiligten an der Schlägerei strafwürdiges Unrecht verwirklicht haben (so auch Sternberg-Lieben, JZ 2013, 953, 956), liegt eine Missachtung der gesetzgeberischen Wertung des § 231 StGB, die das Sittenwidrigkeitsurteil unabhängig davon begründet, ob der sich aus § 231 StGB ergebenden gesteigerten Gefahr für Leib und Leben durch Vorkehrungen, mit denen eine Eskalation der Auseinandersetzung verhindert werden soll, entgegengewirkt werden könnte (so auch Jäger aaO). Die Annahme von Straflosigkeit infolge der Einwilligung in etwaige Körperverletzungen würde darüber hinaus in der gegebenen Konstellation zu unauflösbaren Widersprüchen führen, weil ein und dasselbe Täterverhalten einerseits ausdrücklich verboten, andererseits aber infolge der erteilten Einwilligung erlaubt wäre (so auch Sternberg-Lieben, JZ 2013, 953, 956).

[48] Die Sittenwidrigkeit der Tat aufgrund der Erfüllung des Tatbestands des § 231 Abs. 1 StGB ist zudem nicht nur in den Fällen gegeben, in denen die schwere Folge tatsächlich eingetreten ist; denn ein tatbestandsmäßiger, rechtswidriger und schuldhafter Verstoß liegt unabhängig davon vor, weil es sich bei den genannten Folgen ausschließlich um objektive Bedingungen der Strafbarkeit handelt (Jäger aaO; aA Sternberg-Lieben aaO; Gaede, ZIS 2014, 489, 499). Ein Abstellen auf die Tatfolgen würde bereits im Widerspruch dazu stehen, dass die Wirksamkeit der Einwilligung – wie dargelegt – aus einer ex-ante-Perspektive zu beurteilen ist, die Frage, ob eine der genannten schweren Folgen eingetreten ist, hingegen erst ex-post beantwortet werden kann. Das Erfordernis des Eintritts der Strafbarkeitsbedingung zur Begründung des Sittenwidrigkeitsurteils kann auch nicht daraus hergeleitet werden, dass andernfalls die vom Gesetzgeber aufgestellte Begrenzung der Strafbarkeit ignoriert würde (so aber Sternberg-Lieben aaO; von der Meden, HRRS 2013, 158, 163): Diese Begrenzung bezieht sich allein auf die Vorschrift des § 231 StGB und ist wegen der durch die erfahrungsgemäß auftretenden Nachweisprobleme bedingten Weite dieses Tatbestandes, der unabhängig von der konkreten Feststellung einer Verletzungshandlung jede Beteiligung an einer Schlägerei oder einem Angriff ausreichen lässt, nicht zuletzt mit Blick auf das Schuldprinzip geboten; kann indes – wie hier – Einzelnen ein konkreter Tatvorwurf auch wegen bestimmter Körperverletzungshandlungen gemacht werden, bedarf es eines solchen Korrektivs nicht.

[49] (cc) Der Annahme der Sittenwidrigkeit der Tat kann nicht entgegengehalten werden, es bleibe für § 231 StGB kein eigenständiger Anwendungsbereich (so aber van der Meden aaO, S. 162): Nur aufgrund dieser Vorschrift können auch Beteiligte der Schlägerei aus dem Lager des Getöteten bzw. im Sinne des § 226 StGB Verletzten erfasst werden. Denn anders als für eine Strafbarkeit nach §§ 223, 224 Abs. 1 Nr. 4, § 25 Abs. 2 StGB kommt es bei § 231 StGB nicht auf die Zurechnung einzelner Handlungen an (vgl. BGH, Urteil vom 20. Dezember 1984 – 4 StR 679/84, BGHSt 33, 100, 104). Vorliegend lässt sich dem Gesamtzusammenhang der Urteilsgründe indes entnehmen, dass die Mitglieder der Vereinigung sich selbst durch Schlagen und Treten ihrer jeweiligen Gegner aktiv an Kör-

perverletzungshandlungen beteiligten und dadurch den Tatbestand des § 224 Abs. 1 Nr. 4 StGB erfüllten.

[50] (dd) Es kann offen bleiben, ob die durch die Erfüllung des Tatbestands des § 231 Abs. 1 StGB bedingte Sittenwidrigkeit der Körperverletzungshandlungen stets und unabhängig von der konkret eingetretenen Gefahr zur Unbeachtlichkeit der Einwilligung führt – etwa auch dann, wenn bei vorausschauender Betrachtung lediglich Bagatellverletzungen zu erwarten sind. Jedenfalls wenn – wie hier – der Verletzte durch die Tat voraussichtlich in die konkrete Gefahr einer schweren Gesundheitsbeschädigung gebracht wird – was nach einem Teil der Rechtsprechung und der Literatur schon für sich genommen die Sittenwidrigkeit begründen soll (vgl. MüKoStGB/Hardtung aaO, § 228 Rn. 30 mwN; Hirsch, Festschrift Amelung, 2009, 181, 198, 202: Gefahr einer schweren Leibesschädigung; OLG Düsseldorf, Beschluss vom 6. Juni 1997 – 2 Ss 147/97 – 49/97 II, MDR 1997, 933, 934 für Fälle des sogenannten Auto-Surfens; BayObLG, Beschluss vom 7. September 1998 – 5 St RR 153/98, NJW 1999, 372, 373: Gefahr schwerster Schädigung durch Kopfverletzungen infolge von Schlägen und Tritten gegen den Kopf) – führt der genannte Verstoß gegen die gesetzliche Wertung des § 231 StGB zur Annahme der Sittenwidrigkeit der Tat im Sinne von § 228 StGB.

[51] Die in den vorliegenden Fällen der vereinbarten Schlägereien mit anderen Hooligangruppen konsentierten Körperverletzungshandlungen begründeten bei der gebotenen objektiven Beurteilung aus einer ex-ante-Perspektive jedenfalls die konkrete Gefahr solcher schweren Gesundheitsbeschädigungen. Dies ergibt sich aus Folgendem:

[52] Bereits nach den stillschweigend akzeptierten Regeln waren Tritte mit dem beschuhten Fuß (mit Sportschuhen) und Schläge gegen den Kopf des Gegners zulässig. Die Regeln erlaubten zudem, dass sich mehrere Kämpfer der einen Gruppe gegen einen der anderen wandten, insbesondere wenn die zu Beginn einer Auseinandersetzung bestehende zahlenmäßige Ausgeglichenheit wegen des Ausscheidens einzelner Kämpfer nicht mehr bestand. Im Kampfgeschehen kam es auch zu Angriffen von hinten, derer sich das Opfer nicht versah. Die Regel, nach der auf am Boden liegende Personen nicht mehr eingewirkt werden durfte, konnte zudem offenbar dahin ausgelegt werden, dass ein Eintreten auf bloß kniende Personen weiterhin zulässig war, solange diese nicht kampfunfähig waren. All dies geschah – wie der Vorfall vom 31. Oktober 2009 zeigt – in Kämpfen, die unter ausdrücklicher Berufung auf das Regelwerk („Fair bleiben. […] Die bleiben auch fair.") geführt wurden. Selbst wenn in dem Einwirken auf zu Boden gegangene Personen ein Regelverstoß zu erblicken ist, kam es zu solchen Verstößen nach den Feststellungen des Landgerichts nicht nur in Einzelfällen, sondern immer wieder; auch der Angeklagte L. wies in seiner Einlassung darauf hin, dass es schon wegen der Masse der Kämpfer nicht ausbleibe, dass auch kampfunfähige und am Boden liegende Personen trotzdem etwas abbekämen. Die aufgezeigten Handlungen begründen schon nach allgemeiner Lebenserfahrung ein erhebliches Verletzungspotential; die Strafkammer hat darüber hinaus durch Einholung eines rechtsmedizinischen Sachverständigengutachtens festgestellt, dass bei Schlägen (und Tritten) gegen den Kopf Einblutungen, Knochenbrüche, Nasen- und Kieferfrakturen sowie Platzwunden entstehen können. Tritte gegen am Boden liegende Personen können zudem zu Halswirbelsäulentraumata führen. Bei Tritten und Schlägen gegen den Oberkörper besteht die Gefahr von Rippenbrüchen, Herzprellungen und Herzstillstand.

[53] Der Annahme der konkreten Gefahr einer schweren Gesundheitsbeschädigung steht nicht entgegen, dass die Strafkammer schwerwiegende Verletzungen der Kampfteilnehmer – außer im Fall vom 31. Oktober 2009 – nicht hat feststellen können, denn es kommt – wie dargelegt – auf eine objektive Betrachtung aus einer ex-ante-Perspektive an. Zudem steht diese Feststellung auch im Widerspruch dazu, dass sich ein Mitglied der Vereinigung bei einem sogenannten Testmatch im Februar 2008 einen Kieferbruch zuzog.

[54] (ee) Für das Abstellen auf gesetzliche Wertungen, die auch die Art und Weise der Körperverletzungshandlung betreffen, spricht weiter, dass so die insbesondere von der Revisionsbegründung des Angeklagten R. aufgezeigten Wertungswidersprüche nicht auftreten, die entstehen könnten, wenn allein mit Blick auf die Schwere des potentiellen Körperverletzungserfolgs die körperlichen Auseinandersetzungen von Hooligans oder anderen rivalisierenden Gruppierungen wegen der Sittenwidrigkeit der Tat als strafbare Körperverletzungen verfolgt würden, andererseits aber die in Box-, Kickbox- oder gar sogenannten Freefight-Kämpfen wechselseitig zugefügten, teilweise erheblichen Körperverletzungshandlungen in aller Regel straflos blieben: Unabhängig von der Frage, ob die Verletzungsgefahren in diesen Fällen wegen des Vorhandenseins überprüf- und durchsetzbarer Regeln sowie der Anwesenheit von Schiedsrichtern und Ringärzten tatsächlich deutlich geringer sind, und davon, ob tatsächlich ein rechtlich anzuerkennendes gesellschaftliches Interesse an der Ausübung solcher Wettkämpfe besteht, das gegebenenfalls die Hinnahme des Risikos erheblicher Gesundheits- oder gar Lebensgefahren durch die Rechtsordnung begründen könnte (so Dölling, ZStW 1984, 36, 64; im Ergebnis auch Jäger, JA 2013, 634, 637), ist die unterschiedliche Behandlung dieser Fallgestaltungen bereits dadurch gerechtfertigt, dass es für die Fälle der Beteiligung an einer Schlägerei oder einem Angriff durch mehrere eine gesetzliche Regelung gibt, die dies als strafwürdiges Unrecht normiert, eine solche für tätliche Auseinandersetzungen von Einzelpersonen hingegen fehlt.

[55] (ff) Der aufgezeigten Lösung – dem Abstellen auf die gesetzliche Wertung des § 231 StGB zur Begründung der Sittenwidrigkeit der Tat im Sinne von § 228 StGB – kann schließlich nicht entgegengehalten werden, dass dadurch anderen Rechtsgütern Dritter oder der Allgemeinheit in einer vom Normzweck nicht erfassten Weise ein mittelbarer strafrechtlicher Schutz gewährt werden würde: Bei den von § 231 StGB und den von den Tötungs- bzw. Körperverletzungsdelikten geschützten Rechtsgütern handelt es sich nicht um unterschiedliche, sondern um die gleichen, die – wie dargelegt – einerseits als Gemeininteresse, anderseits aber sowohl von den §§ 211 ff., §§ 223 ff. StGB als auch von § 231 StGB als Individualinteressen geschützt werden (gegen die Annahme einer unzulässigen „Rechtsgutsvertauschung“ insoweit auch Sternberg-Lieben, JZ 2013, 953, 956).

14. Straftaten gegen die persönliche Freiheit – §§ 232 ff. StGB

a) Entziehung Minderjähriger – § 235 StGB

Der von § 235 Abs. 1 Nr. 1 StGB (Entziehung Minderjähriger) vorausgesetzte Erfolg, nämlich die durch räumliche Trennung bedingte wesentliche Beeinträchtigung der Personensorge, tritt (jedenfalls auch) im Inland ein, auch wenn die Trennung der sorgeberechtigten Mutter von ihrer Tochter bereits im Ausland ge- **310** schah, wenn der Inlandsbezug der Tat dadurch begründet wird, dass sich die sorgeberechtigte Mutter zurück nach Deutschland begibt, wo sie ihren Wohnsitz und auch die Tochter weiterhin ihren familienrechtlich gewöhnlichen Aufenthaltsort hat. Denn zu diesem Zeitpunkt dauert der rechtswidrig geschaffene Zustand noch an. Da die geschädigte Mutter im Zeitpunkt ihrer Rückkehr weiterhin an der Ausübung ihres Sorgerechts gehindert ist, tritt diese Wirkung der Handlung des Vorenthaltens des Kindes nunmehr im Inland ein. Da § 235 Abs. 1 StGB ein Dauerdelikt darstellt, setzt die Verwirklichung des Straftatbestandes sich zum Zeitpunkt der Rückkehr der Sorgeberechtigten in Deutschland fort.[338]

[2] Nach den Feststellungen des Landgerichts brachte der Angeklagte seine damals fünfzehnjährige Tochter im Einvernehmen mit seiner allein sorgeberechtigten geschiedenen Ehefrau unter dem Vorwand, die Weihnachtsferien bei der Großmutter in Syrien zu verbringen und auch eine Namensänderung durchzuführen, am 29. Dezember 2006 nach Syrien, um sie ihrem Lebensumfeld in Deutschland zu entziehen, in dem sie aus Sicht der Eltern ungünstigen Einflüssen ausgesetzt war. In Syrien lebte sie in der Folge mit der Familie des Angeklagten in einem Großfamilienverband, ging aber aufgrund der entsprechenden Auskünfte des Angeklagten zunächst weiterhin von einem nur vorübergehenden Aufenthalt zum Zwecke der Namensänderung aus. Sie litt zunehmend unter den Einschränkungen, die „mit dem Leben eines jungen Mädchens in Syrien verbunden sind“. Auch wurde ihr ein Schulbesuch nicht ermöglicht. Gegenüber der Mutter, die sie im Oktober 2007 in Syrien besuchte, äußerte sie den dringenden Wunsch, nach Deutschland zurückzukehren. Diese ließ sich umstimmen und beschloss, ihre Tochter mit nach Deutschland zu nehmen. Beide suchten heimlich die deutsche Botschaft auf, wo die Tochter, der der Angeklagte ihre deutschen Ausweispapiere abgenommen hatte, zwar einen vorläufigen deutschen Reisepass erhielt, ihr gleichzeitig aber mitgeteilt wurde, dass eine Ausreise Minderjähriger aus Syrien ohne Zustimmung des Vaters nicht möglich sei. Die Zeuginnen entschlossen sich deshalb, den Angeklagten zu bitten, seine Tochter nach Deutschland zurückkehren zu lassen. Im Rahmen eines Gesprächs verweigerte dieser jedoch seine Zustimmung zu ihrer Ausreise. Als die Zeuginnen die Wohnung verlassen wollten, riss er zunächst seine Tochter an den Haaren und zerrte sie weiter in die Wohnung hinein, um sie von der Mutter zu trennen. Als diese eingreifen wollte, wurde sie vom Angeklagten an den Haaren auf den Boden gezogen und mehrfach gegen den Körper getreten. Dann drängte er sie aus dem Haus, so dass sie unverrichteter Dinge nach Deutschland zurückkehrte, wo sie am 23. Oktober 2007 Anzeige erstattete. In der Folge verweigerte der Angeklagte immer wieder die Rückreise seiner Tochter nach Deutschland. Er behandelte sie auch zunehmend strenger und verbot ihr strikt – was ihr allerdings auch zuvor schon untersagt war –, ohne Begleitung älterer Verwandter das Haus zu verlassen. „Aufmüpfiges Verhalten“ seiner Tochter quittierte er mit Ohrfeigen. Am 1. und 3. November 2007 schlug er sie; am 3. Januar 2009 versetzte er ihr mit einer Gerte Hiebe auf Beine und Rücken. Die Tochter des Angeklagten fügte sich äußerlich in die Gegebenheiten, ohne jedoch ihren Willen aufzugeben, Syrien zu verlassen, was ihr wenige Tage

[338] BGH, Beschluss vom 22.01.2015 – 3 StR 410/14.

nach ihrem 18. Geburtstag mit Hilfe eines Mitarbeiters der deutschen Botschaft und einiger Familienangehöriger des Angeklagten gelang.

II. Die Revision der Staatsanwaltschaft

[3] 1. Soweit die Staatsanwaltschaft sich gegen den Freispruch des Angeklagten vom Vorwurf der Entziehung Minderjähriger im Tatzeitraum vom 1. Februar 2007 bis zum 30. September 2007 wendet, führt das Rechtsmittel nicht zum Erfolg. Die Mutter als alleinige Sorgeberechtigte hatte – worauf schon die Generalstaatsanwaltschaft in ihrer Stellungnahme zutreffend hingewiesen hat – zur Ausreise und dem vorübergehenden Aufenthalt ihrer Tochter in Syrien ihre Zustimmung erteilt. Damit schied, auch wenn die Minderjährige durch eine List nach Syrien gelockt wurde, eine Strafbarkeit wegen Entziehung Minderjähriger aus (S/S-Eser/Eisele, StGB, 29. Aufl., § 235 Rn. 8; LK/Krehl, StGB, 12. Aufl., § 235 Rn. 91 ff.). Auch hat das Landgericht zurecht das Verhalten des Angeklagten ab Oktober 2007 weder als im Sinne des § 235 Abs. 4 Nr. 1 StGB qualifizierte Entziehung Minderjähriger noch als Misshandlung Schutzbefohlener (§ 225 Abs. 1 StGB) gewertet. Dass die Tochter des Angeklagten durch ihren erzwungenen Aufenthalt in Syrien der konkreten Gefahr einer Schädigung der körperlichen oder seelischen Entwicklung ausgesetzt war, ergeben die Feststellungen nicht. Diesen kann auch nicht entnommen werden, dass der Angeklagte sie im Sinne des § 225 Abs. 1 StGB gequält oder roh misshandelt hätte.

[4] 2. Auch eine Verurteilung wegen tateinheitlich zur Entziehung Minderjähriger ab Oktober 2007 begangener Freiheitsberaubung oder Nötigung hat das Landgericht rechtsfehlerfrei abgelehnt.

III. Die Revision des Angeklagten

[13] 1. Die vom Angeklagten erhobenen Verfahrensrügen sind aus den in der Antragsschrift des Generalbundesanwalts dargelegten Gründen unzulässig.

[14] 2. Auch die auf die Sachrüge veranlasste Nachprüfung des Urteils hat keinen Rechtsfehler zum Nachteil des Angeklagten ergeben. Soweit das Landgericht den Angeklagten wegen Entziehung Minderjähriger (§ 235 Abs. 1 Nr. 1 StGB) verurteilt hat, gilt Folgendes:

[15] a) Nach § 235 Abs. 1 Nr. 1 StGB macht sich unter anderem strafbar, wer eine Person unter achtzehn Jahren mit Gewalt einem Elternteil entzieht oder vorenthält. Das ist dann der Fall, wenn die Personensorge, also die Pflicht und das Recht der Eltern oder des sorgeberechtigten Elternteils zur Pflege, Erziehung, Beaufsichtigung und Aufenthaltsbestimmung durch räumliche Trennung für eine gewisse, nicht nur ganz vorübergehende Dauer so wesentlich beeinträchtigt wird, dass sie nicht mehr ausgeübt werden kann (BGH, Urteil vom 21. April 1961 – 4 StR 20/61, BGHSt 16, 58, 61; SSW-StGB/Schluckebier, 2. Aufl., § 235 Rn. 6). Das Verhalten des Angeklagten, der im Oktober 2007 seine geschiedene Ehefrau mit Gewalt aus der Wohnung verwies und sie damit von ihrer Tochter trennte, in der Folgezeit jeglichen Kontakt zwischen beiden unterband und die Ausreise seiner Tochter aus Syrien verweigerte, erfüllt diesen Tatbestand. Der Erörterung bedarf insoweit lediglich die Frage, ob der geschiedenen Ehefrau des Angeklagten das alleinige Sorgerecht für die gemeinsame Tochter zustand.

[16] Maßstab der im Rahmen von § 235 StGB erforderlichen Prüfung, ob dem Geschädigten das Recht zur Personensorge für den Minderjährigen zusteht, ist das deutsche Recht einschließlich des Internationalen Privatrechts (BT-Drucks. 13/8587, S. 27; LK/Werle/Jeßberger aaO, § 5 Rn. 107 mwN; NK-StGB-Böse,

4. Aufl., Vorbemerkungen zu § 3 Rn. 63). Danach hatte die Ehefrau des Angeklagten zum Zeitpunkt der gewaltsamen Trennung von Mutter und Tochter die (alleinige) Sorge inne, die ihr 2001 durch eine familiengerichtliche Entscheidung zugesprochen worden war. Der Umstand, dass sich die Tochter im Tatzeitpunkt bereits seit einiger Zeit in Aleppo aufhielt, hatte nicht dazu geführt, dass die Mutter das ihr ursprünglich zustehende Sorgerecht verloren hatte.

[17] aa) Es kann dahinstehen, ob inländische gerichtliche Sorgerechtsentscheidungen den Regelungen des Internationalen Privatrechts stets vorgehen (vgl. MüKoBGB/Helms, 6. Aufl., Art. 21 EGBGB Rn. 19; Schack, Internationales Zivilverfahrensrecht, 6. Aufl., Rn. 23, 1020), so dass sich eine Überprüfung anhand der Regelungen des Internationalen Privatrechts erübrigt. Denn auch nach den Art. 3ff. EGBGB bemaß sich im Tatzeitpunkt die Bewertung des Sorgerechtsverhältnisses nach dem deutschen Bürgerlichen Gesetzbuch.

[18] Nach Art. 21 EGBGB – gemäß Art. 3 Nr. 2 EGBGB vorrangige Regelungen in völkerrechtlichen Vereinbarungen waren zur Tatzeit im Verhältnis zu Syrien nicht anwendbar – unterliegt das Rechtsverhältnis zwischen einem Kind und seinen Eltern dem Recht des Staates, in dem das Kind seinen gewöhnlichen Aufenthalt hat. Dieser gewöhnliche Aufenthalt richtet sich danach, an welchem Ort oder in welchem Land der Minderjährige seinen Daseinsmittelpunkt hat (BGH, Urteil vom 5. Februar 1975 – IV ZR 103/73, NJW 1975, 1068 [zu Art. 1 des Haager Übereinkommens über das auf Unterhaltsverpflichtungen gegenüber Kindern anzuwendende Recht]; Beschluss vom 29. Oktober 1980 – IVb ZB 586/80, NJW 1981, 520 [zu Art. 13 Abs. 1 MSA]; Staudinger/Henrich (2014) Art. 21 EGBGB Rn. 16). Da mit dem Wechsel des gewöhnlichen Aufenthaltsortes auch ein Wandel des Sorgerechtsstatuts verbunden ist, sind an die Feststellung des gewöhnlichen Aufenthalts keine zu geringen Anforderungen zu stellen. Erforderlich ist stets ein Aufenthalt von einiger Dauer. Daneben ist zur Begründung eines neuen Aufenthaltsortes auch zu verlangen, dass bereits weitere Beziehungen insbesondere familiärer oder beruflicher Art bestehen, in denen der Schwerpunkt der Bindungen der betreffenden Person zu sehen ist. Der Wille, den Aufenthaltsort zum Mittelpunkt der Lebensverhältnisse zu machen, ist nicht erforderlich. Entscheidend ist vielmehr der „faktische" Wohnsitz, der den Daseinsmittelpunkt darstellt (BGH, Urteil vom 5. Februar 1975 – IV ZR 103/73, NJW 1975, 1068; Beschluss vom 29. Oktober 1980 – IVb ZB 586/80, NJW 1981, 520).

[19] Bei Minderjährigen ist der gewöhnliche Aufenthalt nach diesen Kriterien selbständig auf ihre Person bezogen zu ermitteln; er leitet sich nicht vom gewöhnlichen Aufenthalt oder Wohnsitz des Sorgeberechtigten ab (BGH, Beschluss vom 29. Oktober 1980 – IVb ZB 586/80, NJW 1981, 520). Da es auf den tatsächlichen Daseinsmittelpunkt des Minderjährigen ankommt, kann ein gewöhnlicher Aufenthalt auch gegen den Willen des Sorgeberechtigten (BGH, Beschluss vom 29. Oktober 1980 – IVb ZB 586/80, NJW 1981, 520, 521; OLG Hamm, Urteil vom 29. April 1988 – 5 UF 57/88, NJW 1989, 672) oder des Minderjährigen begründet werden. Allerdings kommt dem Willen des Minderjährigen – dessen Verstandesreife vorausgesetzt – bei der Beurteilung, ob er sich in seine neue Umgebung bereits sozial eingegliedert hat, eine Indizfunktion zu (BeckOK Bamberger/Roth/Lorenz, BGB, Art. 5 EGBGB Rn. 14; MüKoBGB/Sonnenberger, 5. Aufl., Einl. IPR Rn. 725; vgl. auch Staudinger/Bausback (2013) Art. 5 EGBGB Rn. 46). Durch zeitweilige Abwesenheit, auch von längerer Dauer, wird der gewöhnliche Aufenthalt nicht unbedingt aufgehoben, sofern die Absicht besteht, an den frühe-

ren Aufenthaltsort zurückzukehren (vgl. BGH, Urteil vom 5. Februar 1975 – IV ZR 103/73, NJW 1975, 1068; BeckOK Bamberger/Roth/Lorenz aaO).

[20] Nach diesem Maßstab hatte der gewöhnliche Aufenthalt der Tochter des Angeklagten bis zum Tatbeginn noch nicht gewechselt. Nach den Feststellungen hatte sich die sorgeberechtigte Mutter zu Beginn der Abreise aus Deutschland nur vage Gedanken über die Dauer des Aufenthalts in Syrien gemacht. Dieser sollte zwar länger, aber doch nur vorübergehend sein und nicht notwendigerweise bis zur Volljährigkeit der Tochter andauern. Dass es der Sorgeberechtigten darauf ankam, ihre Tochter von ihrem Freundeskreis als Teil des damaligen Lebensumfelds in Deutschland zu trennen, begründete nicht spiegelbildlich deren soziale Integration in Aleppo. Diese findet bei einer Fünfzehn- bis Sechzehnjährigen ihren Ausdruck nicht mehr vorrangig in ihren familiären Einbindungen, sondern maßgeblich auch in den Beziehungen zu Außenstehenden und manifestiert sich unter anderem in Schulbesuch, Ausbildung und Freundschaften (vgl. hierzu BGH, Beschluss vom 29. Oktober 1980 – IVb ZB 586/80, NJW 1981, 520, 521; OLG Jena, Beschluss vom 19. November 2014 – 4 UF 543/13, juris Rn. 15 mwN). Eine solche soziale Einbindung hatte bis zum Tatbeginn jedoch allenfalls in Bezug auf die familiären Verhältnisse stattgefunden, wobei die Minderjährige einen nicht unerheblichen Zeitraum nach ihrer Abreise noch von einem Ferienaufenthalt bzw. vorübergehendem Aufenthalt zum Zweck der Erlangung einer Namensänderung ausging. Ein Schulbesuch fand nicht statt.

[21] Damit hatte sich im Tatzeitpunkt das Sorgerechtsstatut (noch) nicht im Sinne von Art. 21 EGBGB gewandelt. Die Frau des Angeklagten war aufgrund der gerichtlichen Entscheidung aus dem Jahr 2001, die auch nicht gemäß§ 1696 Abs. 1 BGB abgeändert worden war, weiterhin allein sorgeberechtigt.

[22] b) Auf die Tat ist deutsches Strafrecht anwendbar. Trotz des im Ausland gelegenen Handlungsortes handelt es sich um eine Inlandstat im Sinne von § 3 StGB, weil der zum Tatbestand gehörende Erfolg jedenfalls auch in Deutschland eingetreten ist.

[23] aa) Erfolgsort im Sinne von § 9 Abs. 1 StGB ist der Ort, an dem ein zum gesetzlichen Tatbestand gehörender Handlungserfolg eintritt. „Erfolg" meint damit nicht jede Auswirkung der Tat, sondern nur solche Tatfolgen, die für die Verwirklichung des Tatbestandes erheblich sind (so schon zu § 3 Abs. 3 StGB aF: BGH, Urteil vom 9. Oktober 1964 – 3 StR 34/64, BGHSt 20, 45, 51). Der Erfolgsort liegt mithin im Inland, wenn dort die tatbestandlich vorausgesetzte Wirkung eingetreten ist (MüKoStGB/Ambos aaO, § 9 Rn. 16). Tatwirkungen, die für die Tatbestandsverwirklichung nicht oder nicht mehr relevant sind, begründen keinen Tatort (BGH, Beschluss vom 27. Juni 2006 – 3 StR 403/05, NStZ-RR 2007, 48, 50; OLG Köln, Beschluss vom 18. November 2008 – 82 Ss 89/08, NStZ-RR 2009, 84; MüKoStGB/Ambos aaO, § 9 Rn. 16). Beim Dauerdelikt genügt es, wenn der durch die fortdauernde Handlung bewirkte tatbestandlich vorausgesetzte Erfolg nur während eines Teils der Tatzeit im Inland eintritt (vgl. LK/Werle/Jeßberger aaO, § 9 Rn. 55; Lackner/Kühl, StGB, 28. Aufl., § 9 Rn. 2; vgl. auch OLG München, Beschluss vom 4. Dezember 2006 – OLGAusl 262/06, NJW 2007, 788, 789).

[24] bb) Nach diesen Maßstäben ist ein inländischer Erfolgsort begründet. Die Entziehung Minderjähriger nach § 235 Abs. 1 Nr. 1 StGB ist ein Erfolgsdelikt (vgl. Geppert, Gedächtnisschrift für Hilde Kaufmann, 1986, S. 759, 779; MüKoStGB/Wieck-Noodt aaO, § 235 Rn. 10, 101; iE auch SK-StGB/Wolters,

136. Lfg., § 235 Rn. 9). Die Tatbestandsmerkmale des Entziehens bzw. Vorenthaltens knüpfen an ein Handeln des Täters an, das – gegebenenfalls mit den tatbestandlich vorausgesetzten Mitteln der Gewalt, Drohung oder List – den Erfolg, nämlich die durch räumliche Trennung bedingte wesentliche Beeinträchtigung der Personensorge, bewirkt.

[25] Dieser von § 235 Abs. 1 Nr. 1 StGB vorausgesetzte Erfolg ist vorliegend jedenfalls auch im Inland eingetreten. Zwar geschah die Trennung der Sorgeberechtigten von ihrer Tochter bereits in Syrien. Doch wurde der Inlandsbezug der Tat begründet, als sich die sorgeberechtigte Mutter zurück nach Deutschland begab, wo sie ihren Wohnsitz und auch die Tochter weiterhin ihren familienrechtlich gewöhnlichen Aufenthaltsort hatte. Denn zu diesem Zeitpunkt dauerte der rechtswidrig geschaffene Zustand noch an. Da die Geschädigte im Zeitpunkt ihrer Rückkehr weiterhin an der Ausübung ihres Sorgerechts gehindert war, trat diese Wirkung der Handlung des Angeklagten nunmehr im Inland ein. Hierbei handelte es sich nicht nur um eine mittelbare Tatwirkung, die für die Tatbestandsverwirklichung nicht mehr relevant war. Da § 235 Abs. 1 StGB ein Dauerdelikt darstellt (BGH, Urteil vom 9. Februar 2006 – 5 StR 564/05, NStZ 2006, 447, 448 mwN; MüKoStGB/Wieck-Noodt aaO; NK-StGB-Sonnen aaO, § 235 Rn. 34), setzte die Verwirklichung des Straftatbestandes sich zum Zeitpunkt der Rückkehr der Sorgeberechtigten in Deutschland fort.

[26] Die Vorschrift des § 5 Nr. 6a StGB drängt nicht zu einer anderen Beurteilung. Hiernach gilt das deutsche Strafrecht in den Fällen der Entziehung eines Kindes nach § 235 Abs. 2 Nr. 2 StGB stets, wenn sich die Tat gegen eine Person richtet, die im Inland ihren Wohnsitz oder gewöhnlichen Aufenthalt hat. Hieraus lässt sich jedoch nicht der Schluss ziehen, der Gesetzgeber habe die Entziehung von Kindern oder Minderjährigen, bei denen die Tathandlung im Ausland vorgenommen wird, generell als Auslandstat einstufen und/oder den Anwendungsbereich von § 9 StGB einschränken wollen. Den Gesetzesmaterialen lässt sich hierzu lediglich entnehmen, dass der Gesetzgeber durch die Einführung des § 5 Nr. 6a StGB in den Fällen des § 235 Abs. 2 Nr. 2 StGB die Strafbarkeit auch bei Auslandstaten sichergestellt wissen wollte (BT-Drucks. 13/8587, S. 27). Selbst wenn man in Fällen, in denen – wie hier – die Tathandlung im Ausland vorgenommen wird, annimmt, dass unter bestimmten Voraussetzungen der fortdauernde Erfolg im Inland eintritt, verbleibt für § 5 Nr. 6a StGB ein eigenständiger Anwendungsbereich. Zu denken ist etwa an die Fälle, in denen die Kindesentziehung im Ausland geschieht und auch der Sorgeberechtigte während der gesamten Zeit bis zur Rückführung des Kindes nicht ins Inland zurückkehrt, aber auch an die einer Verletzung eines im Ausland zu erfüllenden Umgangsrechts.

b) Freiheitsberaubung – § 239 StGB

311 Wer seiner Tochter untersagt, ohne Begleitung eines älteren Familienmitgliedes das Haus zu verlassen, hebt deren Bewegungsfreiheit nicht vollständig auf, sondern erschwert sie lediglich. Dies steht einem Schuldspruch wegen Freiheitsberaubung entgegen.[339]

---

[339] BGH, Beschluss vom 22.01.2015 – 3 StR 410/14.

[2] Nach den Feststellungen des Landgerichts brachte der Angeklagte seine damals fünfzehnjährige Tochter im Einvernehmen mit seiner allein sorgeberechtigten geschiedenen Ehefrau unter dem Vorwand, die Weihnachtsferien bei der Großmutter in Syrien zu verbringen und auch eine Namensänderung durchzuführen, am 29. Dezember 2006 nach Syrien, um sie ihrem Lebensumfeld in Deutschland zu entziehen, in dem sie aus Sicht der Eltern ungünstigen Einflüssen ausgesetzt war. In Syrien lebte sie in der Folge mit der Familie des Angeklagten in einem Großfamilienverband, ging aber aufgrund der entsprechenden Auskünfte des Angeklagten zunächst weiterhin von einem nur vorübergehenden Aufenthalt zum Zwecke der Namensänderung aus. Sie litt zunehmend unter den Einschränkungen, die „mit dem Leben eines jungen Mädchens in Syrien verbunden sind". Auch wurde ihr ein Schulbesuch nicht ermöglicht. Gegenüber der Mutter, die sie im Oktober 2007 in Syrien besuchte, äußerte sie den dringenden Wunsch, nach Deutschland zurückzukehren. Diese ließ sich umstimmen und beschloss, ihre Tochter mit nach Deutschland zu nehmen. Beide suchten heimlich die deutsche Botschaft auf, wo die Tochter, der der Angeklagte ihre deutschen Ausweispapiere abgenommen hatte, zwar einen vorläufigen deutschen Reisepass erhielt, ihr gleichzeitig aber mitgeteilt wurde, dass eine Ausreise Minderjähriger aus Syrien ohne Zustimmung des Vaters nicht möglich sei. Die Zeuginnen entschlossen sich deshalb, den Angeklagten zu bitten, seine Tochter nach Deutschland zurückkehren zu lassen. Im Rahmen eines Gesprächs verweigerte dieser jedoch seine Zustimmung zu ihrer Ausreise. Als die Zeuginnen die Wohnung verlassen wollten, riss er zunächst seine Tochter an den Haaren und zerrte sie weiter in die Wohnung hinein, um sie von der Mutter zu trennen. Als diese eingreifen wollte, wurde sie vom Angeklagten an den Haaren auf den Boden gezogen und mehrfach gegen den Körper getreten. Dann drängte er sie aus dem Haus, so dass sie unverrichteter Dinge nach Deutschland zurückkehrte, wo sie am 23. Oktober 2007 Anzeige erstattete. In der Folge verweigerte der Angeklagte immer wieder die Rückreise seiner Tochter nach Deutschland. Er behandelte sie auch zunehmend strenger und verbot ihr strikt – was ihr allerdings auch zuvor schon untersagt war –, ohne Begleitung älterer Verwandter das Haus zu verlassen. „Aufmüpfiges Verhalten" seiner Tochter quittierte er mit Ohrfeigen. Am 1. und 3. November 2007 schlug er sie; am 3. Januar 2009 versetzte er ihr mit einer Gerte Hiebe auf Beine und Rücken. Die Tochter des Angeklagten fügte sich äußerlich in die Gegebenheiten, ohne jedoch ihren Willen aufzugeben, Syrien zu verlassen, was ihr wenige Tage nach ihrem 18. Geburtstag mit Hilfe eines Mitarbeiters der deutschen Botschaft und einiger Familienangehöriger des Angeklagten gelang.

[4] 2. Auch eine Verurteilung wegen tateinheitlich zur Entziehung Minderjähriger ab Oktober 2007 begangener Freiheitsberaubung oder Nötigung hat das Landgericht rechtsfehlerfrei abgelehnt.

[5] a) Rechtlich bedenkenfrei hat die Kammer ein strafbares Verhalten nicht darin erkannt, dass der Angeklagte seiner Tochter untersagt hatte, ohne Begleitung eines älteren Familienmitgliedes das Haus zu verlassen.

[6] aa) § 239 StGB bestraft den Eingriff in die persönliche Bewegungsfreiheit, durch den das Opfer des Gebrauchs der persönlichen Freiheit beraubt wird (MüKoStGB/Wieck-Noodt, 2. Aufl., § 239 Rn. 16; S/S-Eser/Eisele aaO, § 239 Rn. 4). Tatbestandsmäßig im Sinne des § 239 Abs. 1 StGB ist ein Verhalten nur, wenn es die – zunächst vorhandene – Fähigkeit eines Menschen beseitigt, sich nach seinem Willen fortzubewegen, ihn hindert, den gegenwärtigen Aufenthalts-

ort zu verlassen (BGH, Urteil vom 6. Dezember 1983 – 1 StR 651/83, BGHSt 32, 183, 188f.). Dies setzt voraus, dass die Fortbewegungsfreiheit vollständig aufgehoben wird. Denn § 239 schützt lediglich die Fähigkeit, sich überhaupt von einem Ort wegzubewegen, nicht aber auch eine bestimmte Art des Weggehens. Deshalb kommt eine Bestrafung wegen Freiheitsberaubung nicht in Betracht, wenn ein Fortbewegen – wenn auch unter erschwerten Bedingungen – möglich bleibt (vgl. BGH, Urteile vom 15. Mai 1975 – 4 StR 147/75; vom 25. Februar 1993 – 1 StR 652/93, BGHR StGB § 239 Abs. 1 Freiheitsberaubung 2; MüKo-StGB/Wieck-Noodt aaO, § 239 Rn. 16; SK-StGB/Horn/Wolters, 59. Lfg., § 239 Rn. 5).

[7] Nach diesen Maßstäben hat der Angeklagte, indem er seiner Tochter untersagte, ohne Begleitung eines älteren Familienmitgliedes das Haus zu verlassen, deren Bewegungsfreiheit nicht vollständig aufgehoben, sondern lediglich erschwert. Schon dies steht einem Schuldspruch wegen Freiheitsberaubung entgegen.

[8] Hinzu kommt, dass die Feststellungen keine Tathandlung im Sinne von § 239 Abs. 1 StGB belegen. § 239 Abs. 1 StGB nennt zwei Begehungsweisen, das Einsperren oder die Freiheitsberaubung auf andere Weise. Dabei kennt die letztgenannte Tatbestandsalternative hinsichtlich des Tatmittels keine Begrenzung. Es reicht vielmehr jedes Mittel aus, das geeignet ist, einem anderen die Fortbewegungsfreiheit zu nehmen (BGH, Urteile vom 20. Januar 2005 – 4 StR 366/04, NStZ 2005, 507, 508; vom 15. Mai 1975 – 4 StR 147/75; MüKoStGB/Wieck-Noodt aaO, § 239 Rn. 24). Auch eine Drohung mit einem Übel kann den Tatbestand der Freiheitsberaubung „auf andere Weise" jedenfalls dann verwirklichen, wenn sie den Grad einer gegenwärtigen Gefahr für Leib oder Leben erreicht. Die Drohung mit einem sonst empfindlichen Übel reicht hingegen regelmäßig nicht aus (BGH, Urteil vom 25. Februar 1993 – 1 StR 652/93, BGHR StGB § 239 Abs. 1 Freiheitsberaubung 2; S/S-Eser/Eisele aaO, § 239 Rn. 6; SK-StGB/Horn/Wolters aaO, § 239 Rn. 8; LK/Schluckebier aaO, § 239 Rn. 16).

[9] Das festgestellte Verhalten des Angeklagten erfüllt danach keine der Tatbestandsalternativen. Da die Türen des Hauses nicht verschlossen waren, hat er seine Tochter nicht eingesperrt. Auch eine Freiheitsberaubung auf andere Weise kommt nicht in Betracht. Durch das ausgesprochene Verbot, die Wohnung allein zu verlassen, war die tatsächliche Möglichkeit der Zeugin sich fortzubewegen nicht aufgehoben. Die Androhung eines Übels, das den Tatbestand der Freiheitsberaubung „auf andere Weise" erfüllen könnte, kann den Feststellungen nicht entnommen werden. Soweit der Generalbundesanwalt eine Freiheitsberaubung darin sieht, dass die Zeugin aus Angst vor Schlägen ihres Vaters dem Gebot zum begleiteten Ausgang gefolgt sei, findet dies in den Feststellungen keine Grundlage. Diesen lässt sich eine Kausalität der gelegentlichen Schläge des Angeklagten für die Einhaltung des Gebots, das Haus nur in Begleitung älterer Familienangehöriger zu verlassen, nicht entnehmen. Soweit in der Beweiswürdigung die Aussage der Zeugin wiedergegeben wird, dass sie das Verbot, alleine aus dem Haus zu gehen, auch aus Angst vor der Wut ihres Vaters beachtet habe, ist auch dies kein Beleg dafür, dass sie aus Angst vor Gewalttätigkeiten des Vaters zu Hause geblieben ist. Deshalb kann es dahinstehen, ob die Androhung von Schlägen, die keine gegenwärtige Gefahr für Leib oder Leben begründet (vgl. BGH, Beschluss vom 8. März 2001 – 1 StR 590/00, BGHR StGB § 239 Abs. 1 Freiheitsberaubung 8), grundsätzlich den Tatbestand des § 239 StGB erfüllen könnte.

[10] bb) Der Angeklagte hat sich mit dem Verbot an seine Tochter, die Wohnung ohne Begleitung zu verlassen, auch nicht wegen Nötigung (§ 240 Abs. 1, 2 StGB) strafbar gemacht. Die Urteilsgründe tragen bereits nicht die Annahme, dass er sein Verbot mit einer (konkludent) ausgesprochenen Drohung mit einem empfindlichen Übel verbunden hatte. Zudem belegen sie auch nicht die subjektive Seite des Nötigungstatbestandes.

[11] b) Eine Freiheitsberaubung kann – unabhängig davon, ob dies überhaupt als Tathandlung im Sinne des § 239 Abs. 1 StGB einzustufen ist -auch nicht in der Verweigerung der Zustimmung des Angeklagten zur Ausreise seiner Tochter aus Syrien gesehen werden.

[12] Zwar erfasst der Schutzzweck des § 239 StGB auch Einschränkungen der persönlichen Bewegungsfreiheit, durch die das Opfer gehindert wird, ein größeres Areal wie etwa das Gelände eines Krankenhauses oder einer geschlossenen Anstalt zu verlassen (Fischer, StGB, 62. Aufl., § 239 Rn. 2; Amelung/Brauer JR 1985, 474, 475; Schumacher, Festschrift für Stree/Wessels, 1993 S. 431, 440ff.). Das Gebiet, aus dem sich das Opfer aufgrund der Tathandlung nicht entfernen kann, darf aber nicht beliebig weiträumig sein; ansonsten würde der Tatbestand in einer dem Schutzzweck der Norm widerstreitenden Weise überdehnt. Danach ist eine vollständige Aufhebung der Fortbewegungsfreiheit jedenfalls dann nicht mehr anzunehmen, wenn sich der verbleibende räumliche Entfaltungsbereich der betroffenen Person auf ein mehrere tausend – im Falle Syriens zur Tatzeit rund 185.000 – Quadratkilometer umfassendes Staatsgebiet erstreckt (aA MüKoStGB/Wieck-Noodt aaO, § 239 Rn. 20; SK-StGB/Horn/Wolters aaO, § 239 Rn. 4a).

c) Erpresserischer Menschenraub – § 239a StGB

Der Tatbestand des § 239a StGB ist in Abgrenzung zu den klassischen Delikten mit Nötigungselementen in den Fällen des **Sich-Bemächtigens** im Zwei-Personen-Verhältnis einschränkend in der Art und Weise auszulegen, dass durch die Nötigungshandlung eine stabile Bemächtigungsgrundlage vom Täter geschaffen wird und dieser beabsichtigt, diese für sein weiteres Vorgehen zu nutzen. Hieran fehlt es insbesondere in den Fällen, in denen sich der Täter des Opfers durch Nötigungsmittel bemächtigt, die gleichzeitig unmittelbar der beabsichtigten Erpressung dienen, also bei einem Zusammenfall von Bemächtigungs- und Nötigungsmittel.[340] **312**

[2] 1. Die Verurteilung wegen erpresserischen Menschenraubes gemäß § 239a Abs. 1 StGB im Fall II. 2 der Urteilsgründe hält der rechtlichen Nachprüfung nicht stand.

[3] a) Des erpresserischen Menschenraubes macht sich schuldig, wer einen Menschen entführt oder sich eines Menschen bemächtigt, um die Sorge des Opfers um sein Wohl oder die Sorge eines Dritten um das Wohl des Opfers zu einer Erpressung gemäß § 253 StGB auszunutzen, oder wer die durch eine solche Handlung geschaffene Lage eines Menschen zu einer solchen Erpressung ausnutzt. Im Hinblick auf den Anwendungsbereich klassischer Delikte mit Nötigungselementen

[340] BGH, Beschluss vom 09.09.2015 – 4 StR 184/15.

wie § 177, §§ 249ff., §§ 253ff. StGB ist der Tatbestand des § 239a Abs. 1 StGB im Zwei-Personen-Verhältnis allerdings, insbesondere für Fälle des Sichbemächtigens, einschränkend auszulegen. Der Täter muss durch eine Entführung oder in sonstiger Weise die physische Herrschaftsgewalt über das Opfer gewinnen, dadurch eine stabile Bemächtigungslage schaffen und entweder von vornherein beabsichtigen, diese Lage zu einer Erpressung auszunutzen, oder die zu anderen Zwecken hergestellte Verfügungsgewalt über das Opfer zu einer Erpressung ausnutzen. Dabei muss der stabilisierten Bemächtigungslage mit Blick auf die erstrebte Erpressung eine eigenständige Bedeutung zukommen. Damit ist – insbesondere in Abgrenzung zu den Raubdelikten – indes lediglich gemeint, dass sich über die in jeder mit Gewalt oder Drohungen verbundenen Nötigungshandlung liegende Beherrschungssituation hinaus eine weiter gehende Drucksituation auf das Opfer gerade auch aus der stabilen Bemächtigungslage ergeben muss. Der erforderliche funktionale Zusammenhang liegt insbesondere dann nicht vor, wenn sich der Täter des Opfers durch Nötigungsmittel bemächtigt, die zugleich unmittelbar der beabsichtigten Erpressung dienen, wenn also Bemächtigungs- und Nötigungsmittel zusammenfallen (vgl. BGH, Urteil vom 31. August 2006 – 3 StR 246/06, NStZ 2007, 32 mwN; Urteil vom 2. Februar 2012 – 3 StR 385/11, NStZ-RR 2012, 173, 174).

[4] b) Die Strafkammer konnte im Fall II. 2 der Urteilsgründe keine sicheren Feststellungen zum Tathergang treffen, weil der Geschädigte J. bei der Tat schwer verletzt wurde und eine retrograde Amnesie mit fast komplettem Gedächtnisverlust bezüglich des Tatgeschehens erlitt. Er wurde mehrfach mit der Faust ins Gesicht geschlagen, höchstwahrscheinlich, um von ihm die PIN zu der von den Tätern vorgefundenen ec-Karte zu erfahren oder eventuell auch erst, nachdem er die PIN offenbart hatte, um ihn handlungsunfähig zu machen und zu gewährleisten, dass er nicht zeitnah die Polizei verständigen oder die ec-Karte sperren lassen konnte. Bei der rechtlichen Würdigung hat das Landgericht hierzu ausgeführt, der Angeklagte und möglicherweise ein Mittäter hätten sich des Geschädigten in Erpressungsabsicht bemächtigt, indem sie in sein Haus eindrangen und dem Geschädigten eine Flucht aufgrund seiner Gehbehinderung und seiner körperlichen Unterlegenheit nicht möglich gewesen sei. Der Täter habe dem Zeugen J. sodann unter dem Eindruck nicht näher bekannter Mittel – eventuell habe bereits die von der Bemächtigungslage ausgehende Gefahr und die dadurch begründete Sorge des Zeugen J. um Leib und Leben ausgereicht – klar gemacht, dass er nun jedenfalls Auskunft über die PIN geben müsse, was der Zeuge dann auch getan habe. Dies habe dem Tatplan entsprochen, so dass der Täter vorsätzlich und mit der Absicht gehandelt habe, die Bemächtigungslage und die Sorge des Zeugen J. um sein Wohl für die Erpressung auszunutzen.

[5] c) Die tatbestandlichen Voraussetzungen des erpresserischen Menschenraubes werden von diesen Feststellungen und Annahmen nicht hinreichend belegt. Es besteht danach zwar die Möglichkeit, dass sich die Täter entsprechend ihrem allgemeinen Tatplan zunächst des Zeugen durch einfache körperliche Überlegenheit bemächtigt haben; sicher festgestellt ist dies jedoch nicht. Denn der allgemeine Tatplan wurde nicht in allen Fällen umgesetzt; im Fall II. 1 der Urteilsgründe ist es bei einem Wohnungseinbruchsdiebstahl verblieben, obwohl die Geschädigte L. zum Tatzeitpunkt anwesend war. Es bleibt sonach offen, ob die Täter sich zunächst des Zeugen J. bemächtigt haben und aufgrund dieser Bemächtigungslage die PIN für die ec-Karte preisgegeben wurde, oder ob sie ihn sofort durch den

Einsatz von Schlägen genötigt haben, die PIN mitzuteilen. Zwar hatten die Täter spätestens durch die massive Gewaltanwendung eine andauernde physische Herrschaft über ihr Opfer erlangt. Die Preisgabe der PIN erfolgte bei dieser Sachverhaltsvariante jedoch möglicherweise bereits im unmittelbaren, engen Zusammenhang mit der Begründung der Beherrschungssituation, so dass eine stabile Bemächtigungslage als Basis einer Erpressung zu diesem Zeitpunkt noch nicht hergestellt war (vgl. BGH, Beschluss vom 11. Februar 2014 – 4 StR 522/13).

Eine etwa **fehlende Zueignungs- oder Bereicherungsabsicht** steht der Annahme **313**
einer Strafbarkeit nach § 239a Abs. 1 2. Halbs. StGB nicht entgegen.[341]

[19] Auch die Revision des Nebenklägers hat Erfolg.

[20] 1. Die Revision ist – wie sich aus dem Revisionsantrag und seiner Begründung ergibt – wirksam auf die Angeklagten N. und A. beschränkt.

[21] 2. In diesem Umfang ist die Revision auch begründet. Das Rechtsmittel führt zur Urteilsaufhebung, weil das Landgericht seiner Kognitionspflicht nicht in dem gebotenen Umfang nachgekommen ist. Es hat die Tat nicht auch unter dem Gesichtspunkt des erpresserischen Menschenraubs, eines nebenklagefähigen Delikts, geprüft, obwohl die Feststellungen dazu drängten.

[22] Nach den Ausführungen der Strafkammer drangen die Angeklagten A., B. und N. in den Wohnwagen des Nebenklägers ein, hielten ihn dort über einen längeren Zeitraum fest und misshandelten ihn. Unter Verwendung eines Küchenmessers zwangen sie ihn zunächst zur Herausgabe einer Dose mit Munition; mit auf ihn gerichteten Schüssen versuchten sie sodann, von ihm den Schlüssel für ein vor dem Wohnwagen abgestelltes Kraftfahrzeug zu erlangen, um dieses für sich zu behalten. Angesichts dieser Feststellungen hätte das Landgericht erörtern müssen, ob die Angeklagten mit ihrem Eindringen in den Wohnwagen und den gewaltsamen Übergriffen die physische Herrschaft über ihr Opfer erlangt hatten und eine so von ihnen geschaffene stabile Bemächtigungslage (vgl. BGH, Beschluss vom 22. November 1994 – GSSt 1/94, BGHSt 40, 350; Beschluss vom 3. August 1995 – 4 StR 435/95, BGHR StGB § 239a Abs. 1 Sichbemächtigen 4; Urteil vom 8. März 2006 – 5 StR 473/05, NStZ 2006, 448; Urteil vom 31. August 2006 – 3 StR 246/06, BGHR StGB § 239a Abs. 1 Sichbemächtigen 9) zu einer besonders schweren räuberischen Erpressung ausnutzten, indem sie den Nebenkläger zwangen, ihnen die Dose mit der Munition zu übergeben. Der Annahme einer Strafbarkeit nach § 239a Abs. 1 2. Halbs. StGB stünde insoweit – wie das Landgericht im Zusammenhang mit einer nicht angenommenen Strafbarkeit wegen besonders schwerer räuberischer Erpressung ausgeführt hat – weder der geringe Wert der Munition, der für die Tatbestandsmäßigkeit ohne Bedeutung ist, noch eine fehlende Zueignungs- oder Bereicherungsabsicht, die auch in einem Verbrauch der Munition (durch Verschießen) Ausdruck finden kann (vgl. Fischer, StGB, 62. Aufl., § 242 Rn. 37), entgegen. Ergänzend hätte die Strafkammer Veranlassung gehabt, eine Strafbarkeit nach § 239a StGB auch mit Blick auf die spätere versuchte Erlangung des Kraftfahrzeugs zu erörtern, die sie selbst als versuchte besonders schwere räuberische Erpressung verurteilt hat.

---

[341] BGH, Urteil vom 14.10.2015 – 2 StR 236/15.

[23] 3. Auch die Ablehnung des bedingten Tötungsvorsatzes hinsichtlich der Angeklagten N. und A. hält – worauf schon der Generalbundesanwalt in seiner Zuschrift zutreffend hingewiesen hat – rechtlicher Nachprüfung nicht stand. Allerdings liegt es nahe, dass die Angeklagten, die den vor Schmerzen schreienden und auf seine Augenverletzung hinweisenden Nebenkläger nicht ernst nahmen und ihn beim Weggehen noch bedrohten, ihn umzubringen, wenn er Hilfe herbeirufen würde, freiwillig von einem möglichen Tötungsversuch Abstand genommen haben und strafbefreiend zurückgetreten sind (vgl. Fischer, aaO, § 24 Rn. 40a).

d) Geiselnahme – § 239b StGB

314 Bei einer **Geiselnahme** muss zwischen der Entführung und der beabsichtigten Nötigung ein **funktionaler und zeitlicher Zusammenhang** derart bestehen, dass der Täter das Opfer während der Dauer der Entführung nötigen will und die abgenötigte Handlung während der Dauer der Zwangslage vorgenommen werden soll. Eine Absicht, den Geschädigten durch Entführung und qualifizierte Drohung dazu zu bestimmen, erst nach Beendigung der Zwangslage die abgenötigte Handlung vorzunehmen, erfüllt den Tatbestand nicht.

Allerdings kann auch das Erreichen eines Teilerfolges des Täters, der ein weitergehendes Ziel vorbereitet, eine Nötigung darstellen, wenn die Handlung des Opfers eine nach der Vorstellung des Täters eigenständig bedeutsame Vorstufe des gewollten Enderfolgs ist.[342]

[21] Die Revision der Staatsanwaltschaft ist hinsichtlich des Angeklagten E. unbegründet. Das Landgericht hat auf der Grundlage der Feststellungen zutreffend eine Geiselnahme (§ 239b StGB) verneint und ihn der Freiheitsberaubung in Tateinheit mit Nötigung schuldig gesprochen.

[22] Eine Geiselnahme begeht, wer einen Menschen entführt oder sich eines Menschen bemächtigt, um ihn oder einen Dritten durch die Drohung mit dem Tod oder einer schweren Körperverletzung (§ 226 StGB) des Opfers oder mit dessen Freiheitsentziehung von über einer Woche Dauer zu einer Handlung, Duldung oder Unterlassung zu nötigen, oder wer die von ihm durch eine solche Handlung geschaffene Lage eines Menschen zu einer solchen Nötigung ausnutzt.

[23] Zwar haben die Angeklagten den Geschädigten entführt, sich seiner bemächtigt und ihn eingeschüchtert. Er teilte deshalb auch von sich aus den Inhalt seiner Aussage vor der Polizei mit und bot noch vor der ersten Todesdrohung an, seine Aussage zurückzunehmen. Nach den Todesdrohungen versuchte er erneut, die Angeklagten zu überzeugen, dass er die Aussage zurücknehmen werde und einigte sich schließlich mit ihnen darauf, die R. belastende Aussage bei der Polizei abzuändern und anzugeben, er habe diesen fälschlich beschuldigt, wobei nun andere als Hintermänner benannt werden sollten.

[24] Es ist jedoch nicht festgestellt, dass die Angeklagten den Geschädigten entführt haben, um ihn zu einer Handlung zu nötigen, die er während der Entführung vornehmen sollte. Zwischen der Entführung und der beabsichtigten Nötigung muss aber ein funktionaler und zeitlicher Zusammenhang derart bestehen,

[342] BGH, Urteil vom 12.02.2015 – 1 StR 444/14.

dass der Täter das Opfer während der Dauer der Entführung nötigen will und die abgenötigte Handlung während der Dauer der Zwangslage vorgenommen werden soll (BGH, Beschluss vom 22. November 1994 – GSSt 1/94, BGHSt 40, 350, 355; BGH, Urteil vom 20. September 2005 – 1 StR 86/05, NStZ 2006, 36f.; BGH, Beschluss vom 12. September 2013 – 2 StR 236/13, StV 2014, 218). Hier verfolgten die Angeklagten aber die Absicht, den Geschädigten durch Entführung und qualifizierte Drohung dazu zu bestimmen, erst nach Beendigung der Zwangslage den Angeklagten R. bei der Polizei zu entlasten. Damit ist der Tatbestand nicht erfüllt.

[25] Soweit der Geschädigte noch während der Bemächtigungslage seine Bereitschaft erklärt hat, künftig vor der Polizei wie gewünscht auszusagen, reicht diese Absichtserklärung für den tatbestandsmäßigen Erfolg nicht aus. Allerdings kann auch das Erreichen eines Teilerfolges des Täters, der ein weitergehendes Ziel vorbereitet, eine Nötigung darstellen (BGH, Urteile vom 14. Januar 1997 – 1 StR 507/96, NJW 1997, 1082f.; und vom 20. September 2005 – 1 StR 86/05, NStZ 2006, 36f.), wenn die Handlung des Opfers eine nach der Vorstellung des Täters eigenständig bedeutsame Vorstufe des gewollten Enderfolgs ist (BGH, Urteile vom 14. Januar 1997 – 1 StR 507/96, NJW 1997, 1082f.; und vom 20. September 2005 – 1 StR 86/05, NStZ 2006, 36f.).

[26] Eine solche eigenständig bedeutsame Vorstufe in Gestalt einer gesteigerten Verbindlichkeit scheidet anhand der getroffenen Feststellungen aber aus. Den Urteilsgründen lässt sich nicht entnehmen, die Angeklagten seien davon ausgegangen, dass sie bereits während der Bemächtigungssituation erreichen konnten, dass der Geschädigte sich zu diesem Zeitpunkt verlässlich und endgültig zur Rücknahme der den Angeklagten R. belastenden Aussage und der Beschuldigung Dritter verpflichtet. Angesichts dessen, dass sie zu Beginn des Tatgeschehens keine klare Vorstellung darüber hatten, wie sie das durch die belastende Aussage entstandene Problem des Angeklagten R. lösen könnten, liegt es fern, dass nach ihrer Vorstellung die Zusage eine eigenständig bedeutsame Vorstufe des gewollten Enderfolgs sein sollte. Die Zusage verbesserte die Beweislage für den Angeklagten R. und seine Position als Beschuldigter im Ermittlungsverfahren nicht. Sie enthielt keine verbindliche Erklärung über das zukünftige Aussageverhalten des Geschädigten, aus der er irgendeinen rechtlichen Nutzen ziehen könnte. Dem Geschädigten wurde auch nicht abverlangt, seine entlastende Aussage schriftlich niederzulegen, Hintermänner zu belasten und seine Erklärung zu unterschreiben. Zudem erklärte der Geschädigte seine Bereitschaft, die Aussage zurückzunehmen, bereits vor der ersten Drohung mit dem Tode.

[27] Soweit der Angeklagte E. den Geschädigten veranlasst hat, mit der Zeugin M. zu telefonieren und ihr zu sagen, dass alles in Ordnung sei, ist dies ebenfalls keine hinreichende Vorstufe des gewollten Enderfolgs. Es fehlt an der finalen Verknüpfung zwischen der Bemächtigungslage und ihrer Ausnutzung zum Zwecke der Nötigung. Das Telefonat diente lediglich der Aufrechterhaltung der Bemächtigungslage, um die Zeugin zu beruhigen und davon abzuhalten, die Polizei einzuschalten.

[28] Damit erfüllt das Verhalten des Angeklagten E. nur die Tatbestände der Freiheitsberaubung und der (schon im Hinblick auf das erzwungene Telefonat) vollendeten Nötigung.

[29] Zwar sind die Ausführungen des Landgerichts insoweit widersprüchlich als es die Voraussetzungen des § 239b StGB mangels eines während der Bemächti-

gungslage erzielten Teilerfolgs ablehnt, dann aber eine vollendete Nötigung durch dieses Geschehen mit der Begründung annimmt, die Angeklagten hätten dem Geschädigten die Zusage zur Rücknahme seiner Angaben gegenüber der Polizei durch Drohungen mit dem Tod abgerungen (UA S. 50).

[30] Indes liegt eine vollendete Nötigung beim Angeklagten E. schon deshalb vor, weil er den Geschädigten während der Entführung durch die Drohung, er habe allen Grund, Angst zu haben, zur Preisgabe seiner gegenüber der Polizei getätigten Angaben gezwungen hat.

15. Nötigung/Bedrohung – §§ 240, 241 StGB

315 Der Tatbestand der **Bedrohung** in § 241 Abs. 1 StGB, der in erster Linie dem Schutz des Rechtsfriedens des Einzelnen dient, setzt das ausdrücklich erklärte oder konkludent zum Ausdruck gebrachte Inaussichtstellen der Begehung eines Verbrechens gegen den Drohungsadressaten oder eine ihm nahestehende Person voraus, das seinem Erklärungsgehalt nach objektiv geeignet erscheint, den Eindruck der Ernstlichkeit zu erwecken. Eine Bedrohung kann auch in der Weise erfolgen, dass die Begehung des Verbrechens vom künftigen Eintritt oder Nichteintritt eines weiteren Umstands abhängen soll.[343]

[8] 1. Die Verurteilung wegen Bedrohung im Fall II. 8 der Urteilsgründe hält einer rechtlichen Prüfung nicht stand, weil die Wertung des Landgerichts, bei der Äußerung des Angeklagten gegenüber seinem Betreuer habe es sich um eine objektiv ernstzunehmende Drohung gehandelt, auf einer unvollständigen tatrichterlichen Wertung beruht.

[9] Der Tatbestand der Bedrohung in § 241 Abs. 1 StGB, der in erster Linie dem Schutz des Rechtsfriedens des Einzelnen dient (vgl. BVerfG, NJW 1995, 2776, 2777; Fischer, StGB, 62. Aufl., § 241 Rn. 2), setzt das ausdrücklich erklärte oder konkludent zum Ausdruck gebrachte Inaussichtstellen der Begehung eines Verbrechens gegen den Drohungsadressaten oder eine ihm nahestehende Person voraus, das seinem Erklärungsgehalt nach objektiv geeignet erscheint, den Eindruck der Ernstlichkeit zu erwecken (vgl. BVerfG aaO; OLG Naumburg, StV 2013, 637; OLG Koblenz, NStZ-RR 2007, 175; Sinn in MükoStGB, 2. Aufl., § 241 Rn. 2, 4; Eser/Eisele in Schönke/Schröder, StGB, 29. Aufl., § 241 Rn. 2, 4). Ob einer Erklärung oder einem schlüssigen Verhalten die objektive Eignung zur Störung des individuellen Rechtsfriedens zukommt, beurteilt sich nach den Umständen des Einzelfalls aus Sicht eines durchschnittlich empfindenden Beobachters, wobei auch Begleitumstände der Tatsituation Bedeutung erlangen können (vgl. Träger/Schluckebier in LK-StGB, 11. Aufl., § 241 Rn. 10; Sinn aaO Rn. 5; Eser/Eisele aaO).

[10] Zwar kann eine Bedrohung auch in der Weise erfolgen, dass die Begehung des Verbrechens vom künftigen Eintritt oder Nichteintritt eines weiteren Umstands abhängen soll (vgl. BGH, Urteil vom 19. Dezember 1961 – 1 StR 288/61, BGHSt 16, 386, 387), so dass die Verknüpfung der Todesdrohung des Angeklagten mit einem zwangsweisen Verbringen zu seiner Psychiaterin grundsätzlich der

---

[343] BGH, Beschluss vom 15.01.2015 – 4 StR 419/14.

Erfüllung des Tatbestands des § 241 Abs. 1 StGB nicht entgegensteht. Im vorliegenden Fall sollte nach den Feststellungen jedoch gerade kein Arztbesuch gegen den Willen des Angeklagten durchgesetzt werden. Vielmehr konnte der Angeklagte den in seinem Belieben stehenden Arztbesuch jederzeit ablehnen, was er während der Fahrt auch wiederholt tat. Der Betreuer ging auch jeweils auf die entsprechenden Willensäußerungen ein und erklärte umzudrehen. Es stand daher schon bei der Äußerung des Angeklagten fest, dass der Umstand, von dem die Tötungsdrohung nach dem Wortlaut der Äußerung abhängen sollte, nicht eintreten würde. Diesen für die Bestimmung des Erklärungsgehalts der Äußerung bedeutsamen situativen Kontext hat das Landgericht erkennbar nicht bedacht.

Der Tatbestand der **Bedrohung** wird von dem **versuchten Verbrechen** konsumiert wird, wenn die angedrohte Tat mit dem Versuch oder der Vollendung des angedrohten Verbrechens zusammentrifft.[344] **316**

Nötigung und Fahren ohne Fahrerlaubnis.[345] **317**

[1] Das Landgericht hat den Angeklagten wegen Nötigung und wegen vorsätzlichen Fahrens ohne Fahrerlaubnis in zwei Fällen zu einer Gesamtfreiheitsstrafe von einem Jahr verurteilt und die Verwaltungsbehörde angewiesen, dem Angeklagten vor Ablauf von drei Jahren keine neue Fahrerlaubnis zu erteilen. Die auf die Verletzung formellen und materiellen Rechts gestützte Revision des Angeklagten führt nur zur Änderung des Schuldspruchs und hat im Übrigen keinen Erfolg.

[2] 1. Die Verfahrensrügen greifen aus den Gründen der Antragsschrift des Generalbundesanwalts vom 21. Mai 2015 nicht durch. Die Überprüfung des Urteils auf die Sachrüge führt nur zu einer Änderung des Schuldspruchs.

[3] 2. Die Verurteilung wegen Fahrens ohne Fahrerlaubnis in zwei rechtlich selbständigen Fällen hält rechtlicher Nachprüfung nicht stand.

[4] Die Wertung der Strafkammer, die Hin- und die Rückfahrt des Angeklagten mit dem Pkw BMW nach D. seien jeweils selbständige Taten des Fahrens ohne Fahrerlaubnis, begegnet rechtlichen Bedenken. Die Dauerstraftat des Fahrens ohne Fahrerlaubnis endet regelmäßig erst mit Abschluss einer von vorneherein für eine längere Wegstrecke geplanten Fahrt und wird nicht durch kurze Unterbrechungen in selbständige Taten aufgespalten (BGH, Beschluss vom 7. November 2003 – 4 StR 438/03, VRS 106, 214; Urteil vom 30. September 2010 – 3 StR 294/10, juris Rn. 7). So verhält es sich hier. Der Angeklagte hatte nach den Urteilsgründen von vorneherein vor, den Mitangeklagten S. nach D. zu fahren, damit dieser persönliche Gegenstände aus der Wohnung seiner vermeintlichen Ex-Freundin holen könne, und sodann – wie geschehen – nach B. zurückzukehren.

16. Diebstahl und Unterschlagung – §§ 242 ff. StGB

Im Hinblick auf seine jederzeitige Zugriffsmöglichkeit besitzt ein Ladeninhaber an den in seinem Ladengeschäft befindlichen Waren zumindest (Mit-)Gewahr- **318**

344 BGH, Beschluss vom 14.10.2015 – 1 StR 473/15
345 BGH, Beschluss vom 12.08.2015 – 4 StR 14/15

sam, ohne dass es im Einzelnen darauf ankäme, ob er Kontrollen über den Warenbestand vornimmt oder überhaupt weiß, ob und wieviele der einzelnen zum Verkauf angebotenen Gegenstände sich in der Gewahrsamssphäre des Ladens befinden.[346]

[3] Die Überprüfung der landgerichtlichen Verurteilung deckt Rechtsfehler zum Nachteil des Angeklagten nicht auf.

[4] 1. Nach den Feststellungen des Landgerichts war der Angeklagte seit Dezember 2011 im DB-Store in F. tätig und dabei unter anderem für die Ausstellung von Monatsfahrkarten der Deutschen Bahn für das Rhein-Main- Gebiet verantwortlich. Er hatte insoweit Zugriff auf in dem Geschäft lagernde, größere Mengen sogenannter Blanko-Fahrscheine, die besondere Kennzeichen aufwiesen, und von ihm nach den Wünschen der Kunden bedruckt und danach zum Preis zwischen 80 € und 260 € veräußert wurden.

[5] Eine Buchführung über den Bestand und die von dem Angeklagten zu veranlassenden Nachbestellungen bestand nicht. Auch eine Kontrolle des Angeklagten – weder im Hinblick auf seine Bestellungen noch in Anbetracht auf seinen (nachgewiesenen) Verkauf – fand nicht statt. Weder die Deutsche Bahn noch der jeweilige unmittelbare Arbeitgeber des Angeklagten, der als Subunternehmer den DB-Store betreute, überprüften den Umgang des Angeklagten mit den Blankofahrscheinen. Auch eine gesicherte Aufbewahrung gab es nicht; die gelieferten Kartons standen vielmehr offen im Store.

[6] Im Herbst 2012 wurde der Angeklagte von einem Bekannten angesprochen, ob er Blankofahrscheine liefern könne. Er erklärte sich hierzu bereit, wissend, dass sie zur Herstellung von weiter zu verkaufenden, gefälschten Monatsfahrkarten dienen würden. Es kam in der Zeit bis Mai 2013 zu fünf Lieferungen von 8.000 Stück, wobei er hierfür zwischen 2,50 € und 6,10 € pro Stück kassierte. Weder über die hinter seinem Bekannten stehenden eigentlichen Fälscher der von ihm gelieferten Karten noch über die näheren Abläufe der Herstellung der Fahrkarten war der Angeklagte informiert. Tatsächlich stellte ein dem Angeklagten unbekannt gebliebener Hintermann auf Bestellung von Nutzern öffentlicher Verkehrsmittel bzw. von diesen beauftragten „Sammelbestellern" mittels eines Computerdruckers Falsifikate her, die jeweils an die Besteller ausgeliefert wurden. Der Erlös des Angeklagten aus den Taten belief sich auf mindestens 34.100 €, der Schaden der Deutschen Bahn – allein bei Weiterveräußerung von anlässlich einer Tat entwendeten 1.000 Blanko-Fahrscheinen – auf 80.000 €.

[7] 2. Das Landgericht hat die Weitergabe der Blankofahrscheine jeweils als Diebstahl angesehen, weil der Angeklagte den übergeordneten Gewahrsam seines Arbeitgebers gebrochen habe. Zugleich hat es Beihilfe zur (späteren) Urkundenfälschung der Hinterleute angenommen. Dies begegnet keinen durchgreifenden rechtlichen Bedenken.

[8] a) Die Annahme des Landgerichts, der Arbeitgeber des Angeklagten habe Gewahrsam an den im DB-Store aufbewahrten Blanko-Fahrscheinen, ist nicht zu beanstanden. Ein Ladeninhaber besitzt hinsichtlich der in seinem Ladengeschäft befindlichen Waren im Hinblick auf seine jederzeitige Zugriffsmöglichkeit zumin-

[346] BGH, Urteil vom 11.02.2015 – 2 StR 210/14.

dest (Mit-)Gewahrsam, ohne dass es im Einzelnen darauf ankäme, ob er Kontrollen über den Bestand der Waren vornimmt oder überhaupt weiß, ob und wieviele der einzelnen zum Verkauf angebotenen Gegenstände sich in der Gewahrsamssphäre des Ladens befinden.

[9] b) Auch soweit die Strafkammer davon ausgegangen ist, dass der Angeklagte (tatsächlich) jeweils eine Beihilfe zur Urkundenfälschung begangen hat, hält dies der rechtlichen Nachprüfung stand. Die Haupttaten der Urkundenfälschungen, die jeweils bereits mit der Herstellung einer Fahrkarte vollendet sind, hat das Landgericht noch ausreichend festgestellt. Dem Angeklagten war im Übrigen bewusst, dass die von ihm entwendeten Blankofahrscheine im Folgenden bedruckt und weiterveräußert werden sollten.

Die **Wegnahme** von zwei Kennzeichen steht nicht im Verhältnis der Tatmehrheit; **319**
denn es liegt nur eine Diebstahlstat vor. Der Angeklagte und seine Mittäter haben die Kennzeichen vor demselben Anwesen am selben Tattag – ersichtlich in einem Zug – an sich gebracht. In einem solchen Fall liegt eine natürliche Handlungseinheit vor.[347]

Voraussetzung der **Zueignungsabsicht** bei den §§ 242, 249 StGB ist es, dass der **320**
Täter die fremde Sache unter Ausschließung des Eigentümers körperlich oder wirtschaftlich erlangen und sie seinem Vermögen der Substanz oder dem Sachwert nach in sein Vermögen „einverleiben“ will. Hierbei ist es nicht erforderlich, dass der Täter die Sache dauerhaft behalten will. Ein in unmittelbarem Anschluss an die Tat erfolgter Konsum des erbeuteten Rauschgifts reicht hier ohne weiteres aus.[348]

[4] Die Rechtsmittel der Angeklagten sind unbegründet. Ihre Verurteilung weist keinen durchgreifenden Rechtsfehler zu ihrem Nachteil auf. Das gilt auch, soweit das Landgericht den Angeklagten P. des schweren Raubes gemäß § 249 Abs. 1, § 250 Abs. 1 Nr. 1 Buchst. b StGB schuldig gesprochen hat. Zwar begegnet die Begründung, mit der es die tatbestandsmäßige Zueignungsabsicht bei diesem Angeklagten angenommen hat, rechtlichen Bedenken. Nach Auffassung der Strafkammer sei es dem Angeklagten P. darauf angekommen, „das gefundene Marihuana mitzunehmen und durch Konsum zu vernichten“; auch wenn er im Zeitpunkt der Wegnahme allein die Absicht gehabt habe, das Marihuana zu vernichten, schließe das eine Zueignungsabsicht nicht aus.

[5] Täter – auch Mittäter – beim Raub kann freilich nur sein, wer bei der Wegnahme die Absicht hat, sich oder einem Dritten die fremde Sache rechtswidrig zuzueignen. Hierfür genügt, dass der Täter die fremde Sache unter Ausschließung des Eigentümers oder bisherigen Gewahrsaminhabers körperlich oder wirtschaftlich für sich oder den Dritten haben und sie der Substanz oder dem Sachwert nach seinem Vermögen oder dem des Dritten „einverleiben“ oder zuführen will. Dagegen ist nicht erforderlich, dass der Täter oder der Dritte die Sache auf Dauer behalten soll oder will (BGH, Urteil vom 26. September 1984 – 3 StR 367/84, NJW 1985, 812). An der Voraussetzung, dass der Wille des Täters auf eine Änderung des Bestands seines Vermögens oder das des Dritten gerichtet sein muss,

347 BGH, Beschluss vom 20.10.2015 – 4 StR 182/15.
348 BGH, Urteil vom 12.03.2015 – 4 StR 538/14.

fehlt es in Fällen, in denen er die fremde Sache nur wegnimmt, um sie „zu zerstören", „zu vernichten", „preiszugeben", „wegzuwerfen", „beiseitezuschaffen" oder „zu beschädigen" (BGH, Urteile vom 10. Mai 1977 – 1 StR 167/77, NJW 1977, 1460, und vom 26. September 1984, aaO). Der etwa auf Hass- oder Rachegefühlen beruhende Schädigungswille ist zur Begründung der Zueignungsabsicht ebenso wenig geeignet wie der Wille, den Eigentümer durch bloßen Sachentzug zu ärgern (BGH, Beschluss vom 15. Juli 2010 – 4 StR 164/10). In solchen Fällen genügt es auch nicht, dass der Täter – was grundsätzlich ausreichen könnte (vgl. BGH, Urteil vom 2. Juli 1980 – 2 StR 224/80, NStZ 1981, 63) – für eine kurze Zeit den Besitz an der Sache erlangt (vgl. zu Vorstehendem insgesamt BGH, Urteil vom 27. Januar 2011 – 4 StR 502/10, NStZ 2011, 699, 701).

a) Regelbeispiele

321 Die für die Annahme eines besonders schweren Falles sprechende **Indizwirkung eines Regelbeispiels** kann im Einzelfall durch andere, erheblich schuldmindernde Umstände kompensiert werden.[349]

[2] 1. Die umfassende Überprüfung des Urteils hat zum Schuldspruch keinen Rechtsfehler zum Nachteil des Angeklagten erbracht.

[3] 2. Dagegen hat der Strafausspruch keinen Bestand. Die Strafkammer ist bei der Strafrahmenwahl zunächst wegen des Versuchs der Verwirklichung des Regelbeispiels des § 243 Abs. 1 Satz 2 Nr. 1 StGB von dem Strafrahmen des § 243 Abs. 1 Satz 1 StGB ausgegangen, den sie sodann gemäß § 23 Abs. 2, § 49 Abs. 1 StGB gemildert hat. Zur Begründung hat sie ausgeführt, dass die Tat bei einer Gesamtschau aller strafzumessungserheblichen Gesichtspunkte als minder schwerer Fall zu bewerten sei. Diese Ausführungen lassen besorgen, dass das Landgericht bei der Einstufung der Tat als besonders schweren Fall einen unzutreffenden Maßstab angelegt hat. Die für die Annahme eines besonders schweren Falles sprechende Indizwirkung eines Regelbeispiels kann im Einzelfall durch andere, erheblich schuldmindernde Umstände kompensiert werden (BGH, Urteil vom 9. Mai 2001 – 3 StR 36/01, juris Rn. 5). Insbesondere das Vorliegen eines gesetzlich vertypten Milderungsgrundes, wie hier des Versuchs (vgl. § 23 Abs. 2 StGB), kann – gegebenenfalls in Zusammenschau mit weiteren allgemeinen Milderungsgründen – hierzu Anlass geben (st. Rspr.; vgl. BGH, Beschluss vom 8. Oktober 2008 – 4 StR 387/08, NStZ-RR 2009, 9 mwN). Dass die Strafkammer dies bedacht hat, lässt sich den Urteilsgründen nicht entnehmen. Hiergegen spricht insbesondere die weitere widersprüchliche Bezeichnung der Tat als – gesetzlich nicht vorgesehener – minder schwerer Fall. Der Senat kann nicht ausschließen, dass die Strafkammer bei Beachtung der obigen Grundsätze den Regelstrafrahmen des § 242 Abs. 1 StGB zugrunde gelegt und auf eine mildere Strafe erkannt hätte.

322 **Gewerbsmäßig** i. S. v. § 243 Abs. 1 Satz 2 Nr. 3 StGB handelt, wer sich durch die wiederholte Begehung von Diebstählen eine nicht nur vorübergehende Einnahmequelle von einigem Umfang verschaffen will. Die Entwendung eines (mit einem Container beladenen bzw. in einem anderen Fall eines leeren) Aufliegers für einen

---

[349] BGH, Beschluss vom 04.08.2015 – 3 StR 267/15.

Lastkraftwagen, die nicht der Erschließung einer (weiteren) Einnahmequelle, sondern allein der besseren Verwertung der bereits aus einem vorangegangenen Diebstahl erzielten Tatbeute dient, genügt diesen Anforderungen nicht.[350]

[5] b) Im Fall II. 3. der Urteilsgründe hängten die Angeklagten W. und L. gemeinsam mit einem weiteren – unbekannten – Mittäter indes einen leeren Auflieger an die Zugmaschine an und benutzten diesen in der Folge, um die im Fall II. 2. der Urteilsgründe erbeuteten Paletten mit Duschgel transportieren zu können. Später stellten sie den Auflieger, den sie mit einem zuvor ebenfalls gestohlenen Kennzeichen versehen hatten, in Hamburg ab, wo er erst elf Monate später wieder gefunden wurde.

[6] Diese Feststellungen tragen die Verurteilung wegen schweren Bandendiebstahls gemäß § 244a StGB nicht. Zu Recht ist das Landgericht allerdings davon ausgegangen, dass die Voraussetzungen des § 242 Abs. 1 StGB vorliegen, insbesondere die Angeklagten mit Zueignungsabsicht handelten. Anders als in den übrigen Fällen, in denen die Strafkammer angenommen hat, die Zueignungsabsicht beziehe sich nicht auf die Auflieger und die Frachtcontainer, weil diese lediglich das Behältnis für die Tatbeute darstellten, kam es den Angeklagten hier gerade auf den Auflieger an, den sie für eigene Zwecke verwenden wollten. Dass der Auflieger – allerdings erst elf Monate – später wieder aufgefunden wurde, steht der Annahme von Zueignungsabsicht nicht entgegen, insbesondere liegt hier kein Fall einer bloßen Gebrauchsanmaßung vor: Diese unterscheidet sich vom Diebstahl durch den Willen des Täters zur Rückführung der entwendeten Sache in den Herrschaftsbereich des bisherigen Gewahrsamsinhabers. Bei Fahrzeugen muss, soll lediglich unbefugter Gebrauch vorliegen, der Wille des Täters im Zeitpunkt der Wegnahme dahin gehen, den Berechtigten in eine solche Lage zu versetzen, dass er seine ursprüngliche Verfügungsgewalt über das Fahrzeug ohne besondere Mühe wieder ausüben kann (st. Rspr.; vgl. etwa BGH, Beschluss vom 6. Juli 1995 – 4 StR 321/95, BGHR StGB § 242 Abs. 1 Zueignungsabsicht 12 mwN). Dem Umstand, dass die Angeklagten den Auflieger in einer anderen Stadt mit einem falschen Kennzeichen abstellten, wo er dem Zugriff Dritter preisgegeben war, lässt sich entnehmen, dass die Angeklagten ohne den erforderlichen Rückführungswillen und jedenfalls mit – insoweit ausreichendem – bedingten Enteignungsvorsatz handelten. Da die Angeklagten als Bandenmitglieder gemeinsam die Tat begingen, liegen auch die Voraussetzungen des § 244 Abs. 1 Nr. 2 StGB vor.

[7] Hingegen tragen die Feststellungen nicht die Wertung, die Angeklagten hätten auch bei dieser Tat gewerbsmäßig im Sinne von § 243 Abs. 1 Satz 2 Nr. 3 StGB gehandelt – eine andere Alternative kommt bei dieser Tat nicht in Betracht – und deshalb den Tatbestand des § 244a Abs. 1 StGB verwirklicht. Gewerbsmäßig stiehlt, wer sich durch die wiederholte Begehung von Diebstählen eine nicht nur vorübergehende Einnahmequelle von einigem Umfang verschaffen will. Eine Einnahmequelle kann sich zwar auch verschaffen, wer wiederholt in strafrechtlich relevanter Weise erlangte Güter für sich verwendet, um sich so die Kosten für deren Erwerb zu ersparen (RG, Urteil vom 5. Dezember 1919 – IV 985/19, RGSt 54, 184, 185; BGH, Beschluss vom 23. März 1977 – 3 StR 70/77). So verhielt es sich hier indes nicht: Die Entwendung des Aufliegers diente nicht der Erschlie-

[350] BGH, Beschluss vom 17.12.2014 – 3 StR 484/14.

ßung einer (weiteren) Einnahmequelle, sondern allein der besseren Verwertung der bereits aus einem vorangegangenen Diebstahl erzielten Tatbeute. Dies genügt für die Annahme von Gewerbsmäßigkeit nicht.

b) Diebstahl mit Waffen; Bandendiebstahl; Wohnnungseinbruchsdiebstahl – § 244 StGB

■ **TOPENTSCHEIDUNG**

323 Ob jemand **Mitglied einer Bande** ist, bestimmt sich nach der **deliktischen Vereinbarung,** der so genannten **Bandenabrede.** Sie setzt den Willen voraus, sich mit anderen zu verbinden, um künftig für eine gewisse Dauer mehrere selbstständige, im Einzelnen noch ungewisse Straftaten des im Gesetz genannten Deliktstypus zu begehen. Sie bedarf keiner ausdrücklichen Vereinbarung; die Bandenabrede kann auch durch schlüssiges Verhalten zustande kommen.[351]

[12] a) Wegen schweren Bandendiebstahls gemäß § 244a Abs. 1 StGB macht sich strafbar, wer als Mitglied einer Bande, die sich zur fortgesetzten Begehung von Diebstählen verbunden hat, unter Mitwirkung eines anderen Bandenmitglieds einen Diebstahl der in § 243 Abs. 1 Satz 2 StGB genannten Art begeht. Eine Bande in diesem Sinne setzt den Zusammenschluss von mindestens drei Personen mit dem Willen voraus, künftig für eine gewisse Dauer mehrere selbstständige, im Einzelnen noch ungewisse Diebstähle zu begehen (BGH, Großer Senat für Strafsachen, Beschluss vom 22. März 2001 – GSSt 1/00, BGHSt 46, 321, 325; BGH, Urteil vom 16. Juni 2005 – 3 StR 492/04, BGHSt 50, 160; Senat, Beschluss vom 10. Dezember 2012 – 2 StR 120/12, StV 2013, 508, 509). Nicht erforderlich ist die gegenseitige verbindliche Verpflichtung zur Begehung bestimmter Delikte; es genügt vielmehr auch die Übereinkunft, in Zukunft sich ergebende günstige Gelegenheiten zu gemeinsamer Tatbegehung zu nutzen (Senat, Urteil vom 21. Dezember 2007 – 2 StR 372/07, NStZ 2009, 35, 36). Ob jemand Mitglied einer Bande ist, bestimmt sich nach der deliktischen Vereinbarung, der so genannten Bandenabrede. Sie setzt den Willen voraus, sich mit anderen zu verbinden, um künftig für eine gewisse Dauer mehrere selbstständige, im Einzelnen noch ungewisse Straftaten des im Gesetz genannten Deliktstypus zu begehen (BGH, Urteil vom 16. Juni 2006 – 3 StR 492/04, BGHSt 50, 160, 161). Sie bedarf keiner ausdrücklichen Vereinbarung; die Bandenabrede kann auch durch schlüssiges Verhalten zustande kommen (BGH, Urteil vom 16. Juni 2005 – 3 StR 492/04, BGHSt 50, 160, 162). Das Vorliegen einer Bandenabrede kann daher auch aus dem konkret feststellbaren, wiederholten deliktischen Zusammenwirken mehrerer Personen hergeleitet werden (Senat, Urteil vom 21. Dezember 2007 – 2 StR 372/07, NStZ 2009, 35, 36;BGHSt 50, 160, 162). Haben sich die Täter jedoch von vornherein nur zur Begehung einer einzigen Tat verabredet und in der Folgezeit – auf der Grundlage eines jeweils neu gefassten Tatentschlusses – weitere Straftaten begangen, so fehlt es an der erforderlichen Bandenabrede (Senat, aaO, NStZ 2009, 35, 36; Beschluss vom 10. Oktober 2012 – 2 StR 120/12, StV

[351] BGH, Urteil vom 21.07.2015 – 2 StR 441/14.

2013, 508, 509). In Grenzfällen kann die Abgrenzung zwischen einer auf einer konkludent getroffenen Bandenabrede beruhenden Bandentat und bloßer Mittäterschaft schwierig sein. Erforderlich ist in diesen Fällen eine sorgfältige und umfassende Würdigung aller im konkreten Einzelfall für und gegen eine Bandenabrede sprechenden Umstände (Senat, aaO StV 2013, 508, 509f.). Der Tatrichter muss sich insbesondere bewusst sein, dass ein Rückschluss von dem tatsächlichen deliktischen Zusammenwirken auf eine konkludente Bandenabrede für sich genommen zu kurz greifen kann (vgl. Senat, aaO, StV 2013, 508, 510).

[13] b) Unter Zugrundelegung dieses Prüfungsmaßstabs erweist sich die tatrichterliche Beweiswürdigung zum Vorliegen einer konkludenten Bandenabrede ab dem 1. November 2013 als lückenhaft.

[14] aa) Das Landgericht hat seine Überzeugung vom Vorliegen einer stillschweigend geschlossenen Bandenabrede wesentlich auch auf die Einlassung des Angeklagten L. gestützt, ohne diese vollständig mitzuteilen und umfassend zu würdigen. In den Urteilsgründen ist zunächst festgehalten, dass der Angeklagte L. „das Zustandekommen einer – auch stillschweigenden – Bandenabrede bestritten" und im Rahmen seiner Sacheinlassung geschildert habe, dass „jeder von ihnen ‚die Augen offen', d.h. nach ‚günstigen' Einbruchsgelegenheiten Ausschau gehalten habe, um gegebenenfalls einen der anderen zu informieren und bei der anschließenden Tatbegehung eventuell hinzuzuziehen" (UA S. 46). Dazu, ob der Angeklagte damit die „Zusammenarbeit" der Beteiligten für den gesamten verfahrensgegenständlichen Tatzeitraum beschrieben und eine Abrede der Beteiligten oder nur ein tatsächliches, möglicherweise auf ein lediglich mittäterschaftliches Handeln hindeutendes Vorgehen geschildert hat, verhalten sich die Urteilsgründe nicht. Dies wäre jedoch vorliegend angesichts der Besonderheiten des Falles unerlässlich gewesen. Der Angeklagte beging teils allein und teils mit verschiedenen Tatbeteiligten Einbruchsdiebstähle, um seinen Lebensunterhalt und seinen Drogenkonsum zu finanzieren. Von einer Tatbegehung im Rahmen einer Bandenabrede hat sich das Landgericht erst ab dem 1. November 2013 und nur für einen Teil der verfahrensgegenständlichen Taten zu überzeugen vermocht. Vor diesem Hintergrund wäre eine umfassende Mitteilung und eingehende Würdigung der Einlassung des Angeklagten L. erforderlich gewesen.

[15] bb) Auf das Vorliegen einer konkludenten Bandenabrede konnte auch nicht ohne Weiteres aus den Umständen der Tat vom 1. November 2013, insbesondere den hierbei geführten Telefonaten, geschlossen werden. Nach den Feststellungen telefonierte der Angeklagte L. zunächst mit dem nicht revidierenden Mitangeklagten A., der eine Mitwirkung an dem von L. geplanten Diebstahl ablehnte; während der Tat rief L. den Mitangeklagten W. an, der daraufhin zum Tatort kam und sich an deren weiterer Durchführung beteiligte. Dass alle drei Angeklagten zuvor ein gemeinsames Zusammenwirken für die Zukunft verabredeten oder dass W. sich mit dem Willen, künftig gemeinsam mit L. und A. Diebstähle zu begehen, zur Mitwirkung entschloss, ist dadurch nicht belegt. Insoweit hat das Landgericht zwar die von W. gegenüber L. in einem Telefongespräch am 5. November 2013 geäußerten Enttäuschung darüber, dass dieser ihn nicht zu der am 4./5. November 2013 – der Tat C I 10 – begangenen Tat hinzugezogen habe, als Indiz für eine zuvor geschlossene Bandenabrede angesehen; insoweit hat es jedoch nicht erkennbar bedacht, dass diese Enttäuschung auch mit der Erwartung künftiger mittäterschaftlicher Tatbeteiligung in Einklang stünde.

■ PRAXISBEDEUTUNG

Die vorliegende Entscheidung bestätigt die inzwischen gefestigte Rechtsprechung zum Badenbegriff und legt die Grundlagen einer Subsumption der Bandenmitgliedschaft dar. Die Bandenabrede selbst bedarf keiner ausdrücklichen Vereinbarung, sondern kann auch durch schlüssiges Verhalten erfolgen.

324 Eine **Bande** im Sinne der §§ 244 Abs. 1 Nr. 2, 244a Abs. 1 StGB ist der **Zusammenschluss von mindestens drei Personen,** die sich mit dem Willen verbunden haben, künftig für eine gewisse Dauer mehrere selbständige, im Einzelnen noch ungewisse Diebes- oder Raubtaten zu begehen. Dabei genügt es, dass sich die Bandenmitglieder für einen überschaubaren Zeitraum von nur wenigen Tagen zur **„fortgesetzten" Begehung von Raub oder Diebstahl verbunden** haben. Daraus ergibt sich zugleich, dass es weder einer „gewissen Regelmäßigkeit" noch der Absprache einer „zeitlichen Dauer" der zu begehenden Straftaten bedarf. Die Beschränkung auf eine bestimmte Begehungsart gegen denselben Gewahrsamsinhaber oder nach Zeit, Ort und zu erbeutenden Gegenständen steht der bandenmäßigen Begehung nicht entgegen.[352]

325 Der Der Angeklagte ist des **Wohnungseinbruchdiebstahls mit Waffen** schuldig (§ 244 Abs. 1 Nr. 1 Buchst. a, Nr. 3 StGB). Zutreffend weist der Generalbundesanwalt in seiner Antragsschrift darauf hin, dass das Landgericht rechtsfehlerfrei die Verwirklichung nicht nur der Qualifikation des § 244 Abs. 1 Nr. 3 StGB (Wohnungseinbruchdiebstahl), sondern wegen des **Mitsichführens der Axt** auch der des§ 244 Abs. 1 Nr. 1 Buchst. a StGB (Diebstahl mit Waffen oder anderen gefährlichen Werkzeugen) angenommen hat. Dies ist in der Urteilsformel durch die rechtliche Bezeichnung der Tat als „Wohnungseinbruchdiebstahl mit Waffen" zum Ausdruck zu bringen.[353]

326 Das Gesetz sieht eine aus **Dieben und Hehlern bestehende „gemischte" Bande** als Qualifikationsmerkmal nur bei den Hehlereitatbeständen (§§ 260 Abs. 1 Nr. 2, 260a Abs. 1 StGB) vor, nicht dagegen bei den entsprechenden Diebstahlstatbeständen (§§ 244 Abs. 1 Nr. 2, 244 a Abs. 1 StGB). Damit **scheidet die Annahme einer Diebesbande** aus, wenn sich **Personen, die nur Hehler sind,** mit ein oder zwei anderen am Diebstahl Beteiligten zusammenschließen.[354]

[8] Die Urteilsgründe tragen die Verurteilung wegen schweren Bandendiebstahls in den Fällen II. 1, 10, 16, 23, 26, 41, 45, 58 und 60 der Urteilsgründe nicht. Die Feststellungen belegen nicht hinreichend, dass sich die vier Mitangeklagten G., Go., B. und S. zur Begehung von Diebstahlstaten zusammengeschlossen hatten. Der Angeklagte S. beging absprachegemäß die Diebstähle allein; gemeinschaftlich wurden dann die erbeuteten EC- und Kreditkarten bei späteren Einkäufen betrügerisch eingesetzt.

[9] Das Gesetz sieht eine aus Dieben und Hehlern bestehende „gemischte" Bande als Qualifikationsmerkmal nur bei den Hehlereitatbeständen (§§ 260 Abs. 1 Nr. 2, 260a Abs. 1 StGB) vor, nicht dagegen bei den entsprechenden Diebstahls-

---

352 BGH, Beschluss vom 03.06.2015 – 4 StR 193/15.
353 BGH, Beschluss vom 11.05.2015 – 3 StR 115/15.
354 BGH, Beschluss vom 04.08.2015 – 5 StR 295/15.

tatbeständen (§§ 244 Abs. 1 Nr. 2, 244 a Abs. 1 StGB). Damit scheidet die Annahme einer Diebesbande aus, wenn sich Personen, die nur Hehler sind, mit ein oder zwei anderen am Diebstahl Beteiligten zusammenschließen. Dies gilt nur dann nicht, wenn die Betreffenden nach der Bandenabrede auch zugleich an den Diebstahlstaten, und sei es auch nur als Gehilfen, teilnehmen sollen. Hierzu fehlen indes Feststellungen. Der Senat schließt aus, dass sich in einer neuen Hauptverhandlung entsprechende Feststellungen treffen ließen und ändert den Schuldspruch entsprechend.

[10] Die Änderung des Schuldspruchs führt zur Aufhebung der Einzelstrafen in den betroffenen Fällen. Die Strafkammer hat in diesen Fällen der Strafzumessung den nach §§ 21, 49 Abs. 1 StGB gemilderten Strafrahmen des § 244a Abs. 1 StGB zugrunde gelegt. Der Senat kann trotz derselben Strafobergrenzen angesichts der unterschiedlichen Strafuntergrenzen letztlich nicht ausschließen, dass sie bei Anwendung des nach §§ 21, 49 Abs. 1 StGB gemilderten Strafrahmens des § 243 Abs. 1 StGB noch niedrigere Einzelstrafen verhängt hätte.

17. Raub und Erpressung – §§ 249 ff. StGB

Eine **Wegnahme** im Sinne des § 249 Abs. 1 StGB erfordert neben dem – unter Einsatz eines qualifizierten Nötigungsmittels erfolgenden – Bruch fremden Gewahrsams die Begründung neuen Gewahrsams des Täters oder eines Dritten sowie eine **Zueignungsabsicht** des Angeklagten.[355] **327**

[1] Das Landgericht hat den Angeklagten des (besonders) schweren Raubes in Tateinheit mit gefährlicher Körperverletzung schuldig gesprochen und ihn unter Einbeziehung zweier Einzelstrafen aus einer früheren Verurteilung zu einer Gesamtfreiheitsstrafe von zwei Jahren und neun Monaten verurteilt. Die auf die Sachrüge gestützte Revision des Angeklagten hat Erfolg.

[2] 1. Nach den Feststellungen begegnete der Angeklagte Ende Februar 2014 im Stadtgebiet von Chemnitz dem Geschädigten, mit dem er flüchtig bekannt war. Über den Geschädigten, der bis zu seiner Inhaftierung am 27. Mai 2014 in Chemnitz mit Rauschgift handelte, kursierte das Gerücht, er habe Drogen an Minderjährige, darunter die Schwester des Angeklagten, abgegeben. Als der Angeklagte, der sich in Begleitung von fünf anderen Personen befand, den Geschädigten erblickte, forderte er ihn zum Stehenbleiben auf, weil er mit ihm reden wollte. Der Geschädigte kam dieser Aufforderung nach. Der Angeklagte versetzte ihm nun unvermittelt einen wuchtigen Ellenbogenschlag gegen die Nase, wodurch diese gebrochen wurde, sowie Faustschläge gegen den Kopf. Als der Geschädigte fliehen wollte, zog der Angeklagte einen Teleskopschlagstock und versetzte hiermit dem Geschädigten zwei weitere Schläge gegen den Oberkörper und das Knie. Im Anschluss hieran riss der Angeklagte dem Geschädigten „gewaltsam dessen Rucksack von dessen Körper weg" (UA S. 9), in dem sich unter anderem zwei Mobiltelefone und ein Bargeldbetrag von mindestens 600 € befanden.

---

[355] BGH, Beschluss vom 16.09.2015 – 2 StR 71/15; vgl. auch Beschluss vom 04.08.2015 – 5 StR 295/15.

Nunmehr ließ der Angeklagte auf Aufforderung eines seiner Begleiter, es „gut sein zu lassen", von dem Geschädigten ab und verließ den Tatort.

[3] 2. Diese Feststellungen tragen die Verurteilung des Angeklagten wegen (besonders) schweren Raubes gemäß § 249 Abs. 1, § 250 Abs. 2 Nr. 1 StGB nicht. Schon die Voraussetzungen des Grundtatbestandes eines Raubes nach § 249 Abs. 1 StGB sind nicht hinreichend festgestellt.

[4] a) Zunächst ergibt sich aus den Urteilsgründen nicht das Vorliegen einer Wegnahme des Rucksacks durch den Angeklagten. Eine Wegnahme im Sinne des § 249 Abs. 1 StGB erfordert neben dem – unter Einsatz eines qualifizierten Nötigungsmittels erfolgenden – Bruch fremden Gewahrsams die Begründung neuen Gewahrsams des Täters oder eines Dritten. Hierzu teilt das Urteil lediglich mit, der Angeklagte habe dem Geschädigten dessen Rucksack vom Körper gerissen. Was sodann mit dem Rucksack und dessen Inhalt geschah, insbesondere ob der Angeklagte selbst oder einer seiner Begleiter den Rucksack oder dessen Inhalt an sich genommen hat, ist nicht festgestellt.

[5] b) Die Feststellungen des Landgerichts verhalten sich ebenfalls nicht zu der für eine Straftat nach § 249 Abs. 1 StGB erforderlichen Zueignungsabsicht des Angeklagten. Zwar findet sich in der rechtlichen Würdigung des Tatgeschehens die kurze Erwähnung, dem Angeklagten sei es darum gegangen, „sich zu Unrecht am Rucksack und dessen Inhalt zu bereichern" (UA S. 14). Als Feststellung der Zueignungsabsicht reicht diese – nicht näher begründete – Erwähnung indes nicht aus, zumal sich weder aus der Beweiswürdigung des Urteils noch sonst aus dem Urteil ergibt, worauf die Strafkammer diese Annahme stützt. Angesichts der im Urteil mitgeteilten Umstände – der Angeklagte wollte den Geschädigten wegen der vermuteten Abgabe von Drogen an Minderjährige zur Rede stellen, woraufhin dieser in einer den Angeklagten provozierenden Weise reagierte – versteht sich auch nicht von selbst, dass der Angeklagte über eine Körperverletzung des Geschädigten hinaus auch beabsichtigte, sich oder einem Dritten den Rucksack oder dessen Inhalt zuzueignen.

[6] 3. Die Sache bedarf daher insgesamt neuer Verhandlung und Entscheidung, da nicht ausgeschlossen werden kann, dass das Landgericht in neuer Hauptverhandlung Feststellungen zu treffen vermag, die eine Verurteilung wegen eines Raubdelikts stützen.

328 Voraussetzung der **Zueignungsabsicht** bei den §§ 242, 249 StGB ist es, dass der Täter die fremde Sache unter Ausschließung des Eigentümers körperlich oder wirtschaftlich erlangen und sie seinem Vermögen der Substanz oder dem Sachwert nach in sein Vermögen „einverleiben" will. Hierbei ist es nicht erforderlich, dass der Täter die Sache dauerhaft behalten will. Ein in unmittelbarem Anschluss an die Tat erfolgter Konsum des erbeuteten Rauschgifts reicht hier ohne weiteres aus.[356]

[4] Die Rechtsmittel der Angeklagten sind unbegründet. Ihre Verurteilung weist keinen durchgreifenden Rechtsfehler zu ihrem Nachteil auf. Das gilt auch, soweit das Landgericht den Angeklagten P. des schweren Raubes gemäß § 249 Abs. 1, § 250 Abs. 1 Nr. 1 Buchst. b StGB schuldig gesprochen hat. Zwar begegnet die

[356] BGH, Urteil vom 12.03.2015 – 4 StR 538/14.

Begründung, mit der es die tatbestandsmäßige Zueignungsabsicht bei diesem Angeklagten angenommen hat, rechtlichen Bedenken. Nach Auffassung der Strafkammer sei es dem Angeklagten P. darauf angekommen, „das gefundene Marihuana mitzunehmen und durch Konsum zu vernichten"; auch wenn er im Zeitpunkt der Wegnahme allein die Absicht gehabt habe, das Marihuana zu vernichten, schließe das eine Zueignungsabsicht nicht aus.

[5] Täter – auch Mittäter – beim Raub kann freilich nur sein, wer bei der Wegnahme die Absicht hat, sich oder einem Dritten die fremde Sache rechtswidrig zuzueignen. Hierfür genügt, dass der Täter die fremde Sache unter Ausschließung des Eigentümers oder bisherigen Gewahrsaminhabers körperlich oder wirtschaftlich für sich oder den Dritten haben und sie der Substanz oder dem Sachwert nach seinem Vermögen oder dem des Dritten „einverleiben" oder zuführen will. Dagegen ist nicht erforderlich, dass der Täter oder der Dritte die Sache auf Dauer behalten soll oder will (BGH, Urteil vom 26. September 1984 – 3 StR 367/84, NJW 1985, 812). An der Voraussetzung, dass der Wille des Täters auf eine Änderung des Bestands seines Vermögens oder das des Dritten gerichtet sein muss, fehlt es in Fällen, in denen er die fremde Sache nur wegnimmt, um sie „zu zerstören", „zu vernichten", „preiszugeben", „wegzuwerfen", „beiseitezuschaffen" oder „zu beschädigen" (BGH, Urteile vom 10. Mai 1977 – 1 StR 167/77, NJW 1977, 1460, und vom 26. September 1984, aaO). Der etwa auf Hass- oder Rachegefühlen beruhende Schädigungswille ist zur Begründung der Zueignungsabsicht ebenso wenig geeignet wie der Wille, den Eigentümer durch bloßen Sachentzug zu ärgern (BGH, Beschluss vom 15. Juli 2010 – 4 StR 164/10). In solchen Fällen genügt es auch nicht, dass der Täter – was grundsätzlich ausreichen könnte (vgl. BGH, Urteil vom 2. Juli 1980 – 2 StR 224/80, NStZ 1981, 63) – für eine kurze Zeit den Besitz an der Sache erlangt (vgl. zu Vorstehendem insgesamt BGH, Urteil vom 27. Januar 2011 – 4 StR 502/10, NStZ 2011, 699, 701).

[6] So liegt es hier indes nicht: Ungeachtet der missverständlichen Formulierung in der rechtlichen Würdigung hat das Landgericht festgestellt, dass die Angeklagten und die gesondert Verfolgten sich entschlossen hatten, die Betäubungsmittel des Zeugen K. zu entwenden und diese später zu konsumieren. In Ausführung ihres Tatplans nahm der Angeklagte M. die mit Marihuana befüllte Dose mit; die Angeklagten und ihre Mittäter haben somit ihren im Vorhinein gefassten Zueignungswillen – insoweit ohne jede Änderung – umgesetzt und das erbeutete Marihuana im unmittelbaren Anschluss an die Tat konsumiert. Damit tragen die rechtsfehlerfrei getroffenen Feststellungen im Ergebnis die Annahme der Zueignungsabsicht auch beim Angeklagten P. (vgl. zum Aufrauchen entwendeter Tabakwaren LK-StGB/Vogel, 12. Aufl., § 242 Rn. 157).

§ 249 StGB erfordert eine **Zueignungsabsicht,** welche gegeben ist, wenn der Täter **329**
im Zeitpunkt der Wegnahme die fremde Sache unter Ausschließung des Eigentümers oder bisherigen Gewahrsamsinhabers körperlich oder wirtschaftlich für sich oder einen Dritten erlangen und sie der Substanz oder dem Sachwert nach seinem Vermögen oder dem eines Dritten „einverleiben" oder zu führen will. An dem für eine Aneignung erforderlichen Willen des Täters, den Bestand seines Vermögens oder den des Vermögens eines Dritten zu mehren, fehlt es dagegen, wenn er das Nötigungsmittel nur zur Erzwingung einer Gebrauchsanmaßung einsetzt oder wenn er die fremde Sache nur wegnimmt, um sie „zu zerstören", „zu vernichten", „preiszugeben", „wegzuwerfen", „beiseite zu schaffen", „zu beschädigen", sie als

Druckmittel zur Durchsetzung einer Forderung zu benutzen oder um den Eigentümer durch bloßen Sachentzug zu ärgern.[357]

[4] Nach diesen Maßstäben ist die Zugeignungsabsicht der Angeklagten hier nicht belegt. Sie wollten das Handy auf kompromittierende Aufnahmen der gesondert verfolgten C. untersuchen, um diese zu löschen. Was weiter mit dem Handy geschehen sollte, stand zum Tatzeitpunkt hingegen noch nicht fest. Vielmehr sollte erst später über seinen Verbleib entschieden werden. Zwar kann die Zueignungsabsicht auch bei einer Wegnahme mit dem Willen vorhanden sein, die Sache zunächst zu behalten und sich erst später darüber schlüssig zu werden, wie über sie zu verfügen sei (BGH, Urteil vom 25. Oktober 1968 – 4 StR 398/68, GA 1969, 306, 307). Doch ergeben die Feststellungen gerade nicht, dass die Angeklagten zum Zeitpunkt der Wegnahme das Handy – wenn auch nur vorübergehend – über die für die Löschung der Bilder benötigte Zeit hinaus behalten wollten. Dass die von den Angeklagten beabsichtigte Durchsuchung des Speichers und die Identifizierung der dabei aufgefundenen Bilddateien im Rahmen des bestimmungsgemäßen Gebrauchs der Sache lagen, ändert hieran nichts, denn diese führten nicht zu deren Verbrauch (BGH, Beschluss vom 14. Februar 2012 – 3 StR 392/11, NStZ 2012, 627 mwN).

[5] Auch eine – bei fehlender Zueignungsabsicht mögliche (vgl. BGH, Urteil vom 5. Juli 1960 – 5 StR 80/60, BGHSt 14, 386) – Strafbarkeit wegen räuberischer Erpressung (§ 253 Abs. 1, § 255 StGB) kommt auf der Grundlage der getroffenen Feststellungen nicht in Betracht, denn die Angeklagten handelten nicht in der Absicht, sich oder einen Dritten zu bereichern. Bloßer Besitz einer Sache bildet einen Vermögensvorteil nur dann, wenn ihm ein eigenständiger wirtschaftlicher Wert zukommt, etwa weil er zu wirtschaftlich messbaren Gebrauchsvorteilen führt, die der Täter oder der Dritte für sich nutzen will. Daran fehlt es nicht nur in den Fällen, in denen der Täter die Sache unmittelbar nach Erlangung vernichten will, sondern auch dann, wenn er den mit seiner Tat verbundenen Vermögensvorteil nur als notwendige oder mögliche Folge seines ausschließlich auf einen anderen Zweck gerichteten Verhaltens hinnimmt (vgl. nur BGH, Urteil vom 27. Januar 2011 – 4 StR 502/10, NStZ 2011, 699, 701; Beschluss vom 14. Februar 2012 – 3 StR 392/11, NStZ 2012, 627).

330 Zwischen den Tatbeständen des § 249 StGB und des § 252 StGB besteht zwar Gesetzeseinheit in der Weise, dass § 249 StGB grundsätzlich § 252 StGB verdrängt. Anders ist es allerdings, wenn die Nötigungshandlung in der Beendigungsphase schwerer wiegt, weil erst nach der Vollendung der Wegnahme ein Qualifikationstatbestand der §§ 250 oder 251 StGB verwirklicht wurde. In Fall verdrängt der zur Sicherung der Beute aus dem vorhergehenden Raub begangene besonders schwere räuberische Diebstahl den Tatbestand des § 249 StGB.[358]

331 Für die Annahme des Raubtatbestandes ist es nicht erforderlich, dass die eingesetzten **Nötigungsmittel** objektiv erforderlich, ursächlich oder förderlich gewe-

---

[357] BGH, Beschluss vom 28.04.2015 – 3 StR 48/15; siehe auch BGH, Beschluss vom 09.06.2015 – 3 StR 146/15 (Wegnahme eines Smartphones, um es nach kompromittierenden Fotos zu suchen und diese zu löschen); BGH, Beschluss vom 21.07.2015 – 3 StR 104/15.

[358] BGH, Beschluss vom 14.10.2015 – 5 StR 385/15.

sen sind; genügend ist es, wenn der Täter nach seiner Vorstellung auch Mittel anwendet, und dadurch eine Wegnahme zu ermöglichen, ohne dass es objektiv darauf ankäme, ob dies tatsächlich der Fall ist.[359]

[17] 1. Die Verurteilung lediglich wegen Diebstahls statt eines Raubes hinsichtlich der Wegnahme des Bargelds von 1.800 Euro (Tat vom 16. Juli 2012) begegnet durchgreifenden rechtlichen Bedenken.

[18] Soweit die Strafkammer dies damit begründet, der Zeuge I. und nicht der Angeklagte C. habe die Hauseingangstür abgeschlossen und in der Sache damit einwendet, allein der Zeuge habe die für einen Raub erforderlichen Nötigungsmittel eingesetzt, berücksichtigt sie nicht hinreichend, dass der Angeklagte mit seiner während des Aufenthalts im abgeschlossenen Hausflur gemachten Bemerkung, er bekomme Stress, sollte er die Polizei verständigen, die vorangegangenen Handlungen des Zeugen I. jedenfalls im Rahmen einer sukzessiven Mittäterschaft gebilligt haben könnte. Insoweit bleibt die Würdigung des Landgerichts lückenhaft.

[19] Die weitere Erwägung, es habe sich nicht feststellen lassen, ob das Opfer sich durch das Verschließen der Tür genötigt gefühlt habe, die Wegnahme des Geldes zu dulden, vermag ebenfalls die rechtliche Würdigung der Kammer nicht zu tragen. Es ist für die Annahme des Raubtatbestandes nicht erforderlich, dass die eingesetzten Nötigungsmittel objektiv erforderlich, ursächlich oder förderlich gewesen sind; genügend ist es, wenn der Täter nach seiner Vorstellung Raubmittel anwendet, um dadurch eine Wegnahme zu ermöglichen, ohne dass es objektiv darauf ankäme, ob dies tatsächlich der Fall ist (vgl. Vogel, in: Leipziger Kommentar zum StGB, 12. Aufl., § 249, Rn. 36 m. Nachw. zur Rspr.). Maßgeblich ist danach, ob das Verschließen der Tür durch den Zeugen I. bereits zur Realisierung der Wegnahme erfolgt ist oder dieser jedenfalls die hierdurch erreichte Einschränkung der Fortbewegungsfreiheit im Zeitpunkt der Wegnahme ausnutzen wollte und der Angeklagte C. eine mögliche subjektive Verknüpfung von Raubmittelanwendung und Wegnahme beim Zeugen I. erkannt und in seinen Willen aufgenommen hat.

[20] Die Sache bedarf insoweit (auch hinsichtlich der versuchten Nötigung, die zwar rechtsfehlerfrei festgestellt, aber als tateinheitlich verwirklichtes Delikt gleichfalls der Aufhebung unterliegt) neuer Verhandlung, wobei zu prüfen sein wird, ob der Angeklagte sich womöglich auch wegen Freiheitsberaubung strafbar gemacht hat.

Zwischen der Drohung oder dem Einsatz von Gewalt und der Wegnahme beim Raub muss eine **finale Verknüpfung** bestehen; Gewalt oder Drohung müssen das Mittel zur Ermöglichung der Wegnahme sein. An einer solchen Verknüpfung fehlt es, wenn eine Nötigungshandlung nicht zum Zwecke der Wegnahme vorgenommen wird, sondern der Täter den Entschluss zur Wegnahme erst nach Abschluss dieser Handlung fasst.[360] **332**

[359] BGH, Beschluss vom 07.01.2015 – 2 StR 163/14.

[360] BGH, Beschluss vom 02.07.2015 – 2 StR 134/15; vgl. aber auch Urteil vom 21.01.2015 – 2 StR 247/14; Beschluss vom 28.07.2015 – 2 StR 109/15; Beschluss vom 30.09.2015 – 5 StR 367/15.

[2] 1. Der Schuldspruch wegen schweren Raubes hält einer rechtlichen Überprüfung nicht stand.

[3] a) Nach den Feststellungen des Landgerichts vermuteten die Angeklagten, dass der später Geschädigte ein Schlagzeug und Spielekonsolen des Angeklagten O. entwendet hatte; sie beabsichtigten, die entwendeten Sachen von ihm „zurückzuerlangen" (UA S. 24). In der Wohnung des Angeklagten O. versetzte der Angeklagte R. dem Geschädigten ohne Vorankündigung einen Faustschlag ins Gesicht, worauf dieser benommen zu Boden ging. Die Angeklagten traten und schlugen nun auf den Körper und den Kopf des Geschädigten. „Anschließend" durchsuchten ihn die Angeklagten und nahmen dessen Geldbörse, Mobiltelefon, Autoschlüssel und einen Ehering an sich.

[4] Sodann befragte der Angeklagte O. den Geschädigten zu den ihm abhandengekommenen Gegenständen. Nachdem dieser eine Wegnahme abgestritten hatte, schlug der Angeklagte R. den immer noch auf dem Boden liegenden Geschädigten mit einem Baseballschläger oder einem abgebrochenen Besenstiel; der Angeklagte O. hielt ihm ein Messer oder eine kleine Axt an den Hals. Der Geschädigte räumte nunmehr den Besitz des Schlagzeugs ein. Die Angeklagten hinderten den Geschädigten schließlich daran, die Wohnung zu verlassen; er musste für längere Zeit auf dem Fußboden liegen bleiben und durfte sich nicht bewegen.

[5] b) Diese Feststellungen belegen einen ([besonders] schweren) Raub nicht.

[6] Nach ständiger Rechtsprechung muss zwischen der Drohung oder dem Einsatz von Gewalt und der Wegnahme beim Raub eine finale Verknüpfung bestehen; Gewalt oder Drohung müssen das Mittel zur Ermöglichung der Wegnahme sein. An einer solchen Verknüpfung fehlt es, wenn eine Nötigungshandlung nicht zum Zwecke der Wegnahme vorgenommen wird, sondern der Täter den Entschluss zur Wegnahme erst nach Abschluss dieser Handlung fasst (vgl. BGH, Beschluss vom 18. Februar 2014 – 5 StR 41/14, NStZ 2015, 156, 157; Beschluss vom 21. Oktober 2014 – 4 StR 363/14; Fischer, StGB, 62. Aufl., § 249 Rn. 6ff. jeweils mwN).

[7] Hier lässt sich den Feststellungen schon nicht entnehmen, dass die Angeklagten den Entschluss zur Wegnahme der Geldbörse, des Mobiltelefons, der Autoschlüssel und des Eherings schon vor der Gewaltanwendung gefasst haben. Eine Äußerung oder sonstige Handlung der Angeklagten vor der Wegnahme, die eine auch nur konkludente Drohung mit weiterer Gewalt nach dem Fassen des Wegnahmeentschlusses beinhaltet, ist ebenfalls nicht festgestellt. Allein der Umstand, dass die Wirkungen eines ohne Wegnahmeabsicht eingesetzten Nötigungsmittels noch andauern und der Täter dies ausnutzt, genügt für die Annahme eines Raubes nicht (vgl. BGH, Beschluss vom 18. Februar 2014 – 5 StR 41/14, NStZ 2015, 156, 157 mwN).

[8] 2. Der dargelegte Rechtsfehler nötigt zur Aufhebung des Schuldspruchs insgesamt. Die Aufhebung erfasst auch die für sich genommen rechtsfehlerfreie Verurteilung wegen tateinheitlich begangener gefährlicher Körperverletzung und Freiheitsberaubung (vgl. BGH, Urteil vom 20. Februar 1997 – 4 StR 642/96, BGHR StPO § 353 Aufhebung 1; Gericke in Karlsruher Kommentar zur StPO, 7. Aufl., § 353 Rn. 12).

a) Waffe, Gefährliches Werkzeug – § 250 Abs. 2 Nr. 1 StGB

Der **Einsatz eines gefährlichen Werkzeugs** (§ 224 Abs. 1 Nr. 2 StGB) kann auch dessen Verwendung im Sinne von § 250 Abs. 2 Nr. 1 StGB darstellen. Im Sinne dieser Vorschrift verwendet ist das gefährliche Werkzeug auch noch nach deren Vollendung, solange die Tat jedenfalls noch nicht beendet ist.[361] **333**

[2] Nach den Feststellungen des Landgerichts überfiel der Angeklagte am 2. Dezember 2013 nach einem Gaststättenbesuch den Zeugen P., der 500 Euro an einem Geldspielautomaten gewonnen hatte und sich auf dem Nachhauseweg befand. Der Angeklagte bedrohte den Geschädigten mit einer Spielzeugpistole und ließ sich dessen Geld aushändigen. Danach schlug der Angeklagte den Geschädigten mit dem Pistolenknauf auf den Kopf, wodurch dieser eine Platzwunde erlitt.

[3] Das Landgericht hat die Tat als schwere räuberische Erpressung im Sinne der §§ 253, 255, 250 Abs. 1 Nr. 1b in Tateinheit mit gefährlicher Körperverletzung gemäß § 224 Abs. 1 Nr. 2 StGB gewertet.

[4] 1. Der Senat ändert den Schuldspruch so ab, wie es aus der Entscheidungsformel ersichtlich ist.

[5] Der Einsatz des gefährlichen Werkzeugs (§ 224 Abs. 1 Nr. 2 StGB) stellt hier auch dessen Verwendung im Sinne von § 250 Abs. 2 Nr. 1 StGB dar. Im Sinne dieser Vorschrift verwendet ist das gefährliche Werkzeug auch noch nach deren Vollendung, solange die Tat – wie hier – jedenfalls noch nicht beendet ist (vgl. Fischer, StGB, 62. Aufl., § 250 Rn. 18).

Der **Begriff des „gefährlichen Werkzeugs“** in § 224 Abs. 1 Nr. 2 StGB und in § 250 Abs. 2 Nr. 1 StGB ist identisch auszulegen. Für die Tatbestandserfüllung des § 250 Abs. 2 Nr. 1 StGB ist nicht allein die eingetretene Verletzungsfolge maßgeblich, sondern die potentielle Gefährlichkeit der konkreten Benutzung des Werkzeugs.[362] **334**

[8] Die Rechtsmittel der Staatsanwaltschaft haben weitgehend Erfolg. Der Schuldspruch des angefochtenen Urteils weist mehrere Rechtsfehler zugunsten der Angeklagten auf.

[9] 1. a) Allerdings hat das Landgericht die vom Angeklagten M. verabredungsgemäß mitgeführte und eingesetzte Holzlatte – wie auch die Revision des Angeklagten P. nicht in Abrede nimmt – mit Recht als gefährliches Werkzeug im Sinne des § 224 Abs. 1 Nr. 2 Fall 2 StGB eingeordnet. Ein gefährliches Werkzeug im Sinne dieser Vorschrift ist jeder Gegenstand, der nach seiner objektiven Beschaffenheit und nach der Art seiner Benutzung im Einzelfall geeignet ist, erhebliche Körperverletzungen herbeizuführen (vgl. BGH, Beschluss vom 7. Januar 1999, NStZ-RR 2000, 43; Urteil vom 27. September 2001 – 4 StR 245/01, NStZ 2002, 86). Das ist nicht nur dann der Fall, wenn der Täter ein generell gefährliches Tatmittel einsetzt, sondern auch, wenn sich die objektive Gefährlichkeit des eingesetzten Gegenstandes erst aus der konkreten Art seiner Verwendung ergibt, welche geeignet ist, erhebliche Verletzungen herbeizuführen. Die Gefährlichkeit

---

[361] BGH, Beschluss vom 09.04.2015 – 2 StR 424/14.

[362] BGH, Urteil vom 12.03.2015 – 4 StR 538/14.

des Tatmittels kann sich gerade daraus ergeben, dass ein Gegenstand bestimmungswidrig gebraucht wird (BGH, Urteil vom 27. Januar 2011 – 4 StR 487/10, StV 2011, 366; vgl. z. B. BGH, Beschluss vom 20. Mai 1999 – 4 StR 168/99, NStZ-RR 1999, 355 [abgesägter Besenstiel]; Urteile vom 21. Januar 2004 – 1 StR 364/03 [zum Fesseln benutzte Paketschnur], vom 13. Januar 2006 – 2 StR 463/05 [„festes Schlauchstück"] und vom 5. August 2010 – 3 StR 190/10, NStZ 2011, 211, 212 [60 Zentimeter langes, stabiles Kunststoffband]; Beschluss vom 13. November 2012 – 3 StR 400/12[Staubsaugerrohr]).

[10] Unabhängig davon, dass eine Platzwunde in der Rechtsprechung des Bundesgerichtshofs als eine solche nicht unerhebliche Verletzung angesehen worden ist (BGH, Urteil vom 23. Mai 2001 – 3 StR 62/01, StV 2002, 80), ist für die Tatbestandserfüllung maßgebend nicht (allein) die eingetretene Verletzungsfolge, sondern die potentielle Gefährlichkeit der konkreten Benutzung des Werkzeugs (vgl. BGH, Urteil vom 4. September 2001 – 1 StR 232/01, StV 2002, 21). Die vom Angeklagten M. – dem gemeinsamen Tatplan folgend – als Schlagwerkzeug eingesetzte Holzlatte war insbesondere angesichts der für den Transport von Küchenmöbeln erforderlichen Stabilität, ihrer Beschaffenheit sowie ihrer Länge und der damit verbundenen Hebelwirkung ohne weiteres geeignet, erhebliche Körperverletzungen zuzufügen. Der eine Platzwunde verursachende Schlag war auf die Knieregion des Geschädigten gerichtet; dass es bei derartigen Schlägen zu erheblichen Verletzungen kommen kann, liegt auf der Hand. In dem dynamischen Geschehen, in dem M. die Holzlatte einsetzte, lag es zudem nahe, dass auch andere, möglicherweise empfindlichere Körperteile getroffen werden konnten (vgl. zu diesem Gesichtspunkt noch BGH, Urteil vom 13. Januar 2006 – 2 StR 463/05; MüKo-StGB/Hardtung, 2. Aufl., § 224 Rn. 24).

[11] b) Daraus ergibt sich zugleich, dass die Angeklagten die Qualifikation in § 250 Abs. 2 Nr. 1 Fall 2 StGB erfüllt haben. Es ist in der Rechtsprechung des Bundesgerichtshofs anerkannt, dass der Begriff des gefährlichen Werkzeugs in § 224 Abs. 1 Nr. 2 StGB und in § 250 Abs. 2 Nr. 1 StGB identisch auszulegen ist (BGH, Beschlüsse vom 17. Juni 1998 – 2 StR 167/98, BGHSt 44, 103, 105, vom 3. April 2002 – 1 ARs 5/02, NStZ-RR 2002, 265, 266, vom 3. November 2012 – 3 StR 400/12 und vom 12. Dezember 2012 – 5 StR 574/12, StV 2013, 444; vgl. auch Deutscher Bundestag, 13. Wp., Bericht des Rechtsausschusses, BT-Drucks. 13/9064 S. 18). Das Landgericht hätte die Angeklagten daher jeweils wegen besonders schweren Raubes verurteilen müssen.

335 Ein **Elektroschockgerät** kommt grundsätzlich als anderes gefährliches Werkzeug im Sinne von § 250 Abs. 1 Nr. 1 Buchst. a, Abs. 2 Nr. 1 StGB in Betracht. Ungeachtet möglicher Unterschiede bei den Anforderungen an die Gefährlichkeit des jeweiligen Werkzeugs in § 250 Abs. 1 StGB einerseits und § 250 Abs. 2 StGB andererseits setzt die Qualifikation des § 250 Abs. 1 Nr. 1a StGB jedenfalls die Funktionsfähigkeit des Elektroschockgerätes voraus.[363]

[3] 1. Die Nachprüfung des angefochtenen Urteils aufgrund der Sachrüge hat hinsichtlich des Schuldspruchs insoweit keinen den Angeklagten benachteiligenden Rechtsfehler ergeben, als das Landgericht ihn wegen gemeinschaftlichen er-

---

363 BGH, Beschluss vom 18.06.2015 – 4 StR 122/15.

presserischen Menschenraubes in Tateinheit mit gefährlicher Körperverletzung verurteilt hat. Jedoch hält die tateinheitliche Verurteilung wegen versuchter schwerer räuberischer Erpressung rechtlicher Nachprüfung nicht stand.

[4] Zwar kommt das Elektroschockgerät, das die Mitangeklagte M. mit Billigung des Angeklagten und des Mitangeklagten E. während der Tatausführung in der Hand hielt, grundsätzlich als anderes gefährliches Werkzeug im Sinne von § 250 Abs. 1 Nr. 1a StGB in Betracht (vgl. BGH, Beschluss vom 11. November 2003 – 3 StR 345/03, NStZ-RR 2004, 169 für die entsprechende Qualifikation nach § 250 Abs. 2 Nr. 1 StGB). Ungeachtet möglicher Unterschiede bei den Anforderungen an die Gefährlichkeit des jeweiligen Werkzeuges in § 250 Abs. 1 StGB einerseits und § 250 Abs. 2 StGB andererseits (Nachw. bei SSW-StGB/Kudlich, 2. Aufl., § 250 Rn. 20f.; Fischer, StGB, 62. Aufl., § 250 Rn. 6a) setzt die Qualifikation des § 250 Abs. 1 Nr. 1a StGB jedenfalls die Funktionsfähigkeit des Elektroschockgerätes voraus. Dazu hat die Strafkammer indes keine Feststellungen getroffen.

1. Beim Raub setzt die **konkludente Drohung mit Fortführung der Gewalt** voraus, dass sich den Gesamtumständen einschließlich der zuvor verübten Gewalt die aktuelle Drohung erneuter Gewaltanwendung entnehmen lässt, der Täter also in irgendeiner Form schlüssig erklärt, er werde einen eventuell geleisteten Widerstand mit Gewalt gegen Leib oder Leben brechen. Nur dann wirkt die zuvor verübte Gewalt als aktuelle Drohung erneuter Gewaltanwendung weiter. Nutzt der Täter hingegen die durch die vorangegangene Gewaltanwendung entstandene Angst und Einschüchterung des Opfers nur aus, ohne diese durch eine ausdrückliche oder konkludente Drohung zu aktualisieren, fehlt es an der erforderlichen Finalität. **336**

2. Eine **Waffe oder ein anderes gefährliches Werkzeug** wird nur dann gemäß § 250 Abs. 2 Nr. 1 StGB **bei der Tat verwendet,** wenn es der Täter als Raubmittel zweckgerichtet einsetzt und das Opfer die Drohung mit gegenwärtiger Gefahr für Leib oder Leben mittels des gefährlichen Werkzeugs wahrnimmt und somit in die entsprechende qualifizierte Zwangslage versetzt wird.

3. **Verwenden zur Drohung** setzt voraus, dass das Opfer das Nötigungsmittel als solches erkennt und die Androhung seines Einsatzes wahrnimmt. Die konkludente Drohung erfordert, dass nach ihrem Erklärungsinhalt mit dem Einsatz des gefährlichen Werkzeugs gedroht wird. Dies gilt auch dann, wenn das gefährliche Werkzeug bereits in anderem Zusammenhang gebraucht worden ist. Allerdings ist das bloße Mitsichführen des gefährlichen Werkzeugs und zwar grundsätzlich auch dann nicht, wenn es offen erfolgt ist.[364]

[33] Das Landgericht hat bei dem Angeklagten R. zutreffend eine Verurteilung wegen Geiselnahme nach § 239b Abs. 1 StGB abgelehnt (siehe Ziffer III.). Es hat ihn wegen Freiheitsberaubung in Tateinheit mit gefährlicher Körperverletzung und schwerem Raub schuldig gesprochen. Die in den Urteilsgründen ebenfalls festgestellte tateinheitliche Nötigung hat das Landgericht – offensichtlich wegen eines Fassungsversehens – nicht in den Tenor aufgenommen (UA S. 46, 49). Die

---

[364] BGH, Urteil vom 12.02.2015 – 1 StR 444/14; siehe hierzu auch Beschluss vom 18.06.2015 – 4 StR 136/15.

Verurteilung wegen schweren Raubes gemäß § 249 Abs. 1, § 250 Abs. 1 Nr. 1a StGB hält jedoch der rechtlichen Prüfung nicht stand, weil die Feststellungen hierzu lückenhaft sind. Demgegenüber liegt auch ein den Angeklagten begünstigender Rechtsfehler vor, weil das Landgericht eine Prüfung des Geschehens unter dem Gesichtspunkt des § 250 Abs. 2 Nr. 1 StGB und des § 239a StGB unterlassen hat.

[34] 1. Das Landgericht hat die Tatbestandsvoraussetzungen des schweren Raubes gemäß § 249 Abs. 1, § 250 Abs. 1 Nr. 1a StGB bejaht, soweit der Angeklagte R. dem Geschädigten am Ende der Rückfahrt dessen MacBook und den MIDI Controller wegnahm. Die Qualifikation nach § 250 Abs. 2 Nr. 1 StGB, die erfüllt wäre, wenn das Elektroimpulsgerät als gefährliches Werkzeug verwendet worden wäre, hat es nicht geprüft.

[35] a) Das Landgericht hat festgestellt, dass der Angeklagte R. unter Ausnutzung der von ihm erkannten massiven Einschüchterung und Angst des Geschädigten die Herausgabe der elektronischen Geräte verlangte und ihm sagte, das sei für die Anwaltskosten. Der Geschädigte, der sich weiterhin im Auto und im Einflussbereich der Angeklagten befunden habe, habe unter dem Eindruck des kurz zuvor erfolgten Einsatzes des Elektroschockgeräts und der Todesdrohungen die Wegnahme der Gegenstände geduldet. Er habe nur mit dem Leben davon kommen wollen und den Einsatz weiterer zeitnaher Gewalt befürchtet (UA S. 7, 22).

[36] Im Rahmen der rechtlichen Würdigung (UA S. 50) hat das Landgericht ausgeführt, zum Zeitpunkt der Wegnahme sei die Bemächtigungssituation beendet gewesen, man hatte die Sache „abgeblasen“ und fuhr zurück. Das Nötigungsmittel der Drohung mit weiterer Gewalt und die Wegnahme des technischen Geräts seien funktional verknüpft gewesen. Die kurz zuvor durch den Einsatz des Elektroschockers verübte Gewalt habe als aktuelle Drohung neuer Gewaltanwendung weiter auf den Geschädigten eingewirkt. Dieser habe sich unverändert im Einflussbereich des Angeklagten R. befunden, von dem er wusste, dass er den Elektroschocker bei sich führte, und des Angeklagten E., der ihn zuvor – ebenso wie der Angeklagte R. – mit dem Tode bedroht hatte. Er sei im Zeitpunkt der Wegnahme nicht nur allgemein eingeschüchtert gewesen, sondern habe sich der Wegnahme nicht zu widersetzen gewagt, weil er den Einsatz weiterer, zeitnaher Gewalt befürchtet habe. Dies habe der Angeklagte R. bewusst ausgenutzt.

[37] b) Diese Feststellungen tragen die Verurteilung wegen Raubes nicht.

[38] Nach § 249 Abs. 1 StGB wird derjenige bestraft, der mit Gewalt gegen eine Person oder unter Anwendung von Drohungen mit gegenwärtiger Gefahr für Leib oder Leben eine fremde bewegliche Sache einem anderen in der Absicht wegnimmt, die Sache sich oder einem Dritten rechtswidrig zuzueignen. Gewalt oder Drohung müssen dabei Mittel zur Ermöglichung der Wegnahme sein (vgl. BGH, Urteil vom 15. Oktober 2003 – 2 StR 283/03, BGHSt 48, 365, 367).

[39] Eine Drohung mit gegenwärtiger Gefahr für Leib oder Leben kann ausdrücklich oder konkludent erfolgen (BGH, Urteil vom 8. Mai 2008 – 3 StR 102/08, NStZ 2008, 687), also durch schlüssiges Verhalten oder mit unbestimmten Andeutungen in versteckter Weise, die ein Übel für das Opfer erkennbar ankündigen. Erforderlich ist, dass der Täter die Gefahr für Leib oder Leben deutlich in

Aussicht stellt, sie also durch ein bestimmtes Verhalten genügend erkennbar macht; es genügt nicht, wenn der andere nur erwartet, der Täter werde ihm ein empfindliches Übel zufügen (BGH, Urteil vom 17. März 1955 – 4 StR 8/55, BGHSt 7, 252, 253). Die konkludente Drohung mit Fortführung der Gewalt setzt also voraus, dass sich den Gesamtumständen einschließlich der zuvor verübten Gewalt die aktuelle Drohung erneuter Gewaltanwendung entnehmen lässt, der Täter also in irgendeiner Form schlüssig erklärt, er werde einen eventuell geleisteten Widerstand mit Gewalt gegen Leib oder Leben brechen. Nur dann wirkt die zuvor verübte Gewalt als aktuelle Drohung erneuter Gewaltanwendung weiter. Nutzt der Täter hingegen die durch die vorangegangene Gewaltanwendung entstandene Angst und Einschüchterung des Opfers nur aus, ohne diese durch eine ausdrückliche oder konkludente Drohung zu aktualisieren, fehlt es an der erforderlichen Finalität (vgl. BGH, Beschluss vom 7. September 1994 – 2 StR 431/94, StV 1995, 416 mwN; Sander in Münchener Kommentar zum StGB, 2. Aufl. 2012, § 249 Rn. 31). Ein Schuldspruch wegen Raubes scheidet aus.

[40] Bei der Anwendung der Gewalt mit dem Elektroimpulsgerät handelte der Angeklagte noch nicht mit dem Ziel, dem Geschädigten etwas wegzunehmen. Die zunächst zu anderen Zwecken begonnene Gewaltanwendung hat er nach Fassen des Wegnahmevorsatzes nicht fortgesetzt.

[41] Eine Äußerung oder sonstige Handlung des Angeklagten vor der Wegnahme, die eine auch nur konkludente Drohung mit weiterer Gewalt nach dem Fassen des Wegnahmeentschlusses beinhaltet, ist nicht festgestellt. Das Landgericht führt lediglich aus, dass die „Bemächtigungssituation und die Nötigung mit der Zielrichtung der Rücknahme der Aussage" (UA S. 50) beendet war und der Angeklagte R. das Herausgabeverlangen mit der Bemerkung erläuterte, das sei „für die Anwaltskosten". Ob darin ein vom Angeklagten gewollter Erklärungsinhalt im Sinne einer versteckten Andeutung der Androhung erneuter Gewaltanwendung mit gegenwärtiger Gefahr für Leib oder Leben zur Erzwingung der Wegnahme liegt und ob der Geschädigte dies dann auch so verstanden hat, lässt das Urteil offen. Allein der Umstand, dass die Wirkungen eines ohne Wegnahmeentschluss eingesetzten Nötigungsmittels noch andauern und der Täter dies ausnutzt, genügt für die Annahme eines Raubes nicht.

[42] Die Feststellungen lassen offen, wo das Elektroschockgerät nach seinem Einsatz verblieben ist, wie sich der Angeklagte R. und der Geschädigte genau verhalten haben, wo sich das Fahrzeug zu diesem Zeitpunkt befand (u. U. bereits wieder vor der Wohnung der Zeugin M.) und wodurch die Äußerung, das sei für die Anwaltskosten, ausgelöst wurde.

[43] 2. Sofern das neue Tatgericht die Finalität zwischen Gewaltandrohung und Wegnahmehandlung feststellen sollte, wird auch zu prüfen sein, ob der Angeklagte R. das Elektroimpulsgerät im Sinne des § 250 Abs. 2 Nr. 1 StGB verwendet hat.

[44] Ein besonders schwerer Raub gemäß § 250 Abs. 2 Nr. 1 StGB ist gegeben, wenn der Täter bei der Tat eine Waffe oder ein anderes gefährliches Werkzeug verwendet. Das Elektroimpulsgerät ist ein gefährliches Werkzeug (BGH, Beschluss vom 11. November 2003 – 3 StR 345/03, NStZ-RR 2004, 169).

[45] Ein anderes gefährliches Werkzeug wird nur dann gemäß § 250 Abs. 2 Nr. 1 StGB bei der Tat verwendet, wenn es der Täter als Raubmittel zweckgerichtet einsetzt und das Opfer die Drohung mit gegenwärtiger Gefahr für Leib oder

Leben mittels des gefährlichen Werkzeugs wahrnimmt und somit in die entsprechende qualifizierte Zwangslage versetzt wird (BGH, Beschluss vom 8. November 2011 – 3 StR 316/11, StV 2012, 153 mwN). Dabei setzt (vollendetes) Verwenden zur Drohung voraus, dass das Opfer das Nötigungsmittel als solches erkennt und die Androhung seines Einsatzes wahrnimmt. Die Äußerung der Drohung kann ausdrücklich oder konkludent erfolgen. Die konkludente Drohung erfordert, dass nach ihrem Erklärungsinhalt mit dem Einsatz des gefährlichen Werkzeugs gedroht wird. Dies gilt auch dann, wenn das gefährliche Werkzeug bereits in anderem Zusammenhang gebraucht worden ist (BGH, Urteil vom 15. Oktober 2003 – 2 StR 283/03, BGHSt 48, 365, 367).

[46] Kein Verwenden ist das bloße Mitsichführen des gefährlichen Werkzeugs und zwar grundsätzlich auch dann nicht, wenn es offen erfolgt (BGH, Urteile vom 8. Mai 2008 – 3 StR 102/08, StV 2008, 470; und vom 18. Februar 2010 – 3 StR 556/09, NStZ 2011, 158, 159; BGH, Beschluss vom 8. Mai 2012 – 3 StR 98/12, NStZ 2013, 37).

[47] Die Annahme eines besonders schweren Raubes nach § 250 Abs. 2 Nr. 1 StGB setzt hier also voraus, dass der Angeklagte konkludent mit dem erneuten Einsatz des Elektroschockgeräts gedroht hat, sich dieser konkludenten Drohung auch bewusst war und den Geschädigten dadurch veranlassen wollte, die Wegnahme zu dulden. Der Geschädigte wiederum muss eine Drohung mit diesem Erklärungsinhalt auch wahrgenommen haben.

[48] Die Feststellungen lassen offen, ob der Angeklagte R. konkludent mit dem Einsatz des Elektroschockgeräts gedroht und damit dieses gefährliche Werkzeug im Sinne von § 250 Abs. 2 Nr. 1 StGB verwendet hat. Sie ergeben nicht, dass der Angeklagte R. am Ende der Fahrt das Elektroimpulsgerät in irgendeiner Weise dem Geschädigten präsentierte oder in sonstiger Weise in Erinnerung brachte und der Geschädigte dies auch so wahrgenommen hat. Allein die möglicherweise nach wie vor bestehende Verfügungsgewalt des Angeklagten R. über das Elektroimpulsgerät und dessen früherer Einsatz belegen keine konkludente Drohung, es bei Nichtbefolgung seines Herausgabeverlangens erneut einzusetzen. Da die Qualifikation des § 250 Abs. 2 Nr. 1 StGB einen zweckgerichteten Einsatz des gefährlichen Werkzeugs voraussetzt, reicht es nicht aus, dass der Geschädigte sich deshalb fügte, weil er den Einsatz weiterer Gewalt befürchtete.

337 Nach dem **Wortlaut der Norm** § 250 StGB ist es weder erforderlich, dass das mitgeführte Werkzeug oder Mittel seiner Beschaffenheit nach **objektiv geeignet** ist, das Opfer durch Gewalt oder Drohung mit Gewalt zu nötigen, noch bedarf es überhaupt seines derartigen Einsatzes; denn es kommt nur auf eine entsprechende subjektive Intention des Täters bei der Tatausführung sowie sein Bewusstsein an, das Werkzeug oder Mittel für diesen Zweck gebrauchsbereit bei sich zu haben. Dabei ist es ausreichend, wenn der Täter zu diesen subjektiven Überlegungen erst während der Begehung der Tat gelangt, sodass der Qualifikationstatbestand im Allgemeinen dann ohne weiteres erfüllt ist, wenn der Täter das Werkzeug oder Mittel entsprechend seiner Absicht sogar tatsächlich einsetzt. Soweit die Rechtsprechung wegen der weiten Fassung des § 250 Abs. 1 Nr. 1 Buchst. b StGB den Tatbestand einschränkend dahin auslegt, dass dieser nicht auf Fälle Anwendung finden soll, in denen die objektive Ungefährlichkeit des Werkzeugs oder Mittels schon nach seinem äußeren Erscheinungsbild offenkundig auf der Hand liegt, ist ein derartiger Sachverhalt hier entgegen der Auffassung des Landgerichts nicht gegeben; denn ob der Koffer eine Bombe enthielt oder nicht, war nach seinem äußeren Erscheinungsbild gerade nicht erkennbar.[365]

Bei § 250 Abs. 2 Nr. 2 StGB ist der Begriff der **Waffe** im technischen Sinn zugrunde zu legen. Die Einstufung eines Messers als Waffe erfordert daher nähere Feststellungen dazu, was für ein Messer Verwendung gefunden hat.[366] **338**

[7] b) Die Annahme eines besonders schweren Raubes in der Begehungsform des § 250 Abs. 2 Nr. 2 StGB begegnet in beiden Fällen durchgreifenden rechtlichen Bedenken.

[8] aa) Nach § 250 Abs. 2 Nr. 2 StGB ist ein unter den Bedingungen des § 250 Abs. 1 Nr. 2 StGB (bandenmäßig) begangener Raub als besonders schwerer Raub zu bewerten, wenn der Täter oder ein anderer Beteiligter am Raub eine Waffe bei sich führt. Dabei ist der auch für § 250 Abs. 2 Nr. 1 und § 244 Abs. 1 Nr. 1a StGB geltende Begriff der Waffe im technischen Sinn zugrunde zu legen (Eser/Bosch in: Schönke/Schröder, StGB, 29. Aufl., § 250 Rn. 31; SSW-StGB/Kudlich, 2. Aufl., § 250 Rn. 26; Kindhäuser in: Kindhäuser/Neumann/Paeffgen, StGB, 4. Aufl., § 250 Rn. 22). Danach ist eine Waffe ein körperlicher Gegenstand, der nach seiner Art für Angriffs- oder Verteidigungszwecke bestimmt und zur Verursachung erheblicher Verletzungen generell geeignet ist (vgl. BGH, Beschluss vom 3. Juni 2008 – 3 StR 246/07, BGHSt 52, 257 Rn. 13; Urteil vom 11. Mai 1999 – 4 StR 380/98, BGHSt 45, 92, 93; Eser/Bosch in: Schönke/Schröder, StGB, 29. Aufl., § 250 Rn. 31; Kindhäuser in: Kindhäuser/Neumann/Paeffgen, StGB, 4. Aufl., § 250 Rn. 22 und § 244 Rn. 4). Die Begriffsbestimmungen des Waffengesetzes – im konkreten Fall vornehmlich die Regelungen zu den verbotenen Messern (vgl. Anlage 2 Abschnitt 1 Nrn. 1.4.1 bis 1.4.3 zu § 2 Abs. 2 bis 4 WaffG) – können hierbei eine Orientierungshilfe bieten (vgl. BGH, Beschluss vom 4. Februar 2003 – GSSt 2/02, BGHSt 48, 197, 203; Kindhäuser in: Kindhäuser/Neumann/Paeffgen, StGB, 4. Aufl., § 244 Rn. 5; SSW-StGB/Kudlich, 2. Aufl., § 244 Rn. 6 mwN). Das Landgericht hat weder im Fall II. 2 noch im Fall II. 8 der Urteilsgründe nähere Feststellungen dazu getroffen, was für ein Messer Verwendung gefunden hat. Es bleibt daher offen, ob bei den jeweils bandenmäßig begangenen Raubtaten tatsächlich eine Waffe im technischen Sinn mitgeführt worden ist.

[9] bb) Da die Feststellungen im Fall II. 2 der Urteilsgründe die Verurteilung des Angeklagten A. wegen besonders schweren Raubes in der Begehungsform des § 250 Abs. 2 Nr. 1 StGB tragen, lässt der aufgezeigte Rechtsfehler den Schuldspruch unberührt. Dagegen kann der Strafausspruch keinen Bestand haben, weil das Landgericht sowohl bei der Erörterung eines minder schweren Falles gemäß § 250 Abs. 3 StGB, als auch bei der konkreten Strafzumessung die Verwirklichung von zwei Varianten des § 250 Abs. 2 StGB zum Nachteil des Angeklagten A. gewertet hat (UA 16). Im Fall II. 8 der Urteilsgründe war der Schuldspruch wegen besonders schweren Raubes in Bezug auf beide Angeklagten aufzuheben, weil sich das Landgericht insoweit allein auf § 250 Abs. 2 Nr. 2 StGB gestützt hat. Einer Aufhebung der getroffenen Feststellungen bedarf es in beiden Fällen nicht. Der neue Tatrichter wird lediglich ergänzende Feststellungen zur Beschaffenheit des jeweils mitgeführten Messers zu treffen haben.

---

[365] BGH, Urteil vom 20.08.2015 – 3 StR 259/

[366] BGH, Beschluss vom 21.04.2015 – 4 StR 94/15.

339 Eine **geladene Schreckschusspistole** unterfällt nur dann dem **Waffenbegriff** des § 250 StGB, wenn feststeht, dass beim Abfeuern der Waffe der Explosionsdruck nach vorne aus dem Lauf austritt und deshalb die Waffe nach ihrer Beschaffenheit geeignet ist, erhebliche Verletzungen hervorzurufen.[367]

[15] bb) Keinen Bestand hat die Verurteilung des Angeklagten Ko. wegen besonders schweren Raubes (§ 250 Abs. 2 Nr. 1 StGB); insoweit ist das Urteil zu dessen Gunsten aufzuheben (§ 301 StPO).

[16] Das Landgericht hat es rechtsfehlerhaft unterlassen, nähere Feststellungen zur Beschaffenheit der vom Angeklagten Ko. bei der Bedrohung des Geschädigten (mit Wissen und Wollen der Mitangeklagten M.) eingesetzten geladenen Schreckschusswaffe zu treffen. Die Voraussetzungen des Qualifikationstatbestands des § 250 Abs. 2 Nr. 1 StGB sind deshalb nicht belegt. Nach ständiger Rechtsprechung des Bundesgerichtshofs unterfällt eine geladene Schreckschusspistole nur dann dem Waffenbegriff des § 250 StGB, wenn feststeht, dass beim Abfeuern der Waffe der Explosionsdruck nach vorne aus dem Lauf austritt und deshalb die Waffe nach ihrer Beschaffenheit geeignet ist, erhebliche Verletzungen hervorzurufen (vgl. hierzu nur BGH, Beschluss vom 9. Februar 2010 – 3 StR 11/10, juris Rn. 3 mwN). Dies ergeben die Urteilsgründe nicht.

[17] b) Unabhängig davon halten auch die Erwägungen des Landgerichts, mit denen es beim Angeklagten Ko. einen minder schweren Fall des besonders schweren Raubes (§ 250 Abs. 3 StGB) angenommen hat, rechtlicher Nachprüfung nicht stand.

[18] Für die Entscheidung, ob ein minder schwerer Fall angenommen werden kann, ist nach ständiger Rechtsprechung des Bundesgerichtshofs entscheidend, ob das gesamte Tatbild einschließlich aller subjektiven Momente und der Täterpersönlichkeit vom Durchschnitt der gewöhnlich vorkommenden Fälle so sehr abweicht, dass die Anwendung des Ausnahmestrafrahmens geboten erscheint. Hierzu ist eine Gesamtbetrachtung erforderlich, bei der alle Umstände heranzuziehen und zu würdigen sind, die für die Wertung der Tat und des Täters in Betracht kommen, gleichgültig, ob sie der Tat selbst innewohnen, sie begleiten, ihr vorausgehen oder nachfolgen (vgl. BGH, Urteil vom 26. Juni 1998 – 5 StR 258/98, NStZ-RR 1998, 298).

[19] Daran mangelt es hier. Das Landgericht hat die Annahme eines minder schweren Falles im Wesentlichen damit begründet, die Tat erkläre sich letztlich aus der „persönlichen Verfassung" des Angeklagten, der „von impulsiver Art" sei und dem eine „ausreichende innere persönliche Festigkeit" fehle. So schätze er sich auch selbst dahin ein, dass er Gefahr laufe, spontanen Launen nachzugeben „und auf dieser Grundlage auch Straftaten zu begehen". Die „nicht unerhebliche Tatschwere", die sich daraus ergebe, dass der Angeklagte den Geschädigten in der eigenen Wohnung beraubt, ihn durch Vorhalt der geladenen Waffe ernstlich gefährdet und zudem den Tatbestand der Körperverletzung verwirklicht habe, berücksichtigt das Landgericht ebenso wie den Umstand, dass der Angeklagte „Jahre in Haft" verbracht habe, ohne sich von der neuerlichen Tat abhalten zu lassen, erst bei der konkreten Bemessung der Strafe innerhalb des nach § 250 Abs. 3 StGB gemilderten Rahmens. Auf die sich aus den Feststellungen ergeben-

---

[367] BGH, Urteil vom 22.01.2015 – 3 StR 412/14.

den vier einschlägigen Vorstrafen seit dem Jahre 1997 wegen räuberischer Erpressung, schwerer räuberischer Erpressung und – in zwei Fällen – schweren Raubes geht das Landgericht nicht ein.

Der **Austritt des Explosionsdrucks** nach vorne kann bei einer Schreckschusspistole nicht als selbstverständlich vorausgesetzt werden. Nähere Feststellungen sind aber an Hand der Typenbezeichnung oder einer Beschreibung der Waffe möglich.[368] **340**

[3] 1. Der den Angeklagten M. betreffende Schuldspruch wegen besonders schweren Raubes hält rechtlicher Überprüfung nicht stand. Die vom Landgericht angenommene Qualifizierung der Tat wegen der Verwendung einer Waffe oder eines gefährlichen Werkzeugs (§ 250 Abs. 2 Nr. 1 StGB) wird von den Feststellungen nicht getragen.

[4] Bedroht der Täter einer Raubtat das Opfer mit einer geladenen Schreckschusswaffe, erfüllt er den Qualifikationstatbestand nur, wenn nach deren Bauart der Explosionsdruck beim Abfeuern der Munition nach vorne durch den Lauf austritt (vgl. BGH, Beschluss vom 4. Februar 2003 – GSSt 2/02, BGHSt 48, 197). Feststellungen dazu hat die Strafkammer nicht getroffen; sie waren auch nicht entbehrlich, denn der Austritt des Explosionsdrucks nach vorne kann nicht als selbstverständlich vorausgesetzt werden (BGH, Beschlüsse vom 9. Februar 2010 – 3 StR 17/10, NStZ 2010, 390; vom 10. September 2013 – 4 StR 331/13, juris). Auch eine Typenbezeichnung oder eine sonstige Beschreibung der verwendeten Schreckschusspistole, die eine Beurteilung ihrer bauartbedingten Wirkungsweise im Revisionsverfahren ermöglicht hätte (vgl. insoweit etwa BGH, Urteil vom 5. Mai 2011 – 3 StR 57/11, NStZ 2011, 702; Beschluss vom 11. November 2014 – 3 StR 451/14, juris Rn. 4 mwN), findet sich in dem angefochtenen Urteil nicht. Der neue Tatrichter wird deshalb zur Bauart der Waffen ergänzende Feststellungen zu treffen haben. Die übrigen Feststellungen zum Tathergang und zur Person des Angeklagten M. sind von dem Rechtsfehler nicht betroffen und können deshalb bestehen bleiben.

b) Raub mit Todesfolge – § 251 StGB

Leichtfertig ist ein Verhalten, das bezogen auf den Todeseintritt einen erhöhten Grad von Fahrlässigkeit aufweist; leichtfertig handelt hiernach, wer die sich ihm aufdrängende Möglichkeit eines tödlichen Verlaufs aus besonderem Leichtsinn oder besonderer Gleichgültigkeit außer Acht lässt. Das Gewicht der Fahrlässigkeit hängt dabei nicht nur vom Umfang der Tatsachenkenntnis, sondern auch vom Grad der Vermeidbarkeit ab, also inwieweit sich die Gefahr des Erfolgseintritts namentlich wegen der besonderen Gegebenheiten der Opfersituation aufdrängen musste; demgemäß kann unbewusste Fahrlässigkeit genügen.[369] **341**

[6] 3. Die Begründung, mit der das Landgericht die Annahme von Leichtfertigkeit im Sinne des § 251 StGB zum Zeitpunkt des Nichtzulassens des Inhalie-

---

368 BGH, Beschluss vom 20.01.2015 – 3 StR 523/14.
369 BGH, Urteil vom 03.06.2015 – 5 StR 628/14.

rens verneint hat, hält sachlich-rechtlicher Prüfung nicht stand. Denn dieser Bewertung liegt eine lückenhafte Würdigung der relevanten Tatumstände zugrunde.

[7] a) Allerdings ist das Landgericht im Ansatz von zutreffenden rechtlichen Maßstäben ausgegangen. Danach ist leichtfertig ein Verhalten, das bezogen auf den Todeseintritt einen erhöhten Grad von Fahrlässigkeit aufweist; leichtfertig handelt hiernach, wer die sich ihm aufdrängende Möglichkeit eines tödlichen Verlaufs aus besonderem Leichtsinn oder besonderer Gleichgültigkeit außer Acht lässt (vgl. BGH, Urteil vom 9. November 1984 – 2 StR 257/84, BGHSt 33, 66, 67; s. auch BGH, Beschluss vom 20. Oktober 1992 – GSSt 1/92, BGHSt 39, 100, 104; Vogel in LK-StGB, 12. Aufl., § 251 Rn. 9; Sander in MüKo-StGB, 2. Aufl., § 251 Rn. 12; Sinn in SK-StGB, 8. Aufl., § 251 Rn. 16). Das Gewicht der Fahrlässigkeit hängt dabei nicht nur vom Umfang der Tatsachenkenntnis, sondern auch vom Grad der Vermeidbarkeit ab, also inwieweit sich die Gefahr des Erfolgseintritts namentlich wegen der besonderen Gegebenheiten der Opfersituation aufdrängen musste; demgemäß kann unbewusste Fahrlässigkeit genügen (vgl. BGH, Urteil vom 10. November 1999 – 3 StR 331/99, BGHR StGB § 251 Leichtfertigkeit 1; Sander, aaO; Eser/Bosch in Schönke/Schröder, StGB, 29. Aufl., § 251 Rn. 6).

[8] b) Der Senat kann dahingestellt sein lassen, ob die Schwurgerichtskammer entsprechend der Auffassung der Revision trotz anderweitiger Formulierungen nicht in der Sache rechtsfehlerhaft lediglich an das Maß der Tatsachenkenntnis der Angeklagten angeknüpft, die Prüfung unbewusster Fahrlässigkeit also vernachlässigt hat. Dafür könnte sprechen, dass sie ihren Blick im Grunde auf den Zeitpunkt verengt hat, in dem der Eintritt höchster Lebensgefahr für jedermann offenkundig geworden war. Jedenfalls beruht aber die Würdigung des vorgelagerten Stadiums, in dem eine Rettung noch möglich gewesen wäre, auf einer unzureichenden Ausschöpfung der Feststellungen. Insbesondere hätten auch die Umstände einbezogen werden müssen, die das Landgericht (allein) im Rahmen der Prüfung des § 222 StGB als relevant angesehen hat (UA S. 39). Bereits danach lag die Möglichkeit eines tödlichen Verlaufs für die Angeklagten schon zu einem frühen Zeitpunkt des Tatgeschehens auf der Hand:

[9] Frau K. wurde völlig überraschend mit den dunkel gekleideten, vermummten und mit einer Pistole bewaffneten Angeklagten konfrontiert, die ihren Ehemann misshandelt und gefesselt hatten. Sie begann, in höchster Angst zu schreien, und unternahm aussichtslose Verteidigungsversuche. Gleichwohl wurde sie ins Wohnzimmer zurückgeschoben, auf die Couch gedrückt und rund 15 Minuten mit einer Pistole bedroht. Angesichts des von den Angeklagten erkannten überaus gebrechlichen Zustands der hochbetagten Frau war eine solche Behandlung schon für sich genommen geeignet, eine erhebliche Lebensgefahr herbeizuführen, und zwar unabhängig von ihrer schweren Asthmaerkrankung. Die verwehrte Nutzung des Inhalationsgeräts musste dabei auch aus Sicht der Angeklagten zu einer gravierenden Steigerung des ohnehin bestehenden hohen Risikos führen. In diesem Zusammenhang wäre von der Schwurgerichtskammer ferner zu würdigen gewesen, dass das Opfer nach den zugrunde gelegten Angaben Herrn K. s bereits „gehustet, nach Luft geschnappt und nur noch schwer Luft bekommen“ hatte (UA S. 28), bevor die Angeklagten erstmals auf die Notwendigkeit der Inhalation aufmerksam gemacht worden waren. Nimmt man alles zusammen, so musste in einem solchen Maß mit tödlichen Folgen gerechnet werden, dass die Annahme

von Leichtfertigkeit naheliegt. Letztlich obliegt diese Prüfung dem neu entscheidenden Tatgericht.

c) Räuberischer Diebstahl – § 252 StGB

1. Ein Täter wird **auf frischer Tat i.S.d. § 252 StGB betroffen**, wenn er noch in unmittelbarer Nähe zum Tatort und alsbald nach der Tatausführung wahrgenommen wird, wenn also im Moment der Wahrnehmung noch ein enger, sowohl örtlicher als auch zeitlicher Zusammenhang mit der Vortat besteht. **342**

2. Dabei genügt es für die Nötigungshandlung, dass sie Folge des Betroffenseins ist, mithin zu diesem in Bezug steht. Ein solcher ist auch gegeben, wenn das Nötigungsmittel im Rahmen der sogenannten **Nacheile** angewendet wird.

3. Der Vorsatz des Täters muss sich auch auf sein eigenes Betroffensein beziehen. Da dieser Vorsatz jedoch gemäß § 16 Abs. 1 Satz 1 StGB erst bei Begehung der Tat, also bei Vornahme der tatbestandsmäßigen Handlung vorliegen muss, reicht es aus, wenn der Angeklagte in dem Moment des Gewahrwerdens der Polizeikräfte und der Entscheidung, auf einen von ihnen zuzufahren, jedenfalls erkannte und billigend in Kauf nahm, dass er möglicherweise bereits in unmittelbarer zeitlicher und räumlicher Nähe zum Diebstahl bemerkt worden war und dies zu der Polizeiaktion führte.[370]

[3] II. Die auf die Sachrüge gebotene Nachprüfung des Urteils hat keinen Rechtsfehler zum Nachteil des Angeklagten ergeben. Dies gilt entgegen den Angriffen der Revision auch, soweit der Angeklagte wegen besonders schweren räuberischen Diebstahls gemäß §§ 252, 249 Abs. 1, § 250 Abs. 2 Nr. 1, § 25 Abs. 2 StGB verurteilt worden ist.

[4] 1. Insoweit hat das Landgericht – rechtsfehlerfrei – folgende Feststellungen getroffen: In den frühen Morgenstunden des 5. Januar 2014 drangen der Angeklagte und zwei Mittäter in eine Filiale der Kreissparkasse in B. ein, während ein weiterer Beteiligter zur Absicherung draußen verblieb. Sie öffneten unter Zuhilfenahme von Werkzeug um 5.35 Uhr den dort befindlichen Geldautomaten und entnahmen diesem 74.850 €, die sie in den Kofferraum eines Fluchtwagens luden. Sodann entfernten sich die vier Täter in zunächst drei Fahrzeugen, von denen nach kurzer Strecke eines zurückgelassen wurde. Der Angeklagte befand sich zuletzt als Beifahrer in dem mit der Tatbeute beladenen PKW. Bereits die Tatbegehung war durchgehend von Kräften des Landeskriminalamtes observiert worden, die auch die Verfolgung der Täter aufnahmen. Etwa 35 km vom Tatort entfernt stoppten sodann um 6.06 Uhr Beamte des Mobilen Einsatzkommandos des Landeskriminalamtes die Tatbeteiligten, indem sie mit zwei Wagen vor und hinter deren Fahrzeugen zum Stehen kamen. Die wegen der Aufdrucke „Polizei" auf der Kleidung sowie auf den getragenen Sturmhauben vom Angeklagten und den übrigen Tätern als solche erkannten Beamten umstellten mit gezogenen Waffen die PKW. Der Angeklagte und der in dessen Wagen als Fahrer agierende Mittäter kamen dennoch überein, einen Fluchtversuch zu unternehmen, um der Festnahme zu entgehen und um sich im Besitz der Beute zu erhalten. Sie vereinbarten durch

---

370 BGH, Beschluss vom 04.08.2015 – 3 StR 112/15.

entsprechende Gesten, auf einen der Beamten zuzufahren. Dieser erlitt durch den Zusammenstoß eine schmerzhafte Knieprellung, was beide Insassen des Wagens in Kauf nahmen. Beiden gelang zunächst die Flucht. Der Angeklagte konnte jedoch gegen 8.30 Uhr festgenommen werden.

[5] 2. Der Revisionsführer und die übrigen Beteiligten wurden bei dem von ihnen begangenen Diebstahl des Geldes auf frischer Tat betroffen. Dies ist der Fall, wenn der Täter noch in unmittelbarer Nähe zum Tatort und alsbald nach der Tatausführung wahrgenommen wird, wenn also im Moment der Wahrnehmung noch ein enger, sowohl örtlicher als auch zeitlicher Zusammenhang mit der Vortat besteht (st. Rspr.; vgl. schon BGH, Urteile vom 8. Juni 1956 – 2 StR 206/56, BGHSt 9, 255, 257; vom 13. Dezember 1978 – 3 StR 381/78, BGHSt 28, 224, 229 f.). Danach war die Tat zwar im Moment des Zugriffs durch die Beamten des Mobilen Einsatzkommandos nicht mehr „frisch"; anders verhält es sich indes bei der Wahrnehmung durch die Observationskräfte. Dabei steht dem Betreffen nicht entgegen, dass diese die Tat nicht erst nach ihrer Vollendung entdeckten, sondern sie bereits von Anfang an beobachteten (vgl. BGH, Urteil vom 3. Juli 1958 – 4 StR 208/58, NJW 1958, 1547).

[6] 3. Gemäß dem eindeutigen Wortlaut des § 252 StGB kommt es für die Tatbestandsverwirklichung ferner nicht darauf an, dass sich die in dem Anfahren auf den Polizeibeamten liegende, dem Angeklagten gemäß § 25 Abs. 2 StGB zuzurechnende Gewaltanwendung nicht gegen einen der Polizeibeamten richtete, der die Täter auf frischer Tat angetroffen hatte (vgl. Schnarr, JR 1979, 314, 316 f.). Es genügt, dass die Nötigungshandlung Folge des Betroffenseins ist, mithin zu diesem in Bezug steht. Ein solcher ist auch gegeben, wenn das Nötigungsmittel im Rahmen der sogenannten Nacheile angewendet wird, also während der sich unmittelbar an das Betreffen auf frischer Tat anschließenden Verfolgung (BGH, Urteile vom 17. April 1951 – 1 StR 134/51; vom 26. Juni 1952 – 5 StR 517/52, NJW 1952, 1026; vom 21. November 1961 – 1 StR 444/61, GA 1962, 145). Liegen diese Voraussetzungen vor, kommt es auf einen engen zeitlichen und räumlichen Zusammenhang zwischen Vortat und Gewaltanwendung nicht an, solange die Verfolgung – wie vorliegend – ohne Zäsur durchgeführt wird (ebenso NK-StGB-Kindhäuser, 4. Aufl., § 252 Rn. 18; S/S-Eser/Bosch, StGB, 29. Aufl., § 252 Rn. 5/6; aA Küper, BT, 5. Aufl., S. 94).

[7] 4. Der Angeklagte handelte auch vorsätzlich. Dazu ist zwar erforderlich, dass sich der Vorsatz des Täters auch auf sein eigenes Betroffensein bezieht (vgl. LK/Vogel, StGB, 12. Aufl., § 252 Rn. 24, 60; SK-StGB/Sinn, 137. Lfg., § 252 Rn. 16). Da dieser Vorsatz jedoch gemäß § 16 Abs. 1 Satz 1 StGB erst bei Begehung der Tat, also bei Vornahme der tatbestandsmäßigen Handlung vorliegen muss, reicht es in der vorliegenden Konstellation aus, wenn der Angeklagte in dem Moment des Gewahrwerdens der Polizeikräfte und der Entscheidung, auf einen von ihnen zuzufahren, jedenfalls erkannte und billigend in Kauf nahm, dass er möglicherweise bereits in unmittelbarer zeitlicher und räumlicher Nähe zum Diebstahl bemerkt worden war und dies zu der Polizeiaktion führte.

[8] Das Landgericht hat sich zwar nicht ausdrücklich zu dem Vorstellungsbild des Angeklagten verhalten. Dabei handelt es sich indes um keinen durchgreifenden Darstellungsmangel, da sich der entsprechende Eventualvorsatz aufgrund der Situation zwanglos erschließt: Die Polizeibeamten bremsten mit ihren Fahrzeugen die PKW der Täter aus; sie waren mit Sturmhauben bekleidet und traten dem

Angeklagten und den übrigen Beteiligten sofort mit gezogenen Waffen entgegen. Vor diesem Hintergrund ist auch angesichts einer zurückgelegten Entfernung von 35 km und einem Zeitablauf von rund 30 Minuten seit Öffnung des Tresors auszuschließen, dass der Angeklagte aus diesen Umständen nicht den (zutreffenden) Schluss zog, die Aktion sei Folge einer Entdeckung bereits während des Diebstahls bzw. in unmittelbarem räumlichem und zeitlichem Zusammenhang mit diesem gewesen.

d) Erpressung/Räuberische Erpressung – §§ 253, 255 StGB

Besteht das durch einen Täter konkludent angedrohte empfindliche Übel in unmittelbar drohenden körperlichen Übergriffen, somit einer gegenwärtigen Gefahr für Leib oder Leben, ist eine räuberische Erpressung gemäß § 253 Abs. 1, § 255 StGB gegeben. Darauf, ob der Täter die Drohung erforderlichenfalls hätte verwirklichen wollen, kommt es nicht an.[371] **343**

[2] 1. Hinsichtlich des als Erpressung abgeurteilten Falles hat das Landgericht festgestellt, dass der Beschwerdeführer in den frühen Morgenstunden des 19. Oktober 2013 mit den Mitangeklagten A. und R. E. durch das Aufbrechen einer Tür in das Wohnhaus eines Ehepaares gelangt war, um das Gebäude gemäß einer zwischen ihnen bestehenden Bandenabrede nach Wertgegenständen zu durchsuchen. Als sie im Schlafzimmer auf die schlafenden Eheleute trafen, forderten sie die Herausgabe von Geld, wozu der Ehemann unter dem Eindruck des Auftretens der Täter mit zweien von ihnen in die Küche ging und diesen 45 € aushändigte, während der dritte bei der Ehefrau im Schlafzimmer zurückblieb. Aufgrund ihres Auftretens „waren sich alle drei Angeklagten bewusst, dass sie auf die gerade erwachten Eheleute W. in deren eigenem Schlafzimmer im Hinblick auf deren körperliche Integrität bedrohlich und einschüchternd wirken würden. Diesen Umstand machten sie sich absichtsgemäß zu Nutze“.

[3] Diese – rechtsfehlerfrei getroffenen – Feststellungen belegen entgegen der Ansicht des Landgerichts nicht nur eine Erpressung im Sinne des § 253 Abs. 1 StGB, sondern eine räuberische Erpressung gemäß § 253 Abs. 1, § 255 StGB. Denn das durch die Täter konkludent angedrohte empfindliche Übel bestand nach den Feststellungen in unmittelbar drohenden körperlichen Übergriffen, somit einer gegenwärtigen Gefahr für Leib oder Leben. Darauf, ob die Täter die Drohung erforderlichenfalls hätten verwirklichen wollen, kommt es nicht an (vgl. S/S-Eser/Bosch, StGB, 29. Aufl., § 249 Rn. 5).

[4] Des Weiteren erfüllte der Angeklagte auch das Qualifikationsmerkmal des § 250 Abs. 1 Nr. 2 StGB. Dass das Landgericht keine Feststellungen dazu getroffen hat, ob die Täter übereingekommen waren, über den Einzelfall hinaus auch zukünftig Wertgegenstände durch den Einsatz von Nötigungsmitteln zu erlangen, steht dem nicht entgegen. Denn nach dem eindeutigen Wortlaut der Norm genügt es, dass der Raub oder – aufgrund der Verweisung des § 255 StGB – die räuberische Erpressung durch Mitglieder einer Bande begangen werden, die sich zur fortgesetzten Begehung von Diebstahl verbunden hat (vgl. Lackner/Kühl, StGB,

---

[371] BGH, Beschluss vom 03.03.2015 – 3 StR 595/14.

28. Aufl., § 250 Rn. 2). Einer Erweiterung der Bandenabrede auf die zukünftig wiederholte Begehung von Raub- bzw. räuberischen Erpressungstaten bedarf es nicht (wohl anders, indes nicht tragend: BGH, Beschluss vom 13. April 1999 – 1 StR 77/99, NStZ 1999, 454; NK-StGB-Kindhäuser, 4. Aufl., § 250 Rn. 16). Es genügt vielmehr, dass sich die konkrete Tat als eine solche einer Diebesbande darstellt, mithin an ihrer Begehung mindestens zwei Bandenmitglieder beteiligt sind. Dies war vorliegend der Fall.

[5] Darauf, dass der vom Landgericht angenommene besonders schwere Fall der Erpressung mit Blick auf eine Bandenbegehung von den Feststellungen nicht getragen würde, da § 253 Abs. 4 StGB anders als § 250 Abs. 1 Nr. 2 StGB eine auf die wiederholte Begehung gerade von Erpressungen abzielende Bandenabrede erforderlich macht, kommt es mithin nicht an.

344 Gewalt setzt auch beim Erpressungstatbestand die Entfaltung von – nicht notwendig erheblicher – Körperkraft durch den Täter voraus, die einen unmittelbar oder mittelbar auf den Körper eines anderen wirkenden Zwang ausübt, der nach der Vorstellung des Täters geeignet ist, einen geleisteten oder erwarteten Widerstand zu überwinden oder auszuschließen.[372]

[6] Entsprechend dem gemeinsamen Tatplan traf sich die Mitangeklagte L. zu dem vereinbarten Termin mit dem Geschädigten Ba. und ging mit ihm in dessen Wohnung. Die Angeklagten B. und C. stellten sich unterdessen vor der Wohnungstür auf. Als der Geschädigte auf Veranlassung der Mitangeklagten L. nochmals seine Wohnungstür öffnete, stürmten die Angeklagten B. und C. direkt in die Wohnung. Dabei herrschte der Angeklagte C. den Geschädigten sofort mit den Worten an: „Ach Du schon wieder" und „warum er das schon wieder mache", um ihn einzuschüchtern. In der Folge forderte der Angeklagte C. den Geschädigten auf, sich auf ein Sofa zu setzen, während sich der Angeklagte B. und die Mitangeklagte L. in der Wohnung umsahen. Im weiteren Verlauf veranlasste der Angeklagte C. den Geschädigten dazu, einen Finger auf den Tisch zu legen. Anschließend ließ er sich ein Messer reichen und deutete Schneidebewegungen an, um sich über den bereits eingeschüchterten Geschädigten lustig zu machen.

[7] Der Angeklagte B. bestellte über den Computer des Geschädigten, der auf Befragen sein Passwort genannt hatte, bei dem Internethändler A. eine Regenjacke (Kaufpreis: 229,75 Euro) und ein Alarmsystem (Kaufpreis: 275,95 Euro). Dabei gab er die Kreditkartendaten des Bo. an. Nachdem der Angeklagte B. einen Kontoauszug des Geschädigten gefunden hatte, verließen die Angeklagten C. und B. mit dem Geschädigten die Wohnung, um mit dessen EC-Karte das gesamte Geld von seinem Konto abzuheben. Tatsächlich hob der eingeschüchterte Geschädigte in der Folge 500 Euro von seinem Konto ab. 100 Euro erhielt die Angeklagte L., die restlichen 400 Euro teilten die Angeklagten B. und C. unter sich auf. Außerdem nahm der Angeklagte C. dem Geschädigten im Verlauf des Abends noch dessen Mobiltelefon ab. Die von dem Angeklagten B. bestellten Waren wurden an die Adresse des Geschädigten ausgeliefert und von diesem an den Angeklagten C. (Alarmanlage) und den Angeklagten B. (Regenjacke) weitergegeben. Der Kaufpreis wurde zunächst bei dem Kreditkarteninhaber Bo. abge-

[372] BGH, Beschluss vom 22.09.2015 – 4 StR 152/15

bucht und nach dessen Protest von der Firma A. wieder seinem Konto gutgeschrieben.

[8] Die Strafkammer ist von einer mit Gewalt verübten Erpressung durch alle drei Angeklagten ausgegangen. Das Nötigungsmittel der Gewalt sei in dem überraschenden Eindringen der Angeklagten B. und C. in die Wohnung des Geschädigten zu sehen. Dieses Nötigungsmittel sei in der Absicht angewendet worden, unter Ausnutzung der dadurch für den Geschädigten entstehenden Zwangslage dessen Wohnung nach stehlenswerten Gegenständen durchsuchen und von dessen PC aus Bestellungen vornehmen zu können. Dabei seien die Angeklagten davon ausgegangen, dass sich der Geschädigte aus Angst nicht wehren würde und hätten diese Angst ausgenutzt.

[9] b) Diese Feststellungen tragen die Annahme einer mit Gewalt verübten Erpressung nicht.

[10] aa) Gewalt setzt auch beim Erpressungstatbestand die Entfaltung von – nicht notwendig erheblicher – Körperkraft durch den Täter voraus, die einen unmittelbar oder mittelbar auf den Körper eines anderen wirkenden Zwang ausübt, der nach der Vorstellung des Täters geeignet ist, einen geleisteten oder erwarteten Widerstand zu überwinden oder auszuschließen (vgl. BGH, Beschluss vom 20. Juli 1995 – 1 StR 126/95, BGHSt 41, 182, 185; Beschluss vom 27. Juli 1995 – 1 StR 327/95, NStZ 1995, 592 f. [jeweils zu § 240 StGB]; Sander in: MüKoStGB, 2. Aufl., § 253 Rn. 4; SSW-StGB/Kudlich, 2. Aufl., § 253 Rn. 4).

[11] bb) Ein von einer Kraftentfaltung der Angeklagten ausgehender unmittelbar oder mittelbar auf den Körper des Geschädigten einwirkender Zwang lässt sich den Feststellungen nicht entnehmen. Soweit die Angeklagten C. und B. direkt in die Wohnung des Geschädigten gestürmt sind, ist nicht erkennbar, dass es dabei zu einer Zwangswirkung auf dessen Körper gekommen ist. Allein das resolute Auftreten des Angeklagten C. und seine verbale Bezugnahme („Ach du schon wieder") auf das frühere Geschehen, bei dem es zu einer Gewaltanwendung gegen den Geschädigten gekommen war, begründen noch nicht die Annahme eines aktuell auf den Körper des Geschädigten einwirkenden Zwangs. Da auch das Nötigungsmittel der Drohung im Sinne des § 253 Abs. 1 StGB in objektiver und subjektiver Hinsicht nicht hinreichend festgestellt und belegt ist, bedarf die Sache daher insoweit neuer Verhandlung und Entscheidung.

In Fällen, in denen das Opfer zahlreichen – nicht notwendig in Zusammenhang **345** mit Raub oder räuberischer Erpressung stehenden – körperlichen Übergriffen ausgesetzt war, liegt es zwar nahe, dass der Täter für den Fall, dass sich das Opfer seinem erpresserischen Ansinnen verweigert oder einer Wegnahme entgegentritt, zumindest **konkludent mit der Anwendung weiterer Gewalt droht**. Eine derartige Feststellung des Tatrichters muss sich jedoch zumindest aus dem Gesamtzusammenhang der Urteilsgründe entnehmen lassen.[373]

[3] 2. Der Schuldspruch wegen räuberischer Erpressung hält im Ergebnis rechtlicher Nachprüfung stand.

[4] Soweit das Landgericht darauf abgestellt hat, dass der Angeklagte und N. den Geschädigten „unter Ausnutzung des Eindrucks der zuvor erlittenen erheblichen

---

373 BGH, Beschluss vom 16.09.2015 – 5 StR 331/15.

körperlichen Misshandlung" zur Herausgabe von Bargeld veranlassen wollten, wird damit eine Drohung mit gegenwärtiger Gefahr für Leib oder Leben allerdings nicht belegt. Allein der Umstand, dass die Wirkungen eines zuvor ohne Wegnahmevorsatz oder Erpressungsabsicht eingesetzten Nötigungsmittels noch andauern und der Täter dies ausnutzt, genügt nicht. Auch das bloße Ausnutzen der Angst eines der Einwirkung des Täters schutzlos ausgelieferten Opfers ist insoweit nicht ausreichend (vgl. BGH, Beschluss vom 18. Februar 2014 – 5 StR 41/14, NStZ 2015, 156, 157 mwN). Zwar liegt es in Fällen, in denen das Opfer zahlreichen – nicht notwendig in Zusammenhang mit Raub oder räuberischer Erpressung stehenden – körperlichen Übergriffen ausgesetzt war, nahe, dass der Täter für den Fall, dass sich das Opfer seinem erpresserischen Ansinnen verweigert oder einer Wegnahme entgegentritt, zumindest konkludent mit der Anwendung weiterer Gewalt droht (vgl. BGH, Beschluss vom 13. November 2012 – 3 StR 422/12). Eine derartige Feststellung hat das Landgericht jedoch nicht getroffen; sie lässt sich auch dem Gesamtzusammenhang der Urteilsgründe nicht entnehmen.

[5] Gleichwohl tragen die getroffenen Feststellungen (auch) eine Verurteilung des Angeklagten wegen räuberischer Erpressung, da er und N. den am Boden liegenden Geschädigten nach Fassung des nunmehr auf die Erlangung von Geld gerichteten gemeinschaftlichen Tatentschlusses „vom Boden hochzogen, einhakten und zu seiner Wohnung schleiften", mithin – wie bereits in der Anklageschrift zur Last gelegt – Gewalt im Sinne des § 255 StGB verübt haben. Es kommt daher nicht darauf an, dass sowohl der Angeklagte als auch der Geschädigte im Rahmen der Einlassung bzw. Zeugenaussage angegeben haben, „N. habe unterwegs weiter auf den Geschädigten eingeprügelt" bzw. „N. habe ihn auch auf dem Weg zur Wohnung nochmals geschlagen", ohne dass das Landgericht dies ausdrücklich festgestellt hat.

[6] Es beschwert den Angeklagten nicht, dass das Landgericht eine Strafbarkeit wegen erpresserischen Menschenraubs gemäß § 239a Abs. 1 Alt. 1 StGB nicht in Erwägung gezogen hat.

346 Besteht ein durch die Täter konkludent angedrohtes empfindliches Übel nach den Feststellungen in unmittelbar drohenden körperlichen Übergriffen, somit einer gegenwärtigen Gefahr für Leib oder Leben, liegt eine **räuberische Erpressung** gemäß § 253 Abs. 1, § 255 StGB vor. Darauf, ob die Täter die Drohung erforderlichenfalls hätten verwirklichen wollen, kommt es nicht an.[374]

[3] 2. Die Überprüfung des Urteils hat im verbleibenden Umfang keinen Rechtsfehler zum Nachteil des Angeklagten ergeben; allerdings war der Schuldspruch zu korrigieren (§ 354 Abs. 1 analog StPO).

[4] Hinsichtlich des als Erpressung abgeurteilten Falles hat das Landgericht festgestellt, dass der Beschwerdeführer in den frühen Morgenstunden des 19. Oktober 2013 mit den Mitangeklagten R. E. und O. durch das Aufbrechen einer Tür in das Wohnhaus eines Ehepaares gelangt war, um das Gebäude gemäß einer zwischen ihnen bestehenden Bandenabrede nach Wertgegenständen zu durchsuchen. Als sie im Schlafzimmer auf die schlafenden Eheleute trafen, forderten sie die

[374] BGH, Beschluss vom 18.03.2015 – 3 StR 595/14.

Herausgabe von Geld, wozu der Ehemann unter dem Eindruck des Auftretens der Täter mit zweien von ihnen in die Küche ging und diesen 45 € aushändigte, während der dritte bei der Ehefrau im Schlafzimmer zurückblieb. Aufgrund ihres Auftretens „waren sich alle drei Angeklagten bewusst, dass sie auf die gerade erwachten Eheleute W. in deren eigenem Schlafzimmer im Hinblick auf deren körperliche Integrität bedrohlich und einschüchternd wirken würden. Diesen Umstand machten sie sich absichtsgemäß zu Nutze".

[5] Diese – rechtsfehlerfrei getroffenen – Feststellungen belegen entgegen der Ansicht des Landgerichts nicht nur eine Erpressung im Sinne des § 253 Abs. 1 StGB, sondern eine räuberische Erpressung gemäß § 253 Abs. 1, § 255 StGB. Denn das durch die Täter konkludent angedrohte empfindliche Übel bestand nach den Feststellungen in unmittelbar drohenden körperlichen Übergriffen, somit einer gegenwärtigen Gefahr für Leib oder Leben. Darauf, ob die Täter die Drohung erforderlichenfalls hätten verwirklichen wollen, kommt es nicht an (vgl. S/S-Eser/Bosch, StGB, 29. Aufl., § 249 Rn. 5).

[6] Des Weiteren erfüllte der Angeklagte auch das Qualifikationsmerkmal des § 250 Abs. 1 Nr. 2 StGB. Dass das Landgericht keine Feststellungen dazu getroffen hat, ob die Täter übereingekommen waren, über den Einzelfall hinaus auch zukünftig Wertgegenstände durch den Einsatz von Nötigungsmitteln zu erlangen, steht dem nicht entgegen. Denn nach dem eindeutigen Wortlaut der Norm genügt es, dass der Raub oder – aufgrund der Verweisung des § 255 StGB – die räuberische Erpressung durch Mitglieder einer Bande begangen werden, die sich zur fortgesetzten Begehung von Diebstahl verbunden hat (vgl. Lackner/Kühl, StGB, 28. Aufl., § 250 Rn. 2). Einer Erweiterung der Bandenabrede auf die zukünftig wiederholte Begehung von Raub- bzw. räuberischen Erpressungstaten bedarf es nicht (wohl anders, indes nicht tragend: BGH, Beschluss vom 13. April 1999 – 1 StR 77/99, NStZ 1999, 454; NK-StGB-Kindhäuser, 4. Aufl., § 250 Rn. 16). Es genügt vielmehr, dass sich die konkrete Tat als eine solche einer Diebesbande darstellt, mithin an ihrer Begehung mindestens zwei Bandenmitglieder beteiligt sind. Dies war vorliegend der Fall.

[7] Darauf, dass der vom Landgericht angenommene besonders schwere Fall der Erpressung mit Blick auf eine Bandenbegehung von den Feststellungen nicht getragen würde, da § 253 Abs. 4 StGB anders als § 250 Abs. 1 Nr. 2 StGB eine auf die wiederholte Begehung gerade von Erpressungen abzielende Bandenabrede erforderlich macht, kommt es mithin nicht an.

[8] Der Senat hat den Schuldspruch entsprechend geändert. § 265 Abs. 1 StPO stand dem nicht entgegen, da dem Revisionsführer mit der Anklage eine schwere räuberische Erpressung gemäß §§ 253, 255, 250 Abs. 1 Nr. 2 StGB zur Last gelegt worden war. Im Übrigen hat der Senat den Schuldspruch neu gefasst; denn weder die gemeinschaftliche Begehungsweise noch das Vorliegen besonders schwerer Fälle ist in den Urteilstenor aufzunehmen (vgl. BGH, Beschluss vom 12. Oktober 1977 – 2 StR 410/77, BGHSt 27, 287, 289).

Eine Verurteilung wegen **räuberischer Erpressung** erfordert die Absicht des Täters, **347**
sich oder einen Dritten zu Unrecht zu bereichern. Diese Tatbestandsvoraussetzung deckt sich mit der beim Betrug vorausgesetzten Bereicherungsabsicht. Sie setzt nach dem wirtschaftlichen Vermögensbegriff voraus, dass der erstrebte Vorteil aus der Sicht des Täters zu einer objektiv günstigeren Gestaltung der Vermö-

genslage führen soll. Die erstrebte Vermögensverschiebung geschieht zu Unrecht, wenn dem Täter kein Anspruch auf die geforderte Leistung zusteht. Ob dies der Fall ist, bestimmt sich nach zivilrechtlichen Maßstäben. Dass der Anspruch mit Nötigungsmitteln durchgesetzt werden sollte, macht den erstrebten Vermögensvorteil noch nicht rechtswidrig.[375]

[9] Die Revision der Angeklagten ist begründet, soweit das Landgericht sie im Fall 1 der Urteilsgründe wegen besonders schwerer räuberischer Erpressung in Tateinheit mit gefährlicher Körperverletzung und im Fall 38 wegen unerlaubten Handeltreibens mit Betäubungsmitteln in nicht geringer Menge verurteilt hat. Mit der Aufhebung der Verurteilung in diesen Fällen entfällt der Ausspruch über die Gesamtfreiheitsstrafe. Die weitergehende Revision ist aus den vom Generalbundesanwalt in seiner Antragsschrift genannten Gründen unbegründet im Sinne von § 349 Abs. 2 StPO.

[10] 1. Das Landgericht hat in der gewaltsamen Nötigung des Geschädigten B. zum Verzicht auf die Rückerstattung der Anzahlung auf den Kaufpreis für das Motorrad in Höhe von 3.000 Euro einen Fall der besonders schweren räuberischen Erpressung gesehen. Mangels wirksamer Vereinbarung über die Abstandssumme habe die Angeklagte keinen Anspruch auf Zahlung von 3.000 Euro gehabt.

[11] Eine Verurteilung wegen räuberischer Erpressung erfordert die Absicht des Täters, sich oder einen Dritten zu Unrecht zu bereichern. Diese Tatbestandsvoraussetzung deckt sich mit der beim Betrug vorausgesetzten Bereicherungsabsicht. Sie setzt nach dem wirtschaftlichen Vermögensbegriff voraus, dass der erstrebte Vorteil aus der Sicht des Täters zu einer objektiv günstigeren Gestaltung der Vermögenslage führen soll. Die erstrebte Vermögensverschiebung geschieht zu Unrecht, wenn dem Täter kein Anspruch auf die geforderte Leistung zusteht. Ob dies der Fall ist, bestimmt sich nach zivilrechtlichen Maßstäben. Dass der Anspruch mit Nötigungsmitteln durchgesetzt werden sollte, macht den erstrebten Vermögensvorteil noch nicht rechtswidrig. Stellt sich der Täter für die erstrebte Bereicherung eine Anspruchsgrundlage vor, die in Wirklichkeit nicht besteht, handelt er in einem Tatbestandsirrtum im Sinne von § 16 Abs. 1 Satz 1 StGB (vgl. BGH, Urteil vom 7. August 2003 – 3 StR 137/03, BGHSt 48, 322, 328).

[12] Hätte die Angeklagte demnach in der zumindest laienhaften Vorstellung gehandelt, sie habe einen Anspruch auf Zahlung von 3.000 Euro gegen den Geschädigten B., so hätte sie nicht mit der Absicht einer ungerechtfertigten Bereicherung gehandelt. Angesichts der festgestellten Vereinbarung eines Einbehalts von zehn Prozent und des Dissenses über die Ausgangssumme kam vielmehr ein Tatbestandsirrtum in Betracht, den das Landgericht nicht geprüft hat.

[13] Der Erörterungsmangel zwingt zur Aufhebung der Verurteilung im Fall 1, auch bezüglich der für sich genommen rechtsfehlerfreien Annahme einer tateinheitlich begangenen gefährlichen Körperverletzung.

348 1. Das Tatbestandsmerkmal „bei der Tat“ bezieht sich auf die **finale Verknüpfung von Gewalt und Vermögensverfügung**, durch die die Erpressungsdelikte geprägt sind. Es ist nur dann erfüllt, wenn die schwere körperliche Misshandlung zur Er-

---

[375] BGH, Beschluss vom 14.01.2015 – 2 StR 352/14.

zwingung der Vermögensverfügung oder zumindest zur Sicherung der Beute verübt wird.

2. Ein schlichter räumlich-zeitlicher Zusammenhang zwischen einer räuberischen Erpressung und einer schweren Misshandlung genügt hierfür hingegen nicht.

3. Dies gilt sowohl in dem Fall, in dem die Misshandlung der Erpressung unmittelbar nachfolgt, als auch dann, wenn sie ihr unmittelbar vorangeht.[376]

[2] 1. Das Urteil hat keinen Bestand, soweit der Angeklagte tateinheitlich wegen besonders schwerer räuberischer Erpressung verurteilt worden ist. Die Urteilsfeststellungen belegen nicht, dass der Angeklagte die Geschädigte bei der Tat im Sinne von § 250 Abs. 2 Nr. 3 Buchst. a StGB körperlich schwer misshandelte.

[3] a) Nach den Feststellungen forderte der Angeklagte – nachdem er die Geschädigte unter Verwirklichung des Qualifikationstatbestandes des § 177 Abs. 4 Nr. 2 Buchst. a StGB vergewaltigt hatte – diese „in Kenntnis, dass sie noch unter dem Eindruck der vorangegangenen Gewalteinwirkung stand", auf, ihm ihre Handtasche zu geben. „Aus Angst vor weiteren Schlägen übergab die Zeugin ihre Handtasche", in der sich unter anderem Geld und ein Mobiltelefon befand, die der Angeklagte mitnahm, um sie für sich zu behalten.

[4] b) Dies belegt nicht, dass der Angeklagte die Geschädigte im Sinne von § 250 Abs. 2 Nr. 3 Buchst. a StGB bei der begangenen räuberischen Erpressung körperlich schwer misshandelte. Das Tatbestandsmerkmal „bei der Tat" bezieht sich auf die finale Verknüpfung von Gewalt und Vermögensverfügung, durch die die Erpressungsdelikte geprägt sind. Es ist daher nur dann erfüllt, wenn die schwere körperliche Misshandlung zur Erzwingung der Vermögensverfügung oder zumindest zur Sicherung der Beute verübt wird. Ein schlichter räumlich-zeitlicher Zusammenhang zwischen einer räuberischen Erpressung und einer schweren Misshandlung genügt hierfür hingegen nicht (vgl. BGH, Urteil vom 25. März 2009 – 5 StR 31/09, BGHSt 53, 234, 236f.). Dies gilt sowohl in dem Fall, in der die Misshandlung der Erpressung unmittelbar nachfolgt, als auch dann, wenn sie ihr – wie hier – unmittelbar vorangeht (vgl. auch BGH, Beschluss vom 16. Juli 2009 – 4 StR 241/09, NStZ 2010, 150 zu § 177 Abs. 4 Nr. 2 Buchst. a StGB).

In Fällen, in denen sich der **Angriff nur gegen ein Opfer** richtet, tritt versuchte besonders schwere räuberische Erpressung nach §§ 255, 250 Abs. 2 Nr. 1 StGB hinter die vollendete schwere räuberische Erpressung gemäß §§ 255, 250 Abs. 1 Nr. 1a StGB zurück. Gleiches gilt im Verhältnis zur vollendeten schweren räuberischen Erpressung gemäß §§ 255, 250 Abs. 1 Nr. 1b StGB.[377] **349**

Die räuberische Erpressung kann durch eine ausdrücklich **ausgesprochene Drohung** des Täters mit gegenwärtiger Gefahr für Leib oder Leben gegenüber dem Geschädigten erfolgen, aber auch durch **schlüssiges Verhalten**. Erforderlich ist insoweit, dass der Täter die Gefahr für Leib oder Leben deutlich in Aussicht stellt, sie also durch ein bestimmtes Verhalten genügend erkennbar macht. Es genügt dagegen nicht, wenn das Opfer nur erwartet, der Täter werde es an Leib **350**

[376] BGH, Beschluss vom 30.06.2015 – 3 StR 193/15.
[377] BGH, Beschluss vom 25.03.2015 – 4 StR 612/14.

oder Leben schädigen. Das **bloße Ausnutzen der Angst eines Opfers** vor einer Gewaltanwendung enthält für sich genommen **noch keine Drohung.**[378]

351 In Fällen des **subjektiven Schadenseinschlags** ist bei der Schadensfeststellung der in dem Erlangten enthaltene Gegenwert kompensatorisch zu berücksichtigen, den der Geschädigte mit zumutbarem Einsatz realisieren konnte. Auf die Vorstellungen, Wünsche oder Absichten des Geschädigten kommt es insoweit nicht an.[379]

[2] Nach den Feststellungen des Landgerichts nötigten die beiden Angeklagten das Tatopfer, den Inhaber eines italienischen Restaurants, durch (konkludente) Drohung mit einer gegenwärtigen Gefahr für Leib oder Leben dazu, ihnen 20 Kartons Wein zu einem Preis von 450 € abzukaufen, obwohl er dies nicht wollte. Feststellungen zum objektiven Wert des verkauften Weines oder zum etwaigen Erlös aus dessen Verkauf hat die Strafkammer nicht getroffen. Sie ist davon ausgegangen, dass – unabhängig hiervon – nach den Grundsätzen des persönlichen Schadenseinschlags ein Vermögensnachteil für das Tatopfer in Höhe des gesamten Kaufpreises entstanden sei. Ein vom Täter zum Kauf einer Ware genötigtes Erpressungsopfer sei auch dann geschädigt, wenn es für die Ware keine sinnvolle Verwendung habe oder sie auch nur nicht verwenden wolle.

[3] Die Annahme eines Vermögensnachteils begegnet durchgreifenden rechtlichen Bedenken. Zwar kann grundsätzlich – unabhängig davon, welchen objektiven Wert eine dem Opfer zugeflossene Gegenleistung hat und ob dadurch im Rahmen der vorzunehmenden Gesamtsaldierung die durch die eigenen Aufwendungen bewirkte Minderung des Vermögens ausgeglichen wird -ein Schaden nach den Grundsätzen des subjektiven oder individuellen Schadenseinschlags angenommen werden (zur verfassungsrechtlichen Zulässigkeit im Allgemeinen BVerfG NJW 2013, 365). Dies kommt nach der Rechtsprechung insbesondere in Betracht, wenn dem Opfer Mittel entzogen werden, die für die ordnungsgemäße Erfüllung seiner sonstigen Verbindlichkeiten sowie für eine angemessene Wirtschafts- und Lebensführung unerlässlich sind, das Opfer zu weiteren vermögensschädigenden Maßnahmen genötigt wird oder das Opfer die Gegenleistung nicht oder nicht in vollem Umfang zu dem vertraglich vorausgesetzten Zweck oder in anderer zumutbarer Weise verwenden kann (st. Rspr.; BGHSt 16, 321, 331; 23, 300, 301). Anhaltspunkte dafür, dass eine dieser Fallgestaltungen anzunehmen sein könnte, lassen sich den Urteilsgründen nicht entnehmen; vielmehr spricht nach der Lebenserfahrung eher Einiges dafür, dass das Opfer den ihm aufgezwungenen Wein im Rahmen seines Restaurantbetriebs weiterveräußert und dadurch Einnahmen erzielt hat, die als Kompensation bei der Nachteilsfeststellung zu berücksichtigen gewesen wären (vgl. BGH StV 1996, 33).

[4] Soweit das Landgericht darüber hinaus meint, ein Fall des persönlichen Schadenseinschlags sei auch gegeben, wenn das Opfer die ihm aufgezwungene Ware nicht verwenden wolle (so auch Eser/Bosch, in Schönke/Schröder, StGB, 29. Aufl., § 253 Rn. 9), trägt auch dies die Annahme eines Vermögensnachteils nicht. Die Strafkammer hat zwar festgestellt, dass das Tatopfer den Wein ursprünglich nicht käuflich erwerben wollte und insoweit durch eine (konkludente) Drohung zu einer nicht gewünschten Handlung genötigt worden ist. Sie hat aber nicht – was

378 BGH, Urteil vom 11.03.2015 – 2 StR 323/14.
379 BGH, Beschluss vom 11.06.2015 – 2 StR 186/15.

darüber hinaus für die Annahme eines Nachteils erforderlich gewesen wäre – belegt, dass der Geschädigte diesen Wein nach dem aufgezwungenen Erwerb auch nicht etwa im Rahmen seines Geschäftsbetriebs verwenden oder anderweit veräußern wollte. Insoweit fehlt es schon am Nachweis der tatsächlichen Voraussetzungen für die vom Landgericht angenommene Fallgruppe.

[5] Im Übrigen stünde der Annahme eines so begründeten Vermögensnachteils Rechtsprechung des Bundesgerichtshofs entgegen, die in Fällen subjektiven Schadenseinschlags verlangt, bei der Schadensfeststellung den in dem Erlangten enthaltenen Gegenwert kompensatorisch zu berücksichtigen, den der Geschädigte mit zumutbarem Einsatz realisieren konnte (vgl. zuletzt mwN BGH StV 2011, 728). Auf die Vorstellungen, Wünsche oder Absichten des Geschädigten kommt es insoweit nicht an. Betrug schützt wie auch Erpressung nicht die Dispositionsfreiheit, sondern das Vermögen; deshalb ist eine wirtschaftliche Betrachtungsweise geboten, die es ausschließt, die Annahme eines Nachteils allein auf den Umstand zu stützen, der Geschädigte wolle die aufgezwungene Ware – obwohl er es in zumutbarer Weise könnte – nicht verwenden oder weiterveräußern.

18. Strafvereitelung – § 258 StGB

In Bezug auf die Tathandlung und den Vereitelungserfolg ist bei der Strafvereitelung nach § 258 Abs. 1 StGB **direkter Vorsatz** („absichtlich oder wissentlich") erforderlich, wohingegen **bedingter Vorsatz** hinsichtlich der Kenntnis der Vortat ausreicht. Nicht erforderlich ist hierbei eine genaue Vorstellung in rechtlicher oder tatsächlicher Hinsicht.[380] 352

[11] 1. Die Begründung, mit der das Landgericht die Annahme einer versuchten Strafvereitelung gemäß § 258 Abs. 1 und 4, §§ 22, 23 Abs. 1 StGB verneint hat, hält rechtlicher Überprüfung nicht stand.

[12] a) Die Erwägungen zur inneren Tatseite lassen besorgen, dass die Strafkammer bei der Bewertung des Beweisergebnisses teilweise von einem unzutreffenden Maßstab ausgegangen ist.

[13] aa) Der Tatbestand eines versuchten Delikts verlangt in subjektiver Hinsicht (Tatentschluss) das Vorliegen einer vorsatzgleichen Vorstellung, die sich auf alle Umstände des äußeren Tatbestandes bezieht. Bei der Strafvereitelung nach § 258 Abs. 1 StGB ist dabei in Bezug auf die Tathandlung und den Vereitelungserfolg direkter Vorsatz („absichtlich oder wissentlich") erforderlich, während für die Kenntnis der Vortat bedingter Vorsatz ausreicht (vgl. BGH, Urteil vom 19. Mai 1999 – 2 StR 86/99, BGHSt 45, 97, 100; Fischer, StGB, 62. Aufl., § 258 Rn. 33; Walter in: LK-StGB, 12. Aufl., § 258 Rn. 112f. mwN). Eine genaue Vorstellung in rechtlicher oder tatsächlicher Hinsicht ist dabei nicht erforderlich (vgl. Jahn in: SSW-StGB, 2. Aufl., § 258 Rn. 29). Die subjektiven Voraussetzungen für die Annahme einer versuchten Strafvereitelung liegen daher vor, wenn der Täter es – ungeachtet fortbestehender Zweifel – nur für möglich gehalten hat, dass eine Straftat begangen worden ist und die von ihm daraufhin ins Auge gefasste Handlung darauf abzielt, für den Fall, dass tatsächlich eine Straftat vorliegt, eine Bestrafung

380 BGH, Urteil vom 10.09.2015 – 4 StR 151/15.

des Vortäters zumindest für geraume Zeit zu verhindern (vgl. RG, Urteil vom 19. November 1920 – II 1176/20, RGSt 55, 126 zu § 257 StGB aF).

[14] bb) Diese Abstufung der Vorsatzformen hat das Landgericht nicht erkennbar beachtet. Seine Wendung, dass „der für § 258 Abs. 1 StGB erforderliche (direkte) Vorsatz zur Strafvereitelung nicht feststellbar" sei, weil die Einlassung des Angeklagten, kein strafrechtsrelevantes Verhalten gesehen zu haben, nicht widerlegt werden könne, legt nahe, dass das Landgericht auch in Bezug auf die Kenntnis von der Vortat angenommen hat, es müsse ein direkter Vorsatz nachweisbar sein. Da die Strafkammer nicht positiv festzustellen vermochte, dass der Angeklagte „kein strafrechtsrelevantes Verhalten gesehen" hat, sondern sich lediglich nicht in der Lage sah, die für eine Verurteilung erforderliche „sichere Überzeugung" vom Vorliegen des zuvor von ihm geforderten direkten Vorsatzes zu gewinnen, vermag der Senat nicht auszuschließen, dass die Strafkammer zu einem anderen Ergebnis gelangt wäre, wenn sie das Beweisergebnis unter der zutreffenden Prämisse (ob der Angeklagte eine Straftat des Dr. K. im Zusammenhang mit dem angezeigten Sachverhalt für möglich gehalten hat) bewertet hätte.

[15] b) Außerdem hat das Landgericht in diesem Zusammenhang nicht erkennbar bedacht, dass eine Strafbarkeit des Angeklagten wegen versuchter Strafvereitelung selbst dann in Betracht kommen kann, wenn er die Begehung einer Vortat nur irrtümlich für möglich gehalten hat. In diesem Fall läge lediglich ein untauglicher Versuch vor (vgl. BGH, Urteil vom 11. November 1960 – 4 StR 402/60, BGHSt 15, 210 zur Begünstigung im Amt gemäß § 346 StGB aF; Walter in: LK-StGB, 12. Aufl., § 258 Rn. 143 f.; Jahn in: SSW-StGB, 2. Aufl., § 258 Rn. 30; Fischer, StGB, 62. Aufl., § 258 Rn. 37 mwN).

19. Hehlerei – § 259 StGB

353 Ist Giralgeld sowohl aus rechtmäßigen Zahlungseingängen als auch aus von § 261 Abs. 1 Satz 2 StGB erfassten Straftaten hervorgegangen, handelt es sich dabei insgesamt um einen „Gegenstand", der **aus Vortaten „herrührt"**, wenn der aus diesen stammende Anteil bei wirtschaftlicher Betrachtungsweise nicht völlig unerheblich ist.[381]

[3] 1. Die auf fehlerfreien Feststellungen beruhende Verurteilung der Angeklagten wegen 21 Fällen der Geldwäsche gemäß § 261 Abs. 2 Nr. 2 StGB in der Tatvariante des „Verwendens" (Fälle C.II.2. der Urteilsgründe; Taten 129–149) weist keine Rechtsfehler zu ihrem Nachteil auf.

[4] a) Bei den jeweiligen Guthaben auf dem Konto bei der V. eG, deren Inhaber die Angeklagten gemeinschaftlich waren, handelte es sich im Tatzeitraum zwischen Juli 2007 und April 2009 insgesamt um einen „Gegenstand" im Sinne von § 261 Abs. 1 Satz 1 StGB, der aus von dem Angeklagten gewerbsmäßig begangenen Straftaten jeweils tateinheitlicher Untreue und Betruges herrührte (§ 261 Abs. 1 Satz 2 Nr. 4a StGB). Gegenstand ist jeder Vermögensgegenstand, der seinem Inhalt nach bewegliche oder unbewegliche Sachen oder Rechte umfasst (vgl. Fischer, StGB, 62. Aufl., § 261 Rn. 6; Neuheuser in Münchener Kommentar zum

[381] BGH, Beschluss vom 20.05.2015 – 1 StR 33/15.

StGB, 2. Aufl., Band 4, § 261 Rn. 29 mwN; näher Voß, Die Tatobjekte der Geldwäsche, 2007, S. 16ff.). Dazu gehört Buchgeld ebenso wie Forderungen im Allgemeinen (Neuheuser aaO mwN; siehe auch BT-Drucks. 12/989 S. 27 li. Sp.).

[5] Der Tatobjektseigenschaft der gesamten Guthaben steht nicht entgegen, dass diese im genannten Tatzeitraum sowohl aus rechtmäßigen Zahlungseingängen als auch aus den Untreue- und Betrugsstraftaten des Angeklagten resultierten. Jedenfalls bei den von dem Landgericht festgestellten Anteilen des Zuflusses aus deliktischen Quellen zwischen 5,9% bis ca. 35% in den Jahren 2007 bis 2009 war das jeweilige Giralgeld insgesamt ein aus Straftaten nach § 261 Abs. 1 Satz 2 StGB stammender Gegenstand. Es bedarf daher vorliegend keiner Festlegung, ob es in Fällen der Vermischung von Mitteln aus rechtmäßigen und unrechtmäßigen Quellen einer Mindestquote des deliktischen Anteils bedarf (so etwa Barton NStZ 1993, 159, 163f.; Leip/Hardtke wistra 1997, 281, 283; Leip, Der Straftatbestand der Geldwäsche, 2. Aufl., S. 108–110), um insgesamt von einem tauglichen Tatobjekt der Geldwäsche ausgehen zu können.

[6] Der Senat folgt damit einer in der Rechtsprechung (OLG Karlsruhe, Beschluss vom 20. Januar 2005 – 3 Ws 108/04, NJW 2005, 767, 769) und in der Strafrechtswissenschaft (etwa Schmidt/Krause in Leipziger Kommentar zum StGB, 12. Aufl., Band 8, § 261 Rn. 12; Altenhain in Nomos Kommentar zum StGB, 4. Aufl., Band 3; § 261 Rn. 76f.; siehe auch Neuheuser aaO Rn. 55f.; krit. Voß aaO S. 50–52) vielfach vertretenen Auffassung. Danach kommt es in Fällen der Vermischung im Grundsatz lediglich darauf an, dass der aus Vortaten herrührende Anteil bei wirtschaftlicher Betrachtung nicht völlig unerheblich ist. Dafür spricht sowohl die Auslegung des § 261 Abs. 1 StGB anhand der Entstehungsgeschichte als auch der mit der Strafvorschrift verfolgte Zweck (ebenso Altenhain aaO § 261 Rn. 76). Aus den Gesetzesmaterialien im Zuge der Einführung des § 261 StGB ist die Vorstellung der am Gesetzgebungsverfahren Beteiligten deutlich abzulesen, Vermögensgegenstände, die aus einer Vermischung von Mitteln aus legalen und illegalen Quellen entstanden sind, insgesamt als Gegenstände anzusehen, die aus einer Straftat herrühren (BT-Drucks. 12/3533 S. 12 re.Sp. mit dem dortigen Beispiel). Diese Vorstellung hat in den sprachlich weiten Begriffen „Gegenstand“ und „herrührt“ hinreichend deutlich Ausdruck gefunden (siehe zur Wortbedeutung „herrühren“ bereits Senat, Beschluss vom 18. Februar 2009 – 1 StR 4/09, BGHSt 53, 205, 208 – 210 Rn. 12–15). Der Zweck des Geldwäschetatbestandes, das Einschleusen von Vermögensgegenständen aus bestimmten Kriminalitätsformen in den legalen Finanz- und Wirtschaftskreislauf zu verhindern (BT-Drucks. 12/989 S. 26 li. Sp.), spricht ebenfalls für eine Einbeziehung von Vermischungskonstellationen in den Kreis gemäß § 261 Abs. 1 StGB tauglicher Tatobjekte (ebenso OLG Karlsruhe aaO, Altenhain aaO; insoweit auch Neuheuser aaO; Leip/Hardtke wistra 1997, 281, 284). Die notwendige Begrenzung (vgl. BT/Drucks. 12/989 S. 27 li. Sp.) erfolgt, indem der aus deliktischen Quellen stammende Anteil nicht lediglich völlig unerheblich sein darf. Das ist bei den hier festgestellten Quoten nicht der Fall.

[7] b) Die Feststellungen tragen die Annahme der Tathandlung des Verwendens i.S.v. § 261 Abs. 2 Nr. 2 StGB. Darunter fällt jeder bestimmungsgemäße Gebrauch des inkriminierten Gegenstandes (Neuheuser NStZ 2008, 492, 496 mwN). Das ist bei allen im Einzelnen durch das Landgericht festgestellten Verfügungen der Angeklagten über das jeweilige Guthaben auf dem Konto in Gestalt des Tätigens von Überweisungen (Taten 129, 132, 134, 136–139, 141–146, 148, 149), der

Barabhebung (Tat 130), der Erteilung von Ermächtigungen zum Lastschrifteneinzug (Taten 131 und 147) sowie der von Einzugsermächtigungen (Taten 133, 135 und 140) der Fall. Rechtsfehlerfrei hat der Tatrichter für das Lastschrifteinzugsverfahren und die Erteilung von Einzugsermächtigungen selbst dann nur eine Tathandlung der Angeklagten angenommen, wenn die Begünstigten mehrfach von der ihnen erteilten Ermächtigung (bei periodisch fällig werdenden Schulden; exemplarisch Tat 140) Gebrauch gemacht haben.

[8] c) Es bedarf keiner Entscheidung, ob die Angeklagte bezüglich der Taten 129–149 auch die Varianten des Verschaffens (§ 261 Abs. 2 Nr. 1 StGB) und des Verwahrens (§ 261 Abs. 2 Nr. 2 StGB; zu den Anforderungen BGH, Beschluss vom 26. Januar 2012 – 5 StR 461/11, NStZ 2012, 321, 322) der Geldwäsche verwirklicht hat und wie sich dies konkurrenzrechtlich zu den Tathandlungen des Verwendens (§ 261 Abs. 2 Nr. 2 StGB) verhalten hätte (vgl. dazu Neuheuser NStZ 2008, 492, 496). Dass das Landgericht die vorgenannten Varianten nicht angenommen hat, wirkt sich nicht zu Lasten der Angeklagten aus.

20. Betrug

■ TOPENTSCHEIDUNG

354 Die Forderung und Vereinbarung eines bestimmten, gegebenenfalls auch überhöhten Preises umfasst nicht ohne weiteres die konkludente Erklärung, die verkaufte Sache sei ihren Preis auch wert. Mit Rücksicht auf das Prinzip der **Vertragsfreiheit** ist **grundsätzlich kein Raum für die Annahme konkludenter Erklärungen** über die Angemessenheit oder Üblichkeit des Preises; es ist vielmehr Sache des Käufers, abzuwägen und sich zu entscheiden, ob er die geforderte Vergütung aufwenden will. Für den Verkäufer besteht bis zur Grenze der Sittenwidrigkeit und des Wuchers grundsätzlich auch keine Pflicht zur Offenlegung des Werts des Kaufobjektes, selbst wenn dieser erheblich unter dem geforderten Preis liegt.[382]

[13] 1. Soweit den Angeklagten vorgeworfen worden ist, die Erwerber der Eigentumswohnungen durch bewusst unzutreffende Berechnungen über die von ihnen zu tragenden monatlichen Belastungen, das Verschweigen erforderlicher Wohngeldzahlungen und/oder das Versprechen tatsächlich nicht geplanter Renovierungen der Wohnungen getäuscht zu haben, hat das Landgericht entsprechende Täuschungshandlungen aufgrund umfassender rechtsfehlerfreier Beweiswürdigung ausgeschlossen (UA S. 121 ff.). Dies wird auch durch die Staatsanwaltschaft nicht angegriffen.

[14] 2. Entgegen der Auffassung der Revision hat das Landgericht eine Täuschung durch (schlüssiges) Handeln geprüft und ausdrücklich verneint (UA S. 124). Seine Ansicht, dass die Forderung und Vereinbarung eines bestimmten, gegebenenfalls auch überhöhten Preises nicht ohne weiteres die konkludente Erklärung umfasse, die verkaufte Sache sei ihren Preis auch wert (UA S. 123), ist zutreffend (vgl. Cramer/Perron in Schönke/Schröder, StGB, 29. Aufl., § 263

382 BGH, Urteil vom 20.05.2015 – 5 StR 547/14.

Rn. 17c). Mit Rücksicht auf das Prinzip der Vertragsfreiheit ist grundsätzlich kein Raum für die Annahme konkludenter Erklärungen über die Angemessenheit oder Üblichkeit des Preises; es ist vielmehr Sache des Käufers, abzuwägen und sich zu entscheiden, ob er die geforderte Vergütung aufwenden will (Tiedemann in LK, 12. Aufl., § 263 Rn. 35 mwN). Für den Verkäufer besteht bis zur Grenze der Sittenwidrigkeit und des Wuchers grundsätzlich auch keine Pflicht zur Offenlegung des Werts des Kaufobjektes, selbst wenn dieser erheblich unter dem geforderten Preis liegt (BGH, Urteil vom 14. März 2003 – V ZR 308/02,NJW 2003, 1811, 1812 mwN). Im Regelfall muss der Verkäufer den Käufer auch nicht auf ein für diesen ungünstiges Geschäft hinweisen, sondern darf davon ausgehen, dass sich sein künftiger Vertragspartner im eigenen Interesse selbst über Art und Umfang seiner Vertragspflichten Klarheit verschafft hat (BGH aaO mwN).

[15] a) Es führt nach den hier gegebenen Umständen zu keinem anderen Ergebnis, dass die hohen Provisionsanteile, aus denen überdies vielfach den Käufern zugutekommende Zahlungen geleistet wurden, nicht offengelegt wurden. Denn auf der Grundlage der rechtsfehlerfreien Feststellungen erhöhten diese nicht die Kaufpreise der Wohnungen und hatten somit keine Auswirkungen auf die Rentabilität der Immobilien (vgl. zu den möglichen Auswirkungen überhöhter Innenprovisionen auf die Werthaltigkeit von Vermögensanlagen BGH, Urteile vom 7. März 2006 – 1 StR 379/05, BGHSt 51, 10; vom 12. Februar 2004 – III ZR 359/02, BGHZ 158, 110, 118, 121, und vom 14. März 2003 – V ZR 308/02 aaO). Die für die Eigentumswohnungen geforderten Preise beruhten auf Bewertungen der Banken, auf deren Grundlage diese festlegten, bis zu welchem Kaufpreis sie jeweils zur Finanzierung des Weiterverkaufs bereit waren (UA S. 11). Diese Preise wurden vom Angeklagten B. übernommen und den jeweiligen Wohnungsverkäufen zugrunde gelegt (UA S. 13, 124). Der Angeklagte nahm beim Weiterverkauf der Wohnungen keine Provisionsaufschläge auf die von den Banken ermittelten Kaufpreise vor (vgl. auch sein Vorgehen im Fall 18 der Anklage, UA S. 188). Ein kollusives Zusammenwirken des Angeklagten mit den kreditgewährenden Banken ist nicht festgestellt; hierfür bietet der Sachverhalt auch keinerlei konkrete Anhaltspunkte.

[16] b) Dass die jeweils mehrere Jahre nach dem Verkauf erfolgten Neubewertungen der Wohnungen jedenfalls nach den Angaben in der Anklageschrift in vielen Fällen deutlich niedriger ausfielen, kann auf vielfältige die Wertbildung beeinflussende Faktoren zurückzuführen sein und sagt über die Angemessenheit des ursprünglichen Kaufpreises nichts aus. Angesichts der in die Kaufpreiskalkulation übernommenen Bewertungen der finanzierenden Banken liegt ein sittenwidriges oder wucherisches Verhalten der Angeklagten fern. Demgemäß begründet die fehlende Mitteilung der Verkehrswerte der Wohnungen im Zeitpunkt ihres Verkaufs keinen Erörterungsmangel. Eine Aufklärungsrüge (§ 244 Abs. 2 StPO) hat die Revisionsführerin nicht erhoben.

PRAXISBEDEUTUNG ■

Die vorstehende Entscheidung korrigiert die aus Sach- und Rechtsgründen eher fragwürdige entscheidung des 1. Strafsenats vom 08.10.2014 – 1 StR 359/13, angesichts deren Sachverhalts es näher gelegen hätte, die Strafbarkeit der „getäuschten" Käufer wegen Beihilfe zum Betrug zu Lasten der tatsächlich getäuschten Banken zu prüfen!

■ TOPENTSCHEIDUNG

355 Die Verurteilung eines Angeklagten wegen Betruges bzw. Beihilfe dazu kann schon keinen Bestand haben, weil der Tatrichter es versäumt hat, in rechtlich nachprüfbarer Weise festzustellen, durch welche konkreten Einzelhandlungen der Angeklagte in den jeweiligen Fällen die **gesetzlichen Merkmale des objektiven und des subjektiven Tatbestandes** des § 263 StGB erfüllt hat.[383]

[11] Die Revisionen der Angeklagten haben jeweils mit der Sachrüge in vollem Umfang Erfolg. Einer Erörterung der von ihnen erhobenen Verfahrensrügen bedarf es daher nicht.

[12] Die Verurteilung der Angeklagten wegen tatmehrheitlich begangenen Betruges bzw. Beihilfe dazu kann schon deshalb keinen Bestand haben, weil das Landgericht es versäumt hat, in rechtlich nachprüfbarer Weise festzustellen, durch welche konkreten Einzelhandlungen die Angeklagten in den jeweiligen Fällen die gesetzlichen Merkmale des objektiven und des subjektiven Tatbestandes des § 263 StGB erfüllt haben.

[13] 1. Die Urteilsgründe müssen in einer geschlossenen, aus sich selbst heraus verständlichen Darstellung die für erwiesen erachteten konkreten Tatsachen angeben, in denen die gesetzlichen Merkmale der Straftat gefunden werden (§ 267 Abs. 1 Satz 1 StPO). Werden mehrere Angeklagte wegen mehrerer selbständiger Straftaten (§ 53 StGB) verurteilt, müssen die Gründe für jede Tat und in Bezug auf jeden deshalb verurteilten Angeklagten die erwiesenen Tatsachen so deutlich angeben, dass das Revisionsgericht nachprüfen kann, ob das Strafgesetz ohne Rechtsirrtum angewandt ist. Die Sachdarstellung darf nicht durch eine Tabelle mit pauschalen Angaben über die einzelnen Taten ersetzt werden, wenn daraus bei der einzelnen Tat weder die Modalitäten der jeweiligen Tatausführung und die Art des Tatbeitrags der einzelnen Mittäter noch die für die Strafzumessung erforderlichen Einzelheiten entnommen werden können (vgl. BGH, Beschluss vom 28. Oktober 2009 – 5 StR 171/09, NStZ-RR 2010, 54; LR-StPO/Stuckenberg, 26. Aufl., § 267 Rn. 41 mwN).

[14] 2. Diesen Anforderungen werden die Urteilsgründe nicht gerecht.

[15] a) Das Landgericht hat lediglich die allgemeinen Umstände der zunächst erfolglosen unternehmerischen Betätigung der Angeklagten, die in diesem Zusammenhang erfolgte Gründung der Firma N. Ltd. und die Funktion der einzelnen Angeklagten im Rahmen des von ihnen entwickelten Geschäftsmodells dargestellt, ebenso die Beschaffung der für den Weiterverkauf an die Werbekunden bestimmten Kraftfahrzeuge, den Inhalt des am 15. Oktober 2008 abgeschlossenen Vertrages mit der Firma Ad. sowie die auf den Abschluss der Kauf- und Werbeverträge bezogene allgemeine Geschäftsentwicklung. Feststellungen zur Beteiligung der Angeklagten an den ihnen zur Last gelegten Einzelfällen des Betruges enthalten die Urteilsgründe hingegen nicht. Die Strafkammer beschränkt sich insoweit auf eine tabellarische Übersicht, in der die Daten der abgeschlossenen Werbeverträge, die Namen und die Anschriften der Kunden aufgeführt sind. Zum Tatgeschehen enthält das Urteil lediglich die Formulierung, den Angeklagten sei

[383] BGH, Urteil vom 19.11.2015 – 4 StR 115/15.

ab Oktober 2008 bewusst gewesen, nennenswerte Umsätze mit den zunächst beworbenen Produkten der Firma N. Ltd. nicht erzielen zu können, weshalb sie zumindest damit rechneten und auch billigend in Kauf nahmen, dass dies auch in Zukunft nicht der Fall sein werde. Vor diesem Hintergrund hätten sie in bewusstem und gewolltem Zusammenwirken von Oktober 2008 bis Anfang 2010 in den in der Tabelle aufgeführten Fällen EU-Neufahrzeuge des genannten Typs zu deutlich über dem Marktpreis liegenden Preisen an die Geschädigten verkauft. Bei Abschluss der Verträge hätten „die Angeklagten" den Kunden jeweils versprochen, der Kaufpreis für das Fahrzeug werde vollständig durch die Werbeprovisionen zurückerstattet, obwohl ihnen klar gewesen sei, dass die von ihnen betriebene Firma N. Ltd. dazu auf Dauer nicht in der Lage sein würde.

[16] b) Diese Art der Sachdarstellung begegnet durchgreifenden rechtlichen Bedenken, weil völlig unklar bleibt, welche Fahrzeugkäufer durch welchen Angeklagten, wann und durch welche tatbestandlich relevanten Verhaltensweisen geschädigt wurden. Zwar stellen die einzelnen Vertragsabschlüsse für sich genommen selbständige Handlungen dar, die sich die Angeklagten, sofern der Betrugstatbestand erfüllt ist, nach den Grundsätzen der Mittäterschaft (§ 25 Abs. 2 StGB) zurechnen lassen müssten. Für die Frage des Vorliegens einer oder mehrerer Handlungen im Sinne der §§ 52, 53 StGB kommt es aber auf die eigenen Tatbeiträge der Angeklagten zu den jeweiligen Vertragsabschlüssen an. Nur soweit sie selbst die Käufer getäuscht oder sonst einen konkreten Beitrag zu dem jeweiligen Abschluss geleistet hätten, läge Tatmehrheit vor. Bestand ihr Tatbeitrag zum Abschluss der Kauf- und Werbeverträge aber lediglich in der Leitung und Organisation einer der beteiligten Gesellschaften, läge nur eine Tathandlung vor (vgl. Senatsurteil vom 19. Juli 2001 – 4 StR 65/01, wistra 2001, 378; Senatsbeschluss vom 18. Oktober 2007 – 4 StR 481/07, NStZ 2008, 352, 353; zum sog. uneigentlichen Organisationsdelikt vgl. ferner BGH, Urteil vom 17. Juni 2004 – 3 StR 344/03, BGHSt 49, 177; Beschluss vom 29. Juli 2009 – 2 StR 160/09, NStZ 2010, 103).

PRAXISBEDEUTUNG ■

Die vorliegende Entscheidung verdeutlicht die Verpflichtung des Tatrichters, auch im Rahmen von vielfach wiederholten und gleichartigen Betrugsfüllen dennoch eindeutige Feststellungen zu den Modalitäten der jeweiligen tatausführung und den jeweiligen Tatbeiträgen der Mittäter zu machen. Der wohl aus Vereinfachungsgründen teilweise gemachte Versuch, diese Sachverhaltsdarstellung einfach durch (aus den polizeilichen Ermittlungsberichten übernommenen) Tabellen zu ersetzen, reicht deshalb nicht aus. Jedenfalls ist zumindest die Einteilung solcher Taten in bestimmte Fallschilderungen, welche dann allerdings auch gruppiert werden können, erforderlich.

Im Falle eines **Eingehungsbetrugs** bedarf es einer ausreichenden Beschreibung und **356**
Bezifferung des täuschungsbedingten Vermögensschadens. Da speziell beim Eingehungsbetrug die Schadenshöhe entscheidend von der Wahrscheinlichkeit und vom Risiko eines zukünftigen Verlustes abhängt, setzt die Bestimmung eines (Mindest-) Schadens voraus, dass die Verlustwahrscheinlichkeit tragfähig eingeschätzt wird.[384]

[384] BGH, Beschluss vom 02.09.2015 – 5 StR 314/15.

[17] 3. Die Revision des Angeklagten führt zur Aufhebung des Schuldspruchs im Fall 1 sowie jeweils zur Aufhebung des Strafausspruchs in den Fällen 3, 5 und

[18] a) Im Fall 1 hält die Verurteilung des Angeklagten wegen Betruges bereits deshalb sachlicher-rechtlicher Prüfung nicht stand, weil das Landgericht den Betrugsvorsatz beweiswürdigungsrechtlich nicht hinreichend belegt (§ 261 StPO). Der Angeklagte hat sich dahin eingelassen, dass er im Fall 1 den Pkw zwar nicht in einer Summe habe bezahlen können, jedoch ausreichend Geld zur Verfügung gehabt habe, um die Anzahlung und die nachfolgenden Raten zahlen zu können. Seine Vermögensverhältnisse habe er aber nicht nachweisen können. Deshalb habe er zur Darstellung seiner Kreditwürdigkeit eine gefälschte Gehaltsbescheinigung bei Beantragung des Darlehens vorgelegt. Zu diesem Zeitpunkt habe er nicht vorgehabt, den Darlehensgeber zu betrügen; auf die Idee, das Fahrzeug als gestohlen zu melden, habe ihn erst später der Mitangeklagte H. gebracht.

[19] Diese Einlassung hat das Landgericht nicht widerlegt. Es geht selbst davon aus, dass der Angeklagte bei Vertragsabschluss über „erhebliche" Geldmittel ungeklärter Herkunft verfügte, so dass allein durch die Vorlage einer gefälschten Gehaltsbescheinigung bei erfolgter Tilgung der Raten über einen Zeitraum von 20 Monaten nicht ohne Weiteres auf einen Betrugsvorsatz geschlossen werden kann. Die Feststellung, dass der Angeklagte seit 2010 keiner regelmäßigen Erwerbstätigkeit nachging, jedoch im Zeitraum 2008 bis Oktober 2013 eine Vielzahl von Bareinzahlungen auf seine Konten vornahm, um Überweisungen zu ermöglichen, ist jedenfalls nicht geeignet, einen Betrugsvorsatz zu belegen. Entsprechendes gilt für die strafzumessungsrechtlich angestellte Erwägung, dass eine „Steigerung des Unrechts von Autokauf zu Autokauf (Fälle 1, 3, 5, 8)" stattgefunden habe. Denn die spätere Begehung ähnlicher Taten lässt keinen hinreichenden Schluss zu, dass das „System" bereits bei dem zeitlich vorgelagerten Fall 1 vom Angeklagten praktiziert wurde.

[20] b) In den Fällen 3, 5 und 8 – ebenso auch im Fall 1 – hält die Darstellung des eingetretenen Vermögensschadens rechtlicher Prüfung nicht stand.

[21] Unter Beachtung des Beschlusses des Bundesverfassungsgerichts vom 7. Dezember 2011 (BVerfGE 130, 1) bedarf es im Falle eines Eingehungsbetrugs einer ausreichenden Beschreibung und Bezifferung des täuschungsbedingten Vermögensschadens. Da speziell beim Eingehungsbetrug die Schadenshöhe entscheidend von der Wahrscheinlichkeit und vom Risiko eines zukünftigen Verlustes abhängt, setzt die Bestimmung eines (Mindest-)Schadens voraus, dass die Verlustwahrscheinlichkeit tragfähig eingeschätzt wird (vgl. BVerfGE aaO, S. 48 f.). Denn ist aufgrund der fehlenden Bonität des Schuldners und nicht ausreichender Sicherheiten konkret erkennbar, dass mit einem (teilweisen) Forderungsausfall zu rechnen ist, müssen gegebenenfalls Korrekturen – etwa entsprechend banküblicher Bewertungsansätze für Wertberichtigungen – vorgenommen werden, die ihrerseits ungeachtet der praktischen Schwierigkeiten ihrer Ermittlung auch im Rahmen der Schadensberechnung zugrunde gelegt werden können, ohne dass es auf den tatsächlichen Verlauf des Darlehensverhältnisses (noch) ankommt (vgl. auch BGH, Beschlüsse vom 13. April 2012 – 5 StR 442/11, BGHR StGB § 263 Abs. 1 Vermögensschaden 76; vom 4. Februar 2014 – 3 StR 347/13, StraFo 2014, 166; und vom 20. Mai 2014 – 4 StR 143/14, wistra 2014, 349).

[22] Gemessen daran erweist sich bereits die Schadensdarstellung des Landgerichts als unzureichend. Es geht wohl von einer schadensgleichen Vermögensge-

fährdung in Höhe der jeweiligen, in den Fällen 1, 3 und 5 überdies nicht bezifferten Darlehensbeträge aus. Ob hiervon die für den Autokauf geleisteten Anzahlungsbeträge in Abzug gebracht wurden, wird nicht mitgeteilt. Gleiches gilt für die – naheliegend zu bejahende – Frage, ob in den Fällen 1, 5 und 8 die Fahrzeuge an die M.-B. sicherungsübereignet wurden.

[23] Unzutreffend ist auch die Ansicht des Landgerichts, hinsichtlich der Höhe des Vermögensschadens allein auf die bei Beantragung des Darlehens vorgelegte gefälschte Gehaltsbescheinigung des jeweiligen Darlehensnehmers abstellen zu können, um einen Gefährdungsschaden in voller Höhe des Darlehensbetrages anzunehmen, weil der Rückzahlungsanspruch aufgrund des in Wahrheit nicht bestehenden Beschäftigungsverhältnisses nicht der vertraglich vorausgesetzten Werthaltigkeit entspreche. Der betrugsbedingte Vermögensschaden hätte vielmehr durch eine Bewertung des täuschungsbedingten Risikoungleichgewichts ermittelt werden müssen, für dessen Berechnung maßgeblich ist, ob und in welchem Umfang die das Darlehen ausreichende M.-B. ein höheres Ausfallrisiko trifft, als es bestanden hätte, wenn die risikobestimmenden Faktoren vom Darlehensnehmer zutreffend angegeben worden wären. In diesem Zusammenhang hätte auch die Werthaltigkeit etwaiger Sicherheiten – wie die Sicherungsübereignung der Fahrzeuge – in den Blick genommen und wirtschaftlich in Ansatz gebracht werden müssen.

PRAXISBEDEUTUNG ■

Gerade bei dem früher unter relativ einfach gehaltenen Sachverhaltsfeststellungen bejahten bedarf es, wie vorstehende Entscheidung näher darlegt, inzwischen zureichender Feststellungen, insbes. zum täuschungsbedingten vermögensschaden.

Hat ein Täter aufgrund einer falschen Schadensmeldung gegenüber seiner Versi- **357**
cherung von dieser bereits eine Abschlagszahlung erhalten, liegt ein **vollendeter Betrug** vor, hinter den der Versuch des Verlangens weiterer Zahlungen als subsidiär zurücktritt; das gilt auch hinsichtlich der Verfolgung der Forderung im Zivilprozessweg.[385]

1. Ein Apotheker, der am Abrechnungssystem der Krankenkassen teilnimmt, er- **358**
klärt bei den Abrechnungen **stillschweigend**, dass er bestehende sozialrechtliche Erstattungsansprüche für tatsächlich durchgeführte Apothekengeschäfte geltend macht.

2. Sind die bei den Krankenkassen eingereichten Rezepte gefälscht oder angekauft und ohne entsprechende Arzneimittelabgabe zur Abrechnung eingereicht worden, so liegt bei den monatlichen Sammelabrechnungen des Apothekers gegenüber den Krankenkassen jeweils eine Täuschungshandlung im Sinne von § 263 Abs. 1 StGB vor.

3. Bei Betrugsvorwürfen im Zusammenhang mit standardisierten, auf Massenerledigung angelegten Abrechnungsverfahren ist es nicht erforderlich, dass der jeweilige Mitarbeiter hinsichtlich jeder einzelnen geltend gemachten Position die

[385] BGH, Beschluss vom 10.11.2015 – 5 StR 463/15.

positive Vorstellung hatte, sie sei nach Grund und Höhe berechtigt; vielmehr genügt die stillschweigende Annahme, die ihm vorliegende Abrechnung sei insgesamt in Ordnung.[386]

[15] 2. Auch gegen die Verurteilung wegen Betrugs in vier Fällen bestehen keine durchgreifenden rechtlichen Bedenken.

[16] a) Bei den monatlichen Sammelabrechnungen des Angeklagten gegenüber den Krankenkassen lag jeweils eine Täuschungshandlung im Sinne von § 263 Abs. 1 StGB vor.

[17] Täuschungshandlung ist jede Einwirkung des Täters auf die Vorstellung des Getäuschten, die geeignet und dazu bestimmt ist, beim Adressaten der Erklärung eine Fehlvorstellung über tatsächliche Umstände hervorzurufen. Sie besteht in der Vorspiegelung falscher oder in der Entstellung oder Unterdrückung wahrer Tatsachen (vgl. BGH, Urteil vom 8. Oktober 2014 – 1 StR 359/13). Welchen Erklärungswert eine konkludent abgegebene Äußerung besitzt, beurteilt sich nach dem Empfängerhorizont und der Verkehrsanschauung (vgl. BGH, Beschluss vom 9. Juni 2009 – 5 StR 394/08, NJW 2009, 2900, 2901).

[18] Ein Apotheker, der am Abrechnungssystem der Krankenkassen teilnimmt, erklärt bei den Abrechnungen stillschweigend, dass er bestehende sozialrechtliche Erstattungsansprüche für tatsächlich durchgeführte Apothekengeschäfte geltend macht (vgl. BGH, Urteil vom 4. September 2012 – 1 StR 534/11, Rn. 46; Urteil vom 10. Dezember 2014 – 5 StR 405/13, Rn. 11). Die entsprechende Erklärung des Angeklagten war in den Fällen, die seiner Verurteilung zu Grunde liegen, falsch, weil die eingereichten Rezepte gefälscht oder angekauft waren und ohne entsprechende Arzneimittelabgabe zur Abrechnung eingereicht wurden.

[19] Die Einschaltung der A. GmbH führte in diesem Zusammenhang nur dazu, dass die jeweilige Tat vom Angeklagten in mittelbarer Täterschaft begangen wurde. Sie ändert nichts am Erklärungswert der an die Krankenkassen weitergereichten Abrechnungen.

[20] b) Das Landgericht ist aufgrund der Besonderheiten des Abrechnungssystems zutreffend davon ausgegangen, dass die Mitarbeiter der Krankenkassen im Hinblick auf die Erklärungen des Angeklagten bei den monatlichen Sammelabrechnungen jeweils einem Irrtum unterlagen.

[21] Bei Betrugsvorwürfen im Zusammenhang mit standardisierten, auf Massenerledigung angelegten Abrechnungsverfahren ist es nicht erforderlich, dass der jeweilige Mitarbeiter hinsichtlich jeder einzelnen geltend gemachten Position die positive Vorstellung hatte, sie sei nach Grund und Höhe berechtigt; vielmehr genügt die stillschweigende Annahme, die ihm vorliegende Abrechnung sei insgesamt in Ordnung. Daher setzt ein Irrtum auch nicht voraus, dass tatsächlich eine Überprüfung der Abrechnungen im Einzelfall durchgeführt wurde (BGH, Beschluss vom 25. Januar 2012 – 1 StR 45/11, BGHSt 57, 95, 100).

[22] Für die Annahme eines täuschungsbedingten Irrtums ist es deshalb ausreichend, dass ein sachgedankliches Mitbewusstsein der Krankenkassenmitarbeiter vorlag, das die Annahme einschloss, allen Abrechnungen des Angeklagten hätten

---

[386] BGH, Urteil vom 12.02.2015 – 2 StR 109/14; siehe hierzu auch Urteil vom 10.12.2014 – 5 StR 136/14.

tatsächlich von Apothekenkunden als Kassenpatienten eingereichte Rezepte und entsprechende Arzneimittelabgaben in der Apotheke zu Grunde gelegen. Nur dafür ist das Abrechnungssystem des Apothekerverbandes vorgesehen. Es ist auf das Vertrauen gestützt, dass die Apotheker keine gefälschten oder angekauften Rezepte zur Abrechnung tatsächlich nicht durchgeführter Medikamentenabgaben einreichen. Der Fall der Rezeptfälschung oder sonstigen Rezeptabrechnung ohne Arzneimittelabgabe stellt die Berechtigung des geltend gemachten sozialrechtlichen Erstattungsanspruchs grundlegend in Frage.

[23] Weil es um das grundsätzliche Mitbewusstsein der Geltendmachung eines tatsächlich bestehenden sozialrechtlichen Erstattungsanspruchs ging, bedurfte es weder einer Individualisierung des jeweils handelnden Mitarbeiters der Krankenkassen noch der Feststellung seiner individuellen Vorstellungen (vgl. BGH, Beschluss vom 4. September 2014 – 1 StR 314/14). Das Tatgericht konnte vielmehr bereits aus den Indizien des äußeren Ablaufs darauf schließen, dass alle Mitarbeiter der Krankenkassen irrtümlich von dem normativ geprägten Vorstellungsbild ausgingen, es würden nur dem Grunde nach gerechtfertigte Erstattungsansprüche für tatsächlich durchgeführte Apothekengeschäfte geltend gemacht.

[24] c) Mit der Vornahme der Zahlungen auf die Sammelabrechnungen ist jeweils eine Vermögensverfügung der Krankenkasse erfolgt, die zu einem Schaden geführt hat, weil nicht erbrachte Leistungen vergütet wurden.

[25] d) Die Stoffgleichheit zwischen der Vermögensverfügung und dem Vermögensschaden steht außer Frage. Daran ändert die Zwischenschaltung der Verrechnungsstelle nichts, die insoweit nur eine Botenfunktion ausgeübt hat.

[26] e) Den Mindestumfang des Schadens in den vier Fällen monatlicher Abrechnungen im Hinblick auf bestimmte Medikamente hat das sachverständig beratene Landgericht nach dem Verhältnis zwischen Wareneingang und abgerechneten Medikamenten geschätzt und dabei um einen Sicherheitsabschlag von 22 Prozent reduziert. Dagegen ist rechtlich nichts zu erinnern.

[27] Eine genauere Bestimmung der Verteilung von bezogenen und abgerechneten Medikamenten auf die einzelnen Abrechnungsmonate war nicht möglich. Das Landgericht hat die verfügbaren Daten hinsichtlich der einzelnen Medikamente im Urteil mitgeteilt. Eine noch ausführlichere Darstellung, auch des vom gerichtlichen Sachverständigen entwickelten Auswertungsprogramms und des genauen Rechenwegs, im Urteilstext war nicht erforderlich.

Täuschung im Sinne des § 263 Abs. 1 StGB ist jede Einwirkung des Täters auf die **359**
Vorstellung des Getäuschten, welche **objektiv geeignet und subjektiv bestimmt** ist, beim Adressaten eine **Fehlvorstellung über tatsächliche Umstände hervorzurufen.** Sie besteht in der Vorspiegelung falscher oder in der Entstellung oder Unterdrückung wahrer Tatsachen.[387]

[7] 1. Nach den Feststellungen plante der Angeklagte ab Ende 2009, eine aus sieben Windkrafträdern bestehende Windparkanlage zu errichten und zu betreiben. Die Errichtung der Anlage sollte durch die W. GmbH & Co. KG (Projektgesellschaft) erfolgen. Komplementärin der Projektgesellschaft war die R. GmbH,

[387] BGH, Beschluss vom 28.07.2015 – 4 StR 598/14.

deren Geschäftsführer der Angeklagte war. Zur Finanzierung des Windparkprojekts warb der Angeklagte um Investoren. Im Zeitraum vom 22. November 2009 bis 17. März 2010 gelang es dem Angeklagten mit Hilfe eines Werbeprospekts und vereinzelter persönlicher Gespräche in 27 Fällen von Anlegern Geld für stille Beteiligungen an der Projektgesellschaft unter Vereinbarung einer Verzinsung von 10% p.a. und einer Kapitalrückzahlung zum 31. Dezember 2010 einzunehmen. Insgesamt erlangte er 636.000 € (Komplex C I. der Urteilsgründe). Nachdem der Angeklagte ab November 2009 Genussrechte an der R. GmbH in Höhe von insgesamt über 800.000 € ausgegeben hatte, begann er im März 2010, Genussrechte an der GmbH mit einem Zinssatz von 10% p.a. und einer Laufzeit von drei Monaten anzubieten. Zu diesen Konditionen zeichneten Anleger in sieben Fällen Genussrechte in einer Höhe von insgesamt 160.000 € (Komplex C II. der Urteilsgründe). Keiner der Investoren erhielt das eingezahlte Kapital zurück, eine einmalige Zinszahlung erfolgte lediglich in einem Fall. Der Angeklagte hielt es für möglich, die Anlagen nicht fristgerecht und vollständig auszahlen zu können, und billigte dies, um das Windparkprojekt ohne Eigenkapital umsetzen zu können.

[8] Im Juni 2010 erteilte der Angeklagte der Firma S. GmbH Aufträge zur Erstellung von Fundamenten und Kranstellplätzen sowie zum Ausbau von Wegen, wobei er auf Nachfrage mitteilte, dass die Finanzierung für das Projekt stehe. In Wahrheit war der Angeklagte weder persönlich noch über die Projektgesellschaft oder eine andere GmbH in der Lage, die Kosten für die in Auftrag gegebenen Arbeiten zu tragen. Auf die Schlussrechnung der S. GmbH vom 11. August 2010 über 564.000 € erfolgten aufgrund eines Ende 2011 geschlossenen Vergleichs Teilzahlungen in Höhe von ca. 120.000 € (Komplex C III. der Urteilsgründe).

[9] 2. Die Verurteilung wegen Betrugs bzw. versuchten Betrugs in den Fällen C I. 1 bis 27 und C II. 28 bis 34 der Urteilsgründe hält einer rechtlichen Prüfung nicht stand, weil die Feststellungen eine Täuschung der Anleger durch den Angeklagten nicht ausreichend belegen.

[10] Täuschung im Sinne des § 263 Abs. 1 StGB ist jede Einwirkung des Täters auf die Vorstellung des Getäuschten, welche objektiv geeignet und subjektiv bestimmt ist, beim Adressaten eine Fehlvorstellung über tatsächliche Umstände hervorzurufen. Sie besteht in der Vorspiegelung falscher oder in der Entstellung oder Unterdrückung wahrer Tatsachen (vgl. BGH, Urteil vom 8. Oktober 2014 – 1 StR 359/13, NStZ 2015, 89, 90). Nach den Feststellungen erfolgte die Werbung von Investoren – von vereinzelten persönlichen Gesprächen abgesehen – unter Verwendung eines Werbeprospektes für die Beteiligung (Komplex C I. der Urteilsgründe) sowie durch persönliche Anschreiben und eine „Kurzvorstellung Beteiligung an der Komplementärin der Projektgesellschaft" (Komplex C II. der Urteilsgründe). Zu der näheren Ausgestaltung des Werbeprospekts verhalten sich die Urteilsgründe nur insoweit, als eine allgemein gehaltene Belehrung über die Risiken einer unternehmerischen Beteiligung zitiert und eine aus sich heraus unverständliche Prognoseberechnung mitgeteilt wird, die sich – so das Landgericht – dem Kontext des Prospekts nach auf die Projektgesellschaft beziehen soll. Einzelheiten zu der in den Unterlagen gegebenen Darstellung des zu finanzierenden Windparkprojekts stellt das Urteil weder zu dem Werbeprospekt noch hinsichtlich der Kurzvorstellung fest. Auf der Grundlage der bisherigen Sachverhaltsschilderung kann daher nicht beurteilt werden, ob durch den Werbeprospekt und die Kurzvorstellung für die Anleger ein unzutreffendes Bild von den mit der kon-

kreten Anlageentscheidung verbundenen Risiken gezeichnet wurde. Angesichts des Fehlens konkreter Feststellungen zum Inhalt der Unterlagen reichen auch die pauschalen Verweise der Strafkammer darauf, dass der Angeklagte nicht auf die Unvollständigkeit der Projektrechte und die Unterkapitalisierung des Projekts (Komplex C I. der Urteilsgründe) bzw. auf die aufgrund der schlechten Finanzlage der Komplementärin, der Nichtexistenz des Windparks und der Unvollständigkeit der Planungsunterlagen das Übliche übersteigende Gefährdung der Rückzahlungsansprüche (Komplex C II. der Urteilsgründe) hingewiesen habe, nicht aus, um eine Täuschung der Anleger hinreichend zu belegen. Schließlich hat die Strafkammer eine konkludente Erklärung des Angeklagten, nach seiner eigenen aufgrund einer gegenwärtigen Beurteilung der künftigen Verhältnisse begründeten Erwartung zur Rückzahlung der Anlagebeträge bei Fälligkeit in der Lage zu sein (vgl. BGH, Urteil vom 19. Dezember 1984 – 2 StR 474/84, StV 1985, 188; Beschluss vom 10. April 1984 – 4 StR 180/84, wistra 1984, 223; Urteile vom 22. Oktober 1981 – 4 StR 429/81, wistra 1982, 66; vom 10. Januar 1964 – 4 StR 497/63, GA 1965, 208; vgl. Tiedemann in LK-StPO, 12. Aufl., § 263 Rn. 38 mwN) ebenso wenig erwogen wie eine – insbesondere im Komplex C 2. der Urteilsgründe angesichts des hohen Zinsversprechens in der Investitionsphase und der eher beiläufig festgestellten Gewährung eines nicht schriftlich dokumentierten Darlehens der Gesellschaft an den Angeklagten in Höhe von 1 Mio. Euro – nicht fernliegende Täuschung über eine tatsächlich nicht bestehende Rückzahlungsbereitschaft.

[11] 3. Hinsichtlich der Verurteilung wegen Betrugs im Fall C III. 35 der Urteilsgründe hat das angefochtene Urteil keinen Bestand, weil den Feststellungen schon nicht zu entnehmen ist, wer Vertragspartner der Geschädigten S. GmbH geworden ist, und damit unklar bleibt, über wessen Zahlungsfähigkeit nach Auffassung des Landgerichts getäuscht worden sein soll. Soweit die Strafkammer darauf verweist, dass nicht nur die Projektgesellschaft und eine weitere namentlich genannte GmbH sondern auch der Angeklagte persönlich nicht in der Lage war, die Kosten für die in Auftrag gegebenen Arbeiten zu tragen, entbehrt diese Feststellung einer nachvollziehbaren Begründung im Rahmen der Beweiswürdigung. Mit einer nach den festgestellten Umständen der Auftragserteilung durch den Angeklagten nicht ausgeschlossen erscheinenden Täuschung des Geschäftspartners über die Zahlungsbereitschaft hat sich die Strafkammer nicht näher auseinandergesetzt.

Zur Verwirklichung des Betrugstatbestandes können **auch mehraktige Verfügungen** ausreichen; insbesondere steht dem nicht notwendig entgegen, dass die Vermögensverfügung den Vermögensschaden unmittelbar herbeiführen muss. Dies ist insbesondere anzunehmen, wenn die Kette der Verfügungen zwingende oder wirtschaftliche Folge des durch Täuschung hervorgerufenen Irrtums und der Teilakt, der zum Vermögensverlust führt, dem Getäuschten zuzurechnen ist.[388] **360**

[8] Nach den Feststellungen des Landgerichts organisierte der Angeklagte Verkaufsveranstaltungen in Form von sog. Kaffeefahrten, zu denen er überwiegend ältere Personen mit Einladungsschreiben anwarb, in denen Geldgeschenke oder Gewinnausschüttungen in Aussicht gestellt und kostenlose Mahlzeiten oder di-

[388] BGH, Beschluss vom 11.12.2013 – 3 StR 302/13.

verse Unterhaltungsprogramme angekündigt wurden. Nachdem sie sich angemeldet hatten, wurden die Teilnehmer am frühen Morgen des Veranstaltungstages mit dem Bus abgeholt und in Gruppen von bis zu etwa 50 Personen in die von dem Angeklagten als Veranstaltungsort ausgewählten Gasthäuser gebracht. Dort erwartete sie eines der vier Verkaufsteams des Angeklagten, die aus einem Verkaufsleiter und weiteren Mitarbeitern bestanden. Deren Aufgabe war es, in zumeist reißerischer Weise die vom Angeklagten für den Verkauf vorgesehenen Artikel zu bewerben und sie anschließend zu in der Regel überteuerten Preisen an die Anwesenden zu verkaufen.

[9] In den verfahrensgegenständlichen Fällen ließ der Angeklagte „Magnetfeldmatratzenauflagen" zum Preis von 899 € veräußern. Die Kunden mussten beim Erwerb für den Abschluss des Kaufvertrages, die Bestätigung des Erhalts der Ware, die Widerrufsbelehrung und die Einziehungsermächtigung insgesamt vier Unterschriften auf dem Kaufvertragsformular leisten. Der Angeklagte hatte seine Mitarbeiter aber außerdem angewiesen, sich von jedem Kunden zusätzlich einen bereits vorbereiteten Überweisungsträger unterschreiben zu lassen, durch den die Kunden ihr Geldinstitut anwiesen, den Kaufpreis auf ein Konto des Angeklagten zu überweisen. Die Verkaufsteams erklärten den Kunden, die Unterschrift auf dem Überweisungsträger sei zur Abwicklung des geschlossenen Kaufvertrages technisch notwendig; die Kunden glaubten aufgrund der Angaben der Mitarbeiter des Angeklagten, sie berechtigten diesen zum einmaligen Einzug des Kaufpreises. Tatsächlich beabsichtigte der Angeklagte indes von Anfang an, die Überweisungsträger abredewidrig zu einem späteren Zeitpunkt einzusetzen, um sich den Kaufpreis ein weiteres Mal bezahlen zu lassen und sich so eine nicht nur vorübergehende, nicht ganz unerhebliche Einnahmequelle zu verschaffen.

[10] Die Kaffeefahrten fanden von montags bis donnerstags statt, an den Freitagen bestellte der Angeklagte seine Verkaufsteams ein und rechnete mit ihnen ab; bei dieser Gelegenheit übergaben diese die Vertragsunterlagen und die unterschriebenen Überweisungsträger. Wenige Tage später ließ der Angeklagte mittels der Einziehungsermächtigungen die jeweiligen Kaufpreise von den Konten der Kunden abbuchen und vereinnahmte sie. ...

Im Ergebnis zu Recht hat das Landgericht den Tatbestand des Betruges in 38 Fällen als erfüllt angesehen. Die Geschädigten wurden durch die Mitarbeiter des Angeklagten über die Notwendigkeit der Unterschrift auf den Überweisungsträgern getäuscht und erlagen einem entsprechenden Irrtum. ...

[14] Durch das Unterschreiben und die Übergabe der Überweisungsträger händigten die Geschädigten dem Angeklagten jeweils eine Weisung an ihr Geldinstitut aus, welche grundsätzlich eine Vermögensverfügung zu seinen Gunsten darstellte. Zu ihrer zivilrechtlichen Wirksamkeit bedurfte die Weisung – wie dargelegt – indes noch des Zugangs bei den Geldinstituten, den der Angeklagte nach Belieben herbeiführen konnte, nach seinem Tatplan aber erst etliche Zeit nach der Erlangung der Überweisungsträger herbeiführen wollte. Der effektive Verlust des von der Verfügung der Geschädigten betroffenen Vermögenswertes trat damit erst durch die von dem Angeklagten durchgeführte Übermittlung der Überweisungsträger an die Geldinstitute und die anschließende Ausführung des Zahlungsauftrags ein. Es handelte sich mithin um eine mehraktige Verfügung, an der mehrere Personen dergestalt beteiligt waren, dass erst die letzte Teilverfügung zur endgültigen Schädigung führte (vgl. zum Begriff LK/Tiedemann, StGB, 12. Aufl., § 263 Rn. 111,

der insoweit auch von „gestreckten Verfügungen" spricht; S/S-Cramer/Perron, StGB, 28. Aufl., § 263 Rn. 62). Nach der Rechtsprechung des Bundesgerichtshofs und der herrschenden Auffassung im Schrifttum können solche mehraktigen Verfügungen zur Verwirklichung des Betrugstatbestandes ausreichen; insbesondere steht dem nicht notwendig entgegen, dass die Vermögensverfügung den Vermögensschaden unmittelbar herbeiführen muss. Dies wird insbesondere angenommen, wenn die Kette der Verfügungen zwingende oder wirtschaftliche Folge des durch Täuschung hervorgerufenen Irrtums und der Teilakt, der zum Vermögensverlust führt, dem Getäuschten zuzurechnen ist. So verhält es sich hier:

[15] Die bei den Geldinstituten eingehenden Überweisungsträger waren Weisungen der Geschädigten und damit deren Vermögensverfügungen zu Gunsten des Angeklagten, nicht aber Verfügungen des Angeklagten, der – ohne nach außen in Erscheinung zu treten – lediglich den Zugang dieser Erklärungen bewirkte. Die Auszahlung der Überweisungsbeträge durch die Geldinstitute war auch die vom Angeklagten von vornherein bezweckte wirtschaftliche Folge des durch die Täuschung der Geschädigten hervorgerufenen Irrtums, die ausgefüllten und über seine Mitarbeiter dem Angeklagten überlassenen Überweisungsträger würden zur technischen Abwicklung der Kaufverträge benötigt.

a) Vermögensschaden

Ein **Vermögensschaden** im Sinne des § 263 Abs. 1 StGB tritt ein, wenn die Vermögensverfügung des Getäuschten bei wirtschaftlicher Betrachtungsweise unmittelbar zu einer nicht durch Zuwachs ausgeglichenen Minderung des wirtschaftlichen Gesamtwerts seines Vermögens führt.[389] **361**

[3] 1. Der Schuldspruch wegen Betrugs in sechs Fällen, in zwei Fällen davon in Tateinheit mit Untreue, hält rechtlicher Nachprüfung nicht stand.

[4] a) Die Strafkammer hat bei der Schadensfeststellung im Wege der gebotenen Gesamtsaldierung (vgl. Senat, Beschlüsse vom 18. Februar 2009 – 1 StR 731/08, BGHSt 53, 199, 201 und vom 29. Januar 2013 – 2 StR 422/12, NStZ 2013, 711) zunächst zutreffend darauf abgestellt, dass für die Schadensberechnung der Wert der von den Geschädigten an die J. AG abgetretenen Forderungen im Zeitpunkt der Abtretung entscheidend ist, weil die Zahlungsansprüche der Geschädigten objektiv wertlos waren; denn die von dem Angeklagten vertretene J. AG war von Anfang an nicht bereit, den Kaufpreis für die Forderungen zu entrichten. Den Wert der jeweils abgetretenen Forderung hat das Landgericht aber nicht tragfähig bestimmt.

[5] b) Ein Vermögensschaden im Sinne des § 263 StGB tritt nur ein, wenn die Vermögensverfügung des Getäuschten bei wirtschaftlicher Betrachtungsweise unmittelbar zu einer nicht durch Zuwachs ausgeglichenen Minderung des wirtschaftlichen Gesamtwerts seines Vermögens führt (Prinzip der Gesamtsaldierung, vgl. Senat aaO). Bei der hier vorgenommenen Wertberechnung hat die Strafkammer zu Unrecht die Grundkaufpreise der Forderungen als Schaden angesetzt. Dieser errechnete sich aus einem Prozentsatz von 20 bis 25% des „Fair Value".

---

389 BGH, Beschluss vom 19.08.2015 – 1 StR 334/15.

Die sogenannten Grundkaufpreise sind damit auf eine typisierte Durchschnittsbetrachtung zurückgeführt und stellen schon deshalb keine geeignete Basis für die Schadensbestimmung im Sinne des § 263 StGB dar. Demnach sind die verfahrensgegenständlichen Factoringverträge auch keine Verträge, in denen die Vertragsparteien in einem von Angebot und Nachfrage bestimmten marktwirtschaftlichen System den Wert eines häufig verkauften oder gehandelten Gegenstandes festsetzen, und deshalb bei der Darlegung des Schadens auf nähere Ausführungen verzichtet werden könnte. Hinzu kommt, dass der Angeklagte für die völlig überschuldete J. AG die Forderungen zwar schnell erwerben und verwerten wollte, er von vorneherein jedoch nie vorhatte, den Kaufpreis zu zahlen. Deshalb lässt sich aus dem Kaufpreis kein tragfähiges Indiz für den objektiven Wert der abgetretenen Forderung ableiten.

[6] Die Berechnung des wirtschaftlichen Werts der durch die Forderungsabtretung aus dem Vermögen der Geschädigten ohne werthaltigen Gegenanspruch ausgeschiedenen Forderungen hätte das Landgericht deshalb – gegebenenfalls im Wege der Schätzung oder mit sachverständiger Hilfe – anhand der insoweit maßgeblichen Wertkriterien (etwa: materiell-rechtliche Begründetheit des Anspruchs nebst Anspruchsgrundlage und -höhe, Beweisbarkeit im Gerichtsverfahren, Bonität des Schuldners, Vergleichsbereitschaft des Schuldners – Einwendungen/Einreden) ermitteln müssen. Für diese Wertermittlung kann als Indiz auch relevant sein, inwieweit eine Forderung später tatsächlich durchgesetzt werden konnte.

362 Bei der **rechtlichen Bewertung des Vermögensschadens** gelten die allgemeinen Grundsätze, also das **Prinzip der Gesamtsaldierung,** wonach der Vermögenswert unmittelbar vor der Vermögensverfügung mit dem unmittelbar nach ihr zu vergleichen ist. Spätere Entwicklungen, etwa in Gestalt der Erbringung der versprochenen Gegenleistung durch den Täter vor allem im Anfangsstadium eines auf Täuschung aufgebauten Geschäftsmodells, können lediglich einen Ausgleich für einen bereits eingetretenen tatbestandlichen Schaden darstellen.[390]

[28] 2. Für den Fall, dass sich die für die Annahme täuschungsbedingter Vermögensverfügungen erforderlichen Feststellungen in der neuen Verhandlung bestätigen sollten, werden bei der rechtlichen Bewertung des Vermögensschadens die vom Bundesgerichtshof zum sog. Schneeballsystem aufgestellten Grundsätze zu beachten sein.

[29] Auch insoweit gelten die allgemeinen Grundsätze, also das Prinzip der Gesamtsaldierung, wonach der Vermögenswert unmittelbar vor der Vermögensverfügung mit dem unmittelbar nach ihr zu vergleichen ist (BGH, Beschluss vom 18. Februar 2009 – 1 StR 731/08, BGHSt 53, 199, 201f. mwN). Spätere Entwicklungen, etwa in Gestalt der Erbringung der versprochenen Gegenleistung durch den Täter vor allem im Anfangsstadium eines auf Täuschung aufgebauten Geschäftsmodells, können lediglich einen Ausgleich für einen bereits eingetretenen tatbestandlichen Schaden darstellen. Dem Schneeballsystem ist immanent, dass zunächst eine gewisse Chance auf Erhalt der versprochenen Gegenleistung besteht. Da jedoch alles vom weiteren Erfolg des Systems und vom Eingang weiterer betrügerisch erlangter Gelder abhängt, ist die hierauf basierende Aussicht

[390] BGH, Urteil vom 19.11.2015 – 4 StR 115/15.

auf Erfüllung der vom Täter eingegangenen Verpflichtung nicht, auch nicht teilweise, die versprochene Gegenleistung, sondern stellt von vornherein keinen wirtschaftlichen Wert dar (vgl. nur BGH, Beschluss vom 18. Februar 2009 – 1 StR 731/08, BGHSt 53, 199, 205 mwN).

[30] 3. Der vom insoweit sachverständig beratenen Landgericht zur Bestimmung des Vermögensschadens herangezogene Maßstab, wonach von dem (Markt-)Wert des jeweiligen Fahrzeugs auszugehen sei, der bei einem Verkauf erzielt werden würde, und nicht von dem Wert, für den das Fahrzeug gekauft wurde (UA 69 f.), ist entgegen der in den Revisionen der Angeklagten geäußerten Ansicht aus Rechtsgründen nicht zu beanstanden (BGH, Beschluss vom 18. Juli 1961 – 1 StR 606/60, BGHSt 16, 220, 221; Urteil vom 20. Februar 1962 – 1 StR 496/61, BGHSt 17, 147, 148; Beschluss vom 12. Juni 1991 – 3 StR 155/91, NStZ 1991, 488; Beschluss vom 9. Juni 2004 – 5 StR 136/04, NJW 2004, 2603).

Grundsätzlich kann – unabhängig davon, welchen objektiven Wert eine dem Opfer zugeflossene Gegenleistung hat und ob dadurch im Rahmen der **vorzunehmenden Gesamtsaldierung** die durch die eigenen **Aufwendungen bewirkte Minderung des Vermögens** ausgeglichen wird – ein Schaden nach den Grundsätzen des subjektiven oder individuellen Schadenseinschlags angenommen werden. Dies kommt insbesondere in Betracht, wenn dem Opfer Mittel entzogen werden, die für die ordnungsgemäße Erfüllung seiner sonstigen Verbindlichkeiten sowie für eine angemessene Wirtschafts- und Lebensführung unerlässlich sind, das Opfer zu weiteren vermögensschädigenden Maßnahmen genötigt wird oder das Opfer die Gegenleistung nicht oder nicht in vollem Umfang zu dem vertraglich vorausgesetzten Zweck oder in anderer zumutbarer Weise verwenden kann.[391] **363**

[3] Die Annahme eines Vermögensnachteils begegnet durchgreifenden rechtlichen Bedenken. Zwar kann grundsätzlich – unabhängig davon, welchen objektiven Wert eine dem Opfer zugeflossene Gegenleistung hat und ob dadurch im Rahmen der vorzunehmenden Gesamtsaldierung die durch die eigenen Aufwendungen bewirkte Minderung des Vermögens ausgeglichen wird – ein Schaden nach den Grundsätzen des subjektiven oder individuellen Schadenseinschlags angenommen werden (zur verfassungsrechtlichen Zulässigkeit im Allgemeinen BVerfG NJW 2013, 365). Dies kommt nach der Rechtsprechung insbesondere in Betracht, wenn dem Opfer Mittel entzogen werden, die für die ordnungsgemäße Erfüllung seiner sonstigen Verbindlichkeiten sowie für eine angemessene Wirtschafts- und Lebensführung unerlässlich sind, das Opfer zu weiteren vermögensschädigenden Maßnahmen genötigt wird oder das Opfer die Gegenleistung nicht oder nicht in vollem Umfang zu dem vertraglich vorausgesetzten Zweck oder in anderer zumutbarer Weise verwenden kann (st. Rspr.; BGHSt 16, 321, 331; 23, 300, 301). Anhaltspunkte dafür, dass eine dieser Fallgestaltungen anzunehmen sein könnte, lassen sich den Urteilsgründen nicht entnehmen; vielmehr spricht nach der Lebenserfahrung eher Einiges dafür, dass das Opfer den ihm aufgezwungenen Wein im Rahmen seines Restaurantbetriebs weiterveräußert und dadurch Einnahmen erzielt hat, die als Kompensation bei der Nachteilsfeststellung zu berücksichtigen gewesen wären (vgl. BGH StV 1996, 33).

---

[391] BGH, Beschluss vom 11.06.2015 – 5 StR 186/15.

[4] Soweit das Landgericht darüber hinaus meint, ein Fall des persönlichen Schadenseinschlags sei auch gegeben, wenn das Opfer die ihm aufgezwungene Ware nicht verwenden wolle (so auch Eser/Bosch, in Schönke/Schröder, StGB, 29. Aufl., § 253 Rn. 9), trägt auch dies die Annahme eines Vermögensnachteils nicht. Die Strafkammer hat zwar festgestellt, dass das Tatopfer den Wein ursprünglich nicht käuflich erwerben wollte und insoweit durch eine (konkludente) Drohung zu einer nicht gewünschten Handlung genötigt worden ist. Sie hat aber nicht – was darüber hinaus für die Annahme eines Nachteils erforderlich gewesen wäre – belegt, dass der Geschädigte diesen Wein nach dem aufgezwungenen Erwerb auch nicht etwa im Rahmen seines Geschäftsbetriebs verwenden oder anderweit veräußern wollte. Insoweit fehlt es schon am Nachweis der tatsächlichen Voraussetzungen für die vom Landgericht angenommene Fallgruppe.

[5] Im Übrigen stünde der Annahme eines so begründeten Vermögensnachteils Rechtsprechung des Bundesgerichtshofs entgegen, die in Fällen subjektiven Schadenseinschlags verlangt, bei der Schadensfeststellung den in dem Erlangten enthaltenen Gegenwert kompensatorisch zu berücksichtigen, den der Geschädigte mit zumutbarem Einsatz realisieren konnte (vgl. zuletzt mwN BGH StV 2011, 728). Auf die Vorstellungen, Wünsche oder Absichten des Geschädigten kommt es insoweit nicht an. Betrug schützt wie auch Erpressung nicht die Dispositionsfreiheit, sondern das Vermögen; deshalb ist eine wirtschaftliche Betrachtungsweise geboten, die es ausschließt, die Annahme eines Nachteils allein auf den Umstand zu stützen, der Geschädigte wolle die aufgezwungene Ware – obwohl er es in zumutbarer Weise könnte – nicht verwenden oder weiterveräußern.

b) Gewerbsmäßiges Handeln

364 Ein mittelbarer Vorteil des Täters reicht zur Begründung der **Gewerbsmäßigkeit** nur aus, wenn er ohne Weiteres darauf zugreifen kann oder sich selbst geldwerte Vorteile aus den Taten über Dritte verspricht. Für die Annahme von Gewerbsmäßigkeit ist aber weder erforderlich, dass der Täter seinen Lebensunterhalt allein oder auch nur überwiegend durch die Begehung von Straftaten bestreiten will, noch dass er tatsächlich auf die betrügerisch erlangten Vermögenswerte zugegriffen hat; denn maßgeblich und ausreichend ist eine dahingehende Absicht. Daher reichen betrügerisch erlangte Betriebseinnahmen für den Arbeitgeber zur Begründung gewerbsmäßigen Handelns eines Angestellten aus, wenn diese dem Täter mittelbar – etwa über das Gehalt oder Beteiligung an Betriebsgewinnen – zufließen sollen.[392]

[11] aa) Zwar reicht ein mittelbarer Vorteil des Täters zur Begründung der Gewerbsmäßigkeit nur aus, wenn er ohne Weiteres darauf zugreifen kann oder sich selbst geldwerte Vorteile aus den Taten über Dritte verspricht (BGH, Beschlüsse vom 13. September 2011 – 3 StR 262/11, StV 2012, 339; vom 26. Februar 2014 – 4 StR 584/13, StraFo 2014, 215 jeweils mwN). Für die Annahme von Gewerbsmäßigkeit ist aber weder erforderlich, dass der Täter seinen Lebensunterhalt allein oder auch nur überwiegend durch die Begehung von Straftaten bestreiten will (BGH, Urteil vom 9. März 2011 – 2 StR 609/10, BGHR StGB § 263 Abs. 3 Satz 2

---

392 BGH, Beschluss vom 01.06.2015 – 4 StR 21/15.

Nr. 1 Gewerbsmäßig 2), noch dass er tatsächlich auf die betrügerisch erlangten Vermögenswerte zugegriffen hat; denn maßgeblich und ausreichend ist eine dahingehende Absicht (BGH, Beschluss vom 7. September 2011 – 1 StR 343/11, NStZ-RR 2011, 373). Daher reichen betrügerisch erlangte Betriebseinnahmen für den Arbeitgeber zur Begründung gewerbsmäßigen Handelns eines Angestellten aus, wenn diese dem Täter mittelbar – etwa über das Gehalt oder Beteiligung an Betriebsgewinnen – zufließen sollen (BGH, Beschluss vom 19. Dezember 2007 – 5 StR 543/07, NStZ 2008, 282, 283 mwN; SSW-StGB/Satzger, 2. Aufl., § 263 Rn. 364).

[12] Es kommt daher vorliegend nicht darauf an, ob das Autohaus neben den betrügerischen auch über „legale Einkünfte" verfügte und ob das Gehalt der Angeklagten tatsächlich bezahlt wurde und – falls ja – ob diese Gelder aus den betrügerischen Geschäften herrührten. Die Absicht der – nach den Feststellungen (trotz UA S. 46 Mitte) – nicht als faktische Geschäftsführerin des Autohauses handelnden – Angeklagten, durch die Taten ihre und ihres Ehemannes Existenz zu sichern, genügt vielmehr. Dies hat das Landgericht rechtsfehlerfrei festgestellt (UA S. 13).

21. Computerbetrug – § 263a StGB

TOPENTSCHEIDUNG ■

Ein Angeklagter, der **vom berechtigten Karteninhaber** die Bankkarte und die Geheimnummer **durch dessen täuschungs- und irrtumsbedingte Verfügung erhält** und anschließend Abhebungen am Geldautomaten vornimmt, begeht lediglich einen Betrug gegenüber dem Berechtigten und keinen Computerbetrug.[393] **365**

[9] a) Der Tatbestand des Computerbetrugs ist nicht erfüllt, da die Mittäter die Bankkarten und Geheimnummern nicht „unbefugt" im Sinne von § 263a Abs. 1 StGB benutzt haben. Wer vom berechtigten Karteninhaber die Bankkarte und die Geheimnummer durch dessen Verfügung erhält und damit Abhebungen an Geldautomaten vornimmt, begeht keinen Computerbetrug.

[10] Dies folgt aus der verfassungsrechtlich gebotenen einschränkenden Auslegung des Tatbestands des Computerbetrugs (vgl. Heger in Lackner/Kühl, StGB, 28. Aufl., § 263a Rn. 12). Danach handelt nicht schon derjenige „unbefugt", der Daten entgegen dem Willen des Berechtigten verwendet oder die verwendeten Daten rechtswidrig erlangt hat (vgl. BGH, Beschluss vom 29. Juni 2005 – 4 StR 550/04, BGHSt 50, 174, 179; a. A. SSW/Hilgendorf, StGB, 2014, § 263a Rn. 14; NK/Kindhäuser, StGB, 4. Aufl., § 263a Rn. 27). Aus der im Verhältnis zum berechtigten Karteninhaber missbräuchlichen Verwendung der Bankkarte mit der Geheimzahl folgt auch keine fehlerhafte Beeinflussung der automatisierten Abläufe (so die „computerspezifische Auslegung"). Nach der Rechtsprechung des Bundesgerichtshofs ist der Anwendungsbereich des § 263a Abs. 1 Var. 3 StGB unter Berücksichtigung des Zwecks der Vorschrift durch Struktur- und Wert-

---

[393] BGH, Beschluss vom 16.07.2015 – 2 StR 16/15; Beschluss vom 16.07.2015 – 2 StR 15/15.

gleichheit mit dem Betrugstatbestand bestimmt. Mit § 263a StGB sollte lediglich die Strafbarkeitslücke geschlossen werden, die dadurch entstanden war, dass der Tatbestand des Betrugs menschliche Entscheidungsprozesse voraussetzt, die beim Einsatz von EDV-Anlagen fehlen (vgl. Senat, Beschluss vom 21. November 2001 – 2 StR 260/01, BGHSt 47, 160, 162). Das Tatbestandsmerkmal „unbefugt" erfordert daher eine betrugsspezifische Auslegung (vgl. Senat, Urteil vom 22. November 1991 – 2 StR 376/91, BGHSt 38, 120, 124; Beschluss vom 21. November 2001 – 2 StR 260/01, BGHSt 47, 160, 163; LK/Tiedemann, StGB, 12. Aufl., § 263a Rn. 16a). Der dazu erforderliche Maßstab ist allerdings wiederum umstritten.

[11] Die missbräuchliche Benutzung der vom Berechtigten mitsamt der Geheimnummer erlangten Bankkarte durch den Täter bei Abhebungen am Geldautomaten entspricht nicht einem Betrug am Bankschalter. Dies ist jedenfalls dann anzunehmen, wenn es bei dem fiktiven Prüfvorgang eines Bankmitarbeiters um dieselben Aspekte ginge, die auch der Geldautomat abarbeitet (vgl. Senat, Beschluss vom 21. November 2001 – 2 StR 260/01, BGHSt 47, 160, 163; OLG Düsseldorf, Beschluss vom 5. Januar 1998 – 2 Ss 437/97 – 123/97 II, NStZ-RR 1998, 137; OLG Koblenz, Urteil vom 2. Februar 2015 – 2 OLG 3 Ss 170/14). Für den Automaten sind Identität und Berechtigung des Abhebenden mit der Eingabe der echten Bankkarte und der zugehörigen Geheimnummer hinreichend festgestellt.

[12] Unbefugt im Sinne des § 263a Abs. 1 StGB handelt danach nur derjenige, der manipulierte oder kopierte Daten verwendet. Nach der Rechtsprechung soll allerdings auch derjenige einen Computerbetrug begehen, der sich durch Diebstahl oder Nötigung die für den Abhebungsvorgang erforderliche Datenkenntnis und Kartenverwendungsmöglichkeit verschafft hat. Insoweit führt die Vergleichsbetrachtung von Betrug und Computerbetrug nicht stets zu einem klaren Auslegungsergebnis. Sie muss um eine Gesamtbetrachtung des Geschehens, das zur Erlangung von Bankkarte und Geheimnummer geführt hat, sowie der Geldabhebung ergänzt werden. Danach gilt das Merkmal der unbefugten Verwendung der Daten nicht für denjenigen, der die Bankkarte und die Geheimnummer vom Berechtigten jeweils mit dessen Willen erlangt hat (vgl. Perron in Schönke/Schröder, StGB, 29. Aufl., § 263a Rn. 10; Wohlers/Mühlbauer in MünchKomm, StGB, 2. Aufl., § 263a Rn. 49 f.), mag die Überlassung auch auf einer Täuschung beruhen (vgl. Senat, Beschluss vom 15. Januar 2013 – 2 StR 553/12; Fischer, StGB, 62. Aufl., § 263a Rn. 13).

[13] Wenn der Täter mit einer echten Bankkarte und der richtigen Geheimnummer, die er jeweils vom Berechtigten durch dessen täuschungsbedingte Verfügung erhalten hat, Geldabhebungen vornimmt, werden nicht zwei Straftatbestände des Betrugs und des Computerbetrugs erfüllt. Dieses Verhalten erfüllt nur den Tatbestand des Betrugs gegenüber dem Berechtigten (vgl. Senat, Beschluss vom 15. Januar 2013 – 2 StR 553/12; Bär in Wabnitz/Janovski [Hrsg.], Handbuch Wirtschafts- und Steuerstrafrecht, 4. Aufl., 14. Kap. Teil B Rn. 23). Der Täter betrügt den berechtigten Inhaber von Bankkarte und Geheimnummer im Sinne von § 263 StGB, aber er „betrügt" nicht außerdem den Geldautomaten im Sinne von § 263a StGB, weil er danach die echte Bankkarte und die richtige Geheimnummer verwendet.

PRAXISBEDEUTUNG ■

Die vorstehende Entscheidung macht in aller Klarheit die unterschiede zwischen den Tatbeständen des Betrags und des computerbetrugs deutlich – gerade auch im Hinblick auf die äusserlich unberechtigte Verwendung von Pincodes, wobei nur bei gewaltsam erlangten Codes ein computerbetrug zu bejahen ist.

Werden vom Kunden seine **Kontodaten** unter Erteilung der Einzugsermächtigung **freiwillig preisgegeben,** erfolgt eine Verwendung des entsprechenden Lastschriftverfahrens nicht unter Gebrauch unrichtiger Daten. Dies gilt auch dann, wenn die Täter zum Forderungseinzug wegen Verletzung ihrer Vorleistungspflicht nicht berechtigt sind. Jedenfalls ist bei einer solchen Konstellation keine der in § 263a Abs. 1 StGB aufgeführten Tatvarianten erfüllt.[394] **366**

[4] II. Diese Feststellungen tragen die Verurteilung wegen Computerbetruges nicht.

[5] Das Landgericht hat weder zu den Inhalten der Telefonate, mittels derer Kunden für das Gewinnspieleintragungsprodukt gewonnen wurden, noch zu der Form des vom Zahlungsdienstleister genutzten Lastschriftverfahrens – zum Tatzeitpunkt Einzugsermächtigungsverfahren oder Abbuchungsauftragsverfahren (zu der jeweiligen Ausgestaltung Ellenberger in Schimansky/Bunte/Lwowski, Bankrechts-Handbuch, 4. Aufl., § 56 Rn. 43 ff., § 58) – konkrete Feststellungen getroffen. Dann aber ist nicht ausgeschlossen, wenn nicht sogar naheliegend, dass die Kunden den Angeklagten ihre Kontodaten übermittelten sowie eine Einzugsermächtigung erteilten und der Zahlungsdienstleister im Einzugsermächtigungsverfahren Forderungen einzog, zu deren Geltendmachung die Angeklagten allein wegen Verletzung ihrer Vorleistungspflicht nicht berechtigt waren. Bei dieser Konstellation ist aber keine der in § 263a Abs. 1 StGB aufgeführten Tatvarianten erfüllt.

[6] 1. Wegen der Erteilung der Einzugsermächtigung geschah die Verwendung des entsprechenden Lastschriftverfahrens nicht unter Gebrauch unrichtiger Daten (sogenannte Inputmanipulation, § 263a Abs. 1 Var. 2 StGB). Der Senat kann deshalb offenlassen, ob er der Auffassung des 1. Strafsenats folgen könnte, wonach in der Eingabe einer Ziffer zur Bestimmung des anzuwendenden Lastschriftverfahrens regelmäßig eine Erklärung über die Tatsache der Ermächtigung hierzu liege (vgl. BGH, Beschluss vom 22. Januar 2013 – 1 StR 416/12, BGHSt 58, 119, 126; insoweit zustimmend: Heghmanns, ZJS 2013, 423, 425; MüKo-StGB/Wohlers/Mühlbauer, 2. Aufl., § 263a Rn. 28), oder ob es sich insoweit lediglich um einen Steuerungscode handelt, der als solcher weder richtig noch unrichtig sein kann (so Schuhr, JR 2013, 579).

[7] 2. Es fehlt aber auch an der unbefugten Verwendung von Daten (§ 263a Abs. 1 Var. 4 StGB), wenn zum einen der Zahlungsdienstleister von der Inkassostelle grundsätzlich zur Durchführung des Einzugsermächtigungsverfahrens zugelassen wurde und zum anderen die Kunden ihre Kontodaten freiwillig preisgege-

---

[394] BGH, Beschluss vom 09.06.2015 – 3 StR 45/15.

ben haben. Insoweit besteht kein Unterschied zu den Fallgestaltungen, in denen eine EC-Karte durch ihren Inhaber vertragswidrig (vgl. BGH, Beschluss vom 21. November 2001 – 2 StR 260/01, BGHSt 47, 160, 162ff. unter Hinweis auf § 266b StGB) oder eine vom Berechtigten einem Dritten überlassene EC-Karte absprachewidrig eingesetzt wird (vgl. BGH, Beschluss vom 17. Dezember 2002 – 1 StR 412/02, BGHR StGB § 263a Anwendungsbereich 1).

[8] 3. Da auch die sonstigen Varianten der unrichtigen Gestaltung des Programms (§ 263a Abs. 1 Var. 1 StGB), der Verwendung unvollständiger Daten (§ 263a Abs. 1 Var. 3 StGB) bzw. der unbefugten Einwirkung auf den Ablauf (§ 263a Abs. 1 Var. 5 StGB) ersichtlich nicht vorliegen, ist das Urteil insoweit aufzuheben. Eine eigene Sachentscheidung des Senats kommt schon wegen der Unvollständigkeit der getroffenen Feststellungen nicht in Betracht (vgl. Meyer-Goßner/Schmitt, StPO, 58. Aufl., § 354 Rn. 3, 15). Die teilweise Aufhebung des Schuldspruchs und der damit verbundene Wegfall der in diesem Fall verhängten Einzelstrafe zieht die Aufhebung des Gesamtstrafenausspruchs nach sich. Da der zur Aufhebung führende Rechtsfehler in der unrichtigen Anwendung eines Strafgesetzes liegt, die auch den Nichtrevidenten betrifft, ist sie gemäß § 357 Satz 1 StPO auf diesen zu erstrecken.

22. Untreue – § 266 StGB

■ TOPENTSCHEIDUNG

367 1. Werden Gelder, die einer Fraktion des Landtags von Rheinland-Pfalz aus dem Landeshaushalt zur Erfüllung ihrer Aufgaben zugewendet worden sind, gesetzwidrig für Zwecke der die Fraktion tragenden Partei ausgegeben, so stehen der Würdigung dieses Vorgangs als Untreue im Sinne des § 266 StGB zum Nachteil der Fraktion nicht die Bestimmungen des Fraktionsgesetzes Rheinland-Pfalz über die Folgen einer gesetzwidrigen Verwendung von Fraktionsgeldern entgegen.

2. Dem Vorsitzenden einer Parlamentsfraktion kann dieser gegenüber eine Pflicht im Sinne des § 266 StGB zur Betreuung deren Vermögens obliegen, die er verletzt, wenn er veranlasst, dass das Fraktionsvermögen gesetzeswidrig verwendet wird.

3. Nimmt eine Partei geldwerte Leistungen aus dem Vermögen einer von ihr getragenen Parlamentsfraktion entgegen, ohne diese als Spende dem Präsidenten des Deutschen Bundestages anzuzeigen und deren Wert an diesen weiterzuleiten, so stehen der Würdigung dieses Vorgangs als Untreue im Sinne des § 266 StGB zum Nachteil der Partei nicht die Bestimmungen des Parteiengesetzes, insbesondere dessen § 31c Abs. 1 Satz 1 und § 31d PartG, entgegen.

4. Dem Vorsitzenden einer Partei kann dieser gegenüber eine Pflicht im Sinne des § 266 StGB zur Betreuung deren Vermögens obliegen, die er verletzt, wenn er eine rechtswidrige Spende annimmt und sie nicht gegenüber dem Präsidenten des Deutschen Bundestages anzeigt und an diesen weiterleitet.

5. In diesem Fall wird der notwendige Zusammenhang zwischen der Verletzung der Treuepflicht und dem Vermögensnachteil im Sinne des § 266 StGB nicht dadurch ausgeschlossen, dass die unrechtmäßige Parteispende zunächst noch ent-

deckt werden muss und die Zahlungspflicht der Partei aufgrund der gesetzlichen Sanktion des § 31c PartG noch einen feststellenden Verwaltungsakt des Bundestagspräsidenten erfordert.

6. Zum Verhältnis von gemäß § 266 StGB strafbarer Untreue und einem anschließenden Verstoß gegen § 31d PartG.[395]

PRAXISBEDEUTUNG ■

Die vorliegende Entscheidung klärt erstmals die bislang strafrechtlich unberührten Finanzräume und Berechtigung von Fraktionen in Landtagen. Aufgrund des Umfangs der Ausführungen und des relativ speziellen Themas wird allerdings von einem Abdruck der Entscheidung abgesehen.

1. Ein Rechtsanwalt, der sich im Rahmen eines bestehenden Anwaltsvertrages zur **368**
Weiterleitung bestimmte Fremdgelder auf sein Geschäftskonto einzahlen lässt und weder uneingeschränkt bereit noch jederzeit fähig ist, einen entsprechenden Betrag aus eigenen flüssigen Mitteln vollständig auszukehren, macht sich der Untreue in der Variante des Treuebruchtatbestandes.

2. Für den Mandanten oder einen von diesem bestimmten Empfänger eingehende Gelder hat er unverzüglich zu übermitteln oder, falls dies ausnahmsweise nicht sofort durchführbar ist, den Mandanten hiervon sofort in Kenntnis zu setzen und dafür besorgt zu sein, dass ein dem Geldeingang entsprechender Betrag bei ihm jederzeit für den Berechtigten zur Verfügung steht.

3. Mit der Kontokorrentbuchung der Bank oder dem Abfluss des Zahlungseingangs vom Konto ist bei dem Berechtigten bereits ein endgültiger Vermögensschaden eingetreten.[396]

[14] 2. Die Verurteilung wegen Untreue in 76 Fällen hält sachlich-rechtlicher Nachprüfung jedoch nicht stand.

[15] a) Ein in diesem Umfang zur Aufhebung des Urteils führender Rechtsfehler liegt bereits darin, dass sich aus den Urteilsgründen nicht ergibt, welche der dort dargelegten Fälle dem Schuldspruch zugrunde liegen. In der unverändert zur Hauptverhandlung zugelassenen Anklage wurden dem Angeklagten bei identischer Schilderung des strafrechtlich relevanten Lebenssachverhalts 75 Fälle der Untreue vorgeworfen. Die Anzahl der festgestellten Zahlungseingänge bei dem Angeklagten, welche das Landgericht unterschiedslos als eigenständige Taten bewertet hat, beläuft sich auf 77 Fälle. Verurteilt hat das Landgericht den Angeklagten aber in 76 Fällen. Lässt sich – wie hier – nicht eindeutig erkennen, welche der festgestellten Taten zur Verurteilung geführt haben, führt dies zur Aufhebung des Urteils bereits im Schuldspruch, denn bei der Tenorierung der Anzahl der dem Angeklagten zur Last liegenden Fälle handelt es sich um eine sachlich-rechtliche Aussage, die der Berichtigung nur in Ausnahmefällen zugänglich ist (vgl. BGH, Urteil vom 16. Oktober 1952 – 5 StR 480/52, BGHSt 3, 245; Beschluss vom 17. März 2000 – 2 StR 430/99, NStZ 2000, 386). Ein solcher Ausnahmefall

[395] BGH, Urteil vom 11.12.2014 – 3 StR 265/14.
[396] BGH, Beschluss vom 29.01.2015 – 1 StR 587/14.

im Sinne eines offensichtlichen Schreib- oder Zählfehlers liegt hier nicht vor. Auch einer Auslegung, durch welche Klarheit über die abgeurteilten Fälle gewonnen werden könnte, sind die Feststellungen bei der vorliegenden Sachlage nicht zugänglich.

[16] b) Ohnehin hat das Landgericht bei der konkurrenzrechtlichen Bewertung des festgestellten Geschehens einen rechtsfehlerhaften Maßstab angelegt.

[17] aa) Ein Rechtsanwalt, der sich im Rahmen eines bestehenden Anwaltsvertrages zur Weiterleitung bestimmte Fremdgelder auf sein Geschäftskonto einzahlen lässt und weder uneingeschränkt bereit noch jederzeit fähig ist, einen entsprechenden Betrag aus eigenen flüssigen Mitteln vollständig auszukehren, macht sich der Untreue in der Variante des Treuebruchtatbestandes (§ 266 Abs. 1 Alt. 2 StGB) strafbar (vgl. BGH, Urteile vom 16. Dezember 1960 – 4 StR 401/60, BGHSt 15, 342, 344; und vom 27. Januar 1988 – 3 StR 61/87, BGHR StGB § 266 Abs. 1 Nachteil 8; Beschlüsse vom 25. Juli 1997 – 3 StR 179/97, NStZ-RR 1997, 357; vom 30. Oktober 2003 – 3 StR 276/03, NStZ-RR 2004, 54; und vom 24. Juli 2014 – 2 StR 221/14, wistra 2015, 27, 28). Für den Mandanten oder einen von diesem bestimmten Empfänger eingehende Gelder hat er unverzüglich zu übermitteln oder, falls dies ausnahmsweise nicht sofort durchführbar ist, den Mandanten hiervon sofort in Kenntnis zu setzen und dafür besorgt zu sein, dass ein dem Geldeingang entsprechender Betrag bei ihm jederzeit für den Berechtigten zur Verfügung steht (vgl. BGH, Urteil vom 29. April 1960 – 4 StR 544/59, NJW 1960, 1629 mwN). Hierauf hat das Landgericht auch zutreffend abgestellt. Das verwendete Geschäftskonto des Angeklagten war häufig überzogen, so dass eingehende Fremdgelder unmittelbar mit Eingang auf dem Konto dem Ausgleich des Solls dienten; teilweise verwendete der Angeklagte die Gelder zum Ausgleich anderer Verbindlichkeiten. Beides reicht für die Annahme einer Untreue in der Form des Treuebruchs aus. Die Feststellungen belegen damit allerdings nicht nur, wie das Landgericht meint, den Eintritt einer schadensgleichen Vermögensgefährdung. Mit der Kontokorrentbuchung der Bank oder dem Abfluss des Zahlungseingangs vom Konto ist bei dem Berechtigten bereits ein endgültiger Vermögensschaden eingetreten (vgl. BGH, Urteil vom 29. August 2008 – 2 StR 587/07, BGHSt 52, 323, 336 ff.).

[18] bb) Indes ist auf der Grundlage der bislang getroffenen Feststellungen die Bestimmung der Anzahl der verwirklichten Taten nicht möglich. Sie belegen nicht, ob die Zahlungen, die in zwei oder drei Teilbeträgen erfolgten und zu unterschiedlichen Zeitpunkten auf den Geschäftskonten des Angeklagten eingingen, auf ein oder mehrere Anspruchsschreiben des Angeklagten zurückgehen. Sollte sich die Tathandlung des Angeklagten in einer einmaligen Zahlungsaufforderung unter Angabe seines Geschäftskontos für zu leistende Zahlungen erschöpfen, würde dies ungeachtet der Anzahl der daraufhin erhaltenen Zahlungen nicht die Annahme von Tatmehrheit rechtfertigen (vgl. BGH, Beschlüsse vom 25. Juli 1997 – 3 StR 179/97, NStZ-RR 1997, 357; und vom 24. Juli 2014 – 2 StR 221/14, wistra 2015, 27, 28).

[19] cc) Untreue kann durch den Rechtsanwalt durch aktives Tun wie auch durch Unterlassen begangen werden. Verwirklicht er den Tatbestand ausschließlich dadurch, dass er pflichtwidrig dem Mandanten oder einem Dritten zustehende Gelder nicht weiterleitet, sondern auf seinem Geschäftskonto belässt, so ist hierauf die Strafmilderungsvorschrift des § 13 Abs. 2 StGB anwendbar, denn der Schwerpunkt der Vorwerfbarkeit liegt hier in einem Unterlassen (vgl. BGH, Be-

schluss vom 25. Juli 1997 – 3 StR 179/97, NStZ-RR 1997, 357). Die Unterscheidung zwischen den Begehungsformen hat sich daran zu orientieren, ob zu dem bloßen Gelderhalt ein Tätigwerden des Rechtsanwalts (Anfordern des Geldes, Verwenden des Geldes zu eigenen Zwecken, Ableugnen des Zahlungseingangs) hinzutritt oder sich der Vorwurf in dem bloßen Untätigbleiben nach Zahlungserhalt erschöpft.

[20] Die Bewertung der Konkurrenzen bleibt von der Begehungsform allerdings unberührt. Der Verwirklichung des Treuebruchtatbestands (§ 266 Abs. 1 Alt. 2 StGB) durch Unterlassen stünde die fortgesetzte Leistungsunfähigkeit des Angeklagten zum Zeitpunkt der Entstehung der jeweiligen Zahlungspflicht nicht entgegen, denn er ist verpflichtet, für seine Leistungsfähigkeit zu den verschiedenen Zahlungszeitpunkten Sorge zu tragen (Rechtsgedanke der omissio libera in causa, vgl. BGH, Beschluss vom 3. Dezember 2013 – 1 StR 526/13, NStZ 2014, 158, 159; vgl. im Kontext von § 266a StGB BGH, Beschluss vom 28. Mai 2002 – 5 StR 16/02, BGHSt 47, 318, 320).

[21] c) Die vorstehenden Erwägungen führen zur Aufhebung der Verurteilung wegen Untreue in 76 Fällen und der Gesamtstrafe.

[22] Der Aufhebung der zugrunde liegenden Feststellungen bedarf es nicht, weil sie von dem zur Urteilsaufhebung führenden Rechtsfehler nicht betroffen sind und auch sonst rechtsfehlerfrei getroffen wurden. Der neue Tatrichter ist nicht gehindert, ergänzende Feststellungen zu treffen, soweit diese nicht in Widerspruch zu den bisherigen stehen. Er wird aber auch zu bedenken haben, dass die Umstellung von mehreren auf eine geringere Anzahl an Taten für sich genommen – soweit nicht Unterlassungstaten angenommen werden – den Schuldumfang unberührt lässt. Den auf der Grundlage des neu gefassten Schuldspruchs festzusetzenden Einzelstrafen wären gegebenenfalls höhere Schadensbeträge zugrunde zu legen und bei der Bestimmung der Einzelstrafen zu berücksichtigen (vgl. BGH, Beschluss vom 4. März 2008 – 5 StR 594/07, NStZ-RR 2008, 168, 169). An der Erhöhung der Einzelstrafen ist der neue Tatrichter nicht gehindert; das Verschlechterungsverbot (§ 358 Abs. 2 Satz 1 StPO) steht dem nicht entgegen. Zu beachten ist lediglich, dass jeweils die Summe der bisherigen Einzelstrafen bei der Bemessung der neuen Einzelstrafen nicht überschritten wird (vgl. BGH, Beschluss vom 19. November 2002 – 1 StR 313/02, BGHR StPO § 358 Abs. 2 Nachteil 12). Ferner darf die neu zu bildende Gesamtstrafe nicht höher sein als die bisherige (st. Rspr.; BGH, Urteil vom 7. März 1989 – 5 StR 575/88, BGHR StPO § 358 Abs. 2 Nachteil 3; Beschlüsse vom 6. Oktober 1995 – 3 StR 346/95, BGHR StPO § 358 Abs. 2 Nachteil 7; und vom 19. November 2002 – 1 StR 313/02, BGHR StPO § 358 Abs. 2 Nachteil 12).

[23] Schließlich bleibt im Hinblick auf die unter C. I. 26. festgestellte Tat im Falle unveränderter konkurrenzrechtlicher Bewertung – und damit dem Fortbestehen der Schadenshöhe von 25 Euro – anzumerken, dass bei der Prüfung der Regelwirkung der § 266 Abs. 2, § 243 Abs. 2, § 248a StGB nicht auf die Höhe des tatsächlichen Schadens, sondern auf die Vorstellung des Angeklagten abzustellen ist (vgl. BGH, Urteil vom 1. Februar 1995 – 2 StR 657/94).

■ TOPENTSCHEIDUNG

369 Es verstößt gegen das **Verschleifungsverbot**, wenn das Tatgericht eine Verurteilung wegen Beihilfe zur Untreue allein auf einen Eventualvorsatz zur Pflichtverletzung des Haupttäters stützt ohne Feststellungen zum Vorsatz des Gehilfen hinsichtlich des Nachteils zu treffen.[397]

[6] 2. Das Rechtsmittel des Angeklagten Z. ist begründet.

[7] a) Es hat mit der Sachrüge Erfolg, weil die Urteilsgründe seine Verurteilung wegen Beihilfe zur Untreue gemäß §§ 266, 27 StGB nicht tragen.

[8] Das Landgericht hat keine Feststellungen dazu getroffen, welche Vorstellung der Angeklagte Z. von der Verwendung der aufwändig produzierten Filme hatte. Es reicht nicht aus, dass er es nach den Urteilsgründen auch für möglich hielt und in Kauf nahm, den Geldforderungen an die D. AG hätten manipulierte Verträge zu Grunde gelegen. Damit wird nur der bedingte Gehilfenvorsatz zu einer pflichtwidrigen Handlung der Haupttäterin aufgezeigt. Der Vorsatz muss sich aber auf sämtliche Merkmale des Untreuetatbestands beziehen, also auch die Verursachung eines Nachteils im Sinne von § 266 Abs. 1 StGB für die Geschädigte umfassen. Dabei handelt es sich um ein selbständiges Tatbestandsmerkmal, das die Strafgerichte nicht mit der Pflichtwidrigkeit des Handelns „verschleifen" dürfen (vgl. BVerfG, Beschluss vom 23. Juni 2010 – 2 BvR 2559/08, 105, 491/09, BVerfGE 126, 170, 211).

[9] Aus der Sicht des Angeklagten Z., der sich unbeschadet zunehmender Zweifel an der Wirksamkeit der Verträge von der Angeklagten W. getäuscht sah, hätte ein solcher Nachteil nur vorgelegen, wenn den Geldzahlungen keine für die D. AG verfügbare und dem Wert der Rechnungsbeträge entsprechende Werkleistung gegenüberstand. Den Urteilsgründen ist jedoch auch in ihrem Gesamtzusammenhang nicht zu entnehmen, dass der Angeklagte von der fehlenden Möglichkeit der Verwendung der aufwändig hergestellten Filme durch die D. AG wusste und dies wollte oder es jedenfalls ernsthaft für möglich hielt und billigend in Kauf nahm. Der Geschäftsbetrieb der N. P. GmbH und das Streben des Angeklagten Z. danach, möglichst gute Filme herzustellen, sprechen gegen die Annahme, den Geldzahlungen hätten keine wertmäßig entsprechenden Werkleistungen der N. P. GmbH gegenübergestanden und der Angeklagte habe dies gewusst oder gebilligt.

■ PRAXISBEDEUTUNG

Mit der vorstehenden Entscheidung stellt der BGH nochmals klar, dass die Grundsätze, die das Bundesverfassungsgericht in seiner Entscheidung zur Abgrenzung von Pflichtverletzung und Vermögensnachteil bei der Untreue (vgl. BVerfGE 126, 170 ff.) geschaffen hat, auch im Bereich der Beihilfe zur Untreue gelten. Allein aus dem Vorliegen einer Pflichtverletzung kann nicht auf einen Schaden geschlossen werden und umgekehrt. Dies gilt vor allem für den Bereich der sog. Risikogeschäfte.

---

[397] BGH, Beschluss vom 29.12.2014 – 2 StR 29/14.

23. Urkundenfälschung – § 267 StGB

Wird eine gefälschte Urkunde dem ursprünglichen Tatplan entsprechend **mehrfach gebraucht**, liegt nur eine Urkundenfälschung vor.[398] **370**

Nur eine Urkundenfälschung liegt vor, wenn eine **gefälschte Urkunde mehrfach gebraucht** wird und dieser mehrfache Gebrauch dem schon bei der Fälschung bestehenden konkreten Gesamtvorsatz des Täters entspricht.[399] **371**

[9] 2. Auch die konkurrenzrechtliche Beurteilung der Fälle II. 4 und 5 der Urteilsgründe (Tatmehrheit) begegnet rechtlichen Bedenken.

[10] Das Landgericht ist zu Recht davon ausgegangen, dass der Angeklagte im Fall II. 4 der Urkundenfälschung in der Variante des Herstellens einer unechten (zusammengesetzten) Urkunde gemäß § 267 Abs. 1 1. Alt. StGB schuldig ist, weil er für ein anderes Fahrzeug ausgegebene amtliche Kennzeichen an dem von ihm genutzten nicht zugelassenen Pkw anbrachte (vgl. BGH, Beschluss vom 29. Januar 2014 – 4 StR 528/13, NStZ 2014, 214; Urteil vom 7. September 1962 – 4 StR 266/62, BGHSt 18, 66, 70). Auch trifft es zu, dass der Angeklagte den Tatbestand des Gebrauchmachens von einer unechten Urkunde gemäß § 267 Abs. 1 3. Alt. StGB verwirklicht hat, indem er in den Fällen II. 4 und II. 5 das mit falschen amtlichen Kennzeichen versehene Fahrzeug im öffentlichen Straßenverkehr nutzte und dadurch den anderen Verkehrsteilnehmern die unmittelbare Kenntnisnahme der am Fahrzeug angebrachten Kennzeichen ermöglichte (BGH, Beschluss vom 29. Januar 2014 – 4 StR 528/13, NStZ 2014, 214; vgl. Urteil vom 14. Dezember 1988 – 2 StR 613/88, BGHSt 36, 64, 65). Die Strafkammer hat jedoch nicht ausreichend bedacht, dass nur eine Urkundenfälschung vorliegt, wenn eine gefälschte Urkunde mehrfach gebraucht wird und dieser mehrfache Gebrauch dem schon bei der Fälschung bestehenden konkreten Gesamtvorsatz des Täters entspricht (BGH, Beschluss vom 30. Oktober 2008 – 3 StR 156/08, BGHR StGB § 267 Abs. 1 Konkurrenzen 3; insoweit in BGHSt 53, 34 nicht abgedruckt; vgl. auch Beschluss vom 7. Mai 2014 – 4 StR 95/14, wistra 2014, 349; Beschluss vom 29. Januar 2014 – 4 StR 528/13, NStZ 2014, 214). Danach hätte die Strafkammer prüfen müssen, ob neben der Nutzung des Fahrzeugs am 19. Dezember 2013 (Fall II. 4 der Urteilsgründe) auch die Fahrt am 26. Dezember 2013 (Fall II. 5) dem schon bei dem Anbringen der Kennzeichen bestehenden konkreten Gesamtvorsatz des Angeklagten entsprach. Dies hätte zur Folge, dass auch der mit der Fahrt am 26. Dezember 2013 verwirklichte Gebrauch einer unechten Urkunde und deren Herstellung als tatbestandliche Handlungseinheit eine Tat der Urkundenfälschung bildeten und damit auch die weiteren während der Fahrt am 26. Dezember 2013 begangenen Delikte hierzu in Tateinheit stünden. Dass die Fahrt vom 26. Dezember 2013 nach den Feststellungen „aufgrund eines neuen Tatentschlusses“ erfolgte, steht dem nicht zwingend entgegen.

Das **Herstellen einer falschen Urkunde** und **das Gebrauchmachen von der gefälschten Urkunde** bilden jeweils nur eine Tat im Rechtssinne. Dabei gebraucht **372**

---

398 BGH, Beschluss vom 12.11.2015 – 2 StR 429/15.

399 BGH, Beschluss vom 21.05.2015 – 4 StR 164/15; Beschluss vom 16.07.2015 – 4 StR 279/15.

der Täter die gefälschte Urkunde im Sinne des § 267 Abs. 1 StGB, wenn er sie in einer Weise vorlegt oder übergibt, dass der zu Täuschende in die Lage versetzt wird, von der Urkunde Kenntnis zu nehmen. Dies ist bei gefälschten Quittungen dann der Fall, wenn sie von dem Täter der Person vorgelegt werden, der gegenüber die Täuschung im Rechtsverkehr aus Sicht des Täters wirksam werden soll.[400]

373 Es ist für **gewerbsmäßiges Handeln** nicht erforderlich, dass der Täter seine Einnahmen unmittelbar aus der Urkundenfälschung selbst erzielen muss. Es reicht vielmehr aus, wenn die Urkundenfälschungen dazu dienen sollen, durch andere vom Täter oder Dritten beabsichtigte Straftaten Gewinn zu erzielen.[401]

[3] 1. Das Landgericht hat bei beiden Angeklagten zu Recht den Regelfall der schweren Urkundenfälschung nach § 267 Abs. 3 Nr. 1 StGB bejaht. Zur Begründung hat das Landgericht ausgeführt, dass die Angeklagten hinsichtlich der Urkundenfälschungen ebenfalls mit der Absicht gehandelt hätten, sich eine fortlaufende Einnahmequelle von einiger Dauer und einigem Umfang zu verschaffen. Zwar habe nicht die einzelne Urkundenfälschung unmittelbar dazu gedient, einen Erlös zu erwirtschaften. Die Angeklagten hätten allerdings bezweckt, mit den gefälschten Urkunden Betrugstaten zu begehen und aus diesen Erlöse zu erzielen. Eine solche Absicht, erst durch ein anderes Delikt mit den Urkunden Gewinne zu erzielen, reiche aus.

[4] Diese Rechtsauffassung trifft zu. Es ist für gewerbsmäßiges Handeln nicht erforderlich, dass der Täter seine Einnahmen unmittelbar aus der Urkundenfälschung selbst erzielen muss. Es reicht vielmehr aus, wenn die Urkundenfälschungen dazu dienen sollen, durch andere vom Täter oder Dritten beabsichtigte Straftaten Gewinn zu erzielen (BGH, Urteil vom 2. November 2010 – 1 StR 579/09, juris Rn. 57; Urteil vom 21. Juni 2007 – 5 StR 532/06, juris Rn. 4, 25; Beschluss vom 17. September 1999 – 2 StR 301/99, wistra 1999, 465; Schönke/Schröder/Heine/Schuster, StGB, 29. Aufl., § 267 Rn. 104; Fischer, StGB, 62. Aufl., vor § 52 Rn. 62).

[5] In der Rechtsprechung ist anerkannt, dass zur Begründung von Gewerbsmäßigkeit ein mittelbarer Vorteil des Täters ausreicht, wenn er ohne weiteres darauf zugreifen kann oder sich selbst geldwerte Vorteile aus den Taten über Dritte verspricht (BGH, Beschluss vom 1. Juni 2015 – 4 StR 21/15, Rn. 11 mwN). Einen mittelbaren Vorteil erlangt der Täter auch dann aus der Tat, wenn diese nicht selbst direkt zu einer Einnahme führt, aber notwendige Zwischenstufe für eine Handlung ist, aus der Einnahmen erzielt werden. Es kommt deshalb nicht darauf an, ob die Urkundenfälschung selbst unmittelbar der Gewinnerzielung dient, etwa bei der Herstellung einer unechten Urkunde oder der Verfälschung einer echten Urkunde gegen Bezahlung. Etwas anderes ergibt sich auch nicht daraus, dass das Schutzgut der Urkundenfälschung die Sicherheit des Rechtsverkehrs ist. Der Gesetzgeber hat das Regelbeispiel der Gewerbsmäßigkeit, das in verschiedenen Tatbeständen Eingang gefunden hat, nicht an die unmittelbare Verletzung des jeweiligen Gesetzeszwecks geknüpft, sondern an das Handeln des Täters. Würde man eine unmittelbare Verknüpfung des spezifischen Merkmals der Ge-

[400] BGH, Beschluss vom 28.07.2015 – 2 StR 38/15.
[401] BGH, Beschluss vom 30.06.2015 – 4 StR 190/15.

winnerzielungsabsicht mit dem Schutzzweck des jeweiligen Tatbestands verlangen, liefen Tatbestände, die keine Vermögensdelikte sind, wie etwa § 335 Abs. 2 Nr. 3 StGB weithin ins Leere (BGH, Beschluss vom 17. September 1999 aaO).

1. Die **nachträgliche Abänderung** der auf dem Akteneinband niedergelegten **Urteilsformel** stellt tatbestandsmäßig eine Urkundenfälschung unter Missbrauch einer Stellung als Amtsträger dar. Nicht nur das Protokoll, sondern auch die von § 268 Abs. 2 Satz 1 StPO geforderte Niederschrift der Urteilsformel ist dazu geeignet und bestimmt, die inhaltliche Übereinstimmung der durch Verlesen verkündeten mit der im schriftlichen Urteil ausgewiesenen Entscheidung zu sichern. Bereits mit der Urteilsverkündung und jedenfalls bis zur Fertigstellung eines mangelfreien Protokolls erlangt die Niederschrift Beweiskraft für den Inhalt der verlesenen Formel. Mit dem Zeitpunkt der Urteilsverkündung ist sie deshalb auch der Abänderung durch den erkennenden Richter entzogen **374**

2. Einer Bestrafung wegen Urkundenfälschung unter Missbrauch einer Stellung als Amtsträger steht nicht die sog. Sperrwirkung des Rechtsbeugungstatbestandes entgegen.[402]

[6] a) Zutreffend sieht das Landgericht in der nachträglichen Abänderung der auf dem Akteneinband niedergelegten Urteilsformel tatbestandsmäßig eine Urkundenfälschung unter Missbrauch einer Stellung als Amtsträger (§ 267Abs. 1, Abs. 3 Satz 2 Nr. 4, § 11 Abs. 1 Nr. 2 Buchst. a StGB). Nicht nur das Protokoll, sondern auch die von § 268 Abs. 2 Satz 1 StPO geforderte Niederschrift der Urteilsformel ist dazu geeignet und bestimmt, die inhaltliche Übereinstimmung der durch Verlesen verkündeten mit der im schriftlichen Urteil ausgewiesenen Entscheidung zu sichern (KK-Kuckein, StPO, 7. Aufl., § 268 Rn. 3). Bereits mit der Urteilsverkündung und jedenfalls bis zur Fertigstellung eines mangelfreien Protokolls (vgl. BGH, Beschluss vom 9. Mai 2001 – 2 StR 42/01 bei Becker, NStZ-RR 2002, 97, 100) erlangt die Niederschrift Beweiskraft für den Inhalt der verlesenen Formel. Mit dem Zeitpunkt der Urteilsverkündung ist sie deshalb auch der Abänderung durch den erkennenden Richter entzogen (LR/Stuckenberg, StPO, 26. Aufl., § 268 Rn. 22; Meyer-Goßner/Schmitt, StPO, 58. Aufl., § 268 Rn. 4).

[7] b) Rechtsfehlerfrei geht das Landgericht auch davon aus, dass das Handeln des Angeklagten nicht den Tatbestand der Rechtsbeugung (§ 339 StGB) erfüllt.

[8] aa) Zwar wurde der Angeklagte, als er die niedergeschriebene und so verlesene Urteilsformel nachträglich abänderte, bei der Leitung einer Rechtssache tätig.

[9] Unter „Rechtssache" im Sinne des § 339 StGB ist das gesamte streitige Verhältnis zu verstehen, über das der Richter zu „entscheiden" hat; die „Leitung" der Rechtssache ist der Inbegriff aller Maßnahmen, die auf die Erledigung der Sache abzielen (BGH, Urteil vom 18. Juli 2013 – 4 StR 84/13, NStZ 2013, 655, 656 mwN). Im Hauptverfahren in Strafsachen übt der Richter danach auch über die mündliche Urteilsverkündung hinaus Tätigkeiten aus, welche die Leitung und Entscheidung einer Rechtssache zum Gegenstand haben. Die Urteilsverkündung beendet das Verfahren nicht, denn es bleibt die Abfassung der schriftlichen Urteilsgründe, die zu den originären Aufgaben des erkennenden Richters zählt und die die künftige Entscheidung des Rechtsmittelgerichts zu Gunsten oder zum

[402] BGH, Urteil vom 13.05.2015 – 3 StR 498/14.

Nachteil des Angeklagten beeinflussen kann (BGH aaO). Nichts anderes kann für die Fertigstellung des Hauptverhandlungsprotokolls durch den Vorsitzenden gelten. Nicht (mehr) bei der Leitung oder Entscheidung einer Rechtssache im Sinne des § 339 StGB handelt der Richter erst dann, wenn ein innerer funktionaler Zusammenhang der den strafrechtlichen Vorwurf begründenden Verhaltensweise mit der Förderung der Sache fehlt und diese deshalb objektiv nicht mehr als ein auf seiner Leitungs- oder Entscheidungskompetenz beruhendes Handeln erscheint (vgl. BGH, Urteil vom 23. Mai 1984 – 3 StR 102/84, BGHSt 32, 357, 364f.; OLG Naumburg, Beschluss vom 23. April 2012 – 1 Ws 48/12, NStZ 2013, 533, 535; OLG Karlsruhe, Beschluss vom 9. Dezember 2003 – 3 Ws 174/03, NJW 2004, 1469, 1470; S/S-Heine/Hecker, StGB, 29. Aufl., § 339 Rn. 17; MüKoStGB/Uebele, 2. Aufl., § 339 Rn. 73; Lackner/Kühl, StGB, 28. Aufl., § 339 Rn. 11).

[10] Nach diesen Maßstäben handelte der Angeklagte, als er die auf dem Akteneinband niedergelegte Urteilsformel nachträglich abänderte, noch bei der Leitung der Strafsache gegen Thomas W. Zwar verfolgte er damit unmittelbar nur das Ziel, im Nachhinein über den wahren Inhalt einer von ihm bereits getroffenen und verkündeten Entscheidung zu täuschen. Jedoch wollte er durch sein Vorgehen zugleich auch nach außen hin eine vorgebliche Tatsachengrundlage für die weitere prozessordnungswidrige Behandlung und Erledigung der Sache schaffen. Die Fälschung stand nach der ihr vom Angeklagten zugedachten Zweckrichtung in engem und untrennbarem Zusammenhang sowohl mit der Herstellung der schriftlichen Urteilsurkunde als auch mit der Fertigstellung des Hauptverhandlungsprotokolls. Sie sollte deren inhaltliche Unrichtigkeit verschleiern und so die Entscheidung der Staatsanwaltschaft und gegebenenfalls des Rechtsmittelgerichts beeinflussen.

[11] bb) Nichts zu erinnern ist aber auch gegen die Bewertung des Landgerichts, dass sich der Angeklagte dadurch keiner Beugung des Rechts schuldig gemacht hat.

[12] Rechtsbeugung kann zwar auch durch Verletzung von Verfahrensrecht begangen werden (BGH, Urteile vom 29. Oktober 1992 – 4 StR 353/92, BGHSt 38, 381, 383; vom 5. Dezember 1996 – 1 StR 376/96, BGHSt 42, 343). Nicht jede unrichtige Rechtsanwendung oder jeder Ermessensfehler ist jedoch bereits eine Beugung des Rechts. Vielmehr indizieren die Einordnung der Rechtsbeugung als Verbrechenstatbestand und die gemäß § 24 Nr. 1 DRiG, § 24 Abs. 1 Satz 1 Nr. 1 BeamtStG im Falle einer Verurteilung kraft Gesetzes eintretende Beendigung des Richter- oder Beamtenverhältnisses die Schwere des Unwerturteils (BGH, Urteile vom 29. Oktober 1992 – 4 StR 353/92, BGHSt 38, 381, 383; vom 29. Oktober 2009 – 4 StR 97/09, NStZ-RR 2010, 310; vom 18. Juli 2013 – 4 StR 84/13, NStZ 2013, 655, 656). Nach ständiger Rechtsprechung des Bundesgerichtshofs erfasst § 339 StGB deshalb nur den Rechtsbruch als elementaren Verstoß gegen die Rechtspflege, bei dem sich der Amtsträger bewusst in schwerwiegender Weise zugunsten oder zum Nachteil einer Partei vom Gesetz entfernt und sein Handeln als Organ des Staates statt an Recht und Gesetz an seinen eigenen Maßstäben ausrichtet (vgl. nur BGH, Urteile vom 9. Mai 1994 – 5 StR 354/93, BGHSt 40, 169, 178; vom 6. Oktober 1994 – 4 StR 23/94, BGHSt 40, 272, 283; vom 20. September 2000 – 2 StR 276/00, NStZ-RR 2001, 243, 244; Beschluss vom 7. Juli 2010 – 5 StR 555/09, wistra 2011, 32, 35). Insoweit enthält das Tatbestandsmerkmal „Beugung des Rechts" ein normatives Element,

dem die Funktion eines wesentlichen Regulativs zukommt (grundlegend hierzu BGH, Urteil vom 23. Mai 1984 – 3 StR 102/84, BGHSt 32, 357, 364, mit Hinweis auf die Gesetzesmaterialien). Ob ein elementarer Rechtsverstoß vorliegt, ist auf der Grundlage einer wertenden Gesamtbetrachtung aller Umstände zu entscheiden. Bei einem Verstoß gegen Verfahrensrecht kann neben dessen Ausmaß und Schwere insbesondere auch Bedeutung erlangen, welche Folgen dieser für die Partei hatte, inwieweit die Entscheidung materiell rechtskonform blieb und von welchen Motiven sich der Richter leiten ließ (vgl. BGH, Urteile vom 5. Dezember 1996 – 1 StR 376/96, BGHSt 42, 343; vom 20. September 2000 – 2 StR 276/00, NStZ-RR 2001, 243, 244; vom 18. Juli 2013 – 4 StR 84/13, NStZ 2013, 655, 656; Beschluss vom 24. Juni 2009 – 1 StR 201/09, NStZ 2010, 92).

[13] Nach diesen Maßstäben ist das Landgericht ohne Rechtsfehler zu dem Ergebnis gelangt, dass dem Angeklagten kein elementarer Verstoß gegen die Rechtspflege zur Last fällt. Zwar erschöpfte sich das Handeln des Angeklagten nicht allein in einer Zuwiderhandlung gegen Vorschriften des gerichtlichen Verfahrens; vielmehr beging er durch die Fälschung der Urteilsformel zugleich eine Straftat. Der so indizierten Schwere des Rechtsverstoßes steht jedoch gegenüber, dass sich das Vorgehen des Angeklagten schon objektiv nicht auf den Kern der Verurteilung des W. bezog, sondern lediglich auf die Höhe der ihm für die Bezahlung der verhängten Geldstrafe bewilligten Raten. In subjektiver Hinsicht kommt hinzu, dass der Angeklagte ausschließlich handelte, um einen von ihm erkannten offensichtlichen Fehlgriff zugunsten des W. bei der Bemessung der Höhe der Raten rückgängig zu machen. In der Gesamtschau rechtfertigt dies nicht eine Bewertung des Tatgeschehens dahin, dass sich der Angeklagte bewusst in schwerwiegender Weise zum Nachteil des W. vom Gesetz entfernt habe. Soweit der Bundesgerichtshof im Urteil vom 18. Juli 2013 (4 StR 84/13, NStZ 2013, 655) in einer Urkundenfälschung des Richters bei der Leitung und Entscheidung der Rechtssache zugleich einen elementaren Verstoß gegen die Rechtspflege gesehen hat, kam den dort zu beurteilenden Sachverhalten ungleich schwereres Gewicht zu. Der Entscheidung lag zu Grunde, dass der Angeklagte wiederholt Urteile in Strafsachen, die keine auch nur entfernt ausreichenden Feststellungen zur Sache und keine Beweiswürdigung enthielten und auf denen bereits der Eingangsvermerk der Geschäftsstelle angebracht war, nach Ablauf der Urteilsabsetzungsfrist heimlich ergänzte. Sein Vorgehen diente damit der wirksamen Vereitelung von Angriffen auf die Verurteilung insgesamt, denen nach § 338 Nr. 7 StPO ohne Weiteres Erfolg beschieden gewesen wäre.

[14] c) Auf durchgreifende Bedenken stößt indes die Auffassung des Landgerichts, einer Bestrafung des Angeklagten wegen der festgestellten Urkundenfälschung unter Missbrauch einer Stellung als Amtsträger (§ 267 Abs. 1, Abs. 3 Nr. 4 StGB) stehe infolgedessen die sog. Sperrwirkung des Rechtsbeugungstatbestands entgegen.

[15] Die dem Tatbestand der Rechtsbeugung nach ständiger Rechtsprechung des Bundesgerichtshofs zukommende Sperrwirkung gegen eine Verurteilung nach anderen Strafvorschriften dient in erster Linie der persönlichen Unabhängigkeit des Richters (BGH, Urteil vom 7. Dezember 1956 – 1 StR 56/56, BGHSt 10, 294, 298; vgl. auch BGH, Urteil vom 29. Mai 1952 – 2 StR 45/50, MDR 1952, 693, 695). Sie soll seine Entscheidungsfreiheit sichern und ihn von dem Risiko freistellen, dass Entscheidungen, Anordnungen oder Maßnahmen der Verhandlungsleitung, zu denen er aufgrund seiner Rechtsgewährungspflicht von Gesetzes wegen

gehalten ist, die aber nach ihrem Inhalt oder nach ihren Auswirkungen den Tatbestand eines allgemeinen Strafgesetzes erfüllen können, so etwa den der Strafvereitelung, der Verfolgung Unschuldiger, der Freiheitsberaubung oder der Nötigung, nachträglich und außerhalb des Instanzenzugs nochmals zur Überprüfung gestellt werden mit dem Ziel, ihn strafrechtlich oder zivilrechtlich (vgl. § 839 Abs. 2 BGB) hierfür zur Verantwortung zu ziehen.

[16] Diese Rechtsprechung hat ihren Ausgangspunkt insbesondere darin, dass nach herrschender Meinung zur früheren Gesetzeslage (§ 336 StGB vor der Neufassung durch Art. 19 Nr. 188 EGStGB vom 2. März 1974, BGBl. I 469, 497) einem Richter der Vorwurf der Rechtsbeugung nur bei einem direkt vorsätzlichen Rechtsverstoß gemacht werden konnte. Vor diesem Hintergrund sollte durch die Sperrwirkung zuvörderst verhindert werden, dass ein Richter, dem keine direkt vorsätzliche Rechtsverletzung angelastet werden kann, wegen einer durch seine Entscheidung bedingt vorsätzlich oder auch nur fahrlässig begangenen Verwirklichung eines anderen Straftatbestandes zur Verantwortung gezogen wird.

[17] All dies ist auf den vorliegend zu beurteilenden Sachverhalt nicht übertragbar. Indem der Gesetzgeber mit der Neufassung des Rechtsbeugungstatbestandes durch das EGStGB vom 2. März 1974 klargestellt hat, dass für die subjektive Tatseite der Rechtsbeugung auch bedingter Vorsatz ausreicht (vgl. LK/Hilgendorf, StGB, 12. Aufl., § 339 Entstehungsgeschichte Rn. 86 mwN), ist ein Begründungsansatz für die Sperrwirkung des Rechtsbeugungstatbestandes bereits weitgehend obsolet geworden; denn damit bleiben die Anforderungen an die subjektive Tatseite der denkbaren Strafvorschriften, die nach heutiger Gesetzeslage durch eine richterliche Entscheidung neben § 339 StGB verletzt werden können, nicht mehr hinter denjenigen des Rechtsbeugungstatbestandes zurück. Vor allem aber fordert es die verfassungsrechtlich gewährleistete richterliche Unabhängigkeit nicht, das Haftungsprivileg auch auf ein Handeln des Richters zu erstrecken, das nicht erst im Zusammenhang mit einer nach außen hin zu treffenden Entscheidung, Anordnung oder Maßnahme der Verhandlungsleitung zur Erfüllung eines Straftatbestands führt, sondern – wie hier -bereits für sich alleine gegen Strafgesetze verstößt (dem zuneigend bereits BGH, Urteil vom 18. Juli 2013 – 4 StR 84/13, NStZ 2013, 655, 657).

24. Fälschung beweiserheblicher Daten – § 269 StGB

375 1. Durch die Änderung der Kontodaten in „übernommenen" eBay-Accounts und deren täuschende Verwendung wird der Tatbestand der Fälschung beweiserheblicher Daten gemäß § 269 Abs. 1 StGB in den Varianten des Veränderns und des Gebrauchs veränderter Daten verwirklicht.

2. Verändert der Täter beweiserhebliche Daten und macht er von dieser Veränderung danach plangemäß Gebrauch, so ist insoweit **nur von einer Tat** auszugehen.[403]

[3] 2. Die Annahme des Landgerichts, die Angeklagten hätten in den Fällen II. 4 bis 7, II. 8 und 9 sowie II. 11 und 12 der Urteilsgründe jeweils rechtlich selbst-

[403] BGH, Beschluss vom 21.04.2015 – 4 StR 422/14.

ständige Taten des Betrugs in Tateinheit mit Fälschung beweiserheblicher Daten begangen, hält rechtlicher Überprüfung nicht stand.

[4] a) Nach den Feststellungen übernahmen („hackten") die arbeitsteilig zusammenwirkenden Angeklagten den eBay-Account des ahnungslosen S., änderten die dort angegebenen Daten des Kontos für die Geldeingänge, indem sie die Daten eines Kontos einsetzten, das sie zuvor unter falschem Namen eröffnet hatten und boten über diesen Account ihnen nicht zur Verfügung stehende Elektroartikel an. In vier Fällen (Fälle II. 4 bis 7 der Urteilsgründe) wurden zum Schein angebotene Artikel von gutgläubigen eBay-Nutzern ersteigert, die daraufhin den Kaufpreis auf das angegebene Konto überwiesen, ohne die angebotene Ware zu erhalten. Auf die gleiche Weise veränderten und nutzten die Angeklagten in den Fällen II. 8 und 9 der Urteilsgründe den eBay- Account des ahnungslosen E. und in den Fällen II. 11 und 12 der Urteilsgründe den eBay-Account „h. „ einer unbekannt gebliebenen Person und veranlassten dadurch gutgläubige Nutzer zu Vorauszahlungen auf das jeweils angegebene Konto.

[5] b) Danach haben sich die Angeklagten in den Fällen II. 4 bis 7 der Urteilsgründe der Fälschung beweiserheblicher Daten in Tateinheit mit Betrug in vier tateinheitlichen Fällen und in den Fällen II. 8 und 9 sowie II. 11 und 12 der Urteilsgründe jeweils der Fälschung beweiserheblicher Daten in Tateinheit mit Betrug in zwei tateinheitlichen Fällen schuldig gemacht.

[6] Durch die Änderung der Kontodaten in den „übernommenen" eBay-Accounts und deren täuschende Verwendung haben die Angeklagten jeweils den Tatbestand der Fälschung beweiserheblicher Daten gemäß § 269 Abs. 1 StGB in den Varianten des Veränderns und des Gebrauchs veränderter Daten verwirklicht. Da § 269 Abs. 1 StGB computerspezifische Fälschungsvorgänge am Tatbestand der Urkundenfälschung misst (vgl. BGH, Beschluss vom 13. Mai 2003 – 3 StR 128/03, NStZ-RR 2003, 265, 266 mwN), kommt es auch für das Verhältnis der Begehungsformen zueinander auf die zu § 267 StGB entwickelten Grundsätze an (vgl. Fischer, StGB, 62. Aufl., § 269 Rn. 12). Verändert der Täter – wie hier – beweiserhebliche Daten und macht er von dieser Veränderung danach plangemäß Gebrauch, so ist insoweit nur von einer Tat auszugehen (vgl. BGH, Beschluss vom 28. Januar 2014 – 4 StR 528/13, NJW 2014, 871 Tz. 5; Urteil vom 30. November 1953 – 1 StR 318/53, BGHSt 5, 291, 293; jeweils zu § 267 StGB). Dies hat zur Folge, dass die Betrugstaten, die durch die täuschende Verwendung der veränderten Kontodaten eines Accounts begangen wurden, zur Tateinheit verbunden werden.

25. Straftaten gegen den Wettbewerb – §§ 298 ff. StGB

1. **Schutzgut des § 299 StGB** ist die strafwürdige Störung des Wettbewerbs sowie die abstrakte Gefahr sachwidriger Entscheidungen. Danach ist das Tatbestandsmerkmal der Bevorzugung im Wettbewerb subjektiviert; es reicht aus, wenn nach der Vorstellung des Täters der Wettbewerb unlauter beeinflusst werden soll. Der Vorstellung eines bestimmten verletzten Mitbewerbers bedarf es nicht. Zur Erfüllung des Tatbestandes braucht die vereinbarte Bevorzugung tatsächlich nicht eingetreten zu sein. Es muss auch keine objektive Schädigung eines Mitbewerbers eingetreten sein. **376**

2. Unter **Vorteil i.S.d. § 299 StGB** ist jede Leistung zu verstehen, auf die der Empfänger keinen Rechtsanspruch hat und die seine wirtschaftliche, rechtliche oder auch nur persönliche Lage objektiv verbessert. Ein solcher Vorteil kann bereits in dem Abschluss eines Vertrages liegen.

3. Bei der Annahme eines besonders schweren Fall i.S.d. § 300 Abs. 1 Nr. 1 StGB ist nur auf die Höhe des Vorteils und nicht auf den Umfang der Bevorzugung abzustellen.

4. Schutzzweckspezifisch ist danach ein **großes Ausmaß** erreicht, wenn der Vorteil besonders geeignet ist, den Vorteilnehmer zu korrumpieren. Dies erfordert eine Berücksichtigung einzelfallbezogener Umstände. Die Betrags-Untergrenze als Begrenzung für den Einfluss individueller Kriterien müsste angesichts der gesetzgeberischen Vorgabe unter der für § 264 Abs. 2 Nr. 1 StGB geltenden Größenordnung bei etwa 50.000 € liegen.[404]

[53] Die auf die jeweiligen Sachrügen vorzunehmende Nachprüfung des angefochtenen Urteils hat hinsichtlich des Schuld- und Strafausspruchs keinen Rechtsfehler zum Nachteil der Angeklagten ergeben. Der Ausführung bedarf ergänzend zu den Antragsschriften des Generalbundesanwalts nur Folgendes:

[54] I. Die rechtsfehlerfrei getroffenen Feststellungen belegen die tatbestandlichen Voraussetzungen der Bestechlichkeit im geschäftlichen Verkehr in den dargestellten Fällen durch den Angeklagten N. und spiegelbildlich dazu die Voraussetzungen der Bestechung im geschäftlichen Verkehr durch die Angeklagten D. bzw. E.

[55] 1. Die Vorschrift des § 299 StGB setzt eine Unrechtsvereinbarung dergestalt voraus, dass der Vorteil als Gegenleistung für eine künftige unlautere Bevorzugung angenommen bzw. gewährt wird (BGH, Urteil vom 10. Juli 2013 – 1 StR 532/12, NStZ 2014, 42, 43 f.; BGH, Beschluss vom 14. Juli 2010 – 2 StR 200/10, wistra 2010, 447). Bevorzugung in diesem Sinne bedeutet dabei die sachfremde Entscheidung zwischen zumindest zwei Bewerbern, setzt also Wettbewerb und Benachteiligung eines Konkurrenten voraus. Hierbei genügt es aber, wenn die zum Zwecke des Wettbewerbs vorgenommenen Handlungen nach der Vorstellung des Täters geeignet sind, seine eigene Bevorzugung oder die eines Dritten im Wettbewerb zu veranlassen. Danach ist das Tatbestandsmerkmal der Bevorzugung im Wettbewerb subjektiviert; es reicht aus, wenn nach der Vorstellung des Täters der Wettbewerb unlauter beeinflusst werden soll (Fischer, StGB 62. Aufl., § 299 Rn. 15). Der Vorstellung eines bestimmten verletzten Mitbewerbers bedarf es nicht (BGH, Urteil vom 16. Juli 2004 – 2 StR 486/03, NJW 2004, 3129, 3133). Zur Erfüllung des Tatbestandes braucht die vereinbarte Bevorzugung tatsächlich nicht eingetreten zu sein. Es muss auch keine objektive Schädigung eines Mitbewerbers eingetreten sein. Schutzgut des § 299 StGB ist die strafwürdige Störung des Wettbewerbs sowie die abstrakte Gefahr sachwidriger Entscheidungen (BGH, Urteil vom 9. August 2006 – 1 StR 50/06, NJW 2006, 3290, 3298).

[56] 2. Indem der Angeklagte N. jeweils mit den Angeklagten E. und D. sowie dem gesondert Verfolgten K. übereinkam, diesen den Auftrag zu verschaffen und

---

[404] BGH, Beschluss vom 29.04.2015 – 1 StR 235/14.

dafür von diesen beauftragt zu werden, haben sie eine die dargestellten Anforderungen erfüllende Unrechtsvereinbarung geschlossen.

[57] a) Das Landgericht hat sich aufgrund der rechtsfehlerfrei festgestellten Vorgehensweise der Angeklagten davon überzeugt, dass nach ihrer Vorstellung der Wettbewerb unlauter beeinflusst werden sollte. Hierfür hat es unter anderem darauf abgestellt, dass es des manipulativen Vorgehens im Wege gezielter Ausschaltung von potentiellen Mitbewerbern durch Unterlassen der beauftragten Ausschreibung bei gleichzeitiger Vorspiegelung gegenüber der P., es handele sich um das jeweils günstigste Angebot im Rahmen eines Wettbewerbs zwischen drei Unternehmen, nicht bedurft hätte, wären die Angeklagten nicht vom Vorliegen einer Wettbewerbslage ausgegangen. Die vor der Auftragsvergabe abgesprochene Vergabe des Folgeauftrags an die PI. hat es als Vorteil für den Beauftragten der P., den Angeklagten N. angesehen, der für die Bevorzugung gewährt worden ist. Hierfür hat es sich auch darauf gestützt, dass die über die PI. erfolgende „Rückbeauftragung" des Angeklagten N. vor dem Auftraggeber P. verschleiert und hierfür ein Unternehmen genutzt wurde, das dem Angeklagten N. zwar zuzurechnen, für das er aber bewusst gegenüber der P. nicht in Erscheinung trat. Dies ist revisionsrechtlich nicht zu beanstanden.

[58] b) Gleiches gilt, soweit das Landgericht die vom Angeklagten E. nach über 35 Hauptverhandlungstagen abgegebene Einlassung, er sei davon ausgegangen, dass allein die A. in der Lage gewesen sei, den Auftrag zu den vorgegebenen Konditionen zu erfüllen, als an den Ertrag der Hauptverhandlung angepasste Schutzbehauptung angesehen hat und ihr diesbezüglich nicht gefolgt ist. Es hat die von anderen Beweismitteln hinreichend gestützte Einlassung des Angeklagten E. insoweit zugrunde gelegt, er habe die „Schutzangebote" beschafft, dabei den beteiligten Unternehmen die einzutragenden Preise vorgegeben und dem „Wunsch" des Angeklagten N. nach Beauftragung der PI. entsprochen, wobei er dies gegenüber der P. nicht offen gelegt habe. Hiervon ausgehend erweist sich die Würdigung, für dieses Verhalten gebe es keinen anderen Grund, als dass die vertragliche Beauftragung der PI. die „Rückvergütung" für die Bevorzugung der A. bereits im Vorfeld der Ausschreibung darstelle, als tragfähig. Den Schluss von dieser Vorgehensweise auf die Vorstellung von der unlauteren Beeinflussung des Wettbewerbs hat das Landgericht zu Recht dadurch gestützt gesehen, dass der Angeklagte E. eingeräumt hat, es habe sich um die „Inszenierung einer Charade" gehandelt.

26. Brandstiftung/Schwere Brandstiftung/Besonders Schwere Brandstiftung – §§ 306, 306a, 306b ff. StGB

Die fahrlässige Brandstiftung nach § 306d Abs. 1 2. Alt. i.V.m. § 306a Abs. 2 StGB wird nicht von der vorsätzlichen schweren Brandstiftung nach § 306a Abs. 1 StGB verdrängt. Die schwere Brandstiftung nach § 306a Abs. 1 StGB setzt nur die Inbrandsetzung oder (zumindest teilweise) Zerstörung bestimmter Räumlichkeiten voraus. Damit ist nicht notwendigerweise verbunden, dass ein anderer Mensch dadurch vorsätzlich (§ 306a Abs. 2 StGB) oder fahrlässig (§ 306d Abs. 1 2. Alt. StGB) in die Gefahr einer Gesundheitsschädigung gebracht wird. Daher kann Tateinheit zwischen der schweren Brandstiftung nach § 306a Abs. 1 und derjenigen nach § 306a Abs. 2 StGB gegeben sein. Angesichts der unterschiedlichen Schutzgüter wird auch die fahrlässige Brandstiftung nach § 306d Abs. 1 2. **377**

Alt. StGB nicht von der vollendeten Brandstiftung nach § 306a Abs. 1 StGB verdrängt, obwohl ihr Strafrahmen hinter dem des § 306a Abs. 1 StGB und sogar hinter dem der vorsätzlichen Brandstiftung nach § 306 Abs. 1 StGB – ohne zusätzlich eingetretene Gesundheitsgefährdung – zurückbleibt.[405]

378 1. Ein die **Mindestgrenze für einen bedeutenden Sachschaden** überschreitender Schaden ist dem Gefährdungsdelikt des § 308 StGB nicht immanent und mithin ein zulässiges Strafzumessungskriterium.

2. Für den Gehilfenvorsatz ist entscheidend, dass der Gehilfe die Dimension des Unrechts der ins Auge gefassten Tat erfassen kann. Weiß der Gehilfe, dass der durch die herbeigeführte Explosion entstandene Schaden versicherungsrechtlich geltend gemacht werden soll, kommt es auf die Anzahl der geschädigten Versicherungen nicht an.[406]

[12] Die fehlerfrei getroffenen Feststellungen tragen den Schuldspruch. Auch die Strafzumessung des Landgerichts weist keinen Rechtsfehler zum Nachteil der Angeklagten auf. Es liegt kein Verstoß gegen das Doppelverwertungsverbot des § 46 Abs. 3 StGB vor, soweit das Landgericht zulasten der Angeklagten das „hohe Maß der Pflichtwidrigkeit" sowie den entstandenen hohen Sachschaden berücksichtigte (UA S. 22). Dass tatsächlich ein hoher, die Mindestgrenze für einen bedeutenden Sachwert (vgl. dazu Fischer, StGB, 62. Aufl., § 315 Rn. 16a) weit überschreitender Sachschaden eintrat, ist dem Gefährdungsdelikt des § 308 StGB nicht immanent und mithin ein zulässiges Strafzumessungskriterium. Ebenso verhält es sich mit dem besonders hohen Maß an Pflichtwidrigkeit, das darin zu sehen ist, dass eine unkontrollierte Explosion in einem dichtbesiedelten Bereich herbeigeführt wurde. Das sich daraus ergebende hohe Maß der persönlichen Schuld der Angeklagten darf strafschärfend berücksichtigt werden (vgl. auch Fischer, StGB, 62. Aufl., § 46 Rn. 31). …

[17] Insbesondere hat das Landgericht den Angeklagten T. rechtsfehlerfrei wegen Beihilfe zum versuchten Betrug in zwei Fällen verurteilt. Aus den Feststellungen ergibt sich, dass der Angeklagte T. gewusst hatte, dass die Mitangeklagte Z" aufgrund der von ihm durchgeführten Tat gegenüber Versicherungsunternehmen einen Versicherungsfall vortäuschen würde, um dadurch zu Unrecht die Auszahlung von Versicherungssummen zu erreichen …" (UA S. 10). Bereits dem Wortlaut nach ist also nicht nur eine Versicherung erfasst, sondern es ist vielmehr von einem Versicherungsfall die Rede. Darüber hinaus ist für den Gehilfenvorsatz nicht erforderlich, dass der Gehilfe alle Einzelheiten der Haupttat kennt. Vielmehr ist entscheidend, dass der Gehilfe die Dimension des Unrechts der ins Auge gefassten Tat erfassen kann. Der Gehilfenvorsatz unterscheidet sich insofern vom Anstiftervorsatz, da der Anstifter eine konkrete Tat vor Augen haben muss, während der Gehilfe einen von der Haupttat losgelösten Beitrag erbringt. Der Angeklagte wusste vorliegend, dass die Angeklagte Mitangeklagte den durch die Explosion entstandenen Schaden versicherungsrechtlich geltend machen wollte. Damit hat er den Umfang des Unrechts erkannt. Auf die Anzahl der geschädigten Versicherungen kommt es dabei nicht an.

[405] BGH, Urteil vom 17.12.2014 – 4 StR 556/14.
[406] BGH, Urteil vom 13.01.2015 – 1 StR 454/14.

27. Herbeiführen einer Sprengstoffexplosion – § 308 StGB

Explosion ist die plötzliche Auslösung von Druckwellen außergewöhnlicher Beschleunigung.[407] **379**

[23] a) Das Landgericht hat im Fall II.2.c) rechtsfehlerfrei die Voraussetzungen des vorsätzlichen Herbeiführens einer Sprengstoffexplosion gemäß § 308 Abs. 1 StGB bejaht.

[24] aa) Mit dem Zünden des verwendeten Feuerwerkskörpers hat der Angeklagte eine Explosion herbeigeführt. Explosion ist die plötzliche Auslösung von Druckwellen außergewöhnlicher Beschleunigung (Wolff in Leipziger Kommentar zum StGB, 12. Aufl., Band 11, § 308 Rn. 4; Krack in Münchener Kommentar zum StGB, 2. Aufl., Band 5, § 308 Rn. 3 jeweils mwN). Unmittelbar durch die mittels des aus Kaliumperchlorat und Aluminium bestehenden Sprengstoffs ausgelöste Explosion sind erhebliche Schäden an fremden Gegenständen, dem Kraftfahrzeug der Tochter von P. sowie u.a. an der Garage von dessen Hausgrundstück, verursacht worden.

[25] bb) Ohne Rechtsfehler hat das Landgericht bei dem hinsichtlich der Explosion selbst mit direktem Vorsatz handelnden Angeklagten einen auf das Verursachen einer konkreten Gefahr für fremde Sachen von bedeutendem Wert bezogenen bedingten Vorsatz angenommen. Es stützt sich zur Begründung auf eine – teils im Rahmen der rechtlichen Würdigung erfolgende – Gesamtwürdigung aller relevanten objektiven und subjektiven Umstände des Zündens des Feuerwerkskörpers. Dabei hat das Landgericht vor allem auf die für die Durchführbarkeit des Nötigungsvorhabens erforderliche Nachhaltigkeit der Explosion als Drohmittel abgestellt.

[26] Die Hinweise der Revision auf die Freiverkäuflichkeit des verwendeten Feuerwerkskörpers in der Tschechischen Republik zeigen Lücken in der Beweiswürdigung des Tatgerichts nicht auf. Dieses hat sich erkennbar von dem Gedanken leiten lassen, dass der Angeklagte nach der Sicherstellung von zwei der ihm seitens Au. übergebenen, ebenfalls aus Tschechien stammenden Feuerwerkskörpern und der Einleitung eines strafrechtlichen Ermittlungsverfahrens wegen des Verdachts des Verstoßes gegen das Sprengstoffgesetz aufgrund des Mitsichführens der entsprechenden Gegenstände Kenntnis von deren fehlender Zulassung im Inland hatte. Da er anschließend zur Vorbereitung des Anschlags gegen das Wohnanwesen von P. in die Tschechische Republik gefahren ist, um einen wegen der hohen Sprengkraft wiederum im Inland nicht zugelassenen Feuerwerkskörper zu erwerben, konnte das Landgericht unter Berücksichtigung der sonstigen Umstände auf einen wenigstens bedingten Gefahrvorsatz schließen.

[27] cc) Der Senat braucht nicht zu entscheiden, ob bei Verursachung tatbestandsmäßiger Gefahrerfolge hinsichtlich von § 308 Abs. 1 StGB erfasster Rechtsgüter durch Explosion mittels Feuerwerkskörper eine einschränkende Auslegung des Tatbestandes oder gar ein Ausschluss der Tatbestandsmäßigkeit oder der Rechtswidrigkeit in Betracht zu ziehen ist (zu dem entsprechenden Diskussionsstand vgl. Krack aaO § 308 Rn. 4f.; siehe auch Wolff aaO § 308 Rn. 13;

[407] BGH, Beschluss vom 10.02.2015 – 1 StR 488/14.

Heine/Bosch in Schönke/Schröder, StGB, 29. Aufl., § 308 Rn. 5–6). Jedenfalls in der hier vorliegenden Konstellation der vorsätzlichen Verwendung eines im Inland nicht zugelassenen, in seiner Explosivwirkung über das inländisch Zugelassene deutlich hinausgehenden Feuerwerkskörpers kommt vor dem Hintergrund der geschützten Individualrechtsgüter (zu diesen Fischer aaO § 308 Rn. 1) eine Restriktion des Tatbestandes, erst recht ein Tatbestands- oder Rechtswidrigkeitsausschluss nicht in Betracht.

28. Gefährlicher Eingriff in den Straßenverkehr – § 315b StGB

380 Eine Verurteilung wegen versuchten gefährlichen Eingriffs in den Straßenverkehr setzt bei **Schüssen auf Fahrzeuge im Straßenverkehr** voraus, dass nach der Vorstellung des Täters die konkrete Gefahr für eines der in § 315b Abs. 1 StGB genannten Schutzobjekte jedenfalls auch auf die Wirkungsweise der für Verkehrsvorgänge typischen Fortbewegungskräfte (Dynamik des Straßenverkehrs) zurückzuführen ist. Daran fehlt es, wenn der Schaden ausschließlich auf der durch die Pistolenschüsse freigesetzten Dynamik der auftreffenden Projektile beruht. In solchen Fällen hätte der Schütze jeweils in seine Vorstellung aufnehmen und billigen müssen, dass es infolge der Schüsse zu einem Beinahe-Unfall kommen könnte.[408]

[4] 1. Der Senat beschränkt die Strafverfolgung mit Zustimmung des Generalbundesanwalts gemäß § 154a Abs. 2 StPO in dem aus der Beschlussformel ersichtlichen Umfang.

[5] Die Beschränkung umfasst diejenigen 108 Fälle, in denen der Angeklagte auf die Ladung bzw. Aufbauten von Autotransportern, anderen Lkws oder auf Wohnanhänger schoss und diese auch traf, ohne dass die Strafkammer Feststellungen dazu getroffen hat, dass es nach der Vorstellung des Angeklagten durch die Schüsse zu einer kritischen Verkehrssituation kommen konnte. Eine Verurteilung wegen versuchten gefährlichen Eingriffs in den Straßenverkehr setzt bei Schüssen auf Fahrzeuge im Straßenverkehr indes voraus, dass nach der Vorstellung des Täters die konkrete Gefahr für eines der in § 315b Abs. 1 StGB genannten Schutzobjekte jedenfalls auch auf die Wirkungsweise der für Verkehrsvorgänge typischen Fortbewegungskräfte (Dynamik des Straßenverkehrs) zurückzuführen ist (vgl. BGH, Beschluss vom 4. November 2008 – 4 StR 411/08, NStZ 2009, 100, 101). Daran fehlt es, wenn der Schaden – wie hier – ausschließlich auf der durch die Pistolenschüsse freigesetzten Dynamik der auftreffenden Projektile beruht (BGH aaO). Danach hätte der Angeklagte jeweils in seine Vorstellung aufnehmen und billigen müssen, dass es infolge der Schüsse zu einem Beinahe-Unfall kommen könnte; Feststellungen dazu hat das Landgericht aber nicht getroffen.

381 Zum **bedingten Schädigungsvorsatz** bei einem Zufahren auf einen Polizeibeamten und dessen sich anschließender Verletzung und der Beurteilung diesen Verhaltens als gefährlicher Eingriff in Straßenverkehr.[409]

---

408 BGH, Beschluss vom 16.07.2015 – 4 StR 117/15.
409 BGH, Urteil vom 04.12.2014 – 4 StR 213/14.

[3] 1. Nach den Feststellungen befuhr der alkoholbedingt fahruntüchtige Angeklagte mit seinem Pkw öffentliche Straßen, obwohl er die dazu erforderliche Fahrerlaubnis nicht hatte. Als er einer Polizeikontrolle unterzogen werden sollte, ergriff er mit seinem Pkw die Flucht. Nachdem er an einer Einmündung anhalten musste, weil sich ihm der Zeuge S. mit seinem Pkw quer in den Weg gestellt hatte, stoppten die verfolgenden Polizeibeamten ihr Dienstfahrzeug hinter seinem Wagen. Die Polizeibeamtin W. stieg aus, klopfte an die Beifahrertür des Pkw des Angeklagten und verlangte deren Öffnung. Der Angeklagte leistete der Aufforderung keine Folge. Stattdessen rangierte er sein Fahrzeug mehrmals hin und her. Dabei fuhr er der zurückweichenden Polizeibeamtin W. über den rechten Fuß und stieß gegen das Dienstfahrzeug der Polizei, wodurch ein Sachschaden in Höhe von 1.136,01 Euro entstand. Die Polizeibeamtin W. trat daraufhin vor den Pkw des Angeklagten und forderte ihn aus einem Abstand von zwei bis vier Metern zum Anhalten auf. Der Angeklagte fuhr nun, auch diese Aufforderung missachtend, mit Vollgas an und flüchtete, indem er durch eine zwischen dem Bordstein und dem Pkw des Zeugen S. bestehende etwa 1,6 Meter breite Lücke hindurchfuhr. Die Polizeibeamtin W. konnte sich durch einen Sprung zur Seite in Sicherheit bringen. Dabei wurde sie von der vorderen rechten Stoßstange des Pkw des Angeklagten erfasst und leicht verletzt. Dem Angeklagten kam es bei seinem Vorgehen allein darauf an, sich der Polizeikontrolle zu entziehen. Als möglich erkannte Verletzungen der Polizeibeamtin W. und eine Beschädigung des Dienstfahrzeugs der Polizei nahm er jeweils billigend in Kauf. Auf seiner weiteren Fluchtfahrt stieß der Angeklagte mit seinem Pkw gegen einen Omnibus (Sachschaden 2.613,01 Euro) und fuhr danach, obgleich er den Anstoß bemerkt hatte, ohne anzuhalten weiter.

[4] Der Angeklagte hat sich in der Hauptverhandlung im zweiten Rechtsgang bei der von ihm verletzten Polizeibeamtin W. entschuldigt und das bereits im ersten Rechtsgang anerkannte Schmerzensgeld an sie bezahlt.

[5] 2. Das Landgericht hat in dem mit bedingtem Schädigungsvorsatz erfolgten Zufahren auf die Polizeibeamtin W. und ihrer sich anschließenden Verletzung einen vorsätzlichen gefährlichen Eingriff in den Straßenverkehr gemäß § 315b Abs. 1 Nr. 3, Abs. 3 i. V.m. § 315 Abs. 3 Nr. 1b StGB, eine gefährliche Körperverletzung gemäß § 224 Abs. 1 Nr. 2 StGB und einen Widerstand gegen Vollstreckungsbeamte gemäß § 113 Abs. 1 StGB gesehen. Im Übrigen hat es das Verhalten des Angeklagten als Sachbeschädigung gemäß § 303 Abs. 1 StGB (Beschädigung des Polizeifahrzeugs), fahrlässige Trunkenheit im Verkehr (§ 316 Abs. 1 und 2 StGB), unerlaubtes Entfernen vom Unfallort in zwei tateinheitlichen Fällen (§ 142 Abs. 1 StGB) und vorsätzliches Fahren ohne Fahrerlaubnis (§ 21 Abs. 1 Nr. 1 StVG) gewertet. In konkurrenzrechtlicher Hinsicht ist es davon ausgegangen, dass alle Delikte zueinander im Verhältnis der Tateinheit gemäß § 52 Abs. 1 StGB (natürliche Handlungseinheit) stehen.

Der **vertypte Strafmilderungsgrund** des § 46a Nr. 1 StGB ist auf den vorsätzlichen **Eingriff in den Straßenverkehr nach § 315b StGB nicht anwendbar.**[410] **382**

Für die Annahme eines vollendeten gefährlichen Eingriffs in den Straßenverkehrs sind konkrete Feststellungen erforderlich, aus denen sich ergibt, dass durch **383**

[410] BGH, Urteil vom 04.12.2014 – 4 StR 213/14.

die **Tathandlung ein so hohes Verletzungs- oder Schädigungsrisiko begründet** worden ist, dass es nur noch vom Zufall abhängt, ob es zu einer Rechtsgutsverletzung kommt. Die Gefährdung des dem Täter nicht gehörenden, aber als Tatwerkzeug benutzten Fahrzeugs genügt dazu nicht.[411]

[18] 1. Ein vollendeter gefährlicher Eingriff in den Straßenverkehr im Sinne des § 315b Abs. 1 StGB liegt erst dann vor, wenn durch eine der in § 315b Abs. 1 Nr. 1 bis 3 StGB genannten Tathandlungen eine Beeinträchtigung der Sicherheit des Straßenverkehrs herbeigeführt worden ist und sich diese abstrakte Gefahrenlage zu einer konkreten Gefährdung von Leib und Leben eines anderen Menschen oder fremder Sachen von bedeutendem Wert verdichtet hat (BGH, Beschluss vom 9. September 2014 – 4 StR 251/14, NStZ 2015, 278; Beschluss vom 18. Juni 2013 – 4 StR 145/13, Rn. 7; SSW-StGB/Ernemann, 2. Aufl., § 315b Rn. 5, 17). Hierzu sind konkrete Feststellungen erforderlich, aus denen sich ergibt, dass durch die Tathandlung ein so hohes Verletzungs- oder Schädigungsrisiko begründet worden ist, dass es nur noch vom Zufall abhängt, ob es zu einer Rechtsgutsverletzung kommt (BGH, Beschluss vom 26. Juli 2011 – 4 StR 340/11, BGHR StGB § 315b Abs. 1 Gefährdung 6; Urteil vom 30. März 1995 – 4 StR 725/94, NJW 1995, 3131; SSW-StGB/Ernemann, 2. Aufl., § 315b Rn. 16). Die Gefährdung des dem Täter nicht gehörenden, aber als Tatwerkzeug benutzten Fahrzeugs genügt dazu nicht (BGH, Urteil vom 16. Januar 1992 – 4 StR 509/91, NStZ 1992, 233, 234). Der neue Tatrichter wird diese Grundsätze – näher als bisher geschehen – in den Blick zu nehmen haben.

29. Gefährdung des Straßenverkehrs/Trunkenheit im Verkehr – § 315c, § 316 StGB

384 1. Fährt ein Fahrzeug mit hoher Geschwindigkeit und ungebremst auf einen Streifenwagen zu, der sich quer zur Fahrbahn gestellt hatte, um ein Durchkommen zu verhindern und gibt der Streifenwagen erst bei einer Entfernung von weniger als 50 Meter zum heranfahrenden Fahrzeug den Weg frei, so muss das Urteil konkrete Feststellungen zu den Entfernungsverhältnissen machen, die einen sicheren Schluss auf einen „Beinahe-Unfall" zulassen.

2. Das Regelbeispiel des § 113 Abs. 2 Satz 2 Nr. 2 StGB setzt eine bedingt vorsätzlich herbeigeführte konkrete Gefahr des Todes oder einer schweren Gesundheitsbeschädigung voraus, die durch eine Gewalttätigkeit herbeigeführt worden sein muss. Als eine solche Gewalttätigkeit kann zwar auch das schnelle Zufahren auf eine Person in Betracht kommen. Die **konkrete Gefahr** muss aber mit bestimmten Tatsachen belegt werden, wobei die Voraussetzungen des § 315b StGB einen Anhalt bieten.[412]

[2] 1. Die (tateinheitliche) Verurteilung wegen vorsätzlichen gefährlichen Eingriffs in den Straßenverkehr gemäß § 315b Abs. 1 Nr. 3 StGB im Fall III.4 der Urteilsgründe hält rechtlicher Überprüfung nicht stand. Die bisherigen Feststel-

---

[411] BGH, Beschluss vom 21.04.2015 – 4 StR 92/15.

[412] BGH, Beschluss vom 30.06.2015 – 4 StR 188/15.

lungen ergeben nicht, dass das Fahrverhalten des Angeklagten zu einer konkreten Gefahr für die bezeichneten Individualrechtsgüter geführt hat. Auch ist nicht erkennbar, dass er zumindest mit bedingtem Schädigungsvorsatz gehandelt hat.

[3] a) Nach den Feststellungen hielt sich der Angeklagte am 16. August 2014 mit einem von ihm Tage zuvor entwendeten Pkw Audi A3 auf dem Parkplatz der Rastanlage H. an der Bundesautobahn A 8 auf. Dort wurde er von einer Zivilstreife der Polizei bemerkt, die sich daraufhin mit ihrem Fahrzeug neben das Fahrzeug des Angeklagten stellte. Der Angeklagte erkannte die Polizeibeamten und wollte sich der befürchteten Kontrolle und Festnahme entziehen. Er fuhr deshalb sogleich in Richtung Autobahn. Die beiden Polizeibeamten folgten mit ihrem Fahrzeug nach und versuchten ihn mittels Leuchtzeichen und Hupen zum Anhalten zu bringen. Zudem verständigten sie über Funk eine weitere uniformierte Polizeistreife, die sich mit ihrem Streifenwagen an der Ausfahrt der Raststätte befand und baten um eine Blockade der Ausfahrt. Die Beamten PHM K. und PK R. blockierten daraufhin mit ihrem Streifenwagen bei eingeschaltetem Blaulicht die Ausfahrspur, indem sie sich quer zur Fahrbahn stellten, sodass ein Durchkommen vor und hinter dem Streifenwagen wegen der dort vorhandenen Leitplanken nicht mehr möglich war. Der Angeklagte beschleunigte sein Fahrzeug auf der mehrere hundert Meter langen Ausfahrspur der Rastanlage auf 100 bis 120 km/h. Obwohl er die Polizeisperre bemerkte, beschleunigte er weiter und fuhr ungebremst auf das Streifenfahrzeug zu, um die Polizeibeamten zur Freigabe der Fahrbahn zu zwingen. Als der PK R., der zuvor bereits von den verfolgenden Zivilbeamten vor einem Durchbruchsversuch gewarnt worden war, das Fahrzeug des Angeklagten mit hoher Geschwindigkeit ungebremst auf sich zukommen sah, fuhr er den Streifenwagen nach hinten auf eine Sperrfläche und gab den Weg frei. Im Zeitpunkt des Beginns dieses Fahrmanövers war der Angeklagte mit seinem Fahrzeug „weniger als 50 Meter" von dem Streifenfahrzeug entfernt. Er hätte sein Fahrzeug auch mit einer Vollbremsung nicht mehr vor dem Streifenwagen zum Stehen bringen können. Ihm kam es dabei darauf an, den Streifenwagen zum Zurücksetzen zu zwingen. Ohne dieses Rückfahrmanöver wäre es zu einem Zusammenstoß mit Lebensgefahr für die Fahrzeuginsassen gekommen. Der Angeklagte verfügte nicht über die erforderliche Fahrerlaubnis.

[4] b) Ein vollendeter gefährlicher Eingriff in den Straßenverkehr gemäß § 315b Abs. 1 StGB liegt erst dann vor, wenn durch eine der in§ 315b Abs. 1 Nr. 1 bis 3 StGB genannten Tathandlungen eine Beeinträchtigung der Sicherheit des Straßenverkehrs herbeigeführt worden ist und sich diese abstrakte Gefahrenlage zu einer konkreten Gefährdung von Leib oder Leben eines anderen Menschen oder fremder Sachen von bedeutendem Wert verdichtet hat (vgl. BGH, Beschluss vom 9. September 2014 – 4 StR 251/14, NStZ 2015, 278; Beschluss vom 18. Juni 2013 – 4 StR 145/13, Urteil vom 4. Dezember 2002 – 4 StR 103/02, BGHSt 48, 119, 122; Ernemann in SSW-StGB, 2. Aufl., § 315b Rn. 5, 16). Dies ist der Fall, wenn die Tathandlung über die ihr innewohnende latente Gefährlichkeit hinaus in eine kritische Situation geführt hat, in der – was nach allgemeiner Lebenserfahrung auf Grund einer objektiv nachträglichen Prognose zu beurteilen ist – die Sicherheit einer bestimmten Person oder Sache so stark beeinträchtigt war, dass es nur noch vom Zufall abhing (sog. Beinahe-Unfall), ob das Rechtsgut verletzt wurde oder nicht (vgl. BGH, Beschluss vom 4. Dezember 2012 – 4 StR 435/12, NStZ 2013, 167; Urteil vom 30. März 1995 – 4 StR 725/95, NJW 1995, 3131, jeweils zu § 315c StGB; Ernemann in SSW-StGB, 2. Aufl., § 315b Rn. 16). Bei

Vorgängen im fließenden Verkehr muss zu einem bewusst zweckwidrigen Einsatz eines Fahrzeugs in verkehrsfeindlicher Absicht ferner hinzukommen, dass das Fahrzeug mit zumindest bedingtem Schädigungsvorsatz missbraucht wurde (vgl. BGH, Beschluss vom 5. November 2013 – 4 StR 454/13, NStZ 2014, 86; Urteil vom 20. Februar 2003 – 4 StR 228/02,BGHSt 48, 233, 237f.). Beides ist nicht hinreichend belegt.

[5] Dass das Fahrverhalten des Angeklagten zu einer konkreten Gefahr in dem dargestellten Sinne geführt hat, lässt sich den Feststellungen nicht entnehmen. Als der Polizeibeamte PK R. die Rückwärtsfahrt einleitete, war der Angeklagte mit seinem Fahrzeug noch „weniger als 50 Meter" entfernt. Diese nur sehr vage Beschreibung der Entfernungsverhältnisse lässt keinen sicheren Schluss auf ein Geschehen zu, das als ein „Beinahe-Unfall" erfasst werden könnte. Feststellungen zu den räumlichen Verhältnissen an der Stelle, an der der Angeklagte das zurückgesetzte Polizeifahrzeug mit hoher Geschwindigkeit passierte (Abstände zwischen den Fahrzeugen, zur Verfügung stehender Raum für die Durchfahrt in Richtung Autobahn), fehlen. Soweit das Landgericht an anderer Stelle (im Rahmen der Ausführungen zu § 113 Abs. 2 Satz 2 Nr. 2 StGB) darauf abhebt, es habe „die konkrete Gefahr" bestanden, dass der Polizeibeamte einen Fahrfehler macht (UA 14), fehlt dafür jeder Beleg. Dies gilt umso mehr als PK R. – ein ausgebildeter Polizeibeamter – durch den Hinweis seiner Kollegen vorgewarnt war.

[6] Einen zumindest bedingten Schädigungsvorsatz hat das Landgericht nicht festgestellt. In der rechtlichen Würdigung ist lediglich davon die Rede, dass der Angeklagte die Gefahr für die beiden Polizeibeamten durch seinen Eingriff auch vorsätzlich herbeigeführt habe (UA 14). In der Beweiswürdigung führt das Landgericht dazu aus, dass es dem Angeklagten darauf angekommen sei, die Durchfahrt in Kenntnis der Blockade zu erzwingen und er dementsprechend damit gerechnet habe, dass durch sein bedingungsloses Fahrverhalten das Polizeifahrzeug den Weg freigibt (UA 12).

[7] 2. Die Aufhebung der Verurteilung wegen vorsätzlichen gefährlichen Eingriffs in den Straßenverkehr gemäß § 315b Abs. 1 Nr. 3 StGB zieht die Aufhebung der tateinheitlichen Verurteilungen wegen Widerstands gegen Vollstreckungsbeamte gemäß § 113 Abs. 1 StGB und wegen vorsätzlichen Fahrens ohne Fahrerlaubnis (§ 21 Abs. 1 Nr. 1 StVG) nach sich. Dadurch verlieren auch der Gesamtstrafen- und der Maßregelausspruch ihre Grundlage.

385 Bei **vorsätzlicher Gefährdung des Straßenverkehrs** muss die Tathandlung über die ihr innewohnende latente Gefährlichkeit hinaus in eine kritische Situation geführt haben, in der – was nach allgemeiner Lebenserfahrung aufgrund einer objektiv nachträglichen Prognose zu beurteilen ist – die **Sicherheit einer bestimmten Person oder Sache von bedeutendem Wert** so stark beeinträchtigt war, dass es nur noch vom Zufall abhing, ob das Rechtsgut verletzt wurde oder nicht.

Ob Leib oder Leben oder eine fremde Sache von bedeutendem Wert durch das Fahrverhalten des Täters tatsächlich in einem solchen Maß gefährdet waren, muss sich auf der Grundlage der getroffenen Feststellungen beurteilen lassen.[413]

[413] BGH, Beschluss vom 21.05.2015 – 4 StR 164/15.

[2] 1. Die Annahme eines jeweils tateinheitlich begangenen vorsätzlichen gefährlichen Eingriffs in den Straßenverkehr in den Fällen II. 4 und 5 der Urteilsgründe hält rechtlicher Überprüfung nicht stand.

[3] a) Nach den hierzu getroffenen Feststellungen brachte der Angeklagte in der Zeit zwischen dem 12. und 19. Dezember 2013 an einem nicht zugelassenen Pkw der Marke Ford, Modell Cougar, für ein anderes Fahrzeug ausgegebene amtliche Kennzeichen an, die er zuvor zu diesem Zweck entwendet hatte. Dabei verfolgte er die Absicht, das so präparierte Fahrzeug anschließend im öffentlichen Straßenverkehr zu nutzen. Am 19. Dezember 2013 befuhr er mit dem Pkw Ford Cougar ohne im Besitz einer Fahrerlaubnis zu sein und ohne Bestehen eines Haftpflichtversicherungsvertrages die H.-Straße in D. Von dort aus bog er gleichgültig gegenüber den anderen Verkehrsteilnehmern mit derart überhöhter Geschwindigkeit in die B.-Straße ein, dass er über die beiden Fahrspuren für den Geradeausverkehr und die rechte der beiden Linksabbiegerspuren fuhr. Dabei nahm er der Zeugin B., die die linke der beiden Linksabbiegerspuren befuhr, die Vorfahrt, „sodass es nur dem Zufall geschuldet war, dass er nicht mit ihr kollidierte“ (Fall II. 4 der Urteilsgründe). Am 26. Dezember 2013 fuhr er mit dem Pkw Ford Cougar aufgrund eines neuen Tatentschlusses in der J.-Straße in D. gleichgültig gegenüber den anderen Verkehrsteilnehmern mit derart überhöhter Geschwindigkeit, dass er von der Fahrbahn abkam, auf den in gleicher Fahrtrichtung eingerichteten Fahrradschutzstreifen geriet und einen mit einer Lichtzeichenanlage versehenen „Fußgängerüberweg“ überfuhr. Dort kollidierte er mit der rechten Front seines Fahrzeugs mit dem Vorderrad des Fahrrads des am „Fußgängerüberweg“ wartenden Zeugen C. Dies hatte zur Folge, dass der Fahrradlenker gegen das Knie des Zeugen schlug, der dadurch Schmerzen erlitt. Dass der Zeuge nicht unmittelbar angefahren und erheblich verletzt wurde, ist lediglich dem Zufall zu verdanken. Nach einer entschuldigenden Geste setzte der Angeklagte seine Fahrt fort und entfernte sich durch die angrenzende Fußgängerzone (Fall II. 5 der Urteilsgründe).

[4] b) Die im Fall II. 4 der Urteilsgründe auf § 315c Abs. 1 Nr. 2 Buchstabe a StGB gestützte Verurteilung wegen vorsätzlicher Gefährdung des Straßenverkehrs hat keinen Bestand, weil nicht belegt ist, dass durch die dem Angeklagten angelastete Nichtbeachtung der Vorfahrt (zum Vorsatz siehe Königin: Leipziger Kommentar zum StGB, 12. Aufl., § 315c Rn. 190] Leib oder Leben eines anderen Menschen oder fremde Sachen von bedeutendem Wert (konkret) gefährdet worden sind.

[5] aa) Nach gefestigter Rechtsprechung muss die Tathandlung über die ihr innewohnende latente Gefährlichkeit hinaus in eine kritische Situation geführt haben, in der – was nach allgemeiner Lebenserfahrung aufgrund einer objektiv nachträglichen Prognose zu beurteilen ist – die Sicherheit einer bestimmten Person oder Sache von bedeutendem Wert so stark beeinträchtigt war, dass es nur noch vom Zufall abhing, ob das Rechtsgut verletzt wurde oder nicht (vgl. BGH, Urteil vom 22. März 2012 – 4 StR 558/11, NStZ 2012, 384; Urteil vom 30. März 1995 – 4 StR 725/94, NJW 1995, 3131f.; Urteil vom 4. September 1995 – 4 StR 471/95, NJW 1996, 329f., zu § 315b StGB; SSW-StGB/Ernemann, 2. Aufl., § 315c Rn. 22ff.).

[6] bb) Ob Leib oder Leben der Zeugin B. oder eine fremde Sache von bedeutendem Wert durch das Fahrverhalten des Angeklagten tatsächlich in diesem Maße gefährdet waren, lässt sich auf der Grundlage der getroffenen Feststellun-

gen nicht beurteilen. Zwar teilt das Landgericht mit, dass das Ausbleiben einer Kollision zwischen den Fahrzeugen des Angeklagten und der Zeugin „nur dem Zufall geschuldet" war. Offen bleibt aber, inwieweit im Fall einer Kollision auch Leib und Leben der Zeugin bedroht gewesen wären. Hierzu wären nähere Angaben zu den gefahrenen Geschwindigkeiten und zu der Beschaffenheit des Fahrzeugs der Zeugin B. erforderlich gewesen (vgl. BGH, Beschluss vom 29. April 2008 – 4 StR 617/07, NStZ-RR 2008, 289). Um eine konkrete Gefährdung einer fremden Sache von bedeutendem Wert bejahen zu können, hätte es – da insoweit das vom Angeklagten geführte Fahrzeug nicht in Betracht kommt (vgl. BGH, Beschluss vom 19. Januar 1999 – 4 StR 663/98, NStZ 1999, 350, 351; Urteil vom 28. Oktober 1976 – 4 StR 465/76, BGHSt 27, 40) – bestimmter Angaben zum Wert des Fahrzeugs der Zeugin und zur Höhe des drohenden Schadens bedurft (vgl. BGH, Beschluss vom 28. September 2010 – 4 StR 245/10, NStZ 2011, 215, 216; Beschluss vom 29. April 2008 – 4 StR 617/07, NStZ-RR 2008, 289; zur maßgeblichen Wertgrenze siehe BGH, Beschluss vom 28. September 2010 – 4 StR 245/10, NStZ 2011, 215; zu den Prüfungsschritten siehe BGH, Beschluss vom 20. Oktober 2009 – 4 StR 408/09, NStZ 2010, 216, 217).

[7] c) Im Fall II. 5 der Urteilsgründe belegen die Feststellungen nicht, dass der Angeklagte gemäß § 315c Abs. 1 Nr. 2 Buchstabe c StGB an einem Fußgängerüberweg falsch gefahren ist.

[8] § 315c Abs. 1 Nr. 2 Buchstabe c StGB erfasst nur das Falschfahren an Fußgängerüberwegen im Sinne des § 26 StVO. Das sind allein die durch Zeichen 293 (Zebrastreifen) markierten Fahrbahnflächen (vgl. BGH, Urteil vom 15. April 2008 – 4 StR 639/07, NZV 2008, 528, 529; König in: Leipziger Kommentar zum StGB, 12. Aufl., § 315c Rn. 102; SSW-StGB/Ernemann, 2. Aufl., § 315c Rn. 17 mwN), an denen zu Fuß Gehende und ihnen gleichgestellte Verkehrsteilnehmer nach § 26 Abs. 1 Satz 1 StVO vor Fahrzeugen uneingeschränkt Vorrang haben und Fahrzeug Fahrende gemäß § 26 Abs. 1 Satz 2, Abs. 2 und 3 StVO sowie § 41 Abs. 1 StVG i. V. m. Anlage 2 und Zeichen 293 besonderen Pflichten unterliegen (Einzelheiten bei König in: Hentschel/König/Dauer, Straßenverkehrsrecht, 43. Aufl., StVO, § 26 Rn. 18–21, 23–25 mwN). Dass es sich bei der Unfallstelle um eine mit „Zebrastreifen" markierte Fahrbahnfläche und damit um einen Fußgängerüberweg im Sinne der § 315c Abs. 1 Nr. 2 Buchstabe c StGB, § 26 StVO gehandelt hat, kann den Urteilsgründen nicht entnommen werden. Die Verwendung des Rechtsbegriffes „Fußgängerüberweg" vermag die Angabe der zu dessen Ausfüllung erforderlichen Tatsachen nicht zu ersetzen (§ 267 Abs. 1 Satz 1 StPO). Schließlich bleibt auch offen, ob die angeführte Lichtzeichenanlage in Betrieb war und deshalb ihre Lichtzeichen nach § 37 Abs. 1 Satz 1, Abs. 2 Nr. 2 StVO einer etwa bestehenden Vorrangregel oder Vorrang regelnden Verkehrszeichen vorgingen (vgl. dazu König in: Hentschel/König/Dauer, Straßenverkehrsrecht, 43. Aufl., StVO, § 26 Rn. 11 mwN; zum persönlichen Schutzbereich des § 315c Abs. 1 Nr. 2 Buchstabe c StGB siehe König in: Leipziger Kommentar zum StGB, 12. Aufl., § 315c Rn. 103 mwN).

386 Zu den Anforderungen an die Beweiswürdigung bei Prüfung des bedingten Vorsatzes bei einer Trunkenheitsfahrt: Ob der Täter des § 316 StGB **bedingten Vorsatz** hinsichtlich der Fahruntüchtigkeit hat, richtet sich nach den allgemeinen Grundsätzen. Eine Bestrafung wegen vorsätzlicher Trunkenheit im Verkehr setzt daher voraus, dass der Fahrzeugführer seine alkoholbedingte Fahruntüchtigkeit kennt oder zumindest mit ihr rechnet und sich damit abfindet. Maßgeblich ist, ob der Fahrzeugführer eine so gravierende Beeinträchtigung seiner Leistungsfähigkeit zumindest für möglich hält und sich mit ihr abfindet oder billigend in Kauf nimmt, dass er den im Verkehr zu stellenden Anforderungen nicht mehr genügt. **Absolute Grenzwerte** müssen vom Vorsatz nicht umfasst sein, da es sich bei ihnen nicht um Tatbestandsmerkmale, sondern um Beweisregeln handelt.[414]

[6] Die Beweiswürdigung zum bedingten Vorsatz der Trunkenheitsfahrt hält der rechtlichen Nachprüfung nicht stand; sie ist lückenhaft.

[7] 1. Ob der Täter des § 316 StGB bedingten Vorsatz hinsichtlich der Fahruntüchtigkeit hat, richtet sich nach den allgemeinen Grundsätzen. Diese verlangen nach der ständigen Rechtsprechung des Bundesgerichtshofs, dass der Täter den Eintritt des tatbestandlichen Erfolges als möglich und nicht ganz fernliegend erkennt, ferner dass er ihn billigt oder sich um des erstrebten Zieles willen zumindest mit der Tatbestandsverwirklichung abfindet (BGH, Urteil vom 9. Mai 1990 – 3 StR 112/90, BGHR StGB § 15 Vorsatz, bedingter 7 mwN). Eine Bestrafung wegen vorsätzlicher Trunkenheit im Verkehr setzt daher voraus, dass der Fahrzeugführer seine alkoholbedingte Fahruntüchtigkeit kennt oder zumindest mit ihr rechnet und sich damit abfindet (vgl. nur Brandenburgisches OLG, Blutalkohol 50, 138 (2013); OLG Hamm, NZV 2005, 161, jeweils mwN; SSW-StGB/Ernemann, 2. Aufl., § 316 Rn. 32; LK-StGB/König, 12. Aufl., § 316 Rn. 186; Fischer, StGB, 62. Aufl., § 316 Rn. 44). Maßgeblich ist, ob der Fahrzeugführer eine so gravierende Beeinträchtigung seiner Leistungsfähigkeit zumindest für möglich hält und sich mit ihr abfindet oder billigend in Kauf nimmt, dass er den im Verkehr zu stellenden Anforderungen nicht mehr genügt (MüKo-StGB/Groeschke, 1. Aufl., § 316 Rn. 83). Absolute Grenzwerte müssen vom Vorsatz nicht umfasst sein, da es sich bei ihnen nicht um Tatbestandsmerkmale, sondern um Beweisregeln handelt (Groeschke aaO; ebenso SSW-StGB/Ernemann, 2. Aufl., § 316 Rn. 32; LK-StGB/König, 12. Aufl., § 316 Rn. 188).

[8] 2. Vom Vorliegen eines bedingten Vorsatzes muss sich der Tatrichter – wie vom Vorliegen der übrigen Tatbestandsmerkmale auch – auf der Grundlage einer Gesamtschau aller objektiven und subjektiven Tatumstände überzeugen (§ 261 StPO). Dabei hat er in seine Erwägungen auch diejenigen Umstände einzubeziehen, die seine Überzeugung vom Vorliegen eines bedingten Vorsatzes in Frage stellen könnten (st. Rspr.; vgl. nur Senatsurteil vom 22. März 2012 – 4 StR 558/11, BGHSt 57, 183, Tz. 33 mwN [zum bedingten Tötungsvorsatz]). Andererseits ist er in diesem Zusammenhang auch durch den Zweifelssatz nicht gehalten, zu Gunsten des Täters Tatvarianten zu unterstellen, für deren Vorliegen keine zureichenden tatsächlichen Anhaltspunkte vorhanden sind (vgl. nur BGH, Urteil vom 24. Januar 2008 – 5 StR 253/07, NStZ 2008, 575 mwN) oder auf die sich der Angeklagte selbst nicht berufen hat (Senatsurteile vom 12. Januar 2012 – 4 StR 499/11, Tz. 5 mwN; Urteil vom 11. April 2002 – 4 StR 585/01, NStZ-RR 2002, 243). Unter welchen Voraussetzungen er zu welcher Schlussfolgerung und Überzeugung kommen muss, kann ihm nicht vorgeschrieben werden; an Beweisregeln ist er insofern nicht gebunden (BGH, Urteil vom 9. Februar 1957 – 2 StR 508/56, BGHSt 10, 208, 210; Senatsbeschluss vom 19. August 1993 – 4 StR 627/92,

---

414 BGH, Urteil vom 09.04.2015 – 4 StR 401/14.

BGHSt 39, 291, 295). Dementsprechend ist auch die revisionsgerichtliche Prüfung darauf beschränkt, ob das Ergebnis des Tatrichters hinsichtlich der Annahme bedingten Vorsatzes auf möglichen Schlüssen beruht (SSW-StGB/Ernemann, 2. Aufl., § 316 Rn. 34). Nach Auffassung des Senats ergibt sich daraus Folgendes:

[9] 3. Zwar gibt es keinen naturwissenschaftlich oder medizinisch gesicherten Erfahrungssatz, dass derjenige, der eine Alkoholmenge trinkt, die zu einer die Grenze der absoluten Fahruntüchtigkeit übersteigenden Blutalkoholkonzentration führt, seine Fahruntüchtigkeit auch erkennt (Senatsbeschluss vom 25. August 1983 – 4 StR 452/83, VRS 65, 359; KG Berlin, VRS 126, 95; Brandenburgisches OLG, Blutalkohol 50, 138 (2013);Blutalkohol 47, 426 (2010); VRS 117, 195 (2009); OLG Hamm, Blutalkohol 49, 164 (2012); VRS 107, 431 (2004); NZV 1999, 92; OLG Düsseldorf, Blutalkohol 47, 428 (2010); OLG Stuttgart, NStZ-RR 2011, 187; Blutalkohol 47, 139 (2010); OLG Köln, DAR 1999, 88; DAR 1997, 499; in einer nicht tragenden Erwägung abweichend OLG Celle, NZV 2014, 283). Bei Prüfung der Frage, ob ein Fahrzeugführer den Tatbestand des § 316 StGB bedingt vorsätzlich verwirklicht hat, ist aber eine solche Blutalkoholkonzentration ein gewichtiges Beweisanzeichen für das Vorliegen vorsätzlichen Handelns. Diese in Rechtsprechung und Schrifttum (eingehende Nachweise bei LK-StGB/König, 12. Aufl., § 316 Rn. 191 ff.) nahezu einhellig vertretene Auffassung ändert aber nichts an der Geltung des Grundsatzes der freien richterlichen Beweiswürdigung gemäß § 261 StPO, wonach der Tatrichter den Grad der Alkoholisierung mit dem ihm zukommenden Gewicht – für sich genommen oder zusammen mit anderen Indizien – in seine Überzeugungsbildung vom Vorliegen bedingt vorsätzlichen oder fahrlässigen Handelns einzubeziehen hat.

[10] Der Tatrichter ist deshalb durch § 261 StPO nicht gehindert anzunehmen, dass eine Blutalkoholkonzentration umso eher für eine vorsätzliche Tat spricht, je höher sie ist (vgl. BGH, Beschluss vom 25. August 1983 – 4 StR 452/83, VRS 65, 359, 361). Er muss sich jedoch bewusst sein, dass er sich lediglich auf ein (widerlegbares) Indiz stützt, das zwar gewichtig ist, aber im Einzelfall der ergänzenden Berücksichtigung anderer Beweisumstände bedürfen kann. Will er die Annahme bedingten Vorsatzes damit begründen, dass ein Täter mit einer hohen Blutalkoholkonzentration im Allgemeinen weiß, dass er große Mengen Alkohol getrunken hat, so dass sich ihm die Möglichkeit einer Fahruntüchtigkeit aufdrängt, muss er erkennen lassen, dass er lediglich einen Erfahrungssatz mit einer im konkreten Fall widerlegbaren Wahrscheinlichkeitsaussage zur Anwendung bringt, nicht aber einen wissenschaftlichen Erfahrungssatz (vgl. dazu BGH, Beschluss vom 4. März 1988 – 3 StR 518/87, BGHR StPO § 261 Erfahrungssatz 2). Es ist deshalb einerseits nicht ausgeschlossen, dass der Vorwurf bedingt vorsätzlichen Handelns trotz Aufnahme einer erheblichen Alkoholmenge im konkreten Fall – etwa wegen eines länger zurückliegenden Zeitraums der Alkoholaufnahme oder bei Konsum von Mixgetränken mit unbekanntem Alkoholanteil – als entkräftet angesehen werden kann (vgl. Senatsbeschluss vom 15. November 1990 – 4 StR 486/90, NZV 1991, 117 [BAK von 2,4‰ bei Entschluss zur Fahrt]; vgl. zur Erforderlichkeit von Feststellungen zu Trinkverlauf und Trinkende auch Senatsbeschluss vom 23. September 2006 – 4 StR 322/06, Blutalkohol 44, 35 (2007)). Andererseits kann – wenn keine Besonderheiten vorliegen – auch im Einzelfall schon allein die die Aufnahme einer die Grenze zur absoluten Fahruntüchtigkeit von 1,1‰ nur knapp überschreitenden Alkoholmenge dem Tatrichter die Überzeugung von einer vorsätzlichen Tatbegehung verschaffen (vgl. OLG Koblenz, NZV 2008, 304; 2001, 357

m. Anm. Scheffler, Blutalkohol 38, 468 (2001); OLG Celle, NZV 2014, 283; OLG Düsseldorf, NZV 1994, 367; vgl. auch Senatsbeschluss vom 25. August 1983 – 4 StR 452/83, VRS 65, 359, 361). Schematische Erwägungen der obergerichtlichen Rechtsprechung etwa dahin, die Notwendigkeit ergänzender Feststellungen zur Begründung des bedingten Vorsatzes bestehe vornehmlich im Bereich von Blutalkoholkonzentrationen zwischen 1,10 und 2,00‰ und nehme daher mit der Höhe der festgestellten BAK „reziprok" ab (so OLG Düsseldorf, NZV 1994, 367), vermögen, zumal sie in dieser Allgemeinheit nicht zutreffen, die Würdigung der Beweisanzeichen des konkreten Einzelfalles nicht zu ersetzen.

[11] 4. Nicht vereinbar mit den vorgenannten Grundsätzen ist ferner die obergerichtliche Rechtsprechung, soweit sie annimmt, bei weit über dem Grenzwert zur absoluten Fahruntüchtigkeit liegenden Blutalkoholwerten verringere sich die Erkenntnis- und Kritikfähigkeit in einer den Vorsatz ausschließenden Weise und es trete (erneut) vorsatzausschließender Glaube an die Fahrtüchtigkeit ein (so etwa KG Berlin, NStZ-RR 2015, 91; 2014, 321; Brandenburgisches OLG, Blutalkohol 47, 33 (2010); OLG Zweibrücken, Blutalkohol 37, 191 (2000); OLG Hamm, NZV 1999, 92). Denn diese Auffassung beruht auf einem nicht vorhandenen Erfahrungssatz (OLG Düsseldorf, NZV 1994, 367, 368; Nehm, Festschrift Salger 1995, S. 115, 118 f.; Tolksdorf, 33. VGT 1995, S. 79, 82). Vielmehr beseitigt eine bei steigender Blutalkoholkonzentration möglicherweise eintretende Selbstüberschätzung der eigenen Leistungsfähigkeit nicht die Kenntnis, eine große Menge Alkohol im Blut zu haben und nach den geltenden Regeln deshalb nicht mehr fahren zu dürfen. Dass bei Blutalkoholkonzentrationen von mehr als 2‰ die Steuerungsfähigkeit bzw. das Hemmungsvermögen erheblich herabgesetzt sein kann, ändert daher regelmäßig nichts an der für den Vorsatz allein maßgeblichen Einsicht, dass das Fahren im öffentlichen Verkehr in diesem Zustand verboten ist. Dass der Fahruntüchtige möglicherweise hofft, die vorgesehene Fahrstrecke unfallfrei bewältigen zu können, lässt den Vorsatz unberührt. Erst wenn durch den Grad der Trunkenheit die Einsichtsfähigkeit nachhaltig beeinträchtigt ist, kommt ein Vorsatzausschluss in Betracht.

30. Räuberischer Angriff auf Kraftfahrer – § 316a StGB

1. Wenn Fahrer und Beifahrer in einem zivilen Pkw einem Lkw-Fahrer auf der Autobahn durch Hup- und Handzeichen bedeuten, er solle „rechts herausfahren", und der Lkw-Fahrer daraufhin in der irrigen Annahme, dass es sich um eine Polizeistreife in Zivil handele und eine **Fahrzeugkontrolle** durchgeführt werden solle, seinen Lkw auf einen Rastplatz lenkt und dort anhält, sodann der Fahrer des ebenfalls auf dem Rastplatz haltenden Pkw's auf die Fahrertür des Lkw's zugeht mit dem Ruf „Polizeikontrolle! Papiere bitte!" und die Zeit, während der Lkw-Fahrer nach den Papieren sucht, nutzt um sich eine Unterziehhaube über das Gesicht zu streifen, die Fahrertür zu öffnen und dann den Lkw-Fahrer mit einer nicht geladenen Pistole zu bedrohen, um ihn anschließend zu fesseln und zusammen mit seinen Mittätern die Lkw-Ladung zu stehlen, haben sich die Täter (auch) eines räuberischen Angriffs auf Kraftfahrer i. S. d. § 316a StGB strafbar gemacht. **387**

2. Auch wenn der Lkw-Fahrer bei dem Angriff auf dem Parkplatz nicht mehr Führer des Lkw war, denn er hielt sich zwar noch im Fahrzeug auf, war aber zu diesem Zeitpunkt nicht mehr mit der Bewältigung von Betriebs- oder Verkehrs-

vorgängen befasst, so dass er kein taugliches Angriffsziel i. S. d. § 316a StGB war. Indem die Täter ihr Opfer aber zuvor durch die vorgetäuschte Polizeikontrolle zu diesem Halt zwangen, lag jedoch die für die Tatbestandsmäßigkeit erforderliche zeitliche Verknüpfung zwischen dem Verüben des Angriffs und der Führereigenschaft des Angegriffenen vor.

3. Für das Merkmal des „Angriffs" reicht es nicht aus, wenn auf den Führer eines Kraftfahrzeugs mit List eingewirkt wird, um ihn in eine Situation zu bringen, in der ein Raub durchgeführt werden soll. Dies ist etwa der Fall, wenn ein vermeintlicher Fahrgast beim Taxifahrer ein falsches Fahrtziel angibt. Hiervon abzugrenzen sind aber Handlungen, welche auf den Führer eines Kraftfahrzeugs eine objektiv nötigungsgleiche Wirkung haben.

4. Haben die Mittäter bei der Begehung der Tat in der tatbestandsmäßigen Absicht die besonderen Verhältnisse des Straßenverkehrs ausgenutzt, ist dieses zusätzliche Tatbestandsmerkmal in der Regel erfüllt, wenn der Angriff im Sinne des § 316a StGB zu einem Zeitpunkt erfolgt, an dem sich der Fahrer mit dem Kraftfahrzeug im fließenden Verkehr befindet.[415]

[9] 1. Nach den Feststellungen haben sich die Angeklagten tateinheitlich auch des (gemeinschaftlichen) räuberischen Angriffs auf Kraftfahrer gemäß § 316a Abs. 1 StGB schuldig gemacht.

[10] a) Nach der Grundsatzentscheidung des Senats vom 20. November 2003 (4 StR 150/03, BGHSt 49, 8 ff.) erfasst der Tatbestand des § 316a StGB als taugliches Tatopfer nur den Führer (oder den Mitfahrer) eines Kraftfahrzeugs. Erforderlich ist, dass das Tatopfer diese Eigenschaft zum Tatzeitpunkt, d. h. bei Verüben des Angriffs, besitzt. Das Landgericht hat nicht verkannt, dass der Nebenkläger bei dem Angriff auf dem Parkplatz nicht mehr Führer des LKW war. Zwar hielt sich das Tatopfer noch im Fahrzeug auf. Es war aber zu diesem Zeitpunkt nach den Feststellungen nicht mehr mit der Bewältigung von Betriebs- oder Verkehrsvorgängen befasst, damit nach der Rechtsprechung des Senats nicht mehr Führer des LKW und deshalb zu diesem Zeitpunkt kein taugliches Angriffsziel im Sinne des § 316a StGB (vgl. BGH, aaO; NK-StGB/Herzog, 4. Aufl., § 316a Rn. 16).

[11] b) Indem die Täter ihr Opfer zuvor durch die vorgetäuschte Polizeikontrolle zu diesem Halt zwangen, lag jedoch entgegen der Auffassung des Landgerichts die für die Tatbestandsmäßigkeit erforderliche zeitliche Verknüpfung zwischen dem Verüben des Angriffs und der Führereigenschaft des Angegriffenen vor (vgl. dazu auch BGH, Beschlüsse vom 28. Juni 2005 – 4 StR 299/04, BGHSt 50, 169, 170 f., und vom 25. September 2007 – 4 StR 338/07, BGHSt 52, 44, 45 f.).

[12] aa) Für die insoweit allein problematische Frage, ob die Angeklagten einen Angriff auf die Entschlussfreiheit des Nebenklägers als Führer des LKW verübt haben, gilt nach der Rechtsprechung des Senats das Folgende (vgl. insbesondere BGH, Urteile vom 20. November 2003 – 4 StR 150/03, BGHSt 49, 8, 12 f.; Beschluss vom 14. Juli 1987 – 4 StR 324/87, BGHR StGB § 316a Abs. 1 Angriff 1): Einen solchen Angriff verübt, wer in feindseliger Absicht auf dieses Rechtsgut einwirkt. Ausreichend, aber auch erforderlich ist eine gegen die Entschlussfreiheit

[415] BGH, Urteil vom 23.04.2015 – 4 StR 607/14.

gerichtete Handlung, sofern das Opfer jedenfalls deren objektiven Nötigungscharakter wahrnimmt; die feindliche Willensrichtung des Täters braucht das Opfer dagegen nicht erkannt zu haben. Ebenfalls nicht vorausgesetzt ist, dass der verübte Angriff sich bereits unmittelbar gegen das Eigentum bzw. das Vermögen des Opfers richtet.

[13] bb) Dadurch, dass der Angeklagte S. und die gesondert Verfolgten S.M. und H. in Absprache mit den weiteren Angeklagten Z. und M.M. den Nebenkläger veranlassten, mit seinem LKW die Autobahn zu verlassen und den Rastplatz aufzusuchen, haben sie im vorbezeichneten Sinn einen tatbestandsmäßigen Angriff auf die Entschlussfreiheit des Führers eines Kraftfahrzeugs verübt. Der Nebenkläger befand sich bereits zu diesem Zeitpunkt objektiv in einer Nötigungssituation.

[14] Zwar reicht es für das Merkmal des „Angriffs" nach der (neueren) Rechtsprechung des Bundesgerichtshofs und der herrschenden Meinung in der Literatur nicht aus, wenn auf den Führer eines Kraftfahrzeugs mit List eingewirkt wird, um ihn in eine Situation zu bringen, in der ein Raub durchgeführt werden soll. Dies ist etwa der Fall, wenn ein vermeintlicher Fahrgast beim Taxifahrer ein falsches Fahrtziel angibt (vgl. BGH, Urteil vom 20. November 2003 – 4 StR 150/03, BGHSt 49, 8, 13f.); das Gleiche gilt für das Vortäuschen einer Autopanne (jedenfalls außerhalb des Anwendungsbereichs des § 323c StGB) sowie in den Anhalterfällen. Hiervon abzugrenzen sind aber Handlungen, welche auf den Führer eines Kraftfahrzeugs eine objektiv nötigungsgleiche Wirkung haben (vgl. dazu im Einzelnen Fischer, StGB, 62. Aufl., § 316a Rn. 6f.; Lackner/Kühl, StGB, 28. Aufl., § 316a Rn. 2; jew. mwN). Es kommt hierfür nicht darauf an, ob diese Wirkung vorgetäuscht ist oder ob der objektiv Genötigte von einer Rechtswidrigkeit der Einwirkung ausgeht.

[15] Fälle einer – wie hier – vorgetäuschten Polizeikontrolle unterscheiden sich daher substantiell von bloßen Vortäuschungen allgemein motivierender Umstände der oben genannten Art; sie entsprechen vielmehr der Konstellation einer Straßensperre. Denn dem Kraftfahrzeugführer ist bei der Einwirkung durch das Haltezeichen eines Polizeibeamten kein Ermessen eingeräumt; er ist vielmehr bei Androhung von Geldbuße (§ 49 Abs. 3 Nr. 1 StVO) verpflichtet, Haltezeichen Folge zu leisten, wobei der Senat dahinstehen lässt, ob die Täter hier eine Weisung zur Regelung einer konkreten Verkehrssituation nach § 36 Abs. 1 StVO oder eine solche zur Durchführung einer allgemeinen Verkehrskontrolle nach § 36 Abs. 5 StVO vorgespiegelt haben (vgl. zur Abgrenzung OLG Köln, VRS 67, 293; Janker in Burmann/Heß/Jahnke/Janker, Straßenverkehrsrecht, 23. Aufl., § 36 StVO Rn. 3f., 12). Der Nebenkläger sollte jedenfalls das Vorgehen der Täter im fließenden Verkehr als polizeiliche Weisung verstehen und hat dies auch so verstanden; das Tragen von Zivilkleidung steht der von den Angeklagten und ihren Tatgenossen angestrebten Vorgabe einer Polizeikontrolle nicht entgegen (Kudlich, JA 2015, 235, 236; vgl. hierzu auch BayObLGSt 1974, 137; OLG Düsseldorf, NZV 1996, 458, 459; OLG Hamm, NJW 1972, 1769 für die telefonische Weisung eines „Kreispolizeibeamten"; zw. Jahn, JuS 2014, 1135, 1137).

[16] cc) Auf die Entschlussfreiheit eines Kraftfahrzeugführers wird daher bereits dann durch einen Angriff eingewirkt, wenn vom Täter eines geplanten Raubes eine Polizeikontrolle vorgetäuscht wird und sich der Geschädigte dadurch zum Anhalten gezwungen sieht (König in Hentschel/König/Dauer, Straßenverkehrs-

recht, 43. Aufl., § 316a StGB Rn. 2; SSW-StGB/Ernemann, 2. Aufl., § 316a Rn. 9; Sander in MüKo-StGB, 2. Aufl., § 316a Rn. 11; LK-StGB/Sowada, 12. Aufl., § 316a Rn. 11; Sternberg-Lieben/Hecker in Schönke/Schröder, StGB, 29. Aufl., § 316a Rn. 4; SK-StGB/Wolters, § 316a Rn. 3c [„psychische Autofalle"]; Roßmüller/Rohrer, NZV, 1995, 253, 263; Steinberg, NZV 2007, 545, 550; Geppert, DAR 2014, 128, 130; in der Tendenz ebenso schon BGH, Beschlüsse vom 23. Juli 2014 – 2 StR 104/14, NStZ-RR 2014, 342, und 2 StR 105/14; aA Krüger, NZV 2004, 161, 165 f.; Duttge/Nolden, JuS 2005, 193, 197; wohl auch Bosch JK 1/2015 StGB § 316a).

[17] c) Die Angeklagten und ihre Tatgenossen haben als Mittäter bei der Begehung der Tat in der tatbestandsmäßigen Absicht die besonderen Verhältnisse des Straßenverkehrs ausgenutzt. Nach der ständigen Rechtsprechung des Senats ist dieses zusätzliche Tatbestandsmerkmal in der Regel erfüllt, wenn der Angriff im Sinne des § 316a StGB zu einem Zeitpunkt erfolgt, an dem sich der Fahrer mit dem Kraftfahrzeug im fließenden Verkehr befindet (BGH, Urteil vom 20. November 2003 – 4 StR 150/03, BGHSt 49, 8, 14 f.; Beschlüsse vom 28. Juni 2005 – 4 StR 299/04, BGHSt 50, 169, 172 f., und vom 22. August 2012 – 4 StR 244/12, NStZ 2013, 43); so liegt es auch hier.

[18] 2. Aus den zutreffenden Gründen der Antragsschriften des Generalbundesanwalts vom 16. Mai 2014 und vom 23. Januar 2015 haben sich die Angeklagten nicht des erpresserischen Menschenraubs (so in erster Linie die revisionsführende Staatsanwaltschaft) oder der Geiselnahme (so die Generalstaatsanwaltschaft in Frankfurt am Main) schuldig gemacht.

388 Auf die **Entschlussfreiheit eines Kraftfahrzeugführers** wird bereits dann ein **Angriff i.S.d. § 316a Abs. 1 StGB** (räuberischer Angriff auf Kraftfahrer) verübt, wenn vom Täter eines geplanten Raubes eine Polizeikontrolle vorgetäuscht wird und sich der Geschädigte dadurch zum Anhalten gezwungen sieht.[416]

389 Indem Täter ihr Opfer durch die vorgetäuschte Polizeikontrolle zu einem Halt zwingen, liegt zwischen dem Verüben des Angriffs und der Führereigenschaft des Angegriffenen die für die **Tatbestandsmäßigkeit erforderliche zeitliche Verknüpfung** vor.

Während es nicht ausreichend ist, den Kfz-Führer bspw. durch eine vorgetäuschte Autopanne zum Anhalten zu bringen, sind tatbestandsmäßig solche Handlungen, welche auf den Führer eines Kraftfahrzeugs eine objektiv **nötigungsgleiche Wirkung** haben. Es kommt hierfür nicht darauf an, ob diese Wirkung vorgetäuscht ist oder ob der objektiv Genötigte von einer Rechtswidrigkeit der Einwirkung ausgeht.[417]

31. Unterlassene Hilfeleistung – § 323c StGB

390 Einem Verunglückten muss selbst dann die dem Täter mögliche Hilfe geleistet werden, wenn sie schließlich vergeblich bleibt und sich die befürchtete Folge des Unglücks aus der Rückschau als von Anfang an als unabwendbar erweist; jedoch

---

416 BGH, Urteil vom 23.04.2015 – 4 StR 603/14.
417 BGH, Urteil vom 23.04.2015 – 4 StR 607/14.

besteht **keine Hilfspflicht** mehr, sobald der **Tod des Verunglückten eingetreten** ist.[418]

[4] 3. Der Schuldspruch hält rechtlicher Überprüfung nicht stand. Die Schwurgerichtskammer hat das Tatbestandsmerkmal der Erforderlichkeit der Hilfeleistung im Sinne des § 323c StGB nicht erkennbar und das Merkmal der Möglichkeit der Hilfeleistung nicht hinreichend erwogen, obwohl hierzu nach den gegebenen Umständen besonderer Anlass bestand.

[5] Nach ständiger Rechtsprechung muss einem Verunglückten selbst dann die dem Täter mögliche Hilfe geleistet werden, wenn sie schließlich vergeblich bleibt und sich die befürchtete Folge des Unglücks aus der Rückschau als von Anfang an als unabwendbar erweist; jedoch besteht keine Hilfspflicht mehr, sobald der Tod des Verunglückten eingetreten ist (vgl. BGH, Urteil vom 4. Juli 1984 – 3 StR 96/84, BGHSt 32, 367, 381 mwN; siehe auch Urteil vom 24. Februar 1960 – 2 StR 579/59). Die Schwurgerichtskammer hat sich außerstande gesehen, die Tatzeit und den Zeitpunkt des Todeseintritts exakt festzustellen. Allerdings hat der Nichtrevident dem Opfer nach Abschluss der Gewalthandlungen gemäß den Urteilsgründen „aufgeholfen" (UA S. 14). Diese Feststellung, die freilich im Rahmen der Beweiswürdigung keine Grundlage findet, könnte darauf hindeuten, dass die Schwurgerichtskammer davon ausgeht, das Opfer habe noch gelebt, bevor es auf das Sofa gelegt worden ist. Selbst wenn man dies annimmt, kommt in Betracht, dass es unmittelbar danach an seinen schweren inneren Verletzungen verstorben ist. Im Blick darauf wäre dem von der Tat „überrumpelten" Angeklagten über die ihm zuzubilligende „Schrecksekunde" hinaus (vgl. BGH, Urteil vom 12. Januar 1993 – 1 StR 792/92, BGHR StGB § 323c Unglücksfall 3) nur eine äußerst knappe und wegen seiner hochgradigen Alkoholisierung sowie der hinzukommenden körperlichen Beeinträchtigung („offenes Bein") ersichtlich nicht ausreichende Zeitspanne verblieben, der ihm durch die Schwurgerichtskammer angesonnenen Hilfspflicht nachzukommen. Nicht ausgeschlossen ist auf der Basis der Feststellungen ferner, dass der Anruf des Nichtrevidenten bei der Polizei sogleich nach dem Ablegen des vielleicht noch lebenden Opfers erfolgt ist, wonach sich eine Hilfeleistung durch den Angeklagten aus diesem Grund erübrigt hätte.

[6] In beiden gemäß den Feststellungen möglichen Sachverhaltsvarianten wäre der Angeklagte straffrei. Unter solchen Vorzeichen steht einem Schuldspruch der Zweifelssatz entgegen.

Auch eine **Straftat** kann für das Opfer ein Unglücksfall im Sinne des § 323c StGB **391**
sein. Als drohender Schaden genügt zwar nicht jede Körperverletzung, sondern es muss das Risiko einer erheblichen Verletzung gegeben sein.[419]

[418] BGH, Beschluss vom 15.09.2015 – 5 StR 363/15.
[419] BGH, Urteil vom 12.08.2015 – 2 StR 115/15.

32. Vorteilsannahme, Bestechlichkeit – §§ 331 f. StGB

392 1. Ob eine Handlung als Dienstausübung i. S. v. § 331 StGB (Vorteilsannahme) zu qualifizieren ist, kommt es nicht darauf an, ob der **Amtsträger** nach der internen Geschäftsverteilung konkret zuständig war. Die Grenze zur Privathandlung ist erst dann überschritten, wenn die Tätigkeit in keinerlei funktionalem Zusammenhang mit dienstlichen Aufgaben mehr steht.

2. Für die Strafbarkeit einer Abgeordnetenbestechung ist es sowohl nach § 108e StGB a. F. als auch nach § 108e StGB n. F. unerheblich, ob sich der Mandatsträger bei Abschluss der Unrechtsvereinbarung innerlich vorbehält, sein Abstimmungsverhalten nicht durch die Zuwendung beeinflussen zu lassen.[420]

[21] 1. Der Schuldspruch wegen Vorteilsannahme in zwei Fällen durch Abschluss der beiden Beraterverträge vom 28. Juli und 20. Dezember 2010 (Fall II.1. der Urteilsgründe) hält rechtlicher Nachprüfung stand.

[22] a) Der Angeklagte war als ehrenamtlicher Beigeordneter Ehrenbeamter (§ 32 Abs. 9 Thüringer Kommunalordnung, § 2 Abs. 2 Thüringer Gesetz über kommunale Wahlbeamte) und daher Amtsträger gemäß § 11 Abs. 1 Nr. 2 a) StGB. Da Handlungen des Angeklagten als mit Verwaltungsfunktionen betrauter ehrenamtlicher Beigeordneter und nicht Tätigkeiten bei Wahrnehmung seines Mandats als Stadtratsmitglied inmitten stehen, richtet sich die Strafbarkeit allein nach § 331 StGB und nicht nach den Vorschriften über die Abgeordnetenbestechung (vgl. BT-Drucks. 18/476 S. 8 zu § 108e Abs. 1 und Abs. 3 Nr. 1 StGB n. F., sowie Senat, Urteil vom 12. Juli 2006 – 2 StR 557/05, wistra 2006, 419, 420 und BGH, Urteil vom 9. Mai 2006 – 5 StR 453/05, BGHSt 51, 44, 57f., jeweils zu § 108e Abs. 1 a. F.).

[23] b) Das Landgericht hat sich rechtsfehlerfrei von einer Unrechtsvereinbarung dergestalt überzeugt, dass sich der Angeklagte durch die Zusatzvereinbarungen zu den Beraterverträgen für seine Dienstausübung Vorteile hat versprechen lassen, die er hinsichtlich des Beratervertrages vom 28. Juli 2010 zudem auch gefordert und angenommen hat.

[24] aa) Das Landgericht hat die gegenüber der j.-H. AG abgerechneten Tätigkeiten des Angeklagten vom 7. Oktober (Gespräch im Thüringer Bauministerium), 24. November (Instruieren der Zeugin S.) und vom 8. Dezember 2010 (Gespräch mit dem Thüringer Umweltminister) als Dienst-handlungen gewertet und hieraus unter Berücksichtigung der Gesamtumstände geschlossen, dass die in den Beraterverträgen festgelegte Gesamtvergütung zumindest auch für die Dienstausübung des Angeklagten gewährt werden sollte. Dagegen ist rechtlich nichts zu erinnern. Die spätere Vornahme einer Diensthandlung im Sinne des Vorteilsgebers stellt ein gewichtiges Indiz für eine Unrechtsvereinbarung im Sinne des § 331 Abs. 1 StGB dar (vgl. BGH, Urteil vom 21. Juni 2007 – 4 StR 99/07, NStZ 2008, 216, 217).

[25] Soweit die Revision geltend macht, die genannten Tätigkeiten des Angeklagten seien als Privathandlungen („Informationsbeschaffung i. w. S.“) einzustufen, da sie zwar auf Weisung des Oberbürgermeisters, aber außerhalb des konkreten Zuständigkeitsbereichs des Angeklagten erfolgt seien, vermag der Senat dem nicht

---

[420] BGH, Urteil vom 17.03.2015 – 2 StR 281/14.

zu folgen. Zwar war dem Angeklagten formal nur der Geschäftsbereich „Städtische Beteiligungen" als eigenständiger dienstlicher Zuständigkeitsbereich zugewiesen. Indes kommt es für die Frage, ob eine Handlung als Dienstausübung zu qualifizieren ist, nicht darauf an, ob der Amtsträger nach der internen Geschäftsverteilung konkret zuständig war (allg. M.; vgl. Senat, Urteile vom 3. Dezember 1997 – 2 StR 267/97, NStZ 1998, 194 und vom 5. Oktober 1960 – 2 StR 427/60, BGHSt 16, 37, 38; Fischer, StGB, 62. Aufl., § 331 Rn. 6; Heine/Eisele in Schönke/Schröder, StGB, 29. Aufl., § 331 Rn. 32; SSW-StGB/Rosenau, 2. Aufl., § 331 Rn. 33; Sowada in LK, StGB, 12. Aufl., § 331 Rn. 56; MüKoStGB/Korte, 2. Aufl., § 331 Rn. 86; Sinner in Matt/Renzikowski, StGB, § 331 Rn. 15). Die Grenze zur Privathandlung ist erst dann überschritten, wenn die Tätigkeit in keinerlei funktionalem Zusammenhang mit dienstlichen Aufgaben mehr steht (vgl. OLG Hamburg, StV 2001, 277, 278; Heine/Eisele aaO; Rosenau aaO; Sowada aaO; Korte aaO; Sinner aaO; siehe auch Senat, Urteil vom 19. Februar 2003 – 2 StR 371/02, BGHSt 48, 213, 220f.).

[26] So liegt es hier aber nicht. Der Angeklagte wurde in allen Fällen auf konkrete Ersuchen des Oberbürgermeisters D. tätig. Dieser beauftragte den Angeklagten in seiner Eigenschaft als Leiter der Gemeindeverwaltung und Vertreter der Gemeinde nach außen (§ 29 Abs. 1 Satz 1, § 32 Abs. 1 Thüringer Kommunalordnung) mit den bezeichneten Gesprächen, die allesamt örtliche Angelegenheiten der Stadt E. zum Gegenstand hatten. Der Angeklagte nahm mithin Aufgaben wahr, die zum Zuständigkeitsbereich der Gemeinde gehören und die einem ehrenamtlichen Beigeordneten grundsätzlich auch dauerhaft übertragen werden können (vgl. § 32 Abs. 7 Thüringer Kommunalordnung). Der Angeklagte trat auch gegenüber seinen Gesprächspartnern außerhalb der Stadtverwaltung ersichtlich nicht als Privatperson, sondern als Beauftragter der Stadt E. auf. Der Angeklagte handelte somit nicht nur „bei Gelegenheit" der Dienstausübung, sondern in dienstlicher Eigenschaft und im Rahmen seiner dienstlichen Obliegenheiten; dies genügt (vgl. BGH, Urteil vom 22. Juni 2000 – 5 StR 268/99, NStZ 2000, 596, 598; Urteil vom 10. März 1983 – 4 StR 375/82, BGHSt 31, 264, 280; OLG Köln, NJW 2000, 3727f.; KG, NJW 1988, 1877, 1878; OLG Hamm, NJW 1973, 716, 717f.).

[27] bb) Ungeachtet des Umstandes, dass auch Drittvorteile dem Anwendungsbereich der §§ 331ff. StGB unterfallen, flossen dem Angeklagten die für die Dienstausübung versprochenen Vorteile als alleinigem Geschäftsführer und 50%igem Anteilseigner E. GmbH wenigstens mittelbar zu.

[28] cc) Das Landgericht hat auch die konkurrenzrechtliche Situation zutreffend bewertet, in dem es die Rechnungsstellungen für die Diensthandlungen vom 7. Oktober, 24. November und 8. Dezember 2010 nicht als eigenständige Taten des „Forderns" gewertet, sondern wegen des zu Grunde liegenden Beratervertrags vom 28. Juli 2010 eine tatbestandliche Handlungseinheit angenommen hat. Maßgeblich ist insoweit, ob die Unrechtsvereinbarung den Vorteil hinreichend genau festlegt, mag er auch in bestimmten Teilleistungen zu erbringen sein (vgl. hierzu BGH, Beschluss vom 11. Februar 2014 – 1 StR 355/13 juris Rn. 40; Fischer, StGB, 62. Aufl., § 331 Rn. 39, jeweils mwN). Durch die Laufzeit des Beratervertrags war der Zeitraum der Vorteilsgewährung abschließend festgelegt; ebenso stand durch die Vergütungsvereinbarung jedenfalls die maximale Höhe der monatlichen Teilleistungen fest, die jeweils auch für die Dienstausübung des Angeklagten gewährt werden konnte.

[29] c) Entgegen der Auffassung der Revision sind die Taten auch nicht nach § 331 Abs. 3 StGB gerechtfertigt, weil sie der Oberbürgermeister als Dienstvorgesetzter des Angeklagten genehmigt hätte.

[30] Gemäß § 331 Abs. 3 StGB ist die Tat u.a. dann nicht als Vorteilsannahme strafbar, wenn sich der Amtsträger einen nicht von ihm geforderten Vorteil versprechen lässt oder annimmt, unverzüglich bei der zuständigen Behörde Anzeige erstattet und diese im Rahmen ihrer Befugnisse die Annahme des Vorteils genehmigt. Im vorliegenden Fall hat der Angeklagte nach den rechtsfehlerfrei getroffenen Feststellungen Oberbürgermeister D. zwar frühestens Ende August 2010 über das Bestehen eines Beratervertrags der E. GmbH mit der j.-H. AG informiert, ihm aber weder zu diesem noch zu einem späteren Zeitpunkt die zu Grunde liegenden Konditionen mitgeteilt und ihn auch in der Folge nicht darüber informiert, welche konkrete Tätigkeiten er der j.H. AG in welcher Höhe in Rechnung stellte (UA S. 19, 51). Damit hatte der Angeklagte dem zuständigen Dienstvorgesetzten gerade nicht mitgeteilt, dass im Rahmen des Beratungsvertrages auch eventuelle dienstliche Tätigkeiten honoriert werden sollten. Schon deswegen kann in seiner pauschalen Mitteilung keine Anzeige des versprochenen Vorteils gemäß § 331 Abs. 3 StGB und – entgegen der Auffassung der Revision – in den späteren Aufgabenzuweisungen durch den Oberbürgermeister keine konkludente Genehmigung erblickt werden.

[31] 2. Auch der Schuldspruch wegen Abgeordnetenbestechung (Fall II.2. der Urteilsgründe) hält rechtlicher Überprüfung stand.

[32] a) Die zu Grunde liegende Beweiswürdigung weist keinen Rechtsfehler auf.

[33] aa) Die Würdigung der Beweise ist vom Gesetz dem Tatrichter übertragen (§ 261 StPO). Es obliegt allein ihm, sich unter dem umfassenden Eindruck der Hauptverhandlung ein Urteil über die Schuld oder Unschuld des Angeklagten zu bilden. Seine Schlussfolgerungen brauchen nicht zwingend zu sein; es genügt, dass sie möglich und nachvollziehbar sind. Die revisionsgerichtliche Überprüfung beschränkt sich darauf, ob dem Tatrichter Rechtsfehler unterlaufen sind. Dies ist etwa der Fall, wenn die Beweiswürdigung widersprüchlich, unklar oder lückenhaft ist, oder gegen Denkgesetze oder Erfahrungssätze verstößt (st. Rspr., vgl. nur BGH, Urteil vom 5. Februar 2015 – 3 StR 504/14 juris Rn. 8 mwN).

[34] bb) Gemessen daran ist die Beweiswürdigung des Landgerichts nicht zu beanstanden. Es hat bei seiner Überzeugungsbildung zur Unrechtsvereinbarung als wesentliche Umstände berücksichtigt, dass

- *dem Angeklagten und dem gesondert Verfolgten Dr. L. als erfahrenen Kommunalpolitikern die Notwendigkeit einer Aufhebung des Stadtratsbeschlusses vom 24. Juni 2005 bewusst war, wenn der geplante Elektrofachmarkt an diesem Standort errichtet werden sollte,*
- *die Aufhebung des Beschlusses zwingende Voraussetzung dafür war, dass der Angeklagte seine zu vergütenden Beratungsleistungen überhaupt erbringen konnte,*
- *die Mehrheitsverhältnisse im Stadtrat schon bei dem Gespräch am 28. Februar 2011 intensiv erörtert und dokumentiert wurden und diese nach den Umständen so knapp waren, dass der Stimme des Angeklagten ersichtlich entscheidende Bedeutung zukommen würde, und*
- *dass ein negatives Stimmverhalten des finanziell angeschlagenen Angeklagten den Beratungsvertrag (und seine Vergütungsansprüche) gefährdet hätte.*

[35] Der vom Landgericht gezogene Schluss, das Stimmverhalten des Angeklagten sei Teil der vereinbarten und zu vergütenden Beratungsleistung gewesen, ist nicht nur möglich, sondern überaus naheliegend. Das – zum Teil urteilsfremde – Vorbringen der Revision zeigt dagegen keine Rechtsfehler auf, sondern beschränkt sich auf eine eigene, im Revisionsverfahren unbeachtliche Würdigung der Beweise.

[36] b) Die Feststellungen tragen auch unter Berücksichtigung der durch das 48. Strafrechtsänderungsgesetz vom 23. April 2014 (BGBl. I S. 410) mit Wirkung vom 1. September 2014 geänderten Gesetzesfassung den Schuldspruch wegen Abgeordnetenbestechung.

[37] aa) Die Feststellungen belegen den Abschluss einer konkreten Unrechtsvereinbarung im Sinne des § 108e StGB a. F. dergestalt, dass das vereinbarte Honorar dem Angeklagten zumindest auch für ein künftiges, bestimmtes Abstimmungsverhalten im Stadtrat zu Gute kommen sollte (vgl. BGH, Urteil vom 9. Mai 2006 – 5 StR 453/05, BGHSt 51, 44, 59 ff.; Fischer, StGB, 61. Aufl., § 108e Rn. 6 f.).

[38] bb) Die festgestellte Unrechtsvereinbarung erfüllt auch die tatbestandlichen Voraussetzungen des § 108e Abs. 1 StGB n. F.; denn sie beinhaltet, dass der Angeklagte als Gegenleistung für das versprochene Honorar im Auftrag bzw. nach Weisung des gesondert Verfolgten Dr. L. im Stadtrat und damit bei Wahrnehmung seines Mandats zu dessen Gunsten abstimmt. Nach der Gesetzesbegründung sind die Tatbestandsmerkmale Auftrag und Weisung weit und im Sinne eines allgemeinen Sprachgebrauchs zu verstehen; sie erfassen jede Handlung, die den Abgeordneten dazu bewegen soll, sich dem Interesse des Auftrags- oder Weisungsgebers zu unterwerfen (vgl. BT-Drucks. 18/476 S. 8). Ob sich der Mandatsträger dabei innerlich vorbehält, sein Abstimmungsverhalten nicht durch die Zuwendung beeinflussen zu lassen, ist für die Strafbarkeit ebenso wie bei § 108e StGB a. F. unerheblich (vgl. hierzu BGH, Urteil vom 9. Mai 2006 – 5 StR 453/05, BGHSt 51, 44, 59 ff.). Entscheidend sind nicht innere Vorbehalte, sondern der vom Vorsatz umfasste äußere Erklärungswert des Verhaltens. Der Mandatsträger kann sich in diesem Zusammenhang nicht darauf berufen, dass er sich ohnehin im Sinne des Zuwendenden verhalten wollte (BT-Drucks. 18/476 aaO).

[39] Der äußere Erklärungswert des festgestellten Verhaltens, nämlich das Eingehen des Angeklagten auf den ihm offerierten Beratervertrag, der – wenn auch ungeschrieben – sein zukünftiges Abstimmungsverhalten hinsichtlich eines bestimmten, vom Vorteilsgeber betriebenen Projekts beinhaltete, lässt sich hier nur so interpretieren, dass der Angeklagte nach Weisung des Vorteilsgebers abstimmen sollte und etwaige entgegenstehende innere Überzeugungen dessen Interessen unterordnete (vgl. BT-Drucks. 18/476 S. 5 ff.).

[40] Die Annahme eines Honorars für eine bestimmte Stimmabgabe stellt zudem einen ungerechtfertigten Vorteil im Sinne des § 108e Abs. 4 n. F. dar. Nach § 24 der Thüringer Kommunalordnung üben Gemeinderatsmitglieder ihr Ehrenamt nach dem Gesetz und ihrer freien, dem Gemeinwohl verpflichteten Überzeugung aus und sind an Aufträge und Weisungen gerade nicht gebunden. Mit dieser Rechtsstellung ist ein bereits dem Kernbereich des § 108e StGB a. F. unterfallender Stimmenkauf nicht vereinbar.

[41] cc) Da das neue, am 1. September 2014 in Kraft getretene Gesetz nicht milder im Sinne des § 2 Abs. 3 StGB ist, bleibt es bei der Anwendung des zur Tatzeit geltenden Gesetzes.

393 Eine Bestrafung wegen **Bestechlichkeit eines Amtsträgers** eines anderen Mitgliedstaats der Europäischen Union setzt eine zweistufige Prüfung der Amtsträgerschaft voraus. Zunächst ist seine Stellung nach dem Recht des anderen Mitgliedstaats zu beurteilen und bejahendenfalls (kumulativ) nach deutschem Recht.[421]

[14] Das Urteil hält sachlich-rechtlicher Nachprüfung nicht stand.

[15] Die bisher getroffenen Feststellungen tragen den Schuldspruch wegen Bestechlichkeit eines Amtsträgers eines anderen Mitgliedstaats der Europäischen Union gemäß Art. 2 § 1 Abs. 1 Nr. 2 lit. a EUBestG i. V. m. § 332 Abs. 1, Abs. 3 StGB nicht. Die Strafkammer hat an die Prüfung der Amtsträgereigenschaft im Sinne dieser Vorschrift einen fehlerhaften rechtlichen Maßstab angelegt, indem sie alleine auf die Bewertung nach innerstaatlichem Recht (§ 11 Abs. 1 Nr. 2 StGB) abgestellt hat.

[16] Art. 2 § 1 Abs. 1 Nr. 2 EUBestG stellt für die Bestechungsdelikte der §§ 332, 334ff. StGB dem sonstigen Amtsträger nach diesen Vorschriften den Amtsträger eines anderen Mitgliedstaats der Europäischen Union gleich, „soweit seine Stellung einem Amtsträger im Sinne des § 11 Abs. 1 Nr. 2 des Strafgesetzbuches entspricht“. Ziel der Vorschriften des EUBestG (Gesetz zu dem Protokoll vom 27. September 1996 zum Übereinkommen über den Schutz der finanziellen Interessen der Europäischen Gemeinschaften vom 10. September 1998, BGBl. II 2340, zuletzt geändert durch Gesetz vom 21. Juli 2004, BGBl. I 1763) ist es, die Strafbarkeit staatlicher Funktionsträger nach § 332 StGB auch bei transnationalen Bestechungshandlungen im europäischen Rechtsraum im Sinne umfassender und effektiver Verbrechensbekämpfung zu gewährleisten.

[17] Der Begriffsdefinition des Amtsträgers im Sinne des Art. 2 § 1 Abs. 1 Nr. 2 EUBestG liegt eine zweistufige Struktur zugrunde; sie setzt bei dem Funktionsträger eines Mitgliedstaats der Europäischen Union voraus, dass dieser Amtsträger sowohl nach dem Recht des betroffenen akkreditierenden Mitgliedstaats als auch in Ansehung deutschen Rechts (§ 11 Abs. 1 Nr. 2 StGB) ist. Nur bei Vorliegen der Amtsträgereigenschaft nach beiden Rechtsordnungen zugleich kann der Tatbestand des Art. 2 § 1 Abs. 1 Nr. 2 EUBestG erfüllt sein.

[18] Dies hat das Landgericht verkannt; es hat deshalb verabsäumt, die erforderliche Bewertung der Stellung des Angeklagten nach portugiesischem Recht vorzunehmen und dementsprechende Feststellungen zu treffen.

[19] 1. Bei der Prüfung der Amtsträgerschaft ist in der ersten Prüfungsstufe von dem Recht des jeweiligen EU-Mitgliedstaats auszugehen. Nur wer danach für die Zwecke des Strafrechts Amtsträger dieses Landes ist, kann gemäß Art. 2 § 1 Abs. 1 Nr. 2 EUBestG die deutschen Straftatbestände der §§ 332, 334 StGB verwirklichen.

[20] Die Auslegung des Art. 2 § 1 Abs. 1 Nr. 2 EUBestG anhand allgemeiner methodischer Grundsätze lässt ein anderes Verständnis der Norm nicht zu und entspricht auch der im Schrifttum vorherrschenden Meinung (vgl. Graf in Graf/Jäger/Wittig, Wirtschafts- und Steuerstrafsachen, StGB § 332 Rn. 5; Greeve/Dörr in Volk: MAH Verteidigung in Wirtschafts- und Steuerstrafsachen, 2. Aufl., § 20 Rn. 122 f.…).

---

[421] BGHG, Beschluss vom 10.06.2015 – 1 StR 399/14.

[21] a) Ausgangspunkt und Grenzen der Auslegung ergeben sich aus dem Wortlaut der Norm (vgl. BVerfGE 75, 329, 341f. mwN). Dieser besagt in Art. 2 § 1 Abs. 1 Nr. 2 lit. a EUBestG, sonstiger Amtsträger sei (nur) ein „Amtsträger eines anderen Mitgliedstaats der Europäischen Union, soweit seine Stellung einem Amtsträger im Sinne des § 11 Abs. 1 Nr. 2 des Strafgesetzbuches entspricht". Die grammatikalische Auslegung ist eindeutig; nur ein Amtsträger im Sinne des Rechts eines anderen EU-Mitgliedstaats fällt danach überhaupt in den Anwendungsbereich der Vorschrift. Bei der Amtsträgereigenschaft nach fremdem Recht handelt es sich deshalb um ein konstitutives Merkmal des gesetzlichen Straftatbestands. Der zweite Halbsatz der Vorschrift wäre anderenfalls inhaltsleer; sinntragend wird er hingegen als anwendungsbeschränkendes Korrektiv der Strafvorschrift durch Inblicknahme des deutschen Rechts.

[22] b) Systematisch folgt dasselbe aus der gesetzlichen Überschrift. Die „Gleichstellung von ausländischen mit inländischen Amtsträgern bei Bestechungshandlungen" legt nahe, dass zwischen ihnen im Ansatz ein Unterschied besteht oder jedenfalls bestehen kann. Identische Begriffe sind gleich, sie müssen nicht gleichgestellt werden. ...

[23] c) Die Zweistufigkeit des Amtsträgerbegriffs nach Art. 2 § 1 Abs. 1 Nr. 2 EUBestG wird auch durch die historische Auslegung anhand der Gesetzesmaterialien und die allgemeinen Grundsätze europarechtsfreundlicher Rechtsanwendung (vgl. dazu etwa BGH, Urteil vom 3. Dezember 2009 – 3 StR 277/09, BGHSt 54, 216ff.) belegt.

[24] aa) Bereits das dem EUBestG zugrunde liegende Protokoll der Mitgliedstaaten der Europäischen Union zum Übereinkommen über den Schutz der finanziellen Interessen der Europäischen Gemeinschaften nach dem Rechtsakt des Rates der Europäischen Union vom 27. September 1996 (BT-Drucks. 13/10424, S. 8ff.; nachfolgend: Protokoll) geht von dieser Regelungstechnik aus. Nach den Definitionen des Art. 1 „wird der Ausdruck ‚nationaler Beamter' entsprechend der Definition für den Begriff ‚Beamter' oder ‚Amtsträger' im innerstaatlichen Recht des Mitgliedstaats ausgelegt, in dem der Betreffende diese Eigenschaft für die Zwecke der Anwendung des Strafrechts dieses Mitgliedstaats besitzt." Im Sinne der zweiten Prüfungsstufe erfolgt im folgenden Satz die Einschränkung der Strafbarkeit dergestalt, dass bei einem „Verfahren, das ein Mitgliedstaat wegen einer Straftat einleitet, an der ein Beamter eines anderen Mitgliedstaates beteiligt ist", die Definition nur insoweit angewendet werden muss, „als diese mit seinem innerstaatlichen Recht im Einklang steht" (BT-Drucks. 13/10424, S. 8).

[25] bb) Der erläuternde Bericht zu dem Protokoll, vom Rat angenommen am 19. Dezember 1997 (vgl. ABl. EG 1998 C 11 S. 5; nachfolgend: erläuternder Bericht), enthält in Ziff. II. Art. 1 Nr. 1.4 eine inhaltsgleiche, gleichermaßen zweistufige Begriffsbestimmung.

[26] cc) Die Begründung zum Vertragsgesetz (BT-Drucks. 13/10424, S. 6f.) schließt hieran an. Danach verfolgt dieses den Zweck, „Beamte bzw. Amtsträger anderer Mitgliedstaaten der Europäischen Union in den Anwendungsbereich der §§ 332 und 334 StGB" einzubeziehen (vgl. BT-Drucks. 13/10424, S. 6). Soweit dort weiter ausgeführt wird, die Auslegung des Amtsträgerbegriffes orientiere sich an der für deutsche Amtsträger geltenden Regelung (BT-Drucks. 13/10424, aaO), wird damit auf die Begriffsausfüllung nach dem Recht des Mitgliedstaats nicht etwa verzichtet, sondern entsprechend dem bereits Ausgeführten auf die Mög-

lichkeit der Einschränkung des ausländischen durch den deutschen Rechtsbegriff Bezug genommen.

[27] dd) Schließlich geht auch die Denkschrift der Bundesregierung (BT-Drucks. 13/10424, S. 12f.) zu dem benannten Übereinkommen von diesem Verständnis aus. …

[28] Die Denkschrift der Bundesregierung setzt damit den im europäischen Rechtsraum geltenden Grundsatz der gegenseitigen Anerkennung (Art. 82 EUV, Art. 67 AEUV) um. Das Rechtssystem des betroffenen Mitgliedstaates findet durch die Zugrundelegung seines materiellen Rechtsverständnisses Eingang in die deutsche Rechtssetzung, erfährt zum Schutz des innerstaatlichen Primärraums aber im Sinne eines sich wechselseitig ergänzenden Konzepts gegebenenfalls eine Beschränkung durch die deutsche Begriffsbestimmung.

[29] d) Verfassungsrechtliche Grundsätze widerstreiten der vorbeschriebenen Auslegung nicht.

[30] Die in Rechtsprechung (BGH, Urteil vom 29. August 2008 – 2 StR 587/07, BGHSt 52, 323, 345 [nicht tragend]) und Schrifttum (vgl. Dötterl, ZWH 2012, 54, 57) angedeuteten Bedenken, eine zweistufige Prüfung der Amtsträgerstellung könne zur Schaffung eines nicht mehr hinreichend bestimmten Blankettstraftatbestands führen, hält der Senat für unbegründet.

[31] Um eine Blankettnorm, die mit Blick auf Art. 103 Abs. 2 GG dem Erfordernis der Erkennbarkeit des Bestrafungsrisikos für den Bürger nicht hinreichend Rechnung trägt, handelt es sich bei Art. 2 § 1 Abs. 1 Nr. 2 EUBestG nicht. Tragweite und Anwendungsbereich der Vorschrift sind klar erkennbar; jedermann kann vorhersehen, welches Verhalten verboten und mit Strafe bedroht ist (vgl. BVerfGE 41, 314, 319; 45, 346, 351; 47, 109, 120; 48, 48, 56; 64, 389, 393f.).

[32] Die hinreichende Bestimmtheit der Norm folgt bereits daraus, dass sich ihre Reichweite schon alleine durch die deutschen Strafbarkeitsvoraussetzungen gemäß Art. 2 § 1 Abs. 1 Nr. 2 EUBestG, welche den Begriff des Amtsträgers im Sinne von § 11 Abs. 1 Nr. 2 StGB einschließen, für jedermann erkennbar absehen lässt. Die zusätzliche Geltung ausländischen Rechts kann daneben die Tatbestandsmäßigkeit allenfalls entfallen lassen, sich aber nicht strafbarkeitserweiternd auswirken. Ein Verstoß gegen das Bestimmtheitsgebot des Art. 103 Abs. 2 GG ist deshalb ausgeschlossen.

[33] Auch ein Verstoß gegen Art. 20 Abs. 2 Satz 1 GG ist nicht etwa deshalb zu besorgen, weil zur Prüfung der gesetzlichen Merkmale deutschen Rechts ausländische Vorschriften herangezogen werden müssen. Die Ausübung der Strafgewalt bedarf zwar der Legitimation durch das Staatsvolk, welche durch die Gesetze eines ausländischen Staates nicht bewirkt werden kann (Art. 20 Abs. 3 GG). Ausländisches Recht kann aber zur Anwendung gelangen, wenn deutsche Rechtsnormen darauf verweisen und es damit für maßgeblich erklären. Für die betreffende ausländische Vorschrift gelten dann gleichermaßen die Anforderungen des Bestimmtheitsgrundsatzes im Sinne des Art. 103 Abs. 2 GG. Die den Amtsträger im Sinne des Strafrechts definierende portugiesische Regelung des Art. 386 Abs. 1 lit. c Código Penal Português (PPC) in der zur Tatzeit geltenden Fassung wird diesen Anforderungen ersichtlich gerecht.

[34] e) Auch von bereits ergangener Rechtsprechung weicht der Senat mit den vorgenannten Erwägungen nicht ab.

[35] In seiner Entscheidung vom 29. August 2008 (BGH, Urteil vom 29. August 2008 – 2 StR 587/07, BGHSt 52, 323, 347) hat der Bundesgerichthof nicht anderslautend entschieden. Tragend für diese Entscheidung war die Auslegung des Amtsträgerbegriffs nach dem IntBestG; soweit eine Strafbarkeit nach dem EU-BestG daneben unter Ablehnung der Amtsträgereigenschaft nach § 11 Abs. 1 Nr. 2 lit. c StGB verneint wurde, enthält dies keine Aussage zu der Frage, ob daneben auch das Begriffsverständnis des EU-Mitgliedstaats maßgebend, die Prüfung also ein- oder zweistufig vorzunehmen ist.

[36] 2. Da nach Auffassung des Landgerichts für die Amtsträgereigenschaft „allein auf den deutschen, nicht auch zusätzlich auf den portugiesischen Amtsträgerbegriff abzustellen“ ist (UA S. 52), hat es sich rechtsfehlerhaft nicht mit der zunächst zu prüfenden Frage befasst, ob der Angeklagte Amtsträger nach portugiesischem Recht war.

33. Falschbeurkundung im Amt – § 348 StGB

Die Zulassungsbescheinigung Teil II ist hinsichtlich der darin enthaltenen Angaben zur Person keine öffentliche Urkunde im Sinne des § 348 StGB. Sie beweist weder zu öffentlichem Glauben, dass die Eintragungen zur Person richtig sind, noch dass die eingetragene Person Verfügungsberechtigter oder Halter des Fahrzeugs ist, auf das sich die Zulassungsbescheinigung bezieht.[422] **394**

[19] I. Der Verurteilung des Angeklagten H. im Tatkomplex III.1 der Urteilsgründe wegen Bestechung (§ 334 StGB) der Mitangeklagten J. ist rechtsfehlerfrei. Demgegenüber hält der Schuldspruch des Angeklagten wegen jeweils tateinheitlich begangener Anstiftung zur Falschbeurkundung im Amt (§ 348 StGB) rechtlicher Nachprüfung nicht stand; er entfällt daher.

[20] 1. Entgegen der Auffassung des Landgerichts stellen die Halterdaten und die Verfügungsberechtigung der die Zulassung beantragenden Person keine Angaben dar, die in der Zulassungsbescheinigung Teil II mit besonderer Beweiskraft im Sinne des § 348 Abs. 1 StGB beurkundet werden.

[21] a) Der Begriff der öffentlichen Urkunde im Sinne von § 348 StGB umfasst nur solche Urkunden, die bestimmt und geeignet sind, Beweis für und gegen jedermann zu erbringen (allg. Meinung; vgl. nur BGH, Beschluss vom 2. Juli 1968 – GSSt 1/68, BGHSt 22, 201, 203; BGH, Urteil vom 16. April 2006 – 1 StR 127/06, BGHSt 42, 131; Zieschang in LK-StGB, § 271 Rn. 22, 29ff.). Dabei erfasst auch bei einer öffentlichen Urkunde die Strafbewehrung in § 348 StGB nur diejenigen Erklärungen, Verhandlungen und Tatsachen, auf die sich der öffentliche Glaube, d.h. die volle Beweiswirkung für und gegen jedermann, erstreckt. Welche Angaben dies im Einzelnen sind, ist, wenn es an einer ausdrücklichen Vorschrift fehlt, mittelbar den gesetzlichen Bestimmungen zu entnehmen, die für die Errichtung und den Zweck einer Urkunde maßgeblich sind (vgl. BGH, Beschlüsse vom 30. Oktober 2008 – 3 StR 156/08, BGHSt 53, 34 und vom 2. Juli 1968 – GSSt 1/68, BGHSt 22, 201 mwN).

[422] BGH, Beschluss vom 02.12.2014 – 1 StR 31/14.

[22] Der erhöhten Beweiskraft unterliegen insbesondere diejenigen Tatsachen, deren Angabe gesetzlich zwingend vorgeschrieben ist, in der Regel dagegen nicht solche Tatsachen, die weder nach dem Gesetz noch nach anderen Vorschriften zwingend anzugeben sind und deren unwahre Kundgabe die Wirksamkeit der Beurkundung nicht berührt (vgl. BGH, Urteile vom 27. August 1998 – 4 StR 198/98, BGHSt 44, 186 und vom 25. Mai 2001 – 2 StR 88/01, BGHSt 47, 39, 42 sowie Beschluss vom 6. August 2004 – 2 StR 241/04, wistra 2004, 466).

[23] Fehlt es an einer klaren Bestimmung der Reichweite der Beweiskraft durch den Gesetzgeber, sind nach der Rechtsprechung des Bundesgerichtshofs zur Auslegung neben dem Beurkundungsinhalt als solchem das Verfahren und die Umstände des Beurkundungsvorgangs sowie die Möglichkeit des die Bescheinigung ausstellenden Amtsträgers, die Richtigkeit der Beurkundung zu überprüfen, in den Blick zu nehmen; auch ist die Anschauung des Rechtsverkehrs zu beachten (vgl. BGH, Beschlüsse vom 30. Oktober 2008 – 3 StR 156/08, BGHSt 53, 34 und vom 2. Juli 1968 – GSSt 1/68, BGHSt 22, 201 [zum Fahrzeugschein] mwN sowie Urteil vom 27. August 1998 – 4 StR 198/98, BGHSt 44, 186). Die den öffentlichen Glauben legitimierende erhöhte Beweiswirkung kann dabei auf den eigenen Wahrnehmungsmöglichkeiten des die Urkunde ausstellenden Amtsträgers beruhen (vgl. BGH, Urteil vom 12. Oktober 1995 – 4 StR 259/95, wistra 1996, 142). Sie kann sich für den Urkundenaussteller aber auch aus den im Verfahren vorzulegenden Bescheinigungen anderer Stellen mit erhöhter Richtigkeitsgewähr ergeben (vgl. BGH, Beschluss vom 30. Oktober 2008 – 3 StR 156/08, BGHSt 53, 34). Kann der Amtsträger hingegen die Richtigkeit der Angabe nicht überprüfen, fehlt ihm regelmäßig auch der Wille, die entsprechende Tatsache zu öffentlichem Glauben zu beurkunden (vgl. BGH, Urteil vom 12. Oktober 1995 – 4 StR 259/95, NJW 1996, 470).

[24] Jedenfalls ist bei der Prüfung, ob einer Tatsache, die in einer von einer Verwaltungsbehörde ausgestellten Urkunde enthalten ist, die besondere Beweiskraft einer öffentlichen Urkunde zukommt, ein strenger Maßstab anzulegen. Eine Beweiswirkung für und gegen jedermann kann nur dann angenommen werden, wenn kein Zweifel besteht, dass dies unter Berücksichtigung der Verkehrsanschauung dem Sinn und Zweck des Gesetzes entspricht (vgl. BGH, Urteil vom 2. Juli 1968 – GSSt 1/68, BGHSt 22, 201, 203; BGH, Urteil vom 16. April 1996 – 1 StR 127/96, BGHSt 42, 131; vgl. auch HansOLG Hamburg, Beschluss vom 24. April 2013, NStZ 2014, 95 mit Hinweis auf Art. 103 Abs. 2 GG).

C. Strafrechtliche Nebengesetze

I. Grundsätzliches

1. Überblick

Wesentliche Entscheidungen im Bereich der strafrechtlichen Nebengesetze ergingen zunächst im **Betäubungsmittelstrafrecht** im weiteren Sinne. Der Bundesgerichtshof ordnete insoweit **Pseudoephidrin** nicht als Grundstoff ein, der nach dem Betäubungsmittelstrafrecht unter Strafe steht.[423] **395**

In diesem Kontext ist auch eine Entscheidung wesentlich, wonach **Kräutermischungen** – die insbesondere nicht im GÜG iVm der jeweiligen Verordnung gelistet sind – **nicht** nach dem **VTabakG** mit Strafe bedroht sind.[424] Damit wurde zu dieser „Hilfsbrücke“ der Praxis eine deutliche Aussage getroffen. Im Übrigen erfolgte bei Kräutermischungen mit **synthetischen Cannabinoiden** eine **Grenzwertbestimmung.**[425] **396**

Im Bereich des **Insolvenzstrafrechts** wurde die Handhabung der Gerichte auch für den Geltungsbereich der InsO nunmehr bestätigt. Klargestellt wurde, dass ein strafrechtliches Verhalten iSv § 15 Abs. 4 InsO auch durch einen **faktischen Geschäftsführer** möglich ist.[426] **397**

2. Ausblick

Eine mögliche Rechtsprechungsänderung deutete – wie bereits in einer Entscheidung aus dem Jahr 2013 – der 3. Strafsenat an, wonach künftig möglicherweise in den Fällen eines minder schweren Falles des **§ 30a Abs. 3 BtMG**, in denen nicht zugleich die Voraussetzungen eines minder schweren Falles nach § 29a Abs. 2 BtMG gegeben sind, auch die **Höchststrafe dem § 29a Abs. 1 BtMG entnommen** werden könnte.[427] **398**

Die politisch innerhalb des Jahres 2015 brisante Thematik der **Flüchtlinge** hat sich naturgemäß noch nicht auf die Rechtsprechung des Bundesgerichtshofs ausgewirkt.[428] Dies ist künftig jedoch zu erwarten. **399**

---

423 Rn. 400.
424 Rn. 507.
425 Rn. 402.
426 Rn. 526.
427 Rn. 446.
428 Vgl. 516 ff.

II. Neuere höchstrichterliche Rechtsprechung zu Einzelfragen

1. Betäubungsmittelgesetz (BtMG)

■ TOPENTSCHEIDUNG

400 Bei dem Wirkstoff **Pseudoephedrin** handelt es sich, **wenn** er **Wirkstoff eines Arzneimittels** ist, **nicht** um einen **„Grundstoff"** im Sinne von § 1 Nr. 1 und § 3 GÜG. Dementsprechend kommt kein Handeltreiben entgegen § 3 GÜG im Sinne des Straftatbestandes des § 19 Abs. 1 Nr. 1 GÜG in Betracht.[429]

[11] 1. Die Strafvorschrift des § 19 Abs. 1 Nr. 1 GÜG erfordert das Handeltreiben mit einem „Grundstoff". Wie der Senat bereits in seinem in der Strafsache u.a. gegen die gesondert Verfolgte N. ergangenen Beschluss vom 5. Dezember 2013 (1 StR 388/13) ausgeführt hat, werden die von dem Straftatbestand erfassten „Grundstoffe" im Sinne von § 1 Nr. 1 und § 3 GÜG durch die von den Verordnungen (EG) Nr. 273/2004 des Europäischen Parlaments und des Rates vom 11. Februar 2004 betreffend Drogenausgangsstoffe (ABl. EU Nr. L 47 vom 18. Februar 2004 S. 1ff.) und Nr. 111/2005 des Rates vom 22. Dezember 2004 zur Festlegung von Vorschriften für die Überwachung des Handels mit Drogenausgangsstoffen zwischen der Gemeinschaft und Drittländern (ABl. EU Nr. L 22 vom 26. Januar 2005 S. 1ff. sowie Nr. L 61 vom 2. März 2006 S. 23) einschließlich deren Anlagen „erfassten Stoffe" bestimmt (vgl. Volkmer in Graf/Jäger/Wittig, Wirtschafts- und Steuerstrafrecht, 2011, Vorbemerkung zu §§ 19 bis 21 GÜG Rn. 3). Der hier in den Arzneimitteln enthaltene Wirkstoff Pseudoephedrin ist im Anhang I der genannten Verordnungen jeweils als Stoff der Kategorie 1 erfasst (siehe nur ABl. EU Nr. L 47 vom 18. Februar 2004 S. 7). Bei den Pseudoephedrin enthaltenden Medikamenten, mit denen die gesondert Verfolgte N. und der Angeklagte Handel getrieben haben, müsste es sich angesichts der Auslegung von § 1 Nr. 1 und § 3 GÜG anhand des Unionsrechts um „erfasste Stoffe" im Sinne der genannten Verordnungen handeln, um von einen Grundstoff gemäß der Strafvorschrift § 19 Abs. 1 Nr. 1 GÜG ausgehen zu können. Das ist jedoch nicht der Fall.

[12] a) Nach Art. 2 Buchstabe a) Satz 2 der Verordnung (EG) Nr. 273/2004 und Art. 2 Buchstabe a) Halbsatz 2 der Verordnung (EG) Nr. 111/2005 sind unter anderem Arzneimittel im Sinne von Art. 1 Nr. 2 der Richtlinie 2001/83/EG von den „erfassten Stoffen" ausgenommen. Dies ergibt sich aus Folgendem:

[13] aa) Der Senat hat mit dem genannten Beschluss vom 5. Dezember 2013 in der Sache 1 StR 388/13 gemäß § 267 Abs. 3 und 4 AEUV dem Gerichtshof der Europäischen Union folgende Frage zur Vorabentscheidung vorgelegt:

---

[429] BGH, Beschluss vom 30.04.2015 – 1 StR 99/14, Rn. 10; siehe auch: BGH, Beschluss vom 30.04.2015 – 1 StR 426/13, Rn. 8 und BGH, Beschluss vom 30.04.2015 – 1 StR 388/13, Rn. 7.

„Sind Arzneimittel gemäß der Definition der Richtlinie 2001/83/EG des Europäischen Parlaments und des Rates vom 6. November 2001 zur Schaffung eines Gemeinschaftskodexes für Humanarzneimittel, die von den Verordnungen (EG) Nr. 273/2004 und (EG) Nr. 111/2005 ‚erfasste Stoffe' enthalten, gemäß Art. 2 Buchstabe a) dieser Verordnungen stets von deren Anwendungsbereich ausgenommen, oder ist dies lediglich dann anzunehmen, wenn die Arzneimittel so zusammengesetzt sind, dass sie im Sinne der genannten Verordnungen nicht einfach verwendet oder leicht und wirtschaftlich extrahiert werden können?"

[14] bb) Mit Urteil vom 5. Februar 2015 (verbundene Rechtssachen C-627/13 und C-2/14, ABl. EU 2015 Nr. C 107, 11) hat der Gerichtshof der Europäischen Union auf das &7622

„Der jeweilige Art. 2 Buchst. a der Verordnung (EG) Nr. 273/2004 des Europäischen Parlaments und des Rates vom 11. Februar 2004 betreffend Drogenausgangsstoffe und der Verordnung (EG) Nr. 111/2005 des Rates vom 22. Dezember 2004 zur Festlegung von Vorschriften für die Überwachung des Handels mit Drogenausgangsstoffen zwischen der Gemeinschaft und Drittländern ist dahin auszulegen, dass ein Arzneimittel im Sinne der Definition von Art. 1 Nr. 2 der Richtlinie 2001/83/EG des Europäischen Parlaments und des Rates vom 6. November 2001 zur Schaffung eines Gemeinschaftskodexes für Humanarzneimittel in der durch die Verordnung (EG) Nr. 1901/2006 des Europäischen Parlaments und des Rates vom 12. Dezember 2006 geänderten Fassung als solches, selbst wenn es einen in Anhang I der Verordnung Nr. 273/2004 und im Anhang der Verordnung Nr. 111/2005 genannten Stoff enthält, der leicht verwendet oder leicht und wirtschaftlich extrahiert werden kann, nicht als erfasster Stoff' eingestuft werden kann."

[15] cc) Die Anwendung dieser Rechtsprechung auf die Auslegung von § 1 Nr. 1, § 3 und § 19 Abs. 1 GÜG schließt es aus, das in den gehandelten Medikamenten Reactine Duo, Rhinopront und Zyrtec-D enthaltene Pseudoephedrin ungeachtet dessen leichter Extrahierbarkeit aus dem jeweiligen Medikament als „Grundstoff" zu bewerten. Angesichts der Inhaltsbestimmung des genannten Merkmals des inländischen Rechts anhand der Verordnungen (EG) Nr. 273/2004 und Nr. 111/2005 kann ein Arzneimittel im Sinne Art. 1 Nr. 2 der Richtlinie 2001/83/EG, zu denen die hier gegenständlichen Medikamente sämtlich gehören, nicht als „erfasster Stoff" im Sinne des Unionsrechts und damit nicht als Grundstoff nach § 1 Nr. 1, § 3 GÜG bewertet werden. Damit fehlt es an gemäß § 19 Abs. 1 Nr. 1 GÜG straftatbestandsmäßigen Verhaltensweisen der gesondert Verfolgten N. und an einer Beteiligung des Angeklagten als Mittäter daran.

[16] b) Das angefochtene Urteil war daher aufzuheben (§ 349 Abs. 4 StPO) und die Aufhebung gemäß § 357 Satz 1 StPO auf den nicht revidierenden, als Mittäter verurteilten Mitangeklagten Ng. zu erstrecken. Von dem aufgezeigten, den Schuldspruch betreffenden sachlich-rechtlichen Mangel ist dieser in gleicher Weise wie der Angeklagte betroffen.

[17] c) Eine Erstreckung auf den vormals Mitangeklagten V. kommt dagegen nicht in Betracht. Soweit er durch das vom Angeklagten angefochtene Urteil wegen Beihilfe zu einer Tat gemäß § 19 Abs. 1 Nr. 1 GÜG verurteilt worden war, hat der Senat durch Beschluss vom 4. Juni 2014 das Verfahren wegen der zugrunde liegenden prozessualen Tat unter Aufhebung des Urteils insoweit gemäß

§ 154 Abs. 2 StPO eingestellt. V. ist daher wegen dieser prozessualen Tat nicht (mehr) im Sinne von § 357 Satz 1 StPO durch das jetzt aufgehobene Urteil verurteilt.

[20] 1. Nach den bisher getroffenen Feststellungen lässt sich wenigstens eine Strafbarkeit des Angeklagten und des Mitangeklagten wegen Beihilfe zu Straftaten nach dem Betäubungsmittelgesetz nicht ausschließen. Sämtliche von der gesondert Verfolgten N. in Deutschland und Ungarn erworbenen, Pseudoephedrin enthaltenden Medikamente wurden unter Mitwirkung des Angeklagten und des Mitangeklagten Ng. in die Tschechische Republik verbracht und dort zu Methamphetamin verarbeitet (UA S. 11). Das Landgericht hat weiter festgestellt, dass von der gesondert Verfolgten N. in Ungarn erworbene 2.500 Packungen des Medikaments Zyrtec-D von ihr nach Prag transportiert und dort u.a. an den Angeklagten übergeben wurden. Dieser wiederum brachte die Medikamente zu einer Adresse in der tschechischen Ortschaft Li. Unter dieser Adresse haben die Strafverfolgungsbehörden der Tschechischen Republik ein Labor zur Extraktion von Pseudoephedrin und zu dessen Umsetzung in die Droge Methamphetamin („Crystal Speed") aufgefunden (UA S. 11). Das Landgericht hat sich zudem – wie angesprochen – insgesamt davon überzeugt, dass die in den Verkehr gelangten Medikamente zeitnah nach der Lieferung in Methamphetamin umgesetzt und dieses mit Gewinnerzielungsabsicht verkauft wurde (UA S. 11). Alle Beteiligten hätten dabei von Anfang an billigend in Kauf genommen, dass die gehandelten Tabletten zur Herstellung von Rauschgift Verwendung finden und dieses anschließend illegal gehandelt werden würde (UA S. 11).

[21] Bereits diese Feststellungen legen die Möglichkeit einer Strafbarkeit des Angeklagten und seines Mitangeklagten Ng. (zumindest) wegen Beihilfe zum jeweils unerlaubten Handeltreiben mit oder zum Herstellen von Betäubungsmitteln in nicht geringer Menge (§ 29a Abs. 1 Nr. 2 BtMG) nahe. Dass es sich bei Pseudoephedrin selbst nicht um einen dem Betäubungsmittelgesetz unterfallenden Stoff handelt, steht nicht entgegen (vgl. Patzak in Körner/Patzak/Volkmer, BtMG, 7. Aufl., § 1 Rn. 13).

■ PRAXISBEDEUTUNG

Die Entscheidung basiert auf einem Urteil des EuGH, was im Wege eines Vorabentscheidungsverfahrens gesprochen worden ist.

Im Ergebnis der Entscheidung sind entsprechende Strafbarkeitslücken zu dulden: Wenn Grundstoffe nach dem GÜG allein als Wirkstoffbestandteil eines (regulären) Arzneimittels gehandelt werden, scheidet die Anwendbarkeit des Straftatbestandes des § 19 Abs. 1 Nr. 1 GÜG aus. Gleichwohl der leichten Extrahierbarkeit des Grundstoffes aus dem Arzneimittel ist eine entsprechende Verbringung der Substanzen unter Billigung der hiermit verbundenen Missbrauchsgefahr jedenfalls strafrechtlich nicht pönalisierbar.

Bei Vorliegen der Voraussetzungen ist im Einzelfall jedoch das Einschreiten nach dem jeweils einschlägigen Gefahrenabwehrrecht zu erwägen.

401 Eine **Strafbarkeit** nach dem **GÜG** kann **nicht** mit der Argumentation begründet werden, dass der im **Arzneimittel** enthaltene Grundstoff **leicht** und wirtschaftlich

extrahiert werden kann. Vielmehr kommt in solchen Fällen allein eine Strafbarkeit nach dem **AMG** in Betracht.[430]

[3] Der Schuldspruch hat keinen Bestand. Die Strafbarkeit nach § 19 Abs. 1 Nr. 1, §§ 3, 1 Nr. 1 GÜG (BGBl. I 2008, S. 306ff.), § 29 Abs. 1 Nr. 1, §§ 3, 2 Nr. 1 GÜG aF (BGBl. I 2005, S. 2686, 2689f.) setzt u.a. voraus, dass es sich bei den Ephedrin-Tabletten um Grundstoffe handelt. Dies steht nach den bisherigen Feststellungen nicht fest.

[4] a) Das deutsche Recht verweist zur Definition des Begriffs „Grundstoff" auf den „erfassten Stoff" im Sinne des Art. 2 Buchst. a in Verbindung mit Anhang I der Verordnung (EG) Nr. 273/2004 des Europäischen Parlaments und des Rates vom 11. Februar 2004 und des Art. 2 Buchst. a in Verbindung mit Anhang der Verordnung (EG) Nr. 111/2005 des Rates vom 22. Dezember 2004. Zwar ist Ephedrin in beiden genannten Anhängen grundsätzlich als „erfasster Stoff" aufgeführt. Gleichwohl unterfallen die gehandelten Tabletten der Definition „erfasster Stoff" und damit auch der Definition „Grundstoff" nach der jeweiligen dortigen Ausnahmeregelung nicht, soweit es sich bei ihnen um Arzneimittel im Sinne des Art. 1 Nr. 2 der Richtlinie 2001/83/EG des Europäischen Parlaments und des Rates vom 6. November 2001 handelt (Art. 2 Buchst. a Satz 2 der Verordnung (EG) Nr. 273/2004, Art. 2 Buchst. a Halbsatz 2 der Verordnung (EG) Nr. 111/2005). Der Auffassung des Landgerichts, die jeweilige Ausnahmeregelung greife dann nicht, wenn Arzneimittel derart zusammengesetzt sind, dass der in ihnen enthaltene „erfasste Stoff" leicht und wirtschaftlich extrahiert werden kann, ist nicht zu folgen.

[5] Hierzu hat der Senat in dieser Sache dem zur Auslegung europarechtlicher Bestimmungen berufenen Gerichtshof der Europäischen Union mit Beschluss vom 22. Oktober 2013 folgende Frage vorgelegt:

> *„Sind Arzneimittel gemäß der Definition der Richtlinie 2001/83/EG des Europäischen Parlaments und des Rates vom 6. November 2001 zur Schaffung eines Gemeinschaftskodexes für Humanarzneimittel, die von den Verordnungen (EG) Nr. 273/2004 und (EG) Nr. 111/2005 erfasste Stoffe enthalten, gemäß dem jeweiligen Art. 2 Buchst. a dieser Verordnungen stets von deren Anwendungsbereich ausgenommen, oder ist dies lediglich dann anzunehmen, wenn die Arzneimittel so zusammengesetzt sind, dass die erfassten Stoffe nicht einfach verwendet oder leicht und wirtschaftlich extrahiert werden können?"*

[6] Der Gerichtshof der Europäischen Union hat die Vorlagefrage mit Urteil vom 5. Februar 2015 wie folgt beantwortet:

> *„Der jeweilige Art. 2 Buchst. a der Verordnung (EG) Nr. 273/2004 des Europäischen Parlaments und des Rates vom 11. Februar 2004 betreffend Drogenausgangsstoffe und der Verordnung (EG) Nr. 111/2005 des Rates vom 22. Dezember 2004 zur Festlegung von Vorschriften für die Überwachung des Handels mit Drogenausgangsstoffen zwischen der Gemeinschaft und Drittländern ist dahin auszulegen, dass ein Arzneimittel im Sinne der Definition von Art. 1 Nr. 2 der Richtlinie 2001/83/EG des Europäischen Parlaments und des Rates vom 6. November 2001 zur Schaffung eines Gemeinschaftskodexes*

[430] BGH, Beschluss vom 27.10.2015 – 3 StR 124/13, Rn. 3ff.

für Humanarzneimittel in der durch die Verordnung (EG) Nr. 1901/2006 des Europäischen Parlaments und des Rates vom 12. Dezember 2006 geänderten Fassung als solches, selbst wenn es einen in Anhang I der Verordnung Nr. 273/ 2004 und im Anhang der Verordnung Nr. 111/2005 genannten Stoff enthält, der einfach verwendet oder leicht und wirtschaftlich extrahiert werden kann, nicht als 'erfasster Stoff eingestuft werden kann."

[7] b) Da somit anzunehmen ist, dass sämtliche Arzneimittel von den erfassten Stoffen im Sinne der Verordnungen und damit des Grundstoffs im Sinne des § 1 Nr. 1 GÜG bzw. § 2 Nr. 1 GÜG aF ausgenommen sind, kann die Verurteilung des Angeklagten insgesamt keinen Bestand haben. Denn hinsichtlich der 30 mg-Tabletten hat das Landgericht die Arzneimitteleigenschaft ausdrücklich festgestellt, hinsichtlich der 60 mg-Tabletten eine solche jedenfalls nicht auszuschließen vermocht (UA S. 9).

[10] b) Soweit die gelieferten Tabletten Arzneimittel sind, scheidet zwar eine Strafbarkeit nach dem Gesetz zur Überwachung des Verkehrs mit Grundstoffen, die für die unerlaubte Herstellung von Betäubungsmitteln missbraucht werden können, aus. Dann kommt indes ein strafbewehrter Verstoß gegen das Arzneimittelgesetz in Betracht.

■ TOPENTSCHEIDUNG

402 Die **Grenzwerte** für die Annahme einer **nicht geringen Menge** bei **synthetischen Cannabinoiden in Kräutermischungen** hat der BGH wie folgt festgesetzt:

- Die nicht geringe Menge der synthetischen Cannabinoide JWH-018 und CP 47,497-C8-Homologes beginnt bei zwei Gramm.[431]
- Die nicht geringe Menge der synthetischen Cannabinoide JWH-073 und CP 47,497 beginnt bei sechs Gramm.[432]

[32] Das Landgericht ist im Ergebnis zu Recht davon ausgegangen, dass in den abgeurteilten Fällen der in den Kräutermischungen „Dream" und „69" enthaltene Wirkstoff JWH-018 jeweils die Grenze der nicht geringen Menge i.S.v. § 29a Abs. 1 Nr. 2, § 30 Abs. 1 Nr. 4 BtMG erreicht hat.

[33] Die Berechnung der Mengen und des Wirkstoffgehalts der betroffenen Kräutermischungen „Dream" und „69" ist revisionsrechtlich nicht zu beanstanden.

[34] Der Senat setzt jedoch – insoweit abweichend vom Landgericht – den Grenzwert der nicht geringen Menge an JWH-018 auf eine Wirkstoffmenge von 2 Gramm fest.

[35] Hierbei bezieht sich der Senat auf die in ständiger Rechtsprechung vom Bundesgerichtshof angewandte Methode (vgl. nur BGH, Urteile vom 3. Dezember 2008 – 2 StR 86/08, BGHSt 53, 89 und vom 17. November 2011 – 3 StR 315/10, BGHSt 57, 60). Danach ist der Grenzwert der nicht geringen Menge eines Betäubungsmittels stets in Abhängigkeit von dessen konkreter Wirkungsweise

[431] BGH, Urteil vom 14.01.2015 – 1 StR 302/13, Rn. 34, 55 und 84.
[432] BGH, Urteil vom 14.01.2015 – 1 StR 302/13, Rn. 92.

und -intensität festzulegen. Maßgeblich ist zunächst die äußerst gefährliche, gar tödliche Dosis des Wirkstoffs (BGH, Urteil vom 22. Dezember 1987 – 1 StR 612/87, BGHSt 35, 179). Fehlen hierzu gesicherte Erkenntnisse, so errechnet sich der Grenzwert als ein Vielfaches der durchschnittlichen Konsumeinheit eines nicht an den Genuss dieser Droge gewöhnten Konsumenten. Das Vielfache ist nach Maßgabe der Gefährlichkeit des Stoffes, insbesondere seines Abhängigkeiten auslösenden oder sonst die Gesundheit schädigenden Potentials zu bemessen (BGH, Urteil vom 3. Dezember 2008 – 2 StR 86/08, BGHSt 53, 89). Lassen sich auch zum Konsumverhalten keine ausreichenden Erkenntnisse gewinnen, so entscheidet ein Vergleich mit verwandten Wirkstoffen (vgl. BGH, Urteile vom 24. April 2007 – 1 StR 52/07, BGHSt 51, 318 und vom 17. November 2011 – 3 StR 315/10, BGHSt 57, 60).

[55] ii) Der Senat hat im Anschluss an den Sachverständigen A.[433] *den Grenzwert der nicht geringen Menge für JWH-018 aufgrund eines Vergleichs mit Tetrahydrocannabinol auf zwei Gramm Wirkstoffmenge festgesetzt. Dies erscheint angebracht, um dem auf der Grundlage heutiger wissenschaftlicher Erkenntnisse feststehenden Gefährdungspotential dieses Wirkstoffs im Vergleich zu anderen Betäubungsmitteln gerecht zu werden.*

[56] Maßgeblich ist hierfür die im Vergleich zu Tetrahydrocannabinol, für das der Grenzwert der nicht geringen Menge bei 7,5 Gramm Tetrahydrocannabinol – entsprechend 500 Konsumeinheiten à 15 Milligramm – angenommen wird (vgl. BGH, Urteil vom 18. Juli 1984 – 3 StR 183/84, BGHSt 33, 8), höhere Potenz des Wirkstoffs, seine gesteigerte Gefährlichkeit aufgrund weitergehender unerwünschter Nebenwirkungen, die sogar lebensbedrohlich wirken können, und die wesentlich höhere Auftretenswahrscheinlichkeit von starken unerwünschten Nebenwirkungen. Bei dieser Einordnung ist stets von den für den Angeklagten günstigsten relevanten Parametern ausgegangen worden; nach derzeitigem wissenschaftlichen Kenntnisstand nicht valide belegte Hinweise auf ein noch erheblicheres Gefährlichkeitsniveau, insbesondere im Hinblick auf die chronische Toxizität, also solchen Folgen, die erst nach wiederholtem Konsum auftreten, sind dabei nicht eingestellt worden.[434]

[63] jj) Eine die praktische Handhabung erleichternde Festlegung des Grenzwerts nach der Menge der Päckchen mit Kräutermischungen, ähnlich wie sie ergänzend zum Wirkstoffmengenwert bei LSD vorgenommen wurde (vgl. BGH, Urteil vom 1. September 1987 – 1 StR 191/87, BGHSt 35, 43), ist nicht möglich. Die Schwankungen im Wirkstoffgehalt der unterschiedlichen Kräutermischungen sowie selbst zwischen einzelnen Päckchen von unter derselben Bezeichnung vertriebenen Kräutermischungen lassen eine ausreichend sichere Feststellung einer Mindestkonzentration des Wirkstoffs nicht zu.

[64] kk) Soweit der Sachverständige Da. darauf hingewiesen hat, dass die für die Gefährlichkeit des Wirkstoffs maßgeblichen Aspekte wie Langzeittoxizität, Teratogenität, Zytotoxizität oder Kanzerogenität derzeit noch nicht hinreichend beurteilt werden können und aus präventiven Erwägungen die Festsetzung des Grenzwerts der nicht geringen Menge auf 0,75 Gramm – entsprechend 150 Kon-

[433] **Anmerkung**: Siehe zu den Einzelfeststellungen: BGH, Urteil vom 14.01.2015 – 1 StR 302/13, Rn. 36–54.

[434] Siehe für die Detailerörterungen: BGH, Urteil vom 14.01.2015 – 1 StR 302/13, Rn. 57–62.

sumeinheiten à 5 Milligramm – angeregt hat, sieht der Senat jedenfalls derzeit mangels gesicherter wissenschaftlicher Erkenntnisse keine Basis, die eine für den Angeklagten nachteilige niedrigere Festsetzung des Grenzwerts der nicht geringen Menge rechtfertigen würde.

[84] Nach Auffassung des Senats ist der Grenzwert der nicht geringen Menge für den Wirkstoff CP 47,497-C8-Homologes ebenfalls bei 2 Gramm anzusetzen.[435]

[92] Auf dieser Grundlage hält der Senat den Grenzwert der nicht geringen Menge für den in den gehandelten Kräutermischungen enthaltenen, aber im Tatzeitraum noch nicht unter das Betäubungsmittelgesetz fallenden Wirkstoff JWH-073 sowie für den Wirkstoff CP 47,497 aufgrund seiner mit Tetrahydrocannabinol vergleichbaren Potenz, aber den im Vergleich zum Konsum von Cannabis schwerwiegenderen unerwünschten Nebenwirkungen und der demgegenüber erhöhten Auftretenswahrscheinlichkeit solcher Nebenwirkungen bei einer Wirkstoffmenge von jedenfalls 6 Gramm für erreicht.

■ **ANMERKUNG**

In Bezug auf einen anderen Wirkstoff ist der 4. Strafsenat der Bestimmungsmethode geringer Mengen in der gegenständlichen Entscheidung im Grundsatz beigetreten. Diese Entscheidung des 4. Strafsenats ist in der nachfolgenden Randnummer auszugsweise abgedruckt.

403 Der **Grenzwert** der **nicht geringen Menge** für **JWH-019** ist bei einer Wirkstoffmenge von **6 Gramm** festzusetzen.[436]

[14] Hierbei bezieht sich der Senat auf die in ständiger Rechtsprechung vom Bundesgerichtshof angewandte Methode (vgl. nur BGH, Urteile vom 3. Dezember 2008 – 2 StR 86/08, BGHSt 53, 89, und vom 17. November 2011 – 3 StR 315/10, BGHSt 57, 60). Danach ist der Grenzwert der nicht geringen Menge eines Betäubungsmittels stets in Abhängigkeit von dessen konkreter Wirkungsweise und -intensität festzulegen. Maßgeblich ist zunächst die äußerst gefährliche, gar tödliche Dosis des Wirkstoffs (BGH, Urteil vom 22. Dezember 1987 – 1 StR 612/87, BGHSt 35, 179). Fehlen hierzu gesicherte Erkenntnisse, so errechnet sich der Grenzwert als ein Vielfaches der durchschnittlichen Konsumeinheit eines nicht an den Genuss dieser Droge gewöhnten Konsumenten. Das Vielfache ist nach Maßgabe der Gefährlichkeit des Stoffes, insbesondere seines Abhängigkeiten auslösenden oder sonst die Gesundheit schädigenden Potentials zu bemessen (BGH, Urteil vom 3. Dezember 2008 – 2 StR 86/08, BGHSt 53, 89). Lassen sich auch zum Konsumverhalten keine ausreichenden Erkenntnisse gewinnen, so entscheidet ein Vergleich mit verwandten Wirkstoffen (vgl. BGH, Urteile vom 24. April 2007 – 1 StR 52/07, BGHSt 51, 318, 322, und vom 17. November 2011 – 3 StR 315/10, BGHSt 57, 60, 64).

[20] bb) Der 1. Strafsenat hat in seinem Urteil vom 14. Januar 2015 – 1 StR 302/13, zur Veröffentlichung in BGHSt 60, 134 vorgesehen – die nicht geringe Menge

---

435 Siehe für die Ausführungen des Sachverständigen hierzu: BGH, Urteil vom 14.01.2015 – 1 StR 302/13, Rn. 85–91.

436 BGH, Urteil vom 05.11.2015 – 4 StR 124/14, Rn. 13.

für das synthetische Cannabinoid JWH-073 auf eine Wirkstoffmenge von sechs Gramm festgesetzt. Dabei hat der 1. Strafsenat die Festsetzung des Grenzwerts der nicht geringen Menge weder an einer äußerst gefährlichen Dosis noch an einer durchschnittlichen Konsumeinheit ausgerichtet, weil zu beiden Mengeneinheiten derzeit keine gesicherten wissenschaftlichen Erkenntnisse vorliegen. Er hat die nicht geringe Menge vielmehr aus den in jenem Urteil näher dargelegten Gründen durch den Vergleich mit Tetrahydrocannabinol bestimmt (Urteil vom 14. Januar 2015 aaO Rn. 47ff.).

[21] Maßgeblich waren hierfür im Vergleich zu Tetrahydrocannabinol, für das der Grenzwert der nicht geringen Menge bei 7,5 Gramm Tetrahydrocannabinol – entsprechend 500 Konsumeinheiten à 15 Milligramm – angenommen wird (vgl. BGH, Urteil vom 18. Juli 1984 – 3 StR 183/84, BGHSt 33, 8), die höhere bzw. vergleichbare Potenz des jeweiligen Wirkstoffs, die gesteigerte Gefährlichkeit aufgrund weiter gehender unerwünschter Nebenwirkungen und deren wesentlich höhere Auftretenswahrscheinlichkeit (Urteil vom 14. Januar 2015 aaO Rn. 56ff., 92ff.).

[22] cc) Der Senat hat sich bei der Bestimmung der nicht geringen Menge des Wirkstoffs JWH-019 der Vorgehensweise des 1. Strafsenats angeschlossen und den Grenzwert der nicht geringen Menge durch einen Vergleich mit JWH-073 auf dieselbe Menge wie bei dieser Substanz festgelegt.

Der **Grenzwert** der **nicht geringen Menge** an **Fentanyl** liegt bei einer Wirkstoffmenge von **75 mg.**[437] **404**

Die teils in der Rechtsprechung für **Cannabisharz** (**Haschisch**) angenommene **Obergrenze** einer **geringen Menge** mit einer Bruttogewichtsmenge von **6 Gramm ist zweifelhaft.**[438] **405**

Innerhalb des Urteils sind **konkrete Feststellungen zum** (**vorgestellten**) **Wirkstoffgehalt** regelmäßig geboten. Der Wirkstoffgehalt wirkt sich entscheidend auf die rechtliche Beurteilung der begangenen Betäubungsmitteldelikte, auf deren konkurrenzrechtliches Verhältnis und auf den Schuldumfang der Taten aus.[439] **406**

[67] c) Dagegen hält der nach Beschränkung des Verfahrens gemäß § 154a Abs. 2 i. V. m. § 154a Abs. 1 StPO auf Tatbestände des Betäubungsmittelgesetzes allein maßgebliche Schuldspruch wegen versuchten unerlaubten Handeltreibens mit Betäubungsmitteln im Komplex C.III.1. revisionsgerichtlicher Überprüfung nicht stand.

[68] Das Landgericht konnte sich angesichts der Untersuchungsergebnisse betreffend der beim Angeklagten aufgefundenen Kräutermischungen, wonach in den Kräutermischungen „SenCation Vanilla" bzw. „SenCation Blackberry" teils der Wirkstoff CP 47,497-C8-Homologes, teils der Wirkstoff JWH-073 festgestellt wurde, nicht davon überzeugen, dass in den vom Angeklagten gehandelten Kräutermischungen ein unter das Betäubungsmittelgesetz fallender Wirkstoff enthalten war. Jedoch fehlt es an Feststellungen dazu, welche Vorstellungen sich der

---

437 BGH, Beschluss vom 10.03.2015 – 1 StR 64/15.
438 BGH, Beschluss vom 14.04.2015 – 5 StR 109/15, Rn. 7.
439 BGH, Urteil vom 14.01.2015 – 1 StR 302/13, Rn. 69.

Angeklagte vom Wirkstoffgehalt im Zeitpunkt des Ankaufs und der Einfuhr der insgesamt 600 Päckchen Kräutermischungen gemacht hat.

[69] Auf konkrete Feststellungen zum (vorgestellten) Wirkstoffgehalt kann bei Verurteilung von Straftaten nach dem Betäubungsmittelgesetz regelmäßig nicht verzichtet werden. Denn der Wirkstoffgehalt wirkt sich entscheidend auf die rechtliche Beurteilung der begangenen Betäubungsmitteldelikte, auf deren konkurrenzrechtliches Verhältnis und auf den Schuldumfang der Taten aus (vgl. BGH, Urteil vom 3. April 2008 – 3 StR 60/08, NStZ 2008, 471; Weber, BtMG, 4. Aufl., Vor §§ 29ff. Rn. 915ff. mwN).

[70] Da Feststellungen zum Vorstellungsbild des Angeklagten bezogen auf den Zeitpunkt des Ankaufs und der Einfuhr der Kräutermischungen „SenCation Vanilla“ bzw. „SenCation Blackberry“ fehlen, kann der Schuldspruch auf die Revision des Angeklagten keinen Bestand haben.

407 **Grundlage von Schätzungen** im Bereich des Betäubungsmittelstrafrechts können nicht nur die Wirkstoffkonzentrationen in **üblichen Tabellen** sein. Vielmehr können auch **Erfahrungen im eigenen Gerichtsbezirk** zugrunde gelegt werden, wodurch gerade **örtliche Schwankungen** berücksichtigt werden können. Die **Darstellung** der eigenen Erfahrungswerte hat **nachvollziehbar** in den Urteilsgründen zu erfolgen.[440]

[12] Das Landgericht ist nicht auf der Grundlage der Schätzungen von Patzak/Goldhausen, NStZ 2011, 76 von einem THC-Gehalt von 6% für Marihuana von durchschnittlicher Qualität ausgegangen. Vielmehr hat es seine Erfahrungen im eigenen Gerichtsbezirk, die den statistischen Erhebungen von Patzak/Goldhausen nahekommen, zur Grundlage seiner Schätzungen gemacht (UA 8). Dagegen ist im Ansatz nichts zu erinnern. Es liegt auf der Hand, dass der Reinheitsgehalt von „auf dem Markt befindlichen“ Rauschgift örtlichen Schwankungen unterworfen ist. So kann z.B. der durchschnittliche Wirkstoffgehalt von Kokain in solchen Landgerichtsbezirken, in die die direkte Einfuhr aus Südamerika auf dem Luft- oder Seeweg erfolgt, deutlich höher sein als in solchen Regionen, in denen der Weitervertrieb nach zwischenzeitlicher Streckung des Rauschgifts erfolgt. Auch kann es bedeutsam sein, wenn Gruppierungen den Betäubungsmittelhandel in bestimmten Regionen beherrschen und diese jeweiligen Vertriebsorganisationen das zu handelnde Rauschgift aus bestimmten Quellen beziehen. Vor diesem Hintergrund ist es grundsätzlich nicht rechtsfehlerhaft, wenn Tatgerichte die örtlichen Gegebenheiten bei der Schätzung von Wirkstoffmengen berücksichtigen. Voraussetzung ist jedoch, dass die Strafkammern ihre entsprechenden Erfahrungen im eigenen Bezirk in einer für das Revisionsgericht nachvollziehbaren Weise in den Urteilsgründen darlegen.

[13] Sollte – wie der Generalbundesanwalt meint – einer Entscheidung des 3. Strafsenats vom 9. Juni 2004 – 3 StR 166/04, StV 2004, 602 zu entnehmen sein, der Wirkstoffgehalt von Marihuana durchschnittlicher Qualität liege ausnahmslos zwischen 2 bis allenfalls 5% THC und die Zugrundelegung eines höheren Wirkstoffgehalts sei stets rechtsfehlerhaft, würde dem der 2. Strafsenat nicht folgen.

---

[440] BGH, Beschluss vom 27.11.2014 – 2 StR 311/14, Rn. 12.

Für eine tragfähige **Schätzung** bedarf es **tatsächlicher Grundlagen** dafür, welche und wie viele der zahlreichen abgegebenen Einzelmengen jeweils aus einem Erwerbsvorgang stammen und wie diese abzugrenzen und zeitlich einzuordnen wären. Eine willkürliche Zusammenfassung ist demgegenüber rechtlich nicht zulässig.[441] **408**

a) Handeltreiben

Handeltreiben mit Betäubungsmitteln ist jede eigennützige, auf den Umsatz von Betäubungsmitteln gerichtete Tätigkeit, wobei es dabei um einen für den Täter gewinnbringenden Umgang mit Betäubungsmitteln geht.[442] **409**

Eigennützigkeit ist auch in den Fällen gegeben, in denen der Angeklagte Marihuana zum Einkaufspreis oder darunter abgegeben hat oder ihm als Gegenleistung anderweitige Dienste erbracht wurden. Um eine **bloße Gefälligkeit** handelte es sich **nicht**, soweit er mit dem Ziel handelte, die **Abnehmer** zu **binden** und mit ihnen **später lukrativere Geschäfte abzuschließen.**[443] **410**

Der Begriff des **Handeltreibens** mit Betäubungsmitteln ist nicht bereits durch eine bloße Weiterbeförderung von Rauschgifterlösen an Hintermänner erfüllt. Vielmehr setzt dies voraus, dass der Weiterbeförderer als **Mittäter** „in ein eingespieltes Bezugs- und Vertriebssystem eingebunden ist und die Beförderung des Geldes in diesem Rahmen erfolgt".[444] **411**

Im Falle des **Betreibens** einer **Plantage** mit Cannabispflanzen und dem **sukzessiven Verkauf** von Betäubungsmitteln hieraus, stellt das Betreiben der Plantage sowie jede Verkaufshandlung **jeweils** eine **selbstständige Handlung des Handeltreibens** dar.[445] **412**

[8] 2. Ebenfalls ohne Rechtsfehler hat das Landgericht die Handlungen des Angeklagten als insgesamt 21 Fälle des Handeltreibens mit Betäubungsmitteln in nicht geringer Menge angesehen. Die Tatsache, dass der Angeklagte aus seiner Plantage, in der sich stets Pflanzen in den verschiedensten Wachstumsstadien befanden, jeweils die reifen Pflanzen aberntete, die Blütenstände abschnitt und erst verkaufte, wenn er eine Menge von 2 Kilogramm erzielt hatte, und währenddessen auch die Kultivierung der noch unreifen Pflanzen weiter betrieb, und sich somit die Tätigkeit des Anbaus stets auf mehrere unterschiedliche Ernten bezog, steht dem nicht entgegen. Hierzu im Einzelnen:

[9] a) Der Anbau von Cannabis-Pflanzen, der auf die gewinnbringende Veräußerung der herzustellenden Betäubungsmittel zielt, erfüllt den Tatbestand des Handeltreibens (BGH, Beschluss vom 12. Januar 2005 – 1 StR 476/04, BGHR BtMG § 29a Abs. 1 Nr. 2 Handeltreiben 4). Der Verbrechenstatbestand des Handeltreibens mit Betäubungsmitteln in nicht geringer Menge ist dabei verwirklicht, wenn

---

441 BGH, Urteil vom 26.10.2015 – 1 StR 317/15, Rn. 57.

442 BGH, Beschluss vom 14.01.2015 – 2 StR 352/14, Rn. 15; siehe auch: BGH, Beschluss vom 28.04.2015 – 3 StR 61/15, Rn. 4 und BGH, Urteil vom 26.10.2015 – 1 StR 317/15, Rn. 37.

443 BGH, Urteil vom 26.10.2015 – 1 StR 317/15, Rn. 38.

444 BGH, Urteil vom 05.11.2014 – 2 StR 186/14, Rn. 9.

445 BGH, Beschluss vom 02.07.2014 – 4 StR 188/14.

mit der Aufzucht der Pflanzen eine nicht geringe Menge des Betäubungsmittels erzielt werden soll (BGH, Urteil vom 20. Dezember 2012 – 3 StR 407/12, BGHSt 58, 99). Werden mehrfach hintereinander die abgeernteten Pflanzen aus einem Anbauvorgang jeweils verkauft, so sind mehrere selbständige Taten des Handeltreibens gegeben (BGH, Beschlüsse vom 20. April 2005 – 3 StR 106/05, NStZ 2005, 650, und vom 28. Juni 2011 – 3 StR 485/10, BGHR BtMG § 29 Abs. 1 Nr. 1 Konkurrenzen 11; Urteil vom 20. Dezember 2012 – 3 StR 407/12, juris Rn. 14, insoweit in BGHSt 58, 99 nicht abgedruckt). Werden andererseits mehrere der durch die einzelnen Anbauvorgänge erzielten Erträge in einem einheitlichen Umsatzgeschäft veräußert, so führt dies jedenfalls zu einer Teilidentität der jeweiligen tatbestandlichen Ausführungshandlungen und verknüpft so die einzelnen Fälle des Handeltreibens zu einer Tat des Handeltreibens (BGH, Beschluss vom 28. Juni 2011 – 3 StR 485/10, BGHR BtMG § 29 Abs. 1 Nr. 1 Konkurrenzen 11; Urteil vom 20. Dezember 2012 – 3 StR 407/12, juris Rn. 31, insoweit in BGHSt 58, 99 nicht abgedruckt). Dafür ist es ohne Belang, ob in verschiedenen Plantagen gleichzeitig gewonnene Ernten oder in einer Plantage hintereinander gewonnene Ernten in einem Verkauf zusammengefasst werden.

[10] b) Nichts anderes gilt für den Verkauf von Betäubungsmitteln aus einer Plantage mit Pflanzen unterschiedlicher Reifungsgrade, die sukzessiv nach ihrer Reife geerntet werden (aA Körner/Patzak/Volkmer, BtMG, 7. Aufl., § 29 Teil 2 Rn. 101). Auch hier stellt der einzelne Verkauf die Zäsur des Anbaus dar. Mit ihm konkretisiert sich die Tat des Handeltreibens und trennt die zur Erzeugung des verkauften Betäubungsmittels notwendigen Anbauvorgänge von denen ab, die der Herstellung der nächsten Lieferung und damit der nächsten Tat des Handeltreibens mit Betäubungsmitteln dienen. Es ist dabei unerheblich, dass die einzelnen Pflanzen nicht – wie vorwiegend anzutreffen – innerhalb einer Plantage gleichzeitig angebaut und von anderen Pflanzungen räumlich getrennt sind. Es kommt allein auf den jeweiligen Verkaufsvorgang an. Auch der bloße gleichzeitige Besitz der bereits abgeernteten, zum Verkauf bei Erreichen einer entsprechenden Menge bereitliegenden Blüten einerseits und der noch auf dem Halm befindlichen Blüten hat nicht die Kraft, die getrennten Handelstätigkeiten zur Tateinheit zu verbinden (vgl. BGH, Urteil vom 28. September 1994 – 3 StR 261/94, BGHR BtMG § 29 Abs. 1 Nr. 1 Handeltreiben 45).

[11] c) Damit liegen aufgrund der 20 festgestellten Verkäufe ebenso viele Taten des Handeltreibens vor. Die einundzwanzigste Tat des vollendeten Handeltreibens hat das Landgericht zutreffend in dem Betreiben der Plantage (bestehend aus dem Abernten von Blütenständen und der Aufzucht der übrigen Pflanzen) seit dem letzten Verkauf mit dem Ziel des gewinnbringenden Verkaufs nach Erreichen von zwei Kilogramm Blütenständen gesehen. Es reicht für ein vollendetes Handeltreiben aus, dass Cannabissetzlinge mit dem Ziel einer späteren Ernte und des gewinnbringenden Weiterverkaufs angepflanzt werden, auch wenn es dazu letztlich nicht mehr kommt. Der Begriff des Handeltreibens ist umfassend dahin zu verstehen, dass er jede eigennützige auf den Umsatz von Betäubungsmitteln gerichtete Tätigkeit umfasst, soweit es sich nicht lediglich um typische Vorbereitungen handelt, die weit im Vorfeld des beabsichtigten Güterumsatzes liegen (BGH, Beschluss vom 26. Oktober 2005 – GSSt 1/05, BGHSt 50, 252, 256, 265 f.). Demgemäß geht der Bundesgerichtshof in ständiger Rechtsprechung davon aus, dass bereits die Aufzucht von Cannabispflanzen den Tatbestand des Handeltreibens erfüllen kann, wenn der Anbau – wie hier – auf die gewinnbrin-

gende Veräußerung der herzustellenden Betäubungsmittel zielt (BGH, Urteil vom 20. Dezember 2012 – 3 StR 407/12, BGHSt 58, 99).

Der Tatbestand der **Einfuhr** erfordert **keinen eigenhändigen Transport** des Betäubungsmittels über die Grenze. Mittäter einer Einfuhr im Sinne von § 25 Abs. 2 StGB kann ein Beteiligter deshalb auch dann sein, wenn das Rauschgift von einer anderen Person in das Inland verbracht wird. Voraussetzung dafür ist nach den auch hier geltenden Grundsätzen des allgemeinen Strafrechts aber ein die **Tatbegehung objektiv fördernder Beitrag**, der sich als ein Teil der Tätigkeit aller darstellt und der die Handlungen der anderen als Ergänzung des eigenen Tatanteils erscheinen lässt. Diese Grundsätze gelten entsprechend auch für die Beurteilung des **Handeltreibens**.[446] **413**

[6] a) Der Tatbestand der Einfuhr erfordert zwar keinen eigenhändigen Transport des Betäubungsmittels über die Grenze. Mittäter einer Einfuhr im Sinne von § 25 Abs. 2 StGB kann ein Beteiligter deshalb auch dann sein, wenn das Rauschgift von einer anderen Person in das Inland verbracht wird. Voraussetzung dafür ist nach den auch hier geltenden Grundsätzen des allgemeinen Strafrechts aber ein die Tatbegehung objektiv fördernder Beitrag, der sich als ein Teil der Tätigkeit aller darstellt und der die Handlungen der anderen als Ergänzung des eigenen Tatanteils erscheinen lässt. Ob dies gegeben ist, hat der Tatrichter auf der Grundlage einer umfassenden wertenden Betrachtung festzustellen; von besonderer Bedeutung sind dabei der Grad des eigenen Interesses am Taterfolg, der Einfluss bei der Vorbereitung der Tat und der Tatplanung, der Umfang der Tatbeteiligung und die Teilhabe an der Tatherrschaft oder jedenfalls der Wille dazu, so dass die Durchführung und der Ausgang der Tat maßgeblich auch von dem Willen des Betreffenden abhängen. Entscheidender Bezugspunkt bei allen diesen Merkmalen ist der Einfuhrvorgang selbst (zum Ganzen BGH, Beschluss vom 27. Mai 2014 – 3 StR 137/14 mwN).

[7] Entsprechendes gilt für das Handeltreiben. Auch für denjenigen, der ein Betäubungsmittelgeschäft lediglich vermittelt (vgl. BGH, Beschluss vom 14. August 2012 – 3 StR 274/12, StraFo 2012, 423) oder auf ähnliche Weise fördert, wird daher mittäterschaftliches Handeltreiben vor allem dann in Betracht kommen, wenn er gerade für das Handeltreiben erhebliche Tätigkeiten entfaltet, etwa am An- und Verkauf des Rauschgifts unmittelbar beteiligt ist oder sonst ein eigenes Interesse am weiteren Schicksal des Gesamtgeschäfts hat, weil er eine Beteiligung am Umsatz oder dem zu erzielenden Gewinn erhalten soll (BGH, Beschluss vom 24. April 2014 – 5 StR 123/14 mwN).

[8] b) Daran gemessen rechtfertigen die Feststellungen des Landgerichts die Annahme jeweils einer Beihilfe des Angeklagten zur Einfuhr und zum Handeltreiben mit Betäubungsmitteln in nicht geringer Menge.

[9] Denn er vermittelte dem Mitangeklagten A. Ki. lediglich die polizeiliche Vertrauensperson, die A. Ki. anschließend mit dem verdeckten Ermittler als Interessenten und schließlich Ankäufer des Kokains und Marihuanas bekannt machte. Ferner war er zwar bei den Treffen zwischen diesen teilweise anwesend, einen eigenen Einfluss auf die angefragten Mengen und deren Preise hatte er aber nicht;

[446] BGH, Beschluss vom 25.02.2015 – 4 StR 16/15.

vielmehr beteiligte er sich an diesen Gesprächen nicht (UA S. 16, 21) bzw. wurden diese „unter vier Augen“ zwischen A. Ki. und dem verdeckten Ermittler geführt (UA S. 19). Für seine Mitwirkung erhoffte er sich eine Provision, jedoch war deren Höhe unbestimmt (UA S. 15); eine Gewinnbeteiligung sollte er nicht erhalten (UA S. 40). Auch seine Rolle bei der Übergabe der Betäubungsmittel beschränkte sich auf deren weisungsgemäße Aushändigung auf einem Parkplatz, während A. Ki. und der verdeckte Ermittler in unmittelbarer Nähe warteten (UA S. 23). Vor diesem Hintergrund war der Angeklagte K. nicht Mittäter, sondern lediglich Gehilfe des Handeltreibens (vgl. auch BGH, Beschlüsse vom 14. August 2012 – 3 StR 274/12; vom 27. März 2014 – 4 StR 20/14). Entsprechendes gilt für seine Beteiligung an der Einfuhr der Drogen.

b) Einfuhr

414 Ein **Betäubungsmittelkurier**, der **inkorporierte Betäubungsmittel** aus dem Ausland **nach Deutschland verbringt**, um sie **später** einem **Empfänger im Ausland zu übergeben**, ist wegen **vollendeter Einfuhr** von Betäubungsmitteln zu bestrafen. Es liegt angesichts der Zollkontrolle im Inland kein Fall der Durchfuhr vor.[447]

415 **Eingeführt** ist das Betäubungsmittel, wenn es aus dem Ausland **über** die **Grenze** in das Hoheitsgebiet der Bundesrepublik Deutschland **gebracht** wird, wobei das Delikt **mit** dem **Passieren der Grenze vollendet** ist. In **Abgrenzung zur Durchfuhr** (§ 29 Abs. 1 Nr. 5 BtMG) verlangt die Tatmodalität der Einfuhr dabei, dass dem Täter das Betäubungsmittel in der Bundesrepublik Deutschland tatsächlich zur Verfügung steht. Diese Voraussetzung liegt auch vor, wenn der Täter die Droge verschluckt hat (**Bodypacker**), deren Bestimmungsort im Ausland liegt und der Aufenthalt im Inland aufgrund des gewählten Transportweges nur vorübergehend ist. Entscheidend ist, dass auch in diesen Fällen der Täter über seinen Körper als lebendes Behältnis verfügt und er damit, etwa durch die Entscheidung, den Transit abzubrechen, das Schicksal des Betäubungsmittels bestimmt. Auf die Ausscheidung des Betäubungsmittels während der Transitzeit kommt es eben so wenig an wie auf die Ausscheidungsdauer. Der Wille, schnellstmöglich ins Ausland zu gelangen, steht weder der Verfügungsmöglichkeit über das inkorporierte Kokain noch sonst dem objektiv zu bestimmenden Tatbestandsmerkmal der Einfuhr entgegen.[448]

416 Eine **Einfuhr** setzt **nicht** die **eigenhändige Verbringung** der Betäubungsmittel ins Inland voraus. **Ausreichend** ist vielmehr auch ein **Einfluss** unter anderem **auf** den **Transportweg.**[449]

[5] (...) Zwar ist es nach der Rechtsprechung des Bundesgerichtshofs nicht erforderlich, dass der Täter der Einfuhr die Betäubungsmittel eigenhändig ins Inland verbringt, vielmehr kann auch derjenige, der die Betäubungsmittel nicht selbst nach Deutschland transportiert, (Mit-)Täter der Einfuhr des unmittelbar handelnden Täters sein, wenn er einen Tatbeitrag erbringt, der sich bei wertender Betrachtung nicht bloß als Förderung fremden Tuns, sondern als Teil der zur

---

[447] BGH, Beschluss vom 19.03.2015 – 2 StR 35/15, Rn. 5.
[448] BGH, Beschluss vom 30.06.2015 – 3 StR 219/15, Rn. 3.
[449] BGH, Beschluss vom 31.03.2015 – 3 StR 630/14, Rn. 5.

Tatbestandsverwirklichung führenden Tätigkeit aller Mitwirkenden darstellt, und der die Tathandlungen der anderen als Ergänzung seines eigenen Tatanteils erscheinen lässt (st. Rspr.; vgl. BGH, Urteil vom 22. Juli 1992 – 3 StR 35/92, BGHSt 38, 315, 319 mwN). Auch der im Inland aufhältige Erwerber von Betäubungsmitteln aus dem Ausland kann deshalb wegen täterschaftlicher Einfuhr von Betäubungsmitteln strafbar sein, wenn er sie durch Dritte über die Grenze bringen lässt und dabei mit Täterwillen die Tatbestandsverwirklichung fördernde Beiträge leistet; wesentliche Anhaltspunkte für die Täterschaft sind dabei der Grad seines Tatinteresses, der Umfang der Tatbeteiligung, die Tatherrschaft und der Wille dazu, die in eine wertende Gesamtbetrachtung einzubeziehen sind (st. Rspr.; BGH, Beschluss vom 11. Juli 1991 – 1 StR 357/91, BGHSt 38, 32, 33 mwN). Hat der Besteller hingegen keinen Einfluss auf den Einfuhrvorgang und wartet er nur darauf, dass der Lieferant ihm die eingeführten Betäubungsmittel bringt, ist er wegen der Bestellung zwar wegen Handeltreibens mit Betäubungsmitteln strafbar; die bloße Bereitschaft zur Entgegennahme der eingeführten Betäubungsmittel begründet aber weder die Stellung als Mittäter noch als Gehilfe der Einfuhr (Körner/Patzak/Volkmer, BtMG, 7. Aufl., § 29 Teil 5 Rn. 190 mwN).

Für die Erfüllung des Tatbestands der **Einfuhr** von Betäubungsmitteln in nicht geringer Menge gemäß § 30 Abs. 1 Nr. 4 BtMG kommt es in den Fällen der **Zwischenlandung** eines Betäubungsmittel-Kuriers im Inland entscheidend darauf an, ob die **Zugangsmöglichkeit** des Reisenden **zu dem betreffenden Gepäckstück** als tatsächliche Verfügungsmacht im Sinne von § 11 Abs. 1 Satz 2 BtMG zu bewerten ist. Diese Verfügungsgewalt besteht nicht nur dann, wenn der Täter das Rauschgift in Händen hält, sondern auch dann, wenn er es ohne Schwierigkeiten erhalten kann, was jeweils aufgrund der Umstände des Einzelfalles festzustellen ist. Für eine Verurteilung wegen vorsätzlicher Einfuhr muss jedoch hinzukommen, dass dem Täter diese Verfügungsmöglichkeit bekannt war oder dass er sie zumindest billigend in Kauf genommen hat.[450] **417**

[4] a) Die tateinheitlich zu dem Schuldspruch wegen Beihilfe zum Handeltreiben mit Betäubungsmitteln in nicht geringer Menge ausgesprochene Verurteilung wegen fahrlässiger Einfuhr von Betäubungsmitteln hält sachlich-rechtlicher Überprüfung nicht stand; sie entfällt. Im Einzelnen:

[5] aa) Nach den Feststellungen des Landgerichts war dem Angeklagten nicht bekannt, dass sein Koffer, der – wie er wusste – etwa drei Kilogramm Kokainzubereitung enthielt, am Flughafen in Düsseldorf mit den anderen Gepäckstücken aus dem aus der Dominikanischen Republik kommenden Flugzeug ausgeladen und auf das Gepäckband aufgeladen wurde, weshalb ihm die Betäubungsmittel tatsächlich in der Bundesrepublik Deutschland zur Verfügung standen. Ihm sei seine Einlassung nicht zu widerlegen, er sei aufgrund der Angaben seines Auftraggebers „Joe" davon ausgegangen, der Koffer sei „durchgecheckt", müsse von ihm also erst an seinem endgültigen Reiseziel in Izmir abgeholt werden. In der rechtlichen Würdigung hat die Strafkammer ausgeführt, dem flugerfahrenen Angeklagten wäre es aber möglich gewesen zu erkennen, dass der Koffer in Düssel-

450 BGH, Beschluss vom 18.03.2015 – 3 StR 634/14, Rn. 6.

dorf ausgeladen werden würde und für den Anschlussflug nach Izmir erneut hätte aufgegeben werden müssen.

[6] bb) Auf der Grundlage der getroffenen Feststellungen ist das Landgericht zunächst zutreffend davon ausgegangen, dass der Angeklagte den Tatbestand der Einfuhr von Betäubungsmitteln in nicht geringer Menge gemäß § 30 Abs. 1 Nr. 4 BtMG nicht vorsätzlich erfüllte: In den Fällen der Zwischenlandung eines Betäubungsmittel-Kuriers im Inland kommt es für die Einfuhr der Betäubungsmittel entscheidend darauf an, ob die Zugangsmöglichkeit des Reisenden zu dem betreffenden Gepäckstück als tatsächliche Verfügungsmacht im Sinne von § 11 Abs. 1 Satz 2 BtMG zu bewerten ist. Diese Verfügungsgewalt besteht nicht nur dann, wenn der Täter das Rauschgift in Händen hält, sondern auch dann, wenn er es ohne Schwierigkeiten erhalten kann, was jeweils aufgrund der Umstände des Einzelfalles im Urteil festzustellen ist. Für eine Verurteilung wegen vorsätzlicher Einfuhr muss jedoch hinzukommen, dass dem Täter diese Verfügungsmöglichkeit bekannt war oder dass er sie zumindest billigend in Kauf genommen hat (BGH, Beschluss vom 25. Juli 2002 – 2 StR 259/02, BGHR BtMG § 29 Abs. 1 Nr. 1 Einfuhr 39 mwN). Dies hat das Landgericht indes nicht festzustellen vermocht.

[7] cc) Die Annahme, der Angeklagte habe sich – insoweit rechtsfehlerfrei -nicht nur wegen (vorsätzlicher) Beihilfe zum Handeltreiben mit Betäubungsmitteln in nicht geringer Menge schuldig gemacht, indem er die für den gewinnbringenden Verkauf in der Türkei vorgesehenen Betäubungsmittel für seinen Auftraggeber transportierte, sondern tateinheitlich dazu auch den Tatbestand der fahrlässigen Einfuhr von Betäubungsmitteln verwirklicht, erweist sich hingegen als rechtsfehlerhaft.

[8] Zwar soll in Fällen, in denen der Flugreisende bei einer Zwischenlandung in der Bundesrepublik Deutschland nicht um die Verfügungsmöglichkeit über das die Betäubungsmittel enthaltende Gepäckstück weiß oder diese nicht zumindest billigend in Kauf nimmt, eine Strafbarkeit wegen fahrlässiger Einfuhr von Betäubungsmitteln nach § 29 Abs. 4 BtMG in Betracht kommen (BGH aaO; MüKo-StGB/Kotz, 2. Aufl., § 29 BtMG Rn. 734; Körner/Patzak/Volkmer, BtMG, 7. Aufl., § 29 Teil 5 Rn. 163). Erfüllt der Täter aber durch dieselbe Handlung vorsätzlich den Tatbestand des Handeltreibens mit Betäubungsmitteln in nicht geringer Menge oder den der Beihilfe zu diesem Delikt, tritt die nur fahrlässig begangene Einfuhrtat dahinter zurück. Insoweit gilt:

[9] Treffen vorsätzliche und fahrlässige Begehungsweise bezüglich eines Tatobjekts zusammen, so ist die fahrlässige Begehung des Delikts nicht im Schuldspruch zum Ausdruck zu bringen, sie tritt vielmehr als subsidiär zurück (BGH, Urteil vom 30. März 1993 – 5 StR 720/92, BGHSt 39, 195, 199 mwN). Denn dieselbe Tathandlung kann bei Verletzung desselben Rechtsguts nicht gleichzeitig als vorsätzliche und fahrlässige angesehen werden (so schon RG, Urteil vom 27. Mai 1887 – Rep. 1157/87, RGSt 16, 129). Diese Grundsätze gelten auch, wenn Betäubungsmittel eingeführt werden oder damit Handel getrieben wird und der Vorsatz des Täters sich nur auf einen Teil der Gesamtmenge erstreckt; Idealkonkurrenz zwischen einem Vorsatz- und einem Fahrlässigkeitsdelikt entsteht in diesen Fällen nicht schon dadurch, dass der Täter die Folgen seines Verhaltens nur teilweise gewollt und teilweise lediglich fahrlässig herbeigeführt hat (BGH, Urteil vom 10. Februar 2011 – 4 StR 576/10, NJW 2011, 2067, 2068). So verhält es sich indes hier:

[10] Durch dieselbe Tathandlung, die Aufgabe des Koffers am Flughafen in der Dominikanischen Republik und die beabsichtigte Reise nach Izmir über Düsseldorf unterstützte der Angeklagte einerseits seinen Auftraggeber „Joe" vorsätzlich bei dessen Rauschgiftgeschäften und führte gleichzeitig – insofern lediglich fahrlässig handelnd – die Betäubungsmittel in die Bundesrepublik Deutschland ein. Dass die Einfuhr nicht von seinem Vorsatz umfasst war, vermag nach den oben genannten Grundsätzen die Annahme von Tateinheit nicht zu rechtfertigen. Zudem stellt sich die Einfuhr der Betäubungsmittel nach Deutschland hier auch lediglich als unselbständiger Teilakt des Handeltreibens dar, zu dem der Angeklagte Beihilfe leistete. Die Folge ist, dass sämtliche Tatbegehungsweisen vom Erwerb bis zum Absatz der jeweiligen Handelsmenge zu einer Bewertungseinheit zusammengefasst werden (Körner/Patzak/Volkmer, aaO, § 29 Teil 5 Rn. 265 mwN), mithin für eine tateinheitliche Verurteilung wegen fahrlässiger Einfuhr auch aus diesem Grund kein Raum ist. Ein Fall der – vorsätzlichen – Einfuhr von Betäubungsmitteln in nicht geringer Menge nach § 30 Abs. 1 Nr. 4 BtMG, der eine tateinheitliche Verurteilung wegen des Einfuhrdelikts gebietet (vgl. BGH, Urteil vom 24. Februar 1994 – 4 StR 708/93, BGHSt 40, 73), liegt – wie dargelegt – gerade nicht vor.

[11] dd) Andererseits stellt die vom Vorsatz des Angeklagten umfasste, geplante Einfuhr in die Türkei keine die Strafbarkeit nach § 30 Abs. 1 Nr. 4 BtMG begründende Handlung des Angeklagten dar: Einfuhr im Sinne von § 29 Abs. 1 Nr. 1, § 30 Abs. 1 Nr. 4 BtMG meint nur das Verbringen der Betäubungsmittel über die deutsche Grenze ins Inland. Das Weltrechtsprinzip gemäß § 6 Nr. 5 StGB gibt keinen Anlass, den Einfuhrbegriff erweiternd auszulegen (BGH, Beschluss vom 22. November 1999 – 5 StR 493/99, NStZ 2000, 150), so dass eine tateinheitliche Verurteilung wegen – gegebenenfalls versuchter – unerlaubter Einfuhr von Betäubungsmitteln in nicht geringer Menge auch unter diesem Gesichtspunkt nicht in Betracht kam.

Für die **Einordnung** der **Beteiligung** des **Kuriers** an dem Betäubungsmittelgeschäft ist der **konkrete Tatbeitrag insgesamt** und nicht allein der Transportvorgang entscheidend.[451] **418**

[8] a) Nach inzwischen gefestigter Rechtsprechung des Bundesgerichtshofs ist für eine zutreffende Einordnung der Beteiligung des Kuriers an einem Betäubungsmittelgeschäft der jeweils konkrete Tatbeitrag für das Umsatzgeschäft insgesamt und nicht allein für den Teilbereich des Transports zu bewerten. Eine Gehilfenstellung ist danach insbesondere dann anzunehmen, wenn die Tathandlung sich auf den Transport von Rauschgift zwischen selbstständig handelnden Lieferanten und Abnehmern oder innerhalb der Sphäre von Lieferanten oder Abnehmerorganisationen beschränkt und der Beteiligte nicht in der Lage ist, das Geschäft insgesamt maßgeblich mitzugestalten. Einer Tätigkeit, die sich im bloßen Transport von Rauschgift erschöpft, kommt daher eine täterschaftliche Gestaltungsmöglichkeit in der Regel nicht zu. Eine Bewertung der Transporttätigkeit als mittäterschaftliches Handeltreiben kommt dann in Betracht, wenn der Beteiligte erhebliche, über den reinen Transport hinausgehende Tätigkeiten entfaltet, etwa am An-

[451] BGH, Beschluss vom 09.09.2015 – 4 StR 347/15, Rn 8.

und Verkauf des Rauschgifts unmittelbar beteiligt ist oder sonst ein eigenes Interesse am weiteren Schicksal des Gesamtgeschäfts hat, weil er eine Beteiligung am Umsatz oder dem zu erzielenden Gewinn erhalten soll. Auch eine Einbindung in eine gleichberechtigt verabredete, arbeitsteilige Durchführung des Umsatzgeschäfts kann für die Annahme von Mittäterschaft sprechen, auch wenn die konkrete Tätigkeit in diesem Rahmen auf die Beförderung von Drogen, Kaufgeld oder Verkaufserlös beschränkt ist. Im Einzelfall kann insbesondere eine weiter gehende Einflussmöglichkeit des Kuriers auf Art und Menge der zu transportierenden Drogen sowie auf die Gestaltung des Transports für eine über das übliche Maß reiner Kuriertätigkeit hinausgehende Beteiligung am Gesamtgeschäft sprechen (vgl. Senatsbeschlüsse vom 25. Juni 2008 – 4 StR 230/08; vom 22. August 2012 – 4 StR 272/12, NStZ-RR 2012, 375; vom 12. August 2014 – 4 StR 174/14, NStZ 2015, 225, jeweils mwN).

[9] Im Fall II. 1 der Urteilsgründe beschränkte sich die Mitwirkung der Angeklagten an der Tatausführung nach den dazu bislang getroffenen Feststellungen letztlich auf die Anwesenheit beim Einbau des Rauschgifts in den von ihr zur Verfügung gestellten Pkw in Spanien und den eigenhändigen Transport der für einen nicht näher genannten Abnehmer in Finnland bestimmten Betäubungsmittel. Dass sie über den – allerdings beträchtlichen – Kurierlohn hinaus am Zustandekommen des Geschäfts, am Verkauf des Rauschgifts beteiligt oder sonst in der Lage war, das Geschäft insgesamt maßgeblich mitzugestalten, ist den Urteilsgründen nicht zu entnehmen. Dass sie den Pkw wegen eines Motorschadens während der Fahrt reparieren lassen und zu diesem Zweck das Rauschgift zunächst aus- und später wieder einbauen musste, belegt einen weiter gehenden, eine Täterschaft begründenden Handlungsspielraum der Angeklagten ebenso wenig wie die im Rahmen der Beweiswürdigung vom Landgericht nicht näher erläuterte Erwägung, ein als Zeuge vernommener Polizeibeamter habe detailreich vom Inhalt abgehörter Gespräche im Zuge der Vorbereitung und der Ausführung der Tat unter Beteiligung der Angeklagten berichtet; Gegenstand dieser Gespräche seien die zu transportierende Menge an Betäubungsmitteln sowie die Art und Weise des Einbaus in das Schmuggelfahrzeug gewesen.

[10] b) Im Fall II. 2 erlangte die Angeklagte von dem Rauschgiftgeschäft ihres Sohnes erst Kenntnis, als dieser das Haschisch bereits an seinen Abnehmer in Gewinnerzielungsabsicht weitergegeben hatte. Sodann erwirkte sie wegen dessen Zahlungsschwierigkeiten unter Ausnutzung ihrer Geschäftsbeziehungen zu den Lieferanten lediglich einen Zahlungsaufschub. Dieser Tathandlung, die der „Unterstützung ihres Sohnes" (UA 6 unten) diente, verleiht auch der Umstand kein zur Annahme von Täterschaft führendes Gewicht, dass ihr Handeln aus Eigeninteresse den Zweck hatte, ihre Beziehung zu den Lieferanten nicht zu gefährden.

[11] Da der Austausch von Ware und Entgelt im vorliegenden Fall noch nicht beendet war (vgl. dazu BGH, Urteil vom 17. Juli 1997 – 1 StR 230/97, NStZ-RR 1997, 359), belegen die Feststellungen im vorliegenden Fall aber eine Beihilfe der Angeklagten zu dem von ihrem Sohn durchgeführten Betäubungsmittelgeschäft. Denn der Begriff des Handeltreibens mit Betäubungsmitteln umfasst alle eigennützigen Bemühungen, die darauf gerichtet sind, den Umsatz mit Betäubungsmitteln zu ermöglichen oder zu fördern. Von diesem Begriff werden nicht nur die Beschaffung und die Lieferung von Betäubungsmitteln erfasst, sondern auch die erforderlichen Zahlungsvorgänge. Insbesondere für die Zahlung und Beitreibung

des Kaufpreises ist dies anerkannt (vgl. BGH, Urteil vom 17. Juli 1997 – 1 StR 791/96, BGHSt 43, 158, 161f.). Dazu hat die Angeklagte hier durch Vereinbarung eines Zahlungsaufschubs einen Beitrag geleistet.

c) Abgabe

Eine **Abgabe** von Betäubungsmitteln bedeutet jede Gewahrsamsübertragung an eine andere Person zur freien Verfügung. An der Gewahrsamsübertragung zur freien Verfügung **fehlt** es aber, **wenn** das Betäubungsmittel **zum sofortigen Verbrauch an Ort und Stelle hingegeben** wird. Eine solche Fallgestaltung wird von der weiteren Tatbestandsvariante der **Verbrauchsüberlassung** nach § 29a Abs. 1 Nr. 1, 3. Alt. BtMG erfasst.[452] **419**

Eine **teleologische Reduktion** des Straftatbestands gemäß **§ 30 Abs. 1 Nr. 3 BtMG** ist nach dem Prinzip der Eigenverantwortlichkeit **bei Überlassung** von Betäubungsmitteln **an Suizidenten** anzunehmen.[453] **420**

d) Bewertungseinheit oder selbstständige Taten

Nach **§ 52 Abs. 1 StGB** liegt materiell-rechtlich Tateinheit vor, wenn dieselbe Handlung mehrere Strafgesetze oder dasselbe Strafgesetz mehrfach verletzt. Hierbei ist eine **Handlung im natürlichen Sinne** oder einer solchen **im Rechtssinne** denkbar. Hierbei kann auch eine sogenannte **Bewertungseinheit** anzunehmen sein. Tatvorwürfe nach § 29a Abs. 1 Nr. 2 BtMG werden weder durch das sowohl dem **Transport des Kaufgeldes** für die erste als auch der **Übernahme der weiteren Betäubungsmittelmenge dienende Aufsuchen des Lieferanten** noch durch die **Bezahlung** der zuvor auf „Kommission" erhaltenen Betäubungsmittelmenge **bei Gelegenheit der Übernahme** einer **weiteren Betäubungsmittelmenge** zu einer einheitlichen Tat im materiell-rechtlichen Sinn.[454] **421**

[6] Der Senat ist in Übereinstimmung mit dem Landgericht der Ansicht, dass sechs in Tatmehrheit zueinander stehende Verbrechen des Handeltreibens mit Betäubungsmitteln in nicht geringer Menge nach § 29a Abs. 1 Nr. 2 BtMG gegeben sind. Sie werden weder durch das sowohl dem Transport des Kaufgeldes für die erste als auch der Übernahme der weiteren Betäubungsmittelmenge dienende Aufsuchen des Lieferanten (dazu nachstehend 1.) noch durch die Bezahlung der zuvor auf „Kommission" erhaltenen Betäubungsmittelmenge bei Gelegenheit der Übernahme einer weiteren Betäubungsmittelmenge (dazu nachstehend 2.) zu einer einheitlichen Tat im materiellrechtlichen Sinn verbunden.

[7] Nach § 52 Abs. 1 StGB liegt materiellrechtlich Tateinheit vor, wenn die selbe Handlung mehrere Strafgesetze oder dasselbe Strafgesetz mehrfach verletzt. Eine solche mehrfache Gesetzesverletzung durch eine Handlung ist zunächst bei einer Handlung im natürlichen Sinne gegeben, also dann, wenn sich ein Willensentschluss in einem Ausführungsakt erschöpft (LK/Rissing-van Saan, StGB, 12. Aufl.,

---

452 BGH, Beschluss vom 14.04.2015 – 5 StR 109/15, Rn. 3.
453 BGH, Urteil vom 11.03.2015 – 2 StR 423/14, Rn. 22.
454 BGH, Beschluss vom 03.09.2015 – 3 StR 236/15, Rn. 6ff.

vor § 52 Rn. 9, § 52 Rn. 6; jeweils mwN). Darüber hinaus kann auch dann von einer Tat im Rechtssinne auszugehen sein, wenn mehrere Handlungen im natürlichen Sinne zu einer Handlungseinheit zusammengefasst werden. Dies ist der Fall, wenn zwischen mehreren menschlichen, strafrechtlich erheblichen Verhaltensweisen ein solcher unmittelbarer Zusammenhang besteht, dass sich das gesamte Tätigwerden bei natürlicher Betrachtungsweise (objektiv) auch für einen Dritten als ein einheitlich zusammengefasstes Tun darstellt (st. Rspr.; vgl. etwa BGH, Urteil vom 29. März 2012 – 3 StR 422/11, StV 2013, 382, 383 mwN). Über eine enge tatbestandliche Handlungseinheit hinausgehend kann auch eine Mehrheit natürlicher Handlungen, die tatbestandlich zusammengefasst sind und sich als Verwirklichung eines einheitlichen Täterwillens darstellen, als sog. Bewertungseinheit eine Tat im Rechtssinne bilden (LK/Rissing-van Saan aaO, vor § 52 Rn. 40 mwN).

[8] Vorliegend kommt die Annahme von Tateinheit unter keinem der genannten Gesichtspunkte in Betracht. Im Einzelnen:

[9] 1. Aufeinanderfolgende Umsatzgeschäfte eines Betäubungsmittelhändlers werden nicht dadurch zu einer Tat des Handeltreibens mit Betäubungsmitteln, dass sich der Täter zu seinem Lieferanten begibt, um einerseits die vorangegangene Lieferung zu bezahlen und dabei zugleich eine neue, zuvor bestellte Lieferung abzuholen, also das Aufsuchen des Lieferanten gleichermaßen beiden Umsatzgeschäften dient.

[10] Die Besonderheiten des weiten Tatbegriffs beim Handeltreiben mit Betäubungsmitteln gebieten es bei angemessener Beachtung von Sinn und Zweck der Konkurrenzvorschriften, nicht bei jeder teilweisen Identität von auf unterschiedliche Betäubungsmittelmengen bezogenen Ausführungshandlungen von Tateinheit auszugehen (a). Die Annahme von Tateinheit ist zur sachgerechten Erfassung des verwirklichten Unrechts und der Schuld nicht unumgänglich, vielmehr kann sie den Wertungen und Zielsetzungen gesetzlicher Regelungen des materiellen Rechts und des Verfahrensrechts zum Vorteil, aber auch zum Nachteil des Täters zuwiderlaufen (b).

[11] a) In Fällen wie dem vorliegenden führt die teilweise Identität von Ausführungshandlungen beim Handeltreiben mit Betäubungsmitteln nicht zur Tatidentität. Dabei hält der Senat an dem nach der Rechtsprechung des Bundesgerichtshofs weit auszulegenden Begriff des Handeltreibens mit Betäubungsmitteln (vgl. BGH, Beschluss vom 26. Oktober 2005 – GSSt 1/05, BGHSt 50, 252, 258ff.) fest. Danach gilt:

[12] aa) Handeltreiben mit Betäubungsmitteln im Sinne des § 29 Abs. 1 Satz 1 Nr. 1 BtMG ist nach der ständigen Rechtsprechung des Bundesgerichtshofs jede eigennützige auf den Umsatz von Betäubungsmitteln gerichtete Tätigkeit (vgl. BGH, Beschluss vom 26. Oktober 2005 – GSSt 1/05, BGHSt 50, 252, 256 mwN), wobei verschiedene Betätigungen, die auf die Förderung ein und desselben Güterumsatzes abzielen, eine tatbestandliche Bewertungseinheit bilden (BGH, Beschluss vom 31. Juli 2013 – 4 StR 223/13, NStZ-RR 2014, 144, 145). Sie umfasst deshalb von der Anbahnung des Geschäfts bis zur finanziellen Abwicklung nach Art und Bedeutung höchst unterschiedliche, zudem zeitlich und örtlich vielfach weit auseinanderfallende Betätigungen, die in rechtlicher Bewertung allein durch das subjektive Element des Handlungszwecks, nämlich der auf Güterumsatz gerichteten Zielsetzung, zusammengehalten werden (BGH, Urteil vom 1. Oktober 1997 – 2 StR 520/96, BGHSt 43, 252, 256f.). Dem – auch aus kriminalpoliti-

schen Erwägungen weit auszulegenden – Begriff des Handeltreibens mit Betäubungsmitteln unterfallen sowohl Handlungen, die unmittelbar der Beschaffung und der Überlassung von Betäubungsmitteln an Abnehmer dienen, als auch dem eigentlichen Betäubungsmittelumsatz nachfolgende Zahlungsvorgänge, ohne dass danach differenziert wird, ob der Handelnde als Abnehmer oder als Lieferant tätig wird (vgl. etwa BGH, Urteile vom 17. Juli 1997 – 1 StR 791/96, BGHSt 43, 158, 162; vom 7. Februar 2008 – 5 StR 242/07, NStZ 2008, 465; Beschlüsse vom 27. Juni 2008 – 3 StR 212/08, BGHR BtMG § 29 Abs. 1 Nr. 1 Konkurrenzen 7; vom 5. August 2014 – 3 StR 340/14, juris Rn. 5). Das Aufsuchen des Lieferanten zum Zweck der Abholung von zuvor bestelltem Betäubungsmittel ist damit eine den Tatbestand des Handeltreibens erfüllende Tätigkeit (BGH, Urteil vom 20. August 1991 – 1 StR 273/91, NStZ 1992, 38, 39). Gleiches gilt für die Übermittlung des für eine erfolgte Betäubungsmittellieferung zu entrichtenden Kaufgelds (BGH, Urteil vom 11. Juli 1995 – 1 StR 189/95, StV 1995, 641).

[13] bb) Dieser weite Begriff des Handeltreibens bleibt nicht ohne Auswirkungen auf die Frage, unter welchen Bedingungen auf verschiedene Betäubungsmittelmengen bezogene Geschäfte im Rechtssinne in Tateinheit zueinander stehen, deren Ausführungshandlungen teilweise zusammenfallen, so dass eine Handlung im Sinne von § 52 Abs. 1 StGB vorliegt. Auszugehen ist von dem in der Rechtsprechung anerkannten Grundsatz, wonach Tateinheit dann anzunehmen ist, wenn mehrere Tatbestandsverwirklichungen dergestalt objektiv Zusammentreffen, dass die Ausführungshandlungen in einem für sämtliche Tatbestandsverwirklichungen notwendigen Teil zumindest teilweise identisch sind. Dagegen reichen ein einheitliches Motiv, die Gleichzeitigkeit von Geschehensabläufen, die Verfolgung eines Endzwecks, eine Mittel-Zweck- Verknüpfung oder eine Grund-Folge-Beziehung nicht aus, um eine Handlungs- und in deren Folge eine Tateinheit zu begründen (st. Rspr.; vgl. BGH, Beschluss vom 25. November 1997 – 5 StR 526/96, BGHSt 43, 317, 319; Urteil vom 16. Juli 2009 – 3 StR 148/09, NStZ 2011, 97; vgl. auch LK/Rissing-van Saan aaO, § 52 Rn. 20 mwN).

[14] Maßgeblich ist mithin die Identität der Ausführungshandlung in einem für beide Tatbestandsverwirklichungen in der konkreten Form notwendigen Teil; die konkrete, den einen Tatbestand erfüllende Handlung muss zugleich auch zu dem anderen Delikt einen tatbestandserheblichen Beitrag abgeben (BGH, Beschluss vom 11. November 1976 – 4 StR 266/76, BGHSt 27, 66, 67). Mit Blick auf die Weite des Begriffs des Handeltreibens mit Betäubungsmitteln und die daraus resultierende Vielgestaltigkeit denkbarer Tathandlungen kann die teilidentische Ausführungshandlung nur dann zu einer tateinheitlichen Verbindung zweier an sich unabhängiger, sich auf unterschiedliche Betäubungsmittelmengen beziehender Handelsgeschäfte führen, wenn sie für jedes dieser Geschäfte einen nicht unerheblichen eigenen Unrechts- und Schuldgehalt aufweist und dadurch deren Unwert und die jeweilige Schuld des Täters zumindest mitprägt. Dies liegt beim bloßen Aufsuchen des Lieferanten durch einen Drogenhändler nicht vor.

[15] (1) Ein eigener Unrechts- und Schuldgehalt kommt der Fahrt des Täters zu seinem Lieferanten kaum zu. Dies beruht auf der Besonderheit des weiten Begriffs des Handeltreibens mit Betäubungsmitteln. Einigt sich der Täter mit seinem Lieferanten auf den Ankauf von Drogen, die er seinerseits in Gewinnerzielungsabsicht weiterverkaufen will, so ist die Tat des Handeltreibens schon mit dieser Einigung vollendet. Die sich daran anschließende Fahrt zum Lieferanten ist für die Verwirklichung des Tatbestands ohne wesentliche selbstständige Bedeutung,

sondern nur eine von vielen nachfolgenden Tätigkeiten, die – zur Bewertungseinheit zusammengefasst – Teile ein und derselben Tat des Handeltreibens sind. Erst recht gilt dies für die Fahrt zum Zweck der Bezahlung eines Handelsgeschäfts, das hinsichtlich der Übergabe der Betäubungsmittel schon abgewickelt ist. In beiden Konstellationen liegt in der Fahrt lediglich ein untergeordneter Teilakt des verabredeten bzw. schon durchgeführten Geschäfts, das sein wesentliches Gepräge vielmehr durch die Verabredung hierzu und durch die Entgegennahme und Weitergabe des Rauschgifts erhält. Hierin liegt ein wesentlicher Unterschied zu Fallkonstellationen, in denen erst unter Zugrundelegung eines zugleich einer anderen Tatbestandsverwirklichung dienenden Teilaktes von einer vollständigen Tatbestandsverwirklichung auszugehen ist (so zum Beispiel die Gewaltanwendung im Rahmen des Raubes und die Körperverletzung, BGH, Urteil vom 18. März 1969 – 1 StR 544/68, BGHSt 22, 362, oder die Drohung bei der Vergewaltigung und die dadurch fahrlässig herbeigeführte Tötung, BGH, Urteil vom 21. September 1965 – 1 StR 269/65, BGHSt 20, 269). Die mindere Bedeutung der Fahrt des Täters zu seinem Lieferanten ändert zwar nichts daran, dass auch dadurch der Tatbestand des Handeltreibens mit Betäubungsmitteln erfüllt wird, sie hindert nach den oben genannten Maßgaben indes, dass zwischen zwei nur auf diese Weise „verbundenen“ Handelsgeschäften Tateinheit anzunehmen ist.

[16] (2) Die geringe Bedeutung, welche der Fahrt des Täters zum Lieferanten für das Unrecht des Handeltreibens mit Betäubungsmitteln zukommt, erhellt auch folgende – geringfügig abweichende – Sachverhaltsvariante: Hat der Täter noch kein Erwerbsgeschäft mit seinem Betäubungsmittellieferanten vereinbart, sondern fährt mit dem Gedanken, bei sich bietender Gelegenheit weitere Drogen zu kaufen, so stellt die Anfahrt zu dem Ort, an dem der Täter ggf. Betäubungsmittel für den gewinnbringenden Weiterverkauf erwerben will, nur eine straflose Vorbereitungshandlung des in Aussicht genommenen Betäubungsmittelhandels dar (vgl. BGH, Beschluss vom 14. Mai 1996 – 1 StR 245/96, NStZ 1996, 507, 508; Körner/Patzak/Volkmer, BtMG, 7. Aufl., § 29 Teil 4 Rn. 55). Ist danach die Fahrt keine Ausführungshandlung für ein neuerliches Drogengeschäft, so kann sie auch keine Verbindung von zwei Taten des Betäubungsmittelhandels bewirken.

[17] b) Zur sachgerechten Erfassung des verwirklichten Unrechts und der Schuld ist es nicht unumgänglich, die Mehrzahl von Handelsgeschäften zu einer einheitlichen Tat zusammenzufassen (vgl. zur Frage der Rechtfertigung der fortgesetzten Handlung BGH, Beschluss vom 3. Mai 1994 – GSSt 2 und 3/93, BGHSt 40, 138, 158 ff.). Mit dieser Zusammenfassung sind vielmehr eine Reihe von Vorteilen und Nachteilen für den Täter verbunden, die letztlich auch zur Aufgabe der Rechtsfigur der fortgesetzten Handlung geführt haben (vgl. BGH aaO S. 146 ff.).

[18] aa) Die Annahme nur einer Tat im Rechtssinn kann sich wegen der Rechtskraftwirkung als ein Hindernis für eine effektive, zu gerechter Ahndung führende Bekämpfung der Serienkriminalität erweisen, die bei Aburteilung einzelner Teile der Tatserie eintritt. Um zu vermeiden, dass die Verurteilung wegen des Weiterverkaufs einer geringen Menge den Verbrauch der Strafklage für ein größeres Gesamtgeschehen nach sich zieht, müsste der Tatrichter sorgfältig das gesamte Lebensumfeld des Angeklagten untersuchen. Eine derartige Ausdehnung der Kognitionspflicht wäre in der Praxis nicht zu leisten.

[19] bb) Anwendungsschwierigkeiten könnten auch bei der Sicherungsverwahrung entstehen, sofern es darauf ankommt, dass der Täter eine Mehrzahl von er-

heblichen Straftaten begangen hat (§ 66 Abs. 2 und Abs. 3 Satz 2 StGB). Da – wie der Fall zeigt – Einzeltaten zu einer Tat zusammengefasst werden würden, die für sich bereits mit erheblichen Einzelstrafen geahndet werden, würde eine Verknüpfung zu einer Tat den Angeklagten begünstigen.

[20] cc) Die bandenmäßige Begehung setzt nach der Rechtsprechung einen Zusammenschluss mit dem Willen voraus, mehrere selbstständige, noch unbestimmte Taten zu begehen (BGH, Beschluss vom 22. März 2001 – GSSt 1/00, BGHSt 46, 321). Die Verfolgung wäre erschwert, wenn sich der Tatrichter mit der (dann rechtlich erheblichen) Einlassung auseinandersetzen muss, die Tätergruppierung habe darauf geachtet, jeweils Fahrten sowohl zur Restzahlung für alte Lieferungen als auch zur Abholung neu bestellter Betäubungsmittel zu nutzen. Ähnliche Probleme könnten bei der Feststellung entstehen, ob der Täter gewerbsmäßig (§ 29 Abs. 3 Satz 2 Nr. 1 BtMG) gehandelt hat, da auch diese Begehungsweise die Absicht zur mehrfachen Tatbestandsverwirklichung verlangt.

[21] dd) Die Zusammenfassung mehrerer Handelsgeschäfte kann sich – im Bereich der kleineren Betäubungsmittelkriminalität – aber auch zum Nachteil des Täters auswirken, wenn die einzelnen Mengen zusammengefasst die Grenze zur nicht geringen Menge im Sinne von § 29 Abs. 1 Nr. 2 BtMG überschreiten und sich damit der Deliktscharakter vom Vergehen zum Verbrechen ändert (vgl. BGH, Beschluss vom 3. Mai 1994 – GSSt 2 und 3/93, BGHSt 40, 138, 151 zur entsprechenden Rechtslage bei der fortgesetzten Handlung). Gleiches gilt, wenn der Täter lediglich bei einem Handelsgeschäft, das keine nicht geringe Menge von Rauschgift zum Gegenstand hat, im Sinne von § 30a Abs. 2 Nr. 2 BtMG bewaffnet ist.

[22] 2. Die Entgegennahme weiterer Betäubungsmittel anlässlich der Bezahlung zuvor gelieferter Betäubungsmittel verbindet die beiden Handelsgeschäfte ebenfalls nicht zu einer Tat im Rechtssinn. Insofern gilt: Allein ein Handeln am selben Ort und zur selben Zeit begründet im Allgemeinen keine Tateinheit im Sinne einer natürlichen Handlungseinheit; erforderlich ist grundsätzlich vielmehr die (Teil-)Identität der objektiven Ausführungshandlungen (vgl. LK/Rissing-van Saan aaO, § 52 Rn. 20 mwN). Hierzu reichen, wie bereits dargelegt, ein einheitliches Motiv, die Gleichzeitigkeit von Geschehensabläufen, die Verfolgung eines Endzwecks, eine Mittel-Zweck-Verknüpfung oder eine Grund-Folge- Beziehung nicht aus (st. Rspr.; vgl. BGH, Beschluss vom 25. November 1997 – 5 StR 526/96, BGHSt 43, 317, 319; Urteil vom 16. Juli 2009 – 3 StR 148/09, NStZ 2011, 97).

[23] So liegt es hier: Die Bezahlung der Erstlieferung und die Entgegennahme der Zweitlieferung sind gesonderte Handlungen, die jeweils nur für die einzelne Lieferung das Tatbestandsmerkmal des Handeltreibens mit Betäubungsmitteln erfüllen (vgl. für die Bestellung neuer Betäubungsmittel aus Anlass der Bezahlung einer früheren Lieferung BGH, Urteil vom 16. Juli 2009 – 3 StR 148/09, NStZ 2011, 97; für die Abholung neuer Betäubungsmittel aus Anlass der Bezahlung einer früheren Lieferung BGH, Beschluss vom 15. Februar 2011 – 3 StR 3/11, juris). Darin unterscheidet sich der Sachverhalt von Konstellationen, in denen in der Rechtsprechung Tateinheit infolge eines Zusammenfallens von Zahlungsvorgängen für mehrere Betäubungsmittelkäufe angenommen worden ist (vgl. BGH, Beschlüsse vom 23. Juni 1993 – 2 StR 47/93, BGHR BtMG § 29 Abs. 1 Nr. 3 Konkurrenzen 5; vom 13. März 1996 – 2 StR 514/95, BGHR BtMG § 29 Strafzumessung 29; vom 17. Oktober 2007 – 2 StR 376/07, juris; vom 9. Januar

2008 – 2 StR 527/07, juris; zu den Bedenken hiergegen vgl. BGH, Beschlüsse vom 13. April 1999 – 4 StR 42/99, NStZ 1999, 411; vom 27. Juni 2008 – 3 StR 212/08, NStZ 2009, 392).

422 **Bewertungseinheit** erfasst alle Betätigungen, die sich auf den Vertrieb derselben, in einem Akt erworbenen Menge an Betäubungsmitteln richten.[455]

[47] Durch den Begriff der Bewertungseinheit werden alle Betätigungen, die sich auf den Vertrieb derselben, in einem Akt erworbenen Menge an Betäubungsmitteln richten, zu einer Tat des unerlaubten Handeltreibens verbunden, weil der Erwerb und der Besitz von Betäubungsmitteln, die zum Zwecke gewinnbringender Weiterveräußerung bereitgehalten werden, bereits den Tatbestand des Handeltreibens in Bezug auf die Gesamtmenge erfüllen. Zu dieser Tat gehören als unselbständige Teilakte im Sinne einer Bewertungseinheit alle späteren Veräußerungsgeschäfte, soweit sie dasselbe Rauschgift betreffen (st. Rspr.; vgl. Patzak, aaO, § 29, Teil 4, Rn. 409 mwN).

[48] Dabei setzt die Annahme einer Bewertungseinheit konkrete Anhaltspunkte dafür voraus, dass bestimmte Einzelverkäufe aus einer einheitlich erworbenen Gesamtmenge herrühren (st. Rspr.; vgl. z. B. BGH, Beschluss vom 23. Mai 2012 – 5 StR 12/12, NStZ 2012, 517 mwN; vgl. Patzak, aaO, § 29, Teil 4, Rn. 412 mwN).

[49] Die bloße Möglichkeit, dass Einzelmengen einer Gesamtmenge entnommen sein können, genügt dabei nicht, wenn tatsächliche Anhaltspunkte für eine konkrete Zuordnung bestimmter Einzelverkäufe zu einer bestimmten erworbenen Gesamtmenge fehlen. Eine lediglich willkürliche Zusammenfassung ohne ausreichende Tatsachengrundlage kommt dabei nicht in Betracht, auch der Zweifelssatz gebietet in solchen Fällen nicht die Annahme einer einheitlichen Tat (st. Rspr.; vgl. z. B. BGH, Beschluss vom 23. Mai 2012 – 5 StR 12/12, NStZ 2012, 517 f. mwN; Patzak, aaO, § 29, Teil 4, Rn. 412 mwN).

[54] Der Zweifelssatz gebietet es nicht, festgestellte Einzelverkäufe zu einer Bewertungseinheit zusammenzufassen, nur weil eine nicht näher konkretisierte Möglichkeit besteht, dass diese ganz oder teilweise aus einer einheitlich erworbenen Menge stammen. Auch wenn die Möglichkeit besteht, dass jeweils eine gewisse – freilich kaum konkret quantifizierbare – Anzahl der abgeurteilten Verkaufs- bzw. Abgabemengen aus einheitlichen Vorräten stammen könnten, kann kein unverhältnismäßiger Aufwand verlangt werden, um eventuell eine Bewertungseinheit festzustellen (st. Rspr.; vgl. BGH, Urteil vom 10. Juni 1997 – 1 StR 146/97, NStZ-RR 1997, 344; Beschluss vom 29. Mai 2012 – 1 StR 178/12, NStZ-RR 2012, 280, 281; zusammenfassend Patzak, aaO, § 29, Teil 4, Rn. 412 mwN). (...)

423 Bestehen konkrete Anhaltspunkte dafür, dass **Einzelverkäufe** von Betäubungsmitteln **mehreren größeren Erwerbsmengen entstammen,** ist zu prüfen, ob **Bewertungseinheiten** vorliegen. Dazu hat der Tatrichter die Zahl und Frequenz der Erwerbsvorgänge sowie die Zuordnung der einzelnen Verkäufe zu ihnen an Hand der Tatumstände festzustellen. Kann er genaue Feststellungen nicht treffen, hat er

---

[455] BGH, Urteil vom 26.10.2015 – 1 StR 317/15, Rn. 47.

innerhalb des feststehenden Gesamtschuldumfangs die Zahl der Einkäufe und die Abverkäufe aus den einzelnen Erwerbsmengen zu schätzen.[456]

Handeltreiben mit Betäubungsmitteln kann mit zwei **tateinheitlichen Handlungsteilen** in der Art begangen werden, dass das **zunächst** auf **Kommissionsbasis** überlassene Betäubungsmittel später bei der eigentlichen Übergabe bezahlt wird. Die **Zahlungsvorgänge** sind insoweit **tatbestandlich** Handlungsteile des Handeltreibens.[457] 424

[2] 1. Nach den Feststellungen handelte der nicht revidierende Angeklagte K. mit Marihuana im Kilobereich, das er von seinem Lieferanten „M." auf Kommissionsbasis bezog.

[3] Ende August 2013 überbrachte der Angeklagte P. als Betäubungsmittelkurier im Auftrag des Lieferanten „M." dem Angeklagten K. 4 kg Marihuana und 27,1 g nicht zum Handel bestimmtes Kokain zu einem vereinbarten Kaufpreis von 28.150 Euro (Fall II.3 der Urteilsgründe).

[4] Am 17. Oktober 2013 lieferte der Angeklagte P. im Auftrag des „M." weitere 5.245 g Marihuana zu einem vereinbarten Kaufpreis von 36.700 Euro. Dabei übergab der Angeklagte K. dem Angeklagten P. 28.150 Euro Bargeld als Bezahlung für die vorangegangene Lieferung (Fall II.4 der Urteilsgründe).

[5] 2. Soweit das Landgericht den Angeklagten P. wegen zwei Fällen der Beihilfe zum Handeltreiben in nicht geringer Menge verurteilt hat, hält dies rechtlicher Nachprüfung nicht stand.

[6] Dadurch, dass der Angeklagte K. am 17. Oktober 2013 das ihm Ende August 2013 auf Kommissionsbasis überlassene Marihuana bei der Übergabe der erneuten Rauschgiftlieferung bezahlt hat, trafen beide Rauschgiftgeschäfte in einem Handlungsteil zusammen, da auch die Zahlungsvorgänge tatbestandlich Handlungsteile des Handelstreibens sind (vgl. BGH NStZ 2011, 97 m.w.N.). Zwischen beiden Betäubungsmittelgeschäften besteht deshalb Tateinheit mit der Folge, dass sich die Unterstützungshandlungen des Angeklagten P. auf eine einzige Haupttat des Lieferanten „M." bezogen und somit auch nur ein einheitliches Beihilfedelikt darstellen (BGH NStZ 2014, 465).

Auch die dem eigentlichen Betäubungsmittelumsatz **nachfolgende Zahlungsvorgänge unterfallen** dem weit auszulegenden Begriff des **Handeltreibens** mit Betäubungsmitteln. Das Rauschgiftgeschäft darf im Fall des Transports von Drogengeldern jedoch noch **nicht beendet** sein, der **Geldfluss** mithin **nicht „zur Ruhe gekommen"** sein.[458] 425

[19] b) Allerdings legen die vom Landgericht im Ausgangsverfahren getroffenen Feststellungen nahe, der Angeklagte sei nicht als (selbständiger) Zwischenhändler aufgetreten, sondern habe, im Lager des D. stehend, gemeinschaftlich mit diesem Betäubungsmittel in arbeitsteiligem Zusammenwirken an verschiedene Abnehmer gewinnbringend weiterverkauft. Die Annahme einer mittäterschaftlichen Teil-

---

456 BGH, Beschluss vom 28.04.2015 – 3 StR 61/15, Rn. 4.

457 BGH, Beschluss vom 09.12.2014 – 2 StR 381/14, Rn. 6; vgl. auch: BGH, Beschluss vom 14.01.2015 – 5 StR 522/14, Rn. 4.

458 Beschluss des Großer Senats für Strafsachen vom 17.03.2015 – GSSt 1/14, Rn. 21.

nahme des Angeklagten an den Taten des D. drängt sich deshalb auf, weil der Angeklagte das Rauschgift, ohne einen Kaufpreis zahlen zu müssen, sogar zuzüglich 1.500 € als Anzahlung auf seinen Anteil erhielt und den dann von ihm erzielten Kaufpreis vollständig an D. ablieferte. Dies spricht gegen die Annahme eines selbständig tätigen Zwischenhändlers und für eine Einbindung auf Seiten des D. Demgemäß hat die Strafkammer in dem Urteil vom 15. Januar 2013 ausdrücklich erörtert, dass der Angeklagte in allen Fällen als Täter zu bestrafen sei, da er alle Tatbestandsmerkmale eigenhändig verwirklicht und die alleinige Täterschaft sowohl bezüglich der Einfuhrfahrt als auch hinsichtlich des Abverkaufs gehabt habe, woran auch der Umstand, dass er in vorbestehende Handels- und Preisstrukturen eingestiegen sei und sein Anteil am Gewinn von vornherein festgestanden sei, nichts ändere.

[21] 3. Bei Annahme des zuletzt (II.2b) dargelegten Tatablaufs wäre von drei selbständigen Taten des Handeltreibens mit Betäubungsmitteln ohne Überschneidung in einem Teilbereich der Ausführungshandlungen auszugehen. Zwar unterfallen auch dem eigentlichen Betäubungsmittelumsatz nachfolgende Zahlungsvorgänge dem weit auszulegenden Begriff des Handeltreibens mit Betäubungsmitteln (st. Rspr.; vgl. nur BGH, Urteile vom 4. November 1982 – 4 StR 451/82, BGHSt 31, 145; und vom 7. Februar 2008 – 5 StR 242/07, NStZ 2008, 465). Im Fall des Transports von Drogengeldern, wie im vorliegenden Fall, setzt dies jedoch voraus, dass das zu Grunde liegende Rauschgiftgeschäft noch nicht beendet (BGH, Beschluss vom 5. November 1991 – 1 StR 361/91, NStZ 1992, 495), der Geldfluss noch nicht „zur Ruhe gekommen" ist (BGH, Urteil vom 17. Juli 1997 – 1 StR 791/96, BGHSt 43, 158). Da die Strafkammer zu einem organisierten Absatz- und Finanzsystem keine Feststellungen getroffen hat (zur Frage der Beendigung in solchen Fällen vgl. nur BGH, Urteil vom 17. Juli 1997 aaO), wäre im vorliegenden Fall die Tat des Handeltreibens jeweils mit dem Verkauf der letzten Teilmenge aus der jeweiligen Einfuhrfahrt und der Entgegennahme des Kaufgeldes durch den Angeklagten beendet. Die Überbringung des Erlöses vom Angeklagten an D. und die Auszahlung des Anteils an den Angeklagten wären dann lediglich als Ausgleich innerhalb der Gemeinschaft der Mittäter im Sinne einer Beuteteilung zu bewerten; der Zeitpunkt der Beendigung der jeweiligen Tat würde dadurch nicht hinausgeschoben (vgl. BGH, Beschluss vom 27. März 2012 – 2 StR 31/12, NStZ 2012, 383). Danach lägen drei selbständige Taten des Handeltreibens mit Betäubungsmitteln vor, deren Ausführungshandlungen sich nicht überschneiden. Die vorgelegte Rechtsfrage zur möglichen Verklammerung mehrerer Taten der Einfuhr von Betäubungsmitteln in nicht geringer Menge durch eine einheitliche Tat des Handeltreibens mit Betäubungsmitteln in nicht geringer Menge ist auf der Grundlage dieses Verständnisses der tatrichterlichen Feststellungen nicht entscheidungserheblich.

426 Der **Besitz verschiedener**, von vornherein **zu unterschiedlichem Handel bestimmter Betäubungsmittel, welche niemals zu** einem **Depot verbunden** waren, ist **nicht** bereits aufgrund zeitlicher Überschneidung dazu geeignet, eine **Bewertungseinheit** zu begründen.[459]

---

[459] BGH, Beschluss vom 14.01.2015 – 4 StR 440/14, Rn. 3.

[3] a) Zwar vermag der Besitz verschiedener von vornherein zu unterschiedlichem Handel bestimmter Betäubungsmittel, die niemals zu einem Depot verbunden worden sind, nicht bereits auf Grund zeitlicher Überschneidung eine Bewertungseinheit zu begründen (vgl. BGH, Beschluss vom 23. Oktober 1996 – 5 StR 505/96, BGHR BtMG § 29 Bewertungseinheit 9). Das Landgericht hat aber bei der Bewertung der Konkurrenzverhältnisse nicht bedacht, dass nach den Feststellungen der Angeklagte M., der beim Handeltreiben mit Betäubungsmitteln arbeitsteilig mit dem Angeklagten H. zusammenwirkte, am 26. September 2013 24 Druckverschlusstüten mit bereits vorbereiteten Portionen aus den (drei) vorherigen Einkaufsmengen an sich nahm, um sie zu Abnehmern zu bringen. Wegen der damit gegebenen Identität der tatbestandlichen Ausführungshandlungen beim Verkauf der Betäubungsmittel bestand somit zwischen den ersten drei Taten aus Juni, Juli und August 2013 richtigerweise Tateinheit (vgl. BGH, Beschluss vom 16. September 2014 – 3 StR 413/14 Rn. 2; Beschluss vom 18. Februar 2010 – 4 StR 633/09, StraFo 2010, 348; Beschluss vom 25. März 1998 – 1 StR 80/98).

Die **gewerbsmäßige Abgabe von Betäubungsmitteln an Minderjährige** nach **§** 30 **Abs. 1 Nr. 2 BtMG erfasst auch** das **Handeltreiben mit Betäubungsmitteln.** Der **Erwerb** der Rauschgiftmenge **und** deren **sukzessive Veräußerung** bilden eine **Bewertungseinheit.** Hierbei stellt auch eine Teilabgabe **eine Tat** im Rechtssinne dar.[460] **427**

[3] Nach den rechtsfehlerfrei getroffenen Feststellungen liegt in den Fällen 3 bis 9 eine gewerbsmäßige Abgabe von Betäubungsmitteln an Minderjährige vor (§ 30 Abs. 1 Nr. 2 BtMG). Diese erfasst auch das Handeltreiben mit Betäubungsmitteln (siehe Senat, Beschluss vom 31. Januar 2007 – 2 StR 605/06). Insoweit bilden der jeweilige Erwerb der Rauschgiftmenge und deren nachfolgende sukzessive Veräußerung auch dann eine Bewertungseinheit, wenn – wie hier – aus der Erwerbsmenge Rauschgift an Minderjährige abgegeben wird; mehrere solcher Abgaben sind dann Teil einer Tat im Rechtssinne (vgl. BGH, Urteil vom 24. Juli 1997 – 4 StR 222/97, juris Rn. 10; BGH, Urteil vom 17. August 2000 – 4 StR 233/00, juris Rn. 12; Senat, Beschluss vom 17. Juni 2003 – 2 StR 94/03, juris Rn. 7; BGH, Beschluss vom 6. August 2013 – 5 StR 255/13, juris Rn. 4, 7).

[4] Zum Verhältnis zwischen den einzelnen Taten der gewerbsmäßigen Abgabe von Betäubungsmitteln an Minderjährige zum Erwerb bzw. Besitz von sowie Handeltreiben mit Betäubungsmitteln hat der Generalbundesanwalt in seiner Zuschrift Folgendes ausgeführt:

> *Dazu in Tateinheit steht das Handeltreiben mit Betäubungsmitteln in nicht geringer Menge jedenfalls dann, wenn die zur Veräußerung bestimmte Erwerbsmenge nicht nur vorsätzlich an Minderjährige verkauft wird (vgl. dazu BGH, Urteil vom 24. Juli 1997 – 4 StR 222/97, juris Rn. 16; Senat, Beschluss vom 17. Juni 2003 – 2 StR 94/03, juris Rn. 7; BGH, Beschluss vom 8. Mai 2003 – 3 StR 123/03, juris Rn. 5; BGH, Beschluss vom 27. Juli 2010 – 4 StR 165/10, juris Rn. 4; BGH, Beschluss vom 5. Oktober 2010 – 3 StR 353/10, juris Rn. 5 f.). Entsprechendes gilt für das Handeltreiben mit Betäubungsmit-*

---

460 BGH, Beschluss vom 08.01.2015 – 2 StR 252/14.

teln (in nicht geringer Menge), soweit dieses nicht durch den Besitz von Betäubungsmitteln in nicht geringer Menge verdrängt wird.

Beim Erwerb von Betäubungsmitteln sowohl zum Zweck der Veräußerung als auch zum Zweck des Eigenverbrauchs hängt die rechtliche Bewertung davon ab, welchen Wirkstoffgehalt die jeweiligen Teilmengen haben (vgl. dazu MK/Rahlf, 2. Aufl., § 29a Rn. 104f. m.N.). Wenn nicht nur die Verkaufsmenge und die Eigenverbrauchsmenge jeweils gering sind, sondern auch die Gesamtmenge, liegt Handeltreiben in Tateinheit mit Erwerb vor. Sind die Verkaufsmenge und die Eigenverbrauchsmenge jeweils gering, die Gesamtmenge jedoch nicht gering, liegt Besitz in nicht geringer Menge in Tateinheit mit Handeltreiben vor (vgl. BGH, Urteil vom 12. März 2002 – 3 StR 404/01, juris Rn. 3). Wenn die Verkaufsmenge nicht gering, die Eigenverbrauchsmenge jedoch gering ist, liegt Handeltreiben in nicht geringer Menge in Tateinheit mit Erwerb vor. Sind sowohl die Verkaufsmenge als auch die Eigenverbrauchsmenge jeweils nicht gering, liegt Handeltreiben in nicht geringer Menge in Tateinheit mit Besitz einer nicht geringen Menge vor (vgl. BGH, Beschluss vom 21. April 2005 – 3 StR 112/05, juris Rn. 4).

[5] Diesen Ausführungen schließt sich der Senat an und korrigiert den Schuldspruch entsprechend.

428 Bei **gleichzeitigem Besitz verschiedener Betäubungsmittel** wird der **Tatbestand** des unerlaubten Besitzes **nur einmal erfüllt.**[461] Sofern **zugleich Beihilfe zum unerlaubten Handeltreiben mit Betäubungsmitteln in nicht geringer Menge** vorliegt, wird **Klammerwirkung** mit der Folge von Tateinheit entfaltet.[462]

[10] Der gleichzeitige Besitz verschiedener Betäubungsmittel erfüllt den Tatbestand des unerlaubten Besitzes von Betäubungsmitteln nur einmal. Leistet der Angeklagte bezüglich dieser Betäubungsmittel zugleich Beihilfe zum unerlaubten Handeltreiben mit Betäubungsmitteln in nicht geringer Menge, behält der unerlaubte Besitz von Betäubungsmitteln in nicht geringer Menge seinen Unrechtsgehalt und verklammert die an sich selbständigen Beihilfetaten zur Tateinheit (BGH, Beschluss vom 16. Juli 2013 – 4 StR 144/13, NStZ 2014, 163). Die Klammerwirkung entfällt nicht dadurch, dass – wie hier im Fall 3 – ein täterschaftliches Handeltreiben mit Betäubungsmitteln in nicht geringer Menge hinzutritt. Der Umstand, dass das täterschaftliche Handeltreiben mit Betäubungsmitteln in nicht geringer Menge trotz gleicher Strafdrohung im Grundsatz einen höheren Unrechtsgehalt aufweist als der täterschaftliche Besitz und die Beihilfe zum unerlaubten Handeltreiben mit Betäubungsmitteln in nicht geringer Menge (vgl. BGH, Beschluss vom 17. Mai 1996 – 3 StR 631/95, BGHSt 42, 162, 164), führt zu keiner abweichenden rechtlichen Bewertung. Wiegt – wie hier – nur eines der betroffenen anderen Delikte schwerer als dasjenige, das die Verbindung begründet, bleibt die Klammerwirkung einer Dauerstraftat bestehen (vgl. Senatsbeschluss vom 4. April 2012 – 2 StR 70/12, NStZ 2013, 158; Fischer, StGB, 62. Aufl., Vor § 52 Rn. 30).

---

[461] Siehe auch: BGH, Beschluss vom 25.02.2015 – 4 StR 516/14, Rn. 5 und BGH, Beschluss vom 03.12.2015 – 4 StR 430/15, Rn. 6.

[462] BGH, Beschluss vom 04.02.2015 – 2 StR 266/14, Rn. 10.

Dient der **Besitz** an den Betäubungsmitteln dem **Zweck** der **gewinnbringenden Weiterveräußerung, tritt** die **Strafbarkeit wegen Besitzes hinter** das **unerlaubte Handeltreiben mit Betäubungsmitteln zurück. Besitzt** der Täter Betäubungsmittel **teils** zum **Eigenkonsum** und **teils** zu **Handelszwecken, geht lediglich** der **Besitz an** der **zum Handel bestimmten Betäubungsmittelmenge im Handeltreiben mit Betäubungsmitteln auf,** während es für die **Eigenbedarfsmenge** bei der **Strafbarkeit wegen unerlaubten Besitzes von Betäubungsmitteln** verbleibt. Zwischen dem Handeltreiben mit Betäubungsmitteln und dem gleichzeitigen Besitz der davon nicht betroffenen Betäubungsmittelmenge besteht **Tateinheit.**[463] **429**

Überschneiden sich verschiedene Rauschgiftgeschäfte in einem **Handlungsteil,** so findet eine Verbindung zur **Tateinheit** statt. Dies ist aber nur der Fall, wenn **tatbestandliche Handlungen tatsächlich zusammentreffen,** nicht wenn alleine die Absicht besteht, künftig Ausführungshandlungen vorzunehmen, die beide Geschäfte gemeinsam betreffen.[464] **430**

[2] Nach den Feststellungen des Landgerichts betätigte sich der gesondert verfolgte A. als Heroinhändler im Raum F. und O. Er wandte sich im Jahr 2006 oder 2007 mit der Bitte um Herstellung eines Kontakts mit Heroinlieferanten im Kosovo an den Angeklagten, der sich dort aufhielt und über entsprechende Kontakte verfügte. Zusammen mit A. organisierte der Angeklagte, der am Gewinn des Drogenverkaufs beteiligt werden sollte, ab dem 21. Juli 2007 telefonisch eine Lieferung von rund zwei Kilogramm Heroingemisch aus dem Kosovo nach B. und von dort nach F. Der bei dem Transport eingesetzte Kurier P. fühlte sich – zutreffend – observiert und warf das Heroin am Autobahnkreuz F.-W. aus dem Auto, so dass es von der Polizei sichergestellt werden konnte.

[3] Die unbekannt gebliebenen Heroinlieferanten machten den Angeklagten und A. für den Verlust dieses Heroins verantwortlich und setzten sie unter Druck. Der Angeklagte organisierte daher vom Kosovo aus eine weitere Lieferung von rund zehn Kilogramm Heroingemisch, um mit dem Anteil am Verkaufserlös dieser Lieferung auch die erste Lieferung zu bezahlen. Das Heroin wurde am 8. August 2007 in F. an A. übergeben, der es in einer Mietwohnung deponierte. Dort wurde es von der Polizei sichergestellt.

[4] Das Landgericht hat das Organisieren der beiden Heroinlieferungen durch den Angeklagten als zwei Taten des unerlaubten Handeltreibens mit Betäubungsmitteln in nicht geringer Menge bewertet.

[6] 1. Der Schuldspruch ist rechtlich nicht zu beanstanden. Das gilt auch, soweit das Landgericht von zwei im Sinne von § 53 Abs. 1 StGB rechtlich selbständigen Handlungen gemäß § 29a Abs. 1 Nr. 2 BtMG ausgegangen ist. Die Handlungen sind nicht deshalb zur Tateinheit verbunden, weil der Anteil des Angeklagten und des gesondert verfolgten A. am Verkaufserlös aus der zweiten Heroinlieferung – aus der Sicht des Angeklagten – auch dazu dienen sollte, die erste Lieferung zu bezahlen.

[7] Nach der Rechtsprechung des Bundesgerichtshofs ist Handeltreiben im Sinne des § 29 Abs. 1 Satz 1 Nr. 1 oder § 29a Abs. 1 Nr. 2 BtMG jede eigennützige auf

---

463 BGH, Beschluss vom 25.02.2015 – 4 StR 516/14, Rn. 5, so auch: BGH, Beschluss vom 03.12.2015 – 4 StR 430/15, Rn. 6.

464 BGH, Beschluss vom 11.02.2015 – 2 StR 349/14, Rn. 7.

den Umsatz von Betäubungsmitteln gerichtete Tätigkeit (vgl. BGH, Beschluss vom 26. Oktober 2005 – GSSt 1/05, BGHSt 50, 252, 256). Überschneiden sich verschiedene Rauschgiftgeschäfte in einem Handlungsteil, so findet eine Verbindung zur Tateinheit statt (vgl. BGH, Beschluss vom 31. Juli 2013 – 4 StR 253/13 m.w.N.). Dies ist aber nur der Fall, wenn tatbestandliche Handlungen tatsächlich zusammentreffen, nicht wenn alleine die Absicht besteht, künftig Ausführungshandlungen vorzunehmen, die beide Geschäfte gemeinsam betreffen (vgl. Senat, Beschluss vom 23. Mai 2007 – 2 StR 569/06, NStZ 2008, 42, 43 m.w.N.). So liegt es hier.

[8] Der Kaufpreis für die erste Heroinlieferung sollte zwar nach der Vorstellung des Angeklagten zusammen mit demjenigen für den Verkauf der zweiten Drogenmenge an die Lieferanten bezahlt werden. Dazu ist es aber wegen der Sicherstellung des Rauschgifts nicht gekommen.

[9] Das Landgericht hat auch keine konkreten Vereinbarungen des Angeklagten mit den Heroinlieferanten festgestellt, die beide Drogengeschäfte zugleich betroffen hätten. Darin unterscheidet sich der vorliegende Fall von demjenigen, den der Senat durch Beschluss vom 23. Juni 1993 – 2 StR 47/93 (BGHR BtMG § 29 Abs. 1 Nr. 3 Konkurrenzen 5) entschieden hat.

431 **Besitzt** der Angeklagte Betäubungsmittel **teils** zum gewinnbringenden **Weiterverkauf** sowie **teils** zum **Eigenkonsum und steht nicht fest**, dass die zum **Eigenverbrauch** bestimmte Betäubungsmittelmenge den **Grenzwert zur nicht geringen Menge überschreitet**, so liegt **tateinheitlicher Erwerb** von Betäubungsmitteln vor.[465]

432 Der Tatbestand des **§ 30 Abs. 1 Nr. 3 BtMG** wird nicht vom **Totschlagstatbestand** verdrängt, vielmehr liegt **Tateinheit** vor.[466]

e) Abgrenzung Täterschaft und Teilnahme

433 Die **Abgrenzung** von **Täterschaft und Teilnahme** richtet sich auch im Betäubungsmittelstrafrecht nach den Grundsätzen des allgemeinen Strafrechts. Bei der Beteiligung am **Handeltreiben** innerhalb des **Umsatzgeschäftes** ist auf die **Bedeutung** der Beteiligungshandlung im Zusammenhang mit dem **Gesamtgeschäft** abzustellen.[467] Bei bloßen **Transporttätigkeiten** sind für eine Täterschaft **darüber hinausgehende Tätigkeiten** erforderlich.[468]

[4] Für die Abgrenzung von Täterschaft und Teilnahme gelten auch im Betäubungsmittelrecht die Grundsätze des allgemeinen Strafrechts. Beschränkt sich die Beteiligung des Täters am Handeltreiben mit Betäubungsmitteln auf einen Teilakt des Umsatzgeschäfts, kommt es nach der Rechtsprechung des Bundesgerichtshofs maßgeblich darauf an, welche Bedeutung der konkreten Beteiligungshandlung im Rahmen des Gesamtgeschäfts zukommt (BGH, Urteil vom 28. Februar 2007 – 2 StR 516/06, BGHSt 51, 219, 221 ff.; Beschluss vom 7. August 2007 – 3 StR

---

465 BGH, Beschluss vom 07.09.2015 – 2 StR 324/15, Rn. 4.
466 BGH, Urteil vom 11.03.2015 – 2 StR 423/14, Rn. 21.
467 Vgl. auch: BGH, Beschluss vom 03.11.2015 – 4 StR 407/15, Rn. 5.
468 BGH, Beschluss vom 01.10.2015 – 3 StR 287/15, Rn. 4.

326/07, NStZ 2008, 40; Urteil vom 5. Mai 2011 – 3 StR 445/10, StV 2012, 287, 288; Beschluss vom 22. August 2012 – 4 StR 272/12, NStZ-RR 2012, 375). Erschöpft sich die Tätigkeit im bloßen Transport von Betäubungsmitteln, besteht in der Regel auch dann keine täterschaftliche Gestaltungsmöglichkeit, wenn Handlungsspielräume hinsichtlich der Art und Weise des Transports verbleiben, sodass von einer Beihilfe auszugehen ist. Anderes kann nur gelten, wenn der Beteiligte erhebliche, über den reinen Transport hinausgehende Tätigkeiten entfaltet, am An- und Verkauf des Rauschgifts unmittelbar beteiligt ist oder sonst ein eigenes Interesse am weiteren Schicksal des Gesamtgeschäfts hat, weil er eine Beteiligung am Umsatz oder dem zu erzielenden Gewinn erhalten soll.

Sofern eine **Einfuhr von Betäubungsmitteln** mit **Grenzübertritt abgeschlossen** ist und der **Gehilfe erst hiernach Beihilfe** leistet, kommt allein eine **Beihilfe zum Handeltreiben** in Betracht.[469] 434

[6] Die von der Strafkammer getroffenen Feststellungen belegen nicht die Strafbarkeit des Angeklagten J. wegen tateinheitlich mit Beihilfe zum Handeltreiben begangener Beihilfe zur Einfuhr.

[7] Nach den Feststellungen wurde der Angeklagte J. erst von dem Mitangeklagten H. über die Drogenlieferung informiert, als sich der Lkw mit den Betäubungsmitteln bereits auf der Transportfahrt befand. Die Zusage des Angeklagten J. an H., die Überwachung der Drogenübergabe an den Angeklagten P. im Raum Ka. zu unterstützen, war nicht geeignet, die Einfuhr der Betäubungsmittel zu fördern. Der Entschluss der Lieferanten zur Verbringung der Drogen nach Deutschland konnte dadurch nicht mehr beeinflusst werden, zumal offen bleibt, ob die Lieferanten über die Einschaltung des Angeklagten J. informiert waren. Die Anmietung eines Fahrzeugs durch den Angeklagten J. am 20. November 2012, um „die Mobilität der Angeklagten […] bei der Durchführung des von ihnen beabsichtigten Rauschgifthandels" zu erhöhen, war ebenfalls keine Beihilfe zur Einfuhr von Betäubungsmitteln. Aufgrund der polizeilichen Überwachung des Betäubungsmitteltransports, der am 19. November 2012 stattfand, war die Einfuhr nicht erst mit dem Ende der Transportfahrt beim polizeilichen Zugriff beendet (vgl. BGH, Urteil vom 24. Oktober 1989 – 5 StR 314/89, NJW 1990, 654f.), sondern mit dem Abschluss des Grenzübertritts. Der Tatbeitrag des Angeklagten J. erfolgte erst nach Beendigung der Einfuhr, weshalb eine Beihilfe dazu nicht mehr möglich war.

Die Annahme eines unerlaubten **Handeltreibens mit Betäubungsmitteln in Mittäterschaft** in **Abgrenzung** zur isolierten **selbstständigen Tätigkeit** als Lieferant und Abnehmer setzt unter anderem die Abwägung zu Fragen der unmittelbaren Beteiligung an dem mit den Weiterverkauf verbundenen Risiko, zu Absprachen hinsichtlich der Abwicklung des Weiterverkaufs und zu den Verkaufspreisen voraus.[470] 435

---

469 BGH, Beschluss vom 06.05.2015 – 2 StR 359/14, Rn. 6f.

470 BGH, Beschluss vom 14.01.2015 – 5 StR 522/14, Rn. 4.

[4] 2. Der Schuldspruch zu den Taten 3 und 4 der Urteilsgründe hält sachlichrechtlicher Prüfung nicht stand. Der Generalbundesanwalt hat hierzu in seiner Antragsschrift ausgeführt:

„(...)

Ein unerlaubtes Handeltreiben mit Betäubungsmitteln in Mittäterschaft mit der gesondert Verfolgten N. im Sinne einer den Ankauf der Betäubungsmittel und deren Absatz über die gesondert Verfolgte umfassenden gemeinschaftlichen Geschäftstätigkeit, das die konkurrenzrechtliche Bewertung durch das Landgericht rechtfertigen würde, findet in den Urteilsfeststellungen keine Grundlage. Diese lassen weder eine unmittelbare Beteiligung des Angeklagten an dem mit dem Weiterverkauf verbundenen Risiko der an die gesondert Verfolgte N. überlassenen Betäubungsmittel noch Absprachen zu der Abwicklung des Weiterverkaufs und den Verkaufspreisen erkennen. Die Einigung zwischen dem Angeklagten und der gesondert Verfolgten N. ging dahin, dass er ihr Heroin für den gewinnbringenden Weiterverkauf besorgen würde (vgl. UA S. 8, auch UA S. 11 'für sie zu besorgen'). Dabei verfolgte er eigene Interessen; er wollte sich durch diese Geschäfte eine regelmäßige und dauerhafte Einnahmequelle verschaffen. Die gesondert Verfolgte N. bezahlte dem Angeklagten für das ihr verkaufte Heroin ein weit über dem Einkaufspreis liegendes Entgelt. Sie wurde für ihre im Fall 3 geleisteten Chauffeurdienste gesondert entlohnt. Der Angeklagte trat danach als Lieferant auf und die gesondert Verfolgte N. stand ihm auf Abnehmerseite selbständig gegenüber (vgl. zur Abgrenzung Senat, NStZ 2013, 49; Patzak, aaO, § 29 Teil 4 Rn. 253 ff.).“

[5] Dem folgt der Senat.

436 Für die Annahme einer **mittäterschaftlich** begangenen unerlaubten Einfuhr von Betäubungsmitteln ist es nicht erforderlich, dass der Täter der Einfuhr die Betäubungsmittel eigenhändig ins Inland verbringt, vielmehr kann auch derjenige, der die Betäubungsmittel nicht selbst nach Deutschland transportiert, (Mit-)Täter der Einfuhr des unmittelbar handelnden Täters sein. Voraussetzung ist aber, dass er dabei einen **Tatbeitrag** erbringt, der sich **bei wertender Betrachtung** nicht bloß als Förderung fremden Tuns, sondern als Teil der zur Tatbestandsverwirklichung **führenden Tätigkeit** aller Mitwirkenden darstellt, und die Tathandlungen der anderen als Ergänzung seines eigenen Tatanteils erscheinen lässt. Wesentliche **Anhaltspunkte** für die Täterschaft sind dabei der **Grad seines Tatinteresses**, der **Umfang** der Tatbeteiligung, die **Tatherrschaft** und der Wille dazu, die in eine wertende Gesamtbetrachtung einzubeziehen sind. Entscheidender **Bezugspunkt** bei allen diesen Merkmalen ist der **Einfuhrvorgang** selbst.[471]

437 Demgegenüber setzt die **Anstiftung** zur unerlaubten Einfuhr von Betäubungsmitteln voraus, dass ein anderen durch Einwirkung auf dessen Entschlussbildung dazu veranlasst wird, Betäubungsmittel in das Bundesgebiet zu verbringen. Die Willensbeeinflussung muss dabei nicht die alleinige Ursache für das Verhalten des anderen sein. Bloße **Mitursächlichkeit** reicht aus.[472]

---

[471] BGH, Beschluss vom 02.06.2015 – 4 StR 144/15, Rn. 4 f.; vgl. auch: BGH, Beschluss vom 03.11.2015 – 4 StR 407/15, Rn. 5.

[472] BGH, Beschluss vom 02.06.2015 – 4 StR 144/15, Rn. 7 f.

Mittäter eines Handeltreibens mit Betäubungsmitteln im Sinne von § 25 Abs. 2 StGB kann auch sein, wer aus Verkäufen selbst Betäubungsmittel, gelegentlich aber auch Telefonkarten, Tabak und Zigaretten oder kleinere Geldbeträge erlangt. Insoweit liegt Gewinnstreben vor, was zur Zurechnung der Tatbegehung als Mittäter des Handeltreibens mit Betäubungsmitteln genügt.[473] **438**

Soweit nach den Urteilsfeststellungen der Angeklagte mit zwei weiteren Beteiligten übereingekommen war, dass er als „Läufer" Heroinportionen an Konsumenten verkaufen sollte, kann eine **Bande** vorliegen. In dieser Konstellation ist erforderlich, dass der Angeklagte die Strukturen des örtlichen Drogenhandels kannte und aus seiner Mitwirkung beim laufenden Drogenverkauf an Konsumenten einen eigenen Vorteil erlangen wollte. Das genügt für die Annahme der Bandenmäßigkeit der Tatbegehung, auch wenn der Angeklagte innerhalb der Gruppierung eine untergeordnete Rolle spielte.[474] **439**

f) Gewerbsmäßiges Handeltreiben

Gewerbsmäßig i. S. v. **§ 29 Abs. 3 Satz 2 BtMG** handelt ein Täter, wenn er sich durch wiederholte Tatbegehung eine fortlaufende Einnahmequelle von einiger Dauer und einigem Umfang verschaffen will.[475] **440**

[40] Gewerbsmäßig handelt ein Täter, wenn er sich durch wiederholte Tatbegehung eine fortlaufende Einnahmequelle von einiger Dauer und einigem Umfang verschaffen will (st. Rspr.; vgl. Patzak in Körner/Patzak/Volkmer, BtMG, 7. Aufl., § 29, Teil 26, Rn. 12).

[41] Auch ein Kleindealer, der sich mit dem Verkauf kleiner Konsummengen Mittel zur Befriedigung seiner Sucht beschafft, kann gewerbsmäßig handeln (st. Rspr.; vgl. Patzak aaO § 29, Teil 26, Rn. 15, 17).

[42] Zwar kann die Gewerbsmäßigkeit, die sich auch auf die Erzielung bloßer Nebeneinnahmen beziehen kann, dann einer eingehenden Begründung bedürfen, wenn in Anbetracht der Abgabemengen und der Tatfrequenz nur von einem geringen Gewinn auszugehen ist (vgl. BGH, Beschlüsse vom 9. Mai 2012 – 4 StR 67/12, NStZ-RR 2012, 279 f. und vom 20. März 2008 – 4 StR 63/08, NStZ-RR 2008, 212). (…)

Gewerbsmäßig nach **§ 30 Abs. 1 Nr. 2 BtMG** handelt ein Täter dann, wenn er sich eine fortlaufende Einnahmequelle durch wiederholte Vornahme gerade solcher Handlungen verschaffen will, die den Tatbestand des § 29a Abs. 1 Nr. 1 BtMG erfüllen. Dabei ist nicht erforderlich, dass der Täter die erstrebten Einnahmen ausschließlich aus Rauschgiftgeschäften mit Minderjährigen erzielen will, sondern es reicht aus, dass er sich fortlaufende Einnahmen auch aus derartigen Geschäften verschaffen will.[476] **441**

---

[473] BGH, Urteil vom 08.07.2015 – 2 StR 139/15, Rn. 5.
[474] BGH, Urteil vom 08.07.2015 – 2 StR 139/15, Rn. 6.
[475] BGH, Urteil vom 26.10.2015 – 1 StR 317/15, Rn. 40.
[476] BGH, Urteil vom 26.10.2015 – 1 StR 317/15, Rn. 44.

442 Unerlaubtes (gewerbsmäßiges) Handeltreiben mit Betäubungsmitteln nach **§ 29 Abs. 1 Nr. 1, Abs. 3 Nr. 1 BtMG** kann **nicht in Tateinheit mit** unerlaubter gewerbsmäßiger Abgabe von Betäubungsmitteln nach **§ 29a Abs. 1 Nr. 1, § 30 Abs. 1 Nr. 2 BtMG** verwirklicht werden. Der Grundtatbestand des Handeltreibens mit Betäubungsmitteln gemäß § 29 BtMG tritt insoweit einschließlich der in § 29 Abs. 3 BtMG enthaltenen Zumessungsregeln hinter einem der in §§ 29a, 30 und 30a BtMG aufgeführten Verbrechenstatbestand, hier also den des § 29a Abs. 1, § 30 BtMG, zurück. Die Erfüllung des Regelbeispiels der Gewerbsmäßigkeit im Sinne des § 29 Abs. 3 Satz 2 Nr. 1 BtMG behält aber für die Strafbemessung innerhalb des in dem Qualifikationstatbestand vorgesehenen Strafrahmens Bedeutung.[477]

g) Handeltreiben mit Waffen

443 Bewaffnetes Handeltreiben mit Betäubungsmitteln in nicht geringer Menge gemäß **§ 30a Abs. 2 Nr. 2 BtMG** setzt voraus, dass die Schusswaffe bzw. der sonstige Gegenstand **bewusst gebrauchsbereit** mitgeführt wird, so dass der Täter sich dessen **jederzeit bedienen kann.**[478] Hierbei ist eine Griffnähe oder ein zumindest derartiges Zurverfügungstehen erforderlich, dass der **Zugriff ohne nennenswerten Zeitaufwand** möglich ist. Letztlich müssen die **Waffe und** das **Betäubungsmittel** derart in Verwahrung gehalten werden, dass ein **gleichzeitiger Zugriff auf sie möglich wäre.** Im Falle mehrerer Einzelakte **genügt** die **Erfüllung** des **Qualifikationsmerkmals bei nur einem Einzelakt.**[479]

[2] 1. Die Annahme der Qualifikation des bewaffneten Handeltreibens mit Betäubungsmitteln in nicht geringer Menge (§ 30a Abs. 2 Nr. 2 BtMG) begegnet durchgreifenden rechtlichen Bedenken; dies führt zur Aufhebung des Urteils.

[3] a) Der in Strafhaft befindliche Angeklagte entschloss sich, seinen Lebensunterhalt nach der Entlassung (wiederum) durch Drogenhandel zu bestreiten. Um sich bei den künftigen Geschäften „abzusichern“, beschaffte er sich während eines Hafturlaubs einen Double-Action-Revolver sowie zugehörige Munition. Beides beließ er zunächst im Kellerraum seiner Wohnung; nach der Haftentlassung verwahrte er den geladenen Revolver sodann in einer Kiste im Schlafzimmerschrank, „wenn er ihn nicht bei sich trug“. Zu einem unbekannten Zeitpunkt erwarb er 210 Gramm eines Heroingemischs, Wirkstoffanteil 22,72 Gramm, das er gewinnbringend weiterveräußern wollte und nebst Streckmittel sowie Verpackungsmaterial in dem genannten Kellerraum bereithielt. Konkrete, über die Beschaffung und das Bereithalten hinausgehende Akte des Handeltreibens hat das Landgericht nicht feststellen können.

[4] b) Bewaffnetes Handeltreiben im Sinne von § 30a Abs. 2 Nr. 2 BtMG setzt voraus, dass der Täter die Schusswaffe (oder den sonstigen Gegenstand) bei der Tat mit sich führt, sie also bewusst gebrauchsbereit in der Weise bei sich hat, dass er sich ihrer jederzeit bedienen kann. Dies ist der Fall, wenn dem Täter die Waffe

---

477 BGH, Urteil vom 26.10.2015 – 1 StR 317/15, Rn. 58.

478 Vgl. hierzu auch: BGH, Beschluss vom 24.09.2015 – 2 StR 126/15, Rn. 8.

479 BGH, Beschluss vom 10.12.2014 – 3 StR 503/14, Rn. 4; vgl. auch BGH, Beschluss vom 10.02.2015 – 5 StR 594/14, Rn. 6.

in Griffnähe oder zumindest so zur Verfügung steht, dass ihm der Zugriff hierauf ohne nennenswerten Zeitaufwand möglich ist (vgl. nur BGH, Urteil vom 15. November 2007 – 4 StR 435/07, BGHSt 52, 89, 92f.). Setzt sich die Tat aus mehreren Einzelakten zusammen, so reicht es zur Tatbestandserfüllung aus, wenn der qualifizierende Umstand nur bei einem Einzelakt verwirklicht ist. Als solcher kommt zwar auch das Vorrätighalten des Betäubungsmittels in Betracht, denn dabei handelt es sich um einen Teilakt der eigennützigen, auf den Betäubungsmittelumsatz gerichteten Tätigkeit (BGH, Urteil vom 28. Februar 1997 – 2 StR 556/96, BGHSt 43, 8, 10f.). Jedoch erfordert § 30a Abs. 2 Nr. 2 BtMG für diesen Fall, dass der Täter zugleich Betäubungsmittel und Waffe in der Weise verfügungsbereit hält, dass er beim Umgang mit dem Betäubungsmittel jedenfalls ohne nennenswerten Zeitaufwand auf die Waffe zugreifen kann (BGH, aaO S. 13; Urteil vom 22. August 2012 – 2 StR 235/12, NStZ-RR 2013, 150, 151). Hierzu bedarf es allerdings nicht notwendig eines unmittelbaren Hantierens mit dem Betäubungsmittel unter Zugriffsmöglichkeit auf die Waffe; vielmehr genügt etwa, dass der Täter sowohl die Waffe als auch das Betäubungsmittel dergestalt in Verwahrung hält, dass ihm der gleichzeitige Zugriff hierauf möglich wäre (vgl. BGH, Urteil vom 22. August 2012 – 2 StR 235/12, NStZ-RR 2013, 150, 151).

Die Aburteilung nach § 30a **Abs. 2 Nr. 2 BtMG** setzt voraus, dass Feststellungen zur **Funktionsweise** der **Gaspistole,** zum **Ladezustand** und zur Frage des **Vorhandenseins von Munition** getroffen werden.[480] **444**

[2] Der Generalbundesanwalt hat seinen Antrag auf Aufhebung des Schuldspruchs zu den Taten Ziff. II. 2. der Urteilsgründe und des gesamten Strafausspruches wie folgt begründet:

> *„Ein durchgreifender Rechtsfehler liegt jedenfalls darin, dass die Strafkammer keine Feststellungen dazu getroffen hat, ob die Gaspistole geladen war oder zumindest geeignete Munition griffbereit oder in Reichweite so zur Verfügung stand, dass die Waffe unschwer und ohne erheblichen Zeitverlust geladen werden konnte (BGH StV 2003, 80; NStZ-RR 2004, 169; StV 2003, 80; Weber BtMG 4. Aufl. § 30a Rdn. 99; Körner/Patzak BtMG 7. Aufl. § 30a Rdn. 64, jew. mwN). Die Urteilsgründe weisen auch nicht auf, dass es sich bei der Gaspistole um einen sonstigen Gegenstand im Sinne des § 30a Abs. 2 Nr. 2 BtMG handelte. Der Rechtsfehler zwingt zur Aufhebung der Feststellungen über die Funktionsweise der Gaspistole, ihren Ladezustand sowie die Frage des Vorhandenseins von Munition im vorbezeichneten Sinne. Die übrigen Feststellungen zum Schuldspruch sind von dem Rechtsfehler nicht berührt und können daher bestehen bleiben.*
>
> *(...).“*

[3] Dem schließt sich der Senat an. Ergänzend bemerkt er:

[4] Dass den Urteilsausführungen nicht unmittelbar entnommen werden kann, ob bei der aufgefundenen Gaspistole der Explosionsdruck konstruktionsbedingt nach vorn austritt (vgl. BGH, Urteil vom 11. Mai 1999 – 4 StR 380/98, BGHSt 45, 92, 93; Beschluss vom 4. Februar 2003 – GSSt 2/02, BGHSt 48, 197; Beschluss vom 9. Februar 2010 – 3 StR 17/10, NStZ 2010, 390), hätte für sich der

[480] BGH, Urteil vom 11.11.2014 – 3 StR 451/14, Rn. 2.

Revision noch nicht zum Erfolg verholfen. Nach den Feststellungen befand sich in der Wohnung des Angeklagten, in der er Betäubungsmittel in nicht geringer Menge zum gewinnbringenden Weiterverkauf lagerte und portionierte, griffbereit eine Gaspistole der Marke Umarex/Beretta Px4 Storm. Aus dieser konkreten Typenbezeichnung ergibt sich die Bauweise der Pistole mit Mündung nach vorne; denn die Typenbezeichnung ermöglicht es dem Revisionsgericht, die Bauweise aus einer jedermann zugänglichen Quelle (Internet) im Sinne der Allgemeinkundigkeit zuverlässig festzustellen (vgl. BGH, Urteil vom 5. Mai 2011 – 3 StR 57/11, NStZ 2011, 702; Meyer-Goßner/Schmitt, StPO, 57. Aufl., § 337 Rn. 25 i. V. m. § 244 Rn. 51 je mwN).

h) § 30a Abs. 3 BtMG

445 Die Annahme eines minder schweren Falls nach **§ 30a Abs. 3 BtMG** setzt eine **eingehende Darstellung** der **Art und Intensität der Tatprovokation** voraus. Hierbei führt eine weitergehende Begründung dahingehend, dass die Gefährlichkeit eines Küchenmessers in Relation zu der einer Schusswaffe gesetzt wird, jedenfalls nicht zu revisionsrechtlich beachtlichen Rechtsfehlern.[481]

[8] 3. Der Strafausspruch hinsichtlich der Tat 8 hat hingegen Bestand. Die Annahme eines minder schweren Falls des § 30a Abs. 3 BtMG durch das Landgericht begegnet keinen durchgreifenden rechtlichen Bedenken. Es ist Sache des Tatgerichts, die strafschärfenden und strafmildernden Strafzumessungsgesichtspunkte gegeneinander abzuwägen; seine Wertung ist vom Revisionsgericht nur begrenzt nachprüfbar (vgl. BGH, Beschluss vom 10. April 1987 – GSSt 1/86, BGHSt 34, 345, 349 mwN).

[9] Gemessen daran greifen Beanstandungen der Staatsanwaltschaft und des Generalbundesanwalts nicht durch. Das Landgericht hat Art und Intensität der Tatprovokation eingehend dargestellt und bei der Strafrahmenwahl berücksichtigt. Es war entgegen der Revision nicht gehalten, eine differenzierende Betrachtung anzustellen, dass die Tatprovokation sich lediglich auf die Durchführung des Betäubungsmittelgeschäftes und nicht auf das Mitführen der beiden Messer bezog. Auch die Wertung, dass die Gefährlichkeit der „kleinen handelsüblichen Küchenmesser weit hinter der Gefährlichkeit einer Schusswaffe" zurückstehe (UA S. 20), ist nicht rechtsfehlerhaft. Entsprechendes gilt für die Erwägung, der Angeklagte habe die Messer bei sich geführt, um sie „lediglich in einem Angriffsfall einsetzen zu können". Ungeachtet dessen, dass entgegen der Auffassung des Generalbundesanwalts in der Rechtsprechung des Bundesgerichtshofs die Rechtsfigur eines „normativen" oder „forensischen" Regelfalls nicht anerkannt ist (vgl. BGH, Beschluss vom 10. April 1987 – GSSt 1/86, aaO), versteht der Senat die kritisierte Formulierung nicht dahin, dass die Strafkammer die bloße Erfüllung des Tatbestands ohne Hinzutreten erschwerender Umstände zugunsten des Angeklagten gewertet hat. Vielmehr dienen diese Ausführungen nach dem – maßgebenden – Zusammenhang (vgl. BGH, Beschluss vom 10. April 1987 – GSSt 1/86, aaO, S. 349 f.; Urteil vom 19. Februar 2014 – 5 StR 626/13, Rn. 21 insoweit in

---

[481] BGH, Beschluss vom 28.01.2015 – 5 StR 486/14, Rn. 8 f.

NStZ 2014, 476 nicht abgedruckt) ersichtlich der Absicherung des zuvor gefundenen Ergebnisses der Annahme eines minder schweren Falles.

TOPENTSCHEIDUNG ■

Der 3. Strafsenat neigt weiterhin dazu – unter Aufgabe seiner früheren Rechtsprechung – in den Fällen eines minder schweren Falles des **§ 30a Abs. 3 BtMG**, in denen **nicht zugleich** die Voraussetzungen eines minder schweren Falles nach **§ 29a Abs. 2 BtMG** gegeben sind, auch die **Höchststrafe** dem **§ 29a Abs. 1 BtMG zu entnehmen.**[482] **446**

PRAXISBEDEUTUNG ■

Mit der Entscheidung des 3. Strafsenats deutet dieser unter Anknüpfung an eine Entscheidung aus dem Jahr 2013 an, in künftigen Fällen möglicherweise eine Rechtsprechungsänderung vollziehen zu wollen. Soweit eine Entscheidung mit beschwertem Angeklagten ansteht, könnte eine dementsprechende Entscheidung zu erwarten sein.

i) §§ 31 ff. BtMG

Der Tatbegriff im Sinne von § 31 S. 1 Nr. 1 BtMG ist nicht identisch mit dem des § 264 StPO. Vielmehr ist der Begriff „Tat" des § 31 S. 1 Nr. 1 BtMG weitergehend und eigenständig, um den besonderen Erfordernissen der Aufklärungshilfe gerecht zu werden. Dieser Tatbegriff ist damit bereits dann einschlägig, wenn die **aufgeklärten Taten mit** der **eigenen strafbaren Handlung** des Aufklärungsgehilfen **in Zusammenhang** stehen.[483] **447**

[2] Der Generalbundesanwalt hat seinen Antrag auf Aufhebung des Schuldspruchs zu den Taten Ziff. II. 2. der Urteilsgründe und des gesamten Strafausspruches wie folgt begründet:

> *„(…)*
> *Der Strafausspruch hat insgesamt keinen Bestand. In den vier Fällen des bewaffneten Handeltreibens mit Betäubungsmitteln folgt dies auch aus der Aufhebung des Schuldspruchs. Auch die Einzelstrafen für die fünf Fälle des unerlaubten Handeltreibens mit Betäubungsmitteln unterliegen der Aufhebung. Das Landgericht hat nicht geprüft, ob in diesen Fällen ebenfalls eine Strafmilderung nach §§ 31 BtMG, 49 Abs. 1 StGB in Betracht kommt. Der Tatbegriff des § 31 Nr. 1 BtMG ist nicht identisch mit dem des § 264 StPO, sondern ein weitergehender, eigenständiger, der den besonderen Erfordernissen der Aufklärungshilfe gerecht wird (BGH NStZ-RR 2011, 57; Weber aaO § 31 Rdn. 40 mwN). Ausreichend ist, wenn die aufgeklärten Taten mit der ei-*

---

[482] BGH, Beschluss vom 03.02.2015 – 3 StR 632/14, Rn. 6; siehe auch: BGH, Beschluss vom 25.07.2013 – 3 StR 143/13.
[483] BGH, Beschluss vom 11.11.2014 – 3 StR 451/14.

genen strafbaren Tätigkeit des Aufklärungsgehilfen im Zusammenhang stehen (Weber aaO Rdn. 42 mwN aus der Rspr.; ebenso § 31 BtMG a. F.). Ein solcher Zusammenhang kommt ausweislich der Urteilsgründe auch mit den fünf Taten des unerlaubten Handeltreibens mit Betäubungsmitteln in Betracht. Danach hat der Angeklagte auch Angaben zu zahlreichen seiner Abnehmer gemacht, die zur Einleitung von rund 80 Ermittlungsverfahren geführt haben (UA S. 5, 7). Überdies weisen die Feststellungen zu diesen Taten den Namen und den Wohnort des Abnehmers aus (UA S. 4), was zusätzlich einen Zusammenhang im Sinne des § 31 Nr. 1 BtMG nahe legt.“

[3] Dem schließt sich der Senat an. (…)

448 Der für die Anwendung des § 31 S. 1 BtMG erforderliche **Zusammenhang** zwischen der aufgedeckten Tat und den Taten des Angeklagten kann auch dann bestehen, wenn sich die aufgedeckten Taten als **Teil einer Tatserie des Mitangeklagten** darstellen, **an welcher** der die **Aufklärungshilfe leistende Angeklagte jedenfalls in Teilabschnitten beteiligt** war.[484]

449 Die **Anwendbarkeit** von **§ 31 S. 1 BtMG** ist grundsätzlich nicht dadurch ausgeschlossen, dass der **Angeklagte** seinen **eigenen Tatbeitrag nur teilweise einräumt oder diesen gar bestreitet.**[485]

450 Die Voraussetzungen des **§ 31 S. 1 Nr. 1 BtMG** können auch dann erfüllt sein, wenn ein Angeklagter im Ermittlungsverfahren hinreichende **Angaben gemacht** hat, aber **im weiteren Verfahren schweigt. Allein entscheidend** ist, dass der Aufklärungsgehilfe durch konkrete Angaben die Voraussetzungen dafür geschaffen hat, dass die Offenbarung zu einem **tatsächlichen Aufklärungserfolg** geführt hat.[486]

[3] Bei seiner polizeilichen Vernehmung als Beschuldigter räumte der Angeklagte die Taten umfassend ein und benannte A. als Drahtzieher. In der Hauptverhandlung machte der Angeklagte keine Angaben zur Sache. Das Landgericht hat seine früheren Angaben als glaubhaft angesehen. Es hat die Taten des Angeklagten – ohne Berücksichtigung der Aufklärungshilfe – jeweils als minder schwere Fälle der Einfuhr von Betäubungsmitteln in nicht geringer Menge angesehen. Die Voraussetzungen des § 31 Satz 1 Nr. 1 BtMG hat es bejaht, aber von einer Strafrahmenmilderung gemäß § 49 Abs. 1 StGB auf dieser Grundlage abgesehen. Dazu hat es ausgeführt, das Schweigen des Angeklagten in der Hauptverhandlung spreche gegen eine weitere Strafrahmenverschiebung. Die frühere Offenbarung besitze kein genügendes Gewicht, um einen auf Freiheitsstrafe von einem Monat bis zu drei Jahren und neun Monaten gemilderten Strafrahmen zu rechtfertigen. Ein solcher Strafrahmen werde der Schwere der Taten nicht mehr gerecht.

[4] Diese Bewertung begegnet durchgreifenden rechtlichen Bedenken. Die Voraussetzungen des § 31 Satz 1 Nr. 1 BtMG können auch erfüllt sein, wenn ein Angeklagter im Ermittlungsverfahren hinreichende Angaben gemacht hat, aber im weiteren Verfahren schweigt. Entscheidend ist allein, dass der Aufklärungsgehilfe durch konkrete Angaben die Voraussetzungen dafür geschaffen hat, dass die Of-

---

[484] BGH, Beschluss vom 31.03.2015 – 3 StR 21/15, Rn. 3.
[485] BGH, Beschluss vom 31.03.2015 – 3 StR 21/15, Rn. 3.
[486] BGH, Beschluss vom 07.09.2015 – 2 StR 305/15, Rn. 4.

fenbarung zu einem tatsächlichen Aufklärungserfolg geführt hat (Senat, Beschluss vom 17. September 2003 – 2 StR 320/03, StV 2004, 605). Dies ist hier der Fall. Die allgemeine Bemerkung der Strafkammer, ein zweifach gemilderter Strafrahmen werde der Schwere der Taten nicht mehr gerecht, gestattet für sich genommen nicht die Versagung der Strafrahmenmilderung.

§ 31 S. 1 Nr. 1 BtMG kommt dann nicht zur Anwendung, wenn der Tatrichter **451** nicht die **Überzeugung** gewinnt, **dass** die **Darstellungen** des angeklagten Aufklärungsgehilfen über die Beteiligung anderen an der Tat **zutreffend** sind. Der **Zweifelsgrundsatz** wirkt hierbei **nicht zugunsten** des Angeklagten. Die bloße **Verdachtsbegründung** und damit Schaffung einer **Aufklärungsmöglichkeit reicht nicht aus.** Im Falle des Absehens von einer Strafmilderung auf der Grundlage von § 31 BtMG sind die **Angaben** des Angeklagten **vollständig wiederzugeben** und die **Verneinungsgründe eingehend zu erörtern.**[487]

[4] 2. Die Strafaussprüche halten jedoch der rechtlichen Nachprüfung nicht stand. Das Landgericht hat mit nicht tragfähiger Begründung die tatbestandlichen Voraussetzungen des § 31 BtMG verneint.

[5] a) Nach den Feststellungen erwarb der Angeklagte in den Jahren 2010 bis 2011 in vier Fällen Marihuana im Kilobereich von dem gesondert verfolgten M. In drei Fällen veräußerte er das Rauschgift, das von durchschnittlicher Qualität war, an seinen Abnehmer weiter, im vierten Fall scheiterte das Geschäft, weil der Abnehmer mit der Qualität des Marihuanas unzufrieden war.

[6] Am 11. April 2012 (Fall 5) wurde bei dem Angeklagten anlässlich einer Wohnungsdurchsuchung 489,60 Gramm Marihuana mit einem Wirkstoffgehalt von 8,1% THC sichergestellt. Dieses Rauschgift stammte aus einer anderen Bezugsquelle. Soweit der Angeklagte behauptet hat, das Rauschgift nur für seinen Nachbarn „J." aufbewahrt zu haben, ist das Landgericht von einer Schutzbehauptung ausgegangen.

[7] Als seinen Abnehmer hat der Angeklagte den am 7. Februar 1984 geborenen „K." (G.) benannt, dessen Wohnanschrift mitgeteilt und ihn auf einer Wahllichtbildvorlage identifiziert. Zudem hat er eingeräumt, von diesem seinen „Eigenbedarf" bezogen zu haben.

[8] Gegen K. G. wird seit 2011 ein Ermittlungsverfahren wegen Betäubungsmittelstraftaten geführt. Er ist flüchtig und wird mit Haftbefehl gesucht.

[9] b) Vor diesem Hintergrund hat das Landgericht die tatbestandlichen Voraussetzungen des § 31 BtMG verneint. Zwar sei K. G. im Zusammenhang mit Betäubungsmittelgeschäften polizeibekannt; allein daraus lasse sich aber nicht schließen, dass er der Abnehmer des Angeklagten gewesen sei. Die Angaben des Angeklagten seien nicht stimmig. Es erschließe sich nicht, warum der Angeklagte einerseits seinen Eigenbedarf von G. bezogen, andererseits aber an diesen Betäubungsmittel veräußert haben will. Zudem sei die Glaubwürdigkeit des Angeklagten durch seine unzutreffenden Angaben im Fall 5 erschüttert.

[10] c) Mit diesen Erwägungen hat die Strafkammer ihre fehlende Überzeugung von einer erfolgreichen Aufklärungshilfe des Angeklagten nicht nachvollziehbar aufgezeigt. Der Generalbundesanwalt hat dazu ausgeführt:

---

487 BGH, Beschluss vom 27.11.2014 – 2 StR 311/14, Rn. 10.

„Das Landgericht geht zwar zu Recht davon aus, dass § 31 Satz 1 Nr. 1 BtMG nicht zur Anwendung kommt, wenn der Tatrichter nicht die Überzeugung gewinnt, dass die Darstellung des Angeklagten über die Beteiligung anderer an der Tat zutrifft, wobei der Zweifelsgrundsatz dem Täter hier nicht zugute kommt. Die Begründung eines Verdachts und die damit verbundene Schaffung einer Aufklärungsmöglichkeit reicht nicht aus (vgl. Körner/Patzak/Volkmer BtMG 7. Aufl. § 31 Rn. 104). Sieht der Tatrichter von der Strafmilderung des § 31 BtMG ab, muss er die vom Angeklagten über den eigenen Tatbeitrag hinausgehenden Angaben vollständig wiedergeben und die Gründe eingehend erörtern, die ihn zur Verneinung der Strafmilderung gemäß § 31 BtMG bewogen haben. Nur so wird das Revisionsgericht in die Lage versetzt zu prüfen, ob sich der Tatrichterbei seiner Entscheidung von rechtlich zutreffenden und zulässigen Erwägungen hat leiten lassen (Körner/Patzak/Volkmer BtMG 7. Aufl. § 31 Rn. 117 mwN).

Daran fehlt es hier: Die Strafkammer hat sich von der Richtigkeit der Darstellung des Angeklagten nicht überzeugen können. Wenn es die Glaubwürdigkeit des Angeklagten zudem durch die unzutreffenden Angaben im Fall 5 erschüttert sieht (UA S. 12) ohne hier zu berücksichtigen, dass der Angeklagte im Fall 5 versucht hat, seinen eigenen Tatbeitrag herunter zu spielen und zu beschönigen, was einer Anwendung des § 31 BtMG nicht notwendig entgegenstünde (siehe Körner/Patzak/Volkmer BtMG 7. Aufl. § 31 Rn. 57), liegt in dieser Überlegung noch kein durchgreifender Rechtsfehler. Die Begründung ist indes rechtlich nicht tragfähig, als das Landgericht vornehmlich auf die fehlende Stimmigkeit der Angaben des Angeklagten abstellt (UA S. 12), wonach es sich nicht erschließe, weshalb der Angeklagte einerseits seinen Eigenbedarf von Herrn G. bezogen, andererseits aber an diesen Betäubungsmittel veräußert haben will. Dieser Einwand ist nur nachvollziehbar, wenn der Angeklagte seinen Eigenbedarf tatsächlich aus den von ihm an G. verkauften Rauschgiftmengen auch bezogen hat. Ob dies aber der Fall war und ob der Angeklagte hierzu Angaben gemacht hat, ist den Urteilsgründen indes nicht zu entnehmen. Nach den Urteilsgründen hat der Angeklagte lediglich angegeben, „Herr K." sei zudem die Person gewesen, von der er seinen Eigenbedarf bezogen habe" (UA S. 11). Das angefochtene Urteil ist insoweit lückenhaft.

Der Strafausspruch hat daher insgesamt keinen Bestand; auch die im Fall 5 verhängte Einzelstrafe ist aufzuheben. Das Landgericht geht zwar davon aus, dass die Strafmilderungsvorschrift des § 31 BtMG nur in Bezug auf die Taten 1–4 der Urteilsgründe zu prüfen ist, weil der Angeklagte nur bezogen auf diese Fälle seinen Abnehmer bezeichnet habe (UA S. 11), im Fall 5 habe er solche Tatsachen dagegen nicht preisgegeben. Mit Blick auf die Rechtsprechung des Bundesgerichtshofs, wonach die Anwendung des § 31 Satz 1 BtMG nicht daran scheitert, dass die angegebenen Taten als rechtlich selbständig zu werten sind, sofern sie nur mit der strafbaren Beteiligung des Angeklagten an der Handelstätigkeit in Zusammenhang stehen (BGH StV 2013, 707; Körner/Patzak/Volkmer BtMG 7. Aufl. § 31 Rn. 63), hat das Tatgericht die Voraussetzungen des § 31 Satz 1 BtMG auch im Fall 5 der Urteilsgründe erneut zu prüfen.

Wenn das Landgericht zur Anwendung der Strafmilderung über § 31 Satz 1 Nr. 1 BtMG kommt, hat das Tatgericht erneut über das Vorliegen eines min-

der schweren Falls gemäß § 29a Abs. 2 BtMG unter Berücksichtigung dieses vertypten Strafmilderungsgrundes zu entscheiden.“

Dem schließt sich der Senat an.

Der **Offenbarende** kann den **Vorteil** des Strafmilderungsgrundes nach § 46b Abs. 1 Satz 1 Nr. 1 StGB, **§ 31 Satz 1 Nr. 1 BtMG ab Beginn des aktuellen Strafverfahrens gegen ihn** erlangen.[488] **452**

Nach den Feststellungen des Landgerichts hat der Angeklagte „die letzten konkreten Hinweise zu Ostern 2013“ – 31. März/1. April 2013 – gegeben (UA S. 11). Indes wurde er frühestens am 19. April 2013 (UA S. 72) Beschuldigter, als nach einem Hinweis eines Informanten bekannt wurde, dass der Angeklagte mit Heroin im gegenständlichen Verfahren Handel treiben könnte. Zu Recht hat das Landgericht bei dieser Sachlage das Vorliegen eines vertypten Strafmilderungsgrundes gemäß § 46b Abs. 1 Satz 1 Nr. 1 StGB, § 31 Satz 1 Nr. 1 BtMG verneint. Zwar regeln die genannten Vorschriften nicht ausdrücklich den Beginn ihres Anwendungsbereichs. Da sie aber an das aktuelle Strafverfahren gegen den Offenbarenden anknüpfen, stellt dessen Beginn den erstmöglichen Zeitpunkt dar, in dem dieser den Vorteil einer Strafmilderung erlangen kann (Schönke/Schröder/Kinzig, StGB, 29. Aufl., § 46b Rn. 19; Münch-Komm-Maier, 2. Aufl., 2012, § 46b StGB Rn. 43; Fischer, StGB, 62. Aufl. 2015, § 46b Rn. 23; vgl. Senatsbeschluss vom 11. Februar 2015 – 5 StR 597/14). Dies ist dann der Fall, wenn gegen den Offenbarenden erstmals als Beschuldigten ermittelt wird (BGH, Urteil vom 30. Dezember 2014 – 2 StR 439/13). Das Landgericht hat zutreffend darauf hingewiesen, dass sich andernfalls ein Informant durch Hinweise an die Ermittlungsbehörden eine Art „Bonusheft“ anlegen könnte (UA S. 74). Das gilt umso mehr, als der Angeklagte seine eigenen Taten zu späteren Zeitpunkten begangen hat und deshalb noch nicht „Täter“ im Sinne des § 46b Abs. 1 Satz 1 StGB war.

Sofern Feststellungen zugunsten des Angeklagten dahingehend festgehalten werden, dass **Angaben zu den Abnehmern** gemacht werden, sind **Erörterungen** zur (Nicht)Anwendung von **§ 31 BtMG** geboten.[489] **453**

Bei der **Einziehung** sichergestellter Betäubungsmittel, dessen Grundlage nicht § 74 StGB, sondern **§ 33 Abs. 2 BtMG** ist, sind **Art und Menge** des einzuziehenden Rauschgifts **konkret anzugeben.**[490] **454**

j) Allgemeine Strafzumessungserwägungen

Im Zusammenhang mit der Verurteilung wegen **Handeltreibens** mit Betäubungsmitteln in nicht geringer Menge kann einer **Gewinnerzielungsabsicht** als Bestandteil des Tatbestands **keine Bedeutung bei der Strafzumessung** zukommen.[491] **455**

---

[488] BGH, Beschluss vom 25.02.2015 – 5 StR 18/15.

[489] BGH, Beschluss vom 25.06.2015 – 2 StR 203/15, Rn. 2.

[490] BGH, Beschluss vom 18.08.2015 – 3 StR 303/15, Rn. 3; siehe auch: BGH, Beschluss vom 03.09.2015 – 3 StR 236/15, Rn. 5.

[491] BGH, Beschluss vom 05.02.2015 – 2 StR 496/14; siehe auch für die straferschwerende Berücksichtigung einer Tatbegehung „aus reinem Gewinnstreben“: BGH, Beschluss vom 01.06.2015 – 4 StR 91/15.

[5] b) Das Landgericht erachtet eine Reihe von Umständen nicht für strafschärfend, misst ihnen allerdings auch keine mildernde Wirkung zu. Die Strafkammer hat in diesem Zusammenhang ausgeführt:

[6] „Der Angeklagte hat die Taten aus dem einzigen Grund begangen, um sich zu bereichern; das ist zwar Teil des Merkmals des Handeltreibens, hat aber auch nicht die denkbare mildernde Bedeutung, wie es der Fall wäre, wenn der Angeklagte ohne Motivation gehandelt hätte, Geld zu erlangen, etwa wenn er ohne Gewinnerzielungsabsicht nur für seinen Verbrauch – zumal wenn er sich als süchtig erlebt hätte – und den von wenigen Bekannten oder Freunden, oder gar nur mit dem Motiv, anderer Leute Schmerzen oder Unwohlgefühlen abzuhelfen, gehandelt hätte."

[7] Diese Erwägungen lassen – ähnlich wie schon in der ersten vom Senat aufgehobenen Entscheidung – wiederum besorgen, dass die Strafkammer zu Lasten des Angeklagten das bloße Fehlen der genannten strafmildernden Umstände berücksichtigt hat. Soweit das Landgericht darüber hinaus anführt, die Bereicherungsabsicht des Angeklagten habe nicht die „denkbare mildernde Bedeutung" wie bei einem Handeln ohne Gewinnerzielungsabsicht, handelt es sich um kaum nachvollziehbare und letztlich unzulässige Erwägungen zu Ungunsten des Angeklagten. Die Gewinnerzielungsabsicht ist Teil des Handeltreibens, eine mildernde Bedeutung kann ihr insoweit nicht zukommen. Ein Handeln ohne Gewinnerzielungsabsicht lässt den Tatbestand entfallen; wird dem Täter angelastet, es hätte sich (stärker) zu seinen Gunsten ausgewirkt, wenn er ohne die Absicht der Gewinnerzielung gehandelt hätte, liegt darin die zweifelhafte Erwägung, es sei „nicht mildernd", dass der Tatbestand erfüllt sei.

456 Die Tatsache, dass das gesamte für den Absatz bestimmte Kokain **sichergestellt und aus dem Verkehr gezogen** wurde, so dass es nicht zu einer Gefährdung von Drogenkonsumenten kommen konnte, ist **als gewichtiger strafmildernder Umstand zu berücksichtigen.**[492]

457 Eine im Rahmen der **Strafzumessung** erfolgte Berücksichtigung der Umstände, dass der Angeklagte „**Überführungsrisiken planvoll verhindert** hat", indem er Gespräche aus Telefonzellen geführt, den Abnehmern seine Telefonnummer nicht genannt, Betäubungsmittel an abgelegenen Orten übergeben und darauf geachtet hat, diese nicht mit bloßen Händen zu berühren, ist **rechtlich nicht unbedenklich.** Jedoch ist die Bewertung des Gesamtbildes eines professionellen Vorgehens als Ausdruck krimineller Energie im Ergebnis rechtsfehlerfrei.[493]

458 Bei der **Strafzumessung** kann – dem Rechtsgedanken des § 46 Abs. 3 StGB folgend – die **Gewerbsmäßigkeit des Handelns,** die als Regelbeispiel in **§ 29 Abs. 3 S. 2 Nr. 1 BtMG** ausgestaltet ist, selbst **nicht als Umstand instrumentalisiert** werden, **um** ein **Absehen von** der durch die Gewerbsmäßigkeit begründenden **Regelwirkung zu erreichen.**[494]

[3] 1. Die Strafrahmenwahl in den 32 abgeurteilten Fällen des Handeltreibens mit Betäubungsmitteln begegnet durchgreifenden rechtlichen Bedenken. Das

[492] BGH, Beschluss vom 14.04.2015 – 3 StR 2/15, Rn. 2.
[493] BGH, Beschluss vom 26.03.2015 – 2 StR 489/14.
[494] BGH, Beschluss vom 04.11.2014 – 2 StR 300/14, Rn. 3.

Landgericht ist davon ausgegangen, dass der Angeklagte bei seinen Betäubungsmittelgeschäften angesichts der Vielzahl von Fällen und mit Blick auf zahlreiche Abnehmer gewerbsmäßig gehandelt hat, und hat sodann geprüft, ob die danach eintretende Regelwirkung für das Vorliegen eines besonders schweren Falles gemäß § 29 Abs. 3 Satz 2 Nr. 1 BtMG entfallen kann. Dabei hat es unter anderem „strafschärfend" berücksichtigt, dass der Angeklagte das Regelbeispiel der Gewerbsmäßigkeit erfüllt hat, und hat seiner Strafbemessung sodann den Strafrahmen des besonders schweren Falles zugrunde gelegt. Dies ist nicht frei von Rechtsfehlern. Im Rahmen der vorzunehmenden Gesamtwürdigung, ob bei Vorliegen eines Regelbeispiels die Indizwirkung für die Annahme eines besonders schweren Falles entfallen kann, hat der Tatrichter zwar grundsätzlich alle für und gegen den Angeklagten sprechenden Umstände zu berücksichtigen, doch kann entsprechend dem Rechtsgedanken des § 46 Abs. 3 StGB die Gewerbsmäßigkeit des Handelns, die als Regelbeispiel zur Prüfung des § 29 Abs. 3 BtMG führt, nicht als Umstand herangezogen werden, um ein Absehen von der durch die Gewerbsmäßigkeit begründeten Regelwirkung zu verneinen.

Der Grundsatz, dass die zu **verhängenden Strafen** einen **gerechten Schuldausgleich für** die **begangenen Taten** darstellen müssen, könnte verletzt sein, wenn für das geringe Handeltreiben von zum Teil „lediglich" drei Gramm Marihuana bei Wirkstoffkonzentrationen von „nur" 2% THC Freiheitsstrafen von einem Jahr verhängt werden.[495] **459**

Die **Bestrafung** mit der **Mindeststrafe** aus dem **Strafrahmen** des **verdrängten Tatbestandes** kommt nur dann zur Anwendung, **wenn nicht auch hinsichtlich** des **verdrängten Tatbestandes ein minder schwerer Fall gegeben** ist.[496] **460**

[10] a) Im Fall II. 1 der Urteilsgründe begegnet die Festsetzung der Einzelstrafe durchgreifenden rechtlichen Bedenken. Der Generalbundesanwalt hat dazu ausgeführt:

> *„Die Kammer hat den Fall 1 rechtsfehlerfrei als minder schweren Fall nach § 30a Abs. 3 BtMG gewertet, der einen Strafrahmen von sechs Monaten bis zu zehn Jahren Freiheitsstrafe vorsieht. Sie hat sodann hinsichtlich der Mindeststrafe die Sperrwirkung eines verdrängten Tatbestandes berücksichtigt und einen Strafrahmen von zwei Jahren bis zu zehn Jahren Freiheitsstrafe bestimmt (UA S. 14).*
>
> *Dies ist in mehrfacher Hinsicht rechtsfehlerhaft:*
>
> *a) Zum einen ist nicht nachvollziehbar, wieso die Kammer die Sperrwirkung der Mindeststrafe des § 30 BtMG angenommen hat, denn die Feststellungen belegen eine Qualifikation nach § 30 BtMG nicht. Weder handelte der Angeklagte als Mitglied einer Bande noch gewerbsmäßig, auch eine Einfuhrtat ist nicht gegeben. Die Kammer hätte somit die Sperrwirkung der Mindeststrafe des § 29a BtMG – ein Jahr Freiheitsstrafe – anwenden müssen.*
>
> *b) Weiterhin hat die Kammer nicht berücksichtigt, dass auch die Mindeststrafe des verdrängten Tatbestandes in Höhe von einem Jahr (§ 29a BtMG)*

[495] BGH, Beschluss vom 04.11.2014 – 2 StR 300/14, Rn. 5.
[496] BGH, Beschluss vom 03.12.2014 – 4 StR 512/14, Rn. 10.

oder – wie von der Kammer fehlerhaft angenommen – zwei Jahren (§ 30 BtMG) nur dann zur Anwendung kommt, wenn nicht auch hinsichtlich des verdrängten Tatbestandes ein minder schwerer Fall gegeben ist (BGHR BtMG § 30a Abs. 3, Strafzumessung 1).

Die Kammer hätte daher prüfen müssen, ob aufgrund der berücksichtigten Milderungsgründe nicht auch bezüglich des § 29a BtMG ein minder schwerer Fall nach § 29a Abs. 2 BtMG (Freiheitsstrafe von drei Monaten bis zu fünf Jahren) hätte angenommen werden können. Hiermit wäre die Sperrwirkung entfallen, da die Mindeststrafe des minder schweren Falles nach § 29a Abs. 2 StGB geringer ist als die Mindeststrafe des § 30a Abs. 3 BtMG.

Es ist nicht auszuschließen, dass die Kammer hinsichtlich des Falls 1 bei zutreffender Annahme einer Mindeststrafe von nur einem Jahr – die Annahme eines minder schweren Falles des § 29a BtMG liegt bereits aufgrund der Vorbelastungen eher fern – eine geringere Strafe verhängt hätte."

[11] Dem schließt sich der Senat an.

461 Innerhalb der Strafzumessung kann auch bei betäubungsmittelrechtlichen Straftatbeständen die **mit** dem (Wertersatz-)**Verfall verbundene Vermögenseinbuße keinen Strafmilderungsgrund** darstellen. Der Verfall soll vielmehr allein die **Wirkung** der **Gewinnabschöpfung** und damit verbunden den **Ausgleich unrechtmäßiger Vermögensverschiebung** zeitigen.[497]

462 Grundsätzlich können **steuerliche Belastungen** zur Vermeidung von Doppelbelastungen innerhalb der **Härtevorschrift des § 73c StGB** berücksichtigt werden. Bei der **unerlaubten Lieferung** von Betäubungsmitteln innerhalb eines Mitgliedstaates entsteht jedoch **keine Umsatzsteuerschuld.** Sofern dennoch aufgrund **unrichtig ausgewiesener Umsatzsteuerbeträge auf Rechnungen** eine **tatsächliche Zahlung** oder **bestandskräftige Festsetzung** erfolgt ist, kommt eine **Berücksichtigung** im Rahmen der Härtevorschrift in Betracht.[498]

[78] Das Landgericht ist bei der Bestimmung des aus den Taten Erlangten zutreffend von den Erlösen aus dem Verkauf der Kräutermischungen ausgegangen. Jedoch begegnet die Kürzung der Beträge um die Umsatzsteuer durchgreifenden rechtlichen Bedenken. Zwar können steuerliche Belastungen zur Vermeidung einer Doppelbelastung bei der Anwendung der Härtevorschrift des § 73c StGB zu berücksichtigen sein (vgl. BGH, Urteil vom 21. März 2002 – 5 StR 138/01, BGHSt 47, 260). Das Landgericht übersieht jedoch, dass bei der unerlaubten Lieferung von Betäubungsmitteln innerhalb eines Mitgliedstaates keine Umsatzsteuerschuld entsteht. Zwar verbietet der Grundsatz der steuerlichen Wertneutralität bei der Erhebung der Umsatzsteuer grundsätzlich eine allgemeine Differenzierung zwischen erlaubten und unerlaubten Geschäften. Dies gilt jedoch nicht für die unerlaubte Lieferung von Erzeugnissen wie Betäubungsmitteln, die schon ihrem Wesen nach – mit engen Ausnahmen – einem vollständigen Verkehrsverbot unterliegen. In einer derartigen besonderen Situation, in der jeder Wettbewerb zwischen einem legalen und einem illegalen Wirtschaftssektor ausgeschlossen ist,

---

497 BGH, Beschluss vom 28.01.2015 – 5 StR 486/14, Rn. 6; so auch: BGH, Urteil vom 19.02.2015 – 3 StR 546/14, Rn. 14.

498 BGH, Urteil vom 14.01.2015 – 1 StR 302/13, Rn. 78.

kann die Freistellung von der Mehrwertbesteuerung den Grundsatz der steuerlichen Wertneutralität nicht berühren (EuGH, Urteil vom 5. Juli 1988 – Rechtssache C-289/86, Slg. 1988, 3655; vgl. zur Einfuhrumsatzsteuer EuGH, Urteil vom 28. Februar 1984 – Rechtssache C-294/82, EuGRZ 1984, 261). Der Angeklagte würde allerdings nach § 14c Abs. 1 Satz 1 UStG für dennoch unrichtig in Rechnungen offen ausgewiesene Umsatzsteuerbeträge haften. Aber auch insoweit käme eine Berücksichtigung dieser Haftung nur in Betracht, wenn die Steuern tatsächlich gezahlt oder jedenfalls bestandskräftig festgesetzt worden wären (vgl. BGH, Urteile vom 21. März 2002 – 5 StR 138/01, BGHSt 47, 260 und vom 27. Oktober 2011 – 5 StR 14/11, NJW 2012, 92; BGH, Beschlüsse vom 18. Februar 2004 – 1 StR 296/03, wistra 2004, 227 und vom 25. März 2014 – 3 StR 314/13).

Sofern das erkennende Gericht die Voraussetzungen eines minder schweren Falles **463**
nach § 29a Abs. 2 BtMG verneint und die Strafe dem nach § 27 Abs. 2, § 49 Abs. 1 StGB gemilderten Rahmen des **§ 29a Abs. 1 BtMG** entnommen hat, hat es innerhalb der **Strafzumessungserwägungen** nicht allein auf die **Menge** des in der Plantage hergestellten konsumfähigen Marihuanas – 32,675 kg mit einem Wirkstoffgehalt von 3,332 kg THC – abzustellen. Vielmehr sind innerhalb der konkreten Strafzumessung die aufgeführten **allgemeinen Milderungsgründe** sowie der **vertypten Milderungsgrund der Beihilfe** mit in die Erwägungen zur Strafrahmenwahl einzubeziehen.[499]

Eine Berücksichtigung des Umstands zugunsten des Angeklagten, dass „die **464**
Drogen nicht für das Gebiet der Bundesrepublik Deutschland bestimmt waren“, ist **rechtsfehlerhaft.** Damit würde einem Umstand maßgebliche Bedeutung beigemessen, dem von Rechts wegen strafmildernde Wirkung nicht zukommen kann. Die Bekämpfung von Rauschgiftdelikten ist – im Interesse des über die deutschen Staatsgrenzen hinausreichenden Schutzes vor Gesundheitsbeeinträchtigungen – ein weltweites Anliegen (§ 6 Nr. 5 StGB). Der Umstand, dass das eingeführte Rauschgift nicht für den deutschen Markt bestimmt war, sondern ins Ausland weitertransportiert und dort veräußert werden sollte, stellt deshalb **keinen Strafmilderungsgrund** dar.[500]

k) Tatprovokation

Ein aus einer Tatprovokation folgender Verstoß gegen den Grundsatz des fairen **465**
Verfahrens (Art. 2 Abs. 1 i. V. m. Art. 20 Abs. 3 GG, Art. 6 Abs. 1 Satz 1 EMRK) begründet grundsätzlich kein Verfahrenshindernis.[501]

[7] a) Der Europäische Gerichtshof für Menschenrechte (EGMR) legt Art. 6 Abs. 1 EMRK in ständiger Rechtsprechung dahingehend aus, dass bei einer – nach den vom Gerichtshof formulierten Voraussetzungen („substantive test of incitement“; siehe EGMR, Urteil vom 4. November 2010 – 18757/06 „Bannikova vs. Russia“ Rn. 37; Urteil vom 23. Oktober 2014 – 54648/09 „Furcht gegen

[499] BGH, Urteil vom 19.03.2015 – 3 StR 570/14, Rn. 3.
[500] BGH, Urteil vom 14.07.2015 – 5 StR 181/15, Rn. 3.
[501] BGH, Beschluss vom 19.05.2015 – 1 StR 128/15, Rn. 5.

Deutschland" Rn. 48f. mwN) – gegen die genannte Vorschrift verstoßenden Tatprovokation durch die Polizei das öffentliche Interesse an der Bekämpfung schwerer Straftaten im Strafprozess nicht den Gebrauch von Beweismitteln rechtfertigen könne, die als Ergebnis polizeilicher Provokation gewonnen wurden (etwa EGMR, Urteil vom 9. Juni 1998 – 44/1997/828/1034 „Teixeira de Castro vs. Portugal" Rn. 36 sowie EGMR, Urteile vom 5. Februar 2008 – 74420/01 „Ramanauskas vs. Lithuania" Rn. 54 mwN; vom 4. November 2010 – 18757/06 „Bannikova vs. Russia" Rn. 34; vom 23. Oktober 2014 – 54648/09 „Furcht gegen Deutschland" Rn. 47). Damit in solchen Fällen das Strafverfahren im Sinne von Art. 6 Abs. 1 EMRK fair ist, müssten alle als Ergebnis polizeilicher Provokation gewonnenen Beweismittel ausgeschlossen werden oder aber ein Verfahren mit vergleichbaren Konsequenzen („procedure with similar consequences") müsse greifen (siehe nur EGMR, Urteile vom 24. April 2014 – 6228/09 u.a. „Lagutin e.a. vs. Russia" Rn. 117 mwN; vom 23. Oktober 2014 – 54648/09 „Furcht gegen Deutschland" Rn. 64).

[8] Art. 6 Abs. 1 EMRK in der Auslegung durch den EGMR fordert daher bei einer konventionswidrigen Tatprovokation nicht die Annahme eines Verfahrenshindernisses (vgl. insoweit Sinn/Maly NStZ 2015, 379, 382). Zwar wird das Abstellen auf „ein Verfahren mit vergleichbaren Konsequenzen" auch die Begründung eines Verfahrenshindernisses umfassen (so offenbar BVerfG, [2. Kammer des Zweiten Senats], Beschluss vom 18. Dezember 2014 – 2 BvR 209/14 u.a. Rn. 42). Der Gerichtshof hält aber selbst mehrere Wege für gangbar, um die Verfahrensfairness bei einer polizeilichen Tatprovokation zu gewährleisten. Im Übrigen muss das nationale Rechtssystem nicht zwingend dem dogmatischen Ansatz des EGMR folgen. Solange die von Art. 6 Abs. 1 EMRK an die Verfahrensfairness gestellten Anforderungen erfüllt werden, überlässt es der Gerichtshof den Gerichten der Vertragsstaaten zu entscheiden, wie die Anforderungen aus Art. 6 Abs. 1 EMRK in das nationale Strafrechtssystem einzugliedern sind (BVerfG, [2. Kammer des Zweiten Senats], Beschluss vom 18. Dezember 2014 – 2 BvR 209/14 u.a. Rn. 43).

[9] b) Das Grundgesetz gebietet die Annahme eines Verfahrenshindernisses als Konsequenz einer mit dem Rechtsstaatsprinzip des Art. 20 Abs. 3 GG unvereinbaren Tatprovokation durch Polizeibeamte oder den Polizeibehörden zuzurechnende Personen ebenfalls nicht.

[10] aa) Das Bundesverfassungsgericht erachtet eine Verletzung des Rechts auf ein faires Verfahren erst dann als gegeben, wenn eine Gesamtschau auf das Verfahrensrecht ergibt, dass rechtsstaatlich zwingende Folgerungen nicht gezogen worden sind oder rechtsstaatlich Unverzichtbares preisgegeben wurde (vgl. BVerfGE 64, 135, 145f.; BVerfGE 122, 248, 272; BVerfGE 133, 168, 200). In die Gesamtschau sind auch die Erfordernisse einer funktionstüchtigen Strafrechtspflege einzubeziehen (BVerfGE 122, 248, 272; BVerfGE 133, 168, 200f.; BVerfG [2. Kammer des Zweiten Senats], Beschluss vom 18. Dezember 2014 – 2 BvR 209/14 u.a. Rn. 34). Denn der Rechtsstaat kann sich nur dann verwirklichen, wenn ausreichende Vorkehrungen dafür getroffen sind, dass Straftäter im Rahmen der geltenden Gesetze verfolgt, abgeurteilt und einer gerechten Strafe zugeführt werden (BVerfGE 46, 214, 222; BVerfG [2. Kammer des Zweiten Senats], Beschluss vom 18. Dezember 2014 – 2 BvR 209/14 u.a. Rn. 32).

[11] Nach Maßgabe dieser Grundsätze hat das Bundesverfassungsgericht bislang offen gelassen, ob das Rechtsstaatsprinzip ein Verfahrenshindernis aufgrund

rechtsstaatswidriger Tatprovokation gebieten kann (BVerfG [2. Kammer des Zweiten Senats], Beschluss vom 18. Dezember 2014 – 2 BvR 209/14 u.a. Rn. 34 mit zahlr. Nachw.). Wenn ein daraus resultierendes Verfahrenshindernis überhaupt für möglich erachtet würde, könne ein solches lediglich in extremen Ausnahmefällen aus dem Rechtsstaatsprinzip hergeleitet werden, weil dieses nicht nur Belange des Beschuldigten, sondern auch das Interesse an einer der materiellen Gerechtigkeit dienenden Strafverfolgung schütze (BVerfG aaO).

[24] a) Der Bundesgerichtshof nimmt eine Verletzung von Art. 6 Abs. 1 EMRK aufgrund polizeilicher Tatprovokation dann an, wenn eine unverdächtige und zunächst nicht tatgeneigte Person durch eine von einem Amtsträger geführte Vertrauensperson in einer dem Staat zurechenbaren Weise zu einer Straftat verleitet wird und dies zu einem Strafverfahren führt (BGH, Urteile vom 30. Mai 2001 – 1 StR 42/01, BGHSt 47, 44, 47; vom 18. November 1999 – 1 StR 221/99, BGHSt 45, 321, 335). Ein tatprovozierender Lockspitzel ist gegeben, wenn eine polizeiliche Vertrauensperson in Richtung auf das Wecken der Tatbereitschaft oder eine Intensivierung der Tatplanung mit einiger Erheblichkeit stimulierend auf den Täter einwirkt. Auch bei anfänglich bereits bestehendem Anfangsverdacht kann eine rechtsstaatswidrige Tatprovokation vorliegen, soweit die Einwirkung im Verhältnis zum Anfangsverdacht „unvertretbar übergewichtig" ist (vgl. BGH, Urteil vom 11. Dezember 2013 – 5 StR 240/13, NStZ 2014, 277, 279 Rn. 34 mwN). Spricht eine polizeiliche Vertrauensperson eine betroffene Person lediglich ohne sonstige Einwirkung darauf an, ob diese Betäubungsmittel beschaffen könne, handelt es sich nicht um eine Tatprovokation. Ebenso fehlt es an einer Provokation, wenn die Vertrauensperson nur die offen erkennbare Bereitschaft zur Begehung oder Fortsetzung von Straftaten ausnutzt (BGH, Urteile vom 30. Mai 2001 – 1 StR 42/01, BGHSt 47, 44, 47; vom 18. November 1999 – 1 StR 221/99, BGHSt 45, 321, 338).

[25] Im Hinblick auf eine mögliche polizeiliche Tatprovokation aufgrund einer Intensivierung der Tatplanung hängt die Bewertung der Erheblichkeit der Einwirkung durch den polizeilichen Lockspitzel auch von dem zum Zeitpunkt der Einwirkung bereits bestehenden Tatverdacht ab. Je stärker der Verdacht ist, desto nachhaltiger wird auch die Stimulierung zur Tat sein dürfen, bevor die Schwelle zu einer Tatprovokation erreicht wird (BGH, Urteil vom 30. Mai 2001 – 1 StR 42/01, BGHSt 47, 44, 49).

[26] b) An diesen Kriterien hält der Senat unter gebotener Berücksichtigung der Rechtsprechung des EGMR (dazu BVerfGE 111, 307, 323ff.; BVerfGE 128, 326, 371; BVerfG [2. Kammer des Zweiten Senats], Beschluss vom 18. Dezember 2014 – 2 BvR 209/14 u.a. Rn. 41) zu den Voraussetzungen der mit Art. 6 Abs. 1 EMRK unvereinbaren polizeilichen Provokation fest.

[27] Der Gerichtshof stellt für die materiell-rechtliche Prüfung des Vorliegens einer solchen Provokation („substantive test of incitement"; siehe EGMR, Urteil vom 4. November 2010 – 18757/06 „Bannikova vs. Russia" Rn. 37) darauf ab, dass sich die beteiligten Polizeibeamten nicht auf eine weitgehend passive Strafermittlung beschränken, sondern die betroffene Person derart beeinflussen, dass diese zur Begehung einer Straftat verleitet wird, die sie anderenfalls nicht begangen hätte. Der Zweck des polizeilichen Handelns liege bei der Provokation darin, durch Beweiserbringung und Einleitung eines Strafverfahrens die Feststellung einer Straftat zu ermöglichen (EGMR aaO Rn. 37; EGMR, Urteil vom 23. Oktober 2014 – 54648/09 „Furcht gegen Deutschland" Rn. 48 mwN). In die Prüfung

der materiellen Voraussetzungen einer Tatprovokation bezieht der EMGR u.a. ein, dass die Strafverfolgungsbehörden keinen Grund hatten, eine Person der Beteiligung an Betäubungsmittelstraftaten zu verdächtigen, wenn diese nicht vorbestraft war, (noch) kein Ermittlungsverfahren gegen sie eingeleitet war und keine Anhaltspunkte für eine Tatgeneigtheit vor der Kontaktaufnahme vorlagen (so bereits EGMR, Urteil vom 9. Juni 1998 – 44/1997/828/1034 „Teixeira de Castro vs. Portugal“ Rn. 38 sowie EGMR, Urteil vom 4. November 2010 – 18757/06 „Bannikova vs. Russia“ Rn. 39 und Urteil vom 23. Oktober 2014 – 54648/09 „Furcht gegen Deutschland“ Rn. 51 jeweils mwN).

[28] Als Subkriterien für das Vorhandensein bestehender krimineller Tätigkeit oder Tatgeneigtheit hält der Gerichtshof nach Maßgabe des konkreten Einzelfalls u.a. die Vertrautheit des Betroffenen mit aktuellen Preisen von Betäubungsmitteln, dessen Fähigkeit, solche kurzfristig zu beschaffen, sowie seine Gewinnbeteiligung für bedeutsam (EGMR, Urteil vom 23. Oktober 2014 – 54648/09 „Furcht gegen Deutschland“ Rn. 51 mwN). Zudem komme es für die Abgrenzung zwischen einer rechtmäßigen Infiltrierung („legitimate infiltration“) und einer Provokation auf den auf den Betroffenen seitens der Strafverfolgungsbehörden ausgeübten Druck an (EGMR aaO Rn. 52).

[29] Die die Rechtsprechung des EGMR in der Auslegung des Art. 6 Abs. 1 EMRK prägenden Voraussetzungen der Tatprovokation werden in der Judikatur des Bundesgerichtshofs (oben Rn. 24 und 25) abgebildet. Maßgeblich ist jeweils vor allem das Vorhandensein einer Tatgeneigtheit, das Bestehen bzw. Nichtbestehen eines Tatverdachts gegen den Betroffenen sowie die Art und die Intensität der dem Staat zurechenbaren Einwirkung auf diesen.

2. Jugendgerichtsgesetz (JGG)

466 Sowohl bei der **Beurteilung der Schuldschwere** im Sinne des § 17 Abs. 2 Alt. 2 JGG als auch bei der **Zumessung der konkreten Jugendstrafe** ist der **äußere Unrechtsgehalt der Tat insofern von Belang,** als aus ihm Schlüsse auf die Persönlichkeit des Täters und die Höhe der Schuld gezogen werden können. Dabei ist zur Bestimmung der zurechenbaren Schuld des jugendlichen oder heranwachsenden Täters das Tatunrecht am Maßstab der gesetzlichen Strafandrohungen des Erwachsenenstrafrechts zu messen. Denn die Strafrahmen des allgemeinen Strafrechts behalten insoweit ihre Bedeutung, als in ihnen die Bewertung des Tatunrechts zum Ausdruck kommt. Dies gilt namentlich dort, wo sich die Tat, nach Erwachsenenstrafrecht beurteilt, als minder schwerer Fall darstellen würde.[502]

467 **Schädliche Neigungen** im **Sinne des § 17 Abs. 2 JGG sind** erhebliche Anlage- oder Erziehungsmängel, die ohne längere Gesamterziehung des Täters die Gefahr weiterer Straftaten begründen. Sie müssen schon vor der Tat angelegt gewesen sein. Die schädlichen Neigungen müssen auch **noch zum Urteilszeitpunkt bestehen.**[503]

---

502 BGH, Beschluss vom 17.12.2014 – 3 StR 521/14, Rn. 3 bez. Angeklagten F.

503 BGH, Urteil vom 08.01.2015 – 3 StR 581/14, Rn. 5; siehe auch: BGH, Beschluss vom 24.02.2015 – 4 StR 37/15, Rn. 6 und BGH, Beschluss vom 09.07.2015 – 2 StR 170/15, Rn. 6.

[4] Das Landgericht hat bei dem zu den Tatzeiten zwanzig Jahre und vier Monate bzw. zwanzig Jahre und acht Monate alten Angeklagten aufgrund seines Werdegangs Reifeverzögerungen angenommen und deshalb auf ihn gemäß § 105 Abs. 1 Nr. 1 JGG Jugendrecht angewandt. Zur Begründung der Verhängung von Jugendstrafe hat es lediglich ausgeführt, dass bereits in den zurückliegenden Verurteilungen aus den Jahren 2010 und 2011 der jeweilige Tatrichter von dem Vorliegen schädlicher Neigungen ausgegangen sei und die nunmehr abzuurteilenden Taten dies erneut belegen würden.

[5] Diese knappen Wendungen reichen zur Begründung schädlicher Neigungen nicht aus. Um solche handelt es sich bei erheblichen Anlage- oder Erziehungsmängeln, die ohne längere Gesamterziehung des Täters die Gefahr weiterer Straftaten begründen. Sie müssen schon vor der Tat angelegt gewesen sein und noch zum Urteilszeitpunkt bestehen; es müssen deshalb weitere Straftaten des Angeklagten zu befürchten sein (st. Rspr.; vgl. etwa BGH, Beschluss vom 17. Juli 2012 – 3 StR 238/12, NStZ 2013, 287 mwN). Hier fehlen insbesondere sämtliche Angaben dazu, dass auch im Zeitpunkt der Urteilsfindung bei dem Angeklagten noch schädliche Neigungen bestanden. Ausführungen dazu waren auch nicht entbehrlich, weil zwischen den Taten und dem Urteil zwölf bzw. acht Monate lagen und der mittlerweile 21-jährige Angeklagte in der Untersuchungshaft an einer (weiteren) berufsvorbereitenden Maßnahme mit Besuch der Berufsschule teilgenommen hat.

Nach **§ 18 Abs. 2 JGG** ist die **Höhe** der **Jugendstrafe** in erster Linie an **erzieherischen Gesichtspunkten** auszurichten, was die Urteilsgründe zu erkennen lassen haben.[504] **468**

[6] Auch im Übrigen genügt die Strafzumessung nicht den Anforderungen, die § 18 Abs. 2 JGG an sie stellt. Nach dieser Vorschrift ist die Höhe der Jugendstrafe in erster Linie an erzieherischen Gesichtspunkten auszurichten. Die Urteilsgründe müssen deshalb erkennen lassen, dass dem Erziehungsgedanken die ihm zukommende Beachtung geschenkt und bei der Bemessung der Jugendstrafe das Gewicht des Tatunrechts gegen die Folgen der Strafe für die weitere Entwicklung des Heranwachsenden abgewogen worden ist (st. Rspr.; vgl. BGH, Beschluss vom 28. Februar 2012 – 3 StR 15/12, NStZ-RR 2012, 186 mwN). Das Landgericht hat demgegenüber vorrangig auf die Vorbelastungen des Angeklagten abgestellt und für zwei der drei Taten jeweils einen entlastenden Gesichtspunkt genannt. Daneben hat es weitere dem Erwachsenenstrafrecht entlehnte Strafzumessungsgesichtspunkte wie die Rückfallgeschwindigkeit, die Begehung der Tat unter Führungsaufsicht sowie den Schuldausgleich und den Sühnegedanken berücksichtigt. Der Erziehungsgedanke findet Erwähnung nur insoweit, als die Strafkammer „von einem Gesamterziehungsbedarf" ausgeht, „der die Verhängung einer zur Bewährung aussetzbaren Strafe ausschließt." Eine derartige lediglich formelhafte Erwähnung des Erziehungsgedankens reicht indes grundsätzlich nicht aus (st. Rspr.; vgl. etwa BGH, Beschluss vom 17. Juli 2012 – 3 StR 238/12, NStZ 2013, 287 mwN).

---

504 BGH, Urteil vom 08.01.2015 – 3 StR 581/14, Rn. 6.

469 Bei der Verhängung von Sanktionen gegen Straftäter, die zum Zeitpunkt ihrer **Verurteilung** bereits das **21. Lebensjahr vollendet** haben, kann der Erziehungsgedanke jedenfalls nur von geringem Gewicht sein.[505]

[4] Das Landgericht hat gegen den zur Tatzeit am 25. November 2007 16 Jahre alten Angeklagten gemäß § 17 Abs. 2 JGG Jugendstrafe verhängt und dabei sowohl schädliche Neigungen als auch die Schwere der Schuld bejaht. Bei der Bestimmung der Strafhöhe hat es sich maßgebend am Erziehungsgedanken orientiert. Einen Härteausgleich, weil mehrere in weiteren Urteilen verhängte jugendstrafrechtliche Sanktionen bereits vollständig vollstreckt waren und die entsprechenden Entscheidungen deshalb nicht gemäß § 31 Abs. 2 JGG einbezogen werden konnten, hat es ausdrücklich deshalb abgelehnt, weil dieser „dem Erziehungsgedanken des Jugendstrafrechts zuwiderliefe".

[5] Damit hat die Jugendkammer nicht bedacht, dass dem Erziehungsgedanken bei der Bestimmung von Art und Dauer der Sanktion für die Tat des zum Zeitpunkt der Verkündung des erstinstanzlichen Urteils bereits 23 Jahre und fast sieben Monate alten und damit im strafrechtlichen Sinne erwachsenen Angeklagten bereits nach der bisherigen Rechtsprechung ein allenfalls geringes Gewicht zukommen kann (vgl. BGH, Beschluss vom 17. März 2006 – 1 StR 577/05, NStZ 2006, 587, 588; Urteil vom 31. August 2004 – 1 StR 213/04, juris Rn. 12). Schon dieser Rechtsfehler führt dazu, dass der Strafausspruch nicht bestehen bleiben kann. Der Senat muss deshalb hier nicht entscheiden, ob er in vollem Umfang der neueren Auffassung des 1. Strafsenats zustimmen könnte, der nunmehr weiter gehend und der – soweit ersichtlich – überwiegenden Ansicht in der Literatur (vgl. etwa Brunner/Dölling, JGG, 12. Aufl., § 17 Rn. 14b; MüKoStGB/Radtke, JGG § 17 Rn. 60; HK-JGG/Laue, 2. Aufl., § 17 Rn. 28; aA etwa Eisenberg, JGG, 17. Aufl., § 17 Rn. 34a) folgend dazu neigt, bei einer auf die Schwere der Schuld gestützten Jugendstrafe die Erziehungsfähigkeit und -bedürftigkeit des jugendlichen oder heranwachsenden Straftäters generell nicht zu berücksichtigen (BGH, Beschluss vom 6. Mai 2013 – 1 StR 178/13, BGHR JGG § 17 Abs. 2 Schwere der Schuld 5 mit Anmerkung Eisenberg, NStZ 2013, 636). Er gibt allerdings zu erwägen, dass insbesondere auch verfassungsrechtliche Vorgaben (vgl. Budelmann, Jugendstrafrecht für Erwachsene?, S. 80ff.) Anlass dazu sein könnten, die bisherige Rechtsprechung dahin weiter zu entwickeln, dass bei der Verhängung von Sanktionen gegen Straftäter, die zum Zeitpunkt ihrer Verurteilung bereits das 21. Lebensjahr vollendet haben und somit im strafrechtlichen Sinne als erwachsen gelten, der Erziehungsgedanke nicht mehr nur von geringem Gewicht sein kann, sondern insgesamt kein taugliches Strafzumessungskriterium mehr ist. Dies könnte mit Blick auf § 89b Abs. 1 Satz 2 JGG jedenfalls für solche Täter gelten, die zu dem genannten Zeitpunkt das 24. Lebensjahr vollendet haben und deren Jugendstrafe deshalb regelmäßig im Strafvollzug für Erwachsene zu vollziehen ist (vgl. Eisenberg NStZ 2013, 636, 637).

470 Bei der Höhe der Verhängung einer **Jugendstrafe** kann auch ein Abgleich mit der Einordnung nach allgemeinen Strafrecht Bedeutung erlangen. Allerdings trifft dies nur insoweit zu, als in der **hypothetischen Bestimmung eines Strafrahmens** aus

---

505 BGH, Beschluss vom 20.08.2015 – 3 StR 214/15, Rn. 5.

dem allgemeinen Recht die Bewertung des Tatunrechts insbesondere in solchen Fällen zum Ausdruck kommt, die sich im **Erwachsenenstrafrecht als minder schwere Fälle** darstellen würden.[506]

Wird aus Anlass der Straftat eines Jugendlichen oder Heranwachsenden dessen **Unterbringung** in einem **psychiatrischen Krankenhaus** angeordnet, so wird gemäß § 5 Abs. 3 (i.V.m. § 105 Abs. 1) JGG **von Jugendstrafe abgesehen,** wenn die Maßregelanordnung die Ahndung durch Jugendstrafe entbehrlich macht. Diese spezifisch jugendstrafrechtliche Vorschrift ermöglicht es, dem Gedanken der Einspurigkeit freiheitsentziehender Maßnahmen im Jugendstrafrecht Rechnung zu tragen. Erforderlich ist ein zusätzliches Bedürfnis für die Verhängung einer Jugendstrafe.[507] **471**

Eine **Erwägung** der Jugendkammer, wonach es einer **Strafe** bedürfe, **die noch zwei Jahre beträgt** und damit das Höchstmaß erreicht, das noch eine Strafaussetzung **zur Bewährung** zulässt, lässt eine **unzulässige Vermischung** des Vorgangs der **Festsetzung der Jugendstrafe und** der grundsätzlich nachrangigen **Frage, ob** deren Vollstreckung zur **Bewährung** ausgesetzt werden kann, besorgen.[508] **472**

Infolge der **Einbeziehung** eines Urteils auf Grundlage von **§ 31 Abs. 2 JGG verliert** das **einbezogene Urteil** im Strafausspruch seine **Wirkung.** Der sodann zur Verhängung einer einheitlichen Maßnahme oder Jugendstrafe aufgerufene Richter hat diese selbständig und losgelöst von dem Strafausspruch der einzubeziehenden Entscheidung unter erkennbarer Berücksichtigung des Erziehungsgedankens zu bestimmen. Hieraus folgt, dass die Einheitsjugendstrafe nicht zwingend höher sein muss als die einbezogene Verurteilung. Insoweit sind Urteilserwägungen rechtsfehlerhaft, wonach eine „maßvolle" Erhöhung geboten ist.[509] **473**

Eine Entscheidung nach **§ 31 Abs. 3 Satz 1 JGG,** ob von der Einbeziehung der früheren Verurteilung aus erzieherischen Zweckmäßigkeitserwägungen abgesehen werden kann, ist jeweils für den **Einzelfall** zu treffen und steht im **pflichtgemäßen Ermessen** des Tatrichters.[510] **474**

Nach **§ 42 Abs. 3 Satz 1 JGG** kann mit Zustimmung der Staatsanwaltschaft der Richter ein Verfahren in den Bezirk abgeben, in dem der Angeklagte **faktisch** seinen **aktuellen Aufenthalt** bei Wechsel hat.[511] **475**

[1] (...)

„Nach § 42 Abs. 3 Satz 1 JGG – der hier in Verbindung mit § 108 JGG anwendbar ist – kann der Richter das Verfahren mit Zustimmung des Staatsanwalts an den Richter abgeben, in dessen Bezirk sich der Angeklagte aufhält, wenn dieser seinen Aufenthalt wechselt. Der in dieser Bestimmung zum Ausdruck kommende Grundsatz, dass Heranwachsende sich vor dem für ihren Aufenthaltsort zuständigen Gericht verantworten sollen, darf grundsätzlich nur durchbrochen werden, wenn sonst erhebliche Erschwernisse das Verfahren belasten würden (vgl. Senat, Beschluss vom 10. Mai 2006 – 2 ARs 176/

[506] BGH, Beschluss vom 22.04.2015 – 2 StR 503/14, Rn. 5.
[507] BGH, Urteil vom 03.12.2015 – 4 StR 387/15, Rn. 21.
[508] BGH, Urteil vom 22.10.2015 – 4 StR 133/15, Rn. 10.
[509] BGH, Beschluss vom 15.10.2015 – 2 StR 274/15, Rn. 5.
[510] BGH, Beschluss vom 15.10.2015 – 2 StR 274/15, Rn. 4.
[511] BGH, Beschluss vom 08.09.2015 – 2 ARs 142/15, 2 AR 95/15.

06 –). Für die Zuständigkeit kommt es lediglich auf den faktischen Aufenthaltsort an, nicht – wie nach § 8 StPO – auf den Wohnsitz oder auf die Meldeanschrift des Jugendlichen oder Heranwachsenden, so dass die Zuständigkeit auch dann begründet werden kann, wenn dieser ohne festen Wohnsitz an einem bestimmten Ort lebt (vgl. Senat, Beschluss vom 26. Juni 2014 – 2 ARs 114/14, 2 AR 81/14 –; Beschluss vom 10. Januar 2007 – 2 ARs 545/06 –).

a) Der Angeklagte hat nach Anklageerhebung seinen Aufenthaltsort gewechselt. Es ist auch davon auszugehen, dass er im Zeitpunkt der Abgabe seinen Aufenthalt in Berlin und damit im Bezirk des Amtsgerichts Tiergarten gehabt hat. Zwar ist die genaue Anschrift, unter welcher der Angeklagte sich derzeit aufhält, unbekannt, seine eigenen Angaben hierzu und zu einer angeblichen Anmeldung in Berlin haben sich als unzutreffend erwiesen. Dies ändert indes nichts daran, dass die Angabe des Angeklagten, er halte sich in Berlin auf, als solche glaubhaft ist. Gestützt wird dies zum einen durch den Umstand, dass sich der Angeklagte nach den Ermittlungen des Polizeipräsidenten in Berlin zumindest zeitweise bis Juli 2014 in der kirchlichen Einrichtung D. in Berlin aufgehalten hat (SA Bl. 110), zum anderen dadurch, dass er im Zeitraum seit Dezember 2013 mehrfach unter Umständen, die auf einen Aufenthalt hindeuteten, in Berlin angetroffen wurde. Konkrete Anhaltspunkte dafür, dass sich der Angeklagte tatsächlich nicht mehr in Berlin aufhält, sind nicht erkennbar.

b) Gewichtige Gründe des Strafverfahrens – einschließlich des in Sachen von geringerer Bedeutung zu beachtenden Gesichtspunkts der beschleunigten und daher wirkungsvollen Ahndung – stehen der Abgabe nicht entgegen. Im Ermittlungsverfahren hat sich der Angeklagte in vollem Umfang geständig gezeigt (SA Bl. 13 ff.). Derzeit deutet nichts darauf hin, dass der Angeklagte seinen Aufenthalt wieder von Berlin wegverlegen wird, so dass auch nicht das Ziel einer Vermeidung wiederholter Abgaben (vgl. Senat, Beschluss vom 15. Januar 2015 – 2 ARs 275/14 -) es angezeigt erschienen ließe, dass die Zuständigkeit des Amtsgerichts Ulm aufrechterhalten bleibt.“

[2] Diesen zutreffenden Ausführungen schließt sich der Senat an.

3. Steuerstrafrecht und Abgabenordnung (AO)

476 Täter einer **Steuerhinterziehung** nach § 370 Abs. 1 Nr. 1 AO kann über den Steuerpflichtigen selbst hinaus **jedermann** sein. Sofern das Gesetz einer Person keine steuerlichen Pflichten zuweist, ist erforderlich, dass die Voraussetzungen des § 25 Abs. 2 StGB – ein gemeinschaftliches Handeln mit dem Steuerpflichtigen – gegeben sind.[512]

[34] Täter einer Steuerhinterziehung i.S.v. § 370 Abs. 1 Nr. 1 AO kann nicht nur der Steuerpflichtige sein. Vielmehr kommt als Täter einer Steuerhinterziehung durch aktives Tun grundsätzlich jedermann in Betracht („wer“), sofern er den gesetzlichen Tatbestand verwirklicht. Mittäter kann daher auch eine Person sein, der das Gesetz keine steuerlichen Pflichten zuweist, sofern nur die Voraussetzungen einer gemeinschaftlichen Begehungsweise i.S.v. § 25 Abs. 2 StGB gegeben

[512] BGH, Beschluss vom 07.10.2014 – 1 StR 182/14.

sind (st. Rspr.; vgl. BGH, Urteil vom 12. November 1986 – 3 StR 405/86, BGHR StGB § 25 Abs. 2 Mittäter 1; BGH, Urteil vom 28. Mai 1986 – 3 StR 103/86, NStZ 1986, 463; BGH, Beschluss vom 6. Oktober 1989 – 3 StR 80/89, BGHR AO § 370 Abs. 1 Nr. 1 Mittäter 3; BGH, Urteil vom 22. Mai 2003 – 5 StR 520/02, BGHR AO § 370 Abs. 1 Nr. 1 Täter 4; BGH, Beschluss vom 7. November 2006 – 5 StR 164/06, wistra 2007, 112; BGH, Urteil vom 9. April 2013 – 1 StR 586/12, BGHSt 58, 218, 225 Rn. 42).

[35] Mittäter ist, wer nicht nur fremdes Tun fördert, sondern einen eigenen Tatbeitrag derart in eine gemeinschaftliche Tat einfügt, dass sein Beitrag als Teil der Tätigkeit des anderen und umgekehrt dessen Tun als Ergänzung seines eigenen Tatanteils erscheint. Ob ein Beteiligter ein so enges Verhältnis zur Tat hat, ist nach den gesamten Umständen, die von seiner Vorstellung umfasst sind, in wertender Betrachtung zu beurteilen. Wesentliche Anhaltspunkte können der Grad des eigenen Interesses am Taterfolg, der Umfang der Tatbeteiligung und die Tatherrschaft oder wenigstens der Wille zur Tatherrschaft sein (st. Rspr.; vgl. nur BGH, Urteile vom 30. Juni 2005 – 5 StR 12/05, NStZ 2006, 44; vom 15. Januar 1991 – 5 StR 492/90, BGHSt 37, 289, 291; vom 9. April 2013 – 1 StR 586/12, BGHSt 58, 218, 226 Rn. 43 jeweils mwN).

(Mit-)Täter einer **Steuerhinterziehung durch Unterlassen** gemäß § 370 Abs. 1 Nr. 2 AO kann nur derjenige sein, der selbst zur Aufklärung steuerlich erheblicher Tatsachen **besonders verpflichtet** ist.[513] **477**

[14] Die Angeklagten B., M. und S. waren weder zur Gestellung der Zigaretten gemäß Art. 38, 40 ZK bei der Einfuhr der Zigaretten in das Gebiet der Europäischen Union noch zur Abgabe einer Steuererklärung nach Verbringen der Tabakwaren ohne Verwendung deutscher Steuerzeichen nach Deutschland gemäß § 19 Satz 2 und 3 TabStG aF verpflichtet.

[15] (1) Gemäß Art. 38, 40 ZK sind Waren bei der Einfuhr in das Gebiet der Europäischen Union von demjenigen zu gestellen, der diese dorthin verbracht hat. Die Gestellungspflicht des Verbringers knüpft an die Herrschaft über die Ware bei der Einfuhr in das Gebiet der Europäischen Union an. Daran fehlt es hier. Die Angeklagten B., M. und S. haben die Zigaretten weder selbst in das Gebiet der Europäischen Union transportiert, noch hatten sie kraft Weisungsbefugnis beherrschenden Einfluss auf den Transport der Zigaretten, indem sie die Entscheidung zur Durchführung des Transports treffen oder die Einzelheiten der Fahrt (z. B. Fahrtroute, Ort und Zeit der Einfuhr) hätten bestimmen können (vgl. BGH, Beschluss vom 1. Februar 2007 – 5 StR 372/06, NStZ 2007, 590).

[16] (2) Entsteht die Tabaksteuer gemäß § 19 Satz 1 TabStG aF aufgrund eines Verbringens der Tabakwaren ohne Verwendung deutscher Steuerzeichen (vgl. § 12 TabStG aF) aus dem freien Verkehr eines anderen Mitgliedstaates zu gewerblichen Zwecken nach Deutschland, hat der Steuerschuldner über die Tabakwaren unverzüglich eine Steuererklärung abzugeben (§ 19 Satz 2 und 3 TabStG aF). Steuerschuldner und damit Erklärungspflichtiger ist gemäß § 19 Satz 2 TabStG aF, wer die Tabakwaren verbringt oder versendet sowie der Empfänger, sobald er Besitz an den Tabakwaren erlangt hat. Die Angeklagten B., M. und S. waren nicht

[513] BGH, Beschluss vom 14.10.2015 – 1 StR 521/14, Rn. 13.

Verbringer der Zigaretten. Der Begriff des Verbringers i.S.v. § 19 Satz 2 TabStG aF ist in gleicher Weise auszulegen wie bei Art. 38 Abs. 1 ZK (BFH, Urteil vom 10. Oktober 2007 – VII R 49/06, BFHE 218, 469; vgl. auch BGH, Urteil vom 14. März 2007 – 5 StR 461/06, NStZ 2007, 592; BGH, Beschluss vom 1. Februar 2007 – 5 StR 372/06, NStZ 2007, 590). Nach diesen Maßgaben fehlt es an der erforderlichen Herrschaft über die Tabakwaren beim Verbringen nach Deutschland. Die Angeklagten haben auch nicht als Empfänger Besitz an den Tabakwaren erlangt. Hinsichtlich des Angeklagten S. reicht die bloße Mitwirkung am Umladen der Zigaretten nicht zur Begründung einer Steuererklärungspflicht als Empfänger der Tabakwaren aus.

478 **Steuerhinterziehung** ist nicht lediglich ein Erklärungs-, sondern auch ein **Erfolgsdelikt. Vollendung** tritt erst ein, wenn der Täter durch seine Tathandlung **Steuern verkürzt** oder für sich oder einen anderen nicht gerechtfertigte Steuervorteile erlangt hat. Gründet der Tatvorwurf in der Abgabe unrichtiger Voranmeldungen, tritt für Fälle der Steuervergütung der tatbestandliche Verkürzungserfolg erst aufgrund der gemäß § 168 Satz 2 AO erforderlichen Zustimmung der Finanzbehörde ein. In den Konstellationen des § 168 Satz 1 AO ist die Steuerhinterziehung dagegen bereits mit der (unrichtigen) Anmeldung vollendet.[514]

479 Eine Strafbarkeit wegen **Steuerhinterziehung durch Einreichen** einer **falschen Umsatzsteuerjahreserklärung** ist **nicht** bereits deshalb **ausgeschlossen, weil** die eingereichte Erklärung **keine Unterschrift** trägt. Zwar ist eine Steuererklärung, welche die gesetzlich vorgeschriebene Unterschrift nicht enthält, unwirksam. Der Mangel der **fehlenden Unterschrift** ist aber dann steuerrechtlich **unbeachtlich, wenn** auf eine solche Steuererklärung ein **wirksamer Bescheid ergeht. Dasselbe** gilt, **wenn** eine zu einer Steuervergütung führende Steueranmeldung durch Zustimmung des Finanzamts nach **§ 168 S. 2 AO** einer Steuerfestsetzung unter Vorbehalt der Nachprüfung gleichsteht. Für die Annahme einer **Tathandlung** ist es ausreichend, wenn **aufgrund** einer **Gesamtwürdigung** der festgestellten Umstände feststeht, dass die **falschen Angaben in** der abgegebenen **Steuererklärung durch** den **Angeklagten veranlasst** wurden.[515]

480 **Leichtfertige Steuerverkürzung** nach § 378 AO setzt ein **sorgfaltswidriges Handeln** voraus, wobei die **Einzelfallumstände** und die **persönlichen Fähigkeiten und Kenntnisse** mit zu berücksichtigen sind. Hierbei werden dem Steuerpflichtigen umfassende **Unterrichtungspflichten** aufoktroyiert.[516]

[29] aa) Leichtfertig handelt, wer die Sorgfalt außer Acht lässt, zu der er nach den besonderen Umständen des Einzelfalls und seinen persönlichen Fähigkeiten und Kenntnissen verpflichtet und imstande ist, obwohl sich ihm aufdrängen musste, dass dadurch eine Steuerverkürzung eintreten wird (vgl. BGH, Urteil vom 16. Dezember 2009 – 1 StR 491/09 Rn. 40, HFR 2010, 866; BGH, Urteil vom 8. September 2011 – 1 StR 38/11 Rn. 17, wistra 2011, 465).

[30] Jeder Steuerpflichtige muss sich über diejenigen steuerlichen Pflichten unterrichten, die ihn im Rahmen seines Lebenskreises treffen. Dies gilt in besonderem

---

514 BGH, Beschluss vom 24.11.2015 – 1 StR 366/15, Rn. 6.
515 BGH, Urteil vom 14.01.2015 – 1 StR 93/14, Rn. 84.
516 BGH, Beschluss vom 17.12.2014 – 1 StR 324/14, Rn. 29 f.

Maße in Bezug auf solche steuerrechtlichen Pflichten, die aus der Ausübung eines Gewerbes oder einer freiberuflichen Tätigkeit erwachsen. Bei einem Kaufmann sind deshalb jedenfalls bei Rechtsgeschäften, die zu seiner kaufmännischen Tätigkeit gehören, höhere Anforderungen an die Erkundigungspflichten zu stellen als bei anderen Steuerpflichtigen (vgl. BFH, Urteil vom 19. Februar 2009 – II R 49/07 mwN, BFHE 225, 1). In Zweifelsfällen hat er von sachkundiger Seite Rat einzuholen (vgl. BGH, Urteil vom 8. September 2011 – 1 StR 38/11 Rn. 18, wistra 2011, 465; vgl. dazu auch Joecks in Franzen/Gast/Joecks, Steuerstrafrecht, 7. Aufl., § 378 AO Rn. 39; Jäger in Klein, AO, 12. Aufl., § 378 Rn. 20f.; jeweils mwN).

Soweit keine konkreten Feststellungen zur Höhe der gewinnerhöhenden und gewinnmindernden Positionen getroffen werden können, sind einzelne Positionen im Wege der **Schätzung** ermittelbar. In den Urteilsgründen ist insoweit **nachvollziehbar darzulegen**, wie das Gericht zu den **Schätzungsergebnissen** gelangt ist.[517] **481**

Eine Strafbarkeit gemäß § 370 Abs. 1 Nr. 1 AO kommt dann nicht in Betracht, wenn eine **Berechtigung zum Vorsteuerabzug** bestanden hat.[518] **482**

[35] 1. Das Landgericht hat die Verurteilung des Angeklagten H. wegen Hinterziehung von Umsatzsteuer jeweils darauf gestützt, dass die Voraussetzungen für einen Vorsteuerabzug aus den Rechnungen der A. GmbH für die Ho. nicht vorgelegen haben. Es hat hierbei jedoch einen unzutreffenden rechtlichen Maßstab zugrunde gelegt. Die Verurteilung des Angeklagten H. hält daher insoweit rechtlicher Nachprüfung nicht stand.

[36] a) Gemäß § 15 Abs. 1 Satz 1 Nr. 1 Satz 1 und 2 UStG kann ein Unternehmer die gesetzlich geschuldete Steuer für Lieferungen und sonstige Leistungen, die von einem anderen Unternehmer für sein Unternehmen ausgeführt worden sind, als Vorsteuer abziehen, wenn er eine nach den §§ 14, 14a UStG ausgestellte Rechnung besitzt. Soweit der gesondert ausgewiesene Steuerbetrag auf eine Zahlung vor Ausführung dieser Umsätze entfällt, ist er bereits abziehbar, wenn die Rechnung vorliegt und die Zahlung geleistet ist (§ 15 Abs. 1 Satz 1 Nr. 1 Satz 3 UStG).

[37] aa) Das Landgericht ist zwar auf Grundlage der von ihm getroffenen Feststellungen zutreffend davon ausgegangen, dass ein Vorsteuerabzug nach § 15 Abs. 1 Satz 1 Nr. 1 Satz 1 und 2 UStG nicht zulässig war, da im jeweiligen Anmeldungszeitraum die Leistungen durch die A. GmbH noch nicht an die Ho. ausgeführt waren.

[38] Insbesondere wurden auch keine Teilleistungen i.S.v. § 13 Abs. 1 Nr. 1 Buchst. a Satz 2 UStG erbracht. Teilleistungen liegen vor, wenn für bestimmte Teile einer wirtschaftlich teilbaren Leistung das Entgelt gesondert vereinbart wird (§ 13 Abs. 1 Nr. 1 Buchst. a Satz 3 UStG; vgl. dazu BFH, Beschluss vom 9. März 2006 – V B 77/05, BFH/NV 2006, 1530 mwN). Hier fehlte es jedenfalls an einer gesonderten Vereinbarung des Entgelts für bestimmte Teile einer Leistung. Eine solche ist nicht schon dann zu bejahen, wenn lediglich Teilzahlungen,

---

517 BGH, Beschluss vom 28.07.2015 – 1 StR 302/14, Rn. 60.

518 BGH, Urteil vom 14.01.2015 – 1 StR 93/14.

Abschlagzahlungen, Vorauszahlungen, Vorschüsse oder vorläufige Zahlungen vereinbart worden sind. Derartige Vereinbarungen vertraglicher Art betreffen allein den Fälligkeitszeitpunkt für die geschuldete Gegenleistung, nicht aber eine gesonderte Entgeltvereinbarung für bestimmte Teile der Leistung. Dies gilt auch dann, wenn solche Zahlungen vereinbarungsgemäß entsprechend dem Fortgang der Leistungen oder nach einem bestimmten Leistungsstand zu entrichten sind (vgl. Nieskens in Rau/Dürrwächter, UStG, § 13 Rn. 281).

[39] bb) Bei der Prüfung der Berechtigung zum Vorsteuerabzug aus geleisteten Anzahlungen gemäß § 15 Abs. 1 Satz 1 Nr. 1 Satz 3 UStG ist das Landgericht dagegen rechtsfehlerhaft davon ausgegangen, dass auch in diesem Fall die „Rechnungsausstellung mit einer Leistung verbunden sein" müsse und deshalb ein Vorsteuerabzug nur möglich sei, wenn mit der Leistung – hier der Erstellung des betreffenden Werkzeugsatzes – bereits begonnen worden sei (vgl. UA S. 36).

[40] Entfällt der gesondert ausgewiesene Umsatzsteuerbetrag – wie hier – auf eine Zahlung vor der Ausführung der Umsätze, setzt der Vorsteuerabzug lediglich voraus, dass eine nach den §§ 14, 14a UStG ausgestellte Rechnung vorliegt und die Zahlung geleistet worden ist (§ 15 Abs. 1 Satz 1 Nr. 1 Satz 3 UStG). Der Vorsteuerabzug kann dann in dem (Vor-)Anmeldungszeitraum vorgenommen werden, in dem erstmalig beide Voraussetzungen erfüllt sind. Mit der Ausführung der Leistung muss nach dem eindeutigen Wortlaut der Vorschrift noch nicht begonnen worden sein.

[41] b) Ob für die Ho. nach § 15 Abs. 1 Satz 1 Nr. 1 Satz 3 UStG eine Berechtigung zum Vorsteuerabzug aus den Rechnungen der A. GmbH als Anzahlungen bestand, kann der Senat auf der Grundlage der Urteilsfeststellungen nicht prüfen. Die vom Landgericht getroffenen Feststellungen ermöglichen weder die Nachprüfung, ob die ausgestellten Rechnungen die für einen Vorsteuerabzug notwendigen Angaben enthielten (nachfolgend aa)), noch, ob die Anzahlungen im jeweiligen Anmeldungszeitraum erfolgten (nachfolgend bb)).

[42] aa) Die Berechtigung zum Vorsteuerabzug setzt zunächst das Vorliegen einer Rechnung i.S. der §§ 14, 14a UStG voraus. Dabei ergeben sich die erforderlichen Rechnungsangaben aus § 14 Abs. 4 UStG, der sinngemäß gilt, wenn das Entgelt oder ein Teil des Entgelts vereinnahmt wird, bevor die Lieferung oder sonstige Leistung ausgeführt werden (§ 14 Abs. 5 Satz 1 UStG).

[43] Der Vorsteuerabzug aus einer Rechnung über Leistungen, auf die Anzahlungen geleistet wurden, setzt voraus, dass alle maßgeblichen Elemente des Steuertatbestandes, d.h. der künftigen Lieferung oder sonstigen Leistung zum Zeitpunkt der Anzahlung genau bestimmt sind. Die Rechnung muss deshalb Angaben tatsächlicher Art enthalten, welche eine eindeutige und leicht nachprüfbare Feststellung der Leistung ermöglichen, über die abgerechnet wird (BFH, Urteil vom 24. August 2006 – V R 16/05, BFHE 215, 311; vgl. auch EuGH, Urteil vom 21. Februar 2006 in der Rechtssache C-419/02, BUPA-Hospitals u.a., DStRE 2006, 424).

[44] In der Rechnung müssen die Menge und die Art (handelsübliche Bezeichnung) des Gegenstands der Lieferung angegeben werden (§ 14 Abs. 4 Satz 1 Nr. 5 UStG). Zudem ist gemäß § 14 Abs. 4 Satz 1 Nr. 6 UStG der Zeitpunkt der Vereinnahmung des Entgelts oder eines Teils des Entgelts anzugeben, sofern der Zeitpunkt der Vereinnahmung feststeht und nicht mit dem Ausstellungsdatum der Rechnung übereinstimmt.

[45] Die Angabe des Datums der Vereinnahmung des Entgelts wird dem leistenden Unternehmer regelmäßig nicht möglich sein, weil der Leistungsempfänger grundsätzlich erst nach oder gleichzeitig mit der Rechnungsstellung zahlt (vgl. auch BFH, Urteil vom 17. Dezember 2008 – XI R 62/07, BFHE 223, 535). Daher muss in der Rechnung kenntlich gemacht werden, dass über eine noch nicht ausgeführte Leistung abgerechnet wird. Dies kann sich aus der Aufmachung der Rechnung (z.B. durch Bezeichnung als Anzahlungs- oder Vorausrechnung) oder aus ihrem Inhalt (z.B. durch Hinweis auf den erst in der Zukunft liegenden Zeitpunkt der Leistung) ergeben (vgl. Sächsisches Finanzgericht, Urteil vom 6. November 2013 – 2 K 1198/13; Finanzgericht Baden-Württemberg, Beschluss vom 14. April 2011 – 9 V 3818/10; Birkenfeld in Birkenfeld/Wäger, Das große Umsatzsteuerhandbuch, § 164 Rn. 71, 114, 132; Wagner in Sölch/Ringleb, § 14 Rn. 392 [„sollte"]; so auch Abschnitt 14.5. Abs. 16, Abschnitt 14.8. Abs. 4 UStAE).

[46] Die Pflichtangaben des § 14 Abs. 4 UStG verfolgen das Ziel, die Erhebung der Umsatzsteuer und ihre Überprüfung sicherzustellen. Daher müssen nach ständiger Rechtsprechung des Bundesfinanzhofs die Rechnungsangaben eine eindeutige und leicht nachprüfbare Feststellung der Voraussetzungen für den Vorsteuerabzug ermöglichen (vgl. BFH, Urteil vom 17. Dezember 2008 – XI R 62/07 mwN, BFHE 223, 535). Dies macht eine entsprechende Kenntlichmachung erforderlich. Sofern eine Voraus- oder Anzahlungsrechnung weder den Zeitpunkt der Vereinnahmung des Entgelts enthält, weil dieser noch nicht feststeht, noch kenntlich macht, dass über eine noch nicht ausgeführte Leistung abgerechnet wird, bestünde andernfalls für die Finanzverwaltung stets die Ungewissheit, ob über eine Anzahlung abgerechnet wird oder ob die Angabe des Leistungszeitpunkts aus anderen Gründen fehlt.

[47] Die Kenntlichmachung ist auch im Hinblick auf die Gefahr geboten, dass vom Empfänger andernfalls mit Hilfe von schon vor Leistungsausführung erteilten Rechnungen, die den Eindruck erwecken, es würde über eine bereits erbrachte Leistung abgerechnet, missbräuchlich Vorsteuern geltend gemacht werden könnten. Damit korrespondiert, dass der nicht nur über eine vereinnahmte Anzahlung, sondern mit einer nicht als Vorausrechnung erkennbaren Rechnung über eine noch nicht ausgeführte Leistung abrechnende Rechnungsersteller, die in der Rechnung ausgewiesene Umsatzsteuer gemäß § 14c Abs. 2 Satz 2 Var. 2 UStG jedenfalls ab dem Zeitpunkt schuldet, in dem feststeht, dass die Leistung nicht mehr ausgeführt wird (vgl. BFH, Urteile vom 21. Februar 1980 – V R 146/73, BFHE 129, 569; vom 20. März 1980 – V R 131/74, BFHE 130, 122; vom 29. Juni 1988 – V B 144/87, BFH/NV 1989, 134; vom 5. Februar 1998 – V R 65/97, BFHE 185, 302; und vom 7. April 2011 – V R 44/09, BFHE 234, 430; Stadie in Rau/Dürrwächter, UStG, 157. Lfg., § 14c Rn. 263f. mwN).

[48] bb) Neben dem Vorliegen einer den dargelegten Anforderungen genügenden Rechnung i.S.v. §§ 14, 14a UStG setzt der Vorsteuerabzug gemäß § 15 Abs. 1 Satz 1 Nr. 1 Satz 3 UStG weiterhin die Zahlung im jeweiligen Anmeldungszeitraum der Geltendmachung voraus. Für den Zeitpunkt der Leistung der Zahlung ist nicht auf den Zahlungsabfluss beim Leistungsempfänger, sondern auf den Zeitpunkt der Vereinnahmung durch den leistenden Unternehmer abzustellen. Denn die mit dem Anspruch auf Vorsteuerabzug korrespondierende Umsatzsteuer entsteht beim leistenden Unternehmer gemäß § 13 Abs. 1 Nr. 1 Buchst. a Satz 4 UStG erst mit Ablauf des Voranmeldungszeitraums, in dem er das Entgelt

oder Teilentgelt vereinnahmt hat (Birkenfeld in Birkenfeld/Wäger, Das große Umsatzsteuerhandbuch, 39. Lfg., § 173, Vorsteuerabzug aus Rechnungen über Voraus- und Anzahlungen, Rn. 47). (...)

483 Entscheidungserheblicher **Zeitpunkt** für die Voraussetzungen für einen **Vorsteuerabzug** ist nicht der der Abgabe der Steueranmeldung, in welcher der Vorsteuerabzug vorgenommen wird, sondern der Zeitpunkt der **Ausführung der Lieferung oder sonstigen Leistung**. Eine einmal bestehende Berechtigung zum Vorsteuerabzug fällt nicht deshalb nachträglich weg, weil der Unternehmer später von Umständen Kenntnis erlangt, die dem Vorsteuerabzug entgegen gestanden hätten, wenn er sie bereits bei Bezug der Waren gekannt hätte. Demnach ist es für die Berechtigung zum Vorsteuerabzug **ohne Bedeutung, ob** der **Leistungsempfänger**, der eine Lieferung noch „in gutem Glauben" erhalten hat, **nachträglich erkennt**, dass er sich mit seinem Erwerb an einem Umsatz beteiligt hat, der in eine anderweitig begangene „Mehrwertsteuerhinterziehung" einbezogen war.[519]

484 Nach § 15 Abs. 1 Satz 1 Nr. 1 UStG ist der **Vorsteuerabzug** dann zu **versagen, wenn** der **Steuerpflichtige** – im unionsrechtlichen Sinne – **selbst** eine **Steuerhinterziehung** begeht oder wenn er wusste oder hätte wissen müssen, dass er sich mit seinem Erwerb an einem Umsatz beteiligt, der in eine Mehrwertsteuerhinterziehung einbezogen und er deswegen als an dieser Hinterziehung **Beteiligter** anzusehen ist.[520]

485 Als **Hilfeleistung** im Sinne des **§ 27 StGB** ist bei einer in einem **auf Hinterziehung von Umsatzsteuer ausgerichtetem Gesamtsystem** integrierten Person ausreichend, dass sie von den anderen Geschäften in der Lieferkette Kenntnis dahingehend hat, dass als Gehilfe mit ihrem eigenen Beitrag innerhalb der Lieferkette auch jeweils eine Umsatzsteuerhinterziehung der anderen Mitglieder einhergeht, die an den auf Hinterziehung der Umsatzsteuer gerichteten Geschäften beteiligt sind.[521]

486 Dem Gerichtshof der Europäischen Union wird zur Auslegung der Richtlinie 2006/112/EG des Rates vom 28. November 2006 über das gemeinsame Mehrwertsteuersystem (ABl. EU Nr. L 347 vom 11. Dezember 2006, S. 1 ff., ber. ABl. EU Nr. L 335 vom 20. Dezember 2007, S. 60) gemäß Art. 267 des Vertrags über die Arbeitsweise der Europäischen Union (AEUV) folgende Frage zur **Vorabentscheidung** vorgelegt:

> Ist Art. 56 Abs. 1 Buchst. a) der Richtlinie 2006/112/EG des Rates vom 28. November 2006 über das gemeinsame **Mehrwertsteuersystem** dahin auszulegen, dass es sich bei dem Zertifikat gemäß Art. 3 Buchst. a) der Richtlinie 2003/87/EG des europäischen Parlaments und des Rates vom 13. Oktober 2003 über ein System für den **Handel mit Treibhausgasemissionszertifikaten** in der Gemeinschaft und zur Änderung der Richtlinie 96/61/EG des Rates (ABl. EU Nr. L 275 vom 25. Oktober 2003, S. 32 ff.), das zur Emission von

---

519 BGH, Beschluss vom 29.01.2015 – 1 StR 216/14, Rn. 15; vgl. auch: BGH, Urteil vom 22.07.2015 – 1 StR 447/14, Rn. 13 und BGH, Beschluss vom 02.09.2015 – 1 StR 239/15, Rn. 13.

520 BGH, Urteil vom 22.07.2015 – 1 StR 447/14, Rn. 13; vgl. BGH, Beschluss vom 02.09.2015 – 1 StR 239/15, Rn. 12.

521 BGH, Urteil vom 22.07.2015 – 1 StR 447/14, Rn. 15.

einer Tonne Kohlendioxidäquivalent in einem bestimmten Zeitraum berechtigt, um ein „ähnliches Recht" im Sinne dieser Vorschrift handelt?[522]

[2] 1. Dem Revisionsverfahren liegt im Wesentlichen folgender, vom Landgericht festgestellter Sachverhalt zugrunde:

[3] a) Der Mitangeklagte G. war Initiator eines im Zeitraum vom April 2009 bis März 2010 betriebenen und auf die Hinterziehung von Umsatzsteuer im Handel mit CO_2-Emissionszertifikaten ausgerichteten „Umsatzsteuerbetrugssystems".

[4] Die in der Bundesrepublik Deutschland ansässige E. GmbH (im Folgenden: E.), die von G. faktisch beherrscht wurde, erwarb ab April 2009 CO_2-Emissionszertifikate „umsatzsteuerfrei" im Ausland. Diese Zertifikate wurden zeitnah an die ebenfalls von G. geführte I. S. A. (im Folgenden: I.) mit Sitz in Luxemburg weiter veräußert; hierfür wurden von der I. als Leistungsempfängerin über die Leistungen Rechnungen in Form von Gutschriften an die E. unter Ausweis deutscher Umsatzsteuer erteilt. Die I. veräußerte die Zertifikate an die in der Bundesrepublik Deutschland ansässige C. GmbH (im Folgenden: C.) weiter, wobei auch insoweit im Gutschriftsverfahren unter Ausweis deutscher Umsatzsteuer abgerechnet wurde.

[5] b) Die E., die als sog. Missing Trader in das „Umsatzsteuerbetrugssystem" eingebunden war, erklärte in ihren Umsatzsteuervoranmeldungen für das zweite, dritte und vierte Quartal 2009 zwar die Umsätze aus der Veräußerung der Zertifikate an die I. Um ihre Umsatzsteuerschuld zu mindern, machte sie jedoch einen Vorsteuerabzug aus Scheinrechnungen vermeintlicher inländischer Lieferanten geltend. Für die Monate Januar und März 2010 gab sie keine Umsatzsteuervoranmeldungen mehr ab. Nach den Berechnungen der Strafkammer wurde hierdurch zugunsten der E. insgesamt Umsatzsteuer in Höhe von 11.484.179,12 Euro verkürzt.

[6] c) In den Umsatzsteuervoranmeldungen der I., die als sog. Buffer auftrat, erklärte der Mitangeklagte G. als deren Geschäftsführer für die Voranmeldungszeiträume April bis Juli 2009, September 2009 bis Januar 2010 sowie März 2010 die Leistungen an die C. als steuerpflichtige Umsätze und machte dabei die in den der E. erteilten Gutschriften ausgewiesene Umsatzsteuer zu Unrecht als Vorsteuer geltend. Nach den Berechnungen des Landgerichts wurde zugunsten der I. insgesamt Umsatzsteuer in Höhe von 10.667.491,10 Euro verkürzt.

[7] d) Die Angeklagten sind bei einer großen Steuerberatungsgesellschaft beschäftigt, die Ende Mai/Anfang Juni 2009 die steuerliche Beratung der I. übernahm. Die I., die ihren Sitz in Luxemburg hatte, verfügte nach den im angefochtenen Urteil getroffenen Feststellungen in den Monaten April und Mai 2009 über keine Betriebsstätte in der Bundesrepublik Deutschland. Der Mitangeklagte G., der erfahren hatte, dass ein Ausweis deutscher Umsatzsteuer seitens der I. nur bei Vorhandensein einer inländischen Betriebsstätte zulässig sei, ließ sich ab 27. Mai 2009 von den Angeklagten zur umsatzsteuerlichen Situation der I. beraten und beauftragte sie mit der Erstellung eines Kurzgutachtens. In dem Gutachten wurde u. a. ausgeführt, dass die I. nur dann deutsche Umsatzsteuer ausweisen und als Vorsteuer gelten machen könne, wenn sie über eine Betriebsstätte in der Bundes-

[522] BGH, Beschluss vom 22.07.2015 – 1 StR 447/14.

republik Deutschland verfüge und die entsprechenden Geschäfte von dort aus tätige. Weiterhin wurde darauf hingewiesen, dass Rechnungen, die vor Errichtung einer Betriebsstätte in Deutschland unter Ausweis von deutscher Umsatzsteuer ausgestellt wurden, zu korrigieren seien.

[12] Die Entscheidung über die Revisionen der Angeklagten und der Staatsanwaltschaft hängt von der Beantwortung der Vorlagefrage ab.

[13] Ob sich die Angeklagten nach deutschem Strafrecht wegen Beihilfe zur Steuerhinterziehung (§ 370 Abs. 1 Nr. 1 AO, § 27 Abs. 1 StGB) strafbar gemacht haben, ist davon abhängig, ob sie vorsätzlich unrichtige Umsatzsteuervoranmeldungen beim Finanzamt eingereicht haben, in denen zu Unrecht Vorsteuern aus Gutschriften (Rechnungen) über Leistungen der E. geltend gemacht wurden. Da die Angeklagten nach den Urteilsfeststellungen keine Kenntnis von der Einbindung der Firmen E. und I. in ein „Umsatzsteuerbetrugssystem" hatten, war dies nur dann der Fall, wenn aus den der E. erteilten Gutschriften deswegen keine Vorsteuern geltend gemacht werden durften, weil diese keinen Umsatzsteuerausweis enthalten durften. So verhielt es sich für Rechnungen an die I. mit Sitz in Luxemburg und ohne Betriebsstätte in der Bundesrepublik Deutschland jedoch nur dann, wenn der Leistungsort für die Übertragung der Emissionszertifikate nicht in der Bundesrepublik Deutschland lag. Ein Umsatzsteuerausweis der E. gegenüber der I. war in diesem Fall aber nur dann unzulässig, wenn nach Art. 56 Abs. 1 der Richtlinie 2006/112/EG des Rates vom 28. November 2006 über das gemeinsame Mehrwertsteuersystem der Leistungsort nicht beim Leistenden (E.), sondern beim Leistungsempfänger I. in Luxemburg lag. Das setzt voraus, dass im Jahr 2009 für Emissionszertifikate nach Art. 56 Abs. 1 Buchst. a) der Richtlinie 2006/112/EG als Leistungsort derjenige Ort galt, an dem der Empfänger den Sitz seiner wirtschaftlichen Tätigkeit oder eine feste Niederlassung hat. Dies wiederum hängt von der Beantwortung der Vorlagefrage ab.

[14] Die Auslegung der Richtlinie 2006/112/EG des Rates vom 28. November 2006 über das gemeinsame Mehrwertsteuersystem (ABl. EU Nr. L 347 vom 11. Dezember 2006, S. 1ff., ber. ABl. EU Nr. L 335 vom 20. Dezember 2007, S. 60) obliegt allein dem Gerichtshof der Europäischen Union. Dieser hat diese Frage bislang noch nicht entschieden, so dass kein „acte éclairé" vorliegt. Die Auslegung ist auch nicht derart offenkundig, dass sie im Sinne eines „acte clair" keinen vernünftigen Zweifeln unterläge (vgl. zu den Voraussetzungen einer Offenkundigkeit EuGH, Urteil vom 6. Oktober 1982 – Rechtssache C-283/81, CILFIT, Slg. 1982, S. 3415). Im Einzelnen:

[15] 1. Eine Hinterziehung (§ 370 Abs. 1 AO) von Umsatzsteuer kann dadurch bewirkt werden, dass in Umsatzsteuervoranmeldungen zu Unrecht Vorsteuerbeträge abgezogen werden. § 15 Abs. 1 Satz 1 Nr. 1 Satz 1 UStG erlaubt dem Unternehmer den Vorsteuerabzug für gesetzlich geschuldete Steuer für Lieferungen und sonstige Leistungen, die von einem anderen Unternehmen für sein Unternehmen ausgeführt worden sind. Die Ausübung des Vorsteuerabzugs setzt voraus, dass der Unternehmer eine nach den §§ 14, 14a UStG ausgestellte Rechnung besitzt. Als Rechnung gilt auch eine vom Leistungsempfänger ausgestellte Gutschrift, sofern dies vorher vereinbart wurde (§ 14 Abs. 2 Satz 2 UStG).

[16] 2. Da die Angeklagten nach den Urteilsfeststellungen keine Kenntnis von der Einbindung der Firmen E. und I. in ein „Umsatzsteuerbetrugssystem" hatten, konnte sich für sie eine Strafbarkeit wegen Beihilfe zur Steuerhinterziehung nicht

daraus ergeben, dass nach der Rechtsprechung des Gerichtshofs der Europäischen Union der Vorsteuerabzug zu versagen ist, wenn der Steuerpflichtige selbst eine Steuerhinterziehung begeht oder wenn er wusste oder hätte wissen müssen, dass er sich mit seinem Erwerb an einem Umsatz beteiligt, der in eine Mehrwertsteuerhinterziehung einbezogen ist und er deswegen als an dieser Hinterziehung Beteiligter anzusehen ist (vgl. EuGH, Urteile vom 6. Juli 2006, Rechtssache C-439/04 u.a., Kittel und Recolta Recycling, Slg. 2006, I-6161 und vom 18. Dezember 2014, Rechtssache C-131/13 u.a., Italmoda, ABl. EU Nr. C 65 vom 23. Februar 2015, S. 4).

[17] Für die Frage der Strafbarkeit der Angeklagten wegen Beihilfe zur Steuerhinterziehung und den Erfolg der eingelegten Revisionen ist daher entscheidungserheblich, ob der Vorsteuerabzug aus den der E. ausgestellten Gutschriften betreffend die Übertragung von Emissionszertifikaten auch deswegen ausgeschlossen war, weil die Firma I. in der Bundesrepublik Deutschland keine Betriebsstätte hatte und der Leistungsort deswegen am Sitz der I. in Luxemburg lag, so dass die Leistung in Deutschland nicht steuerbar war.

[18] 3. Bei Emissionszertifikaten handelt es sich um Zertifikate im Sinne von Art. 3 Buchst. a) der Richtlinie 2003/87/EG des Europäischen Parlaments und des Rates vom 13. Oktober 2003 über ein System für den Handel mit Treibhausgasemissionszertifikaten in der Gemeinschaft und zur Änderung der Richtlinie 96/61/EG des Rates (ABl. EU Nr. L 275 vom 25. Oktober 2003, S. 32ff.). Sie verkörpern Berechtigungen i.S.v. § 3 Abs. 4 TEHG a.F. (Gesetz über den Handel mit Berechtigungen zur Emission von Treibhausgasen – Treibhausgas-Emissionshandelsgesetz vom 8. Juli 2004, BGBl. I, 1578 in der Fassung vom 7. August 2007, BGBl. I, 1788, 1804) und damit die Befugnis zur Emission von jeweils einer Tonne Kohlendioxidäquivalent in einem bestimmten Zeitraum. Die zuständige Behörde führt ein Emissionshandelsregister in Form einer elektronischen Datenbank. Dort wird für jeden Verantwortlichen i.S.v. § 3 Abs. 7 Satz 1 TEHG a.F., d.h. für jede natürliche und juristische Person, welche die unmittelbare Entscheidungsgewalt über eine Tätigkeit im Sinne dieses Gesetzes innehat und dabei die wirtschaftlichen Risiken der Tätigkeit trägt – in der Regel der Betreiber der Anlage – ein Konto eingerichtet, auf dem die Ausgabe, der Besitz, die Übertragung und die Abgabe von Berechtigungen verzeichnet werden (§ 14 Abs. 1 Satz 1, Abs. 2 Satz 1 TEHG a.F.). Auch jede andere natürliche oder juristische Person kann die Einrichtung eines Kontos beantragen (§ 14 Abs. 2 Satz 3 TEHG a.F.).

[19] Die Berechtigungen sind gemäß § 6 Abs. 3 TEHG a.F. übertragbar. Die Übertragung erfolgt gemäß § 16 Abs. 1 Satz 1 TEHG a.F. durch Einigung und Eintragung auf dem Konto des Erwerbers im Emissionshandelsregister. Die Eintragung erfolgt auf Anweisung des Veräußerers an die kontoführende Stelle, Berechtigungen von seinem Konto auf das Konto des Erwerbers zu übertragen (§ 16 Abs. 1 Satz 2 TEHG a.F.). Soweit für jemanden eine Berechtigung eingetragen ist, gilt der Inhalt des Registers als richtig (§ 16 Abs. 2 Satz 1 TEHG a.F.). Dies gilt lediglich dann nicht, wenn die Unrichtigkeit dem Empfänger ausgegebener Berechtigungen bei Ausgabe bekannt war (§ 16 Abs. 2 TEHG a.F.).

[20] 4. Bei der Übertragung eines Emissionszertifikats handelt es sich um die Übertragung eines Rechts und damit um eine sonstige Leistung i.S.v. § 3 Abs. 9 UStG.

[21] Nach der bis zum 31. Dezember 2009 geltenden Fassung des Umsatzsteuergesetzes (im Folgenden: a. F.) wird eine sonstige Leistung grundsätzlich an dem Ort ausgeführt, von dem aus der leistende Unternehmer sein Unternehmen betreibt (§ 3a Abs. 1 UStG a. F.). Dagegen werden in Fällen, in denen der Leistungsempfänger ein Unternehmer ist, die in § 3a Abs. 4 UStG a. F. genannten sonstigen Leistungen dort ausgeführt, wo der Leistungsempfänger sein Unternehmen betreibt (§ 3a Abs. 3 Satz 1 UStG a. F.). Wird die sonstige Leistung an die Betriebsstätte eines Unternehmers ausgeführt, so ist stattdessen der Ort der Betriebsstätte maßgeblich (§ 3a Abs. 3 Satz 2 UStG a. F.).

[22] Zu den von § 3a Abs. 4 UStG a. F. erfassten Leistungen gehört gemäß § 3a Abs. 4 Nr. 1 UStG a. F. die Einräumung, Übertragung und Wahrnehmung von Patenten, Urheberrechten, Markenrechten und ähnlichen Rechten. Diese Vorschrift beruht auf Art. 56 Abs. 1 Buchst. a) der im Tatzeitraum geltenden Fassung der Richtlinie 2006/112/EG des Rates vom 28. November 2006 über das gemeinsame Mehrwertsteuersystem (Mehrwertsteuersystemrichtlinie, ABl. EU Nr. L 347 S. 1 ff., ber. ABl. EU Nr. L 335 S. 60). Sie bestimmt u. a. für Fälle, in denen der Dienstleistungsempfänger in einem anderen Mitgliedstaat ansässig ist als der Dienstleistungserbringer, dass als Leistungsort der Dienstleistung für die Abtretung und Einräumung von Urheberrechten, Patentrechten, Lizenzrechten, Fabrik- und Warenzeichen sowie ähnlichen Rechten derjenige Ort gilt, an dem der Dienstleistungsempfänger den Sitz seiner wirtschaftlichen Tätigkeit oder eine feste Niederlassung hat, für welche die Dienstleistung erbracht worden ist oder in Ermangelung eines solchen Sitzes oder einer solchen Niederlassung seinen Wohnsitz oder seinen gewöhnlichen Aufenthaltsort hat. Nach Art. 7 der Verordnung (EG) Nr. 1777/2005 vom 17. Oktober 2005 zur Festlegung von Durchführungsvorschriften zur Richtlinie 77/388/EWG über das gemeinsame Mehrwertsteuersystem (ABl. EU 2005 Nr. L 288 vom 29. Oktober 2005 S. 1 ff.) steht den genannten Immaterialgüterrechten die Erteilung des Rechts zur Fernsehübertragung von Fußballspielen durch in einem Drittland ansässige Organisationen an in der Europäischen Gemeinschaft ansässige Steuerpflichtige gleich.

[23] 5. Ob der Handel mit einer Berechtigung (Emissionszertifikat) die Übertragung eines „ähnlichen Rechts“ i. S. v. Art. 56 Abs. 1 Buchst. a) der Richtlinie 2006/112/EG darstellt, ist nicht derart offenkundig, dass diese Auslegung im Sinne eines „acte clair“ keinen vernünftigen Zweifeln unterläge.

[24] a) Allerdings entspricht die Auffassung, dass die in einem Emissionszertifikat verkörperte Berechtigung ein ähnliches Recht i. S. v. § 3a Abs. 4 Nr. 1 UStG a. F. und damit auch i. S. v. Art. 56 Abs. 1 Buchst. a) der Richtlinie 2006/112/EG darstellt, der in der Bundesrepublik Deutschland bislang einhelligen Ansicht von Literatur (vgl. Küffner/Stöcker/Zugmaier, UStG, 114. Lfg., § 3a Rn. 121; Meyer-Hollatz/Nagel/Krüger in Elspas/Salje/Stewing, Emissionshandel, Kap. 45 Rn. 3 f.; Adam/Hentschke/Kopp-Assenmacher, Handbuch des Emissionshandelsrechts, Kap. 8.7), Finanzverwaltung (vgl. BMF-Schreiben vom 2. Februar 2005, BStBl. I 2005, 494) und Rechtsprechung (vgl. FG Düsseldorf, Urteil vom 21. Juni 2013 – 1 K 2550/11 U, juris).

[25] Ausschlaggebend für die Einordnung als ähnliches Recht i. S. v. § 3a Abs. 4 Nr. 1 UStG a. F. dürfte dabei der Umstand sein, dass die Position des Rechtsinhabers und sein ausschließliches Nutzungsrecht dadurch gesichert wird, dass der Inhaber der jeweiligen Berechtigung stets dem Emissionshandelsregister zu ent-

nehmen ist (§ 14 TEHG a. F.) und so sichergestellt ist, dass er das ihm zustehende Recht nutzen oder verwerten kann.

[26] b) Dem hält die Verteidigung der Angeklagten unter Hinweis auf Stadie (in Rau/Dürrwächter, UStG, 150. Lfg., § 3a Rn. 44f.) entgegen, dass es sich bei den Regeln zum Ort der Dienstleistungen in den jeweiligen Mehrwertsteuerrichtlinien um ein weitgehend konzeptionsloses System handele. Sie verweist zudem darauf, dass von Nummer 1 des Anhangs B zu Art. 6 Abs. 2 der Zweiten Richtlinie 67/228/EWG des Rates vom 11. April 1967 zur Harmonisierung der Rechtsvorschriften der Mitgliedstaaten über die Umsatzsteuern – Struktur und Anwendungsmodalitäten des gemeinsamen Mehrwertsteuersystems (ABl. EG Nr. 71 vom 14. April 1967, S. 1303ff.), in welcher der Begriff der „gleichartigen Rechte" verwendet wurde, auch die Gewährung von Lizenzen auf die genannten Rechte erfasst werde. Eine Gewährung von Lizenzen sei aber bei Emissionszertifikaten nicht möglich. Überdies beziehe sich „ähnliches Recht" auf die vorgenannten Rechte, die sämtlich gewerbliche Schutzrechte seien und das geistige Eigentum im weiteren Sinne beträfen. Hierzu zähle das Emissionszertifikat nicht.

[27] c) Der Senat neigt gleichwohl der Auffassung zu, dass Emissionszertifikate den in Art. 56 Abs. 1 Buchst. a) der Richtlinie 2006/112/EG ausdrücklich genannten Rechten im Sinne dieser Vorschrift „ähnlich" sind.

[28] aa) Sprachlich bedeutet das Wort „ähnlich" „in bestimmten Merkmalen übereinstimmend" bzw. „dem Genannten vergleichbar" (vgl. Duden-Online, Stand 22. Juli 2015). Voraussetzung für die Einstufung als „ähnliches Recht" i. S. v. § 3a Abs. 4 Nr. 1 UStG a. F. ist daher eine inhaltliche Vergleichbarkeit mit den genannten Immaterialgüterrechten.

[29] bb) Inhaltlich zeichnen sich die in § 3a Abs. 4 Nr. 1 UStG a. F. wie auch Art. 56 Abs. 1 Buchst. a) der Richtlinie 2006/112/EG ausdrücklich benannten Rechte dadurch aus, dass dem Rechtsinhaber durch den Gesetzgeber ein absolutes Recht in dem Sinne eingeräumt wird, dass er die alleinige Befugnis hat, das jeweilige Recht zu nutzen, zu verwerten und andere davon auszuschließen (vgl. §§ 11, 15, 97 UrhG, §§ 6, 139 PatG, §§ 14, 15 MarkenG; vgl. auch Kemper in Schwarz/Widmann/Radeisen, UStG, 167. Lfg., § 3a Rn. 328; Stadie in Rau/Dürrwächter, UStG, 150. Lfg., § 3a Rn. 494). Eine solche wird jedenfalls für Gebrauchs- und Geschmacksmusterrechte (§ 1 GeschmMG), Verlagsrechte (vgl. § 8, 9 VerlG) sowie das Recht am eigenen Bild (§§ 22, 23, 33 KunstUrhG) angenommen (vgl. Kemper in Schwarz/Widmann/Radeisen, UStG, 167. Lfg., § 3a Rn. 328; Stadie in Rau/Dürrwächter, UStG, 150. Lfg., § 3a Rn. 494, Weymüller, BeckOK-UStG, 4. Aufl., § 3a Rn. 235.3).

[30] In der deutschen Rechtsprechung ist zudem anerkannt, dass auch Rechte, die nicht von Gesetzes wegen als absolute Rechte ausgestaltet sind, den genannten gewerblichen Schutzrechten dadurch vergleichbar sein können, dass die Ausschließlichkeit von deren Nutzung und Verwertung durch schuldrechtliche oder andere Ansprüche abgesichert ist (vgl. zum Verkauf einer Internet-Domain vgl. FG Rheinland-Pfalz, Urteil vom 24. November 2011 – 6 K 2154/09, DStRE 2012, 936 mit Verweis auf BFH, Urteil vom 19. Oktober 2006 – III R 6/05, BFHE 215, 222 [Absicherung der faktischen Ausschließlichkeitsstellung des Domaininhabers durch den Registrierungsvertrag]; zur Überlassung eines Berufsfußballers gegen Ablösezahlung mit der Folge einer „Exklusivität des Einsatzrechts" vgl. auch BFH, Urteil vom 14. Dezember 2011 – I R 108/10, BFHE 236, 117).

[31] cc) Eine entsprechende inhaltliche Vergleichbarkeit mit den in der Richtlinie 2006/112/EG ausdrücklich genannten Rechten weisen nach Auffassung des Senats auch die Emissionszertifikate auf. Denn bei ihnen ist gewährleistet, dass die in der Übertragung des alleinigen Nutzungs- und Verwertungsrechts auf den Empfänger bestehende (vgl. Stadie, UStG, 2. Aufl. 2012, § 3a Rn. 82) sonstige Leistung an dem Ort versteuert wird, von dem aus die Nutzung oder Verwertung des Rechts erfolgt („Empfängerort- bzw. Bestimmungslandprinzip").

[32] Soweit die Verteidigung geltend macht, eine Berechtigung nach dem Treibhausgas-Emissionshandelsgesetz (TEHG) könne andere Personen nicht davon ausschließen, Treibhausgase zu emittieren, dürfte dies der Einstufung von Emissionszertifikaten als „ähnliches Recht" i.S.v. Art. 56 Abs. 1 Buchst. a) der Richtlinie 2006/112/EG nicht entgegenstehen. Denn nur wer diese Berechtigung besitzt, hat die Befugnis zur Emission von einer Tonne Kohlendioxidäquivalent in einem bestimmten Zeitraum (§ 3 Abs. 4 Satz 1 TEHG a. F.). Wer kein Emissionszertifikat besitzt und trotzdem Treibhausgase emittiert, setzt sich dem Sanktionsmechanismus des § 18 TEHG aus (vgl. Frenz, Emissionshandelsrecht, 2. Aufl., § 6 Rn. 13).

[33] d) Im Hinblick darauf, dass der mit der Auswahl der in Art. 56 Abs. 1 Buchst. a) der Richtlinie 2006/112/EG ausdrücklich aufgeführten Rechte verfolgte Regelungszweck in der Richtlinie nicht näher erläutert wird, ist die Auslegung des Begriffs des „ähnlichen Rechts" in dieser Vorschrift nicht derart offenkundig, dass für einen vernünftigen Zweifel keinerlei Raum bliebe und die Gefahr voneinander abweichender Gerichtsentscheidungen innerhalb der Europäischen Union nicht bestünde (vgl. dazu EuGH, Urteil vom 6. Oktober 1982 – Rechtssache C-283/81, CILFIT, Slg. 1982, S. 3415). Der Begriff des „ähnlichen Rechts" in dieser Vorschrift bedarf daher für die Entscheidung über die Rechtsmittel in dem beim Bundesgerichtshof anhängigen Revisionsverfahren der Auslegung durch den Gerichtshof der Europäischen Union.

[34] Der Senat bittet anzuordnen, dass über das Vorabentscheidungsersuchen nach Art. 53 Abs. 3 der Verfahrensordnung des Gerichtshofs der Europäischen Union mit Vorrang entschieden wird. Die Vorabentscheidungsfrage ist in einem schwebenden Strafverfahren entscheidungserheblich, für das in besonderem Maße der aus Art. 6 Abs. 1 MRK resultierende Anspruch der Angeklagten gilt, dass über die Stichhaltigkeit der gegen sie erhobenen Anklage in angemessener Zeit entschieden wird. Außerdem liegt den Angeklagten zur Last, die Straftaten in Ausübung und unter Vernachlässigung ihrer Berufspflichten als Steuerberater begangen zu haben, so dass das schwebende Strafverfahren auch erhebliche Auswirkungen auf die Ausübung ihrer Berufstätigkeit hat.

487 Die in einer **Schenkungssteuererklärung** enthaltene unzutreffende Angabe, vom Schenker **keine Vorschenkungen** erhalten zu haben, stellt sowohl für die Besteuerung der Schenkung, auf die sich die Erklärung bezieht, als auch für diejenige der Vorschenkungen eine **unrichtige Angabe über steuerlich erhebliche Tatsachen** im Sinne von **§ 370 Abs. 1 Nr. 1 AO** dar.[523] Eine hierdurch im Hinblick auf eine **Vorschenkung begangene Steuerhinterziehung** (§ 370 Abs. 1 Nr. 1 AO) ist **gegenüber** einer zuvor **durch Unterlassen für diese Schenkung begangenen Hinterziehung**

523 BGH, Beschluss vom 10.02.2015 – 1 StR 405/14, Rn. 13.

von Schenkungsteuer (§ 370 Abs. 1 Nr. 2 AO) **mitbestrafte Nachtat,** deren Straflosigkeit entfällt, wenn die Vortat nicht mehr verfolgbar ist.[524]

[10] 2. Die Feststellungen tragen den Schuldspruch wegen Steuerhinterziehung durch aktives Tun (§ 370 Abs. 1 Nr. 1 AO).

[11] a) Indem die Angeklagte in ihrer für die am 12. Dezember 2006 erfolgte Grundstücksschenkung abgegebenen Schenkungsteuererklärung wahrheitswidrig angab, von dem Zuwendenden S. keine weiteren Schenkungen oder (teil-)unentgeltliche Zuwendungen erhalten zu haben (UA S. 3), machte sie unrichtige und zugleich unvollständige Angaben im Sinne des § 370 Abs. 1 Nr. 1 AO.

[12] aa) Eine Tathandlung gemäß § 370 Abs. 1 Nr. 1 AO begeht, wer den Finanzbehörden oder anderen Behörden über steuerlich erhebliche Tatsachen unrichtige oder unvollständige Angaben macht.

[13] Dies ist hier der Fall. Unrichtig waren die Angaben, weil die Angeklagte in der Schenkungsteuererklärung (vgl. Mantelbogen der Schenkungsteuererklärung, Zeile 20) der Wahrheit zuwider angab, vom Schenker S. keine weiteren Schenkungen erhalten zu haben. Unvollständig waren die Angaben, weil die Angeklagte die vom Schenker erhaltenen Vorschenkungen (in den Zeilen 110 bis 114 des Mantelbogens der Schenkungsteuererklärung) nicht im Einzelnen erklärte.

[14] bb) Die Vorschenkungen waren in doppelter Hinsicht steuerlich erheblich im Sinne des § 370 Abs. 1 Nr. 1 AO. Zum einen hatten sie Bedeutung für die Höhe des Steuersatzes und den steuerlichen Freibetrag (vgl. § 16 und 19 ErbStG in der für die Schenkungen geltenden Fassung); zum anderen waren die Angaben über die Vorschenkungen Grundlage für die Überprüfung der ordnungsgemäßen Besteuerung sämtlicher Schenkungen des Zuwendenden innerhalb eines Zehnjahreszeitraums. Dies ergibt sich aus den gesetzlichen Besonderheiten der Besteuerung von Schenkungen in § 14 ErbStG.

[15] (1) Gemäß § 14 Abs. 1 ErbStG bemisst sich die Höhe der für eine Schenkung zu erhebenden Schenkungsteuer in Abhängigkeit von früheren Schenkungen der vorangehenden zehn Jahre. Mehrere innerhalb von zehn Jahren von derselben Person anfallende Vermögensvorteile werden dabei in der Weise zusammengerechnet, dass dem letzten Erwerb die früheren Erwerbe nach ihrem früheren Wert zugerechnet werden (§ 14 Abs. 1 Satz 1 ErbStG). Von der Steuer für den Gesamtbetrag wird die Steuer abgezogen, die für die früheren Erwerbe nach den persönlichen Verhältnissen des Erwerbers und auf der Grundlage der geltenden Vorschriften zur Zeit des letzten Erwerbs zu erheben gewesen wäre (§ 14 Abs. 1 Satz 2 ErbStG; vgl. dazu BFH, Urteil vom 9. Juli 2009 – II R 55/08, DStR 2009, 2243).

[16] Alle Erwerbe aus diesem Zehnjahreszeitraum sind damit maßgebliche Berechnungsfaktoren für die Höhe des anzuwendenden Steuersatzes und die Höhe der für die einzelne Schenkung zu erhebenden Schenkungsteuer. Indem mehrere innerhalb von zehn Jahren von derselben Person anfallende Erwerbe bei der Besteuerung des letzten jeweiligen Erwerbs im Zehnjahreszeitraum zusammenzurechnen sind, soll verhindert werden, dass bei aufeinanderfolgenden Schenkungen die Freibeträge nach § 16 ErbStG innerhalb von zehn Jahren mehrfach ausge-

[524] BGH, Beschluss vom 10.02.2015 – 1 StR 405/14, Rn. 28.

nutzt werden können; zudem soll ausgeschlossen werden, dass die progressive Steigerung des Steuersatzes nach § 19 ErbStG durch Zerlegung einer größeren Schenkung in mehrere Teilschenkungen vermieden werden kann (vgl. BFH, Urteil vom 9. Juli 2009 – II R 55/08, DStR 2009, 2243; Högl in Gürsching/Stenger, Bewertungsrecht – BewG, ErbStG, Stand 1. Oktober 2013, § 14 ErbStG Rn. 1; Cramer in Lippross, Basiskommentar Steuerrecht, § 14 ErbStG, Lfg. 76, Rn. 1).

[17] (2) § 14 ErbStG nimmt dabei den vorhergehenden Einzelerwerben nicht den Charakter selbständiger steuerpflichtiger Vorgänge und führt auch nicht zu einer nachträglichen Besteuerung der vorherigen Erwerbe, sondern verändert nur die Steuerprogression für den letzten Erwerb (vgl. BFH, Urteil vom 14. Januar 2009 – II R 48/07, DStR 2009, 1142 mwN; Högl aaO Rn. 2). Die Vorschrift enthält lediglich eine besondere Anordnung für die Berechnung der Steuer, die für den letzten Erwerb innerhalb des Zehnjahreszeitraums festzusetzen ist (BFH, Urteil vom 9. Juli 2009 – II R 55/08, DStR 2009, 2243 mwN). Damit handelt es sich bei § 14 ErbStG um eine Regelung der Steuerberechnung für die Steuer auf den Letzterwerb, nicht jedoch um die Ermittlung einer Gesamtsteuer für sämtliche Erwerbe innerhalb eines zehnjährigen Zeitraums (Geck in Kapp/Ebeling, ErbStG, 64. Lfg., § 14 Rn. 1.2).

[18] (3) Allerdings hat das Finanzamt, wenn es bei der Besteuerung des letzten Erwerbs noch nicht versteuerte Schenkungen feststellt, deren Besteuerung durch einen besonderen Schenkungsteuerbescheid nachzuholen, sofern noch keine steuerrechtliche Verjährung eingetreten ist (Högl aaO Rn. 3; vgl. auch BFH, Urteil vom 24. August 2008 – II R 16/02, DStRE 2006, 85). Damit sind die Angaben in einer Schenkungsteuererklärung über das Vorhandensein oder Nichtvorhandensein von Vorschenkungen desselben Schenkers stets Grundlage für die Prüfung der ordnungsgemäßen Besteuerung sämtlicher Schenkungen des vorangehenden Zehnjahreszeitraums.

[19] (4) Somit war die von der Angeklagten in der von ihr eingereichten Schenkungsteuererklärung enthaltene Angabe, vom Zuwendenden keine weiteren Schenkungen erhalten zu haben, steuerrechtlich sowohl für die Besteuerung des Erwerbs, für den die Erklärung abgegeben wurde, von Bedeutung als auch für die Besteuerung der Vorerwerbe der vorangehenden zehn Jahre.

[23] c) Die unrichtige Angabe der Angeklagten, vom Schenker S. (innerhalb des vorangehenden Zehnjahreszeitraums) keine Vorschenkungen erhalten zu haben, führte sowohl hinsichtlich der erklärten Grundstücksschenkung vom 12. Dezember 2006 als auch hinsichtlich der von ihr zuvor von S. erhaltenen weiteren Schenkungen zu einer Steuerverkürzung. Gemäß § 370 Abs. 4 Satz 1 1. Halbsatz AO sind Steuern namentlich dann verkürzt, wenn sie nicht, nicht in voller Höhe oder nicht rechtzeitig festgesetzt werden. Dies war hier der Fall.

[24] aa) Aufgrund der unrichtigen Angaben zu den Vorschenkungen wurde hinsichtlich der erklärten Schenkung eines Grundstücks vom 12. Dezember 2006 die Schenkungsteuer in Höhe von 23.348 Euro zu niedrig festgesetzt und damit verkürzt.

[25] Das Finanzamt hat die Schenkungsteuer für den Erwerb des Grundstücks ausgehend von einem gemäß § 12 Abs. 3 ErbStG ermittelten Wert von 364.000 Euro bei Zugrundelegung der Steuerklasse III und unter Berücksichtigung eines Freibetrages von 5.200 Euro anhand eines Steuersatzes von 29 Prozent berechnet und die Schenkungsteuer in Höhe von 104.052 Euro festgesetzt. Bei Berücksich-

tigung der Vorschenkungen wäre ausgehend von § 14 ErbStG in der im Jahr 2006 geltenden Fassung ein Steuersatz von 35 Prozent zugrundezulegen gewesen; der Freibetrag wäre nur bei den Vorschenkungen anzusetzen gewesen. Damit wäre für die Schenkung des Grundstücks eine Schenkungsteuer von 127.400 Euro, mithin 23.348 Euro mehr, festzusetzen gewesen.

[26] bb) Auch hinsichtlich der Vorschenkungen führten die unrichtigen Angaben der Angeklagten zu einem angeblichen Fehlen von Vorschenkungen jeweils zu einer Steuerverkürzung. Denn bei zutreffender Angabe der Vorschenkungen hätte das Finanzamt alsbald durch Erlass entsprechender Steuerbescheide die Besteuerung der Vorerwerbe nachgeholt (vgl. dazu Högl aaO Rn. 3).

[27] Der in der Literatur zur Vermeidung von Wertungswidersprüchen zum Teil vertretenen Auffassung, verkürzt sei nur die Steuer auf den neuerlichen Erwerb, sodass es nur für den Steuersatz und mögliche Freibeträge auf die Vorerwerbe ankomme (vgl. Joecks in Franzen/Gast/Joecks, Steuerstrafrecht, 7. Aufl., § 370 AO Rn. 233h; ihm zustimmend Hilgers-Klautzsch in Kohlmann, Steuerstrafrecht, 51. Lfg., § 370 AO Rn. 1517.1; demgegenüber ablehnend Rolletschke in Rolletschke/Kemper, Steuerstrafrecht, EL 103, § 370 Rn. 593), folgt der Senat nicht. Zwar trifft es zu, dass in Fällen, in denen die Verfolgung einer Hinterziehung von Schenkungsteuer durch Unterlassen (§ 370 Abs. 1 Nr. 2 AO) wegen eingetretener Verfolgungsverjährung nicht mehr in Betracht kommt, die Verfolgung der Hinterziehung derselben Steuer durch nachfolgendes aktives Tun wieder möglich wird, wenn der Täter später – und sei es nur zur Verdeckung seiner Unterlassungstat – gegenüber den Finanzbehörden unrichtige Angaben macht. Allerdings widerspricht dieses Ergebnis nicht der „gesetzgeberischen Grundwertung" der Verfolgungsverjährung (so aber Joecks aaO); vielmehr ist es die Folge einer neuen tatbestandlichen Handlung, die zu einem neuen Taterfolg führt und für die deshalb die Verfolgungsverjährung eigenständig zu prüfen ist. Die Tatbestandsmäßigkeit einer solchen neuen Tat scheidet lediglich dann aus, wenn für die Schenkungsteuer bereits die steuerliche Festsetzungsverjährung (§§ 169 ff. AO) eingetreten ist.

[28] d) Allerdings stellt hier die in der Angabe, Vorschenkungen hätten nicht stattgefunden, liegende Steuerhinterziehung durch aktives Tun (§ 370 Abs. 1 Nr. 1 AO) insoweit eine mitbestrafte und damit konsumierte Nachtat dar, als die Angeklagte wegen noch nicht verjährter Taten der Hinterziehung von Schenkungsteuer bezogen auf die einzelnen Vortaten noch verfolgt werden kann.

[29] aa) Die mitbestrafte Nachtat ist eine selbständige, den Tatbestand eines Strafgesetzes erfüllende rechtswidrige und schuldhafte Handlung, durch die der Täter den Erfolg der Vortat oder die durch diese erlangte Position sichert, ausnutzt oder verwertet. Sie bleibt straflos, wenn die Bewertung des konkreten Sachverhalts ergibt, dass dieser nachfolgenden, an sich strafbaren Handlung wegen ihres inneren – funktionalen – Zusammenhangs mit der Vortat kein eigener Unwertgehalt zukommt, so dass auch kein Bedürfnis besteht, sie neben der Haupttat selbständig zu bestrafen (BGH, Urteil vom 18. Juli 2007 – 2 StR 69/07, wistra 2007, 458; vgl. auch Rissing-van Saan in LK, 12. Aufl., Vor § 52 Rn. 151; Fischer, StGB, 62. Aufl., Vor § 52 Rn. 65 f.; Sternberg-Lieben/Bosch in Schönke/Schröder, StGB, 29. Aufl., Vor § 52 Rn. 129). Voraussetzung für die Straflosigkeit der Nachtat ist, dass die Geschädigten der beiden Straftaten identisch sind, die Nachtat kein neues Rechtsgut verletzt und der Schaden qualitativ nicht über

das durch die Haupttat verursachte Maß hinaus erweitert wird (vgl. BGH, Urteil vom 20. Februar 2014 – 3 StR 178/13, Rn. 11, wistra 2014, 392; Beschluss vom 21. August 2012 – 1 StR 26/12, BGHR AO § 370 Abs. 1 Konkurrenzen 22; Urteil vom 24. September 1986 – 3 StR 348/86, BGHR StGB § 1 Nachtat, mitbestrafte 1; Urteil vom 22. April 1954 – 4 StR 807/53, BGHSt 6, 67, 68; Urteil vom 4. Februar 1954 – 4 StR 445/53, BGHSt 5, 295, 297; Rissing-van Saan aaO Vor § 52 Rn. 153; Sternberg-Lieben/Bosch aaO Rn. 131).

[30] So verhält es sich auch hier im Hinblick auf die Taten der Hinterziehung von Schenkungsteuer durch Unterlassen der Angeklagten betreffend die von ihr erhaltenen Vorschenkungen. Mit der Falschangabe, es habe keine Vorschenkungen gegeben, sicherte sich die Angeklagte lediglich die Vorteile der Hinterziehung der Schenkungsteuer durch vorangegangene Unterlassungstaten (zur Sicherung der Vorteile aus einer Unterlassungstat als mitbestrafte Nachtat vgl. Jäger in Klein, AO, 12. Aufl., § 370 Rn. 247 mwN). Es wurde insoweit weder ein neues Rechtsgut verletzt noch entstand eine weitergehende Steuerverkürzung (vgl. zur Verhinderung der Festsetzung einer bereits verkürzten Steuer BGH, Beschluss vom 7. Juli 1993 – 5 StR 212/93, wistra 1993, 302).

[31] bb) Allerdings entfällt die Straflosigkeit einer Nachtat, wenn die Vortat – z. B. wegen Verjährung – nicht mehr verfolgbar ist (st. Rspr.; vgl. nur BGH, Beschluss vom 13. November 2008 – 5 StR 341/08, wistra 2009, 105, 106 sowie BGH, Beschluss vom 27. Oktober 1992 – 5 StR 517/92, BGHSt 38, 366, jeweils mwN).

[32] Ob hier für einzelne der länger zurückliegenden Vortaten bereits Verjährung eingetreten ist, kann der Senat nicht ohne weiteres feststellen. Es fehlt an entsprechenden tatsächlichen Feststellungen, da das Landgericht die Vortaten nicht in den Blick genommen hat (zum Verjährungsbeginn bei Hinterziehung von Schenkungsteuer durch Unterlassen vgl. BGH, Beschluss vom 25. Juli 2011 – 1 StR 631/10, Rn. 41 f., BGHSt 56, 298, 312 f.). Die Prüfung, ob und gegebenenfalls in welchen Fällen hinsichtlich der Hinterziehung von Schenkungsteuer für Vorschenkungen die Nachtat durch eine Unterlassungs-Vortat mitbestraft ist, obliegt daher dem neuen Tatrichter (vgl. BGH, Urteil vom 19. Oktober 2010 – 1 StR 266/10, BGHSt 56, 6).

488 Die **Verkürzung** der **kommunalen Vergnügungssteuer** durch unrichtige Erklärung der Umsätze stellt eine **Abgabenhinterziehung** gemäß § 7 Abs. 1 Nr. 1 KAG Ba.-Wü. a. F. dar.[525]

[55] aa) Bei der Vergnügungssteuer handelt es sich um eine traditionelle kommunale Aufwandsteuer, die auf der Grundlage von Art. 105 Abs. 2a GG durch Satzung begründet werden kann. Die Festsetzung des Steuersatzes obliegt der der Gemeinde übertragenen Besteuerungsbefugnis (vgl. BVerfGE 40, 52, 55; 56, 64; BVerfG, NVwZ 2001, 1264, 1265). Das Bestehen gültiger Vergnügungssteuersatzungen, deren jeweilige Ausgestaltung und die ergangenen Steuerfestsetzungen hat das Landgericht im Einzelnen festgestellt.

[56] bb) Die Rechtsprechung des Gerichtshofes der Europäischen Union begründet keine Zweifel an der Rechtmäßigkeit derjenigen festgestellten Vergnü-

---

[525] BGH, Beschluss vom 16.04.2015 – 1 StR 490/14, Rn. 54.

gungssteuerbescheide, die der Steuerbemessung die Bruttoeinspielerlöse zugrunde legen; die Wertungen der Strafkammer bleiben hiervon unberührt. Unter Berücksichtigung der bisherigen Rechtsprechung des Gerichtshofs der Europäischen Union, des Bundesverwaltungsgerichts und der Oberverwaltungsgerichte bzw. Verwaltungsgerichtshöfe bestehen keine vernünftigen Zweifel an der Vereinbarkeit der kumulativen Erhebung von Mehrwert- und Vergnügungssteuer mit der Richtlinie 2006/112/EG des Rates vom 28. November 2006 über das gemeinsame Mehrwertsteuersystem (vgl. EuGH, Urteil vom 24. Oktober 2013 – C-440/12, NVwZ-RR 2014, 483, 484; BVerwG, Beschluss vom 19. August 2013 – 9 BN 1.13 mwN; OVG Koblenz, Urteil vom 24. März 2014 – 6 C 11322/13.OVG, NVwZ-RR 2015, 198 [Ls.]).

[57] Die Mehrwertsteuersystemrichtlinie (Richtlinie 2006/112/EG des Rates vom 28. November 2006 über das gemeinsame Mehrwertsteuersystem, ABl EG Nr. L 347 vom 11. Dezember 2006 S. 1) hindert gemäß ihrem Art. 401 einen Mitgliedstaat nicht daran, Abgaben auf Spiele und Wetten, Verbrauchsteuern, Grunderwerbsteuern sowie ganz allgemein alle Steuern, Abgaben und Gebühren, die nicht den Charakter von Umsatzsteuern haben, beizubehalten und einzuführen, sofern diese Steuern, Abgaben und Gebühren im Verkehr zwischen den Mitgliedstaaten nicht mit Formalitäten beim Grenzübergang verbunden sind.

[58] Für die Vergnügungssteuer kann der Charakter einer Umsatzsteuer zweifelsfrei verneint werden. Sie wird nicht auf jeder Stufe der Erzeugung und des Vertriebs, sondern nur auf einer Stufe erhoben. Sie knüpft ausschließlich an die Benutzung der Spielautomaten, nicht aber an deren Herstellung oder Verkauf an und zielt nicht darauf ab, sämtliche Umsätze zu erfassen. Sie ist eine auf Spiele beschränkte örtliche Abgabe und bereits von daher nicht geeignet, das Funktionieren des gemeinsamen Mehrwertsteuersystems zu beeinträchtigen, indem sie den Waren- und Dienstleistungsverkehr zwischen den Mitgliedstaaten belastet (vgl. EuGH, Urteil vom 9. März 2000 – C-437/97, Slg. 2000, 1157 = NVwZ-RR 2000, 705 und Urteil vom 24. Oktober 2013 – C-440/12, NVwZ-RR 2014, 483, 484).

[59] Zuletzt beruhte die Vorlageentscheidung des Finanzgerichts Hamburg (Az. C-440/12) auch nicht auf bereits ergangener Rechtsprechung, sondern auf der in den Schlussanträgen des Generalanwalts Bot vom 11. März 2010 in der Rechtssache C-58/09 vor dem Gerichtshof der Europäischen Union thematisierten Doppelbesteuerung von Glücksspielen vorgenommenen Auslegung von Art. 135 Abs. 1 Buchst. i der Mehrwertsteuersystemrichtlinie, die der Gerichtshof der Europäischen Union bereits in seinem Urteil in dieser Sache vom 10. Juni 2010 (Slg. 2010, I-5189) nicht geteilt hatte, sondern vielmehr von einem Nebeneinander von Mehrwertsteuer und sonstigen Abgaben ausgegangen war (Slg. 2010, I-5189 Rn. 38; so auch BVerwG, Beschluss vom 19. August 2013 – 9 BN 1.13). Daran hat er festgehalten (vgl. EuGH, Urteil vom 24. Oktober 2013 – C-440/12, NVwZ-RR 2014, 483, 484).

Bei in Frage kommender Beihilfe zur **Steuerhinterziehung** bei sog. **berufstypischen neutralen Handlungen** gilt Folgendes: **Zielt** das **Handeln** des **Haupttäters ausschließlich darauf** ab, **eine strafbare Handlung zu begehen,** und **weiß** dies der **Hilfeleistende,** so ist sein Tatbeitrag als **Beihilfehandlung** zu werten. In diesem Fall verliert sein Tun stets den „Alltagscharakter". Es ist als „Solidarisierung" mit dem Täter zu deuten und dann auch **nicht mehr** als **sozialadäquat** anzusehen. **489**

Weiß der **Hilfeleistende dagegen nicht, wie** der von ihm geleistete **Beitrag vom Haupttäter verwendet** wird und hält er es lediglich für möglich, dass sein Tun zur Begehung einer Straftat genutzt wird, so ist sein Handeln regelmäßig **noch nicht als strafbare Beihilfehandlung** zu beurteilen, **es sei denn,** das von ihm erkannte **Risiko** strafbaren Verhaltens des von ihm Unterstützten war derart **hoch,** dass mit seiner Hilfeleistung die Förderung eines erkennbar tatgeneigten Täters erfolgen sollte.[526]

490 Ein **vorschriftswidriges Verhalten der Zollbehörden im Zusammenhang** mit **Steuerverkürzungen** bei steuerfreiem Bezug von Dieselkraftstoff setzt voraus, dass die **Zollbehörde** sich **zur Probenentnahme gedrängt** sehen musste.[527]

[28] In diesen Fällen hat das Landgericht die Indizwirkung der Regelbeispiele der Steuerverkürzung in großem Ausmaß (§ 370 Abs. 3 Satz 2 Nr. 1 AO) und der bandenmäßigen Begehung (§ 370 Abs. 3 Satz 2 Nr. 5 AO) mit der Begründung als widerlegt angesehen, die Aufrechterhaltung der Erlaubnis, steuerfreien Dieselkraftstoff zu beziehen, sei ab Februar 2011 vorwerfbar im Sinne eines Eigenverschuldens des geschädigten Fiskus gewesen (UA S. 45). Es hat deshalb die Strafen dem gemäß § 27 Abs. 2 Satz 2 i. V.m. § 49 Abs. 1 StGB gemilderten Strafrahmen des § 370 Abs. 1 AO entnommen.

[29] aa) Bereits die Annahme des Landgerichts, bei ordnungsgemäßem Handeln der Zollbehörden hätte es ab Februar 2011 zu keinen Steuerverkürzungen mehr kommen können, ist rechtsfehlerhaft.

[30] Dieser Annahme liegt die Prämisse zugrunde, dass mit Bekanntwerden der Ergebnisse der zollinternen Untersuchung der bei der Sy. gezogenen Gemischprobe am 31. Januar 2011 für die Zollbehörden Anlass bestanden habe, unverzüglich eine weitere Probe zu nehmen und sofort zu untersuchen. Hätten sie dies aber getan, hätten sie erkannt, dass die Erlaubnis der Sy. zum steuerfreien Bezug von Dieselkraftstoff zwingend gemäß § 24 Abs. 5 Satz 2 EnergieStG hätte widerrufen werden müssen. Wäre aber die Erlaubnis widerrufen worden, hätte die Produktion des „Formenöls" bei der Sy. ein „unmittelbares Ende" gefunden. Damit wären auch keine weiteren Steuerschäden entstanden (UA S. 45). Diese Erwägungen begegnen durchgreifenden rechtlichen Bedenken.

[31] (1) Zwar trifft es zu, dass hier gemäß § 24 Abs. 5 Satz 2 EnergieStG ein Grund für den Widerruf der Erlaubnis gegenüber der Sy. zum steuerfreien Bezug von Dieselkraftstoff bestand. Denn die Sy. stellte (auch weiterhin) ein Gemisch her, das Gasöl und damit Kraftstoff im Sinne des § 25 Abs. 1 Satz 1 Nr. 2 EnergieStG war. Damit fehlte ihr die für die Gewährung einer Erlaubnis der steuerfreien Verwendung von Dieselkraftstoff erforderliche steuerliche Zuverlässigkeit i. S. v. § 24 Abs. 5 Satz 2 EnergieStG. Wäre im Rahmen der Steueraufsicht bei der Sy. eine weitere Probe des hergestellten Gemischs genommen und untersucht worden, hätte der Widerrufsgrund auch erkannt werden können.

[32] (2) Allerdings war das Verhalten der Zollbehörden nur dann vorschriftswidrig, wenn sie sich zu dieser Probe gedrängt sehen mussten. Zu dieser Frage sind die Ausführungen des Landgerichts lückenhaft.

---

526 BGH, Urteil vom 14.01.2015 – 1 StR 93/14, Rn. 85 f.

527 BGH, Urteil vom 27.01.2015 – 1 StR 142/14, Rn. 32.

Ein Straftäter hat auch dann **keinen Anspruch auf** ein **frühzeitiges Eingreifen der Strafverfolgungsbehörden, wenn** durch sein Handeln **fortlaufend weitere hohe Steuerschäden entstehen.**[528] **491**

[36] bb) Auch die Wertung der Strafkammer, es sei als Mitverschulden des Staates am Steuerschaden zu werten, dass effektive strafrechtliche Ermittlungsmaßnahmen erst nach Monaten ergriffen worden seien, hält rechtlicher Nachprüfung nicht stand.

[37] Das Landgericht ist der Auffassung, es sei in solchen Fällen vor dem Hintergrund des weiter anwachsenden Steuerschadens nur dann vertretbar, die strafrechtlichen Ermittlungen verdeckt zu halten, um weitere Tatverdächtige und eventuelle Hintermänner festzustellen, wenn alsbald effektive Ermittlungsmaßnahmen, die die Ahnungslosigkeit der Tatbeteiligten voraussetzen, insbesondere Observationen und Telekommunikationsüberwachung, auch durchgeführt würden. Dies sei aber nicht der Fall gewesen. Observationen hätten erst ab Juni 2011 und Telekommunikationsüberwachungen erst ab September 2011 stattgefunden (UA S. 45).

[38] Damit verkennt das Landgericht, dass ein Anspruch eines Straftäters darauf, dass die Ermittlungsbehörden rechtzeitig gegen ihn einschreiten, um seine Taten zu verhindern, nicht besteht (BGH, Beschluss vom 17. Juli 2007 – 1 StR 312/07, NStZ 2007, 635; BGH, Beschluss vom 25. September 2012 – 1 StR 407/12, BGHR § 370 Abs. 1 Strafzumessung 23). Insbesondere folgt ein solcher Anspruch nicht aus dem Recht auf ein faires Verfahren gemäß Art. 6 Abs. 1 EMRK (BGH, Beschluss vom 14. Dezember 2010 – 1 StR 275/10 Rn. 31, BGHR AO § 370 Abs. 1 Nr. 1 Angaben 10; BGH, Beschluss vom 21. November 2012 – 1 StR 391/12, wistra 2013, 107 mwN; vgl. auch BVerfG [Kammer] Beschluss vom 4. Dezember 2003 – 2 BvR 328/03).

[39] Es war daher bereits im Ansatz rechtsfehlerhaft, in den Fällen 25 bis 69 der Urteilsgründe die Art und Weise der Durchführung der strafrechtlichen Ermittlungen seitens der Strafverfolgungsbehörden als Mitverschulden des Staates an den mit Unterstützung des Angeklagten herbeigeführten Steuerverkürzungen zu werten. Ein Straftäter hat auch dann keinen Anspruch auf ein frühzeitiges Eingreifen der Strafverfolgungsbehörden, wenn durch sein Handeln fortlaufend weitere hohe Steuerschäden entstehen.

Eine **staatliche Mitverantwortung** für **Steuerverkürzungen** ist regelmäßig nur dann gegeben, **wenn** das staatlichen Stellen vorwerfbare Verhalten unmittelbar auf das Handeln des Täters Einfluss genommen hat (etwa weil dieser bislang nicht tatgeneigt war oder ihm wenigstens durch das Verhalten der Finanzbehörden die Tat erleichtert wurde) und den **staatlichen Stellen die Tatgenese vorgeworfen werden kann.** Die **bloße kausale Mitverursachung** eines Taterfolgs durch staatliche Stellen **genügt** demgegenüber **nicht.**[529] **492**

Kommt **Versäumnissen staatlicher Organe** im Rahmen der Strafzumessung Bedeutung zu, muss in jedem Fall **strafschärfendes Verhalten des Tatbeteiligten** (etwa Skrupellosigkeit, Raffinesse oder Hartnäckigkeit) **ins Verhältnis** zum Ver- **493**

---

[528] BGH, Urteil vom 27.01.2015 – 1 StR 142/14, Rn. 39.
[529] BGH, Urteil vom 27.01.2015 – 1 StR 142/14, Rn. 42.

halten der zum Schutze der staatlichen Vermögensinteressen berufenen Beamten **gesetzt** werden. **Nutzt** ein Täter **gezielt** die **Schwächen** der **Kontrollmechanismen** der Finanzverwaltung **aus,** wird dies im Ergebnis **strafschärfend** und nicht strafmildernd zu werten sein. Dies gilt **erst recht, wenn** der Täter zur Täuschung der Finanzbehörden sein Verhalten **gezielt verschleiert.**[530]

494 Die **Hinterziehung** von **Einkommensteuer** als Straftat nach § 370 Abs. 1 Nr. 1 AO ist infolge der Abgabe einer unrichtigen Steuererklärung **mit Bekanntgabe** des **Einkommensteuerbescheids,** in dem die Steuer zu niedrig festgesetzt wurde, **beendet.**[531]

495 Die **Urteilsgründe** müssen die für erwiesen erachteten Tatsachen mitteilen, in denen die gesetzlichen Merkmale der Straftat gefunden werden. Bei der Steuerhinterziehung, bei der die Strafvorschrift des § 370 AO durch die im Einzelfall anzuwendenden steuerrechtlichen Vorschriften materiellrechtlich ausgefüllt wird, müssen die jeweiligen **Umstände festgestellt** werden, aus denen sich ergibt, welches **steuerlich erhebliche Verhalten** im Rahmen der **jeweiligen Abgabenart** zu einer Steuerverkürzung geführt hat. Dazu gehören insbesondere auch diejenigen **Parameter, die maßgebliche Grundlage für die Steuerberechnung** sind.[532]

496 Bei Schmuggel gemäß **§ 373 AO** handelt es sich um einen **Qualifikationstatbestand** in Bezug auf den Grundtatbestand des § 370 AO. Dies gilt für vor dem 1. Januar 2008 begangene Taten trotz unterschiedlicher Strafandrohungen auch dann, wenn zugleich die Voraussetzungen eines besonders schweren Falls der Steuerhinterziehung gemäß § 370 Abs. 3 AO aF gegeben sind.[533]

4. Parteiengesetz (PartG)

497 Im Falle der Einschlägigkeit von **§ 31d PartG** ist die **Anwendbarkeit von § 266 StGB nicht ausgeschlossen.**[534] Schutzgut des § 31d PartG ist das Vertrauen der Öffentlichkeit in die Richtigkeit der Rechnungslegung nach Art. 21 Abs. 1 Satz 4 GG.[535]

[38] (1.1) Der am 1. Juli 2002 in Kraft getretene § 31d PartG ist im Verhältnis zu § 266 StGB kein spezielles, eine abschließende Regelung enthaltendes und die Anwendbarkeit des § 266 StGB ausschließendes Gesetz (BGH, Beschlüsse vom 21. Dezember 2006 – 3 StR 240/06, NStZ-RR 2007, 176; vom 13. April 2011 – 1 StR 94/10, BGHSt 56, 203, 222; Lampe in Erbs/Kohlhaas, Strafrechtliche Nebengesetze, 180. ErgLfg. 2010, PartG § 31d Rn. 43; Ipsen/Saliger, ParteienG, § 31d Rn. 134; Bosch in: Kersten/Rixen, PartG, § 31d Rn. 98; Lenski, Parteiengesetz, § 31d PartG Rn. 42; Saliger, Parteiengesetz und Strafrecht, S. 663 ff.; vgl. auch BVerfG, Beschluss vom 23. Juni 2010 – 2 BvR 2559/08 u. a., BVerfGE 126, 170, 202). Bereits die Gesetzesmaterialien sprechen in deutlicher Weise für die

530 BGH, Urteil vom 27.01.2015 – 1 StR 142/14, Rn. 46.
531 BGH, Beschluss vom 28.07.2015 – 1 StR 602/14, Rn. 18.
532 BGH, Beschluss vom 01.09.2015 – 1 StR 12/15, Rn. 9.
533 BGH, Beschluss vom 02.09.2015 – 1 StR 11/15, Rn. 6.
534 BGH, Urteil vom 11.12.2014 – 3 StR 265/14, Rn. 38.
535 BGH, Urteil vom 11.12.2014 – 3 StR 265/14, Rn. 60.

uneingeschränkte Anwendbarkeit des allgemeinen Strafrechts. Danach sollten mit der Schaffung des § 31d PartG Strafbarkeitslücken geschlossen werden, die sich daraus ergaben, dass eine angemessene Aufklärung von unerlaubten Handlungen im Rahmen staatlicher Parteienfinanzierung nicht immer möglich war (BT-Drucks. 14/8778 S. 17). Bei dieser Vorschrift handelt es sich auch nach ihrem Sinn und Zweck nicht um eine gemäß § 2 Abs. 3 StGB zu beachtende Privilegierung gegenüber den Straftatbeständen der Untreue und des Betruges (§ 263 StGB). Vielmehr schützt diese Strafnorm andere Rechtsgüter; sie tritt deshalb neben die genannten Regelungen. § 31d PartG hat das Vertrauen der Öffentlichkeit in die Richtigkeit der Rechnungslegung nach Art. 21 Abs. 1 Satz 4 GG im Blick (vgl. BT-Drucks. aaO; Lampe in Erbs/Kohlhaas aaO, PartG § 31d Rn. 2); demgegenüber dienen die §§ 266, 263 StGB dem Schutz des Vermögens.

[58] d) Die Verurteilung wegen Bewirkens eines falschen Rechenschaftsberichts gemäß § 31d Abs. 1 Nr. 1 PartG ist rechtsfehlerfrei.

[59] aa) Der Angeklagte bewirkte, indem er den Rechenschaftsbericht des CDU-Landesverbandes Rheinland-Pfalz für das Jahr 2005 unterschrieb und an die Bundes-CDU weiterleitete, vorsätzlich und in Verschleierungsabsicht, dass in dem anschließend beim Bundestagspräsidenten eingereichten Rechenschaftsbericht der Partei unrichtige Angaben enthalten waren. In dem Rechenschaftsbericht des Landesverbandes waren die Zahlungen der Fraktion in Höhe von 59.912 € für das Konzept „Wahlsieg 2006“ und von ebenfalls im Jahre 2005 geleisteten 256.406,40 € für dessen Umsetzung nicht als Einnahmen verbucht.

[60] bb) Da § 31d PartG das Vertrauen der Öffentlichkeit in die Richtigkeit der Rechnungslegung nach Art. 21 Abs. 1 Satz 4 GG und somit ein anderes Rechtsgut als der dem Vermögensschutz dienende § 266 StGB schützt, kommt dem Verstoß gegen die Norm ein eigenständiger Unwertgehalt zu, so dass es sich im Verhältnis zur Untreue nicht um eine straflose mitbestrafte Nachtat handelt (zu den diesbezüglichen Voraussetzungen vgl. BGH, Urteil vom 20. Februar 2014 – 3 StR 178/13, NStZ 2014, 579, 580) und der Grundsatz der Selbstbelastungsfreiheit der Verurteilung nicht entgegen steht (BGH, Urteil vom 18. Oktober 2006 – 2 StR 499/05, BGHSt 51, 100, 116f.).

5. Waffengesetz (WaffG)

Das **gleichzeitige Ausüben** der **tatsächlichen Gewalt über mehrere Waffen bzw. über (aufgeteilte) Munition**, auch wenn diese nicht unter dieselbe Strafbestimmung fallen, hat zur Folge, dass die verschiedenartigen Verstöße gegen das Waffengesetz **tateinheitlich** zusammentreffen. Dies gilt **auch dann, wenn** die **Waffen an unterschiedlichen Orten aufbewahrt** werden.[536] **498**

Das **Führen** einer **Waffe** steht mit deren **Besitz regelmäßig** in **Tateinheit**. Wird die tatsächliche Gewalt über die Waffe außerhalb der Wohnung, der Geschäftsräume oder des eigenen befriedeten Besitztums ausgeübt, wird diese allein ge- **499**

[536] BGH, Beschluss vom 25.02.2015 – 4 StR 573/14, Rn. 4; vgl. BGH, Beschluss vom 04.02.2015 – 2 StR 414/14, Rn. 4.

führt, wenn nicht die Ausübung der tatsächlichen Gewalt im vorbezeichneten Sinne festgestellt wird.[537]

[2] Der Generalbundesanwalt hat in seiner Antragsschrift Folgendes ausgeführt:

„Die getroffenen Feststellungen belegen im Übrigen aber lediglich, dass der Angeklagte sich wegen Führens eines verbotenen Gegenstands (des Schlagrings) strafbar gemacht hat; sie tragen jedoch die tateinheitliche Verurteilung wegen Besitzes einer solchen 'Waffe' nicht. Zwar steht das Führen mit Besitz regelmäßig in Tateinheit (vgl. Pauckstadt-Maihold in: Erbs/Kohlhaas, Strafrechtliche Nebengesetze, 180. ErgLfg, WaffG, § 52 Rdn. 95 mwN). Übt der Täter aber – wie hier – die tatsächliche Gewalt über eine Waffe (nur) außerhalb der eigenen Wohnung, Geschäftsräume oder des eigenen befriedeten Besitztums aus, so führt er sie (siehe Anl. 1 zu § 1 Abs. 4 WaffG Abschnitt 2 Ziffer 4). Eine Verurteilung wegen tateinheitlich verwirklichten Besitzes der Waffe kommt aber nur in Betracht, wenn festgestellt ist, dass der Täter die tatsächliche Gewalt über die Waffe auch innerhalb der bezeichneten Örtlichkeiten ausgeübt hat (vgl. BGHR WaffG § 52 Konkurrenzen 2; BGH, NStZ-RR 2013, 387, 388). Daran fehlt es hier.

Der Strafausspruch kann bestehen bleiben. Der Senat wird ausschließen können, dass das Landgericht bei zutreffender rechtlicher Würdigung auf eine geringere Strafe – deren Zumessung sich im Übrigen im Rahmen des tatrichterlichen Beurteilungsspielraumes hält – erkannt hätte."

[3] Dem stimmt der Senat zu (...).

500 Das **Dauerdelikt** des **unerlaubten Besitzes** einer **Waffe** erfährt materiell-rechtlich eine **Zäsur**, wenn der Waffenbesitzer später einen neuen **Entschluss zur Begehung** eines **Verbrechens mit dieser Waffe** fasst. Das Dauerdelikt vor und nach dieser Tat ist jeweils selbständig zu beurteilen. Das **Verbrechen selbst** steht in **Tateinheit mit** dem **Dauerdelikt** des Vergehens **nach** dem **Waffengesetz.**[538]

6. Ordnungswidrigkeitengesetz (OWiG)

501 Im Falle einer **neuen juristischen Person** ist im Abgleich zu einer früheren bei der Bejahung der **Nahezu-Identität** auf das **Ergebnis** einer **wirtschaftlichen Betrachtungsweise** abzustellen. Dabei genügt es, wenn das **übernommene Vermögen** eine **wirtschaftlich selbständige,** die **neue juristische Person prägende Stellung behalten** hat, **demgegenüber** der **neue Rechtsträger** – insofern einem Wechsel der Rechtsform ähnlich – **lediglich** einen neuen rechtlichen und wirtschaftlichen **Mantel bildet.**[539]

---

[537] BGH, Beschluss vom 15.06.2015 – 5 StR 197/15, Rn. 2; vgl. auch: BGH, Beschluss vom 20.10.2015 – 4 StR 343/15, Rn. 5.

[538] BGH, Beschluss vom 20.10.2015 – 4 StR 343/15, Rn. 4.

[539] BGH, Beschluss vom 27.01.2015 – KRB 39/14, Rn. 3; vgl. auch: BGH, Beschluss vom 16.12.2014 – KRB 47/13, Rn. 12 und 17 ff. zur unionskonformen Auslegung.

[2] Das Oberlandesgericht hat ohne Rechtsverstoß eine Erstreckung der bußgeldrechtlichen Verantwortlichkeit auf die Nebenbetroffene bejaht. Nach den Feststellungen befindet sich das Vermögen der Melitta Kaffee GmbH im Wesentlichen ungeschmälert im Vermögen der aufnehmenden Nebenbetroffenen und ist faktisch getrennt von deren übrigem Vermögen, weil das Kaffeegeschäft aus derselben Betriebsstätte unter Fortbestand der Leitung mit unveränderter Belegschaft und damit räumlich, organisatorisch und personell getrennt vom Geschäftsbereich Haushaltsprodukte der früheren Melitta Haushaltsprodukte GmbH & Co. KG weitergeführt wird. Mit dem unverändert fortgeführten Kaffeevertrieb erzielt die Nebenbetroffene mehr als die Hälfte ihrer Umsätze; im Gegensatz zu den herkömmlichen Geschäftsbereichen der Nebenbetroffenen trägt der Kaffeebereich erheblich zum Gewinn des Unternehmens bei.

[3] Das haftende Vermögen macht – wie das Oberlandesgericht eingehend begründet hat – damit einen wesentlichen Teil des Vermögens der Nebenbetroffenen aus, was die Annahme einer wirtschaftlichen Nahezu-Identität der Melitta Kaffee GmbH mit der Nebenbetroffenen rechtfertigt. Nach der Rechtsprechung des Bundesgerichtshofs (grundlegend BGH, Beschluss vom 11. März 1986 – KRB 8/85, WuW/E BGH 2265 = wistra 1986, 221) erfordert das hierfür maßgebliche Kriterium, dass das in einer anderen Organisation weiterhin vom Vermögen des gemäß § 30 OWiG Verantwortlichen getrennte, in gleicher oder ähnlicher Weise wie bisher eingesetzte Vermögen in der neuen juristischen Person einen wesentlichen Teil des Gesamtvermögens ausmacht, nicht in jedem Fall, dass das übrige Vermögen der neuen juristischen Person demgegenüber vollständig oder nahezu vollständig in den Hintergrund tritt. Diese Voraussetzung war auch in dem der Entscheidung vom 11. März 1986 zugrunde liegenden Fall nicht gegeben, in dem der Bundesgerichtshof vielmehr hat genügen lassen, dass das Vermögen der durch Umwandlung in der T Bauaktiengesellschaft aufgegangenen B und K AG für die T und deren überregionale Betätigung auf den Gebieten des Bauwesens von wesentlicher Bedeutung war. Da die Bejahung der Nahezu-Identität das Ergebnis einer wirtschaftlichen Betrachtungsweise ist (BGH aaO), genügt es vielmehr, wenn das übernommene Vermögen eine wirtschaftlich selbständige, die neue juristische Person prägende Stellung behalten hat, demgegenüber der neue Rechtsträger – insofern einem Wechsel der Rechtsform ähnlich – lediglich einen neuen rechtlichen und wirtschaftlichen Mantel bildet.

[4] Dem stehen auch nicht die beiden jüngeren Beschlüsse des Senats vom 10. August 2011 (KRB 55/10, BGHSt 57,193 – Versicherungsfusion; KRB 2/10, wistra 2012, 152) entgegen. Beide Entscheidungen, die an die vorhergehende Rechtsprechung anknüpfen und sie ausdrücklich inhaltlich bestätigen, haben anders gelagerte Sachverhaltsgestaltungen zum Gegenstand. Während die Entscheidung KRB 55/10 eine Fallgestaltung betraf, bei der die Vermögensmassen des aufnehmenden und des auf dieses verschmolzenen Unternehmens nicht weiterhin faktisch getrennt waren, sondern auch operativ zusammengeführt wurden, lag der Entscheidung KRB 2/10 eine Verschmelzung der Tochtergesellschaft auf die Muttergesellschaft zu Grunde, die stattfand, nachdem die Tochtergesellschaft zuvor die Betriebsmittel und das verbliebene operative Geschäft auf eine Schwestergesellschaft übertragen hatte. In beiden Fällen machte das bisher eingesetzte Vermögen in der neuen juristischen Person keinen wesentlichen Teil des Gesamtvermögens aus, in dem einen Fall, weil es weder seine wirtschaftlich selbständige Stellung behalten hatte noch das übrige Vermögen der neuen juristischen Person

deutlich überwog, in dem anderen Fall, weil es gar nicht auf den Rechtsnachfolger übergegangen war.

7. Vereinsgesetz (VereinsG)

■ TOPENTSCHEIDUNG

502 Die auf den Rückseiten von Westen angebrachten Mittelabzeichen („Fat Mexican“) sowie der Aufnäher mit dem Schriftzug „Bandidos“ ist vereinsrechtlich jeweils als **Kennzeichen** im Sinne des § 20 Abs. 1 Satz 1 Nr. 5 VereinsG zu werten.[540] Ein „**Verwenden**“ des Kennzeichens einer verbotenen Organisation **scheidet aus,** wenn sich aus dem Gesamtzusammenhang der Benutzung des Kennzeichens eindeutig ergibt, dass diese dem **Schutzzweck der Norm nicht zuwider läuft.** Hierbei ist eine umfassende **verfassungskonforme Abwägung** geboten.[541] § 9 Abs. 3 VereinsG kann bei der Prüfung von § 20 Abs. 1 Satz 1 Nr. 5 VereinsG nur dann zur Anwendung gelangen, wenn damit eine Erweiterung der Strafbarkeit nach dieser Vorschrift nicht verbunden wäre.[542]

[11] 2. Im Ergebnis zutreffend hat die Strafkammer auch eine Strafbarkeit der Angeklagten wegen öffentlicher Verwendung von Kennzeichen eines verbotenen Vereins während der Vollziehbarkeit des Verbots nach § 20 Abs. 1 Satz 1 Nr. 5 VereinsG verneint.

[12] a) Im Ausgangspunkt ist das Landgericht zunächst rechtsfehlerfrei davon ausgegangen, dass sich das auf den Rückseiten der Westen angebrachte Mittelabzeichen („Fat Mexican“) sowie der Aufnäher mit dem Schriftzug „Bandidos“ vereinsrechtlich je für sich als Kennzeichen im Sinne des § 20 Abs. 1 Satz 1 Nr. 5 VereinsG darstellen.

[13] aa) Der Begriff des Kennzeichens ist nicht legal definiert. Die Strafvorschrift des § 20 Abs. 1 Satz 1 Nr. 5, Satz 2 VereinsG nimmt zwar auf § 9 Abs. 2 Satz 1 VereinsG Bezug. Dort findet sich indes keine allgemein gültige gesetzliche Umschreibung dieses Tatbestandsmerkmals. Vielmehr werden lediglich beispielhaft insbesondere Fahnen, Abzeichen, Uniformstücke, Parolen und Grußformen als Kennzeichen genannt. In Literatur und Rechtsprechung werden als Kennzeichen im Sinne von § 20 Abs. 1 Satz 1 Nr. 5 VereinsG – wie für § 86a Abs. 1 StGB – optisch oder akustisch wahrnehmbare Symbole und Sinnesäußerungen begriffen, durch die der Verein auf sich und seine Zwecke hinweist; intern sollen Kennzeichen den Zusammenhalt der Vereinsmitglieder stärken (OLG Hamburg, Urteil vom 7. April 2014 – 1-31/13 Rev, NJOZ 2014, 1487, 1488; MüKoStGB/Heinrich, 2. Aufl., § 20 VereinsG Rn. 102; Wache in Erbs/Kohlhaas, Strafrechtliche Nebengesetze, 146. Erg. Lfg. 2002, § 9 VereinsG Rn. 3; Groh, VereinsG, § 9 Rn. 6; Bock, HRRS 2012, 83, 84; s. zu § 86a StGB auch BGH, Beschluss vom 1. Oktober 2008 – 3 StR 164/08, BGHSt 52, 364, 371). Soweit darüber hinaus

---

540 BGH, Urteil vom 09.07.2015 – 3 StR 33/15, Rn. 12.
541 BGH, Urteil vom 09.07.2015 – 3 StR 33/15, Rn. 22.
542 BGH, Urteil vom 09.07.2015 – 3 StR 33/15, Rn. 31.

vertreten wird, von dem Kennzeichen müsse eine Unterscheidungswirkung im Sinne eines Alleinstellungsmerkmals ausgehen (Albrecht, HRRS 2015, 167, 169f.; Groh aaO; s. auch BT-Drucks. 14/7386 [neu], S. 49), kann dem nicht gefolgt werden. Es reicht vielmehr aus, dass sich ein Verein ein bestimmtes Symbol – etwa durch formale Widmung oder durch schlichte Übung – derart zu eigen gemacht hat, dass dieses zumindest auch als sein Kennzeichen erscheint (vgl. BGH, Beschluss vom 7. Oktober 1998 – 3 StR 370/98), ohne dass es auf eine Unverwechselbarkeit des Kennzeichens ankommt (BGH, Beschluss vom 1. Oktober 2008 – 3 StR 164/08, BGHSt 52, 364, 372; BGH, Beschluss vom 7. Oktober 1998 – 3 StR 370/98, BGHR VereinsG § 20 Abs. 1 Nr. 5 Kennzeichen 1). Ob dieses auch von anderen, nicht verbotenen Vereinen oder in gänzlich anderem Kontext genutzt wird, ist für die Frage der Kennzeicheneigenschaft ohne Bedeutung. Denn andernfalls würden in die Prüfung, ob überhaupt ein Kennzeichen vorliegt, letztlich die außerhalb desselben liegenden Umstände seiner Verwendung einbezogen; eine solche Gesamtbetrachtung ist indes wegen der damit verbundenen nachteiligen Folgen für die Rechtssicherheit und die Bestimmtheit des Tatbestands abzulehnen: Ein Kennzeichen muss vielmehr in seinem auf den verbotenen Verein hinweisenden Symbolgehalt aus sich heraus verständlich sein (BGH, Beschluss vom 7. Oktober 1998 – 3 StR 370/98, BGHR VereinsG § 20 Abs. 1 Nr. 5 Kennzeichen 1; MüKoStGB/Heinrich, aaO; so im Ergebnis auch Groh, aaO; vgl. zu § 86a StGB auch BGH, Beschluss vom 1. Oktober 2008 – 3 StR 164/08, BGHSt 52, 364, 372).

[14] Nach diesen Maßgaben handelt es sich zunächst bei dem Mittelabzeichen, dem „Fat Mexican", das als Wappen der „Bandidos" dient (vgl. Bock, aaO), um ein Kennzeichen im Sinne von § 20 Abs. 1 Satz 1 Nr. 5, Satz 2, § 9 Abs. 2 Satz 1 VereinsG: Nach dem Willen der Personen, die es tragen, bringt es die Identifikation – auch – mit den jeweiligen Ortsvereinen zum Ausdruck, die als regionale Chapter der „Bandidos-Bewegung" agieren und sowohl für sich genommen, als auch als Teil der „Bandidos" als Einheit wahrgenommen werden wollen. Aber auch der Schriftzug „Bandidos" erfüllt die Voraussetzungen eines Kennzeichens: Zwar ist der Name einer Vereinigung oder eines Vereins als solcher – sofern nicht besondere Umstände hinzutreten – nach der Rechtsprechung des Senats kein Kennzeichen (BGH, Urteil vom 13. August 2009 – 3 StR 228/09, BGHSt 54, 61, 66f. mwN). Etwas anderes gilt indes, wenn er eine bestimmte Formgebung erfahren hat, etwa in signifikanten Schriftzügen dargestellt wird, und sich deshalb als Erkennungszeichen darstellt, das einen den beispielhaft aufgeführten Kennzeichen entsprechenden Symbolcharakter aufweist (BGH aaO, S. 67f. mwN; MüKo-StGB/Heinrich, aaO). So verhält es sich hier: Der Aufnäher mit dem „Bandidos"-Schriftzug ist sowohl was die Farbgebung, die ausgewählte Schriftart mit den Großbuchstaben und die Formgebung betrifft, darauf ausgelegt, als einheitliches Erkennungszeichen mit Wiedererkennungswert zu wirken; insoweit verfolgen die Träger dieses Aufnähers damit die gleichen Zwecke wie mit dem Tragen des Mittelabzeichens (vgl. Bock, aaO). Zu Recht ist das Landgericht deshalb davon ausgegangen, dass der Namensschriftzug in dieser Form aufgrund der beschriebenen Gestaltung und des damit verbundenen signifikanten Erscheinungsbildes ein Abzeichen im Sinne des Kennzeichenbegriffs darstellt (aA Albrecht/Braun, NJOZ 2014, 1481, 1482, die einen entsprechenden Symbolgehalt der Schriftzüge von Motorradclubs ohne nähere Begründung verneinen). Ob er sich auch als Uniformstück im Sinne von § 9 Abs. 2 Satz 1 VereinsG erweist (so OLG Hamburg,

Urteil vom 7. April 2014 – 1-31/13 Rev, NJOZ 2014, 1487, 1488f. für den Schriftzug „HELLS ANGELS"), kann deshalb ebenso offen bleiben, wie die von der Strafkammer verneinte Frage, ob auch die Aufnäher „MC" und „1%" Kennzeichen im Sinne des Vereinsrechts darstellen (vgl. insoweit auch Bock, aaO).

[15] bb) Zutreffend ist auch die Auffassung des Landgerichts, die Kennzeicheneigenschaft bestehe hinsichtlich beider Abzeichen jeweils für sich genommen; insbesondere ist nicht auf das Zusammenspiel von Vorder- und Rückseite der Weste als Ganzes (so aber LG München, Beschluss vom 13. Januar 2003 – 23 Qs 91/02, www.zvr-online.com, Dok. 7/2015; LG Verden, Beschluss vom 11. August 2003 – 1 Qs 161/03, www.zvr-online.com, Dok. 8/2015; wohl auch LG Cottbus, Beschluss vom 28. Februar 2002 – 26 Qs 464/01, StraFo 2002, 407) oder auch nur auf das Ensemble sämtlicher Abzeichen auf der Rückseite der Weste (sogenanntes Rückenpatch, so aber Albrecht/Braun aaO; Albrecht, HRRS 2015, 167, 169; vgl. insoweit aber auch BT-Drucks. 14/7386 [neu], S. 49) abzustellen: Die Vorschrift des § 9 Abs. 2 Satz 1 VereinsG nennt als Kennzeichen insbesondere Abzeichen, so dass zur Beantwortung der Frage, ob Kennzeichen eines verbotenen Vereins verwendet wurden, die einzelnen Abzeichen des verbotenen Vereins mit den verwendeten zu vergleichen sind (OVG Rheinland-Pfalz, Urteil vom 22. März 2005 – 12 a 12101/04, juris Rn. 19; OLG Celle, Beschluss vom 19. März 2007 – 32 Ss 4/07, NStZ 2008, 159, 160; OLG Hamburg, Urteil vom 7. April 2014 – 1-31/13 Rev, NJOZ 2014, 1487, 1488; Groh, aaO, § 9 Rn. 6f.; Rau/Zschieschack, NStZ 2008, 131, 133). Die Gegenauffassung verkennt in diesem Zusammenhang wiederum, dass mit der Berücksichtigung vorrangig des Zusammenspiels der einzelnen Abzeichen oder Symbole auf außerhalb des Kennzeichens liegende Umstände seiner Verwendung abgestellt würde, die – wie dargelegt – bei der Prüfung der Kennzeicheneigenschaft unberücksichtigt zu bleiben haben. Soweit die Gesetzesbegründung zu § 9 Abs. 3 VereinsG ebenfalls auf die „Zusammenstellung charakteristischer Elemente" abstellt, geschieht dies unter der Prämisse, dass von einem Kennzeichen eine die Vereinigung charakterisierende Unterscheidungswirkung im Sinne eines Alleinstellungsmerkmals ausgehen müsste (BT-Drucks. 14/7386 [neu], S. 49). Dieser rechtlich unzutreffende Maßstab ist indes – wie dargelegt – nicht anzuwenden.

[16] Da für die Prüfung der Kennzeicheneigenschaft auf die einzelnen Abzeichen abzustellen ist, stellt sich die Frage nicht, ob durch die Hinzufügung einer abweichenden Ortsbezeichnung ein zum Verwechseln ähnliches Kennzeichen im Sinne von § 9 Abs. 2 Satz 2 VereinsG entstanden sein kann (so aber BayObLG, Urteile vom 23. September 2003 – 4St RR 104/03, juris Rn. 14f.; vom 8. März 2005 – 4St RR 207/04, BayObLGSt 2004, 180, 181; kritisch insoweit Stegbauer, NStZ 2014, 621, 622). Aus diesem Grund ist hier auch keine weitere Prüfung geboten, ob ein solches zum Verwechseln ähnliches Kennzeichen gegebenenfalls mit dem einer legalen Organisation identisch ist und deshalb eine Strafbarkeit nach § 20 Abs. 1 Satz 1 Nr. 5 VereinsG ausscheiden könnte (vgl. zu einem solchen Fall BGH, Beschluss vom 7. Oktober 1998 – 3 StR 370/98, BGHR VereinsG § 20 Abs. 1 Nr. 5 Kennzeichen 1).

[17] b) Nach den genannten Maßstäben erweist sich sodann allerdings die Auffassung des Landgerichts als rechtsfehlerhaft, die Angeklagten hätten, obwohl auf ihren Westen jeweils der „Fat Mexican" und der Bandidos-Schriftzug angebracht war, keine Kennzeichen (auch) der beiden verbotenen Chapter getragen, weil nicht zusätzlich als untere Abgrenzung des Ensembles auf der Rückseite ihrer

Westen – wie bei den Mitgliedern dieser Chapter – der Schriftzug mit der Ortsbezeichnung „Probationary N." oder der Landesbezeichnung „Germany" aufgenäht war.

[18] aa) Hiermit setzt sich die Strafkammer zunächst in Widerspruch zu dem von ihr zutreffend erkannten rechtlichen Ausgangspunkt, dass die Kennzeicheneigenschaft sich nach dem Symbolgehalt des einzelnen Emblems oder Schriftzuges richtet, nicht aber nach demjenigen des Zusammenspiels der einzelnen Bestandteile des „Rückenpatches".

[19] bb) Das Abstellen auf die Ortszusätze als mitprägende Elemente gerade der Kennzeichen der verbotenen Vereine (in diesem Sinne auch BayObLG, Urteil vom 23. September 2003 – 4St RR 104/03, juris Rn. 15 f; s. auch OLG Celle, Beschluss vom 19. März 2007 – 32 Ss 4/07, NStZ 2008, 159, 161) trägt zudem den Besonderheiten des Falles nicht Rechnung: Ungeachtet ihrer organisatorischen und vereinsrechtlichen Selbständigkeit sind die Chapter nach den Feststellungen des Landgerichts Teilorganisationen einer weltweiten „Bewegung", der „Bandido-Nation". Sie tragen den auf den Rückseiten der Westen angebrachten „Bandidos"-Schriftzug und das Mittelabzeichen des „Fat Mexican", um damit ihre Zugehörigkeit zu dieser Organisation zum Ausdruck zu bringen. Diese beiden Embleme, von denen insbesondere das gleichsam als Wappen dienende Mittelabzeichen weltweit einzigartig ist, sind nach dem Gesamteindruck eines durchschnittlichen, nicht genau prüfenden Betrachters (vgl. dazu BGH, Urteil vom 28. Juli 2005 – 3 StR 60/05, BGHR StGB § 86a Abs. 2 Satz 2 Kennzeichen 2) die Kennzeichen, die das Erscheinungsbild auch der verbotenen Vereine maßgeblich prägten; eines zusätzlichen Hinweises gerade auf die verbotenen Chapter bedarf es zur Beantwortung der Frage, ob es sich um deren Kennzeichen handelte, nicht (vgl. BGH, Beschluss vom 1. Oktober 2008 – 3 StR 164/08, BGHSt 52, 364 zu § 86a StGB).

[20] cc) Letztlich kommt es für die Frage der Kennzeicheneigenschaft entgegen der Auffassung des Landgerichts auch nicht darauf an, welches Chapter in Deutschland zuerst gegründet wurde. Wie oben dargelegt ist es für den Kennzeichenbegriff nicht von Bedeutung, ob das Kennzeichen auch von einer nicht verbotenen Gruppierung verwendet wird (etwa dem zuerst gegründeten Chapter G.) und von dem verbotenen Verein (etwa dem Chapter N.) lediglich übernommen worden ist, weil damit wiederum auf außerhalb des Kennzeichens liegende Umstände seiner Verwendung abgestellt würde, die indes nicht zu berücksichtigen sind.

[21] c) Dennoch erweist sich der Freispruch der Angeklagten im Ergebnis als richtig.

[22] aa) Nach der Rechtsprechung des Senats zu § 86a StGB scheidet ein tatbestandliches „Verwenden" des Kennzeichens einer verbotenen Organisation aus, wenn sich aus dem Gesamtzusammenhang der Benutzung des Kennzeichens eindeutig ergibt, dass diese dem Schutzzweck der Norm nicht zuwider läuft. Die aufgrund der weiten Fassung erforderliche restriktive Auslegung des Tatbestands setzt mithin nicht beim Kennzeichenbegriff an, weil eine solche Tatbestandseinschränkung mit dem Schutzzweck der Norm nicht in Einklang stünde, sondern bei dem Tatbestandsmerkmal des „Verwendens" (BGH, Beschluss vom 1. Oktober 2008 – 3 StR 164/08, BGHSt 52, 364, 373ff.; so schon BGH, Urteil vom 18. Oktober 1972 – 3 StR 1/71, BGHSt 25, 30, 32f.). Bei der Prüfung, ob die Verwendung eines Kennzeichens auch einer verbotenen Organisation dem

Schutzzweck des § 86a StGB eindeutig nicht zuwiderläuft, kann in der Regel nicht allein auf die Darstellung des Symbols selbst zurückgegriffen werden; denn dieses lässt bei isoliertem Gebrauch meist gerade nicht erkennen, ob es als Kennzeichen der verbotenen Organisation oder zu anderen, nicht zu beanstandenden Zwecken verwendet wird. Vielmehr ist den Anforderungen, die die Grundrechte etwa der Meinungsfreiheit aber auch der allgemeinen Handlungsfreiheit an eine verfassungskonforme Auslegung des Tatbestands stellen, in der Weise Rechnung zu tragen, dass der mit dem Gebrauch des Kennzeichens verbundene Aussagegehalt anhand aller maßgeblichen Umstände des Falles ermittelt wird. Ergibt dies, dass der Schutzzweck der Norm in seinen oben dargestellten Ausprägungen eindeutig nicht berührt wird, so fehlt es an einem tatbestandlichen Verwenden des Kennzeichens, da dieses nicht als solches der verbotenen Organisation zur Schau gestellt wird. Sind die äußeren Umstände dagegen nicht eindeutig, so ist der objektive Tatbestand der Norm erfüllt (BGH, Beschluss vom 1. Oktober 2008 – 3 StR 164/08, BGHSt 52, 364, 375f.).

[23] Diese Grundsätze sind auf die Strafnorm des § 20 Abs. 1 Satz 1 Nr. 5 VereinsG zu übertragen. Wie in § 86a Abs. 1 Nr. 1 StGB ist auch hier der objektive Tatbestand erfüllt, wenn Kennzeichen des verbotenen Vereins verbreitet oder öffentlich oder in einer Versammlung verwendet werden. Es besteht – wie dargelegt – keine Veranlassung, den identischen Begriff des Kennzeichens im VereinsG anders auszulegen, als in der verfassungswidrige Organisationen betreffenden Strafvorschrift. Der Tatbestand des § 20 Abs. 1 Satz 1 Nr. 5 VereinsG stellt sich dann aber auch in gleicher Weise als weit gefasst dar, so dass auch hier – nicht zuletzt mit Blick auf das Grundrecht der Vereinigungsfreiheit gemäß Art. 9 Abs. 1 GG – eine Auslegung geboten ist, nach der dem Schutzzweck des Vereinsverbots eindeutig nicht zuwiderlaufende Kennzeichenverwendungen vom Tatbestand auszunehmen sind. Insoweit ist für Fälle wie den vorliegenden zudem in den Blick zu nehmen, dass das Vereinsverbot gerade nicht die – national oder gar weltweit – agierende Dachorganisation – hier der „Bandidos“ – betrifft, sondern allein regionale Unterabteilungen, deren Zwecke den Strafgesetzen zuwiderliefen; für die „nationale Hauptgruppe“ Deutschland oder gar für die „Bandidos“ insgesamt ist eine solche Rechtsfeindlichkeit nicht festgestellt.

[24] Dementsprechend sind die übrigen Chapter der „Bandidos“ nicht verboten; sie tragen aber gleichermaßen mit dem Schriftzug „Bandidos“ und dem „Fat Mexican“ Kennzeichen ihrer Vereine, die auch Kennzeichen der beiden verbotenen Chapter waren. Durch die Hinzufügung einer eindeutig auf ein nicht verbotenes Chapter hinweisenden Ortsbezeichnung – wie hier „D.“ und „U.“ – ergibt sich aus dem maßgeblichen Gesamtzusammenhang der Kennzeichenverwendung aber eindeutig, dass die Angeklagten den Schriftzug „Bandidos“ und das Mittelabzeichen des „Fat Mexican“ gerade nicht als Kennzeichen der verbotenen Chapter verwendeten, sondern als Kennzeichen ihrer eigenen, nicht mit einer Verbotsverfügung belegten Ortsvereine. Eine Strafbarkeit gemäß § 20 Abs. 1 Satz 1 Nr. 5 VereinsG scheidet mithin aufgrund der fehlenden Verwendung der Kennzeichen der verbotenen Vereine durch die Angeklagten aus.

[25] bb) Kein anderes Ergebnis ergibt sich mit Blick auf die Vorschrift des § 9 Abs. 3 VereinsG (unbeschadet dessen, dass das Verbot des Chapters A. noch nicht bestandskräftig ist und daher § 9 Abs. 3 VereinsG im Hinblick auf Kennzeichen dieses Chapters von vornherein nicht zur Anwendung gelangen soll, vgl. BT-Drucks. 14/7386 [neu], S. 49). Insoweit gilt:

[26] (1) Der Gesetzgeber wollte mit der Einführung der Regelung in der Praxis aufgetretene Unklarheiten über die Reichweite des – polizeirechtlichen – Kennzeichenverbots in Fällen beseitigen, in denen mehrere Vereine das gleiche Erscheinungsbild und die Zielsetzung teilen, aber nur einer von ihnen verboten wird; Anlass für die beabsichtigte Klarstellung war die Frage, ob der im Wesentlichen gleiche Kennzeichen verwendende äußere Auftritt nicht verbotener Schwestervereine unter Beifügung unterscheidender Orts oder Untergliederungsbezeichnungen unter das Kennzeichenverbot des § 9 VereinsG fällt (BT-Drucks. 14/7386 [neu], S. 49). Durch die Fassung des § 9 Abs. 3 VereinsG kommt – unbeschadet einiger Missverständlichkeiten der Gesetzesbegründung (siehe oben) – hinreichend zum Ausdruck, dass Kennzeichen, denen Orts- oder Untergliederungsbezeichnungen beigefügt werden, aus der Sicht des Gesetzgebers als solche anzusehen sind, die „in im Wesentlichen gleicher Form" verwendet werden.

[27] Durch die Regelung in § 9 Abs. 3 VereinsG sollte zudem vermeintlich „klargestellt" werden, dass – bei Vorliegen der weiteren, einschränkenden Voraussetzungen – die Verbotsnorm des § 9 Abs. 1 VereinsG auch für Kennzeichen eines verbotenen Vereins gelte, die von nicht verbotenen Teilorganisationen oder Vereinen verwendet werden; eine Erweiterung des Kennzeichenverbots sei damit nicht verbunden (vgl. BT-Drucks. 14/7386 [neu], S. 48f.). Zu einer etwaigen Strafbarkeit der Verwendung von Kennzeichen verbotener Vereine „in im Wesentlichen gleicher Form" verhält sich die Gesetzesbegründung nicht.

[28] (2) Gleichwohl wird vertreten, die Regelung des § 9 Abs. 3 VereinsG sei auch im Rahmen der Strafnorm des § 20 Abs. 1 Satz 1 Nr. 5 VereinsG zur Anwendung zu bringen, obwohl letztere – anders als etwa § 20 Abs. 1 Satz 1 Nr. 4 VereinsG – nicht auf den Verbotstatbestand verweist. Da – ebenfalls ohne ausdrücklichen Verweis – die Verwendung von Kennzeichen verbotener Vereinigungen nach § 9 Abs. 1 VereinsG unter die Strafvorschrift des § 20 Abs. 1 Satz 1 Nr. 5 VereinsG falle und mit der Regelung in § 9 Abs. 3 VereinsG eine Erweiterung des Kennzeichenverbots nicht verbunden sei, gelte die Strafvorschrift auch in den Fällen der „in im Wesentlichen gleicher Form" verwendeten Kennzeichen (BayObLG, Urteil vom 23. September 2003 – 4St RR 104/03, juris Rn. 16f.; OLG Celle, Beschluss vom 19. März 2007 – 32 Ss 4/07, NStZ 2008, 159, 160; Stegbauer, NStZ 2014, 621, 622f.; Rau/Zschieschack, NStZ 2008, 131, 134; aA LG Berlin, Beschluss vom 2. Oktober 2002 – 537 Qs 104/02, StraFo 2003, 30; Groh, aaO, § 9 Rn. 12; MüKoStGB/Heinrich, aaO, § 20 VereinsG Rn. 104; Albrecht/Braun, NJOZ 2014, 1481, 1483; Mayer, Kriminalistik 2014, 236, 240). Der von der Gegenauffassung befürworteten einschränkenden Auslegung stehe zudem der Wille des Gesetzgebers des Terrorismusbekämpfungsgesetzes entgegen, nach dem das Verbot des Verwendens von Kennzeichen verbotener Vereine gerade nicht eingeschränkt, sondern effektiver ausgestaltet werden sollte (OLG Celle aaO; Bock, HRRS 2012, 83, 84f.; vgl. BT-Drucks. 14/7386 [neu], S. 49).

[29] (3) Dieser Auffassung kann indes nicht gefolgt werden.

[30] Der Grundsatz „Keine Strafe ohne Gesetz", der wortgleich in § 1 StGB und in Art. 103 Abs. 2 GG niedergelegt ist, soll einerseits sicherstellen, dass jedermann vorhersehen kann, welches Verhalten mit Strafe bedroht ist; andererseits wird dadurch gewährleistet, dass der Gesetzgeber, nicht aber die vollziehende oder die Recht sprechende Gewalt darüber entscheidet, welches Verhalten strafbar ist (st. Rspr.; vgl. etwa BVerfG, Beschluss vom 15. September 2011 – 1 BvR 519/10, NVwZ 2012, 504, 505 mwN). Für die Rechtsprechung folgt daraus ein

Verbot strafbegründender oder strafverschärfender Analogie, wobei Analogie nicht im engeren technischen Sinne zu verstehen ist; vielmehr wird jede Rechtsanwendung ausgeschlossen, die über den Inhalt einer gesetzlichen Sanktionsnorm hinausgeht (BVerfG, Beschluss vom 8. Dezember 2014 – 2 BvR 450/11, NVwZ 2015, 361, 362 mwN).

[31] Nach diesen Maßstäben könnte die Regelung des § 9 Abs. 3 VereinsG nur dann bei der Prüfung von § 20 Abs. 1 Satz 1 Nr. 5 VereinsG zur Anwendung gelangen, wenn damit eine Erweiterung der Strafbarkeit nach dieser Vorschrift nicht verbunden wäre. Gerade dies ist indes der Fall:

[32] Nach der – wie dargelegt – gebotenen restriktiven Auslegung des Tatbestandsmerkmals des „Verwendens" sind die Fälle, in denen Mitglieder eines nicht verbotenen Schwestervereins unter Beifügung unterscheidender Orts oder Untergliederungsbezeichnungen die Kennzeichen eines verbotenen Vereins tragen und die der Gesetzgeber bei der Einführung von § 9 Abs. 3 VereinsG im Blick hatte, von der Strafnorm des § 20 Abs. 1 Satz 1 Nr. 5 VereinsG gerade nicht erfasst. Die Anwendung der polizeirechtlichen Regelung im Rahmen der Strafvorschrift würde dieses Ergebnis – wenn auch nur unter der einschränkenden Voraussetzung, dass die selbständigen Schwestervereine die „Zielrichtung des verbotenen Vereins" teilen – indes umkehren; sie hätte damit strafbarkeitserweiternden Charakter. Da der Gesetzgeber § 9 Abs. 3 VereinsG in der Strafnorm – insbesondere auch in § 20 Abs. 1 Satz 2 VereinsG – nicht in Bezug genommen und damit nicht zum Ausdruck gebracht hat, dass er auch das Verwenden von Kennzeichen verbotener Vereine „in im Wesentlichen gleicher Form" der Strafbarkeit nach § 20 Abs. 1 Satz 1 Nr. 5 VereinsG unterworfen wissen wollte, kommt eine unmittelbare Anwendung der polizeirechtlichen Regelung nicht in Betracht; aufgrund des Analogieverbots verbietet sich für die Strafgerichte auch eine das Merkmal des „Verwendens" nach § 20 Abs. 1 Satz 1 Nr. 5 VereinsG erweiternde Auslegung der Strafvorschrift, die die Regelung des § 9 Abs. 3 VereinsG berücksichtigt.

[33] Diesem Ergebnis kann nicht entgegengehalten werden, die Strafvorschrift des § 20 Abs. 1 VereinsG sei verwaltungsakzessorisch (vgl. etwa BGH, Urteil vom 24. Januar 1996 – 3 StR 530/95, BGHSt 42, 30, 36 zu § 20 Abs. 1 Satz 1 Nr. 4 VereinsG), so dass die verwaltungsrechtlichen Vorgaben bei der Auslegung der Strafvorschrift zwingend berücksichtigt werden müssten (in diesem Sinne aber wohl Stegbauer, NStZ 2014, 621, 623). Denn jedenfalls der Tatbestand des § 20 Abs. 1 Satz 1 Nr. 5 VereinsG enthält in sich alle Merkmale der Strafbarkeit und regelt etwa das Verbreiten der Kennzeichen (ohne Einschränkung strafbar) abweichend von dem polizeirechtlichen Kennzeichenverbot des § 9 Abs. 1 Satz 1 VereinsG (Verbreiten von Kennzeichen nur verboten, wenn sie in Schriften, Ton- oder Bildträgern, Abbildungen oder Darstellungen geschieht). Der Regelungsgehalt von § 9 VereinsG unterscheidet sich von demjenigen des § 20 Abs. 1 Satz 1 Nr. 5 VereinsG etwa auch insoweit, als die Verwendung von Kennzeichen eines mit einem Betätigungsverbot nach § 15 Abs. 1 in Verbindung mit § 14 Abs. 3 Satz 1 VereinsG belegten ausländischen Vereins nicht nach § 9 VereinsG polizeirechtlich verboten ist, gleichwohl von § 20 Abs. 1 Satz 1 Nr. 5 VereinsG aber unter Strafe gestellt wird. Der Gesetzgeber hat zudem durch die ausdrücklichen Verweise in § 20 Abs. 1 Satz 2 VereinsG auf die Sozialadäquanzklausel in § 9 Abs. 1 Satz 2 VereinsG sowie auf § 9 Abs. 2 VereinsG deutlich gemacht, dass er die Strafbarkeit in § 20 Abs. 1 Satz 1 Nr. 5 VereinsG eigenständig geregelt und

nicht als rein akzessorische Pönalisierung des Verstoßes gegen ein polizeirechtliches Kennzeichenverbot ausgestaltet hat.

[34] (4) Nach alledem kommt es deshalb nicht mehr darauf an, ob und gegebenenfalls unter welchen Voraussetzungen das Merkmal des „Teilens der Zielrichtung" im Sinne von § 9 Abs. 3 VereinsG erfüllt ist (vgl. dazu OVG Rheinland-Pfalz, Urteil vom 22. März 2005 – 12 a 12101/04, juris Rn. 17; Groh, aaO, § 9 Rn. 11; Rau/Zschieschack, NStZ 2008, 131, 134; Mayer, Kriminalistik 2014, 236, 238; Albrecht/Braun, NJOZ 2014, 1481, 1483; Albrecht, HRRS 2015, 167, 173, die davon ausgehen, das Merkmal des Teilens der „Zielrichtung des verbotenen Vereins" müsse sich auf diejenigen Ziele beziehen, die zum Vereinsverbot geführt hatten und letztlich auch zum Verbot des Schwestervereins führen könnten; kritisch insoweit aber zugleich Rau/Zschieschack aaO; Mayer aaO, weil diese Auslegung des Merkmals dem vom Gesetzgeber intendierten Zweck der Regelung, die Kennzeichen verbotener Vereine effektiv aus der Öffentlichkeit zu verbannen, nicht gerecht werde). Denn dies kann nach geltender Gesetzeslage nur für die Frage von Bedeutung sein, ob den Angeklagten bzw. anderen Mitgliedern nicht verbotener Chapter das Tragen der Westen mit den Kennzeichen (auch) der verbotenen Vereine polizeirechtlich verboten und dieses Verbot gegebenenfalls im Wege eines Verwaltungsvollstreckungsverfahrens durchgesetzt werden kann.

PRAXISHINWEIS ■

In der umfassend, geradezu lehrbuchartig begründeten Entscheidung wird dargelegt, dass auch bei Einschlägigkeit des vereinsrechtlichen Kennzeichenbegriffs regelmäßig eine umfassende verfassungskonforme Auslegung im Rahmen des Straftatbestands des § 86a StGB sowie des § 20 Abs. 1 Satz 1 Nr. 5 VereinsG veranlasst ist.

8. Arzneimittelgesetz

TOPENTSCHEIDUNG ■

Synthetische Cannabinoide, insbesondere JWH 210, stellen **keine Arzneimittel** dar, so dass eine Strafbarkeit nach § 95 Abs. 1 Nr. 1 Arzneimittelgesetz nicht in Betracht kommt.[543] **503**

[7] 1. Der Senat teilt mit dem Europäischen Gerichtshof und der Rechtsprechung des Bundesgerichtshofs nicht die Ansicht des Landgerichts, dass es sich bei den nicht dem Betäubungsmittelgesetz unterfallenden synthetischen Cannabinoiden (insbes. JWH 210) um Arzneimittel handelt.

[8] Die Strafbarkeit nach § 95 Abs. 1 Nr. 1 Arzneimittelgesetz setzt voraus, dass es sich bei den synthetischen Cannabinoiden um Arzneimittel im Sinne des § 2 Abs. 1 Nr. 2 Arzneimittelgesetz handelt. Hierfür wiederum ist entscheidend, wie der dieser

---

[543] BGH, Beschluss vom 04.11.2015 – 4 StR 403/14, Rn. 7 ff.

Vorschrift zugrundeliegende, nahezu wortgleiche Art. 1 Nr. 2 der Richtlinie 2001/83/EG vom 6. November 2001 in der durch die Richtlinie 2004/27/EG geänderten Fassung auszulegen ist. Denn der deutsche Gesetzgeber hat durch das Gesetz zur Änderung arzneimittelrechtlicher und anderer Vorschriften vom 17. Juli 2009 (BGBl. I S. 1990) den nationalen Arzneimittelbegriff in § 2 Abs. 1 AMG grundlegend neu gefasst und dabei in Umsetzung der genannten Richtlinien den europarechtlichen Arzneimittelbegriff gemäß Art. 1 Nr. 2 Buchstabe a) und b) der Richtlinie 2001/83/EG in der durch die Richtlinie 2004/27/EG geänderten Fassung in das deutsche Arzneimittelgesetz implementiert (BGH, Beschluss vom 28. Mai 2013 – 3 StR 437/12, NStZ-RR 2014, 180, 181).

[9] Dies hat das Landgericht an sich zutreffend erkannt, aber den Begriff des Arzneimittels dabei in einer Weise ausgelegt, wie es mit dem unionsrechtlichen Arzneimittelbegriff nicht vereinbar ist. Die Auslegung des europäischen Rechts, mithin der Frage, wann es sich bei einem Stoff oder Stoffzusammensetzungen, die einem Menschen verabreicht werden können, um entweder die menschlichen physiologischen Funktionen durch eine pharmakologische, immunologische oder metabolische Wirkung wiederherzustellen, zu korrigieren oder zu beeinflussen oder eine medizinische Diagnose zu erstellen, um ein Arzneimittel im Sinne des Art. 1 Nr. 2 Buchstabe b) der genannten Richtlinie handelt, obliegt der Rechtsprechung des Gerichtshofs der Europäischen Union.

[10] Dieser hat in dem Urteil vom 10. Juli 2014 (Rechtssachen C-358/13 und C-181/14, NStZ 2014, 461) Art. 1 Nr. 2 Buchstabe b) der Richtlinie 2001/83/EG dahin ausgelegt, dass der Begriff des Arzneimittels keine Stoffe erfasse, deren Wirkungen sich auf eine schlichte Beeinflussung der physiologischen Funktionen beschränkten, ohne dass sie geeignet wären, der menschlichen Gesundheit unmittelbar oder mittelbar zuträglich zu sein, die vielmehr nur konsumiert werden, um einen Rauschzustand hervorzurufen, und die dabei gesundheitsschädlich sind.

[11] In diesem Sinne legt der Bundesgerichtshof nunmehr auch die Art. 1 Nr. 2 Buchstabe b) der Richtlinie 2001/83/EG fast wortgenau entsprechende Regelung des nationalen Rechts zum Arzneimittelbegriff in § 2 Abs. 1 Nr. 2 Buchstabe a) AMG aus. Danach fehlt in den vorliegenden Fällen den synthetischen Cannabinoiden die Arzneimitteleigenschaft (vgl. BGH, Beschlüsse vom 23. Juli 2014 – 1 StR 47/14, NStZ-RR 2014, 312; vom 13. August 2014 – 2 StR 22/13; Urteil vom 4. September 2014 – 3 StR 437/12, BGHR AMG § 95 Abs. 1 Nr. 1 Arzneimittel 5, wobei die Entscheidungen vom 13. August 2014 und vom 4. September 2014 unter anderem auch JWH 210 betreffen).

[12] Da JWH 210 erst durch die 26. BtMÄndV vom 20. Juli 2012 (BGBl. I S. 1639) mit Wirkung ab 1. Januar 2013, also nach dem Tatzeitraum, dem Betäubungsmittelbegriff unterstellt wurde (vgl. BGH, Beschluss vom 13. August 2014 – 2 StR 22/13), scheidet auch eine Strafbarkeit nach dem Betäubungsmittelgesetz aus.

■ ANMERKUNG

Ungeachtet der Strafbarkeit nach dem Arzneimittelgesetz wird ein Anfrageverfahren hinsichtlich einer Strafbarkeit nach § 52 Abs. 1 des Vorläufigen Tabakgesetzes (VTabakG) vollzogen, so dass ggf. die Vorlage an den großen Senat für Strafsachen in Betracht kommen kann.

Der Tatbestand des **Inverkehrbringens von Arzneimitteln zu Dopingzwecken im Sport** des § 95 Abs. 1 Nr. 2a AMG wird nicht durch deren Abgabe, sondern **durch** den **Erwerb und** das **Vorrätighalten zum Verkauf vollendet**.[544] **504**

An der Strafbarkeit nach § 95 Abs. 1 Nr. 3a, § 8 Abs. 1 Nr. 1a AMG könnten **Zweifel** bestehen, wenn als strafbares Verhalten zur Last gelegt wird, dass in einer **Krankenhausapotheke** zubereitete Zytostatika-**Lösungen nach** der **Bestimmung für Rezepturen** des § 14 ApBetrO **gekennzeichnet** worden sind. Insoweit wäre eine **Täuschungseignung** – die Gefahr der Täuschung der Verbraucher erforderlich.[545] **505**

[2] I. Das Landgericht hat folgende Feststellungen und Wertungen getroffen:

[3] 1. Dem Kreiskrankenhaus R. war eine Krankenhausapotheke angegliedert, dessen Leiter im Tatzeitraum der Angeklagte P. war. In der Apotheke waren mehrere approbierte Apotheker und zahlreiche pharmazeutisch-technische Assistentinnen angestellt. Zu den angestellten Apothekern zählte auch der Angeklagte K., dem als Leiter der Zytostatika-Abteilung die Leitung und Überwachung der Zytostatika-Herstellung oblag. Die von der Krankenhausapotheke hierzu verwandten Medikamente werden Patienten nach individueller Dosierung in einer Kochsalzlösung als Infusion verabreicht. Die Präparate werden in Fläschchen gehandelt, die eine bestimmte Menge des gefriergetrockneten Zytostatikums in Pulverform enthalten. Die Arzneimittel verfügen über eine Zulassung in Deutschland, aber auch über Zulassungen in vielen anderen Ländern des europäischen und außereuropäischen Auslandes. Die Zusammensetzung der Zytostatika ist für alle Länder gleich, wobei ihre Herstellung häufig für die ganze Welt in einer Fabrik erfolgt. Die Chargen für verschiedene Länder unterscheiden sich in der Umverpackung der Flasche (einer Faltschachtel) und in dem auf der Flasche aufgeklebten Etikett. Für Deutschland ist beides in deutscher Sprache beschriftet; die Chargen für ausländische Märkte sind in der jeweiligen Landessprache oder auf Englisch beschriftet.

[4] Zytostatika wurden in der Apotheke des Kreiskrankenhauses als Infusionslösung in einem mit einer Sicherheitsschleuse und einer Sicherheitswerkbank versehenen Reinraum unter speziellen Bedingungen zubereitet, welche die notwendige Sterilität der Zubereitung gewährleisten sollten und den toxischen Eigenschaften dieser Arzneimittel Rechnung trugen. Nach anschließender Etikettierung und Kontrolle der Infusionsbeutel wurden die Lösungen in der verordneten Dosierung an die Patienten zu Händen der behandelnden Onkologen abgegeben. Die zur Zubereitung verwendeten Zytostatika bezog die Krankenhausapotheke von den herstellenden Unternehmen. Die bei den Herstellern bestellten Medikamente waren für den deutschen Markt bestimmt; dementsprechend waren die Umverpackung und das Etikett auf den Flaschen in deutscher Sprache beschriftet. Die Preise für die gelieferten Zytostatika richteten sich nach den Konditionen, die ein Einkaufsverbund, dem das Kreiskrankenhaus angehörte, mit den Herstellern ausgehandelt hatte.

[5] Im Zeitraum von Januar 2006 bis Februar 2007 deckte die Krankenhausapotheke ihren Bedarf an den für die Zytostatika-Zubereitungen verwendeten Medi-

544 BGH, Beschluss vom 17.12.2014 – 4 StR 406/14, Rn. 5.
545 BGH, Urteil vom 10.12.2014 – 5 StR 136/14, Rn. 31.

kamenten nicht vollständig durch Einkäufe bei den herstellenden Unternehmen, sondern erwarb sie zu einem geringen Teil auf Veranlassung der beiden Angeklagten bei zwei Arzneimittelgroßhändlern mit Sitz in Dänemark und einem deutschen Arzneimittelgroßhändler. Die von diesen Großhändlern gelieferten Medikamente waren nicht für den deutschen Markt, sondern für das Ausland bestimmt. Die Umverpackungen und Flaschen dieser Chargen waren in der jeweiligen Landessprache oder auf Englisch beschriftet. Bei diesen Medikamenten handelte es sich um Originalpräparate, welche die Großhändler direkt vom Hersteller bezogen hatten. In ihrer inhaltlichen Zusammensetzung waren die für den ausländischen Markt bestimmten Präparate identisch mit den für Deutschland bestimmten Medikamenten. Rechtliche Bedenken gegen den Bezug und die Verwendung der für den ausländischen Markt bestimmten Zytostatika hatten beide Angeklagte nicht. Sie hielten den Einsatz der Präparate für zulässig, weil sie davon ausgingen, dass es sich bei den Zytostatika-Zubereitungen um die Herstellung von zulassungsfreien Rezepturarzneimitteln handele, bei der die von den Vertriebsunternehmen bezogenen Zytostatika lediglich als in Deutschland zulassungsfreie Ausgangsstoffe benutzt würden.

[6] Die Abrechnung der Arzneimittel, die an ambulant behandelte Versicherte der gesetzlichen Krankenkassen abgegeben wurden, war in Arzneilieferverträgen zwischen den Gesetzlichen Krankenkassen und dem Kreiskrankenhaus geregelt. Diese Verträge sahen vor, dass bei Fertigarzneimitteln der für den Tag der Abgabe maßgebliche Apothekeneinkaufspreis gemäß Lauer-Taxe abzüglich eines bestimmten prozentualen Abschlags abrechnungsfähig war. Bei Rezepturen waren die für den Tag der Abgabe maßgeblichen Apothekeneinkaufspreise gemäß Lauer-Taxe abzüglich eines bestimmten prozentualen Abschlags zuzüglich eines Arbeitspreises gemäß Hilfstaxe pro applikationsfertiger Einheit abrechnungsfähig. Zum Begriff der Rezeptur hieß es dabei sowohl in dem Arzneiliefervertrag zwischen den Verbänden der Angestelltenkrankenkassen sowie der Arbeiterersatzkassen und dem Kreiskrankenhaus als auch in dem Vertrag zwischen dem BKK-Landesverband N. mit der Krankenhausgesellschaft S.: „Als Rezepturen sind nur solche individuell herzustellenden Arzneimittel abrechnungsfähig, bei denen arbeitsschutzrechtlich eine Herstellung mit besonderer apparativer Ausstattung zwingend erforderlich ist. Dies betrifft insbesondere Zytostatika-Rezepturen.“ Auf den Verordnungen (Rezepten), die gegenüber den Gesetzlichen Krankenkassen abzurechnen waren, wurde in der Apotheke des Kreiskrankenhauses jeweils der sich danach ergebende Preis aufgedruckt. Zudem wurde eine Sonder-Pharmazentralnummer für zytostatische Zubereitungen aufgedruckt, auf deren Verwendung sich die Spitzenverbände zur Kennzeichnung der Rezeptabrechnung für sämtliche zytostatikahaltige Lösungen in der Technischen Anlage 1 zur Vereinbarung über die Übermittlung von Daten gemäß § 300 SGB V festgelegt hatten.

[7] Die Zytostatika-Rezepte wurden zur Abrechnung von der Krankenhausapotheke an eine von dem Kreiskrankenhaus beauftragte Apothekenverrechnungsstelle übersandt und von dort an die Gesetzlichen Krankenkassen übermittelt. Die für die Rechnungsbegleichung zuständigen Mitarbeiter der Krankenkassen gingen bei der Bezahlung davon aus, dass die ihnen vorliegenden Rechnungen insgesamt „in Ordnung“ waren. Da es sich bei den Zytostatika-Verordnungen um sehr hochpreisige Rezepte handelte, wurden sämtliche von dem Kreiskrankenhaus eingereichten Rechnungen betreffend Zytostatika-Zubereitungen bei den

Krankenkassen innerhalb von zehn Monaten nach Eingang der Rezepte geprüft. Die Prüfungen waren auch materieller Art, insbesondere dahingehend, ob der berechnete Preis dem vertraglich Vereinbarten entsprach. Eine Prüfung daraufhin, ob für die abgerechneten Zytostatika in Deutschland zugelassene Arzneimittel verwandt wurden, konnte nicht erfolgen, weil Zytostatika-Zubereitungen durchgehend unter der Sonder-Pharmazentralnummer abgerechnet wurden und die Herkunft der verwendeten Arzneimittel nicht ersichtlich war. Soweit die Prüfung einen Fehler ergab, etwa eine Abweichung des berechneten Preises von dem vereinbarten Preis, erfolgte eine nachträgliche Berichtigung (Retaxierung).

[31] cc) Im Ergebnis zu Recht hat das Landgericht schließlich auch eine Strafbarkeit der Angeklagten wegen Inverkehrbringens von gefälschten Arzneimitteln gemäß § 95 Abs. 1 Nr. 3a, § 8 Abs. 1 Nr. 1a AMG (idF vom 12. Dezember 2005, nunmehr § 8 Abs. 2 AMG) verneint. Es bedarf letztlich keiner Entscheidung, ob das den Angeklagten zur Last gelegte Verhalten, die in der Krankenhausapotheke zubereiteten Zytostatika-Lösungen nach der Bestimmung für Rezepturen (§ 14 ApBetrO) kennzeichnen zu lassen, überhaupt in objektiver Hinsicht den Verbotstatbestand des § 8 Abs. 1 Nr. 1a AMG aF erfüllt, wie das Landgericht angenommen hat. Zweifel bestehen insofern, als die Bestimmung des § 8 Abs. 1 Nr. 1a AMG aF wie die übrigen Verbote des § 8 AMG „zum Schutz vor Täuschung" der Verbraucher dienen soll. Nach diesem schon in der amtlichen Gesetzesüberschrift zum Ausdruck gekommenen Schutzzweck der Norm wird eine falsche Bezeichnung der Herkunft (§ 8 Abs. 1 Nr. 1a AMG aF) bzw. eine falsche Angabe über die Herkunft von Arzneimitteln (§ 8 Abs. 2 i. V.m. § 4 Abs. 40 Ziff. 2 AMG) vom Verbot nur erfasst, wenn der Herkunftsangabe eine Täuschungseignung zukommt (siehe auch Heßhaus in Spickhoff, Medizinrecht, 2. Aufl., § 8 AMG Rn. 6; Freund in MüKoStGB, 2. Aufl., § 8 AMG Rn. 4; Volkmer in Körner, BtmG, 7. Aufl., § 95 AMG Rn. 175). Eine derartige Täuschungseignung der von den Angeklagten auch sonst geübten Praxis, Zytostatika-Lösungen als Rezepturen zu kennzeichnen und als ihren Hersteller die Krankenhausapotheke anzugeben, liegt eher fern. Denn auch ungeachtet der zur Tatzeit herrschenden Ansicht über eine arzneimittelrechtliche Einstufung solcher Zubereitungen als Rezepturen (vgl. Senat, Urteil vom 10. Dezember 2014 – 5 StR 405/13 mwN) muss jedenfalls den behandelnden Onkologen als Empfängern der Infusionsbeutel klar gewesen sein, dass mit der Herstellerbezeichnung auf dem erst nach ihrer Verschreibung zubereiteten Arzneimittel nicht die Herkunft des verarbeiteten Fertigarzneimittels gemeint gewesen sein kann.

[32] Jedenfalls hat das Landgericht im Hinblick auf die Vorstellung der Angeklagten, dass es sich bei den Zytostatika-Zubereitungen um Rezepturarzneimittel handele, als deren Hersteller die Krankenhausapotheke anzusehen sei, einen Vorsatz zu Recht verneint. Indem die Strafvorschrift des § 95 Abs. 1 Nr. 3a AMG auf die Verbotsnorm des § 8 Abs. 1 Nr. 1a AMG aF verweist, ist das in dem Verbot enthaltene Merkmal falscher Herkunftskennzeichnung selbst Merkmal des Straftatbestands, das vom Vorsatz des Täters erfasst sein muss. Danach lag hier – weiterhin unter der Prämisse, dass die Zytostatika-Zubereitungen die arzneimittelrechtliche Zuordnung der verarbeiteten Fertigarzneimittel behielten – ein Tatbestandsirrtum nach § 16 StGB vor, so dass das Landgericht zumindest in subjektiver Hinsicht auch eine Verurteilung nach § 95 Abs. 1 Nr. 3a AMG ohne Rechtsfehler abgelehnt hat.

506 Die **Gesundheit einer großen Zahl von Menschen** ist im Sinne von **§ 95 Abs. 3 Nr. 1a AMG** jedenfalls dann **gefährdet**, wenn **20 Personen** betroffen sind.[546]

9. (Vorläufiges) Tabakgesetz

■ TOPENTSCHEIDUNG

507 §§ 20, 52 VTabakG sind nach Auffassung des 3. Strafsenats **nicht auf Kräutermischungen** anwendbar, denen synthetische Cannabinoide zugesetzt sind und die geraucht werden, um sich dadurch in einen mit dem Konsum von Marihuana vergleichbaren Rauschzustand zu versetzen.[547]

[3] Das in Bezug genommene Urteil steht der beabsichtigten Entscheidung des 5. Strafsenats entgegen (I.). An dieser Rechtsprechung hält der Senat fest (II.).

[4] I. In dem Urteil vom 4. September 2014 (3 StR 437/12, juris) hat der Senat zu einer Strafbarkeit nach dem Vorläufigen Tabakgesetz (VTabakG) nicht ausdrücklich Stellung genommen. Voraussetzung des Freispruchs hinsichtlich des dem dortigen Angeklagten zur Last gelegten Verkaufs von sog. Kräutermischungen war jedoch die Verneinung einer Strafbarkeit nach dem VTabakG. Diese hat der Senat – stillschweigend – vorgenommen.

[5] II. An dieser Rechtsprechung ist festzuhalten.

[6] 1. Kräutermischungen, denen synthetische Cannabinoide zugesetzt sind und die geraucht werden, um sich dadurch in einen mit dem Konsum von Marihuana vergleichbaren Rauschzustand zu versetzen, stellen keine Tabakerzeugnisse oder – diesen gleichgestellte – Tabakerzeugnissen ähnliche Waren dar, denn sie sind nicht im Sinne von § 3 Abs. 1, 2 Nr. 1 VTabakG zum Rauchen bestimmt. Die Verbots- und Strafvorschriften der §§ 20, 52 VTabakG sind deshalb nicht anwendbar. Hierzu gilt:

[7] Wie auch der Vorlegungsbeschluss nicht verkennt, sind Betäubungsmittel keine Tabakerzeugnisse (Zipfel/Sosnitza/Rathke in Zipfel/Rathke, Lebensmittelrecht, 145. Erg. Lfg., § 3 VTabakG Rn. 10; Rohnfelder/Freytag in Erbs/Kohlhaas, Strafrechtliche Nebengesetze, 196. Erg. Lfg., § 3 VTabakG Rn. 1). Dies ist für solche Stoffe allgemein anerkannt, die – wie etwa Cannabisprodukte oder Heroin – aufgrund ihrer Aufnahme in Anlage II zu § 1 Abs. 1 BtMG als Betäubungsmittel im Sinne dieses Gesetzes anzusehen sind, beschränkt sich aber nicht auf diese. Denn der Grund, warum Betäubungsmittel nicht zu den Tabakerzeugnissen oder den diesen ähnlichen Waren zählen, liegt darin, dass es ihnen an der erforderlichen Zweckbestimmung im Sinne von § 3 VTabakG selbst dann fehlt, wenn sie tatsächlich geraucht werden (Zipfel/Sosnitza/Rathke aaO):

[8] Das Vorläufige Tabakgesetz bezweckt den Schutz der Gesundheit von Verbrauchern vor Gefahren, die mit dem Konsum von Tabakerzeugnissen und diesen ähnlichen Waren verbunden sind. Dies ergibt sich schon aus der Entstehungsge-

546 BGH, Beschluss vom 27.01.2015 – 5 StR 549/14.

547 BGH, Beschluss vom 20.01.2015 – 3 ARs 28/14, Rn. 6.

schichte der Regelungen über Tabakerzeugnisse, die zunächst in das Lebensmittelgesetz und ab dem Jahr 1974 in das Lebensmittel- und Bedarfsgegenständegesetz eingegliedert waren; insoweit sollten die Regelungen den Gesundheitsschutz verstärken, ohne die „wirtschaftliche Entwicklung", mithin den Vertrieb solcher Produkte, unnötig einzuschränken (vgl. etwa BT-Drucks. 7/255, S. 23). Auch die mit den Vorschriften des Vorläufigen Tabakgesetzes korrespondierenden europarechtlichen Regelungen bezwecken nicht allgemein den Gesundheitsschutz, sondern den Schutz „der menschlichen Gesundheit durch Verringerung der Gesundheitsschäden infolge von Tabakmissbrauch" (vgl. etwa Art. 1 der Richtlinie 89/622/EWG des Rates vom 13. November 1989 zur Angleichung der Rechts- und Verwaltungsvorschriften der Mitgliedstaaten über die Etikettierung von Tabakerzeugnissen; gleichlautend nunmehr: Art. 1 der Richtlinie 2001/37/EG des Europäischen Parlaments und des Rates vom 5. Juni 2001 zur Angleichung der Rechts- und Verwaltungsvorschriften der Mitgliedstaaten über die Herstellung, die Aufmachung und den Verkauf von Tabakerzeugnissen, im Folgenden EG-Tabak-Richtlinie), ohne allerdings solche Produkte schlechthin zu verbieten. Sie werden vielmehr allgemein als marktgängige Genussmittel angesehen; Handelshemmnisse sollen durch die Harmonisierung der Regelungen in den Mitgliedstaaten der Europäischen Union beseitigt werden (vgl. etwa Erwägungsgrund Nr. 3 der EG-Tabak-Richtlinie).

[9] Angesichts dieses Regelungszusammenhangs kann die Zweckbestimmung „zum Rauchen" etc. nicht von dem Begriff der Tabakerzeugnisse getrennt betrachtet werden. Vielmehr definiert § 3 Abs. 1 VTabakG – in inhaltlicher Übereinstimmung mit Art. 2 Nr. 1 EG-Tabak-Richtlinie – Tabakerzeugnisse als „aus Rohtabak oder unter Verwendung von Rohtabak hergestellte Erzeugnisse, die zum Rauchen, Kauen oder anderweitigen oralen Gebrauch oder zum Schnupfen bestimmt sind". Den Tabakerzeugnissen ähnliche Waren im Sinne von § 3 Abs. 2 Nr. 1 VTabakG sind folglich nur solche, die Tabakerzeugnisse in einer ihrer Verwendungsarten ersetzen sollen (Rohnfelder/Freytag aaO, § 3 VTabakG Rn. 9). Betäubungsmittel sollen aber, selbst wenn sie geraucht werden, nicht ein Tabakerzeugnis ersetzen; sie werden vielmehr konsumiert, um sich mittels der darin enthaltenen psychotropen Substanzen in einen Rauschzustand zu versetzen.

[10] Nichts anderes gilt für die mit synthetischen Cannabinoiden versetzten Kräutermischungen: Sie stellen kein Tabakerzeugnis im Sinne von § 3 Abs. 1 VTabakG dar, weil sie nicht aus Rohtabak oder unter Verwendung von Rohtabak hergestellt werden. Sie sind keine den Tabakerzeugnissen ähnliche Waren im Sinne von § 3 Abs. 2 Nr. 1 VTabakG, weil sie nicht als Ersatz für Tabakerzeugnisse, sondern zur Erreichung eines anderen Zweckes – der Versetzung in einen mit Tabakerzeugnissen nicht zu erreichenden Rauschzustand – geraucht werden.

ANMERKUNG ■

Die Entscheidung deutet eine mögliche konträre Rechtsauffassung des 3. und 5. Strafsenats in Bezug auf Kräutermischungen an. Der 3. Strafsenat geht aufgrund des Gesetzestelos davon aus, dass Kräutermischungen insoweit nicht nach dem VTabakG mit Strafe belegt sind. Inwieweit tatsächlich divergierende Auffassungen vertreten und in Zukunft ggf. einer Lösung zugeführt werden, ist derzeit nicht absehbar.

508 Bei der Auslegung des Merkmals **„bestimmt“** des § 3 Abs. 2 Nr. 1 VTabakG ist auf die vorgesehene **Verwendung** abzustellen, wie sie im Verkehr bei natürlicher Betrachtungsweise durch einen **durchschnittlich informierten, aufmerksamen Verbraucher** erkennbar ist. Auf den Kenntnisstand eingeweihter Kunden eines Verkäufers kommt es hingegen nicht an.[548]

[11] 2. Selbst wenn man die mit synthetischen Cannabinoiden versetzten Kräutermischungen entgegen der obigen Darlegungen als tabakähnliche Waren auffassen wollte, wären sie jedenfalls in dem vom Senat entschiedenen Fall nicht zum Rauchen bestimmt gewesen.

[12] Ausweislich der im Urteil des Senats wiedergegebenen Feststellungen des Landgerichts waren die Kräutermischungen mit dem Hinweis versehen, es handele sich um Raumerfrischer, der Inhalt der verkauften Tütchen sei nicht zum menschlichen Verzehr geeignet (BGH, Urteil vom 4. September 2014 – 3 StR 437/12, juris Rn. 5).

[13] Damit fehlt es an der von § 3 Abs. 2 Nr. 1 VTabakG vorausgesetzten Zweckbestimmung. Das Merkmal „bestimmt“ ist wie bei der Definition der Lebensmittel im früheren § 1 LMBG bzw. wie nunmehr in Art. 2 der Verordnung (EG) Nr. 178/2002 des Europäischen Parlaments und des Rates vom 28. Januar 2002 zur Festlegung der allgemeinen Grundsätze und Anforderungen des Lebensmittelrechts, zur Errichtung der Europäischen Behörde für Lebensmittelsicherheit und zur Festlegung von Verfahren zur Lebensmittelsicherheit (im Folgenden: EG-Lebensmittel-BasisVO) auszulegen (Zipfel/Sosnitza/Rathke aaO, § 3 VTabakG Rn. 8). Bei der Definition des Lebensmittels ist – wie bei den Tabakerzeugnissen – maßgeblich auf die Zweckbestimmung abzustellen; damit ist die vorgesehene Verwendung gemeint, wie sie im Verkehr bei natürlicher Betrachtungsweise durch einen durchschnittlich informierten, aufmerksamen Verbraucher erkennbar ist (Rathke in Zipfel/Rathke, aaO, 150. Erg. Lfg., Art. 2 EG-Lebensmittel-BasisVO Rn. 23; G/J/W/Sackreuther, Wirtschafts- und Steuerstrafrecht, vor §§ 58–61 LFBG Rn. 38 mwN). Ein durchschnittlicher Verbraucher wird indes bei der Bezeichnung einer Ware als – nicht zum menschlichen Verzehr geeignetem – „Raumerfrischer“ nicht davon ausgehen, dass diese zum Rauchen bestimmt sei. Auf den möglichen Kenntnisstand eingeweihter Kunden eines Verkäufers solcher Kräutermischungen über die tatsächliche Bestimmung kommt es nicht an.

[14] Ebensowenig kann darauf abgestellt werden, ob es nach vernünftigem Ermessen zu erwarten ist, dass solche Kräutermischungen geraucht werden. Denn diese in Art. 2 Abs. 1 EG-Lebensmittel-BasisVO aufgenommene Erweiterung über die Zweckbestimmung hinaus ist in der Definition der Tabakerzeugnisse bzw. der tabakähnlichen Waren im Sinne von § 3 VTabakG nicht enthalten (Zipfel/Sosnitza/Rathke aaO, § 3 VTabakG Rn. 8). Eine entsprechende Auslegung zur Begründung der Strafbarkeit kommt schon aufgrund der Gewährleistung aus Art. 103 Abs. 2 GG nicht in Betracht.

509 Die Hinterziehung von Einfuhrabgaben bei Einfuhr unter Verstoß gegen Gestellungspflichten bzw. die Hinterziehung von Tabaksteuer unter Verstoß gegen die

---

548 BGH, Beschluss vom 20.01.2015 – 3 ARs 28/14, Rn. 13.

Pflicht zur Abgabe einer Steuererklärung gemäß § 19 Satz 3 TabStG aF ist erst **beendet**, wenn die **Tabakwaren in Sicherheit gebracht** und **„zur Ruhe gekommen“** sind. Maßgeblich für die Beendigung ist, ob die Tabakwaren die gefährliche Phase des Grenzübertritts passiert haben und der Verbringer sein Unternehmen erfolgreich abgeschlossen hat. In der Regel wird die Steuerhinterziehung daher erst beendet sein, wenn die Tabakwaren ihren **Bestimmungsort erreicht** haben. Werden die Tabakwaren auf dem Weg dorthin in einem **Zwischenlager** lediglich umgeladen, sind sie **nicht** „zur Ruhe gekommen“.[549]

Tabaksteuer ist für **Tabakwaren,** die **vorschriftswidrig** in das **Unionsgebiet eingeführt** wurden und sich damit im freien Verkehr eines Mitgliedstaates befinden, wenn sie durch weitere in einen anderen Mitgliedstaat befördert und dort zu gewerblichen Zwecken in Besitz gehalten werden, **im letztgenannten Mitgliedstaat zu erheben. Bei Durchleitung** der Tabakwaren durch mehrere Mitgliedstaaten bleibt jedoch dem **Erstverfolgungsstaat** nach Maßgabe des § 370 Abs. 6 AO eine **Wahlmöglichkeit,** welche nationale Verbrauchsteuer er als Anknüpfungspunkt für die Strafverfolgung heranziehen will.[550] **510**

[19] bb) Der Annahme einer Beihilfe des Angeklagten B. im Fall III.2.a. der Urteilsgründe auch zur Hinterziehung deutscher Tabaksteuer steht nicht entgegen, dass die Zigaretten nach Großbritannien gelangt sind und dort veräußert wurden.

[20] Zwar wird nach Art. 7 Abs. 1 und 2 der Richtlinie 92/12/EWG des Rates vom 25. Februar 1992 über das allgemeine System, den Besitz, die Beförderung und die Kontrolle verbrauchsteuerpflichtiger Waren (ABl. L 76, 1) in der durch die Richtlinie 92/108/EWG des Rates vom 14. Dezember 1992 (ABl. L 390, 124) geänderten Fassung eine verbrauchsteuerpflichtige Ware, die in einem Mitgliedstaat in den steuerrechtlich freien Verkehr überführt worden ist und sich zu gewerblichen Zwecken in einem anderen Mitgliedstaat befindet, im Bestimmungsmitgliedstaat besteuert. Entsprechend ist die Tabaksteuer für Tabakwaren, die vorschriftswidrig in das Unionsgebiet eingeführt wurden und sich damit im freien Verkehr eines Mitgliedstaates befinden, wenn sie – ggfs. durch weitere Durchgangsmitgliedstaaten (hier: Deutschland) – in einen anderen Mitgliedstaat (hier: Großbritannien) befördert und dort zu gewerblichen Zwecken in Besitz gehalten werden, im letztgenannten Mitgliedstaat zu erheben (vgl. EuGH, Urteil vom 29. April 2010 – C-230/08 Rn. 114, Slg. 2010, I S. 3799; Beschluss vom 8. März 2012 – C-333/11). Die Erhebung der Verbrauchsteuer in einem oder sogar mehreren anderen Mitgliedstaaten ist nicht erforderlich, um Missbräuche oder Steuerhinterziehungen zu verhindern. Deutschland als Durchgangsmitgliedstaat kommt daher kein Erhebungsrecht für die Verbrauchsteuer zu (EuGH, Urteil vom 5. März 2015 – C-175/14, ZfZ 2015, 98).

[21] Durch den nachträglichen Übergang des Erhebungsrechts auf einen anderen Mitgliedstaat in dem Zeitpunkt, in dem die Waren zu gewerblichen Zwecken in diesen verbracht worden sind, wird jedoch die Strafbarkeit wegen bereits vollendeter Steuerhinterziehung in Deutschland nicht berührt. Eine hier vorliegende Steuerhinterziehung durch Unterlassen gemäß § 370 Abs. 1 Nr. 2 AO in Bezug

---

[549] BGH, Beschluss vom 14.10.2015 – 1 StR 521/14, Rn. 18.

[550] BGH, Beschluss vom 14.10.2015 – 1 StR 521/14, Rn. 19ff.

auf das Unterbleiben der unverzüglichen Abgabe einer Steuererklärung (§ 19 Satz 2 und 3 TabStG aF) ist zu dem Zeitpunkt vollendet, zu dem bei rechtzeitiger Abgabe der Erklärung mit der Bekanntgabe der Steuerfestsetzung zu rechnen gewesen wäre (vgl. nur BGH, Beschluss vom 8. Juli 2014 – 1 StR 240/14 Rn. 3, wistra 2014, 486 mwN). Dies wäre bei pflichtgemäßer Erfüllung der Erklärungspflicht erfolgt, noch während sich die Zigaretten im Inland befanden. Ist wie hier durch die unbekannt gebliebenen Täter ein Hinterziehungserfolg in dem vorgenannten Sinne herbeigeführt worden, entfällt dieser durch den späteren Wegfall des steuerrechtlichen Erhebungsrechts nicht nachträglich.

[22] Allerdings ist zu berücksichtigen, dass das unionsrechtliche Verbrauchsteuersystem davon ausgeht, dass verbrauchsteuerpflichtige Waren im Ergebnis nicht mit den Verbrauchsteuern mehrerer Staaten belastet sein dürfen (vgl. BGH, Urteil vom 2. Februar 2010 – 1 StR 635/09, wistra 2010, 226, 227). Insoweit verbleibt in Fallgestaltungen wie der vorliegenden bei Durchleitung der Tabakwaren durch mehrere Mitgliedstaaten dem Erstverfolgungsstaat nach Maßgabe des § 370 Abs. 6 AO eine Wahlmöglichkeit, welche nationale Verbrauchsteuer er als Anknüpfungspunkt für die Strafverfolgung heranziehen will. Die Singularität des Erhebungsrechts schließt es aber aus, dass einem an einer Verbrauchsteuerhinterziehung Beteiligten im Erstverfolgungsstaat darüber hinaus auch die Hinterziehung von Verbrauchsteuern aller anderen betroffenen Mitgliedstaaten vorgeworfen werden kann.

511 Den **Verbringer** der **Tabakwaren** trifft nach § 19 Satz 2 und 3 TabStG aF die Verpflichtung zur unverzüglichen Abgabe einer Steuererklärung nach Verbringen der Zigaretten ohne deutsche Steuerzeichen aus dem freien Verkehr eines anderen Mitgliedstaates zu gewerblichen Zwecken in das deutsche Steuergebiet. Als **Verbringer** sind **auch** die Personen anzusehen, die kraft ihrer **Weisungsbefugnis beherrschenden Einfluss** auf das Transportfahrzeug haben, indem sie die Entscheidung zur Durchführung des Transports treffen oder die **Einzelheiten der Fahrt** (z. B. Route, Ort, Zeitabfolge) **bestimmen.**[551]

10. Außenwirtschaftsgesetz (AWG)

512 Mit dem aus Art. 2 Abs. 1 Buchst. A Iran-Embargo-VO folgenden **Verkaufsverbot** wird in Verbindung mit **§ 18 Abs. 1 Nr. 1 Buchst. a, Abs. 7 Nr. 2 AWG** dieses insoweit nach vorn verlagert, dass **bereits** der **Abschluss des schuldrechtlichen Vertrages sanktioniert** wird.[552]

[18] (1) Der Angeklagte hat nicht nur gegen das in Art. 2 Abs. 1 Buchst. a Iran-Embargo-VO enthaltene Ausfuhrverbot verstoßen, sondern auch gegen das hieraus folgende Verkaufsverbot. In Verbindung mit § 34 Abs. 4 Nr. 2, Abs. 6 AWG aF bzw. § 18 Abs. 1 Nr. 1 Buchst. a, Abs. 7 Nr. 2 AWG nF verlagert das Verkaufsverbot die Strafbarkeit vor und knüpft – anders als etwa die Variante des Bereitstellens – nicht an einen Realakt an; sanktioniert wird bereits der Abschluss des

551 BGH, Beschluss vom 14.10.2015 – 1 StR 521/14, Rn. 26.
552 BGH, Beschluss vom 09.12.2014 – 3 StR 62/14, Rn. 18.

schuldrechtlichen Vertrages (MüKoStGB/Wagner, AWG, § 34 Rn. 119; Morweiser in Wolffgang/Simonsen, AWR, 40. Erg.Lfg., Außenwirtschaftsgesetz 2013 vor §§ 17, 18 Rn. 96, sowie 32. Erg.Lfg., Außenwirtschaftsgesetz § 34 Abs. 4 Rn. 77). Da die Güter tatsächlich an die I.E. gelangten und diese den vereinbarten Kaufpreis entrichtete, sind die einzelnen Verkaufsgeschäfte vollzogen worden. Die Abgrenzung des unerlaubten Verkaufs von Gütern zu straflosen Vertragsverhandlungen (vgl. Morweiser in Wolffgang/Simonsen aaO) kann daher dahinstehen.

Das **Lieferverbot** des **Art. 2 Abs. 1 Buchst. a Iran-Embargo-VO** umfasst jede **513**
Form des Zurverfügungstellens. Von **Vollendung** der **Ausfuhr** ist mit dem **Überschreiten** der **Wirtschaftsgrenze der EU** auszugehen. Das **Lieferverbot** ist hingegen **vollendet,** wenn der **Liefererfolg** eintritt. Insoweit muss die Ware entweder die vom Embargo erfasste Person – unmittelbar oder mittelbar – oder zumindest diejenige Person oder Organisation erreichen, welche die Ware im Embargo-Land zu verwenden beabsichtigt. Zweifelhaft ist jedenfalls, ob allein das Ankommen der Ware im Embargo-Land ausreicht.[553]

[19] Zudem hat der Angeklagte dem aus Art. 2 Abs. 1 Buchst. a Iran-Embargo-VO folgenden Lieferverbot zuwider gehandelt, indem er die Waren in die Islamische Republik transferierte und der I. E. zukommen ließ. Das Tatbestandsmerkmal des Lieferns ist weit auszulegen und umfasst jede Form der Zurverfügungstellung (Morweiser in Wolffgang/Simonsen, AWR, 40. Erg.Lfg., Außenwirtschaftsgesetz 2013 § 18 Rn. 26, sowie 32. Erg.Lfg., Außenwirtschaftsgesetz § 34 Abs. 4 Rn. 78), wobei Voraussetzung der Tatvollendung ist, dass die Ware entweder die vom Embargo erfasste Person – unmittelbar oder mittelbar – oder zumindest diejenige Person oder Organisation erreicht, welche die Ware im Iran zu verwenden beabsichtigt (vgl. MüKoStGB/Wagner aaO, Rn. 120). Ob es bereits zur Tatvollendung ausreichen kann, dass die Ware im Embargo-Land ankommt (so MüKoStGB/Wagner aaO), kann vorliegend offen bleiben, da die iranischen Empfänger die Güter erhielten. Soweit in der Literatur vertreten wird, unter das Merkmal des Lieferns seien nur solche Transportaktivitäten zu fassen, die sich nicht als Ausfuhr darstellen (MüKoStGB/Wagner aaO) bzw. die Ausfuhr als Spezialfall des Lieferns gewertet wird (Morweiser in Wolffgang/Simonsen, AWR, 32. Erg.Lfg., § 34 Abs. 4 Rn. 78), ist dem nicht zu folgen. Ausfuhr- und Lieferverbot unterscheiden sich nicht nur aufgrund der Lieferwege, über die der Täter das Gut transferiert. Sanktionsgrund des Ausfuhrverbotes ist das rechtswidrige Umgehen der Exportkontrolle. Die Ausfuhr ist daher bereits vollendet, sobald die Ware die Wirtschaftsgrenze der EU überschreitet (Morweiser in Wolffgang/Simonsen, AWR, 40. Erg.Lfg., Außenwirtschaftsgesetz 2013 vor §§ 17, 18 Rn. 79; MüKoStGB/Wagner aaO, Rn. 115), unabhängig von dem weiteren Schicksal der Lieferung. Für das Unrecht des Verstoßes gegen das Lieferverbot ist demgegenüber der Liefererfolg maßgebend.

Verstöße gegen Verkaufs-, Liefer-, Ausfuhr- und Bereitstellungsverbote stehen in **514**
Tateinheit zueinander.[554]

---

[553] BGH, Beschluss vom 09.12.2014 – 3 StR 62/14, Rn. 19.
[554] BGH, Beschluss vom 09.12.2014 – 3 StR 62/14, Rn. 20 ff.

[20] (2) Die Verstöße gegen das Verkaufs-, Liefer-, Ausfuhr- und Bereitstellungsverbot stehen in Tateinheit zueinander. Im Einzelnen:

[21] (a) Der Verstoß gegen das aus Art. 16 Abs. 3 Iran-Embargo-VO folgende Bereitstellungsverbot steht in Tateinheit zu den Verstößen gegen die in Art. 2 Abs. 1 Buchst. a Iran-Embargo-VO enthaltenen Verbote, da sich in den Verboten unterschiedliche Unrechtsgehalte widerspiegeln. Das Bereitstellungsverbot ist personenbezogen und knüpft an die Listung des jeweiligen Empfängers an. Demgegenüber orientieren sich die in Art. 2 Abs. 1 Buchst. a Iran-Embargo-VO aufgeführten Verbote an der potenziellen Gefährlichkeit der jeweiligen Güter (vgl. auch BGH, Beschluss vom 4. Januar 2013 – StB 10/12 u. a., juris Rn. 34, zum konkurrenzrechtlichen Verhältnis zwischen dem personenbezogenen Bereitstellungs- und dem sachbezogenen Vermittlungsverbot).

[22] (b) Auch die einzelnen aus Art. 2 Abs. 1 Buchst. a Iran-Embargo-VO folgenden sachbezogenen Verbote (Verkaufs-, Liefer- und Ausfuhrverbot) stehen im Verhältnis der Idealkonkurrenz zueinander. Schon die Klarstellungsfunktion des § 52 Abs. 1 StGB spricht dafür, den Verstoß gegen das Verkaufsverbot als in Idealkonkurrenz zu dem Ausfuhrdelikt stehend in die Urteilsformel aufzunehmen (vgl. BGH, Urteil vom 24. Juli 2014 – 3 StR 314/13, NJW 2014, 3047, 3048; MüKoStGB/von Heintschel-Heinegg, 2. Aufl., vor §§ 52 ff. Rn. 26 f.). Es ist auch ansonsten kein Grund dafür ersichtlich, von Gesetzeskonkurrenz auszugehen. Weder besteht außenwirtschaftsrechtlich ein allgemeiner Vorrang der Ausfuhrdelikte noch liegt in dem vorangegangenen Verkauf ein Fall der mitbestraften Vortat zu der nachfolgenden Ausfuhr (BGH, Urteil vom 24. Juli 2014 – 3 StR 314/13, NJW 2014, 3047, 3048 mwN). Entsprechendes gilt für das Verhältnis von Verkaufs- und Lieferverbot. Da Letzteres auch nicht in dem Ausfuhrverbot enthalten ist, beide Tatbestände hinsichtlich ihrer Tatvollendung vielmehr an voneinander unabhängige Handlungserfolge anknüpfen, ist auch der in dem Verstoß gegen das Lieferverbot liegende Unrechtsgehalt im Schuldspruch zum Ausdruck zu bringen.

[23] (c) Die Urteilsgründe legen nahe, dass sich der Angeklagte mit seiner Kundin, der I. E., bereits im Rahmen des von der Strafkammer festgestellten „Gesamtauftrages" über die wesentlichen Vertragsbestandteile (vgl. Morweiser in Wolffgang/Simonsen, AWR, 40. Erg.Lfg., Außenwirtschaftsgesetz 2013 vor §§ 17, 18 Rn. 96, sowie 32. Erg.Lfg., § 34 Abs. 4 Rn. 77) geeinigt hatte, so dass der Verstoß gegen das Verkaufsverbot bereits zu diesem Zeitpunkt vollendet war und die den Fällen B. III. 8, 14 und 15 zugrunde liegenden Einzelakte Ausfluss desselben Verkaufsgeschäfts waren. Damit wären die diesen Delikten zugrunde liegenden Handlungen insgesamt zu einer einzigen Tat verbunden.

515 Das **unmittelbare Ansetzen** beim **versuchten gewerbsmäßigen Zuwiderhandeln gegen ein Bereitstellungsverbot** nach § 18 Abs. 1 Nr. 1 Buchst. a, Abs. 7 Nr. 2 AWG i. V. m. Art. 23 Abs. 3 Iran-Embargo-VO kann **frühestens** dann angenommen werden, wenn die **Ware auf den Weg zum gelisteten Empfänger gebracht oder für diesen zur unmittelbaren Abholung bereitgestellt** wurde.[555]

[555] BGH, Beschluss vom 09.12.2014 – 3 StR 62/14, Rn. 25 ff.

[25] Im Fall B. III. 19 der Urteilsgründe hält der Schuldspruch wegen versuchten gewerbsmäßigen Zuwiderhandelns gegen ein Bereitstellungsverbot gemäß § 18 Abs. 1 Nr. 1 Buchst. a, Abs. 7 Nr. 2 AWG nF i. V.m. Art. 23 Abs. 3, Anhang IX B Nr. 20 Verordnung (EU) Nr. 267/2012 (Iran-Embargo-VO) rechtlicher Überprüfung nicht stand, weil die Tat auf Grundlage der getroffenen Feststellungen noch nicht in das Versuchsstadium eingetreten war.

[26] Das unmittelbare Ansetzen zur Tatbestandsverwirklichung besteht in einem Verhalten des Täters, das nach seiner Vorstellung in ungestörtem Fortgang ohne Zwischenakte zur – vollständigen – Tatbestandserfüllung führt oder im unmittelbaren räumlichen und zeitlichen Zusammenhang in sie einmündet. Dabei muss das, was er zur Verwirklichung seines Vorhabens unternimmt, zu dem in Betracht kommenden Straftatbestand in Beziehung gesetzt werden (BGH, Urteil vom 16. Januar 1991 – 2 StR 527/90, BGHSt 37, 294, 296; Beschluss vom 12. Januar 2011 – 1 StR 540/10, NStZ 2011, 400, 401; vgl. auch BGH, Urteil vom 20. März 2014 – 3 StR 424/13, NStZ 2014, 447, 448).

[27] Das Bereitstellungsverbot des Art. 23 Abs. 3 Iran-Embargo-VO bezieht sich auf den tatsächlichen Vorgang des Zur-Verfügung-Stellens, der dazu führt, dass der gelisteten Person oder Einrichtung ein wirtschaftlicher Vorteil zu Gute kommt (vgl. BGH, Beschluss vom 23. April 2010 – AK 2/10, BGHSt 55, 94, 101 mwN zum wortgleichen Art. 7 Abs. 3 Verordnung [EG] Nr. 423/2007). Da Anknüpfungspunkt der Realakt, also der materielle Transfer des Gutes, und es das Ziel des Bereitstellungsverbots ist, den gelisteten Personen oder Einrichtungen in tatsächlicher Hinsicht die materiellen Grundlagen ihrer Tätigkeit vorzuenthalten, hätte der Angeklagte zu einer Tathandlung im Sinne des Art. 23 Abs. 3 Iran-Embargo-VO nach seinem Tatplan frühestens dann unmittelbar angesetzt, wenn er die Reaktionsräder – ohne dass weitere wesentliche Zwischenschritte erforderlich gewesen wären – auf den Weg zum gelisteten Empfänger gebracht oder für diesen zur unmittelbaren Abholung bereit gestellt hätte. Dies belegen die Feststellungen, nach denen der Angeklagte die Waren über die Türkei in den Iran ausführen wollte, jedoch nicht. Es bleibt vielmehr offen, ob bzw. welcher weiteren Zwischenschritte es nach den Vorstellungen des Angeklagten noch bedurfte, um die Reaktionsräder von der Türkei in den Iran oder zu dem Empfänger zu bringen.

11. Aufenthaltsgesetz (AufenthG)

Eine **Einreise** von **Ausländern** in das Bundesgebiet erfolgt, sobald sie am **Flughafen deutsches Hoheitsgebiet betreten.**[556] **516**

[4] Nach § 13 Abs. 1 Satz 1 AufenthG ist die Einreise in das Bundesgebiet nur an den zugelassenen Grenzübergangsstellen und innerhalb der festgesetzten Verkehrsstunden zulässig, soweit nicht auf Grund anderer Rechtsvorschriften oder zwischenstaatlicher Vereinbarungen Ausnahmen zugelassen sind. An einer zugelassenen Grenzübergangsstelle ist die Einreise erst vollendet, wenn der Ausländer

---

[556] BGH, Beschluss vom 28.04.2015 – 3 StR 86/15, Rn. 3.

die Grenze überschritten und die Grenzübergangsstelle passiert hat (§ 13 Abs. 2 Satz 1 AufenthG), in allen übrigen Fällen ist ein Ausländer eingereist, wenn er die Grenze überschritten hat (§ 13 Abs. 2 Satz 3 AufenthG). Diese nationalen Regelungen für den Grenzverkehr werden – gemeinschaftsrechtlich verbindlich – überlagert durch die Verordnung (EG) 562/2006 vom 15. März 2006 über einen Gemeinschaftskodex für das Überschreiten der Grenzen durch Personen (Schengener Grenzkodex, SGK), durch den die entsprechenden Vorschriften im Übereinkommen zur Durchführung des Übereinkommens von Schengen vom 14. Juni 1985 zwischen den Regierungen der Staaten der Benelux-Wirtschaftsunion, der Bundesrepublik Deutschland und der Französischen Republik betreffend den schrittweisen Abbau der Kontrollen an den gemeinsamen Grenzen (Schengener Durchführungsübereinkommen, SDÜ) aufgehoben worden sind (vgl. Art. 39 Abs. 1 SGK). Nach Art. 20 SGK dürfen die Binnengrenzen zwischen Mitgliedstaaten der Europäischen Union unabhängig von der Staatsangehörigkeit der betreffenden Person jederzeit ohne Personenkontrollen überschritten werden. Dieser Wegfall der Grenzkontrollen und der Abbau der Grenzübergangsstellen hat zur Folge, dass sich der Grenzübertritt in das Bundesgebiet an einer Binnengrenze zu einem anderen Mitgliedstaat der Europäischen Union nicht mehr nach § 13 Abs. 2 Satz 1 AufenthG richtet, sondern nach § 13 Abs. 2 Satz 3 AufenthG; ein Ausländer ist mithin an einer Binnengrenze bereits dann eingereist, wenn er die Grenzlinie körperlich überschritten und das Bundesgebiet betreten hat (BGH, Urteil vom 26. Februar 2015 – 4 StR 233/14, juris Rn. 21 mwN). Für die Einreise auf dem Luftweg ist zu differenzieren zwischen Flügen aus einem anderen Mitgliedstaat (Binnenflug, vgl. Art. 2 Nr. 3 SGK) und solchen, die aus einem Drittstaat kommen (vgl. Schott, Einschleusen von Ausländern, 2. Aufl. 2011, S. 113): Im Fall der Einreise mit einem Binnenflug findet eine Grenzkontrolle gleichfalls nicht statt; der Ausländer ist mithin nach § 13 Abs. 2 Satz 3 AufenthG mit Überschreiten der Grenze eingereist. Nach Art. 2 Nr. 1 Buchst. b SGK gilt der Flughafen am Zielort als Binnengrenze, so dass die Einreise mit dem Betreten des Bundesgebietes am Flughafen vollendet ist (BGH aaO mwN; aA Schott aaO; Stoppa in: Huber, AufenthG, § 95 Rn. 117: Einfliegen in den deutschen Luftraum).

[5] Es kommt hingegen nicht darauf an, ob der Ausländer bereits den öffentlichen Bereich des Flughafengeländes betreten oder gar den Flughafenbereich verlassen hat; diese Merkmale können nur indizielle Bedeutung für die Frage erlangen, ob der Ausländer eine Grenzübergangsstelle passiert hat, knüpfen mithin an die – bei Binnenflügen gerade nicht gegebene – Grenzsituation nach § 13 Abs. 2 Satz 1 AufenthG an. Diese liegt nur vor, wenn der Flug aus einem Drittstaat kommt und der Flughafen deshalb nach Art. 2 Nr. 2 in Verbindung mit Art. 2 Nr. 1 Buchst. b SGK als Außengrenze gilt, und sich dort zugleich die Grenzübergangsstelle im Sinne von Art. 2 Nr. 8 SGK befindet.

[6] Hier kam der Flug, mit dem der Angeklagte und die von ihm Geschleusten in Düsseldorf (zwischen-)landeten, aus Italien, also aus einem Mitgliedstaat; der Weiterflug nach Schweden hatte ebenfalls einen Schengen-Staat zum Ziel. Die Geschleusten reisten mithin ein, indem sie das Bundesgebiet am Flughafen betraten, ohne dass es – worauf der Generalbundesanwalt in seiner Zuschrift abstellen wollte – darauf ankommt, welche Reisedokumente sie mit sich führten.

517 Im Rahmen des Straftatbestandes des **§ 95 Abs. 2 Nr. 2 AufenthG** kann das straftatbestandsmäßige Verhalten des Ausländers auch dann **nicht gerechtfertigt** sein, wenn dieser mit dem Sachbearbeiter der Ausländerbehörde **kollusiv zusammenwirkte.**[557]

[17] Die Ausländer, die in den verfahrensgegenständlichen Fällen bei der Ausländerbehörde in E. einen Antrag auf Erteilung einer Aufenthaltsgenehmigung gestellt haben, haben sich gemäß § 95 Abs. 2 Nr. 2 AufenthG strafbar gemacht. Sie haben jeweils unrichtige Angaben über ihren Wohnsitz und die Eigenschaft als Geschäftsführer (Direktoren) von geschäftlich derzeit oder künftig aktiven Gesellschaften gemacht, die ihnen den Status von Bürgern der Europäischen Union verleihen sollten. Die falschen Wohnsitzangaben waren für die Zuständigkeit der Behörde relevant; ohne sie wären die Aufenthaltserlaubnisse dort nicht erteilt worden. Tathandlungen sind auch die Vorlage oder das Benutzen unzutreffender Unterlagen zur angeblichen Geschäftstätigkeit der jeweiligen Gesellschaft, die auch dazu benutzt wurden, den Direktoren den scheinbaren Status von Bürgern der Europäischen Union zu verschaffen. Sämtliche Angaben betreffen die Voraussetzungen zur Erteilung einer Aufenthaltserlaubnis. Die falschen Angaben müssen nach der Strafnorm nur allgemein für das Verfahren von Bedeutung sein und grundsätzlich zur Verschaffung eines unrechtmäßigen Aufenthaltstitels führen können. Dazu waren die Falschangaben der Antragsteller im vorliegenden Fall geeignet.

[18] bb) Auf die vom Angeklagten B. in seiner Einlassung vor dem Landgericht hervorgehobene Art des Vorgehens im Rahmen von „informellem Verwaltungshandeln" der Ausländerbehörde kommt es nicht an, weil zwingende gesetzliche Vorschriften nicht dadurch umgangen werden dürfen. Auch eine – rechtswidrige – behördliche „Duldung" des fehlerhaften Verhaltens der Antragsteller hebt weder den Straftatbestand auf noch vermag sie das straftatbestandsmäßige Verhalten zu rechtfertigen.

[19] Jedenfalls wenn – wie hier – das behördliche Handeln seinerseits strafrechtliche Bedeutung im Sinne einer Amtsanmaßung des Beamten besitzt, der den begünstigenden Verwaltungsakt erlässt, und in einem kollusiven Zusammenwirken zwischen dem Sachbearbeiter der Ausländerbehörde und den Antragstellern besteht, die falsche Angaben gemacht haben, kann das straftatbestandsmäßige Verhalten des jeweiligen Antragstellers nicht gerechtfertigt sein. Es geht nicht um die Ausnutzung eines behördlichen Ermessenspielraums, sondern um die Verletzung zwingender Vorschriften des Ausländerrechts, die einer aktiven „behördlichen Duldung" jede rechtfertigende Bedeutung nimmt (vgl. in anderem Zusammenhang Fischer, StGB, 62. Aufl., Vor § 324 Rn. 9; Heine/Hecker in Schönke/Schröder, StGB, 29. Aufl., Vorbemerkungen zu den §§ 324 ff. Rn. 30; MünchKomm/Schmitz, StGB, 2. Aufl., Vorbemerkung zu den §§ 324 ff. Rn. 99). Die erteilten Aufenthaltserlaubnisse waren nichtig.

Innerhalb von **§ 95 Abs. 2 Nr. 2 AufenthG** müssen die **unrichtigen Angaben** des Antragstellers nur eine **erhöhte Beweiskraft besitzen,** jedoch nicht zur Beschaffung des Aufenthaltstitels konkret geeignet sein.[558] Eine **Kausalität** zwischen unrichtigen Angaben und Aufenthaltstitelerteilung ist **nicht erforderlich.**[559] **518**

---

557 BGH, Urteil vom 22.07.2015 – 2 StR 389/13, Rn. 19.
558 BGH, Urteil vom 22.07.2015 – 2 StR 389/13, Rn. 20.
559 BGH, Urteil vom 22.07.2015 – 2 StR 389/13, Rn. 21.

[20] cc) Es ist zur Erfüllung des Tatbestands des § 95 Abs. 2 Nr. 2 AufenthG auch nicht erforderlich, dass die falschen Angaben der Antragsteller zur Beschaffung des Aufenthaltstitels konkret geeignet waren. Sie müssen dafür nur eine erhöhte Beweiskraft besitzen (vgl. BGH, Beschluss vom 2. September 2009 – 5 StR 266/09, BGHSt 54, 140, 146); denn die Strafvorschrift regelt ein abstraktes Gefährdungsdelikt. Nach ihrem Zweck stellt sie den Rechtsmissbrauch zur Erlangung eines Aufenthaltstitels im Vorfeld der behördlichen Entscheidung unter Strafe. Es genügt daher, wenn der antragstellende Ausländer solche Angaben macht, die im Allgemeinen zur Verschaffung eines unrechtmäßigen Aufenthaltstitels geeignet sind. Strafbarkeit bestünde sogar dann, wenn trotz der falschen oder unvollständigen Angaben ein Anspruch auf Erteilung eines Aufenthaltstitels bestünde.

[21] Die Tatsache, dass es in mehreren Fällen nicht zur Erteilung eines Aufenthaltstitels kam, steht der Strafbarkeit der darauf abzielenden Handlungen ebenfalls nicht entgegen (vgl. BGH aaO, BGHSt 54, 140, 146). Auch ist es unerheblich, dass der Angeklagte S. im Fall 85 keine Aufenthaltserlaubnis nach § 21 AufenthG erteilte, sondern eine solche nach § 28 AufenthG. Auf eine Kausalität der unrichtigen Angaben bei der Erteilung des Aufenthaltstitels kommt es nicht an (vgl. BGH aaO, BGHSt 54, 140, 143).

519 **§ 95 Abs. 2 Nr. 2 AufenthG** ist ein **abstraktes Gefährdungsdelikt** und schützt das Vertrauen des Rechtsverkehrs in die Richtigkeit der Verwaltungsentscheidung. Damit scheidet eine Strafbarkeit des Gebrauchens unrichtiger Angaben für den Sachbearbeiter der Ausländerbehörde aus, soweit der Sachbearbeiter durch eigenes Handeln Kenntnis von der Unrichtigkeit der Angaben hat. In derartigen Konstellationen ist eine Beihilfehandlung des Sachbearbeiters in Bezug auf die Antragsteller zur unberechtigten Erlangung eines Aufenthaltstitels naheliegend.[560]

[9] Die von dem Angeklagten B. bei der Ausländerbehörde E. eingereichten Anträge auf Erteilung von Aufenthaltserlaubnissen wurden jeweils von dem hierfür alleine zuständigen Angeklagten S. bearbeitet. Dieser wusste spätestens seit dem 10. Juli 2008, dass die Antragsteller ihren gewöhnlichen Aufenthalt nicht an den in den Anträgen aufgeführten Meldeadressen hatten. Er erteilte gleichwohl aus altruistischen Motiven heraus in zahlreichen Fällen unter Missachtung der gesetzlichen Vorgaben die beantragten Aufenthaltserlaubnisse. Dabei wusste er, dass eine örtliche Zuständigkeit der Ausländerbehörde E. nicht bestand.

[40] b) Soweit das Landgericht den Angeklagten S. darüber hinaus wegen des Benutzens von unrichtigen oder unvollständigen Angaben, um für einen anderen einen Aufenthaltstitel zu beschaffen, in neunzig Fällen verurteilt hat, wird der Schuldspruch von den Feststellungen nicht getragen. Der Angeklagte hat den Tatbestand des § 95 Abs. 2 Nr. 2 AufenthG nicht als Täter verwirklicht, sondern nur den Antragstellern Beihilfe zur unberechtigten Erlangung eines Aufenthaltstitels geleistet.

[41] aa) Das Landgericht ist zutreffend davon ausgegangen, dass die Antragsteller insbesondere durch Vorspiegelung eines Wohnsitzes im Zuständigkeitsbereich der Ausländerbehörde E. unrichtige Angaben im Sinne des § 95 Abs. 2 Nr. 2 Auf-

---

[560] BGH, Urteil vom 22.07.2015 – 2 StR 389/13, Rn. 40 ff.

enthG gemacht haben. Der Angeklagte S., der seit dem 10. Juli 2008 von der Unrichtigkeit der Angaben wusste, hat jedoch keine unrichtigen Angaben im Sinne des § 95 Abs. 2 Nr. 2 AufenthG benutzt (vgl. BGH, Beschluss vom 30. Mai 2013 – 5 StR 130/13, BGHSt 58, 262, 267).

[42] § 95 Abs. 2 Nr. 2 AufenthG stellt ein abstraktes Gefährdungsdelikt dar und dient der Sicherung des ausländerrechtlichen Verwaltungsverfahrens gegenüber Falschangaben. Er schützt das Vertrauen des Rechtsverkehrs in die Richtigkeit der Verwaltungsentscheidung (vgl. BGH, Beschluss vom 2. September 2009 – 5 StR 266/09, BGHSt 54, 140, 145 f.). Nach diesem Schutzzweck stellt das Gesetz die Unterbreitung und das Benutzen unrichtiger Angaben im Vorfeld der behördlichen Entscheidung unter Strafe (vgl. Senat, Urteil vom 15. November 2006 – 2 StR 157/06, NStZ 2007, 289, 290). An einer die Richtigkeit der Verwaltungsentscheidung gefährdenden Handlung in diesem Sinne fehlt es jedoch, wenn der Sachbearbeiter der Ausländerbehörde selbst einen Aufenthaltstitel erteilt, obwohl er die Unrichtigkeit der im Antrag enthaltenen Angaben kennt. Die unrichtigen oder unvollständigen Angaben müssen zwar zur Erfüllung des Tatbestands des § 95 Abs. 2 Nr. 2 AufenthG weder für die Erteilung des Aufenthaltstitels ursächlich gewesen sein (vgl. Hohoff in BeckOK- AuslR, § 95 AufenthG Rn. 90) noch bedarf es der Erteilung einer Aufenthaltserlaubnis (vgl. BGH, Beschluss vom 2. September 2009 – 5 StR 266/09, BGHSt 54, 140, 146). Ebenso ist nicht erforderlich, dass die Angaben durch die Ausländerbehörde tatsächlich geprüft werden, da nach dem Wortlaut des § 95 Abs. 2 Nr. 2 AufenthG bereits die Absicht genügt, sich durch unrichtige oder unvollständige Angaben einen Aufenthaltstitel zu verschaffen (vgl. BGH, Urteil vom 24. Oktober 2007 – 1 StR 189/07). Jedoch müssen die Angaben vom Täter des Vergehens nach § 95 Abs. 2 Nr. 2 AufenthG der Ausländerbehörde zur Kenntnis gebracht werden, damit von einem „Benutzen“ gesprochen werden kann (vgl. Gericke in MünchKomm, StGB, 2. Aufl., § 95 AufenthG Rn. 101). Diese Voraussetzung liegt nicht vor, wenn – wie hier – der für die Erteilung der Aufenthaltserlaubnis zuständige Sachbearbeiter der Ausländerbehörde selbst handelt und dabei weiß, dass die Angaben des jeweiligen Antragstellers unrichtig sind. Sein eigenes Handeln ist weder auf eine durch Täuschung bewirkte Verfälschung der Entscheidungsgrundlage der Behörde gerichtet noch bringt er die zuvor erfolgten unrichtigen Angaben der Behörde erst zur Kenntnis. Auch verschafft er nicht sich, sondern einem anderen einen Aufenthaltstitel.

Durch **§ 96 Abs. 1 AufenthG** werden sonst allgemeine Regeln (§§ 26 f. StGB) zu **520**
strafbaren Teilnahmehandlungen nach **§ 95 AufenthG** zu selbstständigen, im Sinne von § 25 StGB **täterschaftlichen Straftaten** „heraufgestuft“, **sofern** der **Teilnehmer** die **Schleusermerkmale** des § 96 Abs. 1 AufenthG erfüllt. In diesem Fall gelten die **allgemeinen Regeln der Teilnahme** einschließlich des Grundsatzes der **limitierten Akzessorietät.** Hiernach setzt eine Strafbarkeit wegen vollendeten Einschleusens von Ausländern das Vorliegen einer vorsätzlichen rechtswidrigen Haupttat des Geschleusten voraus. Andernfalls kommt eine Strafbarkeit wegen versuchten Einschleusens von Ausländern nach § 96 Abs. 3 AufenthG in Betracht.[561]

---

[561] BGH, Beschluss vom 13.01.2015 – 4 StR 378/14, Rn. 9 f.; vgl. auch: BGH, Urteil vom 22.07.2015 – 2 StR 389/13, Rn. 16.

[8] 1. Die Schuldsprüche wegen (gewerbsmäßigen) Einschleusens von Ausländern gemäß § 96 Abs. 1 und Abs. 2 Nr. 1 AufenthG in Tateinheit mit (gewerbsmäßigem) Verschaffen von falschen amtlichen Ausweisen nach § 276 Abs. 1 und 2 StGB in den Fällen II. 1. und 2. der Urteilsgründe halten einer rechtlichen Prüfung nicht stand. Die Urteilsausführungen ergeben indes, dass sich der Angeklagte im Fall II. 2. der Urteilsgründe des vollendeten und im Fall II. 1. der Urteilsgründe des versuchten gewerbsmäßigen Einschleusens von Ausländern gemäß § 96 Abs. 4 AufenthG i. V.m. § 96 Abs. 1 Nr. 1a, Abs. 2 Nr. 1 AufenthG jeweils in Tateinheit mit gewerbsmäßigem Verschaffen von falschen aufenthaltsrechtlichen Papieren nach § 276 Abs. 1 Nr. 1, Abs. 2, § 276a StGB strafbar gemacht hat.

[9] a) Durch die Strafvorschrift des § 96 Abs. 1 AufenthG werden sonst nach den allgemeinen Regeln (§§ 26, 27 StGB) strafbare Teilnahmehandlungen an den in § 96 Abs. 1 AufenthG in Bezug genommenen Taten nach § 95 AufenthG zu selbständigen, in Täterschaft (§ 25 StGB) begangenen Straftaten heraufgestuft, wenn der Teilnehmer zugleich eines der in § 96 Abs. 1 AufenthG geregelten Schleusermerkmale erfüllt (vgl. BGH, Beschlüsse vom 6. Juni 2012 – 4 StR 144/12, NStZ 2013, 483; vom 30. Mai 2013 – 5 StR 130/13, BGHSt 58, 262, 265 f.; Urteil vom 11. Juli 2003 – 2 StR 31/03, NStZ 2004, 45; vgl. Gericke in MüKoStGB, 2. Aufl., § 96 AufenthG Rn. 2). Trotz dieser tatbestandlichen Verselbständigung zur Täterschaft gelten für die Tathandlungen des § 96 Abs. 1 AufenthG die allgemeinen Regeln der Teilnahme einschließlich des Grundsatzes der limitierten Akzessorietät (vgl. Gericke aaO, Rn. 3; Senge in Erbs/Kohlhaas, Strafrechtliche Nebengesetze [Stand: Juli 2014], § 96 AufenthG Rn. 3). Die Strafbarkeit wegen vollendeten Einschleusens von Ausländern setzt daher das Vorliegen einer vorsätzlichen und rechtswidrigen Haupttat des Geschleusten voraus.

[10] Fehlt es an einer in § 96 Abs. 1 AufenthG genannten Bezugstat oder wird diese nur versucht, kommt für den mit Schleusermerkmalen handelnden Teilnehmer eine Strafbarkeit wegen versuchten Einschleusens von Ausländern nach § 96 Abs. 3 AufenthG in Betracht (vgl. BGH, Beschluss vom 6. Juni 2012 – 4 StR 144/12 aaO; Urteil vom 25. März 1999 – 1 StR 344/98, NStZ 1999, 409). Für die durch § 96 Abs. 3 AufenthG strafrechtlich erfasste versuchte Teilnahme gelten die allgemeinen zur Versuchsstrafbarkeit entwickelten Grundsätze. Sowohl für die Anforderungen, die an den Tatvorsatz des Täters zu stellen sind, als auch für die Prüfung des unmittelbaren Ansetzens kann ergänzend die Rechtsprechung zur versuchten Anstiftung nach § 30 Abs. 1 StGB herangezogen werden (vgl. BGH, Beschluss vom 6. Juni 2012 – 4 StR 144/12 aaO; Urteil vom 23. März 1999 – 1 StR 344/99 aaO). Der Versuch des Einschleusens von Ausländern in der Tatbestandsalternative des Hilfeleistens erfordert danach in subjektiver Hinsicht, dass der Vorsatz des Schleusers auf die Förderung einer in ihren wesentlichen Merkmalen oder Grundzügen konkretisierten Bezugstat im Sinne des § 96 Abs. 1 AufenthG gerichtet ist (vgl. BGH, Urteile vom 29. Oktober 1997 – 2 StR 239/97, NStZ 1998, 347, 348; vom 21. April 1986 – 2 StR 661/85, BGHSt 34, 63, 66; vgl. Schünemann in LK-StPO, 12. Aufl., § 30 Rn. 24 ff.). Die objektiven Voraussetzungen des Versuchs sind erfüllt, wenn der Täter eine Handlung vornimmt, mit der er nach seiner Vorstellung von der Tat unmittelbar zur Förderung der präsumtiven Bezugstat ansetzt. Maßgebend ist, wie weit sich der Täter bereits dem von ihm anvisierten Unterstützungserfolg angenähert und durch sein Handeln eine Gefahr für das betroffene Rechtsgut begründet hat (vgl. BGH, Beschluss vom 6. Juni 2012 – 4 StR 144/12 aaO).

[11] b) Den im angefochtenen Urteil zu den Fällen II. 1. und 2. der Urteilsgründe getroffenen Feststellungen lassen sich vom Angeklagten geförderte Bezugstaten im Sinne des § 96 Abs. 1 AufenthG nicht entnehmen. Da der indische Staatsangehörige V.S. alias M. zum Zeitpunkt der Unterstützungshandlungen des Angeklagten bereits in das Bundesgebiet eingereist war und sich als Asylbewerber aufgrund der aus § 55 Abs. 1 Satz 1 AsylVfG resultierenden gesetzlichen Aufenthaltsgestattung für die Dauer des Asylverfahrens (zu den Erlöschensgründen vgl. § 67 Abs. 1 AsylVfG) erlaubt in der Bundesrepublik Deutschland aufhielt, scheidet eine unerlaubte Einreise nach § 95 Abs. 1 Nr. 3 AufenthG oder ein unerlaubter Aufenthalt gemäß § 95 Abs. 1 Nr. 1 und 2 AufenthG als Bezugstaten aus. Ein späteres möglicherweise ins Auge gefasstes Erschleichen eines Aufenthaltstitels gemäß § 95 Abs. 2 Nr. 2 AufenthG durch unrichtige Angaben gegenüber der Ausländerbehörde über das Bestehen einer ehelichen Lebensgemeinschaft sollte durch die Eheschließung in Dänemark erst vorbereitet werden. Feststellungen zu diesbezüglichen Vorstellungen des Angeklagten enthält das Urteil nicht.

[12] c) Die Urteilsfeststellungen ergeben indes, dass der Angeklagte – jeweils unter Verwirklichung des Schleusermerkmals des § 96 Abs. 1 Nr. 1a AufenthG sowie gewerbsmäßig handelnd – im Fall II. 2. der Urteilsgründe bei einer Zuwiderhandlung gegen die Rechtsvorschriften über die Einreise nach Dänemark Hilfe geleistet und im Fall II. 1. der Urteilsgründe dies versucht hat (vollendetes und versuchtes gewerbsmäßiges Einschleusen von Ausländern gemäß § 96 Abs. 4 AufenthG i. V.m. § 96 Abs. 1 Nr. 1a, Abs. 2 Nr. 1 AufenthG).

[13] Indem der Angeklagte die Beschaffung der für die Einreise nach Dänemark und die dortige Eheschließung erforderlichen gefälschten spanischen Aufenthaltserlaubnis aus Spanien übernahm und die Eheschließung in Dänemark organisatorisch vorbereitete, leistete er im Fall II. 2. der Urteilsgründe einen die Einreise des V. S. alias M. nach Dänemark am 19. Februar 2013 objektiv fördernden Beitrag. Die Einreise erfolgte unter Zuwiderhandlung gegen die Rechtsvorschriften Dänemarks über die Einreise und den Aufenthalt von Ausländern. Hierfür reicht aus, dass die Einreise nach Maßgabe der dänischen Rechtsordnung unerlaubt war (vgl. BGH, Beschluss vom 8. November 2000 – 1 StR 447/00, NStZ 2001, 157, 158; Mosbacher in GK-AufenthG [Stand: Juli 2008], § 96 AufenthG Rn. 52f.; enger Gericke aaO, § 96 AufenthG Rn. 41 unter Verweis auf BGH, Beschluss vom 5. September 2001 – 3 StR 174/01, NStZ 2002, 33). Dies war hier der Fall, da dem Gesamtzusammenhang der Urteilsgründe noch hinreichend zu entnehmen ist, dass V. S. alias M., der als Negativstaatler der Visumspflicht nach Art. 1 Abs. 1 der Verordnung (EG) Nr. 539/2001 des Rates vom 15. März 2001 (EG-VisaVO) unterlag, ein für die Einreise nach Dänemark erforderliches Visum nicht besaß.

[14] Im Fall II. 1. der Urteilsgründe war der Vorsatz des Angeklagten darauf gerichtet, V. S. alias M. bei der Eheschließung in Dänemark und der dafür erforderlichen Einreise nach Dänemark zu unterstützen. Da der Angeklagte mit seiner Mitwirkung bei der Beschaffung der gefälschten spanischen Aufenthaltskarte und der Organisation des Hochzeitstermins in Dänemark wesentliche Teile seiner Unterstützungshandlungen erbracht hat, liegt auch das unmittelbare Ansetzen zur Hilfeleistung vor.

■ TOPENTSCHEIDUNG

521 Einer Verurteilung wegen **gewerbsmäßigen Einschleusens von Ausländern steht nicht entgegen, dass** die Geschleusten **um Asyl nachgesucht** haben.[562]

[14] bb) Art. 16a Abs. 1 GG steht dieser Bewertung nicht entgegen. Denn die von dem Angeklagten unterstützten syrischen Staatsangehörigen sind nicht unmittelbar aus dem Verfolgerstaat (Syrien), sondern aus einem Mitgliedstaat der Europäischen Union (Griechenland, Österreich) in die Bundesrepublik Deutschland eingereist und konnten sich schon deshalb nach Art. 16a Abs. 2 Satz 1 GG, § 26a Abs. 1 Satz 1 AsylVfG nicht auf das Asylgrundrecht berufen (vgl. OLG Stuttgart, Urteil vom 2. März 2010 – 4 Ss 1558/09, juris, Rn. 9 m. Anm. Senge, jurisPR-StrafR 20/2010 Anm. 2; OLG Köln, NStZ-RR 2004, 24f.; BayObLG, BayObLGSt 1998, 172, 173; BVerwG, NVwZ 1992, 682, 684; NVwZ 1984, 591; Schott, Einschleusen von Ausländern, 2. Aufl., S. 183ff.; Stoppa in: Huber, AufenthG, § 95 Rn. 354 mwN).

[15] cc) Hieran ist auch in Bezug auf die unmittelbar aus Griechenland eingereisten Asylbewerber festzuhalten.

[16] (1) Nach dem vom verfassungsändernden Gesetzgeber in Art. 16a Abs. 2 Satz 1 GG gewählten Konzept der sicheren Drittstaaten ist der persönliche Geltungsbereich des in Art. 16a Abs. 1 GG gewährten Asylgrundrechts auf Ausländer beschränkt, die nicht aus einem Mitgliedstaat der Europäischen Gemeinschaften oder aus einem anderen Drittstaat eingereist sind, in dem die Anwendung des Abkommens über die Rechtsstellung der Flüchtlinge vom 28. Juli 1951 (BGBl. II 1953, S. 560) – Genfer Flüchtlingskonvention (GFK) – und der Konvention zum Schutze der Menschenrechte und Grundfreiheiten – EMRK – vom 4. November 1950 (BGBl. II 1952, S. 953) sichergestellt ist. Die Mitgliedstaaten der Europäischen Gemeinschaften hat der verfassungsändernde Gesetzgeber in Art. 16a Abs. 2 Satz 1 GG selbst zu sicheren Drittstaaten bestimmt. Aus der Entstehungsgeschichte der Norm wie auch aus der Zielsetzung, die der verfassungsändernde Gesetzgeber mit der Drittstaatenregelung verfolgt, ergibt sich, dass die Mitgliedstaaten unmittelbar kraft Verfassung sichere Drittstaaten sind. Der zweite Halbsatz in Art. 16a Abs. 2 Satz 1 GG („… in dem die Anwendung … sichergestellt ist“) bezieht sich ausschließlich auf „den anderen Drittstaat“, mithin auf Staaten außerhalb der Europäischen Gemeinschaften. Dem liegt die Vorstellung zugrunde, dass ein Ausländer in allen Mitgliedstaaten der Europäischen Gemeinschaften generell Schutz vor politischer Verfolgung und vor Weiterschiebung in einen Staat finden kann, in dem ihm politische Verfolgung oder sonstige menschenrechtswidrige Behandlung oder Bestrafung droht; nur für andere Staaten ist diese Annahme noch von der vorgängigen Prüfung abhängig, ob dort ein Schutz entsprechend der Genfer Flüchtlingskonvention und der Europäischen Menschenrechtskonvention gewährt wird (BVerfGE 94, 49, Rn. 159; vgl. BT-Drucks. 12/4152, S. 4). Auch für Griechenland als Mitgliedstaat der Europäischen Gemeinschaft ergibt sich damit der Status eines sicheren Drittstaates unmittelbar aus der Verfassung.

---

[562] BGH, Urteil vom 26.02.2015 – 4 StR 233/14, Rn. 14ff.; vgl. auch: BGH, Urteil vom 26.02.2015 – 4 StR 178/14, Rn. 12ff.

[17] (2) Der Umstand, dass zur Tatzeit keine Rücküberstellungen nach Griechenland gemäß der Verordnung (EG) Nr. 343/2003 des Rates vom 18. Februar 2003 (Dublin II – VO) erfolgen durften, weil dort eine Umsetzung der Schutzmechanismen für Flüchtlinge entsprechend den Standards der Genfer Flüchtlingskonvention nicht mehr gewährleistet war (vgl. EGMR (GK), NVwZ 2011, 413 [Verstoß gegen Art. 3 und 13 EMRK]; EuGH, NVwZ 2012, 417; siehe auch BVerfG, Beschluss vom 8. Dezember 2014 – 2 BvR 450/11, juris, Rn. 29; NVwZ 2010, 318; BGH, Beschluss vom 25. Februar 2010 – V ZB 172/09, NVwZ 2010, 726, Rn. 26; BVerwG, EZAR NF 65 Nr. 14, S. 3; Hailbronner/Thym, NVwZ 2012, 406, 409) und Deutschland deshalb in Bezug auf aus Griechenland eingereiste Asylbewerber von seinem Selbsteintrittsrecht gemäß Art. 3 Abs. 2 Dublin II – VO Gebrauch gemacht hat, steht dem nicht entgegen (a. A. Schott-Mehring, ZAR 2014, 142, 146ff.; Schott, Einschleusen von Ausländern, 2. Aufl., S. 187f.). Auch wenn Griechenland vor diesem Hintergrund zum Zeitpunkt der verfahrensgegenständlichen Schleusungen nicht mehr uneingeschränkt als „sicherer Drittstaat" im asylverfahrensrechtlichen Sinn einzuordnen war (BVerfG, Beschluss vom 8. Dezember 2014 – 2 BvR 450/11, juris, Rn. 29), hat sich dadurch die verfassungsrechtliche Ausgangslage nicht verändert.

[18] (3) Der Senat braucht nicht zu entscheiden, ob die einer Rücküberstellung entgegenstehenden Defizite im griechischen Asylverfahren und das generelle Ausüben des Selbsteintrittsrechts nach Art. 3 Abs. 2 Dublin II – VO dazu geführt haben, dass die eingeschleusten Ausländer trotz ihres zwischenzeitlichen Aufenthalts in Griechenland als „Flüchtling" im Sinne von § 95 Abs. 5 AufenthG in Verbindung mit Art. 31 Abs. 1 GFK einzustufen sind (vgl. dazu BVerfG, Beschluss vom 8. Dezember 2014 – 2 BvR 450/11, juris, Rn. 29; siehe auch OLG Köln, NStZ-RR 2004, 24). Zwar geht ein Flüchtling seines Schutzes durch Art. 31 Abs. 1 GFK grundsätzlich nicht schon dadurch verlustig, dass er aus einem Drittstaat einreist und nicht direkt aus dem Herkunftsstaat, sofern er diesen Drittstaat nur als „Durchgangsland" nutzt und sich der Aufenthalt in diesem nicht schuldhaft verzögert (BVerfG, Beschluss vom 8. Dezember 2014 – 2 BvR 450/11, juris, Rn. 31 mwN). Durch den Schutz des Art. 31 Abs. 1 GFK entstünde aber lediglich ein den Asylsuchenden betreffender persönlicher Strafaufhebungsgrund, der das bereits verwirklichte Unrecht der unerlaubten Einreise unberührt ließe und deshalb auf die Strafbarkeit des Angeklagten nach § 96 Abs. 1 AufenthG ohne Einfluss wäre (BVerfG, Beschluss vom 8. Dezember 2014 – 2 BvR 450/11, juris, Rn. 22; BGH, Beschluss vom 25. März 1999 – 1 StR 344/98, NStZ 1999, 409 zu § 92 Abs. 4 AuslG; Senge in Erbs/Kohlhaas, Strafrechtliche Nebengesetze, 195. Ergänzungslieferung 2013, § 95 AufenthG Rn. 68; Gericke in MüKo-StGB, 2. Aufl., § 95 AufenthG Rn. 118).

ANMERKUNG ■

Die Entscheidung betrifft eine Thematik, die im Jahr 2015 die Ausgangsgerichte in vielerlei Facetten im Kontext der „Flüchtlingskrise" beschäftigte.

Mit der Entscheidung des BGH stellte dieser im Kern heraus, dass die Strafbarkeit des Schleusers und der Geschleusten isoliert zu betrachten ist. Dementsprechend kann die Straflosigkeit der Geschleusten grundsätzlich keine solche Wirkung auf den Schleuser zeitigen.

522 Der **Versuch des Einschleusens von Ausländern** in der Tatbestandsalternative des Hilfeleistens erfordert in subjektiver Hinsicht, dass der **Vorsatz** des Schleusers **auf** die Förderung einer in ihren wesentlichen Merkmalen oder Grundzügen **konkretisierten Bezugstat** im Sinne des § 96 Abs. 1 AufenthG gerichtet ist.[563]

[3] Fehlt es an einer in § 96 Abs. 1 AufenthG genannten Bezugstat, kommt für den mit Schleusermerkmalen handelnden Teilnehmer eine Strafbarkeit wegen versuchten Einschleusens von Ausländern nach § 96 Abs. 3 AufenthG in Betracht. Für die durch § 96 Abs. 3 AufenthG strafrechtlich erfasste versuchte Teilnahme gelten die allgemeinen zur Versuchsstrafbarkeit entwickelten Grundsätze. Sowohl für die Anforderungen, die an den Tatvorsatz des Täters zu stellen sind, als auch für die Prüfung des unmittelbaren Ansetzens kann ergänzend die Rechtsprechung zur versuchten Anstiftung nach § 30 Abs. 1 StGB herangezogen werden. Der Versuch des Einschleusens von Ausländern in der Tatbestandsalternative des Hilfeleistens erfordert danach in subjektiver Hinsicht, dass der Vorsatz des Schleusers auf die Förderung einer in ihren wesentlichen Merkmalen oder Grundzügen konkretisierten Bezugstat im Sinne des § 96 Abs. 1 AufenthG gerichtet ist. Die objektiven Voraussetzungen des Versuchs sind erfüllt, wenn der Täter eine Handlung vornimmt, mit der er nach seiner Vorstellung von der Tat unmittelbar zur Förderung der präsumtiven Bezugstat ansetzt. Maßgebend ist, wie weit sich der Täter bereits dem von ihm anvisierten Unterstützungserfolg angenähert und durch sein Handeln eine Gefahr für das betroffene Rechtsgut begründet hat (BGH, Beschluss vom 13. Januar 2015 – 4 StR 378/14, NStZ2015, 399, 400 f. mwN).

[4] Nach den Feststellungen des Landgerichts erklärte sich der Angeklagte – einer gemeinsamen Abrede mit dem Mitangeklagten A. folgend – gegenüber dem Hintermann der Schleusung telefonisch bereit, zwei Erwachsene und drei Kinder an einem noch genau zu bestimmenden Ort in Oberitalien aufzunehmen und nach Deutschland zu bringen, besprach mit diesem die günstigste Fahrtroute und fuhr – nachdem A. einen Schleuserlohn von 1.500 € vereinbart hatte – mit seinem Auto zuerst Richtung Mailand sowie auf unterwegs erteilte telefonische Aufforderung durch den Hintermann sodann nach Udine, wo er am vereinbarten Treffpunkt vergeblich auf die zu schleusenden Personen wartete. Mit diesen Handlungen ist die Grenze zum strafbaren Versuch überschritten (vgl. BGH, Beschluss vom 6. Juni 2012 – 4 StR 144/12, NJW 2012, 2821,2822).

523 Der **Bandenbegriff** des **§ 97 Abs. 2 AufenthG** ist wie jener innerhalb des StGB auszulegen.[564]

[28] Auch in den Fällen des § 97 Abs. 2 AufenthG gelten die für den Bandenbegriff allgemein entwickelten Grundsätze (vgl. dazu BGH, Beschluss vom 22. März 2001 – GSSt 1/00, BGHSt 46, 321, 325 ff.). Allerdings ist es im Gegensatz zu anderen Bandenstraftaten bei § 97 Abs. 2 AufenthG nicht erforderlich, dass mehrere Bandenmitglieder unmittelbar am gleichen Tatort der Einschleusung zusammenwirken, um den Qualifikationstatbestand zu erfüllen. Ausreichend ist insoweit das Handeln eines Bandenmitglieds gegenüber der Ausländerbehörde im Rahmen der bandenmäßigen Verbindung (vgl. BGH, Beschluss vom

---

563 BGH, Beschluss vom 03.09.2015 – 3 StR 236/15, Rn. 3.

564 BGH, Urteil vom 22.07.2015 – 2 StR 389/13, Rn. 28 f.

6. April 2005 – 5 StR 68/05; MünchKomm/Gericke, StGB, 2. Aufl., § 96 AufenthG Rn. 29). Mittäterschaft reicht andererseits für sich genommen noch nicht aus, um eine bandenmäßige Tatbegehung anzunehmen. Vielmehr muss sich das Handeln im Rahmen der Bandenabrede halten. Indizien für das Vorliegen einer Bande können unter anderem eine genaue Buchführung, geschäftsmäßige Auftragsverwaltung oder arbeitsteilige Abwicklung sein (vgl. Winkelmann in Renner/Bergmann/Dienelt, Ausländerrecht, 10. Aufl., § 96 AufenthG Rn. 13). Die Angeklagten haben arbeitsteilig mit gleichbleibenden Rollen in einer Vielzahl von Fällen zusammengewirkt. Die Handlungskomponenten waren aus ihrer Sicht jeweils in ihrem Zusammenwirken zur Erreichung des gemeinsamen Ziels erforderlich und hielten sich im Rahmen der Bandenabrede.

[29] Der Annahme einer Bandentat steht es nicht entgegen, dass die Bandenmitglieder vorrangig ihre eigenen finanziellen Interessen verfolgten. Ein gefestigter Bandenwille oder ein Tätigwerden in einem übergeordneten Bandeninteresse ist auch in den Fällen des § 97 Abs. 2 AufenthG nicht erforderlich. Die Tatsache, dass ein Bandenmitglied nicht in die ursprüngliche Tatplanung eingebunden war und nicht mit allen Bandenmitgliedern selbst Kontakt hatte, führt zu keiner anderen Bewertung. Ebenso ist es nicht erforderlich, dass sich sämtliche Mitglieder der Gruppe persönlich verabredet haben. Eine Bandenabrede kann auch durch aufeinander folgende Vereinbarungen entstehen, wenn sich zunächst zwei Täter einig sind, künftig Straftaten mit zumindest einem weiteren Beteiligten zu begehen und ein dritter, der durch einen der beiden Täter über ihr Vorhaben informiert wird, sich dieser Vereinbarung anschließt. Dasselbe gilt sodann für den Anschluss weiterer Tatbeteiligter.

Konkurrenzrechtlich konsumiert § 95 Abs. 2 Nr. 2 AufenthG eine mittelbare Falschbeurkundung im Sinne von **§ 271 Abs. 1 StGB**.[565] **524**

Der **Straftatbestand** der **unerlaubten Einreise bleibt unberührt, wenn** bei bereits vollendeter unerlaubter Einreise die **Bundespolizei keine Maßnahmen nach § 18 AsylVfG,** insbesondere die der **Zurückschiebung, einleitet.**[566] **525**

[19] dd) Der Einwand der Revision, die noch im nichtöffentlichen Bereich der Flughäfen Frankfurt und München von der Bundespolizei kontrollierten syrischen Staatsangehörigen G. R. (Fall III 2 b) aa) (a) der Urteilsgründe), Ra. I. und J. M. (Fall III 2) b) aa) (c) der Urteilsgründe) sowie M. S. und B. F. (Fall III 2 b) aa) (d) der Urteilsgründe) seien erlaubt in die Bundesrepublik Deutschland eingereist, weil ihnen die Einreise von den kontrollierenden Bundespolizeibeamten zur Durchführung des Asylverfahrens nach § 18 Abs. 1, § 18a AsylVfG gestattet worden sei (vgl. BeckOK-AuslR/Hohoff, 6. Edition, AufenthG, § 95 Rn. 33; Winkelmann in Renner/Bergmann/Dienelt, Ausländerrecht, 10. Aufl., § 95 AufenthG Rn. 53), geht fehl.

[20] (1) Für eine grenzpolizeiliche Einreisegestattung nach § 18 Abs. 1 AsylVfG war kein Raum, weil die angeführten Asylbewerber im Zeitpunkt der Kontrolle durch die Beamten der Bundespolizei bereits eingereist waren.

---

[565] BGH, Urteil vom 22.07.2015 – 2 StR 389/13, Rn. 30.

[566] BGH, Urteil vom 26.02.2015 – 4 StR 233/14, Rn. 19 ff.; vgl. auch: BGH, Urteil vom 26.02.2015 – 4 StR 178/14, Rn. 17 ff.

[21] (a) Der Begriff der Einreise bestimmt sich nach der Verordnung (EG) 562/2006 vom 15. März 2006 (Schengener Grenzkodex), die im Rahmen ihres Geltungsbereiches der nationalen Regelung in § 13 AufenthG vorgeht. Nach Art. 20 Schengener Grenzkodex dürfen Binnengrenzen unabhängig von der Staatsangehörigkeit der betreffenden Personen an jeder Stelle ohne Personenkontrollen überschritten werden. Der damit verbundene Wegfall jedweder Grenzübergangskontrolle und der Abbau aller Grenzübergangsstellen führt dazu, dass sich der Grenzübertritt nicht mehr nach § 13 Abs. 2 Satz 1 AufenthG, sondern nach § 13 Abs. 2 Satz 3 AufenthG richtet. Ein Ausländer ist daher an einer Binnengrenze bereits dann eingereist, wenn er die Grenzlinie (physisch) überschritten und das Hoheitsgebiet des Zielstaates betreten hat (vgl. BeckOK-AuslR/Dollinger, 6. Edition, AufenthG, § 13 Rn. 9; Fränkel in HK-AuslR, § 13 AufenthG Rn. 20; Hailbronner, Ausländerrecht, Stand 2014, § 13 AufenthG Rn. 18; Ritter, ZAR 2000, 69; Westphal/Stoppa, NJW 1999, 2137, 2138). Reist der Ausländer mit einem Binnenflug (Art. 2 Nr. 3 Schengener Grenzkodex) ein, gilt nach Art. 2 Nr. 1b Schengener Grenzkodex der „Flughafen" als Binnengrenze. Dies hat zur Folge, dass der für die Vollendung der Einreise maßgebliche (physische) Grenzübertritt nicht schon mit dem Überfliegen der (geografischen) Grenzlinie stattfindet (so aber Stoppa in Huber, Aufenthaltsgesetz, § 95 Rn. 117), sondern erst mit dem Betreten des Hoheitsgebietes des Zielstaates am Flughafen erfolgt (vgl. OLG München, EZAR NF 57 Nr. 10; GK-Aufenthaltsgesetz/Mosbacher, § 95 Rn. 99). Nicht erforderlich ist es hingegen, dass der Passagier eines Binnenfluges (Art. 2 Nr. 3 Schengener Grenzkodex) auch schon in den öffentlichen Bereich des Flughafengeländes gelangt ist oder den Flughafenbereich verlassen hat. Beide Gesichtspunkte knüpfen an die in § 13 Abs. 2 Satz 1 AufenthG geregelte Grenzsituation an und setzen voraus, dass der Flughafen eine Grenzübergangsstelle ist, an der Grenzübertrittskontrollen stattfinden (vgl. Westphal in Huber, Aufenthaltsgesetz, § 13 Rn. 17). Dies ist aber nur bei ankommenden Flügen aus Drittstaaten der Fall, bei denen der Flughafen als Außengrenze gilt (Art. 2 Nr. 2 iVm Art. 2 Nr. 1b Schengener Grenzkodex) und Grenzübergangsstelle (Art. 2 Nr. 8 Schengener Grenzkodex) ist, nicht aber bei Binnenflügen (zur notwendigen Trennung der Passagierströme aus ankommenden Binnenflügen und Flügen aus Drittstaaten vgl. Anhang VI Nr. 2.1.1 zum Schengener Grenzkodex; Nanz, ZAR 1994, 99, 101; Haas, Die Schengener Abkommen und ihre strafprozessualen Implikationen, 2001, S. 52f.).

[22] (b) Danach hatten die von dem Angeklagten eingeschleusten G.R., Ra.I., J.M., M.S. und B.F. den Tatbestand der unerlaubten Einreise im Sinne von § 95 Abs. 1 Nr. 3 AufenthG bereits vollständig verwirklicht, als sie im nichtöffentlichen Bereich der Flughäfen in Frankfurt/Main und München von Bundespolizeibeamten angetroffen wurden und erstmals ein Asylersuchen anbrachten.

[23] (2) Der Hinweis der Revision auf das sog. Flughafenverfahren nach § 18a AsylVfG verfängt ebenfalls nicht. Dieses Verfahren ist als Asylverfahren vor der Entscheidung über die Einreise konzipiert (vgl. BVerfG, Urteil vom 14. Mai 1996 – 2 BvR 1516/93, NVwZ 1996, 678, 680f.) und kommt nicht mehr in Betracht, wenn – wie hier – die Einreise bereits vollendet ist (OLG München, EZAR NF 57 Nr. 10; Hailbronner, Ausländerrecht, Stand 2014, § 18a AsylVfG Rn. 42; Senge in Erbs/Kohlhaas, Strafrechtliche Nebengesetze 195. Ergänzungslieferung 2013, § 18a AsylVfG Rn. 3).

[24] (3) Der Umstand, dass die Beamten der Bundespolizei in allen Fällen nach der Feststellung der pass- und aufenthaltstitellosen Einreise keine aufenthaltsbeendenden Maßnahmen (Zurückschiebung nach § 18 Abs. 3 iVm Abs. 2 Nr. 2 AsylVfG, § 71 Abs. 3 Nr. 1 AufenthG) veranlasst haben, hat den aufgrund ihrer Einreise aus einem sicheren Drittstaat von der grundrechtlichen Asylgewährung nach Art. 16a Abs. 2 GG ausgeschlossenen Ausländern zwar nach § 26a Abs. 1 Satz 3 iVm § 18 Abs. 4 Nr. 2 AsylVfG einen einfachgesetzlichen Zugang zum Asylrecht eröffnet (vgl. Bergmann in Renner/Bergmann/Dienelt, Ausländerrecht, 10. Aufl., § 26a AsylVfG Rn. 10; Senge in Erbs/Kohlhaas, Strafrechtliche Nebengesetze, 195. Ergänzungslieferung 2013, § 26a AsylVfG Rn. 8; Schmidt-Sommerfeld in MüKo-StGB, 2. Aufl., § 26a AsylVfG Rn. 2). An der zu diesem Zeitpunkt bereits vollendeten unerlaubten Einreise ändert dies aber nichts (vgl. dazu auch BGH, Beschluss vom 6. Mai 2010 – V ZB 213/09, NVwZ 2010, 1510 Rn. 8).

12. Insolvenzstrafrecht

TOPENTSCHEIDUNG ■

Eine **Insolvenzstraftat** nach § 15a Abs. 4 InsO kann bei einer Gesellschaft mit beschränkter Haftung **auch durch** einen **faktischen Geschäftsführer** begangen werden.[567] **526**

Die Verurteilung des Angeklagten A. als faktischer Geschäftsführer der Gesellschaft für E. V. mbH wegen vorsätzlicher Insolvenzverschleppung und die Verurteilung des Angeklagten O. als Geschäftsführer dieser Gesellschaft wegen Beihilfe zur Insolvenzverschleppung halten der rechtlichen Nachprüfung stand.

Die in der Rechtsprechung des Bundesgerichtshofs seit jeher anerkannte Strafbarkeit des faktischen Geschäftsführers bei unterlassener oder verspäteter Konkurs- oder Insolvenzantragstellung (vgl. BGH, Urteil vom 24. Juni 1952 – 1 StR 153/52, BGHSt 3, 32, 37f.; Urteil vom 28. Juni 1966 – 1 StR 414/65, BGHSt 21, 101, 103; Urteil vom 22. September 1982 – 3 StR 287/82, BGHSt 31, 118, 122; Urteil vom 10. Mai 2000 – 3 StR 101/00, BGHSt 46, 62, 64ff.; Urteil vom 17. März 2004 – 5 StR 314/03, NStZ 2004, 582, 583; zustimmend etwa Tiedemann/Rönnau in Scholz, GmbHG, 11. Aufl., § 84 Rn. 21ff. mwN; ablehnend u.a. Lutter/Hommelhoff/Kleindiek, GmbHG, 18. Aufl., § 84 Rn. 7) ist durch die Neuregelung in § 15a Abs. 4 InsO nicht entfallen.

Durch das Gesetz zur Modernisierung des GmbH-Rechts und zur Bekämpfung von Missbräuchen (MoMiG) vom 23. Oktober 2008 wurden mit Wirkung zum 1. November 2008 die bis dahin bestehenden Vorschriften zur Insolvenzantragstellung in verschiedenen Einzelgesetzen durch § 15a InsO ersetzt. Nach § 15a Abs. 4 InsO wird bestraft, wer entgegen Absatz 1 Satz 1 der Vorschrift einen Insolvenzantrag nicht, nicht richtig oder nicht rechtzeitig stellt. Nach § 15a Abs. 1 Satz 1 InsO haben die Mitglieder des Vertretungsorgans oder die Abwickler einer juristischen Person, die zahlungsunfähig wird oder überschuldet ist, ohne

---

567 BGH, Beschluss vom 18.12.2014 – 4 StR 323/14 und 4 StR 324/14.

schuldhaftes Zögern, spätestens aber drei Wochen nach Eintritt der Zahlungsunfähigkeit oder Überschuldung einen Insolvenzantrag zu stellen. Der Wortlaut des § 15a Abs. 1 Satz 1 InsO – „Mitglieder des Vertretungsorgans“ – schließt entgegen einer in der Literatur vertretenen Ansicht (vgl. Ulmer/Ransiek, GmbHG, vor § 82 Rn. 60; Kreft/Kleindiek, Insolvenzordnung, 6. Aufl., § 15a Rn. 40) den faktischen Geschäftsführer nicht aus. Die Formulierung umschreibt zusammenfassend die Verantwortlichen verschiedener Gesellschaftsformen. „Mitglied des Vertretungsorgans“ der Gesellschaft mit beschränkter Haftung ist der Geschäftsführer, dem nach ständiger Rechtsprechung der faktische Geschäftsführer gleichsteht.

Für die Strafbarkeit des faktischen Geschäftsführers spricht auch die Begründung des Gesetzesentwurfs. Durch die Neuregelung sollten die Vorschriften zur Insolvenzantragstellung aus verschiedenen Einzelgesetzen (GmbHG, AktG, GenG, HGB) rechtsformneutral geregelt und wortgleich erfasst werden (BT-Drucks. 16/6140 S. 55). Eine Einschränkung der strafbewehrten Pflicht zur Antragstellung war mit dem MoMiG nicht bezweckt, vielmehr sollten Schutzlücken vermieden werden (BT-Drucks. 16/6140 aaO). Auch ergibt sich aus der Begründung zu § 15a Abs. 3 InsO (BT-Drucks. 16/6140 S. 56), wonach durch die vorgesehene Regelung zu der Fallgruppe der führungslosen Gesellschaft „die Rechtsprechung zum faktischen Geschäftsführer und die weitere Rechtsentwicklung hierzu nicht berührt [werden]“, dass der Gesetzgeber die Verantwortlichkeit des faktischen Geschäftsführers nicht einschränken wollte (so auch Kuhn, Die GmbH-Bestattung [2011] S. 200f.; Biehl, Geschäftsführer- und Gesellschafterhaftung wegen Insolvenzverschleppung bei der GmbH [2013] S. 62f.).

Dass durch die Neufassung des § 15a InsO die (strafrechtliche) Haftung des faktischen Geschäftsführers bei Insolvenzverschleppung keine Änderung erfahren hat, ist in der Rechtsprechung des Bundesgerichtshofs auch bereits inzident bejaht worden (Beschluss vom 21. August 2013 – 1 StR 665/12, NJW 2014, 164; Beschluss vom 15. November 2012 – 3 StR 199/12, NJW 2013, 1892; Beschluss vom 26. Mai 2009 – 4 StR 10/09; Urteil vom 1. Februar 2009 – II ZR 209/08, NJW-RR 2010, 1048, 1050).

■ PRAXISBEDEUTUNG

Die vorliegende Entscheidung führt die letztlich zu Zeiten der Geltung der Konkursordnung aufgestellten Grundsätze fort. Insoweit wird auch für die „neue“ Rechtslage klargestellt, dass nicht nur der eingetragene Scheingeschäftsführer sich etwa insolvenzstrafrechtlich relevant verhalten kann, sondern gerade auch der faktische Geschäftsführer.

In der Praxis werden sich weiter im Schwerpunkt die Nachweisschwierigkeiten für die faktische Geschäftsführertätigkeit stellen, die jedoch mit Sach- und Personalbeweisen bewältigt werden können.

527 **Zahlungsunfähigkeit** liegt gemäß § 17 Abs. 2 Satz 1 InsO vor, wenn der Schuldner nicht in der Lage ist, die fälligen Zahlungsverpflichtungen zu erfüllen. Sie ist in der Regel durch eine **stichtagsbezogene Gegenüberstellung** der fälligen Verbindlichkeiten einerseits und der zu ihrer Tilgung vorhandenen oder kurzfristig herbeizuschaffenden Mittel andererseits festzustellen. Daneben kann die Zahlungsunfähigkeit auch durch sogenannte **wirtschaftskriminalistische Beweisanzeichen** belegt werden.[568]

[14] a) Im Ergebnis zu Recht ist das Landgericht davon ausgegangen, dass sich der Angeklagte wegen Insolvenzverschleppung nach § 15a Abs. 4 InsO strafbar gemacht hat.

[15] aa) Nach den diesbezüglichen Feststellungen waren die Angeklagten und der nicht revidierende Mitangeklagte G. Geschäftsführer und Gesellschafter der A. Ab Dezember 2007 kam es mangels Deckung der auf Guthabenbasis geführten Geschäftskonten zu näher dargestellten Rückbuchungen in Höhe von insgesamt 12.716,77 €. Am 31. Dezember 2007 betrug „das Vermögen der A. ... 177.753,42 €", während sich „die Schulden auf 275.279,57 €" beliefen, „so dass sich ein negatives Reinvermögen und damit eine rechnerische Überschuldung in Höhe von 97.526,15 € ergaben. Zu diesem Zeitpunkt wussten die Angeklagten zumindest, dass die A. ihre fälligen Zahlungsverpflichtungen nicht erfüllen konnte." In der Folgezeit besserte sich die Situation nicht. Mit Versäumnisurteil vom 2. Januar 2008 titulierte das Landgericht Traunstein gegen die A. einen Zahlungsanspruch in Höhe von 63.592,89 €, es folgten weitere – in den Urteilsgründen näher dargelegte – Rückbuchungen, eine Kontenpfändung seitens des Finanzamtes, die Anmahnung zur Abgabe der Umsatzsteuervoranmeldung für die Monate August bis Oktober 2007 sowie am 18. April 2008 eine erneute Pfändungsandrohung durch das Finanzamt. In der Gesellschafterversammlung vom 27. April 2008 beschlossen die Angeklagten mit dem Mitangeklagten G., dass die vollen Geschäftsführer-Gehälter zunächst nur noch anteilsmäßig gezahlt würden, wenn Geld auf dem Firmenkonto vorhanden sei. Einen Insolvenzantrag stellten die Angeklagten nicht; erst am 13. Januar 2009 wurde das Insolvenzverfahren aufgrund des Insolvenzantrags einer Gläubigerin eingeleitet.

[16] bb) Diese Feststellungen belegen entgegen der Auffassung des Landgerichts nicht, dass die A. bereits zum 31. Dezember 2007 zahlungsunfähig oder überschuldet im Sinne von § 15a Abs. 1 Satz 1 InsO war.

[17] Zahlungsunfähigkeit liegt gemäß § 17 Abs. 2 Satz 1 InsO vor, wenn der Schuldner nicht in der Lage ist, die fälligen Zahlungsverpflichtungen zu erfüllen. Sie ist in der Regel durch eine stichtagsbezogene Gegenüberstellung der fälligen Verbindlichkeiten einerseits und der zu ihrer Tilgung vorhandenen oder kurzfristig herbeizuschaffenden Mittel andererseits festzustellen (BGH, Beschluss vom 30. Januar 2003 – 3 StR 437/02, NStZ 2003, 546, 547, sog. betriebswirtschaftliche Methode). Eine derartige Gegenüberstellung enthält das Urteil nicht. Soweit dort die am 31. Dezember 2007 bestehenden „Schulden" dem „Vermögen" der A. gegenübergestellt werden, lässt sich – auch im Gesamtzusammenhang des Urteils – nicht erkennen, dass hiermit ausschließlich fällige Verbindlichkeiten gemeint waren.

[18] Die Zahlungsunfähigkeit kann zwar auch durch sogenannte wirtschaftskriminalistische Beweisanzeichen belegt werden (sog. wirtschaftskriminalistische Methode; vgl. BGH, Urteil vom 20. Juli 1999 – 1 StR 668/98, NJW 2000, 154, 156). Als solche kommen unter anderem in Betracht die ausdrückliche Erklärung, nicht zahlen zu können, das Ignorieren von Rechnungen und Mahnungen, ge-

[568] BGH, Beschluss vom 23.07.2015 – 3 StR 518/14, Rn. 17f.

scheiterte Vollstreckungsversuche, Nichtzahlung von Löhnen und Gehältern, der Sozialversicherungsabgaben oder der sonstigen Betriebskosten, Scheck- und Wechselproteste oder Insolvenzanträge von Gläubigern (vgl. BGH, Beschluss vom 21. August 2013 – 1 StR 665/12, BGHR InsO § 15a Abs. 4 Zahlungsunfähigkeit 1; G/J/W/Otte, Wirtschafts- und Steuerstrafrecht, § 15a InsO Rn. 68 mwN). Auch aufgrund derartiger Indizien lässt sich anhand der Urteilsgründe aber nicht nachvollziehen, dass die A. zum 31. Dezember 2007 zahlungsunfähig war. Festgestellt sind bis zu diesem Tag nur Rückbuchungen in Höhe von insgesamt 12.716,77 € und eine – durch ein zwei Tage später ergangenes Versäumnisurteil titulierte – Verbindlichkeit in Höhe von 63.592,84 €. Diesen Schulden stand jedoch ein Vermögen in Höhe von 177.753,42 € gegenüber. Angesichts dessen versteht es sich nicht von selbst, dass keine Finanzmittel zur Tilgung der fälligen Verbindlichkeiten bereitstanden, was daher der näheren Begründung bedurft hätte.

[19] Auch eine Überschuldung der A. zum 31. Dezember 2007 lässt sich den Urteilsgründen nicht entnehmen. Diese liegt gemäß § 19 Abs. 2 Satz 1 InsO vor, wenn das Vermögen die Schulden nicht mehr deckt. Um sie zu ermitteln, bedarf es eines Überschuldungsstatus in Form einer Vermögensbilanz, die über die tatsächlichen Werte des Gesellschaftsvermögens Auskunft gibt (BGH, Beschluss vom 30. Januar 2003 – 3 StR 437/02, NStZ 2003, 546, 547). Eine solche bilanzielle Darstellung des Überschuldungsstatus enthalten die Urteilsgründe nicht. Darüber hinaus ist hinsichtlich der Tatbestandsalternative der Überschuldung auch ein vorsätzliches Handeln des Angeklagten nicht festgestellt.

[20] cc) Die Urteilsgründe belegen aber eine Zahlungsunfähigkeit der A. jedenfalls zum 27. April 2008. Neben den bereits dargestellten Krisensignalen sind insoweit weitere Rückbuchungen in Höhe von mindestens 15.945,45 €, eine Kontenpfändung in Höhe von 7.695,58 € und eine weitere Pfändungsandrohung seitens des Finanzamtes in die Bewertung einzustellen, die schließlich in dem Gesellschafterbeschluss vom 27. April 2008 mündeten, wonach die Gehälter für die Geschäftsführung nur noch dann anteilsmäßig ausgezahlt wer-den sollten, soweit die – auf Guthabenbasis geführten – Gesellschaftskonten entsprechende Guthaben auswiesen. In einer Gesamtschau belegen diese Beweisanzeichen sicher, dass die A. zu diesem Zeitpunkt nicht mehr in der Lage war, ihre fälligen Verbindlichkeiten kurzfristig zu erfüllen. Soweit die Urteilsgründe an anderer Stelle Zahlungseingänge vom 25. April 2008 (UA S. 19) und vom 30. April 2008 (UA S. 13) in fünf- und sechsstelliger Höhe ausweisen, sind diese nicht geeignet, die Indizwirkung der aufgeführten Beweisanzeichen zu entkräften. Da es sich hierbei um – rechtsfehlerfrei festgestellte – betrügerisch erwirkte Vorauszahlungen der Kunden der A. handelte, bestanden insoweit bereits mit der Zahlung fällige Rückzahlungsansprüche (§ 823 Abs. 2 BGB i.V.m. § 263 StGB, § 31 BGB) in entsprechender Höhe.

D. Strafprozessordnung

I. Grundsätzliches

1. Überblick

Die seit dem Juristentag 2010 in Berlin wieder aufgeflammte Diskussion um die Regelungen für eine **Verständigung im Strafverfahren** hat auch im Berichtszeitraum 2015 trotz der Entscheidung des BVerfG vom 19. März 2013[569] nicht nachgelassen, vielmehr sich seither sogar noch auf andere Fragen erweitert[570], welche die Rechtsprechung des BGH sicherlich auch noch in den nächsten Jahren beschäftigen werden. Dazu beigetragen haben zwei Kammerentscheidungen des BVerfG[571] im August 2014, mit denen u.a. auf eine Entscheidung des 2. Strafsenats vom 10.07.2013[572] „nachgelegt" wurde, sowie ein weiterer Kammerbeschluss vom 15.01.2015[573]. 528

Inzwischen ist die gesetzliche Neuregelung für eine gegenüber der gesetzlichen Regelung von 2007/8 erheblich eingeschränkte **Vorratsdatenspeicherung** eingeführt, welche allerdings auf den ersten Blick nicht unbedingt überzeugend ist, zumal die Zulassungsbestimmungen gegenüber der Ermächtigungsvorschrift des § 100a StPO sogar verschärft wurden. Es bleibt abzuwarten, welchen Einfluss die neugeschaffene Regelung auf die anstehenden Strafverfahren haben wird. 529

2. Ausblick

Seit dem Herbst 2015 liegen die Vorschläge der Reformkommission beim BMJV vor, bei denen allerdings „der große Wurf" eher nicht zu finden ist. Es bleibt abzuwarten, welche Vorschläge in den kommenden Monaten auf den Gesetzgebungsweg gebracht werden. Auf jeden Fall ist aber bereits jetzt viel an Zeit verloren worden, welche bspw. schon längst für eine Beschleunigung der Strafverfahren hätte genutzt werden können. Dies gilt erst recht für die ungelösten und drängenden Fragen einer Regelung der Beschlagnahme von E-Mails sowie anderer Problembereiche der Telekommunikationsüberwachung einschließlich der Einführung der Online-Durchsuchung. 530

---

569 BVerfG, Urteil vom 19.03.2013 – 2 BvR 2628/10, 2 BvR 2883/10, 2 BvR 2155/11.

570 Vgl. hierzu Rn. 591 ff.

571 BVerfG, Kammerbeschluss v. 25.08.2014 – 2 BvR 2048/13; Kammerbeschluss vom 26.08.2014 – 2 BvR 2172/13.

572 BGH, Urteil vom 10.07.2013 – 2 StR 47/13.

573 BVerfG, Kammerbeschluss vom 15.01.2015 – 2 BvR 2055/14, vgl. Rn. 635.

II. Neuere höchstrichterliche Rechtsprechung zu Einzelfragen des Verfahrensrechts

1. Ausschließung vom Richteramt, Befangenheit – §§ 22ff. StPO

531 Das Ablehnungsgesuch des Verurteilten ist verspätet und daher unzulässig. Entscheidet das Gericht außerhalb der Hauptverhandlung im Beschlusswege (hier gemäß § 349 Abs. 2 StPO), so kann ein Ablehnungsgesuch in entsprechender Anwendung des § 25 Abs. 2 Satz 2 StPO nur so lange statthaft vorgebracht werden, bis die Entscheidung ergangen ist. Etwas anderes gilt auch dann nicht, wenn die Ablehnung mit einem Antrag nach § 356a StPO verbunden wird, der sich deswegen als unbegründet erweist, weil die gerügte Verletzung des Art. 103 Abs. 1 GG nicht vorliegt.[574]

[1] ... deswegen als unbegründet erweist, weil die gerügte Verletzung des Art. 103 Abs. 1 GG nicht vorliegt, so dass insoweit nicht mehr in eine erneute Sachprüfung einzutreten ist. Denn § 356a StPO verfolgt allein den Zweck, dem Revisionsgericht, das in der Sache entschieden hat, Gelegenheit zu geben, im Falle des Verstoßes gegen den Anspruch auf rechtliches Gehör diesem Mangel durch erneute Sachprüfung selbst abzuhelfen, um hierdurch ein Verfassungsbeschwerdeverfahren zu vermeiden. Dieser Rechtsbehelf dient hingegen nicht dazu, einem unzulässigen Ablehnungsgesuch durch die unzutreffende Behauptung einer Verletzung des Art. 103 Abs. 1 GG doch noch Geltung zu verschaffen (BGH aaO).

[2] 2. Die Anhörungsrüge ist jedenfalls unbegründet. Der Senat hat bei seiner Entscheidung keine Tatsachen oder Beweisergebnisse verwertet, zu denen der Antragsteller zuvor nicht gehört wurde, kein zu berücksichtigendes Vorbringen übergangen und auch sonst den Anspruch auf rechtliches Gehör nicht verletzt.

[3] Die Schreiben des Angeklagten haben dem Senat vorgelegen, wie sich schon aus dem Senatsbeschluss vom 25. Februar 2015 ergibt. Er hat deren Inhalt – soweit sie nicht auf eine unzulässige Nachholung einer Verfahrensrüge zielten – im Rahmen der durch die Sachrüge eröffneten Prüfung des angefochtenen Urteils zur Kenntnis genommen und bei seiner Entscheidung berücksichtigt. Daraus, dass der Senat im Ergebnis der in den Schreiben niedergelegten Rechtsauffassung des Verurteilten nicht gefolgt ist, lässt sich ein Verstoß gegen Art. 103 Abs. 1 GG ebenso wenig ableiten wie aus dem Umstand, dass der Senatsbeschluss zu den vom Verurteilten vorgebrachten einzelnen Argumenten nicht Stellung nimmt. Art. 103 Abs. 1 GG zwingt die Gerichte nicht dazu, jedes Vorbringen eines Beteiligten ausdrücklich zu bescheiden (BVerfG, Beschluss vom 20. Juni 2007 – 2 BvR

---

[574] BGH, Beschluss vom 05.10.2015 – 2 StR 396/14.

746/07; BGH, Beschlüsse vom 2. Mai 2012 – 1 StR 152/11, NStZ-RR 2012, 314; und vom 7. November 2011 – 1 StR 452/11).

[4] 3. Auch die in der Anhörungsrüge an einigen Stellen enthaltenen Ausführungen des Verurteilten geben lediglich seiner Rechtsmeinung und Erwartung den Ausgang des Revisionsverfahrens betreffend Ausdruck und stellen kein entscheidungserhebliches neues Vorbringen i. S. v. § 356a StPO dar.

1. Die Vorschrift des § 26a StPO gestattet nur ausnahmsweise, dass ein abgelehnter Richter selbst über einen gegen ihn gestellten Befangenheitsantrag entscheidet. Voraussetzung für diese Ausnahme von dem in § 27 StPO erfassten Regelfall der Entscheidung ohne Mitwirkung des abgelehnten Richters ist, dass keine Entscheidung in der Sache getroffen wird, vielmehr die Beteiligung des abgelehnten Richters auf eine echte Formalentscheidung oder die Verhinderung des Missbrauchs des Ablehnungsrechts beschränkt bleibt. Die Anwendung des § 26a StPO darf nicht dazu führen, dass der abgelehnte Richter sein eigenes Verhalten beurteilt und damit „Richter in eigener Sache" wird. **532**

2. Gemäß § 25 Abs. 2 Satz 1 Nr. 2 StPO muss die Ablehnung unverzüglich, d.h. so bald wie möglich und ohne eine nicht durch die Sachlage begründete Verzögerung geltend gemacht werden, wobei ein strenger Maßstab anzulegen ist. Dem zur Ablehnung Berechtigten ist dabei eine gewisse Zeit zum Überlegen und Abfassen des Gesuchs zuzugestehen. Welche Zeitspanne erforderlich, angemessen und deshalb zuzubilligen ist, hängt von den Umständen des Einzelfalles ab.[575]

[9] 2. Die Verfahrensrüge bleibt ohne Erfolg.

[10] a) Das letzte Ablehnungsgesuch hat das Landgericht im Ergebnis zu Recht als unzulässig verworfen.

[11] aa) Allerdings hat der Senat Bedenken gegen die Behandlung des Gesuchs als prozessverschleppend (§ 26a Abs. 1 Nr. 3 StPO).

[12] Die Vorschrift des § 26a StPO gestattet nur ausnahmsweise, dass ein abgelehnter Richter selbst über einen gegen ihn gestellten Befangenheitsantrag entscheidet. Voraussetzung für diese Ausnahme von dem in § 27 StPO erfassten Regelfall der Entscheidung ohne Mitwirkung des abgelehnten Richters ist, dass keine Entscheidung in der Sache getroffen wird, vielmehr die Beteiligung des abgelehnten Richters auf eine echte Formalentscheidung oder die Verhinderung des Missbrauchs des Ablehnungsrechts beschränkt bleibt. Die Anwendung des § 26a StPO darf nicht dazu führen, dass der abgelehnte Richter sein eigenes Verhalten beurteilt und damit „Richter in eigener Sache" wird. Dies gilt auch für die Anwendung des § 26a Abs. 1 Nr. 3 StPO (BGH, Beschluss vom 8. Juli 2009 – 1 StR 289/09, BGHR StPO § 26a Unzulässigkeit 19 mwN). Hier zeigt schon der Hinweis auf die der Beiordnungsentscheidung zugrunde liegenden Erwägungen, dass damit der abgelehnte Vorsitzende sein eigenes Verhalten beurteilt hat. Auch die Begründung, es gehe nur um unterschiedliche Rechtsansichten betreffend die Verteidigerbestellung, macht deutlich, dass der abgelehnte Richter mehr getan hat, als lediglich das eigene Verhalten im Verlauf des Prozesses zu schildern.

---

575 BGH, Beschluss vom 07.07.2015 – 3 StR 66/15.

[13] bb) Dies führt gleichwohl nicht dazu, dass das Gesuch vom Landgericht zu Unrecht verworfen worden ist.

[14] Zwar kann es nicht darauf ankommen, dass vorliegend kein Anlass bestand, die Voreingenommenheit des Vorsitzenden zu besorgen, da wegen Art. 101 Abs. 1 Satz 2 GG und der von der Beurteilung eines Gesuchs als zulässig oder unzulässig abhängigen Zusammensetzung der Richterbank (vgl. BVerfG, Beschluss vom 2. Juni 2005 – 2 BvR 625/01 und 2 BvR 638/01, NJW 2005, 3410, 3411f.) der Senat die Zurückweisung als unzulässig nicht durch eine solche als unbegründet ersetzen kann. Auch kann hier aus den bereits genannten Umständen das Gesuch nicht wegen eines völlig ungeeigneten – und damit im Sinne von § 26a Abs. 1 Nr. 2 StPO fehlenden – Ablehnungsgrundes verworfen werden.

[15] Indes erweist sich das Gesuch wegen Verspätung als unzulässig (§ 26a Abs. 1 Nr. 1 StPO). Gemäß § 25 Abs. 2 Satz 1 Nr. 2 StPO muss die Ablehnung unverzüglich, d.h. so bald wie möglich und ohne eine nicht durch die Sachlage begründete Verzögerung geltend gemacht werden, wobei ein strenger Maßstab anzulegen ist (st. Rspr., vgl. nur BGH, Urteil vom 17. November 1999 – 2 StR 313/99, BGHSt 45, 312, 315). Dem zur Ablehnung Berechtigten ist dabei eine gewisse Zeit zum Überlegen und Abfassen des Gesuchs zuzugestehen (vgl. BGH, Urteile vom 3. Mai 1995 – 2 StR 19/95, BGHR StPO § 25 Abs. 2 Unverzüglich 3 mwN; vom 29. März 2012 – 3 StR 455/11, NStZ-RR 2012, 211). Welche Zeitspanne erforderlich, angemessen und deshalb zuzubilligen ist, hängt von den Umständen des Einzelfalles ab. Hier hat der Verteidiger Rechtsanwalt H. am Mittwoch, dem 29. Oktober 2014, von der Entscheidung des Vorsitzenden über die Verteidigerbestellung Kenntnis erlangt und noch am selben Tag „im Auftrag der Angeklagten" durch Fax dagegen Beschwerde eingelegt. Wie sich aus dem Schriftsatz des Verteidigers vom 30. Oktober 2014 ergibt, hat er zuvor mit der Angeklagten fernmündlich Kontakt gehabt. Angesichts der fortgeschrittenen Verfahrensdauer hätte die Beschwerdeführerin deshalb nicht bis zum Montag, dem 3. November 2014 – dem nächsten Verhandlungstag – mit der Antragstellung zuwarten dürfen.

[16] b) Auch die übrigen Ablehnungsgesuche sind zu Recht verworfen worden. Dies gilt hinsichtlich der gemäß § 27 Abs. 1 StPO behandelten Gesuche: Unter Berücksichtigung der dienstlichen Erklärungen des abgelehnten Richters ist kein Umstand erkennbar, der bei vernünftiger Würdigung geeignet ist, Misstrauen gegen die Unparteilichkeit des Richters zu rechtfertigen. Die drei im Verlauf der Hauptverhandlung vom 27. Oktober 2014 gestellten Gesuche sind unter Mitwirkung der abgelehnten Richter ebenso zutreffend gemäß § 26a Abs. 1 Nr. 3 StPO wegen Prozessverschleppung abgelehnt worden.

533 Die **Besorgnis der Befangenheit eines Richters** ist bei dem Ablehnenden gegeben, wenn er bei einer verständigen Würdigung des ihm bekannten Sachverhalts Grund zu der Annahme hat, der Richter nehme ihm gegenüber eine innere Haltung ein, die die gebotene Unparteilichkeit und Unvoreingenommenheit störend beeinflussen. Maßstab für die Beurteilung dieser Voraussetzungen ist ein vernünftiger bzw. verständiger Angeklagter.

Knüpft die Besorgnis der Befangenheit an eine den Verfahrensgegenstand betreffende **Vorbefassung der abgelehnten Richter** – etwa die Mitwirkung an den Haftbefehlen gegen einen Angeklagten – an, ist jenseits gesetzlicher Ausschließungsgründe (vgl. etwa § 22 Nr. 4 und 5; § 23 StPO) dieser Umstand als solcher regelmäßig nicht geeignet, die Besorgnis der Befangenheit zu begründen, wenn und soweit nicht besondere Umstände hinzutreten.[576]

[10] Die drei berufsrichterlichen Mitglieder der Strafkammer haben an dem angefochtenen Urteil mitgewirkt, obwohl sie wegen Besorgnis der Befangenheit abgelehnt worden waren und die Ablehnungsgesuche jeweils zu Unrecht abgelehnt worden sind. Aus Sicht beider Angeklagter lag bei objektiver Beurteilung ein Grund vor, der geeignet war, Misstrauen gegen die Unparteilichkeit der abgelehnten Richter zu rechtfertigen (§ 24 Abs. 2 StPO).

[11] Die Besorgnis der Befangenheit eines Richters ist bei dem Ablehnenden gegeben, wenn er bei einer verständigen Würdigung des ihm bekannten Sachverhalts Grund zu der Annahme hat, der Richter nehme ihm gegenüber eine innere Haltung ein, die die gebotene Unparteilichkeit und Unvoreingenommenheit störend beeinflussen kann (st. Rspr.; BGH, Urteile vom 10. November 1967 – 4 StR 512/66, BGHSt 21, 334, 341; vom 9. Juli 2009 – 5 StR 263/08 [insoweit in BGHSt 54, 39ff. nicht abgedruckt]). Maßstab für die Beurteilung dieser Voraussetzungen ist ein vernünftiger (BGH, aaO, BGHSt 21, 334, 341; BGH, Urteil vom 13. März 1997 – 1 StR 793/96, BGHSt 43, 16, 18 mwN) bzw. verständiger Angeklagter (BGH, Beschluss vom 8. März 1995 – 5 StR 434/94, BGHSt 41, 69, 71; siehe auch BGH, Beschluss vom 18. November 2008 – 1 StR 541/08, NStZ-RR 2009, 85f.).

[12] Knüpft die Besorgnis der Befangenheit an eine den Verfahrensgegenstand betreffende Vorbefassung der abgelehnten Richter – wie hier die Mitwirkung an den Haftbefehlen gegen die Angeklagten – an, ist jenseits gesetzlicher Ausschließungsgründe (vgl. etwa § 22 Nr. 4 und 5; § 23 StPO) dieser Umstand als solcher regelmäßig nicht geeignet, die Besorgnis der Befangenheit zu begründen, wenn und soweit nicht besondere Umstände hinzutreten (st. Rspr.; siehe nur BGH, Urteil vom 30. Juni 2010 – 2 StR 455/09, NStZ 2011, 44, 46 Rn. 23 mwN). Rechtsfehler in Entscheidungen bei Vorbefassung mit dem Verfahrensgegenstand können für sich genommen eine Ablehnung der mitwirkenden Richter grundsätzlich nicht begründen (BGH, Urteil vom 12. November 2009 – 4 StR 275/09, NStZ 2010, 342f.; Cirener in BeckOK-StPO, Ed. 18, § 24 Rn. 15 mwN); etwas Anderes gilt jedoch, wenn die von den abgelehnten Richtern getroffene Entscheidung bzw. die darin zum Ausdruck kommende Rechtsauffassung sich als rechtlich völlig abwegig erweist oder gar als willkürlich erscheint (BGH, Beschluss vom 10. September 2002 – 1 StR 169/02, BGHSt 48, 4, 8; Urteil vom 12. November 2009 – 4 StR 275/09, NStZ 2010, 342f.; Scheuten in KK-StPO, 7. Aufl., § 24 Rn. 8). Besondere Umstände können aber auch dann gegeben sein, wenn sich aus der Art und Weise der Begründung von Zwischenentscheidungen die Besorgnis der Befangenheit ergibt (vgl. Cirener in BeckOK-StPO, aaO, § 24 Rn. 15).

1. Ist das Vorbringen des Angeklagten zur Rechtfertigung eines **Ablehnungsgesuchs** völlig ungeeignet so steht dies dem gänzlichen Fehlen einer Begründung nach § 26a Abs. 1 Nr. 2 StPO gleich. **534**

---

[576] BGH, Beschluss vom 08.05.2014 – 1 StR 726/13.

2. Die Begründung eines Ablehnungsgesuchs mit dem Vorbringen, ein Beisitzer des Tatgerichts habe auf Anträge und Schreiben des Angeklagten nicht geantwortet, ist offensichtlich völlig ungeeignet, ein Ablehnungsgesuch zu rechtfertigen, da es eine Selbstverständlichkeit darstellt, dass ein Beisitzer des Senats mit dem Angeklagten keinen Informationsaustausch führt.[577]

[12] a) Eine Wiederholung der Ablehnung aus demselben Grund ist unzulässig (vgl. Meyer-Goßner/Schmitt, StPO 58. Aufl. 2015, Rn. 3 zu § 26 und Rn. 4b zu § 26a). Der „Grund" der Ablehnung ist inhaltlich derselbe wie in der ersten (zurückgenommenen) Ablehnung. Der Vorwurf ging und geht im Kern dahin, dass seine Schreiben nicht beantwortet wurden. Die dienstliche Äußerung ist danach kein neuer Grund, sondern – aus Sicht des Angeklagten – nur ein Beleg für seine ursprüngliche Behauptung. Inhaltlich wird kein neuer Grund vorgetragen, so dass die erneute Ablehnung schon von daher unzulässig ist.

[13] b) Es kann offen bleiben, ob die Ablehnung auch deshalb unzulässig ist, weil der Angeklagte kein Mittel zur Glaubhaftmachung angegeben hat (§ 26a Abs. 1 Nr. 2 StPO).

[14] c) Die Ablehnung ist weiter unzulässig, weil kein Grund zur Ablehnung angegeben wurde (§ 26a Abs. 1 Nr. 2 StPO).

[15] Das Vorbringen des Angeklagten war zur Rechtfertigung eines Ablehnungsgesuchs völlig ungeeignet; ein solcher Fall steht dem gänzlichen Fehlen einer Begründung nach § 26a Abs. 1 Nr. 2 StPO gleich (vgl. u.a. BGH, Beschluss vom 10. Juli 2014 – 3 StR 262/14, NStZ 2014, 725f.; BGH, Beschluss vom 15. November 2012 – 3 StR 239/12, NStZ-RR 2013, 153; Meyer-Goßner/Schmitt aaO, Rn. 4a zu § 26a m. zahlr. w.N.).

[16] Bei der Prüfung, ob die für eine Ablehnung wegen Besorgnis der Befangenheit gegebene Begründung in dem genannten Sinne völlig ungeeignet ist, muss allerdings Art. 101 Abs. 1 Satz 2 GG in den Blick genommen werden, weil von der richterlichen Beurteilung des Ablehnungsgesuchs als zulässig oder unzulässig die Zusammensetzung der Richterbank abhängt. Die Vorschrift des § 26a StPO ist deshalb eng auszulegen (BVerfG, Beschluss vom 2. Juni 2005 – 2 BvR 625/01 und 2 BvR 638/01, NJW 2005, 3410).

[17] Dass ein Beisitzer des Senats mit dem Angeklagten keinen Informationsaustausch führt, ist eine Selbstverständlichkeit. Deshalb ist die dem Angeklagten ohnehin bekannte Mitteilung, dass Richterin am Bundesgerichtshof Dr. F. bislang auf Anträge und Schreiben nicht geantwortet habe, offensichtlich völlig ungeeignet, ein Ablehnungsgesuch zu rechtfertigen.

[18] Dies gilt hier umso mehr als der Angeklagte bereits über sein Generalkonsulat in Kenntnis gesetzt wurde, wie er in seinem ersten Befangenheitsgesuch vom 12. April 2015 bestätigt, dass der Bundesgerichtshof nicht verpflichtet ist, alle eingehenden Schreiben zu beantworten. Es liegt auf der Hand, dass in der fehlenden Beantwortung eines Schreibens eines Angeklagten nicht impliziert zu sehen ist, dass sein Vorbringen bei der Beratung im Senat nicht gewürdigt wird.

[19] Sein Vorbringen, aus der fehlenden Beantwortung seiner Schreiben sei Befangenheit zu besorgen, ist daher ohne nähere Prüfung und losgelöst von den

---

[577] BGH, Beschluss vom 09.07.2015 – 1 StR 7/15.

konkreten Umständen des Einzelfalles zur Begründung der Besorgnis gänzlich ungeeignet.

[20] Es ist noch weniger geeignet, als eine bloße prozessordnungsgemäße Mitwirkung an einer Vorentscheidung oder eine bloße Vorbefassung mit der Sache, die zur Rechtfertigung eines Ablehnungsgesuchs völlig ungeeignet sind (vgl. Meyer-Goßner/Schmitt aaO, Rn. 4a zu § 26a).

2. Wiedereinsetzung – § 44 StPO

Gemäß § 45 Abs. 1 Satz 1 StPO ist ein **Wiedereinsetzungsantrag binnen einer Woche nach Wegfall des Hindernisses** zu stellen. Damit die Einhaltung der Wochenfrist überprüft werden kann, bedarf es zur formgerechten Anbringung eines Wiedereinsetzungsgesuchs in den Fällen, in denen dies nach Aktenlage nicht offensichtlich ist, der Mitteilung, wann das Hindernis, das der Fristwahrung entgegenstand, weggefallen ist.[578] **535**

[2] 1. Das Wiedereinsetzungsgesuch des Angeklagten ist unzulässig.

[3] Es entspricht nicht den Anforderungen des § 45 Abs. 1 Satz 1 StPO. Danach ist der Antrag binnen einer Woche nach Wegfall des Hindernisses zu stellen. Damit die Einhaltung der Wochenfrist überprüft werden kann, bedarf es zur formgerechten Anbringung eines Wiedereinsetzungsgesuchs in den Fällen, in denen dies nach Aktenlage nicht offensichtlich ist, der Mitteilung, wann das Hindernis, das der Fristwahrung entgegenstand, weggefallen ist (vgl. BGH, Beschlüsse vom 4. August 2010 – 2 StR 365/10, vom 11. Mai 2011 – 2 StR 77/11, vom 8. Dezember 2011 – 4 StR 430/11, NStZ 2012, 276, und vom 22. Mai 2013 – 4 StR 121/13, NStZ 2013, 541). Der Antrag auf Wiedereinsetzung in den vorigen Stand vom 27. April 2015 verhält sich indes nicht dazu, wann der Verurteilte, dessen Kenntnis für den Fristbeginn entscheidend ist, über die Versäumung der Einlegungsfrist unterrichtet worden ist. Ausweislich des mit dem Antrag vorgelegten Schreibens des Verurteilten vom 22. April 2015 hatte dieser in der Nacht zum 24. März 2015 einen Selbstmordversuch unternommen, woraufhin er für „ca. 3–4 Wochen“ in einen besonders gesicherten Haftraum verlegt worden war. Nach Rückkehr in seinen Haftraum fand er die Benachrichtigung vor, dass das Urteil rechtskräftig geworden ist. Nach diesem zeitlichen Ablauf liegt es nicht fern, dass der Wiedereinsetzungsantrag die Wochenfrist des § 45 Abs. 1 Satz 1 StPO nicht gewahrt hat. Entsprechende Angaben waren vorliegend daher nicht entbehrlich.

[4] Im Übrigen wäre der Antrag auf Wiedereinsetzung in den vorigen Stand gegen die Versäumung der Frist zur Einlegung der Revision auch unbegründet. Der Verurteilte hat nicht nur nicht glaubhaft gemacht, dass er seinen Pflichtverteidiger, der ihn im erstinstanzlichen Verfahren vertreten hat, mit der Einlegung der Revision beauftragt hatte. Vielmehr ist durch die schriftliche Erklärung des Pflichtverteidigers vom 7. Mai 2015 bewiesen, dass der Verurteilte diesen Verteidiger weder in einer „Nachbesprechung“ nach der Verkündung des Urteils noch anlässlich eines Besuchs während des Laufs der Einlegungsfrist gebeten hat,

---

578 BGH, Beschluss vom 29.07.2015 – 4 StR 222/15.

Rechtsmittel einzulegen. Ausweislich der anwaltlich versicherten Erklärung wollte der Verurteilte das Urteil akzeptieren.

[5] 2. Da der Angeklagte die Frist zur Einlegung der Revision gemäß § 341 Abs. 1 StPO versäumt hat, war sein Rechtsmittel gemäß § 349 Abs. 1 StPO als unzulässig zu verwerfen.

536 Nach den gesetzlichen Vorgaben müssen die **Zulässigkeitsvoraussetzungen des Wiedereinsetzungsgesuchs** innerhalb der Wochenfrist des § 45 Abs. 1 Satz 1 StPO vollständig vorgetragen werden. Dazu gehört auch die Mitteilung über den Zeitpunkt des Wegfalls des Hindernisses.[579]

[1] Das Landgericht hat den Angeklagten mit dem in seiner Anwesenheit verkündetem Urteil vom 27. Juni 2012 u.a. wegen unerlaubten Handeltreibens mit Betäubungsmitteln in nicht geringer Menge zu einer Freiheitsstrafe von sechs Jahren und elf Monaten verurteilt.

[2] Mit einem am 13. Januar 2015 bei den Justizbehörden in München eingegangenen Schreiben begehrt er „Rücksetzung des Verfahrens in die Revisions-, Beschwerdefähigkeit bzw. auf Wiedereinsetzung des Verfahrens in die 1. Instanz mit Beiordnung eines neuen Pflichtverteidigers“.

[3] Bei am Rechtsschutzziel des Angeklagten orientierter Auslegung (§ 300 StPO) erweist sich sein Begehren als Antrag auf Wiedereinsetzung in den vorigen Stand gegen die Versäumung der Frist zur Einlegung der Revision sowie als Einlegung der Revision gegen das vorbezeichnete Urteil. Wie sich aus den zutreffenden Gründen der Antragsschrift des Generalbundesanwalts vom 25. März 2015 ergibt, ist der Wiedereinsetzungsantrag nicht zulässig erhoben sowie die Revision wegen des in der Hauptverhandlung am 27. Juni 2012 wirksam erklärten Rechtsmittelverzichts (§ 302 Abs. 1 StPO) unzulässig (§ 349 Abs. 1 StPO).

[4] 1. Die vom Generalbundesanwalt dargelegten Gründe für die Unzulässigkeit des Wiedereinsetzungsgesuchs werden durch das Schreiben des Angeklagten vom 29. April 2015 nicht ausgeräumt. Soweit er nunmehr vorträgt, von der möglichen – der Sache nach auf § 302 Abs. 1 Satz 2 StPO – gestützten „Unzulässigkeit des Rechtsmittelverzichts“ erst „Januar 2015“ erfahren zu haben, beseitigt dies den Zulässigkeitsmangel aus § 45 Abs. 2 StPO nicht. Nach den gesetzlichen Vorgaben müssen die Zulässigkeitsvoraussetzungen des Wiedereinsetzungsgesuchs innerhalb der Wochenfrist des § 45 Abs. 1 Satz 1 StPO vollständig vorgetragen werden. Dazu gehört auch die Mitteilung über den Zeitpunkt des Wegfalls des Hindernisses (Senat, Beschluss vom 14. Januar 2015 – 1 StR 573/14 Rn. 7, NStZ-RR 2015, 145f. mwN). Nach Fristablauf können bereits rechtzeitig vorgetragene Voraussetzungen der Zulässigkeit lediglich noch ergänzt oder verdeutlicht werden (Meyer-Goßner/Schmitt, StPO, 58. Aufl., § 45 Rn. 5 mwN). Zu dem Zeitpunkt seiner Kenntniserlangung über den Grund der Wiedereinsetzung verhält sich der Angeklagte aber erstmals in dem genannten Schreiben vom 29. April 2015. Im Übrigen wird selbst darin kein genauer Termin genannt.

[5] 2. Die Revision ist wegen des wirksamen Rechtsmittelverzichts unzulässig.

---

[579] BGH, Beschluss vom 30.04.2015 – 1 StR 135/15.

[6] Soweit sich der Angeklagte auf seine schlechte psychische und physische Verfassung am Tag der Urteilsverkündung beruft, werden keine Umstände vorgetragen, die seine prozessuale Handlungsfähigkeit in Frage stellen. Lediglich bei Verhandlungsunfähigkeit käme aber der Verzichtserklärung keine rechtliche Wirksamkeit zu (Radtke in Radtke/Hohmann, StPO, § 302 Rn. 9 mwN).

[7] Die Verzichtserklärung ist auch nicht gemäß § 302 Abs. 1 Satz 2 StPO unwirksam. Wie der Generalbundesanwalt zutreffend ausgeführt hat, beweist die Sitzungsniederschrift das Fehlen einer Verständigung im Sinne von § 257c StPO. Der Angeklagte benennt keine ausreichenden Anhaltspunkte, um eine Fälschung der Sitzungsniederschrift im Wege des Freibeweises näher zu prüfen.

Nachdem der Pflichtverteidiger rechtzeitig Revision eingelegt hatte, konnte der **537** inhaftierte Angeklagte darauf vertrauen, dass der Pflichtverteidiger die Revision auch rechtzeitig begründen würde. Danach ist dem Angeklagten hier **von Amts wegen Wiedereinsetzung** in den vorigen Stand gegen die Versäumung der Revisionsbegründungsfrist zu, ohne dass es darauf ankommt, ob und wie dies vom Angeklagten hätte glaubhaft gemacht werden können.[580]

1. Der **Antrag auf Wiedereinsetzung** in den vorigen Stand ist **binnen einer Woche** **538** nach Wegfall des Hindernisses zu stellen (§ 45 Abs. 1 Satz 1 StPO); innerhalb der Wochenfrist muss der Antragsteller auch Angaben über den Zeitpunkt des Wegfalls des Hindernisses machen. Die hierzu erforderlichen Angaben sind ebenso wie ihre Glaubhaftmachung Zulässigkeitsvoraussetzungen. (Rn. 7)

2. Dem Erfordernis der **Angabe des Zeitpunkts des Wegfalls des Hindernisses** genügt die Angabe eines längeren Zeitraums, hier sogar von einer Woche, nicht. Dasselbe gilt für einen insoweit widersprüchlichen Vortrag über das Bekanntwerden der Versäumung der Rechtsmittelfrist. (Rn. 9)

3. **Zweifel an der Fristeinhaltung** gehen zu Lasten des Antragstellers. (Rn. 12)

4. An einer Darlegung des Angeklagten, dass er ohne Verschulden gehindert war, die versäumte Rechtsmittelfrist einzuhalten (§ 44 S. 1 StPO), fehlt es, wenn sein Vortrag lässt offen, ob er seinen Pflichtverteidiger überhaupt mit der Begründung des Rechtsmittels beauftragt hatte und weshalb der Pflichtverteidiger tatsächlich die Revisionsbegründung trotz eventuellen Auftrags unterlassen hat.[581]

[5] Beide Anträge auf Wiedereinsetzung in den vorigen Stand sind unzulässig.

[6] 1. Der Antrag auf Wiedereinsetzung in den vorigen Stand nach Versäumung der Revisionsbegründungsfrist ist unzulässig.

[7] Wiedereinsetzung in den vorigen Stand ist demjenigen zu gewähren, der ohne Verschulden verhindert war, eine Frist einzuhalten (§ 44 Satz 1 StPO). Der Antrag ist binnen einer Woche nach Wegfall des Hindernisses zu stellen (§ 45 Abs. 1 Satz 1 StPO); innerhalb der Wochenfrist muss der Antragsteller auch Angaben über den Zeitpunkt des Wegfalls des Hindernisses machen. Die hierzu erforderlichen Angaben sind ebenso wie ihre Glaubhaftmachung Zulässigkeitsvoraussetzungen (BGH, Beschlüsse vom 24. Juli 2012 – 1 StR 341/12; und vom 7. Juni

---

580 BGH, Beschluss vom 28.01.2015 – 1 StR 591/14.

581 BGH, Beschluss vom 14.01.2015 – 1 StR 573/14.

2013 – 1 StR 232/13; Meyer-Goßner/Schmitt, StPO, 57. Aufl., 2014, § 45 Rn. 5 mwN). Bereits an dieser Zulässigkeitsvoraussetzung fehlt es.

[8] Darüber hinaus hat der Angeklagte auch weder dargelegt noch glaubhaft gemacht, dass er ohne Verschulden gehindert war, die versäumte Rechtsmittelfrist einzuhalten (§ 44 Abs. 1 StPO).

[9] a) Der Antrag enthält keine Angaben dazu, zu welchem Zeitpunkt das Hindernis im Sinne des § 45 Abs. 1 Satz 1 StPO tatsächlich weggefallen ist. Entscheidend für den Fristbeginn ist der Zeitpunkt, zu dem der Angeklagte und nicht der Verteidiger Kenntnis von dem Verwerfungsbeschluss erlangt hat (vgl. BGH, Beschlüsse vom 29. Januar 2013 – 4 StR 320/12, NStZ 2013, 474; und vom 3. Dezember 2013 – 1 StR 412/13). Die Angabe eines längeren Zeitraums, hier sogar von einer Woche, genügt diesem Erfordernis nicht.

[10] Zudem ist der Vortrag, wann dem Angeklagten die Versäumung der Rechtsmittelfrist bekannt geworden ist, in sich widersprüchlich.

[11] Aus der vom Generalbundesanwalt eingeholten Auskunft der Vollzugsgeschäftsstelle ergibt sich, dass der Angeklagte im November 2014 behauptet hat, den Verwerfungsbeschluss erst am 12. oder 13. September 2014 erhalten zu haben. Über seinen Verteidiger hat er allerdings am 9. September 2014 vortragen lassen, den Beschluss bereits in der 36. Kalenderwoche bekommen zu haben. Die 36. Kalenderwoche ist die Woche von Montag, dem 1. September, bis Sonntag, dem 7. September 2014.

[12] Der Vortrag schließt zudem nicht aus, dass der Angeklagte den Beschluss bereits am 1. September 2014 erhalten hat. In diesem Fall hätte das am 9. September 2014 eingegangene Gesuch um Wiedereinsetzung die Wochenfrist des § 45 Abs. 1 StPO nicht gewahrt. Diese Zweifel an der Fristeinhaltung gehen zu Lasten des Antragstellers (Meyer-Goßner/Schmitt, aaO, § 45 Rn. 3).

[13] b) Der Antrag auf Wiedereinsetzung in den vorigen Stand nach Versäumung der Revisionsbegründungsfrist bleibt auch deshalb ohne Erfolg, weil der Angeklagte weder dargelegt noch glaubhaft gemacht hat, dass er ohne Verschulden gehindert war, die versäumte Frist einzuhalten (§ 44 Abs. 1 StPO). Sein Vortrag lässt offen, ob er seine Pflichtverteidigerin überhaupt mit der Begründung des Rechtsmittels beauftragt hatte; ein solcher Auftrag ist auch nicht durch anwaltliche Versicherung der Pflichtverteidigerin glaubhaft gemacht. Auch wurde nicht näher dargelegt und ebenfalls nicht anwaltlich versichert, weshalb die Pflichtverteidigerin tatsächlich die Revisionsbegründung trotz eventuellen Auftrags unterlassen hat.

[14] c) Soweit der Angeklagte nun mit Schreiben vom 21. Dezember 2014 erstmals vorträgt, er habe seine Pflichtverteidigerin auch mit der Revisionsbegründung beauftragt, ändert dies im Ergebnis an der Unzulässigkeit des Antrags nichts.

[15] 2. Auch der Antrag auf Wiedereinsetzung in den vorigen Stand gegen die Versäumung der Frist des § 45 Abs. 1 StPO ist unzulässig. Der Umstand, dass der Wahlverteidiger in seinem Gesuch vom 9. September 2014 ausdrücklich auch einen solchen Wiedereinsetzungsantrag gestellt hat, belegt, dass dem Angeklagten die Versäumung der Frist für die Stellung des Wiedereinsetzungsantrags bekannt war; zumindest aber hat er eine solche Fristversäumung bei Antragstellung am 9. September 2014 ernsthaft in Betracht gezogen. Dennoch legt der Antrag keine Umstände dar, aus denen sich ein unverschuldetes Fristversäumnis ergibt.

Nach **Fristablauf** können bereits rechtzeitig vorgetragene Voraussetzungen der Zulässigkeit eines Antrags auf Wiedereinsetzung in den vorigen Stand lediglich noch **ergänzt** oder verdeutlicht werden.[582] **539**

[1] Das Landgericht hat den Angeklagten mit dem in seiner Anwesenheit verkündetem Urteil vom 27. Juni 2012 u.a. wegen unerlaubten Handeltreibens mit Betäubungsmitteln in nicht geringer Menge zu einer Freiheitsstrafe von sechs Jahren und elf Monaten verurteilt.

[2] Mit einem am 13. Januar 2015 bei den Justizbehörden in München eingegangenen Schreiben begehrt er „Rücksetzung des Verfahrens in die Revisions-, Beschwerdefähigkeit bzw. auf Wiedereinsetzung des Verfahrens in die 1. Instanz mit Beiordnung eines neuen Pflichtverteidigers".

[3] Bei am Rechtsschutzziel des Angeklagten orientierter Auslegung (§ 300 StPO) erweist sich sein Begehren als Antrag auf Wiedereinsetzung in den vorigen Stand gegen die Versäumung der Frist zur Einlegung der Revision sowie als Einlegung der Revision gegen das vorbezeichnete Urteil. Wie sich aus den zutreffenden Gründen der Antragsschrift des Generalbundesanwalts vom 25. März 2015 ergibt, ist der Wiedereinsetzungsantrag nicht zulässig erhoben sowie die Revision wegen des in der Hauptverhandlung am 27. Juni 2012 wirksam erklärten Rechtsmittelverzichts (§ 302 Abs. 1 StPO) unzulässig (§ 349 Abs. 1 StPO).

[4] 1. Die vom Generalbundesanwalt dargelegten Gründe für die Unzulässigkeit des Wiedereinsetzungsgesuchs werden durch das Schreiben des Angeklagten vom 29. April 2015 nicht ausgeräumt. Soweit er nunmehr vorträgt, von der möglichen – der Sache nach auf § 302 Abs. 1 Satz 2 StPO – gestützten „Unzulässigkeit des Rechtsmittelverzichts" erst „Januar 2015" erfahren zu haben, beseitigt dies den Zulässigkeitsmangel aus § 45 Abs. 2 StPO nicht. Nach den gesetzlichen Vorgaben müssen die Zulässigkeitsvoraussetzungen des Wiedereinsetzungsgesuchs innerhalb der Wochenfrist des § 45 Abs. 1 Satz 1 StPO vollständig vorgetragen werden. Dazu gehört auch die Mitteilung über den Zeitpunkt des Wegfalls des Hindernisses (Senat, Beschluss vom 14. Januar 2015 – 1 StR 573/14 Rn. 7, NStZ-RR 2015, 145 f. mwN). Nach Fristablauf können bereits rechtzeitig vorgetragene Voraussetzungen der Zulässigkeit lediglich noch ergänzt oder verdeutlicht werden (Meyer-Goßner/Schmitt, StPO, 58. Aufl., § 45 Rn. 5 mwN). Zu dem Zeitpunkt seiner Kenntniserlangung über den Grund der Wiedereinsetzung verhält sich der Angeklagte aber erstmals in dem genannten Schreiben vom 29. April 2015. Im Übrigen wird selbst darin kein genauer Termin genannt.

[5] 2. Die Revision ist wegen des wirksamen Rechtsmittelverzichts unzulässig.

[6] Soweit sich der Angeklagte auf seine schlechte psychische und physische Verfassung am Tag der Urteilsverkündung beruft, werden keine Umstände vorgetragen, die seine prozessuale Handlungsfähigkeit in Frage stellen. Lediglich bei Verhandlungsunfähigkeit käme aber der Verzichtserklärung keine rechtliche Wirksamkeit zu (Radtke in Radtke/Hohmann, StPO, § 302 Rn. 9 mwN).

---

582 BGH, Beschluss vom 30.04.2015.

3. Zeugnisverweigerungsrecht – § 52 StPO

540 Ein **zur Zeugnisverweigerung berechtigter Zeuge** kann die Verwertung seiner in einer polizeilichen Vernehmung getätigten Angaben wirksam gestatten, wenn er zuvor über die Folgen des Verzichts ausdrücklich belehrt worden ist („qualifizierte" Belehrung). In der Hauptverhandlung muss der dann das Zeugnis verweigernde Zeuge lediglich ausdrücklich darauf hingewiesen werden, welche Konsequenzen die Gestattung der Verwertung seiner früheren vor der Polizei getätigten Angaben hat.[583]

Soweit die Revision behauptet, die zur Verweigerung des Zeugnisses gemäß § 52 Abs. 1 StPO berechtigten Zeugen seien anlässlich ihrer Vernehmung vor der Strafkammer vom Vorsitzenden nicht hinreichend darüber belehrt worden, welche Folgen eine Gestattung der Verwertung ihrer polizeilichen Vernehmungen habe, ist ein Rechtsfehler nicht ersichtlich.

Unabhängig von der Frage, ob diese Rügen im Sinne von § 344 Abs. 2 Satz 2 StPO zulässig ausgeführt sind, sind sie jedenfalls unbegründet, denn die „qualifizierte" Belehrung des Vorsitzenden entsprach den Anforderungen, die von der Rechtsprechung hierfür formuliert worden sind. Danach kann ein zur Zeugnisverweigerung berechtigter Zeuge die Verwertung seiner in einer polizeilichen Vernehmung getätigten Angaben wirksam gestatten, wenn er zuvor über die Folgen des Verzichts ausdrücklich belehrt worden ist (vgl. BGH, Urteil vom 23. September 1999 – 4 StR 189/99, BGHSt 45, 203, 208; BGH, Beschlüsse vom 26. September 2006 – 4 StR 353/06, NStZ 2007, 352, 353 und vom 13. Juni 2012 – 2 StR 112/12, BGHSt 57, 254, 256).

Anders als die Revision meint, gehört zum Inhalt dieser Belehrung nicht, dass die Angaben des Zeugen vor dem Ermittlungsrichter auch ohne seine Zustimmung in der Hauptverhandlung verwertet werden können; eine solche „qualifizierte" Belehrung soll nach Auffassung des 2. Strafsenats des Bundesgerichtshofs durch den Ermittlungsrichter bei der Vernehmung eines zur Zeugnisverweigerung berechtigten Zeugen erfolgen, damit diese Angaben trotz späterer Zeugnisverweigerung in der Hauptverhandlung verwertet werden können (vgl. BGH, Anfragebeschluss vom 4. Juni 2014 – 2 StR 656/13, NStZ 2014, 596; abweichend hierzu BGH, Beschlüsse vom 16. Dezember 2014 – 4 ARs 21/14, NStZ-RR 2015, 48, vom 8. Januar 2015 – 3 ARs 20/14 und vom 14. Januar 2015 – 1 ARs 21/14). In der Hauptverhandlung muss hingegen der dann das Zeugnis verweigernde Zeuge lediglich ausdrücklich darauf hingewiesen werden, welche Konsequenzen die Gestattung der Verwertung seiner früheren vor der Polizei getätigten Angaben hat (vgl. auch BGH, Beschluss vom 4. Juni 2014 – 2 StR 656/13, NStZ 2014, 596, 598). Dies ist vorliegend in vollem Umfang geschehen.

---

[583] BGH, Beschluss vom 10.02.2015 – 1 StR 20/15.

4. Körperliche Untersuchung des Beschuldigten/DNA-Reihenuntersuchung – §§ 81a, 81h StPO

Die Untersuchung von zu anderen Zwecken entnommenen Körperzellen, um sie **541**
zur Erstellung eines **DNA-Identifizierungsmusters zur Identitätsfeststellung** in künftigen Strafverfahren zu verwenden, ist durch die Verwendungsregelung des § 81a Abs. 3, 1. Halbsatz StPO nicht gedeckt.[584]

[6] 1. Die Verfahrensrüge, mit welcher der Angeklagte geltend macht, das in der DNA-Analyse-Datei gespeicherte DNA-Identifikationsmuster des Angeklagten, das aus der Untersuchung einer nach der Festnahme am 10. Januar 2012 freiwillig abgegebenen Speichelprobe gewonnen wurde, unterliege einem Beweisverwertungsverbot, ist unbegründet.

[8] a) Der Rüge liegt folgender Sachverhalt zugrunde:

[9] Die Untersuchung des Spurenmaterials an der nach der Tat am 9. Dezember 2008 am Tatort aufgefundenen Nylonstrumpfhose ergab das DNA-Muster einer unbekannten männlichen Person, das in der beim Bundeskriminalamt geführten DNA-Analyse-Datei gespeichert wurde. Der Abgleich mit den zum damaligen Zeitpunkt dort vorhandenen Daten ergab keine Übereinstimmung.

[10] Am 10. Januar 2012, dem Tag der Begehung der zweiten durch das Urteil festgestellten Tat, wurde der Angeklagte vorläufig festgenommen und gab an diesem Tag freiwillig eine Speichelprobe ab. Dabei wurde dem Angeklagten eine formularmäßige Einwilligungserklärung zur Entnahme und molekulargenetischen Untersuchung von Körperzellen zu Vergleichszwecken vorgelegt, die sich auf die molekulargenetische Untersuchung im laufenden Strafverfahren (§ 81e StPO) bezog, nicht jedoch, wie es seitens des ermittelnden Polizeibeamten beabsichtigt war, auf die molekulargenetische Untersuchung zum Zweck der Identitätsfeststellung in künftigen Strafverfahren (§ 81g StPO). Durch Unterschrift unter dieses Formular erklärte der Angeklagte sein Einverständnis mit der molekulargenetischen Untersuchung der von ihm freiwillig abgegebenen Speichelprobe. Nachdem die Verwendung des falschen Formulars bemerkt worden war und der Angeklagte telefonisch nicht hatte erreicht werden können, suchte KHK G. den Angeklagten am 28. März 2012 auf und fragte ihn, ob er auch eine Freiwilligkeitserklärung im Hinblick auf die Untersuchung der abgegebenen Speichelprobe für künftige Strafverfahren abgeben wolle. Der Angeklagte erklärte daraufhin, er werde sich dies bis zu der am 30. März 2012 vorgesehenen Beschuldigtenvernehmung überlegen. Zu dieser Vernehmung erschien der Angeklagte nicht.

[11] In seinem Abschlussbericht vom 19. April 2012 hielt KHK G. fest, dass eine „Speicherung der DNA-Formel" auf der Grundlage der vorliegenden Freiwilligkeitserklärung „rechtlich nicht möglich" sei. Er regte daher bei der Staatsanwaltschaft die Stellung eines Antrags auf Erlass eines richterlichen Beschlusses gemäß § 81g StPO an. In dem Ermittlungsverfahren wegen der Tat am 10. Januar 2012 wurde ein DNA-Identifizierungsmuster des Angeklagten nicht benötigt, weshalb auch keine Untersuchung der Speichelprobe erfolgte. Diese wurde vielmehr bei

---

584 BGH, Beschluss vom 20.05.2015 – 4 StR 555/14.

der Polizei aufbewahrt. Am 13. November 2012 stellte die Staatsanwaltschaft zugleich mit der Übersendung der Anklage wegen der Tat am 10. Januar 2012 einen Antrag beim Amtsgericht F. auf Erlass eines Beschlusses gemäß § 81g StPO. Dieser Beschluss des Amtsgerichts erging am 29. November 2012. Daraufhin wurde die bei der Polizei aufbewahrte Speichelprobe molekulargenetisch untersucht und das gewonnene DNA-Identifizierungsmuster in die DNA-Analyse-Datei eingestellt. Der Vergleich des DNA-Identifizierungsmusters mit den dort gespeicherten Daten ergab eine Übereinstimmungsmitteilung im Hinblick auf das DNA-Identifizierungsmuster, das aus dem im Zusammenhang mit der Tat am 9. Dezember 2008 sichergestellten Spurenmaterial gewonnen worden war.

[12] b) Die Verwertung des in der DNA-Analyse-Datei gespeicherten DNA-Identifizierungsmusters des Angeklagten zum Nachweis von dessen Täterschaft hinsichtlich der Tat am 9. Dezember 2008 ist rechtlich nicht zu beanstanden. Zwar durfte die nach der Festnahme am 10. Januar 2012 vom Angeklagten freiwillig abgegebene Speichelprobe für die molekulargenetische Untersuchung zur Identitätsfeststellung in künftigen Strafverfahren nach § 81g StPO nicht verwendet werden (aa). Aus diesem Verfahrensverstoß ergibt sich jedoch für das durch die Untersuchung erlangte DNA-Identifizierungsmuster kein Beweisverwertungsverbot (bb).

[13] aa) Die Untersuchung der vom Angeklagten abgegebenen Speichelprobe zu Zwecken der Identitätsfeststellung nach § 81g StPO war allerdings weder durch die vom Angeklagten am 10. Januar 2012 abgegebene Freiwilligkeitserklärung noch durch die mit Beschluss des Amtsgerichts F. vom 29. November 2012 getroffene richterliche Anordnung nach § 81g Abs. 3 Satz 1 und 2 StPO gedeckt.

[14] (1) Die schriftliche Einwilligungserklärung des Angeklagten vom 10. Januar 2012 bezog sich ausschließlich auf die Ermittlung des DNA-Identifizierungsmusters aus der abgegebenen Speichelprobe zur Verwendung im Ermittlungsverfahren wegen der Tat vom selben Tag. Ein Einverständnis mit der Ermittlung des DNA-Identifizierungsmusters für andere Zwecke – namentlich zur Verwendung der Ergebnisse zur Identitätsfeststellung in künftigen Strafverfahren – war damit nicht verbunden. Diese Differenzierung hinsichtlich der Reichweite der Einwilligungserklärung entspricht dem gesetzgeberischen Konzept, das der Regelung in § 81f StPO und § 81g StPO zugrunde liegt. So verlangen § 81f Abs. 1 Satz 2 StPO und § 81g Abs. 3 Satz 3 StPO jeweils, dass die einwilligende Person darüber zu belehren ist, für welchen Zweck die zu erhebenden Daten verwendet werden. Mit dieser gesetzlichen Regelung wäre es nicht vereinbar, dem Einverständnis mit der Gewinnung des DNA-Identifizierungsmusters zur Verwendung im laufenden Ermittlungsverfahren auch das Einverständnis mit der Verwendung zu Zwecken des § 81g StPO zu entnehmen.

[15] (2) Die Untersuchung der Speichelprobe war auch nicht in Vollzug der durch Beschluss des Amtsgerichts F. vom 29. November 2012 getroffenen Anordnung nach § 81g StPO zulässig. Die Bestimmung des § 81g Abs. 1 Satz 1 StPO gestattet unter näher geregelten Voraussetzungen zur Identitätsfeststellung in künftigen Strafverfahren die Entnahme von Körperzellen und deren molekulargenetische Untersuchung. Fehlt eine schriftliche Einwilligungserklärung des Betroffenen für die Erhebung des DNA-Identifizierungsmusters zur Identitätsfeststellung in künftigen Strafverfahren, ist nach § 81g Abs. 3 Satz 1 StPO die Entnahme der hierfür erforderlichen Körperzellen in der Regel richterlich anzu-

ordnen. Ein Rückgriff auf bereits vorher zu anderen Zwecken erhobene Körperzellen ist in § 81g StPO nicht vorgesehen und kann dementsprechend durch die Anordnung nach § 81g Abs. 3 Satz 1 StPO nicht legitimiert werden. Einem solchen Rückgriff steht vielmehr die Regelung des § 81a Abs. 3 StPO entgegen.

[16] Nach dieser durch das Strafverfahrensänderungsgesetz – DNA-Analyse („Genetischer Fingerabdruck") – vom 17. März 1997 (BGBl. I S. 534) in die Strafprozessordnung eingefügten Vorschrift, durch die nach den Intentionen des Gesetzgebers insbesondere verhindert werden soll, dass entnommenes Zellmaterial und hieraus gewonnene Zwischenprodukte zu einem späteren Zeitpunkt in missbräuchlicher Weise molekulargenetisch untersucht werden können (vgl. Gesetzentwurf der Bundesregierung, BT-Drucks. 13/667 S. 6), dürfen dem Beschuldigten entnommene Körperzellen nur für Zwecke des der Entnahme zugrunde liegenden oder eines anderen anhängigen Strafverfahrens verwendet werden. Sie sind unverzüglich zu vernichten, sobald sie hierfür nicht mehr erforderlich sind. Die Untersuchung entnommener Körperzellen zum Zwecke der Erstellung eines DNA-Identifizierungsmusters zur Identitätsfeststellung in künftigen Strafverfahren ist durch die Verwendungsregelung des § 81a Abs. 3 StPO nicht gedeckt und damit unzulässig (vgl. Krause in Löwe/Rosenberg, StPO, 26. Aufl., § 81a Rn. 80; Senge in KK-StPO, 7. Aufl., § 81a Rn. 9a). Die vom Angeklagten abgegebene Speichelprobe hätte daher zur Umsetzung der Maßnahme nach § 81g StPO nicht herangezogen werden dürfen. Sie wäre vielmehr, da sie als Beweismittel für das Ermittlungsverfahren wegen der Tat am 10. Januar 2012 ersichtlich nicht benötigt wurde (vgl. Rogall in SK-StPO, 4. Aufl., § 81a Rn. 148; BT-Drucks. 13/667 aaO) und ein Zusammenhang mit dem anhängigen, gegen unbekannt geführten Ermittlungsverfahren wegen der Tat am 9. Dezember 2008 (vgl. Senge aaO; Rogall aaO § 81a Rn. 124) nicht erkennbar war, unverzüglich zu vernichten gewesen.

[17] bb) Die demnach verfahrensfehlerhafte Verwendung der vom Angeklagten abgegebenen Speichelprobe zur Ermittlung des DNA-Identifizierungsmusters des Angeklagten gemäß § 81g StPO führt indes nicht zur Unverwertbarkeit des in der DNA-Analyse-Datei gespeicherten Identifizierungsmusters. Nach der – verfassungsrechtlich nicht zu beanstandenden (vgl. BVerfG, NJW 2012, 907, 910f.; BVerfG, Beschluss vom 13. Mai 2015 – 2 BvR 616/13) – ständigen Rechtsprechung des Bundesgerichtshofs führt nicht jeder Rechtsverstoß bei der Beweiserhebung zu einem Verwertungsverbot hinsichtlich der dadurch erlangten Erkenntnisse. Vielmehr ist je nach den Umständen des Einzelfalls unter Abwägung aller maßgeblichen Gesichtspunkte und der widerstreitenden Interessen zu entscheiden (sog. Abwägungslehre). Bedeutsam sind dabei insbesondere die Art und der Schutzzweck des etwaigen Beweiserhebungsverbots sowie das Gewicht des in Rede stehenden Verfahrensverstoßes, das seinerseits wesentlich von der Bedeutung der im Einzelfall betroffenen Rechtsgüter bestimmt wird. Dabei ist in den Blick zu nehmen, dass die Annahme eines Verwertungsverbots ein wesentliches Prinzip des Strafverfahrensrechts – den Grundsatz, dass das Gericht die Wahrheit zu erforschen und dazu die Beweisaufnahme von Amts wegen auf alle Tatsachen und Beweismittel zu erstrecken hat, die von Bedeutung sind – einschränkt. Aus diesem Grund stellt ein Beweisverwertungsverbot eine Ausnahme dar, die nur bei ausdrücklicher gesetzlicher Anordnung oder aus übergeordneten wichtigen Gründen im Einzelfall anzuerkennen ist. Letzteres ist insbesondere nach schwerwiegenden, bewussten oder objektiv willkürlichen Rechtsverstößen, bei denen grund-

rechtliche Sicherungen planmäßig oder systematisch außer Acht gelassen werden, in Betracht zu ziehen (st. Rspr.; vgl. BGH, Urteile vom 20. Dezember 2012 – 3 StR 117/12, BGHSt 58, 84 Rn. 31ff. mwN; vom 14. August 2009 – 3 StR 552/08, BGHSt 54, 70 Rn. 47 mwN; vom 11. November 1998 – 3 StR 181/98, BGHSt 44, 243, 248f. mwN).

[18] Nach diesen Grundsätzen resultiert aus der unzulässigen Verwendung der Speichelprobe des Angeklagten kein Beweisverwertungsverbot für das in der DNA-Analyse-Datei gespeicherte DNA-Identifizierungsmuster des Angeklagten. Zwar liegt in der Verletzung einer gesetzlich geregelten Verwendungsbeschränkung ein Verfahrensverstoß von nicht unerheblichem Gewicht. Die überwiegenden Gesichtspunkte sprechen jedoch gegen die Annahme eines Verwertungsverbots. Das verwertete DNA-Identifizierungsmuster des Angeklagten hätte ohne Weiteres durch nochmalige Entnahme von Körperzellen und deren molekulargenetische Untersuchung auf der Grundlage einer richterlichen Anordnung nach § 81g Abs. 3 Satz 1 und 2 StPO erlangt werden können, die im vorliegenden Fall durch den Beschluss des Amtsgerichts F. vom 29. November 2012 auch tatsächlich erging. Der Beweiswert des molekulargenetischen Untersuchungsergebnisses wurde durch den Verfahrensverstoß nicht berührt. Der Verstoß beruht zudem nicht auf Vorsatz der Ermittlungsbehörden. Diese hatten vielmehr im Hinblick auf das sich ausschließlich auf Maßnahmen im laufenden Ermittlungsverfahren wegen der Tat am 10. Januar 2012 beziehende Einverständnis des Angeklagten zunächst ausdrücklich von einer Untersuchung abgesehen und eine richterliche Anordnung nach § 81g StPO eingeholt. Mit der Verwendung der vorhandenen Speichelprobe anstelle einer nochmaligen Entnahme von Körperzellen des Angeklagten hatte das Vorgehen der Ermittlungsbehörden ferner eine Zielrichtung, die auf Schonung der Rechtssphäre des Angeklagten ausgerichtet war und sich vor dem Hintergrund des verfassungsrechtlichen Verhältnismäßigkeitsgrundsatzes jedenfalls im Ansatz als nicht völlig unvertretbar darstellte. Schließlich ist den Regelungen in § 81a Abs. 3 StPO und § 81g Abs. 5 StPO zu entnehmen, dass die Verwendung gewonnener Körperzellen und eines molekulargenetischen Untersuchungsergebnisses nach der gesetzgeberischen Wertung gerade nicht ausnahmslos auf das Ausgangsstrafverfahren beschränkt ist. Nach § 81a Abs. 3 StPO hätte die Speichelprobe des Angeklagten als solche grundsätzlich in dem anhängigen, gegen unbekannt geführten Ermittlungsverfahren wegen der Tat am 9. Dezember 2008 Verwendung finden können und die Vorschrift des § 81g Abs. 5 Satz 2 Nr. 1 StPO gestattet es, ein nach § 81e Abs. 1 StPO für Beweiszwecke im laufenden Ermittlungsverfahren erhobenes DNA-Identifizierungsmuster bei Vorliegen der Voraussetzungen des § 81g Abs. 1 StPO zu Zwecken der Identitätsfeststellung in künftigen Verfahren in der DNA-Analyse-Datei zu speichern (vgl. Schmitt in Meyer-Goßner/Schmitt, StPO, 58. Aufl., § 81g Rn. 12b; Senge aaO § 81g Rn. 24).

■ TOPENTSCHEIDUNG

542 Auch wenn der in **§ 81a Abs. 2 StPO gesetzlich angeordnete Richtervorbehalt** nicht auf einer zwingenden verfassungsrechtlichen Vorgabe beruhen mag, bestehen doch aus rechtsstaatlicher (Art. 20 Abs. 3 GG) wie auch grundrechtlicher (Art. 2 Abs. 2 GG) Sicht erhebliche Bedenken gegen eine Praxis, die den gesetzlichen Richtervorbehalt für den Bereich verwaltungsbehördlicher Eingriffsmaßnahmen durch eine großzügige Verwertung rechtswidrig erlangter Beweismittel flächendeckend aushebelt.[585]

[11] Die geltend gemachten Verletzungen von Grundrechten und grundrechtsgleichen Rechten, insbesondere von Art. 19 Abs. 4 Satz 1 GG, werden nicht in hinreichend substantiierter Weise gerügt.

[12] Der Beschwerdeführer setzt sich nicht ausreichend mit der angegriffenen Entscheidung des Bayerischen Verwaltungsgerichtshofs auseinander. Er rügt mit seiner Verfassungsbeschwerde, dass bei seiner Blutentnahme entgegen § 81a Abs. 2 StPO keine Gefahr im Verzug vorgelegen habe. Diesen Umstand stellt der Verwaltungsgerichtshof in seiner Entscheidung indessen nicht in Abrede. Er nimmt vielmehr an, dass das Ergebnis der Blutentnahme trotz unterlassener Einholung einer richterlichen Entscheidung auch bei fehlender Gefahr im Verzug verwertbar sei, weil auf der Hand liege, dass der Richter einem solchen Eingriff die Genehmigung nicht hätte versagen können. Mit diesem Standpunkt des Bayerischen Verwaltungsgerichtshofs setzt sich der Beschwerdeführer jedoch nicht näher auseinander; insbesondere legt er nichts dafür dar, dass der Bayerische Verwaltungsgerichtshof damit – wie es eine Verletzung des Gebots effektiven Rechtsschutzes verlangt – die Rechtsmittelvorschriften in sachlich nicht zu rechtfertigender Weise und damit objektiv willkürlich angewandt habe (zu dieser Voraussetzung vgl. BVerfG, Beschluss des Ersten Senats vom 16. Juli 2013 – 1 BvR 3057/11 –, NJW 2013, S. 3506 [3508] m. w. N.).

[13] Mangels zulässiger Rüge besteht daher kein Anlass, der Frage nachzugehen, ob es mit der Verfassung vereinbar ist, dass nicht nur im Einzelfall sondern nach gefestigter Rechtsprechung des Bayerischen Verwaltungsgerichtshofs (vgl. Bayerischer Verwaltungsgerichtshof, Beschluss vom 28. Januar 2010 – 11 CS 09.1443 –, juris, Rn. 27; Beschluss vom 21. November 2011 – 11 CS 11.2247 –, juris, Rn. 11; Beschluss vom 9. Mai 2012 – 11 ZB 12.614 –, juris, Rn. 4) wie auch anderer Oberverwaltungsgerichte (vgl. Verwaltungsgerichtshof Baden-Württemberg, Beschluss vom 21. Juni 2010 – 10 S 4/10 –, juris, Rn. 11; Oberverwaltungsgericht Berlin-Brandenburg, Beschluss vom 3. November 2009 – OVG 1 S 205.09 –, juris, Rn. 3; Oberverwaltungsgericht für das Land Mecklenburg-Vorpommern, Beschluss vom 20. März 2008 – 1 M 12/08 –, juris, Rn. 7; Niedersächsisches Oberverwaltungsgericht, Beschluss vom 14. August 2008 – 12 ME 183/08 –, juris, Rn. 6; Oberverwaltungsgericht für das Land Nordrhein-Westfalen, Beschluss vom 3. September 2010 – 16 B 382/10 –, juris, Rn. 2; Oberverwaltungsgericht Rheinland-Pfalz, Beschluss vom 29. Januar 2010 – 10 B 11226/09 –, juris, Rn. 8; Oberverwaltungsgericht des Landes Sachsen-Anhalt, Beschluss vom 1. November 2012 – 3 O 141/12 –, juris, Rn. 7; Sächsisches Oberverwaltungsgericht, Beschluss vom 1. Februar 2010 – 3 B 161/08 –, juris, Rn. 7; Oberverwaltungsgericht für das Land Schleswig-Holstein, Beschluss vom 9. Dezember 2009 – 4 MB 121/09 –, juris, Rn. 3 f.) bei der Entziehung von Führerscheinen offenbar generell die Verwertung von Erkenntnissen akzeptiert wird, die auf Blutentnahmen beruhen, welche unter Verstoß gegen den einfachgesetzlichen Richtervorbehalt in § 81a Abs. 2 StPO gewonnen wurden. Auch wenn der in § 81a Abs. 2

[585] BVerfG, Kammerbeschluss vom 28.06.2015 – 1 BvR 1837/12.

StPO gesetzlich angeordnete Richtervorbehalt nicht auf einer zwingenden verfassungsrechtlichen Vorgabe beruhen mag (vgl. BVerfGK 14, 107 [113]; BVerfG, Beschluss der 1. Kammer des Zweiten Senats vom 24. Februar 2011 – 2 BvR 1596/ 10 –, EuGRZ 2011, S. 183[185]), bestehen doch aus rechtsstaatlicher (Art. 20 Abs. 3 GG) wie auch grundrechtlicher (Art. 2 Abs. 2 GG) Sicht erhebliche Bedenken gegen eine Praxis, die den gesetzlichen Richtervorbehalt für den Bereich verwaltungsbehördlicher Eingriffsmaßnahmen durch eine großzügige Verwertung rechtswidrig erlangter Beweismittel (vgl. zu Beweisverwertungsverboten BVerfGE 65, 1 [43ff.]; 106, 28 [48ff.]; 113, 29 [61]; BVerfG, Beschluss der 1. Kammer des Zweiten Senats vom 16. März 2006 – 2 BvR 954/02 –, NJW 2006, S. 2684 [2686]; Beschluss der 1. Kammer des Zweiten Senats vom 9. November 2010 – 2 BvR 2101/09 –,NJW 2011, S. 2417 [2419]; Beschluss der 1. Kammer des Zweiten Senats vom 24. Februar 2011 – 2 BvR 1596/10 und 2 BvR 2346/ 10 –, juris, Rn. 18) flächendeckend aushebelt.

[14] Von einer weiteren Begründung wird nach § 93d Abs. 1 Satz 3 BVerfGG abgesehen.

■ PRAXISBEDEUTUNG

Die vorstehende Entscheidung hat keine unmittelbaren Folgen, nachdem der Beschwerdeführer seine Verfassungsbeschwerde nur höchst unzureichend begründet hatte. Dennoch dürfte mit dem Kammerbeschluss „ein Wink" an die Verwaltungsgerichtsbarkeit ergangen sein, künftighin die Verwertung von Blutproben, welche nicht unter Beachtung des Richtervorbehalts entnommen worden sind, etwas genauer zu prüfen und ggfs. auch eingehender zu begründen.

543 Der abschließende Charakter des § 81h StPO ist dahingehend zu verstehen, dass DNA-Reihenuntersuchungen ausschließlich nach der Vorschrift des § 81h StPO zu behandeln sind. Dies sagt jedoch nichts zur Problematik der Behandlung sogenannter Beinahetreffer.[586]

Die Verfassungsbeschwerde ist nicht zur Entscheidung anzunehmen, da die Voraussetzungen des § 93a Abs. 2 BVerfGG nicht vorliegen. Die maßgeblichen verfassungsrechtlichen Fragen sind bereits geklärt (§ 93a Abs. 2 Buchst. a BVerfGG). Die Annahme ist auch nicht zur Durchsetzung der in § 90 Abs. 1 BVerfGG genannten Rechte der Beschwerdeführer angezeigt (§ 93a Abs. 2 Buchst. b BVerfGG), da die Verfassungsbeschwerde keine Aussicht auf Erfolg hat (vgl. BVerfGE 90, 22 [24ff.]). Sie ist unter anderem wegen einer nicht den gesetzlichen Anforderungen genügenden Begründung unzulässig (1., 2.). In der Sache wäre sie zudem, ohne dass die Kammer darüber abschließend befinden müsste, unbegründet (3.).

1. Eine § 23 Abs. 1 Satz 2, § 92 BVerfGG genügende Begründung der Verfassungsbeschwerde setzt voraus, dass der die Rechtsverletzung enthaltende Vorgang substantiiert und schlüssig vorgetragen wird (vgl. BVerfGE 81, 208 [214]; 89, 155 [171]; 99, 84 [87]; 108, 370 [386f.]; 113, 29 [44]). Bei einer gegen eine ge-

---

586 BVerfG, Kammerbeschluss vom 13.05.2015 – 2 BvR 616/13.

richtliche Entscheidung gerichteten Verfassungsbeschwerde hat der Beschwerdeführer sich mit dieser inhaltlich auseinanderzusetzen (vgl. BVerfGE 82, 43 [49]; 86, 122 [127]; 88, 40 [45]; 105, 252 [264]). Es muss deutlich werden, inwieweit durch die angegriffene Maßnahme das bezeichnete Grundrecht verletzt sein soll (vgl. BVerfGE 78, 320 [329]; 99, 84 [87]; 115, 166 [179f.]). Liegt zu den mit der Verfassungsbeschwerde aufgeworfenen Fragen bereits Rechtsprechung des Bundesverfassungsgerichts vor, aus der sich der behauptete Grundrechtsverstoß nicht ohne weiteres ergibt, so ist dieser in Auseinandersetzung mit den vom Bundesverfassungsgericht entwickelten Maßstäben zu begründen (vgl. BVerfGE 77, 170 [214ff.]; 99, 84 [87]; 101, 331 [345f.]; 123, 186 [234]).

a) Ein Beweisverwertungsverbot stellt nach der Rechtsprechung des Bundesverfassungsgerichts von Verfassungs wegen eine begründungsbedürftige Ausnahme dar, weil es die Beweismöglichkeiten der Strafverfolgungsbehörden zur Erhärtung oder Widerlegung des Verdachts strafbarer Handlungen einschränkt und so die Findung einer materiell richtigen und gerechten Entscheidung beeinträchtigt. Grundrechtsverletzungen, zu denen es außerhalb der Hauptverhandlung gekommen ist, führen daher nicht zwingend dazu, dass auch das auf dem Inbegriff der Hauptverhandlung beruhende Strafurteil gegen Verfassungsrecht verstößt. Aus verfassungsrechtlicher Sicht ist ein Beweisverwertungsverbot geboten, wenn die Auswirkungen des Rechtsverstoßes dazu führen, dass dem Angeklagten keine hinreichenden Möglichkeiten zur Einflussnahme auf Gang und Ergebnis des Verfahrens verbleiben, die Mindestanforderungen an eine zuverlässige Wahrheitserforschung nicht mehr gewahrt sind oder die Informationsverwertung zu einem unverhältnismäßigen Eingriff in das allgemeine Persönlichkeitsrecht führen würde. Zudem darf eine Verwertbarkeit von Informationen, die unter Verstoß gegen Rechtsvorschriften gewonnen würden, nicht bejaht werden, wo dies zu einer Begünstigung rechtswidriger Beweiserhebungen führen würde. Ein Beweisverwertungsverbot kann daher insbesondere nach schwerwiegenden, bewussten oder objektiv willkürlichen Rechtsverstößen, bei denen grundrechtliche Sicherungen planmäßig oder systematisch außer Acht gelassen worden sind, geboten sein (BVerfGE 130, 1 [28]; vgl. auch BVerfGE 113, 29 [61]; 125, 260 [339f.]).

Das Bundesverfassungsgericht erkannte in seiner Rechtsprechung ausdrücklich an, dass die Abwägungslösung des Bundesgerichtshofs und die von ihm herangezogenen Kriterien den verfassungsrechtlichen Anforderungen entsprechen, die sich aus dem Recht auf ein faires Verfahren ergeben (BVerfGE 130, 1 [31]). Nach dieser unbeanstandet gebliebenen ständigen Rechtsprechung des Bundesgerichtshofs führt ein Rechtsverstoß bei der Beweiserhebung nicht ohne weiteres zur Unverwertbarkeit der dadurch erlangten Erkenntnisse. Es bedarf in jedem Einzelfall einer Abwägung der für und gegen die Verwertung sprechenden Gesichtspunkte. Für die Verwertbarkeit spricht stets das staatliche Aufklärungsinteresse, dessen Gewicht im konkreten Fall vor allem unter Berücksichtigung der Verfügbarkeit weiterer Beweismittel, der Intensität des Tatverdachts und der Schwere der Straftat bestimmt wird. Auf der anderen Seite muss berücksichtigt werden, welches Gewicht der Rechtsverstoß hat. Dieses wird im konkreten Fall vor allem dadurch bestimmt, ob der Rechtsverstoß gutgläubig, fahrlässig oder vorsätzlich begangen wurde, welchen Schutzzweck die verletzte Vorschrift hat, ob der Beweiswert beeinträchtigt wird, ob die Beweiserhebung hätte rechtmäßig durchgeführt werden können und wie schutzbedürftig der Betroffene ist. Verwertungsverbote hat der Bundesgerichtshof insbesondere bei grober Verkennung oder bewusster Missachtung der Rechtslage angenommen (BVerfGE 130,1 [29f.] m.w.N. zur Rechtsprechung des Bundesgerichtshofs).

Das Bundesverfassungsgericht prüft die von den Fachgerichten vorgenommene Abwägung nicht im Einzelnen nach. Die Beurteilung der Frage, welche Folgen ein möglicher Rechtsverstoß hat und ob er zu einem Beweisverwertungsverbot führt, obliegt in erster Linie den zuständigen Fachgerichten. Das Bundesverfassungsgericht beschränkt sich auf die Kontrolle, ob die Fachgerichte in verfassungsrechtlich erheblicher Weise den Schutzbereich einer verletzten Norm und eines betroffenen Grundrechts verkannt, die weiteren Anforderungen für die Annahme eines Verwertungsverbots nach einem Rechtsverstoß bei der Informationserhebung oder -verwendung überspannt und rechtsstaatliche Mindeststandards gewahrt haben (BVerfGE 130, 1 [31f.]).

b) Gemessen an diesem Maßstab zeigt die Verfassungsbeschwerde keinen Verstoß gegen den Grundsatz des fairen Verfahrens auf.

aa) Soweit die Beschwerdeführer einzelne Aspekte aus der Abwägungsentscheidung herauslösen und verfassungsrechtlich beanstanden, gelingt es der Verfassungsbeschwerde nicht, einen Verfassungsverstoß darzutun. Auch soweit sie dem Bundesgerichtshof einen Abwägungsausfall vorwerfen, greift ihre Argumentation nicht durch.

Zunächst kann die Verfassungsbeschwerde mit der Kritik, der Bundesgerichtshof habe den Willkürbegriff verkannt, nicht durchdringen. Die Verfassungsbeschwerde übersieht dabei, dass der Bundesgerichtshof in seinen Formulierungen sehr wohl zu erkennen gegeben hat, dass die Feststellung von Willkür keinen subjektiven Schuldvorwurf enthält, sondern Willkür im objektiven Sinne zu verstehen ist als eine Maßnahme, welche im Verhältnis zu der Situation, der sie Herr werden will, tatsächlich und eindeutig unangemessen ist (vgl. BVerfGE 80, 48 [51]; 86, 59 [62]). Entscheidend ist, dass die Rechtsanwendung nicht mehr verständlich ist und sich daher der Schluss aufdrängt, dass sie auf sachfremden Erwägungen beruht (vgl. BVerfGE 80, 48 [51]; 86, 59 [63]). Auch wenn die Formulierung „bewusst oder gar willkürliche Umgehung des Gesetzes" in der angefochtenen Entscheidung des Bundesgerichtshofs missverständlich sein mag – wenngleich sie dem allgemeinen Sprachgebrauch entspricht – ergibt sich jedoch aus dem – von den Beschwerdeführern nicht berücksichtigten – Kontext dieses Satzes, dass der Bundesgerichtshof die objektive Vertretbarkeit als Kontrollmaßstab genommen hat. Denn einen Satz zuvor statuiert er: „Angesichts dieser Umstände war die Annahme der Ermittlungsbeamten nicht völlig unvertretbar, […]". Dies zeigt, dass der Bundesgerichtshof keine subjektiven Elemente in den Willkürbegriff implementiert hat.

Die Beschwerdeführer verkennen, dass zum Zeitpunkt der angegriffenen Entscheidungen die Rechtslage nicht eindeutig, sondern auslegungsfähig und -bedürftig war. Soweit die Verfassungsbeschwerde hinsichtlich der Rechtsanwendung bei sogenannten Beinahetreffern zum Zeitpunkt der tatgerichtlichen Entscheidungen eine eindeutige Rechtslage attestiert, spiegelt sich dies in § 81h StPO und im damaligen Schrifttum nicht wider. Das Landgericht und der Bundesgerichtshof haben in ihren Urteilen jeweils darauf hingewiesen, dass die Frage in Rechtsprechung und Literatur zum Zeitpunkt der Entscheidung nicht hinreichend geklärt gewesen sei (im Ergebnis ebenso Hüttenrauch, NJ 2013, S. 218; Kanz, ZJS 2013, S. 518 [520]). Lediglich auf einen Aufsatz aus dem Jahr 2011 wurde in den angefochtenen Urteilen verwiesen. In diesem wurde mit Blick auf die vorliegende Fallkonstellation kein Verstoß gegen § 81h StPO, insbesondere auch kein Beweisverwertungsverbot angenommen (Brocke, StraFo 2011, S. 298). Erst durch die vorliegend angegriffene Rechtsprechung und deren Besprechung in der Literatur wurde die Problematik sogenannter Beinahetreffer weitergehend thematisiert (dem Bundesgerichtshof im Wesentlichen zustimmend Busch, NJW 2013, S. 1771 [1774]; Löffelmann, JR 2013, S. 277; Paul, NStZ 2013, S. 489; Rogall, JZ 2013, S. 874; im Wesentlichen dagegen: Hunsmann, StRR 4/2013, S. 142; Jahn, JuS 2013, S. 470 [472]; Kanz, ZJS 2013, S. 518; Swoboda, StV 2013, S. 461[469]).

Zwar ist zuzugeben, dass § 81h Abs. 1 StPO klar formuliert ist, soweit er die Verwendung der DNA-Proben auf die Feststellung beschränkt, ob das Spurenmaterial von den Probengebern stammt. Dies erkennt auch der Bundesgerichtshof an. Gleichwohl ist die Regelung in § 81h Abs. 1 StPO insofern nicht eindeutig (gewesen), als der Umgang mit sogenannten Beinahetreffern keine Regelung gefunden hat. Darüber hat sich der Gesetzgeber auch offensichtlich keine Gedanken gemacht (Kanz, ZJS 2013, S. 518 [520]). Soweit die Verfassungsbeschwerde behauptet, der Gesetzgeber habe den abschließenden Charakter der Regelung in § 81hStPO klar zum Ausdruck gebracht, kann dies aus dem in der Verfassungsbeschwerde zitierten bloßen Hinweis in der Gesetzesbegründung, die aufgetretenen Rechtsunsicherheiten würden mit der Regelung beseitigt (vgl. BT-Drucks. 15/5674, S. 7), insbesondere für die Behandlung von Beinahetreffern, nicht hergeleitet werden. Der abschließende Charakter ist vielmehr lediglich dahingehend zu verstehen, dass Reihenuntersuchungen ausschließlich nach der Vorschrift des § 81h StPO zu behandeln sind (vgl. Krause, in: Löwe-Rosenberg, StPO, 26. Aufl. 2008, § 81h Rn. 5). Dies sagt jedoch nichts zu der vorliegenden Problematik der Behandlung sogenannter Beinahetreffer.

Zum Zeitpunkt der fachgerichtlichen Entscheidungen war die Rechtslage damit unklar. Nach der Veröffentlichung der vorliegend angegriffenen Entscheidungen und für zukünftige Fälle von Beinahetreffern kann das Argument der ungeklärten Rechtslage jedoch nicht mehr herangezogen werden (vgl. Jahn, JuS 2013, S. 470 [472]). Insoweit ist die Rechtslage für zukünftige Fallgestaltungen geklärt. Dies sehen im Ergebnis auch beide angefochtenen Urteile, die konkret auf den Einzelfall bezogen („hier“; vgl. Bundesgerichtshof, Urteil vom 20. Dezember 2012 – 3 StR 117/12 –, juris, Rn. 30, 34) „ausnahmsweise“ (vgl. Bundesgerichtshof, Urteil vom 20. Dezember 2012 – 3 StR 117/12 –, juris, Rn. 30) noch von der Verwertbarkeit ausgehen.

5. Beschlagnahme, Durchsuchung, Einsatz technischer Mittel (Gefahr im Verzug/Tatverdacht) – §§ 94 ff. StPO

TOPENTSCHEIDUNG ■

Bei der Beschlagnahme der auf dem Mailserver eines Providers gespeicherten Daten handelt es sich um eine offene Ermittlungsmaßnahme, deren Anordnung den davon Betroffenen und den Verfahrensbeteiligten bekannt zu machen ist. Eine **544**

Zurückstellung der Benachrichtigung wegen Gefährdung des Untersuchungszwecks sieht die Strafprozessordnung für diese Untersuchungshandlung – anders als § 101 Abs. 5 StPO für die in § 101 Abs. 1 StPO abschließend aufgeführten heimlichen Ermittlungsmaßnahmen – nicht vor.[587]

[5] Bei der Beschlagnahme der auf dem Mailserver eines Providers gespeicherten Daten handelt es sich um eine offene Ermittlungsmaßnahme, deren Anordnung den davon Betroffenen und den Verfahrensbeteiligten bekannt zu machen ist (§ 33 Abs. 1, § 35 Abs. 2 StPO). Eine Zurückstellung der Benachrichtigung wegen Gefährdung des Untersuchungszwecks sieht die Strafprozessordnung für diese Untersuchungshandlung – anders als § 101 Abs. 5 StPO für die in § 101 Abs. 1 StPO abschließend aufgeführten heimlichen Ermittlungsmaßnahmen – nicht vor (BGH, Beschluss vom 24. November 2009 – StB 48/09, NJW 2010, 1297, 1298). Der Auffassung des Landgerichts, den Strafverfolgungsbehörden falle Willkür dann nicht zur Last, wenn sie aufgrund eines „nachvollziehbaren Interesses" an der Geheimhaltung der Beschlagnahme von Benachrichtigungen absehen, geht daher fehl. Es ist nicht Sache der Ermittlungsbehörden oder Gerichte, in Individualrechte eingreifende Maßnahmen des Strafverfahrens je nach eigenen Zweckmäßigkeitserwägungen zu gestalten; sie sind vielmehr an das Gesetz gebunden. Es wäre allein Sache des Gesetzgebers, eine Regelung in die Strafprozessordnung einzufügen, die es den Ermittlungsbehörden gestattet, Beschlagnahmen vor den davon Betroffenen aus ermittlungstaktischen Gesichtspunkten zunächst zu verheimlichen und erst dann offen legen zu müssen, wenn dadurch die weiteren Ermittlungen nicht mehr gefährdet werden. Jedenfalls seit der Veröffentlichung des Senatsbeschlusses vom 24. November 2009 musste dies auch den in vorliegender Sache ermittelnden Stellen bewusst sein.

[6] Im Ergebnis folgt der Senat indes dem Landgericht und dem Generalbundesanwalt darin, dass der Gesetzesverstoß im konkreten Fall kein Beweisverwertungsverbot begründet. Maßgeblich hierfür ist insbesondere, dass die Beschlagnahme als solche rechtmäßig war; Ermittlungsbehörden und Gericht haben daher befugt Kenntnis der daraus herrührenden verfahrensrelevanten Tatsachen erlangt. Allein der an die zulässige Beschlagnahme anschließende Gesetzesverstoß der unterlassenen Mitteilung hat hier – insbesondere auch vor dem Hintergrund des erheblichen Tatvorwurfs – nicht das Gewicht, die rechtmäßig gewonnenen Erkenntnisse für das Verfahren zu sperren.

[7] Anders könnte es allerdings für den Fall liegen, dass die Strafverfolgungsbehörden die Benachrichtigung deshalb unterlassen, weil sie beabsichtigen, den Eingriff – unter den erleichterten Voraussetzungen der §§ 94, 98 StPO- in zeitlichem Abstand zu wiederholen. Eine so provozierte Fortsetzung belastender E-Mail-Kommunikation und Verwertung hieraus gewonnener Erkenntnisse ist hier jedoch nicht Gegenstand der Rüge.

[587] BGH, Beschluss vom 04.08.2015 – 3 StR 162/15.

PRAXISBEDEUTUNG ■

Die Entscheidung macht erneut deutlich, dass die bisherige Praxis der E-Mail-Beschlagnahme entsprechend § 100a StPO ohne eigenständige gesetzliche Regelung dringend einer solchen Neuregelung bedarf, um einerseits Rechtssicherheit zu gewährleisten und die bislang offenen Fragen in Richtung zu praxisgerechten Regelungen aufzulösen.

1. Der besondere **Schutz von Berufsgeheimnisträgern** gebietet bei der Anordnung der Durchsuchung einer Rechtsanwaltskanzlei die besonders sorgfältige Prüfung der Eingriffsvoraussetzungen und des Grundsatzes der Verhältnismäßigkeit. **545**

2. Straftaten, die im Höchstmaß mit Freiheitsstrafe unter fünf Jahren bedroht sind, können nicht ohne Weiteres dem Bereich der **Straftaten von erheblicher Bedeutung** zugerechnet werden.[588]

1. Der Durchsuchungsbeschluss vom 18. Oktober 2011 und der diesen bestätigende Beschluss des Landgerichts vom 1. Februar 2012 verletzen die Beschwerdeführer zu 2) und 3) in ihrem Grundrecht aus Art. 13 Abs. 1 und Abs. 2 GG.

a) Mit der Garantie der Unverletzlichkeit der Wohnung durch Art. 13 Abs. 1 GG erfährt die räumliche Lebenssphäre des Einzelnen einen besonderen grundrechtlichen Schutz, in den mit einer Durchsuchung schwerwiegend eingegriffen wird (vgl. BVerfGE 42, 212 [219f.]; 96, 27 [40]; 103, 142 [150f.]). Dem Schutz unterfallen auch beruflich genutzte Räume wie Rechtsanwaltskanzleien (vgl. BVerfGE 32, 54 [69ff.]; 42, 212 [219]; 96, 44 [51]).

Dem erheblichen Eingriff in die grundrechtlich geschützte Lebenssphäre des Betroffenen entspricht ein besonderes Rechtfertigungsbedürfnis nach dem Grundsatz der Verhältnismäßigkeit. Die Zwangsmaßnahme muss zur Ermittlung und zur Verfolgung der vorgeworfenen Tat erforderlich sein. Auch muss der jeweilige Eingriff in einem angemessenen Verhältnis zu der Schwere der Tat und der Stärke des Tatverdachts stehen (vgl. BVerfGE 59, 95 [97]; 96, 44 [51]; 115, 166 [197]).

Der besondere Schutz von Berufsgeheimnisträgern (§ 53 StPO) gebietet bei der Anordnung der Durchsuchung einer Rechtsanwaltskanzlei zudem die besonders sorgfältige Prüfung der Eingriffsvoraussetzungen und des Grundsatzes der Verhältnismäßigkeit (vgl. BVerfGK 17, 550 [556]). Die Strafverfolgungsbehörden haben dabei auch das Ausmaß der – mittelbaren – Beeinträchtigung der beruflichen Tätigkeit der Betroffenen zu berücksichtigen. Richtet sich eine strafrechtliche Ermittlungsmaßnahme gegen einen Berufsgeheimnisträger in der räumlichen Sphäre seiner Berufsausübung, so bringt dies regelmäßig die Gefahr mit sich, dass unter dem Schutz des Art. 2 Abs. 1 in Verbindung mit Art. 1 Abs. 1 GG stehende Daten von Nichtbeschuldigten, etwa den Mandanten eines Rechtsanwalts, zur Kenntnis der Ermittlungsbehörden gelangen, die die Betroffenen in der Sphäre des Berufsgeheimnisträgers gerade sicher wähnen durften. Dadurch werden die Grundrechte der Mandanten berührt. Der Schutz der Vertrauensbeziehung zwischen Anwalt und Mandant liegt darüber hinaus auch im Interesse der Allge-

[588] BVerfG, Kammerbeschluss vom 29.01.2015 – 2 BvR 497/12, 2 BvR 498/12, 2 BvR 499/12, 2 BvR 1054/12.

meinheit an einer wirksamen und geordneten Rechtspflege. Diese Belange verlangen eine besondere Beachtung bei der Prüfung der Angemessenheit der Zwangsmaßnahme (vgl. BVerfGE 113, 29 [47ff.]).

Im Einzelfall können die Geringfügigkeit der zu ermittelnden Straftat, eine geringe Beweisbedeutung der zu beschlagnahmenden Gegenstände sowie die Vagheit des Auffindeverdachts der Durchsuchung entgegenstehen (vgl. BVerfGE 115, 166 [198]): Für die Geringfügigkeit der zu ermittelnden Straftat spricht, wenn sie nicht von erheblicher Bedeutung ist. Straftaten, die im Höchstmaß mit Freiheitsstrafe unter fünf Jahren bedroht sind, können nicht mehr ohne Weiteres dem Bereich der Straftaten von erheblicher Bedeutung zugerechnet werden (vgl. BVerfGE 124, 43 [64]).

b) Diesen Maßstäben werden die vorliegenden Entscheidungen nicht gerecht.

546 1. Das **Grundrecht auf Unverletzlichkeit der Wohnung** aus Art. 13 I GG erfasst auch **Geschäftsräume**, die nicht allgemein zugänglich sind.

2. Eine Durchsuchung erfordert aufgrund des Gewichts des Eingriffs in das Grundrecht aus Art. 13 I GG auf konkrete Tatsachen beruhende Verdachtsgründe, die über vage Anhaltspunkte und Vermutungen hinausgehen.

3. Weiterhin bedarf es eines **besonderen Rechtfertigungsinteresses**, welche bei Berufsgeheimnisträgern nochmals erhöht ist; dabei sind Schwere der Straftat und Stärke des Tatverdachts einzubeziehen.[589]

[19] Gegen den Beschwerdeführer bestand ein Anfangsverdacht der Ausstellung eines unrichtigen Gesundheitszeugnisses, § 278 StGB.

[20] aa) Zugunsten des Beschwerdeführers ist für die verfassungsrechtliche Prüfung davon auszugehen, dass der dem Durchsuchungsbeschluss zugrunde liegende Tatvorwurf – der nach Vollzug der Durchsuchung im Beschwerdeverfahren nicht mehr geändert werden kann (vgl. BVerfG, Beschluss der 3. Kammer des Zweiten Senats vom 20. April 2004 – 2 BvR 2043/03 u.a. –, juris, Rn. 4) – nur auf das Erstellen eines unrichtigen Gesundheitszeugnisses im Jahr 2008 lautete. Denn die vage gehaltenen Formulierungen in der Strafanzeige, wonach der Beschwerdeführer „in großem Umfang ... sozusagen als ‚Sparkommissar' tätig" sei, wurden weder in der Anzeige selbst noch durch die Staatsanwaltschaft oder die Gerichte in den angegriffenen Beschlüssen näher belegt.

[21] bb) Hinsichtlich des Gutachtens vom 28. Juli 2008 lagen indes zureichende konkrete tatsächliche Anhaltspunkte für die Begehung einer Straftat vor, auf die allein der Durchsuchungsbeschluss gestützt ist. Auch wenn der vom Beschwerdeführer zu beurteilende Heil- und Kostenplan des Anzeigeerstatters Dr. M. unzureichend gewesen sein mag, sind in dem sich an die Erstattung des Gutachtens anschließenden Zivilprozess Unstimmigkeiten und Fehler des Gutachtens festgestellt worden, die nicht nur über denkbare wissenschaftliche Meinungsunterschiede hinausgehen, sondern auch einen Anfangsverdacht für ein Handeln wider besseres Wissen zu begründen vermögen. Diese Indizien werden durch das in das Ermittlungsverfahren als Indiz eingeführte Gegengutachten zu einer vom Beschwerdeführer im Jahre 2012 vorgenommenen Begutachtung nachhaltig unter-

---

589 BVerfG, Kammerbeschluss vom 08.01.2015 – 2 BvR 2419/13.

stützt. Dass die Ermittlungen sorgfältiger hätten geführt werden können – beispielsweise im Hinblick auf das Vorliegen eigener Interessen des Anzeigeerstatters –, ändert nichts daran, dass insbesondere auf der Grundlage der von der Staatsanwaltschaft herangezogenen Gutachten der Erlass eines Durchsuchungsbeschlusses noch als verhältnismäßig anzusehen ist. Denn diese Gutachten stützten den Verdacht, der Beschwerdeführer habe das Gutachten vom 28. Juli 2008 mit Hilfe von Textbausteinen und auf der Grundlage einer unzutreffenden Bestandsaufnahme der medizinischen Situation des Patienten erstellt.

Durchsuchungen und Beschlagnahmen in einem Ermittlungsverfahren gegen Pres- **547**
seangehörige sind verfassungsrechtlich unzulässig, wenn sie ausschließlich oder vorwiegend dem Zweck dienen, die Person eines Informanten zu ermitteln oder Beweise gegen diesen zu gewinnen.[590]

[19] 1. Der Eingriff in die Pressefreiheit in Gestalt der Anordnung der Durchsuchung der Redaktion und der Beschlagnahme der dort gefundenen Beweismittel ist verfassungsrechtlich nicht gerechtfertigt.

[20] a) Der Schutzbereich des Art. 5 Abs. 1 Satz 2 GG ist eröffnet. Die Pressefreiheit umfasst den Schutz vor dem Eindringen des Staates in die Vertraulichkeit der Redaktionsarbeit sowie in die Vertrauenssphäre zwischen den Medien und ihren Informanten. Die Freiheit der Medien ist konstituierend für die freiheitliche demokratische Grundordnung (vgl. BVerfGE 7198 [208]; 77, 65 [74]; 117, 244 [258]; stRspr). Eine freie Presse ist daher von besonderer Bedeutung für den freiheitlichen Staat (vgl. BVerfGE 20, 162 [174]; 50, 234 [239 f.]; 77, 65 [74]). Geschützt sind namentlich die Geheimhaltung der Informationsquellen und das Vertrauensverhältnis zwischen Presse bzw. Rundfunk und den Informanten. Dieser Schutz ist unentbehrlich, weil die Presse auf private Mitteilungen nicht verzichten kann, diese Informationsquelle aber nur dann ergiebig fließt, wenn sich der Informant grundsätzlich auf die Wahrung des Redaktionsgeheimnisses verlassen kann (BVerfGE 117, 244 [259]). Eine Durchsuchung in Presseräumen stellt wegen der damit verbundenen Störung der redaktionellen Arbeit und der Möglichkeit einer einschüchternden Wirkung eine Beeinträchtigung der Pressefreiheit dar. Durch die Anordnung der Beschlagnahme von Datenträgern zum Zwecke der Auswertung ist den Ermittlungsbehörden die Möglichkeit des Zugangs zu redaktionellem Datenmaterial eröffnet worden. Dies greift in besonderem Maße in die vom Grundrecht der Pressefreiheit umfasste Vertraulichkeit der Redaktionsarbeit ein, aber auch in ein etwaiges Vertrauensverhältnis zu Informanten (vgl. BVerfGE 117, 244 [259 f.] m. w. N.).

[21] b) Die Beschwerdeführerin zu II. ist als Verlag Grundrechtsträgerin der Pressefreiheit gemäß Art. 5 Abs. 1 Satz 2 in Verbindung mit Art. 19 Abs. 3 GG. Geschützt ist auch der als Journalist tätige Beschwerdeführer zu I. Die Pressefreiheit schützt alle im Pressewesen tätigen Personen, wobei der Schutz von der Beschaffung der Information bis zur Verbreitung der Nachricht und der Meinung reicht (vgl. BVerfGE 77, 346 [354]). Als Beschuldigter des Ermittlungsverfahrens ist der Beschwerdeführer zu I. von den Ermittlungsmaßnahmen persönlich be-

590 BVerfG, Kammerbeschluss vom 13.07.2015 – 1 BvR 1089/13, 1 BvR 1090/13.

troffen; zudem berühren Durchsuchung und Beschlagnahme in den Redaktionsräumen seine dort ausgeübte Tätigkeit als Journalist.

[22] c) Der Eingriff ist verfassungsrechtlich nicht gerechtfertigt.

[23] (1) Nach Art. 5 Abs. 2 GG findet die Pressefreiheit ihre Schranken in den Vorschriften der allgemeinen Gesetze. Die Bestimmungen der StPO mit ihrer prinzipiellen Verpflichtung für jeden Staatsbürger, zur Wahrheitsfindung im Strafverfahren beizutragen und die im Gesetz vorgesehenen Ermittlungsmaßnahmen zu dulden, sind als allgemeine Gesetze anerkannt; sie müssen allerdings ihrerseits im Lichte dieser Grundrechtsverbürgung gesehen werden (vgl. BVerfGE 77, 65 [75]; 107, 299 [331f.]; 117, 244 [261]). Es bedarf einer Zuordnung der durch Art. 5 Abs. 1 Satz 2 GG gewährleisteten Freiheit und des durch die einschränkenden Vorschriften geschützten Rechtsgutes, die in erster Linie dem Gesetzgeber obliegt (vgl. BVerfGE 77, 65 [75]; 107, 299 [331 f.]). Eine solche Zuordnung hat der Gesetzgeber vorgenommen, indem er einerseits die allgemeine Zeugnispflicht von Medienangehörigen in § 53 Abs. 1 Nr. 5 StPO und korrespondierend hierzu Beschlagnahmen bei Journalisten und in Redaktionsräumen in § 97 Abs. 5 Satz 1 StPO eingeschränkt hat, andererseits aber ein Beschlagnahmeverbot in § 97 Abs. 5 Satz 2, Abs. 2 Satz 3 StPO bei strafrechtlicher Verstrickung des Zeugen oder der Sache wiederum ausgeschlossen hat. Auf diese Weise hat der Gesetzgeber jedenfalls im Grundsatz einen tragfähigen Ausgleich zwischen dem Schutz der Institution einer freien Presse auf der einen Seite und dem legitimen Strafverfolgungsinteresse auf der anderen Seite geschaffen, wobei offen bleiben kann, ob der Gesetzgeber den Schutz der Presse und des Rundfunks weiter hätte ziehen oder stärker hätte beschränken dürfen. Er hat hiermit typische Konfliktsituationen erfasst und in genereller Weise Abwägungen zwischen den Freiheitsrechten der Medien und den Erfordernissen einer rechtsstaatlichen Strafrechtspflege vorgenommen. Die Normen sind nach ständiger Rechtsprechung des Bundesverfassungsgerichts allerdings keine abschließenden Regelungen (vgl. BVerfGE 20, 162 [189]; 64, 108 [116]; 77, 65 [81f.]; Beschluss der 1. Kammer des Ersten Senats vom 10. Dezember 2010 – 1 BvR 1739/04 –, NJW 2011, S. 1859 [1860]).

[24] Auch dann, wenn der in § 97 Abs. 5 Satz 1 StPO normierte strafprozessuale Beschlagnahmeschutz für Mitarbeiter von Presse und Rundfunk nicht anwendbar ist, weil ein als Journalist an sich Zeugnisverweigerungsberechtigter selbst Beschuldigter oder Mitbeschuldigter der Straftat ist, um deren Aufklärung es geht, bleibt aber Art. 5 Abs. 1 Satz 2 GG für die Auslegung und Anwendung der strafprozessualen Normen über Durchsuchungen und Beschlagnahmen, die in Redaktionen oder bei Journalisten durchgeführt werden, von Bedeutung (vgl. BVerfGE 107, 299 [334]; 117, 244 [262]; BVerfG, Beschluss der 1. Kammer des Ersten Senats vom 10. Dezember 2010 – 1 BvR 1739/04 –, NJW 2011, S. 1859 [1861]). Danach reichte der den gerichtlichen Anordnungen zu Grunde liegende Tatverdacht gegen die Beschwerdeführer unter Berücksichtigung des Grundrechts aus Art. 5 Abs. 1 Satz 2 GG für eine auf §§ 102, 94 StPO gegründete Durchsuchung und Beschlagnahme bei den in § 53 Abs. 1 Satz 1 Nr. 5 StPO genannten Personen nicht aus. Dieser Anfangsverdacht muss auf konkreten Tatsachen beruhen; vage Anhaltspunkte und bloße Vermutungen reichen nicht aus (vgl. BVerfGE 44, 353 [371f.]; 115, 166 [197f.]). Ein Verstoß gegen diese Anforderungen liegt vor, wenn sich sachlich zureichende plausible Gründe für eine Durchsuchung nicht finden lassen (vgl. BVerfGE 59, 95 [97]; zuletzt BVerfG, Beschluss

der 3. Kammer des Zweiten Senats vom 15. August 2014 – 2 BvR 969/14 –, NJW 2014, S. 3085 [3087]). Durchsuchungen und Beschlagnahmen in einem Ermittlungsverfahren gegen Presseangehörige sind danach verfassungsrechtlich unzulässig, wenn sie ausschließlich oder vorwiegend dem Zweck dienen, die Person des Informanten zu ermitteln (vgl. BVerfGE 20, 162 [191f., 217]; 117, 244 [265]). Anderenfalls könnte der von der Pressefreiheit umfasste Informantenschutz unterlaufen werden.

[25] Durch das Gesetz zur Stärkung der Pressefreiheit im Straf- und Strafprozessrecht (PrStG) vom 25. Juni 2012 (BGBl I S. 1374) hat der Gesetzgeber mittlerweile geregelt, dass ein Verdacht der Beihilfe zum Geheimnisverrat nach Maßgabe des § 353b Abs. 3a StGB nicht mehr als rechtswidrig anzusehen ist. Strafbar bleiben demgegenüber die Anstiftung zum Geheimnisverrat sowie Beihilfehandlungen, die der Vollendung der Haupttat vorausgehen oder über das Entgegennehmen und Veröffentlichen der Information hinausgehen (vgl. BTDrucks 17/3355, S. 8). Hierzu soll insbesondere die Zahlung von Honorar für dienstlich erlangte Informationen zu rechnen sein (vgl. Fischer, StGB, 62. Aufl. 2015, § 353b Rn. 30; Perron, in: Schönke/Schröder, StGB, 29. Aufl. 2014, § 353b Rn. 21 d). Unter Berücksichtigung von Art. 5 Abs. 1 Satz 2 GG kann dies jedoch jedenfalls dann nicht gelten, wenn die Durchsuchung und Beschlagnahme nicht auf einen konkretisierten Strafverdacht gerade gegenüber den konkret betroffenen Presseangehörigen gestützt ist, sondern dem vorrangigen oder ausschließlichen Zweck dient, Verdachtsgründe insbesondere gegen den Informanten zu finden. Erforderlich sind insoweit zureichende tatsächliche Anhaltspunkte für eine den Beschlagnahmeschutz gemäß § 97 Abs. 5 Satz 1 StPO entfallen lassende Straftat (vgl. BVerfGE 117, 244 [263]). Ein bloß allgemeiner Verdacht, dass dienstliche Informationen an die Presse weitergegeben wurden, genügt danach den verfassungsrechtlichen Anforderungen nicht.

[26] (2) Im vorliegenden Fall ging es den Strafverfolgungsbehörden zumindest vorwiegend um die Ermittlung belastender Tatsachen gegen einen Informanten aus Polizeikreisen, was auch in dem angefochtenen landgerichtlichen Beschluss deutlich wird. Diesem sollen Geldbeträge für Informationen im Zusammenhang mit bevorstehenden Ermittlungsmaßnahmen gezahlt worden sein. Dabei handelt es sich bezogen auf dessen Kontakt zu den Beschwerdeführern, deren Redaktionsräume durchsucht wurden, jedoch um bloße Mutmaßungen. Zum einen berichtete nicht die Berliner Morgenpost, für die der Beschwerdeführer zu I. arbeitet, über die bevorstehende Razzia, sondern Spiegel-Online. Weder dem Durchsuchungsbeschluss noch der Beschwerdeentscheidung ist zum anderen zu entnehmen, für welche den Beschwerdeführern übermittelte Informationen das Geld gezahlt worden sein soll. Der Tatbestand der Bestechung (§ 334 StGB) verlangt jedoch schon einfachrechtlich die Vornahme einer hinreichend konkreten Diensthandlung (vgl. BGHSt 15, 217 [222f.]). Es mangelt danach in Bezug auf die Beschwerdeführer an zureichenden tatsächlichen Anhaltspunkten für eine den Beschlagnahmeschutz gemäß § 97 Abs. 5 Satz 1 StPO entfallen lassende Straftat.

Dem erheblichen Eingriff in die grundrechtlich geschützte Lebenssphäre des Betroffenen entspricht ein **besonderes Rechtfertigungsbedürfnis** nach dem Grundsatz der Verhältnismäßigkeit. Die Durchsuchung muss nicht nur mit Blick auf den bei der Anordnung verfolgten Zweck erfolgversprechend sein. Es muss gerade diese Zwangsmaßnahme zur Ermittlung und Verfolgung der Straftat erforderlich **548** sein; dies ist nicht der Fall, wenn andere, weniger einschneidende Mittel zur Verfügung stehen. Die Durchsuchung muss schließlich vor allem in angemessenem Verhältnis zu der Schwere der Straftat und der Stärke des Tatverdachts stehen.[591]

2. Diesen verfassungsrechtlichen Maßstäben werden die angegriffenen Beschlüsse nicht gerecht.

Es bedarf keiner Entscheidung, ob vorliegend ein hinreichender Anfangsverdacht gegeben war, denn die Durchsuchung bei dem Beschwerdeführer war bezogen auf den geringen Grad des Anfangsverdachts und die weiteren zur Ermittlung zur Verfügung stehenden Maßnahmen jedenfalls unverhältnismäßig. Dies gilt schon ungeachtet der Frage, ob das mögliche Vorhandensein von Patientendaten auf dem privaten Laptop des Beschwerdeführers im Rahmen der Durchsuchungsanordnung zu einer Berücksichtigung seiner Stellung als Berufsgeheimnisträger hätte führen müssen.

Das Amtsgericht begründet die Verhältnismäßigkeit der Durchsuchung allein mit der Schwere der Vorwürfe; das Landgericht nimmt hierauf lediglich Bezug.

Zwar sind umfangreiche Ausführungen zur Verhältnismäßigkeit weder im Durchsuchungsbeschluss noch in der Beschwerdeentscheidung grundsätzlich und stets von Verfassungs wegen geboten. Insbesondere bei einem nur vagen Auffindeverdacht ist allerdings die Verhältnismäßigkeit einer Durchsuchung wegen der Schwere des Eingriffs eingehend zu begründen (vgl. BVerfG, Beschluss der 2. Kammer des Zweiten Senats vom 13. Mai 2014 – 2 BvR 9/10 –, NJW 2014, S. 2265 [2266], Rn. 19, 23 jeweils m.w.N.). Vorliegend hätten sich derartige Ausführungen angesichts der Besonderheiten des Ermittlungsverfahrens aufdrängen müssen.

Der Tatverdacht gegen den Beschwerdeführer fußte allein auf dem Vorliegen eines möglichen Motivs zur Schädigung Dr. B. aufgrund der von diesem geschilderten Auseinandersetzung mit dem Beschwerdeführer. Da Dr. B. in seiner Vernehmung durch die Polizei zwar in der Tat konkret allein den Beschwerdeführer, darüber hinaus aber auch weitere für eine Täterschaft in Betracht kommende Personenkreise, namentlich psychisch kranke Patienten und andere Mitarbeiter benannt hatte, wären vor der Anordnung einer in die Grundrechte des Betroffenen schwerwiegend eingreifenden Durchsuchung andere grundrechtsschonende Ermittlungsschritte vorzunehmen gewesen, um den allenfalls geringen Tatverdacht gegen den Beschwerdeführer zu erhärten oder endgültig zu zerstreuen (vgl. zur Ausschöpfung grundrechtsschonenderer Ermittlungsschritte bei Vorliegen von auf eine Täterschaft des Beschwerdeführers hinweisenden Umständen mit allenfalls geringem Gewicht BVerfG, Beschluss der 3. Kammer des Zweite Senats vom 13. November 2005 – 2 BvR 728/05 u.a. –, NStZ-RR 2006, S. 110).

So wäre zunächst eine Befragung weiterer Mitarbeiter der Kliniken in I. und L. geboten gewesen. Dies hätte sowohl das Verhältnis zwischen Dr. B. und dem Beschwerdeführer aus einer neutralen Perspektive näher aufklären – und den Beschwerdeführer im Übrigen auch entlasten –, als auch dazu beitragen können, weitere mögliche Autoren der anonymen Briefe zu ermitteln.

---

[591] BVerfG, Kammerbeschluss vom 16.12.2014 – 2 BvR 2393/12.

Eine besondere Eilbedürftigkeit, die diese naheliegenden Ermittlungen hätte ausschließen können, ist bereits deshalb nicht zu erkennen, weil zwischen der Einleitung des Ermittlungsverfahrens im Dezember 2011 und dem Erlass der (zweiten) Durchsuchungsanordnung im Beschluss des Amtsgerichts vom 10. April 2012 mehrere Monate vergingen, ohne dass die Staatsanwaltschaft im hier vorliegenden Ermittlungsverfahren andere weiterführende Ermittlungen angestellt hätte.

Dieser Umstand führt im Übrigen auch dazu, dass sich das Fortbestehen eines Auffindeverdachts jedenfalls zu diesem Zeitpunkt als allenfalls vage darstellte.

3. Der Beschluss des Landgerichts über die Verwerfung der Beschwerde beruht auf dem Verstoß gegen das Grundrecht auf Unverletzlichkeit der Wohnung aus Art. 13 Abs. 1 GG, da das Landgericht bei hinreichender Berücksichtigung der sich hieraus ergebenden Vorgaben der Beschwerde hätte stattgeben müssen. Die Sache ist zur erneuten Entscheidung über die Kosten des Verfahrens an das Landgericht zurückzuverweisen (§ 93c Abs. 2 i. V. m. § 95 Abs. 2 BVerfGG).

Wird im Wege des dinglichen Arrests nach §§ 111 ff. StPO das gesamte oder nahezu das gesamte Vermögen der Verfügungsbefugnis des Einzelnen entzogen, so bedarf es einer **besonders sorgfältigen Prüfung** und einer **eingehenden Darlegung** der dabei maßgeblichen tatsächlichen und rechtlichen Erwägungen in der Anordnung, damit der Betroffene gegen diese Rechtsschutz suchen kann.[592] **549**

1. a) Art. 14 Abs. 1 GG schützt nicht nur den Bestand der Eigentumsposition, sondern auch deren Nutzung. Die Entziehung von deliktisch erlangtem Eigentum als Nebenfolge einer strafrechtlichen Verurteilung beruht auf der Bestimmung des Inhalts und der Schranken des Eigentums durch das Strafgesetzbuch (vgl. BVerfGE 110, 1 [24 f.]). Sicherungsmaßnahmen des strafprozessualen Arrests zur Rückgewinnungshilfe sind von Verfassungs wegen nicht grundsätzlich ausgeschlossen. An die Zumutbarkeit und an das Verfahren einer Anordnung nach §§ 111 ff. StPO sind aber besondere Anforderungen zu stellen. In diesem Zusammenhang ist zu berücksichtigen, dass das möglicherweise strafrechtlich erlangte Vermögen zu einem Zeitpunkt sichergestellt wird, in dem lediglich ein Tatverdacht besteht und noch nicht über die Strafbarkeit entschieden worden ist. Das Eigentumsgrundrecht verlangt in diesen Fällen eine Abwägung des Sicherstellungsinteresses des Staates mit der Eigentumsposition des von der Maßnahme Betroffenen. Je intensiver der Staat schon allein mit Sicherungsmaßnahmen in den vermögensrechtlichen Freiheitsbereich des Einzelnen eingreift, desto höher sind die Anforderungen an die Rechtfertigung dieses Eingriffs. Im Hinblick darauf, dass es sich um eine lediglich vorläufige Maßnahme aufgrund eines Tatverdachts handelt, steigen die Anforderungen mit der Dauer der Nutzungs- und Verfügungsbeschränkung (vgl. BVerfGK 5, 292 [301]). Wird im Wege vorläufiger Sicherungsmaßnahmen das gesamte oder nahezu das gesamte Vermögen der Verfügungsbefugnis des Einzelnen entzogen, fordert der Verhältnismäßigkeitsgrundsatz nicht lediglich eine Vermutung, dass es sich um strafrechtlich erlangtes Vermögen handelt. Vielmehr bedarf es einer besonders sorgfältigen Prüfung und einer eingehenden Darlegung der dabei maßgeblichen tatsächlichen und rechtli-

[592] BVerfG, Kammerbeschluss vom 17.04.2015 – 2 BvR 1986/14.

chen Erwägungen in der Anordnung, damit der Betroffene gegen diese Rechtsschutz suchen kann (vgl. BVerfGK 5, 292 [301]).

b) Nach der Einfügung des staatlichen Auffangrechtserwerbs in § 111i Abs. 2 bis Abs. 6 StPO durch das Gesetz zur Stärkung der Rückgewinnungshilfe und der Vermögensabschöpfung bei Straftaten (BGBl I 2006 S.2350ff.) ist neben dem Interesse des potentiell Geschädigten insbesondere das staatliche Interesse an der Abschöpfung inkriminierten Vermögens in die Abwägung einzubeziehen.

c) Der Gewährleistungsgehalt des Eigentumsrechts schließt den Anspruch auf eine faire Verfahrensführung ein, wobei es zur Effektivität des Rechtsschutzes gehört, dass die Gerichte das jeweilige Rechtsschutzbegehren in tatsächlicher und rechtlicher Hinsicht prüfen. Das Gericht muss die tatsächlichen Grundlagen selbst ermitteln und seine rechtliche Auffassung unabhängig von der Exekutive gewinnen und begründen. Die gerichtliche Entscheidung muss deshalb die Voraussetzungen des Eingriffs prüfen und darf sich nicht auf formelhafte Bemerkungen zurückziehen, die letztlich offen lassen, ob die Voraussetzungen der gesetzlichen Eingriffsermächtigung im Einzelfall vorliegen (vgl. BVerfGK 5, 292 [301f.]).

2. Diesen verfassungsrechtlichen Maßstäben wird der angegriffene Beschluss des Oberlandesgerichts nicht gerecht.

a) Das Oberlandesgericht hat nicht alle entscheidungserheblichen Gesichtspunkte in die Ermessensentscheidung eingestellt. Es hat allein eine Abwägung des Sicherstellungsinteresses der Sozialversicherungsträger mit dem Eigentumsinteresse des Beschwerdeführers vorgenommen. Zwar streitet das staatliche Interesse an der Abschöpfung inkriminierten Vermögens für die Anordnung eines Sicherungsarrests, so dass eine Aufhebung der Entscheidung des Oberlandesgerichts unterbleiben könnte, wenn bereits die vorgenommene Abwägung mit dem Sicherungsinteresse der Sozialversicherungsträger rechtlich einwandfrei erfolgt wäre und das Oberlandesgericht in verfassungsrechtlich nicht zu beanstandender Weise einen Arrest angeordnet hätte. Das Oberlandesgericht hat jedoch hinsichtlich des Sicherstellungsinteresses der Sozialversicherungsträger keine hinreichenden Ermittlungen angestellt. Es hat ohne Ermittlung der Gründe, weshalb ein Beitragsbescheid noch nicht erlassen wurde, unterstellt, dass eine Beitragsfestsetzung aufgrund von Unklarheiten, für welchen Beschäftigten welche Beiträge vorenthalten wurden, unterblieben sei. Ausweislich der Stellungnahme der Deutschen Rentenversicherung waren jedoch andere Gründe für die Untätigkeit maßgeblich.

b) Zwar hätte ein dinglicher Arrest im vorliegenden Verfahren dem Grunde nach wohl auch in verfassungsrechtlich nicht zu beanstandender Weise unter Berücksichtigung der vorläufigen Beweiswürdigung des Landgerichts nach Abschluss der Zeugenvernehmungen, der Verurteilungswahrscheinlichkeit und im Hinblick auf das staatliche Interesse an der Abschöpfung inkriminierten Vermögens in verhältnismäßiger Weise begründet werden können. Die Höhe der angeordneten Arrestsumme ist jedoch nicht nachvollziehbar. Gemäß § 111b Abs. 2 StPO in Verbindung mit §§ 73ff. StGB kann der dingliche Arrest angeordnet werden, wenn Gründe für die Annahme vorhanden sind, dass die Voraussetzungen des Verfalls von Wertersatz oder der Einziehung von Wertersatz vorliegen. Ein Verfall oder die Einziehung von Wertersatz kommt nur für unmittelbar aus der Tat erlangte Vermögenswerte in Betracht. Hinsichtlich der noch verfahrensgegenständlichen Tatkomplexe geht das Oberlandesgericht dem Sachverständigen folgend von vorenthaltenen Beiträgen in Höhe von 508.439,62 € aus. Die seitens des Oberlandesgerichts angenommenen Ansprüche der Sozialversicherungsträger in Höhe von 570.000 € umfassen nach seinen Ausführungen auch aufgelaufene Zinsen und Säumniszuschläge. Diese sind jedoch nicht „aus der Tat" des Vorenthaltens von Sozialversicherungsbeiträgen erlangt, so dass diesbezüglich auch der Verfall nicht angeordnet werden kann. Zwar ist die Arrestsumme grundsätzlich zu schätzen (§ 73b StGB); vorliegend lag jedoch bereits eine Berechnung der voraussichtlich vorenthaltenen Sozialversicherungsbeiträge vor, so dass eine abweichende Arrestanordnung zu begründen gewesen wäre.

3. Der Beschluss des Oberlandesgerichts war aufgrund des Verstoßes gegen Art. 14 Abs. 1 GG aufzuheben und die Sache zur erneuten Entscheidung an das Oberlandesgericht zurückzuverweisen (§ 93c Abs. 2 i. V. m. § 95 Abs. 2 BVerfGG).

Bei der Bestimmung des Zahlungsanspruchs, der dem Staat unter den Voraussetzungen **des § 111i Abs. 5 StPO** zufällt, ist bei **mehreren Tätern** und/oder Teilnehmern von deren **gesamtschuldnerischer Haftung** auszugehen, wenn und soweit sie zumindest Mitverfügungsmacht an dem aus der Tat erzielten Vermögenswert hatten. Zudem ist § 73c Abs. 1 StGB zu beachten.[593] **550**

1. Eine Feststellung nach **§ 111i Abs. 2 Satz 1 StPO** setzt nicht voraus, dass eine Beschlagnahme nach § 111c StPO vorgenommen oder ein Arrest nach § 111d StPO (wirksam) angeordnet wurde und/oder im Zeitpunkt der Feststellung, also des Urteils, noch besteht. **551**

2. Der Umstand, dass über das Vermögen eines von der Feststellung nach § 111i Abs. 2 StPO Betroffenen ein **Insolvenzverfahren** eröffnet ist, steht dieser Feststellung jedenfalls dann nicht entgegen, wenn der Staat hierdurch (lediglich) – aufschiebend bedingt – einen Zahlungsanspruch erwirbt.[594]

[16] Die Revision der Staatsanwaltschaft hat Erfolg. Die von ihr erhobene Rüge, mit der sie das Unterlassen einer Entscheidung nach § 111i Abs. 2 StPO in den Fällen V.2. und V.3. der Urteilsgründe zum Nachteil der I. beanstandet, ist begründet. Auf diese Fälle ist das Rechtsmittel der Staatsanwaltschaft wirksam beschränkt.

[17] 1. Ob der Tatrichter eine Entscheidung nach § 111i Abs. 2 StPO trifft, steht zwar in seinem Ermessen („kann"; vgl. auch Meyer-Goßner/Schmitt, StPO, 57. Aufl., § 111i Rn. 8 mwN) und unterliegt daher nur der eingeschränkten revisionsgerichtlichen Überprüfung (BGH, Urteil vom 20. Februar 2013 – 5 StR 306/12, BGHSt 58, 152). Unterlässt er es aber, eine solche Entscheidung zu treffen und lässt sich dem Urteil – mangels jeglicher Ausführungen hierzu – auch nicht entnehmen, warum er von seinem Ermessen in entsprechender Weise Gebrauch gemacht hat oder aus welchen sonstigen Gründen er eine solche Entscheidung nicht getroffen hat, so liegt hierin jedenfalls dann ein Rechtsfehler im Sinn des § 337 StPO, wenn eine entsprechende Feststellung nahe liegt.

[18] 2. Ein solcher Rechtsfehler liegt hier vor. Denn das angefochtene Urteil enthält keine Ausführungen zu § 111i Abs. 2 StPO, obwohl nahe liegt, dass eine sol-

---

593 BGH, Beschluss vom 16.04.2015 – 2 StR 437/14.

594 BGH, Urteil vom 04.12.2014 – 4 StR 60/14.

che Feststellung in Betracht kam und das Landgericht davon ausging, die Eröffnung des Insolvenzverfahrens über das Vermögen der I. stehe – aus Rechtsgründen – einer Feststellung gemäß § 111i Abs. 2 StPO entgegen. Dies trifft indes nicht zu. Auch ist aus anderen Gründen eine solche Feststellung nicht von vorneherein ausgeschlossen.

[19] a) Eine Feststellung nach § 111i Abs. 2 Satz 1 StPO setzt insbesondere nicht voraus, dass eine Beschlagnahme nach § 111c StPO vorgenommen oder ein Arrest nach § 111d StPO (wirksam) angeordnet wurde und/oder im Zeitpunkt der Feststellung, also des Urteils, noch besteht. Es bedarf daher keiner Entscheidung darüber, ob die Strafkammer den angeordneten Arrest zu Recht aufgehoben hat.

[20] aa) Zwar könnte die systematische Stellung des § 111i Abs. 2 StPO (vgl. dazu auch BGH, Urteil vom 20. Februar 2013 – 5 StR 306/12, NJW 2013, 950; Rogall in SK-StPO, 4. Aufl., Vor §§ 111bff. Rn. 2) sowohl in der Strafprozessordnung, als auch in den §§ 111bff. StPO sowie in § 111i StPO dafür sprechen, dass es sich bei § 111i Abs. 2 StPO nicht um eine §§ 73, 73a StGB ergänzende, zumindest auch materiell-rechtliche Regelung handelt. …

[21] bb) Jedoch gebietet der Wortlaut von § 111i Abs. 2 StPO eine solche einschränkende Auslegung nicht. Vielmehr sieht § 111i Abs. 2 Satz 4 unter anderem vor, dass trotz einer bereits erfolgten „Verfügung" des Verletzten im Wege der Zwangsvollstreckung oder der Arrestvollziehung (Nr. 1; dazu auch Meyer-Goßner/Schmitt, aaO, § 111i Rn. 9b mwN) eine Feststellung nach dieser Vorschrift erfolgen kann. Hierdurch soll das Gericht den „Rahmen des möglichen späteren Auffangrechtserwerbs" vorgeben, indem es „den Umfang der insoweit erlangten Vermögenswerte unter Berücksichtigung der möglichen zwischenzeitlichen Restitution bestimmt" (BT-Drucks. 16/700 S. 15), was belegt, dass die Feststellung weiter gehen kann als eine infolge Beschlagnahme oder Arrestanordnung bereits durchgeführte „Restitution" (vgl. auch Johann in LR-StPO, 26. Aufl., § 111i Rn. 47: „Eines Vollstreckungstitels [nach § 111i Abs. 6 Satz 1 StPO] bedarf der Staat … nur in den Fällen, in denen er einen Zahlungsanspruch erhält, der sich nicht auf ein bestehendes Arrestpfandrecht bezieht.").

[22] Die systematische Stellung des § 111i Abs. 2 StPO erfordert ebenfalls nicht eine Beschränkung dessen Anwendungsbereichs auf Fälle, in denen eine Beschlagnahme nach § 111c StPO vorgenommen oder ein Arrest nach § 111d StPO angeordnet wurde. …

[23] Vor allem aber spricht der mit den Ergänzungen der §§ 111b ff. StPO – auch der Einfügung von § 111i StPO – verfolgte Gesetzeszweck gegen eine Beschränkung des Auffangrechtserwerbs des Staates auf Fälle, in denen eine Beschlagnahme nach § 111c StPO vorgenommen oder ein Arrest nach § 111d StPO angeordnet wurde. Denn mit diesen Regelungen sollte neben dem Opferschutz die strafrechtliche „Vermögensabschöpfung … im Interesse … einer effektiven Strafrechtspflege" verbessert und verhindert werden, „dass Verbrechen sich lohnt" (BT-Drucks. 16/700 S. 8; zur Gesetzesgeschichte auch Rogall in SK-StPO, aaO, Vor §§ 111bff. Rn. 7ff., § 111i Rn. 4). Dementsprechend soll mit dem Auffangrechtserwerb des Staates auch verhindert werden, dass das aus der Straftat Erlangte dem Täter belassen werden muss (ebenso Rogall in SK-StPO, aaO, Vor §§ 111bff. Rn. 3). Dieser Zweck kann indes nur erreicht werden, wenn die Feststellung gemäß § 111i Abs. 2 StPO ohne oder über angeordnete Beschlagnahmen oder Arreste hinaus getroffen werden kann.

[24] b) Auch der Umstand, dass über das Vermögen eines von der Feststellung nach § 111i Abs. 2 StPO Betroffenen ein Insolvenzverfahren eröffnet ist, steht dieser Feststellung jedenfalls dann nicht entgegen, wenn der Staat hierdurch (lediglich) – aufschiebend bedingt – einen Zahlungsanspruch erwirbt.

[25] Dabei bedarf keiner Entscheidung, welche Auswirkungen und Folgen die Beantragung oder Eröffnung eines Insolvenzverfahrens auf einen – wie hier – bereits angeordneten Arrest hat (vgl. dazu – aus neuerer Zeit – einerseits OLG Nürnberg, Beschlüsse vom 15. März 2013 – 2 Ws 561/12 u.a., ZWH 2013, 225 m. Anm. Mahler/Tekin; vom 8. November 2013 – 2 Ws 508/13, Anm. Neußner, EWiR 2014, 199; andererseits KG, Beschluss vom 10. Juni 2013 – 2 Ws 190/13 u.a., wistra 2013, 445, Anm. Hansen, EWiR 2014, 99; OLG Hamm, NStZ 2014, 344; ferner OLG Karlsruhe, Beschluss vom 27. November 2013 – 3 Ws 327/13, ZWH 2014, 236 m. Anm. Bittmann = ZInsO 2014, 608 m. Anm. Weyand; sowie Markgraf, NZG 2013, 1014; Bittmann, ZWH 2014, 135). Auch muss der Senat nicht abschließend klären, ob es sich bei einem auf einer Feststellung gemäß § 111i Abs. 2 StPO beruhenden Zahlungsanspruch um eine Insolvenzforderung handelt oder ob der Staat in einem solchen Fall als anderer Gläubiger, etwa als Neugläubiger, zu behandeln ist, der während des Insolvenzverfahrens beispielsweise in den nach § 850f ZPO erweitert pfändbaren Teil von Bezügen des Schuldners vollstrecken kann …

[26] Wäre der Staat als Gläubiger eines auf einer Feststellung gemäß § 111i Abs. 2 StPO beruhenden Zahlungsanspruchs ein anderer Gläubiger als der einer Insolvenzforderung, stünde ein bereits eingeleitetes Insolvenzverfahren weder dieser Feststellung noch deren Durchsetzung von vorneherein entgegen (vgl. § 89 Abs. 2 Satz 2 InsO sowie Kroth in Braun, InsO, 6. Aufl., § 89 Rn. 7ff. und – beispielhaft – § 53 Rn. 8; ferner Rogall in SK-StPO, aaO, Vor §§ 111bff. Rn. 46f.).

[27] Aber auch eine Stellung als Insolvenzgläubiger stünde der Feststellung gemäß § 111i Abs. 2 StPO nicht entgegen. Dann würde zwar gemäß § 88 InsO nach Eröffnung des Insolvenzverfahrens eine Sicherheit unwirksam, welche der Insolvenzgläubiger nach dem Antrag auf Insolvenzeröffnung durch Zwangsvollstreckung an dem zur Insolvenzmasse gehörenden Vermögen erlangt hat (BGH, Urteil vom 24. Mai 2007 – IX ZR 41/05, NJW 2007, 3350 mwN). Zudem untersagt § 89 Abs. 1 InsO während der Dauer des Insolvenzverfahrens die Zwangsvollstreckung einzelner Insolvenzgläubiger – auch von Deliktsgläubigern – in die Insolvenzmasse und in das sonstige Vermögen des Schuldners (BGH, Beschluss vom 6. Februar 2014 – IX ZB 57/12, NZI 2014, 310, 311). Dieses Verbot gilt jedoch nicht für bloße Vorbereitungsmaßnahmen der Zwangsvollstreckung (BGH, Beschluss vom 6. Februar 2014 – IX ZB 57/12, NZI 2014, 310, 311), wozu die Feststellung gemäß § 111i Abs. 2 StPO allenfalls zählt. Auch steht nach der Rechtsprechung des Bundesgerichtshofs ein laufendes Insolvenzverfahren einer Verfallanordnung nach §§ 73, 73a StGB nicht entgegen (vgl. BGH, Urteile vom 30. Mai 2008 – 1 StR 166/07, BGHSt 52, 227, 253; vom 2. Dezember 2005 – 5 StR 119/05, BGHSt 50, 299, 312; ferner Rogall in SK-StPO, aaO, Vor §§ 111bff. Rn. 46); ein durch diese begründeter Zahlungsanspruch erhält – anders als der gemäß § 38 InsO zu behandelnde Anspruch des Verletzten – den Rang einer „Nebenfolge einer Straftat" gemäß § 39 Abs. 1 Nr. 3 InsO (BGH, Urteil vom 11. Mai 2010 – IX ZR 138/09, NZI 2010, 607). Steht mithin ein laufendes Insolvenzverfahren einer Verfallanordnung nach §§ 73, 73a StGB nicht entgegen, so kann während eines Insolvenzverfahrens erst Recht jedenfalls dann

eine Feststellung gemäß § 111i Abs. 2 StPO getroffen werden, wenn diese lediglich einen Zahlungsanspruch des Staates aufschiebend bedingt begründet ...).

[28] c) Sonstige Gründe, die eine Feststellung gemäß § 111i Abs. 2 StPO von vorneherein ausschließen, sind nicht ersichtlich. Insbesondere kann eine Feststellung gemäß § 111i Abs. 2 StPO gegen einen Dritten getroffen werden (vgl. BGH, Beschluss vom 22. Januar 2014 – 5 StR 467/12, wistra 2014, 192f.).

552 1. Ein Absehen des Tatrichters von einer Feststellung gemäß § 111i Abs. 2 StPO kann in der Revision keinen Bestand haben, wenn der Tatrichter Regelungsgehalt des § 73c StGB rechtsfehlerhaft nicht hinreichend beachtet hat.

2. Das Nichtmehrvorhandensein des Wertes des Erlangten im Vermögen des Betroffenen kann jedenfalls für sich genommen keine unbillige Härte darstellen, sondern unterfällt dem Anwendungsbereich des § 73c Abs. 1 Satz 2 StGB. Maßgebend für die Ermessensentscheidung nach § 73c Abs. 1 Satz 2 StGB ist neben der Gesamthöhe des Erlangten und den wirtschaftlichen Verhältnissen des Betroffenen insbesondere der Grund, aus welchem das Erlangte bzw. dessen Wert sich nicht mehr im Vermögen des Angeklagten befindet. Hierbei können etwa das „Verprassen“ der erlangten Mittel oder ihre Verwendung für Luxus und zum Vergnügen gegen die Anwendung der Härtevorschrift sprechen; andererseits kann ihr Verbrauch in einer Notlage oder zum notwendigen Lebensunterhalt des Betroffenen und seiner Familie als Argument für eine positive Ermessensentscheidung dienen. Ferner darf bei dieser Entscheidung das Resozialisierungsinteresse nach der Haftentlassung des Angeklagten Berücksichtigung finden.

3. Die Annahme einer „unbilligen Härte“ im Sinn des § 73c Abs. 1 Satz 1 StGB setzt dagegen eine Situation voraus, nach der die Anordnung des Verfalls das Übermaßverbot verletzen würde, also schlechthin „ungerecht“ wäre. Die Auswirkungen müssen im konkreten Einzelfall außer Verhältnis zu dem vom Gesetzgeber mit der Maßnahme angestrebten Zweck stehen. Es müssen daher besondere Umstände vorliegen, auf Grund derer mit der Vollstreckung des Verfalls eine zusätzliche Härte verbunden wäre, die dem Betroffenen auch unter Berücksichtigung des Zwecks des Verfalls nicht zugemutet werden kann.[595]

[7] Das Rechtsmittel der Staatsanwaltschaft hat Erfolg.

[8] 1. Ob der Tatrichter eine Entscheidung nach § 111i Abs. 2 StPO trifft, steht zwar in seinem Ermessen („kann“; vgl. auch Meyer-Goßner/Schmitt, StPO, 57. Aufl., § 111i Rn. 8 mwN) und unterliegt daher nur der eingeschränkten revisionsgerichtlichen Überprüfung (BGH, Urteil vom 20. Februar 2013 – 5 StR 306/12, BGHSt 58, 152). Auch die nach der Rechtsprechung des Bundesgerichtshofs bei der nach § 111i Abs. 2 StPO zu treffenden Entscheidung gebotene Berücksichtigung des § 73c Abs. 1 StGB (dazu BGH, Urteil vom 28. Oktober 2010 – 4 StR 215/10, BGHSt 56, 39; Beschlüsse vom 1. März 2011 – 4 StR 30/11; vom 8. August 2013 – 3 StR 179/13, NStZ-RR 2014, 44) ist Sache des Tatrichters. Daraus folgt aber nicht, dass Auslegung und Anwendung (bzw. Nichtanwendung) dieser Vorschriften jeglicher Kontrolle durch das Revisionsgericht entzogen wären; sie unterliegen vielmehr – wie jede andere Gesetzesanwendung

---

595 BGH, Beschluss vom 26.03.2015 – 4 StR 463/14.

auch – der Überprüfung auf Rechtsfehler hin (§ 337 Abs. 1 StPO; vgl. BGH, Beschluss vom 13. Februar 2014 – 1 StR 336/13).

[9] 2. Auf dieser Grundlage kann das Absehen von einer Feststellung gemäß § 111i Abs. 2 StPO durch die Strafkammer keinen Bestand haben, da das Landgericht den Regelungsgehalt des § 73c StGB rechtsfehlerhaft nicht hinreichend beachtet hat.

[10] a) Nach der Rechtsprechung des Bundesgerichtshofs ergibt sich aus dem systematischen Verhältnis zwischen der bei „unbilliger Härte" zwingend zum Ausschluss der Verfallsanordnung führenden Regelung in § 73c Abs. 1 Satz 1 StGB einerseits und der Ermessensvorschrift in § 73c Abs. 1 Satz 2 StGB andererseits, dass regelmäßig zunächst auf der Grundlage letztgenannter Vorschrift zu prüfen ist, ob von einer Anordnung des Verfalls oder Wertersatzverfalls abgesehen werden kann; denn die tatbestandlichen Voraussetzungen, welche nach Satz 2 der Vorschrift ein Absehen vom Verfall nach pflichtgemäßem Ermessen ermöglichen, können nicht zugleich einen zwingenden Ausschlussgrund nach § 73c Abs. 1 Satz 1 StGB bilden. Daher kann das Nichtmehrvorhandensein des Wertes des Erlangten im Vermögen des Betroffenen jedenfalls für sich genommen keine unbillige Härte darstellen, sondern unterfällt dem Anwendungsbereich des § 73c Abs. 1 Satz 2 StGB. Nach dieser Vorschrift kann eine Verfallsanordnung unterbleiben, soweit das Erlangte oder dessen Wert zum Zeitpunkt der tatrichterlichen Entscheidung im Vermögen des Betroffenen nicht mehr vorhanden sind. Es ist deshalb zunächst festzustellen, was der Angeklagte aus der Tat „erlangt" hat, sodann ist diesem Betrag der Wert seines noch vorhandenen Vermögens gegenüberzustellen. Wenn hiernach auch ein Gegenwert des Erlangten im Vermögen des Angeklagten nicht mehr vorhanden ist, kann der Tatrichter von einer Verfallsanordnung absehen (vgl. BGH, Beschlüsse vom 13. Februar 2014 – 1 StR 336/13; vom 26. Juni 2014 – 3 StR 83/14; Urteil vom 26. März 2009 – 3 StR 579/08, NStZ 2010, 86; vgl. auch BGH, Urteil vom 27. Oktober 2011 – 5 StR 14/11, NJW 2012, 92).

[11] Maßgebend für die Ermessensentscheidung nach § 73c Abs. 1 Satz 2 StGB ist neben der Gesamthöhe des Erlangten und den wirtschaftlichen Verhältnissen des Betroffenen insbesondere der Grund, aus welchem das Erlangte bzw. dessen Wert sich nicht mehr im Vermögen des Angeklagten befindet. Hierbei können etwa das „Verprassen" der erlangten Mittel oder ihre Verwendung für Luxus und zum Vergnügen gegen die Anwendung der Härtevorschrift sprechen; andererseits kann ihr Verbrauch in einer Notlage oder zum notwendigen Lebensunterhalt des Betroffenen und seiner Familie als Argument für eine positive Ermessensentscheidung dienen (BGH, Beschluss vom 14. Oktober 2014 – 2 StR 134/14; Urteil vom 18. September 2013 – 5 StR 237/13). Ferner darf bei dieser Entscheidung das Resozialisierungsinteresse nach der Haftentlassung des Angeklagten Berücksichtigung finden (vgl. BGH, Urteile vom 10. Oktober 2002 – 4 StR 233/02, BGHSt 48, 40, 41; vom 18. September 2013 – 5 StR 237/13, wistra 2013, 462, 463).

[12] Die Annahme einer „unbilligen Härte" im Sinn des § 73c Abs. 1 Satz 1 StGB setzt dagegen nach ständiger Rechtsprechung eine Situation voraus, nach der die Anordnung des Verfalls das Übermaßverbot verletzen würde, also schlechthin „ungerecht" wäre. Die Auswirkungen müssen im konkreten Einzelfall außer Verhältnis zu dem vom Gesetzgeber mit der Maßnahme angestrebten Zweck stehen. Es müssen daher besondere Umstände vorliegen, auf Grund derer

mit der Vollstreckung des Verfalls eine zusätzliche Härte verbunden wäre, die dem Betroffenen auch unter Berücksichtigung des Zwecks des Verfalls nicht zugemutet werden kann (BGH, Beschluss vom 14. Oktober 2014 – 2 StR 134/14). Dabei kann – wie ausgeführt – das Nichtvorhandensein des Erlangten bzw. eines Gegenwertes im Vermögen des von der Verfallsanordnung Betroffenen nach der inneren Systematik des § 73c Abs. 1 StGB für sich genommen regelmäßig keine unbillige Härte begründen (BGH, Beschluss vom 13. Februar 2014 – 1 StR 336/13). Auch kann allein das Resozialisierungsinteresse bei tatsächlich vorhandenen Vermögenswerten ein völliges Absehen von der Verfallsanordnung oder der Feststellung gemäß § 111i Abs. 2 StPO regelmäßig nicht rechtfertigen (vgl. BGH, Urteil vom 26. März 2009 – 3 StR 579/08, NStZ 2010, 86).

[13] b) Daran gemessen begegnet die Entscheidung des Landgerichts, von einer Feststellung gemäß § 111i Abs. 2 StPO abzusehen, durchgreifenden rechtlichen Bedenken.

[14] aa) Denn die Strafkammer hat es unterlassen, wie geboten, zunächst die Voraussetzungen des § 73c Abs. 1 Satz 2 StGB zu prüfen sowie – falls es diese als gegeben erachtet – die Ermessensentscheidung nach dieser Vorschrift zu treffen. Sie hat vielmehr sogleich rechtsfehlerhaft auf die nachgeordnete Frage des Vorliegens einer unbilligen Härte im Sinn des § 73c Abs. 1 Satz 1 StGB abgestellt und das Absehen von der Feststellung gemäß § 111i Abs. 2 StPO ausdrücklich (nur) darauf gestützt, dass die Anordnung „eine unbillige Härte im Sinne des § 73c Abs. 1 S. 1 StGB darstellen" würde (UA S. 99).

[15] bb) Hinzu kommt das Folgende:

[16] (1) Das Landgericht hat nicht hinreichend belegt, dass der Angeklagte aus den Straftaten tatsächlich Gegenstände im Wert von fast einer Million Euro erlangt hat. Nach der Rechtsprechung des Bundesgerichtshofs ist ein Vermögenswert aus der Tat erlangt im Sinn des § 73 Abs. 1 Satz 1 StGB, wenn er dem Täter oder Teilnehmer unmittelbar aus der Verwirklichung des Tatbestands in irgendeiner Phase des Tatablaufs zugeflossen ist, er an ihm also unmittelbar aus der Tat (tatsächliche, aber nicht notwendig rechtliche) Verfügungsmacht gewonnen und dadurch einen Vermögenszuwachs erzielt hat. Bei mehreren Tätern und/oder Teilnehmern genügt insofern, dass sie zumindest eine faktische bzw. wirtschaftliche Mitverfügungsmacht über den Vermögensgegenstand erlangt hatten (BGH, Urteil vom 28. Oktober 2010 – 4 StR 215/10, BGHSt 56, 39; vgl. ferner Beschlüsse vom 1. März 2011 – 4 StR 30/11; vom 9. Februar 2010 – 3 StR 17/10, NStZ 2010, 390). Hierzu stellt die Strafkammer zwar fest, dass der Angeklagte sechs der Taten als Alleintäter begangen hat, bei 28 der bei ihm insgesamt abgeurteilten 34 Taten hat es dagegen Mittäterschaft angenommen. Ob der Angeklagte in jedem dieser Fälle Mitverfügungsmacht über den Vermögensgegenstand und damit tatsächlich Gegenstände „im Wert von fast einer Million Euro erlangt hat" (UA S. 99), hat es dagegen nicht erörtert und liegt nach den getroffenen Feststellungen auch nicht ausnahmslos auf der Hand.

[17] (2) Soweit das danach Erlangte im Vermögen des Angeklagten nicht mehr vorhanden ist (vgl. zu dieser Feststellung BGH, Urteil vom 26. März 2009 – 3 StR 579/08, NStZ 2010, 86, 87), ist in die Ermessensentscheidung gemäß § 73c Abs. 1 Satz 2 StGB einzubeziehen, dass es bei einer innerhalb etwa eines Jahres erlangten Tatbeute „im Wert von fast einer Million Euro" nicht naheliegt, dass diese nur zum notwendigen Lebensunterhalt des Betroffenen verwendet wurde.

Dies gilt selbst dann, wenn berücksichtigt wird, dass der von seiner Ehefrau getrennt lebende, kinderlose Angeklagte und/oder seine Mittäter die erlangten Gegenstände weit unter Wert veräußert haben und ihm in diesem etwa einem Jahr letztlich nur „mindestens 30.000 EUR" verblieben (UA S. 68).

[18] (3) Insbesondere hinsichtlich des – nach Ansicht der Strafkammer zwar nur „allenfalls" – noch im Vermögen des Angeklagten vorhandenen Wertes des Erlangten, also des gepfändeten Bargeldes und der Armbanduhr, ist es selbst angesichts der Ausführungen des Landgerichts nicht naheliegend, dass eine unbillige Härte im Sinn des § 73c Abs. 1 Satz 1 StGB gegeben ist, dass also auch insofern die Auswirkungen einer Feststellung gemäß § 111i Abs. 2 StPO außer Verhältnis zu dem vom Gesetzgeber mit der Maßnahme angestrebten Zweck stehen und besondere Umstände vorliegen, auf Grund derer mit der Vollstreckung des Verfalls eine außerhalb des Verfallszwecks liegende zusätzliche Härte verbunden wäre, die dem Betroffenen nicht zugemutet werden kann.

[19] 3. Dem Senat ist es verwehrt, die gebotene Entscheidung gemäß § 111i Abs. 2 StPO selbst zu treffen. Selbst wenn – wie hier – naheliegt, dass diese Feststellung zumindest die sichergestellten Vermögenswerte betrifft, darf das Revisionsgericht insbesondere die gemäß § 73c Abs. 1 Satz 2 StGB dem Tatrichter überantwortete Ausübung des Ermessens nicht durch eigenes Ermessen ersetzen (vgl. BGH, Beschluss vom 22. Oktober 2013 – 1 StR 548/13).

Auch der **Fiskus kann Verletzter** im Sinne des § 73 Abs. 1 Satz 2 StGB sein. **553**

Der Umstand, dass über das Vermögen des Angeklagten das Insolvenzverfahren eröffnet ist, steht einer Feststellung gemäß § 111i Abs. 2 StPO nicht entgegen.[596]

[4] 1. Die Überprüfung des Urteils auf die Sachrüge hat zum Schuld- und Strafausspruch keinen Rechtsfehler zum Nachteil des Angeklagten ergeben. Dagegen hält die von dem Landgericht getroffene Feststellung nach § 111i Abs. 2 StPO revisionsrechtlicher Überprüfung nicht stand.

[5] a) Das Landgericht ist im Ausgangspunkt zutreffend von der Anwendbarkeit des § 111i Abs. 2 StPO ausgegangen, weil der Angeklagte einen Geldbetrag in Höhe von 190.187,63 € aus den Taten erlangt hat und der Anordnung des Verfalls von Wertersatz (§ 73a StGB) Schadensersatzansprüche des Landes N. gemäß § 823 Abs. 2 BGB i. V. m. § 266 StGB in einer dem Wert des Erlangten entsprechenden Höhe entgegenstehen (§ 73 Abs. 1 Satz 2 StGB). Auch der Fiskus kann Verletzter im Sinne des § 73 Abs. 1 Satz 2 StGB sein (BGH, Beschluss vom 28. November 2000 – 5 StR 371/00, NStZ 2001, 155, 156). Die Anwendung der Vorschrift des § 73 Abs. 1 Satz 2 StGB wird nicht dadurch ausgeschlossen, dass hier das geschädigte Land zugleich Gläubiger des aufgrund einer Anordnung nach § 73a StGB entstehenden staatlichen Zahlungsanspruchs (vgl. Fischer, StGB, 62. Aufl., § 73a Rn. 8) gegen den Angeklagten wäre. § 73 Abs. 1 Satz 2 StGB verfolgt den Zweck, den Angeklagten vor einer doppelten Inanspruchnahme zu schützen und ihm die Mittel zu belassen, die er zur Erfüllung der Ansprüche des Verletzten benötigt (vgl. BGH, Beschluss vom 10. November 2009 – 4 StR 443/09, NStZ 2010, 693 f.). Die zumindest abstrakte Gefahr einer doppel-

596 BGH, Beschluss vom 12.03.2015 – 2 StR 322/14.

ten Inanspruchnahme besteht auch dann, wenn der Täter etwas aufgrund einer Tat zum Nachteil des Landes erlangt und diesem infolgedessen ein Anspruch gegen den Täter auf Rückgewähr des Erlangten oder auf Ersatz des dem Erlangten entsprechenden Geldwerts zusteht. Denn eine im Urteil getroffene Anordnung von Wertersatzverfall ließe zunächst die Möglichkeit des Verletzten unberührt, seine aus der Tat erwachsenen Ansprüche außerhalb des Strafverfahrens – hier zum Beispiel durch Vollstreckung des notariellen Schuldanerkenntnisses – durchzusetzen (vgl. BGH, Urteil vom 11. Mai 2006 – 3 StR 41/06, NStZ 2006, 621, 622). Daran ändert auch nichts, dass sich der Täter gegen eine doppelte Inanspruchnahme durch das Land erfolgreich zur Wehr setzen könnte.

[6] b) Das Landgericht hat indes nicht geprüft, ob die Vorschrift des § 73c Abs. 1 Satz 2 StGB der Feststellung gemäß § 111i Abs. 2 StPO entgegensteht, obwohl für eine solche Prüfung bei dem vermögenslosen Angeklagten Anlass bestand (zur Prüfungsreihenfolge im Rahmen des § 73c StGB vgl. BGH, Beschluss vom 13. Februar 2014 – 1 StR 336/13). Dies führt zur Aufhebung des Ausspruchs nach § 111i Abs. 2 StPO.

[7] 2. Sollte das neue Tatgericht abermals eine Feststellung nach § Abs. 2 StPO treffen (zur Fassung des Urteilstenors vgl. BGH, Urteil vom 28. Oktober 2010 – 4 StR 215/10, BGHSt 56, 39, 51f.; BGH, Beschluss vom 5. September 2013 – 1 StR 162/13, NStZ 2014, 149, 154), wird es gegebenenfalls die Vorschrift des § 111i Abs. 2 Satz 4 StPO zu beachten haben. Danach soll das Gericht den Rahmen des späteren Auffangrechtserwerbs vorgeben, indem es den Umfang der erlangten Vermögenswerte unter Berücksichtigung einer zwischenzeitlich durch Zwangsvollstreckungsmaßnahmen eingetretenen Restitution bestimmt (BT-Drucks. 16/700, S. 15). Der Umstand, dass über das Vermögen des Angeklagten das Insolvenzverfahren eröffnet ist, steht einer Feststellung gemäß § 111i Abs. 2 StPO nicht entgegen.

6. Verhaftung und vorläufige Festnahme – §§ 112ff. StPO

554 1. Hat ein Beschuldigter im Falle seiner Verurteilung mit einer erheblichen, Fluchtanreiz bildenden, Freiheitsstrafe zu rechnen, besteht der Haftgrund der **Fluchtgefahr.**

2. Eine besondere Schwierigkeit des Verfahrens kann vorliegen, wenn ein Notebook auf technisch außerordentlich schwierige und zeitaufwendige Weise ausgewertet werden muss.[597]

[2] Die Voraussetzungen für die Fortdauer der Untersuchungshaft über sechs Monate hinaus liegen vor.

[3] 1. Der Beschuldigte ist der ihm im Haftbefehl vorgeworfenen Taten dringend verdächtig.

[4] a) Nach gegenwärtigem Erkenntnisstand ist im Sinne eines dringenden Tatverdachts von folgendem Sachverhalt auszugehen:

[597] BGH, Beschluss vom 22.01.2015 – AK 34/14.

[5] Der Beschuldigte, beim Bundesnachrichtendienst (BND) in der Zentralregistratur der Fachabteilung „Einsatzgebiete und Auslandsbeziehungen“ (EA) beschäftigt, zur Verschwiegenheit verpflichtet und zum Zugang zu Verschlusssachen der Geheimhaltungsgrade bis einschließlich „STRENG GEHEIM amtlich geheimgehalten“ berechtigt, nahm Anfang des Jahres 2010 per E-Mail Kontakt mit der US-amerikanischen Botschaft in Berlin auf und fragte an, ob dort Interesse an Informationen aus dem Sicherheitsbereich bestünde. Nachdem die amerikanische Seite dies bejaht hatte, übermittelte der Beschuldigte in der Folgezeit, beginnend noch im Jahr 2010 und endend unmittelbar vor seiner Festnahme, regelmäßig interne Dokumente des BND an einen US-amerikanischen Geheimdienst. Dabei nutzte er ab Juni 2012 ein ihm bei einem Treffen mit seinem Kontaktmann beim US-amerikanischen Geheimdienst übergebenes Notebook, das mit einem Programm zum Empfang und Versand verschlüsselter Nachrichten ausgestattet war. Unter den mehr als 200 übermittelten Dokumenten des BND befanden sich auch solche der Geheimhaltungsstufe „STRENG GEHEIM – amtlich geheimgehalten“. Schon Ende 2010/Anfang 2011 übermittelte der Beschuldigte eine BND-interne Datenbank der Abteilung „Einsatzgebiete und Auslandsbeziehungen“ (EA), die die Datensätze von ca. 3.500 aktuellen und ehemaligen Mitarbeitern des BND enthielt. Sämtliche von ihm weitergegebenen Dokumente speicherte der Beschuldigte auf einem USB-Stick. Als Gegenleistung für seine Verratstätigkeit erhielt er bei Treffen mit seinem Kontaktmann oder über präparierte Verstecke einen Agentenlohn von insgesamt ca. 75.000 € in bar. Einen Teilbetrag von ungefähr 40.000 € übergab der Beschuldigte seinem Vater, der das Geld sodann jeweils unter Angabe vorgetäuschter Verwendungszwecke auf das Konto des Beschuldigten einzahlte. Den Restbetrag zahlte dieser selbst ein oder verbrauchte das Geld unmittelbar für sich.

[6] Am 28. Mai 2014 übermittelte der Beschuldigte per E-Mail drei interne Papiere des BND an das russische Generalkonsulat in München und bot in der Erwartung, dass die Nachricht an einen russischen Geheimdienst weitergeleitet werden würde, an, zukünftig weitere Informationen zu liefern. Er wollte sich dadurch eine weitere Einnahmequelle sichern, bekam jedoch in der Folgezeit Bedenken und löschte das zum Zweck der Kontaktaufnahme eingerichtete E-Mail-Konto, ohne eine Reaktion eines russischen Geheimdiensts erfahren zu haben.

[7] Wegen der weiteren Einzelheiten der Tatvorwürfe wird auf den Haftbefehl des Ermittlungsrichters des Bundesgerichtshofs vom 16. Dezember 2014 Bezug genommen.

[8] b) Der dringende Tatverdacht ergibt sich insbesondere aus den inzwischen weitgehend geständigen Angaben des Beschuldigten, den Auswertungen der sichergestellten Computer und Speichermedien, den Finanzermittlungen und den Angaben von Zeugen. Im Vordergrund stehen dabei die mehr als 200 Dokumente des BND, die der Beschuldigte nach seinen geständigen Angaben an den US-amerikanischen Geheimdienst weitergegeben hat. Diese Dokumente waren vom Beschuldigten auf einem USB-Stick gespeichert worden, der bei der Durchsuchung seiner Wohnung sichergestellt werden konnte und als Beweismittel zur Verfügung steht. Das Geständnis des Beschuldigten wird durch die bei der Auswertung der Computer gewonnenen Erkenntnisse über die Übermittlungswege und -zeiten der Daten untermauert. Die geständigen Einlassungen zu der Kontaktaufnahme mit dem russischen Generalkonsulat finden ihre Bestätigung in den Erkenntnissen des BND sowie in den auf dem USB-Stick vom Beschuldigten ge-

speicherten drei Dokumenten. Wegen der Einzelheiten verweist der Senat auf die Darlegungen im Haftbefehl des Ermittlungsrichters des Bundesgerichtshofs vom 16. Dezember 2014 sowie auf den Zwischenbericht des Bundeskriminalamts vom 22. Dezember 2014.

[9] 2. Es besteht der Haftgrund der Fluchtgefahr (§ 112 Abs. 2 Nr. 2 StPO). Der Beschuldigte hat im Falle seiner Verurteilung mit einer erheblichen, Fluchtanreiz bildenden Freiheitsstrafe zu rechnen. Wie im Haftbefehl des Ermittlungsrichters im Einzelnen dargelegt ist, könnte der Beschuldigte bei dem Unterfangen, sich dem Verfahren durch Flucht zu entziehen, mit der Unterstützung US-Amerikanischer Stellen rechnen. Der Zweck der Untersuchungshaft kann deshalb auch nicht durch weniger einschneidende Maßnahmen als deren Vollzug erreicht werden (§ 116 Abs. 1 StPO).

[10] 3. Die besonderen Voraussetzungen für die Fortdauer der Untersuchungshaft über sechs Monate hinaus (§ 121 Abs. 1 StPO) liegen vor. Die besondere Schwierigkeit und der Umfang des Verfahrens haben ein Urteil bislang noch nicht zugelassen.

555 1. Die Beurteilung des **dringenden Tatverdachts**, die das erkennende Gericht während laufender Hauptverhandlung vornimmt, unterliegt im Haftbeschwerdeverfahren nur in eingeschränktem Umfang der Nachprüfung durch das Beschwerdegericht.

2. Allerdings muss das Beschwerdegericht in die Lage versetzt werden, seine Entscheidung über das Rechtsmittel des Angeklagten auf einer hinreichend tragfähigen tatsächlichen Grundlage zu treffen, damit den erhöhten Anforderungen, die nach ständiger Rechtsprechung des Bundesverfassungsgerichts an die Begründungstiefe von Haftfortdauerentscheidungen zu stellen sind, ausreichend Rechnung getragen werden kann.

3. Daraus folgt aber nicht, dass das Tatgericht alle bislang erhobenen Beweise in der von ihm zu treffenden Entscheidung einer umfassenden Darstellung und Würdigung unterziehen muss. Die abschließende Bewertung der Beweise durch das Tatgericht und ihre entsprechende Darlegung ist den Urteilsgründen vorbehalten. Das Haftbeschwerdeverfahren führt insoweit nicht zu einem über die Nachprüfung des dringenden Tatverdachts hinausgehenden Zwischenverfahren, in dem sich das Tatgericht zu Inhalt und Ergebnis aller Beweiserhebungen erklären müsste.[598]

[4] 1. Der Angeklagte ist des ihm vorgeworfenen Tatgeschehens weiterhin dringend verdächtig.

[5] a) Nach ständiger Rechtsprechung des Senats (vgl. Beschlüsse vom 16. April 2013 – StB 6/13; vom 22. Oktober 2012 – StB 12/12, NJW 2013, 247, 248; vom 19. Dezember 2003 – StB 21/03, StV 2004, 143; vom 2. September 2003 – StB 11/03, NStZ-RR 2003, 368) unterliegt die Beurteilung des dringenden Tatverdachts, die das erkennende Gericht während laufender Hauptverhandlung vornimmt, im Haftbeschwerdeverfahren nur in eingeschränktem Umfang der Nachprüfung durch das Beschwerdegericht. Allein das Gericht, vor dem die Beweisaufnahme

---

[598] BGH, Beschluss vom 05.02.2015 – StB 1/15.

stattfindet, ist in der Lage, deren Ergebnisse aus eigener Anschauung festzustellen und zu würdigen sowie auf dieser Grundlage zu bewerten, ob der dringende Tatverdacht nach dem erreichten Verfahrensstand noch fortbesteht oder dies nicht der Fall ist. Das Beschwerdegericht hat demgegenüber keine eigenen unmittelbaren Erkenntnisse über den Verlauf der Beweisaufnahme. Allerdings muss das Beschwerdegericht in die Lage versetzt werden, seine Entscheidung über das Rechtsmittel des Angeklagten auf einer hinreichend tragfähigen tatsächlichen Grundlage zu treffen, damit den erhöhten Anforderungen, die nach ständiger Rechtsprechung des Bundesverfassungsgerichts an die Begründungstiefe von Haftfortdauerentscheidungen zu stellen sind (BVerfG, Beschluss vom 17. Januar 2013 – 2 BvR 2098/12, StV 2013, 640, 642f.), ausreichend Rechnung getragen werden kann. Daraus folgt indes nicht, dass das Tatgericht alle bislang erhobenen Beweise in der von ihm zu treffenden Entscheidung einer umfassenden Darstellung und Würdigung unterziehen muss. Die abschließende Bewertung der Beweise durch das Oberlandesgericht und ihre entsprechende Darlegung ist den Urteilsgründen vorbehalten. Das Haftbeschwerdeverfahren führt insoweit nicht zu einem über die Nachprüfung des dringenden Tatverdachts hinausgehenden Zwischenverfahren, in dem sich das Tatgericht zu Inhalt und Ergebnis aller Beweiserhebungen erklären müsste.

[6] b) Nach diesen Maßstäben hat das Oberlandesgericht hinreichend konkret dargelegt, dass die Ergebnisse der bisherigen Beweisaufnahme in der Hauptverhandlung den dringenden Verdacht der Beihilfe zu neun Fällen des Mordes, wie ihn der Senat auf der Grundlage des damaligen Ermittlungsergebnisses in den oben aufgeführten Haftentscheidungen ebenfalls bejaht hatte, nicht in Frage stellen. Auf die Gründe des angefochtenen Beschlusses, die sich – wie schon zuvor der entsprechende Anträge des Angeklagten ablehnende, vom Oberlandesgericht inhaltlich bestätigte Beschluss vom 25. Juni 2014 – mit den Erkenntnissen zum Weg der Tatwaffe Ceska 83 Nr. 034678 hin zu Mitgliedern des „Nationalsozialistischen Untergrunds“ und den vom Angeklagten hierzu entfalteten Aktivitäten eingehend auseinandersetzen, nimmt der Senat zur Vermeidung von Wiederholungen Bezug.

[7] 2. Der Haftgrund der Schwerkriminalität besteht fort (§ 112 Abs. 3 StPO); durch weniger einschneidende Maßnahmen als den Haftvollzug kann der Zweck der Untersuchungshaft nach wie vor nicht erreicht werden (§ 116 Abs. 1 StPO). Insoweit verweist der Senat auf die in der angefochtenen Entscheidung in Bezug genommenen Gründe des Beschlusses vom 25. Juni 2014, an deren Gültigkeit sich nach den Darlegungen des Oberlandesgerichts auch in der Zwischenzeit nichts geändert hat. Es sieht durch das bisherige Ergebnis der Beweisaufnahme die Besorgnis bestätigt, dass der Angeklagte, auf freien Fuß gesetzt, mit Hilfe von Unterstützern aus der rechten Szene Fluchtgedanken ohne wesentliche Schwierigkeiten in die Tat umsetzen könnte. Für diese Einschätzung des Oberlandesgerichts gilt nichts anderes als – wie oben ausgeführt – zur Annahme fortbestehenden dringenden Tatverdachts.

[8] 3. Das Verfahren ist weiterhin mit der in Haftsachen gebotenen Beschleunigung geführt worden. Der Umfang und die Schwierigkeit des Verfahrens haben ein Urteil bislang noch nicht zugelassen. Zwar findet der Vollzug von Untersuchungshaft von mehr als einem Jahr bis zum Erlass eines Urteils nur in ganz besonderen Ausnahmefällen eine Rechtfertigung (vgl. BVerfG, Beschluss vom 23. Januar 2008 – 2 BvR 2652/07, StV 2008, 198, 199). Ein solcher Ausnahme-

fall ist hier jedoch gegeben. Das Verfahren richtet sich gegen insgesamt fünf Angeklagte und umfasst einen Tatzeitraum von insgesamt fünfzehn Jahren. Beteiligt sind elf Verteidiger und mehr als 60 Nebenklagevertreter. Die dem Angeklagten vorgeworfenen Beihilfehandlungen sind isolierter Betrachtung nicht zugänglich, sondern bedürfen zunächst sorgfältiger Aufklärung der entsprechenden Haupttaten und deren Würdigung in einer Gesamtschau des Tatgeschehens. Schon der Umfang der Sachakten – über 800 Ordner -verdeutlicht, dass dies ohne eine außergewöhnlich aufwändige Beweisaufnahme nicht möglich ist. So hat das Oberlandesgericht bislang bereits etwa 300 Zeugen und Sachverständige vernommen. Dem Gebot größtmöglicher Beschleunigung hat es dabei durch regelmäßig drei Verhandlungstage pro Woche ausreichend Rechnung getragen.

[9] 4. Auch in Anbetracht der insgesamt zu erwartenden Verfahrensdauer steht der weitere Vollzug der Untersuchungshaft nicht außer Verhältnis zur Bedeutung der Sache und der im Falle der Verurteilung des Angeklagten zu erwartenden Strafe (vgl. hierzu auch EGMR, Entscheidung vom 6. November 2014 – Application no. 67522/09 Ereren gegen Deutschland, Rn. 61). Zwar wird sich der Angeklagte, soweit derzeit absehbar, zum Zeitpunkt des Urteils weit über die derzeit bereits vollzogenen drei Jahre und zwei Monate hinaus in Untersuchungshaft befinden. Das aufzuklärende Tatgeschehen stellt sich jedoch nicht nur nach der gesetzlichen Strafandrohung als eine erhebliche Straftat dar, sondern wiegt auch unter den konkret gegebenen Umständen schwer. Die im Falle der Verurteilung des Angeklagten zu erwartende und zu verbüßende Strafe wird deshalb auch eine Untersuchungshaft von erheblicher Dauer nicht nur unwesentlich übersteigen.

556 Der Beschuldigte hat wegen des ihm vorgeworfenen Tatgeschehens mit nicht unerheblichem Freiheitsentzug zu rechnen. Seine bestehenden sozialen Bindungen an die Bundesrepublik Deutschland erscheinen nicht tragfähig genug, um den hiervon ausgehenden **Fluchtanreizen** verlässlich entgegenwirken zu können.[599]

[24] 2. Es besteht der Haftgrund der Fluchtgefahr (§ 112 Abs. 2 Nr. 2 StPO).

[25] Der Beschuldigte hat wegen des ihm vorgeworfenen Tatgeschehens mit nicht unerheblichem Freiheitsentzug zu rechnen. Seine bestehenden sozialen Bindungen an die Bundesrepublik Deutschland erscheinen nicht tragfähig genug, um den hiervon ausgehenden Fluchtanreizen verlässlich entgegenwirken zu können. Der Beschuldigte ist türkischer Staatsangehöriger. Er ist dringend verdächtig, bereits in der Vergangenheit über die Türkei auf dem Landweg nach Syrien ausgereist zu sein, um Kontakt zu Mitgliedern von Junud ash- Sham zu suchen. Nach den bisherigen Ermittlungen ist auch davon auszugehen, dass der Beschuldigte eng in ein Netzwerk Gleichgesinnter eingebunden ist, das bis in die Türkei und nach Syrien reicht und dem insbesondere die Schleusung Ausreisewilliger nicht fremd ist. Es spricht alles dafür, dass der Beschuldigte bei der Umsetzung von Fluchtabsichten sicher mit einer effektiven Unterstützung durch dieses Netzwerk rechnen könnte.

[26] Vor diesem Hintergrund kann der Zweck der Untersuchungshaft auch nicht durch weniger einschneidende Maßnahmen als deren Vollzug erreicht werden (§ 116 Abs. 1 StPO).

---

599 BGH, Beschluss vom 06.08.2015 – 2 BJs 58/15-8.

Voraussetzung für die **Zulässigkeit von Grundrechtseingriffen** auf der **Grundlage von § 119 StPO** ist eine reale Gefährdung der in der Bestimmung bezeichneten öffentlichen Interessen, der durch die Inhaftierung allein nicht ausreichend entgegengewirkt werden kann. Für das Vorliegen einer solchen Gefahr müssen konkrete Anhaltspunkte bestehen. Die bloße Möglichkeit, dass ein Untersuchungsgefangener seine Freiheiten missbraucht, reicht nicht aus.[600] **557**

Die angegriffenen Beschlüsse des AG und des LG verletzen den Bf. in seinen Rechten aus Art. 2 I i.V. mit Art. 1 I sowie Art. 10 I GG jew. i.V. mit dem in Art. 20 III GG wurzelnden Verhältnismäßigkeitsgrundsatz.

1. Die angeordneten Beschränkungen greifen in die genannten Grundrechte des Bf. ein (vgl. zur Besuchsüberwachung BVerfG [Kammer], Beschl. v. 20.06.1996 – 2 BvR 634/96 – juris, Rn 8 mwN; zur Beschränkung des Besuchsverkehrs BVerfGE 34, 384 [395 ff.] = JZ 1974, 95; zur Postkontrolle BVerfGK 19, 140 [146 f.] mwN).

2. … Die Vorschrift des § 119 I StPO bietet – wie bereits die bis 31.12.2009 geltende Vorgängernorm des § 119 III StPO – grundsätzlich eine zureichende gesetzliche Grundlage für Einschränkungen grundrechtlicher Freiheiten des Untersuchungsgefangenen und – gem. § 119 VI 1 StPO – auch des Strafgefangenen, für den die nach § 116 b S. 2 StPO nachrangig zu vollstreckende Untersuchungshaft angeordnet ist (vgl. BVerfGE 34, 369 [379] = NJW 1973, 1451; BVerfGE 34, 384 [395] = JZ 1974, 95; BVerfGE 35, 307 [309]; BVerfGE 35, 311 [316] = NJW 1974, 26; BVerfGE 57, 170 [177] = NJW 1981, 1943). Die Auslegung der Vorschriften des Untersuchungshaftrechts hat allerdings dem Umstand Rechnung zu tragen, dass ein Untersuchungsgefangener noch nicht rechtskräftig verurteilt ist und deshalb allein den unvermeidlichen Beschränkungen unterworfen werden darf (vgl. BVerfGE 15, 288 [295] = NJW 1963, 755; BVerfGE 34, 369 [379] = NJW 1973, 1451; BVerfGE 42, 95 [100]; BVerfGK 13, 163 [165]). Der Grundsatz der Verhältnismäßigkeit muss daher den Vollzug der Untersuchungshaft in besonderem Maße prägen (vgl. BVerfGE 34, 369 [380] = NJW 1973, 1451; BVerfGE 35, 5 [9] = NJW 1973, 1363; BVerfGE 35, 307 [309]; BVerfGK 13, 163 [165]). Die besonderen Anforderungen, die sich aus dem Grundsatz der Verhältnismäßigkeit für den Vollzug der Untersuchungshaft ergeben, begrenzen auch die Möglichkeit der Verallgemeinerung von Beschränkungen. Bei der Anwendung generalklauselartiger Vorschriften ist grundsätzlich die Berücksichtigung der Umstände des Einzelfalles geboten (vgl. BVerfGE 15, 288 [297] = NJW 1963, 755; BVerfGE 35, 5 [11] = NJW 1973, 1363; BVerfGE 35, 307 [309]; BVerfGK 12, 378 [380]; 13, 163 [165]). Voraussetzung für die Zulässigkeit von Grundrechtseingriffen auf der Grundlage von § 119StPO ist eine reale Gefährdung der in der Bestimmung bezeichneten öffentlichen Interessen (vgl. BVerfGE 15, 288 [295] = NJW 1963, 755; BVerfGE 34, 369 [380] = NJW 1973, 1451), der durch die Inhaftierung allein nicht ausreichend entgegengewirkt werden kann. Für das Vorliegen einer solchen Gefahr müssen konkrete Anhaltspunkte bestehen (vgl. BVerfGE 35, 5 [10] = NJW 1973, 1365; BVerfGE 42, 234 [236] = NJW 1976, 1629; BVerfGE 57, 170 [177] = NJW 1981, 1943). Die bloße Möglichkeit, dass ein Untersuchungsgefangener seine Freiheiten miss-

[600] BVerfG, Kammerbeschluss vom 30.10.2014 – 2 BvR 1513/14.

braucht, reicht nicht aus (vgl. BVerfGE 35, 5 [10] = NJW 1973, 1363; BVerfG [Kammer], Beschl. v. 25.07.1994 – 2 BvR 806/94 = NJW 1995, 1478 [1480]; v. 20.06.1996 – 2 BvR 634/96 – juris Rn. 8 und v. 10.01.2008 – 2 BvR 1229/07 – juris Rn. 17).

Diese noch für die alte Gesetzesfassung aufgestellten Grundsätze gelten nach der Neufassung des § 119 StPO gleichermaßen für die Anordnung von Beschränkungen nach Abs. 1 der Vorschrift (vgl. auch Meyer-Goßner/Schmitt, StPO, 57. Aufl., § 119 Rn 6 f. mwN). Nachdem der Untersuchungshaftvollzug nunmehr Ländersache ist, beschränkt sich die bundesgesetzliche Regelung auf Maßnahmen, die dem Zweck der Untersuchungshaft zu dienen bestimmt sind (vgl. BGH, NJW 2012, 1158 [1158 f.] mzwN). Für diesen Bereich stellt § 119 I StPO weiterhin die generalklauselartige Rechtsgrundlage für Beschränkungen der Untersuchungshaft dar. Mit der Neufassung dieser Vorschrift will der Gesetzgeber sicherstellen, dass in jedem Einzelfall jede Beschränkung von dem Haftgericht auf ihre konkrete Erforderlichkeit geprüft und begründet wird (BR-Dr. 829/08, S. 32).

3. Den oben dargestellten Grundsätzen werden die Entscheidungen des AG und [des] LG nicht gerecht; sie lassen keine einzelfallbezogene Abwägung erkennen, wenn sie sich mit der Feststellung begnügen, die angeordneten Beschränkungen seien zur Abwehr von Flucht- und Verdunkelungsgefahr erforderlich. Dies gilt unabhängig davon, ob die in Streit stehenden Beschränkungen der Untersuchungshaft auch in verfassungsgemäßer Weise hätten angeordnet werden können.

Das AG verzichtet – abgesehen von der Bezugnahme auf die Haftgründe – auf jede Begründung seiner Entscheidung. Auch die Annahme des LG, Flucht- und Verdunkelungsgefahr lägen angesichts des Verfahrensgegenstandes nahe, stellt keine einzelfallbezogene Verhältnismäßigkeitsprüfung dar. Das Vorliegen der Haftgründe allein kann Anordnungen nach § 119 I StPO schon deshalb nicht rechtfertigen, weil diese bereits Voraussetzung der Untersuchungshaft und deshalb für sich genommen nicht geeignet sind, die Erforderlichkeit darüber hinausgehender Beschränkungen zu begründen. Weder zeigen die angegriffenen Beschlüsse eine trotz Inhaftierung fortdauernde konkrete Gefährdung der Haftzwecke auf, noch erfolgt eine Prüfung, ob gerade die angeordneten Maßnahmen zur Behebung dieser Gefahr verhältnismäßig sind. Diese Auseinandersetzung war auch nicht deshalb entbehrlich, weil sich die Gefährdung der Haftzwecke ohne die angeordneten Beschränkungen in hinreichendem Maß aus der Natur des Tatvorwurfs ergeben hätte. Die Kammer verkennt dabei nicht, dass gerade im Bereich der Betäubungsmittelkriminalität die Anordnung von Beschränkungen nach § 119 I StPO in der überwiegenden Zahl der Fälle erforderlich sein mag, weil erfahrungsgemäß damit zu rechnen ist, dass der Besch. anderenfalls – etwa telefonisch – auf den Kreis seiner Lieferanten und Abnehmer in unlauterer Weise einwirken wird. Jedoch ist zumindest der jeweilige Stand der Ermittlungen zu berücksichtigen. Im Übrigen kann angesichts der Vielgestaltigkeit möglicher Tathergänge und -zusammenhänge allein der pauschale Verweis auf den Tatvorwurf – der Handel mit Betäubungsmitteln – den vorliegenden Abwägungs- und Begründungsmangel nicht beheben. …

7. Erste richterliche Vernehmung, Verbotene Vernehmungsmethoden – §§ 136f. StPO

Die **Beschuldigteneigenschaft** setzt den **Verfolgungswillen der Strafverfolgungsbehörde** voraus, der sich in einem Willensakt manifestiert. Wird gegen eine Person förmlich ein Ermittlungsverfahren eingeleitet, liegt darin ein solcher Willensakt. Aber auch ohne förmliche Verfahrenseröffnung gegen die Person ist die konkludente Zuweisung der Rolle als Beschuldigter möglich. Dies richtet sich danach, wie sich das Verhalten des ermittelnden Beamten bei seinen Aufklärungsmaßnahmen nach außen darstellt.[601] **558**

[12] Die Revision des Angeklagten S. K. ist unbegründet.

[13] I. Die Verfahrensrügen haben aus den vom Generalbundesanwalt erläuterten Gründen keinen Erfolg. Der Erörterung bedarf nur die Rüge der Verletzung von § 136 Abs. 1 Satz 2 StPO. Sie ist im Ergebnis ebenfalls unbegründet.

[14] 1. Der Rüge liegt Folgendes zugrunde:

[15] a) Am 28. April 2007 erstattete eine Bekannte von L. K. Vermisstenanzeige bei der Polizei. Durch Befragungen erfuhr die Polizei von der Trennungssituation der Eheleute, von dem Geldangebot an L. K. für den Fall, dass sie das Land verlasse und das Kind zurücklasse, und von den Reparaturarbeiten des Angeklagten S. K. in der Wohnung seiner Ehefrau. Der in der Vermisstensache zuständige Kriminalhauptkommissar Li. bat den Sachbearbeiter des Jugendamts G. am 3. August 2007 telefonisch um Unterstützung. Dies hielt der Zeuge G. in einer E-Mail an andere Mitarbeiter des Jugendamts wie folgt fest:

[16] „Die Polizei (KK66, Herr Li.) ermittelt in der Familie K. wegen einer Vermisstenanzeige bezüglich der vom Vater getrennten Kindesmutter. Diese ist seit drei Monaten verschwunden. Bei der Polizei ergeben sich verdichtende Verdachtsmomente gegen den Kindesvater. Herr Li. bittet um Mithilfe, da Herr K. sich in Widersprüche verstrickt (zeitliche Angaben, angebliche Telefonate mit der verschwundenen KM, plötzliche Anmeldung des Kindes beim Vater etc.). Das Kind M. (07.02.2002) lebt beim Vater und ist dort gemeldet. Herr Li. ist darum bemüht, die vom Vater gemachten Angaben mit dem Jugendamt abzugleichen. Es besteht ein sich verdichtender Tatverdacht.

[17] Herr Li. bittet um Mitteilung bei weiteren hier aufkommenden Verdachtsmomenten. …“

[18] Zu einem weiteren Telefonkontakt am 6. August 2007 vermerkte der Jugendamtsmitarbeiter:

[19] „Die Ermittlungen sind ‚ergebnisoffen‘, d. h. zum jetzigen Zeitpunkt kann noch nicht von einem Mordfall, sondern nur von einer Vermisstenmeldung gesprochen werden, die bearbeitet wird. Es haben sich allerdings in den Aussagen von Herrn K. Widersprüche und Ungereimtheiten ergeben. Sollte die Polizei später Informationen des Jugendamtes benötigen, wird sie sich hier melden. Bis dahin bleibt der Datenschutz durch das JA bestehen.

[20] Nach Angaben von Herrn Li. ist aktenkundig, dass Herrn K. Schwester trotz-wegen Kinderlosigkeit einen extrem ausgeprägten Kinderwunsch besitzt, der

[601] BGH, Urteil vom 30.12.2014 – 2 StR 439/13.

nahezu pathologisch sei. Mit der Kindesmutter habe es eine Vereinbarung gegeben, der zufolge sie gegen Zahlung von 25.000 Euro in die Philippinen zurückkehren und auf M. verzichten wolle-solle."

[21] b) Der Angeklagte S.K. wurde am 14. August 2007 von Kriminalhauptkommissar Li. als Zeuge vernommen. Nach dem Vernehmungsprotokoll wurde er dabei über Rechte gemäß § 52 Abs. 1 und § 55 Abs. 1 StPO belehrt. Die Vernehmung begann um 09.59 Uhr und wurde um 13.52 Uhr abgebrochen. Dann wollte der Angeklagte S.K. zur Arbeit fahren. Später reichte er schriftliche Anmerkungen ein.

[22] Am 21. August 2007 hielt Kriminalhauptkommissar Li. die bisherigen Erkenntnisse in einem Zwischenvermerk zusammen. Dann gab er die Sache an das für Kapitalstrafsachen zuständige Kommissariat ab. Dieses gab sie an die Staatsanwaltschaft weiter, die am 22. August 2007 förmlich ein Strafverfahren gegen S.K. einleitete und beim Ermittlungsrichter die Gestattung von Überwachungsmaßnahmen erwirkte.

[23] Am 6. November 2007 wurde der Angeklagte S.K. als Beschuldigter vernommen und dabei gemäß § 163a Abs. 4 und § 136 Abs. 1 Satz 2 StPO belehrt.

[24] c) In der Hauptverhandlung widersprach die Verteidigung nach jeder Zeugenvernehmung von Polizeibeamten, die zu den Aussagen des Angeklagten S.K. in seinen Vernehmungen im Vorverfahren Angaben machten, der Verwertung. Das Landgericht erhob zu der prozessualen Frage ergänzend Beweis.

[25] Kriminalhauptkommissar Li. bekundete dabei, dass er zurzeit der Zeugenvernehmung des Angeklagten S.K. am 14. August 2007 noch keinen konkreten Tatverdacht gegen diesen gehabt habe. Ihm sei bei der Übernahme der Sachbearbeitung aufgefallen, dass der Ehemann der Verschollenen noch nicht förmlich vernommen worden sei. Auch sonst sei der Sachverhalt nicht „durchermittelt" gewesen. Vor der Zeugenvernehmung habe er sich gefragt, ob S.K. als Beschuldigter zu vernehmen sei. Es habe Unstimmigkeiten in dessen bisherigen Angaben zum Verschwinden seiner Ehefrau, jedoch noch keine ausreichenden Hinweise auf ein Verbrechen gegeben. Die vom Sachbearbeiter des Jugendamts festgehaltene Bemerkung von „sich verdichtenden Verdachtsmomenten" entspreche nicht seinem Vokabular. Auch der Sachbearbeiter des Jugendamts bekundete jedoch als Zeuge in der Hauptverhandlung, dies entstamme nicht seinem Sprachgebrauch.

[26] Das Landgericht verneinte das Vorliegen eines Beweisverwertungsverbots. Es nahm an, dass der Angeklagte S.K. zurzeit seiner Zeugenvernehmung am 14. August 2007 noch nicht als Beschuldigter einzustufen gewesen sei. Die Ermittlungen seien „ergebnisoffen" geführt worden. Der Versuch einer Klärung der Verdachtslage habe noch nicht dazu gezwungen, ihn in den Status eines Beschuldigten zu versetzen. Der zunächst fehlende Verfolgungswille der Polizei ergebe sich aus der erst nachfolgenden Abgabe der Sache an die Staatsanwaltschaft. Entscheidend sei, dass der sachbearbeitende Kriminalhauptkommissar nicht von einem konkreten Tatverdacht ausgegangen sei. Bei der Bewertung der Verfahrenslage sei auch zu beachten, dass es dem Schutz des Betroffenen diene, wenn er nicht zu rasch in den Status eines Beschuldigten versetzt werde.

[27] 2. Diese Wertungen treffen nicht zu.

[28] a) Die Beschuldigteneigenschaft setzt zwar nicht nur das objektive Bestehen eines Verdachts, sondern auch den Verfolgungswillen der Strafverfolgungsbehör-

de hinsichtlich einer Verdachtshypothese voraus, der sich in einem Willensakt manifestiert (vgl. BGH, Urteil vom 18. Oktober 1956 – 4 StR 278/56, BGHSt 10, 8, 12). Wird gegen eine Person förmlich ein Ermittlungsverfahren eingeleitet, liegt darin ein solcher Willensakt. Aber auch ohne förmliche Verfahrenseröffnung gegen die Person ist die konkludente Zuweisung der Rolle als Beschuldigter möglich. Dies richtet sich danach, wie sich das Verhalten des ermittelnden Beamten bei seinen Aufklärungsmaßnahmen nach außen darstellt (vgl. BGH, Urteil vom 27. Februar 1992 – 5 StR 190/91, BGHSt 38, 214, 228). Das Strafverfahren ist eingeleitet, sobald die Ermittlungsbehörde eine Maßnahme trifft, die nach ihrem äußeren Erscheinungsbild darauf abzielt, gegen jemanden strafrechtlich vorzugehen (vgl. BGH, Beschluss vom 28. Februar 1997 – StB 14/96, NJW 1997, 1591, 1592). Ist eine Ermittlungshandlung darauf gerichtet, den Vernommenen als Täter einer Straftat zu überführen, kommt es daher nicht mehr darauf an, wie der Ermittlungsbeamte sein Verhalten rechtlich bewertet (vgl. Rogall in Festschrift für Frisch, 2013, S. 1119, 1223; Roxin JR 2008, 16, 17).

[29] b) Nach diesem Maßstab lag bei der Vernehmung am 14. August 2007 eine auf Überführung des Angeklagten S. K. als Täter eines Tötungsdelikts gerichtete Maßnahme vor.

[30] aa) Das wird aus dem vorangegangenen telefonischen Auskunftsersuchen vom 3. August 2007 an das Jugendamt deutlich. Dies war eine strafprozessuale Ermittlungshandlung (§ 161 Abs. 1 Satz 1 StPO). Aufgrund eines sich „verdichtenden Verdachts“ wurde dabei die fremde Behörde um Mitteilung weiterer Verdachtsmomente gebeten. Dazu wurden die bisherigen Verdachtsmomente genannt. Der bestehende Verdacht war damit dem Jugendamt mitgeteilt worden, um zusätzliche Erkenntnisse zu erhalten. Die Relativierung im nachfolgenden Telefonat vom 6. August 2007 erfolgte, um die Geheimhaltung der bereits genannten Verdachtsgründe sicherzustellen; insoweit sollte ein „Datenschutz“ gewahrt bleiben. Dies ändert aber nichts an der Qualität der vorher erfolgten Verdächtigung.

[31] War das Ziel des Auskunftsersuchens vom 3. August 2007 die gegen S. K. gerichtete Vertiefung einer bestehenden Verdachtshypothese, so durften bei folgenden Maßnahmen die Schutznormen aus § 163a Abs. 4 Satz 1 und § 163a Abs. 4 Satz 2 i. V. m. § 136 Abs. 1 Satz 2 StPO nicht umgangen werden.

[32] Wegen der bereits eingetretenen Außenwirkung der Verdachtsmitteilung an das Jugendamt spielt die verfahrensrechtliche Überlegung keine Rolle, dass im Allgemeinen nicht durch vorzeitige Inkulpation unnötige Nachteile für den Beschuldigten verursacht werden sollen; sie waren für den Angeklagten S. K. bereits bei dem in das Sorgerechtsverfahren eingebundenen Jugendamt eingetreten.

[33] bb) Das für die Personensuche wegen Gefahr für Leib oder Leben einer vermissten Person maßgebliche Polizeirecht war dagegen für die Vernehmung am 14. August 2007 nicht maßgeblich. Das Polizeirecht des Landes sieht zwar auch vor, dass jede Person befragt werden kann, wenn Tatsachen die Annahme rechtfertigen, dass sie sachdienliche Angaben machen kann (vgl. § 9 Abs. 1 PolG NRW). Dazu kann die Person auch vorgeladen werden (vgl. § 10 Abs. 1 Nr. 1 PolG NRW). Die Einordnung der Person in eine bestimmte Prozessrolle als Beschuldigter oder Zeuge kennt das Polizeiverwaltungsrecht aber nicht. Eine Zeugenbelehrung nach § 52 und § 55 StPO, wie sie hier erfolgt ist, ist bei einer präventivpolizeilichen Befragung dementsprechend nicht vorgesehen. Für präven-

tivpolizeiliche Zwecke war eine mehrstündige förmliche Vernehmung des Ehemanns der Vermissten auch nicht erforderlich, nur damit die Sache „durchermittelt" erscheint. Eine förmliche Vernehmung des Beschuldigten nach Ermittlungen aller Art (§ 161 Abs. 1 Satz 1 StPO) ist vielmehr im Strafverfahren üblich.

[34] cc) Es bestand nach allem ein bereits geäußerter Verdacht gegen den Angeklagten S. K. in einem auf strafrechtliche Ermittlungen gerichteten Verfahren. Das Ziel der Vernehmung bestand, ebenso wie das Ziel des vorangegangenen Auskunftsersuchens an das Jugendamt, in der Suche nach weiteren Verdachtsmomenten gegen ihn.

[35] dd) Die Durchführung der Maßnahme als Zeugenvernehmung war dann aber rechtsfehlerhaft, weil die Schutzbestimmungen aus § 163a Abs. 4 i. V. m. § 136 Abs. 1 Satz 2 StPO nicht beachtet wurden.

[36] Der Verfahrensmangel wurde nicht durch die Belehrung gemäß § 55 Abs. 2 StPO kompensiert; denn diese Belehrung entspricht nicht dem Hinweis auf ein umfassendes Aussageverweigerungsrecht als Beschuldigter (vgl. BGH, Urteil vom 26. Mai 1992 – 5 StR 122/92, BGHSt 38, 302, 303 f.) und dessen Recht auf Verteidigerbeistand.

[37] 3. Das Unterlassen einer Belehrung gemäß § 163a Abs. 4 Satz 2 i. V. m. § 136 Abs. 1 Satz 2 StPO bei der Vernehmung am 14. August 2007 führt zu einem Beweisverwertungsverbot für diese Zeugenvernehmung (vgl. BGH, Urteil vom 27. Februar 1992 – 5 StR 190/91, BGHSt 38, 214, 220 ff.; Urteil vom 3. Juli 2007 – 1 StR 3/07, BGHSt 51, 367, 376; Urteil vom 18. Dezember 2008 – 4 StR 455/08, BGHSt 53, 112, 115).

[38] 4. Die Unkenntnis darüber, dass die Zeugenvernehmung unverwertbar war, kann ferner dazu geführt haben, dass der Angeklagte S. K. bei der nachfolgenden Beschuldigtenvernehmung nur Angaben gemacht hat, weil er meinte, seine Zeugenaussage ergänzen zu müssen. Auch dadurch wurde die Entscheidungsfreiheit des Angeklagten S. K. darüber, ob er sich redend oder schweigend verteidigen will, berührt. Dies hätte durch eine qualifizierte Belehrung darüber, dass die vorherige Aussage als Zeuge unverwertbar ist, vermieden werden können (vgl. BGH, Urteil vom 3. Juli 2007 – 1 StR 3/07, BGHSt 51, 367, 376; Urteil vom 18. Dezember 2008 – 4 StR 455/08, BGHSt 53, 112, 115). Eine solche Belehrung ist jedoch nicht erteilt worden.

[39] 5. Es kann offen bleiben, ob deshalb mit einer in der Literatur vertretenen Ansicht ein Beweisverwertungsverbot auch für die Beschuldigtenvernehmung mangels qualifizierter Belehrung anzunehmen ist (vgl. Gless/Wennekers, JR 2008, 383, 384; SK/Rogall, StPO, 4. Aufl., § 136 Rn. 87; Roxin, HRRS 2009, 186, 187) oder ob dies mit der Rechtsprechung des Bundesgerichtshofs von einer Abwägung des Strafverfolgungsinteresses mit dem Interesse des Beschuldigten an der Wahrung seiner Rechte abhängt (vgl. BGH, Urteil vom 18. Dezember 2008 – 4 StR 455/08, BGHSt 53, 112, 116) und auch danach ein Beweisverwertungsverbot besteht. Der Senat kann nämlich hier ausschließen, dass das Urteil auf der Nichtbeachtung von Beweisverwertungsverboten bezüglich der Zeugenvernehmung oder – gegebenenfalls – bezüglich der Beschuldigtenvernehmung beruht.

[40] Das Landgericht hat Widersprüche in den Äußerungen des Angeklagten S. K. zu den Umständen des Verschwindens seiner Ehefrau nicht nur aus den Angaben bei den genannten Vernehmungen, sondern auch aus seinen Angaben gegenüber den Zeugen P., B., T., H., Bo., N., W., Mi., F., Kr., C. Pr., Co. und Go., in

einem Telefax vom 30. April 2007 und in einer eidesstattlichen Versicherung vom 29. Mai 2007 entnommen. Insoweit kommt es auf die Angaben in den Vernehmungen nicht an. Die festzustellenden Widersprüche waren zudem nur ein Indiz in einer Reihe von Beweisanzeichen gegen den Angeklagten S.K..

8. Vernehmung des Beschuldigten – §§ 136ff. StPO

Der Grundsatz, dass niemand im Strafverfahren gegen sich selbst auszusagen braucht, insoweit also ein Schweigerecht besteht, ist notwendiger Bestandteil eines fairen Verfahrens. So steht es dem Angeklagten frei, sich zu äußern oder nicht zur Sache auszusagen (§ 136 Abs. 1 Satz 2, § 243 Abs. 5 Satz 1 StPO). Macht ein Angeklagter von seinem Schweigerecht Gebrauch, so darf dies nicht zu seinem Nachteil gewertet werden. Der unbefangene Gebrauch dieses Schweigerechts wäre nicht gewährleistet, wenn der Angeklagte die Prüfung und Bewertung der Gründe für sein Aussageverhalten befürchten müsste. Deshalb dürfen weder aus der durchgehenden noch aus der anfänglichen Aussageverweigerung – und damit auch nicht aus dem Zeitpunkt, zu dem sich der Angeklagte erstmals einlässt – nachteilige Schlüsse gezogen werden.[602] **559**

[2] 1. Die Verurteilung sämtlicher Angeklagter wegen gefährlicher Körperverletzung im Fall B. I. der Urteilsgründe hält sachlichrechtlicher Überprüfung nicht stand, so dass es auf die hiergegen gerichteten Verfahrensrügen nicht ankommt. Die Beweiswürdigung ist rechtsfehlerhaft.

[3] a) Die Angeklagten haben in der Hauptverhandlung zu dem Tatvorwurf, in der Silvesternacht 2012/2013 gemeinschaftlich auf drei Männer eingeschlagen und eingetreten zu haben, keine Angaben gemacht. Das Landgericht hat sich seine Überzeugung von der Täterschaft aufgrund eines vom Angeklagten T. bei dessen polizeilicher Vernehmung im Ermittlungsverfahren abgelegten Geständnisses gebildet. Auf zum Zwecke des Alibibeweises gestellte Beweisanträge der Verteidiger der Angeklagten G., Ga. I. und S. I. hat die Strafkammer die Eltern des Angeklagten G. zu dessen angeblichem Aufenthalt im Elternhaus sowie einen Kellner und einen Gast zum angeblichen Aufenthalt der Angeklagten I. in einem Lokal angehört. Die Alibibehauptungen hat sie als nicht bestätigt gefunden und hat dies neben anderen Erwägungen zum Wert der einzelnen Aussagen jeweils auch wie folgt begründet: Es hätte „nichts näher gelegen" (UA S. 41) bzw. „nahe gelegen" (UA S. 46), die Alibizeugen bereits im Ermittlungsverfahren oder zumindest in der Hauptverhandlung spätestens nach Vernehmung der Opferzeugen zu benennen, anstatt sich erst nach längerem Verlauf der Hauptverhandlung, teilweise nach einem ersten Schluss der Beweisaufnahme auf sie zu berufen.

[4] b) Diese Überlegung verstößt gegen den Grundsatz der Selbstbelastungsfreiheit des Angeklagten. Diesem kann der Zeitpunkt, zu dem er sich erstmals zur Sache einlässt, nicht zum Nachteil gereichen. Erst recht gilt dies für den Zeitpunkt eines vom Verteidiger gestellten Beweisantrages.

[5] Der Grundsatz, dass niemand im Strafverfahren gegen sich selbst auszusagen braucht, insoweit also ein Schweigerecht besteht, ist notwendiger Bestandteil ei-

602 BGH, Beschluss vom 17.09.2015 – 3 StR 11/15.

nes fairen Verfahrens. So steht es dem Angeklagten frei, sich zu äußern oder nicht zur Sache auszusagen (§ 136 Abs. 1 Satz 2, § 243 Abs. 5 Satz 1 StPO). Macht ein Angeklagter von seinem Schweigerecht Gebrauch, so darf dies nicht zu seinem Nachteil gewertet werden (BGH, Urteile vom 26. Oktober 1983 – 3 StR 251/83, BGHSt 32, 140, 144; vom 26. Mai 1992 – 5 StR 122/92, BGHSt 38, 302, 305; vom 22. Dezember 1999 – 3 StR 401/99, NJW 2000, 1426; Beschluss vom 3. Mai 2000 – 1 StR 125/00,NStZ 2000, 494, 495). Der unbefangene Gebrauch dieses Schweigerechts wäre nicht gewährleistet, wenn der Angeklagte die Prüfung und Bewertung der Gründe für sein Aussageverhalten befürchten müsste. Deshalb dürfen weder aus der durchgehenden noch aus der anfänglichen Aussageverweigerung – und damit auch nicht aus dem Zeitpunkt, zu dem sich der Angeklagte erstmals einlässt – nachteilige Schlüsse gezogen werden (st. Rspr.; vgl. BGH, Beschluss vom 22. Februar 2001 – 3 StR 580/00, NStZ-RR 2002, 72 bei Becker; Beschluss vom 28. Mai 2014 – 3 StR 196/14, NStZ 2014, 666, 667 jeweils mwN).

[6] Erst recht darf aus dem Zeitpunkt, zu dem ein Verteidiger einen Beweisantrag anbringt, nichts zum Nachteil des bis dahin schweigenden Angeklagten hergeleitet werden. Der Verteidiger ist neben dem Angeklagten selbständig berechtigt, Beweisanträge zu stellen. Er kann einen solchen Antrag auch gegen den offenen Widerspruch des Angeklagten vorbringen, der Antrag muss nicht mit der Einlassung des Angeklagten übereinstimmen, die unter Beweis gestellte Behauptung kann auch einem Geständnis des Angeklagten widersprechen. Dementsprechend darf der Antrag des Verteidigers sowie die hierzu abgegebene Begründung oder weitergehende Erläuterung nicht als Einlassung des Angeklagten behandelt werden, es sei denn der Angeklagte erklärt (eventuell auf Befragen), er mache sich das Vorbringen als eigene Einlassung zu eigen (BGH, Beschluss vom 29. Mai 1990 – 4 StR 118/90, StV 1990, 394; Urteil vom 24. Juli 1991 – 4 StR 258/91, BGHR StPO, § 243 Abs. 4 Äußerung 4; Beschluss vom 7. August 2014 – 3 StR 105/14, NStZ 2015, 207, 208; LR/Becker, StPO, 26. Aufl., § 244 Rn. 118).

[7] Den Urteilsgründen ist nicht zu entnehmen, dass sich die Angeklagten das Vorbringen in den Beweisanträgen der Verteidiger als Einlassung zu Eigen gemacht hätten. Aus einer Gesamtschau des Urteils ergibt sich jedoch, dass sich die Angeklagten – mit Ausnahme des Angeklagten T. – auch im Ermittlungsverfahren nicht zum Tatvorwurf eingelassen haben. Der Fehler ist deshalb auf Sachrüge hin zu beachten (vgl. BGH, Beschluss vom 28. Mai 2014 – 3 StR 196/14, NStZ 2014, 666, 667).

[8] c) Der Senat kann nicht ausschließen, dass die fehlerhafte Überlegung im Rahmen der Beweiswürdigung für die Überzeugung des Gerichts von der Unrichtigkeit der Alibibehauptung ursächlich war. Sie ergreift, da ein bestätigtes Alibi der drei Angeklagten die alle Beschwerdeführer belastende Aussage des Angeklagten T. in Zweifel gezogen hätte, die Beweiswürdigung zu diesem Fall insgesamt. Über diesen Tatvorwurf muss daher bezüglich aller Angeklagten erneut verhandelt und entschieden werden.

9. Verteidigung – §§ 140ff. StPO

TOPENTSCHEIDUNG ■

Ein konkret manifestierter Interessenkonflikt ist ein Grund, von der Verteidigerbestellung abzusehen oder eine bereits bestehende Bestellung aufzuheben, zumindest aber ist der Angeklagte zu einem möglichen Interessenkonflikt anzuhören.[603] **560**

[3] 2. Die Rüge, Rechtsanwältin M. sei trotz eines gravierenden Interessenkonflikts zur Pflichtverteidigerin bestellt worden, greift im Ergebnis nicht durch.

[4] a) Der Rüge liegt folgendes Verfahrensgeschehen zu Grunde: Die Anklage vom 26. Juli 2010 legte dem Angeklagten zur Last, in neun Fällen über Rechtsanwalt K. betrügerisch zivilrechtliche Ansprüche im Zusammenhang mit von ihm absichtlich herbeigeführten Verkehrsunfällen geltend gemacht zu haben. Die Strafkammer regte nach Eingang der Anklage gegenüber der Staatsanwaltschaft an, zu überprüfen, ob gegen Rechtsanwalt K. ein Ermittlungsverfahren einzuleiten sei, was daraufhin am 18. August 2010 geschah. Der Angeklagte hatte am 7. Juli 2009 Rechtsanwältin M. mit seiner Verteidigung beauftragt, welche ihre Tätigkeit in Sozietät mit Rechtsanwalt K. ausübt und die den Angeklagten in einem weiteren Fall der Anklage, der später vom Gericht gemäß § 154 Abs. 2 StPO eingestellt wurde, zivilrechtlich vertreten hatte. Im Termin zur Verkündung des Haftbefehls am 19. August 2010 stellte Rechtsanwältin M. den Antrag, als Pflichtverteidigerin beigeordnet zu werden. Die Staatsanwaltschaft äußerte keine Bedenken. Mit Verfügung des Vorsitzenden der Strafkammer vom 30. August 2010 wurde Rechtsanwältin M. zur Verteidigerin bestellt.

[5] b) Die Revision ist der Auffassung, dass in der Person der Pflichtverteidigerin ein Interessenkonflikt vorgelegen habe. Als Mitglied der Sozietät „M. & K. Rechtsanwälte" hafte sie persönlich für Schäden, die von ihrem Sozius im Rahmen seiner anwaltlichen Tätigkeit verursacht worden seien. Das zum Schadensersatz verpflichtende Handeln des Mitgesellschafters sei der Sozietät als BGB-Gesellschaft gemäß § 31 BGB zuzurechnen. Im Hinblick auf die Summe der Schäden in den Fällen, in denen Rechtsanwalt K. für den Angeklagten tätig geworden sei, habe ein ganz erhebliches eigenes wirtschaftliches Interesse der Pflichtverteidigerin an dem Ergebnis der Beweisaufnahme bestanden. Sie habe den Angeklagten nicht mehr unabhängig und unbeeinflusst etwa über die Möglichkeit und den Inhalt eines frühen und umfassenden Geständnisses beraten können.

[6] c) Es trifft zwar zu, dass ein konkret manifestierter Interessenkonflikt ein Grund ist, von der Verteidigerbestellung abzusehen oder eine bereits bestehende Bestellung aufzuheben (vgl. BGH, Beschluss vom 15. Januar 2003 – 5 StR 251/02, BGHSt 48, 170, 173; Urteil vom 11. Juni 2014 – 2 StR 489/13, BGHR StPO § 24 Abs. 2 Verteidigerbestellung 1), zumindest ist der Angeklagte zu einem möglichen Interessenkonflikt anzuhören (vgl. BGH, Beschluss vom 15. November 2005 – 3 StR 327/05, BGHR StPO § 142 Abs. 1 Auswahl 10). Ob ein solcher Interessenkonflikt hier die Aufhebung der Pflichtverteidigerbestellung geboten hätte, kann dahinstehen. Denn der Senat kann im vorliegenden Fall ausschließen,

---

[603] BGH, Beschluss vom 01.12.2015 – 4 StR 270/15.

dass das Urteil auf diesem Verfahrensfehler beruhen würde. Die Hauptverhandlung hat an 33 Tagen stattgefunden; ab dem 10. Hauptverhandlungstag war der Angeklagte zusätzlich durch die Wahlverteidigerin S. verteidigt. Ein Antrag auf Entpflichtung der Verteidigerin M. ist nicht gestellt worden, auch nicht von der Wahlverteidigerin S. Anhaltspunkte für eine unzureichende Verteidigung bestehen nicht, zumal die Pflichtverteidigerin M. schon vor dem Auftreten der Wahlverteidigerin ein Geständnis des Angeklagten bei einer zur Bewährung ausgesetzten Gesamtfreiheitsstrafe in Aussicht gestellt hatte, wie der Vermerk des Vorsitzenden über das Verständigungsgespräch vom 8. Januar 2014 ausweist.

561 Dem Beschuldigten steht **kein Antragsrecht auf Pflichtverteidigerbestellung** gemäß § 141 Abs. 3 Satz 1 bis 3 StPO zu. Eine solche setzt einen Antrag der Staatsanwaltschaft zwingend voraus.[604]

[5] 4. Der Antrag des Beschuldigten ist unzulässig.

[6] a) Der Beschuldigte hat kein Antragsrecht auf Bestellung eines Pflichtverteidigers.

[7] aa) Ob dem Beschuldigten im Ermittlungsverfahren aus § 141 Abs. 3 Satz 1, 2 StPO ein eigenes Recht, die Bestellung eines Pflichtverteidigers zu beantragen, zukommt oder sein Begehren stets nur eine Anregung an die Staatsanwaltschaft darstellen kann, einen entsprechenden Antrag zu stellen, wurde bislang durch den Bundesgerichtshof nicht entschieden. Der 5. Strafsenat führt in seiner Entscheidung vom 5. Februar 2002 (5 StR 588/01,BGHSt 47, 233 Rdn. 8) allerdings aus, eine Pflichtverteidigerbestellung stehe schon während des Vorverfahrens im richterlichen Ermessen auf entsprechenden Antrag der Staatsanwaltschaft. Für die Stellung dieses Antrags stünde der Staatsanwaltschaft ein nicht umfassend gerichtlich überprüfbarer Beurteilungsspielraum zu.

[8] bb) (1) In der Rechtsprechung der Instanzgerichte und in der Literatur ist diese Frage umstritten. Während die wohl immer noch herrschende Meinung ein eigenes Antragsrecht des Beschuldigten unter Verweis auf die Gesetzessystematik, die der Staatsanwaltschaft die Rolle der „Herrin des Ermittlungsverfahrens" zuschreibt, verneint (Meyer-Goßner/Schmitt/Schmitt, StPO, 58. Aufl., § 141 Rdn. 5; Karlsruher Kommentar zur StPO/Laufhütte/Willnow, 7. Aufl., § 141 Rdn. 6; LG Cottbus, Beschluss vom 13. Mai 2005 – 22 Qs 15/05, juris Rdn. 19), wird vielfach aus dem Grundsatz des fairen Verfahrens und der gebotene Waffengleichheit geschlossen, eines Antrags der Staatsanwaltschaft bedürfe es nicht. Das Gericht habe vielmehr aus § 141 Abs. 3 StPO eine autonome Entscheidungsbefugnis (Löwe-Rosenberg/Lüderssen/Jahn, StPO, 26. Aufl., § 141 Rdn. 24; Köster, StV 1993, 511 ff., Neuhaus, JuS 2002, 18 ff., Klemke, StV 2003, 413 ff.; Stalinski, StV 2008, 500 ff., LG Heilbronn, Beschluss vom 1. März 1979 – 3 Qs 148/79, Die Justiz 1979, 444; LG Bremen, Beschluss vom 25. Juni 1998 – 27 AR 55/98, juris [Leitsatz]).

[9] (2) Ein Antragsrecht des Beschuldigten bzw. die Befugnis des Gerichts auch ohne Antrag der Staatsanwaltschaft in den Fällen des § 141 Abs. 3 Satz 1, 2 St PO einen Pflichtverteidiger zu bestellen, wird dabei meist aus § 141Abs. 3 Satz 1, 2 StPO hergeleitet. Zuständig für die Entscheidung sei der Vorsitzende des Gerichts, das für das Hauptverfahren zuständig ist, § 141 Abs. 4 1. Halbs. StPO

[604] BGH, Beschluss vom 09.09.2015 – 3 BGs 134/15.

(vgl. Köster, StV 1993, 511ff., Neuhaus, JuS 2002, 18ff., LG Heilbronn, Beschluss vom 1. März 1979 – 3 Qs 148/79, Die Justiz 1979, 444; LG Bremen, Beschluss vom 25. Juni 1998 – 27 AR 55/98, juris [Leitsatz]. Vertreten wird vereinzelt auch eine Zuständigkeit des Ermittlungsrichters (vgl. Stalinski, StV 2008, 500, 502). Erwogen wird ferner ein Recht des Beschuldigten aus § 98 Abs. 2 Satz 2 StPO analog, die Ablehnung der Staatsanwaltschaft, einen Antrag auf Pflichtverteidigerbestellung zu stellen, durch das gemäß § 141 Abs. 4 1. Halbs. zuständige Gericht überprüfen zu lassen (vgl. Köster, StV 1993, 511, 513). Schließlich wird argumentiert, die nach § 141 Abs. 3 StPO gebotene Prüfung obliege zwar in erster Linie der Staatsanwaltschaft, die Vorschrift entbinde aber nicht auch den Ermittlungsrichter von der Verantwortung, für ein den Anforderungen der EMRK genügendes Verfahren Sorge zu tragen (Löwe-Rosenberg/Lüderssen/Jahn, StPO, 26. Aufl., § 141 Rdn. 24).

[10] cc) Für die Verteidigerbestellung im Ermittlungsverfahren bedarf es in den Fällen des § 141 Abs. 3 Satz 1 bis 3 StPO eines Antrags der Staatsanwaltschaft. Eine autonome Entscheidungsbefugnis des Gerichts besteht nicht.

[11] (1) Zwar ist der Wortlaut der Norm insoweit nicht eindeutig, jedoch ergibt sich das Antragserfordernis der Staatsanwaltschaft aus der Systematik des Gesetzes.

[12] (2) § 141 StPO ergänzt die Regelungen zur notwendigen Verteidigung aus § 140 StPO und bestimmt, dass dem Beschuldigten, der noch keinen Verteidiger hat, dieser durch das Gericht zu bestellen ist (Karlsruher Kommentar zur StPO/Laufhütte/Willnow, 7. Aufl., § 141 Rdn. 1).

[13] Differenziert geregelt ist dabei, wann das Gericht von Amts oder auf Antrag tätig werden muss.

[14] Von Amts wegen kann das Gericht nur dann tätig werden, wenn es bereits mit dem Sachverhalt befasst ist. Dies ist dann der Fall, wenn Anklage erhoben, § 141 Abs. 1, 2 StPO oder das Gericht über die Vollstreckung der Untersuchungshaft nach den §§ 112, 112a StPO oder einstweilige Unterbringung nach § 126a StPO oder § 275a Abs. 6 StPO zu entscheiden hat, § 141 Abs. 3 Satz 4 StPO. Das Gesetz regelt in § 141 Abs. 4 StPO die Zuständigkeit des Gerichts entsprechend. So ist für die Fälle des § 141 Abs. 1, 2 StPO der Vorsitzende des Gerichts, bei dem das Verfahren anhängig ist, § 141 Abs. 4 1. Halbs. StPO, für die Fälle des § 141 Abs. 3 Satz 4 StPO das nach § 126 StPO oder § 275a StPO zuständige Gericht, § 141 Abs. 4 3. Halbs. StPO zur Entscheidung berufen.

[15] Ist das Gericht noch nicht mit dem Sachverhalt befasst, so kann es nur auf Antrag tätig werden. § 141 Abs. 3 StPO bestimmt für diese Fälle zum einen, wann das Gericht auf Antrag der Staatsanwaltschaft eine Pflichtverteidigung anordnen muss, mithin einen entsprechenden Antrag nicht ablehnen kann, § 141 Abs. 3 Satz 3 StPO (nach Abschluss der Ermittlungen) bzw. ein Antrag nach Prüfung durch das Gericht auch abgelehnt werden kann, § 141 Abs. 3 Satz 1 StPO (vor Abschluss der Ermittlungen).

[16] Eine Befassung des Gerichts kann nach § 141 Abs. 3 Satz 2 StPO nur durch die Staatsanwaltschaft, nicht durch einen Antrag des Beschuldigten erfolgen. § 141 Abs. 3 Satz 2 StPO regelt dabei nicht nur, wann die Staatsanwaltschaft tätig werden muss (so aber LG Heilbronn, Beschluss vom 1. März 1979 – 3 Qs 148/79, Die Justiz 1979, 444), sondern normiert ferner, dass es für ein Tätigwerden des Gerichts eines Antrags der Staatsanwaltschaft bedarf.

[17] Bereits der Wortlaut des § 141 Abs. 3 Satz 2 StPO, wonach die Staatsanwaltschaft den Antrag stellt, wenn „nach ihrer Auffassung" die Mitwirkung eines Verteidigers notwendig werden wird, spricht hierfür. Auch § 141 Abs. 3 Satz 3 StPO, wonach das Gericht nach Abschluss der Ermittlungen auf Antrag der Staatsanwaltschaft tätig werden muss, unterstreicht die Rolle der Staatsanwaltschaft als „Herrin des Verfahrens". Diese differenzierte Regelung der Pflichtverteidigerbestellung des § 141 StPO steht in Einklang mit der grundsätzlichen Unterscheidung der Strafprozessordnung zwischen Ermittlungsverfahren und Verfahren ab Anklageerhebung. In dem Ermittlungsverfahren ist die Staatsanwaltschaft „Herrin des Verfahrens". Das Gericht kann in diesem Verfahrensabschnitt keine Maßnahmen gegen den Willen bzw. ohne Antrag der Staatsanwaltschaft treffen (vgl. LG Cottbus, Beschluss vom 13. Mai 2005 – 22 Qs 15/05, juris Rdn. 19).

[18] Das Antragserfordernis der Staatsanwaltschaft ergibt sich ferner aus der durch das Gesetz bestimmten gerichtlichen Zuständigkeit betreffend die Pflichtverteidigerbestellung und dem Wahlrecht der Staatsanwaltschaft, bei welchem von mehreren örtlich zuständigen Gerichten sie Anklage erheben will (vgl. zu letzterem: Karlsruher Kommentar zur StPO/Scheuten, 7. Aufl., Vorbem. zu §§ 7 bis 21, Rdn. 3). § 141 Abs. 4 1. Halbs. StPO bestimmt als für die Pflichtverteidigerbestellung zuständiges Gericht grundsätzlich das Gericht der Hauptsache. Dies gilt auch, wenn die Pflichtverteidigerbestellung schon im Ermittlungsverfahren erfolgt. Lediglich für die Fälle der Vollstreckung von Untersuchungshaft oder einstweiliger Unterbringung bzw. die Pflichtverteidigerbestellung im Zusammenhang mit einer ermittlungsrichterlichen Vernehmung sieht das Gesetz eine abweichende Zuständigkeitsregelung vor, § 141 Abs. 4 2., 3. Halbs. StPO. Das Gericht der Hauptsache wird durch das Zuständigkeitswahlrecht der Staatsanwaltschaft bestimmt. Ein Antragsrecht des Beschuldigten und damit wohl verbundene Wahlmöglichkeit betreffend die gerichtliche Zuständigkeit würden diesem Grundsatz zuwider laufen. Dies kann auch nicht durch die Annahme einer generellen ermittlungsrichterlichen Zuständigkeit im Ermittlungsverfahren gelöst werden (so wohl: Stalinski, StV 2008, 500, 502; vgl. auch Löwe-Rosenberg/Lüderssen/Jahn, StPO, 26. Aufl., § 141 Rdn. 24), denn eine solche findet keine Stütze im Gesetz.

[19] (3) Ein Antragsrecht des Beschuldigten ergibt sich auch nicht daraus, dass die Weigerung der Staatsanwaltschaft, im Ermittlungsverfahren die Bestellung eines Pflichtverteidigers zu beantragen, als Prozesshandlung grundsätzlich nicht der gerichtlichen Überprüfung gemäß § 23 EGGVG unterliegt (OLG Karlsruhe, Beschluss vom 22. Dezember 1997 – 2 VAs 41/97, NStZ 1998, 315f.; OLG Oldenburg, Beschluss vom 12. November 1992 – 1 VAs 4/92). Dass Prozesshandlungen der Staatsanwaltschaft grundsätzlich nicht der Anfechtung und Überprüfung nach § 23 EGGVG zugänglich sind, wurde durch das Bundesverfassungsgericht als unbedenklich eingestuft, es sei denn willkürliches Handeln der Ermittlungsbehörde sei schlüssig dargetan (vgl. BVerfG, Urteil vom 19. Dezember 1983 – 2 BvR 1731/82, NStZ 1984, 228f.; Nichtannahmebeschluss vom 2. Oktober 2003 – 2 BvR 660/03,NStZ 2004, 447f.). Der Beschuldigte ist damit nicht rechtsschutzlos einer etwaigen Willkür der Staatsanwaltschaft ausgeliefert. Aus einer nur eingeschränkten Rechtsschutzmöglichkeit ein gesetzlich nicht vorgesehenes Antragsrecht zu konstruieren, würde einen unzulässigen Zirkelschluss darstellen (vgl. aber Köster, StV 1993, 512, 513).

Für den Antrag eines Angeklagten, ihm **für das Revisionsverfahren** anstelle des bisherigen Pflichtverteidigers **einen anderen Pflichtverteidiger beizuordnen,** ist – anders als für die Wahrnehmung der Revisionshauptverhandlung – grundsätzlich der Vorsitzende des Gerichts, dessen Urteil angefochten worden ist, zuständig.[605] **562**

1. § 145a I StPO begründet jedoch keine Rechtspflicht des Gerichts, Zustellungen ausschließlich an den Verteidiger zu bewirken. Auch Bekanntgaben an den Angeklagten selbst, die kumulativ oder alternativ zu derjenigen an den Verteidiger erfolgen, sind wirksam und geeignet, Fristen in Lauf zu setzen. **563**

2. Wird eine Entscheidung dem Angeklagten zugestellt, ist der Verteidiger hiervon zugleich zu unterrichten (§ 145a III 2 StPO). Da diese Unterrichtung von Amts wegen vorzunehmen ist und der Verteidiger eine Abschrift enthält, stellt sie eine formlose Mitteilung der in vollständiger Form abgefassten Entscheidung im Sinne des § 93 I 2 BVerfGG dar und ist daher geeignet, die Frist des § 93 I 1 BVerfGG auszulösen.

3. Gleiches muss gelten, wenn im umgekehrten Falle die Entscheidung nur dem bestellten oder gewählten Verteidiger zugestellt wird. In dieser Konstellation ist der Angeklagte von der Zustellung zu unterrichten; zugleich hat er von Amts wegen formlos eine Abschrift der Entscheidung zu erhalten (§ 145a III 1 StPO). Auch hierin liegt eine formlose Mitteilung der in vollständiger Form abgefassten Entscheidung im Sinne des § 93 I 2 BVerfGG.[606]

[4] 2. Gemäß § 93 Abs. 1 Satz 2 BVerfGG beginnt die Monatsfrist mit der Zustellung oder formlosen Mitteilung der in vollständiger Form abgefassten Entscheidung, wenn diese nach den maßgebenden verfahrensrechtlichen Vorschriften von Amts wegen vorzunehmen ist.

[5] a) Im Strafprozess erfolgt die Bekanntmachung von Entscheidungen von Amts wegen wahlweise durch Zustellung oder formlose Mitteilung, wenn die Entscheidungen – wie vorliegend – nicht in Anwesenheit der betroffenen Person ergehen und keine strafprozessuale Frist in Gang setzen (vgl. § 35 Abs. 2 StPO). Da im Falle mehrfacher Bekanntmachungen § 37 Abs. 2 StPO nach der Rechtsprechung des Bundesverfassungsgerichts auf die verfassungsprozessuale Frist des § 93 Abs. 1 Satz 1 BVerfGG keine Anwendung findet, beginnt deren Lauf bereits mit der zuerst bewirkten Zustellung oder formlosen Mitteilung der den Rechtsweg beendenden Entscheidung (vgl. BVerfG, Beschluss der 2. Kammer des Zweiten Senats vom 6. April 1999 – 2 BvR 299/94 –, juris, Rn. 4, zum inhaltsidentischen § 37 Abs. 3 StPO a. F.).

[6] b) Die fristauslösende Zustellung oder formlose Mitteilung kann dabei nicht nur an die von der Entscheidung betroffene Person, sondern auch an einen durch Rechtsgeschäft oder kraft Gesetzes Zustellungsbevollmächtigten erfolgen (vgl. Meyer-Goßner/Schmitt, StPO, 57. Aufl. 2014, § 37 Rn. 3). Im Strafprozess gelten gemäß § 145a Abs. 1 StPO der gewählte Verteidiger, dessen Vollmacht sich bei den Akten befindet, sowie der bestellte Verteidiger kraft Gesetzes als ermächtigt, Zustellungen und sonstige Mitteilungen für den Angeklagten in Empfang zu nehmen (vgl. hierzu auch BVerfG, Beschluss der 1. Kammer des Zweiten Senats vom 11. Juli 2006 – 2 BvR 386/06 –, juris, Rn. 7).

---

605 BGH, Beschluss vom 02.07.2014 – 1 StR 740/13.

606 BVerfG, Kammerbeschluss vom 12.06.2014 – 2 BvR 1004/13.

[7] Hat ein Angeklagter mehrere Verteidiger, gilt die gesetzliche Zustellungsvollmacht des § 145a Abs. 1 StPO für jeden von ihnen (vgl. Meyer-Goßner/Schmitt, StPO, 57. Aufl. 2014, § 145a Rn. 2), so dass fristauslösende Zustellungen und Mitteilungen an jeden einzelnen der Verteidiger wirksam erfolgen können. Die Wirksamkeit der Zustellung wird dabei nicht dadurch berührt, dass nur an einen von mehreren Verteidigern zugestellt wurde (vgl. BVerfG, Beschluss der 3. Kammer des Zweiten Senats vom 20. März 2001 – 2 BvR 2058/00 –, juris, Rn. 4).

[8] § 145a Abs. 1 StPO begründet jedoch keine Rechtspflicht des Gerichts, Zustellungen ausschließlich an den Verteidiger zu bewirken. Auch Bekanntgaben an den Angeklagten selbst, die kumulativ oder alternativ zu derjenigen an den Verteidiger erfolgen, sind wirksam und geeignet, Fristen in Lauf zu setzen (vgl. Meyer-Goßner/Schmitt, StPO, 57. Aufl. 2014, § 145a Rn. 6; Lüderssen/Jahn, in: Löwe-Rosenberg, StPO, 26. Aufl. 2007, § 145a Rn. 3).

[9] c) Wird in dieser Konstellation eine Entscheidung dem Angeklagten zugestellt, ist der Verteidiger hiervon zugleich zu unterrichten (vgl. § 145a Abs. 3 Satz 2 StPO). Da diese Unterrichtung von Amts wegen vorzunehmen ist (vgl. auch Nr. 108 RiStBV) und der Verteidiger eine Abschrift der Entscheidung enthält, stellt sie eine formlose Mitteilung der in vollständiger Form abgefassten Entscheidung im Sinne des § 93Abs. 1 Satz 2 BVerfGG dar und ist daher geeignet, die Frist des § 93 Abs. 1 BVerfGG auszulösen (vgl. BVerfG, Beschluss der 2. Kammer des Zweiten Senats vom 14. November 1990 – 2 BvR 1378/90 –, juris, Rn. 1; Beschluss der 3. Kammer des Zweiten Senats vom 9. Oktober 2003 – 2 BvR 1351/03 –, juris, Rn. 2; Beschluss der 1. Kammer des Zweiten Senats vom 11. Juli 2006 – 2 BvR 386/06 –, juris, Rn. 7).

[10] Gleiches muss gelten, wenn im umgekehrten Falle die Entscheidung nur dem bestellten oder gewählten Verteidiger zugestellt wird. In dieser Konstellation ist der Angeklagte von der Zustellung zu unterrichten; zugleich hat er von Amts wegen formlos eine Abschrift der Entscheidung zu erhalten (vgl. § 145a Abs. 3 Satz 1 StPO). Auch hierin liegt eine formlose Mitteilung der in vollständiger Form abgefassten Entscheidung im Sinne des § 93 Abs. 1 Satz 2 BVerfGG.

[11] 3. Ausgehend hiervon kann im vorliegenden Verfahren auf Grundlage des Beschwerdevortrags nicht zuverlässig beurteilt werden, ob die Verfassungsbeschwerde des im Revisionsverfahren vor dem Bundesgerichtshof durch zwei Rechtsanwälte verteidigten Beschwerdeführers die Frist des § 93 Abs. 1 Satz 1 BVerfGG gewahrt hat.

564 Die Praxis, wonach **Revisionshauptverhandlungen ohne Anwesenheit des vom Angeklagten gewählten Verteidigers** durchgeführt werden, genügt den Anforderungen des Art. 6 Absatz 3 Buchst. c MRK nicht. Erscheint ein Wahlverteidiger, dem der Termin der Hauptverhandlung gemäß § 350 Absatz 1 StPO mitgeteilt wurde, zur Hauptverhandlung vor dem Revisionsgericht nicht, oder teilt er vorab mit, das er nicht erscheinen werde, ist er in der Regel zum Pflichtverteidiger für die Revisionshauptverhandlung zu bestellen, um das Recht des Angeklagten auf Verteidigung aus Art. 6 IIIc MRK zu wahren.[607]

[607] BGH, Verfügung des Vors. des 2. Strafsenats vom 25.09.2014 – 2 StR 163/14.

PRAXISBEDEUTUNG ■

Der vorstehenden Verfügung ist grundsätzlich zuzustimmen, auch wenn die darin aufgestellte Behauptung einer bestehenden Praxis jedenfalls nicht auf mindestens zwei der Strafsenate des BGH zutrifft, nämlich den 1. und 5. Strafsenat. Jedenfalls ist es zu begrüßen, wenn nun auch der 2. Strafsenat sich der Praxis der beiden anderen Strafsenate angeschlossen hat.

10. Verfahrenseinstellung – §§ 153 ff. StPO

Die Einstellung eines Tatvorwurfs gemäß § 154 Abs. 2 StPO in der Hauptverhandlung begründet ein von Amts wegen zu beachtendes Verfahrenshindernis, zu dessen Beseitigung ein förmlicher Wiederaufnahmebeschluss nach § 154 Abs. 5 StPO erforderlich ist. Wegen der weitreichenden Wirkungen einer Verfahrenseinstellung nach § 154 Abs. 2 StPO ist die Beschlussformel so zu fassen, dass kein Zweifel besteht, auf welche Taten und welche Angeklagten sie sich bezieht.[608] **565**

[7] Das angefochtene Urteil hält der revisionsrechtlichen Nachprüfung stand.

[8] 1. Der Beschluss des Landgerichts vom 21. Oktober 2013, mit dem eine Abtrennung von Verfahrensteilen und deren Einstellung nach § 154 Abs. 2 StPO angeordnet worden ist, begründet kein Verfahrenshindernis und steht deshalb einer Ausurteilung von 17 Fällen des unerlaubten Handeltreibens mit Betäubungsmitteln in nicht geringer Menge nicht entgegen.

[9] a) Nach ständiger Rechtsprechung des Bundesgerichtshofs begründet die Einstellung eines Tatvorwurfs gemäß § 154 Abs. 2 StPO in der Hauptverhandlung ein von Amts wegen zu beachtendes Verfahrenshindernis, zu dessen Beseitigung ein förmlicher Wiederaufnahmebeschluss nach § 154 Abs. 5 StPO erforderlich ist (vgl. BGH, Beschlüsse vom 3. Juli 2014 – 4 StR 230/14 Rn. 6; vom 4. Februar 2014 – 2 StR 487/13 Rn. 2; vom 18. April 2007 – 2 StR 144/07, NStZ 2007, 476).

[10] aa) Wegen der weitreichenden Wirkungen einer Verfahrenseinstellung nach § 154 Abs. 2 StPO ist die Beschlussformel so zu fassen, dass kein Zweifel besteht, auf welche Taten und welche Angeklagten sie sich bezieht (BGH, Beschluss vom 23. März 1996 – 1 StR 685/95, juris, Rn. 23). Die eingestellten Taten sind genau zu bezeichnen, nach Möglichkeit mit der Nummerierung der Anklageschrift. Ist dies nicht möglich, sind die Taten so genau zu beschreiben, dass klar erkennbar ist, welche angeklagten Taten aus dem Verfahren ausgeschieden werden. Hinsichtlich der Konkretisierung im Einstellungsbeschluss gelten insoweit dieselben Anforderungen wie bei der Tatbeschreibung in der Anklageschrift zur Erfüllung ihrer Umgrenzungsfunktion.

[11] (1) Die Anklageschrift hat die dem Angeklagten zur Last gelegte Tat sowie Zeit und Ort ihrer Begehung so genau zu bezeichnen, dass die Identität des geschichtlichen Vorgangs klargestellt und erkennbar wird, welche bestimmte Tat gemeint ist; sie muss sich von anderen gleichartigen strafbaren Handlungen des-

---

[608] BGH, Urteil vom 25.09.2014 – 4 StR 69/14; vgl. hierzu auch Beschluss vom 04.02.2014 – 2 StR 487/13.

selben Täters unterscheiden lassen (Umgrenzungsfunktion – st. Rspr., vgl. nur BGH, Urteil vom 28. Oktober 2009 – 1 StR 205/09, BGHR StPO § 200 Abs. 1 Satz 1 Tat 25; Beschluss vom 19. Februar 2008 – 1 StR 596/07, BGHR StPO § 200 Abs. 1 Satz 1 Tat 24; Urteil vom 11. Januar 1994 – 5 StR 682/93, BGHSt 40, 44, 45; jeweils mwN). Dabei muss die Schilderung umso konkreter sein, je größer die allgemeine Möglichkeit ist, dass der Angeklagte verwechselbare weitere Straftaten gleicher Art verübt hat (vgl. u.a. BGH, Beschluss vom 8. August 1996 – 4 StR 344/96, BGHR StPO § 200 Abs. 1 Satz 1 Tat 20 mwN). Die Identität des geschichtlichen Vorgangs muss feststehen, es darf kein Zweifel über die verfahrensgegenständlichen Taten im prozessualen Sinn eintreten. Fehlt es an einer hinreichenden Konkretisierung, so ist die Anklage unwirksam (vgl. BGH, Urteil vom 11. Januar 1994 – 5 StR 682/93, BGHSt 40, 44, 45; Beschluss vom 29. November 1994 – 4 StR 648/94, BGHR StPO § 200 Abs. 1 Satz 1 Tat 13 jeweils mwN). Darüber hinaus hat die Anklage auch die Aufgabe, den Angeklagten und die übrigen Verfahrensbeteiligten über weitere Einzelheiten des Vorwurfs zu unterrichten, um ihnen Gelegenheit zu geben, ihr Prozessverhalten auf den mit der Anklage erhobenen Vorwurf einzustellen. Mängel der Anklage in dieser Hinsicht führen nicht zu ihrer Unwirksamkeit (Informationsfunktion – vgl. BGH, Urteile vom 28. Oktober 2009 und vom 11. Januar 1994 aaO, Beschluss vom 19. Februar 2008 aaO jeweils mwN).

[12] Welche Angaben zur ausreichenden Umgrenzung des Verfahrensgegenstandes erforderlich sind, lässt sich nicht für alle Fälle in gleicher Weise sagen. Die einzelnen Faktoren der Tatkonkretisierung können von Fall zu Fall unterschiedliches Gewicht besitzen und durch größere Genauigkeit jeweils anderer Umstände ersetzt oder verdrängt werden. Entscheidend ist, dass der historische Geschehensablauf, der Gegenstand der gerichtlichen Untersuchung sein soll, feststeht. Bei der Schilderung eines nach seinem Ablauf unverwechselbaren Ereignisses kann die Tatzeit als Eingrenzungskriterium an Bedeutung verlieren. Wenn bei einer Tatserie das Geschehen der jeweiligen Einzeltat nicht mehr durch Beschreibung der Umstände seines Ablaufs näher konkretisiert werden kann, gewinnt die Bezeichnung der Tatzeit der Einzelhandlung oder des Zeitraums der Tatserie entscheidende Bedeutung für die Umgrenzung des Verfahrensgegenstandes. Soweit bei Serientaten eine konkrete Bezeichnung oder nähere Beschreibung der Einzeltaten in der Anklage wegen deren Gleichförmigkeit nicht erfolgen kann, muss deshalb der Verfahrensstoff zumindest durch Festlegung des Tatzeitraums hinreichend umgrenzt werden. Regelmäßig ist in solchen Fällen erforderlich, in der Anklage den bestimmten Tatzeitraum, das Tatopfer, die Grundzüge der Art und Weise der Tatbegehung, die Tatfrequenz und die (Höchst-)Zahl der vorgeworfenen Straftaten, die Gegenstand des Verfahrens sein sollen, anzugeben. Dies gilt insbesondere in Fällen des sexuellen Missbrauchs von Kindern, in denen bei einer Serie von Taten einzelne Handlungen überhaupt nicht mehr oder jedenfalls nicht mehr genau voneinander unterschieden werden können (vgl. BGH, Urteil vom 11. Januar 1994 – 5 StR 682/93, BGHSt 40, 44, 45ff.; Urteil vom 29. Juli 1998 – 1 StR 94/98, BGHSt 44, 153, 154f.).

[13] (2) Dementsprechend konkret ist auch der Einstellungsbeschluss zu fassen, durch den der Verfahrensstoff begrenzt wird. Dabei können auszuscheidende Taten sowohl „positiv“ beschrieben werden, indem die einzustellenden Taten konkret bezeichnet werden, als auch „negativ“, indem genau angegeben wird, welche der angeklagten Taten weiterhin Verfahrensgegenstand sind. Wie der Tatrichter

den Beschluss formuliert, ist ohne Bedeutung, solange der ausgeschiedene Verfahrensstoff und der verbleibende Verfahrensstoff eindeutig erkennbar sind. Sollte dem Senatsbeschluss vom 3. Dezember 2013 – 4 StR 461/13 – eine andere Rechtsauffassung zu entnehmen sein, hält der Senat daran nicht fest. Soweit in Entscheidungen anderer Senate des Bundesgerichtshofs gefordert wird, dass ausgeschiedene Tatteile oder Strafbestimmungen konkret („positiv") zu bezeichnen sind, betrifft dies Verfahrensbeschränkungen der Staatsanwaltschaft vor Anklageerhebung (BGH, Beschlüsse vom 4. Juni 2013 – 2 StR 59/13 Rn. 21; vom 7. Oktober 2011 – 1 StR 321/11, NStZ-RR 2012, 50, 51 und vom 16. Juli 1980 – 3 StR 232/80, NStZ 1981, 23). Die Bestimmung von auszuscheidenden Taten bzw. Tatteilen erfolgt zu diesem Zeitpunkt in einem anderen prozessualen Kontext. Bei einer Einstellung durch das Gericht sind nämlich auch im Falle der negativ formulierten Beschränkung auf die verfahrensgegenständlich verbleibenden Taten die ausgeschiedenen Taten durch die Anklage festgelegt.

[14] (3) Bei einer Serie vollständig gleichförmiger, nicht näher konkretisierbarer Taten kann der Einstellungsbeschluss beispielsweise den Tatzeitraum angeben und die Anzahl der Taten in zu bezeichnenden Zeitabschnitten (Tatfrequenz), die aus dem Verfahren ausgeschieden werden. Auch kann die Anzahl der – gegebenenfalls nach tatrichterlicher Schätzung – festgestellten Taten anhand von Tatzeitraum und Tatfrequenz konkretisiert werden, der Gesamtzahl der angeklagten Taten gegenübergestellt und eine Differenz ermittelt werden, die dann in der Einstellungsentscheidung zum Ausdruck kommt (vgl. BGH, Beschluss vom 13. August 2014 – 2 StR 128/14).

[15] bb) Der Einstellungsbeschluss soll aus sich selbst heraus verständlich sein. Ist der Beschluss mehrdeutig und bestehen deshalb nach dem Wortlaut Unklarheiten, welche Vorwürfe der Anklageschrift aus dem Verfahren ausgeschieden werden, kann er nach allgemeinen Grundsätzen ausgelegt werden. Dabei können bei der Prüfung, ob der Einstellungsbeschluss die gebotene Umgrenzung des verbleibenden Verfahrensstoffs leistet, auch die zugelassene Anklage, der Einstellungsantrag der Staatsanwaltschaft (vgl. BGH, Beschluss vom 29. November 2011 – 1 StR 539/11), auf die Einstellungsentscheidung bezogene Hinweise und Anregungen des Gerichts, Hinweise des Gerichts nach § 265 StPO sowie im Rahmen einer auf die Erledigung des gesamten Verfahrens bezogenen Betrachtung jedenfalls dann, wenn der Einstellungsbeschluss zeitnah zur Urteilsverkündung gefasst wurde, auch die Schlussanträge der Verfahrensbeteiligten und das Urteil (anders zur Heranziehung der Urteilsfeststellungen noch Senatsbeschluss vom 29. Juli 2008 – 4 StR 210/08) berücksichtigt werden.

[16] Liegt einem Einstellungsbeschluss nach § 154 Abs. 2 StPO die unzutreffende Annahme mehrerer selbständiger prozessualer Taten zugrunde, kann etwa bei einem sich aus den Gesamtumständen ergebenden offensichtlichen Irrtum/Versehen des Gerichts eine Umdeutung einer Verfahrenseinstellung nach § 154 Abs. 2 StPO in eine Verfahrensbeschränkung nach § 154a Abs. 2 StPO in Betracht kommen (BGH, Beschluss vom 14. Februar 2006 – 4 StR 6/06; Beschluss vom 23. März 2005 – 2 StR 11/05, juris, Rn. 5; vgl. auch Urteil vom 1. Juni 2005 – 2 StR 405/04, NStZ 2006, 455; vgl. aber Senatsbeschluss vom 8. Oktober 2013 – 4 StR 339/13, NStZ 2014, 46 m. Anm. Allgayer).

[17] cc) Nur wenn der Einstellungsbeschluss die vorstehend dargestellten Anforderungen erfüllt, entfaltet er eine den Verfahrensstoff beschränkende Wirkung.

566 Bei der Strafzumessung können weitere nicht abgeurteilte Straftaten trotz Verfahrensbeschränkung **gemäß § 154 Abs. 2 StPO strafschärfend berücksichtigt** werden, wenn sie prozessordnungsgemäß festgestellt sind. Das Abstellen auf einen bloßen Verdacht ist unzulässig. Die Taten müssen jedenfalls so konkret festgestellt sein, dass sie in ihrem wesentlichen Unwertgehalt abzuschätzen sind.[609]

[5] Die Revision des Angeklagten ist unbegründet im Sinne von § 349 Abs. 2 StPO, soweit sie sich gegen den Schuldspruch und gegen den Strafausspruch in den Fällen 3 und 4 richtet. Sie führt aber zur Aufhebung des Strafausspruchs hinsichtlich der Einzelstrafen zu den Fällen 1 und 2 und des Ausspruchs über die Gesamtfreiheitsstrafe.

[6] a) Die Strafzumessung in den Fällen 1 und 2 ist rechtsfehlerhaft, weil das Landgericht die von der Verfahrensbeschränkung gemäß § 154 Abs. 2 StPO betroffenen Taten zum Nachteil der Nebenklägerin P. nicht festgestellt, aber zu seinen Lasten berücksichtigt hat, dass „die konkret festgestellten Taten nur ein Ausschnitt einer Tatserie sind".

[7] Zwar ist es zulässig, bei der Strafzumessung zu berücksichtigen, dass der Angeklagte weitere nicht abgeurteilte Straftaten begangen hat. Voraussetzung dafür ist jedoch, dass die weiteren Taten prozessordnungsgemäß festgestellt sind. Das Abstellen auf einen bloßen Verdacht ist unzulässig (vgl. BGH, Beschluss vom 12. September 2012 – 5 StR 425/12, NStZ-RR 2012, 368). Die Taten müssen auch jedenfalls so konkret festgestellt sein, dass sie in ihrem wesentlichen Unwertgehalt abzuschätzen sind (vgl. Senat, Urteil vom 5. Juni 2014 – 2 StR 381/13, NJW 2014, 2514, 2516).

[8] Nach den getroffenen Feststellungen bleibt offen, welche und wie viele Straftaten der Angeklagte – über die abgeurteilten Taten im gleichen Zeitraum hinaus – innerhalb von sechs Jahren nach dem Jahreswechsel von 2000 zu 2001 zum Nachteil der Nebenklägerin P. begangen hat. Das Landgericht hat ausgeführt, dass es in diesem Zeitraum „mehrfach zu sexuellen Übergriffen des Angeklagten" gekommen sei. Wann dies der Fall war, konnte die Jugendkammer nicht feststellen. Nähere Einzelheiten des jeweiligen Geschehensablaufs vermochte sie nicht zu klären. Die Ausführungen genügen daher nicht dem Erfordernis ausreichend bestimmter Feststellungen zu solchen Taten, die trotz Verfahrensbeschränkung gemäß § 154 Abs. 2 StPO strafschärfend berücksichtigt werden können (vgl. BGH, Beschluss vom 9. Oktober 2003 – 4 StR 359/03).

11. Fassung der Anklage; Eröffnungsbeschluss – §§ 200 ff. StPO

567 Beschließt die Strafkammer in der Hauptverhandlung mit zwei Berufsrichtern und zwei Schöffen, dass das Hauptverfahren hinsichtlich einer weiteren Anklage eröffnet wird, die Strafkammer mit zwei Berufsrichtern und zwei Schöffen besetzt ist und das Verfahren hinzuverbunden wird, sind der **Eröffnungsbeschluss und die Besetzungsentscheidung** unwirksam. Ersteres führt zu einem **Verfahrenshindernis**

[609] BGH, Urteil vom 07.01.2015 – 2 StR 259/14,

für den neuen Verfahrensgegenstand. Im Übrigen kann die Besetzung der Strafkammer mit einer Verfahrensrüge beanstandet werden.[610]

[3] Die Revision des Angeklagten gegen dieses Urteil macht zu Recht im Fall II.2. der Urteilsgründe ein Verfahrenshindernis geltend. Im Übrigen greift die Verfahrensrüge durch, die Strafkammer sei falsch besetzt gewesen.

[4] 1. Der Eröffnungsbeschluss vom 31. Oktober 2013 zu Fall II.2. ist unwirksam. Insoweit besteht ein Verfahrenshindernis, das zur Einstellung zwingt.

[5] a) Rechtshängig war bei der 27. Großen Strafkammer aufgrund einer Anklage der Staatsanwaltschaft vom 8. Juli 2013 zunächst nur das Verfahren hinsichtlich der Fälle II.1. und II.3. der Urteilsgründe. Dazu hatte die Strafkammer am 13. August 2013 mit drei Berufsrichtern einen Eröffnungsbeschluss gefasst und zugleich beschlossen, dass sie in der Hauptverhandlung mit zwei Berufsrichtern und zwei Schöffen besetzt sei. Der Vorwurf zu Fall II.2. der Urteilsgründe aufgrund einer weiteren Anklageschrift der Staatsanwaltschaft vom 9. Oktober 2013 wurde bei der 2. Großen Strafkammer anhängig, welche die Sache an die 27. Große Strafkammer abgab. Diese erklärte am 29. Oktober 2013 die Übernahme des Verfahrens.

[6] Nach Beginn der Hauptverhandlung am 31. Oktober 2013 teilte der Vorsitzende mit, dass beabsichtigt sei, die Verfahren zu gemeinsamer Verhandlung und Entscheidung zu verbinden. Nach Gewährung rechtlichen Gehörs beschloss die Strafkammer in der Besetzung mit zwei Berufsrichtern und zwei Schöffen, dass die Anklageschrift vom 9. Oktober 2013 zur Hauptverhandlung zugelassen und das Hauptverfahren eröffnet werde, weiter, dass die Strafkammer in der Hauptverhandlung mit zwei Berufsrichtern und zwei Schöffen besetzt sei, und schließlich, dass die Verfahren verbunden werden.

[7] b) Der neue Eröffnungsbeschluss ist unwirksam.

[8] Für die Entscheidung über die Eröffnung des Hauptverfahrens ist die Strafkammer in der Besetzung zuständig, die außerhalb der Hauptverhandlung zu entscheiden hat, also mit drei Berufsrichtern (§ 76 Abs. 1 GVG). Schöffen können am Eröffnungsbeschluss nicht mitwirken, da sie mangels Aktenkenntnis nicht das Vorliegen eines hinreichenden Tatverdachts im Sinne von § 203 StPO beurteilen können (vgl. BGH, Beschluss vom 2. November 2005 – 4 StR 418/05, BGHSt 50, 267, 271). Auch dann, wenn eine zunächst unterbliebene Eröffnungsentscheidung erst in der Hauptverhandlung nachgeholt werden soll, muss die Strafkammer in der Besetzung außerhalb der Hauptverhandlung entscheiden (BGH, Beschluss vom 7. September 2011 – 1 StR 388/11, NStZ 2012, 50f.; Beschluss vom 27. Februar 2014 – 1 StR 50/14, NStZ 2014, 664 mit Anm. Hoffmann). Entscheidet sie in einer Besetzung, die für die Beurteilung der Voraussetzungen generell ungeeignet ist, liegt ein schwerer Verfahrensfehler vor. Der Eröffnungsbeschluss einer Strafkammer, der nur von zwei statt von drei Berufsrichtern gefasst wurde, ist daher unwirksam (vgl. RG, Urteil vom 29. April 1880 – Rep. 1030/80, RGSt 1, 402; Urteil vom 3. Februar 1910 – III 1038/09, RGSt 43, 217, 218; Urteil vom 9. November 1920 – II 944/20, RGSt 55, 113;BGH, Urteil vom 14. Mai 1957, BGHSt 10, 278, 279; Beschluss vom 13. Oktober 1982 – 3 StR 236/82,

[610] BGH, Urteil vom 20.05.2015 – 2 StR 45/14.

StV 1983, 2, 3; Beschluss vom 2. November 2005 – 4 StR 418/05, BGHSt 50, 267, 269; Beschluss vom 13. Juni 2008 – 2 StR 142/08; Beschluss vom 22. Juni 2010 – 4 StR 216/10, StraFo 2010, 424). Weil das Vorliegen eines wirksamen Eröffnungsbeschlusses, der den Prozessgegenstand bestimmt und die Zuständigkeit des Gerichts festlegt, eine Prozessvoraussetzung für das Hauptverfahren darstellt (vgl. BGH, Beschluss vom 16. Oktober 1980 – StB 29-31/80, BGHSt 29, 351, 354), ist das Verfahren einzustellen (§ 260 Abs. 3 StPO), soweit es von diesem Mangel betroffen ist.

[9] 2. Das Prozesshindernis berührt nicht das Verfahren hinsichtlich der Fälle II.1. und II.3. der Urteilsgründe. Insoweit ist das Urteil aber aufgrund der Besetzungsrüge des Angeklagten aufzuheben.

[10] a) Die vom Angeklagten erhobene Rüge, die Strafkammer sei in der Hauptverhandlung falsch besetzt gewesen, ist zulässig. Eine Präklusion entsprechend § 222b StPO (vgl. BGH, Urteil vom 23. Dezember 1998 – 3 StR 343/98, BGHSt 44, 328, 333) kommt nicht in Betracht, weil der Verfahrensfehler erst in der Hauptverhandlung eingetreten ist. Er war nicht aus der Besetzungsankündigung gemäß § 222a StPO zu entnehmen, weshalb die an die Besetzungsmitteilung anknüpfende Begrenzung der Möglichkeiten zur Geltendmachung eines Besetzungsfehlers gemäß § 222b Abs. 1 Satz 1 StPO nicht anzuwenden ist.

[11] b) Die Rüge ist begründet, denn die Strafkammer hätte in der Hauptverhandlung mit drei Berufsrichtern und zwei Schöffen verhandeln müssen. Es lag keine wirksame Reduzierung der Besetzung gemäß § 76 Abs. 2 Satz 4 GVG vor. Die Verhandlung mit zwei Berufsrichtern nebst Schöffen verstieß gegen § 76 Abs. 1 Satz 1 GVG, § 338 Nr. 1 StPO und Art. 101 Abs. 1 Satz 2 GG.

[12] aa) Das Gesetz sieht Beschlüsse über die Reduzierung der Besetzung der Strafkammer im Allgemeinen nur außerhalb der Hauptverhandlung vor. Die Entscheidung über die Besetzung ist grundsätzlich bei der Eröffnung des Hauptverfahrens zu treffen (§ 76 Abs. 2 Satz 1 GVG) und in derselben Besetzung. Eine bereits beschlossene Besetzungsreduzierung kann nachträglich abgeändert werden, wenn sich vor Beginn der Hauptverhandlung neue Umstände ergeben, die nach Maßgabe von § 76 Abs. 2 und 3 GVG die Mitwirkung eines weiteren Berufsrichters erforderlich machen (§ 76 Abs. 4 GVG). Auch dann erfolgt die Entscheidung außerhalb der Hauptverhandlung. Selbst wenn aufgrund eines Besetzungseinwands in der Hauptverhandlung zu entscheiden ist, bleibt die Besetzung der Strafkammer für Entscheidungen außerhalb der Hauptverhandlung zuständig (§ 222b Abs. 2 Satz 1 StPO). Es gibt demnach keine Entscheidung über die Besetzung der Strafkammer im Sinne von § 76 Abs. 2 GVG, die in der für die Hauptverhandlung selbst maßgeblichen Besetzung getroffen werden könnte. Schließlich sind die Beurteilungsfaktoren mangels Aktenkenntnis nicht durch die Schöffen zu bewerten, die bei Entscheidungen außerhalb der Hauptverhandlung aus dem Quorum ausscheiden (§ 76 Abs. 1 Satz 2 GVG).

[13] Die Besetzungsentscheidung durch zwei Berufsrichter und zwei Schöffen ist daher fehlerhaft getroffen worden. Sie ist unwirksam. Dies führt dazu, dass die Besetzung gemäß § 76 Abs. 1 Satz 1 GVG maßgeblich war.

[14] bb) Der Beschluss vom 13. August 2013 über die Reduzierung der Besetzung wirkte, anders als in dem vom 3. Strafsenat durch Urteil vom 29. Januar 2009 – 3 StR 567/08 (BGHSt 53, 169, 171 ff.) entschiedenen Fall, in dem das Hauptverfahren über eine hinzuverbundene Sache bereits eröffnet und eine Be-

setzungsreduzierung dazu ordnungsgemäß beschlossen worden war, nicht ohne Weiteres fort.

[15] Dieser Beschluss war durch die Übernahme des Verfahrens zu Fall II.2., die Absicht der Verbindung mit dem bisherigen Verfahren und die tatsächlich getroffene neue Besetzungsentscheidung überholt. Die Übernahme des Verfahrens zu Fall II.2. und die Absicht der Strafkammer, eine Verfahrensverbindung herbeizuführen, hatten den Umfang und die Schwierigkeit der Sache im Sinne von § 76 Abs. 2 Satz 1 Nr. 3 GVG verändert. Bei der Auslegung dieser Merkmale stand der Strafkammer ein weiter Beurteilungsspielraum zu (vgl. BVerfG, Beschluss vom 20. Juni 2012 – 2 BvR 1048/11, BVerfGE 131, 268, 313; BGH, Urteil vom 23. Dezember 1998 – 3 StR 343/98, BGHSt 44, 328, 330; Beschluss vom 7. Juli 2010 – 5 StR 555/09, NJW 2010, 3045, 3046). Diesen konnte sie in der fehlerhaften Besetzung nicht wirksam ausfüllen.

[16] Da die Strafkammer in anderer Besetzung entschieden hat als bei dem ersten Beschluss über die Reduzierung der Besetzung, kam ihrem neuen Beschluss keine deklaratorische Bedeutung zu. Selbst für die Beibehaltung der bisherigen Besetzungsreduktion und deren Bestätigung wäre die Strafkammer nur in der Besetzung mit drei Berufsrichtern zuständig gewesen. Das inkompetente Quorum konnte die Fortgeltung der bisherigen Besetzungsentscheidung ungeachtet der neuen Umstände nicht wirksam beschließen. Vielmehr hat die Strafkammer die Bedeutung und Tragweite von Art. 101 Abs. 1 Satz 2 GG für die Besetzungsentscheidung und für die Verhandlung in reduzierter Besetzung verkannt. Gesetzlicher Richter ist nicht nur das sachlich zuständige Gericht und der geschäftsplanmäßig zuständige Spruchkörper, sondern jeder zur Mitwirkung berufene Richter (vgl. BVerfG, Beschluss vom 8. April 1997 – 1 PBvU 1/95, BVerfGE 95, 322, 329).

[17] Weil es um den gesetzlichen Richter für die Hauptverhandlung über die verbundenen Verfahren ging, in der das angefochtene Urteil erlassen wurde, kann dem Verfahrensfehler nicht mit Überlegungen zur angemessenen Besetzung der Strafkammer nach der erst durch den Senat ausgesprochenen Teileinstellung des Verfahrens eine Bedeutung abgesprochen werden.

[18] c) Der Besetzungsfehler zwingt zur Aufhebung des Urteils hinsichtlich der Fälle II.1. und II.3., das darauf beruht (§ 338 Nr. 1 Halbsatz 1 StPO). Für die Hauptverhandlung vor dem neuen Tatrichter gilt § 76 Abs. 5 GVG.

Zwar enthält die Strafprozessordnung keine spezielle Formvorschrift für den **Eröffnungsbeschluss**; dennoch bedarf es im Hinblick auf seine Bedeutung als Grundlage des Hauptverfahrens und mit Rücksicht auf die Feststellbarkeit der Beschlussfassung regelmäßig einer schriftlichen Niederlegung der Entscheidung. Erforderlich ist aus Gründen der Rechtsklarheit, dass die Urkunde aus sich heraus oder in Verbindung mit sonstigen Urkunden mit Sicherheit erkennen lässt, dass die zuständigen Richter die Eröffnung des Hauptverfahrens tatsächlich beschlossen haben. **568**

Das Fehlen eines wirksamen Eröffnungsbeschlusses führt zu einem Verfahrenshindernis. Insoweit ist das Verfahren mit der Kostenfolge gemäß § 467 Abs. 1 StPO einzustellen (§ 206a StPO).[611]

---

611 BGH, Beschluss vom 16.06.2015 – 2 StR 29/15.

[18] Hinsichtlich der Vorwürfe zu den Fällen II.6. bis II.8. der Urteilsgründe gegen den Angeklagten N. besteht ein Verfahrenshindernis, weil die Jugendkammer eine Eröffnung des Hauptverfahrens versäumt hat.

[19] 1. Mit Anklageschrift vom 8. Mai 2014 (820 Js 81/14) erhob die Staatsanwaltschaft Gera gegen den Angeklagten N. insoweit Anklage. Die Jugendkammer übernahm durch Beschluss vom 20. Mai 2014 das Verfahren und verband es zu dem bisher dort anhängigen Verfahren (820 Js 12758/13 3 KLs jug.) hinzu. Danach verfügte der Vorsitzende die Zustellung der Anklageschrift an den Angeklagten N. und gab ihm Gelegenheit zur Erklärung, ob er Beweisanträge stellen oder Einwendungen gegen die Eröffnung des Hauptverfahrens erheben wolle. Ein Beschluss über die Eröffnung des Hauptverfahrens wurde danach nicht getroffen.

[20] In dienstlichen Erklärungen, die der Generalbundesanwalt eingeholt hat, haben die Berufsrichter der Jugendkammer ausgeführt, sie hätten bereits am 20. Mai 2014 zugleich mit der Übernahme des Verfahrens und dessen Verbindung mit dem bereits rechtshängigen Verfahren auch über die Eröffnung des Hauptverfahrens hinsichtlich der weiteren Anklagevorwürfe beraten.

[21] 2. Der Übernahme- und Verbindungsbeschluss enthält keine wirksame Entscheidung über die Eröffnung des Hauptverfahrens zu den Vorwürfen aus der Anklageschrift vom 8. Mai 2014. Das folgt nicht nur aus dem alleine auf die Übernahme der Sache und die Verbindung mit dem bereits rechtshängigen Verfahren bezogenen Beschlusstext, sondern auch aus der Verfügung des Vorsitzenden, mit der dem Angeklagten N. anschließend das rechtliche Gehör zur Frage der Eröffnung des Hauptverfahrens gewährt wurde.

[22] Soweit der Generalbundesanwalt dem Text der Verfügung keine Bedeutung beimessen will, weil diese auf einem Formular niedergelegt wurde, vermag der Senat dem nicht zu folgen. Der Prozessverlauf und der Urkundeninhalt sprechen einzeln und in der Gesamtschau gegen eine konkludente Eröffnung des Hauptverfahrens noch vor der Anhörung des Angeklagten N. Wenn die Richter der Jugendkammer bei der Beschlussfassung vom 20. Mai 2014 auch die Eröffnung des Hauptverfahrens vorberaten haben, ändert dies nichts daran, dass ein wirksamer Eröffnungsbeschluss danach weder gefasst noch dokumentiert wurde.

[23] Zwar enthält die Strafprozessordnung keine spezielle Formvorschrift für den Eröffnungsbeschluss; dennoch bedarf es im Hinblick auf seine Bedeutung als Grundlage des Hauptverfahrens und mit Rücksicht auf die Feststellbarkeit der Beschlussfassung regelmäßig einer schriftlichen Niederlegung der Entscheidung. Erforderlich ist aus Gründen der Rechtsklarheit, dass die Urkunde aus sich heraus oder in Verbindung mit sonstigen Urkunden mit Sicherheit erkennen lässt, dass die zuständigen Richter die Eröffnung des Hauptverfahrens tatsächlich beschlossen haben (vgl. BGH, Beschluss vom 11. Januar 2011 – 3 StR 484/10, BGHR StPO § 207 Beschluss 1). Daran fehlt es hier; denn nach der Anhörung des Angeschuldigten wäre – unbeschadet der durchgeführten Vorberatung – eine abschließende Beschlussfassung der Jugendkammer erforderlich gewesen, die auch nach den dienstlichen Erklärungen der Mitglieder der Jugendkammer nicht erfolgt ist.

[24] Das Fehlen eines wirksamen Eröffnungsbeschlusses führt zu einem Verfahrenshindernis hinsichtlich der Fälle II.6. bis II.8. der Urteilsgründe. Insoweit ist das Verfahren mit der Kostenfolge gemäß § 467 Abs. 1 StPO einzustellen (§ 206a StPO).

12. Höchstdauer einer Unterbrechung – § 229 StPO

Nach ständiger Rechtsprechung gilt eine **Hauptverhandlung dann als fortgesetzt,** 569
wenn zur Sache verhandelt und das Verfahren gefördert wird. Zwar kann auch in der Befassung lediglich mit Verfahrensfragen eine Förderung des Verfahrens in der Sache liegen, wenn deren Ziel die Klärung ist, durch welche Untersuchungshandlungen der Aufklärung des Sachverhalts Fortgang gegeben werden kann (BGH aaO). Nicht ausreichend hierfür ist jedoch allein die in der Sache selbst nicht weiterführende Prüfung und Erörterung, ob eine – weitere – Unterbrechung der Hauptverhandlung notwendig ist und wann diese gegebenenfalls fortgesetzt werden kann.[612]

[4] 2. Die Rüge, die Hauptverhandlung sei zwischen 5. November und 10. Dezember 2014 – mithin länger als drei Wochen – unterbrochen gewesen, hat Erfolg. Am 26. November 2014 wurde die Hauptverhandlung nicht im Sinne von § 229 Abs. 1, Abs. 4 Satz 1 StPO fortgesetzt.

[5] a) Nach ständiger Rechtsprechung gilt eine Hauptverhandlung dann als fortgesetzt, wenn zur Sache verhandelt und das Verfahren gefördert wird (vgl. BGH, Urteil vom 16. Januar 2014 – 4 StR 370/13, NStZ 2014, 220). Zwar kann auch in der Befassung lediglich mit Verfahrensfragen eine Förderung des Verfahrens in der Sache liegen, wenn deren Ziel die Klärung ist, durch welche Untersuchungshandlungen der Aufklärung des Sachverhalts Fortgang gegeben werden kann (BGH aaO). Nicht ausreichend hierfür ist jedoch allein die in der Sache selbst nicht weiterführende Prüfung und Erörterung, ob eine – weitere -Unterbrechung der Hauptverhandlung notwendig ist und wann diese gegebenenfalls fortgesetzt werden kann (vgl. LR/Becker, StPO, 26. Aufl., § 229 Rn. 12; Meyer-Goßner/Schmitt, StPO, 58. Aufl., § 229 Rn. 11; jeweils mwN). So liegt der Fall indes hier.

[6] b) Allerdings hat der Bundesgerichtshof die Auffassung vertreten, dass die Unterbrechungsfrist des § 229 Abs. 1 StPO auch dann gewahrt ist, wenn die für den Fortsetzungstermin in Aussicht genommene weitere Förderung des Verfahrens in der Sache infolge unvorhersehbarer Ereignisse nicht stattfinden kann (BGH, Beschluss vom 5. November 2008 – 1 StR 583/08, NJW 2009, 384). Der Senat kann offen lassen, ob er dieser Ansicht beitreten könnte, insbesondere, ob sie mit dem wesentlichen Zweck des § 229 StPO, der Wahrung der Konzentrationsmaxime (LR/Becker aaO, Rn. 1 mwN), noch zu vereinbaren ist; denn auf die vorliegende Sachverhaltsgestaltung ist diese Entscheidung jedenfalls nicht übertragbar. Ihr lag zu Grunde, dass das Gericht im Fortsetzungstermin zunächst einem mit veränderter Sachlage begründeten Unterbrechungsantrag des Verteidigers entsprechen musste. Demgegenüber war das Landgericht hier ausschließlich infolge der Erkrankung der geladenen Zeugin daran gehindert, die Beweisaufnahme wie vorgesehen fortzusetzen. Welche Auswirkungen es auf den Lauf der höchstzulässigen Unterbrechungsfrist hat, wenn ein Verfahrensbeteiligter wegen Krankheit nicht zur Hauptverhandlung erscheinen kann, ist indes Gegenstand der besonderen und abschließenden Regelung in § 229 Abs. 3 StPO. Eine Hemmung der Unterbrechungsfrist wegen Erkrankung eines Zeugen ist dort nicht vorgesehen. Dies kann nicht dadurch umgangen werden, dass die Bekanntgabe einer Er-

---

[612] BGH, Beschluss vom 30.06.2015 – 3 StR 202/15.

krankung als Sachverhandlung im Sinne einer Fortsetzung der Hauptverhandlung nach § 229 Abs. 4 Satz 1 StPO gewertet wird, durch die die Unterbrechungsfrist gewahrt wird.

570 Das Verfahren ist gemäß § **206a StPO** wegen eines **Verfahrenshindernisses** einzustellen, weil der Angeklagte noch vor der Beschlussfassung über seine Revision verstorben ist. Der Umstand, dass der Senat die Revision des Angeklagten in Unkenntnis seines Todes gemäß § 349 Abs. 2 StPO verworfen hat, macht eine förmliche Verfahrenseinstellung nicht entbehrlich.[613]

[1] Das Verfahren ist gemäß § 206a StPO wegen eines Verfahrenshindernisses einzustellen, weil der Angeklagte bereits am 7. April 2015 und damit noch vor der Beschlussfassung über seine Revision verstorben ist (vgl. BGH, Beschluss vom 8. Juni 1999 – 4 StR 595/97, BGHSt 45, 108). Das angefochtene Urteil ist damit – soweit es den Angeklagten betrifft – gegenstandslos, ohne dass es einer Aufhebung bedarf (vgl. BGH, Beschluss vom 13. Juni 2013 – 1 StR 207/13; BGH, Beschluss vom 5. August 1999 – 4 StR 640/98, BGHR StPO § 467 Abs. 3 Verfahrenshindernis 2).

[2] Der Umstand, dass der Senat die Revision des Angeklagten in Unkenntnis seines Todes am 18. August 2015 gemäß § 349 Abs. 2 StPO verworfen hat, macht eine förmliche Verfahrenseinstellung nicht entbehrlich. Vielmehr ist zudem aus Gründen der Rechtssicherheit klarzustellen, dass der Verwerfungsbeschluss gegenstandslos ist, soweit er den Angeklagten betrifft (vgl. BGH, Beschluss vom 18. April 2000 – 5 StR 659/99).

[3] Die Kosten des Verfahrens fallen gemäß § 467 Abs. 1 StPO der Staatskasse zur Last. Da die Revision des Angeklagten keine Aussicht auf Erfolg hatte, sind nach § 467 Abs. 3 Satz 2 Nr. 2 StPO seine notwendigen Auslagen nicht der Staatskasse aufzuerlegen.

13. Anwesenheitspflicht des Angeklagten – § 231 StPO

571 Nach § 231 Abs. 2 StPO darf nur gegen eine(n) Angeklagte(n) verhandelt werden, wenn er/sie der Fortsetzung der Hauptverhandlung eigenmächtig ferngeblieben ist; eine solche Eigenmächtigkeit hat der Tatrichter nachprüfbar für das Revisionsgericht darzulegen.[614]

14. Mitteilungsverpflichtung über das Stattfinden von Erörterungen bzgl. einer Verständigung – § 243 Abs. 4 StPO

572 Zur besseren Übersichtlichkeit sind alle Entscheidungen, betreffend eine Verständigung im Strafverfahren, unter § 257c StPO aufgeführt (vgl. Rn. 589 ff.).

---

[613] BGH, Beschluss vom 27.10.2015 – 1 StR 162/15.
[614] BGH, Beschluss vom 06.05.2014 – 5 StR 160/14.

15. Stellung von Beweisanträgen – § 244 StPO

a) Allgemeines

1. Ein Beschluss, mit dem ein Beweisantrag wegen Bedeutungslosigkeit der behaupteten Tatsachen abgelehnt wird, muss die Erwägungen anführen, aus denen der Tatrichter ihnen keine Bedeutung beimisst. **573**

2. Geht es um den Angeklagten belastende Beweisbehauptungen, muss die Ablehnung das ganze Beweisthema ohne Einengung, Verkürzung oder Unterstellung erfassen und darlegen, warum dem Tatrichter die im Beweisantrag behauptete Tatsache in Verbindung mit dem bisherigen Beweisergebnis nicht ausreichen würde, um zu einer Verurteilung zu gelangen.

3. Hat das Tatgericht die als bedeutungslos erachteten Indizien, die für die vorläufige Beweiswürdigung in den Ablehnungsbeschluss so einzustellen gewesen wären, als seien sie erwiesen, im Urteil im Ergebnis als bedeutungslos gewürdigt und den vom Beweisantragssteller intendierten Schluss aus anderen Gründen gezogen, so ist auszuschließen, dass das Urteil auf der unzureichenden Begründung und daher fehlerhaften Ablehnung des Beweisantrags beruht.[615]

[12] bb) Daran gemessen sind zwar die von der Staatsanwaltschaft beanstandeten Ablehnungsbeschlüsse unzureichend begründet. Gleichwohl haben die Verfahrensrügen keinen Erfolg.

[13] (1) Die zeugenschaftliche Vernehmung einer Sparkassenangestellten dazu, dass dem Angeklagten 2007/2008 lediglich eine Kreditlinie von 500 € eingeräumt und es auf seinem Konto zwischen Oktober 2008 und Mai 2009 zu Rücklastschriften gekommen war, sollte ersichtlich als Indiz dafür dienen, dass der damals von Arbeitslosengeld II sowie Gelegenheitstätigkeiten lebende Angeklagte aufgrund seiner Einkommens- und Vermögensverhältnisse nicht über legale Mittel verfügte, um – kurz nach der Tat – einen Pkw zum Preis von 16.900 Euro bar bezahlen zu können.

[14] Es ist jedoch auszuschließen, dass das Urteil auf der unzureichenden Begründung und daher fehlerhaften Ablehnung des Beweisantrags beruht. Denn die Strafkammer ist in den Urteilsgründen von einer Mittellosigkeit des Angeklagten ausgegangen und hat die Barzahlung anlässlich des Pkw-Kaufs als – ersichtlich gewichtiges Indiz – für die Täterschaft des Angeklagten in seine Gesamtwürdigung eingestellt. Ein solches Vorgehen – also einerseits die Ablehnung eines Beweisantrags wegen Bedeutungslosigkeit, andererseits die Bejahung des mit ihm verfolgten Beweisziels – kann die Revision nicht begründen. Denn das Landgericht hat die als bedeutungslos erachteten Indizien, die für die vorläufige Beweiswürdigung in den Ablehnungsbeschluss so einzustellen gewesen wären, als seien sie erwiesen, im Urteil im Ergebnis als bedeutungslos gewürdigt und den von der Beschwerdeführerin intendierten Schluss – aus anderen Gründen – gezogen (vgl. auch BGH, Urteil vom 17. April 2014 – 3 StR 27/14, NStZ-RR 2014, 279, 280 mwN).

[15] (2) Mit den Beweisanträgen der Staatsanwaltschaft auf Vernehmung von Polizeibeamten zu einer mehr als eine Stunde vor dem Tatzeitpunkt versandten

---

[615] BGH, Beschluss vom 26.02.2015 – 4 StR 293/14.

Kurzmitteilung, aus der sich unter anderem ergeben soll, dass der Empfänger [der Angeklagte] damals nicht beim Absender [seiner damaligen Lebensgefährtin] war, verfolgte die Staatsanwaltschaft ersichtlich das Ziel nachzuweisen, dass der Angeklagte als Täter in Betracht komme, weil er sich zur Tatzeit nicht bei seiner Lebensgefährtin aufgehalten habe.

[16] Auch hier fehlt es jedenfalls am Beruhen. Wird ein Beweisantrag wegen tatsächlicher Bedeutungslosigkeit der Beweistatsache abgelehnt, ohne dass hinreichend dargelegt wird, woraus sich nach Ansicht des Gerichts die Bedeutungslosigkeit ergibt, so kann ein Beruhen hierauf ausgeschlossen werden, wenn die Gründe für die Bedeutungslosigkeit auf der Hand lagen (BGH, Beschluss vom 15. Mai 1990 – 5 StR 594/89, BGHR StPO § 244 Abs. 3 Satz 1 Bedeutungslosigkeit 12; KK-Krehl, aaO, § 244 Rn. 147 mwN). Das ist hier der Fall. Zwar gilt – wie bei jeder anderen entlastenden Indiztatsache – der Grundsatz „in dubio pro reo" nicht für einen weder widerlegten noch nachgewiesenen Alibibeweis (vgl. BGH, Urteil vom 25. Juni 2014 – 2 StR 333/13). Der lediglich gescheiterte Alibibeweis – bei dem die Lüge nicht erwiesen ist und auch sonst keine besonderen Umstände vorliegen – ist aber kein Beweisanzeichen für die Täterschaft (BGH, Urteile vom 21. Januar 2004 – 1 StR 364/03, NStZ 2004, 392, 394; vom 31. März 1999 – 5 StR 689/98, NStZ 1999, 423). Dies gilt auch, wenn – wie hier – der (unterstellt) erhobene Beweis ein Alibi des Angeklagten nicht ergeben hätte. Denn auch bei Erwiesenheit der unter Beweis gestellten Tatsachen stünde letztlich nur fest, dass sich der Angeklagte zum Zeitpunkt des Versands der Kurzmitteilung nicht bei seiner Lebensgefährtin aufgehalten hat; einen tragfähigen Schluss auf seine Täterschaft lässt dies indes nicht zu, sondern schließt ihn lediglich als Täter nicht aus.

[17] (3) Die Verlesung der Telekommunikationsüberwachungsprotokolle über vier Kurzmitteilungen, die im Dezember 2009 zwischen dem Angeklagten und der gesondert verfolgten Sch. ausgetauscht worden sein sollen, hat die Strafkammer ebenfalls als aus tatsächlichen Gründen bedeutungslos abgelehnt. Mit ihnen sollte insbesondere erwiesen werden, dass der Angeklagte die Zeugin, die bei einer Tankstelle beschäftigt gewesen sei, gebeten habe, ihm Geld („noch 200") mitzubringen bzw. die Zeugin mitgeteilt habe, dass sie nur „135" getauscht habe, dass mithin die gesondert verfolgte Sch. „aus einem nur ihr und dem Angeklagten bekannten Versteck Bargeld entnahm und an der Kasse der Aral-Tankstelle in nicht inkriminiertes Geld getauscht hat".

[18] Die Ablehnung dieses Antrags begründet ebenfalls nicht das Rechtsmittel der Staatsanwaltschaft. Denn der behauptete Inhalt der Kurzmitteilungen ist so nichtssagend, dass es auch angesichts der von der Strafkammer zutreffend als bloße „Mutmaßungen" bezeichneten Beweisziele auf der Hand liegt, dass dem Tatrichter die im Beweisantrag behaupteten Tatsachen in Verbindung mit dem bisherigen Beweisergebnis nicht ausreichen würde, um zu einer Verurteilung zu gelangen (vgl. auch BGH, Beschluss vom 9. Dezember 2014 – 3 StR 442/14).

[19] b) Auch die daneben erhobenen Rügen der Verletzung des § 244 Abs. 2 StPO greifen nicht durch, da die Aufklärungspflicht die Erhebung von Beweisen zu tatsächlich bedeutungslosen Umständen nicht gebietet.

[20] c) Soweit die Staatsanwaltschaft einen (weiteren) Verstoß gegen § 244 Abs. 6 StPO darin sieht, dass die oben genannten Ablehnungsbeschlüsse ohne die erforderliche Gesamtwürdigung der unter Beweis gestellten Indiztatsachen zustande gekommen seien, hat auch diese Rüge keinen Erfolg.

[21] Zwar können Beweisbehauptungen, die bereits früher und gleichzeitig mit dem konkret zu verbescheidenden Beweisantrag erhoben und als bedeutungslos oder bereits erwiesen behandelt wurden, in die bei der Prüfung der Bedeutungslosigkeit einer – weiteren – Beweisbehauptung gebotenen Erwägungen einzubeziehen sein (Becker in Löwe/Rosenberg, StPO, 26. Aufl., § 244 Rn. 225 mwN). Jedoch liegt weder nahe, dass die Strafkammer bei der Entscheidung über die Beweisanträge den Inhalt der früher gestellten Beweisanträge außer Betracht gelassen hat, noch ist ersichtlich, dass zwischen den einzelnen, in den verschiedenen Anträgen genannten Beweisbehauptungen ein Zusammenhang besteht, der deren Einbeziehung und eine Gesamtabwägung erfordern würde.

Ein Beschluss, mit dem ein Beweisantrag wegen **Bedeutungslosigkeit der behaupteten Tatsache** abgelehnt wird, hat die Erwägungen anzuführen, aus denen der Tatrichter ihr aus rechtlichen oder tatsächlichen Gründen keine Bedeutung für den Schuld- oder Rechtsfolgenausspruch beimisst. Erforderlich sind hierzu regelmäßig eine Würdigung der bis dahin durch die Beweisaufnahme gewonnenen Indiztatsachen sowie konkrete Erwägungen, aus denen sich ergibt, warum das Gericht aus den behaupteten Tatsachen keine entscheidungserheblichen Schlussfolgerungen ziehen würde. Die Würdigung erlaubt eine Beweisantizipation, bei der die unter Beweis gestellte Tatsache ohne Abstriche zu berücksichtigen ist. Die **Anforderungen an die Begründung** entsprechen grundsätzlich den Darlegungserfordernissen bei der Würdigung von durch die Beweisaufnahme gewonnenen Indiztatsachen in den Urteilsgründen.[616] **574**

[5] 2. Die Ablehnung des Beweisantrags durch das Landgericht hält rechtlicher Nachprüfung nicht stand.

[6] Nach der ständigen Rechtsprechung des Bundesgerichtshofs muss der Beschluss, mit dem ein Beweisantrag wegen Bedeutungslosigkeit der behaupteten Tatsache abgelehnt wird, die Erwägungen anführen, aus denen der Tatrichter ihr aus rechtlichen oder tatsächlichen Gründen keine Bedeutung für den Schuld- oder Rechtsfolgenausspruch beimisst. Erforderlich sind hierzu regelmäßig eine Würdigung der bis dahin durch die Beweisaufnahme gewonnenen Indiztatsachen sowie konkrete Erwägungen, aus denen sich ergibt, warum das Gericht aus den behaupteten Tatsachen keine entscheidungserheblichen Schlussfolgerungen ziehen würde. Die Würdigung erlaubt eine Beweisantizipation, bei der die unter Beweis gestellte Tatsache ohne Abstriche zu berücksichtigen ist (vgl. Meyer-Goßner/Schmitt, StPO, 58. Aufl. § 244 Rn. 56 mN). Geht es um die Glaubwürdigkeit eines Zeugen, bedarf es der Begründung, warum die zu beweisende Tatsache das Gericht auch im Falle ihres Nachweises unbeeinflusst ließe. Die Anforderungen an die Begründung entsprechen grundsätzlich den Darlegungserfordernissen bei der Würdigung von durch die Beweisaufnahme gewonnenen Indiztatsachen in den Urteilsgründen (BGH, Beschluss vom 19. Oktober 2006 – 4 StR 251/06, NStZ-RR 2007, 84, 85 mwN).

[7] Dem genügt der Beschluss des Landgerichts nicht. Er setzt sich nicht damit auseinander, welche Bedeutung eine Bestätigung der Beweisbehauptung für die Glaubwürdigkeit der Zeugin haben würde, denn die Zeugin hat auf die Frage des

---

616 BGH, Beschluss vom 09.07.2015 – 1 StR 141/15.

Angeklagten, ob sie auffällige, ganz schwere Varizen an den Oberschenkeln habe, wie ihm beim Vaginalverkehr aufgefallen sei, bekundet, dort keine ausgeprägten Krampfadern zu haben (UA S. 54). Das Landgericht hätte in der Beschlussbegründung ausführen müssen, dass es selbst dann, wenn sich diese Antwort der Zeugin als falsch erweisen sollte, an seiner Überzeugung, dass der Angeklagte die Taten, so wie sie von der Zeugin geschildert wurden, begangen hat, nichts ändert. Der Beweisantrag zielte nicht darauf ab, aus dem Vorhandensein ungewöhnlich massiv ausgeprägter Krampfadern im Zeitpunkt der Inaugenscheinnahme einen Rückschluss auf den Zustand der Oberschenkel bei Tatbegehung zuzulassen, wovon die Kammer offenbar ausgegangen ist, sondern es sollte nachgewiesen werden, dass die Zeugin in einem Punkt, nämlich zum Zustand ihrer Oberschenkel zur Zeit der Hauptverhandlung, die Unwahrheit gesagt hat. Dies hat die Kammer verkannt.

[8] Auf diesem Verfahrensfehler beruht der Schuldspruch für beide Taten. Der Senat kann letztendlich nicht mit letzter Sicherheit ausschließen, dass das Landgericht trotz gewichtiger gegen den Angeklagten sprechender Umstände zu einem anderen Ergebnis gelangt wäre. Der gesamte Schuldspruch nebst den zugehörigen Feststellungen (§ 353 Abs. 2 StPO) unterliegt daher der Aufhebung.

575 Die Revision macht zu Recht geltend, das Landgericht hätte sich in Erfüllung seiner **Aufklärungspflicht** nach § 244 Abs. 2 StPO dazu gedrängt sehen müssen, die Polizeibeamten L., B., G., R. und F. zu vernehmen, die ausgesagt hätten, dass sie an der Festnahme des Angeklagten unmittelbar beteiligt gewesen wären, sich der Angeklagte auf dem Bauch liegend aufgebäumt und sich gegen die Festnahme mit Fußtritten in Richtung der Zeugen gewehrt habe, um seine Festnahme zu verhindern.[617]

[6] Die gegen den Teilfreispruch gerichtete Revision der Staatsanwaltschaft ist begründet.

[7] Die Revision macht zu Recht geltend, das Landgericht hätte sich in Erfüllung seiner Aufklärungspflicht nach § 244 Abs. 2 StPO dazu gedrängt sehen müssen, die Polizeibeamten L., B., G., R. und F. zu vernehmen, die ausgesagt hätten, dass sie an der Festnahme des Angeklagten unmittelbar beteiligt gewesen wären, sich der Angeklagte auf dem Bauch liegend aufgebäumt und sich gegen die Festnahme mit Fußtritten in Richtung der Zeugen gewehrt habe, um seine Festnahme zu verhindern.

[8] Das Landgericht hat sowohl die Anwesenheit der genannten Polizeibeamten am Tatort als auch die Beteiligung „weiterer" Polizeibeamter an der Fesselung ausdrücklich festgestellt. Die in der Hauptverhandlung verlesene Strafanzeige führte zudem die Polizeibeamten B., F. und G. als Geschädigte auf. Soweit sich das Landgericht von der Zuverlässigkeit der den An- geklagten belastenden Angaben des Polizeibeamten H. nicht zu über- zeugen vermochte, hätte es sich daher gedrängt sehen müssen, neben dem Zeugen H. auch die anderen am Tatort eingesetzten Polizeibeamten zu vernehmen.

[9] Auch unter Berücksichtigung der weiteren Beweisergebnisse und der im Hinblick auf die Rechtmäßigkeit der Diensthandlung nicht hinreichend getroffenen

[617] BGH, Beschluss vom 21.01.2015 – 2 StR 270/14.

Feststellungen ist nicht auszuschließen, dass der Teilfreispruch auf der unterbliebenen Beweiserhebung beruht. So ist namentlich die Erforderlichkeit des „Blendschlags" in das Gesicht des vornüber Gebeugten durch den Reizgaseinsatz erkennbar abwehrunfähigen Angeklagten nicht ersichtlich. Andererseits schließt allein der Umstand, dass der Angeklagte nach Angaben des Zeugen H. infolge seines stark alkoholisierten Zustands nach seiner Fixierung nicht mehr in der Lage war, zu laufen bzw. einen Alkoholtest durchzuführen und er verletzungsbedingt über eine nur gering ausgeprägte Bauchmuskulatur verfügte, nicht von vornherein aus, dass er sich auf dem Bauch liegend aufbäumen und gegen die Festnahme mit Fußtritten wehren konnte.

b) Ablehnung von Beweisanträgen

Wird ein Beweisantrag allein mit der Begründung abgelehnt, die zu beweisende Tatsache lasse keine Schlüsse zugunsten eines Angeklagte zu, muss sich der Tatrichter auch damit auseinandersetzen, ob für den Fall des Erwiesenseins der Beweistatsache Schlüsse hieraus zu Gunsten des Angeklagten möglich wären und ob es gegebenenfalls auf der Grundlage der bisherigen Beweisaufnahme solche Schlüsse ziehen würde.[618] **576**

2. Auch die Rüge des Angeklagten K., das Landgericht habe den Beweisantrag auf Inaugenscheinnahme des Telefongesprächs zwischen der früheren Mitangeklagten B. und N. W. vom 11. März 2011 zu Unrecht als für die Entscheidung aus tatsächlichen Gründen ohne Bedeutung abgelehnt (§ 244 Abs. 3 Satz 2 StPO), bleibt im Ergebnis ohne Erfolg. Zwar hat das Landgericht den Beweisantrag allein mit der Begründung abgelehnt, die zu beweisende Tatsache lasse „keine zwingenden Schlüsse" darauf zu, dass der Angeklagte K. tatbeteiligt gewesen sei. Dieser Maßstab greift zu kurz, denn das Landgericht hätte sich auch damit auseinandersetzen müssen, ob für den Fall des Erwiesenseins der Beweistatsache Schlüsse hieraus zu Gunsten des Angeklagten möglich wären und ob es gegebenenfalls auf der Grundlage der bisherigen Beweisaufnahme solche Schlüsse ziehen würde (vgl. Meyer-Goßner/Schmitt, StPO, 57. Aufl., § 244 Rn. 56 mwN). Der Senat schließt jedoch aus, dass das Urteil auf diesem Mangel in der Begründung des Ablehnungsbeschlusses beruht, denn der behauptete Inhalt des Telefongesprächs ist so nichtssagend, dass die Unmöglichkeit der Beeinflussung der tatrichterlichen Überzeugungsbildung – zu Gunsten oder zu Lasten des Angeklagten K. – ohne weiteres auf der Hand liegt.

Eine **unter Beweis gestellte Indiz- oder Hilfstatsache** ist aus tatsächlichen Gründen für die Entscheidung **bedeutungslos,** wenn sie in keinem Zusammenhang mit der Urteilsfindung steht oder wenn sie trotz eines solchen Zusammenhangs selbst im Falle ihrer Bestätigung keinen Einfluss auf die richterliche Überzeugung vom entscheidungserheblichen Sachverhalt hätte, da sie nur einen möglichen Schluss auf das Vorliegen oder Fehlen einer Haupttatsache oder den Beweiswert eines anderen Beweismittels ermöglicht und das Gericht der Überzeugung ist, **577**

618 BGH, Beschluss vom 09.12.2014 – 3 StR 442/14.

dass dieser Schluss in Würdigung der gesamten Beweislage nicht gerechtfertigt wäre.[619]

578 1. Eine unter Beweis gestellte Indiz- oder Hilfstatsache ist **aus tatsächlichen Gründen für die Entscheidung bedeutungslos**, wenn sie in keinem Zusammenhang mit der Urteilsfindung steht oder weil sie trotz eines solchen Zusammenhangs selbst im Falle ihrer Bestätigung keinen Einfluss auf die richterliche Überzeugung vom entscheidungserheblichen Sachverhalt hätte, da sie nur einen möglichen Schluss auf das Vorliegen oder Fehlen einer Haupttatsache oder den Beweiswert eines anderen Beweismittels ermöglicht und das Gericht der Überzeugung ist, dass dieser Schluss in Würdigung der gesamten Beweislage nicht gerechtfertigt wäre.

2. Bei der Frage des Vorliegens eines versuchten Betrugs kann der Vorstellung der potentiell Geschädigten bezüglich des Bestehens der Forderung eine indizielle Bedeutung für die Feststellung des Tatentschlusses zukommen.[620]

[2] I. Die Revision rügt zu Recht, dass die Strafkammer einen Beweisantrag mit fehlerhafter Begründung abgelehnt hat (§ 244 Abs. 3 Satz 2 StPO).

[3] 1. Dem liegt zugrunde:

[4] Das Landgericht hat festgestellt, dass der Angeklagte im Fall der Urteilsgründe ein Inkassounternehmen mit dem Einzug angeblicher Forderungen für die Teilnahme an Gewinnspielen beauftragte. Von insgesamt 57.129 angeschriebenen Personen zahlten 9.057 insgesamt 1.193.948,86 €. Im Fall 11.2.) der Urteilsgründe vermittelte er die Dienste des Inkassounternehmens an ein Schweizer Unternehmen, transferierte die von 3.452 Personen gezahlten Gelder auf ein Konto in der Türkei, hob sie dort ab und verbrachte sie in bar in die Schweiz, wobei er 5% bis 10% der überbrachten Beträge einbehielt. Im Fall 11.3.) der Urteilsgründe war der Angeklagte für eine Schweizer Aktiengesellschaft tätig, die keine Erlaubnis zum Betreiben eines Inkassounternehmens hatte. Mindestens 9.223 Angeschriebene zahlten mindestens 1.114.241,12 €, von denen 884.900 € auf ein Konto überwiesen wurden, für das der Angeklagte verfügungsberechtigt war. Von diesem Konto wurden mehrere Überweisungen in die Türkei getätigt, wo der Angeklagte das Geld erneut in bar abhob und für eine Provision von 10% in die Schweiz brachte. Der Angeklagte nahm in allen Fällen billigend in Kauf, dass keine der angeschriebenen Personen den geltend gemachten Betrag schuldete. Die Strafkammer hat sich „aus prozessökonomischen Gründen" in keinem Fall in der Lage gesehen aufzuklären, ob die Zahlungen aufgrund einer Täuschung durch die versandten Schreiben, aufgrund von Angst vor Zwangsmaßnahmen, aufgrund des Wunsches nach Ruhe oder – im Fall der Urteilsgründe – aufgrund einer tatsächlich bestehenden Forderung vorgenommen wurden. Gegebenenfalls sei im letzten Fall von einem untauglichen Versuch auszugehen gewesen.

[5] Der Angeklagte hat sich dahin eingelassen, er sei in allen Fällen davon ausgegangen, dass nur Forderungen eingetrieben worden seien, die tatsächlich bestanden hätten. Dies hat das Landgericht als widerlegt angesehen.

---

[619] BGH, Beschluss vom 05.08.2015 – 1 StR 300/15.

[620] BGH, Beschluss vom 03.02.2015 – 3 StR 544/14.

[6] Der Angeklagte hat beantragt, die im Fall der Urteilsgründe angeschriebenen Personen als Zeugen dazu zu vernehmen, sie hätten auf die geltend gemachte Forderung gezahlt, weil sie zuvor den jeweiligen Gewinnspieleintragungsdienst in Auftrag gegeben und die gegen sie geltend gemachte Forderung deshalb als berechtigt anerkannt hätten. Das Landgericht hat diesen Antrag mit der Begründung abgelehnt, die Beweistatsachen seien für den Schuldspruch aus tatsächlichen Gründen ohne Bedeutung. Der Anklagevorwurf betreffe einen versuchten Betrug; insoweit komme es auf das Vorstellungsbild des Angeklagten, nicht aber der Zahler an. Auch als Indiztatsache komme der Frage, ob die Zahler die gegen sie geltend gemachten Forderungen als berechtigt anerkannt hätten, keine Bedeutung zu; denn dies lasse keinen Rückschluss für das Vorstellungsbild des Angeklagten zu. Für den Rechtsfolgenausspruch könnten die Beweisbehauptungen so behandelt werden, als seien sie wahr.

[7] 2. Diese Begründung trägt die Zurückweisung des Beweisantrags nicht.

[8] Eine unter Beweis gestellte Indiz- oder Hilfstatsache ist aus tatsächlichen Gründen für die Entscheidung bedeutungslos, wenn sie in keinem Zusammenhang mit der Urteilsfindung steht oder weil sie trotz eines solchen Zusammenhangs selbst im Falle ihrer Bestätigung keinen Einfluss auf die richterliche Überzeugung vom entscheidungserheblichen Sachverhalt hätte, da sie nur einen möglichen Schluss auf das Vorliegen oder Fehlen einer Haupttatsache oder den Beweiswert eines anderen Beweismittels ermöglicht und das Gericht der Überzeugung ist, dass dieser Schluss in Würdigung der gesamten Beweislage nicht gerechtfertigt wäre. Ob der Schluss gerechtfertigt wäre, hat das Tatgericht nach den Grundsätzen der freien Beweiswürdigung zu beurteilen. Hierzu hat es die unter Beweis gestellte Indiz- oder Hilfstatsache so, als sei sie erwiesen, in das bisherige Beweisergebnis einzustellen und prognostisch zu prüfen, ob hierdurch seine bisherige Überzeugung zu der von der potentiell berührten Haupttatsache bzw. zum Beweiswert des anderen Beweismittels in einer für den Schuld- oder Rechtsfolgenausspruch bedeutsamen Weise erschüttert würde (st. Rspr.; vgl. LR/Becker, StPO, 26. Aufl., § 244 Rn. 220 mwN).

[9] Vor diesem Hintergrund greifen die Erwägungen des Landgerichts zu kurz. Dabei kann dahinstehen, ob hier eine Fallkonstellation gegeben ist, bei der es ausnahmsweise zulässig sein könnte, einen Beweisantrag bezüglich des Schuldspruchs wegen tatsächlicher Bedeutungslosigkeit und bezüglich des Rechtsfolgenausspruchs im Wege der Wahrunterstellung zurückzuweisen, obwohl die Ablehnungsgründe der Bedeutungslosigkeit und der Wahrunterstellung einander grundsätzlich ausschließen (LR/Becker aaO, § 244 Rn. 297 mwN). Denn der Ablehnungsbeschluss erweist sich unabhängig hiervon jedenfalls aus anderen Gründen als rechtsfehlerhaft. Zwar hat das Landgericht zutreffend erkannt, dass es für die Versuchsstrafbarkeit maßgebend auf den Tatentschluss, mithin im Wesentlichen den Vorsatz des Täters bezüglich der objektiven Tatbestandsmerkmale, ankommt. Soweit die Strafkammer indes angenommen hat, die Vorstellung der potentiell Geschädigten bezüglich des Bestehens der Forderung erlaube keinen Rückschluss auf die Vorstellung des Angeklagten, trifft dies in der Sache nicht zu; denn es ist durchaus möglich, die hier aufgestellten Beweisbehauptungen derart in eine Beweiswürdigung einzustellen, dass ihnen eine indizielle Bedeutung für die Frage des Tatentschlusses zukommt. Das Landgericht hätte sich deshalb, wollte es den Beweisantrag wegen tatsächlicher Bedeutungslosigkeit der Beweisbehauptungen ablehnen, nicht damit begnügen dürfen auszuführen, ein Rückschluss auf

das Vorstellungsbild des Angeklagten sei nicht möglich. Es hätte vielmehr die Beweistatsachen in eine antizipierende Würdigung des Beweisergebnisses einstellen und auf dieser Grundlage entscheiden müssen, ob es den genannten Schluss ziehen will oder nicht.

[10] 3. Das Urteil beruht insgesamt auf dem dargelegten Verfahrensfehler (§ 337 Abs. 1 StPO). Es ist nicht auszuschließen, dass der Antragsteller sein Prozessverhalten auf eine rechtsfehlerfreie Begründung des Ablehnungsbeschlusses in einer für den Schuldspruch erheblichen Weise hätte einrichten können. Dies gilt nicht nur für den Fall der Urteilsgründe. Ausweislich der Feststellungen bauen die drei abgeurteilten Taten zeitlich und in der Sache aufeinander auf. Hinzu kommt, dass das Landgericht im Rahmen der Beweiswürdigung zu den Fällen II.2.) und 3.) der Urteilsgründe jeweils auch auf Umstände abgestellt hat, die zu Fall der Urteilsgründe festgestellt sind. Die Sache bedarf somit insgesamt neuer Verhandlung und Entscheidung.

[11] II. Für die neue Hauptverhandlung weist der Senat mit Blick auf die bisherigen Feststellungen vor allem betreffend die Fälle II.2.) und 3.) der Urteilsgründe darauf hin, dass die Feststellungen die näheren Tatumstände und die Tatbeiträge des Angeklagten so genau umschreiben müssen, dass eine revisionsrechtliche Kontrolle des Schuldspruchs möglich ist. Gegebenenfalls wird auch zu erwägen sein, ob in diesen Fällen die Voraussetzungen einer (Mit-)Täterschaft des Angeklagten oder lediglich diejenigen einer Beihilfe durch die Feststellungen belegt sind. Zu den Anforderungen an das Verfahren und die Feststellungen in Fällen, die Betrugstaten gegenüber einer Vielzahl von potentiell Geschädigten betreffen, wird auf die Entscheidungen des Bundesgerichtshofs insbesondere vom 6. Februar 2013 (1 StR 263/12, NStZ 2013, 422) und 22. Mai 2014 (4 StR 430/13, NStZ 2014, 459) Bezug genommen.

579 Aus **tatsächlichen Gründen bedeutungslos** im Sinne von § 244 Abs. 3 Satz 2 Alt. 2 StPO sind Tatsachen, wenn der Nachweis ihres Vorliegens im Ergebnis nichts erbringen kann, weil er die Beweiswürdigung nicht zu beeinflussen vermag. Zur Prüfung der Erheblichkeit ist die unter Beweis gestellte Tatsache wie eine erwiesene Tatsche in die konkreten Beweislage, also das bisherige Beweisergebnis einzufügen; es ist zu fragen, ob hierdurch die Beweislage in einer für den Urteilsspruch relevanten Weise beeinflusst würde. Dabei ist die Beweistatsache so, als sei sie bewiesen, in das bisherige gewonnene Beweisergebnis einzustellen und als Teil des Gesamtergebnisses in seiner indiziellen Bedeutung zu würdigen.[621]

[2] 1. Die Revision hat mit der Rüge der Verletzung von Beweisantragsrecht Erfolg. Dem liegt folgendes Prozessgeschehen zugrunde:

[3] a) In der Hauptverhandlung beantragte der Angeklagte, die Zeugin H., die am 3. Juni 2013, fünf Tage nach der Tat, Täterkleidung in der E. Straße in L. am Gehwegrand gefunden hatte, zum Beweis der Tatsache zu vernehmen, dass sie diese Stelle bereits an den Tagen vom 30. Mai bis 2. Juni 2013 passiert habe, jedes Mal freie Sicht auf den Auffindeort gehabt und auch dorthin geschaut habe, an diesen Tagen aber die später aufgefundene Kleidung noch nicht dort gelegen

[621] BGH, Beschluss vom 18.03.2015 – 2 StR 462/14; vgl, hierzu auch BGH, Beschluss vom 13.08.2015 – 2 StR 26/15.

habe. Die Strafkammer hat diesen Antrag nicht als Beweisantrag angesehen, weil ihm keine konkreten Behauptungen zur Tat- oder Rechtsfolgenfrage zu entnehmen seien; die benannte Zeugin könne aus eigener Wahrnehmung nichts zu dem angeklagten Tatgeschehen bekunden. Selbst wenn es sich um einen Beweisantrag handeln sollte, sei dieser abzulehnen, denn die vorgebrachten Behauptungen seien aus tatsächlichen Gründen ohne Bedeutung. Es bestehe zwar zumindest teilweise ein gewisser Zusammenhang mit dem Gegenstand der Urteilsfindung, jedoch könnten die behaupteten Umstände selbst im Falle ihres Bewiesenseins die Entscheidung nicht beeinflussen, als sie nur mögliche, aber keine zwingenden Schlüsse zuließen, diese aber von der Kammer nicht gezogen werden würden. Dass die Zeugin an den Tagen vor dem Auffinden der Kleidung die Ablagestelle passiert und dabei freie Sicht gehabt habe, lasse nicht den zwingenden Schluss zu, dass sie dort zu diesem Zeitpunkt noch nicht gelegen habe. Dabei könne dahin stehen, ob die Zeugin den fraglichen Gehwegrand tatsächlich betrachtet habe, da sie auch insofern nur Bekundungen zu ihrer eigenen Wahrnehmung machen könne.

[4] b) Dies hält revisionsgerichtlicher Nachprüfung nicht stand. Zu Unrecht ist das Landgericht davon ausgegangen, es handle sich nicht um einen Beweisantrag. Unter Beweis gestellt wurden konkrete Tatsachen, die zwar nicht das eigentliche Tatgeschehen betreffen, aber Umstände zum Gegenstand haben, die – wie die Auffindesituation von Beweismitteln, hier der Kleidung, die einer der Täter bei der Tat getragen und während der Flucht abgestreift hatte -für die Überzeugungsbildung des Gerichts von der Täterschaft von Bedeutung sein können. Davon ist letztlich auch das Landgericht ausgegangen, das im Rahmen seiner Hilfserwägungen zur Ablehnung des Antrags eingeräumt hat, dass „zumindest teilweise ein gewisser Zusammenhang mit dem Gegenstand der Urteilsfindung bestehe“.

[5] Das Landgericht hätte die begehrte Beweisaufnahme daher nur aus den in § 244 Abs. 3 und 4 StPO genannten Gründen zurückweisen dürfen. Die von der Strafkammer angeführten Erwägungen, mit denen sie hilfsweise auf die tatsächliche Bedeutungslosigkeit der beantragten Beweiserhebung gemäß § 244 Abs. 3 Satz 2 2. Alt. StPO abstellt, tragen diesen Ablehnungsgrund allerdings nicht. Aus tatsächlichen Gründen bedeutungslos sind Tatsachen, wenn der Nachweis ihres Vorliegens im Ergebnis nichts erbringen kann, weil er die Beweiswürdigung nicht zu beeinflussen vermag. Zur Prüfung der Erheblichkeit ist die unter Beweis gestellte Tatsache wie eine erwiesene Tatsache in die konkrete Beweislage, also das bisherige Beweisergebnis einzufügen; es ist zu fragen, ob hierdurch die Beweislage in einer für den Urteilsspruch relevanten Weise beeinflusst würde. Dabei ist die Beweistatsache so, als sei sie bewiesen, in das bisherige gewonnene Beweisergebnis einzustellen und als Teil des Gesamtergebnisses in seiner indiziellen Bedeutung zu würdigen (vgl. Krehl, in: Karlsruher Kommentar zur StPO, 7. Aufl. § 244, Rn. 144 m. N. zur Rspr. des BGH). Diesen Anforderungen wird die landgerichtliche Ablehnungsbegründung nicht gerecht. Die Strafkammer hat nicht – wie es notwendig gewesen wäre – die eigentlich unter Beweis gestellte Tatsache, nämlich den Umstand, dass die Täterkleidung vor dem Auffindetag nicht am Auffindeort gelegen habe, in das bisherige Beweisergebnis eingefügt und als Teil des Gesamtergebnisses gewürdigt. Sie hat sich im Ergebnis vielmehr darauf beschränkt, als erwiesen anzusehen, dass die Zeugin dies aussagen werde, und damit – da sie die Ablehnung darauf gestützt hat, den möglichen Angaben der Zeu-

gin jedenfalls nicht folgen zu wollen – wesentliche Abstriche an der Beweisbehauptung vorgenommen.

[6] Auf der fehlerhaften Zurückweisung des Beweisantrages beruht die angefochtene Entscheidung. Es lässt sich nicht ausschließen, dass das Landgericht nicht von der Täterschaft des Angeklagten ausgegangen wäre, hätte es festgestellt, dass die Täterkleidung, die der Täter auf seinem Fluchtweg ausgezogen haben soll, erst nachträglich und nach der Festnahme des Angeklagten an einem Ort abgelegt worden ist, der sich auf dem festgestellten Fluchtweg des Angeklagten befand. Dies gilt insbesondere vor dem Hintergrund, dass das Landgericht in seinen Urteilsgründen davon ausgegangen ist, dass der Auffindeort der Kleidung und die von einer anderen Zeugin benannte Stelle, an der der Täter auf der Flucht Kleidung ausgezogen habe, identisch seien, und der Urteilsfindung damit das Gegenteil der unter Beweis gestellten Tatsache zugrunde gelegt hat.

[7] 2. Als rechtsfehlerhaft erweist sich auch die Zurückweisung eines Beweisantrags auf Einholung eines daktyloskopischen Gutachtens zur Untersuchung eines von dem Täter bei der Tat übergebenen Pakets, der unter Beweis stellte, dass darauf lediglich Fingerabdrücke dritter Personen, nicht aber diejenigen des Angeklagten zu finden seien. Die Strafkammer ist auch insoweit zu Unrecht davon ausgegangen, dass es sich nicht um einen Beweisantrag handele (da dem Antrag keine konkreten Behauptungen zur Tat- oder Rechtsfolgenseite zu entnehmen seien). Die hilfsweise angeführte Begründung, die vorgebrachten Behauptungen seien aus tatsächlichen Gründen ohne Bedeutung, da sie nur mögliche, nicht aber zwingende Schlüsse zuließen, die von der Kammer nicht gezogen würden, vermag die Ablehnung des Beweisantrags auch hier nicht zu rechtfertigen. Der bloße Hinweis der Strafkammer, einen möglichen Schluss nicht ziehen zu wollen, genügt ohne Einfügung in das bisherige Beweisergebnis und nähere Begründung, warum das Landgericht den möglichen Schluss nicht ziehen will, nicht den insoweit erforderlichen Begründungsanforderungen. Dies gilt um so mehr, als die Zeugin La. als Paketempfängerin und Tatopfer – wie sich dem Ablehnungsbeschluss der Strafkammer entnehmen lässt – angegeben hat, der Täter, der ihr das Paket überreicht habe, habe keine Handschuhe getragen, was es jedenfalls als möglich erscheinen lässt, dass der Täter Fingerabdrücke auf dem Paket hinterlassen hat. Soweit die Strafkammer dem durch die Erwägung begegnet ist, die Zeugin könne sich bei ihrer Angabe in der Hauptverhandlung unzutreffend erinnert haben, fehlen jegliche konkrete Anhaltspunkte für diese Annahme.

[8] Ob das Urteil auch auf dieser fehlerhaften Ablehnung eines Beweisantrags beruht – was der Generalbundesanwalt im Ergebnis in Abrede stellt –, kann angesichts der durchgreifenden Beweisantragsrüge dahinstehen.

580 Soweit Beweisanträge **Prozesstatsachen betreffen**, sind diese im Wege des Freibeweises zu klären. Insoweit ist Maßstab der landgerichtlichen Entscheidung allein § 244 Abs. 2 StPO.[622]

[52] 4. Die Beanstandungen, mit denen die Ablehnung mehrerer Anträge auf (weitere) Sachverständigengutachten bemängelt wird (Rüge von Rechtsanwalt B.), sind ebenfalls unbegründet.

---

[622] BGH; Urteil vom 23.07.2015 – 3 StR 470/14.

[53] Soweit es um die Einholung von Gutachten zum Beweis der Tatsachen geht, dass zum einen das aussagepsychologische Erstgutachten der Sachverständigen D. methodisch falsch sei, zum anderen die Bedeutung der Motivationsanalyse für die Glaubhaftigkeitsbeurteilung gegenüber der zum Zeitpunkt der Entscheidung des Bundesgerichtshofs vom 30. Juli 1999 (1 StR 618/98, BGHSt 45, 164) unverändert sei, betreffen diese Anträge Prozesstatsachen, die im Wege des Freibeweises zu klären sind (BGH, Urteil vom 15. März 1988 – 1 StR 8/88, NStZ 1988, 373). Insoweit ist Maßstab der landgerichtlichen Entscheidung allein § 244 Abs. 2 StPO. Den sich daraus ergebenden Anforderungen genügen die Begründungen in den Ablehnungsbeschlüssen.

[54] Dies gilt auch für die Entscheidungen über die Anträge auf Einholung eines weiteren aussagepsychologischen Gutachtens. Zwar muss sich das Landgericht grundsätzlich mit den in derartigen Anträgen behaupteten Mängeln im Einzelnen auseinandersetzen. Dies gilt aber dann nicht, wenn die geltend gemachten Mängel nach anerkannten wissenschaftlichen Maßstäben offensichtlich nicht bestehen (vgl. BGH, Urteil vom 30. Juli 1999 – 1 StR 618/98, BGHSt 45, 164, 166f.). So verhält es sich hier. Da das Sachverständigengutachten der Dipl.-Psych. D. den methodischen Anforderungen entspricht, ist gegen die – bisweilen durchaus knappe – Ablehnung durch das Landgericht im Ergebnis nichts zu erinnern. Soweit die Revision unter der Prämisse, die Nebenklägerin habe in Randbereichen erweislich die Unwahrheit gesagt, die Durchführung weiterer aussagepsychologischer Untersuchungen vermisst, übersieht sie, dass die Beurteilung, ob eine Aussage falsch ist, der Bewertung durch das Gericht unterliegt (§ 261 StPO). Schon deshalb kann dieser Ansatz einen methodischen Fehler der Sachverständigen nicht aufzeigen, solange ihr nicht seitens des Gerichts entsprechende Anknüpfungstatsachen vorgegeben werden. Wenn die Revision in diesem Zusammenhang ferner auf zu früheren Aussagen abweichende Angaben in der Hauptverhandlung abstellt, verkennt sie, dass dem nachzugehen das Rekonstruktionsverbot entgegensteht.

1. Kommt das Tatgericht unter Berücksichtigung sowohl des Vorbringens zur Begründung des Beweisantrags, als auch der in der bisherigen Beweisaufnahme angefallenen Erkenntnisse zu dem Ergebnis, dass ein Einfluss auf seine Überzeugung auch dann sicher ausgeschlossen ist, wenn der benannte **Auslandszeuge** die in sein Wissen gestellte Behauptung bestätigen werde, ist eine Ablehnung des Beweisantrags rechtlich nicht zu beanstanden. **581**

2. Mit der Ablehnung nach § 244 Abs. 5 Satz 2 StPO entfällt die Pflicht, sich um den Zeugen weiter zu bemühen. Das Tatgericht hat auch nicht mehr zu prüfen, ob eine Vernehmung in der Hauptverhandlung durch eine Vernehmung im Ausland im Wege der Videokonferenz nach § 247a StPO ersetzt werden kann.[623]

[29] Nach dem Revisionsvorbringen stellte der Verteidiger am 23. Sitzungstag den Antrag, den in der Schweiz wohnhaften Zeugen Z. zum Beweis der Tatsache zu vernehmen, dass der Angeklagte N. in Zusammenhang mit der Tierkörperbeseitigungsanlage des Zweckverbands P. O. ab dem Jahr 2009 auch für die PI. im Geschäftsverkehr aufgetreten ist. Zur Begründung führte er aus, der Zeuge sei

[623] BGH, Beschluss vom 29.04.2015 – 1 StR 235/14.

Revisor einer Firma, die für die PI. Dienstleistungen erbracht habe. In diesem Zusammenhang seien dem Zeugen die geschäftlichen Aktivitäten des Angeklagten N. für die PI. bekannt geworden. Mit Beschluss vom 26. März 2013 lehnte das Landgericht die beantragte Beweiserhebung ab. Soweit mit dem Antrag bewiesen werden sollte, dass der Angeklagte N. im allgemeinen Geschäftsverkehr für die PI. aufgetreten sei, sei dies aus tatsächlichen Gründen bedeutungslos; soweit bewiesen werden sollte, dass der Angeklagte N. gegenüber der P. für die PI. aufgetreten sei, sei das Gegenteil bereits erwiesen. Dies gründete es auf die zeugenschaftlichen Angaben der diesbezüglich dargestellten P.-Verantwortlichen. Es zog in seine Bewertung mit ein, dass es schon fragwürdig sei, ob der Zeuge dies bestätigen würde, da bisher kein Anhaltspunkt zu Tage getreten sei, wonach er Geschäftskontakten zwischen der P. und PI. persönlich beigewohnt habe; jedenfalls wäre ein Einfluss einer derartigen Aussage auf die Überzeugungsbildung der Strafkammer ausgeschlossen.

[30] Dies hält revisionsrechtlicher Überprüfung stand. Nach § 244 Abs. 5 Satz 2 StPO kann ein auf die Vernehmung eines Auslandszeugen gerichteter Beweisantrag abgelehnt werden, wenn die Beweiserhebung nach dem pflichtgemäßen Ermessen des Gerichts zur Erforschung der Wahrheit nicht erforderlich ist (§ 244 Abs. 2 StPO). Dabei ist das Gericht von dem Verbot der Beweisantizipation befreit und darf seine Entscheidung davon abhängig machen, welche Ergebnisse von der beantragten Beweisaufnahme zu erwarten sind und wie diese zu erwartenden Ergebnisse zu würdigen wären. Kommt es unter Berücksichtigung sowohl des Vorbringens zur Begründung des Beweisantrags, als auch der in der bisherigen Beweisaufnahme angefallenen Erkenntnisse zu dem Ergebnis, dass ein Einfluss auf seine Überzeugung auch dann sicher ausgeschlossen ist, wenn der benannte Zeuge die in sein Wissen gestellte Behauptung bestätigen werde, ist eine Ablehnung des Beweisantrags rechtlich nicht zu beanstanden (st. Rspr.; vgl. BGH, Urteil vom 13. März 2014 – 4 StR 445/13, NStZ 2014, 531 f.; BGH, Urteil vom 18. Januar 1994 – 1 StR 745/93, BGHSt 40, 60, 62; vgl. auch Becker in Löwe/Rosenberg, StPO, 26. Aufl., § 244 Rn. 356).

[31] Diesen Anforderungen hat das Landgericht genügt. Der Ablehnungsbeschluss legt angesichts der jedenfalls unkonkret gehaltenen Beweisbehauptung (vgl. zu den Anforderungen an die Wahrnehmungssituation des Zeugen BGH, Beschluss vom 14. Dezember 2010 – 1 StR 275/10, NJW 2011, 1299, 1300; BGH, Beschluss vom 24. März 2014 – 5 StR 2/14, NStZ 2014, 351, 353 f.) die maßgeblichen Erwägungen so umfassend dar, dass der Angeklagte seine Verteidigung darauf einstellen konnte; hierdurch kann auch überprüft werden, dass die Antragsablehnung auf einer rational nachvollziehbaren, die wesentlichen Gesichtspunkte des Einzelfalles erkennbar berücksichtigenden Argumentation beruht (vgl. BGH, Beschluss vom 29. April 2010 – 1 StR 644/09, wistra 2010, 410, 411; Urteil vom 18. Januar 1994 – 1 StR 745/93, BGHSt 40, 60, 63; Becker aaO Rn. 359). Es lag keine besondere Beweissituation vor, der durch die Anlegung eines strengeren Maßstabes an die Ablehnung des Beweisantrages Rechnung zu tragen gewesen wäre (vgl. hierzu BGH, Urteil vom 13. März 2014 – 4 StR 445/13, NStZ 2014, 531 f.). Dies gilt auch nicht angesichts des von der Verteidigung herangezogenen Schreibens aus dem Jahr 2011, ausweislich dessen der Angeklagte im Schriftverkehr mit der P. für die PI. aufgetreten ist, da zu diesem Zeitpunkt die Ermittlungen wegen der Vorwürfe sowohl dem Angeklagten als auch den Verantwortlichen der P. bekannt waren. Einer Auseinandersetzung mit

diesem Schreiben bedurfte es entgegen dem Vorbringen der Revision wegen des offensichtlichen zeitlichen Auseinanderfallens und dem fehlenden Bezug zum Zeugen Z. nicht.

[32] Da das Landgericht zu der Überzeugung gelangt ist, dass eine Einvernahme des Zeugen für die Sachaufklärung nicht notwendig ist, war es – entgegen der Auffassung des Revisionsführers – nicht gehalten, Vernehmungsalternativen zu prüfen. Denn mit der Ablehnung nach § 244 Abs. 5 Satz 2 StPO entfällt die Pflicht, sich um den Zeugen weiter zu bemühen. Das Tatgericht hat auch nicht mehr zu prüfen, ob eine Vernehmung in der Hauptverhandlung durch eine Vernehmung im Ausland im Wege der Videokonferenz nach § 247a StPO ersetzt werden kann (BGH, Beschluss vom 13. März 2014 – 4 StR 445/13, NStZ 2014, 531 f.; BGH, Beschluss vom 5. September 2000 – 1 StR 325/00, NJW 2001, 695 f.).

16. Urkundenbeweis, Vernehmung der richterlichen Vernehmungsperson – § 251 StPO

ANFRAGEBESCHLUSS ■

1. Wurde ein Zeuge richterlich vernommen, macht dann aber in der Hauptverhandlung von seinem Zeugnisverweigerungsrecht Gebrauch, so kann die Zeugenaussage durch Vernehmung der richterlichen Vernehmensperson nur dann verwertet werden, wenn der Zeuge durch den Richter sowohl über sein Zeugnisverweigerungsrecht als auch **qualifiziert** über die Möglichkeit der Einführung und Verwertung seiner Aussage im weiteren Verfahren **belehrt** wurde. **582**

2. Abweichend von der bisherigen Rechtsprechung sieht der Senat die Verwertung der gewonnenen Erkenntnisse aber nur dann als gerechtfertigt an, wenn der Zeuge in der im Ermittlungsverfahren durchgeführten richterlichen Vernehmung ausdrücklich auch darüber belehrt worden ist, dass eine jetzt gemachte Aussage auch dann verwertbar bleibt, wenn er in einer späteren Hauptverhandlung vom Recht der Aussageverweigerung Gebrauch macht.[624]

[Der bereits in der Übersicht 2015 abgedruckte Anfragebeschluss wird nur mit seinem Leitsatz hier wiederholt, um die Antwort des 1. Strafsenats und den hierauf gefassten Vorlagebeschluss besser einordnen zu können.]

Nach der Rechtsprechung des 1. Strafsenats können Angaben eines Zeugen vor dem Ermittlungsrichter durch Vernehmung dieses Richters in die Hauptverhandlung eingeführt werden, wenn sich der Zeuge in der Hauptverhandlung auf sein Zeugnisverweigerungsrecht beruft und ihn der Ermittlungsrichter ordnungsgemäß über sein Zeugnisverweigerungsrecht belehrt hatte (Urteil vom 21. März 2012 – 1 StR 43/12, NStZ 2012, 521 ff.). **583**

Dies entspricht der bisherigen Rechtsprechung des Bundesgerichtshofs, wonach es auch keiner Belehrung des Zeugen darüber bedarf, dass seine Aussage

[624] BGH, Beschluss vom 04.06.2014 – 2 StR 656/13.

später ohne Rücksicht auf eine etwaige Zeugnisverweigerung verwertet werden kann (BGH, Urteil vom 29. Juni 1983 – 2 StR 150/83, BGHSt 32, 25, 31 f.; BGH, Beschluss vom 12. April 1984 – 4 StR 229/84, StV 1984, 326; BGH, Urteil vom 30. August 1984 – 4 StR 475/84, NStZ 1985, 36). Denn eine ordnungsgemäße Belehrung des Zeugen verlange nicht, ihn vorsorglich auch darüber zu unterrichten, welche Rechtsfolgen eintreten, wenn er zunächst aussagt, in der Hauptverhandlung aber das Zeugnis verweigern sollte. Der Zeuge brauche nicht einmal darauf hingewiesen zu werden, dass es ihm freisteht, den Verzicht auf sein Zeugnisverweigerungsrecht noch während der laufenden Vernehmung zu widerrufen. Das Gesetz fordere lediglich, dass die Belehrung dem Zeugen eine genügende Vorstellung von der Bedeutung seines Weigerungsrechts vermittle. Für die gegenteilige Auffassung fehle es an einer gesetzlichen Grundlage.

An dieser **Rechtsprechung hält der 1. Strafsenat fest.**

Danach ist die Vernehmung des Richters über die frühere Aussage bereits dann zulässig, wenn dieser Richter den Zeugen über sein Zeugnisverweigerungsrecht ordnungsgemäß nach § 52 Abs. 3 Satz 1 StPO belehrt hat.[625]

584 Auf den Anfragebeschluss des 2. Strafsenats vom 4. Juni 2014 – 2 StR 656/13 – erklärt der Senat, dass er **an seiner entgegenstehenden Rechtsprechung festhält.**

Der Senat sieht keinen Grund, von seiner bisherigen Rechtsprechung (vgl. etwa BGH, Urteile vom 14. März 1967 – 5 StR 540/66, BGHSt 21, 218 f., vom 8. Dezember 1999 – 5 StR 32/99, BGHSt 45, 342, 345, und Beschluss vom 4. April 2001 – 5 StR 604/00, StV 2001, 386) abzuweichen und eine Vernehmung der richterlichen Vernehmungsperson, die als Ausnahme von dem aus § 252 StPO abgeleiteten Verwertungsverbot durch den anfragenden Senat nicht grundsätzlich in Frage gestellt worden ist (vgl. kritisch zu dieser Ausnahme Sander/Cirener in LR-StPO, 26. Aufl., § 252 Rn. 10; Pauly in Radtke/Hohmann, 2011, StPO § 252 Rn. 52; Velten in SK-StPO, 4. Aufl. Rn. 4), nur noch dann zuzulassen, wenn der Zeuge vor seiner richterlichen Vernehmung auch „qualifiziert" über die Möglichkeit der Einführung und Verwertung seiner Aussage im weiteren Verfahren belehrt worden ist.[626]

■ VORLAGEBESCHLUSS

585 Dem Großen Senat für Strafsachen wird gemäß § 132 Abs. 2 GVG folgende Rechtsfrage zur Entscheidung vorgelegt:

Ist die Einführung und Verwertung einer früheren Aussage eines Zeugen, der erst in der Hauptverhandlung von seinem Zeugnisverweigerungsrecht Gebrauch macht, durch Vernehmung der richterlichen Vernehmungsperson nur dann zulässig, wenn diese den Zeugen nicht nur über sein Zeugnisverweigerungsrecht, sondern auch über die Möglichkeit der Einführung und Verwertung seiner Aussage im weiteren Verfahren belehrt hatte?[627]

---

[625] BGH, Beschluss vom 14.01.2015 – 1 ARs 21/14; diesem Ergebnis ebenfalls zuneigend BGH, Beschluss vom 08.01.2015 – 3 ARs 20/14.

[626] 27.01.2015 – 5 ARs 64/14.

[627] BGH, Beschluss vom 18.03.2015 – 2 StR 656/13.

Die **Verlesung** einer vom Angeklagten eingereichten **ärztlichen Bescheinigung,** ohne dass dem ein entsprechender Beschluss des Gerichts vorausging, verstößt gegen § 250 Satz 2 StPO, wenn das Gericht seiner Würdigung der Beweise allein die schriftliche Erklärung des Arztes zu Grunde gelegt und deren Inhalt sodann einen wesentlichen Beweiswert zu Gunsten des Angeklagten abgesprochen hat.[628] **586**

[2] Die Rüge, eine vom Angeklagten beigebrachte ärztliche Bescheinigung sei in der Hauptverhandlung entgegen § 250 Satz 2 StPO verlesen worden, ist begründet.

[3] 1. Der Rüge liegt zu Grunde:

[4] Dem Angeklagten wird vorgeworfen, er habe zwischen Februar 2003 und Mai 2012 die Nebenklägerin und deren Halbschwester wiederholt sexuell missbraucht, indem er diese u.a. dazu veranlasst habe, an seinem Penis teils bis zur Erektion, teils auch bis zum Samenerguss zu manipulieren. Der Angeklagte hat die Vorwürfe bestritten und sich u.a. dahin eingelassen, wohl aufgrund beruflicher Überbeanspruchung und einer Diabetes-Erkrankung leide er seit 2003 unter erektiler Dysfunktion und habe seit 2004 nie mehr eine Erektion gehabt. Die Einnahme verschiedener ihm von seinem Hausarzt verschriebener Potenzmittel habe nichts bewirkt.

[5] Zur Untermauerung seiner Einlassung hat der Angeklagte eine unter dem 30. August 2013 ausgestellte Bescheinigung eines Arztes für Allgemeinmedizin folgenden Wortlauts vorgelegt:

> *„... klagt seit 2004 über eine völlige erektile Dysfunktion durch völlige Erschöpfung bei der Schichtarbeit. In meiner Praxis erfolgten mehrfach therapeutische Gespräche. Die durchgeführten Maßnahmen blieben jedoch ohne wesentlichen Effekt."*

[6] Diese Bescheinigung wurde in der Hauptverhandlung verlesen, ohne dass dem ein entsprechender Beschluss der Strafkammer vorausging. Im Urteil führt das Landgericht hierzu aus, der Bescheinigung seien, was eine beim Angeklagten vorliegende erektile Dysfunktion betreffe, „keine objektivierbaren Umstände zu entnehmen", welche die nach dem Ergebnis sachverständiger Exploration glaubhaften und erlebnisbezogenen Angaben der Geschädigten in Frage stellen.

[7] 2. Damit hat das Landgericht gegen § 250 Satz 2 StPO verstoßen, denn es hat von einer Vernehmung des die Bescheinigung ausstellenden Arztes abgesehen, seiner Würdigung der Beweise allein dessen schriftliche Erklärung zu Grunde gelegt und deren Inhalt sodann einen wesentlichen Beweiswert zu Gunsten des Angeklagten abgesprochen. Auch in Anbetracht der vom Landgericht inhaltlich eingehend gewürdigten und danach – für sich gesehen rechtsfehlerfrei – als detailreich, erlebnisfundiert und somit als glaubhaft gewerteten Aussagen der Geschädigten kann der Senat nicht ausschließen, dass das Urteil auf diesem Verfahrensfehler beruht.

[8] Der Auffassung des Generalbundesanwalts, es sei daraus, dass der Angeklagte die Bescheinigung selbst eingereicht und ausweislich des Protokolls der Verlesung nicht widersprochen habe, auf dessen Einverständnis mit einer vernehmungsersetzenden Verlesung im Sinne von § 251 Abs. 1 Nr. 1 StPO zu schließen,

---

628 BGH, Beschluss vom 22.01.2015 – 3 StR 528/14.

folgt der Senat nicht, denn es ergeben sich keine Anhaltspunkte dafür, dass das Landgericht zu erkennen gegeben hätte, nach dieser Vorschrift verfahren zu wollen (vgl. BGH, Beschlüsse vom 12. Juli 1983 – 1 StR 174/83, NJW 1984, 65, 66; vom 19. November 2009 – 4 StR 276/09, juris Rn. 8). Darauf, dass der Verlesung auch kein Beschluss der Strafkammer zu Grunde lag (§ 251 Abs. 4 Satz 1 StPO), kommt es deshalb nicht mehr an.

587 **Ärztliche Berichte** eines in der Rechtsform einer GmbH betriebenen Gesundheits-/ Krankenhauszentrums können nicht nach § 256 Abs. 1 Nr. 1 Buchst. a StPO verlesen werden, da das Zentrum nicht als öffentliche Behörde im Sinne der genannten Vorschrift anzusehen ist.[629]

[5] Im Hauptverhandlungstermin am 4. April 2014 sind auf Anordnung des Vorsitzenden ohne Beschluss der Strafkammer zwei den Zeugen betreffende ärztliche Berichte des Johanniter-Zentrums, das in der Rechtsform einer GmbH betrieben wird, verlesen worden. In den Urteilsgründen hat die Strafkammer den Inhalt der Berichte zunächst bei der Prüfung der Konstanz der Aussage des Zeugen gewürdigt. Im Rahmen der Prüfung der Zeugentüchtigkeit hat es sodann die in den Berichten enthaltenen Diagnosen – u.a. schwere depressive Episode ohne psychotische Symptome, Verdacht auf posttraumatische Belastungsstörung, einfache Aktivitäts- und Aufmerksamkeitsstörung, Zustand nach hyperkinetischer Störung des Sozialverhaltens – dargestellt und ausgeführt, diese seien nicht relevant für die Aussagetüchtigkeit, da sie keine Auswirkung auf die Fähigkeit hätten, einen Lebenssachverhalt wahrzunehmen, zu speichern und später zu reproduzieren. Insbesondere böten die Berichte keine konkreten Anhaltspunkte dafür, dass die Erinnerungs-, Merk- oder Aussagefähigkeit des Zeugen aus besonderen, psychodiagnostisch erfassbaren Gründen eingeschränkt sei. Es handele sich nicht um ein Störungsbild, das die Zeugentüchtigkeit in Frage stelle, da sich keine Hinweise auf eine geistige Erkrankung oder aktuelle psychopathologische Defekte ergäben. Hieran ändere auch eine aufgeführte Tendenz zur Dissimulation nichts. Gestützt auf diese Erwägungen ist die Strafkammer von der Aussagetüchtigkeit des Zeugen ausgegangen.

[6] 2. Damit hat das Landgericht gegen § 250 Satz 2 StPO verstoßen, denn es hat von einer Vernehmung der behandelnden Ärzte abgesehen, seine Beweiswürdigung allein auf deren schriftliche Erklärungen gestützt und deren Inhalten eine wesentliche Beweisbedeutung zum Nachteil des Angeklagten beigemessen. Eine Verlesung nach § 256 Abs. 1 Nr. 1 Buchst. a) StPO kam bereits deshalb nicht in Betracht, weil das in der Rechtsform einer GmbH betriebene Johanniter-Zentrum nicht als öffentliche Behörde im Sinne der genannten Vorschrift anzusehen ist (vgl. für ein in Form einer GmbH betriebenes Krankenhaus BGH, Urteil vom 3. Juni 1987 – 2 StR 180/87, bei Pfeiffer NStZ 1988, 19).

[7] Der Auffassung des Generalbundesanwalts, in Betracht komme eine Verlesung im allseitigen Einverständnis gemäß § 251 Abs. 1 Nr. 1 StPO, ist nicht zu folgen. Entgegen den Ausführungen des Generalbundesanwalts hat der Revisionsführer in der Begründung seines Rechtsmittels ausdrücklich vorgetragen, dass der

---

[629] BGH, Beschluss vom 03.02.2015 – 3 StR 557/14; siehe auch Beschluss vom 13.04.2015 – 5 StR 110/15.

Angeklagte und seine Verteidigung der Verlesung der Urkunden nicht zugestimmt hätten; sie seien insoweit nicht einmal angehört worden. Irgendwelche Anhaltspunkte dafür, dass das Landgericht zu erkennen gegeben hätte, nach der genannten Vorschrift verfahren zu wollen, sind nicht ersichtlich. Darauf, dass der Verlesung auch kein Beschluss der Strafkammer zugrunde lag (§ 251 Abs. 4 Satz 1 StPO), kommt es deshalb nicht mehr an.

[8] 3. Das Urteil beruht auf dem beanstandeten Mangel. Es ist mit Blick auf die Bedeutung, welche die Strafkammer der Aussagetüchtigkeit des Zeugen beigemessen hat, trotz der im Übrigen rechtsfehlerfreien Beweiswürdigung nicht auszuschließen, dass sie sich nicht von der Täterschaft des Angeklagten überzeugt hätte, hätte sie den Verfahrensfehler nicht begangen.

Der Beschluss im Sinne von § **251 Abs. 4 Satz 1 StPO** dient der Unterrichtung der **588**
Verfahrensbeteiligten über den Grund der Verlesung und der eindeutigen Bestimmung ihres Umfangs. Entscheidet ein Kollegialgericht, soll er zudem unter Beachtung der Aufklärungspflicht die Meinungsbildung des gesamten Gerichts und nicht nur des Vorsitzenden über das einzuschlagende Verfahren sicherstellen und insbesondere den Schöffen im Hinblick auf den Grundsatz der Unmittelbarkeit den Ausnahmecharakter der Verlesung deutlich machen. Entscheidend ist insoweit, ob die persönliche Vernehmung des Zeugen zur weiteren Aufklärung erforderlich ist oder ob die Verlesung der Niederschrift genügt.

Das Beruhen eines Urteils auf einem nicht ergangenen oder nicht begründeten Gerichtsbeschluss kann ausscheiden, wenn den Verfahrensbeteiligten Grund und Umfang der Verlesung bekannt und damit die der Anordnung der Verlesung zu Grunde liegenden Erwägungen rechtlich überprüfbar sind.[630]

[7] Die Verfahrensbeanstandung, mit der der Angeklagte W. die Verlesung eines die Nebenklägerin S. betreffenden Attests als Verletzung des Unmittelbarkeitsgrundsatzes rügt, hat keinen Erfolg.

[8] a) Wie der Generalbundesanwalt zutreffend ausgeführt hat, wird ein Verfahrensfehler nicht bestimmt behauptet, soweit die Revision beanstandet, die Voraussetzungen des § 251 Abs. 1 Nr. 1 StPO hätten nicht vorgelegen. Mit dem Revisionsvorbringen, es sei „fraglich, ob vorliegend überhaupt von Einverständnis ausgegangen werden kann“, sowie, das Protokoll vermerke zwar, dass die Prozessbeteiligten keine Bedenken gegen die Verlesung erhoben hätten, damit sei dem Erfordernis einer Einverständniserklärung aber nicht Genüge getan, macht der Beschwerdeführer zum einen nicht in bestimmter Weise geltend, dass die erforderlichen Einverständniserklärungen nicht abgegeben worden seien, und rügt zum anderen letztlich nur, dass sich das Einverständnis nicht aus dem Protokoll ergebe. Das genügt zur zulässigen Erhebung der Rüge nicht (LR/Sander/Cirener, StPO, 26. Aufl., § 251 Rn. 94 mwN).

[9] b) Zulässig ist die Beanstandung aber insoweit erhoben, dass ein Verstoß gegen § 251 Abs. 4 Satz 1 StPO vorliegt, weil das Landgericht die (einverständliche) Verlesung des Attests nicht durch einen Gerichtsbeschluss angeordnet hat. Auf diesem Rechtsfehler beruht das Urteil indes nicht. Insoweit gilt:

---

630 BGH, Beschluss vom 09.06.2015 – 3 StR 113/15.

[10] Der Beschluss im Sinne von § 251 Abs. 4 Satz 1 StPO dient der Unterrichtung der Verfahrensbeteiligten über den Grund der Verlesung und der eindeutigen Bestimmung ihres Umfangs. Entscheidet – wie hier – ein Kollegialgericht, soll er zudem unter Beachtung der Aufklärungspflicht die Meinungsbildung des gesamten Gerichts und nicht nur des Vorsitzenden über das einzuschlagende Verfahren sicherstellen und insbesondere den Schöffen im Hinblick auf den Grundsatz der Unmittelbarkeit den Ausnahmecharakter der Verlesung deutlich machen. Entscheidend ist insoweit, ob die persönliche Vernehmung des Zeugen zur weiteren Aufklärung erforderlich ist oder ob die Verlesung der Niederschrift genügt (vgl. BGH, Beschluss vom 8. Februar 2011 – 4 StR 583/10, BGHR StPO § 251 Abs. 4 Gerichtsbeschluss 6 mwN).

[11] Das Beruhen eines Urteils auf einem nicht ergangenen oder nicht begründeten Gerichtsbeschluss kann ausscheiden, wenn den Verfahrensbeteiligten Grund und Umfang der Verlesung bekannt und damit die der Anordnung der Verlesung zu Grunde liegenden Erwägungen rechtlich überprüfbar sind (BGH aaO). Wird die Verlesung lediglich durch den Vorsitzenden angeordnet, muss hinzukommen, dass die persönliche Vernehmung der Person, von der die Erklärung stammt, nicht zur weiteren Aufklärung hätte beitragen können (LR/Sander/Cirener, aaO, § 251 Rn. 81 mwN; BGH, Urteil vom 21. September 2000 – 1 StR 634/99, juris Rn. 6).

[12] Hier übergab der Beistand der Nebenklägerin das Attest im Kontext mit dem Verfahrensgeschehen, das letztlich im Verzicht aller Verfahrensbeteiligten auf die Vernehmung der Nebenklägerin als Zeugin mündete. In diesem Zusammenhang stellte der Nebenklagevertreter auch den Antrag auf Verlesung des Attests, gegen den ausweislich des Protokolls von den Verteidigern keine Bedenken erhoben wurden. Danach konnte als Verlesungsgrund nur ein Einverständnis im Sinne von § 251 Abs. 1 Nr. 1 StPO in Betracht kommen; eine Verlesung nach § 256 Abs. 1 StPO schied ersichtlich aus. Auch über den Umfang der Verlesung konnte angesichts der überschaubaren Länge des Attests keine Unklarheit bestehen. Der Senat kann zudem ausschließen, dass es durch die Vernehmung der Ärztin der Nebenklägerin, die das Attest nur zwei Tage vor dem Hauptverhandlungstag, an dem es verlesen worden ist, ausgestellt hatte, mit Blick auf das Beweisthema – aktuelle Beschwerden der Nebenklägerin und Wiederherstellung ihrer teilweisen Arbeitsfähigkeit nach einer durch den Überfall ausgelösten posttraumatischen Belastungsstörung – zu einer weiteren Aufklärung gekommen wäre.

[13] Soweit die Revision im Rahmen der von ihr erhobenen – wie der Generalbundesanwalt zutreffend ausgeführt hat, unzulässigen – Aufklärungsrüge geltend macht, die Ärztin hätte nähere Angaben zu einer bei der Nebenklägerin bestehenden Vorerkrankung machen können, führt das zu keiner anderen Bewertung: Dass die Nebenklägerin bereits vor dem Überfall in psychologischer Behandlung war, hat die Strafkammer ausdrücklich festgestellt. Diesen Umstand hat das Landgericht im Rahmen der Strafzumessung auch zu Gunsten der Angeklagten berücksichtigt. Der Senat schließt deshalb aus, dass die Strafkammer, hätte sie die Ärztin zur Vorerkrankung der Nebenklägerin vernommen, im Fall B. II. der Urteilsgründe eine mildere Einzelstrafe gegen den Beschwerdeführer verhängt hätte.

17. Verständigung im Strafverfahren – § 243 Abs. 4 S. 1, §§ 257c, 273 Abs. 1a S. 3, § 302 Abs. 1 S. 2 StPO

Die grundlegende Entscheidung des BVerfG zum Deal vom 19.03.2013[631] hat bestimmte Voraussetzungen festgeschrieben, daneben aber weitere Fragen aufgeworfen, welche durch die obergerichtlichen Entscheidungen auch weiterhin noch nicht vollständig geklärt sind. Derzeit tauchen immer weitere Abgrenzungsfragen auf, wie aus den folgenden Entscheidungen ersichtlich wird. 589

TOPENTSCHEIDUNG ■

§ 243 Abs. 4 Satz 1 StPO erfordert eine sogenannte **Negativmitteilung**, auch wenn keine auf eine Verständigung abzielenden Gespräche stattgefunden haben. Auch wenn eine solche Negativmitteilung nicht erfolgt ist, liegt ein zur Aufhebung des Urteils nötigender Verfahrensfehler aber nur vor, wenn das Urteil **auf der fehlenden Mitteilung beruht.** Dies kann **auszuschließen sein,** wenn zweifelsfrei feststeht, dass es keinerlei Gespräche gegeben hat, „in denen die Möglichkeit einer Verständigung im Raum stand".[632] 590

[2] Keines der Rechtsmittel hat Erfolg, ... Näherer Erörterung bedürfen nur die folgenden beiden Rügen einer Verletzung des § 243 Abs. 4 StPO:

[3] 1. Soweit die Angeklagten geltend machen, der Vorsitzende der Strafkammer habe in der Hauptverhandlung entgegen § 243 Abs. 4 Satz 1 StPO nicht bekanntgegeben, ob vor der Hauptverhandlung Erörterungen stattgefunden hätten, deren Gegenstand die Möglichkeit einer Verständigung gewesen sei, ist diese Rüge jedenfalls unbegründet.

[4] Zwar erfordert § 243 Abs. 4 Satz 1 StPO eine sogenannte Negativmitteilung, wenn keine auf eine Verständigung abzielenden Gespräche stattgefunden haben (BVerfG, NJW 2014, 3504f.). Eine solche Negativmitteilung ist hier nach dem Revisionsvorbringen, das durch die Gegenerklärung der Staatsanwaltschaft Bestätigung gefunden hat, nicht erfolgt. Ein zur Aufhebung des Urteils nötigender Verfahrensfehler liegt aber nur vor, wenn das Urteil auf der fehlenden Mitteilung beruht. Dies kann auszuschließen sein, wenn zweifelsfrei feststeht, dass es keinerlei Gespräche gegeben hat, „in denen die Möglichkeit einer Verständigung im Raum stand" (BVerfGE 133, 168, 223 Rn. 98; BVerfG, NJW 2014, 3504, 3506; siehe auch Senat, Beschluss vom 25. Februar 2015 – 5 StR 258/13 mwN).

[5] So verhält es sich hier. Nach der von der Staatsanwaltschaft in ihrer Revisionsgegenerklärung mitgeteilten dienstlichen Erklärung des Vorsitzenden Richters hat es keine Gespräche gegeben, „die in irgendeiner Weise der Vorbereitung einer Verständigung im Sinne des § 257c StPO gedient hätten." Der Wahrheitsgehalt dieser unwidersprochen gebliebenen dienstlichen Erklärung steht für den Senat außer Zweifel, zumal auch die Revisionen keinerlei Anhaltspunkte für weitere im Vorfeld der Hauptverhandlung geführte und die Frage einer Verständigung berührende Erörterungen vorgebracht haben. Vielmehr gibt die Revision des Ange-

---

[631] BVerfG, Urteil vom 19.03.2013 – 2 BvR 2628/10, 2 BvR 2883/10, 2 BvR 2155/11.

[632] BGH, Beschluss v. 14.04.2015 – 5 StR 9/15.

klagten E. eine Erklärung von dessen Instanzverteidigern wieder, selbst an keinem Vorgespräch teilgenommen zu haben. Soweit der Revisionsverteidiger dieses Angeklagten darüber hinaus die einschränkende Äußerung der Instanzverteidiger vorträgt, „(sie) können aber auch nicht ausschließen, dass wenigstens der Versuch einer Verständigung von Verteidigern der Mitangeklagten unternommen worden sei," vermag diese nicht tatsachengestützte Spekulation die Beweiskraft der vom Senat freibeweislich zu verwertenden Äußerung des Vorsitzenden nicht einzuschränken (vgl. auch BGH, Beschluss vom 18. Dezember 2014 – 4 StR 520/14). Ohne sich noch zu eigenen freibeweislichen Erhebungen veranlasst sehen zu müssen, kann der Senat mithin ausschließen, dass das angefochtene Urteil auf dem Verstoß gegen die Negativmitteilungspflicht des § 243 Abs. 4 Satz 1 StPO beruht.

[6] 2. Die Revisionen rügen weiter, der Vorsitzende der Strafkammer habe entgegen § 243 Abs. 4 Satz 2 StPO nicht vollständig über ein Gespräch außerhalb der Hauptverhandlung unterrichtet, das die Möglichkeit einer Verständigung zum Gegenstand gehabt habe.

[7] a) Den Rügen liegt aufgrund des Revisionsvorbringens, das sich auf eine Erklärung des Instanzverteidigers des Angeklagten E. stützt und im Protokoll in Bezug auf das Geschehen innerhalb der Hauptverhandlung seine Bestätigung findet, sowie aufgrund der in der Revisionsgegenerklärung mitgeteilten dienstlichen Erklärungen des Vorsitzenden Richters und des Sitzungsvertreters der Staatsanwaltschaft folgender Verfahrensgang zugrunde:

[8] Am 2. Juli 2014, dem 40. Tag der Hauptverhandlung, die nach mehreren Verfahrensabtrennungen und Verurteilungen der früheren insgesamt acht Mitangeklagten nur noch gegen die beiden Angeklagten durchgeführt wurde, fand vor Aufruf der Sache ein Gespräch der Verteidiger beider Angeklagten mit der Strafkammer und dem Sitzungsvertreter der Staatsanwaltschaft statt. Vorausgegangen war die Ankündigung des Vorsitzenden im Zusammenhang mit einem noch unerledigten Antrag auf Akteneinsicht in die Daten auf diversen sichergestellten Datenträgern, dass er hierzu neue Informationen vom LKA habe. Einer der Verteidiger nutzte diese Mitteilung zu der Anfrage, ob die Strafkammer bereit sei, „über den weiteren Gang der Verhandlung ein Rechtsgespräch zu führen." Zu einem solchen Gespräch war die Strafkammer bereit. Deren Vorsitzender hatte – wie die Revisionen mit einer weiteren Verfahrensrüge vorgetragen haben – an einem früheren Verhandlungstag die Anfrage des Verteidigers eines ehemals Mitangeklagten, ob es bilaterale Absprachen der Strafkammer mit einzelnen Angeklagten gegeben habe, verneint und erläuternd hinzugefügt, seine Kammer sei bekannt dafür, keine Absprachen zu treffen; der beisitzende Richter hatte im Zuge des Verfahrens über Ablehnungsgesuche, die an diese Äußerung anknüpften und in der grundsätzlichen Nichtanwendung des § 257c StPO durch die Strafkammer eine Art. 3 Abs. 1 GG verletzende Rechtsanwendungsverweigerung zu Lasten des Angeklagten sahen, erklärt, dass der Vorsitzende damit die Gepflogenheit der Strafkammer zutreffend dargelegt habe.

[9] In dem Gespräch vom 2. Juli 2014 beschrieb der Vorsitzende zunächst den Umfang des sichergestellten Datenmaterials, dessen Auswertung sich wohl über Wochen oder Monate hinziehen könne. Die Verteidiger des Angeklagten E. trugen daraufhin vor, der Angeklagte habe wegen einer schweren Erkrankung seines Vaters Interesse an einer schnellen Beendigung des Verfahrens und an einer Haftverschonung. Die Verteidiger suchten mit ihrem Vortrag von der Strafkammer

„endlich irgendein Signal zu erhalten", welches Strafmaß bei einer geständigen Einlassung des Angeklagten zu erwarten sei. Sie argumentierten unter Würdigung der Einlassung eines ehemals Mitangeklagten zum Umfang der Tatbeteiligung des Angeklagten E. und in Kenntnis der gegen die früheren Mitangeklagten in den abgetrennten Verfahren bereits verhängten Strafen, dass eine Strafe von knapp sieben Jahren für den Angeklagten E. ausreichend sei. Für den Angeklagten S. kündigte dessen Verteidiger an, dass er eine Einlassung zur Sache abgeben wolle. Der Sitzungsvertreter der Staatsanwaltschaft erklärte, dass für ihn eine Haftverschonung des Angeklagten E. nicht in Betracht komme. Er begründete seine negative Haltung auf Nachfrage der Verteidigung unter anderem damit, dass er die Beweisaufnahme für nahezu abgeschlossen halte und keine weitergehenden Ergebnisse mehr erwarte, selbst wenn das Gericht den bereits gestellten Anträgen der Verteidigung noch nachgehen sollte; ein Geständnis sei für ihn angesichts der bereits erfolgten Verurteilungen der früheren Mitangeklagten ohne Bedeutung. Außerdem verfüge der Angeklagte E. über ausgeprägte Auslandskontakte und er habe aus Sicht der Staatsanwaltschaft eine höhere Freiheitsstrafe als die gesondert Verfolgten zu erwarten. Im weiteren Verlauf des Gesprächs äußerte der Strafkammervorsitzende, dass von ihm oder den anderen Richtern zur Straferwartung keine Zahlen genannt würden, die Kammer aber ein Geständnis auch jetzt noch zugunsten der Angeklagten bewerten werde. Aus seiner Sicht käme aber für den Angeklagten E. eine Haftverschonung ebenso wenig in Betracht wie eine Strafe in dem von der Verteidigung genannten Bereich. Möglich sei allerdings eine Verfahrensbeschränkung nach § 154 StPO. Hierüber wurden beide Angeklagte durch ihre Verteidiger unterrichtet.

[10] Nach Eintritt in die Verhandlung teilte der Vorsitzende den Inhalt des Gesprächs nicht mit. Zum verzögerten Verhandlungsbeginn wurde im Protokoll der Hinweis aufgenommen, dass „der Aufruf der Sache verspätet (erfolgte), da außerhalb der Hauptverhandlung ein Rechtsgespräch stattfand." Der Vorsitzende gab den Inhalt eines Schriftsatzes zu dem Akteneinsichtsgesuch der Verteidiger bekannt. Sodann erklärten die Verteidiger beider Angeklagten die Rücknahme des Akteneinsichtsgesuchs und aller noch nicht beschiedenen Beweisanträge. In seiner anschließenden Einlassung räumte der Angeklagte E. die Anklagevorwürfe unter Einschränkung des Tatzeitraums als „im Wesentlichen zutreffend" ein und machte hierzu weitere Ausführungen. Am folgenden Hauptverhandlungstag endete das Verfahren, nachdem sich zuvor auch der Angeklagte S. noch geständig eingelassen und das Landgericht hinsichtlich der von dem Angeklagten E. nicht eingestandenen Taten das Verfahren gemäß § 154 Abs. 2 StPO eingestellt hatte.

[11] b) Die Rügen bleiben ohne Erfolg.

[12] aa) Diejenige des Angeklagten S. ist aus den Gründen der Antragsschrift des Generalbundesanwalts bereits unzulässig (§ 344 Abs. 2 Satz 2 StPO).

[13] bb) Eine Verletzung der Informationspflichten aus § 243 Abs. 4 Satz 2 StPO liegt nicht vor.

[14] Nach dieser Vorschrift muss der Vorsitzende über Erörterungen mit den Verfahrensbeteiligten (§ 202a StPO), die nach Beginn, aber außerhalb der Hauptverhandlung stattgefunden haben und deren Gegenstand die Möglichkeit einer Verständigung gewesen ist, in der Hauptverhandlung Mitteilung machen. Das Transparenzgebot soll sicherstellen, dass derartige Erörterungen stets in der öffentlichen Hauptverhandlung zur Sprache kommen und durch die Möglichkeit,

Gespräche außerhalb der Hauptverhandlung zu führen, kein informelles und unkontrolliertes Verfahren betrieben wird (vgl. BGH, Urteil vom 5. Juni 2014 – 2 StR 381/13, NJW 2014, 2514, 2515 mwN; Beschluss vom 15. April 2014 – 3 StR 89/14, NStZ 2014, 418). Mitteilungspflichtig ist danach jedes ausdrückliche oder konkludente Bemühen um eine Verständigung in Gesprächen, die von den Verfahrensbeteiligten insoweit als Vorbereitung einer Verständigung verstanden werden können.

[15] Ein verständigungsbezogenes (Vor-)Gespräch ist als Unterfall der „Erörterung des Verfahrensstandes" (vgl. Begründung des Gesetzentwurfs der Bundesregierung zur Regelung der Verständigung im Strafverfahren, BT-Drucks. 16/12310, S. 12) von sonstigen zur Verfahrensförderung geeigneten Erörterungen zwischen den Verfahrensbeteiligten abzugrenzen, wie gesetzessystematisch das Nebeneinander der Bestimmungen der §§ 257b, 257c StPO für Erörterungen innerhalb der Hauptverhandlung zeigt. Während sich § 257b StPO auf kommunikative Elemente beschränkt, die der Transparenz und Verfahrensförderung dienen, aber nicht auf eine einvernehmliche Verfahrenserledigung gerichtet sind, ist diese in § 257c StPO gesondert geregelt (vgl. BT-Drucks. 16/12310, S. 13). Als Gegenstände von unverbindlichen Erörterungen, die das Gericht ohne Verständigungsbezug allein als Ausdruck transparenten kommunikativen Verhandlungsstils führen kann, sind als verfassungsrechtlich unbedenklich etwa Rechtsgespräche und Hinweise auf die vorläufige Beurteilung der Beweislage oder die strafmildernde Wirkung eines Geständnisses angesehen worden (BVerfGE 133, 168, 228 Rn. 106). Darüber hinaus hielt der Gesetzgeber auch die Mitteilung einer Ober- und Untergrenze der nach dem Verfahrensstand vorläufig zu erwartenden Strafe durch das Gericht für ein Beispiel einer offenen Verfahrensführung (vgl. BT-Drucks. 16/12310, S. 12; siehe auch Schneider, NStZ 2014, 198, zur Bekanntgabe einer Strafmaßprognose als bloßer „Wissenserklärung"), die inzwischen eine selbstverständliche Anforderung an eine sachgerechte Prozessleitung ist (BVerfG, aaO).

[16] Vor diesem Hintergrund weist hier die Erörterung der Verfahrensbeteiligten, die von der Verteidigung selbst als Rechtsgespräch „über den weiteren Gang der Verhandlung" initiiert worden ist, nachdem bedingt durch ein Akteneinsichtsgesuch der Verteidiger eine erhebliche Verlängerung des fortgeschrittenen Verfahrens zu erwarten war, keinen Verständigungsbezug auf. Zwar ist es den Instanzverteidigern beider Angeklagten nach dem übereinstimmenden Revisionsvorbringen bei dem Gespräch mit der Strafkammer auch darum gegangen, eine Äußerung des Gerichts zur Straferwartung zu erhalten. Diese Intention hat jedoch weder ausdrücklich zu einer Anfrage nach der Möglichkeit einer Verständigung geführt, noch stand eine solche konkludent im Raum. Den Instanzverteidigern war vielmehr die grundsätzlich ablehnende Haltung der Strafkammer gegenüber Verfahrensabsprachen aufgrund der in einem früheren Verfahrensstadium erfolgten und zum Gegenstand eines Befangenheitsantrags gemachten Bemerkung des Vorsitzenden bekannt. Diese Haltung war unverändert geblieben, wie der Vorsitzende mit der seine Stellungnahme einleitenden Bemerkung nachdrücklich klargestellt hat, niemand werde irgendwelche Zahlen von ihm oder den anderen Richtern hören. Außerdem war der Sitzungsvertreter der Staatsanwaltschaft schon vor der Stellungnahme des Vorsitzenden dem Vortrag der Verteidigung des Angeklagten E. und dessen Wunsch nach einer Haftverschonung – auch für die Verteidigung unmissverständlich – entgegengetreten. Auch insoweit stellte

sich die Frage nach einer Verfahrenserledigung durch Verständigung, die eine Zustimmung der Staatsanwaltschaft vorausgesetzt hätte (§ 257c Abs. 3 Satz 4 StPO), nicht. Die nachfolgenden Äußerungen des Vorsitzenden, die aus der Sicht der Instanzverteidiger des Angeklagten E. ohnehin „sehr vage" geblieben waren, haben sich daher nicht als Vorbereitung einer Verständigung, sondern nur als Akte eines kommunikativen Verfahrensstils verstehen lassen. Insbesondere hat zwischen seiner Ablehnung einer Haftverschonung des Angeklagten E. und eines von dessen Verteidigung in Erwägung gezogenen Verfahrensergebnisses einerseits und einer von der Verteidigung in den Raum gestellten Ablegung eines Geständnisses andererseits keine Verknüpfung bestanden, wie sie ein Verständigungsverfahren nach § 257c StPO mit dem Gegenseitigkeitsverhältnis von der Zusage eines Strafrahmens (§ 257c Abs. 3 Satz 2 StPO) und der Abgabe eines Geständnisses bzw. der Zusage sonstigen Prozessverhaltens als Gegenleistung des Angeklagten (§ 257c Abs. 2 StPO) kennzeichnet.

[17] Ebenso wenig hat der Hinweis des Vorsitzenden, ein Geständnis auch im fortgeschrittenen Verfahrensstadium noch strafmildernd zu berücksichtigen, einen solchen synallagmatischen Konnex zwischen einem prozessualen Verhalten des Angeklagten und dem Verfahrensergebnis begründet, der zur Mitteilungspflicht nach § 243 Abs. 4 StPO wegen einer dann im Raum stehenden Verständigungsmöglichkeit führt (BVerfGE 133, 168, 216 Rn. 85). Die allgemein gehaltene Erklärung des Vorsitzenden hat sich erkennbar auf die Stellungnahme des Staatsanwalts zur fehlenden Bedeutung eines Geständnisses angesichts der für ihn vor dem Ende stehenden Beweisaufnahme bezogen. Sie hat insofern eine Selbstverständlichkeit beinhaltet und gehört – wie dargelegt – zum beispielhaften Inhalt unverbindlicher Erörterungen ohne Verständigungsbezug.

[18] cc) Nach dem Verfahrensablauf kann der Senat ausschließen, dass eine gesetzeswidrige Absprache angestrebt oder gar getroffen wurde.

PRAXISBEDEUTUNG ■

Die vorstehende ist eine von zahlreichen Entscheidung, welche sich mit den Konsequenzen unterbliebener Negativmitteilungen befasst. Vorliegend konnte nach dem gegebenen Sachverhalt ein Beruhen der Entscheidung auf dem Verfahrensfehler ausgeschlossen werden.

TOPENTSCHEIDUNG ■

Zwar erfordert § 243 Abs. 4 Satz 1 StPO eine sogenannte **Negativmitteilung,** **591**
wenn keine auf eine Verständigung abzielenden Gespräche stattgefunden haben. Ein zur Aufhebung des Urteils nötigender **Verfahrensfehler liegt aber nur** vor, wenn das **Urteil auf der fehlenden Mitteilung beruht.** Dies kann auszuschließen sein, wenn zweifelsfrei feststeht, dass es keinerlei Gespräche gegeben hat, „in denen die Möglichkeit einer Verständigung im Raum stand".[633]

[633] BGH Beschluss vom 14.04.2015 – 5 StR 9/15.

[3] 1. Soweit die Angeklagten geltend machen, der Vorsitzende der Strafkammer habe in der Hauptverhandlung entgegen § 243 Abs. 4 Satz 1 StPO nicht bekanntgegeben, ob vor der Hauptverhandlung Erörterungen stattgefunden hätten, deren Gegenstand die Möglichkeit einer Verständigung gewesen sei, ist diese Rüge jedenfalls unbegründet.

[4] Zwar erfordert § 243 Abs. 4 Satz 1 StPO eine sogenannte Negativmitteilung, wenn keine auf eine Verständigung abzielenden Gespräche stattgefunden haben (BVerfG, NJW 2014, 3504f.). Eine solche Negativmitteilung ist hier nach dem Revisionsvorbringen, das durch die Gegenerklärung der Staatsanwaltschaft Bestätigung gefunden hat, nicht erfolgt. Ein zur Aufhebung des Urteils nötigender Verfahrensfehler liegt aber nur vor, wenn das Urteil auf der fehlenden Mitteilung beruht. Dies kann auszuschließen sein, wenn zweifelsfrei feststeht, dass es keinerlei Gespräche gegeben hat, „in denen die Möglichkeit einer Verständigung im Raum stand" (BVerfGE 133, 168, 223 Rn. 98; BVerfG, NJW 2014, 3504, 3506; siehe auch Senat, Beschluss vom 25. Februar 2015 – 5 StR 258/13 mwN).

[5] So verhält es sich hier. Nach der von der Staatsanwaltschaft in ihrer Revisionsgegenerklärung mitgeteilten dienstlichen Erklärung des Vorsitzenden Richters hat es keine Gespräche gegeben, „die in irgendeiner Weise der Vorbereitung einer Verständigung im Sinne des § 257c StPO gedient hätten." Der Wahrheitsgehalt dieser unwidersprochen gebliebenen dienstlichen Erklärung steht für den Senat außer Zweifel, zumal auch die Revisionen keinerlei Anhaltspunkte für weitere im Vorfeld der Hauptverhandlung geführte und die Frage einer Verständigung berührende Erörterungen vorgebracht haben. Vielmehr gibt die Revision des Angeklagten E. eine Erklärung von dessen Instanzverteidigern wieder, selbst an keinem Vorgespräch teilgenommen zu haben. Soweit der Revisionsverteidiger dieses Angeklagten darüber hinaus die einschränkende Äußerung der Instanzverteidiger vorträgt, „(sie) können aber auch nicht ausschließen, dass wenigstens der Versuch einer Verständigung von Verteidigern der Mitangeklagten unternommen worden sei," vermag diese nicht tatsachengestützte Spekulation die Beweiskraft der vom Senat freibeweislich zu verwertenden Äußerung des Vorsitzenden nicht einzuschränken (vgl. auch BGH, Beschluss vom 18. Dezember 2014 – 4 StR 520/14). Ohne sich noch zu eigenen freibeweislichen Erhebungen veranlasst sehen zu müssen, kann der Senat mithin ausschließen, dass das angefochtene Urteil auf dem Verstoß gegen die Negativmitteilungspflicht des § 243 Abs. 4 Satz 1 StPO beruht.

[6] 2. Die Revisionen rügen weiter, der Vorsitzende der Strafkammer habe entgegen § 243 Abs. 4 Satz 2 StPO nicht vollständig über ein Gespräch außerhalb der Hauptverhandlung unterrichtet, das die Möglichkeit einer Verständigung zum Gegenstand gehabt habe.

[7] a) Den Rügen liegt aufgrund des Revisionsvorbringens, das sich auf eine Erklärung des Instanzverteidigers des Angeklagten E. stützt und im Protokoll in Bezug auf das Geschehen innerhalb der Hauptverhandlung seine Bestätigung findet, sowie aufgrund der in der Revisionsgegenerklärung mitgeteilten dienstlichen Erklärungen des Vorsitzenden Richters und des Sitzungsvertreters der Staatsanwaltschaft folgender Verfahrensgang zugrunde:

[8] Am 2. Juli 2014, dem 40. Tag der Hauptverhandlung, die nach mehreren Verfahrensabtrennungen und Verurteilungen der früheren insgesamt acht Mitangeklagten nur noch gegen die beiden Angeklagten durchgeführt wurde, fand vor Aufruf der Sache ein Gespräch der Verteidiger beider Angeklagten mit der Straf-

kammer und dem Sitzungsvertreter der Staatsanwaltschaft statt. Vorausgegangen war die Ankündigung des Vorsitzenden im Zusammenhang mit einem noch unerledigten Antrag auf Akteneinsicht in die Daten auf diversen sichergestellten Datenträgern, dass er hierzu neue Informationen vom LKA habe. Einer der Verteidiger nutzte diese Mitteilung zu der Anfrage, ob die Strafkammer bereit sei, „über den weiteren Gang der Verhandlung ein Rechtsgespräch zu führen." Zu einem solchen Gespräch war die Strafkammer bereit. Deren Vorsitzender hatte – wie die Revisionen mit einer weiteren Verfahrensrüge vorgetragen haben – an einem früheren Verhandlungstag die Anfrage des Verteidigers eines ehemals Mitangeklagten, ob es bilaterale Absprachen der Strafkammer mit einzelnen Angeklagten gegeben habe, verneint und erläuternd hinzugefügt, seine Kammer sei bekannt dafür, keine Absprachen zu treffen; der beisitzende Richter hatte im Zuge des Verfahrens über Ablehnungsgesuche, die an diese Äußerung anknüpften und in der grundsätzlichen Nichtanwendung des § 257c StPO durch die Strafkammer eine Art. 3 Abs. 1 GG verletzende Rechtsanwendungsverweigerung zu Lasten des Angeklagten sahen, erklärt, dass der Vorsitzende damit die Gepflogenheit der Strafkammer zutreffend dargelegt habe.

[9] In dem Gespräch vom 2. Juli 2014 beschrieb der Vorsitzende zunächst den Umfang des sichergestellten Datenmaterials, dessen Auswertung sich wohl über Wochen oder Monate hinziehen könne. Die Verteidiger des Angeklagten E. trugen daraufhin vor, der Angeklagte habe wegen einer schweren Erkrankung seines Vaters Interesse an einer schnellen Beendigung des Verfahrens und an einer Haftverschonung. Die Verteidiger suchten mit ihrem Vortrag von der Strafkammer „endlich irgendein Signal zu erhalten", welches Strafmaß bei einer geständigen Einlassung des Angeklagten zu erwarten sei. Sie argumentierten unter Würdigung der Einlassung eines ehemals Mitangeklagten zum Umfang der Tatbeteiligung des Angeklagten E. und in Kenntnis der gegen die früheren Mitangeklagten in den abgetrennten Verfahren bereits verhängten Strafen, dass eine Strafe von knapp sieben Jahren für den Angeklagten E. ausreichend sei. Für den Angeklagten S. kündigte dessen Verteidiger an, dass er eine Einlassung zur Sache abgeben wolle. Der Sitzungsvertreter der Staatsanwaltschaft erklärte, dass für ihn eine Haftverschonung des Angeklagten E. nicht in Betracht komme. Er begründete seine negative Haltung auf Nachfrage der Verteidigung unter anderem damit, dass er die Beweisaufnahme für nahezu abgeschlossen halte und keine weitergehenden Ergebnisse mehr erwarte, selbst wenn das Gericht den bereits gestellten Anträgen der Verteidigung noch nachgehen sollte; ein Geständnis sei für ihn angesichts der bereits erfolgten Verurteilungen der früheren Mitangeklagten ohne Bedeutung. Außerdem verfüge der Angeklagte E. über ausgeprägte Auslandskontakte und er habe aus Sicht der Staatsanwaltschaft eine höhere Freiheitsstrafe als die gesondert Verfolgten zu erwarten. Im weiteren Verlauf des Gesprächs äußerte der Strafkammervorsitzende, dass von ihm oder den anderen Richtern zur Straferwartung keine Zahlen genannt würden, die Kammer aber ein Geständnis auch jetzt noch zugunsten der Angeklagten bewerten werde. Aus seiner Sicht käme aber für den Angeklagten E. eine Haftverschonung ebenso wenig in Betracht wie eine Strafe in dem von der Verteidigung genannten Bereich. Möglich sei allerdings eine Verfahrensbeschränkung nach § 154 StPO. Hierüber wurden beide Angeklagte durch ihre Verteidiger unterrichtet.

[10] Nach Eintritt in die Verhandlung teilte der Vorsitzende den Inhalt des Gesprächs nicht mit. Zum verzögerten Verhandlungsbeginn wurde im Protokoll der

Hinweis aufgenommen, dass „der Aufruf der Sache verspätet (erfolgte), da außerhalb der Hauptverhandlung ein Rechtsgespräch stattfand.“ Der Vorsitzende gab den Inhalt eines Schriftsatzes zu dem Akteneinsichtsgesuch der Verteidiger bekannt. Sodann erklärten die Verteidiger beider Angeklagten die Rücknahme des Akteneinsichtsgesuchs und aller noch nicht beschiedenen Beweisanträge. In seiner anschließenden Einlassung räumte der Angeklagte E. die Anklagevorwürfe unter Einschränkung des Tatzeitraums als „im Wesentlichen zutreffend“ ein und machte hierzu weitere Ausführungen. Am folgenden Hauptverhandlungstag endete das Verfahren, nachdem sich zuvor auch der Angeklagte S. noch geständig eingelassen und das Landgericht hinsichtlich der von dem Angeklagten E. nicht eingestandenen Taten das Verfahren gemäß § 154 Abs. 2 StPO eingestellt hatte.

[11] b) Die Rügen bleiben ohne Erfolg.

[12] aa) Diejenige des Angeklagten S. ist aus den Gründen der Antragsschrift des Generalbundesanwalts bereits unzulässig (§ 344 Abs. 2 Satz 2 StPO).

[13] bb) Eine Verletzung der Informationspflichten aus § 243 Abs. 4 Satz 2 StPO liegt nicht vor.

[14] Nach dieser Vorschrift muss der Vorsitzende über Erörterungen mit den Verfahrensbeteiligten (§ 202a StPO), die nach Beginn, aber außerhalb der Hauptverhandlung stattgefunden haben und deren Gegenstand die Möglichkeit einer Verständigung gewesen ist, in der Hauptverhandlung Mitteilung machen. Das Transparenzgebot soll sicherstellen, dass derartige Erörterungen stets in der öffentlichen Hauptverhandlung zur Sprache kommen und durch die Möglichkeit, Gespräche außerhalb der Hauptverhandlung zu führen, kein informelles und unkontrolliertes Verfahren betrieben wird (vgl. BGH, Urteil vom 5. Juni 2014 – 2 StR 381/13, NJW 2014, 2514, 2515 mwN; Beschluss vom 15. April 2014 – 3 StR 89/14, NStZ 2014, 418). Mitteilungspflichtig ist danach jedes ausdrückliche oder konkludente Bemühen um eine Verständigung in Gesprächen, die von den Verfahrensbeteiligten insoweit als Vorbereitung einer Verständigung verstanden werden können.

[15] Ein verständigungsbezogenes (Vor-)Gespräch ist als Unterfall der „Erörterung des Verfahrensstandes“ (vgl. Begründung des Gesetzentwurfs der Bundesregierung zur Regelung der Verständigung im Strafverfahren, BT-Drucks. 16/12310, S. 12) von sonstigen zur Verfahrensförderung geeigneten Erörterungen zwischen den Verfahrensbeteiligten abzugrenzen, wie gesetzessystematisch das Nebeneinander der Bestimmungen der §§ 257b,257c StPO für Erörterungen innerhalb der Hauptverhandlung zeigt. Während sich § 257b StPO auf kommunikative Elemente beschränkt, die der Transparenz und Verfahrensförderung dienen, aber nicht auf eine einvernehmliche Verfahrenserledigung gerichtet sind, ist diese in § 257c StPO gesondert geregelt (vgl. BT-Drucks. 16/12310, S. 13). Als Gegenstände von unverbindlichen Erörterungen, die das Gericht ohne Verständigungsbezug allein als Ausdruck transparenten kommunikativen Verhandlungsstils führen kann, sind als verfassungsrechtlich unbedenklich etwa Rechtsgespräche und Hinweise auf die vorläufige Beurteilung der Beweislage oder die strafmildernde Wirkung eines Geständnisses angesehen worden (BVerfGE 133, 168, 228 Rn. 106). Darüber hinaus hielt der Gesetzgeber auch die Mitteilung einer Ober- und Untergrenze der nach dem Verfahrensstand vorläufig zu erwartenden Strafe durch das Gericht für ein Beispiel einer offenen Verfahrensführung (vgl. BT-Drucks. 16/12310, S. 12; siehe auch Schneider, NStZ 2014, 198, zur Bekanntga-

be einer Strafmaßprognose als bloßer „Wissenserklärung"), die inzwischen eine selbstverständliche Anforderung an eine sachgerechte Prozessleitung ist (BVerfG, aaO).

[16] Vor diesem Hintergrund weist hier die Erörterung der Verfahrensbeteiligten, die von der Verteidigung selbst als Rechtsgespräch „über den weiteren Gang der Verhandlung" initiiert worden ist, nachdem bedingt durch ein Akteneinsichtsgesuch der Verteidiger eine erhebliche Verlängerung des fortgeschrittenen Verfahrens zu erwarten war, keinen Verständigungsbezug auf. Zwar ist es den Instanzverteidigern beider Angeklagten nach dem übereinstimmenden Revisionsvorbringen bei dem Gespräch mit der Strafkammer auch darum gegangen, eine Äußerung des Gerichts zur Straferwartung zu erhalten. Diese Intention hat jedoch weder ausdrücklich zu einer Anfrage nach der Möglichkeit einer Verständigung geführt, noch stand eine solche konkludent im Raum. Den Instanzverteidigern war vielmehr die grundsätzlich ablehnende Haltung der Strafkammer gegenüber Verfahrensabsprachen aufgrund der in einem früheren Verfahrensstadium erfolgten und zum Gegenstand eines Befangenheitsantrags gemachten Bemerkung des Vorsitzenden bekannt. Diese Haltung war unverändert geblieben, wie der Vorsitzende mit der seine Stellungnahme einleitenden Bemerkung nachdrücklich klargestellt hat, niemand werde irgendwelche Zahlen von ihm oder den anderen Richtern hören. Außerdem war der Sitzungsvertreter der Staatsanwaltschaft schon vor der Stellungnahme des Vorsitzenden dem Vortrag der Verteidigung des Angeklagten E. und dessen Wunsch nach einer Haftverschonung – auch für die Verteidigung unmissverständlich – entgegengetreten. Auch insoweit stellte sich die Frage nach einer Verfahrenserledigung durch Verständigung, die eine Zustimmung der Staatsanwaltschaft vorausgesetzt hätte (§ 257c Abs. 3 Satz 4 StPO), nicht. Die nachfolgenden Äußerungen des Vorsitzenden, die aus der Sicht der Instanzverteidiger des Angeklagten E. ohnehin „sehr vage" geblieben waren, haben sich daher nicht als Vorbereitung einer Verständigung, sondern nur als Akte eines kommunikativen Verfahrensstils verstehen lassen. Insbesondere hat zwischen seiner Ablehnung einer Haftverschonung des Angeklagten E. und eines von dessen Verteidigung in Erwägung gezogenen Verfahrensergebnisses einerseits und einer von der Verteidigung in den Raum gestellten Ablegung eines Geständnisses andererseits keine Verknüpfung bestanden, wie sie ein Verständigungsverfahren nach § 257c StPO mit dem Gegenseitigkeitsverhältnis von der Zusage eines Strafrahmens (§ 257c Abs. 3 Satz 2 StPO) und der Abgabe eines Geständnisses bzw. der Zusage sonstigen Prozessverhaltens als Gegenleistung des Angeklagten (§ 257c Abs. 2 StPO) kennzeichnet.

[17] Ebenso wenig hat der Hinweis des Vorsitzenden, ein Geständnis auch im fortgeschrittenen Verfahrensstadium noch strafmildernd zu berücksichtigen, einen solchen synallagmatischen Konnex zwischen einem prozessualen Verhalten des Angeklagten und dem Verfahrensergebnis begründet, der zur Mitteilungspflicht nach § 243 Abs. 4 StPO wegen einer dann im Raum stehenden Verständigungsmöglichkeit führt (BVerfGE 133, 168, 216 Rn. 85). Die allgemein gehaltene Erklärung des Vorsitzenden hat sich erkennbar auf die Stellungnahme des Staatsanwalts zur fehlenden Bedeutung eines Geständnisses angesichts der für ihn vor dem Ende stehenden Beweisaufnahme bezogen. Sie hat insofern eine Selbstverständlichkeit beinhaltet und gehört – wie dargelegt – zum beispielhaften Inhalt unverbindlicher Erörterungen ohne Verständigungsbezug.

592 1. Gemäß § 243 Abs. 4 Satz 1 und 2 StPO ist über **Erörterungen** nach §§ 202a, 212 StPO zu berichten, die **außerhalb der Hauptverhandlung** stattgefunden haben und deren Gegenstand die Möglichkeit einer Verständigung (§ 257c StPO) gewesen ist. Davon ist auszugehen, sobald bei im Vorfeld oder neben der Hauptverhandlung geführten Gesprächen ausdrücklich oder konkludent die Möglichkeit und die Umstände einer Verständigung im Raum stehen. Dies ist jedenfalls dann zu bejahen, wenn Fragen des prozessualen Verhaltens in Konnex zum Verfahrensergebnis gebracht werden und damit die Frage nach oder die Äußerung zu einer Straferwartung naheliegt.

2. Die Mitteilungspflicht besteht unabhängig davon, ob der Vorschlag des Vorsitzenden in der Kammer vorberaten oder ob dies nicht der Fall war. Darauf kommt es vorliegend indes nicht an; denn da das erkennende Gericht vollständig bei der Unterredung anwesend war und keines seiner Mitglieder den Ausführungen des Vorsitzenden entgegentrat, ist von einer jedenfalls konkludent erklärten Zustimmung zu den Äußerungen des Vorsitzenden auszugehen.

3. Das Erfordernis der Mitteilung entfiel auch nicht allein dadurch, dass – nachdem der Besetzungsrüge stattgegeben worden war – auch Richter zur Urteilsfindung berufen waren, die an der Erörterung nicht teilgenommen hatten. Dies gilt für Schöffen schon systematisch zwingend innerhalb des Anwendungsbereichs des § 202a StPO, im Rahmen des § 212 StPO insoweit, als es um Gespräche geht, die vor Beginn der Hauptverhandlung geführt wurden.

4. Es ist allgemein anerkannt, dass sich die Regelung des § 212 StPO **nicht auf den Zeitraum von Eröffnung bis zu Beginn der Hauptverhandlung beschränkt,** sondern auch Erörterungen in Verhandlungspausen, zwischen Verhandlungstagen und nach Aussetzung der Hauptverhandlung erfasst. Erst wenn eine Anklage zurückgenommen und eine neue erhoben wird, besteht eine Mitteilungspflicht über ein anlässlich der ersten Anklage geführtes Verständigungsgespräch nicht.[634]

■ PRAXISBEDEUTUNG

Die wiedergegebene Entscheidung macht – wie auch die vorhergehende – deutlich, dass selbst bei einem diesbezüglichen Verfahrensfehler dieser nicht durchgreiflich ist, sofern ein Beruhen der Entscheidung auf dem Verfahrensfehler ausgeschlossen werden kann.

■ TOPENTSCHEIDUNG

593 Die mit der Möglichkeit einer Beobachtung der Hauptverhandlung durch die Allgemeinheit verbundene öffentliche Kontrolle der Justiz erhält durch die gesetzliche Zulassung der in eine vertrauliche Atmosphäre drängenden Verständigungen zusätzliches Gewicht. Dem hat der Gesetzgeber durch die Mitteilungspflicht in § 243 Abs. 4 StPO Rechnung getragen. Die Öffentlichkeit kann ihre Kontrollfunktion nur ausüben, wenn sie die Informationen erhält, die zur Beurteilung der Angemessenheit einer etwaigen Verständigung erforderlich sind. Nur so bleibt der

[634] BGH, Urteil vom 23.07.2015 – 3 StR 470/14.

gerichtliche Entscheidungsprozess transparent und die **Rechtsprechung auch in Verständigungsfällen für die Allgemeinheit durchschaubar.** Dies ist notwendig, damit das Vertrauen der Öffentlichkeit in die Fähigkeit des Staates, mittels einer wirksamen Strafverfolgung öffentliche Sicherheit und Ordnung zu gewährleisten und Gerechtigkeit im Einzelfall sowie eine gleichmäßige Behandlung aller zu garantieren, uneingeschränkt aufrechterhalten werden kann (vgl. BVerfGE 133, 168 [217, Rn. 88 f.]).

Zugleich **dienen die Transparenzvorschriften des Verständigungsgesetzes dem Schutz des Angeklagten vor einem im Geheimen sich vollziehenden „Schulterschluss" zwischen Gericht, Staatsanwaltschaft und Verteidigung.**[635]

PRAXISBEDEUTUNG ■

Die vorstehende Entscheidung ist in der juristischen Öffentlichkeit kaum wahrgenommen worden; dabei hat hierdurch das BVerfG nochmals die Wichtigkeit der Einhaltung des Öffentlichkeitsgrundsatzes in Verbindung mit Verständigungen im Strafprozess hervorgehoben. Die Praxis sollte dies sich nachhaltig in Erinnerung rufen, wenn der „nächste Deal ansteht".

Die **Möglichkeit des Beruhens** des landgerichtlichen Urteils **auf dem Verstoß gegen § 243 Abs. 4 StPO** darf nicht auf den Gesichtspunkt einer Einwirkung auf das Aussageverhalten des Angeklagten verengt werden. Die Transparenzvorschriften des Verständigungsgesetzes dient insbesondere auch dem Schutz des Angeklagten vor einem im Geheimen sich vollziehenden ‚Schulterschluss' zwischen Gericht, Staatsanwaltschaft und Verteidigung.[636] **594**

[1] Das Landgericht hat den Angeklagten wegen Handeltreibens mit Betäubungsmitteln in nicht geringer Menge in 14 Fällen zu einer Gesamtfreiheitsstrafe von vier Jahren und sechs Monaten verurteilt, eine Einziehungsentscheidung getroffen und den Verfall von Wertersatz angeordnet. Die hiergegen gerichtete Revision des Angeklagten, mit der er das Verfahren beanstandet und die Verletzung sachlichen Rechts gerügt hat, hat der Senat mit Beschluss vom 15. Juli 2014 (NStZ-RR 2014, 315) mit der Maßgabe (§ 349 Abs. 4 StPO) als unbegründet verworfen, dass der Angeklagte des Handeltreibens mit Betäubungsmitteln in nicht geringer Menge in drei Fällen schuldig ist. Mit Beschluss vom 15. Januar 2015 hat das Bundesverfassungsgericht (2 BvR 2055/14, NStZ 2015, 172) die genannte Senatsentscheidung aufgehoben und die Sache an den Bundesgerichtshof zurückverwiesen.

[2] Der Generalbundesanwalt hat in seiner Antragsschrift vom 16. April 2015 Folgendes ausgeführt:

> *„Das Bundesverfassungsgericht hat mit Beschluss vom 15. Januar 2015 – 2 BvR 2055/14 – auf die Verfassungsbeschwerde des Angeklagten G. den Beschluss des Senats vom 15. Juli 2014 – 5 StR 169/14 –, mit dem die Revision des Angeklagten verworfen wurde, aufgehoben und die Sache an den Bundes-*

[635] BVerfG, Kammerbeschluss vom 15.01.2015 – 2 BvR 2055/14.
[636] BGH, Beschluss v. 30.04.2015 – 5 StR 169/14

gerichtshof zurückverwiesen. Das Bundesverfassungsgericht erkennt eine Verletzung des Beschwerdeführers in seinem Grundrecht aus Art. 2 Abs. 1 in Verbindung mit Art. 20 Abs. 3 GG, weil die Revisionsentscheidung dem vorliegenden Verstoß des Landgerichts gegen die Mitteilungspflicht gemäß § 243 Abs. 4 StPO über den Inhalt eines mit dem Ziel einer Verständigung stattgefundenen Hinterzimmergesprächs des Tatgerichts mit dem Staatsanwalt und den Verteidigern nicht Rechnung trage. Die Möglichkeit des Beruhens des landgerichtlichen Urteils auf dem Verstoß gegen § 243 Abs. 4 StPO dürfe nicht auf den Gesichtspunkt einer Einwirkung auf das Aussageverhalten des Angeklagten verengt werden. Die Transparenzvorschriften des Verständigungsgesetzes dienten insbesondere auch dem Schutz des Angeklagten vor einem im Geheimen sich vollziehenden ‚Schulterschluss' zwischen Gericht, Staatsanwaltschaft und Verteidigung.

Die Kammerentscheidung des Bundesverfassungsgerichts stellt damit klar, dass die Rechtsprechung des Bundesverfassungsgerichts auf das Ineinandergreifen der wesentlichen Kautelen des Verständigungsgesetzes für außerhalb der Hauptverhandlung geführte Verständigungsgespräche, nämlich die Aufklärungsmaxime, die Öffentlichkeit und die Aussagefreiheit, abstellt. Somit ist im Falle eines Verstoßes gegen die Mitteilungspflicht nach § 243 Abs. 4 StPO und damit gegen den Öffentlichkeitsgrundsatz der schmale Grat einer Beruhensprüfung unter dem Gesichtspunkt der Aussagefreiheit des Angeklagten nur dann eröffnet, wenn im Revisionsverfahren Klarheit geschaffen ist, welchen Inhalt die Hinterzimmergespräche hatten und diese zweifelsfrei nicht auf die Herbeiführung einer gesetzeswidrigen Absprache gerichtet waren (wie in dem parallel entschiedenen Verfahren – 2 BvR 878/14 –, in dem die Verfassungsbeschwerde nicht zur Entscheidung angenommen wurde).

Im konkreten Fall ist dies, wie die Erwiderung der Revision vom 10. Juni 2014 auf meinen Verwerfungsantrag vom 6. Mai 2014 zeigt, angesichts der gemäß § 243 Abs. 4 StPO völlig unzureichenden Mitteilung des Vorsitzenden in der Hauptverhandlung und der widersprüchlichen und lückenhaften dienstlichen Äußerungen der Berufsrichter, des Sitzungsvertreters der Staatsanwaltschaft und der wiederholten Stellungnahmen der Verteidiger völlig aussichtslos. Das Urteil des Landgerichts Braunschweig muss deshalb aufgehoben werden."

[3] Dem kann sich der Senat nicht verschließen.

595 Die **Mitteilungspflicht des Vorsitzenden** über Erörterungen zur Möglichkeit einer Verständigung betrifft nicht die Frage, von wem die Initiative zu dem Gespräch ausgegangen ist.[637]

1. Die Revision beanstandet u.a., die Vorsitzende habe ihrer Mitteilungspflicht gemäß § 243 Abs. 4 Satz 2 StPO nicht genügt, als sie am 13. Hauptverhandlungstag über eine im Anschluss an den davor liegenden Verhandlungstag stattgefundene Erörterung mit dem Ziel einer Verständigung berichtet habe. So hätten die Argumente der Verteidigung und die Frage, von wem die Initiative zu dem Ge-

[637] BGH, Beschluss vom 11.02.2015 – 1 StR 335/14.

spräch ausgegangen sei, sowie die vom Gericht geäußerten Vorstellungen dokumentiert werden müssen. Die Rüge hat keinen Erfolg.

a) Soweit sie sich dagegen richtet, dass die Mitteilung nicht die Information darüber umfasst habe, dass die Initiative zu dem Gespräch mit dem Ziel einer Verständigung von der Verteidigung ausgegangen sei, ist die Rüge jedenfalls unbegründet. Eine dahingehende Mitteilungspflicht besteht nicht (vgl. Senat, Beschluss vom 2. Dezember 2014 – 1 StR 422/14).

b) Soweit die Revision beanstandet, die Argumente der Verteidigung seien nicht mitgeteilt worden, ist – ungeachtet der Zulässigkeit der Rüge – ebenfalls kein durchgreifender Rechtsfehler aufgezeigt. Aus der Mitteilung ergibt sich, dass Gegenstand der Erörterungen war, ob und wenn ja, unter welchen Voraussetzungen eine bewährungsfähige Strafe in Betracht kommt, auch die ablehnende Position der Staatsanwaltschaft ist detailliert enthalten. Dem kann sowohl durch den Angeklagten als auch durch die Öffentlichkeit ohne weiteres entnommen werden, dass die Verteidigung für eine bewährungsfähige Strafe eingetreten ist. Weitergehende Mitteilungspflichten, etwa im Hinblick auf die von der Verteidigung in dem Gespräch im Einzelnen angeführten Strafzumessungsaspekte, bestehen nicht.

Mitzuteilen sind die von den Gesprächsteilnehmern vertretenen Standpunkte (BVerfGE 133, 168, 217 Rn. 86 mwN). Eine bis in Einzelheiten der Argumentation für den jeweiligen „Standpunkt“ reichende Mitteilungspflicht ist damit nicht verbunden. Die Anforderungen an den Inhalt der Mitteilungspflicht aus § 243 Abs. 4 Satz 1 und Satz 2 StPO ergeben sich aus den mit der Mitteilung verfolgten Zwecken, nämlich vor allem die Eröffnung einer Kontrollmöglichkeit von Verfahrensabsprachen durch die Öffentlichkeit sowie die Sicherstellung einer umfassenden Information des Angeklagten, um diesem eine autonome Entscheidung über die Beteiligung an der Verständigung zu ermöglichen (vgl. zusammenfassend nochmals BVerfG, NStZ 2015, 170). Keiner der beiden Zwecke erfordert Mitteilungen über die Argumentation von Gesprächsbeteiligten in Details.

Jedenfalls aber kann angesichts der Besonderheiten des Verfahrensablaufs ausgeschlossen werden, dass das Urteil auf der unterbliebenen ausdrücklichen Mitteilung sowohl über die Äußerung des Verteidigers, aus seiner Sicht könne „bei einer geständigen Einlassung ... auch zu diesem relativ späten Zeitpunkt eine bewährungsfähige Strafe durchaus in Betracht kommen“, als auch über die hierfür angeführten Argumente beruht. Denn die Vorsitzende hat offen gelegt, dass ein Gespräch stattgefunden hat, in dem die Möglichkeit einer bewährungsfähigen Strafe erörtert und eine Einigung nicht erzielt worden ist. Die Details des von der Verteidigung vertretenen Standpunkts und ihre Rolle bei dem Verständigungsgespräch lassen sich der Revisionsbegründung entnehmen. Daraus ergibt sich zweifelsfrei, dass der Inhalt des Gesprächs nicht auf eine inhaltlich unzulässige Absprache gerichtet war, die auch von der Verteidigung nicht behauptet wird und nach dem Verfahrensgang (vgl. hierzu BGH, Beschluss vom 24. September 2013 – 2 StR 267/13, BGHSt 59, 21, 24ff.) ohnehin fernliegt. Vor diesem Hintergrund wäre das Unterlassen einer solchen Mitteilung nach Art und Schwere als untergeordnet im Hinblick auf den Zweck der Transparenz- und Dokumentationspflichten – der Verhinderung gesetzeswidriger Absprachen – anzusehen (vgl. hierzu BVerfG, NStZ 2015, 170, 172). Dass das Verteidigungsverhalten des Angeklagten beeinflusst worden sein könnte, ist angesichts dieser Besonderheiten ebenfalls auszuschließen.

c) Die auf die Unterlassung der Mitteilung der vom Gericht geäußerten Vorstellungen gerichtete Beanstandung belegt keinen Rechtsfehler. Der Vortrag der Revision, das Gericht habe bei dem Gespräch „im Wesentlichen die Position der Staatsanwaltschaft" geteilt, ist nicht bewiesen. Da die Sitzungsstaatsanwältin dem schon im Rahmen der Gegenerklärung entgegen getreten war, hat der Senat im Wege des Freibeweisverfahrens die anderen an dem Gespräch teilnehmenden Personen hierzu befragt. Die beteiligten Richter haben substantiiert und sich schlüssig in die Verfahrenslage einfügend dargelegt, zum Standpunkt der Staatsanwaltschaft keine Äußerung abgegeben zu haben. Dies deckt sich mit den Angaben der Sitzungsstaatsanwältin; auch die Schöffen haben keine Erinnerung an eine Stellungnahme zu Strafvorstellungen durch das Gericht. Damit ist der Sachverhalt hinreichend aufgeklärt, weitere Erkenntnismöglichkeiten standen nicht zur Verfügung. Danach und im Hinblick auf den unkonkret bleibenden Vortrag der Revision zur behaupteten Äußerung des Gerichts, hat der Senat keinen Zweifel, dass das Gericht sich nicht zu Strafvorstellungen geäußert hat.

2. Die Rüge, die Mitteilung sei nicht gemäß § 273 Abs. 3 StPO vorgelesen und genehmigt worden, hat ebenfalls keinen Erfolg. Dies gilt schon deswegen, weil das Urteil hierauf nicht beruhen kann (vgl. hierzu BGH, Urteil vom 10. Februar 1993 – 3 StR 443/92; Löwe/Rosenberg-Stuckenberg, StPO 26. Aufl., § 273 Rn. 67).

596 § 243 Abs. 4 Satz 2 StPO schreibt seinem Wortlaut nach **keinen Zeitpunkt für die Mitteilungspflicht** vor. Zwar ergibt sich aus dem Gesetzeszweck des Transparenzgedanken, dass in aller Regel eine umgehende Information nach dem Verständigungsgespräch geboten ist. Doch sind hiervon auch Ausnahmen möglich, so dass ein später erfolgter Hinweis ausreichend gewesen sein kann. Um dem Revisionsgericht diesbezüglich eine umfassende Prüfung zu ermöglichen, liegt nahe, dass die Revision dazu vortragen muss.[638]

[5] Die Verfahrensrügen bleiben ohne Erfolg. Einer Erörterung bedarf nur die Rüge, es liege ein Verstoß gegen „§ 243 Abs. 4 Satz 1 StPO" vor.

[6] Der von beiden Angeklagten gerügte Verfahrensfehler greift nicht durch. Die Revision beanstandet, das Landgericht habe seiner Mitteilungspflicht aus § 243 Abs. 4 Satz 1 StPO (gemeint wohl § 243 Abs. 4 Satz 2 StPO, da zunächst vom Vorsitzenden festgestellt worden war, „dass bislang keine Verständigung erfolgt ist und auch keine entsprechenden Gespräche geführt wurden.") nicht Genüge getan, indem es nach Unterbrechung der Hauptverhandlung und einem Verständigungsgespräch zwischen Gericht, Staatsanwaltschaft und Verteidigung nur zu Protokoll nahm: „Der Vorsitzende gab bekannt, dass Verständigungsgespräche stattgefunden haben, welche allerdings ohne Ergebnis geendet haben."

[7] Es bestehen bereits Bedenken an der Zulässigkeit dieser Rüge, da die Revision nicht vorgetragen hat, dass der Vorsitzende nach den entsprechenden dienstlichen Stellungnahmen der zuständigen Staatsanwältin vom 4. August 2014 und des Vorsitzenden vom 5. August 2014 sowie der Protokollberichtigung vom 12. September 2014 später wiederholt in der Hauptverhandlung unter Bezugnahme auf das Verständigungsgespräch darauf hingewiesen hatte, dass für die

[638] BGH, Beschluss vom 27.01.2015 – 1 StR 393/14.

Angeklagten eine Bewährungsstrafe nur im Falle eines Geständnisses in Betracht komme. § 243 Abs. 4 Satz 2 StPO schreibt seinem Wortlaut nach keinen Zeitpunkt für die Mitteilungspflicht vor. Zwar ergibt sich aus dem Gesetzeszweck Transparenzgedanken, dass in aller Regel eine umgehende Information nach dem Verständigungsgespräch geboten ist. Doch sind hiervon auch Ausnahmen möglich (vgl. hierzu z.B. KK-StPO/Schneider, 7. Aufl., § 243 Rn. 39), so dass ein später erfolgter Hinweis ausreichend gewesen sein kann. Um dem Revisionsgericht diesbezüglich eine umfassende Prüfung zu ermöglichen, liegt nahe, dass die Revision dazu hätte vortragen müssen.

[8] Dies kann hier aber dahinstehen, da die Rüge jedenfalls deshalb im Ergebnis nicht durchgreift, weil der Senat ausschließt, dass das Einlassungsverhalten der Angeklagten auf einem etwaigen Informationsdefizit beruht. Denn aus den Urteilsgründen sowie den dienstlichen Stellungnahmen und der Protokollberichtigung ergibt sich, dass die Angeklagten sich in Kenntnis der Tatsache, dass nur bei einer geständigen Einlassung noch eine Bewährungsstrafe in Betracht kommen würde, dafür entschieden haben, den Tatvorwurf zu bestreiten. Der Senat schließt daher aus, dass sie sich bei einer weitergehenden Mitteilung anders verhalten hätten (vgl. auch BGH, Beschluss vom 29. November 2013 – 1 StR 200/13, StV 2014, 651, 653).

[9] Es liegt auch kein durchgreifendes Informationsdefizit der Öffentlichkeit vor, weil der Vorsitzende in öffentlicher Hauptverhandlung jedenfalls den Verständigungsvorschlag des Gerichts und die Tatsache mitgeteilt hat, dass Verständigungsgespräche stattgefunden haben und diese gescheitert sind; angesichts der im Revisionsverfahren eingeholten dienstlichen Erklärungen ist eine informelle Absprache sicher auszuschließen. Der Zulässigkeit der Rüge dürfte insoweit auch entgegenstehen, dass die Revision nicht vorgetragen hat, ob bei der Hauptverhandlung überhaupt Öffentlichkeit anwesend war, deren Informationsinteresse durch das Vorgehen des Vorsitzenden hätte verletzt werden können.

Dass eine Akte beim Amtsgericht offenbar zeitweise in „Abraum" geraten ist, ist **597**
ein allein in die Sphäre der Justiz fallender Umstand, der nicht zu Lasten des Angeklagten gehen darf.[639]

[3] Allerdings ist die landgerichtliche Entscheidung rechtsfehlerhaft, soweit das Vorliegen einer rechtsstaatswidrigen Verfahrensverzögerung verneint (und deshalb eine Kompensation hierfür nicht ausgesprochen) worden ist. Wie sich den Urteilsgründen entnehmen lässt, ist es nach der Verweisung der Sache an das Landgericht durch das Amtsgericht Frankfurt am Main im November 2011 bis zur endgültigen Vorlage an das Landgericht im September 2012 zu einer ersten rechtsstaatswidrigen Verfahrensverzögerung gekommen. Dass die Akte beim Amtsgericht offenbar zeitweise in „Abraum" geraten ist, wie das Landgericht feststellt, ist ein allein in die Sphäre der Justiz fallender Umstand, der nicht zu Lasten des Angeklagten gehen darf. Darüber hinaus ist die Sache fast zwei Jahre beim Landgericht nicht bearbeitet worden, weil die zuständige Schwurgerichtskammer aufgrund der hohen Belastung mit vorrangig zu behandelnden Haftsachen nicht früher verhandeln konnte. Dies begründet – entgegen der Ansicht des

---

[639] BGH, Beschluss vom 18.02.2015 – 2 StR 523/14.

Landgerichts – schon mit Blick auf die lange Zeit der Untätigkeit das Vorliegen einer rechtsstaatswidrigen Verfahrensverzögerung, die im Wege der Vollstreckungslösung auszugleichen ist. Dass sich der Angeklagte nicht in Haft befunden hat, rechtfertigt es nicht, eine beim Landgericht anhängige Strafsache eine solch lange Zeit unbearbeitet zu lassen. Sollte vor dem Ablauf von zwei Jahren für die zuständige Strafkammer keine Möglichkeit bestanden haben, die Sache zu verhandeln, hätte dies dem Präsidium des Landgerichts mitgeteilt werden müssen, damit dieses zur Beachtung des Beschleunigungsgebots Abhilfe schafft.

[4] Der Senat sieht – was zur Vermeidung einer weiteren Verzögerung an sich geboten wäre – davon ab, in der Sache selbst zu entscheiden und festzusetzen, wie viele Monate Freiheitsstrafe als vollstreckt gelten. Denn den Urteilsgründen lässt sich insbesondere mit Blick auf die Zeit zwischen November 2011 und September 2012 nicht hinreichend zuverlässig entnehmen, in welchem Umfang es hier zu einer rechtsstaatswidrigen Verfahrensverzögerung gekommen ist.

598 Durch die unzureichende Mitteilung und Protokollierung von Verständigungsgesprächen, die allein Mitangeklagte betroffen haben, ist der Angeklagte, der an den Verständigungsgesprächen nicht beteiligt war, im Regelfall nicht in seinen Rechten betroffen. Seine Rüge einer Verletzung des § 243 Abs. 4 Satz 1 StPO greift deshalb nicht durch.[640]

599 1. Vom Anwendungsbereich des § 243 Abs. 4 Satz 1 StPO wird ein **vor der Anklageerhebung liegendes Geschehen** nicht erfasst.

2. Ein Beruhen des Urteils auf einem Verstoß gegen § 243 Abs. 4 Satz 1 StPO (unterlassene Negativmitteilung) kommt nicht in Betracht, wenn Gespräche über die Möglichkeit einer Verständigung zweifelsfrei ausgeschlossen werden können.[641]

[4] 3. Die Rüge, es sei wegen Fehlens der sogenannten Negativmitteilung gegen § 243 Abs. 4 Satz 1 StPO verstoßen worden, ist jedenfalls unbegründet.

[5] a) Soweit die Revision vorträgt, eine mit dem Verfahren befasste Staatsanwältin habe in einem mit dem „Pflichtverteidiger" am 10. April 2012 geführten Telefonat auf die Prüfung hingewirkt, „ob … nicht doch eine geständige Einlassung abgegeben werden könne", handelt es sich um ein Geschehen vor der Erhebung der Anklage und wird daher vom Anwendungsbereich des § 243 Abs. 4 Satz 1 StPO nicht erfasst; dieser betrifft lediglich „Erörterungen nach den §§ 202a, 212" StPO.

[6] b) Aber auch eine insoweit fehlende Negativmitteilung würde nur dann zur Aufhebung des angegriffenen Urteils führen, wenn dieses auf dem Verfahrensfehler beruhte. Dies ist aber auszuschließen, wenn zweifelsfrei feststeht, dass es keinerlei Gespräche über die Möglichkeit einer Verständigung gegeben hat (BVerfGE 133, 168, 223 Rn. 98; BVerfG NStZ 2014, 592, 594). So verhält es sich hier, wie das vom Senat durchgeführte Freibeweisverfahren ergeben hat. Weder die beiden an der Hauptverhandlung beteiligten Berufsrichter noch die staatsanwalt-

---

640 BGH, Beschluss vom 25.02.2015 – 4 StR 587/14.
641 BGH, Beschluss vom 27.01.2015 – 5 StR 310/13.

schaftliche Sitzungsvertreterin vermochten sich an auch nur ein Gespräch zu erinnern, das eine Verständigung zum Gegenstand gehabt hätte.

[7] Der Senat hat keine Zweifel an der Richtigkeit der von den Verfahrensbeteiligten hierzu abgegebenen Erklärungen. Dies gilt – unter Berücksichtigung des dort geschilderten Gangs der Hauptverhandlung – zumal deshalb, weil die in Bezug genommene, im Urteil wiedergegebene Einlassung des Angeklagten keine Anknüpfungspunkte für eine Verständigung bot, wie die in der Hauptverhandlung tätige Oberstaatsanwältin unmittelbar nach deren Verlesung erklärt hat. Soweit einer der Instanzverteidiger sich erinnert, sie habe im Vorfeld der Erklärung in öffentlicher Sitzung gefragt, „ob es nicht sinnvoll sei, noch einmal in Verständigungsgespräche einzutreten", und er habe erwidert, „dass sich die Verteidigung Gesprächen nicht verschließe", ist nach dem geschilderten weiteren Gang der Dinge auszuschließen, dass diese Äußerungen noch in tatsächliche Gespräche über eine Verständigung gemündet sind, zumal das Gericht die staatsanwaltschaftliche Anregung nicht kommentiert hat.

[8] c) Es kommt daher nicht darauf an, ob der Senat einer Ansicht, die (allein) bei einer auf die Verletzung des § 243 Abs. 4 Satz 1 StPO gestützten Verfahrensrüge eine Ausnahme vom revisionsrechtlichen Grundsatz, ein Revisionsführer brauche zur Beruhensfrage nichts vorzutragen, zulassen möchte (vgl. BVerfG aaO; BGH, Beschluss vom 25. November 2014 – 2 StR 171/14), folgen könnte; einen tragenden Grund für eine derartige Handhabung vermag er jedenfalls nicht zu erkennen.

[9] 4. Abschließend bemerkt der Senat, dass es – anders als die Revision zu meinen scheint – nicht zu den Aufgaben des Bundesgerichtshofs zählt, die Tatgerichte zu „disziplinieren".

Rüge eines Verstoßes gegen die **Vorschriften zur Transparenz und Dokumentation** von Verständigungsgesprächen.[642] **600**

[2] Näherer Erörterung bedarf nur die Rüge eines Verstoßes „gegen die Vorschriften zur Transparenz und Dokumentation von Verständigungsgesprächen (§§ 243 Abs. 4 Satz 2, 273 Abs. 1a Satz 2 StPO)". Die Revision beanstandet, der Vorsitzende habe den Inhalt eines am letzten Verhandlungstag mit dem Ziel einer Verständigung geführten Vorgesprächs außerhalb der Hauptverhandlung nicht in einem den Anforderungen des § 243 Abs. 4 StPO genügenden Umfang mitgeteilt.

[3] 1. Im Wesentlichen liegt folgendes Verfahrensgeschehen zugrunde:

[4] Am 13. Verhandlungstag (11. Dezember 2014) bat der Instanzverteidiger des Angeklagten im Rahmen der Hauptverhandlung die beiden Berufsrichter der Strafkammer und den Sitzungsvertreter der Staatsanwaltschaft um ein Gespräch im Hinblick auf eine mögliche Verständigung. Zu diesem Zeitpunkt stand nach im Wesentlichen durchgeführter Beweisaufnahme nur noch die Erstattung eines Gutachtens zur Übersetzung der Tonaufzeichnungen von überwachten Telefon- und Fahrzeuginnenraumgesprächen an, zu deren Inhalt schon Ermittlungsbeamte als Zeugen gehört worden waren. Der Angeklagte hatte sich bisher in der Hauptverhandlung nicht zur Sache eingelassen und lediglich in einem nach dem neun-

642 BGH, Beschluss vom 05.08.2015 – 5 StR 255/15.

ten Verhandlungstag an die Strafkammer geschriebenen Brief vom 9. November 2014 den Tatvorwurf bestritten, als Mitglied einer Bande an der Einfuhr von jedenfalls 28,7 kg Kokain aus Südamerika zum gewinnbringenden Weiterverkauf mitgewirkt zu haben. In dem Brief hatte er sich als Opfer eines Missbrauchs durch ein gesondert verurteiltes Mitglied der Rauschgifthändlerbande dargestellt. Daraufhin hatte auf Anregung des Instanzverteidigers des Angeklagten im Anschluss an den zehnten Verhandlungstag eine Besprechung mit den Berufsrichtern und dem Sitzungsvertreter der Staatsanwaltschaft stattgefunden, in der man sich ohne Verständigungsbezug über Einschätzungen der Beweislage und Aspekte der Beweiswürdigung ausgetauscht hatte. In einem hierüber von ihm angelegten Vermerk hielt der Vorsitzende fest, dass „keiner der am Gespräch Beteiligten sich hinsichtlich der Verurteilungswahrscheinlichkeit und einer Straferwartung fest(legte)". Ebenso wie eine Übersetzung des Briefes des Angeklagten war am folgenden Fortsetzungstermin auch dieser Besprechungsvermerk verlesen worden, dessen Inhalt als zutreffende Gesprächswiedergabe vom Vertreter der Staatsanwaltschaft und vom Instanzverteidiger bestätigt wurde.

[5] Auf die vom Instanzverteidiger am 13. Verhandlungstag geäußerte Bitte um ein Verständigungsvorgespräch wurde die Hauptverhandlung unterbrochen. Während in der anschließenden zwanzigminütigen Besprechung der Vertreter der Staatsanwaltschaft, der den Angeklagten nach vorläufiger Bewertung des Ergebnisses der Beweisaufnahme nicht für den Kopf der Bande hielt, bei einem Geständnis eine Freiheitsstrafe im Bereich von sechs Jahren für schuldangemessen erachtete, meinte der Instanzverteidiger, dass die Strafe auch noch darunter liegen könne. Der Vorsitzende trat dieser Auffassung zunächst unter Hinweis auf eine möglicherweise gewichtiger zu bewertende Rolle des Angeklagten in dem Tatgeschehen entgegen und erklärte, dass auch eine deutlich höhere Freiheitsstrafe in Betracht käme. Soweit der Revisionsverteidiger zu den geäußerten Straferwartungen weitergehend vorgetragen hat, der Vorsitzende habe „sinngemäß" zum Ausdruck gebracht, dass der Angeklagte ohne umfassendes Geständnis eine Freiheitsstrafe im zweistelligen Bereich zu erwarten habe, hat dies keine Bestätigung gefunden. Der Vorsitzende Richter und der Sitzungsvertreter der Staatsanwaltschaft haben in ihren dienstlichen Äußerungen übereinstimmend dem diesbezüglichen Revisionsvortrag widersprochen; dieser stützte sich auf eine ohnehin eher vage Erklärung des Instanzverteidigers, der an „Ablauf und Inhalt" des Vorgesprächs „im Einzelnen keine sichere Erinnerung mehr" hatte.

[6] Im weiteren Verlauf der Besprechung erzielten die Gesprächsteilnehmer Einvernehmen über eine mögliche Verständigung. Hierüber fertigte der Vorsitzende einen Gesprächsvermerk folgenden Inhalts:

[7] „Für den Fall eines reuevollen Geständnisses des Inhalts, dass der Angeklagte den Geldtransport organisieren sollte und dafür auch Kurierinnen hat anwerben können, so dass er sich insoweit als Mitglied einer Bande des unerlaubten Handeltreibens und der Einfuhr von Betäubungsmitteln in nicht geringer Menge strafbar gemacht hat, stellt die Kammer die Verhängung einer Freiheitsstrafe im Bereich von fünf bis sieben Jahren Freiheitsstrafe in Aussicht. Insoweit haben sich Staatsanwaltschaft, Verteidigung und Berufsrichter verständigt – es bedarf aber noch der Beratung mit den Schöffen und der Zustimmung des Angeklagten".

[8] Nach Beendigung des Gesprächs unterrichtete der Instanzverteidiger den Angeklagten über das Ergebnis des Gesprächs. Er teilte ihm mit, dass er den verein-

barten Strafrahmen für ein gutes Ergebnis halte, und besprach mit ihm den Inhalt einer Einlassung, die den Bedingungen der Verständigung entsprechen würde. In der sodann fortgesetzten Hauptverhandlung verlas der Vorsitzende zur Unterrichtung über den Inhalt des Verständigungsvorgesprächs seinen Gesprächsvermerk, der als Anlage zu Protokoll genommen wurde. Nach der anschließenden Beratung der Strafkammer gab der Vorsitzende bekannt, dass das Gericht eine Verständigung entsprechend dem im Vermerk niedergelegten Inhalt vorschlage. Der zuvor gemäß § 257c Abs. 5 StPO belehrte Angeklagte und der Vertreter der Staatsanwaltschaft erklärten ihre Zustimmung. Daraufhin wurde dem im Verfahren tätigen Dolmetscher mitgeteilt, dass seine Dienste als (Sprach-)Sachverständiger nicht mehr benötigt würden, und der Angeklagte ließ sich geständig zur Sache ein; dabei ergänzte und präzisierte er auf Nachfragen der Strafkammer seine Angaben (UA S. 17). Das Verfahren endete noch am selben Hauptverhandlungstag mit Urteil.

[9] Das Landgericht hat in dem angefochtenen Urteil seine Feststellung auf das Geständnis des Angeklagten gestützt, das in Einklang mit den Zeugenaussagen von vier gesondert verurteilten jeweils geständigen Tatbeteiligten stand und durch vielfältige Ergebnisse der polizeilichen Überwachung von Teilen des Tatgeschehens und dessen Vorbereitung ergänzt und bestätigt wurde (UA S. 7f., 9, 18). Soweit darüber hinaus zwei weitere Mittäter in ihren früheren geständigen Einlassungen im Rahmen der gegen sie geführten Strafverfahren den Angeklagten überschießend belastet hatten, hat das Landgericht diesen Angaben keinen Beweiswert zugemessen, der die Glaubhaftigkeit des Geständnisses des Angeklagten in Frage gestellt hätte (UA S. 17, 19).

[10] 2. Die Erklärung des Vorsitzenden über das Verständigungsvorgespräch vom 11. Dezember 2014 hat die Informationspflicht aus § 243 Abs. 4 Satz 2 StPO verletzt.

[11] Nach dieser Vorschrift muss der Vorsitzende zu Erörterungen mit den Verfahrensbeteiligten (§ 212 i. V.m. § 202a StPO), die nach Beginn, aber außerhalb der Hauptverhandlung stattgefunden haben und deren Gegenstand die Möglichkeit einer Verständigung gewesen ist, in der Hauptverhandlung deren wesentlichen Inhalt mitteilen. Hierzu zählt zumindest, welchen Standpunkt die Gesprächsteilnehmer vertreten und wie sie sich zu den Ansichten der übrigen verhalten haben (vgl. BVerfGE 133, 168, 217 Rn. 85; BGH, Urteil vom 10. Juli 2013 – 2 StR 195/12, BGHSt 58, 310, 313; Beschlüsse vom 14. Juli 2014 – 5 StR 217/14, NStZ-RR 2014, 315, 316, vom 11. Februar 2015 – 1 StR 335/14, NStZ 2015, 416, und vom 25. Februar 2015 – 4 StR 470/14, NStZ 2015, 353, 354).

[12] Dieser Anforderung an eine der Informationspflicht des § 243 Abs. 4 StPO genügenden Mitteilung entsprach die Erklärung des Vorsitzenden nicht, da sie lediglich das Ergebnis der Besprechung mit dem von den Gesprächsteilnehmern abgestimmten Verständigungsvorschlag wiedergab. Zum Inhalt der diesem Vorschlag vorausgegangenen Erörterung und insbesondere zu den von den Beteiligten vertretenen Standpunkten enthielt der verlesene Gesprächsvermerk keine Angaben.

[13] 3. Zwar führt ein Verstoß gegen die Transparenz- und Dokumentationspflichten grundsätzlich zur Rechtswidrigkeit einer gleichwohl getroffenen Verständigung und hat zur Folge, dass ein Beruhen des Urteils auf diesem Gesetzesverstoß regelmäßig schon deshalb nicht auszuschließen ist, weil die Verständigung,

auf der das Urteil beruht, ihrerseits mit einem Gesetzesverstoß behaftet ist (BVerfGE 133, 168, 223 Rn. 97). Nach Auffassung des Senats liegt jedoch unter den hier gegebenen Umständen ein Ausnahmefall vor, in dem ein Beruhen des Urteils auf dem Rechtsverstoß (§ 337 Abs. 1 StPO) sicher auszuschließen ist. Dass ein Ausschluss des Beruhens bei Verletzung der Mitteilungs- und Dokumentationspflichten in Ausnahmefällen unter Berücksichtigung von Art und Schwere des Gesetzesverstoßes möglich ist, entspricht der Rechtsprechung des Bundesverfassungsgerichts (vgl. BVerfGE aaO; BVerfG [Kammer], Beschluss vom 15. Januar 2015 – 2 BvR 878/14, NJW 2015, 1235, 1237; siehe auch BGH, Urteil vom 14. April 2015 – 5 StR 20/15; Beschluss vom 15. Januar 2015 – 1 StR 315/14, NJW 2015, 645, 646).

*[**14**] a) Bei der danach gebotenen wertenden Gesamtbetrachtung fällt hier ins Gewicht, dass die Initiative für das Verständigungsvorgespräch von Seiten der Verteidigung in öffentlicher Hauptverhandlung erfolgte. Damit war sowohl für die Öffentlichkeit als auch für sämtliche Verfahrensbeteiligten nicht nur das Thema des durchzuführenden Gesprächs, sondern auch der Umstand offenkundig, dass die Frage nach einer Verständigung von der Verteidigung aufgeworfen worden war. Der Weg zu der Verständigung hin war hierdurch offengelegt. Soweit die Revision in diesem Zusammenhang beanstandet, dass maßgebliche – möglicherweise von einer Informationspflicht umfasste – Gründe für die Verständigung im Dunkeln geblieben seien, trägt sie selbst nicht vor, dass etwa der Instanzverteidiger in dem Vorgespräch überhaupt Ausführungen dazu gemacht hätte, was ihn zu der Anregung einer Verständigung bewogen habe. Zudem kann auch nach dem weiteren Verfahrensablauf, bei dem die Bestimmungen des § 257c StPO für ein regelhaftes Zustandekommen einer Verständigung vom Gericht eingehalten worden sind, mit Gewissheit ausgeschlossen werden, dass das Gespräch auf eine gesetzwidrige Absprache gerichtet war.*

*[**15**] Gemessen an der Bandbreite möglicher Verstöße gegen die Mitteilungspflicht nach § 243 Abs. 4 StPO (vgl. BVerfG [Kammer], Beschluss vom 15. Januar 2015 – 2 BvR 878/14, aaO; Beschluss vom 15. Januar 2015 – 1 StR 315/14, aaO) ist die Gesetzesverletzung unter dem Aspekt des Transparenzgebotes und des Gebotes des fairen Verfahrens überdies nicht als gewichtig anzusehen: Eine Unterrichtung über die Besprechung wurde nicht gänzlich unterlassen, sondern fand als solche mit Bekanntgabe ihres Ergebnisses statt. Mit dem damit verbundenen Hinweis auf eine gemeinsame Verständigung über den unterbreiteten vorläufigen, unter dem Vorbehalt abschließender Kammerberatung stehenden Vorschlag war klar, dass nicht nur die Berufsrichter, sondern auch der Vertreter der Staatsanwaltschaft die von der Verteidigung aufgeworfene Frage nach einer Verständigung zustimmend beantwortet hatten. Die nicht mitgeteilten, allerdings nicht weit voneinander entfernten Sanktionsvorstellungen des Sitzungsvertreters der Staatsanwaltschaft und des Instanzverteidigers lagen von vornherein innerhalb des alsbald gemeinsam mit den Berufsrichtern abgestimmten Strafrahmens. Soweit beide Gesprächsteilnehmer ihre Straferwartungen mit Zumessungsgesichtspunkten näher begründet haben sollten – was die Revision nicht vorträgt –, wäre eine Mitteilung über Einzelheiten ihrer Argumentation von der Informationspflicht des § 243 Abs. 4 StPO ohnehin nicht umfasst gewesen (BGH, Beschluss vom 11. Februar 2015 – 1 StR 335/14, aaO). Nach dem mit der dienstlichen Äußerung des Vertreters der Staatsanwaltschaft übereinstimmenden Revisionsvortrag nahm der Vorsitzende erst im Anschluss an die Äußerung des Instanzverteidigers*

zu dessen Sanktionsvorstellung ablehnend Stellung. Von dieser Stellungnahme mag die schließlich vorgeschlagene Obergrenze der Strafe beeinflusst worden sein. Völlig fernliegend ist allerdings angesichts der Initiative des Instanzverteidigers für eine Verständigung, der unmittelbar vor ihrem Abschluss stehenden Beweisaufnahme und des nach dem zehnten Hauptverhandlungstag bereits unter den Besprechungsteilnehmern erfolgten Austauschs über Einschätzungen der Beweislage und Aspekte der Beweiswürdigung, dass der Vorsitzende mit seiner Stellungnahme auf das Zustandekommen einer Verständigung gedrängt haben und ein entsprechender Druck durch die Unvollständigkeit seiner späteren Mitteilung nicht offengelegt worden sein könnte.

[16] b) Aufgrund dieser Besonderheiten kann der Senat darüber hinaus sicher ausschließen, dass das infolge der unvollständigen gerichtlichen Mitteilung sowie Dokumentation beim Angeklagten hervorgerufene Informationsdefizit dessen Selbstbelastungsfreiheit in irgendwie fassbarer Weise beeinträchtigt haben könnte und das Landgericht ohne den Rechtsfehler zu einem anderen Ergebnis gelangt wäre. Dass sich die fehlende Information über die unterschiedlichen Straferwartungen der Gesprächsteilnehmer, die sich innerhalb des nachfolgend von ihnen abgestimmten Strafrahmens hielten, auf die Fähigkeit des Angeklagten zu autonomer Willensbildung ausgewirkt haben könnte, ist nicht erkennbar.

[17] 4. Soweit der Beschwerdeführer eine Verletzung der Protokollierungspflicht aus § 273 Abs. 1a Satz 2 i. V. m. § 243 Abs. 4 Satz 2 StPO rügt, liegt bereits nach seinem Vortrag ein Rechtsfehler nicht vor. Denn das Protokoll gibt die – tatsächlich unvollständige – Mitteilung und damit den Gang der Hauptverhandlung gerade zutreffend wieder (vgl. BGH, Urteil vom 14. April 2015 – 5 StR 20/15; Beschlüsse vom 15. April 2014 – 3 StR 89/14, NStZ 2014, 418, und vom 15. Januar 2015 – 1 StR 315/14, aaO).

Die Frage der Fortdauer der Untersuchungshaft kann zwar grundsätzlich Gegenstand einer Verständigung im Sinne von § 257c Abs. 2 StPO sein. Erforderlich für ein auf Verständigung abzielendes Gespräch ist aber, dass die Frage der Untersuchungshaft mit einem für das Verfahren bedeutsamen Verhalten des Angeklagten verknüpft ist oder wird. Das bloße Angebot, eine angemessene Sicherheit im Sinne von § 116 Abs. 1 Satz 2 Nr. 4 StPO zu stellen reicht hierfür nicht aus.[643] **601**

Der Erörterung bedarf lediglich die vom Angeklagten erhobene Verfahrensrüge, mit der er eine Verletzung von § 243 Abs. 4 Satz 1 StPO rügt.

Mit dieser Rüge macht der Angeklagte geltend, der Strafkammervorsitzende habe entgegen § 243 Abs. 4 StPO zu keinem Zeitpunkt Mitteilung darüber gemacht, ob und gegebenenfalls mit welchem Inhalt Verständigungsgespräche im Sinne von § 257c StPO stattgefunden hätten. Tatsächlich habe es derartige Gespräche gegeben. Ein Verteidiger habe mit dem damaligen Vorsitzenden der Strafkammer eine mögliche Haftverschonung des Angeklagten unter Stellung einer Kaution von 50.000 € erörtert. Inhalt der Gespräche sei auch eine mögliche Bewertung des Tatverhaltens des Angeklagten gewesen, auch wenn die erörterten Zumessungserwägungen nicht zu einer Fixierung konkreter Zahlen geführt habe. Eine Vereinbarung hinsichtlich der Haftfrage sei an der Zustimmung der Staats-

643 BGH, Beschluss vom 08.01.2015 – 2 StR 123/14.

anwaltschaft gescheitert. Dass über diese Gespräche in der Hauptverhandlung nichts mitgeteilt worden sei, verstoße gegen die Transparenzpflicht aus § 243 Abs. 4 StPO; der vor der Beginn der Hauptverhandlung erfolgte Wechsel in der Person des Vorsitzenden lasse die Pflicht zur Mitteilung im Sinne von § 243 Abs. 4 StPO nicht entfallen. Auf einem solchen Verstoß beruhe regelmäßig auch das Urteil, worauf das Bundesverfassungsgericht unmissverständlich hingewiesen habe.

1. Die Rüge ist zulässig erhoben. Der Angeklagte hat – wie es nach der Rechtsprechung des Senats zur Zulässigkeit der Rüge erforderlich ist (vgl. Beschluss vom 25. November 2014 – 2 StR 171/14, Rn. 4, 6) – vorgetragen, dass und mit welchem Inhalt Erörterungen im Vorfeld der Hauptverhandlung stattgefunden haben. Es ist – was die Rüge trotz des Vorbringens zu Gesprächen zwischen Verteidigung und Gericht im Ermittlungsverfahren unzulässig machen würde – auch nicht ausgeschlossen, dass es sich um ein auf Verständigung im Sinne von § 257c StPO abzielendes Gespräch gehandelt haben könnte.

2. Die Rüge ist aber unbegründet. Zwar liegt – unabhängig davon, ob es Gespräche im Sinne von § 257c StPO vor der Hauptverhandlung gegeben hat – eine Verletzung des § 243 Abs. 4 Satz 1 StPO vor, wenn es wie im zugrunde liegenden Fall keine Negativmitteilung gegeben hat (BVerfG NStZ 2014, 592, 593 f.). Sie entfällt auch nicht durch den zum Beginn der Hauptverhandlung erfolgten Wechsel in der Person des Vorsitzenden Richters, der die Mitteilungspflicht des neuen Vorsitzenden unberührt lässt (BGH NJW 2014, 3385). Auf diesem Verstoß aber beruht die angefochtene Entscheidung nicht. Denn es ist unter Berücksichtigung einer dienstlichen Äußerung des ehemaligen Vorsitzenden der Strafkammer, die der Revisionsgegenerklärung der Staatsanwaltschaft beigefügt war und der der Angeklagte nicht entgegengetreten ist, ausgeschlossen, dass verständigungsbezogene Gespräche zwischen Verteidigung und Angeklagten geführt worden sind (vgl. zum Beruhensausschluss BVerfGE 133, 168, 223 Rn. 98; BVerfG NStZ 2014, 592, 584; Senat aaO Rn. 5 mwN).

Nach der Erinnerung des ehemaligen Vorsitzenden der Strafkammer hat es zwei kurze Gespräche mit einem der Verteidiger des Angeklagten gegeben. Dabei habe es sich nicht um Verständigungsgespräche gehandelt, es sei nicht um die Bewertung des Tatverhaltens des Angeklagten gegangen. Der Verteidiger habe lediglich angefragt, ob aus Sicht der Kammer eine Haftverschonung bei Zahlung einer Kaution möglich sei. Dies sei aus seiner Sicht nicht in Betracht gekommen; für den Fall, dass die Staatsanwaltschaft eine solche demgegenüber für vertretbar halten sollte, sei in Aussicht gestellt worden, dass sich die Strafkammer dem möglicherweise nicht verschließen würde.

Auf der Grundlage dieser dienstlichen Äußerung sind zwischen dem Verteidiger des Angeklagten und dem ehemaligen Vorsitzenden der Strafkammer lediglich Gespräche über eine Haftverschonung bei Kautionsstellung gegeben. Solche Gespräche stellen keine Gespräche dar, über die gemäß § 243 Abs. 4 Satz 1 StPO Mitteilung zu machen wäre.

Zwar kann die Frage der Fortdauer von Untersuchungshaft grundsätzlich Gegenstand einer Verständigung im Sinne von § 257c Abs. 2 StPO sein (Senat, BGH NStZ 2014, 219). Erforderlich für ein auf Verständigung abzielendes Gespräch ist aber, dass die Frage der Untersuchungshaft mit einem für das Verfahren bedeutsamen Verhalten des Angeklagten verknüpft ist oder wird. In Betracht kommt auch insoweit ein Geständnis, das regelmäßig Bestandteil einer Verständigung sein soll (§ 257c Abs. 2 Satz 2 StPO) und etwa die Verdunkelungsgefahr entfallen lassen kann. Denkbar ist aber auch ein sonstiges, für den Fortgang und das Ergebnis des Verfahrens bedeutsames Prozessverhalten wie etwa der Verzicht auf Beweis-, Befangenheits-, Unterbrechungs- oder Aussetzungsanträge (vgl. Moldenhauer/Wenske, in: Karlsruher Kommentar zur StPO, 7. Aufl., § 257c, Rn. 22). Das bloße Angebot, eine angemessene Sicherheit im Sinne von § 116 Abs. 1 Nr. 4 StPO zu stellen, reicht hierfür nicht. Es erschöpft sich in seiner Bedeutung für die Klärung der Haftfrage und hat keine Auswirkungen auf den weiteren Gang des Verfahrens.

Eine **Verständigung** ist regelmäßig nur dann mit dem Grundsatz des fairen Verfahrens zu vereinbaren, wenn der Angeklagte **vor ihrem Zustandekommen** nach § 257c Abs. 5 StPO über deren nur eingeschränkte Bindungswirkung für das Gericht **belehrt** worden ist.[644] **602**

[3] Am dritten Hauptverhandlungstag teilte der Vorsitzende mit, „dass in der Sitzungspause ein Rechtsgespräch zwischen dem Verteidiger, dem Vertreter der Staatsanwaltschaft und den Mitgliedern des erkennenden Gerichts stattgefunden hat ... und unter Berücksichtigung ... insbesondere des angekündigten Geständnisses die Verfahrensbeteiligten Übereinstimmung dahingehend" erzielt haben, „dass eine Gesamtfreiheitsstrafe im Mindestmaß von vier Jahren drei Monaten und im Obermaß von fünf Jahren schuldangemessen ist."

[4] Der Verteidiger und der Staatsanwalt bestätigten, „dass dies so richtig sei, und erklärten sich damit einverstanden, an diese Strafen gebunden zu sein."

[5] Erst nach nunmehr von der Strafkammer angenommener Verständigung belehrte der Vorsitzende den Angeklagten über den Inhalt des § 257c Abs. 4 StPO. Der Verteidiger gab eine Erklärung zur Sache ab, die vom Angeklagten als richtig bestätigt wurde.

[6] 2. Danach rügt die Revision die Verletzung des § 257c Abs. 5 StPO zu Recht. Denn der Vorsitzende der Strafkammer hätte den Angeklagten bereits bei Unterbreitung des Verständigungsvorschlags über die in § 257c Abs. 4 StPO geregelte Möglichkeit eines Entfallens der Bindung des Gerichts an die Verständigung belehren müssen. Eine Verständigung ist regelmäßig nur dann mit dem Grundsatz des fairen Verfahrens zu vereinbaren, wenn der Angeklagte vor ihrem Zustandekommen nach § 257c Abs. 5 StPO über deren nur eingeschränkte Bindungswirkung für das Gericht belehrt worden ist (vgl. hierzu BVerfGE 133, 168, 237; BVerfG [Kammer], NStZ 2014, 721; BGH, Beschluss vom 10. Februar 2015 – 4 StR 595/14 mwN).

[7] Das Geständnis des Angeklagten und damit auch das Urteil beruhen auf dem Verstoß gegen die Belehrungspflicht (§ 337 Abs. 1 StPO). Der Senat kann die Ursächlichkeit des Belehrungsfehlers für das Geständnis nicht ausnahmsweise ausschließen. Der Angeklagte hat die ihm zur Last gelegten Taten auf der Grundlage der Verständigung eingeräumt. Neben anderen Beweismitteln hat die Strafkammer vor allem hierauf die Verurteilung gestützt. Konkrete Anhaltspunkte dafür,

---

644 BGH, Beschluss vom 25.03.2015 – 5 StR 82/15.

dass dem Angeklagten die Voraussetzungen für den Wegfall der Bindungswirkung bekannt waren, bestehen nicht.

603 1. Allein der Hinweis des Kammervorsitzenden, dass ein Geständnis Auswirkungen auf das Strafmaß habe und es vom Strafmaß abhängig sei, ob man sich Gedanken über eine Strafaussetzung machen könne, stellt noch keinen der Mitteilungspflicht unterliegenden Verständigungsvorschlag dar.

2. Umfasst die Unterrichtung des Vorsitzenden sowohl den Aspekt, auf wessen Initiative es zu dem Verständigungsgespräch gekommen war, als auch dass der Verteidiger eine Verständigung abgelehnt hatte und man zunächst die Nebenklägerin vernehmen wolle, so genügt diese Unterrichtung dem Transparenzgebot.[645]

[5] b) Auch die Verfahrensrüge, mit der der Angeklagte einen Verstoß gegen die Mitteilungs- und Dokumentationspflicht nach § 243 Abs. 4 Satz 2 i.V.m. § 273 Abs. 1a Satz 2 StPO geltend macht, hat keinen Erfolg.

[6] aa) Dem liegt folgendes Verfahrensgeschehen zugrunde:

[7] Der Angeklagte gab in der Hauptverhandlung zum Vorwurf der Vergewaltigung eine bestreitende Einlassung ab. Nachdem die Hauptbelastungszeugin an mehreren Tagen nicht erschienen war, bat der Vorsitzende der Strafkammer den Verteidiger, die Staatsanwältin und die Nebenklägervertreterin in das Beratungszimmer. Nachdem erörtert worden war, dass die Nebenklägerin bisher nicht vernommen werden konnte, fragte der Vorsitzende, ob die Möglichkeit einer Verständigung bestehe, wobei ein Geständnis des Angeklagten hierfür Voraussetzung sei. Der Verteidiger erklärte, dass dies vor der Vernehmung der Nebenklägerin nicht in Betracht komme. Er kam sodann mit dem Vorsitzenden überein, zunächst die Nebenklägerin zu hören, ein Geständnis „müsse" nicht heute erfolgen.

[8] Nach Wiedereintritt in die Hauptverhandlung gab der Vorsitzende folgende Erklärung ab, die er auch protokollieren ließ:

> *„Der Vorsitzende gab bekannt, dass auf Initiative der Kammer ein Rechtsgespräch mit den Mitgliedern der Kammer, dem Verteidiger, der Vertreterin der Staatsanwaltschaft und der Nebenklagevertreterin stattgefunden hat. Seitens des Gerichts wurde die Möglichkeit einer Verständigung angesprochen. Dies wurde vom Verteidiger abgelehnt. Man kam überein, zunächst die Geschädigte zu vernehmen."*

[9] Im weiteren Verlauf der Hauptverhandlung – auch nach Vernehmung der Nebenklägerin – kam keiner der Verfahrensbeteiligten auf das Verständigungsgespräch zurück.

[10] Die Revision trägt darüber hinaus vor, der Vorsitzende habe bei dem Verständigungsgespräch zudem erklärt, dass „die Sache aus Sicht der Kammer bei Ablegung eines Geständnisses mit einer Bewährungsstrafe ausreichend sanktioniert sein könnte."

[11] bb) Die Rüge erweist sich ungeachtet der Frage ihrer Zulässigkeit schon deswegen als unbegründet, weil der behauptete Verfahrensverstoß – die Nichtmitteilung einer im Rahmen von Verständigungsgesprächen außerhalb der Hauptverhandlung konkret geäußerten Strafvorstellung des Gerichts – nicht erwiesen

[645] BGH, Beschluss vom 18.12.2014 – 1 StR 242/14.

ist. So belegen die dienstlichen Stellungnahmen der Sitzungsvertreterin der Staatsanwaltschaft, des Vorsitzenden und des Beisitzers, dass von Seiten des Gerichts ein für den Fall des Geständnisses für angemessen erachteter konkreter Strafrahmen, gar in Form einer noch die Aussetzung zur Bewährung eröffnenden Strafhöhe, nicht genannt worden ist. Zwar sei durch den Vorsitzenden zu Beginn erklärt worden, dass ein Geständnis Auswirkungen auf das Strafmaß habe und man sich abhängig vom Strafmaß gegebenenfalls Gedanken über eine Strafaussetzung machen könne. Übereinstimmend ergibt sich aus den dienstlichen Stellungnahmen jedoch, dass zur Abgabe von konkreten Strafrahmenvorstellungen nach „kategorischer" Ablehnung eines Geständnisses durch den Verteidiger kein Raum mehr gesehen wurde.

[12] Dem Inhalt der dienstlichen Erklärungen ist die Revision nicht entgegengetreten, vielmehr hat sie sich diese zu eigen gemacht, soweit sie nunmehr allein noch behauptet, dass von „einer möglichen Bewährungsstrafe gesprochen wurde". Da daher der Sachverhalt aufgeklärt ist (vgl. zu einer anderen Konstellation BVerfG, Beschluss vom 5. März 2012 – 2 BvR 1464/11, NJW 2012, 1136), sieht der Senat kein Erfordernis zur Einholung von dienstlichen Erklärungen der ebenfalls an dem Gespräch teilnehmenden Schöffen.

[13] cc) Der danach der revisionsgerichtlichen Prüfung zugrunde zu legende Verfahrensablauf deckt keinen Rechtsfehler auf. Zwar verlangt die nach § 243 Abs. 4 Satz 2 StPO bestehende Informationspflicht, dass der Vorsitzende über Erörterungen mit Verfahrensbeteiligten (§§ 202a, 212 StPO), die nach Beginn der Hauptverhandlung, aber außerhalb von dieser stattgefunden haben und deren Gegenstand die Möglichkeit einer Verständigung gewesen ist, in der Hauptverhandlung Mitteilung zu machen. Das Transparenzgebot soll sicherstellen, dass derartige Erörterungen stets in der öffentlichen Hauptverhandlung zur Sprache kommen und durch die Möglichkeit, Gespräche außerhalb der Hauptverhandlung zu führen, kein informelles und unkontrolliertes Verfahren betrieben wird (vgl. BVerfG, Urteil vom 19. März 2013 – 2 BvR 2628/10 u.a., NJW 2013, 1058, 1065; BGH, Beschluss vom 15. April 2014 – 3 StR 89/14, NStZ 2014, 418, 419). Mitzuteilen ist dabei nicht nur der Umstand, dass es solche Erörterungen gegeben hat, sondern auch deren wesentlicher Inhalt. Hierzu gehört auch dann, wenn keine Verständigung zustande gekommen ist, jedenfalls der Verständigungsvorschlag und die zu diesem abgegebenen Erklärungen der übrigen Verfahrensbeteiligten (vgl. BGH, Beschlüsse vom 23. Oktober 2013 – 5 StR 411/13, NStZ 2013, 722 und vom 9. April 2014 – 1 StR 612/13, NStZ 2014, 416).

[14] Die hier vom Vorsitzenden erfolgte Unterrichtung genügte diesen Anforderungen. Denn sie umfasste sowohl den Aspekt, auf wessen Initiative es zu dem Verständigungsgespräch gekommen war, als auch dass der Verteidiger eine Verständigung abgelehnt hatte und man zunächst die Nebenklägerin vernehmen wolle, mithin den wesentlichen Inhalt. Da ein konkreter Verständigungsvorschlag nach dem bewiesenen Verfahrensablauf von keinem geäußert wurde, bestand auch nicht das Erfordernis einer darauf gerichteten Mitteilung. Allein der Hinweis des Vorsitzenden, dass ein Geständnis Auswirkungen auf das Strafmaß habe und es vom Strafmaß abhängig sei, ob man sich Gedanken über eine Strafaussetzung machen könne, stellt noch keinen Verständigungsvorschlag dar. Hierin liegt weder die Zusage, dass das Gericht sich für den Fall des Zustandekommens der Verständigung daran gebunden sehen wollte, eine bewährungsfähige Strafe zu verhängen, noch beinhaltet es die Information, dass das Gericht eine bewäh-

rungsfähige Strafe im konkreten Fall für angemessen erachten würde. Gerade diese Frage ist offen gelassen worden, so dass bei dem Angeklagten kein Informationsdefizit bestand.

[15] Der Senat weist vorsorglich darauf hin, dass die Änderung des Strafausspruchs durch das Revisionsgericht grundsätzlich nicht die Entscheidung über die Kompensation einer bis zur revisionsgerichtlichen Entscheidung eingetretenen rechtsstaatswidrigen Verfahrensverzögerung erfasst (vgl. BGH, Urteil vom 27. August 2009 – 3 StR 250/09, BGHSt 54, 135; BGH, Beschluss vom 25. September 2012 – 1 StR 212/12, wistra 2013, 35).

604 Nach § 243 Abs. 4 Satz 2 StPO hat der Vorsitzende das Stattfinden und den wesentlichen Inhalt von während des Verlaufs der Hauptverhandlung geführten Erörterungen (§§ 212 i.V.m. 202a StPO) **mitzuteilen**, sofern **deren Gegenstand die Möglichkeit einer Verständigung** gewesen ist.[646]

[4] Das Urteil des Landgerichts hält rechtlicher Prüfung stand.

[5] 1. Die Revision beanstandet eine Verletzung der „§§ 257c, 243 Abs. 4, 273 Abs. 1a Satz 2 StPO", weil der Vorsitzende das Stattfinden und den Inhalt eines am 14. Februar 2014 mit dem Ziel der Verständigung geführten Gesprächs nicht in der Hauptverhandlung mitgeteilt und dokumentiert hat. Damit vermag sie letztlich nicht durchzudringen.

[6] a) Im Wesentlichen folgendes Verfahrensgeschehen liegt zugrunde:

[7] Nach einem außerhalb der Verhandlung zwischen einem beisitzenden Richter und einem Verteidiger zustande gekommenen Kontakt zur Frage einer Verständigung erkundete das Gericht am 33. Hauptverhandlungstag (14. Februar 2014) in öffentlicher Hauptverhandlung, ob bei der Verteidigung und der Staatsanwaltschaft Interesse an Verständigungsgesprächen bestehe. Dies wurde bejaht. Daraufhin wurde im Gerichtssaal ein Gespräch geführt, an dem mit Ausnahme der Angeklagten alle Verfahrensbeteiligten teilnahmen. Die Verteidiger stellten den Aspekt weiterer Inhaftierung ihrer Mandanten in den Vordergrund. Der Verteidiger der nicht revidierenden Tochter des Angeklagten sprach die Möglichkeit der Strafaussetzung zur Bewährung hinsichtlich seiner Mandantin an. Die Staatsanwältin bewertete die Rechtslage zur Strafbarkeit wegen Menschenhandels nach dem Stand der Beweisaufnahme. Ferner wurden namentlich von den Vertretern der Nebenklägerinnen Schadensersatzzahlungen thematisiert. Strafvorstellungen wurden weder vom Gericht noch von anderer Seite verlautbart. Nach Beendigung des Gesprächs wurde der Angeklagte durch seinen Verteidiger ohne Mitteilung von Details darüber informiert, dass das Gespräch ohne Ergebnis geendet habe.

[8] Am 34. Verhandlungstag (18. Februar 2014) unterbreitete das Gericht für den Fall einer geständigen Einlassung der Angeklagten einen umfangreichen Verständigungsvorschlag. Dem Beschwerdeführer wurde eine Verurteilung zu Freiheitsstrafe von drei Jahren und sechs Monaten bis zu vier Jahren und sechs Monaten in Aussicht gestellt. Gegenstand des Vorschlags war weiterhin ein Schuldanerkenntnis der drei Angeklagten, in dem sie sich gesamtschuldnerisch

---

[646] BGH; Urteil vom 14.04.2015 – 5 StR 20/15.

zur Zahlung von je 7.500 € an die fünf Nebenklägerinnen verpflichten sollten. Bei Zustimmung der Staatsanwaltschaft sollten in Bezug auf eine Reihe von Anklagevorwürfen Verfahrensbeschränkungen nach §§ 154, 154a StPO erfolgen. Die Belehrung gemäß § 257c Abs. 4 StPO wurde erteilt. Darüber hinaus brachte der Vorsitzende zum Ausdruck, er gehe davon aus, dass der Vorschlag nur bei Beteiligung aller drei Angeklagten Bestand haben könne. Stattfinden, Ablauf und Inhalt des Gesprächs vom 14. Februar 2014 gab das Gericht an diesem Tag wie auch im weiteren Verlauf der Hauptverhandlung nicht bekannt. Dementsprechend wurde diesbezüglich auch keine Mitteilung protokolliert.

[9] Noch am 18. Februar 2014 machte der Verteidiger des Angeklagten schriftsätzlich geltend, dass die Bedingung der Zustimmung aller Angeklagten unzulässig sei. Am 35. Verhandlungstag (19. Februar 2014) stellte der Vorsitzende in öffentlicher Hauptverhandlung klar, dass die Zustimmung aller Angeklagten keine Bedingung des Gerichts sei. Er gehe aber davon aus, dass die Staatsanwaltschaft diese Bedingung stelle. Dies wurde von der Sitzungsvertreterin der Staatsanwaltschaft bestätigt. Die Frage des Gerichts, ob dem Verständigungsvorschlag zugestimmt werde, verneinte der Angeklagte. Die Sitzung wurde unterbrochen.

[10] Der Verteidiger befragte den Vorsitzenden, ob eine „Ausschöpfung des Strafrahmens nach unten" denkbar sei. Der Vorsitzende verwies auf den in der Hauptverhandlung unterbreiteten gerichtlichen Vorschlag, dem der Angeklagte zustimmen könne oder eben nicht. Nach Unterrichtung durch den Verteidiger, dass es keine (weitere) Äußerung des Gerichts gebe, erklärte der Angeklagte dem Verteidiger, nunmehr zustimmen zu wollen. Der Verteidiger erkundigte sich beim Vorsitzenden, welchen Geständnisinhalt das Gericht erwarte, worauf der Vorsitzende in Anwesenheit der Berufsrichter bekundete, das Gericht sei bei dem Verständigungsvorschlag davon ausgegangen, dass der Angeklagte den Nebenklägerinnen die Hälfte der Prostitutionseinnahmen zugesichert, ihnen jedoch dann nur kleinere Beträge und an eine Nebenklägerin einmal 1.500 € bezahlt sowie dass er die Nebenklägerin Ko. geschlagen habe. Ein Geständnis dieses Inhalts sei mithin die Basis des Verständigungsvorschlags. Dies teilte der Verteidiger dem Angeklagten mit.

[11] Nach Wiedereintritt in die Hauptverhandlung stimmten alle Angeklagten dem Verständigungsvorschlag zu. Der Angeklagte ließ sich zur Sache ein und räumte die vorgenannten Umstände ein. Sämtliche Angeklagten erklärten ein Schuldanerkenntnis im Sinne des Vorschlags.

[12] b) Bei dem geschilderten Verfahrensablauf ist eine Verletzung des § 243 Abs. 4 Satz 2 StPO gegeben. Nach dieser Bestimmung hat der Vorsitzende das Stattfinden und den wesentlichen Inhalt von während des Verlaufs der Hauptverhandlung geführten Erörterungen (§§ 212 i. V. m. 202a StPO) mitzuteilen, sofern deren Gegenstand die Möglichkeit einer Verständigung gewesen ist. Dies war bei dem Gespräch vom 14. Februar 2014 der Fall.

[13] Das Gespräch erfolgte in Unterbrechung der Hauptverhandlung auf die ausdrückliche Frage des Gerichts nach etwaigem Verständigungsinteresse hin. In dessen Verlauf wurden in Anwesenheit aller Verfahrensbeteiligten mit Ausnahme der Angeklagten unter anderem mit dem Gesichtspunkt der Haft, der Strafaussetzung zur Bewährung in Bezug auf die Tochter des Angeklagten und von Schadensersatzzahlungen aller Angeklagten Themen aufgeworfen, die einer Verständigung zugänglich sind (vgl. KK-StPO/Moldenhauer/Wenske, 7. Aufl., § 257c

Rn. 15 mwN). Dies überschreitet – anders als der erste Kontakt zwischen dem beisitzenden Richter und einem Verteidiger – sowohl nach den äußeren Umständen als auch dem Inhalt der Unterredung den Bereich einer „unverbindlichen Fühlungsaufnahme" (hierzu Schmitt, StraFo 2012, 386, 391; Sander, Karlsruher Strafrechtsdialog 2013, S. 53, 55). Dass die Besprechung zum Inhalt einer Verständigung wenig konkret war, namentlich von keinem Beteiligten Strafvorstellungen zur Diskussion gestellt wurden, vermag daran nichts zu ändern.

*[**14**] c) Der Senat kann unter den hier gegebenen Umständen jedoch ein Beruhen des Urteils auf dem Rechtsverstoß (§ 337 Abs. 1 StPO) sicher ausschließen. Dass ein Ausschluss des Beruhens bei Verletzung der Mitteilungs- und Dokumentationspflichten, die einem Unterlaufen des Schutzkonzepts entgegenwirken sollen, in Ausnahmefällen möglich ist, entspricht der Rechtsprechung des Bundesverfassungsgerichts (vgl. BVerfGE 133, 168, 223f. Rn. 98; BVerfG [Kammer], Beschluss vom 15. Januar 2015 – 2 BvR 878/14 Rn. 28f.; siehe auch BGH, Beschluss vom 15. Januar 2015 – 1 StR 315/14 [zum Abdruck in BGHSt bestimmt], NJW 2015, 645 Rn. 14, 17ff.). Ein solcher Ausnahmefall liegt hier vor.*

*[**15**] aa) Allerdings ist dem Landgericht mit dem völligen Unterlassen der gebotenen Mitteilung unter dem Blickwinkel des Transparenzgebots in Verbindung mit dem Gebot des fairen Verfahrens (vgl. BVerfG [Kammer], Beschluss vom 15. Januar 2015 – 2 BvR 878/14 Rn. 19ff. mwN) eine gewichtige Rechtsverletzung unterlaufen. Das Schutzkonzept der strafprozessualen Verständigungsregelungen erfordert es, dass Erörterungen mit dem Ziel der Verständigung stets in öffentlicher Hauptverhandlung zur Sprache kommen, um einem informellen und unkontrollierbaren Verhalten unter Umgehung strafprozessualer Grundsätze möglichst keinen Raum zu lassen (vgl. BVerfGE 133, 168, 223f. Rn. 98; BVerfG [Kammer], Beschluss vom 15. Januar 2015 – 2 BvR 878/14 Rn. 28).*

*[**16**] Indessen sind hier bei der gebotenen wertenden Gesamtbetrachtung (vgl. BGH, Beschluss vom 15. Januar 2015 – 1 StR 315/14, aaO Rn. 19) Umstände vorhanden, die die Rechtsverletzung letztlich in einem milderen Licht erscheinen lassen. Insbesondere erfolgte die Initiative für das Gespräch von Seiten des Gerichts in öffentlicher Hauptverhandlung. Damit war sowohl für die Öffentlichkeit als auch für sämtliche Verfahrensbeteiligten offenkundig, dass Verständigungsgespräche durchgeführt werden würden. Ferner kann nach dem Revisionsvortrag zum Verlauf des Gesprächs, der in dienstlichen Stellungnahmen des Vorsitzenden und der Sitzungsvertreterin der Staatsanwaltschaft seine Bestätigung gefunden hat, mit Gewissheit ausgeschlossen werden, dass das Gespräch auf eine gesetzwidrige Absprache gerichtet war. Es handelte sich auch nicht etwa um einen Verständigungsversuch, der aufgrund widerstreitender Interessen fehlgeschlagen war. Vielmehr wurden einige Positionen lediglich eher abstrakt thematisiert. Dementsprechend ist davon auszugehen, dass sich die Strafkammer durch das Gespräch einen Eindruck verschaffen wollte, um in der Verhandlungspause einen umfassenden Verständigungsvorschlag entwickeln zu können. Dieser wurde am darauffolgenden 34. Verhandlungstag in öffentlicher Verhandlung bekanntgegeben, ohne dass Verlauf und Inhalt des Vorgesprächs in irgendeiner Weise für das öffentliche Verständnis der Absprache Bedeutung erlangen konnten. Demgemäß hat sich die Verständigung trotz der Mitteilungs- und Dokumentationsverletzung in ihrer entscheidenden Gestalt letztlich doch „im Lichte der öffentlichen Hauptverhandlung offenbart" (vgl. BVerfGE 133, 168, 215 Rn. 82). Vor diesem Hintergrund kann dahingestellt bleiben, ob nicht sogar – was durchaus nicht*

fernliegt, wozu aber die Revision nicht vorträgt – der Gerichtssaal während des Gesprächs vom 14. Februar 2014 der Öffentlichkeit zugänglich gewesen ist.

[17] bb) Aufgrund dieser Besonderheiten kann der Senat darüber hinaus sicher ausschließen, dass infolge der unterlassenen gerichtlichen Mitteilung sowie Dokumentation die Selbstbelastungsfreiheit des Angeklagten in relevanter Weise beeinträchtigt worden ist und das Gericht bei ordnungsgemäßer Bekanntgabe sowie deren Protokollierung zu einem anderen Ergebnis gelangt wäre. Der Angeklagte war durch die am 33. Verhandlungstag in öffentlicher Hauptverhandlung erfolgte gerichtliche Anfrage und die von den anderen Verfahrensbeteiligten bekundete Verständigungsbereitschaft darüber informiert, dass es sogleich zu durch das Gericht initiierten Verständigungsgesprächen kommen werde. Er wurde nach dem Gespräch durch seinen Verteidiger (zutreffend) darüber unterrichtet, dass es (noch) kein Ergebnis gegeben habe. Der inhaltlich nicht etwa auf bestimmten im Gespräch vom 14. Februar 2014 vertretenen Positionen fußende Verständigungsvorschlag wurde am 18. Februar 2014 in der Hauptverhandlung bekanntgegeben und mit ihm erörtert, woraufhin am 19. Februar 2014 nach ordnungsgemäßer Belehrung die Verständigung zustande kam. Unter diesen Vorzeichen bestand nicht im Ansatz die Gefahr eines dem Angeklagten abträglichen Interessengleichlaufs von Gericht, Staatsanwaltschaft und Verteidigung (vgl. BVerfGE 133, 168, 232 Rn. 114). Genauso wenig kann angenommen werden, dass das beim Angeklagten bestehende Informationsdefizit über Inhalt und Verlauf des Gesprächs vom 14. Februar 2014 dessen Fähigkeit zu autonomer Willensbildung vor allem in Richtung der Begebung seiner Selbstbelastungsfreiheit (vgl. BGH, Beschluss vom 15. Januar 2015 – 1 StR 315/14, aaO Rn. 21 f. mwN) in irgendwie fassbarer Weise beeinträchtigt haben könnte. Das gilt im Besonderen für die durch die Revision hervorgehobene „Position der Staatsanwaltschaft", die sich lediglich in einer vorläufigen rechtlichen Bewertung zum (dann ausgeschiedenen) Anklagevorwurf des Menschenhandels erschöpfte.

1. Vor Anklageerhebung geführte Gespräche mit der Staatsanwaltschaft unterliegen nicht der gerichtlichen Mitteilungspflicht nach § 243 Abs. 4 Satz 1 StPO. **605**

2. Eine Mitteilungspflicht gemäß § 243 Abs. 4 StPO besteht nur im Hinblick auf Gespräche, deren Inhalt verständigungsbezogen ist.

3. Zwar erfordert § 243 Abs. 4 Satz 1 StPO eine so genannte Negativmitteilung, wenn keine auf eine Verständigung abzielenden Gespräche stattgefunden haben. Ein zur Aufhebung des Urteils nötigender Verfahrensfehler liegt aber nur vor, wenn das Urteil auf der fehlenden Mitteilung beruht. Dies kann auszuschließen sein, wenn zweifelsfrei feststeht, dass es keinerlei Gespräche gegeben hat, in denen die Möglichkeit einer Verständigung im Raum stand.[647]

[2] Der Erörterung bedarf allein die vom Angeklagten erhobene Verfahrensrüge wegen eines Verstoßes gegen die Vorschrift des § 243 Abs. 4 Satz 1 StPO. Der Angeklagte macht geltend, die Strafkammervorsitzende habe in der Hauptverhandlung entgegen § 243 Abs. 4 Satz 1 StPO nicht bekanntgegeben, ob vor der Hauptverhandlung Erörterungen nach §§ 202a, 212 StPO stattgefunden haben,

[647] BGH, Beschluss vom 25.02.2015 – 5 StR 258/13.

deren Gegenstand die Möglichkeit einer Verständigung gewesen ist. Diese Rüge ist jedenfalls unbegründet:

[3] 1. Soweit die Revision vorträgt, der mit dem Verfahren befasste Staatsanwalt habe während des Ermittlungsverfahrens mit den beiden Verteidigern des Angeklagten und des (ehemals) Mitangeklagten mehrere Gespräche geführt, in denen er bei geständigen Einlassungen als Verfahrensergebnis (jeweils) eine Freiheitsstrafe von viereinhalb Jahren und eine Entlassung aus der Untersuchungshaft als angemessen bezeichnet und angekündigt habe, sich beim Gericht durch entsprechende Anträge dafür stark zu machen, handelt es sich um ein Geschehen vor der Anklageerhebung. Schon deshalb werden solche der Regelung des § 160b StPO unterfallende Erörterungen von der Vorschrift des § 243 Abs. 4 Satz 1 StPO nicht erfasst, die lediglich „Erörterungen nach §§ 202a, 212“ StPO betrifft.

[4] Dass zwischen Staatsanwaltschaft und Verteidigung nach Anklageerhebung noch weitere auf eine Verständigung abzielende Gespräche stattgefunden haben, von denen das Gericht auch nur beiläufig Kenntnis erlangt hat, teilt weder die Revision mit, noch ergibt sich dies aus den eingeholten dienstlichen Äußerungen. Es kommt mithin nicht auf die eher zu verneinende Frage an, ob bei Gesprächen über Strafvorstellungen, die vor Beginn der Hauptverhandlung von der Staatsanwaltschaft mit der Verteidigung – anders als es die §§ 202a, 212 StPO vorsehen – ohne Beteiligung des Gerichts geführt werden, eine Mitteilungspflicht gemäß § 243 Abs. 4 Satz 1 StPO allein durch eine Kenntniserlangung des Gerichts begründet werden könnte (vgl. BGH, Beschluss vom 29. Januar 2014 – 1 StR 523/13, NStZ-RR 2014, 115; siehe auch Urteil vom 29. November 2011 – 1 StR 287/11, NStZ 2012, 347, 348; ablehnend KK-Schneider, StPO, 7. Aufl., § 243 Rn. 36).

[5] 2. Ebenfalls nicht als mitteilungspflichtige Erörterung einzuordnen ist ein Gespräch des Verteidigers des Mitangeklagten mit dem beisitzenden Richter vor Beginn der Hauptverhandlung. Nach den Darlegungen der Revision hat der Verteidiger angefragt, ob seitens der Strafkammer Interesse an einer Verfahrensabsprache bestehe, und über den Inhalt der Gespräche mit dem Staatsanwalt informiert. Hierzu habe der Richter abweisend reagiert. Dies ist durch die vom Senat im Freibeweisverfahren eingeholte dienstliche Erklärung des beisitzenden Richters im Wesentlichen bestätigt und weiter konkretisiert worden. Danach ist die Anfrage des Verteidigers am Rande eines Telefonats zur organisatorischen Abwicklung einer Aktenrückgabe erfolgt und hat sich auf eine generelle Aufgeschlossenheit der Strafkammer gegenüber Verständigungen nach § 257c StPO bezogen. Er habe sich „nicht bemüßigt gesehen, Erklärungen namens der Kammer abzugeben“, und für seine Person lediglich erklärt, „dem Rechtsinstitut einer Verständigung nach § 257c StPO wenig abgewinnen“ zu können. Er habe auf die Mitteilung des Verteidigers über eine vom Staatsanwalt in Aussicht gestellte Antragstellung im Rahmen seines Schlussvortrags vorsorglich darauf hingewiesen, dass die Strafkammer an Anträge der Staatsanwaltschaft zur Höhe etwaiger Strafen nicht gebunden sei.

[6] Damit hatte das Telefonat – auch ungeachtet der Frage, ob es sich um eine Erörterung des „Gerichts“ handelte (vgl. BGH, Beschluss vom 20. Oktober 2010 – 1 StR 400/10, NStZ 2011, 592, 593) – keinen verständigungsbezogenen Gesprächsinhalt, der eine Mitteilungspflicht gemäß § 243 Abs. 4 Satz 1 StPO hätte auslösen können (vgl. Schneider, NStZ 2014, 192, 198). Der beisitzende Richter hat keinen Standpunkt zu einem möglichen Ergebnis des Verfahrens vertreten

und kein Verhalten gezeigt, das als Vorbereitung von Verständigungsgesprächen oder gar als Eintritt in ein solches hätte (miss)verstanden werden können. Vielmehr hat er sich für seine Person vorbehaltlos Gesprächen mit dem Ziel einer Verständigung nach § 257c StPO abgeneigt gezeigt und ist auf ein diesbezügliches Ansinnen des Verteidigers, wollte man es in der aus Sicht der Revision „vorfühlenden" Anfrage überhaupt erkennen, jedenfalls nicht eingegangen.

[7] 3. a) Zwar erfordert § 243 Abs. 4 Satz 1 StPO eine so genannte Negativmitteilung, wenn keine auf eine Verständigung abzielenden Gespräche stattgefunden haben (BVerfG, NJW 2014, 3504f.; anders noch Senat, Beschluss vom 17. September 2013 im Anschluss an BGH, Urteil vom 10. Juli 2013 – 2 StR 47/13, BGHSt 58, 315). Ein zur Aufhebung des Urteils nötigender Verfahrensfehler liegt aber nur vor, wenn das Urteil auf der fehlenden Mitteilung beruht. Dies kann auszuschließen sein, wenn zweifelsfrei feststeht, dass es keinerlei Gespräche gegeben hat, „in denen die Möglichkeit einer Verständigung im Raum stand" (BVerfGE 133, 168, 223 Rn. 98;BVerfG, NJW 2014, 3504, 3506; siehe auch BGH, Beschlüsse vom 22. Mai 2013 – 4 StR 121/13, NStZ 2013, 541, vom 3. September 2013 – 1 StR 237/13, BGH NStZ 2013, 724, vom 29. Januar 2014 – 1 StR 523/13, NStZ-RR 2014, 115 und vom 25. November 2014 – 2 StR 171/14, NJW 2015, 266, 267).

[8] So verhält es sich hier. Der Senat hat freibeweislich dienstliche Erklärungen von der Vorsitzenden Richterin und dem Berichterstatter sowie dem staatsanwaltschaftlichen Sitzungsvertreter eingeholt. Danach hat es über den dargestellten Kontakt zwischen dem beisitzenden Richter und dem Verteidiger des Mitangeklagten keine Gespräche gegeben, die eine Verständigung zum Gegenstand gehabt hatten. Der Wahrheitsgehalt dieser dienstlichen Erklärungen steht für den Senat außer Zweifel, zumal auch die Revision keinerlei Anhaltspunkte für weitere im Vorfeld der Hauptverhandlung geführte und die Frage einer Verständigung berührende Erörterungen vorgetragen hat. Mithin schließt der Senat sicher aus, dass das angefochtene Urteil auf dem Verstoß gegen die Negativmitteilungspflicht des § 243 Abs. 4 Satz 1 StPO beruht.

[9] b) Ein Beruhen lässt sich entgegen der Auffassung der Revision auch nicht damit begründen, dass der Beschwerdeführer sich in dem Glauben befunden habe, es hätten Verständigungsgespräche stattgefunden, und ihn eine Negativmitteilung möglicherweise von der Abgabe seines Geständnisses abgehalten hätte. Den Angeklagten vor dem behaupteten Irrtum zu bewahren, dass eine von der Staatsanwaltschaft im Ermittlungsverfahren in den Raum gestellte Straferwartung mit dem Gericht abgestimmt worden sei, unterfällt – verfassungsrechtlich unbedenklich (vgl. BVerfG, NJW 2014, 3504, 3506) – nicht dem Schutzzweck des § 243 Abs. 4 Satz 1 StPO. Die Mitteilungspflicht nach § 243 Abs. 4 Satz 1 StPO sichert über das Transparenzgebot neben der Kontrolle eines Verständigungsgeschehens durch die Öffentlichkeit (vgl. BVerfG, Beschluss vom 15. Januar 2015 – 2 BvR 2055/14) auch den Informationsgleichstand sämtlicher Verfahrensbeteiligter über Erörterungen in den nicht öffentlich geführten Verfahrensstadien des Zwischen- und des Hauptverfahrens vor Beginn der Hauptverhandlung. Insoweit hat der Gesetzgeber mit der in der öffentlichen Hauptverhandlung zu erfüllenden Mitteilungspflicht die Konsequenz aus der in §§ 202a, 212 StPO zugelassenen Möglichkeit von Vorgesprächen über eine Verständigung gezogen (siehe BT-Drucks. 16/12310 S. 12), jedoch keine weitergehende Informationspflicht jenseits der von diesen Regelungen erfassten Erörterungen begründet

(vgl. auch OLG Celle, Beschluss vom 30. August 2011 – 32 Ss 87/11, NStZ 2012, 285, 286).

606 Durch die **unzureichende Mitteilung und Protokollierung von Verständigungsgesprächen**, die allein Mitangeklagte betroffen haben, ist der Beschwerdeführer im Regelfall nicht in seinen Rechten betroffen. Dass der Angeklagte bei Kenntnis des konkreten Inhalts des mit dem Verteidiger des Dr. geführten Verständigungsgesprächs sein Prozessverhalten geändert hätte, wird von der Revision nicht behauptet und es ist auch nicht ersichtlich, wie sich solche Kenntnis auf sein Verteidigungsverhalten hätte auswirken können.[648]

[13] Die Rüge der Verletzung des „§§ 243 Abs. 4 Satz 1 und 2, 273 Abs. 1a Satz 2 StPO" ist bereits unzulässig soweit sie sich gegen die unterlassene Mitteilung von auf eine Verständigung abzielenden Gesprächen betreffend den früheren Mitangeklagten Dr. richtet und bleibt auch im Übrigen ohne Erfolg.

[14] 1. Nach dem Revisionsvortrag liegt der Rüge folgendes Geschehen zugrunde:

[15] Im Anschluss an einen Hauptverhandlungstermin fand zwischen den berufsrichterlichen Strafkammermitgliedern, den Verteidigern und den Vertretern der Staatsanwaltschaft ein Rechtsgespräch statt. Gegenstand desselben war die Möglichkeit einer Verständigung bezüglich aller Angeklagten. Der Vorsitzende verwies darauf, dass nach „derzeitiger Sachlage" für den Angeklagten Kli. eine Einstellung nach § 153a StPO in Betracht komme. Bezüglich des Angeklagten Dr. wurde für den Fall eines Geständnisses eine Freiheitsstrafe von sieben bis acht Monaten mit Strafaussetzung zur Bewährung in Aussicht gestellt. Angesichts dieser Strafvorstellung beendeten die Verteidiger das Gespräch. Am darauffolgenden Termin der Hauptverhandlung teilte der Vorsitzende lediglich mit, dass ein Rechtsgespräch geführt und dass bezüglich des Angeklagten Kli. eine Verfahrenseinstellung nach § 153a StPO erörtert worden sei; eine Verständigung im Übrigen sei nicht zustande gekommen.

[16] 2. Dieser Vortrag genügt nicht den Anforderungen des § 344 Abs. 2 Satz 2 StPO. Danach sind die Verfahrenstatsachen so vollständig, genau und aus sich heraus verständlich vorzutragen, dass das Revisionsgericht allein auf dieser Grundlage prüfen kann, ob der behauptete Verfahrensfehler vorliegt. Der Revisionsführer macht insoweit eine Verletzung der Mitteilungspflichten aus nicht ihn selbst betreffenden Verständigungsgesprächen geltend. Ob der von den Transparenzvorschriften des Verständigungsgesetzes bezweckte Schutz des von der Verständigung betroffenen Angeklagten ausnahmsweise auch auf Mitangeklagte zu erstrecken sein kann, die von der nicht hinreichend transparenten Verständigung nicht betroffen sind, bedarf – auch unter dem Gesichtspunkt der Verletzung des fairen Verfahrens – der Kenntnis der Verfahrensrolle des Angeklagten, auf den sich die Verständigungsgespräche bezogen haben. Denn ist derjenige nicht mehr Mitangeklagter, liegt in Bezug auf ihn schon keine unmittelbare Verletzung des § 243 Abs. 4 StPO vor, was Auswirkungen auf die Frage der Schutzwirkung für den nicht betroffenen Angeklagten haben kann. Die Revision unterlässt es aber mitzuteilen, dass Dr. zum Zeitpunkt der Mitteilung nicht mehr Mitangeklagter in

648 BGH, Beschluss vom 29.04.2015 – 1 StR 235/14.

diesem Verfahren war. Das Verfahren war bereits zuvor abgetrennt worden. Dies steht dem Erfolg der Rüge möglicherweise entgegen und wäre daher vorzutragen gewesen (vgl. zur Vortragspflicht von gegenläufigen Tatsachen BGH, Beschluss vom 11. März 2014 – 1 StR 711/13, NStZ 2014, 532; BGH, Urteil vom 4. September 2014 – 4 StR 473/13, BGHSt 59, 292ff.).

[17] 3. Die Rüge würde aber auch dessen ungeachtet nicht durchgreifen. Durch die unzureichende Mitteilung und Protokollierung von Verständigungsgesprächen, die allein Mitangeklagte betroffen haben, ist der Beschwerdeführer im Regelfall nicht in seinen Rechten betroffen (vgl. BVerfG, Beschluss vom 1. Juli 2014 – 2 BvR 989/14, StV 2014, 649; BGH, Beschluss vom 24. April 2014 – 5 StR 123/14; BGH, Urteil vom 5. Juni 2014 – 2 StR 381/13, NJW 2014, 2514, 2516; BGH, Beschluss vom 25. Februar 2015 – 4 StR 587/14). Dass der Angeklagte bei Kenntnis des konkreten Inhalts des mit dem Verteidiger des Dr. geführten Verständigungsgesprächs sein Prozessverhalten geändert hätte, wird von der Revision nicht behauptet und es ist auch nicht ersichtlich, wie sich solche Kenntnis auf sein Verteidigungsverhalten hätte auswirken können.

[18] 4. Soweit die Revision eine Verletzung in Bezug auf den Mitangeklagten Kli. geführte Gespräche geltend macht, liegen nach dem Revisionsvortrag schon die Voraussetzungen für eine Mitteilungspflicht nach § 243 Abs. 4 StPO nicht vor. Denn diese besteht nur hinsichtlich solcher Erörterungen der Verfahrensbeteiligten, deren Gegenstand die Möglichkeit einer Verständigung war, in denen also ausdrücklich oder konkludent Fragen des prozessualen Verhaltens des Angeklagten in Konnex zum Verfahrensergebnis gebracht wurden (BVerfG, Urteil vom 19. März 2013 – 2 BvR 2628/10u.a., NJW 2013, 1058, 1065; BGH, Beschluss vom 29. April 2014 – 3 StR 24/14, NStZ 2014, 529; vgl. auch BGH, Beschluss vom 14. April 2015 – 5 StR 9/15).

[19] 5. Soweit der Revisionsführer mit seiner Rüge eine Verletzung der Mitteilungspflichten in Bezug auf ihn betreffende Verständigungsgespräche geltend machen möchte, ist die Rüge jedenfalls unbegründet. Nach seinem Revisionsvortrag ist nicht dargelegt, dass insoweit etwas erörtert worden wäre, was gemäß § 243 Abs. 4 StPO hätte mitgeteilt werden müssen. Zu dem vorzutragendem Inhalt gehört auch dann, wenn keine Verständigung zustande gekommen ist, jedenfalls der Verständigungsvorschlag und die zu diesem abgegebenen Erklärungen der übrigen Verfahrensbeteiligten (BGH, Beschluss vom 18. Dezember 2014 – 1 StR 242/14, NStZ 2015, 352). Dass solches erörtert worden wäre, trägt die Revision nicht vor. Soweit der Revisionsführer die Mitteilungspflichten schon dadurch ausgelöst sehen will, dass Zweck des Rechtsgesprächs die Möglichkeit einer Verständigung bezüglich aller Angeklagten, mithin auch ihn selbst betreffend gewesen sei (vgl. BGH, Beschluss vom 2. Dezember 2014 – 1 StR 422/14, NStZ 2015, 293f.), verkennt er, dass es allein auf die tatsächlich erfolgten Erörterungen ankommt, die er selbst nicht behauptet.

[20] 6. Soweit die Revision eine Verletzung der Protokollierungspflicht aus § 273 Abs. 1a Satz 2 i.V.m. § 243 Abs. 4 Satz 2 StPO rügt, ergibt sich schon aus ihrem Vortrag, dass ein solcher Rechtsfehler nicht vorliegt. Nach § 273 Abs. 1a Satz 2 StPO muss das Protokoll u.a. die Beachtung der in § 243 Abs. 4 Satz 2 StPO vorgeschriebenen Mitteilungen wiedergeben. Sollte entgegen § 243 Abs. 4 Satz 2 StPO eine Erörterung, die außerhalb der Hauptverhandlung stattgefunden hat, nach Fortsetzung der Hauptverhandlung nicht oder nur unzureichend bekannt

gemacht und damit die Informationspflicht nicht beachtet worden sein, so ergibt sich aus dem Schweigen des Protokolls kein zusätzlicher Rechtsfehler. Ein „Fehlen der Protokollierung" liegt gerade nicht vor (BGH, Beschluss vom 15. April 2014 – 3 StR 89/14, NStZ 2014, 418 f.). Vielmehr gibt das Protokoll auch nach dem Vortrag der Revision den Gang der Hauptverhandlung zutreffend wieder.

607 Der als Anhörungsrüge nach § 356a StPO zu wertende Rechtsbehelf ist unbegründet. Eine Verletzung rechtlichen Gehörs liegt nicht vor. Der Senat hat zum Nachteil des Verurteilten weder Tatsachen und Beweisergebnisse verwertet, zu denen dieser nicht gehört worden ist, noch hat er bei seiner Entscheidung zu berücksichtigendes Vorbringen übergangen. Aus dem Umstand, dass der Senat die Verwerfung der Revision nicht ausführlich begründet hat, kann nicht auf einen Verstoß gegen den Grundsatz der Gewährung rechtlichen Gehörs geschlossen werden. § 349 Abs. 2 StPO sieht keine Begründung des die Revision verwerfenden Beschlusses vor. Bei diesem Verfahrensgang ergeben sich die für die Zurückweisung des Rechtsmittels maßgeblichen Gründe mit ausreichender Klarheit aus den Entscheidungsgründen des angefochtenen Urteils und dem Inhalt der Antragsschrift des Generalbundesanwalts. Eine weiter gehende Begründungspflicht des Senats für seine letztinstanzliche, mit ordentlichen Rechtsmitteln nicht mehr anfechtbare Entscheidung bestand hier nicht.[649]

608 Durch die **unzureichende Mitteilung und Protokollierung von Verständigungsgesprächen**, die allein Mitangeklagte betroffen haben, ist ein Angeklagter aber im Regelfall nicht in seinen Rechten betroffen.[650]

[10] b) Der Beschwerdeführer hält die vom Vorsitzenden am 16. Dezember 2013 protokollierte Mitteilung „Es wurde festgestellt, dass keine Verständigung im Sinne von § 257c StPO erzielt wurde" für fehlerhaft, weil außerhalb der Hauptverhandlung „direkte Verständigungsgespräche" stattgefunden hätten. Er ist der Auffassung, dass in Protokollen zum mitzuteilenden Inhalt solcher Erörterungen mit dem Ziel vorzeitiger Verfahrensbeendigung gehöre, welche Standpunkte von den einzelnen Gesprächsteilnehmern vertreten worden seien, von welcher Seite die Frage einer Verständigung aufgeworfen worden sei und ob sie bei den anderen Gesprächsteilnehmern auf Zustimmung oder Ablehnung gestoßen sei.

[11] c) Die Rüge des Beschwerdeführers bleibt hinsichtlich aller mit ihr verfolgten Angriffsrichtungen ohne Erfolg.

[12] aa) Als Verfahrensbeanstandung, das Negativattest bezüglich einer Verständigung nach § 257c StPO (§ 273 Abs. 1a Satz 1 StPO) sei unrichtig, dringt sie nicht durch.

[13] Es kann dahinstehen, ob die Rüge insoweit bereits deshalb unzulässig ist (§ 344 Abs. 2 Satz 2 StPO), weil der Beschwerdeführer im Rahmen der Verfahrensrüge nicht mitgeteilt hat, dass das beanstandete Negativattest zu einem Zeitpunkt in das Hauptverhandlungsprotokoll aufgenommen wurde, als das Verfahren gegen den Beschwerdeführer bereits vom Verfahren gegen den Mitange-

---

649 BGH, Beschluss vom 01.07.2015 – 4 StR 576/14.
650 BGH, Beschluss vom 25.06.2015 – 1 StR 579/14; Beschluss vom 25.02.2015 – 4 StR 587/14.

klagten S. abgetrennt worden war. Jedenfalls liegt kein den Angeklagten beschwerender Verstoß gegen § 273 Abs. 1a Satz 1 StPO vor.

[14] (1) Eine erfolgreiche Verständigung im Sinne des § 257c StPO mit dem Beschwerdeführer hat nach seinem eigenen Vorbringen nicht stattgefunden. Vielmehr hat er selbst vorgetragen, dass er einen Verständigungsvorschlag der Strafkammer abgelehnt habe.

[15] (2) Soweit er vorbringt, es habe mit dem früheren Mitangeklagten S. eine Verständigung stattgefunden, und geltend macht, das Negativattest sei aus diesem Grund unrichtig, zeigt er keinen Verfahrensfehler auf.

[16] Zwar hat das Bundesverfassungsgericht Verstöße gegen die Vorgaben des Gesetzes zur Regelung der Verständigung im Strafverfahren vom 29. Juli 2009 (BGBl. I S. 2353) in die Nähe absoluter Revisionsgründe gerückt (vgl. BVerfG, Urteil vom 19. März 2013 – 2 BvR 2628/10, 2883/10 und 2155/11, BVerfGE 133, 168, 223ff., Rn. 97f. für Verstöße gegen Transparenz- und Dokumentationspflichten und Rn. 99 für Verstöße gegen die Belehrungspflicht des § 257c Abs. 5 StPO). Durch die unzureichende Mitteilung und Protokollierung von Verständigungsgesprächen, die allein Mitangeklagte betroffen haben, ist ein Angeklagter aber im Regelfall nicht in seinen Rechten betroffen (vgl. BVerfG, Beschluss vom 1. Juli 2014 – 2 BvR 989/14, NStZ 2014, 528; BGH, Beschlüsse vom 25. Februar 2015 – 4 StR 587/14, NStZ 2015, 417 mwN und vom 24. April 2014 – 5 StR 123/14 Rn. 4; vgl. auch Meyer-Goßner in Meyer-Goßner/Schmitt, StPO, 58. Aufl., § 338 Rn. 4 mwN). So verhält es sich auch hier. Nach dem Vortrag des Beschwerdeführers war sein Verteidiger an den von ihm behaupteten Verständigungsgesprächen beteiligt. Dass er bei Protokollierung einer Verständigung im Sinne von § 257c StPO mit dem Mitangeklagten S. sein Prozessverhalten geändert hätte, wird von der Revision nicht behauptet. Es ist auch nicht ersichtlich, wie sich die Protokollierung der von ihm behaupteten Verständigung mit dem Mitangeklagten S. auf sein eigenes Verteidigungsverhalten hätte auswirken können.

[17] bb) Die Verfahrensrüge kann auch als Beanstandung eines Verstoßes gegen § 243 Abs. 4 Satz 2 StPO i. V. m. § 273 Abs. 1a Satz 2 StPO keinen Erfolg haben.

[18] (1) Entgegen der Auffassung des Generalbundesanwalts in seiner Antragsschrift ist die Beanstandung einer Verletzung der Mitteilungspflicht des Vorsitzenden aus § 243 Abs. 4 Satz 2 StPO von der Angriffsrichtung der Rüge mitumfasst. Er beanstandet ausdrücklich den defizitären Inhalt der Mitteilung und verweist hierbei ergänzend auf die Randnummer 85 im o.g. Urteil des Bundesverfassungsgerichts vom 19. März 2013 (2 BvR 2628/10, 2883/10 und 2155/11, BVerfGE 133, 168).

[19] (2) Soweit mit der Rüge die fehlende Mitteilung und Protokollierung der mit dem Verteidiger des Mitangeklagten S. geführten Verständigungsgespräche beanstandet wird, ist der Beschwerdeführer aus den oben (unter aa) genannten Gründen in seinen Rechten nicht betroffen.

[20] (3) Soweit der Beschwerdeführer eine gegen § 243 Abs. 4 Satz 2 StPO verstoßende Nichtmitteilung ihn betreffender Verständigungsgespräche beanstandet, ist die Rüge bereits unzulässig, weil sie den Anforderungen des § 344 Abs. 2 Satz 2 StPO nicht entspricht.

[21] Zwar behauptet der Beschwerdeführer, es habe außerhalb der Hauptverhandlung „direkte Verständigungsgespräche“ gegeben, die auch ihn betroffen

hätten. Er trägt entgegen § 344 Abs. 2 Satz 2 StPO jedoch nicht vor, was der konkrete Inhalt der ihn betreffenden Gespräche war. Dies wäre jedoch erforderlich gewesen, damit der Senat beurteilen kann, ob die Gespräche überhaupt auf eine Verständigung im Sinne von § 257c StPO gerichtet waren. Der ihn betreffende Vortrag, dass es bei den Gesprächen um die „Festlegung der Obergrenze des Strafmaßes" gegangen sei und dass die Strafkammer insoweit drei Jahre vorgeschlagen habe, ohne dass deutlich wird, ob die Festlegung an ein bestimmtes prozessuales Verhalten des Angeklagten geknüpft sein sollte, genügt nicht. Soweit der Beschwerdeführer vorträgt, der Mitangeklagte S. habe einen Beweisantrag zurückgenommen und zu einem späteren Zeitpunkt „absprachegemäß" einen Rechtsmittelverzicht erklärt, bezieht sich dies allein auf den Mitangeklagten und nicht auf den Beschwerdeführer.

[22] Ein verständigungsbezogenes Gespräch ist von sonstigen zur Verfahrensförderung geeigneten Erörterungen zwischen den Verfahrensbeteiligten abzugrenzen, die nicht auf eine einvernehmliche Verfahrenserledigung gerichtet sind. Solche Gespräche sind lediglich Ausdruck eines transparenten kommunikativen Verhandlungsstils (vgl. BGH, Beschluss vom 14. April 2015 – 5 StR 9/15 Rn. 10ff. mwN). Auch der Gesetzgeber hielt die Mitteilung einer Ober- und Untergrenze der nach dem Verfahrensstand vorläufig zu erwartenden Strafe durch das Gericht für ein Beispiel einer offenen Verhandlungsführung (vgl. BT-Drucks. 16, 12310, S. 12; BGH aaO Rn. 15; siehe auch bereits BGH, Urteil vom 14. April 2011 – 4 StR 571/10, NStZ 2011, 590, 591). Damit kann der Senat anhand des Revisionsvortrages nicht prüfen, ob den Beschwerdeführer betreffende Verständigungsgespräche im Sinne des § 243 Abs. 4 Satz 2 StPO stattgefunden haben.

609 Die **Pflicht zur Mitteilung** der mit dem **Ziel einer Verständigung über den Verfahrensausgang** geführten Gespräche erstreckt sich auch auf die Darlegung, welche Standpunkte zu den erörterten Aspekten vertreten wurden und auf welche Resonanz dies bei den anderen am Gespräch Beteiligten jeweils gestoßen ist.[651]

[7] 2. Die im Sinne von § 344 Abs. 2 Satz 2 StPO zulässig erhobene Verfahrensrüge ist begründet. Das Landgericht hat seine aus § 243 Abs. 4 Satz 2 StPO begründete Mitteilungspflicht verletzt.

[8] a) Der Beschwerdeführer trägt neben unzureichender Information der Öffentlichkeit relevante Informationsdefizite des Angeklagten vor.

[9] b) Nach § 243 Abs. 4 Satz 1 StPO teilt der Vorsitzende nach Verlesung des Anklagesatzes mit, ob Erörterungen nach den §§ 202a, 212 StPO stattgefunden haben, wenn deren Gegenstand die Möglichkeit einer Verständigung im Sinne von § 257c StPO gewesen ist und wenn ja, deren wesentlichen Inhalt (vgl. dazu BGH, Beschluss vom 15. Januar 2015 – 1 StR 315/14, NJW 2015, 645; Urteil vom 10. Juli 2013 – 2 StR 47/13, NStZ 2013, 610). Diese Mitteilungspflicht ist gemäß § 243 Abs. 4 Satz 2 StPO weiter zu beachten, wenn Erörterungen erst nach Beginn der Hauptverhandlung stattgefunden haben. Das Gesetz will erreichen, dass derartige Erörterungen stets in öffentlicher Hauptverhandlung zur Sprache kommen und dies auch inhaltlich dokumentiert wird. Gespräche außer-

---

[651] BGH, Beschluss vom 23.07.2015 – 1 StR 149/15; vgl. auch Beschluss vom 16.09.2015 – 5 StR 364/15.

halb der Hauptverhandlung dürfen kein informelles und unkontrollierbares Verfahren eröffnen (vgl. BGH, Beschluss vom 15. Januar 2015 1 StR 315/14, NJW 2015, 645 Rn. 14 mwN; Urteil vom 5. Juni 2014 – 2 StR 381/13, NJW 2014, 2514, 2515 mwN; Beschluss vom 8. Oktober 2013 4 StR 272/13, StV 2014, 67).

[10] Die Pflicht zur Mitteilung der mit dem Ziel einer Verständigung über den Verfahrensausgang geführten Gespräche erstreckt sich deshalb auch auf die Darlegung, welche Standpunkte zu den erörterten Aspekten vertreten wurden und auf welche Resonanz dies bei den anderen am Gespräch Beteiligten jeweils gestoßen ist (vgl. BVerfGE 133, 168, 215f.; BGH, Beschluss vom 25. Februar 2015 – 4 StR 470/14, NStZ 2015, 353, 354; Urteil vom 5. Juni 2014 – 2 StR 381/13, NStZ 2014, 601, 602; Beschluss vom 9. April 2014 – 1 StR 612/13, NStZ 2014, 416, 417).

[11] Das Gebot strikter Transparenz, welches der Gesetzgeber an das Verständigungsverfahren angeknüpft hat, erfährt hierdurch praktische Umsetzung. Sowohl der Angeklagte, dessen berechtigtes Interesse dahin geht, nach verständigungsbasierten Erörterungen auf demselben Informationsstand wie alle übrigen Verfahrensbeteiligten zu sein, um sein weiteres Prozessverhalten hieran ausrichten zu können, als auch die Öffentlichkeit werden bei gesetzmäßiger Mitteilung des Vorsitzenden in die Lage versetzt, den Verfahrensablauf zu durchschauen. Dementsprechend hat der Vorsitzende Verlauf und Inhalt der Gespräche mitzuteilen (§ 243 Abs. 4 StPO) und in das Protokoll der Hauptverhandlung aufzunehmen (§ 273 Abs. 1a Satz 2 StPO). Dies dient auch dem Zweck, eine effektive Kontrolle in der Revisionsinstanz zu ermöglichen.

[12] c) Diesen Anforderungen wird die Mitteilung des Vorsitzenden nicht gerecht. Denn aus ihr geht nicht hervor, welchen wesentlichen Inhalt das Rechtsgespräch in dem vorstehend dargestellten Sinn gehabt hat; die revisionsgerichtliche Überprüfung ist dem Senat hierdurch verwehrt. Insbesondere Erörterungen über Strafmaßvorstellungen verleihen einem Rechtsgespräch im Sinne der §§ 202a, 212 StPO ganz besonderes Gewicht. Sie weisen nicht nur einen Konnex zum Verfahrensergebnis auf, sondern betreffen dieses unmittelbar.

Eine Mitteilung über Erörterungen im Sinne des § 243 Abs. 4 StPO, welche auf thematisierte Erwartungen zur Strafhöhe nicht im Einzelnen hinweist, ist alleine aus diesem Grunde rechtsfehlerhaft.

[13] So liegt es hier. Bereits der unterlassene Hinweis auf die von Seiten des Gerichts und der Staatsanwaltschaft geäußerten Straferwartungen führt zu einer Verletzung des § 243 Abs. 4 Satz 2 StPO, ohne dass es auf den weiteren Gesprächsinhalt noch ankäme.

[14] d) Verstöße gegen die Mitteilungspflichten des § 243 Abs. 4 StPO führen regelmäßig dazu, dass ein Beruhen des Urteils auf dem Rechtsfehler nicht ausgeschlossen werden kann; lediglich in Ausnahmefällen kann Abweichendes gelten (vgl. BVerfGE 133, 168, 223 Rn. 97; BVerfG, Beschluss vom 26. August 2014 – 2 BvR 2172/13, NStZ 2014, 592, 594; BGH, Beschluss vom 15. Januar 2015 – 1 StR 315/14, NJW 2015, 645, 646). Die Annahme eines derartigen Ausnahmefalls liegt hier schon wegen der Schwere des Rechtsverstoßes fern (vgl. zum Erfordernis einer wertenden Gesamtbetrachtung BVerfG, Beschluss vom 15. Januar 2015 – 2 BvR 2055/14, NStZ 2015, 172, 174; BGH, Beschluss vom 11. Juni 2015 – 1 StR 590/14; Urteil vom 14. April 2015 – 5 StR 20/15; Beschluss vom

15. Januar 2015 – 1 StR 315/14, NJW 2015, 645, 646). Die Sache bedarf daher insgesamt neuer Verhandlung und Entscheidung.

610 Die **Mitteilungspflicht des Vorsitzenden** über Erörterungen zur Möglichkeit einer Verständigung betrifft nicht die Frage, von wem die Initiative zu dem Gespräch ausgegangen ist.[652]

1. Die Revision beanstandet u.a., die Vorsitzende habe ihrer Mitteilungspflicht gemäß § 243 Abs. 4 Satz 2 StPO nicht genügt, als sie am 13. Hauptverhandlungstag über eine im Anschluss an den davor liegenden Verhandlungstag stattgefundene Erörterung mit dem Ziel einer Verständigung berichtet habe. So hätten die Argumente der Verteidigung und die Frage, von wem die Initiative zu dem Gespräch ausgegangen sei, sowie die vom Gericht geäußerten Vorstellungen dokumentiert werden müssen. Die Rüge hat keinen Erfolg.

a) Soweit sie sich dagegen richtet, dass die Mitteilung nicht die Information darüber umfasst habe, dass die Initiative zu dem Gespräch mit dem Ziel einer Verständigung von der Verteidigung ausgegangen sei, ist die Rüge jedenfalls unbegründet. Eine dahingehende Mitteilungspflicht besteht nicht (vgl. Senat, Beschluss vom 2. Dezember 2014 – 1 StR 422/14).

b) Soweit die Revision beanstandet, die Argumente der Verteidigung seien nicht mitgeteilt worden, ist – ungeachtet der Zulässigkeit der Rüge – ebenfalls kein durchgreifender Rechtsfehler aufgezeigt. Aus der Mitteilung ergibt sich, dass Gegenstand der Erörterungen war, ob und wenn ja, unter welchen Voraussetzungen eine bewährungsfähige Strafe in Betracht kommt, auch die ablehnende Position der Staatsanwaltschaft ist detailliert enthalten. Dem kann sowohl durch den Angeklagten als auch durch die Öffentlichkeit ohne weiteres entnommen werden, dass die Verteidigung für eine bewährungsfähige Strafe eingetreten ist. Weitergehende Mitteilungspflichten, etwa im Hinblick auf die von der Verteidigung in dem Gespräch im Einzelnen angeführten Strafzumessungsaspekte, bestehen nicht.

Mitzuteilen sind die von den Gesprächsteilnehmern vertretenen Standpunkte (BVerfGE 133, 168, 217 Rn. 86 mwN). Eine bis in Einzelheiten der Argumentation für den jeweiligen „Standpunkt" reichende Mitteilungspflicht ist damit nicht verbunden. Die Anforderungen an den Inhalt der Mitteilungspflicht aus § 243 Abs. 4 Satz 1 und Satz 2 StPO ergeben sich aus den mit der Mitteilung verfolgten Zwecken, nämlich vor allem die Eröffnung einer Kontrollmöglichkeit von Verfahrensabsprachen durch die Öffentlichkeit sowie die Sicherstellung einer umfassenden Information des Angeklagten, um diesem eine autonome Entscheidung über die Beteiligung an der Verständigung zu ermöglichen (vgl. zusammenfassend nochmals BVerfG, NStZ 2015, 170). Keiner der beiden Zwecke erfordert Mitteilungen über die Argumentation von Gesprächsbeteiligten in Details.

Jedenfalls aber kann angesichts der Besonderheiten des Verfahrensablaufs ausgeschlossen werden, dass das Urteil auf der unterbliebenen ausdrücklichen Mitteilung sowohl über die Äußerung des Verteidigers, aus seiner Sicht könne „bei einer geständigen Einlassung … auch zu diesem relativ späten Zeitpunkt eine bewährungsfähige Strafe durchaus in Betracht kommen", als auch über die hierfür angeführten Argumente beruht. Denn die Vorsitzende hat offen gelegt, dass

---

[652] BGH, Beschluss vom 11.02.2015 – 1 StR 335/14.

ein Gespräch stattgefunden hat, in dem die Möglichkeit einer bewährungsfähigen Strafe erörtert und eine Einigung nicht erzielt worden ist. Die Details des von der Verteidigung vertretenen Standpunkts und ihre Rolle bei dem Verständigungsgespräch lassen sich der Revisionsbegründung entnehmen. Daraus ergibt sich zweifelsfrei, dass der Inhalt des Gesprächs nicht auf eine inhaltlich unzulässige Absprache gerichtet war, die auch von der Verteidigung nicht behauptet wird und nach dem Verfahrensgang (vgl. hierzu BGH, Beschluss vom 24. September 2013 – 2 StR 267/13, BGHSt 59, 21, 24ff.) ohnehin fernliegt. Vor diesem Hintergrund wäre das Unterlassen einer solchen Mitteilung nach Art und Schwere als untergeordnet im Hinblick auf den Zweck der Transparenz- und Dokumentationspflichten – der Verhinderung gesetzeswidriger Absprachen – anzusehen (vgl. hierzu BVerfG, NStZ 2015, 170, 172.). Dass das Verteidigungsverhalten des Angeklagten beeinflusst worden sein könnte, ist angesichts dieser Besonderheiten ebenfalls auszuschließen.

c) Die auf die Unterlassung der Mitteilung der vom Gericht geäußerten Vorstellungen gerichtete Beanstandung belegt keinen Rechtsfehler. Der Vortrag der Revision, das Gericht habe bei dem Gespräch „im Wesentlichen die Position der Staatsanwaltschaft" geteilt, ist nicht bewiesen. Da die Sitzungsstaatsanwältin dem schon im Rahmen der Gegenerklärung entgegen getreten war, hat der Senat im Wege des Freibeweisverfahrens die anderen an dem Gespräch teilnehmenden Personen hierzu befragt. Die beteiligten Richter haben substantiiert und sich schlüssig in die Verfahrenslage einfügend dargelegt, zum Standpunkt der Staatsanwaltschaft keine Äußerung abgegeben zu haben. Dies deckt sich mit den Angaben der Sitzungsstaatsanwältin; auch die Schöffen haben keine Erinnerung an eine Stellungnahme zu Strafvorstellungen durch das Gericht. Damit ist der Sachverhalt hinreichend aufgeklärt, weitere Erkenntnismöglichkeiten standen nicht zur Verfügung. Danach und im Hinblick auf den unkonkret bleibenden Vortrag der Revision zur behaupteten Äußerung des Gerichts, hat der Senat keinen Zweifel, dass das Gericht sich nicht zu Strafvorstellungen geäußert hat.

2. Die Rüge, die Mitteilung sei nicht gemäß § 273 Abs. 3 StPO vorgelesen und genehmigt worden, hat ebenfalls keinen Erfolg. Dies gilt schon deswegen, weil das Urteil hierauf nicht beruhen kann.

Sofern das Gericht **außerhalb der Hauptverhandlung** mit der Staatsanwaltschaft die fehlende Entscheidungsreife des Verfahrens hinsichtlich eines zweiten Anklagepunkts sowie die **Möglichkeit einer Teileinstellung des Verfahrens besprochen** und die Staatsanwaltschaft einem solchen Vorgehen zugestimmt hatte, wäre es erforderlich gewesen, in der Hauptverhandlung darauf hinzuweisen. Dieser Hinweis hätte sodann in das Protokoll der Hauptverhandlung aufgenommen werden müssen.[653] **611**

[16] 4. Die Revision rügt auch in der Sache zu Recht eine Verletzung von § 243 Abs. 4 Satz 2 StPO.

[17] Das Verfahren war rechtsfehlerhaft.

[18] aa) Die Hinweispflicht nach § 243 Abs. 4 StPO betrifft zwar unmittelbar nur Erörterungen außerhalb der Hauptverhandlung, die auf eine Verständigung

---

[653] BGH, Urteil vom 17.06.2015 – 2 StR 139/14.

im Sinne von § 257c Abs. 3 StPO bezogen sind. Durch die Bestimmungen des Gesetzes zur Regelung der Verständigung im Strafverfahren vom 29. Juli 2009 (BGBl. I S. 2353ff.) sollen aber nicht nur Möglichkeiten zu informellen Absprachen über das Prozessergebnis unterbunden, sondern zugleich gegenüber der Öffentlichkeit schon der Anschein geheimer Erörterungen über das Entscheidungsergebnis ausgeschlossen werden. Daher hat das Verständigungsgesetz umfassende Transparenz- und Dokumentationspflichten des Tatgerichts statuiert. Sie zielen darauf, nicht nur eine Verständigung im engeren Sinne, sondern bereits Vorgespräche, die mit Blick auf das Prozessergebnis geführt werden, in die Hauptverhandlung einzuführen, auch wenn dort eine Verständigung nicht zustande kommt. Für alle Erörterungen außerhalb der Hauptverhandlung, die das Entscheidungsergebnis im Urteilsverfahren betreffen, verlangen § 243 Abs. 4 StPO und der hierdurch konkretisierte Fairnessgrundsatz eine Mitteilung ihres wesentlichen Inhalts in der Hauptverhandlung. Diese Mitteilung ist sodann gemäß § 273 Abs. 1a Satz 2 StPO zu protokollieren (vgl. BVerfG, Urteil vom 19. März 2013 – 2 BvR 2628, 2883/10, 2155/11, BVerfGE 133, 168, 215).

[19] Aus diesem Grund unterliegen auch Gespräche von Richtern mit Verfahrensbeteiligten über eine Teileinstellung des Verfahrens in der Hauptverhandlung entsprechenden Transparenz- und Dokumentationsregeln. Dies muss auch deshalb gelten, weil die Teileinstellung gemäß § 154 Abs. 2 StPO ohne Verletzung des Verbots der Verständigung über den Schuldspruch gemäß § 257c Abs. 2 Satz 1 StPO (krit. LR/Stuckenberg, StPO 26. Aufl., § 257c Rn. 29) Gegenstand einer förmlichen Verständigung sein kann (vgl. BeckOK- StPO/Eschelbach, 21. Ed., § 257c Rn. 16; Meyer-Goßner in Meyer- Goßner/Schmitt, StPO 58. Aufl., § 257c Rn. 13; KK/Moldenhauer/Wenke, StPO 7. Aufl., § 257c Rn. 15; SK/Velten, StPO 4. Aufl., § 257c Rn. 11). Ein Gesetzentwurf des Bundesrats, wonach die §§ 154ff. StPO ausdrücklich von einer Verständigung unberührt bleiben sollten (§ 243a Abs. 2 Satz 3 StPO des Entwurfs in BT-Drucks. 16/4197), ist nicht Gesetz geworden (SSW/Ignor, StPO § 257c Rn. 58). Zur Vermeidung informeller Absprachen hierüber sind die Förmlichkeiten zur Herstellung von Transparenz und zur Dokumentation des Verfahrensablaufs an den Maßstäben der §§ 243 Abs. 4, 273 Abs. 1a StPO zu messen (vgl. BGH, Beschluss vom 10. September 2014 – 5 StR 351/14, StV 2015, 153).

[20] bb) Im vorliegenden Fall wäre es demnach erforderlich gewesen, in der Hauptverhandlung darauf hinzuweisen, dass das Gericht außerhalb der Hauptverhandlung mit der Staatsanwaltschaft die fehlende Entscheidungsreife des Verfahrens hinsichtlich des zweiten Anklagepunkts sowie die Möglichkeit einer Teileinstellung des Verfahrens besprochen und die Staatsanwaltschaft einem solchen Vorgehen zugestimmt hatte. Dieser Hinweis hätte sodann in das Protokoll der Hauptverhandlung aufgenommen werden müssen.

[21] Die genaue Mitteilung und Dokumentation des Vorgangs war auch deshalb angezeigt, weil ein Wahlverteidiger, der für den Verhandlungstag vom 6. November 2013 nur noch mit der Urteilsverkündung rechnete, dann nicht mehr anwesend war. Dieser Verteidiger hat aus eigenem Recht eine Rechtsmittelbefugnis für die Urteilsanfechtung; er muss auch deshalb den Vorgang nachvollziehen können.

[22] Aber auch die Öffentlichkeit sollte in der Hauptverhandlung nicht davon überrascht werden, dass nach dem Antrag der Staatsanwaltschaft am vorletzten Verhandlungstag, das Gericht möge gegen den Angeklagten I. C. zwei Einzelstra-

fen aussprechen und daraus eine Gesamtfreiheitsstrafe bilden, aus nicht genannten Gründen eine Einzelstrafe fallen gelassen und nur die andere Einzelstrafe – annähernd in der von der Staatsanwaltschaft beantragten Höhe – verhängt wurde.

[23] cc) Die Bemerkung der Vorsitzenden der Strafkammer in der Hauptverhandlung, die Teileinstellung des Verfahrens sei vorab mit der Staatsanwaltschaft besprochen worden, reicht, von fehlender Protokollierung abgesehen, inhaltlich nicht aus. § 243 Abs. 4 StPO verlangt vielmehr, dass angegeben wird, wer an Erörterungen über potenziell entscheidungserhebliche Umstände außerhalb der Hauptverhandlung teilgenommen hat, welche Vorstellungen dabei geäußert wurden und welchen Standpunkt die Beteiligten dazu eingenommen haben. Daran fehlt es hier. Die Gründe für die Teileinstellung des Verfahrens in Abweichung von den vorher gestellten Schlussanträgen der Staatsanwaltschaft wurden nicht in der Hauptverhandlung mitgeteilt. Die Bezugnahme der Staatsanwaltschaft „auf ihre bereits gestellten Anträge" im neuen Schlussvortrag des Sitzungsvertreters blieb danach unklar.

[24] b) Der Senat kann nicht ausschließen, dass das Urteil auf dem Verfahrensfehler zum Nachteil des Angeklagten I. C. beruht, der seine Beteiligung am besonders schweren Raub bestritten hat. Verstöße gegen die gesetzlichen Regeln über Transparenz und Dokumentation gestatten es dem Revisionsgericht nur in eng begrenzten Ausnahmefällen, das Beruhen des Urteils auf dem Verfahrensfehler auszuschließen (vgl. BGH, Beschluss vom 15. Januar 2015 – 1 StR 315/14, NJW 2015, 645 ff.). Ein solcher Ausnahmefall liegt hier nicht vor.

Zur Mitteilung von **Gesprächen**, die außerhalb der Hauptverhandlung **ohne Beteiligung des Gerichts** lediglich zwischen der Staatsanwaltschaft und einzelnen Verteidigern geführt worden sind, ist der Vorsitzende nicht nach § 243 Abs. 4 StPO verpflichtet.[654] **612**

1. Die Rüge des Angeklagten K., der Vorsitzende habe entgegen § 243 Abs. 4 Satz 1 StPO zu Beginn der Hauptverhandlung nicht mitgeteilt, ob es auf eine Verständigung abzielende Vorgespräche gegeben habe, ist unzulässig (§ 344 Abs. 2 Satz 2 StPO). Denn der Beschwerdeführer, der insoweit unter Bezugnahme auf die Entscheidung des Bundesverfassungsgerichts vom 26. August 2014 (2 BvR 2172/13, NStZ 2014, 592) offensichtlich das Fehlen einer sog. Negativmitteilung rügt, teilt nicht mit, ob und ggfs. mit welchem Inhalt Erörterungen nach §§ 202a, 212 StPO tatsächlich stattgefunden haben (zum – verfassungsrechtlich unbedenklichen, vgl. BVerfG aaO S. 594 – Vortragserfordernis insoweit: BGH, Beschlüsse vom 25. November 2014 – 2 StR 171/14, NStZ 2015, 176 und vom 6. März 2014 – 3 StR 363/13, NStZ 2014, 419; vgl. demgegenüber auch BGH, Beschlüsse vom 27. Januar 2015 – 5 StR 310/13, NJW 2015, 1260 und vom 18. Dezember 2014 – 4 StR 520/14).

2. Soweit die Angeklagten K. und M. Mitteilungsdefizite hinsichtlich des auf eine Verständigung abzielenden Gesprächs zwischen der Strafkammer, der Staatsanwaltschaft und den Verteidigern in einer Pause des ersten Hauptverhandlungsta-

---

[654] BGH, Beschluss vom 11.06.2015 – 1 StR 590/14.

ges geltend machen, gilt über die diesbezüglichen Ausführungen des Generalbundesanwalts hinaus Folgendes:

a) Zwar hat der Vorsitzende die gebotene Mitteilung nach § 243 Abs. 4 Satz 2 StPO über dieses Gespräch erst viele Verhandlungstage später und damit deutlich zu spät vorgenommen. Auch wenn § 243 Abs. 4 Satz 2 StPO nach seinem Wortlaut keinen Zeitpunkt für die Mitteilung vorschreibt, ist in der Regel eine umgehende Information nach dem Verständigungsgespräch geboten (vgl. Senat, Beschluss vom 27. Januar 2015 – 1 StR 393/14,NStZ 2015, 353).

Der Senat schließt aber aus, dass das Urteil auf diesem Rechtsfehler beruht. Bei dieser Beruhensprüfung sind Art und Schwere des Rechtsverstoßes zu berücksichtigen (BVerfG, Beschluss vom 15. Januar 2015 – 2 BvR 878/14, NStZ 2015, 170); erforderlich ist eine wertende Gesamtbetrachtung (BGH, Urteil vom 14. April 2015 – 5 StR 20/15; vgl. auch Senat, Beschluss vom 15. Januar 2015 – 1 StR 315/14, NJW 2015, 645).

Vorliegend ist eine Information über den Inhalt des außerhalb der Hauptverhandlung geführten und auf eine Verständigung abzielenden Gesprächs letztlich in öffentlicher Hauptverhandlung erfolgt. Relevante Informationsdefizite, die die revidierenden Angeklagten betreffen (vgl. zu Defiziten bezüglich Mitangeklagter BGH, Beschluss vom 25. Februar 2015 – 4 StR 587/14; BVerfG, Beschluss vom 1. Juli 2014 – 2 BvR 989/14, NStZ 2014, 528), werden weder vorgetragen noch sind solche sonst ersichtlich. Das Vorgehen des Gerichts wurde damit in öffentlicher Hauptverhandlung transparent, ein verborgenes Geschehen hinter verschlossenen Türen gab es ebenso wenig wie eine unzulässige „informelle“ Absprache.

Die insoweit revidierenden Angeklagten wurden zudem vom Inhalt des Gesprächs umgehend informiert. Ausweislich der unwidersprochen gebliebenen dienstlichen Stellungnahme des Vorsitzenden zu diesem Gespräch haben die Verteidiger den Verständigungsvorschlag des Gerichts zunächst alle abgelehnt und am Ende des Gesprächs zugesichert, ihre Mandanten entsprechend über den Inhalt des Gesprächs zu informieren. Dass dies offensichtlich tatsächlich auch geschehen ist, ergibt sich u.a. daraus, dass der Angeklagte K. schon wenige Tage nach dem Gespräch dessen ihn (und seine Ehefrau) betreffenden Inhalt auf einer Internetseite öffentlich machte.

b) Dass die Strafkammer in dem vorgenannten Gespräch anstelle von Strafober- und -untergrenzen jeweils nur eine bestimmt bezeichnete Strafe (Punktstrafe) bei Ablegung eines Geständnisses in Aussicht gestellt hat, ist zwar ebenfalls rechtsfehlerhaft (vgl. nur BGH, Urteil vom 17. Februar 2011 – 3 StR 426/10, NStZ 2011, 648). Da eine Verständigung aber nicht zustande gekommen ist und sich die beiden insoweit revidierenden Angeklagten auch nicht geständig eingelassen haben, kann der Senat ausschließen, dass sich dieser Rechtsfehler auf das Urteil ausgewirkt hat.

c) Soweit die Revisionen der Angeklagten K. und M. eine unzureichende Erfüllung der Mitteilungspflicht gemäß § 243 Abs. 4 StPO bezüglich einer Mitangeklagten (Besprechung der Frage der Haftfortdauer) geltend machen, bleibt entgegen § 344 Abs. 2 Satz 2 StPO schon offen, welchen Inhalt genau die diesbezüglichen Gespräche hatten, so dass der Senat nicht beurteilen kann, ob ein Rechtsfehler vorliegt (vgl. auch Senat, Beschluss vom 22. Juli 2014 – 1 StR 210/14, NStZ 2015, 48). Denn bei Gesprächen über die Frage der Haftfortdauer muss es sich nicht um mitteilungsbedürftige Verständigungsgespräche handeln (vgl. BGH, Beschluss vom 3. Dezember 2013 – 2 StR 410/13). Zudem wären die Angeklagten von einem etwaigen Rechtsfehler insoweit hier ohnehin nicht betroffen (vgl. BGH, Beschluss vom 25. Februar 2015 – 4 StR 587/14; BVerfG, Beschluss vom 1. Juli 2014 – 2 BvR 989/14, NStZ 2014, 528).

d) Zur Mitteilung von Gesprächen, die außerhalb der Hauptverhandlung ohne Beteiligung des Gerichts lediglich zwischen der Staatsanwaltschaft und einzelnen Verteidigern geführt worden sind, war der Vorsitzende hier nicht nach § 243 Abs. 4 StPO verpflichtet (vgl. BGH, Beschluss vom 25. Februar 2015 – 5 StR 258/13, NStZ 2015, 232; vgl. auch Senat, Beschluss vom 22. Februar 2012 – 1 StR 349/11, NStZ 2013, 353 m. Anm. Kudlich). Sämtlichen Verteidigern wurde zudem in der Hauptverhandlung eine Kopie des entsprechenden Vermerks über den Gesprächsinhalt übergeben. Schließlich betraf das Gespräch auch nicht die insoweit revidierenden Angeklagten, sondern einen nicht-revidierenden Mitangeklagten (vgl. oben c).

Die **Informationspflicht aus § 243 Abs. 4 Satz 2 StPO** erfordert, dass der Vorsitzende zu Erörterungen mit den Verfahrensbeteiligten (§ 212 i. V. m. § 202a StPO), die nach Beginn, aber außerhalb der Hauptverhandlung stattgefunden haben und deren Gegenstand die Möglichkeit einer Verständigung gewesen ist, in der Hauptverhandlung deren wesentlichen Inhalt mitteilen. Hierzu zählt zumindest, welchen Standpunkt die Gesprächsteilnehmer vertreten und wie sie sich zu den Ansichten der übrigen verhalten haben.[655] **613**

[10] 2. Die Erklärung des Vorsitzenden über das Verständigungsvorgespräch vom 11. Dezember 2014 hat die Informationspflicht aus § 243 Abs. 4 Satz 2 StPO verletzt.

[11] Nach dieser Vorschrift muss der Vorsitzende zu Erörterungen mit den Verfahrensbeteiligten (§ 212 i. V. m. § 202a StPO), die nach Beginn, aber außerhalb der Hauptverhandlung stattgefunden haben und deren Gegenstand die Möglichkeit einer Verständigung gewesen ist, in der Hauptverhandlung deren wesentlichen Inhalt mitteilen. Hierzu zählt zumindest, welchen Standpunkt die Gesprächsteilnehmer vertreten und wie sie sich zu den Ansichten der übrigen verhalten haben (vgl. BVerfGE 133, 168, 217 Rn. 85; BGH, Urteil vom 10. Juli 2013 – 2 StR 195/12, BGHSt 58, 310, 313; Beschlüsse vom 14. Juli 2014 – 5 StR 217/14, NStZ-RR 2014, 315, 316, vom 11. Februar 2015 – 1 StR 335/14, NStZ 2015, 416, und vom 25. Februar 2015 – 4 StR 470/14, NStZ 2015, 353, 354).

[12] Dieser Anforderung an eine der Informationspflicht des § 243 Abs. 4 StPO genügenden Mitteilung entsprach die Erklärung des Vorsitzenden nicht, da sie lediglich das Ergebnis der Besprechung mit dem von den Gesprächsteilnehmern abgestimmten Verständigungsvorschlag wiedergab. Zum Inhalt der diesem Vorschlag vorausgegangenen Erörterung und insbesondere zu den von den Beteiligten vertretenen Standpunkten enthielt der verlesene Gesprächsvermerk keine Angaben.

[13] 3. Zwar führt ein Verstoß gegen die Transparenz- und Dokumentationspflichten grundsätzlich zur Rechtswidrigkeit einer gleichwohl getroffenen Verständigung und hat zur Folge, dass ein Beruhen des Urteils auf diesem Gesetzes-

---

655 BGH, Beschluss vom 05.08.2015 – 5.08.2015.

verstoß regelmäßig schon deshalb nicht auszuschließen ist, weil die Verständigung, auf der das Urteil beruht, ihrerseits mit einem Gesetzesverstoß behaftet ist (BVerfGE 133, 168, 223 Rn. 97). Nach Auffassung des Senats liegt jedoch unter den hier gegebenen Umständen ein Ausnahmefall vor, in dem ein Beruhen des Urteils auf dem Rechtsverstoß (§ 337 Abs. 1 StPO) sicher auszuschließen ist. Dass ein Ausschluss des Beruhens bei Verletzung der Mitteilungs- und Dokumentationspflichten in Ausnahmefällen unter Berücksichtigung von Art und Schwere des Gesetzesverstoßes möglich ist, entspricht der Rechtsprechung des Bundesverfassungsgerichts (vgl. BVerfGE aaO; BVerfG [Kammer], Beschluss vom 15. Januar 2015 – 2 BvR 878/14, NJW 2015, 1235, 1237; siehe auch BGH, Urteil vom 14. April 2015 – 5 StR 20/15; Beschluss vom 15. Januar 2015 – 1 StR 315/14, NJW 2015, 645, 646).

[14] a) Bei der danach gebotenen wertenden Gesamtbetrachtung fällt hier ins Gewicht, dass die Initiative für das Verständigungsvorgespräch von Seiten der Verteidigung in öffentlicher Hauptverhandlung erfolgte. Damit war sowohl für die Öffentlichkeit als auch für sämtliche Verfahrensbeteiligten nicht nur das Thema des durchzuführenden Gesprächs, sondern auch der Umstand offenkundig, dass die Frage nach einer Verständigung von der Verteidigung aufgeworfen worden war. Der Weg zu der Verständigung hin war hierdurch offengelegt. Soweit die Revision in diesem Zusammenhang beanstandet, dass maßgebliche – möglicherweise von einer Informationspflicht umfasste – Gründe für die Verständigung im Dunkeln geblieben seien, trägt sie selbst nicht vor, dass etwa der Instanzverteidiger in dem Vorgespräch überhaupt Ausführungen dazu gemacht hätte, was ihn zu der Anregung einer Verständigung bewogen habe. Zudem kann auch nach dem weiteren Verfahrensablauf, bei dem die Bestimmungen des § 257c StPO für ein regelhaftes Zustandekommen einer Verständigung vom Gericht eingehalten worden sind, mit Gewissheit ausgeschlossen werden, dass das Gespräch auf eine gesetzwidrige Absprache gerichtet war.

[15] Gemessen an der Bandbreite möglicher Verstöße gegen die Mitteilungspflicht nach § 243 Abs. 4 StPO (vgl. BVerfG [Kammer], Beschluss vom 15. Januar 2015 – 2 BvR 878/14, aaO; Beschluss vom 15. Januar 2015 – 1 StR 315/14, aaO) ist die Gesetzesverletzung unter dem Aspekt des Transparenzgebotes und des Gebotes des fairen Verfahrens überdies nicht als gewichtig anzusehen: Eine Unterrichtung über die Besprechung wurde nicht gänzlich unterlassen, sondern fand als solche mit Bekanntgabe ihres Ergebnisses statt. Mit dem damit verbundenen Hinweis auf eine gemeinsame Verständigung über den unterbreiteten vorläufigen, unter dem Vorbehalt abschließender Kammerberatung stehenden Vorschlag war klar, dass nicht nur die Berufsrichter, sondern auch der Vertreter der Staatsanwaltschaft die von der Verteidigung aufgeworfene Frage nach einer Verständigung zustimmend beantwortet hatten. Die nicht mitgeteilten, allerdings nicht weit voneinander entfernten Sanktionsvorstellungen des Sitzungsvertreters der Staatsanwaltschaft und des Instanzverteidigers lagen von vornherein innerhalb des alsbald gemeinsam mit den Berufsrichtern abgestimmten Strafrahmens. Soweit beide Gesprächsteilnehmer ihre Straferwartungen mit Zumessungsgesichtspunkten näher begründet haben sollten – was die Revision nicht vorträgt –, wäre eine Mitteilung über Einzelheiten ihrer Argumentation von der Informationspflicht des § 243 Abs. 4 StPO ohnehin nicht umfasst gewesen (BGH, Beschluss vom 11. Februar 2015 – 1 StR 335/14, aaO). Nach dem mit der dienstlichen Äußerung des Vertreters der Staatsanwaltschaft übereinstimmenden Revi-

sionsvortrag nahm der Vorsitzende erst im Anschluss an die Äußerung des Instanzverteidigers zu dessen Sanktionsvorstellung ablehnend Stellung. Von dieser Stellungnahme mag die schließlich vorgeschlagene Obergrenze der Strafe beeinflusst worden sein. Völlig fernliegend ist allerdings angesichts der Initiative des Instanzverteidigers für eine Verständigung, der unmittelbar vor ihrem Abschluss stehenden Beweisaufnahme und des nach dem zehnten Hauptverhandlungstag bereits unter den Besprechungsteilnehmern erfolgten Austauschs über Einschätzungen der Beweislage und Aspekte der Beweiswürdigung, dass der Vorsitzende mit seiner Stellungnahme auf das Zustandekommen einer Verständigung gedrängt haben und ein entsprechender Druck durch die Unvollständigkeit seiner späteren Mitteilung nicht offengelegt worden sein könnte.

[16] b) Aufgrund dieser Besonderheiten kann der Senat darüber hinaus sicher ausschließen, dass das infolge der unvollständigen gerichtlichen Mitteilung sowie Dokumentation beim Angeklagten hervorgerufene Informationsdefizit dessen Selbstbelastungsfreiheit in irgendwie fassbarer Weise beeinträchtigt haben könnte und das Landgericht ohne den Rechtsfehler zu einem anderen Ergebnis gelangt wäre. Dass sich die fehlende Information über die unterschiedlichen Straferwartungen der Gesprächsteilnehmer, die sich innerhalb des nachfolgend von ihnen abgestimmten Strafrahmens hielten, auf die Fähigkeit des Angeklagten zu autonomer Willensbildung ausgewirkt haben könnte, ist nicht erkennbar.

[17] 4. Soweit der Beschwerdeführer eine Verletzung der Protokollierungspflicht aus § 273 Abs. 1a Satz 2 i. V.m. § 243 Abs. 4 Satz 2 StPO rügt, liegt bereits nach seinem Vortrag ein Rechtsfehler nicht vor. Denn das Protokoll gibt die – tatsächlich unvollständige – Mitteilung und damit den Gang der Hauptverhandlung gerade zutreffend wieder (vgl. BGH, Urteil vom 14. April 2015 – 5 StR 20/15; Beschlüsse vom 15. April 2014 – 3 StR 89/14, NStZ 2014, 418, und vom 15. Januar 2015 – 1 StR 315/14, aaO).

1. Ist eine Verletzung der Mitteilungspflicht des § 243 Abs. 4 S. 2 StPO gegeben, kann ein Beruhen des Urteils auf dem Rechtsverstoß (§ 337 Abs. 1 StPO) ausgeschlossen werden, wenn bei der gebotenen wertenden Gesamtbetrachtung Umstände vorhanden sind, die die Rechtsverletzung letztlich in einem milderen Licht erscheinen lassen. **614**

2. Solche Umstände liegen vor, wenn der Angeklagte durch die in öffentlicher Hauptverhandlung erfolgte gerichtliche Anfrage und die von den anderen Verfahrensbeteiligten bekundete Verständigungsbereitschaft darüber informiert wird, dass es sogleich zu durch das Gericht initiierten Verständigungsgesprächen kommen werde, wenn er nach dem Gespräch durch seinen Verteidiger (zutreffend) darüber unterrichtet wird, dass es (noch) kein Ergebnis gegeben habe, wenn sodann in dem nächsten Hauptverhandlungstermin ein gerichtlicher Verständigungsvorschlag bekanntgegeben und mit ihm erörtert wird, woraufhin im darauf folgenden Hauptverhandlungstermin nach ordnungsgemäßer Belehrung die Verständigung zustande kommt. Unter diesen Vorzeichen bestand nicht im Ansatz die Gefahr eines dem Angeklagten abträglichen Interessengleichlaufs von Gericht, Staatsanwaltschaft und Verteidigung.[656]

---

[656] BGH, Urteil vom 14.04.2015 – 5 StR 20/15.

[5] 1. Die Revision beanstandet eine Verletzung der „§§ 257c, 243 Abs. 4, 273 Abs. 1a Satz 2 StPO", weil der Vorsitzende das Stattfinden und den Inhalt eines am 14. Februar 2014 mit dem Ziel der Verständigung geführten Gesprächs nicht in der Hauptverhandlung mitgeteilt und dokumentiert hat. Damit vermag sie letztlich nicht durchzudringen.

[6] a) Im Wesentlichen folgendes Verfahrensgeschehen liegt zugrunde:

[7] Nach einem außerhalb der Verhandlung zwischen einem beisitzenden Richter und einem Verteidiger zustande gekommenen Kontakt zur Frage einer Verständigung erkundete das Gericht am 33. Hauptverhandlungstag (14. Februar 2014) in öffentlicher Hauptverhandlung, ob bei der Verteidigung und der Staatsanwaltschaft Interesse an Verständigungsgesprächen bestehe. Dies wurde bejaht. Daraufhin wurde im Gerichtssaal ein Gespräch geführt, an dem mit Ausnahme der Angeklagten alle Verfahrensbeteiligten teilnahmen. Die Verteidiger stellten den Aspekt weiterer Inhaftierung ihrer Mandanten in den Vordergrund. Der Verteidiger der nicht revidierenden Tochter des Angeklagten sprach die Möglichkeit der Strafaussetzung zur Bewährung hinsichtlich seiner Mandantin an. Die Staatsanwältin bewertete die Rechtslage zur Strafbarkeit wegen Menschenhandels nach dem Stand der Beweisaufnahme. Ferner wurden namentlich von den Vertretern der Nebenklägerinnen Schadensersatzzahlungen thematisiert. Strafvorstellungen wurden weder vom Gericht noch von anderer Seite verlautbart. Nach Beendigung des Gesprächs wurde der Angeklagte durch seinen Verteidiger ohne Mitteilung von Details darüber informiert, dass das Gespräch ohne Ergebnis geendet habe.

[8] Am 34. Verhandlungstag (18. Februar 2014) unterbreitete das Gericht für den Fall einer geständigen Einlassung der Angeklagten einen umfangreichen Verständigungsvorschlag. Dem Beschwerdeführer wurde eine Verurteilung zu Freiheitsstrafe von drei Jahren und sechs Monaten bis zu vier Jahren und sechs Monaten in Aussicht gestellt. Gegenstand des Vorschlags war weiterhin ein Schuldanerkenntnis der drei Angeklagten, in dem sie sich gesamtschuldnerisch zur Zahlung von je 7.500 € an die fünf Nebenklägerinnen verpflichten sollten. Bei Zustimmung der Staatsanwaltschaft sollten in Bezug auf eine Reihe von Anklagevorwürfen Verfahrensbeschränkungen nach §§ 154, 154a StPO erfolgen. Die Belehrung gemäß § 257c Abs. 4 StPO wurde erteilt. Darüber hinaus brachte der Vorsitzende zum Ausdruck, er gehe davon aus, dass der Vorschlag nur bei Beteiligung aller drei Angeklagten Bestand haben könne. Stattfinden, Ablauf und Inhalt des Gesprächs vom 14. Februar 2014 gab das Gericht an diesem Tag wie auch im weiteren Verlauf der Hauptverhandlung nicht bekannt. Dementsprechend wurde diesbezüglich auch keine Mitteilung protokolliert.

[9] Noch am 18. Februar 2014 machte der Verteidiger des Angeklagten schriftsätzlich geltend, dass die Bedingung der Zustimmung aller Angeklagten unzulässig sei. Am 35. Verhandlungstag (19. Februar 2014) stellte der Vorsitzende in öffentlicher Hauptverhandlung klar, dass die Zustimmung aller Angeklagten keine Bedingung des Gerichts sei. Er gehe aber davon aus, dass die Staatsanwaltschaft diese Bedingung stelle. Dies wurde von der Sitzungsvertreterin der Staatsanwaltschaft bestätigt. Die Frage des Gerichts, ob dem Verständigungsvorschlag zugestimmt werde, verneinte der Angeklagte. Die Sitzung wurde unterbrochen.

[10] Der Verteidiger befragte den Vorsitzenden, ob eine „Ausschöpfung des Strafrahmens nach unten" denkbar sei. Der Vorsitzende verwies auf den in der

Hauptverhandlung unterbreiteten gerichtlichen Vorschlag, dem der Angeklagte zustimmen könne oder eben nicht. Nach Unterrichtung durch den Verteidiger, dass es keine (weitere) Äußerung des Gerichts gebe, erklärte der Angeklagte dem Verteidiger, nunmehr zustimmen zu wollen. Der Verteidiger erkundigte sich beim Vorsitzenden, welchen Geständnisinhalt das Gericht erwarte, worauf der Vorsitzende in Anwesenheit der Berufsrichter bekundete, das Gericht sei bei dem Verständigungsvorschlag davon ausgegangen, dass der Angeklagte den Nebenklägerinnen die Hälfte der Prostitutionseinnahmen zugesichert, ihnen jedoch dann nur kleinere Beträge und an eine Nebenklägerin einmal 1.500 € bezahlt sowie dass er die Nebenklägerin Ko. geschlagen habe. Ein Geständnis dieses Inhalts sei mithin die Basis des Verständigungsvorschlags. Dies teilte der Verteidiger dem Angeklagten mit.

[11] Nach Wiedereintritt in die Hauptverhandlung stimmten alle Angeklagten dem Verständigungsvorschlag zu. Der Angeklagte ließ sich zur Sache ein und räumte die vorgenannten Umstände ein. Sämtliche Angeklagten erklärten ein Schuldanerkenntnis im Sinne des Vorschlags.

[12] b) Bei dem geschilderten Verfahrensablauf ist eine Verletzung des § 243 Abs. 4 Satz 2 StPO gegeben. Nach dieser Bestimmung hat der Vorsitzende das Stattfinden und den wesentlichen Inhalt von während des Verlaufs der Hauptverhandlung geführten Erörterungen (§§ 212 i. V.m. 202a StPO) mitzuteilen, sofern deren Gegenstand die Möglichkeit einer Verständigung gewesen ist. Dies war bei dem Gespräch vom 14. Februar 2014 der Fall.

[13] Das Gespräch erfolgte in Unterbrechung der Hauptverhandlung auf die ausdrückliche Frage des Gerichts nach etwaigem Verständigungsinteresse hin. In dessen Verlauf wurden in Anwesenheit aller Verfahrensbeteiligten mit Ausnahme der Angeklagten unter anderem mit dem Gesichtspunkt der Haft, der Strafaussetzung zur Bewährung in Bezug auf die Tochter des Angeklagten und von Schadensersatzzahlungen aller Angeklagten Themen aufgeworfen, die einer Verständigung zugänglich sind (vgl. KK-StPO/Moldenhauer/Wenske, 7. Aufl., § 257c Rn. 15 mwN). Dies überschreitet – anders als der erste Kontakt zwischen dem beisitzenden Richter und einem Verteidiger – sowohl nach den äußeren Umständen als auch dem Inhalt der Unterredung den Bereich einer „unverbindlichen Fühlungsaufnahme“ (hierzu Schmitt, StraFo 2012, 386, 391; Sander, Karlsruher Strafrechtsdialog 2013, S. 53, 55). Dass die Besprechung zum Inhalt einer Verständigung wenig konkret war, namentlich von keinem Beteiligten Strafvorstellungen zur Diskussion gestellt wurden, vermag daran nichts zu ändern.

[14] c) Der Senat kann unter den hier gegebenen Umständen jedoch ein Beruhen des Urteils auf dem Rechtsverstoß (§ 337 Abs. 1 StPO) sicher ausschließen. Dass ein Ausschluss des Beruhens bei Verletzung der Mitteilungs- und Dokumentationspflichten, die einem Unterlaufen des Schutzkonzepts entgegenwirken sollen, in Ausnahmefällen möglich ist, entspricht der Rechtsprechung des Bundesverfassungsgerichts (vgl. BVerfGE 133, 168, 223f. Rn. 98; BVerfG [Kammer], Beschluss vom 15. Januar 2015 – 2 BvR 878/14 Rn. 28f.; siehe auch BGH, Beschluss vom 15. Januar 2015 – 1 StR 315/14 [zum Abdruck in BGHSt bestimmt], NJW 2015, 645 Rn. 14, 17ff.). Ein solcher Ausnahmefall liegt hier vor.

[15] aa) Allerdings ist dem Landgericht mit dem völligen Unterlassen der gebotenen Mitteilung unter dem Blickwinkel des Transparenzgebots in Verbindung mit dem Gebot des fairen Verfahrens (vgl. BVerfG [Kammer], Beschluss vom

15. Januar 2015 – 2 BvR 878/14 Rn. 19ff. mwN) eine gewichtige Rechtsverletzung unterlaufen. Das Schutzkonzept der strafprozessualen Verständigungsregelungen erfordert es, dass Erörterungen mit dem Ziel der Verständigung stets in öffentlicher Hauptverhandlung zur Sprache kommen, um einem informellen und unkontrollierbaren Verhalten unter Umgehung strafprozessualer Grundsätze möglichst keinen Raum zu lassen (vgl. BVerfGE 133, 168, 223f. Rn. 98; BVerfG [Kammer], Beschluss vom 15. Januar 2015 – 2 BvR 878/14 Rn. 28).

[16] Indessen sind hier bei der gebotenen wertenden Gesamtbetrachtung (vgl. BGH, Beschluss vom 15. Januar 2015 – 1 StR 315/14, aaO Rn. 19) Umstände vorhanden, die die Rechtsverletzung letztlich in einem milderen Licht erscheinen lassen. Insbesondere erfolgte die Initiative für das Gespräch von Seiten des Gerichts in öffentlicher Hauptverhandlung. Damit war sowohl für die Öffentlichkeit als auch für sämtliche Verfahrensbeteiligten offenkundig, dass Verständigungsgespräche durchgeführt werden würden. Ferner kann nach dem Revisionsvortrag zum Verlauf des Gesprächs, der in dienstlichen Stellungnahmen des Vorsitzenden und der Sitzungsvertreterin der Staatsanwaltschaft seine Bestätigung gefunden hat, mit Gewissheit ausgeschlossen werden, dass das Gespräch auf eine gesetzwidrige Absprache gerichtet war. Es handelte sich auch nicht etwa um einen Verständigungsversuch, der aufgrund widerstreitender Interessen fehlgeschlagen war. Vielmehr wurden einige Positionen lediglich eher abstrakt thematisiert. Dementsprechend ist davon auszugehen, dass sich die Strafkammer durch das Gespräch einen Eindruck verschaffen wollte, um in der Verhandlungspause einen umfassenden Verständigungsvorschlag entwickeln zu können. Dieser wurde am darauffolgenden 34. Verhandlungstag in öffentlicher Verhandlung bekanntgegeben, ohne dass Verlauf und Inhalt des Vorgesprächs in irgendeiner Weise für das öffentliche Verständnis der Absprache Bedeutung erlangen konnten. Demgemäß hat sich die Verständigung trotz der Mitteilungs- und Dokumentationsverletzung in ihrer entscheidenden Gestalt letztlich doch „im Lichte der öffentlichen Hauptverhandlung offenbart" (vgl. BVerfGE 133, 168, 215 Rn. 82). Vor diesem Hintergrund kann dahingestellt bleiben, ob nicht sogar – was durchaus nicht fernliegt, wozu aber die Revision nicht vorträgt – der Gerichtssaal während des Gesprächs vom 14. Februar 2014 der Öffentlichkeit zugänglich gewesen ist.

[17] bb) Aufgrund dieser Besonderheiten kann der Senat darüber hinaus sicher ausschließen, dass infolge der unterlassenen gerichtlichen Mitteilung sowie Dokumentation die Selbstbelastungsfreiheit des Angeklagten in relevanter Weise beeinträchtigt worden ist und das Gericht bei ordnungsgemäßer Bekanntgabe sowie deren Protokollierung zu einem anderen Ergebnis gelangt wäre. Der Angeklagte war durch die am 33. Verhandlungstag in öffentlicher Hauptverhandlung erfolgte gerichtliche Anfrage und die von den anderen Verfahrensbeteiligten bekundete Verständigungsbereitschaft darüber informiert, dass es sogleich zu durch das Gericht initiierten Verständigungsgesprächen kommen werde. Er wurde nach dem Gespräch durch seinen Verteidiger (zutreffend) darüber unterrichtet, dass es (noch) kein Ergebnis gegeben habe. Der inhaltlich nicht etwa auf bestimmten im Gespräch vom 14. Februar 2014 vertretenen Positionen fußende Verständigungsvorschlag wurde am 18. Februar 2014 in der Hauptverhandlung bekanntgegeben und mit ihm erörtert, woraufhin am 19. Februar 2014 nach ordnungsgemäßer Belehrung die Verständigung zustande kam. Unter diesen Vorzeichen bestand nicht im Ansatz die Gefahr eines dem Angeklagten abträglichen Interessengleichlaufs von Gericht, Staatsanwaltschaft und Verteidigung (vgl. BVerfGE 133, 168,

232 Rn. 114). Genauso wenig kann angenommen werden, dass das beim Angeklagten bestehende Informationsdefizit über Inhalt und Verlauf des Gesprächs vom 14. Februar 2014 dessen Fähigkeit zu autonomer Willensbildung vor allem in Richtung der Begebung seiner Selbstbelastungsfreiheit (vgl. BGH, Beschluss vom 15. Januar 2015 – 1 StR 315/14, aaO Rn. 21f. mwN) in irgendwie fassbarer Weise beeinträchtigt haben könnte. Das gilt im Besonderen für die durch die Revision hervorgehobene „Position der Staatsanwaltschaft", die sich lediglich in einer vorläufigen rechtlichen Bewertung zum (dann ausgeschiedenen) Anklagevorwurf des Menschenhandels erschöpfte.

[18] d) Soweit der Beschwerdeführer eine Verletzung der Protokollierungspflicht aus § 273 Abs. 1a Satz 2 i.V.m. § 243 Abs. 4 Satz 2 StPO rügt, liegt bereits nach seinem Vortrag ein Rechtsfehler nicht vor. Denn das zu einer – tatsächlich nicht erfolgten – Mitteilung schweigende Protokoll gibt den Gang der Hauptverhandlung gerade zutreffend wieder.

1. Eine **Verständigung** ist regelmäßig nur dann mit dem Grundsatz des fairen Verfahrens zu vereinbaren, wenn der Angeklagte vor ihrem Zustandekommen nach § 257c Abs. 5 StPO über deren nur eingeschränkte Bindungswirkung für das Gericht belehrt worden ist. (Rn. 6) **615**

2. Hat der Angeklagte die ihm zur Last gelegten Taten auf der Grundlage der Verständigung eingeräumt, beruhen das Geständnis des Angeklagten und damit auch das Urteil auf dem Verstoß gegen die Belehrungspflicht.[657]

[1] Das Landgericht hat den Angeklagten wegen diverser Betäubungsmitteldelikte verurteilt. Die hiergegen gerichtete Revision des Angeklagten hat mit der Rüge der Verletzung des § 257c Abs. 5 StPO Erfolg.

[2] 1. Dieser liegt folgendes Verfahrensgeschehen zugrunde:

[3] Am dritten Hauptverhandlungstag teilte der Vorsitzende mit, „dass in der Sitzungspause ein Rechtsgespräch zwischen dem Verteidiger, dem Vertreter der Staatsanwaltschaft und den Mitgliedern des erkennenden Gerichts stattgefunden hat … und unter Berücksichtigung … insbesondere des angekündigten Geständnisses die Verfahrensbeteiligten Übereinstimmung dahingehend" erzielt haben, „dass eine Gesamtfreiheitsstrafe im Mindestmaß von vier Jahren drei Monaten und im Obermaß von fünf Jahren schuldangemessen ist."

[4] Der Verteidiger und der Staatsanwalt bestätigten, „dass dies so richtig sei, und erklärten sich damit einverstanden, an diese Strafen gebunden zu sein."

[5] Erst nach nunmehr von der Strafkammer angenommener Verständigung belehrte der Vorsitzende den Angeklagten über den Inhalt des § 257c Abs. 4 StPO. Der Verteidiger gab eine Erklärung zur Sache ab, die vom Angeklagten als richtig bestätigt wurde.

[6] 2. Danach rügt die Revision die Verletzung des § 257c Abs. 5 StPO zu Recht. Denn der Vorsitzende der Strafkammer hätte den Angeklagten bereits bei Unterbreitung des Verständigungsvorschlags über die in § 257c Abs. 4 StPO geregelte Möglichkeit eines Entfallens der Bindung des Gerichts an die Verständigung belehren müssen. Eine Verständigung ist regelmäßig nur dann mit dem Grundsatz

---

[657] BGH, Beschluss vom 25.03.2015 – 5 StR 82/15.

des fairen Verfahrens zu vereinbaren, wenn der Angeklagte vor ihrem Zustandekommen nach § 257c Abs. 5 StPO über deren nur eingeschränkte Bindungswirkung für das Gericht belehrt worden ist (vgl. hierzu BVerfGE 133, 168, 237; BVerfG [Kammer], NStZ 2014, 721;BGH, Beschluss vom 10. Februar 2015 – 4 StR 595/14 mwN).

[7] Das Geständnis des Angeklagten und damit auch das Urteil beruhen auf dem Verstoß gegen die Belehrungspflicht (§ 337 Abs. 1 StPO). Der Senat kann die Ursächlichkeit des Belehrungsfehlers für das Geständnis nicht ausnahmsweise ausschließen. Der Angeklagte hat die ihm zur Last gelegten Taten auf der Grundlage der Verständigung eingeräumt. Neben anderen Beweismitteln hat die Strafkammer vor allem hierauf die Verurteilung gestützt. Konkrete Anhaltspunkte dafür, dass dem Angeklagten die Voraussetzungen für den Wegfall der Bindungswirkung bekannt waren, bestehen nicht.

616 Erforderliche Abgrenzung zu unzulässiger Protokollrüge.[658]

[1] Das Landgericht hat den Angeklagten wegen besonders schwerer räuberischer Erpressung in zwei Fällen, jeweils in Tateinheit mit gefährlicher Körperverletzung zu einer Gesamtfreiheitsstrafe von drei Jahren und sechs Monaten verurteilt. Die hiergegen gerichtete Revision des Angeklagten hat mit der Beanstandung einer Verletzung von § 257c Abs. 5 StPO Erfolg.

[2] 1. Die Rüge ist zulässig erhoben. Dem Vortrag der Revision ist die bestimmte Behauptung zu entnehmen, der Angeklagte sei entgegen § 257c Abs. 5 StPO nicht darüber belehrt worden, unter welchen Voraussetzungen und mit welchen Folgen sich das Gericht nach § 257c Abs. 4 StPO von dem in Aussieht gestellten Ergebnis einer Verständigung lösen kann. Die im Zusammenhang mit dieser und anderen Beanstandungen gewählten Formulierungen („aus dem Sitzungsprotokoll ergibt sich nicht“ bzw. „ausweislich des Sitzungsprotokolls“ bzw. „lässt sieh dem Protokoll entnehmen“) könnten zwar Anlass geben, in dem Vorbringen lediglich eine Protokollrüge, nämlich die Beanstandung einer unzureichenden Protokollierung der Verfahrensgeschehnisse zu sehen (vgl. hierzu BGH, Beschluss vom 12. Dezember 2013 – 3 StR 210/13, BGHSt 59, 130). Indes dient die Bezugnahme auf die Niederschrift hier eindeutig nur der Beweisführung hinsichtlich der behaupteten Verfahrensfehler.

[3] Die Rüge ist auch begründet. Der Angeklagte ist nicht belehrt worden. Der Senat kann nicht ausschließen, dass das Urteil, dessen Feststellungen sieh auf das „vollumfängliche Geständnis des Angeklagten“ (UA S. 12) gründen, auf diesem Belehrungsfehler in der Weise beruht, dass der Angeklagte kein Geständnis abgelegt und sieh vielmehr gegen den Tatvorwurf verteidigt hätte, wenn er ordnungsgemäß belehrt worden wäre (vgl. BGH, Beschluss vom 11. April 2013 – 1 StR 563/12, StV 2013, 611). Die Sache muss deshalb erneut verhandelt und entschieden werden.

[4] 2. Nur vorsorglich weist der Senat darauf hin, dass das Gericht bei dem Verständigungsvorsehlag zwar einen Strafrahmen, also eine Strafobergrenze und eine Strafuntergrenze, angeben muss (vgl. BGH, Urteil vom 17. Februar 2011 – 3 StR 426/10, NStZ 2011, 648), entgegen der Ansieht der Revision bei einer Ver-

[658] BGH, Beschluss vom 11.11.2014 – 3 StR 497/14.

ständigung aber nicht verpflichtet ist, dem Angeklagten auch mitzuteilen, welche Strafe bei einem Schuldspruch nach „streitiger Hauptverhandlung" in Betracht kommen könnte (BGH, Urteil vom 3. September 2013 – 5 StR 318/13, NStZ 2013, 671).

1. Ein **Beruhen des Urteils auf einem Verstoß gegen die Mitteilungspflicht** wird grundsätzlich dann nie ausgeschlossen werden können, wenn zu besorgen ist, das Urteil könne auf gesetzwidrige „informelle Absprachen" oder diesbezügliche Gesprächsbemühungen zurückgehen. Ebenso liegt es, wenn eine „informelle Absprache" zwar ergebnislos geblieben und eine Einigung nicht zustande gekommen ist, hierauf gerichtete Gesprächsbemühungen aber außerhalb der öffentlichen Hauptverhandlung stattgefunden haben. 617

2. Die Information des Angeklagten durch seinen Verteidiger bei fehlender oder unzureichender gerichtlicher Mitteilung über den Inhalt eines gescheiterten Verständigungsgesprächs gemäß § 243 Abs. 1 StPO lässt einen Ausschluss des Beruhens nur in eng umgrenzten Ausnahmefällen zu. Je einfacher sich die dem Verständigungsversuch zugrunde liegende Sach- und Rechtslage darstellt, desto weniger stark wird die Selbstbelastungsfreiheit des Angeklagten gefährdet und umso eher wird auszuschließen sein, dass die Verständigung rechtswidrig war und das Gericht bei regelhafter Vornahme und Protokollierung der Mitteilung zu einem anderen Ergebnis gelangt wäre.[659]

[10] Die Revision rügt, das Landgericht habe seinen sich aus § 243 Abs. 4 Satz 1 und 2 StPO ergebenden Mitteilungspflichten nicht genügt; auf der unzureichenden Transparenz der ohne den Angeklagten geführten Gespräche beruhe das Urteil, obschon dieser von seinem Verteidiger darüber unterrichtet worden sei, denn es könne nicht ausgeschlossen werden, dass dieser sein Prozessverhalten bei gesetzmäßiger Unterrichtung durch den Vorsitzenden anders ausgerichtet hätte.

[11] 2. Die Verfahrensrüge ist begründet. Das Landgericht hat seine Informationspflicht aus § 243 Abs. 4 Satz 1 StPO bereits in Bezug auf die im Zwischenverfahren erfolgten Verständigungsgespräche verletzt. Unter den hier konkret gegebenen Umständen kann der Senat nicht ausschließen, dass das Urteil auf dem Rechtsverstoß beruht.

[12] a) Allerdings liegt, soweit die Revision mit Blick auf die erfolgten Verständigungsgespräche eine Verletzung der Protokollierungspflicht aus § 273 Abs. 1a Satz 2 i. V.m. § 243 Abs. 4 Satz 1 StPO rügt, ein Rechtsfehler bereits nach ihrem Vortrag nicht vor. Nach § 273 Abs. 1a Satz 2 StPO muss das Protokoll u. a. die Beachtung der in § 243 Abs. 4 Satz 1 StPO vorgeschriebenen Mitteilungen wiedergeben. Wird entgegen § 243 Abs. 4 Satz 1 StPO eine Erörterung, die vor der Eröffnung des Hauptverfahrens stattgefunden hat (§ 202a StPO), nach Beginn der Hauptverhandlung nicht bekannt gemacht und damit die Informationspflicht nicht beachtet, so ergibt sich aus dem Schweigen des Protokolls kein zusätzlicher Rechtsfehler; im Gegenteil gibt dieses den Gang der Hauptverhandlung gerade zutreffend wieder (vgl. BGH, Urteil vom 10. Juli 2013 – 2 StR 195/12, BGHSt 58, 310, 312f.; Beschluss vom 15. April 2014 – 3 StR 89/14, NStZ 2014, 418). So liegt es hier. § 273 Abs. 1a Satz 2 StPO kann deshalb nicht verletzt sein.

---

[659] BGH, Beschluss vom 15.01.2015 – 1 StR 315/14.

[13] b) Verletzt ist aber § 243 Abs. 4 Satz 1 StPO. Danach teilt der Vorsitzende mit, ob Erörterungen nach §§ 202a, 212 StPO stattgefunden haben, wenn deren Gegenstand die Möglichkeit einer Verständigung gewesen ist und wenn ja, deren wesentlichen Inhalt.

[14] aa) Das Transparenzgebot soll sicherstellen, dass derartige Erörterungen stets in öffentlicher Hauptverhandlung zur Sprache kommen, so dass für informelles und unkontrollierbares Verhalten unter Umgehung der strafprozessualen Grundsätze kein Raum verbleibt (vgl. BVerfGE 133, 168ff.; BGH, Urteil vom 5. Juni 2014 – 2 StR 381/13, NStZ 2014, 601, 602; Beschlüsse vom 5. Oktober 2010 – 3 StR 287/10, StV 2011, 72, 73; vom 8. Oktober 2013 – 4 StR 272/13, StV 2014, 67; vom 3. Dezember 2013 – 2 StR 410/13, NStZ 2014, 219; vom 15. April 2014 – 3 StR 89/14, NStZ 2014, 418 und vom 22. Juli 2014 – 1 StR 210/14). Die Pflicht zur Mitteilung der mit dem Ziel einer Verständigung über den Verfahrensausgang geführten Gespräche erstreckt sich deshalb auch auf die Darlegung, von welcher Seite die Frage einer Verständigung aufgeworfen wurde, welche Standpunkte gegebenenfalls vertreten wurden und auf welche Resonanz dies bei den anderen am Gespräch Beteiligten jeweils gestoßen ist (vgl. BVerfGE 133, 168, 215f.; BGH, Urteil vom 5. Juni 2014 – 2 StR 381/13, NStZ 2014, 601, 602; Beschlüsse vom 5. Oktober 2010 – 3 StR 287/10, StV 2011, 72, 73; vom 3. Dezember 2013 – 2 StR 410/13, NStZ 2014, 219 und vom 9. April 2014 – 1 StR 612/13, NStZ 2014, 416, 417). Dementsprechend hat der Vorsitzende Verlauf und Inhalt der Gespräche in das Protokoll der Hauptverhandlung aufzunehmen. Nur so wird eine effektive Kontrolle in der Revisionsinstanz ermöglicht.

[15] bb) Nach Maßgabe dessen erweist sich die Mitteilung des Vorsitzenden über das im Zwischenverfahren geführte Verständigungsgespräch als rechtsfehlerhaft. Denn die formelhafte Wendung, ein abgehaltenes Verständigungsgespräch sei ergebnislos verlaufen, reicht nicht aus. Die wesentlichen Informationen, die Ablauf und Inhalt des Gesprächs offengelegt hätten, wie etwa das Angebot einer Verfahrensbeschränkung durch die Strafkammer oder die Vorstellung der Staatsanwaltschaft über das Strafmaß und ihre Erwartungen an das Prozessverhalten des Angeklagten, hat der Vorsitzende in der Hauptverhandlung nicht mitgeteilt. Die Erwartungen der Verfahrensbeteiligten an den Prozessverlauf und sich hieraus möglicherweise ergebende Folgen sind nach seiner Mitteilung unklar geblieben; das aus § 243 Abs. 4 StPO folgende Transparenzgebot ist dadurch verletzt.

[16] cc) Der Senat kann unter den gegebenen Umständen nicht ausschließen, dass das Urteil auf diesem Rechtsverstoß beruht.

[17] (1) Von einem Beruhen des Urteils auf der Verletzung der Mitteilungspflicht des § 243 Abs. 4 Satz 1 StPO ist auszugehen, wenn sich nicht ausschließen lässt, dass das Gericht bei gesetzmäßigem Vorgehen zu einem anderen Ergebnis gelangt wäre. Verstöße gegen die verfahrensrechtlichen Sicherungen der Verständigung sind nicht den absoluten Revisionsgründen zugeordnet worden, so dass eine Beruhensprüfung (§ 337 Abs. 1 StPO) in jedem Einzelfall vorzunehmen ist (vgl. BVerfGE 133, 168, 223 Rn. 97). Das gesetzliche Schutzkonzept der §§ 243 Abs. 4, 273 Abs. 1a, 257c StPO darf hierbei jedoch nicht unterlaufen werden, so dass das Beruhen des Urteils auf einem Verstoß nur ausnahmsweise ausgeschlossen werden kann, wenn eine Beeinträchtigung dieses Schutzkonzepts nicht droht (BVerfGE 133, 168, 223 Rn. 97; BVerfG, Beschluss vom 26. August 2014 – 2 BvR 2172/13, NStZ 2014, 592, 594). In besonders gelagerten Einzelfällen ist dies

denkbar, wenn etwa feststeht, dass es tatsächlich keine Verständigungsgespräche gegeben hat oder der Prozessverlauf trotz stattgefundener Gespräche nicht beeinflusst worden ist (vgl. BGH, Beschluss vom 29. November 2013 – 1 StR 200/13, NStZ 2014, 221, 222f.).

[18] (2) Das Schutzkonzept der gesetzlichen Regelungen über die Verständigung erstreckt sich auch auf die Gewährleistung einer „vollumfänglichen“ Kontrolle verständigungsbasierter Urteile im Sinne umfassender Transparenz des Verständigungsgeschehens in der öffentlichen Hauptverhandlung durch Mitteilung und Dokumentation im Verhandlungsprotokoll (BVerfGE 133, 168, 222 Rn. 96). Ein Beruhen des Urteils auf einem Verstoß gegen die Mitteilungspflicht wird deshalb grundsätzlich dann nie ausgeschlossen werden können, wenn zu besorgen ist, das Urteil könne auf gesetzwidrige „informelle Absprachen“ oder diesbezügliche Gesprächsbemühungen zurückgehen (BVerfGE 133, 168, 223 Rn. 97). Ebenso liegt es, wenn eine „informelle Absprache“ – wie hier – zwar ergebnislos geblieben und eine Einigung nicht zustande gekommen ist, hierauf gerichtete Gesprächsbemühungen aber außerhalb der öffentlichen Hauptverhandlung stattgefunden haben. Da der Schutzmechanismus des Verständigungsgesetzes auch durch erfolglose Verständigungsbemühungen verletzt werden kann, verlangt § 243 Abs. 4 StPO für alle Erörterungen außerhalb der Hauptverhandlung eine Mitteilung deren wesentlichen Inhalts, die gemäß § 273 Abs. 1a Satz 2 StPO zu protokollieren ist. Hinsichtlich der in der Hauptverhandlung selbst zustande kommenden Verständigung ist demgegenüber gemäß § 273 Abs. 1a Satz 1 StPO nur der wesentliche Ablauf und Inhalt sowie das Ergebnis wiederzugeben. Weitergehender Informationsbedarf besteht hier für die Öffentlichkeit nicht, denn sie hat dem Zustandekommen der Verständigung – anders als den Gesprächen außerhalb der Hauptverhandlung – beigewohnt. Dieses zwar primär auf die Herstellung von Öffentlichkeit ausgerichtete Verfahren ist mittelbar zugleich Teil des dem Angeklagten zugedachten Individualrechtsschutzes, denn es gewährleistet ihm ein bestimmtes Maß an Rechtsstaatlichkeit. Diese Erwägung liegt auch der verfassungsgerichtlichen Rechtsprechung zugrunde, nach der das Beruhen eines Urteils auf Verstößen gegen die Mitteilungspflicht des § 243 Abs. 4 StPO nur ausnahmsweise ausgeschlossen werden kann (vgl. BVerfGE 133, 168, 223 Rn. 97).

[19] Dennoch führt auch die Beachtung dieser Schutzgüter nicht bei jedem Verstoß gegen die Mitteilungspflicht zu dem Ergebnis, dass ein Beruhen des Urteils hierauf nicht ausgeschlossen werden kann. Aus dem Unterbleiben der nach § 243 Abs. 4 StPO erforderlichen Mitteilung darf nicht per se auf die Bemühung um Herbeiführung einer „informellen Absprache“ geschlossen werden. Bei der – stets an den Umständen des Einzelfalles ausgerichteten – Beruhensprüfung ist vielmehr im Rahmen einer wertenden Gesamtbetrachtung darauf abzustellen, ob und in welchem Umfang das Gericht Essentialia aus den Vorgesprächen unerwähnt gelassen hat. Verstöße gegen die Mitteilungspflicht sind in einer sehr weit gestreuten Bandbreite denkbar. Sie können von kleinen Ungenauigkeiten und Auslassungen bis hin zur gänzlichen Unterlassung der Mitteilung oder bewussten Falschmitteilung reichen. Dies liegt daran, dass die Mitteilungspflicht sehr früh eingreift und inhaltlich – wie oben dargelegt – von erheblichem Umfang ist. Der Verfahrensverstoß bedarf deshalb einer an seiner Auswirkung zu bemessenden Gewichtung. Sind also insbesondere neben dem Umstand, dass überhaupt Gespräche außerhalb der Hauptverhandlung stattgefunden haben, auch die vorbenannten Aspekte in ihren wesentlichen Umrissen deutlich geworden, wird ein Beruhen des Urteils

im Sinne von § 337 StPO auch dann auszuschließen sein, wenn die Mitteilung einzelne notwendige Informationen vermissen lässt.

[20] (3) Diese Grundsätze gelten auch für die Konstellation, in der der Verteidiger den Angeklagten über den Inhalt eines zuvor geführten Verständigungsgesprächs informiert hat.

[21] In besonders gelagerten Einzelfällen (vgl. Landau NStZ 2014, 425, 430) kann ein Ausschluss des Beruhens im Sinne von § 337 Abs. 1 StPO möglich sein, wenn der Instanzverteidiger den Angeklagten über Ablauf und Inhalt der außerhalb der Hauptverhandlung geführten Gespräche zuverlässig unterrichtet und so ein Informationsdefizit seines Mandanten ausgeglichen hat (vgl. BGH, Beschluss vom 15. April 2014 – 3 StR 89/14, NStZ 2014, 418; Beschluss vom 15. Juli 2014 – 5 StR 169/14, NStZ-RR 2014, 315; Beschluss vom 16. Juli 2014 – 5 StR 227/14). Aus den dargelegten Erwägungen kann die Frage, ob die Fähigkeit des Angeklagten zu autonomer Willensbildung über sein weiteres Prozessverhalten auf einer tragfähigeren Grundlage beruht, wenn er nicht nur von seinem Verteidiger zusammenfassend und in nicht dokumentierter Weise nach dessen Wahrnehmung und Verständnis informiert wird, sondern durch das Gericht durch Mitteilung in der Hauptverhandlung (vgl. BGH, Urteile vom 10. Juli 2013 – 2 StR 195/12, BGHSt 58, 310, 314 und vom 5. Juni 2014 – 2 StR 381/13, NStZ 2014, 601, 603), nicht allgemeingültig beantwortet werden. Auch insoweit ist eine Betrachtung des Einzelfalles im Lichte des Schutzzwecks des § 243 Abs. 4 StPO erforderlich.

[22] Generell kann das Gespräch des Angeklagten mit seinem Verteidiger die Mitteilung durch das Gericht in der Hauptverhandlung – auch im Rahmen der Beruhensprüfung – nicht ersetzen. Dem steht bereits das Schutzgut der Gewährleistung öffentlicher Kontrolle des Verständigungsprozesses entgegen, welches dem Risiko des Angeklagten angemessen Rechnung tragen will, dass sich ein möglicher Interessengleichlauf von Gericht, Staatsanwaltschaft und Verteidigung zu seinem Nachteil auswirkt (BVerfGE 133, 168, 232 Rn. 114). Richterliche und nicht richterliche Mitteilungen sind strafprozessual auch dem Grunde nach nicht von identischer Qualität. Vielmehr liegt der Strafprozessordnung an verschiedenen Stellen die Wertung zugrunde, wonach Authentizität, Vollständigkeit und Verständlichkeit einer Mitteilung oder Belehrung (nur) durch richterliches Handeln verbürgt sind (vgl. BGH, Urteil vom 13. Februar 2014 – 1 StR 423/13, Rn. 13 ff., StV 2014, 513).

[23] Die Information des Angeklagten durch seinen Verteidiger bei fehlender oder unzureichender gerichtlicher Mitteilung über den Inhalt eines gescheiterten Verständigungsgesprächs gemäß § 243 Abs. 1 StPO lässt deshalb einen Ausschluss des Beruhens nur in eng umgrenzten Ausnahmefällen zu. Je einfacher sich die dem Verständigungsversuch zugrunde liegende Sach- und Rechtslage darstellt, desto weniger stark wird die Selbstbelastungsfreiheit des Angeklagten gefährdet und umso eher wird auszuschließen sein, dass die Verständigung rechtswidrig war und das Gericht bei regelhafter Vornahme und Protokollierung der Mitteilung zu einem anderen Ergebnis gelangt wäre. Informationen etwa über leicht erfassbare tatsächliche Umstände wird der Verteidiger dem Angeklagten einfacher vermitteln können, als vielschichtige Rechts- und Verfahrensfragen. Bei komplexen Rechts- oder Verfahrensfragen wird sich dagegen regelmäßig nicht ausschließen lassen, dass die Information des Angeklagten durch das Gericht auf sein Prozessverhalten Einfluss genommen hätte.

[24] (4) Nach Maßgabe dessen liegt jedenfalls unter den vorliegenden Umständen hier kein Ausnahmefall vor, in dem das Beruhen des Urteils auf dem Verstoß gegen § 243 Abs. 4 Satz 1 StPO ausgeschlossen werden kann.

Ein **Berichtigungsbeschluss zum Hauptverhandlungsprotokoll** muss, um wirksam zu werden, von beiden Urkundspersonen (§ 271 Abs. 1 Satz 1 StPO) unterschrieben werden. Nachträgliche übereinstimmende dienstliche Erklärungen der Urkundspersonen reichen für eine Berichtigung nicht aus; sie lassen auch die formelle Beweiskraft des Protokolls nicht entfallen.[660] **618**

[1] Das Landgericht hat den Angeklagten wegen versuchten Mordes in Tateinheit mit schwerer Brandstiftung zu der Freiheitsstrafe von sieben Jahren und zwei Monaten verurteilt. Die Revision des Angeklagten hat mit einer Verfahrensrüge Erfolg.

[2] 1. Im Ergebnis mit Recht rügt der Angeklagte, er sei im Rahmen einer Verständigung „zu spät" nach § 257c Abs. 5 StPO belehrt worden. Die Belehrung sei erst zu einem Zeitpunkt erfolgt, als die Verständigung bereits durch seine dem Einverständnis der Staatsanwaltschaft nachfolgende Zustimmung gemäß § 257c Abs. 3 Satz 4 StPO formell wirksam geworden sei.

[3] a) Nach dem durch das Hauptverhandlungsprotokoll bewiesenen Vortrag der Revision gab die Vorsitzende (auf eine entsprechende Anfrage der Verteidiger) am achten Hauptverhandlungstag bekannt, „dass nach vorläufiger Beratung der Kammer für den Fall einer geständigen Einlassung des Angeklagten eine Strafobergrenze von sieben Jahren sechs Monaten in Betracht kommen könnte." Die Staatsanwaltschaft stimmte dem Vorschlag des Gerichts noch am gleichen Tag zu. Zum Ablauf des neunten Hauptverhandlungstags wies die Sitzungsniederschrift in ihrer ursprünglichen Fassung u. a. Folgendes aus:

> *„Es wurde festgestellt, dass die Gerichtsbesetzung identisch ist wie an den letzten Hauptverhandlungstagen.*
>
> *Es wurde erneut in die Beweisaufnahme eingetreten.*
>
> *Die Verteidiger erklären mit Zustimmung des Angeklagten ihre Zustimmung zu der von der Kammer geäußerten Strafobergrenze.*
>
> *Laut diktiert und genehmigt.*
>
> *Rechtsanwalt Dr. E. gab eine Erklärung zur Sache für den Angeklagten ab. Dieser bestätigte, dass die Angaben des Dr. E. richtig das Geschehen wieder(ge)geben haben."*

[4] Sodann wurde nach § 258 StPO verfahren. Das Urteil wurde am darauffolgenden zehnten Hauptverhandlungstag verkündet, das Protokoll am 8. Juli 2014 fertiggestellt.

[5] Am 26. September 2014 vermerkte die Vorsitzende, sie sei sich sicher, dass die Belehrung nach § 257c Abs. 5 StPO erfolgt und lediglich deren Protokollierung versehentlich unterblieben sei: „Ich erinnere mich, nach dem Wiedereintritt in die Beweisaufnahme und der Ankündigung der Zustimmung aus dem Kommentar den Inhalt der Belehrung bekannt gegeben zu haben und anschließend ausdrücklich die Zustimmungserklärung der Protokollführerin diktiert zu haben,

[660] BGH, Beschluss vom 10.02.2015 – 4 StR 595/14.

wobei ich offenbar das Diktat der Belehrung vergaß." Den Vermerk leitete sie den Beteiligten mit folgendem Zusatz zu: „Ich beabsichtige das Protokoll dahingehend zu berichtigen, dass die Belehrung nach § 257c Abs. 5 StPO erfolgt ist."

[6] Der Sitzungsvertreter der Staatsanwaltschaft bestätigte den von der Vorsitzenden dargestellten Verfahrensablauf hinsichtlich der Erteilung und des Zeitpunkts der Belehrung. Die Protokollführerin erinnerte sich, dass sie sich nach der Protokollierung des Satzes „Die Verteidiger erklären mit Zustimmung des Angeklagten ihre Zustimmung ..." Gedanken zur Fassung der Belehrung machte und die Vorsitzende den Angeklagten und die Verteidiger belehrte, danach aber nichts ins Protokoll diktierte. Die Verteidiger äußerten sich nicht. Mit Beschluss der Vorsitzenden vom 8. Oktober 2014 wurde „das Hauptverhandlungsprotokoll vom 26.06.2014 ... nach dem 4. Absatz durch Ergänzung wie folgt berichtigt: ‚Der Angeklagte wurde gemäß § 257c Abs. 5, Abs. 4 StGB (richtig: StPO) belehrt.'" Anschließend wurde das Urteil zugestellt und der Angeklagte begründete seine Revision.

[7] b) Die Verfahrensrüge ist zulässig; der Beschwerdeführer hat den der Rüge zugrunde liegenden Sachverhalt, insbesondere eine Erteilung der in § 257c Abs. 5 StPO vorgeschriebenen Belehrung erst nach Abgabe der noch fehlenden Zustimmung des Angeklagten, vollständig und bestimmt vorgetragen (§ 344 Abs. 2 Satz 2 StPO; vgl. zum notwendigen Revisionsvortrag bei einer auf die Verletzung des § 257c Abs. 5 StPO gestützten Verfahrensrüge BGH, Beschluss vom 15. Januar 2014 – 1 StR 302/13, wistra 2014, 322).

[8] aa) Allerdings scheitert die Rüge, die Belehrung sei erst nach der Zustimmung des Angeklagten und damit zu spät erteilt worden, an der formellen Beweiskraft des Hauptverhandlungsprotokolls in seiner ursprünglichen Fassung (§ 273 Abs. 1a Satz 2, § 274 Satz 1 StPO). Der Berichtigungsbeschluss vom 8. Oktober 2014 ist unwirksam; er ist nur von der Vorsitzenden gefasst und unterzeichnet; er muss aber, um wirksam zu werden, von beiden Urkundspersonen (§ 271 Abs. 1 Satz 1 StPO) unterschrieben werden (unstr.; vgl. nur RGSt 57, 394, 396f.; BGH, Urteil vom 31. Mai 1951 – 3 StR 106/51, BGHSt 1, 259f.; LR-StPO/Stuckenberg, 26. Aufl., § 271 Rn. 53; HK-StPO/Julius, 5. Aufl., § 271 Rn. 8; KK-StPO/Greger, 7. Aufl., § 271 Rn. 19; Meyer-Goßner/Schmitt, StPO, 57. Aufl., § 271 Rn. 23). Nachträgliche übereinstimmende dienstliche Erklärungen der Urkundspersonen reichen für eine Berichtigung nicht aus (BGH, Urteil vom 12. Januar 2005 – 2 StR 138/04, NStZ 2005, 281, 282); sie lassen auch die formelle Beweiskraft des Protokolls nicht entfallen (BGH, aaO, dort Rn. 4 und 7; vgl. auch BGH – Großer Senat, Beschluss vom 23. April 2007 – GSSt 1/06, BGHSt 51, 298, 317 a.E.). Hier kommt hinzu, dass die Stellungnahmen der Vorsitzenden und der Protokollführerin hinsichtlich des genauen Zeitpunkts, zu dem die Belehrung erfolgt sein soll, nicht übereinstimmen (vgl. dazu BGH – Großer Senat, aaO S. 314).

[9] bb) Jedoch entnimmt der Senat der Rüge verspäteter Belehrung als notwendig miterklärt die Behauptung des Beschwerdeführers, er sei (jedenfalls) nicht rechtzeitig belehrt worden. Eines weiter gehenden Vortrags hierzu bedarf es nicht; das gilt auch unter Berücksichtigung des Umstandes, dass sich aus den mit der Revisionsbegründung vorgelegten dienstlichen Erklärungen der Vorsitzenden und des Sitzungsvertreters der Staatsanwaltschaft Anhaltspunkte für eine frühere und damit noch rechtzeitige Belehrung (nach „Ankündigung der Zustimmung" des Angeklagten) ergeben.

[10] c) Die Rüge der unterbliebenen (rechtzeitigen) Belehrung gemäß § 257c Abs. 5 StPO ist auch begründet.

[11] aa) Der Beschwerdeführer ist vor Abgabe seiner Zustimmung zu der Verständigung entgegen § 257c Abs. 5 StPO nicht belehrt worden. Dies steht aufgrund der formellen Beweiskraft des ursprünglichen Protokolls, das keine Belehrung ausweist, fest (§ 274 Satz 1 StPO; s. dazu oben 1. b) aa). Eine Verständigung ist aber nur dann mit dem Grundsatz des fairen Verfahrens zu vereinbaren, wenn der Angeklagte vor ihrem Zustandekommen über deren nur eingeschränkte Bindungswirkung für das Gericht nach § 257c Abs. 4 StPO belehrt worden ist. Die Belehrungspflicht verliert nicht deshalb an Bedeutung oder wird gar obsolet, weil eine Lösung des Gerichts von der Verständigung nach § 257c Abs. 4 Satz 3 StPO das infolge der Verständigung abgegebene Geständnis unverwertbar macht. Denn die Belehrung hat sicherzustellen, dass der Angeklagte vor dem Eingehen einer Verständigung, deren Bestandteil das Geständnis ist, vollumfänglich über die Tragweite seiner Mitwirkung an der Verständigung informiert ist (Begründung zum Regierungsentwurf, BT-Drucks. 16/12310, S. 15; BVerfG, Urteil vom 19. März 2013 – 2 BvR 2628/10 u.a., BVerfGE 133, 168, 237; Beschluss vom 25. August 2014 – 2 BvR 2048/13, StV 2015, 73; BGH, Beschluss vom 19. August 2010 – 3 StR 226/10, StV 2011, 76; Urteil vom 7. August 2013 – 5 StR 253/13, StV 2013, 682, 683).

[12] bb) Das Geständnis des Angeklagten und damit auch das Urteil beruhen auf dem Verstoß gegen die Belehrungspflicht (§ 337 Abs. 1 StPO). Vor dem Hintergrund des verfassungsrechtlich gebotenen Beruhensmaßstabs (vgl. zuletzt BVerfG, Beschlüsse vom 30. Juni 2013 – 2 BvR 85/13, StV 2013, 674, und vom 25. August 2014 – 2 BvR 2048/13, NJW 2014, 3506; nachfolgend hierzu BGH, Beschluss vom 5. November 2014 – 5 StR 253/13) kann der Senat die Ursächlichkeit des Belehrungsfehlers für das Geständnis nicht ausnahmsweise ausschließen: Der Angeklagte hat die ihm zur Last gelegte Tat auf der Grundlage der Verständigung eingeräumt, was ihm – so das Landgericht – „im Hinblick auf seine Persönlichkeit und angesichts seines bisherigen Verhaltens im Verlauf des Verfahrens ersichtlich schwer gefallen ist.“ Auf sein Eingeständnis, er habe es für möglich gehalten, dass der Geschädigte sich in der Tatnacht in der – von ihm in Brand gesetzten – Wohnung aufgehalten habe, hat das Schwurgericht u.a. die Annahme des Tötungsvorsatzes gestützt. Der Angeklagte hätte sich möglicherweise bei ordnungsgemäßer Belehrung gegen den Tatvorwurf verteidigt. Anhaltspunkte dafür, dass ihm die Voraussetzungen für den Wegfall der Bindungswirkung bekannt waren, bestehen nicht (vgl. zu diesen Erwägungen auch BGH, Beschlüsse vom 4. Dezember 2013 – 4 StR 446/13, und vom 5. Februar 2014 – 1 StR 706/13, wistra 2014, 283).

[13] 2. Mit Blick auf das hier beobachtete Verfahren weist der Senat darauf hin, dass das Gericht bei dem Verständigungsvorschlag einen Strafrahmen, also eine Strafobergrenze und eine Strafuntergrenze, angeben muss (vgl. BGH, Urteile vom 17. Februar 2011 – 3 StR 426/10, NStZ 2011, 648, und vom 3. September 2013 – 5 StR 318/13, StV 2013, 741), entgegen der Anfrage von Rechtsanwalt P. am siebten Hauptverhandlungstag aber nicht verpflichtet ist, dem Angeklagten auch mitzuteilen, welche Strafe bei einem Schuldspruch nach „streitiger Hauptverhandlung“ in Betracht kommen könnte (BGH, Urteil vom 3. September 2013 – 5 StR 318/13, NStZ 2013, 671; Beschluss vom 11. November 2014 – 3 StR 497/14).

[14] Der neue Tatrichter wird gegebenenfalls auch Gelegenheit haben, dem gegen die Strafzumessung gerichteten Einwand des Generalbundesanwalts, der an das in dubio pro reo anzunehmende Vorliegen eines untauglichen Versuchs anknüpft, Rechnung zu tragen (vgl. hierzu BGH, Urteil vom 17. Dezember 1998 – 4 StR 563/98, NStZ-RR 1999, 101, 102).

619 1. Stellt sich das Aussageverhalten des Angeklagten dergestalt dar, dass er durchgängig schweigt und sich im letzten Wort für die von ihm begangenen Taten entschuldigt, so kann nicht ausgeschlossen werden, dass das Urteil auf einem Verstoß gegen eine Mitteilungspflicht aus § 243 Abs. 4 StPO beruht, wenn noch vor Beginn der Hauptverhandlung in Abwesenheit des Angeklagten ein Rechtsgespräch zwischen dem Vorsitzenden, dem Beisitzer, dem Staatsanwalt und dem Strafverteidiger stattgefunden hat, in dem von Seiten des Gerichts im Falle eines Geständnisses ein bestimmter Strafrahmen angekündigt worden war, sowie ein weiteres Rechtsgespräch zu Beginn der Hauptverhandlung zwischen dem Verteidiger und den Berufsrichtern, den Schöffen und dem Staatsanwalt, wobei in beiden Gesprächen keine Verständigung i.S.d. § 257c StPO erfolgte, und der Strafkammervorsitzende den Inhalt der Gespräche in der Hauptverhandlung nicht mitgeteilt hat und diese dementsprechend auch nicht protokolliert wurden.

2. Der **Verstoß gegen die Transparenz- und Dokumentationspflichten** führt grundsätzlich nicht nur zur Rechtswidrigkeit einer gleichwohl getroffenen Verständigung. Er führt auch zur Fehlerhaftigkeit von nicht verständigungsbasierten Urteilen, bei denen nicht auszuschließen ist, dass sie auf eine gesetzeswidrige informelle Absprache oder diesbezügliche Gesprächsbemühungen zurückgehen.[661]

[1] Das Landgericht hat den Angeklagten wegen Handeltreibens mit Betäubungsmitteln in nicht geringer Menge in zwei Fällen sowie wegen bandenmäßigen Handeltreibens mit Betäubungsmitteln in nicht geringer Menge in fünf Fällen zu einer Gesamtfreiheitsstrafe von zehn Jahren verurteilt. Zudem hat es Einziehungsentscheidungen getroffen und in Höhe von 980 € den erweiterten Verfall angeordnet. Die gegen diese Verurteilung gerichtete Revision des Angeklagten hat mit der Rüge der Verletzung der § 243 Abs. 4 Satz 1 und 2, § 273 Abs. 1 a Satz 2 StPO Erfolg.

[2] 1. Dem liegt folgendes – von der Staatsanwaltschaft in der Gegenerklärung als „vollständig und richtig" bestätigtes – Verfahrensgeschehen zugrunde:

[3] Noch vor Beginn der Hauptverhandlung am 3. März 2014 erfolgte am 7. Februar 2014 eine Erörterung gemäß § 212 StPO, an welcher der Vorsitzende, der Beisitzer, die Vertreterin der Staatsanwaltschaft und ein Verteidiger des Angeklagten teilnahmen. Der Angeklagte selbst war bei diesem Gespräch nicht anwesend. Von Seiten des Gerichts wurde im Falle eines Geständnisses ein Strafrahmen von sechs Jahren drei Monaten bis zu sechs Jahren zehn Monaten in Aussicht gestellt. Die Staatsanwältin erklärte, sie könne sich einen Strafrahmen von sechs Jahren fünf Monaten bis zu sechs Jahren elf Monaten vorstellen, ohne Geständnis eine Freiheitstrafe von neun bis zehn Jahren. Bei Aufklärungshilfe im Hinblick auf einen gesondert Verfolgten „könne es noch einen Rabatt von einem Jahr geben".

---

661 BGH, Beschluss vom 28.01.2015 – 5 StR 601/14; vgl. auch Beschluss vom 25.02.2015 – 4 StR 470/14.

Von Seiten des Verteidigers wurden keine Vorstellungen eingebracht, da er die Strafvorstellungen zunächst mit dem Angeklagten und dem Mitverteidiger erörtern wollte. Über den Inhalt dieses Gesprächs teilte der Vorsitzende in der Hauptverhandlung nach Verlesung des Anklagesatzes nichts mit, sondern verwies lediglich auf einen bei der Akte befindlichen hierüber erstellten Vermerk.

[4] Zu Beginn des Hauptverhandlungstermins vom 9. April 2014 bat ein Verteidiger um ein Rechtsgespräch, da sich aus Sicht der Verteidigung die Beweislage entscheidend zugunsten des Angeklagten verändert habe. Die Hauptverhandlung wurde sodann von 9.15 Uhr bis 11.15 Uhr zur Durchführung des Rechtsgesprächs unterbrochen. An diesem nahmen die Berufsrichter, die Schöffen, die Staatsanwältin und die Verteidiger teil. Nachdem die Verteidiger auf die aus ihrer Sicht geänderte Beweislage hingewiesen hatten, teilte der Vorsitzende auf Nachfrage mit, dass die Kammer auch unter Berücksichtigung der bisherigen Beweisergebnisse an ihrem Verständigungsvorschlag festhalte. Der Inhalt des – von den Verteidigern in anwaltlichen Erklärungen im Revisionsverfahren mitgeteilten – Rechtsgesprächs wurde vom Vorsitzenden in der Hauptverhandlung nicht mitgeteilt und dementsprechend auch nicht protokolliert. Eine Verständigung (§ 257c StPO) erfolgte nicht.

[5] 2. Mit dieser Vorgehensweise hat das Landgericht gegen die ihm obliegenden Mitteilungs- und Dokumentationspflichten von außerhalb der Hauptverhandlung geführten Rechtsgesprächen (§ 243 Abs. 4 Satz 1 und 2, § 273 Abs. 1a Satz 2 StPO) verstoßen. Nach dem Regelungskonzept des Verständigungsgesetzes wird durch diese Schutzmechanismen das Ziel verfolgt, eine wirksame vollumfängliche revisionsgerichtliche Kontrolle verständigungsbasierter Urteile zu ermöglichen und sogenannte informelle Absprachen zu verhindern (vgl. BVerfGE 133, 168, 221 ff.). Neben der Gewährleistung des Transparenzgebotes (vgl. BVerfGE, aaO, S. 214 ff.) soll die Mitteilung des wesentlichen Inhalts solcher Gespräche es dem Angeklagten ermöglichen, autonom – aufgrund umfassender Unterrichtung durch das Gericht über die regelmäßig in seiner Abwesenheit durchgeführten Erörterungen – darüber zu entscheiden, ob er den Schutz der Selbstbelastungsfreiheit aufgibt und sich mit einer geständigen Einlassung des Schweigerechts begibt (vgl. BVerfGE, aaO, S. 231 f.).

[6] Ein Verstoß gegen die Transparenz- und Dokumentationspflichten führt grundsätzlich nicht nur zur Rechtswidrigkeit einer gleichwohl getroffenen Verständigung (vgl. BVerfGE, aaO, S. 223). Er führt auch zur Fehlerhaftigkeit von nicht verständigungsbasierten Urteilen, bei denen nicht auszuschließen ist, dass sie auf eine gesetzeswidrige informelle Absprache oder diesbezügliche Gesprächsbemühungen zurückgehen (BVerfGE, aaO, S. 223).

[7] Vorliegend kann – entgegen der Ansicht des Generalbundesanwalts – ein Beruhen des Urteils auf dem Rechtsfehler nicht ausgeschlossen werden, weil das Aussageverhalten des Angeklagten durch die unterlassene Mitteilung beeinflusst worden sein könnte. Die Konstellation eines in der Hauptverhandlung nicht durchgehend schweigenden sich des Schutzes seiner Selbstbelastungsfreiheit mithin nicht begebenden Angeklagten (vgl. dazu BGH, Beschluss vom 29. November 2013 – 1 StR 200/13, NStZ 2014, 221) liegt hier nicht vor. Denn der Angeklagte hat sich in seinem letzten Wort für die von ihm begangenen Taten entschuldigt, ohne dies näher auszuführen, wobei das Landgericht diese Äußerung im Rahmen der Beweiswürdigung zur Stützung ihrer Überzeugung von der Täterschaft des Angeklagten herangezogen hat (UA S. 33).

18. Schlussvorträge, Letztes Wort – § 258 StPO

620 Nach einer Negativmitteilung erfolgt kein Wiedereintritt in die Verhandlung, der zur erneuten Gewährung des letzten Worts des Angeklagten führt.[662]

Die Rüge eines Verstoßes gegen § 258 Abs. 2 StPO ist jedenfalls unbegründet. Dem Angeklagten ist nach § 258 Abs. 2 StPO nur dann erneut das letzte Wort zu gewähren, wenn nach der Schließung der Beweisaufnahme nochmals in die Verhandlung eingetreten worden ist. Der Wiedereintritt liegt nicht nur in jeder Prozesshandlung, die ihrer Natur nach in den Bereich der Beweisaufnahme fällt, sondern bereits in jeder Handlung, in der sich der Wille des Gerichts zum Weiterverhandeln in der Sache zeigt (Meyer-Goßner/Schmitt, StPO, 58. Aufl., § 258 Rn. 28). Werden nach dem letzten Wort ausschließlich Vorgänge erörtert, die auf die gerichtliche Entscheidung keinen Einfluss haben können, besteht keine Verpflichtung nach § 258 Abs. 2 StPO (BGH, Beschlüsse vom 18. September 2013 – 1 StR 380/13, NStZ-RR 2014, 15 und vom 31. März 1987 – 1 StR 94/87, NStZ 1987, 423). Eine Negativmitteilung nach § 243 Abs. 4 StPO stellt deshalb keinen Wiedereintritt in die Verhandlung dar, zumal die Prozessbeteiligten hierzu keine Erklärung abgegeben haben.

19. Verlesung früherer Aussagen/Vernehmung des Ermittlungsrichters nach Zeugnisverweigerung/sonstiger Urkundenbeweis – §§ 251 ff. StPO

621 **■ [ANFRAGEBESCHLUSS]**

1. Der Senat beabsichtigt zu entscheiden:

Die Verwertung einer früheren richterlichen Vernehmung eines Zeugen, der erst in der Hauptverhandlung von seinem Zeugnisverweigerungsrecht Gebrauch macht, durch Vernehmung der richterlichen Vernehmungsperson ist nur dann zulässig, wenn dieser Richter den Zeugen nicht nur über sein Zeugnisverweigerungsrecht, sondern auch qualifiziert über die Möglichkeit der Einführung und Verwertung seiner Aussage im weiteren Verfahren belehrt hat.

2. Der Senat beabsichtigt, entgegenstehende eigene Rechtsprechung aufzugeben, und fragt bei den übrigen Strafsenaten an, ob diese an entgegenstehender Rechtsprechung festhalten.[663]

[Der bereits in der Übersicht 2015 abgedruckte Anfragebeschluss wird nur mit seinem Leitsatz hier wiederholt, um die Antwort des 1. Strafsenats und den hierauf gefassten Vorlagebeschluss besser einordnen zu können.]

622 Eine (solche) **qualifizierte Belehrung** ist in den Vorschriften über die Vernehmung des Zeugen nicht vorgesehen. Für eine entsprechende Belehrungspflicht fehlt es mithin an einer gesetzlichen Grundlage.[664]

---

662 BGH, Beschluss vom 09.06.2015 – 1 StR 198/15.
663 BGH, Beschluss vom 04.06.2014 – 2 StR 656/13.
664 BGH, Beschluss vom 16.12.2014 – 4 Ars 21/14.

[3] Der beabsichtigten Entscheidung des 2. Strafsenats steht Rechtsprechung des 4. Strafsenats entgegen (Urteile vom 27. April 1978 – 4 StR 180/78, und vom 30. August 1984 – 4 StR 475/84, NStZ 1985, 36, sowie – hinsichtlich der Vorlagefrage nicht tragend – Urteile vom 10. Februar 2000 – 4 StR 616/99, BGHSt 46, 1, 3; vom 20. Februar 1997 – 4 StR 598/96, BGHSt 42, 391, 397; vom 8. März 1979 – 4 StR 634/78, NJW 1979, 1722; Beschlüsse vom 12. April 1984 – 4 StR 229/84, StV 1984, 326; vom 9. Februar 2010 – 4 StR 660/09, NStZ 2010, 406).

[4] Der Senat hält an dieser Rechtsprechung fest.

[5] 1. Die in der Rechtsprechung des Bundesgerichtshofs anerkannte Ausnahme von dem aus § 252 StPO hergeleiteten Verwertungsverbot für den Fall der Vernehmung einer richterlichen Verhörperson über Angaben eines in der Hauptverhandlung unter Berufung auf § 52 StPO schweigenden Zeugen (BGH, Urteil vom 15. Januar 1952 – 1 StR 341/51, BGHSt 2, 99; seither st. Rspr.) wird vom vorlegenden Strafsenat nicht grundsätzlich in Frage gestellt (Anfragebeschluss S. 9 f.) und ist als solche nicht Gegenstand des Anfrageverfahrens.

[6] 2. Der Senat teilt nicht die Ansicht, dass die Verwertung einer früheren richterlichen Vernehmung eines Zeugen, der erst in der Hauptverhandlung von seinem Zeugnisverweigerungsrecht Gebrauch macht, durch Vernehmung der richterlichen Vernehmungsperson nur dann zulässig ist, wenn dieser Richter den Zeugen nicht nur über sein Zeugnisverweigerungsrecht, sondern auch qualifiziert über die Möglichkeit der Einführung und Verwertung seiner Aussage im weiteren Verfahren belehrt hat (vgl. dazu auch den „Alternativ-Entwurf Beweisaufnahme“, GA 2014, 1, 26).

[7] a) Eine solche qualifizierte Belehrung ist in den Vorschriften über die Vernehmung des Zeugen nicht vorgesehen. Für eine entsprechende Belehrungspflicht fehlt es mithin an einer gesetzlichen Grundlage (BGH, Urteil vom 30. August 1984 – 4 StR 475/84, NStZ 1985, 36).

[8] Auch eine planwidrige Regelungslücke des Gesetzes liegt insofern nicht vor. Der Gesetzgeber hat vielmehr Inhalt und Umfang der erforderlichen Belehrungen von Zeugen im Rahmen ihrer Vernehmung ausdrücklich geregelt (vgl. § 52 Abs. 3 Satz 1, § 55 Abs. 2, § 163 Abs. 3 Satz 1 StPO). Eine Belehrung über die Verwertbarkeit der Aussage für den Fall, dass der Zeuge in der Hauptverhandlung von seinem Aussageverweigerungsrecht Gebrauch macht, hat er indes nicht vorgesehen. Da der Gesetzgeber aber schon im Jahr 1964 die Belehrungspflichten von Polizeibeamten gegenüber Zeugen im Ermittlungsverfahren in Kenntnis der Rechtsprechung des Bundesgerichtshofs zur Verwertung von früheren Aussagen durch Vernehmung richterlicher Vernehmungspersonen neu geregelt hat, kann vor dem Hintergrund, dass in diesem Zusammenhang eine weiter gehende Belehrungspflicht durch den Richter nicht in das Gesetz aufgenommen wurde, von einer planwidrigen Regelungslücke nicht ausgegangen werden (vgl. BT-Drucks. IV/178, S. 18, 33; BT-Drucks. 16/12098, S. 26). Dies belegen auch die Neuregelungen in § 255a StPO (vgl. BGH, Urteil vom 12. Februar 2004 – 3 StR 185/03, BGHSt 49, 72, 78, 82 ff.; dazu auch El-Ghazi/Merold, StV 2012, 250, 253 f. mwN).

[9] b) Es ist auch nicht geboten, die Einführung oder die Verwertbarkeit der Aussage einer richterlichen Verhörperson über frühere Angaben eines Zeugen, der sich in der Hauptverhandlung berechtigt auf sein gemäß § 52 StPO bestehen-

des Aussageverweigerungsrecht beruft, von einer schon damals erteilten qualifizierten Belehrung abhängig zu machen.

[10] Zentrales Anliegen des Strafprozesses ist – worauf auch der anfragende Senat verweist (Anfragebeschluss S. 6) – die Ermittlung des wahren Sachverhalts, ohne den das materielle Schuldprinzip nicht verwirklicht werden kann. Als eine der Wahrheitsfindung entgegenstehende Gestaltung kommt § 252 StPO in Betracht (vgl. BVerfG, NStZ-RR 2004, 18). Eine Ausweitung des Anwendungsbereichs dieser Vorschrift oder eine auf sie gestützte weitere Einschränkung der Möglichkeit zur Ermittlung des wahren Sachverhalts bedarf daher einer hinreichenden Rechtfertigung. An dieser fehlt es jedoch bezüglich des vom anfragenden Senat befürworteten Verwertungsverbots in Fällen fehlender qualifizierter Belehrung.

[11] aa) § 252 StPO und das weiter gehend aus ihm hergeleitete Verwertungsverbot bezwecken nicht den Schutz des Angeklagten. Vielmehr schützen §§ 52, 252 StPO lediglich Zeugen vor der Verpflichtung, als Angehörige den Beschuldigten bzw. Angeklagten wahrheitsgemäß zu belasten, und sichern zudem, dass der Zeuge seine einmal gemachte Aussage – ob wahrheitsgemäß oder wahrheitswidrig, ob belastend oder entlastend – auch noch in der Hauptverhandlung für ihn folgenlos wieder rückgängig machen kann, ohne sie durch eine neue Aussage ersetzen zu müssen, bei deren Abgabe er wiederum dem Spannungsfeld zwischen Wahrheitspflicht und Näheverhältnis ausgesetzt wäre (vgl. BVerfG aaO; ferner El-Ghazi/Merold aaO, S. 251 mwN).

[12] bb) Schon dies legt nahe, dass es auch der Grundsatz des fairen Verfahrens nicht gebietet, zur Wahrung berechtigter Interessen des Angeklagten die Verwertbarkeit einer früheren – nach ordnungsgemäßer Belehrung über das Aussageverweigerungsrecht erfolgten – richterlichen Vernehmung des Zeugen von dessen qualifizierten Belehrung über die weitere Verwertbarkeit seiner Aussage abhängig zu machen. Vielmehr hat der Europäische Gerichtshof für Menschenrechte betont, dass die Verwertung von im Ermittlungsstadium erlangten Aussagen auch in einem Fall, in dem ermittlungsrichterliche Angaben von in der Hauptverhandlung berechtigt schweigenden Angehörigen verwertet wurden, nicht in Widerspruch zu Art. 6 Abs. 1 und Abs. 3 Buchst. d EMRK steht, sofern der Angeklagte ausreichend Gelegenheit hatte, die Aussage in dem Zeitpunkt, in dem sie gemacht wurde, oder später in Zweifel zu ziehen (Urteil vom 19. Juli 2012 – 26171/07, NJW 2013, 3225 Ziffer 42). Die vom anfragenden Senat als notwendig erachtete Belehrung hat er dagegen ersichtlich nicht als für ein faires Verfahren geboten erachtet (aaO Ziffern 39, 41, 45).

[13] cc) Der Senat sieht es aber auch bei Einbeziehung der vom anfragenden Senat zum „Schutz eines … Verfahrensbeteiligten", der „nicht zum Objekt des Verfahrens gemacht werden" darf (Anfragebeschluss S. 7), angeführten, allein auf den Zeugen bezogenen Umstände in die bei der Prüfung eines Verwertungsverbots erforderliche Gesamtwürdigung nicht als geboten an, ohne dessen qualifizierte Belehrung über die weitere Verwertbarkeit seiner Aussage ein Verwertungsverbot anzunehmen.

[14] Vielmehr ist der Senat mit der bisherigen Rechtsprechung (vgl. etwa BGH, Urteil vom 12. Februar 2004 – 3 StR 185/03, BGHSt 49, 72, 77) der Ansicht, dass – jedenfalls bei einer Vernehmung in dem Ermittlungs- oder Strafverfahren gegen den Angehörigen – einem Zeugen bei seiner richterlichen Vernehmung

(hinreichend) bewusst ist, dass eine – nach Belehrung gemäß § 52 Abs. 3 StPO und freier Entscheidung des Zeugen – getätigte Aussage für das weitere Verfahren und die Frage, ob der Angeklagte auch aufgrund dieser Aussage verurteilt werden kann, Bedeutung haben kann (vgl. auch El-Ghazi/Merold, aaO S. 252; dort auch zu der nur für richterliche Vernehmungen geltenden Regelung des § 168c StPO).

Vergleiche hierzu die vorstehende Anfrageentscheidung (Rn 621) !

Für die polizeilichen Vernehmungen der Ehefrau des Angeklagten in Rumänien, **623**
deren übersetzte Niederschriften in der Hauptverhandlung verlesen worden sind, bestand kein aus §§ 52, 252 StPO abzuleitendes Verwertungsverbot. Die Zeugin war in der Hauptverhandlung unerreichbar, so dass nicht zu klären war, ob sie von ihrem Zeugnisverweigerungsrecht Gebrauch machen wolle. Dieses hatte zum Zeitpunkt ihrer polizeilichen Vernehmungen noch nicht bestanden, so dass sie dabei nicht zu belehren gewesen war. Die Verlesung erfolgte nach § 251 Abs. 1 Nr. 1 StPO im Einverständnis der Angeklagten und ihrer Verteidiger. Das Ergebnis der Vernehmungen ist im Urteil ausschließlich zugunsten der Angeklagten verwendet worden, indem hierdurch Zweifel an sie weitergehend belastenden Angaben der Geschädigten begründet wurden. Aus Letzterem ergäbe sich auch ein Ausschluss des Beruhens auf dem geltend gemachten Verstoß.[665]

20. Urteilsabfassung – §§ 261 ff. StPO

In einer Konstellation, in der „**Aussage gegen Aussage**“ steht und außer der Aus- **624**
sage des einzigen Belastungszeugen keine weiteren belastenden Indizien vorliegen, muss sich der Tatrichter bewusst sein, dass die Aussage dieses Zeugen einer besonderen Glaubwürdigkeitsprüfung zu unterziehen ist. Die Urteilsgründe müssen erkennen lassen, dass das Tatgericht alle Umstände, die die Entscheidung beeinflussen können, erkannt und in seine Überlegungen einbezogen hat. Allein auf Angaben des einzigen Belastungszeugen, dessen Aussage in einem wesentlichen Detail als **bewusst falsch** anzusehen ist, kann eine Verurteilung nicht gestützt werden. Dann muss der Tatrichter jedenfalls regelmäßig außerhalb der Zeugenaussage liegende gewichtige Gründe nennen, die es ihm ermöglichen, der Zeugenaussage im Übrigen dennoch zu glauben.[666]

[6] Die Revision des Angeklagten hat mit der Sachrüge im Umfang der Anfechtung Erfolg, so dass es auf die vom Angeklagten erhobene Verfahrensrüge nicht ankommt. Die Beweiswürdigung des Landgerichts hält aus sachlichrechtlichen Gründen der rechtlichen Überprüfung nicht stand.

[7] In einer Konstellation, in der „Aussage gegen Aussage“ steht und außer der Aussage des einzigen Belastungszeugen keine weiteren belastenden Indizien vorliegen, muss sich der Tatrichter bewusst sein, dass die Aussage dieses Zeugen ei-

---

665 BGH, Beschluss vom 11.11.2015 – 5 StR 473/15.

666 BGH, Beschluss vom 19.11.2014 – 4 StR 427/14; siehe auch Beschluss vom 03.06.2015 – 5 StR 166/15.

ner besonderen Glaubwürdigkeitsprüfung zu unterziehen ist. Die Urteilsgründe müssen erkennen lassen, dass das Tatgericht alle Umstände, die die Entscheidung beeinflussen können, erkannt und in seine Überlegungen einbezogen hat (st. Rspr.; vgl. BGH, Beschluss vom 6. Februar 2014 – 1 StR 700/13 Rn. 3; Beschluss vom 12. September 2012 – 5 StR 401/12 Rn. 8; Beschluss vom 19. August 2008 – 5 StR 259/08, NStZ-RR 2008, 349f. jeweils mwN). Allein auf Angaben des einzigen Belastungszeugen, dessen Aussage in einem wesentlichen Detail als ***bewusst*** *falsch anzusehen ist, kann eine Verurteilung nicht gestützt werden (BGH, Urteil vom 19. April 2007 – 4 StR 23/07 Rn. 11; Urteil vom 29. Juli 1998 – 1 StR 94/98, BGHSt 44, 153, 158; Urteil vom 17. November 1998 – 1 StR 450/98, BGHSt 44, 256, 257 jeweils mwN). Dann muss der Tatrichter jedenfalls regelmäßig außerhalb der Zeugenaussage liegende gewichtige Gründe nennen, die es ihm ermöglichen, der Zeugenaussage im Übrigen dennoch zu glauben.*

[8] 1. Der Zeuge M. D. hat eingeräumt, bei der Polizei und im ersten Hauptverhandlungstermin „gelogen" zu haben und „Sachen erzählt" zu haben, „die der Angeklagte nicht gemacht habe". Das Landgericht hat seine Angaben zu der ausgeurteilten Tat dennoch als glaubhaft bewertet. Es hat dabei die Glaubhaftigkeit der auf das Tatgeschehen bezogenen Angaben des Zeugen nicht grundlegend von der Nullhypothese ausgehend bewertet, sondern nur unter wenigen Aspekten, was bereits Bedenken begegnet. Aber auch die vom Landgericht herangezogenen Gesichtspunkte vermögen seine Wertung der Aussage als glaubhaft nicht zu tragen.

[9] Das Landgericht hat im Wesentlichen darauf abgestellt, dass der Zeuge den ausgeurteilten Vorfall konstant gegenüber seiner Mutter, bei der Polizei und in beiden Hauptverhandlungsterminen geschildert habe. Dies greift bereits deshalb zu kurz, weil der Zeuge auch die übrigen Vorfälle, die nicht der Wahrheit entsprachen, zuvor konstant geschildert hat. Soweit das Landgericht insoweit bei der Vernehmung im ersten Hauptverhandlungstermin bei den erlogenen Vorfällen „auffällige Unsicherheiten" bemerkt haben will, sind diese in den Urteilsgründen nicht belegt. Darüber hinaus hat der Zeuge hinsichtlich des ausgeurteilten Vorfalls nunmehr eine Mehrbelastung des Angeklagten zum Kerngeschehen nicht aufrecht erhalten. Die Erklärung des Landgerichts, dass nicht jederzeit jede Einzelheit im Gedächtnis abrufbar sei, begegnet Bedenken, wenn der Zeuge – wie offenbar hier – die Mehrbelastung früher mehrfach geäußert hat. Auch dass kein Grund ersichtlich sei, der den Zeugen veranlasst haben sollte, bei seiner nunmehr den Angeklagten entlastenden Aussage wahrheitswidrig doch einen Vorfall aufrecht zu erhalten, kann die Glaubhaftigkeit der Angaben nicht belegen. Denn das Landgericht hat auch kein Motiv für die umfassende Falschbeschuldigung des Angeklagten durch alle vier Kinder aufzudecken vermocht.

[10] Die Strafkammer hat zwar erkannt, dass eine suggestive Beeinflussung durch die älteren Kinder T. S. und A. D. vorgelegen haben könnte, schließt dies aber für die ausgeurteilte Tat unter Hinweis auf die zeugenschaftlichen Angaben der beiden älteren Kinder aus. Über den Vorfall im Badezimmer sei nicht gesprochen worden. Da die Zeugen ansonsten im zweiten Hauptverhandlungstermin eingeräumt hätten, die Unwahrheit gesagt zu haben, sei kein Grund ersichtlich, warum sie nicht auch einräumen sollten, M. und L. den Vorfall im Badezimmer eingeredet zu haben, wenn es denn so gewesen wäre. Diese Bewertung der Angaben der beiden älteren Kinder lässt sich ohne nähere Darstellung ihrer früheren Angaben nicht nachvollziehen. Sollten sich die beiden älteren Kinder bereits bei

der Polizei oder gegenüber ihrer Mutter zu dem Vorfall im Bad geäußert haben, könnte dies ein Beleg dafür sein, dass doch mit den beiden jüngeren Kindern darüber gesprochen worden ist.

[11] 2. Wird die Aussage des einzigen Belastungszeugen hinsichtlich einzelner Taten und Tatmodalitäten widerlegt, so ist damit seine Glaubwürdigkeit in schwerwiegender Weise in Frage gestellt. Seinen übrigen Angaben kann dann nur gefolgt werden, wenn außerhalb der Aussage Gründe von Gewicht für ihre Glaubhaftigkeit vorliegen. Solche zeigt das Landgericht nicht auf.

[12] Der Aussage der vermeintlich ebenfalls bei dem ausgeurteilten Vorfall Geschädigten L. im zweiten Hauptverhandlungstermin misst die Strafkammer keinerlei Bedeutung bei, allerdings sieht sie in ihrer „Spontanäußerung" gegenüber ihrer Mutter am 6. Dezember 2013 eine Bestätigung der Aussage des M. D. Dass Abstellen auf die Spontaneität der Äußerung greift jedoch zu kurz, denn ihre Mutter ist zum Kindergarten gefahren, um L. abzuholen und zu den Vorwürfen zu befragen. Danach hat L. dann auf der Fahrt den weiteren Vorfall erzählt. Es liegt nahe, dass ursächlich auch hierfür die vorangegangene Befragung war. Da die Strafkammer auf die „Spontanäußerung" der Zeugin abstellt, während sie in beiden Hauptverhandlungsterminen widersprüchliche Angaben gemacht hat, hätte in den Urteilsgründen auch dargelegt werden müssen, was im Einzelnen die Zeugin ihrer Mutter und bei der Polizei zu dem Vorfall im Bad erzählt hat. Auffällig ist insoweit jedenfalls, dass die „Spontanäußerung" frühestens fünf Monate nach dem Vorfall erfolgte, als auch die Falschbelastungen durch T. S. und A. D. initiiert wurden. Bei der Vernehmung im zweiten Hauptverhandlungstermin hatte L. zunächst bekundet, sie – die Kinder – hätten bei ihren Aussagen gelogen. T. und A. hätten ihnen alles vorgesagt. Auf Nachfrage hat sie dann den Vorfall im Bad bestätigt, wobei sie nach Überzeugung der Strafkammer allerdings nahezu jede Frage ohne Nachdenken zustimmend beantwortet hat. Auch dies lässt den Beweiswert ihrer „Spontanäußerung" fraglich erscheinen.

[13] 3. Für die neue Hauptverhandlung weist der Senat auf Folgendes hin:

[14] Das sehr junge Alter der beiden Opferzeugen der ausgeurteilten Tat und die bewussten Falschbelastungen legen es nahe, die Glaubhaftigkeit der Angaben beider Zeugen durch ein aussagepsychologisches Gutachten näher zu untersuchen.

[15] Der neue Tatrichter wird auch eingehender als bisher zu belegen haben, dass bei der Tat eine erheblich verminderte Steuerungsfähigkeit sicher vorgelegen hat. Bei den beiden einschlägigen Vorverurteilungen des Angeklagten war eine erheblich verminderte Schuldfähigkeit lediglich nicht auszuschließen.

Erfolgreiche **Verfahrensrüge** der Verletzung des **§ 261 StPO.**[667] **625**

[1] Das Landgericht hat den Angeklagten wegen Untreue in elf Fällen und Betrugs in 29 Fällen zu der Gesamtfreiheitsstrafe von sechs Jahren verurteilt. Hiergegen richtet sich die mit einer Verfahrensrüge und der Sachbeschwerde begründete Revision des Angeklagten. Das Rechtsmittel hat den aus der Entschei-

[667] BGH, Beschluss vom 10.06.2015 – 1 StR 193/15; vgl. hierzu auch Urteil vom 03.06.2015 – 2 StR 430/14.

dungsformel ersichtlichen Teilerfolg; im Übrigen ist es unbegründet im Sinne des § 349 Abs. 2 StPO.

[2] Die Verfahrensrüge der Verletzung des § 261 StPO greift durch und führt zur Aufhebung des Strafausspruches. Die Ausführungen der Strafkammer in der angefochtenen Entscheidung beruhen nicht auf dem Inbegriff der Hauptverhandlung. Das Landgericht hat sich bei der Ablehnung der Voraussetzungen des § 21 StGB vor allem auf die gutachtlichen Äußerungen des Sachverständigen G. und dessen Eindruck vom Angeklagten in der Hauptverhandlung gestützt. Demgegenüber steht jedoch aufgrund des Sitzungsprotokolls, dessen Richtigkeit zudem von der Sitzungsvertreterin der Staatsanwaltschaft bestätigt wurde, fest, dass der Sachverständige weder in der Hauptverhandlung anwesend war noch dessen Ausführungen in sonstiger Weise in die Hauptverhandlung eingeführt wurden.

[3] Auch wenn die Annahme verminderter Schuldfähigkeit fernliegend sein mag, kann der Senat dieses letztlich nicht völlig ausschließen. Demgegenüber ist auszuschließen, dass die Voraussetzungen des § 20 StGB in Betracht kommen könnten, weshalb die Aufhebung auf den Strafausspruch mit den zugehörigen Feststellungen zu beschränken war.

626 Fehlerhafte Beweiswürdigung: Die Widerlegung des Erklärungsversuchs für eine DNA-Spur auf dem Tatmesser ist kein zuverlässiges Indiz für die Täterschaft. Auch ein Unschuldiger kann sich durch falsche Angaben zu verteidigen suchen.[668]

[4] Die Revision des Angeklagten hat mit der Sachrüge Erfolg, so dass es auf die Verfahrensrügen nicht ankommt. Die Beweiswürdigung des Landgerichts ist rechtsfehlerhaft.

[5] Angesichts der Tatsache, dass die Geschädigte D. den Angeklagten nicht als Täter wiedererkannt und im Vorverfahren sogar eine andere Person als Täter bezeichnet hat, ist entscheidend, ob ausgeschlossen werden kann, dass ein anderer Verursacher einer DNA-Spur am Tatmesser oder eine Tatbegehung ohne Spurenverursachung in Frage kommt. Dies wird von den Urteilsgründen nicht belegt. Diese lassen zudem nicht erkennen, dass außer dem Wohnungsinhaber F. und dem Angeklagten, der auch einen Wohnungsschlüssel besaß, kein Dritter vor der Tat einen Zugriff auf das Messer hatte. Die Aussagen der von der Strafkammer vernommenen Zeugen F., G. und P. besagen, dass diese eine Benutzung des Messers zum Zerkleinern von Drogenportionen nicht gesehen haben. Die Zeugen G. und P. waren zudem nur Personen, „die den häufigsten Umgang mit dem Zeugen F. hatten“, aber nicht die einzigen, die in der Wohnung des Zeugen F. verkehrten. Daher ist nicht ausgeschlossen, dass auch anderen Besuchern ein Zugriff auf das Messer möglich war. Ferner ist den Urteilsgründen nicht zu entnehmen, dass keine DNA-Spuren auf dem Messer zu finden waren, die von einem Dritten stammen konnten. Außerdem hat die Strafkammer nicht geklärt, ob die Tatbegehung durch einen Dritten möglich war, ohne dass dieser eine DNA-Spur auf dem Messer hinterließ und nicht erwogen, dass eine Spurenverursachung durch den Angeklagten ohne weiteres dadurch zu erklären ist, dass er zeitweise bei dem Zeugen F. gewohnt hatte. Insoweit bestehen Lücken in den Beweisgründen, die zur

668 BGH, Beschluss vom 10.12.2014 – 2 StR 375/14.

Folge haben, dass die Überzeugung der Strafkammer von der Tatbegehung durch den Angeklagten nicht tragfähig begründet ist.

[6] Soweit das Urteil die Widerlegung eines Teils der Einlassung des Angeklagten als ausschlaggebendes Indiz hierfür verwendet, ist dies rechtsfehlerhaft. Auch ein Unschuldiger kann sich durch falsche Angaben zu verteidigen suchen. Die Widerlegung eines Entlastungsvorbringens liefert daher in der Regel kein zuverlässiges Indiz für die Täterschaft des Angeklagten (Senat, Urteil vom 5. Juli 1995 – 2 StR 137/95, BGHSt 41, 153, 156).

Die **Würdigung der erhobenen Beweise** ist grundsätzlich Sache des Tatrichters. **627**
Die von dem Gericht gezogenen Schlussfolgerungen müssen aber auf einer tragfähigen Tatsachengrundlage beruhen und dürfen sich nicht als bloße Vermutung erweisen, die letztlich nicht mehr als einen Verdacht zu begründen vermag.[669]

[11] 2. Die Beweiswürdigung des Landgerichts, auf die es seine Überzeugung gestützt hat, die Angeklagte N. habe entgegen ihrer Einlassung den Einsatz einer Pistole und eines Messers zumindest billigend in Kauf genommen, ist nicht frei von Rechtsfehlern.

[12] Die Würdigung der erhobenen Beweise ist grundsätzlich Sache des Tatrichters. Die von dem Gericht gezogenen Schlussfolgerungen müssen aber auf einer tragfähigen Tatsachengrundlage beruhen und dürfen sich nicht als bloße Vermutung erweisen, die letztlich nicht mehr als einen Verdacht zu begründen vermag (vgl. BGH, Beschluss vom 24. März 2000 – 3 StR 585/99; Beschluss vom 24. Februar 2015 – 4 StR 11/15).

[13] Dass die Angeklagte die verwendeten Tatwerkzeuge auf der Fahrt zum Tatort wahrgenommen hat, hat das Landgericht nicht festgestellt. Vielmehr hat es seine Überzeugung auf einen „Rückschluss aus den festgestellten Umständen" gestützt, denn derjenige, der sich an einer Tat wie der vorliegenden beteilige, ohne dass eine konkrete Tatbeteiligung abgesprochen oder sonst vorgesehen ist, nehme diejenige Tatbegehung billigend in Kauf, mit der nach den Umständen zu rechnen sei (UA S. 62 f.). Dabei hat das Landgericht indiziell zulasten der Angeklagten gewertet, sie habe selbst nicht behauptet, es sei eine Begehungsweise ohne Waffen oder Tatwerkzeuge abgesprochen gewesen.

[14] Diese Erwägungen halten revisionsrechtlicher Überprüfung nicht stand. Das Landgericht durfte der Angeklagten schon nicht anlasten, dass sie keine von den Feststellungen abweichende andere Tatplanung behauptet hat. Hieraus ergibt sich kein Indiz dafür, die Angeklagte habe auch hinsichtlich der Tatbestandsvoraussetzungen des § 250 StGB vorsätzlich gehandelt. Macht ein Angeklagter zu einem bestimmten Punkt eines einheitlichen Geschehens keine Angaben, dürfen daraus für ihn nachteilige Schlüsse nur gezogen werden, wenn nach den Umständen Äußerungen zu diesem Punkt zu erwarten gewesen wären, andere mögliche Ursachen des Verschweigens ausgeschlossen werden können und die gemachten Angaben nicht ersichtlich fragmentarischer Natur sind (vgl. BGH, Urteil vom 18. April 2002 – 3 StR 370/01, NStZ 2003, 45; Beschluss vom 16. Dezember 2010 – 4 StR 508/10, NStZ-RR 2011, 118). Diese Voraussetzungen liegen hier nicht vor. Es erschließt sich nicht, warum von der Angeklagten, die sich dahin

[669] BGH, Beschluss vom 16.04.2015 – 2 StR 518/14.

eingelassen hat, sie sei von einer Tatbegehung „mittels Schlägen" ausgegangen, zu erwarten gewesen wäre, dass sie weitere Angaben dazu macht, worauf sich ihre Tatvorstellung gründete, zumal den Urteilsgründen auch nicht zu entnehmen ist, dass überhaupt danach gefragt worden ist.

[15] Die Überzeugung des Tatgerichts, die Angeklagte habe nach den ihr bekannten Umständen der Tat mit dem Einsatz eines Messers und einer Pistole rechnen müssen, ist aber auch im Übrigen nicht rechtsfehlerfrei begründet. Das Landgericht hat insoweit nur berücksichtigt, dass es sich bei dem Tatopfer um einen Betäubungsmittelhändler handelte, und dass O. und der gesondert verfolgte C. vor der Tat in Gegenwart der Angeklagten erörtert hatten, ob bei der Tatbegehung mit Widerstand oder einer weiteren anwesenden Person zu rechnen sei. Im Hinblick darauf, dass das Tatopfer in seiner Wohnung überfallen, durch das plötzliche Eintreten der zwei mit Sturmhauben maskierten Tatbeteiligten überrascht und körperliche Gewalt angewandt werden sollte, hätte das Landgericht zudem erörtern müssen, ob die Angeklagte auch mit dem Einsatz von Droh- oder Druckmitteln rechnen musste. Letztlich offen bleibt auch, worauf sich die Annahme der Strafkammer stützt, die Angeklagte habe davon ausgehen müssen, dass bei der Tat neben einer ungeladenen Pistole (§ 250 Abs. 1 Nr. 1b) StGB) auch ein Messer (§ 250 Abs. 2 Nr. 1 StGB) eingesetzt werden würde.

[16] Nach alledem hat der Schuldspruch wegen Beihilfe zum besonders schweren Raub in Tateinheit mit besonders schwerer räuberischer Erpressung keinen Bestand. Die Aufhebung erfasst auch die für sich genommen rechtsfehlerfreie tateinheitliche Verurteilung wegen Beihilfe zur gefährlichen Körperverletzung. Die Aufhebung des Schuldspruchs im Fall B.I.4. der Urteilsgründe zieht die Aufhebung des Gesamtstrafenausspruchs nach sich.

628 Der **Zweifelssatz** ist eine Entscheidungsregel, die dem Gericht vorschreibt, wie zu entscheiden ist, wenn es bei der Tatsachenfeststellung Zweifel hat. Verurteilt es den Angeklagten, obwohl es Zweifel an seiner Täterschaft hat, ist der Grundsatz „in dubio pro reo" verletzt.[670]

[8] Die Beweiswürdigung ist Sache des Tatgerichts. Die revisionsgerichtliche Prüfung beschränkt sich darauf, ob dem Tatrichter bei der Beweiswürdigung Rechtsfehler unterlaufen sind. Dies ist etwa der Fall, wenn die Beweiswürdigung lückenhaft, widersprüchlich oder unklar ist oder gegen Gesetze der Logik oder gesicherte Erfahrungssätze verstößt, namentlich aber auch dann, wenn die Beweiswürdigung von einem rechtlich unzutreffenden Ansatz ausgeht, etwa hinsichtlich des Umfangs und der Bedeutung des Zweifelssatzes (st. Rspr.; vgl. BGH, Urteil vom 16. März 2011 – 2 StR 521/10, juris Rn. 10 mwN). Der Zweifelssatz ist eine Entscheidungsregel, die dem Gericht vorschreibt, wie zu entscheiden ist, wenn es bei der Tatsachenfeststellung Zweifel hat (LR/Kühne, StPO, 26. Aufl., Einl. I Rn. 49 mwN). Verurteilt es den Angeklagten, obwohl es Zweifel an seiner Täterschaft hat, ist der Grundsatz „in dubio pro reo" verletzt (LR/Franke aaO, § 337 Rn. 133 mwN). So verhält es sich hier:

---

[670] BGH, Urteil vom 03.02.2015 – 3 StR 541/14.

[9] Das Landgericht führt eingangs des Abschnitts, in dem es sich mit der entgegenstehenden Einlassung des Angeklagten auseinandersetzt, aus, es habe „(zumindest bedingten) Tötungsvorsatz“ nicht feststellen können. Im Anschluss daran befasst es sich mit den für und gegen einen Tötungsvorsatz sprechenden Beweisanzeichen und legt dabei unter anderem dar, wegen der Unmöglichkeit festzustellen, welche Stiche der Angeklagte mit welcher Stichtiefe seinem Opfer vor dem Würgevorgang zugefügt hatte, könne „eine den Tötungsvorsatz nahelegende Heftigkeit der Tatausführung [...] nicht mit der notwendigen Sicherheit angenommen werden“. Abschließend legt die Strafkammer das Ergebnis nieder, dass sie „aus den vorgenannten Gründen [...] bei Vornahme der Gesamtwürdigung aller objektiven und subjektiven Tatumstände nicht die für eine Verurteilung notwendige Sicherheit dafür“ habe erlangen können, dass der Angeklagte bereits die ersten Stiche mit (bedingtem) Tötungsvorsatz führte.

[10] Damit hat die Strafkammer das anfängliche Vorliegen des Tötungsvorsatzes in Anwendung des Zweifelssatzes verneint. Dies ist rechtsfehlerhaft: Das Landgericht hat so den Grundsatz „in dubio pro reo“ verletzt, indem es auf einer Tatsachengrundlage, von deren Vorliegen es nicht zweifelsfrei überzeugt war, nicht etwa zu dem für den Angeklagten günstigeren Schuldspruch wegen einer einheitlichen Tat des Totschlags gelangt ist, sondern zu der für den Angeklagten nachteiligen rechtlichen Würdigung, er habe bei dem Würgevorgang und bei den späteren Stichen die vorangegangene gefährliche Körperverletzung verdecken wollen und so ein Mordmerkmal verwirklicht.

Allein aus dem Umstand, dass ein **Beweismittel** in den **Urteilsgründen unerwähnt** **629**
bleibt, ist noch nicht zu schließen, dass es übersehen worden ist. Wegen eines Verstoßes gegen die Pflicht zur erschöpfenden Würdigung der Beweise lückenhaft und damit rechtsfehlerhaft ist die Beweiswürdigung vielmehr nur dann, wenn sich die Erörterung des Beweismittels mit Rücksicht auf die sonstigen Feststellungen aufdrängen musste.[671]

[18] 2. Soweit die Revision rügt, das Landgericht habe in seiner Beweiswürdigung zu Fall II.2. der Urteilsgründe eine in der Hauptverhandlung verlesene Email vom 29. März 2011 nicht berücksichtigt, bleibt dies auch unter dem Gesichtspunkt des § 261 StPO ohne Erfolg. Allein aus dem Umstand, dass ein Beweismittel in den Urteilsgründen unerwähnt bleibt, ist noch nicht zu schließen, dass es übersehen worden ist. Wegen eines Verstoßes gegen die Pflicht zur erschöpfenden Würdigung der Beweise lückenhaft und damit rechtsfehlerhaft ist die Beweiswürdigung vielmehr nur dann, wenn sich die Erörterung des Beweismittels mit Rücksicht auf die sonstigen Feststellungen aufdrängen musste (vgl. nur BGH, Urteil vom 4. August 2011 – 3 StR 120/11, NStZ 2012, 49; KK-StPO/Ott, 7. Aufl., § 261 Rn. 82, jeweils mwN). Dies ist hier nicht der Fall. Entgegen der Auffassung der Revision ist die bezeichnete Email kein „eindeutiges Indiz“ dafür, dass die vom Angeklagten darin empfohlene Aufhebung des Stadtratsbeschlusses vom 24. Juni 2005 bei Abschluss des Beratervertrages am 1. März 2011 noch keine Rolle spielte. Vielmehr setzt der Inhalt dieser Email, in der anlässlich eines Gespräches des Angeklagten mit dem Präsidenten des Landesverwaltungs-

---

[671] BGH, Urteil vom 17.03.2015 – 2 StR 281/14.

amtes die aktuelle Sachlage dargestellt wird, vorherige Gespräche zwischen dem Angeklagten und dem gesondert Verfolgten Dr. L. gerade voraus.

630 Eine für **widerlegt erachtete** – entlastende – Behauptung eines Angeklagten kann nicht ohne Weiteres als ihn belastendes Indiz gewertet werden.[672]

[7] 3. Die Begründung, mit der das Landgericht einen Rücktritt des Angeklagten vom Versuch des Totschlags verneint hat, hält rechtlicher Prüfung nicht stand.

[8] Das Landgericht hat seine Annahme, dass es sich um einen beendeten Versuch gehandelt habe, u.a. damit begründet, dass der Angeklagte offenbar selbst Anlass zum Handeln gesehen habe, da er nach seiner Einlassung den Notrufknopf gedrückt habe (UA 23). Andererseits hat das Landgericht diese Behauptung des Angeklagten als widerlegt angesehen (UA 17/18) und ist davon ausgegangen, dass nicht er, sondern die Geschädigte den Notrufknopf betätigt hat (UA 7). Dies ist rechtsfehlerhaft. Eine für widerlegt erachtete – entlastende – Behauptung des Angeklagten kann nicht ohne Weiteres als ihn belastendes Indiz gewertet werden (vgl. Senat, Urteil vom 26. November 2014 – 2 StR 54/14 m.w.N.). Dass der Angeklagte nach dem zweiten Faustschlag den Tod der Geschädigten zumindest für möglich hielt, durfte die Strafkammer hier nicht aus seiner insoweit für unwahr gehaltenen Einlassung herleiten. Dies verstand sich nach den Urteilsfeststellungen auch nicht von selbst. Die Geschädigte blutete zwar stark, sie war aber bei Bewusstsein und in der Lage, Hilfe herbeizurufen. Soweit das Landgericht darauf abstellt, dass nach Ausführung des letzten Schlages durch den Angeklagten die Geschädigte „erkennbar lebensbedrohlich verletzt" gewesen sei, lässt dies besorgen, dass es für die Abgrenzung des beendeten vom unbeendeten Versuch nicht – wie erforderlich (vgl. BGH NStZ 2007, 634f.) – auf die tatsächlichen Vorstellungen des Angeklagten nach Ausführung der letzten Tathandlung abgestellt, sondern rechtsfehlerhaft einen objektiven Maßstab angelegt hat.

631 1. Will das Tatgericht einen Beweisantrag wegen **Bedeutungslosigkeit** zurückweisen, muss es darlegen, warum es aus der Beweistatsache keine entscheidungserheblichen Schlussfolgerungen ziehen will.

2. Die Anforderungen an diese Begründung entsprechen grundsätzlich denjenigen, denen das Gericht genügen müsste, wenn es die Indiz- oder Hilfstatsache durch Beweiserhebung festgestellt und sodann in den schriftlichen Urteilsgründen darzulegen hätte, warum sie auf seine Entscheidungsbildung ohne Einfluss geblieben ist.

3. Dies nötigt zu einer Einfügung der behaupteten Beweistatsache in das bis dahin gewonnene Beweisergebnis.[673]

[7] a) Die von dem Angeklagten erhobene Rüge der Verletzung des § 244 Abs. 3 StPO ist begründet. Der Rüge liegt folgendes Verfahrensgeschehen zugrunde:

[8] In der Hauptverhandlung beantragte der Angeklagte die Spurensuche nach DNA-Anhaftungen zum Beweis der Tatsache, dass sich auf dem Sofa keine

---

672 BGH, Beschluss vom 14.01.2015 – 2 StR 224/14.
673 BGH, Beschluss vom 29.12.2014 – 2 StR 211/14.

DNA-Spuren der Nebenklägerin befänden. Das Landgericht hat diesen Antrag als Beweisermittlungsantrag eingestuft und ausgeführt, die Aufklärungspflicht gebiete eine Beweiserhebung nicht, weil selbst das Fehlen von DNA-Spuren nicht den Schluss zuließe, der Angeklagte habe die ihm vorgeworfene sexuelle Handlung nicht begangen.

[9] Dies hält revisionsrechtlicher Überprüfung nicht stand. Das Landgericht hat den Antrag rechtsfehlerhaft als Beweisermittlungsantrag gewertet. In dem Antrag wurde ein konkretes Beweismittel zwar nicht ausdrücklich benannt. Der Antragsbegründung war jedoch im Wege der gebotenen Auslegung (vgl. Meyer-Goßner/Schmitt, StPO, 57. Aufl., § 244 Rn. 39) unzweifelhaft zu entnehmen, dass der Angeklagte die Einholung eines Sachverständigengutachtens begehrte. Auch die Begründung, mit der das Landgericht das Beweisbegehren zurückgewiesen hat, ist nicht frei von Rechtsfehlern. Die Erwägung, das Fehlen von DNA-Spuren spräche nicht gegen die Tatbegehung durch den Angeklagten, wäre zwar grundsätzlich geeignet gewesen, eine Zurückweisung des Antrags wegen tatsächlicher Bedeutungslosigkeit der Beweistatsache (§ 244 Abs. 3 Satz 2 StPO) zu rechtfertigen. Hierfür hätte es aber einer eingehenderen Begründung bedurft. Will das Tatgericht einen Beweisantrag wegen Bedeutungslosigkeit zurückweisen, muss es darlegen, warum es aus der Beweistatsache keine entscheidungserheblichen Schlussfolgerungen ziehen will. Die Anforderungen an diese Begründung entsprechen grundsätzlich denjenigen, denen das Gericht genügen müsste, wenn es die Indiz- oder Hilfstatsache durch Beweiserhebung festgestellt und sodann in den schriftlichen Urteilsgründen darzulegen hätte, warum sie auf seine Entscheidungsbildung ohne Einfluss geblieben ist. Dies nötigt zu einer Einfügung der behaupteten Beweistatsache in das bis dahin gewonnene Beweisergebnis (vgl. BGH, Beschluss vom 14. Mai 2013 – 5 StR 143/13, NStZ 2013, 611). Hieran fehlt es. Der Senat kann nicht ausschließen, dass die Verurteilung im Fall II.3. der Urteilsgründe auf diesem Verfahrensfehler beruht.

[10] b) Darüber hinaus hat die Revision auch aufgrund einer weiteren Verfahrensbeanstandung, mit der die Verletzung des § 244 Abs. 3 StPO gerügt wird, Erfolg. Dem liegt folgendes Verfahrensgeschehen zugrunde:

[11] Nach der Vernehmung der Nebenklägerin stellte der Angeklagte den Antrag, ein ärztliches Gutachten bezüglich seiner Erektionsprobleme, die ein medizinisches Problem seien, einzuholen. Das Gutachten werde belegen, dass die Nebenklägerin – anders als von ihr ausgesagt – nach der Tat bei ihm keine Erektion habe wahrnehmen können. Das Landgericht hat auch diesen Antrag als Beweisermittlungsantrag gewertet und ihn ohne weitere Begründung zurückgewiesen.

[12] Entgegen der Ansicht des Landgerichts handelte es sich auch bei diesem Antrag um einen Beweisantrag. An der bestimmten Behauptung einer Beweistatsache fehlte es nicht deshalb, weil der Angeklagte im Zusammenhang mit den Tatvorwürfen zum Nachteil der Nebenklägerin P. eingeräumt hatte, mit dieser eine intime Beziehung gehabt und mit ihr „stets […] einvernehmlich sexuell verkehrt" zu haben (UA S. 68). Ein Beweisantrag liegt zwar dann nicht vor, wenn eine Beweisbehauptung wider besseres Wissen und daher lediglich zum Schein aufgestellt wird (vgl. hierzu BGH, Beschluss vom 10. April 1992 – 3 StR 388/91, NStZ 1992, 397, 398; OLG Hamburg, StV 1999, 81, 82). Eine solche Intention des Angeklagten ist hier aber nicht ausreichend belegt. Denn aus der Einlassung des Angeklagten ergibt sich nicht ohne Weiteres, dass die behaupteten Erektionsprob-

leme zum Zeitpunkt der ihm vorgeworfenen Tat zum Nachteil der Nebenklägerin K. nicht bestanden. Das Landgericht hätte die begehrte Beweisaufnahme daher nur aus den in § 244 Abs. 3 und § 244 Abs. 4 StPO genannten Gründen ablehnen dürfen. Fehlt – wie hier – eine solche Begründung, kann sie im Revisionsverfahren grundsätzlich nicht nachgeholt werden (vgl. KK-Krehl, StPO, 7. Aufl., § 244 Rn. 233).

[13] c) Als rechtsfehlerhaft erweist sich schließlich auch die Zurückweisung des Antrags, das Video der Wohnung des Angeklagten in Augenschein zu nehmen und mehrere Zeugen zum Beweis der Tatsache zu vernehmen, dass sich entgegen der Aussage der Nebenklägerin in der Wohnung keine Aktfotos an den Wänden befanden.

[14] Auch dieser Antrag enthielt die bestimmte Behauptung einer konkreten Beweistatsache. Seine Zurückweisung hätte daher einer hinreichenden Begründung bedurft, um dem Senat die Möglichkeit zu eröffnen, die Rechtmäßigkeit der Ablehnung zu überprüfen (vgl. LR-Becker, 26. Aufl., § 244 Rn. 134). Eine entsprechende Begründung durch das Landgericht, das den Antrag rechtsfehlerhaft als Beweisermittlungsantrag behandelt hat, fehlt. Dazu, ob die Zeugenvernehmung aus tatsächlichen Gründen für die Entscheidung ohne Bedeutung war (§ 244 Abs. 3 Satz 2 StPO), weil die Beweistatsache nicht geeignet gewesen wäre, die Glaubwürdigkeit der Nebenklägerin zu erschüttern oder ob – soweit es die beantragte Einnahme des Augenscheins betrifft – die Beweisaufnahme aus diesem Grund unter Aufklärungsgesichtspunkten nicht erforderlich war (§ 244 Abs. 5 Satz 1 StPO), verhält sich der Ablehnungsbeschluss des Landgerichts nicht. Angesichts der bereits durchgreifenden weiteren Verfahrensrügen kann dahinstehen, ob die Verurteilung im Fall II.3. auch auf dieser Gesetzesverletzung beruht.

632 Die Beweiswürdigung ist Sache des Tatrichters. Das Revisionsgericht hat auf Grund der Sachrüge nur zu prüfen, ob dem Tatrichter Rechtsfehler unterlaufen sind. Das ist insbesondere der Fall, wenn die Beweiswürdigung widersprüchlich, unklar oder lückenhaft ist oder wenn sie gegen die Denkgesetze oder gegen gesicherte Erfahrungssätze verstößt.[674]

[8] Die Beweiswürdigung ist Sache des Tatrichters. Das Revisionsgericht hat auf Grund der Sachrüge nur zu prüfen, ob dem Tatrichter Rechtsfehler unterlaufen sind. Das ist insbesondere der Fall, wenn die Beweiswürdigung widersprüchlich, unklar oder lückenhaft ist oder wenn sie gegen die Denkgesetze oder gegen gesicherte Erfahrungssätze verstößt. Einen solchen Mangel weist das angefochtene Urteil nicht auf.

[9] Die von einer Aussagepsychologin sachverständig beratene Strafkammer ist davon ausgegangen, dass die Nebenklägerin aussagetüchtig ist und glaubhaft über die Taten berichtet hat. Falschaussagen seien wegen der Qualität der Angaben auszuschließen, die originelle Details, Komplikationen im Handlungsverlauf, eigenpsychisches Erleben und deliktstypische Interaktionen, wie ein Schweigegebot der Angeklagten, enthalten. Ein Falschaussagemotiv sei nicht ersichtlich. Eine

---

[674] BGH, Urteil vom 20.10.2014 – 2 StR 509/13; vgl. auch Beschluss vom 16.06.2015 – 2 StR 29/15; Urteil vom 21.01.2015 – 2 StR 272/14; Urteil vom 24.03.2015 – 5 StR 521/14; Beschluss vom 28.07.2015 – 4 StR 132/15.

suggestive Beeinflussung der Nebenklägerin durch ihre Mutter, ihre Großmutter oder die Therapeutin sei auszuschließen, weil diese der Nebenklägerin lediglich die Möglichkeit gewährt hätten, sich zu offenbaren, ohne selbst im Einzelnen nachzufragen. Eine Übertragung von Erlebnissen der Nebenklägerin mit einer Person auf eine andere sei auszuschließen, weil die einzelnen Tatschilderungen eng mit den jeweiligen Lebensumständen der Angeklagten verknüpft gewesen seien.

Eine **Änderung der Urteilsformel** – die in Form eines Berichtigungsbeschlusses zu **633**
ergehen hätte – ist nach **Abschluss der Urteilsverkündung** nur zulässig, soweit offensichtliche Schreibversehen oder Unrichtigkeiten berichtigt werden, die sich ohne Weiteres aus Tatsachen ergeben, die für alle Verfahrensbeteiligten klar zutage treten und auch nur den entferntesten Verdacht einer späteren inhaltlichen Abänderung des verkündeten Urteils ausschließen.[675]

[1] Das Landgericht hat ausweislich des Hauptverhandlungsprotokolls den Angeklagten wegen Beihilfe zum Handeltreiben mit Betäubungsmitteln in zwei Fällen, in einem Fall in Tateinheit mit Beihilfe zum Besitz von Betäubungsmitteln in nicht geringer Menge, zu einer Gesamtfreiheitsstrafe von einem Jahr und zehn Monaten verurteilt. Gegen dieses Urteil richtet sich die auf die allgemeine Rüge der Verletzung materiellen Rechts gestützte Revision des Angeklagten. Das Rechtsmittel ist unbegründet im Sinne des § 349 Abs. 2 StPO. Lediglich der Schuldspruch war – wie aus der Beschlussformel ersichtlich – zu ändern.

[2] Soweit das Landgericht eine entsprechende Berichtigung bereits vorgenommen und in der schriftlichen Urteilsurkunde den Angeklagten als der Beihilfe zum Handeltreiben mit Betäubungsmitteln in nicht geringer Menge in zwei Fällen, in einem Fall in Tateinheit mit Besitz von Betäubungsmitteln in nicht geringer Menge schuldig bezeichnet hat, erweist sich diese Berichtigung als nicht zulässig. Das angefochtene Urteil ist damit so zu behandeln, als ob diese nicht ergangen wäre (vgl. BGH, Beschluss vom 4. August 2010 – 3 StR 276/10, juris Rn. 2 mwN). Denn eine Änderung der Urteilsformel – die im Übrigen in Form eines Berichtigungsbeschlusses zu ergehen hätte – ist nach Abschluss der Urteilsverkündung nur zulässig, soweit offensichtliche Schreibversehen oder Unrichtigkeiten berichtigt werden, die sich ohne Weiteres aus Tatsachen ergeben, die für alle Verfahrensbeteiligten klar zutage treten und auch nur den entferntesten Verdacht einer späteren inhaltlichen Abänderung des verkündeten Urteils ausschließen (BGH aaO). Diese Voraussetzung ist auch unter Berücksichtigung der von der Kammer im Urteil selbst dargelegten Umstände bei einer Auswechslung der Beteiligungsform nicht gegeben.

[3] Da aber die rechtsfehlerfrei getroffenen Feststellungen die Annahme täterschaftlichen Besitzes tragen, kann der Senat den Schuldspruch selbst in entsprechender Anwendung des § 354 Abs. 1 StPO ändern (Meyer-Goßner/Schmitt, StPO, 57. Aufl., § 354 Rn. 12ff.). § 265 Abs. 1 StPO steht dem nicht entgegen, nachdem der Angeklagte in der Hauptverhandlung auf die Möglichkeit eines solchen Schuldspruchs hingewiesen worden ist.

---

[675] BGH, Beschluss vom 18.03.2015 – 3 StR 3/15.

21. Kognitionspflicht – § 264 StPO

634 Gegenstand der Urteilsfindung ist gemäß § 264 Abs. 1 StPO die in der Anklage bezeichnete Tat, wie sie sich nach dem Ergebnis der Hauptverhandlung darstellt. Tat im Sinne dieser Vorschrift ist ein einheitlicher geschichtlicher Vorgang, der sich von anderen ähnlichen oder gleichartigen unterscheidet und innerhalb dessen der Angeklagte einen Straftatbestand verwirklicht haben soll. Verändert sich im Laufe eines Verfahrens das Bild des Geschehens, das die Anklage umschreibt, so kommt es darauf an, ob die „Nämlichkeit der Tat" trotz der Abweichungen noch gewahrt ist. Dies ist – ungeachtet gewisser Unterschiede – dann der Fall, wenn bestimmte individuelle Merkmale die Tat weiterhin als einmaliges, unverwechselbares Geschehen kennzeichnen.[676]

[4] 2. Hinsichtlich der unter II. 1. der Urteilsgründe abgeurteilten Straftat fehlt es an der Verfahrensvoraussetzung der Anklageerhebung.

[5] Mit der unverändert zur Hauptverhandlung zugelassenen Anklage vom 11. Januar 2012 wurde dem Angeklagten unter Ziffer 19 vorgeworfen, im Januar 2008 die Nebenklägerin (erneut) in ihrem Kinderzimmer aufgesucht und am gesamten Körper gestreichelt zu haben, insbesondere an der Brust und am Geschlechtsteil. Darüber hinaus habe der Angeklagte verlangt, dass die Nebenklägerin ihn ebenfalls, insbesondere am Geschlechtsteil streichele, was sie auch getan habe.

[6] Gegenstand der Urteilsfindung ist gemäß § 264 Abs. 1 StPO die in der Anklage bezeichnete Tat, wie sie sich nach dem Ergebnis der Hauptverhandlung darstellt. Tat im Sinne dieser Vorschrift ist ein einheitlicher geschichtlicher Vorgang, der sich von anderen ähnlichen oder gleichartigen unterscheidet und innerhalb dessen der Angeklagte einen Straftatbestand verwirklicht haben soll (vgl. Meyer-Goßner/Schmitt, StPO, 57. Aufl., § 264 Rn. 2 mwN). Verändert sich im Laufe eines Verfahrens das Bild des Geschehens, das die Anklage umschreibt, so kommt es darauf an, ob die „Nämlichkeit der Tat" trotz der Abweichungen noch gewahrt ist. Dies ist – ungeachtet gewisser Unterschiede – dann der Fall, wenn bestimmte individuelle Merkmale die Tat weiterhin als einmaliges, unverwechselbares Geschehen kennzeichnen (vgl. BGH, Urteil vom 4. März 2010 – 3 StR 559/09Rn. 6 mwN).

[7] Nach diesem Maßstab ist die Tat II. 1. der Urteilsgründe nicht Gegenstand der Anklage. Die vom Landgericht ausgeurteilte Tat ist durch besondere Umstände – Schlüssel holen – gekennzeichnet, die in der Anklageschrift nicht aufgeführt sind. Nach den Urteilsfeststellungen soll es sich bei der ausgeurteilten Tat auch um den ersten Übergriff gegen die Nebenklägerin gehandelt haben, mit dem die Tatserie des Angeklagten zu ihrem Nachteil begonnen habe, während es sich bei der in der Anklage geschilderten Tat um einen zweiten, gleichförmigen Vorfall gehandelt haben soll. Das Landgericht stellt hierzu fest, dass die Nebenklägerin „die unter II. 1. festgestellte Tat" bei ihrer ersten polizeilichen Vernehmung am 2. Juni 2011 nicht geschildert habe, aber im Nachhinein beim Sachverständigen und auch in der Hauptverhandlung (UA 16). Die Exploration durch den Sachverständigen, bei der die Nebenklägerin die ausgeurteilte Tat danach erstmals ge-

[676] BGH, Beschluss vom 02.12.2014 – 4 StR 381/14.

schildert hat, fand am 5. September 2012 statt, also fast neun Monate nach der Anklageerhebung, die auf der ersten polizeilichen Aussage der Nebenklägerin basiert (UA 8). Mithin war die ausgeurteilte Tat von der Anklage nicht umfasst. Eine die Tat einbeziehende Nachtragsanklage ist nicht erhoben worden. Das Verfahren ist insoweit wegen eines Verfahrenshindernisses einzustellen.

Eine **einheitliche Tat im Sinne von § 264 StPO** ist gegeben, wenn die einzelnen **635** Handlungen nicht nur äußerlich ineinander übergehen, sondern wegen der ihnen zugrunde liegenden Vorkommnisse unter Berücksichtigung ihrer strafrechtlichen Bedeutung auch innerlich derart miteinander verknüpft sind, dass der Unrechts- und Schuldgehalt der einen Handlung nicht ohne die Umstände, die zu der anderen Handlung geführt haben, richtig gewürdigt werden kann und ihre getrennte Würdigung und Aburteilung als unnatürliche Aufspaltung eines einheitlichen Lebensvorgangs empfunden würde.[677]

[2] 1. Zu Recht beanstandet die Staatsanwaltschaft die – bereits im Rahmen der Sachrüge beachtliche (BGH, Urteil vom 20. März 2012 – 1 StR 648/11, juris Rn. 16 mwN) – Verletzung von § 264 StPO.

[3] a) Der Angeklagte verwahrte in seiner Wohnung ca. 50 g eines zum Eigenverbrauch bestimmten Kokaingemischs mit einem Wirkstoffanteil von 71,5% Kokainhydrochlorid. Weiter hielt er dort portioniertes Marihuana im Gesamtgewicht von ca. 47 g zum gewinnbringenden Weiterverkauf bereit. Dieses stammte aus einem Vorrat von etwa 2 kg Marihuana, den der Angeklagte ebenfalls zum gewinnbringenden Weiterverkauf bestimmt hatte und im Keller der in der Nachbarschaft liegenden Wohnung seiner Eltern lagerte. Es hatte einen Wirkstoffgehalt von 5% THC. „Bei" diesem in Packungen zu je 500 g abgepackten Vorrat verwahrte der Angeklagte außerdem eine Plastiktüte mit mindestens 1 kg „mutmaßlichen" Amphetamins. Eine Durchsuchung der Wohnung der Eltern, die sich allerdings nicht auf die Kellerräume erstreckte, nahm der Vater des Angeklagten zum Anlass, die dort gelagerten Substanzen in eine Sporttasche zu verpacken und diese beim Zeugen P. unterzustellen. Jedenfalls das Marihuana wurde in der Folge, sei es durch den Angeklagten selbst, sei es durch P. in dessen Auftrag, nach und nach in Teilmengen gewinnbringend verkauft.

[4] b) Bei der Ermittlung des Schuldumfangs hat das Landgericht davon abgesehen, dieses Tatgeschehen auch unter dem Gesichtspunkt eines Handeltreibens des Angeklagten mit Amphetamin näher zu untersuchen und zu würdigen. Damit hat das Landgericht gegen seine Kognitionspflicht (§ 264 Abs. 1 StPO) verstoßen, denn eine solche Untersuchung drängte sich nach den Umständen auf.

[5] aa) Die Annahme des Landgerichts, dem stehe bereits ein Verfahrenshindernis entgegen, weil die Anklageschrift dem Angeklagten neben dem Besitz von Kokain lediglich Handeltreiben mit Marihuana zur Last lege, hält rechtlicher Überprüfung nicht stand. Das Landgericht hätte sich vielmehr zu näherer Prüfung veranlasst sehen müssen, ob (mögliches) Handeltreiben mit Amphetamin und festgestelltes Handeltreiben mit Marihuana eine einheitliche Tat im Sinne von § 264 StPO bilden.

---

677 BGH, Urteil vom 02.04.2015 – 3 StR 642/14.

[6] Eine solche ist gegeben, wenn die einzelnen Handlungen nicht nur äußerlich ineinander übergehen, sondern wegen der ihnen zugrunde liegenden Vorkommnisse unter Berücksichtigung ihrer strafrechtlichen Bedeutung auch innerlich derart miteinander verknüpft sind, dass der Unrechts- und Schuldgehalt der einen Handlung nicht ohne die Umstände, die zu der anderen Handlung geführt haben, richtig gewürdigt werden kann und ihre getrennte Würdigung und Aburteilung als unnatürliche Aufspaltung eines einheitlichen Lebensvorgangs empfunden würde (st. Rspr.; vgl. BGH, Beschluss vom 24. November 2004 – 5 StR 206/04, BGHSt 49, 359, 361). Sofern das materielle Recht nicht ausnahmsweise mehrere selbständige Sachverhalte zu einer Handlungseinheit zusammenfasst (vgl. hierzu BGH, Urteil vom 11. Juni 1980 – 3 StR 9/80, BGHSt 29, 288), ist prozessuale Tatidentität insbesondere anzunehmen bei materiellrechtlicher Tateinheit (st. Rspr.; vgl. BGH, Beschluss vom 19. Dezember 1995 – KRB 33/95, BGHSt 41, 385, 389).

[7] Zwar hat der bloße gleichzeitige Besitz von Betäubungsmitteln nicht die Kraft, mehrere selbständige Straftaten des unerlaubten Handeltreibens mit Betäubungsmitteln zur Tateinheit zu verklammern (BGH, Urteil vom 1. Oktober 1997 – 2 StR 520/96, BGHSt 43, 252, 261; Urteil vom 28. September 1994 – 3 StR 261/94, NStZ 1995, 37, 38; Beschluss vom 13. Oktober 1998 – 4 StR 315/98, NStZ-RR 1999, 119, 120). Gleichartige Tateinheit ist aber u. a. dann anzunehmen, wenn die Art und Weise der Besitzausübung im Einzelfall über bloße Gleichzeitigkeit hinausgeht und die Wertung rechtfertigt, dass die tatsächliche Ausübung des Besitzes über die eine Menge zugleich die tatsächliche Besitzausübung über die andere darstellt, denn dies begründet Identität der jeweiligen Teilakte des Handeltreibens (LK/Rissing-van Saan, StGB, 12. Aufl., vor § 52ff. Rn. 43; Weber, BtMG, 4. Aufl., vor §§ 29ff. Rn. 599; zur Vermischung unterschiedlicher Mengen BGH, Urteil vom 8. April 1997 – 1 StR 65/97, NStZ-RR 1997, 227).

[8] Eine solche Identität von Teilakten eines Handeltreibens liegt hier nicht fern. „Mutmaßliches“ Amphetamin und zum gewinnbringenden Weiterverkauf bestimmtes Marihuana wurden zunächst im Keller der Eltern des Angeklagten und sodann beim Zeugen P. in engem und unmittelbarem räumlichem Zusammenhang verwahrt. Hinzu kommt, dass jedenfalls während der Verwahrung der Substanzen beim Zeugen P. der Angeklagte nach den Feststellungen nicht nur laufend zum Zwecke der Veräußerung von Teilmengen auf das Marihuana zugriff, sondern auch von dem „mutmaßlichen“ Amphetamin „immer wieder größere Teilmengen“ abholte. Das Landgericht wäre deshalb gehalten gewesen zu prüfen, inwieweit sich solche Teilakte der Verfügung über die Substanzen überschnitten.

[9] bb) Zwar hat sich das Landgericht letztlich auch von der Eigenschaft der in der Plastiktüte befindlichen Substanz nicht überzeugen können. Dies rechtfertigt indes keine andere Beurteilung, denn die Annahme der Strafkammer, dem insoweit bestreitenden Angeklagten sei der Umgang mit Amphetamin nicht mit der erforderlichen Sicherheit nachzuweisen, beruht gleichermaßen auf einer unzureichenden Ausschöpfung des Verfahrensstoffes. Das Landgericht betrachtet allein die Aussage des Zeugen P., er habe den Inhalt der Plastiktüte nicht näher untersucht, aber am Geruch festgestellt, dass es sich um Amphetamin gehandelt habe. Es hat aber auch festgestellt, dass der Angeklagte von dem „mutmaßlichen“ Amphetamin „immer wieder größere Teilmengen abgeholt“ und „böse reagiert“

habe, als er von ungekühlter Aufbewahrung des Stoffs durch P. erfahren habe. Damit hätte es sich bei der Prüfung, ob es sich bei der Substanz um zur gewinnbringenden Weiterveräußerung bestimmte Drogen handelte, ebenfalls auseinandersetzen müssen.

Soweit die Taten nicht nach anderen Merkmalen individualisierbar sind, werden die tatsächlichen Grenzen der Urteilsfindung im Sinne der §§ 155, 264 StPO wesentlich durch den **angeklagten Tatzeitraum** bestimmt.[678] **636**

Verletzung der Kognitionspflicht.[679] **637**

[7] Die Revision der Staatsanwaltschaft hat Erfolg.

[8] 1. Das Landgericht hat den Unrechtsgehalt der Tat nicht vollständig ausgeschöpft und damit seiner Kognitionspflicht (§ 264 StPO) nicht genügt.

[9] a) Der Angeklagte bemächtigte sich der Nebenklägerin, als er ihr vor ihrer Wohnung die Pistole vorhielt und sie dadurch dazu brachte, mit ihm in seine Wohnung zu fahren. Dort kam es zum nicht einverständlichen Geschlechtsverkehr, nachdem er der Nebenklägerin unter anderem mit der Pistole gedroht hatte. Bei diesem Geschehensablauf hätte sich das Landgericht damit auseinandersetzen müssen, ob der Angeklagte auch einer Geiselnahme nach § 239b Abs. 1 2. Halbsatz StGB schuldig ist, indem er die durch die Entführung geschaffene Lage der Nebenklägerin durch eine Drohung mit dem Tod zum Erzwingen des Geschlechtsverkehrs ausgenutzt hat (zur Tathandlung insoweit vgl. Fischer, StGB, 62. Aufl., § 239b, Rn. 5).

[10] b) Der Angeklagte führte während der Autofahrt vor der eigentlichen Tat und auch danach eine geladene Schreckschuss- und Gaspistole mit sich, mit der er die Nebenklägerin auch in der Wohnung bedrohte. Mit der Ausübung der tatsächlichen Gewalt über die Waffe außerhalb seiner Wohnung hätte der Angeklagte sich des unerlaubten Führens einer Schreckschuss- bzw. Reizstoffwaffe nach § 52 Abs. 3 Nr. 2a WaffG i. V.m. § 2 Abs. 2 WaffG i. V.m. Anlage 2 Unterabschnitt 1 Satz 1 WaffG strafbar gemacht, wenn er dafür keine Erlaubnis besessen hat. Hiermit hätte sich das Landgericht auseinander setzen und entsprechende weitere Feststellungen treffen müssen.

[11] c) Diese Verletzungen der Kognitionspflicht führen zur Aufhebung der – gegebenenfalls tateinheitlich verwirklichten – besonders schweren Vergewaltigung, auch wenn der Schuldspruch insoweit an sich rechtlich nicht zu beanstanden ist.

[12] 2. Die Aufhebung des Schuldspruchs bedingt ohne Weiteres den Wegfall des Strafausspruchs, der allerdings auch für sich gesehen nicht unbedenklich ist. So ist den Urteilsgründen trotz eines Hinweises darauf, dass schon bloßes Beisichführen einer Waffe oder eines gefährlichen Werkzeugs mit erhöhter Strafe von mindestens drei Jahren geahndet wird, nicht zu entnehmen, ob das Landgericht die Sperrwirkung der Strafrahmenuntergrenze des § 177 Abs. 2 StGB beachtet hat. Im Hinblick auf eine mögliche Prüfung des an sich nicht fernliegenden minder schweren Falls nach § 177 Abs. 5 Satz 2 StGB durch den neuen Tatrichter weist der Senat vorsorglich auf sein Urteil vom 25. November 2011 – 2 StR 66/11 hin.

---

678 BGH, Beschluss vom 29.04.2015 – 2 StR 398/14.

679 BGH, Urteil vom 01.07.2015 – 2 StR 63/15.

[13] 3. Die Revision der Staatsanwaltschaft wirkt hinsichtlich des Strafausspruchs auch zu Gunsten des Angeklagten (§ 301 StPO). Das Landgericht hat im Rahmen der konkreten Strafzumessung zu Lasten des Angeklagten berücksichtigt, dass bei der Tatausführung mehrere Tatbestände des § 177 Abs. 1 StGB verwirklicht worden seien, indem der Angeklagte mehrere Nötigungsmittel zu Lasten der Nebenklägerin eingesetzt habe. Dies begegnet rechtlichen Bedenken. Dass der Angeklagte mehrere „Tatbestände" des § 177 Abs. 1 StGB verwirklicht hat, wird von den Feststellungen nicht getragen. Er hat eingeräumt, zur Erzwingung des Geschlechtsverkehrs mit der Pistole gedroht zu haben; ob er darüber hinaus auch mit finaler Gewalt gegen die Nebenklägerin vorgegangen ist, lässt sich den Feststellungen nicht zweifelsfrei entnehmen und hängt davon ab, ob „Schubsen" bzw. „An-Ihr-Ziehen" als Gewalt zur Überwindung eines entgegenstehenden Willens angesehen werden kann. Dass der Angeklagte zudem „unter Ausnutzung einer schutzlosen Lage" gehandelt haben könnte, liegt angesichts des Einsatzes der Pistole als Nötigungsmittel fern (vgl. BGH NStZ 2015, 211 mit Anm. Piel). Der neue Tatrichter wird Gelegenheit haben, genauere Feststellungen zu den einzelnen Tathandlungen des § 177 Abs. 1 StGB zu treffen.

[14] Soweit das Landgericht zudem die „Verwendung von Messer und Pistole" straferschwerend gewertet hat, lässt dies mit Blick auf die Pistole einen Verstoß gegen § 46 Abs. 3 StGB besorgen. Im Übrigen ist gerade nicht festgestellt, dass der Angeklagte auch das Messer bei der Tat „verwendet" hat.

22. Veränderung des rechtlichen Gesichtspunkts – § 265 StPO

638 Die **gerichtliche Hinweispflicht gemäß § 265 Abs. 1 StPO** bezieht sich nicht nur auf den Straftatbestand, sondern auch auf die nach dem Urteil maßgebliche Zurechnungsnorm für Täterschaft oder Teilnahme. Vor einer Verurteilung des Angeklagten wegen Beihilfe zu der von einem anderen begangenen Haupttat muss nach Erhebung und Zulassung einer Anklage wegen Mittäterschaft auf diese Änderung des rechtlichen Gesichtspunkts hingewiesen werden.[680]

[3] 2. Die Revision rügt zu Recht eine Verletzung der Hinweispflicht aus § 265 Abs. 1 StPO durch das Landgericht.

[4] a) Dem Angeklagten war in der Anklageschrift gewerbsmäßig begangener Betrug in 142 Fällen vorgeworfen worden, wobei es in drei Fällen beim Versuch geblieben sei. Die Anklageschrift war durch den Eröffnungsbeschluss der Strafkammer unverändert zur Hauptverhandlung zugelassen worden. In der Hauptverhandlung erfolgte eine Verfahrensbeschränkung gemäß § 154 Abs. 2 StPO. Anschließend wies das Landgericht darauf hin, dass auch eine Verurteilung des Angeklagten wegen einer einheitlichen Tat in Betracht komme. Ein Hinweis darauf, dass anstelle von Mittäterschaft auch Beihilfe in Betracht kommen kann, wurde hingegen nicht erteilt.

[5] Dies war verfahrensfehlerhaft. Die Hinweispflicht gemäß § 265 Abs. 1 StPO gilt nicht nur in Bezug auf den Straftatbestand, sondern auch für die nach dem Urteil maßgebliche Zurechnungsnorm für Täterschaft oder Teilnahme (vgl. Senat,

---

[680] BGH, Beschluss vom 02.09.2015 – 2 StR 49/15.

Urteil vom 6. Mai 2011 – 2 StR 590/10, BGHSt 56, 235, 237). Nach Erhebung und Zulassung einer Anklage wegen Mittäterschaft muss daher vor einer Verurteilung des Angeklagten wegen Beihilfe zu der von einem anderen begangenen Haupttat auf diese Änderung des rechtlichen Gesichtspunkts hingewiesen werden. Das ist hier nicht geschehen.

[6] b) Der Senat kann nicht ausschließen, dass das Urteil auf diesem Rechtsfehler beruht. Die Möglichkeit einer anderen Verteidigung braucht dazu nicht nahe zu liegen. Es genügt, dass sie nicht mit Sicherheit auszuschließen ist (vgl. BGH, Beschluss vom 14. Mai 1985 – 1 StR 196/85, NJW 1985, 860, 861; SK/Velten, StPO, 4. Aufl., § 265 Rn. 67). Bei dem weiten Rahmen der Zurechnung eines uneigentlichen Organisationsdelikts kann der Senat im vorliegenden Fall nicht ausschließen, dass Anträge der Verteidigung des Beschwerdeführers vor dem Landgericht auf Erhebung entlastender Beweise, durch eine Ergänzung der Einlassung zur Sache oder durch rechtliche Argumente gegen den Vorwurf einer Beihilfe zum Betrug zu einem für den Angeklagten günstigeren Urteil geführt hätten.

Auch das mildere Strafgesetz ist regelmäßig ein anderes Gesetz im Sinne von **639**
§ 265 Abs. 1 StPO.[681]

[2] Die Revision der Angeklagten hat mit einer Verfahrensrüge Erfolg. Das Landgericht hat die Angeklagte entgegen § 265 Abs. 1 StPO nicht darauf hingewiesen, dass auch eine tateinheitliche Verurteilung wegen Nötigung in Betracht kommt.

[3] Insoweit hat der Generalbundesanwalt in seiner Antragsschrift vom 29. Juni 2015 ausgeführt:

> *„Die in zulässiger Weise ausgeführte Verfahrensrüge einer Verletzung des § 265 StPO hat in vollem Umfang Erfolg und führt zur Aufhebung des Urteils im Ganzen.*
>
> *Die Strafkammer hat es rechtsfehlerhaft unterlassen, die Angeklagte auf die Veränderung des rechtlichen Gesichtspunkts einer möglichen – und dann später erfolgten – Verurteilung wegen Diebstahls in Tateinheit mit gefährlicher Körperverletzung in Tateinheit mit Nötigung statt des angeklagten schweren räuberischen Diebstahls in Tateinheit mit gefährlicher Körperverletzung in zwei tateinheitlichen Fällen hinzuweisen. Wie der Revisionsführer zutreffend ausgeführt hat, ist auch das mildere Strafgesetz regelmäßig ein anderes Gesetz im Sinne von § 265 Abs. 1 StPO (Meyer-Goßner/Schmitt – Meyer-Goßner, StPO, 58. Auflage 2015, § 265 StPO, Rn 9 mwN). Ein entsprechender – unter Umständen auch konkludent möglicher – Hinweis insbesondere auf die Möglichkeit einer tateinheitlichen Verurteilung wegen Nötigung (§ 240 Abs. 1 StGB) ist nicht protokolliert und damit auch nicht erteilt worden. Bei den Schlussvorträgen von Staatsanwaltschaft und Verteidigung ist lediglich die offensichtlich in der Hauptverhandlung erörterte – von der Anklage abweichende – Strafbarkeit wegen gefährlicher Körperverletzung in zwei Fällen in Tatmehrheit mit (einfachem) Diebstahl vermerkt (SA Bd. II, Bl. 356). Dass auch die (vom Gericht schließlich auch angenommene) tateinheitlich verwirklichte Nötigung erörtert worden wäre, lässt sich daraus nicht herleiten. Dass das Ur-*

[681] BGH, Beschluss vom 02.09.2015 – 2 StR 242/15.

teil auf diesem Verfahrensverstoß beruht, hat der Revisionsführer weiter zutreffend damit begründet, dass nicht ausgeschlossen werden kann, dass sich die Angeklagte in Kenntnis dieser Veränderung der rechtlichen Bewertung des Tatgeschehens anders und möglicherweise wirkungsvoller, nämlich im Sinne des Ablegens eines (Teil-)Geständnisses, verteidigt hätte.“

[4] Dem schließt sich der Senat an.

640 Hatte die Anklage dem Angeklagten vollendete Vergewaltigung vorgeworfen und verurteilt ihn das Landgericht wegen versuchter Vergewaltigung, ohne zuvor den gemäß § 265 Abs. 1 StPO notwendigen Hinweis auf die Veränderung des rechtlichen Gesichtspunkts zu erteilen, ist das Urteil aufzuheben, weil nicht auszuschließen ist, dass sich der Angeklagte nach Erteilung des Hinweises gegen den Vorwurf der versuchten Vergewaltigung mit dem Ziel hätte verteidigen können, dem Landgericht die Voraussetzungen *eines strafbefreienden Rücktritts vom Versuch nahe zu bringen.*[682]

[2] 1. Nach den Feststellungen des Landgerichts versuchte der Angeklagte in den Jahren 1989 bis 1995 in 26 Fällen, seine am 15. November 1979 geborene Nichte mit körperlicher Gewalt zum Beischlaf zu zwingen. Er scheiterte mit seinem Vorhaben jeweils deshalb, weil sich das Mädchen unter ihm zur Seite wegbewegte, und weil er aus Furcht, den im selben Bett schlafenden jüngeren Bruder aufzuwecken, glaubte, keine über das Festhalten an den Armen und die Fixierung des Opfers mit dem eigenen Körpergewicht hinausgehende Gewalt anwenden zu können. Die Taten fanden jeweils in den Oster- und Sommerferien statt, in denen die Nebenklägerin zusammen mit ihrem Bruder jeweils einige Tage oder eine ganze Woche auf dem Hof der Großeltern verbrachte, wo auch der damals zwischen 17 und 23 Jahre alte Angeklagte wohnte. Das Landgericht ist von dreizehn Ferienaufenthalten und mindestens zwei Taten pro Aufenthalt ausgegangen. Von dem Vorwurf 22 weiterer, gleichartiger Taten, den die Staatsanwaltschaft unter Annahme erhöhter Tatfrequenzen erhoben hatte, hat das Landgericht den Angeklagten freigesprochen.

[3] 2. Die Rüge einer Verletzung der Hinweispflicht nach § 265 Abs. 1 StPO greift durch.

[4] a) Die Anklage hatte dem Angeklagten vollendete Vergewaltigung (§ 177 Abs. 1 StGB in der bis zum 4. Juli 1997 geltenden Fassung; Strafdrohung von zwei bis fünfzehn Jahren Freiheitsstrafe) vorgeworfen. Das Landgericht hat ihn wegen versuchter Vergewaltigung (§ 177 Abs. 1, §§ 22, 23 StGB in der bis zum 4. Juli 1997 geltenden Fassung) verurteilt, weil es sich von einem vollendeten Eindringen des Angeklagten mit dem Glied in die Scheide der Nebenklägerin nicht hat überzeugen können. Den zuvor gemäß § 265 Abs. 1 StPO notwendigen Hinweis auf die Veränderung des rechtlichen Gesichtspunkts (vgl. BGH, Urteil vom 8. Mai 1951 – 1 StR 168/51, BGHSt 2, 250; Beschluss vom 14. August 1990 – 1 StR 422/90, StV 1991, 8) hat es nicht erteilt.

[5] b) Es ist nicht auszuschließen, dass sich der Angeklagte nach Erteilung des Hinweises anders verteidigt hätte, so dass das Urteil auf diesem Rechtsfehler beruht. Der Angeklagte hat zwar zur Sache keine Angaben gemacht. Gegen den

---

[682] BGH, Beschluss vom 17.12.2014 – 3 StR 510/14.

Vorwurf der versuchten Vergewaltigung hätte er sich gleichwohl mit dem Ziel verteidigen können, dem Landgericht die Voraussetzungen eines strafbefreienden Rücktritts vom Versuch nahe zu bringen. Dies wäre – entgegen der Ansicht des Generalbundesanwalts – erfolgversprechend gewesen: Hätte das Landgericht einen Rücktritt vom Versuch der Vergewaltigung angenommen, so wäre zwar das Handeln des Angeklagten jeweils als vollendete sexuelle Nötigung nach § 178 Abs. 1 StGB in der bis zum 4. Juli 1997 geltenden Fassung zu beurteilen gewesen (vgl. BGH, Urteil vom 24. April 1951 – 1 StR 101/51, BGHSt 1, 152, 156). Wegen der zu dieser Zeit gegenüber § 177 StGB geringeren Strafdrohung des § 178 Abs. 1 StGB (Freiheitsstrafe von einem Jahr bis zu zehn Jahren) wäre die Strafverfolgung wegen Ablaufs der zehnjährigen Frist (§ 78 Abs. 3 Nr. 3 StGB, ruhend bis zur Vollendung des 18. Lebensjahrs der Nebenklägerin am 14. November 1997 – § 78b Abs. 1 Nr. 1 StGB aF; erste verjährungsunterbrechende Handlung am 28. August 2009) verjährt gewesen.

Die Urteilsgründe müssen eine geschlossene und zusammenhängende Wiedergabe **641**
wenigstens der wesentlichen Grundzüge der Einlassung des Angeklagten enthalten, damit das Revisionsgericht nachprüfen kann, ob sich der Tatrichter unter Berücksichtigung der erhobenen Beweise eine tragfähige Grundlage für seine Überzeugungsbildung verschafft und das materielle Recht richtig angewendet hat.[683]

[2] Die Beweiswürdigung, aufgrund derer sich das Landgericht die Überzeugung vom Vorliegen der angeklagten Tatvorwürfe verschafft hat, hält rechtlicher Nachprüfung nicht stand. Sie ist lückenhaft, weil jegliche Angaben dazu fehlen, ob und wie sich die Angeklagte zur Sache eingelassen hat.

[3] Aus § 267 StPO, der den Inhalt der Urteilsgründe festlegt, ergibt sich zwar nicht, dass das Gericht verpflichtet ist, eine Beweiswürdigung im Urteil vorzunehmen, in der die Einlassung des Angeklagten mitgeteilt und diese Einlassung unter Bewertung der sonstigen Beweismittel gewürdigt wird. Doch ist unter sachlichrechtlichem Blickwinkel regelmäßig eine Wiedergabe der Einlassung des Angeklagten erforderlich, damit das Revisionsgericht nachprüfen kann, ob sich der Tatrichter unter Berücksichtigung der erhobenen Beweise eine tragfähige Grundlage für seine Überzeugungsbildung verschafft und das materielle Recht richtig angewendet hat (vgl. zuletzt BGH NStZ-RR 2013, 134, 135 m.w.N. im Falle eines Freispruchs; siehe BGH NStZ-RR 1999, 45 zu einem Verurteilungsfall; dazu auch: auch OLG Hamm StraFO 2003, 133; OLG Köln StraFO 2003, 313). Es bedarf somit einer geschlossenen und zusammenhängenden Wiedergabe wenigstens der wesentlichen Grundzüge der Einlassung des Angeklagten, um die Beweiswürdigung des Tatrichters auf sachlichrechtliche Fehler hin überprüfen zu können.

[4] In den Urteilsgründen fehlt jegliche Auseinandersetzung mit der Einlassung der Angeklagten. Es wird nicht einmal mitgeteilt, ob die Angeklagte sich überhaupt zu dem Anklagevorwurf geäußert hat. Soweit sich den Gründen der angefochtenen Entscheidung entnehmen lässt, dass die Feststellungen zu den persönlichen Verhältnissen der Angeklagten auf ihren Angaben beruhen, lässt dies – entgegen der Ansicht des Generalbundesanwalts – nicht den Schluss zu, dass die Angeklagte über Erklärungen zur Person hinaus keine Angaben zur Sache ge-

---

683 BGH, Beschluss vom 30.12.2014 – 2 StR 403/14.

macht hat. Infolgedessen ist das Urteil mangels einer durch das Revisionsgericht überprüfbaren Beweiswürdigung aufzuheben.

23. Urteilsgründe – § 267 StPO

642 Den **Anforderungen des § 267 Abs. 1 Satz 1 StPO**, wonach im Urteil die für erwiesen erachteten Tatsachen anzugeben sind, genügen nur solche Feststellungen, in denen die gesetzlichen Merkmale der Straftat gefunden werden. Hierzu hat der Tatrichter die Urteilsgründe so abzufassen, dass sie erkennen lassen, welche der festgestellten Tatsachen den einzelnen objektiven und subjektiven Tatbestandsmerkmalen zuzuordnen sind und sie ausfüllen. Rechtsbegriffe müssen durch die ihnen zugrunde liegenden Vorgänge aufgelöst werden, sofern sie nicht allgemein geläufig sind oder sich die ihnen zugrunde liegenden Tatsachen aus dem Urteilszusammenhang ergänzen lassen.[684]

[4] 2. Der Schuldspruch im Fall II.5. der Urteilsgründe („Forderungsmanagement") hält revisionsrechtlicher Überprüfung nicht stand. Weder tragen die Feststellungen die Annahme eines vollendeten gewerbsmäßigen Bandenbetrugs (§ 263 Abs. 5 StGB) noch sind diese ausreichend belegt. Im Einzelnen:

[5] a) Nach den diesbezüglichen Feststellungen fasste der Angeklagte zusammen mit dem Angeklagten D. und der Mitangeklagten K. den Entschluss, gemeinsam sogenanntes Forderungsmanagement zu betreiben. Über die Firmen MS und SK schlossen sie Verträge mit anderen Unternehmen, den sog. Produktgebern, ab, für die sie Forderungen gegenüber den ihnen genannten Personen geltend machen sollten. Die einzuziehenden Forderungen sollten aus dem telefonischen Vertrieb von Gewinnspieleintragungsdiensten und Zeitschriftenabonnements resultieren. 50% der generierten Einnahmen sollten an die jeweiligen Produktgeber zurückfließen, den Rest sollten die Angeklagten S., D. und K. vereinnahmen.

[6] Auf dieser Grundlage versendeten die Angeklagten Schreiben an die von ihren Vertragspartnern mitgeteilten Kunden, mit denen sie die Zahlung der ihnen genannten Ansprüche anmahnten. In den Fällen der Forderungen, die mit dem Vertrieb des Lotterieeintragungsdienstes „Gewinnerzentrale 49" in Zusammenhang standen, wurden die Kunden in den von den Angeklagten versendeten Schreiben aufgefordert, einen Betrag in Höhe von 99 € zur Vertragsbeendigung zu zahlen. Die Geschädigten wurden zum Teil durch die in den Mahnschreiben aufgeführte Drohung, dass rechtliche Schritte eingeleitet würden bzw. dass im Falle von Zwangsvollstreckungsmaßnahmen höhere Kosten entstünden, zu Zahlungen veranlasst, obwohl weitere Maßnahmen gar nicht geplant waren. In einigen Fällen wurde bei den überwiegend älteren Adressaten der Eindruck hervorgerufen, dass sie tatsächlich einen Vertrag geschlossen hatten und damit ein entsprechender Irrtum erregt. Insgesamt erwirkten die Angeklagten auf diese Weise Zahlungen in Höhe von 192.398 €.

[7] Hinsichtlich der aus dem Gewinnspieleintragungsdienst „Gewinnerzentrale 49" geltend gemachten Ansprüche sah der Angeklagte die Möglichkeit, dass es sich um nicht bestehende Forderungen handelte, und billigte dies (UA S. 58). Be-

---

[684] BGH, Beschluss vom 01.10.2015 – 3 StR 102/15.

züglich der Forderungen aus den vertriebenen Zeitschriftenabonnements sowie einem Teil der anderen Gewinnspieleintragungsdienste wusste der Angeklagte S., „dass diese Forderungen tatsächlich nicht berechtigt waren, d.h. dass entweder gar keine Forderungen bestanden oder aber dass entsprechende Verträge aufgrund von Betrugshandlungen zustande gekommen waren“ (UA S. 58f.). Hinsichtlich des verbleibenden Teils der Gewinnspieleintragungsdienste, aus denen die angemahnten Zahlungsansprüche resultierten („ProWin 59“, „Euromillions“, „SmartWin“ und „WinTotal 24“), wusste er zumindest, „dass derartige Gewinnspiele unter falschen Versprechungen vertrieben wurden, was hinsichtlich dieser Gewinnspiele auch tatsächlich der Fall war“ (UA S. 59).

[8] b) Diese Feststellungen genügen nicht den Anforderungen des § 267 Abs. 1 Satz 1 StPO, wonach im Urteil die für erwiesen erachteten Tatsachen anzugeben sind, in denen die gesetzlichen Merkmale der Straftat gefunden werden. Hierzu hat der Tatrichter die Urteilsgründe so abzufassen, dass sie erkennen lassen, welche der festgestellten Tatsachen den einzelnen objektiven und subjektiven Tatbestandsmerkmalen zuzuordnen sind und sie ausfüllen (BGH, Beschluss vom 13. Januar 2005 – 3 StR 473/04, BGHR StPO § 267 Abs. 1 Satz 1 Sachdarstellung 13). Rechtsbegriffe müssen durch die ihnen zugrunde liegenden Vorgänge aufgelöst werden, sofern sie nicht allgemein geläufig sind oder sich die ihnen zugrunde liegenden Tatsachen aus dem Urteilszusammenhang ergänzen lassen (KK-Kuckein, StPO, 7. Aufl., § 267 Rn. 9; LR/Stuckenberg, StPO, 26. Aufl., § 267 Rn. 38 jeweils mwN).

[9] Nach diesen Maßstäben belegen die Urteilsgründe das Tatbestandsmerkmal des Vermögensschadens (§ 263 Abs. 1 StPO) nicht hinreichend. Ein solcher scheidet aus, wenn durch die täuschungsbedingt erwirkte Zahlung eine entsprechende Zahlungspflicht des Getäuschten erlischt (st. Rspr.; vgl. etwa BGH, Urteil vom 22. Januar 2014 – 5 StR 468/12, BGHR StGB § 263 Abs. 1 Vermögensschaden 80). Dies kommt vorliegend in den Fällen in Betracht, in denen die angeschriebenen Kunden zunächst tatsächlich einen Vertrag mit den Produktgebern geschlossen hatten. Dass die Befreiung von der vertraglichen Zahlungspflicht keinen kompensationsfähigen Vorteil begründete, weil es sich um nach § 123 BGB anfechtbare Verträge handelte (vgl. BGH aaO), lässt sich anhand der Urteilsfeststellungen nicht nachvollziehen. Allein die pauschale, nicht näher ausgeführte Feststellung, die Verträge seien aufgrund von Betrugshandlungen oder falschen Versprechungen zustande gekommen, zeigt die Voraussetzungen eines Anfechtungsrechts nach § 123 BGB oder anderer auf Vertragsaufhebung gerichteter Rechte der Kunden nicht auf; der Rechtsbegriff des Betrugs ist ebenso ausfüllungsbedürftig wie die Deutungsspielräume zulassende Wendung „falsche Versprechungen“. Insbesondere wird nicht ersichtlich, dass die Kunden über den Wert der erworbenen Gegenleistung getäuscht worden waren. Mangels näherer Feststellungen zu den vertriebenen Gewinnspieleintragungsdiensten und Zeitschriftenabonnements lässt sich deren Wert nicht in Beziehung zu den jeweils geltend gemachten Forderungen setzen; dass die Teilnahme an Gewinnspieleintragungsdienste oder erworbene Zeitschriftenabonnements per se wertlos sind, versteht sich nicht von selbst.

[10] Schon aus diesem Grund bedarf der Schuldspruch der Aufhebung. Die Urteilsgründe lassen offen, ob die bei der Bestimmung des Vermögensschadens berücksichtigten Einzelzahlungen der Geschädigten auch auf Fälle zurückgingen, in denen gar kein Vertragsschluss zwischen den Kunden und den Produktgebern zu-

stande gekommen war. Die in den Urteilsgründen enthaltene tabellarische Auflistung differenziert insoweit – was für sich genommen allerdings noch keinen Rechtsfehler begründet – nicht.

[11] c) Daneben besteht ein durchgreifender Rechtsfehler darin, dass das Landgericht seinen Schluss, die in die Bestimmung des Vermögensschadens eingestellten Zahlungen seien ausschließlich auf Fälle zurückgegangen, in denen zuvor mit den angeschriebenen Kunden entweder gar kein Vertrag zustande gekommen oder ein solcher aufgrund von Betrugshandlungen bzw. unter falschen Versprechungen erwirkt worden war, nicht auf eine tragfähige Beweisgrundlage gestützt hat. Auch der Beweiswürdigung zum Vorsatz des Angeklagten S. lässt sich nicht entnehmen, aufgrund welcher Umstände die Strafkammer die Überzeugung gewonnen hat, dass die – für sich betrachtet rechtsfehlerfrei begründeten – subjektiven Vorstellungen des Angeklagten auch in objektiver Hinsicht zutrafen. Dies gilt insbesondere auch für die anhand der Beweiswürdigung nicht nachvollziehbare Differenzierung, wonach den hinsichtlich der Produkte „ProWin 59", „Euromillions", „SmartWin" und „WinTotal 24" geltend gemachten Zahlungsansprüchen sämtlich zunächst zustande gekommene Vertragsabschlüsse zugrunde lagen, die jedoch auf falsche Versprechungen zurückgingen (UA S. 59), hinsichtlich der übrigen Gewinnspieleintragungsdienste und Zeitschriftenabonnements jedoch entweder gar keine Forderungen bestanden oder solche aufgrund von Betrugshandlungen zustande gekommen waren (UA S. 58).

[12] Darüber hinaus entbehrt die Annahme des Landgerichts, sämtliche festgestellten Zahlungen seien irrtumsbedingt geleistet worden, einer sie tragenden Beweiswürdigung. Dem Urteil lässt sich – auch im Gesamtzusammenhang – nicht entnehmen, aufgrund welcher Umstände sich die Strafkammer hiervon überzeugt hat. Dass ein Teil der Adressaten auf die Mahnschreiben und Angebote zur Vertragsaufhebung in Kenntnis der Rechtslage und unbeeinflusst von der Drohung, es würden andernfalls rechtliche Schritte eingeleitet, nur deshalb zahlten, weil sie mit der Angelegenheit nicht weiter belästigt werden wollten, liegt im Hinblick darauf, dass sich der festgestellte Gesamtschaden aus mehreren hundert Einzelzahlungen zusammensetzt, nicht derart fern, dass sich weitere Ausführungen hierzu erübrigten (vgl. auch BGH, Beschlüsse vom 23. Juni 2015 – 1 StR 243/15 juris Rn. 4; vom 7. August 2014 – 3 StR 105/14, juris Rn. 3).

643 1. Es ist nicht erforderlich, dass das Tatgericht das Revisionsgericht im Detail darüber unterrichtet, welche Ergebnisse die im Hauptverhandlungsprotokoll verzeichneten Beweiserhebungen erbracht haben.

2. Auch muss der Tatrichter nicht für alle Feststellungen einen Beleg erbringen.

3. Im Falle der Verurteilung des Angeklagten ist er aber verpflichtet, die für den Schuldspruch **wesentlichen Beweismittel im Rahmen seiner Beweiswürdigung heranzuziehen und einer erschöpfenden Würdigung zu unterziehen.**

4. Die Erörterungsbedürftigkeit beurteilt sich nach dem Ergebnis der Beweisaufnahme; nur mit Umständen, die im Zeitpunkt der Urteilsfällung noch beweiserheblich waren, muss sich der Tatrichter im Urteil auseinandersetzen.[685]

---

[685] BGH, Beschluss vom 25.02.2015 – 4 StR 39/15; zu den Darstellungen der Urteilsgründe vgl. auch BGH, Beschluss vom 30.06.2015 – 3 StR 179/15.

[2] 1. Die Beweiswürdigung ist vom Gesetz dem Tatrichter übertragen (§ 261 StPO). Es obliegt allein ihm, sich unter dem umfassenden Eindruck der Hauptverhandlung ein Urteil über die Schuld oder Unschuld des Angeklagten zu bilden. Seine Schlussfolgerungen brauchen nicht zwingend zu sein; es genügt, dass sie möglich sind. Die revisionsgerichtliche Prüfung beschränkt sich darauf, ob dem Tatgericht Rechtsfehler unterlaufen sind. Das ist in sachlich-rechtlicher Hinsicht der Fall, wenn die Beweiswürdigung widersprüchlich, unklar oder lückenhaft ist, gegen Denkgesetze oder gesicherte Erfahrungssätze verstößt oder an die Überzeugung von der Schuld des Angeklagten überhöhte Anforderungen stellt. Die schriftlichen Urteilsgründe müssen daher so sorgfältig und strukturiert abgefasst sein, dass die tatgerichtliche Entscheidung nachvollziehbar und einer revisionsrechtlichen Überprüfung anhand dieses Maßstabes zugänglich ist (st. Rspr.; vgl. etwa BGH, Urteil vom 7. August 2014 – 3 StR 224/14 mwN).

[3] Dabei dienen die schriftlichen Urteilsgründe nicht der Nacherzählung des Ablaufs der Ermittlungen oder der Dokumentation des Gangs der Hauptverhandlung. Die Annahme, es sei notwendig, das Revisionsgericht im Detail darüber zu unterrichten, welche Ergebnisse die im Hauptverhandlungsprotokoll verzeichneten Beweiserhebungen erbracht haben, ist verfehlt (BGH aaO). Auch muss der Tatrichter nicht für alle Feststellungen einen Beleg erbringen (BGH, Urteil vom 17. April 2014 – 3 StR 27/14, NStZ-RR 2014, 279f. mwN). Er ist im Fall einer Verurteilung des Angeklagten grundsätzlich aber verpflichtet, die für den Schuldspruch wesentlichen Beweismittel im Rahmen seiner Beweiswürdigung heranzuziehen und einer erschöpfenden Würdigung zu unterziehen (vgl. etwa BGH, Beschluss vom 20. März 2002 – 5 StR 448/01). Insofern beurteilt sich die Erörterungsbedürftigkeit nach dem Ergebnis der Beweisaufnahme; (nur) mit Umständen, die im Zeitpunkt der Urteilsfällung noch beweiserheblich waren, muss sich der Tatrichter im Urteil auseinandersetzen (vgl. BGH, Beschluss vom 30. Mai 2000 – 1 StR 183/00, NStZ-RR 2001, 174f.; Urteil vom 24. Januar 2006 – 5 StR 410/05). Es ist deshalb regelmäßig überflüssig, nach den tatsächlichen Feststellungen sämtliche in der Hauptverhandlung erhobenen Beweismittel, auf denen das Urteil beruhen soll, aufzuzählen; dies kann die Würdigung der Beweise nicht ersetzen (so bereits BGH, Beschluss vom 17. Oktober 1996 – 1 StR 614/96) und stellt lediglich eine vermeidbare Fehlerquelle dar, da sie Anlass zu Rügen nach § 261 StPO geben kann (BGH, Beschluss vom 17. November 1999 – 3 StR 385/99, NStZ 2000, 211).

[4] 2. Daran gemessen ist verfehlt, dass das Landgericht im Anschluss an die Feststellungen mitteilt, dass diese unter anderem auf den Angaben von 17, teils sogar mit ihren Geburtsnamen bezeichneten Zeugen, auf im Einzelnen aufgeführten, in der Hauptverhandlung verlesenen Urkunden und in Augenschein genommenen Lichtbildern beruhen, es indes auf die Lichtbilder weder gemäß § 267 Abs. 1 Satz 3 StPO verweist, noch die Inhalte der Urkunden näher mitteilt und von den 17 vernommenen Zeugen im Folgenden lediglich fünf Aussagen dargestelltst und erörtert werden.

[5] 3. Hierauf beruht das Urteil hinsichtlich des Angeklagten K. aber nicht. Denn das Landgericht stützt seine Überzeugung von der Täterschaft dieses Angeklagten auf dessen Geständnis sowie auf das dieses bestätigende (Teil-) Geständnis des an einem Teil der dem Angeklagten K. zur Last gelegten Taten beteiligten Angeklagten M. und eines weiteren, als Zeugen vernommenen Beteiligten an einer der Taten.

644 Anforderungen an Feststellungen, Beweiswürdigung und rechtliche Würdigung einer Entscheidung zur erforderlichen Überprüfungsmöglichkeit im Revisionsverfahren.[686]

[5] Das Urteil kann schon deswegen keinen Bestand haben, weil dem Senat aufgrund unklarer, lückenhafter und widersprüchlicher Ausführungen in den Feststellungen, der Beweiswürdigung und der rechtlichen Würdigung keine Überprüfung möglich ist, ob die Schwurgerichtskammer dem Angeklagten zutreffend eine Rechtfertigung wegen Notwehr (§ 32 Abs. 1 StGB) versagt hat. Namentlich ist auch dem Zusammenhang der Urteilsgründe nicht hinreichend zu entnehmen, wie sich die „Kampflage" unmittelbar vor den beiden Schlägen mit Eisenstange objektiv darstellte. Während sich aus den Feststellungen nicht eindeutig ergibt, dass der Angriff nach dem beiderseitigen Aufstehen fortdauerte, vielmehr nur von einer Angst des Angeklagten „vor weiteren Angriffen" die Rede ist, wird in der rechtlichen Würdigung auf einen „festgestellten Angriff" bzw. auf ein aggressives „Losgehen" des Geschädigten auf den Angeklagten abgehoben. Weder das eine noch das andere findet aber in der Beweiswürdigung eine hinreichende Stütze. Die Schwurgerichtskammer beschränkt sich dort nämlich auf die Aussage, die Feststellungen zum äußeren Tatablauf beruhten „im Wesentlichen" auf dem Geständnis des Angeklagten, ohne die Bekundungen des Angeklagten zur Situation im maßgebenden Zeitpunkt ansatzweise mitzuteilen. Art und Ausmaß der „Kampflage" sind aber bestimmend für die Frage der Erforderlichkeit der Verteidigungshandlung; die Beurteilung muss auf der Grundlage einer objektiven Betrachtung der tatsächlichen Verhältnisse im Zeitpunkt der Verteidigungshandlung erfolgen.

645 Die **Beweiswürdigung** ist **Sache des Tatgerichts**. Ihm allein obliegt es, das Ergebnis der Hauptverhandlung festzustellen und zu würdigen. Die revisionsgerichtliche Prüfung ist darauf beschränkt, ob dem Tatgericht Rechtsfehler unterlaufen sind. Das ist in sachlich-rechtlicher Hinsicht der Fall, wenn die Beweiswürdigung widersprüchlich, unklar oder lückenhaft ist, namentlich wesentliche Feststellungen nicht erörtert, oder gegen die Denkgesetze oder gesicherte Erfahrungssätze verstößt.[687]

[9] 2. Diesen Anforderungen genügt die landgerichtliche Beweiswürdigung nicht.

[10] a) Das Landgericht hat maßgeblich auf die Offenbarung von Täterwissen durch die Angeklagte abgestellt. Der Schluss auf das Täterwissen weist aber Widersprüche und Lücken auf.

[11] aa) Zwar führt das Landgericht im Rahmen der Beweiswürdigung aus, die Angeklagte habe sich ohne die Erwähnung des Dachbodens zu diesem als Brandort verhalten. Das steht allerdings in einem nicht aufgelösten Widerspruch zu den Feststellungen, wonach der Polizeibeamte die Angeklagte darauf hingewiesen habe, dass der Brand auf dem Dachboden ausgebrochen sei. Würde dies zutreffen, könnte in der Benennung des Dachbodens kein Täterwissen gesehen werden.

---

686 BGH, Beschluss vom 28.10.2015 – 5 StR 397/15; Beschluss vom 29.04.2015 – 2 StR 398/14.

687 BGH, Beschluss vom 30.09.2015 – 1 StR 445/15; Urteil vom 10.11.2015 – 5 StR 303/15; Urteil vom 16.09.2015 – 2 StR 431/14; Urteil vom 24.02.2015 – 5 StR 621/14.

Angesichts des Umstands, dass die Angeklagte bei dieser Äußerung die am qualmenden Dachstuhl stattfindenden Löschungsarbeiten beobachtete, wäre es ohnehin auch ohne diesen Vorhalt bedenklich, die diesbezügliche Äußerung als Offenbarung von Kenntnissen über den genauen Tatablauf anzusehen.

[12] bb) Soweit das Landgericht hingegen in der „Vorwegverteidigung" – der Dachboden sei verschlossen und sie habe den Schlüssel verloren – Täterwissen gesehen hat, ist dies ebenfalls nicht tragfähig begründet. Hierzu fehlt die erforderliche Auseinandersetzung mit insoweit relevanten Feststellungen, die andere Erklärungsmöglichkeiten für die Äußerung der Angeklagten bieten.

[13] Angesichts der Feststellung, dass die Tür zum Dachboden sowohl vor als auch nach dem Brand verschlossen war, und der Erörterung der von der Hausverwaltung für erforderlich erachteten Verteilung von Dachbodenschlüsseln an alle Bewohner, drängt sich der Schluss auf, dass das Verschlossen sein des Dachbodens kein ungewöhnlicher Umstand war und daher dessen Erwähnung auch nicht auf die Kenntnis des genauen Tatablaufs schließen lässt. Das Landgericht hat sich jedoch hiermit nicht auseinander gesetzt und damit offen gelassen, ob in der Äußerung der Angeklagten allein ein entlastender Hinweis auf ihre fehlende Möglichkeit, überhaupt auf den Dachboden zu gelangen, liegen könnte.

[14] b) Sollte das Landgericht in dem Umstand der „Vorwegverteidigung" ein die Angeklagte belastendes Indiz erblickt haben, so bleiben auch die dem zugrunde liegenden Erörterungen lückenhaft. Soweit das Landgericht die Verfänglichkeit dieser Äußerung daran festmacht, dass noch kein Tatverdacht gegen die Angeklagte geäußert worden sei, fehlt eine Auseinandersetzung mit dem Umstand, dass die Äußerung gegenüber demjenigen Polizeibeamten fiel, der bereits gegen die Angeklagte in der früheren Brandsache ermittelt hatte, auch am Tatabend nach seinen eigenen Angaben bereits einen „vagen Verdacht" gegen die Angeklagte hegte und ihre Äußerung nicht spontan, sondern auf entsprechende Ansprache des Beamten fiel. Damit ist aber nicht ausgeschlossen, dass die als „Vorwegverteidigung" angesehene Äußerung der Ausräumung eines zwar nicht ausgesprochenen, aber im Raum stehenden Verdachts diente.

[15] Die Widerlegung bewusst wahrheitswidrigen Entlastungsvorbringens liefert jedoch in der Regel kein zuverlässiges Indiz für die Täterschaft der Angeklagten. Soll eine Lüge als Belastungsindiz dienen, setzt dies vielmehr voraus, dass mit rechtsfehlerfreier Begründung dargetan wird, warum im zu entscheidenden Fall eine andere Erklärung nicht in Betracht kommt oder – wiewohl denkbar – nach den Umständen so fernliegt, dass sie ausscheidet (vgl. BGH, Urteil vom 5. Juli 1995 – 2 StR 137/95, BGHSt 41, 153, 155 f.; Beschluss vom 16. Dezember 2010 – 4 StR 508/10, NStZ-RR 2011, 118; Sander in Löwe/Rosenberg, StPO, 26. Aufl., § 261 Rn. 74).

Die Beweiswürdigung ist Sache des Tatrichters (§ 261 StPO). Allein ihm obliegt es, **646**
sich unter dem umfassenden Eindruck der Hauptverhandlung ein Urteil über die Schuld oder Unschuld des Angeklagten zu bilden. Die **revisionsgerichtliche Prüfung** beschränkt sich darauf, ob dem Tatrichter Rechtsfehler unterlaufen sind.[688]

---

[688] BGH, Beschluss vom 07.10.2015 – 4 StR 327/15; vgl. hierzu auch Beschluss vom 18.02.2015 – 2 StR 278/14. Aufhebung infolge von Darstellungsmängeln durch Urteil vom 01.07.2015 – 2 StR 524/14; Urteil vom 05.03.2015 – 3 StR 514/14.

[5] Die Revision hat mit der Sachrüge Erfolg. Die Beweiswürdigung begegnet durchgreifenden rechtlichen Bedenken.

[6] 1. Die Beweiswürdigung ist Sache des Tatrichters (§ 261 StPO). Allein ihm obliegt es, sich unter dem umfassenden Eindruck der Hauptverhandlung ein Urteil über die Schuld oder Unschuld des Angeklagten zu bilden. Die revisionsgerichtliche Prüfung beschränkt sich darauf, ob dem Tatrichter Rechtsfehler unterlaufen sind. Das ist in sachlich-rechtlicher Hinsicht der Fall, wenn die Beweiswürdigung widersprüchlich, unklar oder lückenhaft ist oder gegen Denkgesetze oder gesicherte Erfahrungssätze verstößt. Zudem muss das Urteil erkennen lassen, dass der Tatrichter solche Umstände, die geeignet sind, die Entscheidung zu Gunsten oder zu Ungunsten des Angeklagten zu beeinflussen, erkannt und in seine Überlegungen einbezogen hat. Dabei dürfen die einzelnen Beweisergebnisse nicht nur isoliert gewertet werden, sondern müssen in eine umfassende Gesamtwürdigung eingestellt worden sein (vgl. BGH, Urteil vom 5. Dezember 2013 – 4 StR 371/13, Rn. 8 zitiert nach juris mwN). Werden diese Grundsätze beachtet, kann der Tatrichter die Überzeugung von der Täterschaft eines Angeklagten auch dann rechtsfehlerfrei gewinnen, wenn die Tat als solche kaum verständlich und das Motiv des Täters nicht feststellbar ist (vgl. BGH, Urteil vom 31. Juli 1996 – 1 StR 247/96, NStZ-RR 1997, 42, 43).

[7] 2. Nach diesen Maßstäben hält die durch die Schwurgerichtskammer vorgenommene Beweiswürdigung rechtlicher Prüfung in mehrfacher Hinsicht nicht stand.

[8] a) Die Beweiswürdigung ist lückenhaft, weil sie eine nach der Beweislage und den Umständen des Einzelfalls wesentliche Feststellung nicht erörtert (vgl. BGH, Urteil vom 5. Dezember 2013 – 4 StR 371/13, Rn. 13; Urteil vom 22. Mai 2007 – 1 StR 582/06, Rn. 24; jeweils zitiert nach juris).

[9] Das Landgericht hat seine Überzeugung von der Täterschaft des Ange- klagten unter anderem auf den Umstand gestützt, dass beim Eintreffen der Polizei am Folgetag keine Aufbruchspuren vorhanden gewesen seien und es keine Anhaltspunkte dafür gebe, dass die Terrassentür „auf Kipp gestanden hätte" und sich eine dritte Person „mittels Hineingreifen" Einlass verschafft haben könnte. Es bestünde deshalb kein Anlass für die Annahme, dass ein unbekannter Dritter in das Haus eingedrungen sein könnte und die Geschädigten getötet habe. Bei dieser Sachlage hätte es näherer Erörterung bedurft, dass die Zeugin G. und der Zeuge Sch., als sie am 25. Dezember 2013 das Tatanwesen aufsuchten, die Terrassentür unverschlossen vorfanden und – offenkundig von außen – aufzudrücken vermochten. Sollte die Terrassentür auch vor der Tat unverschlossen gewesen sein, käme dem Fehlen von Einbruchspuren und dem Ausschluss eines „Auf-Kipp-Stehens" der Terrassentür keine indizielle Bedeutung mehr zu. Eine Erörterung dieses Umstands hat sich auch nicht de halb erübrigt, weil das Landgericht unter Bezugnahme auf die Angaben des Zeugen St. ausgeführt hat, dass die Getöteten ihre Haustür immer abschlossen und nur Verwandte oder Bekannte einließen (UA 32).

[10] b) Die Urteilsgründe lassen auch besorgen, dass das Landgericht die Beweisergebnisse nur für sich genommen gewertet und nicht in eine umfassende Gesamtwürdigung einbezogen hat. Die Strafkammer legt in den Urteilsgründen die den Angeklagten belastenden Indizien einzeln dar und behandelt danach die für ihn sprechenden Gesichtspunkte. Eine Gesamtschau aller be- und entlasten-

den Umstände findet nicht statt; sie war trotz der gewichtigen, für eine Täterschaft des Angeklagten sprechenden Umstände auch nicht entbehrlich. Stattdessen werden die entlastenden Gesichtspunkte (kein Tatmotiv feststellbar, nur geringes Aggressionspotential) lediglich isoliert bewertet und einzeln als nicht durchgreifend zurückgewiesen („steht der Annahme der Täterschaft nicht entgegen“, „führt nicht zwingend zu dem Schluss, dass er diese Tat nicht begangen hat“).

[11] Die Sache bedarf daher neuer Verhandlung und Entscheidung.

Das Tatgericht ist nicht gehalten, einem Sachverständigen zu folgen. Kommt es aber zu einem anderen Ergebnis, so muss es sich konkret mit den Ausführungen des Sachverständigen auseinandersetzen, um zu belegen, dass es über das bessere Fachwissen verfügt.[689] **647**

[8] 3. Die Verurteilung im Fall II. 2. der Urteilsgründe hat keinen Bestand. Die Beweiswürdigung hält revisionsrechtlicher Überprüfung nicht stand.

[9] Das Landgericht hat seine Überzeugung vom Tathergang und der Täterschaft des die Taten bestreitenden Angeklagten im Wesentlichen auf die Aussage der Nebenklägerin gestützt, die es bezüglich weiterer Fälle allerdings als nicht ausreichend für eine Verurteilung bewertet hat. Es ist zudem von der Einschätzung des aussagepsychologischen Sachverständigen abgewichen, der die Erlebnisbezogenheit der Angaben der Nebenklägerin insgesamt in Frage gestellt hat. Die Urteilsgründe genügen den besonderen, an diese Beweiskonstellation zu stellenden Anforderungen nicht (vgl. BGH, Urteil vom 27. März 2003 – 1 StR 524/02, StV 2003, 486; Urteil vom 1. April 2009 – 2 StR 601/08, NStZ 2009, 571; Beschluss vom 24. Februar 2011 – 4 StR 488/10; Beschluss vom 22. Mai 2012 – 5 StR 15/12, NStZ-RR 2012, 287, 288).

[10] a) Zwar ist das Tatgericht nicht gehalten, einem Sachverständigen zu folgen. Kommt es aber zu einem anderen Ergebnis, so muss es sich konkret mit den Ausführungen des Sachverständigen auseinandersetzen, um zu belegen, dass es über das bessere Fachwissen verfügt (vgl. BGH, Beschluss vom 19. Juni 2012 – 5 StR 181/12, NStZ 2013, 55, 56 mwN). Der Sachverständige hat hier die Unwahrhypothese nicht sicher widerlegen können, weil die Geschädigte nicht ausschließbar ein „Hassgefühl“ gegen den Angeklagten entwickelt habe bzw. der Bestrafungswunsch bei ihr so groß gewesen sei, dass eine Trennung der Familie aus ihrer Sicht nicht ausreichend gewesen sei. Es könne sich eine „Autosuggestion“ eingestellt haben, dass sich der Angeklagte trotz des Auszugs der Mutter wiederum überwiegend bei dieser aufhalten werde. Sie könne deshalb das Gefühl gehabt haben, dem durch die Angaben vorbeugen zu müssen. Dieses Falschbelastungsmotiv hat die Strafkammer nicht ausgeräumt. Es ist nicht nachvollziehbar, weshalb es zum Erreichen einer wahrheitswidrigen Bestrafung ausgereicht hätte, wenn „M. ihre[n] Darstellungen bei der Anzeigenerstattung, während des Verfahrens und bei ihrer Vernehmung vom 20.03.2013 … Taten hinzugefügt oder bereits geschilderte] ausgeschmückt hätte“. Diese Würdigung setzt inzident voraus,

[689] BGH, Beschluss vom 02.12.2014 – 4 StR 381/14.

dass Taten tatsächlich stattgefunden haben. Damit ist die Frage, ob die Nebenklägerin bei der Anzeigenerstattung insgesamt wahrheitswidrige Angaben gemacht, Taten hinzugefügt oder ausgeschmückt hat, nicht beantwortet. Dass die Geschädigte bei der Vernehmung in der Hauptverhandlung nur noch äußerst wenige Taten wiedergegeben hat, kann nicht nur, wie die Strafkammer annimmt, auf einem fehlenden Falschbelastungsmotiv beruhen, sondern auch auf ihren festgestellten eingeschränkten geistigen Fähigkeiten. Soweit die Strafkammer damit argumentiert, dass M. gegenüber ihrer Mutter trotz deren Nichteinschreitens nicht von Hassgefühlen beherrscht werde, setzt dieses Argument voraus, dass sich die unter II. 2. festgestellte Tat so zugetragen hat, wie von der Nebenklägerin geschildert.

[11] b) Die Aussage der Nebenklägerin weist nach der Einschätzung des Sachverständigen erhebliche Mängel auf. Ihre intellektuellen Leistungsvoraussetzungen liegen im Grenzbereich zwischen Lernbehinderung und leichter geistiger Behinderung. Auch zeigt sie Symptome einer Störung des Sozialverhaltens. Der Tatrichter hätte unter diesen Umständen in den Urteilsgründen näher darlegen müssen, was die Nebenklägerin in der Hauptverhandlung und bei früheren Vernehmungen ausgesagt hat, um dem Revisionsgericht eine Überprüfung der Beweiswürdigung, insbesondere der Aussagekonstanz, zu ermöglichen. Darüber hinaus verhält sich das Urteil nicht zur Erinnerungsfähigkeit der Nebenklägerin. Insbesondere fällt auf, dass diese etwa zweieinhalb Jahre nach den Taten bei der Polizei acht Vorfälle geschildert hat – dabei nicht den unter II. 1. ausgeurteilten –, bei der Exploration durch den Sachverständigen ein Jahr später und in der Hauptverhandlung aber keine Abgrenzung zwischen den einzelnen Tatvorwürfen mehr vornehmen konnte.

[12] c) Schließlich fehlt auch jede Auseinandersetzung mit der Frage, warum die Mitangeklagte – ihre Mutter – die Nebenklägerin bereits zum Zeitpunkt der Anzeigeerstattung für eine „Lügnerin" hielt (UA 16). Da die Mitangeklagte den sexuellen Missbrauch nach den Feststellungen mit eigenen Augen gesehen hat, hätte es hierfür einer Erklärung bedurft.

[13] d) Angesichts der schwierigen Beweissituation hätte der Tatrichter nicht offen lassen dürfen, ob die Nebenklägerin und ihre Schwester bereits früher einmal einen Jungen zu Unrecht einer Vergewaltigung beschuldigt haben, wie es der Zeuge H. bekundet hat. Die Strafkammer hätte aufklären müssen, ob tatsächlich aufgrund der Angaben der beiden Mädchen ein Junge aus dem Kinderheim in die Psychiatrie gekommen ist und ob sich gegebenenfalls die Beschuldigung als zutreffend erwiesen hat.

648 Voraussetzung für die Überzeugung des Tatrichters von einem bestimmten Sachverhalt ist nicht eine **absolute, das Gegenteil denknotwendig ausschließende Gewissheit.** Vielmehr genügt ein nach der Lebenserfahrung ausreichendes Maß an Sicherheit, das vernünftige Zweifel nicht aufkommen lässt. Dabei haben solche Zweifel außer Betracht zu bleiben, die realer Anknüpfungspunkte entbehren und sich lediglich auf die Annahme einer theoretischen Möglichkeit gründen. Es ist daher rechtsfehlerhaft, wenn eine nach den Feststellungen naheliegende Schlussfolgerung nicht gezogen ist, ohne dass konkrete Gründe angeführt sind, die dieses Ergebnis stützen könnten. Alternative, für den Angeklagten günstige Geschehensabläufe sind erst dann bedeutsam, wenn für ihr Vorliegen konkrete Anhaltspunkte erbracht sind und sie deshalb nach den gesamten Umständen als möglich in Betracht kommen.[690]

[8] Das Urteil hält sachlich-rechtlicher Nachprüfung nicht stand, weil sich die ihm zugrundeliegende Beweiswürdigung als nicht tragfähig erweist.

[9] 1. Spricht der Tatrichter einen Angeklagten frei, weil er Zweifel an seiner Täterschaft nicht zu überwinden vermag, so ist dies durch das Revisionsgericht in der Regel hinzunehmen. Seiner Beurteilung unterliegt nur, ob dem Tatrichter bei der Beweiswürdigung Rechtsfehler unterlaufen sind. Das ist in sachlichrechtlicher Hinsicht etwa der Fall, wenn der Tatrichter die von ihm festgestellten Tatsachen nicht unter allen für die Entscheidung wesentlichen Gesichtspunkten gewürdigt hat oder über schwerwiegende Verdachtsmomente ohne Erörterung hinweggegangen ist (BGH, Urteil vom 29. September 1998 – 1 StR 416/98, NStZ 1999, 153). Der revisionsgerichtlichen Überprüfung unterliegt es demnach auch, ob überspannte Anforderungen an die für eine Verurteilung erforderliche Gewissheit gestellt worden sind (st. Rspr.; vgl. BGH, Urteile vom 18. Januar 2011 – 1 StR 600/10, NStZ 2011, 302, 303 und vom 10. August 2011 – 1 StR 114/11, NStZ 2012, 110, 111).

[10] Voraussetzung für die Überzeugung des Tatrichters von einem bestimmten Sachverhalt ist nicht eine absolute, das Gegenteil denknotwendig ausschließende Gewissheit. Vielmehr genügt ein nach der Lebenserfahrung ausreichendes Maß an Sicherheit, das vernünftige Zweifel nicht aufkommen lässt. Dabei haben solche Zweifel außer Betracht zu bleiben, die realer Anknüpfungspunkte entbehren und sich lediglich auf die Annahme einer theoretischen Möglichkeit gründen (Senat, Urteil vom 1. September 1993 – 2 StR 361/93, BGHR StPO § 261 Überzeugungsbildung 22; BGH, Urteil vom 11. April 2002 – 4 StR 585/01, NStZ-RR 2002, 243). Es ist daher rechtsfehlerhaft, wenn eine nach den Feststellungen naheliegende Schlussfolgerung nicht gezogen ist, ohne dass konkrete Gründe angeführt sind, die dieses Ergebnis stützen könnten. Alternative, für den Angeklagten günstige Geschehensabläufe sind erst dann bedeutsam, wenn für ihr Vorliegen konkrete Anhaltspunkte erbracht sind und sie deshalb nach den gesamten Umständen als möglich in Betracht kommen (vgl. Senat, Beschluss vom 8. September 1989 – 2 StR 392/89, BGHR StGB § 213 Beweiswürdigung 1; BGH, Urteil vom 11. Januar 2005 – 1 StR 478/04, NStZ-RR 2005, 147).

[11] 2. Hieran gemessen unterliegt die Beweiswürdigung in mehrfacher Hinsicht durchgreifenden rechtlichen Bedenken.

[12] a) Bereits im Ausgangspunkt seiner Beweiswürdigung hat das Landgericht einen unzutreffenden Maßstab zugrunde gelegt. Von einer typischen Aussage-gegen-Aussage-Konstellation, bei der ein seine Schuld im Kern bestreitender Angeklagter allein durch die Aussage eines einzelnen Zeugen belastet wird und objektive Beweisumstände fehlen (vgl. dazu Senat, Beschluss vom 18. Juni 1997 – 2 StR 140/97, BGHR StPO § 261 Beweiswürdigung 14; BGH, Urteil vom 24. April 2003 – 3 StR 181/02, NStZ 2003, 498, 499), ist angesichts hier festgestellter objektiver Beweismittel nicht auszugehen. Durch objektive Beweismittel ist etwa die Feststellung abgesichert, dass die multiplen Prellungen im Gesicht,

[690] BGH, Urteil vom 29.04.2015 – 2 StR 14/15; siehe hierzu auch Urteil vom 18.08.2015 – 5 StR 78/15.

am Brustkorb und den oberen Extremitäten des Geschädigten sowie die Lungenquetschung, die der Geschädigte am Morgen des 21. August 2013 aufwies, nur durch Dritte zugefügt worden sein konnten; zudem wurden in dem Badezimmer der von den vier Angeklagten zur Tatzeit genutzten Wohnung in K.-N. zahlreiche Blutspuren des Geschädigten sowie vier durchtrennte Kabelbinder aufgefunden, was auf die Amputation des Fingers im Badezimmer schließen lässt.

[13] b) Das Urteil lässt zudem nicht erkennen, dass die Strafkammer alle Umstände, die geeignet sind, die Entscheidung zu Gunsten oder zu Ungunsten der Angeklagten zu beeinflussen, in seine Überlegungen einbezogen und dabei nicht nur isoliert gewertet, sondern in eine umfassende Gesamtwürdigung eingestellt hat (zu diesen Erfordernissen etwa BGH, Urteil vom 21. Mai 2015 – 4 StR 577/14, juris Rn. 15 mwN). Die Strafkammer hat schon den Blick fehlerhaft dahin verengt, die Aussage des Geschädigten den Feststellungen „nur insoweit zugrundezulegen, als diese durch objektive Umstände außerhalb der Aussage selbst gestützt werden" (UA S. 30f.). Einzelne, nahezu nur die Aussagekonstanz betreffende Indizien, die für und gegen die Glaubhaftigkeit der Aussage des Geschädigten sprechen, werden zwar schematisch benannt und gewürdigt, jedoch ohne sie erkennbar mit allen anderen Umständen gesamtwürdigend zu gewichten.

[14] c) Die Erwägungen, mit denen das Landgericht Tritte und Schläge zum Nachteil des Geschädigten D. durch alle vier Angeklagten sowie das Abschneiden des kleinen Fingers im Mittelglied in der Annahme, der Geschädigte habe die Angeklagten an die Polizei „verraten", für nicht mit der erforderlichen Sicherheit feststellbar gehalten hat, lassen besorgen, dass es von überspannten Anforderungen bei der richterlichen Überzeugungsbildung ausgegangen ist und maßgebliche – durch objektive Beweismittel abgesicherte (s. oben lit. a)) – Gesichtspunkte nicht in den Blick genommen hat.

[15] Angesichts zahlreicher weiterer gegen die vier Angeklagten sprechenden Verdachtsmomente (Auffinden von „typische(n) Aufbruchswerkzeug"; Entdeckung der Observation am 19. August 2013; Auffinden von Kabelbindern; Schlüssel zur Zimmertür des frisch geputzten Bades steckte „außen"; Hilfesuchen des Geschädigten bei einem Passanten am 21. August 2013), hätte eine Zurechnung der Verletzungen des Geschädigten durch die vier Angeklagten nur dann zweifelhaft sein können, wenn ein alternativer Geschehensablauf in Betracht zu ziehen gewesen wäre. Das Landgericht hat dafür ausreichen lassen, dass „[...] außerhalb der mängelbelasteten Aussage des Zeugen (D.) [...] schon nur eine Anwesenheit aller Angeklagter zur Tatzeit und eine Beteiligung an den Misshandlungen (nicht) hinreichend sicher (belegt sei)" (UA S. 43f.). Insbesondere könne „nicht ausgeschlossen werden, dass der Zeuge auch nur einen der vier Angeklagten zu Unrecht" belaste. Mangels anderweitiger Anhaltspunkte sei dann „zugunsten eines jeden Angeklagten zu unterstellen, dass gerade er von einer Falschbezichtigung betroffen" sei (UA S. 44). Unter Berücksichtigung einer „eingeräumten (wenn auch einmaligen) Selbstverletzung des Zeugen D. (könne) [...] nicht einmal hinreichend sicher ausgeschlossen werden, dass er sich zumindest die Teilamputation des Fingers auch selbst zugefügt haben könnte" (UA S. 43).

[16] Damit nimmt die Strafkammer jedoch einen für die Angeklagten günstigen Geschehensablauf an, für welchen es nach den Feststellungen keinerlei konkrete Anhaltspunkte gibt. Insbesondere sind keine hinreichenden Umstände ersichtlich, weshalb der Geschädigte ein Motiv gehabt haben sollte, alle vier Angeklagten

gemeinsam falsch zu belasten, und sich dabei selbst eine so tiefgreifende Verletzung in Form der Amputation des kleinen Fingers im Mittelglied zugefügt haben sollte. Soweit die Strafkammer darauf abstellt, dass sich der Geschädigte D. während seiner Inhaftierung im Jahr 2014 einmal in die Unterarme geritzt hatte, betrifft dies eine grundlegend andere Art und Weise der (Selbst-)Verletzung, die mit einer (Selbst-)Amputation eines Körperglieds nicht vergleichbar ist. Auch aus dem Umstand, dass der Geschädigte im Jahr 2008 oder 2009 für einen Monat in einer kinderpsychiatrischen Einrichtung untergebracht war, lässt sich nicht ohne Weiteres schließen, dass er sich im August 2013 in einem ernsten, psychisch zu behandelnden Krankheitszustand befand, der Selbstverletzungen solcher Art nahelegte. Die (unterstellte) Selbstamputation des kleinen Fingers im Mittelglied durch den Geschädigten in der Nacht zum 21. August 2013 in der zusammen mit den Angeklagten genutzten Wohnung in K.-N. lässt sich zudem mit den – objektiv durch Dritte – zugefügten Verletzungen am Oberkörper des Geschädigten sowie dessen Lungenquetschung ebenfalls nicht in Einklang bringen.

[17] d) Schließlich kommt hinzu, dass – entgegen den Ausführungen des Landgerichts – die Angaben des Geschädigten zum Kern des Tatgeschehens, nämlich den Verletzungshandlungen (Tritte und Schläge durch alle vier Angeklagten in der Nacht zum 21. August 2013, Amputation des kleinen Fingers im Mittelglied durch den Angeklagten G. unter Mitwirkung des Angeklagten M. im Badezimmer) konstant sind und nicht nur die Schilderung eines Tatablaufs in „ganz groben, konturlosen Zügen" mit „Inkonsistenzen und Unzuverlässigkeiten [...] Widersprüche(n) und auch offensichtliche(n) Lügen" (UA S. 38) darstellt. In diesem Kontext hätte das Landgericht dann auch in den Blick nehmen müssen, ob der Umstand, dass der Geschädigte ein offensichtliches Motiv für Lügen und widersprüchliche Angaben hinsichtlich des Randgeschehens zu seinem illegalen Aufenthalt in der Bundesrepublik Deutschland unter fremden Namen und einer möglichen Beteiligung an Straftaten hatte, die Glaubhaftigkeit seiner Angaben zum Kerntatgeschehen und seine Glaubwürdigkeit überhaupt in Frage stellen kann.

Bei einem **freisprechenden Urteil** muss der Tatrichter sich in der Beweiswürdigung **649**
mit den festgestellten Indizien auseinandersetzen, die geeignet sind, das Beweisergebnis zu Gunsten oder zu Ungunsten des Angeklagten zu beeinflussen. Dabei dürfen die **Indizien nicht nur isoliert betrachtet** werden, sie müssen vielmehr in eine **umfassende Gesamtwürdigung aller bedeutsamen Umstände** eingebracht werden. Der Tatrichter darf insoweit keine überspannten Anforderungen an die für die Beurteilung erforderliche Gewissheit stellen.[691]

[9] Die Überprüfung des Urteils auf die Sachrüge deckt keinen Rechtsfehler auf.

[10] a) Die Beweiswürdigung ist Sache des Tatrichters (§ 261 StPO). Spricht das Gericht einen Angeklagten frei, weil es Zweifel an seiner Täterschaft nicht zu überwinden vermag, so ist dies durch das Revisionsgericht in der Regel hinzunehmen. Insbesondere ist es ihm verwehrt, die Beweiswürdigung des Tatrichters durch seine eigene zu ersetzen. Die revisionsgerichtliche Prüfung beschränkt sich somit darauf, ob dem Tatrichter bei der Beweiswürdigung Rechtsfehler unterlaufen sind.

[691] BGH, Urteil vom 14.01.2015 – 1 StR 351/14.

[11] Das ist dann der Fall, wenn die Beweiswürdigung widersprüchlich, unklar oder lückenhaft ist, gegen Gesetze der Logik oder gesicherte Erfahrungssätze verstößt (vgl. BGH, Urteil vom 6. November 1998 – 2 StR 636/97, BGHR StPO § 261 Beweiswürdigung 16 mwN; BGH, Urteil vom 17. Juli 2014 – 4 StR 129/14). In der Beweiswürdigung selbst muss sich der Tatrichter mit den festgestellten Indizien auseinandersetzen, die geeignet sind, das Beweisergebnis zu Gunsten oder zu Ungunsten des Angeklagten zu beeinflussen (BGH, Urteile vom 14. August 1996 – 3 StR 183/96, BGHR StPO § 261 Beweiswürdigung 11 und vom 16. Januar 2013 – 2 StR 106/12). Dabei dürfen die Indizien nicht nur isoliert betrachtet werden, sie müssen vielmehr in eine umfassende Gesamtwürdigung aller bedeutsamen Umstände eingebracht werden (BGH, Urteile vom 23. Juli 2008 – 2 StR 150/08, NJW 2008, 2792, 2793 und vom 13. Dezember 2012 – 4 StR 33/12, wistra 2013, 195, 196 mwN). Der Tatrichter darf insoweit keine überspannten Anforderungen an die für die Beurteilung erforderliche Gewissheit stellen (BGH, Urteile vom 26. Juni 2003 – 1 StR 269/02, NStZ 2004, 35, 36; vom 10. August 2011 – 1 StR 114/11, NStZ 2012, 110f.; vom 18. Januar 2011 – 1 StR 600/10, NStZ 2011, 302, 303 und vom 2. Oktober 2013 – 1 StR 75/13).

[12] b) Diesen Anforderungen an eine rechtsfehlerfreie Beweiswürdigung wird das angefochtene Urteil gerecht. Das Landgericht hat in einer umfassenden Beweiswürdigung die wesentlichen für die Entscheidungsfindung bedeutsamen Gesichtspunkte erörtert. Dies genügt den oben dargelegten revisionsrechtlichen Anforderungen an eine umfassende Gesamtwürdigung sämtlicher Indizien unter Zugrundelegung der rechtlich zutreffenden Maßstäbe.

[13] aa) So hat es ausführlich die Besonderheiten und Auffälligkeiten im Aussageverhalten der Nebenklägerin dargelegt und gewürdigt; wieso es sich auf dieser Grundlage nicht von der Erlebnisbasiertheit der Angaben hat überzeugen können, hat es nachvollziehbar begründet. Dass es dabei überspannte Anforderungen an die Überzeugungsbildung gestellt hat, ist nicht zu besorgen. Dies gilt nicht schon allein deswegen, weil es die zutreffenden Obersätze hierzu in seine Erörterungen aufgenommen hat, sondern weil der Inhalt derselben belegt, dass die Überzeugungsbildung daran ausgerichtet, insbesondere nicht von dem Erfordernis einer absoluten, das Gegenteil denknotwendig ausschließenden Gewissheit geleitet ist. Auch dem Umstand, dass bei der Schilderung gleichförmig verlaufender sexueller Missbrauchstaten über einen längeren Zeitraum keine überzogenen Anforderungen an die Individualisierbarkeit der einzelnen Taten zu stellen sind, hat es erkennbar in seine Würdigung eingestellt. Es hat – sachverständig beraten – eine Zusammenziehung einzelner Situationen zu einem Schema in der Erinnerung als Erklärung für die Detailarmut der Schilderungen erwogen. Es hat aber angesichts der übrigen Auffälligkeiten, die nicht an die Detailarmut anknüpfen, eine solche Erklärung für das Aussageverhalten nicht für plausibel erachtet.

[14] Soweit die Revision der Auffassung ist, die Annahme von Detailarmut und Widersprüchen im Aussageverhalten sei nicht zu rechtfertigen, handelt es sich um eine revisionsrechtlich unbeachtliche eigene Beweiswürdigung, teilweise unter Heranziehung urteilsfremder Gesichtspunkte.

[15] bb) Zum Vorwurf des Körperverletzungsdelikts nimmt das Landgericht an mehreren Stellen ausdrücklich in den Blick, dass die Angaben der Nebenklägerin insoweit nicht „die gleiche inhaltliche Kargheit“ bzw. einen „höheren Detail-

grad" wie die Angaben zu den Missbrauchstaten aufweisen. Dass es darüber hinaus feststellt, es habe nichts „näheres über Anlass und Inhalt der Auseinandersetzung eruiert werden" können, ist auch vor dem Hintergrund der Angaben der Nebenklägerin, „wieso der Angeklagte sie geschlagen habe, wisse sie nicht, ... er habe halt wieder einen Ticker gehabt", nicht zu beanstanden. Denn aus dem Zusammenhang der würdigenden Ausführungen ergibt sich, dass das Landgericht die fehlende situative Einbettung des Geschehens beschreibt und vergleichend feststellt, dass die Nebenklägerin bei der Schilderung anderer Geschehen, bei denen der Angeklagte „ausgetickt" sein soll, einen zusammenhängenden Geschehensstrang – wenn auch in unterschiedlichen Versionen -habe schildern können. Maßgeblich für die Überzeugungsbildung des Landgerichts wirkte sich insoweit aber aus, dass die Angaben der Nebenklägerin zu diesem Vorwurf in mehreren Bereichen durch das Ergebnis der Beweisaufnahme, so u.a. die Angaben des behandelnden Arztes, widerlegt worden sind.

[16] cc) Das Landgericht hat auch die belastenden Indiztatsachen – sowohl im Hinblick auf Sexualdelikte als auch Körperverletzungsdelikte – in seine Überzeugungsbildung einbezogen und ausführlich gewürdigt. Dass es sich unter Berücksichtigung dieser Umstände angesichts der rechtsfehlerfrei begründeten, erheblichen Bedenken gegen die Glaubhaftigkeit der Angaben der Nebenklägerin nicht von einem innerhalb des Verfahrensgegenstandes liegenden konkreten Tatgeschehen hat überzeugen können, ist eine tatrichterliche Wertung, die revisionsrechtlich nicht zu beanstanden ist.

Hat ein Angeklagter u.a. der gefährlichen Körperverletzung sich dahin eingelassen, dass der Geschädigte eine von dem Angeklagten drohend auf den Geschädigten gerichtete, entsicherte Pistole versucht habe an sich zu ziehen, so dass sich ein Schuss ungewollt gelöst habe, ist die Ansicht des Tatrichters, es sei „jede Person angesichts der Bedrohung mit einer Schusswaffe bestrebt, diese von sich wegzuschieben, um sich aus der Schussbahn zu bringen", verfehlt. Es existiert **kein Erfahrungssatz des Inhalts, dass ein Mensch eine auf ihn gerichtete Pistole bei dem Versuch, diese wegzunehmen, nicht an sich heranzieht.**[692] **650**

[2] Nach den Feststellungen des Landgerichts suchte der Angeklagte, der eine geladene Pistole mitführte, am 21. Juni 2012 kurz vor 02.00 Uhr die Gaststätte Ha. in A. auf und unterhielt sich mit dem Geschädigten. Aus unbekannten Gründen kam es zu einem Streit, bei dem der Geschädigte versuchte, dem Angeklagten „über den Tisch hinweg einen Faustschlag gegen den Kopf zu versetzen". Der Angeklagte zog darauf die Pistole, entsicherte sie und lud sie durch; dann richtete er die Waffe drohend auf den Geschädigten. Anschließend schlug er diesem mit dem Pistolengriff – so die Einlassung – oder mit einem Aschenbecher – so die Aussage des Geschädigten bei der Polizei – auf den Kopf. Danach richtete er die Pistole wieder auf dessen Oberkörper. Der Geschädigte versuchte, dem Angeklagten die Waffe abzunehmen. Unmittelbar danach gab der Angeklagte einen Schuss ab, der den Geschädigten in den Brustkorb traf und Zwerchfell, Herzbeutel und Leber verletzte. Das Leben des Geschädigten wurde durch einen sogleich herbeigerufenen Notarzt gerettet.

---

[692] BGH, Beschluss vom 09.12.2014 – 2 StR 239/14.

[3] Das Landgericht hat angenommen, der Angeklagte habe den Schuss mit bedingtem Tötungsvorsatz abgegeben, sei aber vom Totschlagsversuch zurückgetreten, so dass ein Vergehen nach § 224 Abs. 1 Nr. 2 und Nr. 5 StGB in Tateinheit mit § 52 Abs. 1 Nr. 2 lit. b StGB vorliege.

[4] Die Revision des Angeklagten hat mit der Sachrüge Erfolg, so dass es auf die Verfahrensrügen nicht ankommt. Die Beweiswürdigung des Landgerichts ist rechtsfehlerhaft.

[5] 1. Der Angeklagte hat sich dahin eingelassen, dass der Geschädigte versucht habe, die Waffe an sich zu ziehen, so dass sich der Schuss ungewollt gelöst habe. Der Geschädigte, der in der Hauptverhandlung als Zeuge unerreichbar war, hatte bei der Polizei bestätigt, dass es „ein Gerangel bzw. Geschubse gegeben" habe. „Er gehe davon aus, dass der Täter nicht mit Absicht auf ihn geschossen habe". Das Landgericht war aber davon überzeugt, dass der Geschädigte die Pistole nicht zu sich herangezogen habe. Vielmehr sei „jede Person angesichts der Bedrohung mit einer Schusswaffe bestrebt, diese von sich wegzuschieben, um sich aus der Schussbahn zu bringen". Auch der Umstand, dass der Angeklagte die Waffe nach dem Durchladen nicht gesichert habe, spreche gegen die von ihm behauptete „Absicht, nicht schießen zu wollen". Es seien „keine Umstände erkennbar, weshalb sich aus der von dem Angeklagten geführten, auf das Brustbein des Geschädigten gerichteten, geladenen und entsicherten Schusswaffe ein Schuss unabsichtlich gelöst haben sollte".

[6] 2. Gegen diese Beweiswürdigung bestehen durchgreifende rechtliche Bedenken.

[7] Entgegen der Ansicht des Landgerichts gibt es keinen Erfahrungssatz des Inhalts, dass ein Mensch eine auf ihn gerichtete Pistole bei dem Versuch, diese wegzunehmen, nicht an sich heranzieht.

[8] Für die Annahme der Strafkammer, ein „wechselseitiges Hin- und Her-Ziehen" der Waffe habe es nicht gegeben, fehlt ein Beweisanzeichen. Der Angeklagte hat das Gegenteil behauptet. Der Geschädigte hat von einem Versuch berichtet, dem Angeklagten die Waffe wegzunehmen. Die Zeugin K. hat die Szene zur Zeit der Schussabgabe nicht gesehen, weil sie die Polizei anrief. Die letzten Besucher der Gaststätte sind unbekannt geblieben.

[9] Die Tatsache, dass der Angeklagte den Geschädigten mit der durchgeladenen und entsicherten Pistole bedroht und diese dabei aus nächster Nähe auf seinen Oberkörper gerichtet hat, besagt noch nichts für die vom Landgericht angenommene Absicht zur Schussabgabe. Vielmehr spricht die Tatsache, dass er den Geschädigten zuerst nur geschlagen hatte, eher gegen direkten Vorsatz zur Schussabgabe. Im Übrigen hat der Schuss den Geschädigten auch nicht in das Brustbein getroffen, sondern hat den Körper von schräg links oben nach links unten durchschlagen. Auch das kann für eine Schussabgabe während eines Kampfes um die Waffe sprechen.

[10] Bei dem Versuch des Geschädigten, dem Angeklagten die Waffe abzunehmen, kann es demnach dazu gekommen sein, dass sich der Schuss vom Angeklagten ungewollt gelöst hat. Dann wäre hinsichtlich der Schussabgabe nur von fahrlässiger Körperverletzung (vgl. §§ 229, 230 Abs. 1 StGB), aber nicht von einer Vorsatztat nach § 224 Abs. 1 Nr. 2 und Nr. 5 StGB auszugehen. Das wird der neue Tatrichter genauer zu prüfen haben.

Durchgreifende **Darstellungsmängel** eines Urteils.[693] 651

[3] Die Verurteilung des Angeklagten begegnet in mehrfacher Hinsicht durchgreifenden rechtlichen Bedenken. Dazu hat der Generalbundesanwalt in seiner Antragsschrift vom 16. Februar 2015 unter anderem ausgeführt:

> *„Das Urteil leidet an mehreren durchgreifenden Darstellungsmängeln und kann deshalb keinen Bestand haben. Zwar muss der Tatrichter nicht stets in allen Einzelheiten darlegen, auf welche Weise er zu bestimmten Feststellungen gelangt ist. Andererseits aber muss die Überzeugungsbildung des Tatrichters in einer für das Revisionsgericht nachvollziehbaren Weise dargestellt werden und darf insbesondere keine Lücken und Widersprüche enthalten.*
>
> *1. Es ist schon nicht ersichtlich, worauf sich die Überzeugung der Kammer von der Schuld des Angeklagten in den einzelnen Fällen stützt.*
>
> *Das Gericht hatte zwar keinen Anlass, ‚an der Richtigkeit des Geständnisses zu zweifeln' (UA S. 7), teilt aber gleichzeitig (UA S. 6) mit, dass der Angeklagte ‚überwiegend geständig' war und die getroffenen Feststellungen auf der geständigen Einlassung des Angeklagten beruhen, ‚soweit ihr gefolgt werden konnte'. Welche zusätzlichen Feststellungen sich aus welchen Zeugenaussagen und aus welchen TKÜ-Protokollen ergeben haben, teilt das Gericht nicht mit.*
>
> *2. Zwar könnte sich der Wirkstoffgehalt aus den mitgeteilten Wirkstoffmengen in Verbindung mit den Mengen der sichergestellten Betäubungsmittel errechnen lassen (…), zurecht aber rügt die Revision insoweit, dass sich aus dem Urteil auch nicht ansatzweise ergibt, woraus die Kammer ihre Überzeugung herleitet, dass das bei K. aufgefundene Rauschgift im Wirkstoffgehalt zumindest vergleichbar ist mit den von dem Angeklagten gehandelten Betäubungsmitteln.*
>
> *3. Die Höhe des Wertersatzverfalls ist nicht nachvollziehbar begründet (…). Auch ergibt sich aus dem Urteil die grundsätzlich unabdingbare Beachtung des § 73c StGB nicht.*
>
> *Die Sache bedarf deshalb neuer Verhandlung und Entscheidung. Der neue Tatrichter wird auch die offensichtliche Verwechslung der Fälle drei und vier im Rahmen der Strafzumessung korrigieren können."*

[4] Dem schließt sich der Senat an.

Für die Überprüfung durch das Rechtsmittelgericht, ob das Ergebnis einer auf einer **DNA-Untersuchung beruhenden Wahrscheinlichkeitsberechnung plausibel** ist, muss das Tatgericht jedenfalls mitteilen, wie viele Systeme untersucht wurden, ob diese unabhängig voneinander vererbbar sind (und mithin die Produktregel anwendbar ist), ob und inwieweit sich Übereinstimmungen in den untersuchten Systemen ergeben haben und mit welcher Wahrscheinlichkeit die festgestellte Merkmalskombination bei einer weiteren Person zu erwarten ist.[694] 652

[4] 1. Das Landgericht stützte seine Verurteilung bzgl. des Angeklagten E. unter anderem auf zwei DNA-Spuren am Einstiegsfenster. Bei einem ersten Daten-

693 BGH, Beschluss vom 24.03.2015 – 4 StR 24/15.
694 BGH, Beschluss vom 22.10.2014 – 1 StR 364/14.

bankabgleich im August 2013 mit einer Datenbank, in der Personen mit elf Merkmalssystemen einlagen, wurde der Angeklagte E. als einziger Treffer mit neun Übereinstimmungen festgestellt. Aufgrund dieser Tatsache äußerte der Sachverständige P. die Schätzung, dass die Wahrscheinlichkeit für eine Übereinstimmung im oberen Millionen- oder unteren Milliardenbereich liege. Anschließend erfolgte eine Auftypisierung auf 16 Merkmalssysteme. Auf dieser Grundlage war eine Berechnung der Häufigkeit laut Sachverständigem aus „rein formalen Gründen" nicht möglich, jedoch ergebe sich eine noch weitergehende Übereinstimmung und damit eine Erhöhung der Häufigkeit. In der Spur 008001 seien von 16 Merkmalssystemen 14 mit beiden Werten des Angeklagten festgestellt worden und in dem Merkmalssystem SE33 ein Wert der DNA des Angeklagten feststellbar. Die Tatsache, dass hier nur ein Wert der DNA des Angeklagten feststellbar sei, sei der Grund dafür, dass keine Häufigkeitsberechnung stattfinden konnte. Dass in dem Merkmalssystem D18S51 kein Wert festgestellt werden konnte, liege im Erwartungsbereich, da hier die Nachweisempfindlichkeit sehr hoch sei. In der Spur 009001 seien in 13 Merkmalssystemen beide Werte der DNA des Angeklagten feststellbar gewesen, in den übrigen Merkmalssystemen (D18S51, FGA, SE33) jeweils ein Wert der DNA des Angeklagten. Ferner habe der Sachverständige für beide Spuren ausgeführt, dass es sich bei den hier festgestellten Werten der Merkmalssysteme D2S441, D1S1656 und D8S1179 um relativ seltene Merkmalskombinationen handele, die in der (mitteleuropäischen) Gesamtbevölkerung nur mit 0,47%, 1,44% bzw. 3,4% vertreten seien.

[5] 2. Die Beweiswürdigung hält rechtlicher Überprüfung nicht stand.

[6] Das Urteil des Landgerichts leidet in der Beweiswürdigung an durchgreifenden Darlegungsmängeln.

[7] Wenn das Tatgericht dem Gutachten eines Sachverständigen folgt, hat es die wesentlichen Anknüpfungstatsachen und Ausführungen des Gutachters so darzulegen, dass das Rechtsmittelgericht überprüfen kann, ob die Beweiswürdigung auf einer tragfähigen Tatsachengrundlage beruht, und ob die Schlussfolgerungen nach den Gesetzen, den Erkenntnissen der Wissenschaft und den Erfahrungssätzen des täglichen Lebens möglich sind (vgl. u.a. BGH, Beschluss vom 16. April 2013 – 3 StR 67/13, StV 2014, 587f.; BGH, Urteil vom 21. März 2013 – 3 StR 247/12, NStZ 2013, 420, 422). Für die Überprüfung durch das Revisionsgericht, ob das Ergebnis einer auf einer DNA-Untersuchung beruhenden Wahrscheinlichkeitsberechnung plausibel ist, bedeutet dies, dass das Tatgericht jedenfalls mitteilen muss, wie viele Systeme untersucht wurden, ob diese unabhängig voneinander vererbbar sind (und mithin die Produktregel anwendbar ist), ob und inwieweit sich Übereinstimmungen in den untersuchten Systemen ergeben haben und mit welcher Wahrscheinlichkeit die festgestellte Merkmalskombination bei einer weiteren Person zu erwarten ist (BGH aaO, StV 2014, 587f.).

[8] Diesen Anforderungen an die Darstellung des der Überzeugungsbildung zugrunde gelegten Sachverständigengutachtens wird das angefochtene Urteil nicht in ausreichendem Maße gerecht. Vorliegend hätte das Tatgericht daher darlegen müssen, aus welchen Gründen genau eine Häufigkeitsberechnung durch den Sachverständigen „rein formal" nicht möglich war und welche Anforderungen erfüllt sein müssen, damit eine solche Berechnung durchgeführt werden kann. Insbesondere lässt sich dem Urteil in Bezug auf die Wahrscheinlichkeitsberechnung nicht entnehmen, ob es sich bei den formalen Gründen, die nach Auskunft

des Sachverständigen diese nicht zulassen, um solche handelt, die sich auf die Zuverlässigkeit einer Wahrscheinlichkeitsberechnung auf der Grundlage der untersuchten Merkmalssysteme auswirken. Aufgrund der Feststellungen des Tatgerichts ist es dem Revisionsgericht hier nicht möglich zu überprüfen, ob die Beweiswürdigung des Tatgerichts auf einer tragfähigen Tatsachengrundlage beruht, mithin die Ausführungen zur Wahrscheinlichkeit plausibel sind.

[9] Der Senat übersieht dabei nicht, dass es letztlich Aufgabe des Gerichts ist, sich eine eigene Überzeugung zu bilden. Die Ausführungen des Sachverständigen stellen hier jedoch die entscheidende Bewertungsgrundlage für die Überzeugungsbildung des Gerichts dar, so dass diese für das Revisionsgericht derart dargelegt werden müssen, dass dem Revisionsgericht eine Überprüfung der tatrichterlichen Beweiswürdigung ermöglicht wird.

Die **Beweiswürdigung** ist Sache des Tatgerichts; die revisionsgerichtliche Prüfung **653**
beschränkt sich darauf, ob ihm Rechtsfehler unterlaufen sind, weil die Beweiswürdigung lückenhaft, in sich widersprüchlich oder unklar ist, gegen Denkgesetze oder Erfahrungssätze verstößt oder wenn an die zur Verurteilung erforderliche Gewissheit übertriebene Anforderungen gestellt worden sind. Insbesondere ist es weder im Hinblick auf den Zweifelssatz noch sonst geboten, zugunsten des Angeklagten von Annahmen auszugehen, für deren Vorliegen das Beweisergebnis keine konkreten tatsächlichen Anhaltspunkte erbracht hat.[695]

[14] cc) Zutreffend beanstandet die Revision der Nebenklägerin zudem, dass die Darlegungen unzureichend sind, mit denen das sachverständig beratene Landgericht seine Annahme begründet hat, bei einer Verursachung der Schmauchspuren auf den diversen Kleidungsstücken des Angeklagten durch das Tatgeschehen wäre zu erwarten gewesen, dass sich Anhaftungen feststellen ließen, die den Schussrückständen beider bei der Tat verwendeten Munitionsarten entsprächen. Die zugrundeliegende Erwägung, dass sich bei Schüssen in einem geschlossenen Raum regelmäßig eine sich über mehrere Minuten haltende Schmauchwolke bilde, die zwangsläufig die Umgebung mit den jeweiligen Schussrückständen kontaminiere, wird hinsichtlich der Räumlichkeit des Tatortes nicht näher belegt. Die Urteilsgründe erwähnen diesbezüglich nicht, ob die zu einem nur 2 × 2,5 m großen Windfang führende und nach innen öffnende Wohnungseingangstür noch vor oder während der Auseinandersetzung geschlossen wurde und wo im Bereich des Wohnungseingangs der Täter den ersten Schuss abgab, der dazu führte, dass das Tatopfer „rücklings mit den Füßen zur Wohnungstür zu Boden fiel" (UA S. 8). Auch insoweit bleibt die Beweiswürdigung lückenhaft. Weiterhin lässt sie Ausführungen des Sachverständigen zur Flüchtigkeit von Schmauchanhaftungen an der Kleidung vermissen, die erst im Abstand von über zwei Wochen nach der Tat sichergestellt worden ist.

[15] dd) Unvollständig ist die Beweiswürdigung des Landgerichts ferner, soweit es die Wahrscheinlichkeit einer Primärübertragung der DNA-Spuren des Angeklagten bei dem festgestellten Abwehrversuch des Tatopfers mit dessen Griff nach der Waffe deshalb verneint hat, weil das Tatort-Spurenbild ergeben habe, dass

[695] BGH, Beschluss vom 18.08.2015 – 5 StR 78/15; vgl. hierzu auch Urteil vom 10.11.2015 – 5 StR 300/15; siehe ebenso Urteil vom 23.09.2015 – 2 StR 485/14.

der Täter bei der Tatbegehung Handschuhe getragen habe. Diese Erwägung lässt die naheliegende Möglichkeit außer Betracht, dass das Tatopfer bei seiner Abwehr auch mit unbedeckten Körperteilen des Täters wie etwa dessen Unterarmen oder Gesicht in Berührung gekommen sein könnte.

654 Spricht der Tatrichter einen Angeklagten frei, weil er Zweifel an seiner Täterschaft nicht zu überwinden vermag, so ist dies vom Revisionsgericht in der Regel hinzunehmen. Die **revisionsgerichtliche Prüfung beschränkt** sich darauf, ob dem Tatrichter Rechtsfehler unterlaufen sind. Seine Schlussfolgerungen müssen nur möglich sein; das Revisionsgericht hat **die tatrichterliche Überzeugungsbildung** sogar dann **hinzunehmen**, wenn eine abweichende Würdigung der Beweise näherliegend gewesen wäre.[696]

[7] Die vom Generalbundesanwalt vertretene Revision hat keinen Erfolg.

[8] 1. Spricht der Tatrichter einen Angeklagten frei, weil er Zweifel an seiner Täterschaft nicht zu überwinden vermag, so ist dies vom Revisionsgericht in der Regel hinzunehmen. Die revisionsgerichtliche Prüfung beschränkt sich darauf, ob dem Tatrichter Rechtsfehler unterlaufen sind. Seine Schlussfolgerungen müssen nur möglich sein (BVerfG, Beschluss vom 26. Juni 2008 – 2 BvR 2067/07, Rn. 43); das Revisionsgericht hat die tatrichterliche Überzeugungsbildung sogar dann hinzunehmen, wenn eine abweichende Würdigung der Beweise näherliegend gewesen wäre (BGH, Urteil vom 5. Dezember 2013 – 4 StR 371/13 mwN).

[9] 2. Daran gemessen ist die Beweiswürdigung des Landgerichts nicht zu beanstanden. Sie beruht auf einer ausreichenden Gesamtschau der maßgeblichen objektiven und subjektiven Tatumstände.

[10] a) Die Beweiswürdigung ist insbesondere nicht lückenhaft.

[11] aa) Die tatrichterliche Beweiswürdigung kann ihrer Natur nach nicht erschöpfend in dem Sinne sein, dass alle irgendwie denkbaren Gesichtspunkte und Würdigungsvarianten in den Urteilsgründen ausdrücklich abgehandelt werden. Dies ist von Rechts wegen auch nicht zu verlangen. Aus einzelnen Lücken kann daher nicht ohne Weiteres abgeleitet werden, der Tatrichter habe nach den sonstigen Urteilsfeststellungen auf der Hand liegende Wertungsgesichtspunkte nicht bedacht (BGH, Urteile vom 28. Oktober 2010 – 4 StR 285/10, NStZ-RR 2011, 50; vom 5. Dezember 2013 – 4 StR 371/13). Lückenhaft ist eine Beweiswürdigung vielmehr namentlich dann, wenn sie wesentliche Feststellungen nicht erörtert. Bei der Prüfung, ob eine solche Lücke vorliegt, ist es jedoch nicht Sache des Revisionsgerichts, Mutmaßungen darüber anzustellen, ob weitere Beweismittel zur Aufklärung der Tatvorwürfe zur Verfügung gestanden hätten oder weitere Beweise erhoben und im Urteil lediglich nicht gewürdigt worden sind. Schon gar nicht kann das Revisionsgericht aufgrund derartiger Mutmaßungen das Urteil auf die Sachrüge hin aufheben. Vielmehr ist es in solchen Fällen Sache der Staatsanwaltschaft, entweder durch Erhebung einer Aufklärungsrüge geltend zu machen, dass das Landgericht weitere mögliche Beweise zur Erforschung des Sachverhalts unter Verstoß gegen § 244 Abs. 2 StPO nicht erhoben hat, oder zu beanstanden, dass es hierzu erhobene Beweise nicht in seine Würdigung einbezogen und daher

---

[696] BGH, Urteil vom 05.11.2015 – 4 StR 183/15; Beschluss vom 11.11.2015 – 1 StR 235/15; Urteil vom 05.02.2015 – 3 StR 419/14; Urteil vom 12.02.2015 – 4 StR 420/14.

zu seiner Überzeugungsbildung den Inbegriff der Hauptverhandlung nicht ausgeschöpft hat (BGH, Urteile vom 28. Oktober 2010 – 3 StR 317/10, NStZ-RR 2011, 88 f.; vom 5. Dezember 2013 – 4 StR 371/13).

[12] bb) Auf dieser Grundlage haben die Beanstandungen der Revisionsführerin zur Lückenhaftigkeit der tatrichterlichen Beweiswürdigung keinen Erfolg.

[13] Sie erschöpfen sich zum einen in Hinweisen auf nicht oder unzureichend getroffene Feststellungen etwa zu dem von der Zeugin B. behaupteten Einbruch der Zeugin Bo. sowie zu den Beschuldigungen der Zeugin B. gegen die Zeugin C. und den Zeugen H. Weder hierzu noch zu der Beanstandung, dass (nähere) Feststellungen zu dem Geschehen auf der Toilette und zu der Frage fehlen, ob und gegebenenfalls wie dabei DNA – deren Mitverursachung durch den Angeklagten indes lediglich nicht auszuschließen war – an die Bekleidungsstücke der Zeugin B. (u. a. BH, Slip) gelangt sein könnte, hat die Staatsanwaltschaft keine Verfahrensrügen erhoben. Soweit sie zum anderen geltend macht, einzelne Feststellungen der Strafkammer seien nicht von den erhobenen Beweisen getragen, sind diese Beanstandungen aus den vom Generalbundesanwalt in der Antragsschrift vom 30. Juni 2015 dargelegten Gründen erfolglos.

[14] b) Die Beweiswürdigung in dem landgerichtlichen Urteil enthält auch keine einen Rechtsfehler darstellende Widersprüche.

[15] Ein solcher die Sachrüge begründender Widerspruch kann nicht allein darin liegen, dass einzelne Beweismittel miteinander Unvereinbares ergeben haben. Ebenso wenig kann ein Widerspruch darin gesehen werden, dass das Gericht einer Zeugenaussage folgt, aber hieraus nicht die von der Staatsanwaltschaft gezogene Schlussfolgerung ziehen will (vgl. BGH, Urteile vom 16. Mai 2013 – 3 StR 45/13, StraFo 2013, 339; vom 4. April 2013 – 3 StR 37/13, BGHR StGB § 212 Abs. 1 Vorsatz, bedingter 64; vom 20. September 2012 – 3 StR 158/12, NStZ-RR 2013, 89; vom 5. Dezember 2013 – 4 StR 371/13).

[16] Vor dem Hintergrund, dass mehrere Zeugen den „Beziehungskonflikt“ zwischen der Zeugin B. und dem Zeugen A. geschildert haben, stellt es daher keinen die Beweiswürdigung aus Rechtsgründen in Frage stellenden Widerspruch dar, dass die Zeugin B. auf die Zeugin H. eifersüchtig war, obwohl unter den britischen Soldaten bekannt war, dass die Zeugin H. lesbisch sei.

[17] c) Schließlich hat das Landgericht weder die gebotene Gesamtwürdigung der für und gegen die Täterschaft des Angeklagten sprechenden Umstände unterlassen oder rechtsfehlerhaft vorgenommen, noch hat es überspannte Anforderungen an die entsprechende Überzeugungsbildung gestellt.

Bei Zugrundelegung eines falschen rechtlichen Maßstabs durch den Tatrichter **655**
kann das angegriffene Urteil insoweit auf die Revision aufzuheben sein.[697]

[7] a) Nach den Feststellungen verursachte der Griff des Angeklagten an den entblößten Penis des Geschädigten einen „leichten Schmerz“. In diesem Fall war aber das körperliche Wohlbefinden des Geschädigten nicht nur ganz unerheblich beeinträchtigt. Dies würde für eine Verurteilung wegen Körperverletzung ausreichen auch wenn Verletzungsfolgen nicht festgestellt werden konnten (vgl. auch

697 BGH, Urteil vom 04.03.2015 – 2 StR 400/14.

Senat, Urteil vom 22. November 1991 – 2 StR 225/91, insoweit in StV 1992, 106 nicht abgedruckt; BGH, Beschluss vom 22. Oktober 2013 – 3 StR 323/13, NStZ-RR 2014, 11; Fischer, StGB, 62. Aufl., § 223 Rn. 4, 6 mwN). Die recht unklaren Feststellungen des Landgerichts lassen aber weder erkennen, ob der Begriff „Schmerz" hier zutreffend verwendet ist und ob er vom Geschädigten selbst verwendet oder diesem – etwa als Vorhalt – vorgegeben wurde, noch verhalten sie sich zu dem erforderlichen Vorsatz des Angeklagten.

[8] b) Auch ob die Tat als sexuelle Nötigung (vgl. Senat, Urteil vom 22. November 1991 – 2 StR 225/91, insoweit in StV 1992, 106 nicht abgedruckt; Fischer, aaO, § 177 Rn. 104) zu bewerten ist, wird der neue Tatrichter zu entscheiden haben. Selbst wenn der Nebenkläger aufgrund des vom Angeklagten sexuell motivierten Ziehens an seinem Penis mit einer Linksdrehung seines Körpers nachgeben musste, wäre damit der Tatbestand gemäß § 177 Abs. 1 Nr. 1 StGB nicht ohne Weiteres erfüllt. Denn für die Annahme einer sexuellen Nötigung „mit Gewalt" ist erforderlich, dass der Täter physische Kraft entfaltet, um den als ernst erkannten oder erwarteten Widerstand des Opfers gegen die Vornahme sexueller Handlungen zu überwinden (vgl. auch Senat, Beschluss vom 31. Juli 2013 – 2 StR 318/13, BGHR StGB § 177 Abs. 1 Gewalt 17). Dass der Angeklagte eine solche Zwangswirkung erzielen wollte, ist bisher nicht belegt.

[9] c) Das Urteil ist im Fall II. 2. der Urteilsgründe mit den Feststellungen aufzuheben (vgl. dazu Meyer-Goßner/Schmitt, StPO, 57. Aufl., § 353 Rn. 15a mwN).

656 Im Fall einer **Nichtverurteilung wegen eines idealkonkurrierenden Delikts** aus tatsächlichen Gründen gilt für das Revisionsgericht derselbe Prüfungsmaßstab wie bei Freisprüchen. Es hat auf die Sachrüge hin zu prüfen, ob dem Tatgericht Rechtsfehler unterlaufen sind, insbesondere, ob die Beweise erschöpfend gewürdigt worden sind.[698]

[42] Soweit das Landgericht bei der vom Angeklagten eingeräumten Tat zum Nachteil der Nebenklägerin sexuelle Handlungen und damit eine sexuelle Nötigung oder Vergewaltigung (§ 177 StGB) als nicht nachweisbar angesehen hat (UA S. 24ff.), hält die Beweiswürdigung ebenso rechtlicher Nachprüfung nicht stand.

[43] Zwar wurde der Angeklagte insoweit nicht freigesprochen, sondern wegen gefährlicher Körperverletzung (§ 224 StGB) sowie – insoweit rechtsfehlerhaft (vgl. MüKo-StGB/Joecks, 2. Aufl., § 223 Rn. 116, § 224 Rn. 52) – in Tateinheit mit vorsätzlicher Körperverletzung (§ 223 StGB) verurteilt. Im Fall einer Nichtverurteilung wegen eines idealkonkurrierenden Delikts aus tatsächlichen Gründen gilt jedoch für das Revisionsgericht derselbe Prüfungsmaßstab wie bei Freisprüchen. Es hat auf die Sachrüge hin zu prüfen, ob dem Tatgericht Rechtsfehler unterlaufen sind, insbesondere, ob die Beweise erschöpfend gewürdigt worden sind. Solche Rechtsfehler in der Beweiswürdigung liegen hier vor.

[44] 1. Das Landgericht hat bereits den Anwendungsbereich des Zweifelssatzes verkannt. Der Grundsatz „in dubio pro reo" ist keine Beweis-, sondern eine Entscheidungsregel, die das Gericht erst dann zu befolgen hat, wenn es nach abgeschlossener Beweiswürdigung nicht die volle Überzeugung von der Täterschaft zu

[698] BGH, Urteil vom 05.11.2014 – 1 StR 327/14.

gewinnen vermag. Auf einzelne Elemente der Beweiswürdigung ist er grundsätzlich nicht anzuwenden (vgl. BGH, Urteil vom 22. Mai 2007 – 1 StR 582/06).

[45] Hier hat das Landgericht einzelne Indizien, wie etwa das Vorhandensein männlicher DNA am Bund des von der Nebenklägerin getragenen Slips oder das festgestellte Drehen und Wenden der Nebenklägerin jeweils isoliert mit der Begründung als Belastungsindiz ausgeschieden, dass sich daraus nicht zwingend eine sexuelle Handlung ergebe bzw. dies keine sichere Überzeugung von sexuellen Handlungen zulasse (UA S. 24). Dies ist rechtsfehlerhaft. Das Landgericht hätte der DNA-Spur am Bund des Slips der Nebenklägerin nicht deshalb jegliche Indizwirkung absprechen dürfen, weil es Zweifel an ihrer Verursachung durch den Angeklagten hatte (UA S. 24). Vielmehr hätte es dieses Indiz, wenn auch mit eingeschränktem Beweiswert, in die gebotene Gesamtwürdigung einstellen müssen.

[46] 2. Zudem werden wesentliche Umstände vom Landgericht nicht erörtert, obwohl dies nahegelegen hätte.

1. Es sind nur diejenigen Fehler in der Urteilsbegründung offensichtlich und damit **einer Berichtigung nach Verkündung des Urteils zugänglich,** die sich ohne weiteres aus der Urkunde selbst oder aus solchen Tatsachen ergeben, die für alle Verfahrensbeteiligten klar erkennbar sind und bei denen auch nur der entfernte Verdacht einer späteren sachlichen Änderung ausgeschlossen werden kann. Es ist erforderlich, dass – auch ohne Berichtigung – klar erkennbar ist, was das Gericht tatsächlich gewollt und entschieden hat. **657**

2. Die Prüfung setzt einen strengen Maßstab voraus, um zu verhindern, dass durch die Berichtigung eine unzulässige Abänderung des Urteils erfolgt. Dies gilt auch bei einer möglichen Verwechslung der verhängten Einzelstrafen.

3. Eine Heranziehung der mündlichen Urteilsbegründung ist insoweit nicht möglich, wenn diese im Hinblick auf die Einzelstrafen weder im Hauptverhandlungsprotokoll festgehalten, noch durch einen Verfahrensbeteiligten bestätigt werden kann, noch durch die schriftlichen Urteilsgründe oder sonstige offenkundige Tatsachen gestützt wird.[699]

[7] b) Die Strafkammer hat zwar nach Eingang der Revisionsbegründung, in der insbesondere die rechtsfehlerhafte Strafzumessung im Fall II. 5. der Urteilsgründe gerügt wird, mit Beschluss vom 28. Mai 2014 die Urteilsgründe dahingehend berichtigt, dass sie in den Fällen II. 1.–4. tatsächlich Einzelstrafen von jeweils zwei (statt einem) Jahren und sechs Monaten, im Fall II. 5. eine Einzelstrafe von einem (statt vier) Jahren und im Fall II. 6. eine solche von vier (statt einem) Jahr verhängt habe. Die nachträgliche Berichtigung der Urteilsgründe ist jedoch unwirksam.

[8] Nach der Rechtsprechung des Bundesgerichtshofs dürfen, sobald ein Urteil vollständig verkündet worden ist, nur noch offensichtliche Schreibversehen und offensichtliche Unrichtigkeiten berichtigt werden (st. Rspr.; BGH, Urteil vom 16. Juni 1953 – 1 StR 508/52, BGHSt 5, 5, 10; Beschluss vom 28. Mai 1974 – 4 StR 633/73, BGHSt 25, 333, 336). „Offensichtlich“ im Sinne dieser Rechtsprechung sind aber nur solche Fehler, die sich ohne weiteres aus der Urkunde selbst

699 BGH, Urteil vom 14.01.2015 – 2 StR 290/14.

oder aus solchen Tatsachen ergeben, die für alle Verfahrensbeteiligten klar zu Tage treten und auch nur den entfernten Verdacht einer späteren sachlichen Änderung ausschließen. Es muss – auch ohne Berichtigung – eindeutig erkennbar sein, was das Gericht tatsächlich gewollt und entschieden hat. Bei dieser Prüfung ist ein strenger Maßstab anzulegen, um zu verhindern, dass mit einer Berichtigung eine unzulässige Abänderung des Urteils einhergeht (BGH, Urteil vom 3. Februar 1959 – 1 StR 644/58, BGHSt 12, 374, 376).

[9] Bei Anlegung dieses strengen Maßstabs fehlt es an einer offensichtlichen Unrichtigkeit der schriftlichen Urteilsgründe. Dass die Strafkammer in den Fällen II. 1.–4. tatsächlich Einzelstrafen von zwei Jahren und sechs Monaten und nicht – wie in den Urteilsgründen niedergelegt – von einem Jahr und sechs Monaten verhängen wollte, ergibt sich weder aus der Urteilsurkunde selbst noch aus sonstigen offenkundigen Tatsachen. Auch die mögliche Verwechslung der in den Fällen II. 5. und II. 6. festgesetzten Einzelstrafen drängt sich nicht derart auf, dass die Gefahr einer unzulässigen nachträglichen Abänderung der Urteilsurkunde auszuschließen wäre.

[10] Die mündliche Urteilsbegründung, auf die die Strafkammer für das von ihr tatsächlich Gewollte und Entschiedene in dem Berichtigungsbeschluss Bezug nimmt, wurde im Hinblick auf die Einzelstrafen weder im Hauptverhandlungsprotokoll festgehalten noch durch einen der Verfahrensbeteiligten bestätigt. Sie findet auch keine Stütze in den schriftlichen Urteilsgründen oder in sonstigen Tatsachen, die den Verdacht einer späteren sachlichen Änderung des Urteils ausschließen könnten. Der Zusammenhang der Strafzumessungserwägungen deutet vielmehr darauf hin, dass die Strafkammer – wie ausgeführt – bei der Bemessung der Einzelstrafen den jeweiligen Strafrahmen nicht klar vor Augen hatte. Die Strafzumessung lässt ebenso wenig erkennen, dass die Strafkammer die Einzelstrafen tatsächlich so – wie es im Berichtigungsbeschluss ausgeführt wird – gewollt und entschieden hat, denn die Höhe der verhängten Einzelstrafen wird weder begründet noch finden sich jenseits allgemeiner Erwägungen Hinweise dafür, dass und aus welchen Gründen die Strafkammer die Einzelstrafen unterschiedlich hoch bemessen hat. Es kann daher nicht ohne vernünftigen Zweifel ausgeschlossen werden, dass die Strafkammer schon bei der Entscheidung über die Festsetzung der Einzelstrafen Verwechslungen oder Missverständnissen unterlegen war.

[11] Da nur eine zulässige und damit wirksame Berichtigung geeignet ist, das schriftliche Urteil abzuändern, war nicht zunächst auf eine förmliche Zustellung des Berichtigungsbeschlusses durch das Landgericht hinzuwirken. Unzulässige Änderungen sind für das Revisionsgericht unbeachtlich. Sie führen nicht dazu, dass durch Zustellung des Berichtigungsbeschlusses die Revisionsbegründungsfrist erneut in Gang gesetzt würde (BGH, Urteil vom 14. November 1990 – 3 StR 310/90, NStZ 1991, 195).

24. Schriftliches Urteil, Urteilsabsetzungsfrist und Verhinderung eines Richters – § 275 StPO

Urlaubsbedingte Abwesenheiten des zur Urteilsabsetzung berufenen Richters sind wegen ihrer Planbarkeit voraussehbar und rechtfertigen die Überschreitung der Fristen des § 275 StPO daher nicht.[700] **658**

[9] a) Das am 8. Juli 20... verkündete Urteil gelangte am 30. September 20.. zur Geschäftsstelle der 6. Kammer des Truppendienstgerichts Nord, so dass gegen den gemäß § 91 WDO entsprechend anwendbarem § 275Abs. 1 Satz 2 StPO verstoßen worden ist. Er sieht vor, dass das mit Gründen versehene Urteil spätestens fünf Wochen nach seiner Verkündung zu den Akten zu bringen ist (1. Halbsatz), wobei sich die Frist um zwei Wochen verlängert, wenn die Hauptverhandlung länger als drei Tage gedauert hat, und um weitere zwei Wochen für jeden begonnenen Abschnitt von zehn Hauptverhandlungstagen (2. Halbsatz; zur Fristberechnung: BGH, Beschluss vom 12. April 1988 – 5 StR 94/88 –, BGHSt 35, 259f. – juris Rn. 3; Meyer-Goßner/Schmitt, StPO, 58. Aufl. 2015, § 275 Rn. 8). Da vorliegend an zwölf Tagen verhandelt wurde, folgt daraus eine Gesamtabsetzungsfrist von neun Wochen, so dass das Urteil spätestens am 9. September 20.. zu den Akten hätte gelangen müssen. Nachdem es auf der Geschäftsstelle jedoch erst am 30. September 20... einging, wurde die Frist um 21 Tage, mithin um drei Wochen, überschritten.

[10] Umstände im Sinne des § 275 Abs. 1 Satz 4 StPO, die ausnahmsweise ein Überschreiten der Frist zulassen würden, liegen nicht vor. Insbesondere war der Vorsitzende Richter in den neun Wochen nach der Urteilsverkündung nicht unvorhersehbar verhindert, z. B. arbeitsunfähig erkrankt (vgl. BVerwG, Urteil vom 10. Oktober 2013 – 2 WD 23.12 – juris Rn. 34). Urlaubsbedingte Abwesenheiten des zur Urteilsabsetzung berufenen Richters sind wegen ihrer Planbarkeit voraussehbar und rechtfertigen die Fristüberschreitung daher nicht (vgl. OLG Koblenz, Beschluss vom 21. Februar 2007 – 2 Ss 46/07 – juris). Dies gilt vorliegend umso mehr, als der Vorsitzende Richter nach Verkündung des Urteils sich nicht durchgehend im Urlaub befand und ab dem 25. August 20.., somit gut zwei Wochen vor Ablauf der Urteilsabsetzungsfrist, wieder im Dienst war. Somit wäre es ihm unabhängig vom Urlaub möglich gewesen, das Urteil noch fristgerecht abzusetzen, zumal er allein zur Absetzung des Urteils berufen war (§ 111 Abs. 1 Alt. 1 WDO) und für ihn deshalb auch kein Abstimmungsbedarf mit anderen Mitgliedern des Spruchkörpers bestand.

[11] b) Der Verfahrensmangel ist schwer im Sinne des § 120 Abs. 1 Nr. 2 Halbs. 2 Alt. 2 WDO, weil gegen eine gesetzlich zwingende Regelung verstoßen wurde. Sie ist von der Erwägung getragen, ein so spät nach der Verkündung abgesetztes Urteil biete keine Gewähr mehr dafür, dass die schriftlichen Urteilsgründe mit dem Ergebnis der Hauptverhandlung und Beratung übereinstimmen (BVerwG, Urteil vom 10. Oktober 2013 – 2 WD 23.12 – juris Rn. 35 m. w. N.).

1. Steht fest, dass das von allen drei Berufsrichtern unterschriebene Original des Urteils am letzten Tag der Urteilsabsetzungsfrist des § 275 Abs. 1 Satz 2 StPO auf **659**

[700] BVerfG, Kammerbeschluss vom 28.08.2015 – 2 WD 9.15.

die Geschäftsstelle gebracht worden und damit rechtzeitig zu den Akten gelangt ist, hat ein späterer Verlust des Urteilsoriginals für die Fristwahrung keinerlei Bedeutung.

2. Der Nachweis der Fristwahrung kann nicht ausschließlich durch den Vermerk nach § 275 Abs. 1 Satz 5 StPO, sondern auch auf andere Weise erbracht werden (hier: durch dienstliche Erklärungen von zwei Berufsrichtern und einer Justizangestellten).

3. Die Frist des § 275 Abs. 1 Satz 2 StPO findet auf den Verfahrensablauf eines erneuten Ausdrucks einer nach dem Erstausdruck inhaltlich unveränderten Datei des rechtzeitig zu den Akten gelangten Urteils von vornherein keine Anwendung. Der Schutzzweck der Vorschrift, die Übereinstimmung des Beratungsergebnisses mit den schriftlichen Urteilsgründen zu gewährleisten, ist ersichtlich dann nicht betroffen, wenn nach Verlust des rechtzeitig abgesetzten Urteils eine sichere inhaltsidentische weitere Version des Urteils auf technischem Wege hergestellt werden kann.[701]

[7] aa) Soweit die Revision die Nichteinhaltung der Urteilsabsetzung aus § 275 Abs. 1 Satz 2 StPO wegen des Verlustes des von allen drei Berufsrichtern unterschriebenen Originals des Urteils gerügt hatte (RB S. 2–10), ist das Rechtsmittel erfolglos geblieben, weil dieses Urteilsoriginal aus den in der Antragsschrift des Generalbundesanwalts genannten Gründen am letzten Tag der am 1. April 2014 abgelaufenen Frist und damit rechtzeitig zu den Akten gelangt ist. Ausweislich der Vermerke vom 12. und 28. Mai 2014 hatte die Berichterstatterin das von allen drei Berufsrichtern unterschriebene Urteil (§ 275 Abs. 2 Satz 1 und Satz 3 StPO) am Nachmittag des 1. April 2014 auf die Geschäftsstelle gebracht. Dieser Vorgang wird durch den Inhalt eines Vermerks einer Geschäftsstellenmitarbeiterin vom 30. April 2014, den die Revision ebenfalls selbst vorgetragen hat, bestätigt. Nach dem weiteren Inhalt dieses Vermerks konnte die Justizangestellte lediglich nicht mehr sicher erinnern, ob sie den in § 275 Abs. 1 Satz 5 StPO vorgesehenen Vermerk auf dem Urteilsoriginal angebracht hat. Das steht der Einhaltung der Absetzungsfrist aber nicht entgegen. Wie vom Generalbundesanwalt ebenfalls zutreffend aufgezeigt, kann der Nachweis der Fristwahrung auch auf andere Weise als durch den Vermerk nach § 275 Abs. 1 Satz 5 StPO erbracht werden. Dies war hier aufgrund des Inhalts der genannten Erklärungen von zwei der Berufsrichtern und der Justizangestellten der Fall.

[8] Aus den von der Revision in der Rechtsmittelbegründung vorgetragenen Vermerken vom 12. bzw. 28. Mai 2014 folgt weiterhin, dass die nach dem Abhandenkommen des Urteilsoriginals durch erneuten Ausdruck der entsprechenden elektronisch gespeicherten Datei hergestellte Version des Urteils mit dem Original ohne jeden Zweifel vollkommen identisch ist. Der Vermerk des Vorsitzenden vom 28. Mai 2014 legt dies im Einzelnen dar. Die Berichterstatterin hat angesichts der Existenz lediglich einer gespeicherten Version der Datei diese Identität ebenfalls zweifelsfrei belegt. Aus diesen Vermerken allein folgt auf der Grundlage der vom Generalbundesanwalt referierten Rechtsprechung das Fehlen einer Verletzung von § 275 Abs. 1 StPO. Die von der Revision angesprochenen „ergänzenden Vermerke" sind vom Senat nicht herangezogen worden.

---

[701] BGH, Beschluss vom 21.04.2015 – 1 StR 555/14.

[9] Im Übrigen hat sich die Revision rechtsirrig – und im Hinblick auf eine Gehörsverletzung zudem ohne Bedeutung – auf zwei Entscheidungen des 5. Strafsenats des Bundesgerichtshofs bezogen. Dem Urteil vom 18. Dezember 1979 (5 StR 697/79, NJW 1980, 1007) lag ein Sachverhalt zugrunde, in dem gerade die Übereinstimmung von unterschriebenem, aber danach abhanden gekommenem Urteilsoriginal und Zweitversion anders als vorliegend nicht feststand. In dem dem Beschluss vom 22. Mai 2012 (5 StR 229/12, BGHR StPO § 275 Abs. 1 Satz 1 Akten 3) zugrunde liegenden Verfahren war – wiederum anders als vorliegend – offen geblieben, ob das unterschriebene, später verloren gegangene Urteilsoriginal rechtzeitig im Sinne von § 275 Abs. 1 StPO zu den Akten gelangt war.

[10] bb) Die Revision hatte mit der Rüge der Verletzung von § 275 Abs. 1 Satz 2 StPO ebenfalls bereits aufgrund der von ihr selbst vorgetragenen Verfahrenstatsachen und dem Inhalt der vorgelegten Vermerke vom 12. und 28. Mai 2014 auch insoweit keinen Erfolg, als die „Nichteinhaltung der Absetzungsfrist hinsichtlich der Originalurkunde" (RB S. 10–18) geltend gemacht worden war. Wie sich aus den vorstehend [1.c)aa)] dargelegten Gründen ergibt, ist die Absetzungsfrist eingehalten worden. Entgegen der von der Revision vertretenen Rechtsauffassung kann der Nachweis der Fristeinhaltung nicht ausschließlich durch den Vermerk gemäß § 275 Abs. 1 Satz 5 StPO geführt werden.

[11] cc) Die Erfolglosigkeit der Rüge der Verletzung von § 275 Abs. 1 Satz 2 StPO „wegen Nichteinhaltung der Absetzungsfrist bei der nunmehr vorliegenden Urteilsurkunde" (RB S. 18–26) beruht ebenfalls nicht auf der Berücksichtigung der von ihr genannten ergänzenden Stellungnahmen des Vorsitzenden und der Berichterstatterin. Sie ergibt sich auf der Grundlage der aus den von der Revision dargelegten Vermerken der Justizangestellten vom 30. April 2014, der Berichterstatterin vom 12. und des Vorsitzenden vom 28. Mai 2014 aus rechtlichen Gründen.

[12] Die Frist des § 275 Abs. 1 Satz 2 StPO findet auf den durch die Revision selbst vorgetragenen Verfahrensablauf eines erneuten Ausdrucks einer nach dem Erstausdruck inhaltlich unveränderten Datei des rechtzeitig zu den Akten gelangten Urteils von vornherein keine Anwendung. Der Zweck der Urteilsabsetzungsfrist besteht darin, die Übereinstimmung des Beratungsergebnisses mit den schriftlichen Urteilsgründen zu gewährleisten (siehe nur SK-StPO/Frister, 4. Aufl., Band V, § 275 Rn. 3 mwN). Es geht darum, der „Erfahrung nachlassender Erinnerung" zu begegnen und eine möglichst frische Erinnerung an die Ergebnisse der Hauptverhandlung und der Beratung zu sichern (OLG Düsseldorf, NStZ-RR 2008, 117 mwN; vgl. auch KK-StPO/Greger, 7. Aufl., § 275 Rn. 38). War das Urteil wie hier fristgerecht zu den Akten gelangt, ist der Schutzzweck der Vorschrift ersichtlich dann nicht betroffen, wenn nach Verlust des rechtzeitig abgesetzten Urteils eine sicher inhaltsidentische weitere Version auf technischem Wege hergestellt werden kann.

[13] Auch für die Beurteilung der sicheren Inhaltsidentität kommt es jedenfalls unter den hier durch die der Revision bekannten Vermerke belegten tatsächlichen Bedingungen nicht auf die „frische Erinnerung" an, sondern allein auf die davon völlig unabhängig feststellbare Inhaltsidentität. Diese gründet sich hier auf den Umstand, dass nach dem Ausdruck des nach Einhaltung der Absetzungsfrist verloren gegangenen Originals keine Veränderung der entsprechenden Datei mehr erfolgt war.

25. Rechtsmittel: Einlegung, Beschränkung, Rücknahme und Rechtsmittelverzicht – §§ 296 ff. StPO

660 Eine **Rechtsmittelrücknahme** ist ebenso wie der Rechtsmittelverzicht als Prozesshandlung grundsätzlich unwiderruflich und unverzichtbar. Sie ist jedoch ausnahmsweise dann unwirksam, wenn sie durch Drohung, durch Täuschung oder schwerwiegende Willensmängel veranlasst wurde.[702]

[1] 1. Das Landgericht hat den Angeklagten mit Urteil vom 24. November 2014 wegen gefährlicher Körperverletzung zu einer Freiheitsstrafe von sechs Jahren verurteilt. Gegen dieses Urteil legte der Verteidiger des Angeklagten, Rechtsanwalt K., mit Schriftsatz vom 27. November 2014 Revision ein, die er mit Schreiben vom 24. Februar 2015 zurücknahm. Mit Schreiben vom 26. Februar 2015 versicherte er unter Hinweis auf einen anliegenden schriftlichen und durch den Angeklagten am 24. Februar 2015 unterzeichneten Auftrag zur Rücknahme der Revision anwaltlich, vom Angeklagten hierzu beauftragt worden zu sein. Mit Beschluss vom 27. Februar 2015 legte das Landgericht Köln dem Angeklagten die Kosten der von ihm eingelegten Revision sowie die notwendigen Auslagen des Nebenklägers auf.

[2] Mit Schreiben vom 8. März 2015 hat der Angeklagte dem Landgericht mitgeteilt, die Rücknahme der Revision sei nicht gewollt gewesen und beruhe auf einer Eigenmächtigkeit von Rechtsanwalt K. Herr K. sei in einem Schreiben ausdrücklich darauf hingewiesen worden, dass eine Entscheidung über eine eventuelle Rücknahme nicht ohne Abstimmung und ohne Rücksprache mit ihm und seinem zweiten Verteidiger, Herrn Rechtsanwalt Dr. B., ergehe. Mit weiterem Schreiben vom 12. März 2015 an das Landgericht hat der Angeklagte ausdrücklich um Rücknahme der irrtümlich von Rechtsanwalt K. zurückgenommenen Revision gebeten.

[3] Zwischenzeitlich hatte Rechtsanwalt Dr. B. mit Schreiben vom 3. März 2015 die Revision begründet. Rechtsanwalt K. hat mit Schriftsatz vom 19. März 2015 dem Landgericht mitgeteilt, die Rücknahme der Revision sei nicht eigenmächtig, sondern nach Rücksprache mit dem Angeklagten erfolgt. Eine vorherige Absprache mit Rechtsanwalt Dr. B. sei nicht vereinbart worden; ein Schreiben des Angeklagten, in dem er ihm dies mitgeteilt haben soll, habe ihn nicht erreicht.

[4] 2. Bei dieser Sachlage ist entsprechend der Anregung des Generalbundesanwalts eine feststellende Klärung der Wirksamkeit der Revisionsrücknahme durch förmliche Entscheidung des Rechtsmittelgerichts angezeigt (vgl. Senat BGHR StPO § 302 Abs. 2 Rücknahme 11; BGH NStZ 2001, 104).

[5] Die Rücknahme der Revision durch Rechtsanwalt K. ist wirksam. Die hierzu gemäß § 302 Abs. 2 StPO erforderliche ausdrückliche Ermächtigung lag zum Zeitpunkt der Rücknahme in schriftlicher Form vor.

[6] Soweit der Angeklagte mit seinen Schreiben vom 8. und 12. März 2015 mitgeteilt hat, mit der Revisionsrücknahme nicht einverstanden gewesen zu sein, und zugleich um Rücknahme der irrtümlich zurückgezogenen Revision gebeten hat, sind diese Schreiben nach der Revisionsrücknahme und der schriftlichen Ermäch-

---

[702] BGH, Beschluss vom 08.10.2015 – 2 StR 103/15.

tigungserklärung des Angeklagten und damit verspätet eingegangen. Der Widerruf wäre nur dann wirksam geworden, wenn sie vor oder spätestens zeitgleich mit der Rechtsmittelrücknahme eingegangen wären (BGHR StPO § 302 Abs. 1 Satz 1 Rechtsmittelverzicht 1, 2 und 4).

Der **Rechtsmittelverzicht** kann als Prozesshandlung nicht widerrufen, wegen Irrtums angefochten oder sonst zurückgenommen werden.[703] **661**

[2] Die Revision des Angeklagten ist unzulässig, weil der Angeklagte wirksam auf Rechtsmittel verzichtet hat (§ 302 Abs. 1 Satz 1 StPO).

[3] 1. Wie sich aus dem Hauptverhandlungsprotokoll ergibt, hat der Angeklagte – nach Rücksprache mit seinem Verteidiger – im Anschluss an die Verkündung des Urteils und nach Rechtsmittelbelehrung erklärt: „Ich nehme das Urteil an." Sein Verteidiger hat anschließend keine Erklärung abgegeben. Die Erklärung des Angeklagten wurde zwar nicht – wie es sich im Interesse der Verfahrensklarheit empfiehlt (vgl. Senatsbeschluss vom 13. Januar 2000 – 4 StR 619/99, NStZ 2000, 441 mwN) – gemäß § 273 Abs. 3 StPO vorgelesen und genehmigt; dies hat aber nur zur Folge, dass dem Protokollvermerk über den Rechtsmittelverzicht keine Beweiskraft im Sinne des § 274 StPO zukommt. Gleichwohl ist dieser Vermerk ein gewichtiges Beweisanzeichen dafür, dass der Angeklagte die in der Niederschrift festgehaltene Erklärung abgegeben hat (Senat aaO). Deren inhaltliche Richtigkeit wird durch die eingeholten dienstlichen Stellungnahmen des Vorsitzenden und der Urkundsbeamtin bestätigt und auch von der Verteidigung nicht in Abrede gestellt. Der Senat sieht daher keinen weiter gehenden Aufklärungsbedarf.

[4] 2. a) Der Rechtsmittelverzicht kann als Prozesshandlung nicht widerrufen, wegen Irrtums angefochten oder sonst zurückgenommen werden (st. Rspr.; vgl. nur BGH, Beschluss vom 25. Februar 2014 – 1 StR 40/14, NStZ 2014, 533, 534).

[5] b) Gründe, die ausnahmsweise zur Unwirksamkeit des Rechtsmittelverzichts des Angeklagten führen könnten, liegen nicht vor. Eine die Wirksamkeit des Rechtsmittelverzichts hindernde Verständigung nach § 257c StPO oder eine ebenso wirkende informelle Verständigung gab es in dem Verfahren nicht. Ebenso wenig gibt es Anhaltspunkte für eine unzulässige Willensbeeinflussung des Angeklagten vor Abgabe des Rechtsmittelverzichts.

[6] 3. Da der Rechtsmittelverzicht die Unzulässigkeit der Revision zur Folge hat, ist auch für eine Wiedereinsetzung in den vorigen Stand kein Raum. Der hierauf gerichtete Antrag des Angeklagten ist daher zu verwerfen (Senatsbeschluss vom 5. Januar 2005 – 4 StR 520/04, NStZ-RR 2005, 149, 150). Der Beschluss des Landgerichts vom 25. Februar 2015 ist aufzuheben. In Fällen wirksamen Rechtsmittelverzichts fehlt es regelmäßig an einer Zuständigkeit des Tatrichters für die Verwerfung der Revision (Senatsbeschluss vom 5. Januar 2005 aaO).

Der **Rechtsbehelf** in der Sache ist **unzulässig.** **662**

---

[703] BGH, Beschluss vom 08.09.2015 – 4 StR 272/15; Beschluss vom 10.11.2015 – 1 StR 520/15; Beschluss vom 15.10.2015 – 2 StR 390/15.

Eine „außerordentliche Beschwerde“ gegen den Senatsbeschluss kommt nicht in Betracht, weil diese nicht dem Gebot der Rechtsmittelklarheit entspricht und keine weitere Instanz existiert.

Eine Umdeutung der Eingabe in eine Anhörungsrüge scheidet aus, weil eine Verletzung des Anspruchs auf rechtliches Gehör nicht in Betracht kommt. Der Senat hat die Erstbeschwerde als unzulässig verworfen. Dabei hat der Senat den Anspruch des Antragstellers auf rechtliches Gehör nicht verletzt. Art. 103 Abs. 1 GG schließt es nicht aus, dass Vorbringen aus bestimmten Gründen des formellen Rechts unbeachtet bleibt. Solche Gründe ergeben sich hier aus § 304 Abs. 4 Satz 2 StPO.

Auch eine Auslegung der Eingabe als Gegenvorstellung rechtfertigt keine andere Entscheidung.[704]

663 Kein gesondertes **Akteneinsichtsrecht in Senatsheft.**[705]

[1] 1. Der Senat legt die jeweils als Erinnerung bezeichneten Eingaben des Antragstellers vom 4. Oktober 2014 dahingehend aus, dass er sein Begehren auf Überlassung einer Kopie der (Sach-)Akten umfassend weiterverfolgt (vgl. § 300 StPO). Insoweit ist der Bundesgerichtshof nach Abschluss des – nach § 304 Abs. 4 Satz 2 StPO unstatthaften – Beschwerdeverfahrens und der Rückgabe der Akten an das Oberlandesgericht Stuttgart jedoch unter keinem rechtlichen Gesichtspunkt – auch nicht nach dem Gesetz zur Regelung des Zugangs zu Informationen des Bundes (Informationsfreiheitsgesetz – IFG) vom 5. September 2005 (BGBl. I S. 2722) – zuständig. Soweit sich die Anträge auch auf das Senatsheft beziehen sollten, besteht kein gesondertes Akteneinsichtsrecht (vgl. Senat, Beschluss vom 19. Februar 2014 – 2 ARs 207/13 juris Rn. 4 mwN).

[2] 2. Soweit sich der Antragsteller jeweils mit der Erinnerung gemäß § 11 Abs. 2 Satz 1 RPflG gegen die Entscheidung der Rechtspflegerin wendet, im Rahmen der ihr übertragenen Geschäfte (vgl. § 4 Abs. 1 RPflG) die Überlassung einer Aktenkopie zu versagen, hat diese aus den dargelegten Gründen ebenfalls keinen Erfolg. Die Entscheidung ergeht gerichtsgebührenfrei (§ 11 Abs. 4 RPflG).

664 Der Senat legt die als Erinnerung bezeichnete Eingabe des Antragstellers vom 4. Oktober 2014 dahingehend aus, dass er sein Begehren auf **Überlassung einer Kopie der (Sach-)Akten** umfassend weiterverfolgt (vgl. § 300 StPO). Insoweit ist der Bundesgerichtshof nach Abschluss des – nach § 304 Abs. 4 Satz 2 StPO unstatthaften – Beschwerdeverfahrens und der Rückgabe der Akten an das Oberlandesgericht Stuttgart jedoch unter keinem rechtlichen Gesichtspunkt – auch nicht nach dem Gesetz zur Regelung des Zugangs zu Informationen des Bundes (Informationsfreiheitsgesetz – IFG) vom 5. September 2005 (BGBl. I S. 2722) – zuständig. Soweit sich der Antrag auch auf das **Senatsheft** beziehen sollte, besteht kein gesondertes Akteneinsichtsrecht.[706]

Auch wenn die **weitere Beschwerde** unzulässig ist, weil nach dem ausdrücklichen Wortlaut des § 310 Abs. 1 StPO nur solche Beschwerdeentscheidungen eines Oberlandesgerichts, die dieses in Wahrnehmung seiner Zuständigkeit nach § 120

---

[704] BGH, Beschluss vom 05.05.2015 – 2 Ars 28/15.

[705] BGH, Beschluss vom 09.01.2015 – 2 ARs 157/14.

[706] BGH, Beschluss vom 07.01.2015 – 2 Ars 191/14.

Abs. 3 GVG erlassen hat, unter den in § 310 Abs. 1 Nrn. 1 bis 3 StPO genannten Voraussetzungen der Anfechtbarkeit unterliegen, ist der Senat dennoch gehindert, die weitere Beschwerde als unzulässig zu verwerfen. Das Beschwerdegericht muss auch im Fall der Unzulässigkeit des Rechtsbehelfs in die Lage versetzt werden, diesen als Gegenvorstellung zu behandeln und zunächst in eigener Verantwortung zu prüfen, ob Anlass zur Abänderung seiner Entscheidung besteht.[707]

a) Revisionseinlegung

Widersprechen sich Revisionsantrag und Inhalt der Revisionsbegründung, ist das Angriffsziel des Rechtsmittels durch Auslegung zu ermitteln.[708] **665**

[6] Die Revision der Staatsanwaltschaft ist rechtswirksam auf den Strafausspruch beschränkt.

[7] 1. Zwar hat die Staatsanwaltschaft eingangs ihrer Revisionsbegründung die (uneingeschränkte) Aufhebung des Urteils mit den Feststellungen und die Zurückverweisung der Sache an eine andere Strafkammer zur erneuten Verhandlung und Entscheidung beantragt. Ferner hat sie zur Begründung der von ihr erhobenen Rüge der Verletzung materiellen Rechts ausgeführt, durch die nachfolgenden Einzelausführungen die allgemeine Sachrüge nicht beschränken zu wollen. Mit diesem den Schuld- und Strafausspruch umfassenden Revisionsantrag sowie dem Einleitungssatz der Begründung steht der übrige Inhalt der Revisionsrechtfertigung jedoch nicht in Einklang. Aus den einzelnen Beanstandungen sowie den zusammenfassenden Ausführungen am Schluss der Revisionsrechtfertigung ergibt sich vielmehr, dass die Revisionsführerin das Urteil nur deshalb für fehlerhaft hält, weil das Landgericht der Bemessung der Freiheitsstrafe zu Unrecht den Strafrahmen des minder schweren Falles nach § 227 Abs. 2 StGB zu Grunde gelegt und bei der Strafzumessung im engeren Sinne strafmildernde Umstände zu Unrecht berücksichtigt und strafschärfende Gesichtspunkte nicht erkennbar erwogen habe. Somit widersprechen sich Revisionsantrag und Inhalt der Revisionsbegründung. In einem solchen Fall ist nach ständiger Rechtsprechung des Bundesgerichtshofs das Angriffsziel des Rechtsmittels durch Auslegung zu ermitteln (BGH, Urteil vom 11. Juni 2014 – 2 StR 90/14, NStZ-RR 2014, 285; vgl. auch BGH, Urteil vom 25. November 2003 – 1 StR 182/03, NStZ-RR 2004, 118; Urteil vom 12. April 1989 – 3 StR 453/88, NJW 1989, 2760, 2762; insoweit in BGHSt 36, 167 nicht abgedruckt; Urteil vom 17. Dezember 1998 – 4 StR 527/98; Beschluss vom 7. November 2002 – 5 StR 336/02, BGHR StPO § 344 Abs. 1 Antrag 5; LR-StPO/Franke, 26. Aufl., § 344 Rn. 10).

[8] Danach entnimmt der Senat dem Revisionsvorbringen der Staatsanwaltschaft in einer Gesamtschau, dass der Schuldspruch nicht angegriffen werden soll. Es ist nach dem insoweit maßgeblichen Sinn der Revisionsrechtfertigung allein der Strafausspruch angefochten (vgl. auch Senatsurteil vom 25. April 2013 – 4 StR 296/12, Rn. 4, insoweit in StV 2013, 699 nicht abgedruckt). Der von der Staatsanwaltschaft geltend gemachte Erörterungsmangel, wonach das Landgericht das Ausmaß des Verschuldens nicht hinreichend berücksichtigt habe, rechtfertigt kei-

---

707 BGH, Beschluss vom 05.05.2015 – 4 StR 580/11.
708 BGH, Urteil vom 18.12.2014 – 4 StR 468/14.

ne andere Beurteilung der Reichweite des Rechtsmittelangriffs. Die Beanstandung bezieht sich ersichtlich auf den Schuldumfang.

[9] 2. Die Beschränkung der Revision auf den Strafausspruch ist im vorliegenden Fall auch rechtswirksam.

[10] Es liegen keine Umstände vor, aus denen sich ausnahmsweise eine untrennbare Verknüpfung der Erörterungen zur Schuld- und Straffrage ergibt. Soweit die Revision im Hinblick auf die von ihr beanstandete Annahme eines minder schweren Falles im Sinne von § 227 Abs. 2 StGB die Beweiswürdigung angreift, betrifft dies keine tatbestandsrelevanten Feststellungen.

666 Eine Revision eines Angeklagten ist gemäß § 349 Abs. 1 StPO unzulässig, wenn er durch die angefochtene Entscheidung **nicht beschwert** ist. Dabei genügt es nicht, wenn nur der Inhalt der Urteilsgründe den Angeklagten in irgendeiner Weise belastet; vielmehr muss die **Urteilsformel einen unmittelbaren Nachteil** für den „Beschwerten" enthalten, wodurch seine Rechte und geschützten Interessen unmittelbar beeinträchtigt werden.[709]

[10] Die Freisprechung wegen nicht erwiesener Schuldfähigkeit im Sinne von § 20 StGB beschwert den Angeklagten nicht. Sie kann deshalb von ihm nicht mit der Revision angefochten werden.

[11] 1. Ein Angeklagter kann eine Entscheidung nur dann zulässig anfechten, wenn er durch sie beschwert ist. Dies bedeutet, dass die Urteilsformel einen unmittelbaren Nachteil für den „Beschwerten" enthalten muss, der seine Rechte und geschützten Interessen unmittelbar beeinträchtigt. Es genügt nicht, wenn ihn nur der Inhalt der Urteilsgründe in irgendeiner Weise belastet (st. Rspr.; vgl. BGH, Urteil vom 18. Januar 1955 – 5 StR 499/54, BGHSt 7, 153ff. [Freisprechung aus sachlichen Gründen]; Urteil vom 26. März 1959 – 2 StR 566/58, BGHSt 13, 75, 76f. [Einstellung wegen Verjährung]; Beschluss vom 24. November 1961 – 1 StR 140/61, BGHSt 16, 374, 376ff.; Urteil vom 4. Mai 1970 – AnwSt (R) 6/69, BGHSt 23, 257, 259 [Verurteilung vor dem Ehrengericht]; Urteil vom 21. März 1979 – 2 StR 743/78, BGHSt 28, 327, 330f. [Nichtanordnung der Maßregel nach § 64 StGB]; Beschluss vom 18. August 2015 – 3 StR 304/15 [Nichtanordnung der Maßregel nach § 63 StGB]; KG, Beschluss vom 11. Juli 2014 – 2 Ws 252/14 – 141 AR 316/14; OLG München NJW 1981, 2208; zuvor bereits RGSt 4, 355, 359).

[12] a) Bei dem Erfordernis der Tenorbeschwer handelt es sich um ein richterrechtlich entwickeltes Rechtsmittelerfordernis, hinter dessen historischer Entstehung der Gedanke vom staatlichen Strafanspruch steht. Die Aufgabe eines Strafverfahrens liegt in der justizförmigen Prüfung, ob gegen den Angeklagten ein staatlicher Strafanspruch besteht (vgl. BVerfGE 80, 244, 255; 95, 96, 140; BGH, Beschluss vom 24. November 1961 – 1 StR 140/61, BGHSt 16, 374, 378; und vom 18. März 2015 – 2 StR 656/13, Rn. 13, NJW-Spezial 2015, 569f.). Kann keine strafbare Tat festgestellt werden und kommt keine Maßregel der Besserung und Sicherung in Betracht, so ist damit die Aufgabe der Strafrechtspflege im einzelnen Strafverfahren grundsätzlich erfüllt. Dem Angeklagten mag im Einzelfall zwar daran liegen, aus einem bestimmten Grund – etwa wegen erwiesener Un-

---

[709] BGH, Beschluss vom 14.10.2015 – 1 StR 56/15; Beschluss vom 18.08.2015 – 3 StR 304/15.

schuld – freigesprochen zu werden. Insoweit stehen seinem Verlangen aber die Interessen der staatlichen Rechtspflege entgegen, der die Feststellung genügt, dass gegen den Angeklagten kein Strafanspruch besteht und keine Maßregel in Betracht kommt. So wird etwa auch bei nicht hinreichendem Tatverdacht gegen den Angeschuldigten das Hauptverfahren nicht eröffnet (§ 203 StPO), selbst wenn dieser das Interesse haben sollte, sich öffentlich von den gegen ihn erhobenen Vorwürfen zu reinigen. Die allgemeine Aufgabe der Strafrechtspflege zwingt aus prozesswirtschaftlichen Gründen zur Beschränkung im einzelnen Strafverfahren, insbesondere um eine uferlose Ausweitung der Beweisaufnahme zu vermeiden. Hat der Angeklagte daher keinen Anspruch darauf, aus einem bestimmten Grund freigesprochen zu werden, so kann ihm auch nicht das Recht zustehen, einen solchen Anspruch durch ein Rechtsmittel geltend zu machen (vgl. BGH, Beschluss vom 24. November 1961 – 1 StR 140/61, BGHSt 16, 374, 380). Etwaige durch die Entscheidungsgründe des Tatgerichts verursachte Folgen tatsächlicher Art würden durch ein Rechtsmittel ohnehin nicht rückgängig gemacht werden können (vgl. zuletzt BGH, Beschluss vom 18. August 2015 – 3 StR 304/15).

[13] Eine Beschwer kann sich deshalb für den Angeklagten nur aus der Entscheidungsformel des Urteils ergeben. Ein ihm günstigeres Ergebnis als die Freisprechung kann der Angeklagte nicht erzielen. Sonstige Rechts- und Interessenverletzungen durch die Gründe der Entscheidung, die nur die „Unterlagen des Urteils" bilden (vgl. RGSt 4, 355, 359), sind der Überprüfung durch ein Rechtsmittelgericht demgegenüber entzogen. Auch mittelbare Folgen des Verfahrens, etwa der gemäß § 11 Abs. 1 Nr. 1 BZRG zwingende Registereintrag oder Verwaltungsangelegenheiten, begründen keine Beschwer, die zur Zulässigkeit der Revision führt. Dem hat sich das Schrifttum überwiegend angeschlossen (vgl. Cirener in: Graf, StPO, 2. Aufl., § 296 Rn. 8; Hannich in: Karlsruher Kommentar, 7. Aufl., vor § 296 Rn. 5a; Jesse in: Löwe-Rosenberg, StPO, 26. Aufl., vor § 296 Rn. 57; Meyer-Goßner in: Meyer-Goßner/Schmitt, StPO, 58. Aufl., vor § 296 Rn. 11 und 13; Krack, Die Rehabilitierung des Beschuldigten im Strafverfahren, S. 186ff. und S. 194ff.; Radtke in: FS für Roxin, Bd. 2, S. 1419, 1427ff.).

[14] Auf den Fall der Freisprechung wegen Schuldunfähigkeit hat der Bundesgerichtshof diese Grundsätze in der Vergangenheit bereits angewendet und dem Angeklagten die Rechtsmittelbefugnis mangels Beschwer verwehrt (vgl. BGH, Beschluss vom 24. November 1961 – 1 StR 140/61, BGHSt 16, 374, 376ff.). Der Senat sieht keinen Anlass, von dieser Rechtsprechung abzuweichen.

[15] b) Nach Maßgabe dessen ist der Angeklagte durch das freisprechende Urteil der Strafkammer nicht beschwert. Eine Beschwer ergibt sich insbesondere nicht daraus, dass die Strafkammer in tatsächlicher Hinsicht für den Angeklagten nachteilige Feststellungen zu dem Vorwurf der gefährlichen Körperverletzung am 12. August 2001 getroffen und die Freisprechung in Anwendung des Zweifelssatzes auf die Schuldunfähigkeit des Angeklagten im Sinne von § 20 StGB gestützt hat.

[16] aa) Erfolgt ein Freispruch aus rechtlichen Gründen, sind Feststellungen zum äußeren Tatgeschehen in den Urteilsgründen aus Rechtsgründen erforderlich und geboten. Dies gilt mit Blick auf die für den Angeklagten und die Staatsanwaltschaft gleichermaßen bestehende Rechtsmittelbefugnis in besonderem Maße in Konstellationen wie der vorliegenden, wenn der Freispruch wegen fehlender Schuldfähigkeit erfolgt. Denn Schuld im Sinne von § 20 StGB bedeutet Vorwerf-

barkeit und ist ein Rechtsbegriff, keine empirisch-medizinische Diagnose. Für deren Vorliegen kommt es auf den Zustand des Angeklagten bei Begehung der Tat (§ 8 StGB) an; sein Zustand ist genau für diesen Zeitpunkt festzustellen und zu bewerten (vgl. BGH, Urteil vom 29. April 1997 – 1 StR 511/95, BGHSt 43, 66, 77; und vom 21. Januar 2004 – 1 StR 346/03, BGHSt 49, 45, 53).

[17] So setzt die rechtsfehlerfreie Anwendung des auch für die Frage der (vollen) Schuldfähigkeit geltenden Zweifelssatzes die umfassende Prüfung des Vorliegens und der Schwere eines festgestellten Eingangsmerkmals des § 20 StGB voraus. Hat ein Sachverständiger eine schwere Abartigkeit weder bejaht noch ausgeschlossen, liegt ein Rechtsfehler vor, wenn der Tatrichter „deshalb" „zugunsten" des Angeklagten ohne weiteres von einer erheblichen Beeinträchtigung dessen Hemmungsvermögens ausgeht. Die Urteilsgründe müssen sich vielmehr dazu verhalten, in welchem Ausmaß sich das Eingangsmerkmal beim Tatentschluss oder der Tatausführung ausgewirkt hat. Etwa das Gewicht der Tat und die dadurch beeinflusste Höhe der von ihr ausgehenden Hemmschwelle können dabei für die Beurteilung Bedeutung gewinnen. Sie müssen deshalb festgestellt und in den Urteilsgründen in für das Revisionsgericht nachprüfbarer Weise dargelegt werden (vgl. BGH, Urteil vom 3. Februar 1960 – 2 StR 640/59, BGHSt 14, 114, 116; vom 21. September 1982 – 1 StR 489/82, NJW 1983, 350; und vom 6. Mai 1997 – 1 StR 17/97, NStZ 1997, 485, 486; Beschluss vom 28. Oktober 2009 – 2 StR 383/09, NStZ-RR 2010, 73, 74).

[18] Auch der allgemein anerkannte Grundsatz, dass die Schuldfähigkeit regelmäßig nur in Beziehung auf einen bestimmten Straftatbestand, nicht aber unabhängig von diesem beurteilt werden kann (vgl. BGH, Urteil vom 3. Februar 1960 – 2 StR 640/59, BGHSt 14, 114, 116; und vom 21. September 1982 – 1 StR 489/82, NJW 1983, 350), erfordert Feststellungen zum Tatgeschehen im Urteil. Vor allem die Frage der Hemmungsfähigkeit lässt sich bei den verschiedenartigen Straftaten nur selten einheitlich beantworten. So kann ein Betrunkener, der seinen Geschlechtstrieb nicht mehr zu beherrschen vermag und deshalb im Rausch den Versuch einer Sexualstraftat begeht, möglicherweise sehr wohl noch fähig sein, Hemmungen gegenüber einem Raubmotiv einzuschalten; wer sich infolge seines Rausches schuldlos zu einer Beleidigung hinreißen lässt, kann für eine gefährliche Körperverletzung noch verantwortlich sein (vgl. BGH, Urteil vom 3. Februar 1960 – 2 StR 640/59, BGHSt 14, 114, 116).

[19] Soweit entsprechende Feststellungen für den freigesprochenen Angeklagten ungünstig sind und ihn in tatsächlicher Hinsicht beschweren, hat der Gesetzgeber dies grundsätzlich als Folge des justizförmigen Strafverfahrens hingenommen.

[20] bb) Diesen Erwägungen hat das Landgericht in dem angegriffenen Urteil Rechnung getragen. Es hat in nicht zu beanstandender Weise dargelegt, von welchem Tatablauf es im Hinblick auf den Vorwurf der gefährlichen Körperverletzung am 12. August 2001 ausgegangen ist. Dabei hat das Landgericht die Feststellungen auf das aus Rechtsgründen Erforderliche beschränkt. Es hat seine Darstellung des Tatgeschehens und der Beziehung zwischen dem Angeklagten und der Nebenklägerin sachlich gehalten und sich weitgehend auf die Angabe der für erwiesen erachteten Tatsachen beschränkt. Diese Feststellungen bilden die von Gesetzes wegen notwendige „Unterlage" (vgl. RGSt 4, 355, 359 f.) der Entscheidungsformel. Sie vermittelt dem Angeklagten keine Rechtsmittelbefugnis.

[21] 2. Aus verfassungsrechtlichen Vorgaben, die in extrem gelagerten Ausnahmefällen zu einer Durchbrechung dieser Grundsätze führen können, ergibt sich vorliegend nichts anderes. Das Bundesverfassungsgericht hält den einfachrechtlichen Grundsatz der Tenorbeschwer nicht nur in ständiger Rechtsprechung für verfassungsgemäß, sondern hat diesen auf die Prüfung der Zulässigkeit von Verfassungsbeschwerden sogar jedenfalls grundsätzlich übertragen (vgl. BVerfGE 28, 151, 160f.; BVerfG, Beschluss vom 30. Mai 2012 – 2 BvR 800/12, 2 BvR 1003/12 (3. Kammer des 2. Senats), Rn. 8 mwN, juris).

Die Befugnis des Tatgerichts, eine **Revision** als **unzulässig** zu verwerfen, ist auf **667** diejenigen Fälle beschränkt, in denen ein Revisionsführer die für die Einlegung und Begründung des Rechtsmittels vorgeschriebenen Formen oder Fristen nicht gewahrt hat (§ 346 Abs. 1 StPO). Soweit die Revision aus einem anderen Grund als unzulässig oder die Wirksamkeit der Rechtsmittelrücknahme festzustellen ist, steht die Befugnis hierzu allein dem Revisionsgericht zu.[710]

[2] Das Landgericht hat durch Beschluss vom 29. Juni 2015 festgestellt, dass der Angeklagte seine Revision wirksam zurückgenommen hat. Hiergegen richtet sich der vom Angeklagten durch seine Pflichtverteidigerin fristgemäß eingelegte Antrag auf Entscheidung des Revisionsgerichts (§ 346 Abs. 2 StPO).

[3] Der Antrag des Angeklagten hat im Ergebnis keinen Erfolg.

[4] 1. Die Befugnis des Tatgerichts, eine Revision als unzulässig zu verwerfen, ist auf diejenigen Fälle beschränkt, in denen ein Revisionsführer die für die Einlegung und Begründung des Rechtsmittels vorgeschriebenen Formen oder Fristen nicht gewahrt hat (§ 346 Abs. 1 StPO). Soweit die Revision aus einem anderen Grund als unzulässig oder die Wirksamkeit der Rechtsmittelrücknahme festzustellen ist, steht die Befugnis hierzu allein dem Revisionsgericht zu. Der Beschluss des Landgerichts vom 29. Juni 2015 war daher aufzuheben.

[5] 2. Die am 5. Mai 2015 eingelegte Revision hat der Angeklagte durch Schriftsatz seines hierzu beauftragten und bevollmächtigten Wahlverteidigers vom 18. Juni 2015 wirksam zurückgenommen (§ 302 Abs. 1 Satz 1 StPO). Zutreffend führt der Generalbundesanwalt aus:

> *„Die Revisionsrücknahme ist ebenso wie der Rechtsmittelverzicht generell unwiderruflich (st. Rspr.; vgl. nur BGHSt 46, 257, 258; BGHR StPO § 302 Abs. 1 Rücknahme 6). Ein von der Rechtsprechung anerkannter Ausnahmefall (vgl. dazu BGHSt 45, 51, 53 mwN) liegt nicht vor. Zwar hat die Pflichtverteidigerin schriftsätzlich interveniert, der Angeklagte habe ihr mitgeteilt, zur Rücknahme seines Rechtsmittels ‘genötigt’ worden zu sein, er wolle die Revision durchführen. Indessen ist“ der Wahlverteidiger „dem mit Schriftsatz vom 26. Juni 2015 entgegengetreten und hat glaubhaft versichert, der Angeklagte habe die Entscheidung zur Rechtsmittelrücknahme nach ausführlicher Beratung getroffen, bei der auch sein gesetzlicher Betreuer zugegen gewesen sei. Ferner versicherte“ der Wahlverteidiger, „der ihm bereits aus früherer Zeit bekannte Angeklagte sei dabei voll verhandlungsfähig gewesen; von einer Nötigung oder Ähnliches könne keine Rede sein. Begründete Zweifel an der Darstellung“ des Wahlverteidigers „bestehen nicht.“*

[710] BGH, Beschluss vom 13.10.2015 – 5 StR 414/15.

668 Macht der Revisionsführer geltend, dass die Bemühungen des Tatrichters zur **Ermittlung der ladungsfähigen Anschrift des Zeugen** unzureichend waren, muss er vortragen, welche Handlungen des Gerichts er vermisst und dass diese ein bestimmtes, für den Revisionsführer positives Ergebnis erbracht hätten.[711]

[2] 1. Die Verfahrensrügen haben aus den vom Generalbundesanwalt in der Antragsschrift vom 28. Januar 2015 dargelegten Gründen keinen Erfolg. Ergänzend zu den dortigen Ausführungen bemerkt der Senat:

[3] Maßgeblich für die Ablehnung eines Beweisantrags oder eines Beweisermittlungsantrags sind jedenfalls bei Fallgestaltungen der vorliegenden Art nur die im Zeitpunkt der Entscheidung des Gerichts bekannten Umstände (vgl. Niemöller in Festschrift Hamm, 2008, S. 538ff. mwN). Da dem Landgericht die ladungsfähige Anschrift des in dem „Beweisantrag" benannten Zeugen, dessen Anschrift das Gericht ermitteln sollte, aber trotz der bis dahin unternommenen Bemühungen nicht bekannt war, durfte es den „Beweisantrag" ablehnen und hat dies mit rechtlich nicht zu beanstandender Begründung getan. Macht der Revisionsführer daraufhin – wie hier – geltend, dass die Bemühungen des Tatrichters zur Ermittlung der ladungsfähigen Anschrift des Zeugen unzureichend waren, muss er vortragen, welche Handlungen der Strafkammer er vermisst und dass diese ein bestimmtes, für den Revisionsführer positives Ergebnis erbracht hätten (vgl. BGH, Beschluss vom 14. Januar 2010 – 1 StR 620/09, NStZ 2010, 403, 404). Daran fehlt es hier. Zwar ist die von der Revision vorgelegte, nähere Angaben zu der polizeilichen Vertrauensperson verweigernde „Sperrerklärung" erst nach Erlass des angefochtenen Urteils beim Landgericht eingegangen; auch sie belegt aber, dass die Behörden, denen die Identität und die ladungsfähige Anschrift der Vertrauensperson bekannt waren, zu deren Preisgabe nicht bereit waren. Welche anderweitigen Möglichkeiten das Landgericht noch hatte, um die Anschrift des Zeugen zu ermitteln, legt die Revision nicht in der erforderlichen konkreten Weise dar.

[4] Die sich ebenfalls auf die Vernehmung der polizeilichen Vertrauensperson beziehende Rüge der Verletzung des § 250 StPO ist schon deshalb erfolglos, weil nicht der Unmittelbarkeitsgrundsatz, sondern allenfalls die Aufklärungspflicht die Erhebung des sachnäheren Beweises gebietet (vgl. BGH, Beschluss vom 8. April 2003 – 3 StR 92/03, NStZ 2004, 50; Meyer-Goßner/Schmitt, StPO, 57. Aufl., § 250 Rn. 15 mwN). Eine zulässige Aufklärungsrüge hat die Revision jedoch auch insofern nicht erhoben.

669 Für die **Nachholung von Verfahrensrügen** der bereits formgerecht begründeten Revision (hier durch die erhobene Sachrüge), kann dem Angeklagten, der mit seinem Verteidiger in der Hauptverhandlung anwesend war, **Wiedereinsetzung** grundsätzlich nicht bewilligt werden.[712]

[21] II. Der Wiedereinsetzungsantrag war als unzulässig zu verwerfen.

[22] Der Angeklagte hat weder Tatsachen zur Begründung seines Antrags, weshalb er ohne Verschulden verhindert war, eine Frist einzuhalten (§ 44 Satz 1 StPO) vorgetragen noch glaubhaft gemacht (§ 45 Abs. 2 Satz 1 StPO).

---

711 BGH, Beschluss vom 25.02.2015 – 4 StR 16/15.

712 BGH, Beschluss vom 09.07.2015 – 1 StR 7/15.

[23] Er hat auch nicht innerhalb der Frist die versäumte Handlung nachgeholt (§ 45 Abs. 2 Satz 2 StPO).

[24] Soweit der Angeklagte einen Zusammenhang zwischen Wiedereinsetzungsantrag und seinem Protokollberichtigungsantrag sieht, ist darauf hinzuweisen, dass das (hierfür zuständige) Landgericht seinen Antrag auf Protokollberichtigung durch Beschluss vom 19. Februar 2015 abgelehnt hat und auch sein Wiedereinsetzungsgesuch als unzulässig zurückgewiesen hat.

[25] Für die Nachholung von Verfahrensrügen der bereits formgerecht begründeten Revision (hier durch die erhobene Sachrüge), kann dem Angeklagten, der mit seinem Verteidiger in der Hauptverhandlung anwesend war, Wiedereinsetzung grundsätzlich nicht bewilligt werden (vgl. u.a. BGH, Beschluss vom 25. Februar 2015 – 2 StR 396/14, auch die Nachweise zur st. Rspr. bei Meyer-Goßner/Schmitt aaO, Rn. 7 zu § 44). Ein Ausnahmefall liegt hier ersichtlich nicht vor. Ohnehin hat hier der Angeklagte nicht eine § 344 Abs. 2 Satz 2 StPO entsprechende Verfahrensrüge nachgeholt bzw. erhoben (vgl. auch BGH, Beschluss vom 15. April 2015 – 4 StR 509/14).

[26] III. Ein extremer Ausnahmefall, wonach bei einer rechtsstaatswidrigen Tatprovokation ein Verfahrenshindernis angenommen werden kann, (vgl. hierzu BVerfG, 2. Kammer des Zweiten Senats, Beschluss vom 18. Dezember 2014 – 2 BvR 209/14, 2 BvR 240/14, 2 BvR 262/14), liegt hier nach den getroffenen Feststellungen ersichtlich nicht vor.

[27] IV. Eine § 344 Abs. 2 Satz 2 StPO entsprechende Verfahrensrüge ist nicht erhoben und nach den zutreffenden Ausführungen des Generalbundesanwalts in seiner Antragsschrift vom 29. Januar 2015, die durch das weitere – urteilsfremde – Vorbringen des Angeklagten nicht entkräftet werden, ohnehin unbegründet.

Es ist zulässig, bei der Strafzumessung zu berücksichtigen, dass der Angeklagte **670**
weitere nicht abgeurteilte Straftaten begangen hat. Voraussetzung dafür ist jedoch, dass die weiteren Taten prozessordnungsgemäß festgestellt sind. Das Abstellen auf einen bloßen Verdacht ist unzulässig. Die Taten müssen auch jedenfalls so konkret festgestellt sein, dass sie in ihrem wesentlichen Unwertgehalt abzuschätzen sind.[713]

[5] Die Revision des Angeklagten ist unbegründet im Sinne von § 349 Abs. 2 StPO, soweit sie sich gegen den Schuldspruch und gegen den Strafausspruch in den Fällen 3 und 4 richtet. Sie führt aber zur Aufhebung des Strafausspruchs hinsichtlich der Einzelstrafen zu den Fällen 1 und 2 und des Ausspruchs über die Gesamtfreiheitsstrafe.

[6] a) Die Strafzumessung in den Fällen 1 und 2 ist rechtsfehlerhaft, weil das Landgericht die von der Verfahrensbeschränkung gemäß § 154 Abs. 2 StPO betroffenen Taten zum Nachteil der Nebenklägerin P. nicht festgestellt, aber zu seinen Lasten berücksichtigt hat, dass „die konkret festgestellten Taten nur ein Ausschnitt einer Tatserie sind".

[7] Zwar ist es zulässig, bei der Strafzumessung zu berücksichtigen, dass der Angeklagte weitere nicht abgeurteilte Straftaten begangen hat. Voraussetzung dafür

---

713 BGH, Beschluss vom 07.01.2015 – 2 StR 259/14.

ist jedoch, dass die weiteren Taten prozessordnungsgemäß festgestellt sind. Das Abstellen auf einen bloßen Verdacht ist unzulässig (vgl. BGH, Beschluss vom 12. September 2012 – 5 StR 425/12, NStZ-RR 2012, 368). Die Taten müssen auch jedenfalls so konkret festgestellt sein, dass sie in ihrem wesentlichen Unwertgehalt abzuschätzen sind (vgl. Senat, Urteil vom 5. Juni 2014 – 2 StR 381/13, NJW 2014, 2514, 2516).

[8] Nach den getroffenen Feststellungen bleibt offen, welche und wie viele Straftaten der Angeklagte – über die abgeurteilten Taten im gleichen Zeitraum hinaus – innerhalb von sechs Jahren nach dem Jahreswechsel von 2000 zu 2001 zum Nachteil der Nebenklägerin P. begangen hat. Das Landgericht hat ausgeführt, dass es in diesem Zeitraum „mehrfach zu sexuellen Übergriffen des Angeklagten" gekommen sei. Wann dies der Fall war, konnte die Jugendkammer nicht feststellen. Nähere Einzelheiten des jeweiligen Geschehensablaufs vermochte sie nicht zu klären. Die Ausführungen genügen daher nicht dem Erfordernis ausreichend bestimmter Feststellungen zu solchen Taten, die trotz Verfahrensbeschränkung gemäß § 154 Abs. 2 StPO strafschärfend berücksichtigt werden können (vgl. BGH, Beschluss vom 9. Oktober 2003 – 4 StR 359/03).

b) Revisionsrücknahme

671 Gemäß § 302 Abs. 2 StPO bedarf der Verteidiger im Zeitpunkt der Abgabe der **Rücknahmeerklärung einer ausdrücklichen Ermächtigung** des Angeklagten. Für diese Ermächtigung ist **keine bestimmte Form vorgeschrieben**. Sie kann auch mündlich erteilt werden. Für ihren Nachweis genügt die anwaltliche Versicherung des Verteidigers. Eine solche anwaltliche Versicherung des Verteidigers liegt in seiner Erklärung, er nehme die Revision nach Rücksprache mit seinem Mandanten namens und in dessen Auftrag zurück.[714]

26. Zulässigkeit von Revisionsrügen, Fristen, insbes. Verfahrensrügen (§ 3044 Abs. 2 S. 2 StPO)

672 Die Rüge der Verletzung von §§ 247, 338 Nr. 5 StPO ist **nicht zulässig erhoben,** da der Beschwerdeführer den Antrag der Nebenklagevertreterin, auf den sich der Beschluss des Landgerichts bezieht, nicht mitgeteilt hat. Dessen Kenntnis wäre indessen erforderlich gewesen zur Nachprüfung, ob die Voraussetzungen für den Ausschluss des Beschwerdeführers aus der Verhandlung rechtsfehlerfrei angenommen worden sind.[715]

673 Die (Verfahrens-)Rügen sind **zulässig erhoben.** Dies ist der Fall, wenn die den Mangel enthaltenden Tatsachen angegeben werden (§ 344 Abs. 2 Satz 2 StPO). Dazu müssen **die den geltend gemachten Verstoß enthaltenden Tatsachen so vollständig und genau dargelegt** werden, dass das Revisionsgericht allein aufgrund dieser Darlegung das Vorhandensein eines Verfahrensmangels feststellen kann, wenn die behaupteten Tatsachen bewiesen sind oder bewiesen werden.[716]

---

[714] BGH, Beschluss vom 15.04.2015 – 1 StR 112/15.
[715] BGH, Beschluss vom 02.04.2015 – 3 StR 23/15.
[716] BGH, Beschluss vom 14.10.2014 – 3 StR 167/14.

[10] 1. Zu Unrecht hat das Oberlandesgericht drei Anträge des Angeklagten M. als unzulässig abgelehnt (Rügen Nr. 1 bis 3 der Revisionsbegründungsschrift des Angeklagten M.). Auf diesem Rechtsfehler beruht das Urteil indes nicht.

[11] a) Den Rügen liegt folgendes Verfahrensgeschehen zu Grunde: In der Sitzung vom 2. August 2013 hat der Angeklagte M. unter anderem mit drei gesonderten Anträgen jeweils die Einholung eines Sachverständigengutachtens zum Beweis der Tatsache beantragt, dass die Ventile, wie sie in verschiedenen Schriftstücken anlässlich der zwischen ihm und T. laufenden Verhandlungen beschrieben worden waren, aufgrund diverser, in den Anträgen dargestellter technischer Details nicht für den Einsatz im Primärkreislauf eines Kernreaktors geeignet, nicht nukleartauglich bzw. nicht nuklearspezifisch gewesen seien. Diese Anträge hat das Oberlandesgericht mit Beschlüssen vom 19. September 2013 jeweils mangels bestimmter Tatsachenbehauptung als unzulässig zurückgewiesen. Dabei hat es im Wesentlichen darauf abgestellt, dass die konkrete Ausstattung des Schwerwasserreaktors in A. ebenso wenig bekannt sei wie die Sicherheitsanforderungen, die im Iran an die Ventile und Elektroantriebe eines Kernkraftreaktors gestellt würden.

[12] b) Entgegen der Ansicht des Generalbundesanwalts sind die Rügen zulässig erhoben. Dies ist der Fall, wenn die den Mangel enthaltenden Tatsachen angegeben werden (§ 344 Abs. 2 Satz 2 StPO). Dazu müssen die den geltend gemachten Verstoß enthaltenden Tatsachen so vollständig und genau dargelegt werden, dass das Revisionsgericht allein aufgrund dieser Darlegung das Vorhandensein eines Verfahrensmangels feststellen kann, wenn die behaupteten Tatsachen bewiesen sind oder bewiesen werden (vgl. BGH, Urteil vom 6. Februar 1980 – 2 StR 729/79, BGHSt 29, 203; KK-Gericke, StPO, 7. Aufl., § 344 Rn. 38 mwN). Verweise auf frühere Eingaben, Ausführungen eines anderen Verfahrensbeteiligten oder den Inhalt der Akten genügen nicht; für den Revisionsvortrag wesentliche Schriftstücke oder Aktenstellen sind vielmehr durch wörtliche Zitate bzw. eingefügte Abschriften oder Ablichtungen zum Bestandteil der Revisionsbegründung zu machen (vgl. BGH, Urteil vom 27. Oktober 2005 – 1 StR 218/05, NStZ-RR 2006, 48, 49).

[13] Hieraus ergeben sich je nach Art des gerügten Verstoßes spezielle Anforderungen an die Begründung (vgl. BGH, Urteil vom 24. Juli 1998 – 3 StR 78/98, NJW 1998, 3284). Bei Angriffen gegen die Ablehnung von Anträgen sind regelmäßig der Antrag und die Ablehnungsbegründung im Wortlaut oder in eigenen Worten vollständig mitzuteilen (BGH, Beschluss vom 19. April 2000 – 3 StR 122/00, juris Rn. 2; Urteil vom 14. April 1999 – 3 StR 22/99, NJW 1999, 2683, 2684), oftmals auch die in diesen Dokumenten in Bezug genommenen Aktenbestandteile (BGH, Urteile vom 25. November 2003 – 1 StR 182/03, NStZ-RR 2004, 118, 119; vom 18. August 2004 – 2 StR 456/03, StraFo 2004, 424). Eine schematische Betrachtungsweise verbietet sich indes. Entscheidend ist stets, ob die inhaltliche Überprüfung der erhobenen Rüge bereits anhand des mitgeteilten Verfahrensstoffes möglich ist. Können in Bezug genommene Aktenteile unabhängig von ihrem Inhalt das Ergebnis der Prüfung nicht beeinflussen, so sind sie für die Zulässigkeit der Rüge nicht von Bedeutung.

[14] Nach diesen Grundsätzen erweist sich die vom Generalbundesanwalt vermisste Mitteilung weiterer Schreiben, des mit den Anträgen in Zusammenhang stehenden Verfahrensgeschehens sowie der im Ablehnungsbeschluss zur Frage der Aufklärungspflicht in Bezug genommenen Aktenteile als nicht erforderlich. Ob das Oberlandesgericht die Anträge zu Recht mangels bestimmter Tatsachenbe-

hauptung als unzulässig zurückgewiesen hat, bestimmt sich allein anhand des mitgeteilten Antragswortlauts.

[15] c) Dieser ergibt, dass es sich entgegen der Ansicht des Oberlandesgerichts jeweils um Beweisanträge handelte. In allen Fällen sind konkrete technische Eigenschaften benannt, aufgrund derer den gehandelten Ventilen die Nukleareignung fehlen soll. Dies genügt. Die Begründung des Oberlandesgerichts, wonach es mangels Kenntnissen über die konkrete Ausgestaltung des im Iran geplanten Reaktors an Anknüpfungstatsachen für einen Sachverständigen fehle, besagt nichts über die mangelnde Bestimmtheit der unter Beweis gestellten Tatsache. Dieser Umstand hätte allenfalls – im konkreten Fall jedoch eher fernliegend – für die völlige Ungeeignetheit des Beweismittels (§ 244 Abs. 3 Satz 2 Variante 4 StPO) sprechen können.

[16] d) Auf der rechtsfehlerhaften Ablehnung der Beweisanträge beruht das Urteil indes nicht (§ 337 Abs. 1 StPO). Allerdings ist es dem Revisionsgericht regelmäßig versagt, den Ausschluss des Beruhens daraus herzuleiten, dass die ablehnende Entscheidung mit anderer Begründung rechtsfehlerfrei hätte ergehen können (BGH, Beschluss vom 29. Februar 2000 – 1 StR 33/00, NStZ 2000, 437, 438). Denn die fehlerhafte Ablehnung kann grundsätzlich Auswirkungen auf die weitere Verfahrensführung in dem Sinne gehabt haben, dass die Beteiligten gehindert worden sind, die geänderte Prozesslage in ihrem weiteren Verhalten zu berücksichtigen, insbesondere weitere Anträge zu stellen (BGH, Urteil vom 19. März 1991 – 1 StR 99/91, BGHR StPO § 244 Abs. 3 Satz 2, Ungeeignetheit 10).

674 1. Soweit mit dem Rechtsmittel gerügt wird, das gegen den Dolmetscher gerichtete Befangenheitsgesuch sei von der Jugendkammer zu Unrecht zurückgewiesen worden, kann es nicht durchdringen. Die Rüge ist unzulässig erhoben worden (§ 344 Abs. 2 Satz 2 StPO). In der Revisionsbegründungsschrift ist vorgetragen worden, im Verfahren über das Ablehnungsgesuch sei der Dolmetscher nicht angehört worden. Aus der den entsprechenden Protokollauszug enthaltenden Gegenerklärung der Staatsanwaltschaft ergibt sich indes, dass neben den Prozessbeteiligten auch der Dolmetscher Gelegenheit zur Stellungnahme zu dem Ablehnungsgesuch erhalten und „seine Stellungnahme dem Angeklagten in die arabische Sprache“ übersetzt hat. Dieser Verfahrensgang deckt sich mit der unwidersprochen gebliebenen Stellungnahme der Jugendkammervorsitzenden vom 21. Oktober 2014. Unter diesen Umständen entspricht das Rügevorbringen schon nicht den Anforderungen des § 344 Abs. 2 Satz 2 StPO .

2. Die Rüge der Verletzung der Aufklärungspflicht (§ 244 Abs. 2 StPO) ist nicht zulässig erhoben worden. Die Revision hat nicht dargetan, aufgrund welcher Umstände das Gericht sich zu der Beweiserhebung hätte gedrängt sehen müssen.[717]

675 Die Verfahrensbeschwerde, mit welcher der Beschwerdeführer die Verwertung der in die Hauptverhandlung eingeführten Angaben des Angeklagten und seiner Tochter anlässlich einer polizeilichen Befragung beanstandet, ist nicht den Anforderungen des § 344 Abs. 2 Satz 2 StPO entsprechend ausgeführt. Da sich das Revisionsvorbringen weder zu den Begleitumständen noch zum Verlauf der Befragung verhält, kann der Senat nicht prüfen, ob der die Befragung vornehmende

---

[717] BGH, Urteil vom 11.03.2015 – 5 StR 578/14.

Polizeibeamte wegen seines gegenüber dem Angeklagten an den Tag gelegten Verhaltens oder aufgrund eines sich aus dem Verlauf der Befragung ergebenden Tatverdachts gegen den Angeklagten verpflichtet war, diesen als Beschuldigten zu behandeln und ihn nach § 163a Abs. 4 Satz 2 StPO i. V. m. § 136 Abs. 1 Satz 2 StPO über sein Schweigerecht zu belehren.[718]

27. Beschlussverwerfung nach § 349 Abs. 2 StPO

TOPENTSCHEIDUNG ■

Es begegnet keinen verfassungsrechtlichen Bedenken, dass der Bundesgerichtshof über die Revision des Beschwerdeführers nach § 349 Abs. 2 StPO ohne mündliche Verhandlung durch Beschluss entschieden hat.[719] **676**

[7] 1. Es begegnet keinen verfassungsrechtlichen Bedenken, dass der Bundesgerichtshof über die Revision des Beschwerdeführers nach § 349 Abs. 2 StPO ohne mündliche Verhandlung durch Beschluss entschieden hat.

[8] a) Art. 103 Abs. 1 GG begründet keinen Anspruch auf eine mündliche Verhandlung; es ist vielmehr Sache des Gesetzgebers zu entscheiden, in welcher Weise das rechtliche Gehör gewährt werden soll (vgl. BVerfGE 36, 85[87]; 60, 175 [210f.]; 89, 381 [391]; stRspr). Der Beschwerdeführer hatte in seiner Revisionsbegründung (§ 344 StPO) und in der Gegenerklärung zum Antrag des Generalbundesanwalts (§ 349 Abs. 3 Satz 2 StPO) Gelegenheit, sich umfassend zu äußern. Er trägt nicht substantiiert vor, dass er sein Revisionsvorbringen in schriftlicher Form nicht ausreichend habe deutlich machen können (vgl. BVerfGE 112, 185 [206]).

[9] b) Es genügt den Anforderungen an ein faires Strafverfahren, dass im Revisionsverfahren der Verteidiger oder ein Rechtsanwalt für den Angeklagten Stellung nimmt. Eine mündliche Verhandlung muss nicht zu dem Zweck durchgeführt werden, damit sich ein Angeklagter unabhängig von seinem Verteidiger äußern kann (vgl. BVerfGE 54, 100 [116f.]; 64, 135 [151ff.]). Im Übrigen hat der Angeklagte nach § 345 Abs. 2 StPO die Möglichkeit, die Revision zu Protokoll der Geschäftsstelle zu begründen, auch zur Ergänzung der von seinem Verteidiger oder einem Rechtsanwalt abgegebenen Revisionsbegründung (vgl. Meyer-Goßner/Schmitt, StPO, 57. Aufl. 2014, § 345 Rn. 9).

[10] c) Die Durchführung einer Revisionshauptverhandlung ist auch nicht zur Herstellung prozessualer „Waffengleichheit" erforderlich.

[11] aa) Das Recht auf ein faires Verfahren gewährleistet dem Beschuldigten einen Mindestbestand an aktiven verfahrensrechtlichen Befugnissen. Ihm muss die Möglichkeit eingeräumt sein, zur Wahrung seiner Rechte auf den Gang und das Ergebnis des Verfahrens Einfluss zu nehmen (vgl. BVerfGE 64, 135 [145]; 65, 171 [174f.]; 66, 313 [318]). Dies verlangt eine gewisse verfahrensrechtliche

---

[718] BGH, Beschluss vom 05.05.2015 – 605/14.

[719] BVerfG, Kammerbeschluss vom 30.06.2014 – 2 BvR 792/11; vgl. insoweit auch BGH, Beschluss vom 10.02.2015 – 1 StR 640/14.

„Waffengleichheit" von Staatsanwaltschaft und Beschuldigtem im Strafprozess (vgl. BVerfGE 63, 45 [61]). Allerdings müssen verfahrensspezifische Unterschiede in der Rollenverteilung von Staatsanwaltschaft und Beschuldigtem nicht in jeder Beziehung ausgeglichen werden (vgl. BVerfGE 63, 45 [67]; 122, 248 [272]; BVerfG, Urteil des Zweiten Senats vom 19. März 2013 – 2 BvR 2628/10 u. a. –, NJW 2013, S. 1058 [1060]).

[12] bb) Das Beschwerdevorbringen lässt nicht erkennen, dass die gesetzliche Regelung oder deren Anwendung durch die Revisionsgerichte vor diesem Hintergrund gegen das Recht auf ein faires Verfahren verstößt. Es trifft zwar zu, dass Revisionen der Staatsanwaltschaft im Gegensatz zu solchen des Angeklagten im Allgemeinen nicht durch Beschluss nach § 349 Abs. 2 StPO verworfen werden (vgl. Gericke, in: Karlsruher Kommentar zur StPO, 7. Aufl. 2013, § 349 Rn. 30). Der Beschwerdeführer zeigt jedoch nicht auf, inwieweit ihm die Entscheidung im Beschlusswege einen geringeren Grundrechtsschutz gewährt haben könnte als eine Entscheidung durch Urteil nach Durchführung einer Hauptverhandlung. Seinen Darlegungen kann auch nicht entnommen werden, dass die unterschiedliche Behandlung von Revisionen des Angeklagten und der Staatsanwaltschaft generell zu einer verminderten Rechtsschutzqualität bei Revisionen von Angeklagten führt (vgl. BVerfGE 112, 185 [204 f.]).

■ PRAXISBEDEUTUNG

Die vorliegende Entscheidung des BVerfG sollte endlich die Diskussion um die Frage beruhigen, ob und inwieweit die derzeitige Entscheidungspraxis der Strafsenate des BGH zulässig und verfassungsrechtlich unangreifbar ist. Auch wenn das Missfallen der Verteidiger wegen ausgebliebener Begründungen dadurch kaum ausgeräumt werden kann, bleibt festzuhalten, dass eine Beschlussverwerfung nach § 349 Abs. 2 StPO nur dann möglich ist, wenn bereits die Revisionsangriffe durch die Ausführungen in der Antragsschrift des Generalbundesanwalts ausreichend beantwortet sind.[720]

677 Auslegung einer an sich unzulässigen Verfahrensrüge.[721]

[3] Die Revision des Angeklagten ist zulässig.

[4] 1. Allerdings bestehen bei einem lediglich am Wortlaut orientierten Verständnis des Inhalts der Revisionsrechtfertigung Zweifel an der Zulässigkeit des Rechtsmittels.

[5] Wie der Generalbundesanwalt in seiner Antragsschrift vom 29. Oktober 2014 zutreffend ausgeführt hat, genügt die vom Beschwerdeführer ausgeführte Verfahrensrüge den Anforderungen des § 344 Abs. 2 Satz 2 StPO nicht und ist daher unzulässig. Der im zweiten Teil der Revisionsbegründung ohne nähere Begründung erhobenen „allgemeinen Verfahrensrüge" ist für sich genommen ebenfalls kein zulässiges, auf eine Verfahrensrüge gerichtetes Revisionsvorbringen zu entnehmen.

---

720 Vgl. hierzu BGH, Beschluss vom 05.05.2014 – 1 StR 82/14; ebenso Beschluss vom 25.02.2014 – 1 StR 657/13.

721 BGH, Beschluss vom 03.12.2014 – 4 StR 512/14.

[6] 2. Als Prozesserklärung ist die Revisionsbegründung indes auslegungsfähig. Die Ausführungen zur Rechtfertigung der Revision sind in ihrer Gesamtheit zu würdigen, wobei das Revisionsgericht nicht am Wortlaut haften darf, sondern den Sinn des Vorbringens zu erforschen hat, wie er der Begründungsschrift verständigerweise entnommen werden kann (vgl. BGH, Urteil vom 24. März 1964 – 3 StR 60/63, BGHSt 19, 273, 275; LR-StPO/Franke, 26. Aufl., § 344 Rn. 70). Ergibt sich aus dem Inhalt der Begründungsschrift deutlich, welche Rüge inhaltlich gemeint ist, ist eine Falschbezeichnung des Revisionsvorbringens als Sach- oder Verfahrensrüge unschädlich (BGH aaO; Franke aaO, Rn. 72; ebenso KK-StPO/Gericke, 7. Aufl., § 344 Rn. 20).

[7] Danach entnimmt der Senat dem Gesamtzusammenhang des Beschwerdevorbringens im vorliegenden Fall den Willen, dem Revisionsgericht das angefochtene Urteil insgesamt auch zur sachlich-rechtlichen Nachprüfung zu unterbreiten. Die Erhebung einer „allgemeinen Verfahrensrüge" im Anschluss an eine unmittelbar zuvor eigens ausgeführte (wenn auch unzulässige) Verfahrensrüge ist schon für sich genommen wenig naheliegend. Hier kommt hinzu, dass beide Beanstandungen in der Revisionsrechtfertigung hintereinander unter gleichgeordneten Gliederungspunkten aufgeführt sind. Daher ist von einer irrtümlichen Falschbezeichnung der (allgemeinen) Sachrüge als Verfahrensrüge auszugehen.

28. Revisionsrügen nach § 338 StPO

Die nachstehenden Rügen heben die alltäglichen Fragen, mit denen die Revisions- **678**
rechtsprechung befasst wird, nur in besonderer Weise hervor. Allerdings sollte sich ein Verteidiger im Rahmen einer Revisionsbegründung vorher klar darüber werden, ob er eine Rüge nach den Sonderbestimmungen des § 338 StPO oder als „normale" Verfahrensrüge erheben will. Nicht hilfreich und zumeist auch nicht weiterführend ist es regelmäßig, ein und dieselbe Rüge unter verschiedenen „Vorzeichen" geltend zu machen.

Einem **Besetzungseinwand** muss zu entnehmen sein, in welcher zeitlichen Ab- **679**
folge und Nähe zur anberaumten Hauptverhandlung die **Entpflichtung des Hauptschöffen** und sodann der jeweils an nächster bereiter Stelle stehenden Hilfsschöffen erfolgte. Dieser Tatsachenvortrag ist erforderlich, um dem über den Besetzungseinwand entscheidenden Spruchkörper die Prüfung zu ermöglichen, ob bei kurzfristigen Ladungen des Hilfsschöffen und dessen Verhinderung vom Vorsitzenden bei der Entbindungsentscheidung ein zutreffender Maßstab angelegt wurde.[722]

Zu Recht führt der Generalbundesanwalt in seiner Stellungnahme aus, dass es an einer erforderlichen umfassenden Begründung des in der Hauptverhandlung vorgebrachten Besetzungseinwands gefehlt hat, dieser mithin nicht in der vorgeschriebenen Form (§ 338 Nr. 1 Buchst. b, § 222b Abs. 1 Satz 2 StPO) erhoben worden ist (vgl. BGH, Urteil vom 30. Juli 1998 – 5 StR 574/97, BGHSt 44, 161, 162). Insoweit ist (vgl. Barthe in KK-StPO, 7. Aufl., GVG, § 54 Rn. 7). Vor diesem Hintergrund kann dahinstehen, ob der Senat der im Urteil vom 4. Februar 2015 vertretenen Rechtsauffassung des 2. Strafsenats (2 StR 76/14, BGHR StPO

[722] BGH, Beschluss vom 01.09.2015 – 5 StR 349/15.

§ 338 Nr. 1 Schöffe 15) folgen könnte (vgl. auch BGH, Beschluss vom 5. August 2015 – 5 StR 276/15 Rn. 4ff.).

680 1. **Berufliche Gründe** rechtfertigen nur ausnahmsweise die **Verhinderung** eines **Schöffen.**

2. Zu berücksichtigen sind lediglich Berufsgeschäfte, die der Schöffe nicht oder nicht ohne erheblichen Schaden für sich oder den Betrieb aufschieben oder bei denen er sich nicht durch einen anderen vertreten lassen kann, weil die Geschäfte ihrer Art nach einen Vertreter nicht zulassen oder ein geeigneter Vertreter nicht zur Verfügung steht.

3. Über die Anerkennung einer derartigen Verhinderung hat der zur Entscheidung berufene Richter unter Abwägung aller Umstände bei Berücksichtigung der Belange des Schöffen, des Verfahrensstands und der voraussichtlichen Dauer des Verfahrens, nach pflichtgemäßem Ermessen zu entscheiden und dies auch zu dokumentieren.[723]

[6] Mit der Verfahrensrüge beanstandet der Angeklagte zu Recht, dass die Strafkammer hinsichtlich der Hilfsschöffin Z. nicht vorschriftsmäßig besetzt gewesen ist (§ 338 Nr. 1 StPO) und der Angeklagte deshalb seinem gesetzlichen Richter entzogen worden ist.

[7] 1. Der Rüge liegt im Wesentlichen der folgende Verfahrensgang zugrunde:

[8] Der Vorsitzende bestimmte mit Verfügung vom 24. Mai 2013 wegen Verhinderung des Verteidigers die Verlegung des regulären Sitzungstages vom 11. Juli 2013 auf den 12. Juli 2013 und bestimmte Termine zur Hauptverhandlung auf den 12. Juli, 16. Juli und 18. Juli 2013. Auf die einen Tag vor Beginn der Hauptverhandlung erfolgte Mitteilung der Besetzung des Gerichts beantragte der Verteidiger in der Hauptverhandlung die Aussetzung des Verfahrens zur Prüfung der Gerichtsbesetzung, die das Landgericht mit der Begründung ablehnte, die Kammer sei ordnungsgemäß besetzt.

[9] Für den genannten Sitzungstag waren als Hauptschöffen die Schöffen F. und K. vorgesehen. K. teilte telefonisch mit, dass er sich vom 7. Juli bis 4. August 2013 in Urlaub befände, und wurde mit Verfügung des Vorsitzenden vom 7. Juni 2013 von der Dienstleistung entbunden. Für ihn rückte die Hilfsschöffin M. ein, die nach Mitteilung über einen Urlaub in der Zeit vom 4. bis 26. Juli 2013 mit Verfügung des Vorsitzenden vom 18. Juni 2013 ebenfalls von ihrer Dienstleistung entbunden wurde.

[10] Nächster vorgesehener Hilfsschöffe zu diesem Zeitpunkt war H., der am 28. Juni 2013 telefonisch mitteilte, dass er bereits am 23. August 2011 nach Hanau umgezogen sei. Er habe nicht gewusst, dass er nicht mehr als Schöffe in Frankfurt am Main tätig sein dürfe. Eine noch am selben Tag veranlasste elektronische Abfrage der Meldedaten bestätigte den Umzug des Hilfsschöffen, der daraufhin durch Verfügung des Vorsitzenden „nach §§ 77 Abs. 3, 54 Abs. 1 GVG antragsgemäß“ von der Dienstleistung entbunden wurde, an der er durch unabwendbare Umstände gehindert sei.

---

[723] BGH, Urteil vom 04.02.2015 – 2 StR 76/14.

[11] Für ihn rückte die Hilfsschöffin R. nach, die nach einem Hinweis auf einen Urlaub vom 3. bis 19. Juli 2013 durch weitere Verfügung des Vorsitzenden vom 2. Juli 2013 gleichfalls von der Dienstleistung befreit wurde.

[12] Als Ersatz geladen wurde sodann der Hilfsschöffe Hi. Dieser teilte am 3. Juli 2013 telefonisch mit, seine Firma sei durch die Urlaube verschiedener Mitangestellter so ausgedünnt, dass er nicht entbehrlich sei und seine Vertretung nicht möglich sei. Dies veranlasste den Vorsitzenden, auch den Hilfsschöffen Hi. von seiner Dienstleistungspflicht zu entbinden. An seine Stelle trat die Hilfsschöffin Z., die an der Hauptverhandlung gegen den Angeklagten teilnahm.

[13] 2. Die Verfahrensbeanstandung hat Erfolg. Das erkennende Gericht war in der Person der Hilfsschöffin Z. im Sinne von § 338 Nr. 1 StPO nicht ordnungsgemäß besetzt. Denn die Entbindungen des Hilfsschöffen Hi. war durch das Gesetz nicht gedeckt und erweist sich bei verständiger Würdigung der das Grundgesetz bestimmenden Gedanken zum Recht auf den gesetzlichen Richter (Art. 101 Abs. 1 Satz 2 GG) als nicht mehr verständlich und offensichtlich unhaltbar (vgl. BVerfG, NJW 2005, 2689, 2690).

[14] a) Die Entbindung des Hilfsschöffen Hi., die der Vorsitzende gemäß § 54 Abs. 1 GVG auf die Unzumutbarkeit der zu erbringenden Dienstleistung gestützt hat, ist nicht frei von Rechtsfehlern.

[15] Ob einem Schöffen die Dienstleistung im Sinne von § 54 Abs. 1 Satz 2 GVG zugemutet werden kann, bestimmt sich nach den Umständen des Einzelfalls. Dabei ist – zur Wahrung des Rechts auf den gesetzlichen Richter – ein strenger Maßstab anzulegen. Berufliche Gründe rechtfertigen daher nur ausnahmsweise die Verhinderung eines Schöffen. Zu berücksichtigen sind lediglich Berufsgeschäfte, die der Schöffe nicht oder nicht ohne erheblichen Schaden für sich oder den Betrieb aufschieben oder bei denen er sich nicht durch einen anderen vertreten lassen kann, weil die Geschäfte ihrer Art nach einen Vertreter nicht zulassen oder ein geeigneter Vertreter nicht zur Verfügung steht. Über die Anerkennung einer derartigen Verhinderung hat der zur Entscheidung berufene Richter unter Abwägung aller Umstände bei Berücksichtigung der Belange des Schöffen, des Verfahrensstands und der voraussichtlichen Dauer des Verfahrens, nach pflichtgemäßem Ermessen zu entscheiden (vgl. BGHSt 28, 61, 66). Er ist zu weitergehenden Erkundigungen hinsichtlich des angegebenen Hinderungsgrundes nicht verpflichtet, wenn er die Angaben für glaubhaft hält (BGH NStZ 1982, 176 m.w.N.). Die Entscheidung ist aktenkundig zu machen (§ 54 Abs. 3 Satz 2 GVG). Dabei sind diejenigen Umstände zu dokumentieren, die die Annahme des Hinderungsgrunds tragen. Nur so ist dem Rechtsmittelgericht die Überprüfung möglich, ob eine getroffene Entscheidung eine Richterentziehung im Sinne von Art. 101 Abs. 1 GG darstellt.

[16] Dass die Voraussetzungen für die Annahme eines Hinderungsgrundes hier vorliegen, ist nicht dargetan. Der Entbindungsentscheidung des Vorsitzenden, die selbst keine nähere Begründung enthält, liegt ein Vermerk des Vorsitzenden zugrunde, der Schöffe habe ihm mitgeteilt, seine Firma sei durch Urlaube verschiedener Mitangestellter so ausgedünnt, dass er nicht entbehrlich und seine Vertretung nicht möglich sei. Diese Umstände rechtfertigen unter Berücksichtigung strenger Maßstäbe, die das Recht auf den gesetzlichen Richter einfordert, für sich eine Entbindung nicht. Die Angaben sind in ihrer Allgemeinheit wenig konkret; sie lassen nicht erkennen, um welche Firma es sich handelt, wie groß sie ist, wel-

che Aufgaben der Schöffe regelmäßig wahrnimmt, wer ihn vertreten kann und welche Urlaubsabwesenheiten welcher „Mitangestellter" es gibt, die eine an sich denkbare Vertretung des Hilfsschöffen ausschließen. Allein anhand dieser pauschalen Angaben konnte der Vorsitzende – ohne dass es insoweit darauf ankäme, ob er diese für glaubhaft gehalten hat – nicht in die Lage versetzt sein, in der gebotenen Weise sorgfältig zu prüfen, ob die beruflichen Geschäfte des Schöffen seine Anwesenheit in der Firma an den Hauptverhandlungstagen erforderten, eine Vertretung in den von ihm wahrgenommenen Tätigkeiten tatsächlich nicht möglich war und ansonsten nicht hinnehmbar erheblicher Schaden für ihn bzw. seine Firma entstanden wäre. Soweit sich die Angaben des Hilfsschöffen auf die im Vermerk wiedergegebenen Umstände beschränkt haben sollten, hätte es deshalb im konkreten Fall das Recht auf den gesetzlichen Richter erfordert, insoweit bei diesem nachzufragen (vgl. Meyer-Goßner/Schmitt, StPO, 57. Aufl., § 54 GVG, Rn. 6; BGH, Beschluss vom 1. März 2012 – 2 StR 522/11) und eine Entscheidung unter Berücksichtigung weiterer ermittelter Umstände zu treffen. Sollte der Hilfsschöffe Hi. weitere Einzelheiten zu seiner beruflich bedingten Verhinderung mitgeteilt haben, die die Annahme eines Verhinderungsgrundes hätten stützen können, hat es der Vorsitzende versäumt, diese zur Überprüfung seiner Entscheidung zu dokumentieren.

[17] b) Die Entbindung des Hilfsschöffen Hi. verliert in nicht mehr verständlicher Weise das Recht auf den gesetzlichen Richter aus dem Blick und ist deshalb unhaltbar. Der Vorsitzende begnügt sich womöglich mit Informationen, die ihm nicht die Prüfung ermöglichen, ob ausnahmsweise ein Fall gegeben ist, in dem berufliche Gründe die Unzumutbarkeit der geforderten Dienstleistung begründen können. Jedenfalls beschränkt sich die Dokumentation der die Annahme des Verhinderungsgrundes tragenden Umstände auf allgemeine und wenig konkrete Angaben, weshalb ohne Weiteres ersichtlich ist, dass dem Revisionsgericht die Überprüfung der getroffenen Entscheidung nicht möglich ist. Ein solches Vorgehen wird der Bedeutung des Rechts auf den gesetzlichen Richter nicht gerecht, der nicht nur strenge materiell-rechtliche Maßstäbe bei der Anwendung des § 54 Abs. 1 GVG fordert, sondern auch Anforderungen an die Überzeugungsbildung des zur Entscheidung nach § 54 GVG berufenen Richters stellt.

[18] c) Bei dieser Sachlage lässt der Senat dahinstehen, ob der Entbindung des Hilfsschöffen H. die nicht auf § 54 Abs. 1 GVG gestützt werden konnte und an deren Stelle die dem Vorsitzenden nicht obliegende Streichung von der Schöffenliste hätte erfolgen müssen (§§ 77 Abs. 1, Abs. 3 Satz 2, 52 Abs. 1 Satz 1 Nr. 2 i. V. m. § 33 Nr. 3 GVG), ebenfalls das Recht des Angeklagten auf den gesetzlichen Richter verletzt hat.

[19] 3. Der Verfahrensfehler führt zur Aufhebung der angefochtenen Entscheidung, ohne dass es noch auf die erhobenen sachlich-rechtlichen Einwendungen ankommt.

681 Nachdem es bereits im Jahr 2012 zu widersprüchlichen Entscheidungen hinsichtlich des Erfordernisses des gesetzlichen Richters bei **klagebedingten Vakanzen im Senatsvorsitz** gekommen war[724] und in der Folge der 7. Zivilsenat des Bundesge-

---

[724] BGH, Beschluss vom 11.01.2012 – 2 StR 346/11; gegenteiliges Ergebnis desselben Senats mit Urteil vom 11.01.2012 – 2 StR 482/11; vgl. auch Rspr-Übersicht 2013.

richtshofes bezüglich der Nichtbesetzung des Senatsvorsitzenden eines Oberlandesgerichts bereits bei einer Vakanz von knapp 8 Monaten von einem normwidrigen Zustand ausgegangen ist,[725] ist nun erneut eine Vakanz, dieses Mal beim 5. Strafsenat des Bundesgerichtshofes, gegeben, welche zum Jahresende 2015 bereits 14 Monate andauert. Die nachstehende Entscheidung[726] behandelt die aufgeworfenen Rechtsfragen erneut:

Der Senat ist **ordnungsgemäß besetzt.** Dem steht nicht entgegen, dass er seit dem 1. November 2014 keinen planmäßigen Vorsitzenden hat.

[2] 1. Der Senat ist ordnungsgemäß besetzt. Dem steht nicht entgegen, dass er seit dem 1. November 2014 keinen planmäßigen Vorsitzenden hat.

[3] a) Der frühere Vorsitzende des 5. Strafsenats, Vorsitzender Richter am Bundesgerichtshof a.D. B., ist nach Erreichen der Altersgrenze zum 1. November 2014 in den Ruhestand getreten. Seitdem ist die Stelle vakant. Der 5. Strafsenat wird von Richter am Bundesgerichtshof S. als vom Präsidium bestimmtem Vertreter (§ 21f Abs. 2 Satz 1 GVG) geführt. Daran hat das Präsidium des Bundesgerichtshofs bei der Aufstellung des Geschäftsverteilungsplans für das Jahr 2015 (§ 21e Abs. 1 Satz 2 GVG) nichts geändert. Durch Beschluss des Präsidiums vom 26. März 2015 ist Richter am Bundesgerichtshof F. mit Wirkung zum 9. April 2015 dem 5. Strafsenat zugewiesen worden. Der Senat ist seither wieder mit sieben Bundesrichtern besetzt, von denen sechs dem Bundesgerichtshof seit mehr als fünf Jahren angehören.

[4] b) Auf der Grundlage der hierzu ergangenen Rechtsprechung (vgl. BGH, Beschluss vom 26. März 2013 – 4 StR 556/12, BGHR GVG § 21 f Vorsitzender 2 mit zahlreichen Nachweisen) ist der 5. Strafsenat ordnungsgemäß besetzt.

[5] Das Verfahren zur Wiederbesetzung der Stelle des Vorsitzenden Richters ist im Juni 2014 mit dem Interessebekundungsverfahren eingeleitet worden. Der Besetzungsvorschlag der Präsidentin des Bundesgerichtshofs an den Bundesminister der Justiz und für Verbraucherschutz zur Neubesetzung der Stelle erfolgte nach den erforderlichen Beteiligungen am 28. Oktober 2014. Am 6. Februar 2015 teilte der Bundesminister der Justiz und für Verbraucherschutz dem Bundespräsidenten seinen Besetzungsvorschlag mit. Das Verfahren konnte jedoch nicht abgeschlossen werden, weil der Verwaltungsgerichtshof Baden-Württemberg mit Beschluss vom 12. August 2015 der Bundesrepublik Deutschland in einem Konkurrentenstreitverfahren durch einstweilige Anordnung untersagt hat, die beabsichtigte Ernennung auszusprechen, bevor über die Bewerbung des klagenden Konkurrenten unter Beachtung der Rechtsauffassung des Gerichts eine neue Auswahlentscheidung getroffen worden ist (Beschluss vom 12. August 2015 – 4 S 1405/15). Im Verfahren müssen die grundsätzlichen Vorgaben des Verwaltungsgerichtshofs zum Beurteilungswesen nach den erforderlichen verwaltungsinternen Abstimmungen umgesetzt werden.

[6] Das Beförderungsverfahren ist demgemäß frühzeitig eingeleitet worden und wird mit der gebotenen Zügigkeit betrieben. Im Blick darauf liegen besondere Umstände vor, die es jedenfalls derzeit rechtfertigen, dass der 5. Strafsenat durch

725 BGH, Urteil vom 12.03.2015 – VII ZR 173/13.
726 BGH, Beschluss vom 10.11.2015 – 5 StR 420/15.

den vom Präsidium bestimmten stellvertretenden Vorsitzenden geleitet wird. Die in der Beschwerdeschrift des Angeklagten N. M. angesprochene Einrichtung eines „Doppelvorsitzes" ist im Präsidium neben anderen Möglichkeiten in der Sitzung vom 15. September 2015 eingehend erörtert worden. Jedoch kommt ein „Doppelvorsitz" schon aufgrund der örtlichen Gegebenheiten nicht in Betracht (vgl. hierzu und zum Ganzen BGH, Beschluss vom 26. März 2013 – 4 StR 556/12 aaO; zur gebotenen Einzelfallprüfung siehe auch BGH, Urteil vom 12. März 2015 – VII ZR 173/13, NJW 2015, 1685 Rn. 36; jeweils mwN).

[7] Die Einheitlichkeit der Rechtsprechung des 5. Strafsenats ist im Übrigen im Rahmen der gegenwärtigen Organisation jedenfalls nicht weniger effektiv gewährleistet als – mit der dadurch jeweils bedingten Einarbeitungszeit – bei Übernahme eines Doppelvorsitzes durch einen Vorsitzenden Richter eines anderen Strafsenats oder der kurzfristigen Übernahme des Vorsitzes des 5. Strafsenats durch einen solchen. Der stellvertretende Vorsitzende ist seit Februar 2013 Mitglied des 5. Strafsenats und vermag dessen Rechtsprechung sowie die anhängigen Verfahren und deren Stand deshalb zu überblicken. Er leitet sämtliche Beratungen des Senats. Die Gefahr eines Divergierens der Judikatur ist ferner wegen der personellen Überschneidungen in den vorhandenen drei Sitzgruppen denkbar gering.

[8] Der Senat weist abschließend auf Folgendes hin: Es ist nicht zu erkennen, weshalb eine Übergangslösung im vorgenannten Sinne den sich aus der verfassungsrechtlich verankerten Garantie des gesetzlichen Richters (Art. 101 Abs. 1 Satz 2 GG) resultierenden Anforderungen besser gerecht werden sollte, als die dem – ordnungsgemäß zustande gekommenen – Geschäftsverteilungsplan entsprechende gegenwärtige Besetzung. Auch aus diesem Grund bedürfte es einer besonderen Rechtfertigung, bei einem anderen Senat eine wiederum unvollständige Besetzung herbeizuführen, die vom Ausgangspunkt der Beschwerdeführer aus betrachtet geeignet wäre, nach gewissem Zeitablauf ihrerseits zu einer gesetzeswidrigen Besetzung zu führen. Ohnehin erscheint allerdings schon fraglich, ob eine vorübergehende Umsetzung eines Vorsitzenden überhaupt zu einer Verhinderungslage im Sinne des § 21f Abs. 2 GVG in dessen ursprünglichem Senat führen könnte, die zum Tätigwerden des stellvertretenden Vorsitzenden berechtigen würde.

29. Umfang der Aufhebung von Feststellungen durch Revisionsentscheidung (§ 353 Abs. 2 StPO)

682 Wird ein Urteil im Strafausspruch mit den zugehörigen Feststellungen aufgehoben, so bleiben lediglich die den Schuldspruch tragenden Feststellungen bestehen.[727]

[1] 1. Die Angeklagten waren durch Urteil des Landgerichts Frankfurt am Main vom 17. Juni 2013 wegen Mordes in Tateinheit mit Raub mit Todesfolge und wegen besonders schwerer Brandstiftung jeweils – hinsichtlich des Angeklagten T. B. unter Einbeziehung einer Geldstrafe aus einer Vorverurteilung – zu lebenslan-

[727] BGH, Beschluss vom 08.09.2015 – 2 StR 304/15.

ger Freiheitsstrafe als Gesamtstrafe verurteilt worden; daneben hatte das Landgericht die Unterbringung der Angeklagten in einer Entziehungsanstalt angeordnet. Auf die Revisionen der Angeklagten hat der Senat mit Beschluss vom 8. Juli 2014 (2 StR 80/14) die Rechtsfolgenaussprüche mit den jeweils zugehörigen Feststellungen aufgehoben und die Sache an eine andere als Schwurgericht zuständige Strafkammer des Landgerichts zurückverwiesen.

[2] Das Landgericht hat die Angeklagten nunmehr (erneut) jeweils – hinsichtlich des Angeklagten T. B. unter Einbeziehung einer Geldstrafe aus einer Vorverurteilung – zu lebenslanger Freiheitsstrafe als Gesamtstrafe verurteilt und ihre Unterbringung in einer Entziehungsanstalt angeordnet.

[3] 2. Die dagegen gerichteten Revisionen der Angeklagten, mit der sie die Verletzung materiellen Rechts rügen, haben Erfolg. Das angefochtene Urteil hat keinen Bestand, weil das Landgericht den Umfang der Bindungswirkung des teilrechtskräftigen Urteils falsch bestimmt hat. Aufgrund der rechtskräftigen Schuldsprüche ist nur noch über die Rechtsfolgenaussprüche zu befinden, die hier indes auf Feststellungen beruhen, die das Landgericht nicht in prozessordnungsgemäßer Weise getroffen hat.

[4] a) Im Zusammenhang mit der Erörterung der Bindung an die frühere Entscheidung hat das Landgericht ausgeführt, dass auch die „Feststellungen zur Person der Angeklagten […] in Rechtskraft erwachsen" sind. Es hat zu den persönlichen Verhältnissen, zu den Vorstrafen der Angeklagten und zu der beim Angeklagten T.B. einbezogenen Geldstrafe aus einer Vorverurteilung die Feststellungen aus dem Urteil vom 17. Juni 2013 wörtlich und in kursiv gesetzt übernommen. „Ergänzend" hat die Strafkammer „weitere" Feststellungen lediglich zu der „Alkohol- und Drogenvergangenheit" der Angeklagten getroffen.

[5] b) Diese Verfahrensweise ist rechtsfehlerhaft, weil das Urteil des Landgerichts vom 17. Juni 2013 durch den Beschluss des Senats vom 8. Juli 2014 in den Rechtsfolgenaussprüchen mit den jeweils zugehörigen Feststellungen aufgehoben worden war. Wird ein Urteil im Strafausspruch mit den zugehörigen Feststellungen aufgehoben, so bleiben lediglich die den Schuldspruch tragenden Feststellungen bestehen. Diese binden den neuen Tatrichter, auch wenn sie als doppelrelevante Tatsachen zugleich für den Strafausspruch Bedeutung haben. Durch die Entscheidung des Revisionsgerichts sind hingegen alle Feststellungen aufgehoben, die sich ausschließlich auf den Strafausspruch beziehen. Der neu zur Entscheidung berufene Tatrichter ist gehalten, umfassend eigene Feststellungen zu den persönlichen Verhältnissen der Angeklagten einschließlich der Vorstrafen zu treffen und diese in den Urteilsgründen mitzuteilen (vgl. Senat, Beschluss vom 17. Dezember 1971 – 2 StR 522/71, BGHSt 24, 274, 275; Beschluss vom 28. März 2007 – 2 StR 62/07, NJW 2007, 1540, 1541; Beschluss vom 8. September 2015 – 2 StR 136/15, jeweils mwN).

[6] Auch die von der Strafkammer lediglich „ergänzend" getroffenen weiteren Feststellungen zu der „Alkohol- und Drogenvergangenheit" der Angeklagten, die „im Wesentlichen auf den Einlassungen der beiden Angeklagten" beruhen, und der verlesene – offensichtlich veraltete – Auszug aus dem Bundeszentralregister vom 21. Mai 2013 hinsichtlich des Angeklagten B.B. belegen, dass sich das Landgericht an die vom Senat aufgehobenen Feststellungen aus dem Urteil vom 17. Juni 2013 gebunden gesehen und demzufolge rechtsfehlerhaft keine umfassend eigenen Feststellungen getroffen hat.

30. Einstellung wegen rechtsstaatswidriger Tatprovokation

■ TOPENTSCHEIDUNG

683 Die rechtsstaatswidrige Provokation einer Straftat durch Angehörige von Strafverfolgungsbehörden oder von ihnen gelenkte Dritte hat regelmäßig ein Verfahrenshindernis zur Folge.[728]

[19] Die Urteilsgründe belegen die Voraussetzungen einer Art. 6 Abs. 1 Satz 1 EMRK verletzenden rechtsstaatswidrigen Tatprovokation.

[20] 1. Nach der Rechtsprechung des Europäischen Gerichtshofs für Menschenrechte (EGMR) liegt eine gegen Art. 6 Abs. 1 Satz 1 EMRK verstoßende Tatprovokation vor, wenn sich die beteiligten Ermittlungspersonen nicht auf eine weitgehend passive Strafermittlung beschränken, sondern die betroffene Person derart beeinflussen, dass sie zur Begehung einer Straftat verleitet wird, die sie ohne die Einwirkung nicht begangen hätte, und zwar mit dem Zweck, diese Straftat nachzuweisen, also Beweise für sie zu erlangen und eine Strafverfolgung einzuleiten. Der Grund für dieses Verbot liegt darin, dass es Aufgabe der Ermittlungsbehörden ist, Straftaten zu verhüten und zu untersuchen, und nicht, zu solchen zu provozieren (vgl. EGMR, Entscheidung vom 23. Oktober 2014 – 54648/09 [Furcht gegen Deutschland], JR 2015, 81, 84 mit Anm. Petzsche = StraFo 2014, 504, 506 mit Anm. Sommer und Anm. Hauer NJ 2015, 203; Meyer/Wohlers JZ 2015, 761 ff.; Pauly StV 2015, 411 ff.; Sinn/Maly NStZ 2015, 379 ff.).

[21] Im Rahmen der Prüfung, ob die Ermittlungen „im Wesentlichen passiv“ geführt wurden, untersucht der Europäische Gerichtshof für Menschenrechte sowohl die Gründe, auf denen die verdeckte Ermittlungsmaßnahme beruhte, als auch das Verhalten der die verdeckte Maßnahme durchführenden Ermittlungspersonen:

[22] Insoweit stellt der Gerichtshof zunächst darauf ab, ob es objektive Anhaltspunkte für den Verdacht gab, dass der Betroffene bereits an kriminellen Aktivitäten beteiligt oder der Begehung von Straftaten zugeneigt war. Dabei spielt es eine Rolle, ob der Betroffene vorbestraft ist (was aber für sich allein noch kein ausreichendes Indiz darstellt) und bereits ein Ermittlungsverfahren gegen ihn eingeleitet worden war. Darüber hinaus kann im Rahmen dieser Prüfung, je nach den Umständen des konkreten Falles, nach Ansicht des Gerichtshofs Folgendes für eine Tatgeneigtheit sprechen: die zu Tag getretene Vertrautheit des Täters mit den im illegalen Betäubungsmittelhandel üblichen Preisen, seine Fähigkeit, kurzfristig Drogen beschaffen zu können, sowie der Umstand, dass er aus dem Geschäft einen finanziellen Vorteil ziehen würde.

[23] Bei der Prüfung des Verhaltens der Ermittlungspersonen untersucht der Europäische Gerichtshof für Menschenrechte, ob auf den Betroffenen Druck ausgeübt wurde, die Straftat zu begehen. In Betäubungsmittelfällen können nach Ansicht des Gerichtshofs folgende Verhaltensweisen dafür sprechen, dass die Er-

---

[728] BGH, Urteil vom 10.06.2015 – 2 StR 97/14.

mittlungsbehörden den Bereich des passiven Vorgehens verlassen haben: das Ergreifen der Initiative beim Kontaktieren des Betroffenen, das Erneuern des Angebots trotz anfänglicher Ablehnung, hartnäckiges Auffordern zur Tat, Steigern des Preises über den Durchschnitt oder Vorspiegelung von Entzugserscheinungen, um das Mitleid des Betroffenen zu erregen (vgl. EGMR aaO mwN; siehe auch EGMR, Entscheidung vom 4. November 2010 – 18757/06 [Bannikova gegen Russland], Rn. 37ff.; Urteil vom 18. Oktober 2011 – 21218/09 [Prado Bugallo gegen Spanien], NJW 2012, 3502, 3503; Urteil vom 5. Februar 2008 – 74420/19 [Ramanauskas gegen Litauen], NJW 2009, 3565, 3566f.; Urteil vom 9. Juni 1998 – 44/1997/828/1034 [Teixeira de Castro gegen Portugal], NStZ 1999, 47, 48).

[24] 2. Nach der Rechtsprechung des Bundesgerichtshofs liegt eine staatliche Tatprovokation vor, wenn ein Verdeckter Ermittler (oder eine von einem Amtsträger geführte Vertrauensperson) über das bloße „Mitmachen" hinaus in Richtung auf eine Weckung der Tatbereitschaft oder eine Intensivierung der Tatplanung mit einiger Erheblichkeit stimulierend auf den Täter einwirkt. Sie ist nur zulässig, wenn diese gegen eine Person eingesetzt wird, die in einem den § 152 Abs. 2, § 160 StPO vergleichbaren Grad verdächtig ist, an einer bereits begangenen Straftat beteiligt gewesen oder zu einer zukünftigen Straftat bereit zu sein (vgl. BGH, Urteil vom 30. Mai 2001 – 1 StR 42/01, BGHSt 47, 44, 47f.; Urteil vom 18. November 1999 – 1 StR 221/99, BGHSt 45, 321, 336f.). Eine unverdächtige und zunächst nicht tatgeneigte Person darf hingegen nicht in einer dem Staat zurechenbaren Weise zu einer Straftat verleitet werden. Auch bei anfänglich bereits bestehendem Anfangsverdacht kann eine rechtsstaatswidrige Tatprovokation vorliegen, wenn die Einwirkung auf die Zielperson im Verhältnis zum Anfangsverdacht „unvertretbar übergewichtig" ist (vgl. BGH, Urteil vom 11. Dezember 2013 – 5 StR 240/13, NStZ 2014, 277, 279; Urteil vom 23. Mai 1984 – 1 StR 148/84, BGHSt 32, 345, 346f.; Senat, Urteil vom 21. September 1983 – 2 StR 370/83, NStZ 1984, 78, 79); im Rahmen der erforderlichen Abwägung sind insbesondere Grundlage und Ausmaß des gegen den Betroffenen bestehenden Verdachts, Art, Intensität und Zweck der Einflussnahme sowie die eigenen, nicht fremdgesteuerten Aktivitäten des Betroffenen in den Blick zu nehmen (vgl. BGH, Urteil vom 23. Mai 1984 – 1 StR 148/84, BGHSt 32, 345, 346f.; Senat, Urteil vom 21. September 1983 – 2 StR 370/83, NStZ 1984, 78, 79).

[25] 3. An beiden Maßstäben gemessen überschritt das Verhalten der Verdeckten Ermittler die durch den Grundsatz des fairen Verfahrens und das Rechtsstaatsprinzip gezogenen Grenzen.

[26] a) Der Einsatz der Verdeckten Ermittler beschränkte sich nicht auf eine weitgehend „passive Strafermittlung", wie es der Europäische Gerichtshof für Menschenrechte für zulässige Einflussnahmen auf den Täter voraussetzt, sondern stellt sich als eine massive aktive Einwirkung auf die Angeklagten dar, die dazu führte, dass sie sich nur deshalb an den begangenen Straftaten beteiligten.

[27] aa) Bei der nach der Rechtsprechung des Europäischen Gerichtshofs für Menschenrechte erforderlichen Prüfung der Gründe, auf denen die verdeckte Maßnahme beruhte, ist in den Blick zu nehmen, dass beide Angeklagte wegen Drogendelikten vorbestraft waren. Doch begründen Vorstrafen für sich allein weder einen Anfangsverdacht für die Begehung weiterer Straftaten noch geben sie auch nur einen (ausreichenden) Anhalt für die Annahme möglicher Tatgeneigt-

heit. Andernfalls wäre die Resozialisierungswirkung der Vorstrafe generell in Frage gestellt. Zu berücksichtigen ist im konkreten Fall zudem, dass sich auch nach der erfolgten Verleitung zu Straftaten eine tatsächliche Einbindung der Angeklagten in das Drogenmilieu zu Beginn des Einsatzes der Verdeckten Ermittler nicht feststellen ließ. Der Angeklagte B. hatte selbst keine einschlägigen Kontakte mehr und musste den Mitangeklagten J. für die Suche nach Betäubungsmittelhändlern gewinnen. Dieser sprach zunächst eine ihm fremde Person an, die aber kein Interesse an einem Drogengeschäft hatte und ihn an einen anderen Lieferanten weiterverwies.

[28] Auf Grund der im Zug des Ermittlungsverfahrens wegen Geldwäsche gewonnenen Erkenntnisse haben die Ermittlungsbehörden allerdings (noch) rechtlich vertretbar einen Anfangsverdacht hinsichtlich von Betäubungsmittelstraftaten bejaht und im Oktober 2010 ein entsprechendes Ermittlungsverfahren eingeleitet. Dieser Verdacht war aber nicht sonderlich gewichtig und stützte sich nur auf wenige, zudem vage Umstände. Hierbei ist insbesondere zu berücksichtigen, dass sich nach den im Oktober 2009 aus der Telefonüberwachung gewonnenen Erkenntnissen, bei denen von „Figürchen" mit einer Qualität von „fast 100%", „reinrein" die Rede war und aufgrund derer die Ermittlungsbehörden von der Vermittlung eines Amphetamingeschäfts durch den Angeklagten B. ausgegangen sind, keine weiteren Hinweise auf eine kriminelle Verstrickung der Angeklagten ergeben hatten. Eine PKW-Kontrolle im April 2010 nach einem Treffen der Angeklagten mit A., gegen den in den Niederlanden wegen des Verdachts der Teilnahme am internationalen Drogenhandel – allerdings ergebnislos – ermittelt worden war, brachte keine neuen Erkenntnisse. Die Annahme der Ermittlungsbehörden, dass der Angeklagte B. eben andere Kommunikationswege nutze und sich deshalb keine weiteren Ermittlungsergebnisse ergeben hätten, stellt sich letztlich als eine bloße Spekulation dar, die ohne weitere Anhaltspunkte für eine allgemeine kriminelle Verstrickung auch nicht durch kriminalistische Erfahrung gedeckt ist. Die auf die beschriebenen Umstände gestützte richterliche Gestattung des Einsatzes Verdeckter Ermittler im Dezember 2010 mag – unter Berücksichtigung des ermittlungsrichterlichen Beurteilungsspielraums – noch von den gesetzlichen Vorschriften getragen gewesen sein; zu berücksichtigen ist allerdings, dass damit nicht ohne Weiteres auch die Zulässigkeit einer Tatprovokation einhergeht, zumal es für diese konkrete Maßnahme selbst keine spezialgesetzliche Regelung gibt (vgl. § 110c StPO). Für die Beurteilung des Vorliegens der Eingriffsvoraussetzungen kommt es zudem auf die Verdachtslage zum Zeitpunkt der Einwirkung des Lockspitzels auf die Zielperson an. Je stärker der Verdacht ist, desto nachhaltiger kann nach der Rechtsprechung des Bundesgerichtshofs auch die Einflussnahme sein (vgl. BGH, Urteil vom 30. Mai 2001 – 1 StR 42/01, BGHSt 47, 44, 49). Je geringer der Tatverdacht aber ist, umso weniger an Stimulierung ist erlaubt. Schließlich ist besondere Zurückhaltung geboten, wenn sich trotz Beobachtung und Versuchen der Einflussnahme gerade keine weiteren belastbaren Anhaltspunkte für eine (unabhängig von der Tatprovokation) geplante oder durchgeführte Tatbegehung ergeben.

[29] Vor diesem Hintergrund ist festzuhalten, dass zwar aus der Sicht der Ermittlungsbehörden noch hinreichende Gründe für die Anordnung von verdeckten Ermittlungsmaßnahmen gegeben waren, dem provozierenden Tätigwerden aber mit Blick auf die Stärke des geringen Tatverdachts von Anfang an enge Grenzen gesteckt waren.

[30] bb) Bei der weiteren nach der Rechtsprechung des Europäischen Gerichtshofs notwendigen Erörterung, ob und in welcher Weise durch die Verdeckten Ermittler Druck auf die Angeklagten ausgeübt wurde, sind die konkreten Umstände in den Blick zu nehmen, wie es zur Tatverleitung der Angeklagten gekommen ist. Zu berücksichtigen ist zunächst, dass Verdeckte Ermittler aus den Niederlanden in Deutschland tätig geworden sind, ohne dass zu jedem Zeitpunkt eine Genehmigung hierfür vorgelegen hätte. So waren „Ap." und „K." erstmals am 10. Februar 2011 in Deutschland im Einsatz, eine Genehmigung ist aber erst am 16. März 2011 erteilt worden. Darüber hinaus ist festzuhalten, dass sich der Angeklagte B. zahlreichen Anfragen des „Ap." nach Vermittlung seiner Drogenkontakte in den Niederlanden seit Anfang April 2011 widersetzte, bevor er dem ständigen und immer intensiverem Drängen am 30. Mai 2011 schließlich nachgab. Von maßgeblicher Bedeutung ist insoweit, dass dem Angeklagten B. wahrheitswidrig vorgespiegelt wurde, „Ap." und auch „N." würden von serbischen Abnehmern, die „rasend" vor Wut seien, bedroht, weswegen „Ap." zusammen mit „K." schon seinen bisherigen Wohnort gewechselt habe. Erst als ihm erklärt wurde, dass sich die Situation noch weiter zugespitzt habe, erklärte sich der Angeklagte B., der wiederholt betont hatte, mit Rauschgiftgeschäften nichts zu tun haben zu wollen, dazu bereit, einen Freund zu fragen, ob dieser helfen könnte. Dabei verfügte der Angeklagte B. nicht über eigene Kontakte; deshalb schaltete er den Angeklagten J. ein, bei dem durch vorangegangene Erzählungen der Eindruck entstanden war, es handele sich um eine Sache von „Leben und Tod". Er ließ sich deshalb zur Tatbeteiligung überreden, konnte aber nicht auf einen bestimmten Lieferanten zurückgreifen, sondern musste einen solchen erst suchen. Die Tathandlungen der Angeklagten waren dabei geprägt und bestimmt davon, „Ap." und „N." einen Gefallen zu tun, ihr Handeln beruhte zu keinem Zeitpunkt auf eigenem Antrieb und ging auch nicht auf eigenes Gewinnstreben zurück. Es handelte sich um ein ganz und gar fremdnütziges Verhalten, zu dem es nicht gekommen wäre, wären der Angeklagte B. und mittelbar auch der Mitangeklagte J. nicht durch die Verdeckten Ermittler unter „Druck" gesetzt worden.

[31] Dies gilt in gleicher Weise für das zweite Geschäft, nicht nur für den ohnehin weitgehend unbeteiligten Angeklagten B., der zwar den Angeklagten J. über die „Notwendigkeit" eines zweiten Geschäfts informierte, aber zugleich deutlich machte, damit nichts mehr zu tun haben zu wollen. Es betrifft auch den Angeklagten J., der zwar aufgrund der vorgetäuschten Bedrohungslage bereit war, einen Kontakt zum Lieferanten herzustellen, aber ansonsten mit dem Geschäft auch nichts zu tun haben wollte. Dies alles gilt umso mehr, als nach Durchführung der ersten Tat aus der Sicht der Strafverfolgungsbehörden, deren Ziel die Aufklärung von Straftaten und nicht deren Herbeiführung ist (vgl. BVerfG NJW 2015, 1083, 1084), kein legitimer Grund mehr bestand, unter erneutem Hinweis auf eine Gefahr für Leib und Leben des „Ap." eine zweite Tat zu initiieren.

[32] Mit diesem Verhalten der Verdeckten Ermittler gegenüber den Angeklagten haben die Ermittlungsbehörden in beiden Fällen die ihnen bei Ermittlungen nach dem Grundsatz des fairen Verfahrens vorgegebene passive Haltung bei der heimlichen Aufklärung von Straftaten verlassen. Sie haben vielmehr – unter Außerachtlassung des ohnehin nur geringen Tatverdachts gegen die Angeklagten und der ständigen, zu einer weiteren Handlungsbegrenzung führenden Weigerungen des Angeklagten B., sich an einem Betäubungsmittelgeschäft eines anderen zu beteiligen – ihre Einflussnahme im Laufe der Zeit immer weiter verstärkt und damit

letztlich erst die Beteiligung der Angeklagten an ihrem eigenem Geschäft veranlasst. In beiden Fällen liegt damit nach den Maßstäben des Europäischen Gerichtshofs für Menschenrechte hinsichtlich beider Angeklagter eine gegen Art. 6 Abs. 1 EMRK verstoßende polizeiliche Tatprovokation vor.

[33] b) Auch nach der Rechtsprechung des Bundesgerichtshofs ist im vorliegenden Fall eine rechtsstaatswidrige Tatprovokation gegeben.

[34] Die Handlungen der Verdeckten Ermittler erschöpften sich nicht darin, die Angeklagten lediglich ohne sonstige Einwirkung angesprochen oder eine offen erkennbare Bereitschaft zur Begehung weiterer Straftaten ausgenutzt zu haben. Sie waren vielmehr – trotz wiederholter Weigerung, sich an Betäubungsmittelgeschäften beteiligen zu wollen – darauf gerichtet, gerade doch eine solche Beteiligung erreichen zu wollen, und stellen damit ohne Weiteres auch im Sinne der Rechtsprechung des Bundesgerichtshofs eine staatliche Tatprovokation dar. Diese war auch unzulässig, auch wenn sie sich gegen Personen richtete, gegen die ein wenn auch geringer Tatverdacht bestand. Zwar ist bei diesem Personenkreis eine über das bloße „Mitmachen" hinausgehende Initiierung oder Steigerung des (eigentlichen) Tatentschlusses grundsätzlich nicht unzulässig, doch bestehen auch hier rechtsstaatliche Grenzen eines Lockspitzeleinsatzes. Die Einwirkung auf eine verdächtige oder tatgeneigte Person darf im Verhältnis zum Anfangsverdacht nicht „unvertretbar übergewichtig" sein. Genau dies war hier aber der Fall. Es bestand – wie oben ausgeführt – allenfalls ein vager Anfangsverdacht gegen die Angeklagten, die sich erst bereit erklärten, an den Betäubungsmittelgeschäften mitzuwirken, nachdem die Verdeckten Ermittler über Monate hinweg das Vertrauen des Angeklagten B. gewonnen hatten und diesem vorgespiegelt worden war, sie würden von serbischen Abnehmern des Rauschgifts bedroht. Es liegt ein deutliches Missverhältnis zwischen dem bestehenden Anfangsverdacht einerseits und den wiederholten, massiven Einwirkungshandlungen der Verdeckten Ermittler andererseits vor.

[35] c) Sowohl nach der Rechtsprechung des Europäischen Gerichtshofs für Menschenrechte als auch derjenigen des Bundesgerichtshofs ist demnach eine rechtsstaatswidrige Tatprovokation anzunehmen. Der Senat braucht deshalb an dieser Stelle nicht zu entscheiden, ob – wie der 1. Strafsenat meint (Beschluss vom 19. Mai 2015 – 1 StR 128/15, NStZ 2015, 541, 544) – die die Rechtsprechung des Europäischen Gerichtshofs für Menschenrechte in der Auslegung des Art. 6 Abs. 1 EMRK prägenden Kriterien der Tatprovokation in der Judikatur des Bundesgerichtshofs abgebildet werden oder ob nicht die Rechtsprechung des Bundesgerichtshofs in ihren Voraussetzungen zur Annahme einer rechtsstaatlichen Tatprovokation enger ist (Verbot lediglich „unvertretbarer übergewichtiger" Einwirkungen bei verdächtigen oder tatgeneigten Personen) und deshalb an die (wohl) weitergehende Judikatur des Europäischen Gerichtshofs für Menschenrechte (im Wesentlichen „passive Strafermittlung") anzupassen wäre (vgl. dazu Meyer/Wohlers, JZ 2015, 761, 769).

[36] Der danach gegebene Verstoß gegen Art. 6 Abs. 1 Satz 1 EMRK führt im vorliegenden Fall zur Einstellung des Verfahrens wegen eines Verfahrenshindernisses.

PRAXISBEDEUTUNG ■

Die vorliegende Entscheidung ist in der Absolutheit, mit der in Fällen solcher staatlicher Tatprovokation ein Verfahrenshindernis durch den 2. Strafsenat angenommen und damit von der bisherigen Rechtsprechung der Strafsenate des BGH abgewichen wird, durchaus überraschend, denn bislang war eine unzulässige Tatprovokation „nur" im Rahmen der Strafzumessung zu berücksichtigen. Es bleibt abzuwarten, ob die anderen Strafsenate diesem neuen Lösungsansatz, begründet im Wesentlichen mit der Rechtsprechung des Europäischen Gerichtshofs für Menschenrechte, folgen werden.

31. Verletzung des rechtlichen Gehörs/Anhörungsrüge – § 356a StPO

Wie bereits in den Vorjahren wurde das Institut der Anhörungsrüge in zahlreichen Fällen genutzt. Allerdings ist auch im vergangenen Jahr kein Fall bekannt geworden, in dem eine solche Rüge letztlich erfolgreich war. Vielfach erschien die Geltendmachung solcher Rügen sogar eher rechtsmissbräuchlich: beispielhaft sei die nachfolgende Entscheidung hierzu angeführt: **684**

Beschluss vom 26.11.2015:[729] **685**

[4] Unter keinem möglichen, der Auslegung gemäß § 300 StPO zugänglichen Aspekt liegt in dem Antrag vom 12. Oktober 2015 ein zulässiger Rechtsbehelf. Er war daher kostenpflichtig (BGH, Beschluss vom 8. Juli 2013 – 1 StR 557/12) zurückzuweisen.

[5] 1. Soweit der Verurteilte eine Anhörungsrüge nach § 356a StPO gegen den Beschluss des Senats vom 30. April 2015 erheben wollte, wäre diese unzulässig. Der Antrag wahrt weder die Frist aus § 356a Satz 2 StPO noch genügt er § 356a Satz 3 StPO. Sollte der Antrag gemäß § 356a StPO auf die Entscheidung des Senats vom 2. September 2015 über die Gegenvorstellung bezogen sein, wäre er unzulässig, weil das Gesetz die Anhörungsrüge lediglich auf die Entscheidung über die Revision bezieht. Es kommt wegen der Unzulässigkeit beider möglicher Anhörungsrügen daher nicht mehr darauf an, dass der Vorwurf der Gehörsverletzung auch in der Sache unzutreffend ist.

[6] 2. a) Sollte mit dem Schreiben vom 12. Oktober 2015 eine erneute Wiedereinsetzung in den vorigen Stand gegen die Versäumung der Frist zur Einlegung der Revision gegen das Urteil des Landgerichts München I vom 27. Juni 2012 begehrt werden, wäre der Antrag ebenfalls unzulässig. Nach ständiger Rechtsprechung des Bundesgerichtshofs können die Voraussetzungen des § 44 Satz 1 StPO nicht vorliegen, wenn der die Wiedereinsetzung begehrende Rechtsmittelführer von einem befristeten Rechtsbehelf bewusst keinen Gebrauch macht (vgl. nur BGH, Beschlüsse vom 31. Juli 2012 – 4 StR 238/12, NStZ 2012, 652 und vom 20. August 2013 – 1 StR 305/13,NStZ-RR 2013, 381, 382 mwN); das ist sowohl bei einem bloßen Verstreichenlassen der Rechtsmittelfrist (BGH, Beschluss vom 31. Juli 2012 – 4 StR 238/12, NStZ 2012, 652) als auch bei einer Rücknahme des

[729] BGH, Beschluss vom 26.11.2015 – 1 StR 135/15.

Rechtsmittels (BGH, Beschluss vom 20. August 2013 – 1 StR 305/13, NStZ-RR 2013, 381f.) und bei wirksamem Rechtsmittelverzicht (etwa BGH, Beschluss vom 20. Juni 1997 – 2 StR 275/97, NStZ 1997, 611, 612 mwN) der Fall.

[7] Von der Wirksamkeit des am 27. Juni 2012 nach Urteilsverkündung von dem Verurteilten erklärten Rechtsmittelverzichts ist weiterhin auszugehen. Auch aus den dem Senatsbeschluss vom 30. April 2015 nachfolgenden Schreiben des Verurteilten ergibt sich kein ausreichender Anlass dafür, freibeweislich aufzuklären, ob eine Fälschung der Sitzungsniederschrift vorliegt, die allein deren Beweiskraft aus § 274 Satz 1 StPO in Wegfall bringen könnte (§ 274 Satz 2 StPO). Soweit der Verurteilte auf das Schreiben seines früheren Verteidigers vom 16. Juni 2015 abstellt, enthält dieses keine genügenden Anhaltspunkte dafür, um von der Bezeichnung einer konkret behaupteten Fälschung ausgehen zu können. Das Schreiben weist lediglich aus, dass es am 25. Juni 2012 zu einem Verständigungsgespräch zwischen den Verfahrensbeteiligten gekommen sei, bei dem das Gericht „informell" u.a. für den Fall eines Geständnisses eine Freiheitsstrafe von sechs Jahren und elf Monaten in Aussicht gestellt habe. Dass es nachfolgend entgegen dem Inhalt der Sitzungsniederschrift und des Urteils zu einer informellen Verfahrensabsprache (zur analogen Anwendung von § 302 Abs. 1 Satz 2 StPO auf informelle Absprachen siehe BGH, Beschluss vom 24. September 2013 – 2 StR 267/13, BGHSt 59, 21, 26f. Rn. 22ff.) gekommen sei, behauptet der Verteidiger nicht. Gerade weil das Urteil, soweit es die frühere Mitangeklagte betrifft, auf einer durch Sitzungsniederschrift und Urteil ausgewiesenen formellen Absprache beruht, hätte es der Benennung konkreterer Anhaltspunkte bedurft, um Anlass zu geben, im Wege des Freibeweises der von dem Verurteilten implizit erhobenen Behauptung der Fälschung der Sitzungsniederschrift im Hinblick auf die dortige Beurkundung einer fehlenden Urteilsabsprache bezüglich des Verurteilten nachzugehen.

[8] Zusätzliche tatsächliche Anhaltspunkte, die nunmehr eine die Wirksamkeit des Rechtsmittelverzichts begründende Verhandlungsunfähigkeit des Verurteilten am 27. Juni 2012 belegen (siehe bereits den Beschluss des Senats vom 30. April 2015 in dieser Sache), enthalten die dem Verwerfungsbeschluss nachfolgenden Schreiben des Verurteilten ebenfalls nicht.

[9] b) Soweit das Schreiben vom 12. Oktober 2015 als Antrag auf Wiedereinsetzung in den vorigen Stand gegen die Versäumung der Frist aus § 356a Satz 2 StPO zur Erhebung der Anhörungsrüge gegen den Verwerfungsbeschluss vom 30. April 2015 zu werten wäre (zu dieser Möglichkeit siehe nur BGH, Beschluss vom 13. August 2008 – 1 StR 162/08, wistra 2009, 33, 34f.; Wohlers in SK-StPO, 4. Aufl., Band VII, § 356a Rn. 9 mwN), wäre er gleichfalls unzulässig. Denn aus ihm ergibt sich die Einhaltung der Anforderungen aus § 45 StPO nicht.

[10] Im Hinblick auf das wiederholte Vorbringen des Verurteilten, ein Rechtsbeistand stehe ihm nicht zur Verfügung, weist der Senat darauf hin, dass die Verteidigerbestellung auch für die Durchführung des Anhörungsverfahrens gemäß § 356a StPO fortdauerte (BGH, Beschluss vom 24. Oktober 2005 – 5 StR 269/05, BGHR StPO § 356a Verteidiger 1; Nagel in Radtke/Hohmann, StPO, § 356a Rn. 9).

686 Beruht eine gerichtliche Entscheidung auf Tatsachen und Beweismitteln, zu denen der Betroffene sich nicht äußern konnte, ist diese Entscheidung wegen **Verletzung**

des Anspruchs auf rechtliches Gehör gemäß Art. 103 I GG aufzuheben. Dabei genügt es, dass nicht ausgeschlossen werden kann, dass die Gewährung rechtlichen Gehörs zu einer anderen Entscheidung geführt hätte. Vermag der Betroffene demgegenüber nicht darzulegen, dass die Umstände, zu denen kein rechtliches Gehör gewährt wurde, für die Entscheidung ursächlich waren, so dass auch die Gewährung rechtlichen Gehörs zu keinem abweichenden Ergebnis führen könnte, kommt eine Aufhebung der angefochtenen Entscheidung hingegen nicht in Betracht.[730]

[14] a) Nach der verfassungsrechtlichen Gewährleistung rechtlichen Gehörs hat der Beteiligte eines gerichtlichen Verfahrens ein Recht darauf, sich vor dem Erlass einer Entscheidung zu dem Sachverhalt zu äußern, welcher der Entscheidung zugrunde gelegt wird (vgl. BVerfGE 81, 123 [126]). Art. 103 Abs. 1 GG steht in einem funktionalen Zusammenhang mit der Rechtsschutzgarantie des Grundgesetzes. Während diese den Zugang zum Verfahren sichert, zielt Art. 103 Abs. 1 GG auf einen angemessenen Ablauf des Verfahrens (vgl. BVerfGE 119, 292 [296]). Der Einzelne soll vor einer Entscheidung, die seine Rechte betrifft, zu Wort kommen, um Einfluss auf das Verfahren und sein Ergebnis nehmen zu können (vgl. BVerfGE 9, 89 [95]). Dem kommt besondere Bedeutung zu, wenn im strafprozessualen Ermittlungsverfahren Eingriffsmaßnahmen ohne vorherige Anhörung des Betroffenen gerichtlich angeordnet werden (§ 33 Abs. 4 StPO). Dann ist das rechtliche Gehör jedenfalls im Beschwerdeverfahren nachträglich zu gewähren. Daraus folgt, dass eine dem Betroffenen nachteilige Gerichtsentscheidung jedenfalls in der Beschwerdeinstanz nur auf der Grundlage solcher Tatsachen und Beweismittel getroffen werden kann, über die er zuvor sachgemäß unterrichtet wurde und zu denen er sich äußern konnte (vgl. BVerfGK 3, 197 [204]; 7, 205 [210f.]; 10, 7 [9f.]; 12, 111 [115f.]).

[15] Beruht eine gerichtliche Entscheidung auf Tatsachen und Beweismitteln, zu denen der Betroffene sich nicht äußern konnte, ist diese Entscheidung wegen Verletzung des Anspruchs auf rechtliches Gehör gemäß Art. 103 Abs. 1 GG aufzuheben (vgl. BVerfGE 89, 381 [392] m.w.N.). Dabei genügt es, dass nicht ausgeschlossen werden kann, dass die Gewährung rechtlichen Gehörs zu einer anderen Entscheidung geführt hätte (vgl. BVerfGE 7, 95 [99]; 60, 247 [249]; 86, 133 [147]). Vermag der Betroffene demgegenüber nicht darzulegen, dass die Umstände, zu denen kein rechtliches Gehör gewährt wurde, für die Entscheidung ursächlich waren, so dass auch die Gewährung rechtlichen Gehörs zu keinem abweichenden Ergebnis führen könnte, kommt eine Aufhebung der angefochtenen Entscheidung hingegen nicht in Betracht (vgl. BVerfGE 62, 392 [396]; 105, 252 [264]).

Zwar umfasst die Garantie des Art. 103 Abs. 1 GG auch das Recht des Betroffe- **687**
nen auf Information über entscheidungsrelevante Tatsachen. Der Gewährleistung dieses Rechts dient im Verfahren gemäß § 349 Abs. 2 StPO auch die durch § 349 Abs. 3 Satz 1 StPO zwingend vorgesehene Übermittlung der mit Gründen versehenen Antragsschrift der Staatsanwaltschaft bei dem Revisionsgericht. [731]

---

[730] BVerfG, Kammerbeschluss vom 26.05.2014 – 2 BvR 683/12.

[731] BGH, Beschluss vom 26.11.2015 – 1 StR 386/15; Beschluss vom 22.07.2015 – 1 StR 433/14; Beschluss vom 05.05.2015 – 4 StR 510/14; Beschluss vom 10.02.2015 – 4 StR 519/14.

[1] Der Senat hat die Revision des Verurteilten K. gegen das Urteil des Landgerichts München I vom 23. März 2015 mit Beschluss vom 29. September 2015 gemäß § 349 Abs. 2 StPO verworfen. Die gegen diese Entscheidung gerichtete Anhörungsrüge (§ 356a StPO) des Verurteilten ist zurückzuweisen.

[2] Die zulässig durch Rechtsanwalt S. erhobene Anhörungsrüge erweist sich als unbegründet. Der Senat hat über die Revision des Verurteilten unter Berücksichtigung des Inhalts des als „Revisionsergänzungsschriftsatz" bezeichneten Schriftsatzes vom 14. August 2015 durch Beschluss gemäß § 349 Abs. 2 StPO entschieden. Er hat bei dieser Entscheidung weder in einer Art. 103 Abs. 1 GG widersprechenden Weise Verfahrensstoff verwertet, zu dem der Verurteilte nicht gehört worden wäre, noch hat er bei der Entscheidung zu berücksichtigendes Vorbringen des Verurteilten übergangen.

[3] 1. Der genannte Schriftsatz ist zunächst am 14. August 2015 in einer durch den Rechtsbeistand So. unterzeichneten Version per Fax an das Landgericht München I gesandt worden und nach Weiterleitung am 28. August 2015 bei dem Bundesgerichtshof eingegangen. Eine zweite, inhaltlich mit der ersten identische Version des Schriftsatzes, nunmehr aber durch Rechtsanwalt S. unterzeichnet, ist auf dem Postwege am 19. August 2015 bei der Allgemeinen Eingangsstelle IV der Justizbehörden in München eingegangen. Den Bundesgerichtshof hat – wiederum nach Weiterleitung durch die Justizbehörden – diese Version am 3. September 2015 erreicht. Beide waren Gegenstand der Beratungen des Senats am 29. September 2015.

[4] 2. Soweit der Verurteilte eine Verletzung seines Anspruchs auf rechtliches Gehör darin sehen will, dass ihm bzw. seinen neuen Verteidigern der auf Verwerfung der Revision als unbegründet gemäß § 349 Abs. 2 StPO gerichtete Antrag des Generalbundesanwalts nicht mitgeteilt worden ist (§ 349 Abs. 3 Satz 1 StPO), dringt er damit nicht durch. Zwar umfasst die Garantie des Art. 103 Abs. 1 GG auch das Recht des Betroffenen auf Information über entscheidungsrelevante Tatsachen (vgl. BVerfGE 89, 28, 35; Radtke in Epping/Hillgruber, GG, 2. Aufl., Art. 103 Rn. 8). Der Gewährleistung dieses Rechts dient im Verfahren gemäß § 349 Abs. 2 StPO auch die durch § 349 Abs. 3 Satz 1 StPO zwingend vorgesehene Übermittlung der mit Gründen versehenen Antragsschrift der Staatsanwaltschaft bei dem Revisionsgericht (siehe BVerfG, Beschluss vom 20. Juni 2007 – 2 BvR 746/07, in StraFo 2007, 370 teilweise abgedruckt; BGH, Beschlüsse vom 3. September 2013 – 1 StR 189/13, NStZ-RR 2013, 385 (nur LS) und vom 12. November 2013 – 3 StR 135/13, StraFo 2014, 121).

[5] Diesem in Art. 103 Abs. 1 GG enthaltenen Informationsanspruch ist jedoch genügt worden. Die den Verurteilten K. betreffende Antragsschrift des Generalbundesanwalts ist dem im Revisionsverfahren bis dahin aufgetretenen Verteidiger, Rechtsanwalt G., der die Revision am 24. März 2015 eingelegt und am 12. Juni 2015 mit der Rüge der Verletzung materiellen Rechts begründet hat, am 13. August 2015 zugestellt worden. Bei einem verteidigten Angeklagten erfolgt die Mitteilung gemäß § 349 Abs. 3 Satz 1 StPO nach allgemeiner Auffassung im Hinblick auf § 145a Abs. 1 StPO allein gegenüber dem Verteidiger (siehe nur Wohlers in SK-StPO, 4. Aufl., Band VII, § 349 Rn. 29 mwN), bei mehreren Verteidigern gegenüber demjenigen, der sich bisher im Revisionsverfahren beteiligt hat (Wohlers aaO; Meyer-Goßner in Meyer-Goßner/Schmitt, StPO, 58. Aufl., § 349 Rn. 15; Gericke in KK-StPO, 7. Aufl., § 349 Rn. 19; Nagel in Radtke/Hohmann,

StPO, § 349 Rn. 22). Wie der Bundesgerichtshof bereits entschieden hat, verlangt § 349 Abs. 3 Satz 1 StPO eine Mitteilung auch gegenüber dem Verteidiger nicht, dessen Vollmacht zwar bereits zu den Akten gelangt war, der sich aber nicht am Revisionsverfahren beteiligt hat (BGH, Beschluss vom 12. Januar 1988 – 5 StR 547/87, NStE Nr. 5 zu § 349 StPO).

[6] Da hier bereits die Mitteilung gemäß § 349 Abs. 3 Satz 1 StPO gegenüber dem bis dahin sich im Revisionsverfahren ausschließlich beteiligenden Rechtsanwalt G. erfolgt war, bedurfte es keiner weiteren Mittteilung gegenüber den neu in das Revisionsverfahren eintretenden Verteidigern. Sie war hier auch von Verfassungs wegen im Hinblick auf Art. 103 Abs. 1 GG nicht geboten. Dem Verurteilten wie seinen neu mandatierten Verteidigern war die Einlegung und Begründung der Revision durch Rechtsanwalt G. bekannt. Der genannte „Revisionsergänzungsschriftsatz" nimmt ausdrücklich darauf Bezug und soll auch ausweislich seines Inhalts, im Übrigen die bereits begründete Revision ergänzende, rechtliche Ausführungen enthalten. Die Beendigung des Mandatsverhältnisses zu Rechtsanwalt G. ist gegenüber dem Landgericht München I erstmals am 14. August 2015 und damit nach der dem Gesetz entsprechenden Zustellung der Antragsschrift an den bisherigen Verteidiger angezeigt worden. Es war daher Aufgabe des Verurteilten und seiner Verteidigung nach dem Verteidigerwechsel dafür Sorge zu tragen, dass der Inhalt des dem bisherigen Verteidiger wirksam bekannt gemachten Antrags auf Verwerfung gemäß § 349 Abs. 2 StPO dem Verurteilten und seiner neuen Verteidigung zur Kenntnis gelangt. Angesichts der durch das Gesetz in § 349 Abs. 3 StPO geregelten Abläufe des einer Entscheidung durch Beschluss gemäß § 349 Abs. 2 StPO vorausgehenden Verfahrens bestand auch Anlass, nach dem Wechsel der Verteidigung den Stand des Revisionsverfahrens bei dem bislang mandatierten Verteidiger in Erfahrung zu bringen. Insoweit gilt nichts anderes als bei unzureichenden Vorkehrungen des Revisionsführers dafür, dass ihn Mitteilungen der Justizbehörden überhaupt erreichen (vgl. dazu LR/Franke, StPO, 26. Aufl., § 349 Rn. 19).

Der Rechtsbehelf in der Sache ist unzulässig. Ein weiterer Rechtsbehelf gegen den Senatsbeschluss kommt nicht in Betracht, weil dies nicht dem Gebot der Rechtsmittelklarheit entspricht und keine weitere Instanz existiert. Eine Umdeutung der Eingabe in eine Anhörungsrüge scheidet aus, weil eine Verletzung des Anspruchs auf rechtliches Gehör nicht geltend gemacht wird. **688**

Eine Anhörungsrüge wäre im Übrigen auch unbegründet. Der Senat hat die Erstbeschwerde als unzulässig verworfen. Art. 103 Abs. 1 GG schließt es nicht aus, dass ein Vorbringen aus bestimmten Gründen des formellen Rechts unbeachtet bleibt. Solche Gründe ergeben sich hier aus § 304 Abs. 4 Satz 2 StPO.

Auch eine Auslegung der Eingabe als Gegenvorstellung rechtfertigt keine andere Entscheidung.[732]

Der Rechtsbehelf bleibt ohne Erfolg. Der Beschwerdeführer rügt einzig die Verletzung von Art. 103 Abs. 1 GG durch das Oberlandesgericht. Dies ist kein zulässiger Gegenstand der Anhörungsrüge zum Bundesgerichtshof. Eine Anhörungsrüge ist nicht statthaft, wenn dem letztinstanzlich entscheidenden Gericht kein **689**

---

[732] BGH, Beschluss vom 14.10.2015 – 2 ARs 227/15.

neuer, eigenständiger Gehörsverstoß, sondern allein die Nichtbehebung eines Gehörsverstoßes der Vorinstanz zur Last gelegt wird.[733]

690 Keine Verletzung des Anspruchs des Verurteilten auf rechtliches Gehör.[734]

[2] Der zulässige Rechtsbehelf ist unbegründet, es liegt keine Verletzung des rechtlichen Gehörs (§ 356a StPO) vor.

[3] 1. Der Senat hat weder Verfahrensstoff noch Tatsachen oder Beweismittel verwertet, zu denen der Verurteilte zuvor noch nicht gehört worden wäre. Auch wurde zu berücksichtigendes Vorbringen nicht übergangen, noch in sonstiger Weise der Anspruch des Verurteilten auf rechtliches Gehör verletzt.

[4] a) Eine Verletzung des verfassungsrechtlich gewährleisteten Anspruchs auf rechtliches Gehör (Art. 103 Abs. 1 GG) ergibt sich nicht aus der Entscheidung durch ohne nähere Begründung erfolgenden Beschluss des Senats gemäß § 349 Abs. 2 StPO. Von Verfassungs wegen bedarf eine mit ordentlichen Rechtsmitteln nicht mehr angreifbare letztinstanzliche gerichtliche Entscheidung regelmäßig keiner Begründung (siehe nur BVerfGE 104, 1, 7f.; BVerfGE 118, 212, 238; BVerfG [3. Kammer des Zweiten Senats], Beschluss vom 30. Juni 2014 – 2 BvR 792/11, NJW 2014, 2563, 2564 mwN). Das gilt nach ständiger Rechtsprechung des Bundesverfassungsgerichts auch für Beschlüsse gemäß § 349 Abs. 2 StPO (BVerfG, Beschluss vom 30. Juni 2014 – 2 BvR 792/11, NJW 2014, 2563, 2564).

[5] b) Der Umstand, dass der Senat die Rechtsansicht der Verteidigung des Verurteilten zwar zur Kenntnis genommen hat, ihr aber im Ergebnis nicht gefolgt ist, stellt ebenfalls keine Verletzung des rechtlichen Gehörs dar. Es ist schon grundsätzlich davon auszugehen, dass das Gericht das von ihm entgegengenommene Vorbringen eines Beteiligten auch zur Kenntnis genommen und in Erwägung gezogen hat (BVerfG aaO m. zahlr. wN; siehe auch Senat, Beschluss vom 29. Januar 2015 – 1 StR 359/13 Rn. 4), zumal es nach Art. 103 Abs. 1 GG nicht dazu verpflichtet ist, jedes Vorbringen eines Beteiligten ausdrücklich zu bescheiden (Senat aaO mwN). Es wurde hier der gesamte schriftliche Vortrag des Verurteilten einschließlich desjenigen in dem Schriftsatz des Verteidigers vom 9. Dezember 2014 bei der Entscheidungsfindung des Senats berücksichtigt.

[6] c) Eine Verletzung rechtlichen Gehörs ergibt sich auch nicht daraus, dass der Senat über die Revision des Verurteilten entschieden hat, ohne Ausführungen der Verteidigung zu zwei in der Antragsschrift des Generalbundesanwalts vom 20. November 2014 angesprochenen ergänzenden dienstlichen Stellungnahmen des Vorsitzenden der Strafkammer und einer beisitzenden Richterin (vgl. S. 4 oben der genannten Antragsschrift) abzuwarten. Die in rechtlicher Übereinstimmung mit dem Generalbundesanwalt erkannte Unbegründetheit der in diesem Zusammenhang erhobenen Rügen der Verletzung von § 275 Abs. 1 StPO – in allen drei von der Revision geltend gemachten Angriffsrichtungen – hat sich bereits aufgrund der von dem Rechtsmittelführer selbst vorgelegten Vermerke des Vorsitzenden vom 28. Mai 2014 und der als Berichterstatterin eingesetzten beisitzenden Richterin vom 12. Mai 2014 ergeben. Dem Verurteilten und seiner Verteidigung unbekannter Verfahrensstoff oder diesen nicht bekannte Beweismittel,

---

[733] BGH, Beschluss vom 27.01.2015 – 2 ARs 278/14.

[734] BGH, Beschluss vom 21.04.2015 – 1 StR 555/14.

denen für die freibeweisliche Aufklärung des den Verfahrensrügen zugrunde liegenden Sachverhalts Bedeutung zukam, hat der Senat nicht verwertet.

Die **Anhörungsrüge nach § 356a StPO** ist unbegründet. Eine Verletzung des recht- **691**
lichen Gehörs liegt nicht vor. Der Senat hat zum Nachteil des Verurteilten weder Tatsachen oder Beweisergebnisse verwertet, zu denen dieser nicht gehört worden ist, noch hat er bei seiner Entscheidung zu berücksichtigendes Vorbringen übergangen. Der Verurteilte und seine Verteidiger hatten in der Hauptverhandlung die Möglichkeit, sich zu allen tatsächlichen und rechtlichen Gesichtspunkten zu äußern (§ 351 Abs. 2 StPO), auch zu den nun thematisierten Fragen hinsichtlich der Verfügungsbefugnis des Verurteilten über das Anderkonto bei der Kreissparkasse Mi. und eine bestehende Vermögensbetreuungspflicht gegenüber der Raiffeisen Bank O.; diese Fragen waren auch bereits Gegenstand umfangreicher Ausführungen der Revisionsbegründung und der Antragsschrift des Generalbundesanwalts.[735]

Der Verurteilte kann mit dem Vorwurf, der Senat habe in der Sache fehlerhaft **692**
entschieden, im Rahmen des § 356a StPO nicht gehört werden.[736]

[1] 1. Der Senat hat die Revision der Verurteilten gegen das Urteil des Landgerichts Ravensburg vom 11. Dezember 2014 durch Beschluss vom 24. Juni 2015 mit ergänzender Bemerkung als unbegründet verworfen. Mit Schriftsatz ihres Verteidigers vom 3. August 2015 hat die Verurteilte hiergegen die Anhörungsrüge erhoben.

[2] Es kann dahinstehen, ob die Anhörungsrüge innerhalb der Wochenfrist erhoben und damit zulässig ist. Grundsätzlich ist der Zeitpunkt der Kenntniserlangung nicht nur vorzutragen, sondern glaubhaft zu machen (vgl. Senatsbeschluss vom 22. Mai 2015 – 1 StR 121/15), wozu die lediglich Wiedergabe der Erklärung der Verurteilten in der Regel nicht ausreicht. Bei einer Absendung am 22. Juli 2015 liegt auch nicht auf der Hand, dass der Beschluss die Verurteilte erst am 29. Juli 2015 erreicht hat.

[3] 2. Der Rechtsbehelf ist jedenfalls unbegründet; es liegt keine Verletzung des rechtlichen Gehörs (§ 356a StPO) vor. Der Senat hat weder zum Nachteil der Verurteilten Tatsachen oder Beweisergebnisse verwertet, zu denen diese nicht gehört worden wäre, noch hat er zu berücksichtigendes entscheidungserhebliches Vorbringen der Verurteilten übergangen oder in sonstiger Weise deren Anspruch auf rechtliches Gehör verletzt.

[4] Der Senat hat bei seiner Entscheidung das Revisionsvorbringen der Verurteilten in vollem Umfang bedacht und gewürdigt, es aber nicht für durchgreifend erachtet. Auf die mangelnde Erfolgsaussicht war die Verurteilte schon durch den Antrag des Generalbundesanwalts hingewiesen worden, der auch ausdrücklich die Wirksamkeit der Zustellung des Urteils bekräftigt hat.

[5] Die für die Zurückweisung des Rechtsmittels maßgeblichen Gründe ergeben sich mit ausreichender Klarheit auch aus dem Inhalt der Antragsschrift des Gene-

---

[735] BGH, Beschluss vom 24.02.2015 – 1 StR 75/14; vgl. auch BGH, Beschluss vom 28.01.2015 – 5 StR 491/14.

[736] BGH, Beschluss vom 02.09.2015 – 1 StR 207/15; Beschluss vom 03.09.2015 – 1 StR 235/14; vgl. auch Beschluss vom 15.09.2015 – 1 StR 307/15.

ralbundesanwalts (st. Rspr.; vgl. u.a. Senatsbeschlüsse vom 1. September 2014 – 1 StR 279/14; vom 5. Mai 2014 – 1 StR 82/14; vom 25. Februar 2014 – 1 StR 657/13 und vom 3. Dezember 2013 – 1 StR 521/13).

[6] Auch durch dessen Ausführungen wird das rechtliche Gehör gewährt. Ein Anspruch darauf, dass der Senat seine beabsichtigte Entscheidung vorab dem Revisionsführer mitteilt, besteht nicht.

[7] Der Vortrag der Verurteilten zur Begründung ihrer Anhörungsrüge erschöpft sich letztlich in einer Wiederholung und Vertiefung ihres Vorbringens im Schriftsatz vom 12. Juni 2015, auf den der Senat in seinem Beschluss vom 24. Juni 2015 ausdrücklich eingegangen ist und insbesondere auch aufgezeigt hat, dass die Rechtsauffassung der Verurteilten hinsichtlich der Wirksamkeit der Zustellung des Urteils unzutreffend ist. Die Anhörungsrüge dient, wenn – wie hier – rechtliches Gehör gewährt worden ist, nicht dazu, das Revisionsgericht zu veranlassen, das Vorbringen der Antragstellerin nochmals zu überprüfen (vgl. auch BGH, Beschluss vom 19. November 2014 – 1 StR 114/14).

[8] Im Kern enthalten die (neuerlichen) Ausführungen der Verurteilten den Vorwurf, der Senat habe in der Sache fehlerhaft entschieden. Mit diesem Vorbringen kann sie aber im Rahmen des § 356a StPO nicht gehört werden (vgl. Senatsbeschluss aaO).

[9] Die Kostenentscheidung folgt aus einer entsprechenden Anwendung des § 465 Abs. 1 StPO (vgl. u.a. Senatsbeschluss vom 22. Mai 2015 – 1 StR 121/ 15).

693 Aus dem Umstand, dass der Senat in seiner Entscheidung auf die erhobene Rüge der Verletzung von § 275 Abs. 3 StPO nicht ausdrücklich eingegangen ist, kann der Verurteilte nicht auf einen Verstoß gegen den **Grundsatz der Gewährung rechtlichen Gehörs** schließen. § 349 Abs. 2 StPO sieht keine Begründung des die Revision verwerfenden Beschlusses vor. Den von Art. 103 Abs. 1 GG verfassungsrechtlich gewährleisteten Einflussnahmemöglichkeiten eines Revisionsführers ist im **Verfahren nach § 349 Abs. 2 StPO** durch die gesetzlich zwingend vorgeschriebene Übermittlung der mit Gründen versehenen Antragsschrift der Staatsanwaltschaft bei dem Revisionsgericht (§ 349 Abs. 3 Satz 1 StPO) sowie durch die Möglichkeit einer Gegenerklärung (§ 349 Abs. 3 Satz 2 StPO) Genüge getan (BVerfG, Beschluss vom 20. Juni 2007 – 2 BvR 746/07, juris Rn. 22). Darüber hinausgehend zwingt Art. 103 Abs. 1 GG die Gerichte nicht dazu, jedes Vorbringen eines Beteiligten ausdrücklich zu bescheiden (vgl. BVerfG aaO). Die Begründung einer Revisionsentscheidung des Bundesgerichtshofes ist auch nicht aufgrund der Europäischen Menschenrechtskonvention geboten (EGMR, Entscheidung vom 13. Februar 2007 – Beschwerde Nr. 15073/03, EuGRZ 2008, 274, 276).[737]

694 Der Umstand, dass das Revisionsgericht die Rechtsansicht der Verteidigung des Verurteilten zwar zur Kenntnis genommen hat, ihr aber im Ergebnis nicht gefolgt ist, stellt **keine Verletzung des rechtlichen Gehörs** dar. Es ist schon grundsätzlich davon auszugehen, dass das Gericht das von ihm entgegengenommene Vorbringen eines Beteiligten auch zur Kenntnis genommen und in Erwägung ge-

---

[737] BGH, Beschluss vom 05.02.2015 – 3 StR 488/14.

zogen hat, zumal es nach Art. 103 Abs. 1 GG nicht dazu verpflichtet ist, jedes Vorbringen eines Beteiligten ausdrücklich zu bescheiden.[738]

[2] Der zulässige Rechtsbehelf ist unbegründet; es liegt keine Verletzung des rechtlichen Gehörs (§ 356a StPO) vor.

[3] 1. Der Senat hat weder Verfahrensstoff noch Tatsachen oder Beweisergebnisse verwertet, zu denen der Verurteilte zuvor nicht gehört worden wäre. Auch wurde zu berücksichtigendes Vorbringen nicht übergangen, noch in sonstiger Weise der Anspruch des Verurteilten auf rechtliches Gehör verletzt.

[4] Der Umstand, dass der Senat die Rechtsansicht der Verteidigung des Verurteilten zwar zur Kenntnis genommen hat, ihr aber im Ergebnis nicht gefolgt ist, stellt keine Verletzung des rechtlichen Gehörs dar. Es ist schon grundsätzlich davon auszugehen, dass das Gericht das von ihm entgegengenommene Vorbringen eines Beteiligten auch zur Kenntnis genommen und in Erwägung gezogen hat (vgl. BVerfG [Kammer], Beschluss vom 30. Juni 2014 – 2 BvR 792/11 Rn. 16 mwN, wistra 2014, 434), zumal es nach Art. 103 Abs. 1 GG nicht dazu verpflichtet ist, jedes Vorbringen eines Beteiligten ausdrücklich zu bescheiden (vgl. BVerfG, Beschluss vom 20. Juni 2007 – 2 BvR 746/07; BGH, Senatsbeschluss vom 31. Juli 2006 – 1 StR 240/06 mwN). Jedenfalls wurden hier der gesamte schriftliche Vortrag des Verurteilten sowie die Ausführungen der Verteidigung in der Revisionshauptverhandlung bei der Entscheidungsfindung des Senats berücksichtigt.

[5] 2. Soweit der Verurteilte (wie schon sein Verteidiger in der Revisionshauptverhandlung) geltend macht, er habe in seiner Revisionsbegründung ausführlich dargelegt, dass die Beweiswürdigung des Landgerichts rechtsfehlerhaft sei, deckt er keinen Verstoß gegen den Anspruch auf rechtliches Gehör auf.

[6] Das Landgericht hat sich in dem angefochtenen Urteil im Rahmen der Beweiswürdigung ausführlich mit der Frage der Kenntnis des Angeklagten und der beiden Mitangeklagten von der Vorspiegelung falscher Tatsachen durch die Haupt- und Untervermittler auseinandergesetzt (LG-UA S. 64–71). Es hat sich dabei, gestützt auf Zeugenaussagen, u. a. davon überzeugt, dass allen Angeklagten aufgrund von Besprechungen bewusst war, dass gezielt nach Käufern gesucht wurde, die bereits Schulden hatten und nur über niedrige Einkommen verfügten (LG-UA S. 65), und dass dieser Käuferkreis mit falschen Versprechungen zum Kaufabschluss bewogen werden musste (LG-UA S. 66). Weiterhin hat es in den Blick genommen, dass die „nicht zutreffenden Rechenbeispiele“, die den Kunden vorgelegt wurden, (auch) im Büro der Angeklagten erstellt worden waren (LG-UA S. 68). Es hat sich, wiederum gestützt auf Zeugenaussagen, zudem davon überzeugt, dass die Angeklagten „ganz konkret“ mit Vorwürfen über nicht zutreffende Versprechungen der Haupt- und Untervermittler konfrontiert waren. Aufgrund einer Gesamtwürdigung einer Vielzahl von Indizien hat sich das Landgericht schließlich die Überzeugung gebildet, dass die Angeklagten spätestens Anfang 2007 wussten, dass die Vermittler die Käufer mit falschen Versprechungen zum Abschluss von Kaufverträgen bewegten und dass sich die Angeklagten diese falschen Versprechungen für ihre Verkaufsabschlüsse nutzbar machten (LG-UA S. 71). Im Rahmen seiner Ausführungen zur Beweiswürdigung hat das Landge-

---

[738] BGH, Beschluss vom 29.01.2015 – 1 StR 359/13.

richt zudem seine Überzeugung von der Mitwirkung des Angeklagten in jedem Einzelfall begründet; dabei hat es dargelegt, dass der Angeklagte in jedem Einzelfall wesentliche Entscheidungen traf, indem er u.a. die Objekte und die Kaufpreise festsetzte, entschied, ob ein Kunde „geeignet" war, die Provisionen an die Vermittler freigab und teilweise auch Barbeträge persönlich an die Käufer auszahlte (UA S. 54, 56).

[7] Seine Überzeugung vom Wissen der Angeklagten, dass diese die Verkäufe jeweils zu Preisen vorgenommen hatten, die nicht den Verkehrswerten entsprachen, hat das Landgericht auf LG-UA S. 72ff., insbesondere UA S. 73, im Einzelnen begründet. Das Landgericht hat im Rahmen der Beweiswürdigung auch dargelegt, aus welchen Gründen es zu der Überzeugung gelangt ist, dass den Käufern über die Finanzierung des bevorstehenden Immobilienerwerbs unrichtige Tatsachenangaben gemacht wurden die nicht zutreffen konnten (LG-UA S. 61ff.).

[8] Der Umstand, dass die Verteidigung die Beweise anders als das Landgericht würdigt, zeigt keine Verletzung des Anspruchs des Verurteilten auf rechtliches Gehör auf.

32. Adhäsionsverfahren

695 Bei der Entscheidung über einen Schadensersatzanspruch reicht die **wechselseitige Zurechnung der einzelnen Tatbeiträge verschiedener Täter** nicht weiter als der gemeinsame Vorsatz; eine Zurechnung scheidet aus, soweit einer der Mittäter im Exzess Handlungen begeht, die vom gemeinsamen Tatplan und den Vorsatz der anderen nicht gedeckt sind.[739]

[2] Das auf die allgemeine Sachrüge gestützte Rechtsmittel des Angeklagten ist zum Schuld- und Strafausspruch unbegründet im Sinne des § 349 Abs. 2 StPO. Auch die Zuerkennung eines Schmerzensgeldes unterliegt im Ausgangspunkt keiner Beanstandung. Demgegenüber kann die Adhäsionsentscheidung im Hinblick auf die Bemessung des von dem Angeklagten zu leistenden Schmerzensgeldes keinen Bestand haben.

[3] Nach den Feststellungen umstellten der Angeklagte, der Mitangeklagte sowie zwei unbekannt gebliebene Mittäter den Nebenkläger und einen weiteren Geschädigten, um einem gemeinsamen Tatplan entsprechend die Herausgabe von Geld und Mobiltelefonen zu erzwingen. Als der Nebenkläger sich weigerte, sein Smartphone herzugeben, traten der Mitangeklagte sowie andere aus der Gruppe ihn gegen die Beine. Zudem versetzte der Mitangeklagte ihm zur Untermauerung der Forderung zwei Schläge mit einem Schlagring, die ihn an der linken Schläfe und unter dem linken Auge trafen. Aus Angst vor weiterer Gewaltanwendung gab der Nebenkläger das Handy schließlich heraus.

[4] Das Landgericht hat dem Angeklagten den Einsatz des Schlagrings durch den Mitangeklagten als Mittel der räuberischen Erpressung mit rechtsfehlerfreien Erwägungen (sukzessive Mittäterschaft) zugerechnet und ihn auf dieser Grundlage nach § 250 Abs. 2 Nr. 1 StGB schuldig gesprochen. Es hat jedoch nicht festzustel-

---

739 BGH, Beschluss vom 28.04.2015 – 3 StR 52/15.

len vermocht, dass die Benutzung dieses Tatmittels von Anfang an vom gemeinsamen Tatplan umfasst war, und sie daher hinsichtlich der Körperverletzung als Exzess des Mittäters gewertet. Demgemäß hat es den Angeklagten wegen gefährlicher Körperverletzung allein in der Variante des § 224 Abs. 1 Nr. 4 StGB, nicht jedoch in derjenigen des§ 224 Abs. 1 Nr. 2 StGB verurteilt (vgl. BGH, Beschluss vom 10. Januar 2011 – 5 StR 515/10, NStZ-RR 2011, 111, 112).

[5] Vor diesem Hintergrund kann die Verurteilung des Angeklagten, dem Nebenkläger gesamtschuldnerisch mit dem Mitangeklagten ein Schmerzensgeld in Höhe von 2.000 € zu zahlen, keinen Bestand haben.

[6] Das Landgericht hat die Höhe des Schmerzensgeldes mit den durch den Einsatz des Schlagrings verursachten Verletzungsfolgen begründet. Die Verwendung dieses Mittels zur Verletzung des Nebenklägers hat es dem Angeklagten aber gerade nicht angelastet. Damit kommt eine Zurechnung dieses Tatbeitrages aber auch bei der Prüfung der Frage, inwieweit sich der Angeklagte im Sinne des § 830 Abs. 1 BGB als Mittäter an einer die zivilrechtliche Haftung begründenden deliktischen Verhaltensweise beteiligt hat, nicht in Betracht, was wiederum den Umfang seiner gesamtschuldnerischen Haftung nach § 840 Abs. 1 BGB begrenzt. Die Beurteilung richtet sich insoweit nach den für das Strafrecht entwickelten Grundsätzen. Die wechselseitige Zurechnung der einzelnen Tatbeiträge reicht dabei nicht weiter als der gemeinsame Vorsatz und scheidet aus, soweit einer der Mittäter im Exzess Handlungen begeht, die vom gemeinsamen Tatplan und dem Vorsatz der anderen nicht gedeckt sind (BGH, Beschlüsse vom 8. November 2005 – 4 StR 321/05, BGHR StPO § 403 Anspruch 8; vom 7. Februar 2013 – 3 StR 468/12, juris; Urteil vom 23. März 1999 – VI ZR 53/98, BGHR BGB § 830 Abs. 2 Teilnahme 2). Die zur Grundlage des Schmerzensgeldanspruchs gemachten Verletzungsfolgen – aus dem Einsatz des Schlagrings – können deshalb nicht zur Begründung dafür herangezogen werden, den Angeklagten in gleicher Höhe wie den Mitangeklagten zur Schmerzensgeldzahlung zu verurteilen (vgl. BGH, Beschlüsse vom 7. Februar 2013 – 3 StR 468/12, juris; vom 8. Januar 2014 – 3 StR 372/13, StraFo 2014, 217).

[7] Da der Angeklagte dem Nebenkläger jedoch wegen der anderen, ihm zuzurechnenden Körperverletzungshandlungen ein angemessenes Schmerzensgeld schuldet, ändert der Senat den ihn betreffenden Adhäsionsanspruch in analoger Anwendung des § 354 Abs. 1 StPO in eine Verurteilung dem Grunde nach ab (§ 406 Abs. 1 Satz 2 StPO). Im Übrigen ist von einer Entscheidung über den Adhäsionsantrag abzusehen (§ 406 Abs. 1 Satz 3 und 4 StPO); denn eine Zurückverweisung der Sache allein zur Bestimmung der Höhe des Schmerzensgeldes kommt nicht in Betracht (vgl. Meyer-Goßner/Schmitt, StPO, 58. Aufl., § 406a Rn. 5 mwN). Die Bemessung des Schmerzensgeldes ist vielmehr dem zuständigen Zivilgericht übertragen (§ 406 Abs. 3 Satz 4 StPO).

Auch für in einem **Adhäsionsverfahren** geltend gemachte **Feststellungsansprüche** **696**
ist vom Adhäsionskläger das erforderliche Feststellungsinteresse darzulegen.[740]

[740] BGH, Beschluss vom 24.02.2015 – 4 StR 444/14; vgl. hierzu auch Beschluss vom 12.03.2015 – 2 StR 13/15.

[2] 1. Die Feststellung, dass die Angeklagten verpflichtet sind, den Adhäsionsklägern die bereits entstandenen und die künftig noch entstehenden materiellen und immateriellen Schäden zu ersetzen, soweit diese Ansprüche nicht auf Dritte, insbesondere Sozialversicherungsträger, übergegangen sind, hält rechtlicher Überprüfung nur teilweise stand.

[3] Entfallen muss die Feststellung, dass die Angeklagten verpflichtet sind, den Adhäsionsklägern die bereits entstandenen materiellen und immateriellen Schäden zu erstatten. Insofern haben die Adhäsionskläger weder geltend gemacht, noch ist aus ihrem Vortrag ansonsten ersichtlich, welche Schäden bereits entstanden sein könnten und warum sie nicht in der Lage sind, diese Schäden schon jetzt zu beziffern. Für die Feststellungsklage mangelt es daher insoweit an dem erforderlichen Feststellungsinteresse (BGH, Beschluss vom 3. Dezember 2013 – 4 StR 471/13, StV 2014, 269; vgl. Beschluss vom 13. August 2014 – 4 StR 211/14, Rn. 2 mwN). Dagegen ist hinsichtlich der künftig entstehenden materiellen und immateriellen Schäden ein Feststellungsinteresse durch die vorgelegten Atteste und Gutachten belegt (vgl. BGH, Beschluss vom 26. September 2013 – 2 StR 306/13, Rn. 12).

697 Bei Schadensersatzansprüchen handelt es sich regelmäßig um **Geldwertschulden**, die grundsätzlich in inländischer Währung entstehen, soweit sie sich aus deutschem Recht ergeben. Ein in ausländischer Währung ermittelter Erstattungsbetrag bildet nur einen Berechnungsfaktor für die in Euro festzusetzende Anspruchshöhe.[741]

[3] 1. Die Revisionen der Angeklagten sind zum Schuld- und Rechtsfolgenausspruch jeweils unbegründet im Sinne des § 349 Abs. 2 StPO. Dagegen kann die Adhäsionsentscheidung keinen Bestand haben.´

[4] Das Landgericht hat insoweit lediglich ausgeführt, dass dem Adhäsionskläger wegen des Aktienkaufs, der Gegenstand der Verurteilung im Fall II.6. der Urteilsgründe ist, aus „§§ 823 Abs. 2 BGB, 263 Abs. 1 und Abs. 3 Nr. 1 und 2 StGB" ein Schadensersatzanspruch in Höhe von 269.844 USD zustehe. Dabei hat es nicht erkennbar bedacht, dass es sich bei Schadensersatzansprüchen regelmäßig um Geldwertschulden handelt, die grundsätzlich in inländischer Währung entstehen, soweit sie sich – wie hier – aus deutschem Recht ergeben. Ein in ausländischer Währung ermittelter Erstattungsbetrag bildet nur einen Berechnungsfaktor für die in Euro festzusetzende Anspruchshöhe (vgl. BGH, Urteil vom 19. Februar 1998 – I ZR 233/95, NJW-RR 1998, 1426, 1429; Palandt/Grüneberg, BGB, 74. Aufl., § 245 Rn. 16f., jeweils mwN). Dies gilt hier, zumal ausweislich der Feststellungen zwei Teilzahlungen auf den Kaufpreis bar und in Euro erfolgt sind.

[5] Hinzu tritt, dass sich das Landgericht in der Begründung der Adhäsionsentscheidung nicht mit dem Verteidigungsvorbringen des Angeklagten C. im Schriftsatz seiner Verteidigerin vom 19. Dezember 2013 auseinandergesetzt hat, das der Senat im Rahmen der Prüfung der Zulässigkeitsvoraussetzung des § 404 Abs. 1 Satz 3 StPO von Amts wegen zur Kenntnis zu nehmen hatte (vgl. hierzu etwa Senat, Beschluss vom 30. Mai 2012 – 2 StR 98/12, insoweit in StV 2013, 563 nicht

[741] BGH, Beschluss vom 13.08.2015 – 2 StR 62/15.

abgedruckt). Auch wenn die Begründung der Adhäsionsentscheidung nicht unmittelbar an den zivilprozessualen Vorschriften zu messen ist, so muss gleichwohl für das Revisionsgericht nachvollziehbar dargelegt werden, weshalb der Anspruch begründet ist (vgl. LR/Hilger, StPO, 26. Aufl., § 406 Rn. 4; Meier/Dürre, JZ 2006, 18, 22). Dazu gehört eine Auseinandersetzung mit Verteidigungsvorbringen, wenn und soweit dieses nicht von vornherein als völlig ungeeignet erscheint (vgl. auch BGH, Beschluss vom 21. Dezember 1962 – I ZB 27/62, BGHZ 39, 333, 337 ff.). An der gebotenen Auseinandersetzung hiermit fehlt es. Das Landgericht hätte sich mit der vom Angeklagten C. erhobenen Verjährungseinrede, der nicht von vornherein jegliche Erheblichkeit abgesprochen werden kann, auseinander setzen müssen.

[6] Eine Zurückverweisung der Sache zur neuen Verhandlung allein über den Adhäsionsanspruch kommt nicht in Betracht (vgl. nur Senat, Beschluss vom 7. Juli 2010 – 2 StR 100/10, NStZ-RR 2010, 344 mwN). Von einer Entscheidung war deshalb abzusehen.

Für das Begehren auf **Feststellung**, dass der Angeklagte verpflichtet ist, die ent- **698**
standenen Schäden aus der Straftat zu erstatten, fehlt es an dem erforderlichen **Feststellungsinteresse**, wenn der Adhäsionskläger weder geltend macht noch aus seinem Vortrag ansonsten ersichtlich ist, welche Schäden bereits entstanden sein könnten und warum er nicht in der Lage ist, diese Schäden schon jetzt zu beziffern.[742]

ANFRAGEBESCHLUSS ■

1. Bei der im Rahmen eines Strafverfahrens wegen schweren sexuellen Miss- **699**
brauchs von Kindern erfolgten Schmerzensgeldbemessung sind die wirtschaftlichen Verhältnisse des Schädigers sowie die des Geschädigten nicht zu berücksichtigen.

2. Der Senat fragt bei dem Großen Senat für Zivilsachen und den anderen Strafsenaten des Bundesgerichtshofs an, ob an entgegenstehender Rechtsprechung festgehalten wird.[743]

[22] Der Senat beabsichtigt, die Rechtsprechung, wonach bei der Bemessung der billigen Entschädigung in Geld die wirtschaftlichen Verhältnisse der Beteiligten berücksichtigt werden dürfen, aufzugeben.

[23] 1. Nach seiner Auffassung darf es auf die Vermögenslage des Geschädigten nicht ankommen.

[24] a) Zwar verlangt der Begriff der „Billigkeit" im Sinne des § 253 Abs. 2 BGB die Berücksichtigung aller in Betracht kommenden Umstände des Falles. Was danach „in Betracht kommt", bedarf jedoch der Konkretisierung am Maßstab von Wertvorstellungen, die in erster Linie von den Grundsatzentscheidungen der Verfassung bestimmt werden. Bei der Auslegung und Anwendung der zivilrechtlichen Generalklauseln haben daher die Gerichte die Grundrechte als

---

742 BGH, Beschluss vom 05.05.2015 – 4 StR 605/14.
743 BGH, Beschluss vom 08.10.2014 – 2 StR 137/14.

„Richtlinien“ zu beachten (vgl. BVerfGE 89, 214, 229f. mwN; speziell zum Schmerzensgeld auch BGH, Urteil vom 13. Oktober 1992 – VI ZR 201/91, BGHZ 120, 1, 5f.); auch der allgemeine Gleichheitssatz (Art. 3 Abs. 1 GG) ist zu berücksichtigen (vgl. BVerfGE 84, 197, 199 mwN).

[25] b) Vor diesem Hintergrund lässt sich eine unterschiedliche Bewertung von körperlichen oder seelischen Leiden danach, ob der Betroffene finanziell besser oder schlechter gestellt ist, nicht rechtfertigen.

[26] aa) Eine solche Anknüpfung an die Vermögensverhältnisse ist mit dem sich aus Art. 1 Abs. 1 Satz 1 GG ergebenden, jeden Menschen in gleichem Maße, ohne Rücksicht auf seine Eigenschaften, seine Leistungen und seinen sozialen Status zukommenden sozialen Wert- und Achtungsanspruch (vgl. BVerfGE 87, 209, 228) und dem jedem Menschen in gleichem Maße zustehenden Recht auf Leben, körperliche Unversehrtheit und Freiheit (Art. 2 Abs. 2 Satz 1 und 2 GG) nicht vereinbar (so auch OLG Schleswig, NJW-RR 1990, 470, 471; Staudinger/Schiemann, BGB, Neubearb. 2005, § 253 Rn. 43; Jaeger/Luckey, Schmerzensgeld, 7. Aufl., Rn. 1375ff., Slizyk, Systematische Kommentierung des Schmerzensgeldrechts, 10. Aufl. [2014], Rn. 129; Vieweg/Lorz in jurisPK-BGB, 7. Aufl. 2014, § 253 Rn. 75; vgl. auch Hacks/Wellner/Häcker, Schmerzensgeldbeträge 2014, 32. Aufl., S. 18).

[27] Dem kann auch nicht entgegengehalten werden, dass nicht die erlittene körperliche oder seelische Beeinträchtigung selbst, sondern nur der Ausgleich hierfür unterschiedlich bemessen wird (vgl. Schneider, ZAP 2004 [Beilage 2], S. 7; Jaeger/Luckey aaO Rn. 1377). Denn nach den dargestellten verfassungsrechtlichen Grundsatzentscheidungen hat weder der Wohlhabende ein rechtlich anerkennenswertes größeres finanzielles Interesse an einem Ausgleich einer erlittenen Beeinträchtigung, noch der Arme ein geringeres. Danach geht es umgekehrt aber auch fehl, bei im Wesentlichen gleichen körperlichen oder seelischen Leiden die schlechte Vermögenslage des Armen als anspruchserhöhend oder den Reichtum des Wohlhabenden als anspruchsmindernd anzusetzen. Denn die in § 253 Abs. 2 BGB genannten Rechte und Rechtsgüter stehen dem Betroffenen nicht nach Maßgabe seiner Vermögensverhältnisse zu, sondern unabhängig davon (so im Ergebnis auch die überwiegende Ansicht im Schrifttum, vgl. Palandt/Grüneberg, BGB, 73. Aufl., § 253 Rn. 16; Staudinger/Schiemann aaO; NK-BGB/Huber, 2. Aufl., § 253 Rn. 96; Münch-KommBGB/Oetker, 6. Aufl., § 253 Rn. 38; Spindler in Bamberger/Roth, BGB, § 253 Rn. 42; Vieweg/Lorz aaO; Jaeger/Luckey, aaO Rn. 1375ff., 1386; Pardey in Geigel, Der Haftpflichtprozess, 26. Aufl., S. 220f.; Lorenz, Immaterieller Schaden und „billige Entschädigung in Geld“, 1981, S. 126f., 146ff.; Pecher, AcP 171, 44, 69; aA etwa Soergel/Zeuner, BGB, 12. Aufl., § 847 Rn. 30; RGRK-BGB/Kreft, 12. Aufl., § 847 Rn. 43).

[28] bb) Wollte man demgegenüber den wirtschaftlichen Verhältnissen einen Einfluss auf das Maß der auszugleichenden Beeinträchtigung zugestehen, müsste man dies konsequenterweise im Einzelfall durch eine Beweisaufnahme zum Lebensstil des Verletzten verifizieren. Denn auch der wirtschaftliche gut Situierte kann bescheiden leben, während ein anderer trotz schlechter wirtschaftlicher Verhältnisse einen aufwendigen Lebensstil pflegen mag; zudem wäre eine ungerechtfertigte Benachteiligung des sparsamen gegenüber dem verschwenderischen Verletzten zu vermeiden (vgl. OLG Schleswig, NJW-RR 1990, 470, 471; Knöpfel, AcP 155, 145f.). Eine solche Beweisaufnahme ließe sich indes mit dem – verfas-

sungsrechtlich verbürgten (vgl. BVerfGE 38, 105, 114) – Schutz des persönlichen Lebensbereiches des (Opfer-)Zeugen (vgl. § 68a Abs. 1 StPO für den Strafprozess) nur schwerlich vereinbaren (vgl. auch Lorenz, Immaterieller Schaden und „billige Entschädigung in Geld", 1981, S. 52f.). Im Zivilprozess gilt zwar die Erleichterung des § 287 ZPO; dies ändert aber nichts daran, dass der Tatrichter sich im Urteil mit allen für die Bemessung des Schmerzensgelds maßgeblichen Umständen hinreichend auseinandersetzen muss und nicht jedes diesbezügliche Beweisangebot zurückweisen darf (vgl. BGH, Urteil vom 12. Mai 1998 – VI ZR 182/97, BGHZ 138, 388, 391; Zöller/Greger, ZPO, 29. Aufl., § 287 Rn. 6, 8 mwN).

[29] Hinzu kommt, dass auch nach der Entscheidung des Großen Senats für Zivilsachen unklar bleibt, in welchen konkreten „Einzelfällen" die Vermögensverhältnisse des Geschädigten überhaupt zu einer Erhöhung oder Verminderung des Schmerzensgeldes führen könnten (vgl. auch Vieweg/Lorz in jurisPK-BGB, 7. Aufl. 2014, § 253 Rn. 75); denn auch wenn die wirtschaftlichen Verhältnisse des Geschädigten bei der Bemessung des Schmerzensgeldes berücksichtigt werden dürften, bedürfte es eines Maßstabs, inwieweit diese Umstände anspruchsmindernd, anspruchserhöhend oder wertneutral wirken sollten. Ein solcher Maßstab ist weder der Entscheidung des Großen Senats für Zivilsachen zu entnehmen noch sonst erkennbar.

[30] cc) Schließlich ist zu besorgen, dass die Berücksichtigung der Vermögensverhältnisse jedenfalls im Endeffekt zu einer Taxierung des Schmerzensgeldes nach sozialen Klassen führen kann (vgl. OLG Schleswig NJW-RR 1990, 470, 471; Slizyk, Systematische Kommentierung des Schmerzensgeldrechts, 10. Aufl. [2014], Rn. 12), gegen die sich schon das Reichsgericht aussprach (vgl. RGZ 76, 174, 176).

[31] c) Danach scheiden die Vermögensverhältnisse des Geschädigten als legitime Rechtfertigungsgründe für eine Ungleichbehandlung bei der Bemessung des Schmerzensgeldes aus. Nichts anderes gilt, wenn wegen der wirtschaftlichen Verhältnisse der Beteiligten nicht eine „an sich" angemessene Entschädigung gekürzt oder erhöht wird, sondern diese von vornherein in die Abwägung eingestellt werden (vgl. BGHZ 18, 149, 160f.). Denn auch durch diesen dogmatischen „Kunstgriff" verlieren sie nicht ihren Charakter als das Schmerzensgeld erhöhende oder mindernde Umstände, der ihnen aber nach den dargestellten Maßstäben nicht zukommen darf.

Soweit sich die Revision gegen den Adhäsionsausspruch richtet, ist der (2. Straf-) **700** Senat an einer abschließenden Entscheidung gehindert. Der Senat hat mit Beschluss vom 8. Oktober 2014 (2 StR 137/14 und 337/14) bei den anderen Strafsenaten und beim Großen Senat für Zivilsachen angefragt, ob an der Rechtsprechung, die bei der Bemessung des Schmerzensgelds regelmäßig die Berücksichtigung der Vermögensverhältnisse des Schädigers und des Geschädigten erfordert, festgehalten wird. Er beabsichtigt diese Rechtsprechung aufzugeben. Auf die Gründe dieser Entscheidung wird Bezug genommen.[744]

Der Senat hat mit Beschluss vom 8. Oktober 2014 – 2 StR 137/14 u. a. bei den **701** anderen Strafsenaten und beim Großen Senat für Zivilsachen angefragt, ob an

[744] BGH, Beschluss vom 11.06.2015 – 2 StR 8/15.

der Rechtsprechung, die bei der Bemessung des Schmerzensgeldes regelmäßig die Berücksichtigung der Vermögensverhältnisse des Schädigers und des Geschädigten erfordert, festgehalten wird. Er beabsichtigt diese Rechtsprechung aufzugeben. Auf die Gründe dieser Entscheidung wird Bezug genommen.

Der Senat sieht sich mit Blick auf vorgenannte Entscheidung gehindert, über die Revision des Angeklagten, soweit der Adhäsionsausspruch betroffen ist, zu entscheiden. Im Hinblick darauf, dass über diesen Teil der Revision des Angeklagten in absehbarer Zeit nicht entschieden werden kann, war es geboten, über den „entscheidungsreifen" strafrechtlichen Teil des angefochtenen Urteils vorab zu entscheiden. Eine solche Teilerledigung des Rechtsmittels war hier ausnahmsweise zulässig.[745]

■ PRAXISBEDEUTUNG

Die vorstehende Entscheidung entspricht der aktuellen Praxis des 2. Strafsenats, welcher sich bis zur Entscheidung über die Vorlage an den Großen Strafsenat sich an einer Entscheidung von Adhäsionsverfahren mit Schmerzensgeldansprüchen gehindert sieht.

702 Ein Adhäsionsausspruch erweist sich als rechtsfehlerhaft, wenn die Nebenklägerin lediglich einen Antrag auf Zahlung von Schmerzensgeld gestellt hat und das Landgericht hat in seinem Grundurteil auch eine Ersatzpflicht des Angeklagten hinsichtlich materieller Schäden der Verletzten festgestellt hat.[746]

703 Das Landgericht hat der Geschädigten Prozesskostenhilfe für das Adhäsionsverfahren im ersten Rechtszug ohne Ratenzahlung unter Beiordnung von Rechtsanwältin F. bewilligt. Die Bewilligung wirkt jedoch nur für die jeweilige Instanz (§ 404 Abs. 5 Satz 1 StPO i.V.m. § 119 Abs. 1 Satz 1 ZPO). Danach ist vom Senat als dem mit der Sache befassten Gericht (§ 404 Abs. 5 Satz 3 StPO) über den im Schriftsatz vom 6. März 2014 gestellten Antrag der Geschädigten zu entscheiden, ihr auch im Revisionsverfahren Prozesskostenhilfe zu gewähren. Der Antrag, dem die erforderlichen Unterlagen beigefügt waren, wurde vom Landgericht zu den Strafakten genommen und ist im Revisionsverfahren übersehen worden. Bei dieser Sachlage steht einer (nachträglichen) Bewilligung von Prozesskostenhilfe nicht entgegen, dass das Revisionsverfahren inzwischen rechtskräftig abgeschlossen ist.[747]

33. Nebenklage

704 Wie auch in den vergangenen Jahren ist im Berichtszeitraum erneut eine größere Anzahl von Nebenklägerrevisionen als unzulässig zurückgewiesen worden, weil die erstrebten Ziele, meist eine Änderung des Strafmaßes, nach § 400 Abs. 1 StPO

---

[745] BGH, Beschluss vom 28.01.2015 – 2 StR 203/14; vgl. auch Beschluss vom 11.02.2015 – 2 StR 428/14; Beschluss vom 15.01.2015 – 2 StR 374/14; Beschluss des 3. Strafsenats vom 05.03.2015 – 3 Ars 29/14.

[746] BGH, Beschluss vom 03.12.2014 – 4 StR 292/14.

[747] BGH, Beschluss vom 14.01.2015 – 5 StR 196/14.

ausgeschlossen oder kein zulässiges Revisionsziel angegeben waren. Beispielhaft sei die nachfolgende Entscheidung angeführt:

Gemäß § 400 Abs. 1 StPO kann der **Nebenkläger** ein Urteil nicht mit dem Ziel anfechten, dass eine andere Rechtsfolge der Tat verhängt oder dass der Angeklagte wegen einer Gesetzesverletzung verurteilt wird, die nicht zum Anschluss als Nebenkläger berechtigt. Deshalb bedarf seine Revisionsbegründung eines genauen Antrags oder einer Begründung, die deutlich macht, dass er eine Änderung des Schuldspruchs hinsichtlich eines Nebenklagedelikts verfolgt. Die **nicht näher ausgeführte Sachrüge** genügt diesen Anforderungen nicht.[748] **705**

Nach § 400 Abs. 1 StPO kann der **Nebenkläger** das Urteil nicht mit dem Ziel anfechten, dass eine andere Rechtsfolge der Tat verhängt wird oder dass der Angeklagte wegen einer Gesetzesverletzung verurteilt wird, die nicht zum Anschluss als Nebenkläger berechtigt. Deshalb **bedarf seine Revision eines genauen Antrages oder einer Begründung**, die deutlich macht, dass er eine Änderung des Schuldspruchs hinsichtlich eines Nebenklagedelikts verfolgt (st. Rspr.; vgl. etwa BGH, Beschluss vom 22. Mai 2000 – 5 StR 129/00, BGHR StPO § 400 Abs. 1 Zulässigkeit 10). Auch diesen Anforderungen genügt die Revision nicht. Die Nebenkläger haben pauschal auf die Revisionsbegründung der Staatsanwaltschaft Bezug genommen, die indes ihrerseits allein auf den Rechtsfolgenausspruch beschränkt ist. Damit ist nicht erkennbar, dass sie ein mit einer Nebenklägerrevision erreichbares Ziel verfolgen.[749] **706**

Gegen **Einstellungsentscheidungen** nach den §§ 153 ff. StPO steht der **Nebenklage** aufgrund der gesetzlichen Regelung des § 400 Abs. 2 Satz 2 StPO selbst dann kein Rechtsmittel zu, wenn diese rechtsfehlerhaft ergangen sind.[750] **707**

Dem **Nebenkläger** steht nur ein **beschränktes Anfechtungsrecht** zu. Nach § 400 Absatz 1 StPO kann er das Urteil nicht mit dem Ziel einer anderen Rechtsfolge der Tat oder einer Verurteilung wegen einer Gesetzesverletzung, die nicht zum Anschluss berechtigt, anfechten. Er hat deshalb darzulegen, inwieweit er in seiner Stellung als Nebenkläger durch das Urteil beschwert und welches seine Anschlussbefugnis stützende Strafgesetz mithin verletzt sei. Die **Erhebung der unausgeführten allgemeinen Sachrüge** genügt dem grundsätzlich nicht.[751] **708**

Gemäß § 400 Abs. 1 StPO kann der **Nebenkläger** ein Urteil nicht mit dem Ziel anfechten, dass eine andere Rechtsfolge der Tat verhängt oder dass ein Angeklagter wegen einer Gesetzesverletzung verurteilt wird, die nicht zum Anschluss als Nebenkläger berechtigt. Die **Begründung der Revision** des Nebenklägers muss daher erkennen lassen, dass er mit seinem Rechtsmittel ein **zulässiges Ziel** verfolgt, also einen bisher unterbliebenen Schuldspruch des Angeklagten (auch) wegen einer Straftat, die die Berechtigung des Nebenklägers zum Anschluss an das Verfahren begründet; wird eine derartige Präzisierung bis zum Ablauf der Revisionsbegründungsfrist nicht vorgenommen, ist das Rechtsmittel unzulässig.[752] **709**

---

748 BGH, Beschluss vom 03.09.2015 – 3 StR 242/15.

749 BGH, Beschluss vom 16.04.2015 – 2 StR 348/14.

750 BGH, Beschluss vom 22.01.2015 – 3 StR 490/14.

751 BGH, Beschluss vom 29.09.2015 – 3 StR 323/15.

752 BGH, Beschluss vom 03.02.2015 – 3 StR 645/14; vgl. hierzu auch BGH, Beschluss vom 10.12.2014 – 2 StR 361/14 – bzgl. einer Revision wegen Nichtverurteilung des Angeklagten gemäß des nicht nebenklagefähigen § 218 StGB (Schwangerschaftsabbruch).

[1] Der Generalbundesanwalt hat in seiner Antragsschrift ausgeführt:

„Die Revision des Nebenklägers ist unzulässig. Gemäß § 400 Abs. 1 StPO kann der Nebenkläger ein Urteil nicht mit dem Ziel anfechten, dass eine andere Rechtsfolge der Tat verhängt oder dass ein Angeklagter wegen einer Gesetzesverletzung verurteilt wird, die nicht zum Anschluss als Nebenkläger berechtigt. Die Begründung der Revision des Nebenklägers muss daher erkennen lassen, dass er mit seinem Rechtsmittel ein zulässiges Ziel verfolgt, also einen bisher unterbliebenen Schuldspruch des Angeklagten (auch) wegen einer Straftat, die die Berechtigung des Nebenklägers zum Anschluss an das Verfahren begründet; wird eine derartige Präzisierung bis zum Ablauf der Revisionsbegründungsfrist nicht vorgenommen, ist das Rechtsmittel unzulässig (BGH, Beschluss vom 28. August 2012 – 3 StR 360/12; BGH, Urteil vom 26. Juli 2007 – 3 StR 221/07, NStZ 2007, 700, 701). So liegt es hier. Der Nebenkläger hat lediglich die allgemeine Sachrüge erhoben. Weitere Ausführungen, aus denen sich das Ziel seines Rechtsmittels entnehmen ließe, sind bis zum Ablauf der Revisionsbegründungsfrist nicht eingegangen. Die Revision des Nebenklägers ist daher zu verwerfen."

[2] Dem schließt sich der Senat an. Allein der Umstand, dass die Staatsanwaltschaft das Urteil ebenfalls angefochten und in der Begründungsschrift das Ziel ihres Rechtsmittels bezeichnet hat, ändert an den dargelegten Erfordernissen entgegen der Auffassung des Beschwerdeführers nichts.

710 Die Revision der Nebenklägerin ist unzulässig. Die Nebenklägerin begründet ihr Rechtsmittel damit, das Landgericht sei zu Unrecht von einem minder schweren Fall des schweren sexuellen Missbrauchs von Kindern (§ 176a Abs. 4 StGB) ausgegangen. Damit erstrebt sie lediglich eine andere Rechtsfolge der Tat (§ 400 Abs. 1 StPO). Dies führt zur Unzulässigkeit des Rechtsmittels.[753]

711 Als verfahrensgestaltende Prozesserklärung muss die Einlegung der Revision nicht nur den unbedingten Anfechtungswillen des Erklärenden erkennen lassen. Bei mehreren Anfechtungsberechtigten muss die Rechtsmitteleinlegung auch die Person des Rechtsmittelführers eindeutig bezeichnen.

Außerdem bedarf die Revision des Nebenklägers eines Antrags oder einer Begründung, die deutlich macht, dass eine Änderung des Schuldspruchs hinsichtlich eines Nebenklagedelikts und damit ein zulässiges Ziel verfolgt wird.[754]

[2] Die Rechtsmittel der Nebenklägerinnen sind schon deshalb unzulässig, weil der Erklärung der Nebenklägervertreterin über die Revisionseinlegung die Person des Rechtsmittelführers nicht eindeutig zu entnehmen ist.

[3] 1. Die Vertreterin beider Nebenklägerinnen hat mit Schriftsatz vom 17. April 2014 unter dem Betreff „Strafsache gegen B. D. „ erklärt, gegen das angefochtene Urteil „Rechtsmittel" einzulegen. Für welche der beiden Nebenklägerinnen die Revision eingelegt werden sollte, hat sie nicht klargestellt. Erst mit Schriftsatz vom 18. Juni 2014 hat sie – unter gleichlautendem Betreff – das eingelegte Rechtsmittel als Revision bezeichnet, einen Revisionsantrag gestellt und allgemein

[753] BGH, Beschluss vom 29.12.2014 – 2 StR 211/14.

[754] BGH, Beschluss vom 06.11.2014 – 4 StR 384/14.

die Verletzung formellen und materiellen Rechts gerügt. In demselben Schreiben hat sie für „die Geschädigten T. und S.D. „ Prozesskostenhilfe- und Beiordnungsanträge gestellt.

[4] 2. Damit ist den Anforderungen an eine wirksame Rechtsmitteleinlegung für die Nebenklägerinnen im vorliegenden Fall nicht genügt.

[5] a) Als verfahrensgestaltende Prozesserklärung muss die Einlegung der Revision nicht nur den unbedingten Anfechtungswillen des Erklärenden erkennen lassen (KK-StPO/Gericke, 7. Aufl., § 341 Rn. 3 mwN). Bei mehreren Anfechtungsberechtigten muss die Rechtsmitteleinlegung auch die Person des Rechtsmittelführers eindeutig bezeichnen. Zwar kann diese Prozesserklärung gegebenenfalls, ähnlich wie in dem Fall, in dem mehrere Rechtsmittel zulässig sind und unklar bleibt, welches eingelegt werden soll, unter Berücksichtigung des Gesamtinhalts der Verfahrenserklärungen und der Erklärungsumstände so ausgelegt werden, dass die umfassendste Nachprüfung der angefochtenen Entscheidung ermöglicht wird (LR-StPO/Jesse, 26. Aufl., § 300 Rn. 6 mwN). Voraussetzung dafür ist indes, dass die für die Auslegung erheblichen Umstände innerhalb der für die Einlegung des Rechtsmittels geltenden Frist erkennbar werden (Meyer-Goßner/Schmitt, StPO, 57. Aufl., § 300 Rn. 3). Daran fehlt es hier.

[6] Innerhalb der Frist zur Einlegung der Revision (§ 341 Abs. 1 StPO) ist lediglich der Schriftsatz der Nebenklägervertreterin vom 17. April 2014 bei Gericht eingegangen, in dem die Person der das Urteil anfechtenden Nebenklägerin nicht bezeichnet wird. Auch die Angabe im „Betreff" dieses Schreibens ergibt insoweit keinen Aufschluss. …

[8] 3. Hinsichtlich der Nebenklägerin T. D. genügt die Rechtsmittelbegründung im Übrigen nicht den Anforderungen von § 400 Abs. 1 StPO, wonach die Revision des Nebenklägers eines Antrags oder einer Begründung bedarf, die deutlich macht, dass eine Änderung des Schuldspruchs hinsichtlich eines Nebenklagedelikts und damit ein zulässiges Ziel verfolgt wird (st. Rspr.; vgl. nur Senatsbeschluss vom 17. Juli 2013 – 4 StR 214/13 mwN). Daran fehlt es hier. Es bleibt insbesondere offen, ob die Revision lediglich die Strafbemessung beanstanden will, soweit der Angeklagte wegen sexuellen Missbrauchs eines Kindes in drei Fällen verurteilt worden ist, oder ob sie sich gegen den Teilfreispruch von weiteren Taten zu ihrem Nachteil wendet.

34. Strafvollstreckung – §§ 449ff. StPO

1. Die Aufnahme des Verurteilten in die Justizvollzugsanstalt A. im April 2014 führte nicht dazu, dass die Fortwirkungszuständigkeit des Landgerichts D. beendet und das Landgericht A. für die Entscheidung über den Widerruf gemäß § 462a Abs. 1 Satz 1 StPO örtlich zuständig wurde, weil zu diesem Zeitpunkt nicht Straf- oder Organisationshaft, sondern Untersuchungshaft gegen den Verurteilten vollstreckt wurde. **712**

2. Die Zuständigkeit der Strafvollstreckungskammer des Landgerichts D. für die Entscheidung über den Widerruf der Strafaussetzung zur Bewährung ist auch nicht auf die Strafvollstreckungskammer des Landgerichts A. übergegangen, als die in der Justizvollzugsanstalt Aachen vollzogene Untersuchungshaft mit Rechtskraft des Urteils des Landgerichts A. in Organisations-/Strafhaft überging. Denn

zu diesem Zeitpunkt war die Strafvollstreckungskammer des Landgerichts D. bereits mit der Frage des Bewährungswiderrufs befasst, was bis zur abschließenden Entscheidung einen Zuständigkeitswechsel verhindert.[755]

35. Nachteilsausgleich bei unangemessener Dauer von Ermittlungs- und Gerichtsverfahren

713 Die Kompensation einer rechtsstaatswidrigen Verfahrensverzögerung ist nicht mit dem Umfang der Verzögerung gleichzusetzen, sondern hat nach den Umständen des Einzelfalles grundsätzlich einen eher geringen Bruchteil der Strafe zu betragen. Angesichts einer insgesamt eingetretenen Verzögerung von etwa eineinhalb Jahren kann eine Kompensation von drei Monaten bei einer verhängten Freiheitsstrafe von einem Jahr als angemessen erscheinen.[756]

[2] Die Revision, mit der der Angeklagte allgemein die Verletzung materiellen Rechts rügt, erzielt lediglich wegen einer nach Erlass des angefochtenen Urteils eingetretenen Verfahrensverzögerung einen Teilerfolg; im Übrigen ist sie unbegründet im Sinne des § 349 Abs. 2 StPO.

[3] 1. Das Verfahren ist nach Erlass des angefochtenen Urteils unter Verstoß gegen Art. 6 Abs. 1 Satz 1 MRK zunächst dadurch in rechtsstaatswidriger Weise verzögert worden, dass die Originalakten seit dem 22. März 2013 in Verlust geraten sind und erst im Juni/Juli 2014 teilweise rekonstruiert werden konnten, nachdem der Verteidiger sich nach dem Stand des Revisionsverfahrens erkundigt hatte. Nach Begründung der Revision durch den Verteidiger mit Schriftsatz vom 4. Februar 2013 hätten die Akten dem Generalbundesanwalt bei ordnungsgemäßem Verfahrensgang alsbald danach vorgelegt werden müssen. Tatsächlich sind die Akten dort erst am 25. August 2014 eingegangen. Nachdem auf Veranlassung des Generalbundesanwalts weitere, für die Durchführung des Revisionsverfahrens notwendige Unterlagen beim Landgericht und bei der Staatsanwaltschaft beschafft worden waren, konnten die Akten dem Bundesgerichtshof schließlich am 4. Dezember 2014 vorgelegt werden. Dadurch hat sich nach Ablauf der Revisionsbegründungsfrist insgesamt eine Verzögerung von etwa eineinhalb Jahren ergeben, die auf die Sachrüge hin von Amts wegen zu berücksichtigen ist (st. Rspr.; vgl. nur BGH, Beschluss vom 16. Juni 2009 – 3 StR 173/09, BGHR StGB § 46 Abs. 2 Verfahrensverzögerung 20 mwN).

[4] 2. a) Nach der Rechtsprechung des Bundesgerichtshofs ist die Kompensation nicht mit dem Umfang der Verzögerung gleichzusetzen, sondern hat nach den Umständen des Einzelfalles grundsätzlich einen eher geringen Bruchteil der Strafe zu betragen (vgl. nur Senatsbeschluss vom 7. Juni 2011 – 4 StR 643/10, BGHR MRK Art. 6 Abs. 1 Satz 1 Verfahrensverzögerung 41 mwN). In Übereinstimmung mit dem Antrag des Generalbundesanwalts in seiner Zuschrift vom 16. Januar 2015 erscheint dem Senat im vorliegenden Fall eine Kompensation von drei Monaten angesichts der insgesamt eingetretenen Verzögerung von etwa eineinhalb Jahren als angemessen. Diese Kompensation kann der Senat in entsprechender

---

[755] BGH, Beschluss vom 28.07.2015 – 2 ARs 141/15.

[756] BGH, Beschluss vom 12.02.2015 – 4 StR 391/14.

Anwendung von § 354 Abs. 1a Satz 2 StPO selbst aussprechen (BGH, Beschluss vom 6. März 2008 – 3 StR 376/07, NStZ-RR 2008, 208, 209; Beschluss vom 3. November 2011 – 2 StR 302/11, NStZ 2012, 320, 321).

[5] b) Eine neben die Kompensation wegen rechtsstaatswidriger Verfahrensverzögerung tretende Berücksichtigung der seit Tatbegehung vergangenen Zeit bei der Strafzumessung und infolgedessen die Aufhebung des Strafausspruchs ist mit Blick auf die verhängte Freiheitsstrafe von einem Jahr und die getroffene Bewährungsentscheidung nicht geboten, zumal sich der Angeklagte, soweit aus den teilrekonstruierten Sachakten ersichtlich, nicht in Untersuchungshaft befand.

Der Tatrichter ist verpflichtet, **Art und Ausmaß der Verzögerung** sowie ihre Ursachen zu ermitteln und im Urteil konkret festzustellen.[757] **714**

Das Landgericht hat seine Kompensationsentscheidung nicht tragfähig begründet. In den Urteilsgründen ist lediglich ausgeführt, dass „es bereits im Ermittlungsverfahren, aber auch nach Anklageerhebung zu vermeidbaren Verzögerungen gekommen“ sei, weshalb als Kompensation für die hierin liegende rechtsstaatswidrige Verfahrensverzögerung zwei Jahre und sechs Monate der als tat- und schuldangemessen angesehenen Freiheitsstrafe von sechs Jahren für vollstreckt zu erklären seien.

Dies genügt den insoweit bestehenden Darlegungsanforderungen nicht. Der Tatrichter ist verpflichtet, Art und Ausmaß der Verzögerung sowie ihre Ursachen zu ermitteln und im Urteil konkret festzustellen (Senat, Urteil vom 23. Oktober 2013 – 2 StR 392/13, NStZ-RR 2014, 21). Das Revisionsgericht muss anhand der Ausführungen in den Urteilsgründen jedenfalls im Sinne einer Schlüssigkeitsprüfung nachvollziehen können, ob die festgestellten Umstände die Annahme einer rechtsstaatswidrigen Verzögerung im Sinne von Art. 6 Abs. 1 Satz 1 EMRK tragen, und ob sich die Kompensationsentscheidung innerhalb des dem Tatrichter insoweit eröffneten Bewertungsspielraums hält (Senat, a.a.O.).

Der Senat vermag anhand der Urteilsgründe bereits nicht nachzuvollziehen, von welchem konkreten Ausmaß der Verfahrensverzögerung der Tatrichter ausgegangen ist. Zwar liegt die Annahme einer Verfahrensverzögerung nahe, nachdem Anklage wegen der am 3. Dezember 2009 begangenen Tat erst am 14. April 2013 erhoben worden ist und deren Zulassung wegen vordringlicher Haftsachen erst am 4. März 2015 erfolgt ist. Der konkrete Umfang der Verfahrensverzögerung bleibt jedoch offen, zumal der Tatrichter immerhin auch erwähnt, dass sich die Ermittlungen „nicht einfach“ gestalteten.

Darüber hinaus erschließt sich nicht, aufgrund welcher Umstände der Tatrichter es für angemessen erachtet hat, das Maß der Kompensation auf zwei Jahre und sechs Monate zu bemessen. Die Kompensation einer rechtsstaatswidrigen Verfahrensverzögerung ist nicht mit dem Umfang der Verzögerung gleichzusetzen, sondern hat nach den Umständen des Einzelfalls grundsätzlich einen eher geringen Bruchteil der Strafe zu betragen (BGH, Beschluss vom 12. Februar 2015 – 4 StR 391/14, wistra 2015, 241).

Der Senat schließt hier jedoch aus, dass der Angeklagte durch einen möglichen Rechtsfehler beschwert sein könnte.

---

[757] BGH, Beschluss v 05.11.2015 – 2 StR 364/15.

E. Sonstige Verfahrensgesetze

1. Gerichtsverfassungsgesetz (GVG), Einführungsgesetz zum GVG (EGGVG)

Sollten **sitzungspolizeiliche Anordnungen** [bzgl. Anordnungen hinsichtlich Film- und Fotoaufnahmen der Presse] überhaupt der Anfechtung unterliegen, so kommt – da eine „außerordentliche Beschwerde" im Strafverfahren nicht anzuerkennen ist, als Rechtsmittel allein die Beschwerde nach § 304 Abs. 1 StPO in Betracht, der auch am Verfahren nicht beteiligten Dritten ein Rechtsmittel gegen sie beschwerende Maßnahmen des Gerichts eröffnet. Mit diesem Rechtsbehelf können alle richterlichen Anordnungen im Strafverfahren ohne Rücksicht auf ihre Bezeichnung angefochten werden, soweit sie nicht ausdrücklich von der Anfechtbarkeit ausgenommen sind. Einen solchen ausdrücklichen Ausschluss der Anfechtbarkeit sieht § 304 Abs. 4 Satz 1, 2 StPO für die hier in Rede stehende Sachverhaltskonstellation vor. Danach ist gegen Beschlüsse und Verfügungen der Oberlandesgerichte in Sachen, in denen sie im ersten Rechtszug zuständig sind, die Beschwerde nur in den in § 304 Abs. 4 Satz 2 Halbsatz 2 StPO ausdrücklich aufgeführten Fällen zulässig. Sitzungspolizeiliche Anordnungen finden dort keine Erwähnung.[758] **715**

1. Die Bestellung eines **„zeitweiligen Vertreters"** kann mit der Vorschrift des § 21e Abs. 3 GVG vereinbar sein kann. Allerdings soll § 21e GVG verhindern, dass für bestimmte Einzelsachen bestimmte Richter ausgesucht werden können; demgemäß kann eine „ad-hoc-Bestellung" allenfalls dann in Betracht kommen, wenn die anlassgebende Entwicklung bei Aufstellung des Geschäftsverteilungsplans nicht voraussehbar gewesen ist. **716**

2. Liegt bei Aufstellung des Geschäftsverteilungsplans bereits auf der Hand, dass eine Erschöpfung der kurzen Vertreterreihe eintreten wird, darf keine Abhilfe durch eine zeitweilige Einzelbestellung eines Vertreters für den verhinderten Richter gemäß § 21e Abs. 3 GVG geschaffen werden. In solchen Fällen muss daher eine auf Dauer angelegte Erweiterung der Vertreterreihe nach abstrakten, verfassungsrechtlich durch Art. 101 Abs. 1 GG gebotenen Grundsätzen erfolgen.[759]

[2] Das Rechtsmittel hat mit der nicht präkludierten und den Anforderungen des § 344 Abs. 2 Satz 2 StPO entsprechenden Rüge vorschriftswidriger Besetzung der Strafkammer Erfolg (§ 338 Nr. 1b StPO i. V.m. § 21e Abs. 3 GVG). Auf die übrigen Einwände gegen das ansonsten nicht zu beanstandende Urteil kommt es somit nicht an.

[3] 1. Im Wesentlichen liegt folgendes Verfahrensgeschehen zugrunde:

---

[758] BGH, Beschluss vom 13.10.2015 – StB 10/15.

[759] BGH, Beschluss vom 20.05.2015 – 5 StR 91/15.

[4] a) Nach Eingang der Anklageschrift am 10. April 2014 richtete die Vorsitzende der Großen Strafkammer 29 (im Folgenden bei der Bezeichnung der Strafkammern: „GS 29“, „GS …“) noch am selben Tag eine Überlastungsanzeige an die Präsidentin des Landgerichts und die Präsidiumsmitglieder, in der sie die Verfahrens-, Terminierungs- sowie Besetzungssituation der GS 29 beschrieb. Die Vorsitzende teilte unter anderem mit, dass sich die Strafkammer außerstande sehe, „weitere Haftsachen, die vor dem 18. August 2014 begonnen werden müssen, zu fördern“, und bat um Abhilfe. Unter dem 11. April 2014 bewirkte sie die Zustellung der Anklageschrift unter Hinweis auf den Hauptverhandlungsbeginn am 3. Juni 2014 mit weiteren vier Hauptverhandlungstagen im Juni und sechs Hauptverhandlungstagen vom 2. bis 10. Juli 2014, an denen „mangels anderer freier Termine“ verhandelt werden müsse.

[5] Durch Präsidiumsbeschluss vom 17. April 2014 wurden der GS 29 mit sofortiger Wirkung bis zum 15. Juni 2014 keine allgemeinen Haftsachen mehr zugewiesen. Einen Tag nach unveränderter Zulassung der Anklageschrift richtete die Vorsitzende der GS 29 unter dem 14. Mai 2014 eine E-Mail an die Vorsitzenden der drei nach dem Geschäftsverteilungsplan des Landgerichts Hamburg für 2014 zuständigen Vertreterkammern und erkundigte sich, ob im Hinblick auf die Verhinderung eines ihrer beisitzenden Richter ein Kollege „aus Ihren Reihen für die Vertretung“ zur Verfügung stünde. Sämtliche angefragten Vorsitzenden erklärten, dass kein Mitglied der Vertreterkammern abkömmlich sei. Nachdem die Vorsitzende der GS 29 die Präsidentin des Landgerichts hiervon unterrichtet und um Bestellung eines außerordentlichen Vertreters gebeten hatte, wurde durch Präsidiumsumlauf vom 20. Mai 2014 der Vorsitzende Richter am Landgericht S. für das vorliegende Verfahren zum außerordentlichen Vertreter bestimmt.

[6] In der am 3. Juni 2014 begonnenen Hauptverhandlung erhob die Verteidigung des Angeklagten rechtzeitig eine Besetzungsrüge in Bezug auf den vertretenden Richter. Darin beanstandete sie nicht nur, dass die Vorsitzende keinen Versuch unternommen habe, die Teilnahme eines geschäftsplanmäßigen Vertreters durch eine kurzfristige Veränderung der Terminierung zu ermöglichen, sondern auch, dass für die Bestellung eines außerordentlichen Vertreters die Entscheidungsgrundlage seitens des Präsidiums nicht ersichtlich sei. Zudem rügte sie die unzureichende Vertreterregelung mit drei Vertreterkammern im Geschäftsverteilungsplan des Landgerichts, weil eine Erschöpfung der Vertreterkette bei dieser Terminierung der Sache vorhersehbar gewesen sei.

[7] In ihrer Stellungnahme zur Besetzungsrüge vom 5. Juni 2014 verwies die Präsidentin des Landgerichts darauf, dass der Geschäftsverteilungsplan zur Bestellung außerplanmäßiger Vertreter zwar keine abstrakte Regelung enthalte, das Präsidium eine solche aber auch nicht für erforderlich gehalten habe und „nur in den seltenen, bei Beginn des Geschäftsjahres nicht absehbaren Fällen … mit der Bestellung eines außerordentlichen Vertreters befasst“ sei. Mit Beschluss der Strafkammer vom 12. Juni 2014 wurde der Besetzungseinwand unter Hinweis auf die im Einzelnen dargelegte Erforderlichkeit der Zuziehung eines Vertreters zurückgewiesen.

[8] b) Unwidersprochen hat die Revision im Übrigen Folgendes dargetan und durch Vorlage entsprechender Schriftstücke belegt:

[9] aa) Vom 29. November 2013 bis 1. Oktober 2014 wurden in elf gleichgelagerten Fällen durch das Präsidium des Landgerichts außerordentliche Vertreter in

Strafsachen bestellt: Dies geschah in zwei Fällen im November und Dezember 2013 und Anfang März 2014 in einem Fall; dem vorliegenden Fall folgten bis Oktober 2014 sieben weitere Fälle.

[10] bb) Das Protokoll der außerordentlichen Präsidiumssitzung des Landgerichts vom 22. Januar 2014 weist aus, dass Diskussionsthema die angespannte Terminslage in drei großen Strafkammern gewesen war.

[11] cc) In einem Schreiben des Vorsitzenden der GS 22 vom 20. Februar 2014 wird unter Hinweis auf dessen Überlastungsanzeigen vom 27. September, 25. November und 19. Dezember 2013 abermals um eine Entlastung ersucht.

[12] 2. Die Richterbank war mit dem Vorsitzenden Richter S. nicht ordnungsgemäß besetzt.

[13] Zwar hat der Bundesgerichtshof grundsätzlich anerkannt, dass die Bestellung eines „zeitweiligen Vertreters" mit der Vorschrift des § 21e Abs. 3 GVG vereinbar sein kann (BGH, Beschlüsse vom 7. Juni 1977 – 5 StR 224/77,BGHSt 27, 209, 210; vom 19. August 1987 – 2 StR 160/87, NStZ 1988, 36, 37; Urteil vom 19. Dezember 1990 – 2 StR 426/90, StV 1993, 398). Allerdings soll § 21e GVG verhindern, dass für bestimmte Einzelsachen bestimmte Richter ausgesucht werden können; demgemäß kann eine „ad hoc-Bestellung" allenfalls dann in Betracht kommen, wenn die anlassgebende Entwicklung bei Aufstellung des Geschäftsverteilungsplans nicht voraussehbar gewesen ist (BGH, Beschluss vom 19. August 1987 – 2 StR 160/87 aaO). Ein solcher Fall ist hier jedoch nicht gegeben.

[14] Den strengen Maßstäben, die das Recht auf den gesetzlichen Richter – ungeachtet der aus Sicht des Senats heute unzureichenden Personalausstattung der großen Strafkammern (vgl. zur seinerzeitigen Überbesetzung BVerfG NJW 1995, 2703, 2705) – einfordert (BGH, Urteil vom 4. Februar 2015 – 2 StR 76/14), wird die Geschäftsverteilung des Landgerichts Hamburg für 2014 nicht gerecht. Es lag schon bei Aufstellung des Geschäftsverteilungsplans auf der Hand, dass die Bestimmung von Richtern aus drei Vertreterkammern, mithin lediglich neun Richtern, nicht hinreichen konnte. Wie die Revision zutreffend ausgeführt hat, zeichneten sich bei lebensnaher Betrachtung eingedenk der vorhandenen Mindestbesetzung in den großen Strafkammern, der Urlaubsund Krankheitszeiten, der teilweise identischen Sitzungstage der beteiligten Kammern und des mehr oder weniger längeren Einsatzes einer Vielzahl von Proberichtern Konstellationen ab, in denen eine Erschöpfung der kurzen Vertreterreihe eintreten würde.

[15] Dementsprechend hatte das Präsidium des Landgerichts schon mit Beschlüssen vom 29. November und 5. Dezember 2013 jeweils einen außerordentlichen Vertreter bestellen müssen. Dasselbe geschah am 4. März 2014 für eine der Vertreterkammern der GS 29, nämlich die GS 31. Dem folgte im Mai 2014 für das vorliegende Verfahren, im Juni 2014 für zwei, im Juli 2014 für einen, für August 2014 für zwei und für September 2014 für zwei Verfahren jeweils die Bestellung eines zeitweiligen Vertreters. Darüber hinaus hatte der Vorsitzende der GS 22 am 22. Februar 2014 angezeigt, die Geschäftslage in seiner Strafkammer sei entsprechend seinen Anzeigen vom 27. September, 25. November und 19. Dezember 2013 so angespannt, dass er die fortdauernde Entlastung erbeten müsse. Dass dies nicht nur ein Einzelfall war, sondern insgesamt die Situation der Strafkammern beschrieb, folgt aus dem Protokoll der außerordentlichen Präsidiumssitzung vom 22. Januar 2014, in der die angespannte Terminierungslage von drei weite-

ren Strafkammern thematisiert worden war. Unter diesen Umständen durfte Abhilfe nicht durch eine zeitweilige Einzelbestellung eines Vertreters für den verhinderten Richter gemäß § 21e Abs. 3 GVG geschaffen werden. Vielmehr hätte eine auf Dauer angelegte Erweiterung der Vertreterreihe nach abstrakten, verfassungsrechtlich durch Art. 101 Abs. 1 GG gebotenen Grundsätzen erfolgen müssen, wie sie etwa in Form einer „Ringvertretung" realisiert werden kann (vgl. BGH, Urteile vom 30. November 1990 – 2 StR 237/90, NStZ 1991, 195, 196; vom 19. Dezember 1990 – 2 StR 426/90, StV 1993, 398).

717 Nicht jeder **Fehler bei der Heranziehung von Hilfsschöffen** kann mit der Besetzungsrüge erfolgreich geltend gemacht werden. Es muss sich vielmehr um einen gravierenden, die Grenzen des Hinnehmbaren überschreitenden Fehler handeln, also nicht nur um einen bloßen Verfahrensfehler. Das Bundesverfassungsgericht beanstandet die fehlerhafte Auslegung von Zuständigkeitsnormen nur, wenn sie bei verständiger Würdigung der das Grundgesetz bestimmenden Gedanken nicht mehr verständlich und offensichtlich unhaltbar ist.[760]

[14] d) Der von der Revision geltend gemachte Rechtsfehler lässt den Bestand des Urteils unberührt.

[15] aa) Nach der Stellungnahme des Präsidenten des Landgerichts wurden in der Schöffengeschäftsstelle zwar die morgens bei Dienstantritt vorgefundenen Befreiungsanordnungen entgegen § 49 Abs. 3 Satz 2 GVG stets als gleichzeitig eingegangen behandelt; danach eingegangene Befreiungsanordnungen wurden aber erst als später eingegangen registriert. Daraus folgt, dass die bereits am 11. Juni 2014 bearbeiteten Zuweisungsanordnungen jedenfalls vor der im hiesigen Verfahren am 12. Juni 2014 um 7:23 Uhr erfolgten Zuweisung eingegangen sind. Darüber hinaus erscheint auch sicher, dass die am 12. Juni 2014 für 10:52 Uhr und noch später vermerkten Anordnungen tatsächlich nach der das hiesige Verfahren betreffenden eingegangen sind.

[16] Naheliegend ist allerdings, dass die beiden für 7:23 Uhr und für 7:30 Uhr vermerkten Anforderungen am Vortag nach Dienstschluss der Schöffengeschäftsstelle tatsächlich mit demselben Zutrag, also gleichzeitig, eingegangen sind. In diesem Falle träfe die von dem Strafkammervorsitzenden in seinem Vermerk vom 28. Oktober 2014 niedergelegte Hilfserwägung zu, wonach auch dann der Antrag der 40. Strafkammer als erster zu bearbeiten gewesen wäre (§ 49 Abs. 3 Satz 4 2. Variante GVG). Freilich kann auch nicht mit Sicherheit ausgeschlossen werden, dass die um 7:30 Uhr bearbeitete Anforderung des Vorsitzenden der 65. Strafkammer zwar am Vortag nach Dienstschluss der Schöffengeschäftsstelle, aber bereits vor der Anforderung des Vorsitzenden der 40. Strafkammer einging. Nur in diesem Fall läge – was der Revisionsführer jedoch nicht bewiesen hat – ein Verstoß gegen § 49 Abs. 3 Satz 2 und 3 GVG vor, der das Recht auf den gesetzlichen Richter (Art. 101 Abs. 1 Satz 2 GG) berührt, da die Reihenfolge für die Zuweisung der Hilfsschöffen nicht eingehalten worden wäre.

[17] bb) Dieser Verstoß würde indes nicht zur Aufhebung des Urteils nötigen.

[18] (1) Nicht jeder Fehler bei der Heranziehung von Hilfsschöffen kann mit der Besetzungsrüge erfolgreich geltend gemacht werden. Es muss sich vielmehr um

---

[760] BGH, Urteil vom 14.10.2015 – 5 StR 273/15.

einen gravierenden, die Grenzen des Hinnehmbaren überschreitenden Fehler handeln, also nicht nur um einen bloßen Verfahrensfehler (Gittermann in Löwe/Rosenberg, StPO, 26. Aufl., § 49 GVG Rn. 11). Das Bundesverfassungsgericht beanstandet die fehlerhafte Auslegung von Zuständigkeitsnormen nur, wenn sie bei verständiger Würdigung der das Grundgesetz bestimmenden Gedanken nicht mehr verständlich und offensichtlich unhaltbar ist (BVerfG, Beschluss vom 16. Februar 2005 – 2 BvR 581/03, NJW 2005, 2689, 2690; BGH, Urteil vom 22. November 2013 – 3 StR 162/13, BGHSt 59, 75, 79 f.). Etwas anderes gilt lediglich in dem Fall, dass nicht die Auslegung und Anwendung einer Zuständigkeitsregel, sondern die Verfassungsmäßigkeit der der Rechtsanwendung zugrunde liegenden Zuständigkeitsregel selbst (etwa eines Geschäftsverteilungsplans) zu prüfen ist (BVerfG aaO; Beschluss vom 23. Mai 2012 – 2 BvR 610/12 u. a., NJW 2012, 2334, 2335 mwN). Die gerügte Praxis der Schöffengeschäftsstelle beruhte nicht auf einer das Recht auf den gesetzlichen Richter nach Art. 101 Abs. 1 Satz 2 GG verletzenden Regelung. Vielmehr waren entsprechend der Stellungnahme des Präsidenten des Landgerichts die Mitarbeiterinnen der Schöffengeschäftsstelle auch nach der damals gültigen Dienstanweisung zur Dokumentierung des tatsächlichen Eingangs von Befreiungsanordnungen verpflichtet. Tatsachen, die einen Organisationsmangel belegen könnten, sind von der Revision indes nicht vorgetragen worden.

[19] (2) Auf der Grundlage des Revisionsvortrags ist demnach von einem die Auslegung und Anwendung des § 49 Abs. 3 Satz 2 GVG betreffenden Fehler der Schöffengeschäftsstelle auszugehen, weil sie die Bearbeitungszeit und nicht den Eingangszeitpunkt dokumentiert hat. Allerdings ergibt sich aus dem Revisionsvortrag und insbesondere aus dem Vermerk des Strafkammervorsitzenden vom 28. Oktober 2014, dass dieser sich durch Nachfragen bei der Schöffengeschäftsstelle vergewissert hat, dass der Antrag der 40. Strafkammer und der um 7:30 Uhr bearbeitete Antrag der 65. Strafkammer allenfalls gleichzeitig eingegangen sein können. Mit Blick auf die Regelung des § 49 Abs. 3 Satz 4 GVG hat er daraufhin weitere Nachforschungen unternommen und ist zu dem Ergebnis gelangt, dass auch in diesem Fall der dem hiesigen Verfahren zugewiesene Hilfsschöffe zur Mitwirkung berufen gewesen wäre. Ein Verstoß gegen das Willkürverbot läge danach nicht vor.

Gemäß § 21e Abs. 3 Satz 1 GVG darf das Präsidium die nach Absatz 1 Satz 1 dieser Bestimmung getroffenen Anordnungen im Laufe des Geschäftsjahres ändern, wenn dies wegen Überlastung eines Spruchkörpers nötig wird. Eine Überlastung liegt vor, wenn über einen längeren Zeitraum ein erheblicher Überhang der Eingänge über die Erledigungen zu verzeichnen ist, so dass mit einer Bearbeitung der Sachen innerhalb eines angemessenen Zeitraums nicht zu rechnen ist. Von Verfassungs wegen kann eine nachträgliche Änderung der Geschäftsverteilung sogar geboten sein, wenn nur auf diese Weise eine hinreichend zügige Behandlung von Strafsachen erreicht werden kann.[761] **718**

[4] Am 22. Januar 2014 beschloss das Präsidium des Landgerichts Hamburg, dass die bis zum 28. Februar 2014 bei der Großen Strafkammer 21 (im Folgen-

---

761 BGH, Beschluss vom 25.03.2015 – 5 StR 70/15.

den „GS 21") eingehenden Schwurgerichtssachen, in denen eine Untersuchungshaft oder eine einstweilige Unterbringung vollzogen werde oder Überhaft bestehe und in denen die Frist des § 121 StPO vor dem 2. Juni 2014 ablaufe, in die Zuständigkeit der neu gebildeten Großen Strafkammer 21a (Hilfsstrafkammer, Schwurgericht) gelangen sollten. Vorausgegangen war eine auf Nachfrage der Präsidialrichterin noch präzisierte Anzeige des Vorsitzenden der GS 21, wonach aufgrund zweier umfänglicher neu eingegangener Verfahren (eines mit prognostizierter Dauer von mindestens 25 bis 30 Verhandlungstagen, eines mit voraussichtlich mindestens 15 Verhandlungstagen, „wahrscheinlich aber mehr") in Verbindung mit sonstigen Belastungen (unter anderem Absetzung größerer Urteile, Vertretungslasten der Beisitzerinnen in anderen Strafkammern, Urlaubszeiten) neu eingehende Haftsachen frühestens etwa ab Mitte Juli 2014 terminiert werden könnten.

[5] Von dieser Regelung erfasst wurde das vorliegende Verfahren. Darin wurde am 7. Februar 2014 Anklage erhoben, der Eröffnungsbeschluss der Hilfsstrafkammer 21a erging am 18. März 2014. Am Hauptverhandlungstag vom 14. April 2014 erhob der Angeklagte form- und fristgerecht den Besetzungseinwand (§ 222b StPO), weil die Bildung der Hilfsstrafkammer wegen nicht hinreichend dargetaner Überlastung der GS 21 fehlerhaft gewesen sei. In ihrer Stellungnahme zur Besetzungsrüge führte die Präsidentin des Landgerichts aus, dass es nicht möglich gewesen sei, die Überlastung im Wege der Vertretung aufzufangen, weil die Vertreterkammer ihrerseits habe entlastet werden müssen. Ferner wurden die Belastungssituation der Beisitzerinnen der GS 21 im Einzelnen aufgeschlüsselt, die Terminssituation näher erläutert und der Stand der bei der GS 21 anhängigen Verfahren mitgeteilt.

[6] Der Besetzungseinwand ist vom Landgericht mit Beschluss vom 22. April 2014 zurückgewiesen worden. Wie der Schriftverkehr zwischen dem Vorsitzenden der GS 21 und der Verwaltung sowie die Stellungnahme der Präsidentin des Landgerichts zeige, habe dem Beschleunigungsgrundsatz nur durch Bildung der Hilfsstrafkammer Rechnung getragen werden können.

[7] 2. Bei dieser Sachlage erweist sich die nicht nach § 338 Nr. 1 lit. b StPO präkludierte und den Anforderungen des § 344 Abs. 2 Satz 2 StPO genügende (vgl. hierzu BGH, Urteil vom 9. April 2009 – 3 StR 376/08, BGHSt 53, 268, 281) Rüge als unbegründet.

[8] a) Gemäß § 21e Abs. 3 Satz 1 GVG darf das Präsidium die nach Absatz 1 Satz 1 dieser Bestimmung getroffenen Anordnungen im Laufe des Geschäftsjahres ändern, wenn dies wegen Überlastung eines Spruchkörpers nötig wird. Eine Überlastung liegt vor, wenn über einen längeren Zeitraum ein erheblicher Überhang der Eingänge über die Erledigungen zu verzeichnen ist, so dass mit einer Bearbeitung der Sachen innerhalb eines angemessenen Zeitraums nicht zu rechnen ist. Von Verfassungs wegen kann eine nachträgliche Änderung der Geschäftsverteilung sogar geboten sein, wenn nur auf diese Weise eine hinreichend zügige Behandlung von Strafsachen erreicht werden kann. Das Gebot zügiger Verfahrensgestaltung lässt jedoch das Recht auf den gesetzlichen Richter nicht vollständig zurücktreten. Vielmehr besteht Anspruch auf eine zügige Entscheidung gerade durch ihn. Daher muss in derartigen Fällen das Recht des Angeklagten auf den gesetzlichen Richter mit dem rechtsstaatlichen Gebot einer funktionstüchtigen Strafrechtspflege und dem verfassungsrechtlichen Grundsatz zügiger Verfahrens-

gestaltung in einen angemessenen Ausgleich gebracht werden (vgl. zum Ganzen BGH, Urteil vom 9. April 2009 – 3 StR 376/08, aaO, S. 270ff. mwN; Beschluss vom 7. Januar 2014 – 5 StR 613/13, NStZ 2014, 287 Rn. 7).

[9] Zu den grundsätzlich zulässigen Maßnahmen im Sinne des § 21e Abs. 3 GVG zählt die Einrichtung einer Hilfsstrafkammer für eine begrenzte Zeit. Die Regelung der mit der Errichtung einer Hilfsstrafkammer verbundenen Übertragung von Aufgaben der ordentlichen Strafkammer hat dabei denselben Grundsätzen zu folgen wie sonstige Änderungen im Sinne von § 21e Abs. 3 GVG. Insbesondere ist das Abstraktionsprinzip zu beachten. Danach ist die Zuweisung bestimmter einzelner Verfahren regelmäßig unzulässig. Hingegen steht Art. 101 Abs. 1 Satz 2 GG einer Änderung der (funktionellen) Zuständigkeit selbst für bereits anhängige Verfahren dann nicht grundsätzlich entgegen, wenn die Neuregelung generell gilt, also etwa außer mehreren anhängigen Verfahren auch eine unbestimmte Vielzahl künftiger, gleichartiger Fälle erfasst, und nicht aus sachwidrigen Gründen erfolgt.

[10] Für Umverteilungen, die im Zeitpunkt des Präsidiumsbeschlusses bereits anhängige Verfahren betreffen, ist nach mittlerweile gefestigter Rechtsprechung des Bundesgerichtshofs eine umfassende Dokumentation auch dann erforderlich, wenn künftig eingehende Verfahren mit umfasst sind (vgl. BGH, Urteil vom 9. April 2009 – 3 StR 376/08, aaO, S. 273; Beschluss vom 7. Januar 2014 – 5 StR 613/13, aaO Rn. 9). Im Blick auf die mit jeder Umverteilung verbundene (abstrakte) Gefahrenlage für die verfassungsrechtlich gebotene Gewährleistung des gesetzlichen Richters (Art. 101 Abs. 1 Satz 2 GG) müssen die Dokumentationspflichten jedoch ebenfalls gelten, wenn – wie hier – ausschließlich künftig eingehende Verfahren betroffen sind (vgl. Sowada, HRRS 2015, 16, 19 mwN). Dass die Risiken in Bezug auf den gesetzlichen Richter bei rein in die Zukunft gerichteten, bereits anhängige Verfahren also nicht tangierenden Maßnahmen als vergleichsweise geringer eingestuft werden können, vermag daran nichts zu ändern.

[11] b) Der Präsidiumsbeschluss vom 22. Januar 2014 hält diesen Maßstäben stand.

[12] aa) Dass der Beschluss nicht – wie grundsätzlich geboten (eingehend BGH, Urteil vom 9. April 2009 – 3 StR 376/08, aaO, S. 276ff.) – selbständig mit einer Begründung versehen war, führt nicht zur Annahme eines durchgreifenden Rechtsfehlers. Denn die Änderungsgründe ergeben sich aus der Überlastungsanzeige des Vorsitzenden der GS 21, die ausweislich des Protokolls der Präsidiumssitzung vom 22. Januar 2014 Grundlage des dann gefassten Beschlusses war. Diese Unterlagen ermöglichen in Verbindung mit der Stellungnahme der Präsidentin des Landgerichts zu dem erhobenen Besetzungseinwand sowohl dem Revisionsgericht als auch der Verteidigung die Prüfung der Rechtmäßigkeit des Präsidiumsbeschlusses nach den durch das Bundesverfassungsgericht entwickelten verfassungsrechtlichen Kriterien (vgl. BVerfG, NJW 2005, 2689, 2690; zum maßgebenden Zeitpunkt BGH, Urteil vom 9. April 2009 – 3 StR 376/08, aaO, S. 276, 278).

[13] bb) Hieran gemessen ist eine die Maßnahme rechtfertigende vorübergehende Überlastung der GS 21 noch hinreichend belegt. Nach der Prognose des Vorsitzenden war die Spruchtätigkeit der GS 21 mit der im März 2014 zu beginnenden Hauptverhandlung im Umfangsverfahren 621 Ks 1/14 (drei Angeklagte, acht Tatvorwürfe) für mehrere Monate ausgelastet. Hinzu kam das im Zeitpunkt der Überlastungsanzeige noch nicht terminierte Verfahren 621 Ks 2/14, dessen Be-

ginn an sich für Mai 2014 geplant war und für das der Vorsitzende – im Rahmen der vorzunehmenden Prognose entgegen der Auffassung der Revision unbedenklich – auch wegen der Person der beiden Verteidiger mit einer Dauer von nicht unter 15 Verhandlungstagen rechnete. Dargelegt wurde weiter, dass eine parallele Verhandlung beider Sachen an dann vier Wochentagen in der gesetzlich angeordneten Dreierbesetzung neben den sonstigen Dienstgeschäften nicht zu leisten sei. Für die Monate Juli und August sei ferner zu berücksichtigen, dass alle Beisitzerinnen ihren Jahresurlaub antreten würden.

[14] Bei dieser Sachlage war im Zeitpunkt des Präsidiumsbeschlusses zu besorgen, dass weiter eingehende Haftsachen nicht in angemessener Zeit würden bearbeitet werden können. In Haftsachen muss dem verfassungs- und konventionsrechtlichen Zügigkeitsgebot in besonderem Maße (s. Art. 5 Abs. 3 Satz 1 Halbsatz 2, Art. 6 Abs. 1 Satz 1 MRK) Rechnung getragen werden (vgl. BGH, Urteil vom 30. Juli 1998 – 5 StR 574/97, BGHSt 44, 161, 165ff.). Insoweit hat der Bundesgerichtshof freilich ausgesprochen, dass die Haftprüfungsfrist des § 121 Abs. 1 StPO keinen starren, für alle Verfahren gleichermaßen geltenden Zeitpunkt festlegt, wann mit der Hauptverhandlung einer Sache nach Inhaftierung oder Anklageerhebung zu beginnen ist (vgl. BGH, Beschlüsse vom 10. Juli 2013 – 2 StR 116/13, NStZ 2014, 226 Rn. 20f.; vom 7. Januar 2014 – 5 StR 613/13, aaO Rn. 13; krit. Sowada, aaO, S. 21f.; Grube, StraFo 2014, 123, 124). Demgemäß rechtfertigt allein der befürchtete Ablauf der Frist oder gar eine besonders geartete Rechtsprechungspraxis des jeweiligen Oberlandesgerichts (vgl. BGH, Beschluss vom 10. Juli 2013 – 2 StR 116/13, aaO Rn. 21f.) grundsätzlich keine Umverteilung eines oder mehrerer bereits anhängiger Verfahren. Gleiches gilt hinsichtlich der Übertragung womöglich eines einzelnen anhängigen Verfahrens (vgl. BGH, Beschluss vom 7. Januar 2014 – 5 StR 613/13, aaO). Das bedeutet jedoch naturgemäß nicht, dass die Haftprüfungsfrist bei der durch das Präsidium vorzunehmenden Würdigung völlig ausgeblendet werden müsste oder auch nur könnte. Dies versteht sich schon daraus, dass die Frist die verfassungsrechtlich gebotene Zügigkeit in Haftsachen gewährleisten soll, die unter Umständen zu frühzeitigem Eingreifen der Gerichtsorganisation sogar zwingen kann (vgl. BGH, Beschluss vom 23. Juli 1991 – AK 29/91, BGHSt 38, 43, 46; vgl. auch Urteil vom 8. Dezember 1999 – 3 StR 267/99, NJW 2000, 1580, 1582).

[15] Vorliegend stand in wesentlicher Abweichung von den den zitierten Entscheidungen zugrundeliegenden Sachen eine rein zukunftsgerichtete Änderungsmaßnahme und damit eine vergleichsweise weniger problematische Konstellation in Frage. Aufgrund der Belastung der GS 21 war mit einer Terminierung „frühestens im Juli" zu rechnen. Die Unwägbarkeiten des Verlaufs der genannten anderen (Umfangs-)Verfahren ließen demnach, was in dem zwischen dem Vorsitzenden und dem Präsidium geführten Schriftverkehr zum Ausdruck gekommen war, auch eine viel spätere Terminierung und damit eine nicht mehr hinnehmbare Beeinträchtigung des in Haftsachen geltenden besonderen Zügigkeitsgebots befürchten. Wenn das Präsidium unter diesen Vorzeichen eingegriffen hat, so ist dies rechtlich nicht zu beanstanden.

[16] cc) Unter dem Blickwinkel der Stetigkeit ergeben sich vorliegend keine erhöhten Anforderungen an den Grad der Bedrängnislage und die Begründung der Maßnahme. Zwar war der Beschluss nur kurze Zeit nach Inkrafttreten des Geschäftsverteilungsplans des Landgerichts Hamburg für das Jahr 2014 gefasst worden (vgl. dazu BGH, Beschluss vom 7. Januar 2014 – 5 StR 613/13, aaO

Rn. 12). Jedoch sind die beiden für die Überlastungsanzeige maßgebenden Verfahren (621 Ks 1/14 und 621 Ks 2/14) erst nach der Beschlussfassung des Präsidiums über den Geschäftsverteilungsplan 2014 bei der GS 21 anhängig geworden. Es ist nicht erkennbar, dass dies bereits bei Beschlussfassung durch das Präsidium hätte vorausgesehen werden können.

[17] dd) Sonstige Gründe, die zur Rechtsfehlerhaftigkeit des Präsidiumsbeschlusses führen könnten, liegen nicht vor. Namentlich sind das Abstraktions- und das Bestimmtheitsgebot gewahrt. Anhaltspunkte dafür, dass die Maßnahme verdeckt auf eine unzulässige Einzelzuweisung gerichtet gewesen sein könnte, sind nicht vorhanden. Dass der Überlastung nicht auf andere Weise als durch Einrichtung einer Hilfsstrafkammer Rechnung getragen werden konnte, ist in der Stellungnahme der Präsidentin des Landgerichts nachvollziehbar dargelegt. Zudem wäre auch mit anderen Entlastungsmaßnahmen eine Veränderung des gesetzlichen Richters verbunden gewesen. Die Umverteilung war schließlich geeignet, die Effizienz des Geschäftsablaufs zu erhalten oder wiederherzustellen (vgl. BGH, Urteil vom 9. April 2009 – 3 StR 376/08, aaO S. 271 f. mwN).

TOPENTSCHEIDUNG ■

1. Der Zugang zu den Gerichten und den gesetzlich vorgesehenen Rechtsbehelfen darf nicht in unzumutbarer, aus Sachgründen nicht zu rechtfertigender Weise erschwert werden. Dies muss der Richter bei der Auslegung prozessualer Normen beachten. **719**

2. Der Richter darf ein von der Rechtsordnung eröffnetes Rechtsmittel nicht durch eine überstrenge Handhabung verfahrensrechtlicher Vorschriften ineffektiv machen und für den Beschwerdeführer „leer laufen“ lassen.

3. Formerfordernisse dürfen nicht weiter gehen, als es durch ihren Zweck geboten ist, da von ihnen die Gewährung des Rechtsschutzes abhängt.

4. Die einem Antrag beigefügten Anlagen sind vom erkennenden Gericht mit auszuwerten.[762]

[11] 1. Nach Art. 19 Abs. 4 Satz 1 GG steht jedermann, der durch die öffentliche Gewalt in seinen Rechten verletzt wird, der Rechtsweg offen. Der Zugang zu den Gerichten und den gesetzlich vorgesehenen Rechtsbehelfen darf deshalb nicht in unzumutbarer, aus Sachgründen nicht zu rechtfertigender Weise erschwert werden (vgl. BVerfGE 40, 272 [274]; 78, 88 [99]; 88, 118 [124]). Dies muss der Richter bei der Auslegung prozessualer Normen beachten. Er darf ein von der Rechtsordnung eröffnetes Rechtsmittel nicht durch eine überstrenge Handhabung verfahrensrechtlicher Vorschriften ineffektiv machen und für den Beschwerdeführer „leer laufen“ lassen (vgl. BVerfGE 77, 275 [284]; 96, 27 [39]). Formerfordernisse dürfen nicht weiter gehen, als es durch ihren Zweck geboten ist, da von ihnen die Gewährung des Rechtsschutzes abhängt (vgl. BVerfGE 88, 118 [125]). Das gilt auch für die Begründungsanforderungen nach § 24 Abs. 1 EGGVG (BVerfG, Beschluss der 2. Kammer des Zweiten Senats vom 5. April 2012 – 2 BvR 211/12 –, NStZ-RR 2013, S. 187 [187]).

---

762 BVerfG, Kammerbeschluss vom 03.06.2014 – 2 BvR 517/13.

[12] Vor diesem Hintergrund sind die erhöhten Darlegungsanforderungen im Klageerzwingungsverfahren, die das Bundesverfassungsgericht wiederholt für zulässig erachtet hat (vgl. BVerfGK 2, 45 [50]; 5, 45 [48]; 14, 211 [214f.]), auf das Verfahren nach §§ 23ff. EGGVG nicht übertragbar. Während der Verletzte einer Straftat grundsätzlich kein subjektives Recht auf Erhebung der öffentlichen Klage und die Durchführung eines Strafverfahrens gegen den der Tat Verdächtigen hat (vgl. BVerfGE 51, 176 [187]), geht es im Verfahren nach §§ 23ff. EGGVG um die (behauptete) Verletzung subjektiver Rechte durch eine staatliche Maßnahme, ihre Ablehnung oder Unterlassung (vgl. § 24 Abs. 1 EGGVG). Zweck des Verfahrens nach §§ 23ff. EGGVG ist die Abwehr rechtswidriger Eingriffe der öffentlichen Gewalt in jedenfalls von Art. 2 Abs. 1 GG geschützte Interessen der Antragsteller. Das Verfahren entspricht insoweit den in § 42 Abs. 1 VwGO geregelten Klagearten. Wie diese zielt es auf die Abwehr staatlicher Eingriffe in grundrechtlich geschützte Interessen der Betroffenen. Auslegung und Anwendung der §§ 23ff. EGGVG durch die Oberlandesgerichte haben dem Rechnung zu tragen (vgl. BVerfG, Beschluss der 2. Kammer des Zweiten Senats vom 5. April 2012 – 2 BvR 211/12 –, NStZ-RR 2013, S. 187 [187]) und eine wirksame gerichtliche Kontrolle sicherzustellen.

[13] 2. Hieran gemessen beschränkt der Beschluss des Kammergerichts das Recht des Beschwerdeführers auf effektiven Rechtsschutz aus Art. 19 Abs. 4 Satz 1 GG in verfassungswidriger Weise.

[14] a) Zwar schränkt die vom Kammergericht geforderte, eine Schlüssigkeitsprüfung ermöglichende Darlegung einer Rechtsverletzung allein den Zugang zu Gericht grundsätzlich nicht unverhältnismäßig ein. Art. 19 Abs. 4 Satz 1 GG fordert nicht zwingend eine Auslegung des § 24 Abs. 1 EGGVG im Sinne der etwa im Rahmen von § 42 Abs. 2 VwGO angewandten „Möglichkeitstheorie", wonach – sei es auch nur in Form der Vorlage des angegriffenen Bescheids – lediglich ein Sachverhalt vorgetragen werden muss, aus dem sich eine mögliche Rechtsverletzung ergeben kann (so auch Schmitt, in: Meyer-Goßner, StPO, 57. Aufl. 2014, § 24 EGGVG Rn. 1; unklar Pabst, in: MüKo-ZPO, 4. Aufl. 2014, § 24 EGGVG Rn. 2f.; jeweils m.w.N.).

[15] b) Die vom Kammergericht aus § 24 Abs. 1 EGGVG abgeleiteten Substantiierungsanforderungen gehen jedoch erheblich darüber hinaus und verletzen den Beschwerdeführer in seinem Grundrecht aus Art. 19 Abs. 4Satz 1 GG. Die Annahme, dass der Beschwerdeführer im vorliegenden Fall sein konkretes Begehren und die Wahl des korrekten Anfechtungsgegenstands nicht hinreichend substantiiert dargelegt habe, beruht auf einer formalen Sichtweise, nach der der dem Antrag zugrunde liegende Sachverhalt nur durch Ausführungen im Antrag selbst, nicht aber durch die Beifügung und Inbezugnahme entsprechender Schriftstücke dargelegt werden kann. Sie stellt an die Begründung eines Antrags nach §§ 23ff. EGGVG hinsichtlich der Darstellung des Sachverhalts im Wesentlichen dieselben Anforderungen wie an einen Antrag auf gerichtliche Entscheidung im Klageerzwingungsverfahren (§ 172 StPO) und verkennt damit den anderen verfassungsrechtlichen Hintergrund des hier zugrunde liegenden Rechtsverhältnisses. Diese formale Sichtweise verweigert dem Beschwerdeführer jegliche inhaltliche Auseinandersetzung mit seinem Antrag, ohne auch nur zu prüfen, ob der dem Antrag zugrunde liegende Sachverhalt den vorgelegten und damit ebenso wie die Antragsschrift zum Gegenstand des Antrags gemachten Unterlagen entnommen werden kann.

[16] Die Verweigerung einer jeglichen inhaltlichen Prüfung wiegt schwer, weil der Beschwerdeführer seinem Antrag auf gerichtliche Entscheidung neben seinen eigenen Schriftsätzen auch die im vorausgegangenen Verwaltungsverfahren angegriffenen Entscheidungen beigefügt hatte. Aus diesen hätte sich die streitgegenständliche Eintragung ebenso ersehen lassen wie die Anfechtungsgegenstände, die Bescheide des Bundesamts für Justiz und des Bundesministeriums der Justiz.

[17] c) Auch hinsichtlich des gemäß § 24 Abs. 1 EGGVG notwendigen Vortrags zum Vorliegen eines Ermessensfehlers im Sinne von § 28 Abs. 3 EGGVG hat das Kammergericht die Darlegungsanforderungen überspannt und dadurch Art. 19 Abs. 4 Satz 1 GG verletzt. Der Beschwerdeführer hat in seinem Antrag auf gerichtliche Entscheidung die behaupteten Ermessensfehler – Nichtbeachtung der Ermessensreduzierung auf Null, hilfsweise Ermessensfehlgebrauch, Ermessensdisproportionalität beziehungsweise -defizite als Fälle eines nicht dem Zweck der Ermächtigung entsprechenden Gebrauchs des Ermessens – im Einzelnen dargelegt und sich mit den angegriffenen Entscheidungen des Bundesamts für Justiz und des Bundesministeriums der Justiz inhaltlich auseinandergesetzt. Er hat sich auch nicht lediglich auf eine von den angegriffenen Entscheidungen abweichende Gewichtung derselben Ermessenserwägungen beschränkt (vgl. BVerfG, Beschluss der 2. Kammer des Zweiten Senats vom 5. April 2012 – 2 BvR 211/12 –, NStZ-RR 2013, S. 187 [188]). Vor diesem Hintergrund konnte ein Mangel in der Begründung des Antrags nicht in Umfang und Tiefe des Vortrags zu den behaupteten Ermessensfehlern gesehen werden, ohne gegen die Gewährleistung effektiven Rechtsschutzes zu verstoßen. Ob den angegriffenen Entscheidungen tatsächlich ein Ermessensfehler zugrunde liegt, ist eine Frage der Begründetheit, nicht der Zulässigkeit des Antrags auf gerichtliche Entscheidung.

[18] 3. Der Beschluss des Kammergerichts ist hiernach gemäß § 93c Abs. 2 in Verbindung mit § 95 Abs. 2 BVerfGG aufzuheben. Die Sache ist an das Kammergericht zurückzuverweisen.

PRAXISBEDEUTUNG ■

Viele Vorgaben in Rechtsmittel- und Beschwerdeverfahren sind mehr oder weniger formalisiert. Am Ehesten trifft dies auf das Klageerzwingungsverfahren und teilweise auch auf das Antragsverfahren nach §§ 23f. EGGVG zu. Das BVerfG hat in der vorstehenden Entscheidung deutlich gemacht, dass nicht jede Formalisierung den verfassungsrechtlichen Vorgaben und der Garantie effektiven Rechtsschutzes entspricht. Was im Rahmen der strengen Vorgaben eines Klageerzwingungsverfahrens noch zugelassen wird, kann in anderen Verfahren möglicherweise als überzogen angesehen werden. Ob das BVerfG einen solchen Maßstab auch bei Beurteilung der Formerfordernisse des § 344 Abs. 2 S. 2 StPO hinsichtlich der Zulässigkeit von Verfahrensrügen anlegen würde, bleibt nach dieser Entscheidung offen.

Der **Große Senat für Strafsachen** ist zur eigenständigen Prüfung der Zulässigkeit **720**
einer Vorlegung berufen. Dabei legt er regelmäßig die rechtliche Wertung des Sachverhalts durch den vorlegenden Senat zu Grunde, wenn diese nicht unvertretbar ist. Eine Entscheidung über die Vorlegungsfrage kommt aber dann nicht in Betracht, wenn der Vorlagebeschluss eine Auseinandersetzung mit einem sich

aufdrängenden anderen Sachverhaltsverständnis nicht erkennen lässt, dessen Berücksichtigung die angenommene Divergenz beseitigt.[763]

[14] Die Sache wird an den vorlegenden Senat zurückgegeben, weil die Voraussetzungen für eine Entscheidung des Großen Senats nicht gegeben sind.

[15] 1. Gemäß § 132 Abs. 2 GVG ist eine Sache dem Großen Senat für Strafsachen vorzulegen, wenn ein Strafsenat in einer Rechtsfrage von einem anderen Strafsenat abweichen will und die Beantwortung dieser Rechtsfrage sowohl für die abweichende Vorentscheidung als auch für die beabsichtigte Entscheidung ergebnisrelevant und deshalb erheblich ist (BGH, Beschluss vom 6. Oktober 1961 – 2 StR 289/61, BGHSt 16, 271, 278; Urteil vom 22. April 1997 – 1 StR 701/96, BGHSt 43, 53, 58; SSW-StPO/Quentin, § 132 GVG Rn. 2).

[16] Nach ständiger Rechtsprechung des Bundesgerichtshofs ist der Große Senat zwar zur eigenständigen Prüfung der Zulässigkeit der Vorlegung berufen. Er legt jedoch regelmäßig die rechtliche Wertung des Sachverhalts durch den vorlegenden Senat zu Grunde, wenn diese nicht unvertretbar ist (st. Rspr.; vgl. nur BGH, Beschluss vom 13. Mai 1996 – GSSt 1/96, BGHSt 42, 139, 144; KK-StPO/Hannich, 7. Aufl., § 132 GVG Rn. 4). Dabei ist die Prüfung am Maßstab der Vertretbarkeit nicht nur auf die rechtliche Bewertung durch den vorlegenden Senat beschränkt, sondern, soweit erforderlich, auch auf dessen Würdigung des dem Ausgangsverfahren zu Grunde liegenden Sachverhalts einschließlich der Beweiswürdigung zu erstrecken (vgl. nur BGH, Beschluss vom 15. Oktober 1956 – GSSt 2/56, BGHSt 9, 390, 392; BGH, Beschluss vom 5. November 1991 – 4 StR 350/91, BGHSt 38, 106, 108 f.). Dabei ist bislang offen geblieben, ob und gegebenenfalls in welchem Umfang der Große Senat an die Bewertung des festgestellten Sachverhalts im Vorlegungsbeschluss gebunden ist. Diese Frage bedarf auch aus Anlass des vorliegenden Falles keiner abschließenden Klärung. Denn jedenfalls kommt eine Entscheidung über die Vorlegungsfrage dann nicht in Betracht, wenn der Vorlagebeschluss eine Auseinandersetzung mit einem sich aufdrängenden anderen Sachverhaltsverständnis nicht erkennen lässt, dessen Berücksichtigung die angenommene Divergenz beseitigt (vgl. BGH, Beschluss vom 11. Juli 1990 – VIII ARZ 1/90, NJW 1990, 3142).

[17] 2. So liegt der Fall hier.

[18] a) Die Bejahung der Vorlegungsvoraussetzungen durch den 4. Strafsenat beruht ersichtlich auf einer Auslegung der im angefochtenen Urteil getroffenen (teilweise etwas unklaren) Sachverhaltsfeststellungen dahin, der Angeklagte sei in der Position eines Zwischenhändlers tätig gewesen. Er habe bei seinem Lieferanten in den Niederlanden jeweils eine bestimmte Menge an Betäubungsmitteln bestellt, diese auf Kredit ausgehändigt bekommen, nach deren Einfuhr und Weiterverkauf aus seinem Erlös den zu entrichtenden Kaufpreis an den Lieferanten bei Entgegennahme der nächsten Lieferung übergeben und die „Spanne" aus dem Weiterverkauf als Gewinn für sich behalten. Nach dieser Sachverhaltsauslegung wäre die im Vorlegungsbeschluss aufgeworfene Rechtsfrage entscheidungserheblich im Sinne des § 132 Abs. 2 GVG.

---

[763] BGH – Großer Senat für Strafsachen, Beschluss vom 17.03.2015 – GSSt 1/14.

[19] b) Allerdings legen die vom Landgericht im Ausgangsverfahren getroffenen Feststellungen nahe, der Angeklagte sei nicht als (selbständiger) Zwischenhändler aufgetreten, sondern habe, im Lager des D. stehend, gemeinschaftlich mit diesem Betäubungsmittel in arbeitsteiligem Zusammenwirken an verschiedene Abnehmer gewinnbringend weiterverkauft. Die Annahme einer mittäterschaftlichen Teilnahme des Angeklagten an den Taten des D. drängt sich deshalb auf, weil der Angeklagte das Rauschgift, ohne einen Kaufpreis zahlen zu müssen, sogar zuzüglich 1.500 € als Anzahlung auf seinen Anteil erhielt und den dann von ihm erzielten Kaufpreis vollständig an D. ablieferte. Dies spricht gegen die Annahme eines selbständig tätigen Zwischenhändlers und für eine Einbindung auf Seiten des D. Demgemäß hat die Strafkammer in dem Urteil vom 15. Januar 2013 ausdrücklich erörtert, dass der Angeklagte in allen Fällen als Täter zu bestrafen sei, da er alle Tatbestandsmerkmale eigenhändig verwirklicht und die alleinige Täterschaft sowohl bezüglich der Einfuhrfahrt als auch hinsichtlich des Abverkaufs gehabt habe, woran auch der Umstand, dass er in vorbestehende Handels- und Preisstrukturen eingestiegen sei und sein Anteil am Gewinn von vornherein festgestanden sei, nichts ändere.

[20] Diese Prüfung, ob der Angeklagte Täter oder nur Gehilfe war, belegt, dass der Tatrichter selbst diesen nicht als selbständigen Zwischenhändler angesehen hat, bei dem die Annahme bloßer Beihilfe fernliegend gewesen wäre.

[21] 3. Bei Annahme des zuletzt (II.2b) dargelegten Tatablaufs wäre von drei selbständigen Taten des Handeltreibens mit Betäubungsmitteln ohne Überschneidung in einem Teilbereich der Ausführungshandlungen auszugehen. Zwar unterfallen auch dem eigentlichen Betäubungsmittelumsatz nachfolgende Zahlungsvorgänge dem weit auszulegenden Begriff des Handeltreibens mit Betäubungsmitteln (st. Rspr.; vgl. nur BGH, Urteile vom 4. November 1982 – 4 StR 451/82, BGHSt 31, 145; und vom 7. Februar 2008 – 5 StR 242/07, NStZ 2008, 465). Im Fall des Transports von Drogengeldern, wie im vorliegenden Fall, setzt dies jedoch voraus, dass das zu Grunde liegende Rauschgiftgeschäft noch nicht beendet (BGH, Beschluss vom 5. November 1991 – 1 StR 361/91, NStZ 1992, 495), der Geldfluss noch nicht „zur Ruhe gekommen" ist (BGH, Urteil vom 17. Juli 1997 – 1 StR 791/96,BGHSt 43, 158). Da die Strafkammer zu einem organisierten Absatz- und Finanzsystem keine Feststellungen getroffen hat (zur Frage der Beendigung in solchen Fällen vgl. nur BGH, Urteil vom 17. Juli 1997 aaO), wäre im vorliegenden Fall die Tat des Handeltreibens jeweils mit dem Verkauf der letzten Teilmenge aus der jeweiligen Einfuhrfahrt und der Entgegennahme des Kaufgeldes durch den Angeklagten beendet. Die Überbringung des Erlöses vom Angeklagten an D. und die Auszahlung des Anteils an den Angeklagten wären dann lediglich als Ausgleich innerhalb der Gemeinschaft der Mittäter im Sinne einer Beuteteilung zu bewerten; der Zeitpunkt der Beendigung der jeweiligen Tat würde dadurch nicht hinausgeschoben (vgl. BGH, Beschluss vom 27. März 2012 – 2 StR 31/12, NStZ 2012, 383). Danach lägen drei selbständige Taten des Handeltreibens mit Betäubungsmitteln vor, deren Ausführungshandlungen sich nicht überschneiden. Die vorgelegte Rechtsfrage zur möglichen Verklammerung mehrerer Taten der Einfuhr von Betäubungsmitteln in nicht geringer Menge durch eine einheitliche Tat des Handeltreibens mit Betäubungsmitteln in nicht geringer Menge ist auf der Grundlage dieses Verständnisses der tatrichterlichen Feststellungen nicht entscheidungserheblich.

[22] Die Sache ist daher an den vorlegenden Senat zurückzugeben.

721 Beschränkt sich der **Ausschluss** der **Öffentlichkeit** auf einen bestimmten Verfahrensabschnitt wie die Dauer der Vernehmung einer Beweisperson, so umfasst er nach ständiger Rechtsprechung alle Verfahrensvorgänge, die mit der Vernehmung in enger Verbindung stehen oder sich aus ihr entwickeln und die daher zu diesem Verfahrensabschnitt gehören.[764]

[3] 1. Mit ihrer Rüge der Verletzung des Grundsatzes der Öffentlichkeit (§ 338 Nr. 6 StPO, §§ 169ff. GVG) beanstandet die Revision, dass die Erörterung der Möglichkeit einer Verständigung nach § 257c StPO in einem nichtöffentlichen Teil der Hauptverhandlung erfolgt und deren Verlauf auch nicht nachträglich bekannt gegeben worden ist.

[4] a) Dem liegt folgendes Verfahrensgeschehen zugrunde:

[5] Am ersten Hauptverhandlungstag vom 27. März 2015 kündigte die Verteidigerin des Angeklagten an, dass dieser sich umfassend zur Sache einlassen werde. Anschließend wurde auf Antrag des Angeklagten durch Gerichtsbeschluss die Öffentlichkeit für die Dauer seiner Vernehmung gemäß § 171b Abs. 1 GVG wegen der aus seinem persönlichen Lebensbereich zur Sprache kommenden Umstände ausgeschlossen. Der Angeklagte begann nunmehr in nichtöffentlicher Sitzung, sich zur Sache einzulassen. Er bestritt den Tatvorwurf, wobei er im Verlauf seiner Einlassung die von ihm eingeräumten sexuellen Handlungen als einvernehmlich darstellte. Vor einer Unterbrechung der Hauptverhandlung fragte der Vorsitzende zur Vermeidung einer Zeugenvernehmung der Nebenklägerin an, ob der Angeklagte und seine Verteidigung daran interessiert seien zu erfahren, welches Strafmaß im Falle einer geständigen Einlassung zu erwarten sei. Die Verteidigerin erklärte ihr Interesse und kündigte an, mit dem Angeklagten die Frage einer möglichen Verständigung zu erörtern. Nach einer ca. 20-minütigen Unterbrechung wurde die Hauptverhandlung weiterhin in nichtöffentlicher Sitzung fortgesetzt und der Vorsitzende gab bekannt, dass die Strafkammer dem Angeklagten bei geständiger Einlassung eine Strafe zwischen drei Jahren drei Monaten und drei Jahren neun Monaten zusagen würde. Die Sitzungsvertreterin der Staatsanwaltschaft erklärte, dass sie sich damit einverstanden erklären könne und für den Fall, dass die Beweisaufnahme vollumfänglich durchgeführt werden müsse, eine Freiheitsstrafe nicht unter vier Jahren beantragen würde. Nachdem die Verteidigerin für den Angeklagten erklärt hatte, dass dieser kein falsches Geständnis ablegen wolle, stellte der Vorsitzende fest, dass eine Verständigung nicht zustande komme. Anschließend äußerte sich der Angeklagte weiter zu Sache. Nach Abschluss seiner Einlassung wurde die Öffentlichkeit wiederhergestellt. Eine Mitteilung über die vorher- gehende Erörterung einer Verständigungsmöglichkeit und über die hierzu abgegebenen und protokollierten Erklärungen erfolgte – auch im weiteren Verlauf der Hauptverhandlung – nicht mehr.

[6] b) Die Rüge ist unbegründet. Beschränkt sich der Ausschluss der Öffentlichkeit auf einen bestimmten Verfahrensabschnitt wie die Dauer der Vernehmung einer Beweisperson, so umfasst er nach ständiger Rechtsprechung alle Verfahrensvorgänge, die mit der Vernehmung in enger Verbindung stehen oder sich aus ihr entwickeln und die daher zu diesem Verfahrensabschnitt gehören (vgl. BGH, Urteile vom 10. Juli 1984 – 5 StR 246/84, NStZ 1985, 206 bei Pfeiffer/Miebach,

---

764 BGH, Beschluss vom 12.11.2015 – 5 StR 467/15.

und vom 25. Januar 1994 – 5 StR 508/93, NStZ 1994, 354, zur Entfernung des Angeklagten nach § 247 StPO; vom 17. Dezember 1987 – 4 StR 614/87, NStZ 1988, 190, zur Augenscheinseinnahme; vom 9. November 1994 – 3 StR 420/94, BGHR GVG § 171b Abs. 1 Dauer 8, zur Anordnung weiterer Zeugenvernehmungen; vom 14. Mai 1996 – 1 StR 51/96, NJW 1996, 2663, zur Entscheidung über die Vereidigung; Beschlüsse vom 2. Februar 1999 – 1 StR 636/98, NStZ 1999, 371, zum Hinweis auf eine veränderte Sachlage und zur Stellung eines Beweisantrages; vom 15. April 2003 – 1 StR 64/03, NJW 2003, 2761, zur Entlassung eines Zeugen; vom 20. September 2005 – 3 StR 214/05, NStZ 2006, 117, zu Erklärungen des Angeklagten nach § 257 StPO; siehe auch KK-Diemer, StPO, 7. Aufl., § 172 GVG Rn. 3; Meyer-Goßner StPO, 58. Aufl., § 172 GVG Rn. 17).

[7] Auch hier lag ein unmittelbarer innerer Zusammenhang zwischen der Einlassung, die Umstände des intimen persönlichen Lebensbereichs des Angeklagten zur Sprache brachte, und der Erörterung gemäß § 257b StPO vor, mit der Strafmaßerwartungen thematisiert und Fragen einer Verständigungsmöglichkeit geklärt werden sollten. Denn zum Verfahren einer Verständigung nach § 257c StPO hätte auch die Klarstellung gehört, von welchem Sachverhalt, auf den sich ein Geständnis beziehen könnte, das Gericht und die übrigen Verfahrensbeteiligten ausgehen (vgl. zur dahingehenden Protokollierungspflicht nach § 273 Abs. 1a Satz 1 StPO auch BVerfGE 133, 168, 217 Rn. 86). Die Einlassung des Angeklagten, für deren Dauer die Öffentlichkeit ausgeschlossen war, war mithin zwangsläufig Gegenstand einer verständigungsvorbereitenden Erörterung gemäß § 257b StPO. Zudem ergab sich hier erst im Laufe der Äußerung des Angeklagten zur Sache die Anregung des Vorsitzenden zu einem Gespräch über Straferwartungen.

Beteiligter im Sinne von § 174 Abs. 1 Satz 1 GVG kann auch ein **Zeuge** sein.[765] **722**

[5] 2. Die jedenfalls in der Revisionsschrift von Rechtsanwalt Gr. und Rechtsanwältin B. zulässig erhobene Rüge ist nicht begründet. Die Vorschriften über die Öffentlichkeit sind nicht verletzt.

[6] Über die Ausschließung der Öffentlichkeit ist nach § 174 Abs. 1 Satz 1 Alt. 1 GVG in nicht öffentlicher Sitzung zu verhandeln, wenn ein Beteiligter dies beantragt. Die nicht öffentliche Durchführung der Ausschließungsverhandlung ist zwingende Folge des Antrags des Beteiligten, weshalb es für die Ausschließung der Öffentlichkeit insoweit keines Gerichtsbeschlusses bedarf, vielmehr ist die Anordnung des Vorsitzenden ausreichend (BGH, Beschluss vom 6. November 1998 – 3 StR 511/97, BGHR GVG § 174 Abs. 1 Satz 1 Ausschließungsverhandlung 1). Entgegen der Auffassung der Revision war der unter Zeugenschutz stehende Zeuge G. Beteiligter im Sinne von § 174 Abs. 1 Satz 1 Alt. 1 GVG, weshalb auf den Antrag seines Zeugenbeistands auf nicht öffentliche Durchführung der Ausschließungsverhandlung – von einem solchen ist nach der Revisionsbegründung auszugehen – die mit der Protokollierung: „Die Öffentlichkeit wurde ausgeschlossen" zum Ausdruck gebrachte Anordnung des Vorsitzenden auf Ausschließung der Öffentlichkeit für diesen Verfahrensabschnitt ausreichend war.

[7] a) Allerdings ist bislang von der höchstrichterlichen Rechtsprechung nicht entschieden worden, wer unter den Begriff des „Beteiligten" im Sinne von § 174

---

765 BGH, Beschluss vom 27.11.2014 - 3 StR 437/14.

Abs. 1 Satz 1 GVG fällt; die Frage wird im Schrifttum uneinheitlich beantwortet. Einige Autoren sind der Ansicht, nur die Verfahrensbeteiligten im engeren Sinne könnten unter den Beteiligtenbegriff subsumiert werden, im Strafverfahren also der Angeklagte, sein Verteidiger und die Staatsanwaltschaft (Kissel/Mayer, GVG, 7. Aufl., § 174 Rn. 3, 7; KK-Diemer, StPO, 7. Aufl., § 174 GVG Rn. 2). Überwiegend wird hingegen vertreten, dass derjenige, der ein anzuerkennendes Interesse an der Ausschließung der Öffentlichkeit geltend machen könne, bzw. derjenige, dessen Interessen mit dem Ausschluss der Öffentlichkeit geschützt würden, „Beteiligter" im Sinne der Vorschrift und ihm deshalb auch ein förmliches Antragsrecht zuzubilligen sei …

[8] b) Der Senat schließt sich der letztgenannten Auffassung an, nach der „Beteiligter" im Sinne von § 174 Abs. 1 Satz 1 GVG derjenige ist, dessen Interessen mit dem Ausschluss der Öffentlichkeit geschützt werden sollen.

[9] aa) Diese Auslegung gebietet der Regelungszweck des § 174 Abs. 1 Satz 1 GVG: Durch die nicht öffentliche Ausschließungsverhandlung soll sichergestellt werden, dass derjenige, der einen Grund für die Ausschließung der Öffentlichkeit geltend macht, die in Betracht kommenden Ausschlussgründe vortragen kann, ohne seine schutzwürdigen Interessen schon vor der abschließenden Entscheidung des Gerichts zu gefährden, wie etwa der Inhaber eines Geheimnisses (vgl. § 172 Nr. 2 und 3 GVG), der zur Darlegung von dessen Schutzwürdigkeit dieses bereits teilweise offenbaren müsste (LR/Wickern, aaO Rn. 3; SK-StPO/Velten, aaO Rn. 3). Nichts anderes gilt für denjenigen, aus dessen persönlichem Lebensbereich Umstände zu erörtern sind (vgl. § 171b Abs. 1 Satz 1 GVG), die er schon zur Begründung seines Antrags benennen müsste, den minderjährigen (vgl. § 171b Abs. 2 GVG) oder den Zeugen, dessen Leben, Leib oder Freiheit gefährdet werden (vgl. § 172 Nr. 1a GVG), wenn er in öffentlicher Verhandlung aussagen muss. Dieser Regelungszweck würde indes konterkariert, wenn für den durch die genannten Ausschließungsgründe geschützten Prozessteilnehmer nicht auch ein prozessuales Recht bestünde, diesen Schutz tatsächlich zu verwirklichen (Kleinknecht, aaO; vgl. auch Bericht der Kommission für Gerichtsverfassungsrecht und Rechtspflegerrecht, 1975, S. 157). Nach dem Sinn und Zweck der Ausschließungsgründe ist mithin denjenigen ein Antragsrecht zuzubilligen, die ein sachliches Interesse an der Ausschließung der Öffentlichkeit haben können (LR/Wickern, aaO Rn. 2; Radtke/Hohmann/Feldmann, aaO).

[10] bb) Der Wortlaut des § 174 Abs. 1 Satz 1 GVG steht dieser Auslegung nicht entgegen. Zwar könnte das Merkmal „Beteiligte" darauf hindeuten, dass damit lediglich die Verfahrensbeteiligten im engeren Sinne in Bezug genommen seien. Dagegen spricht indes, dass der Gesetzgeber – wie der Wortlaut des § 171b Abs. 1 Satz 1 GVG zeigt – zwischen „Prozessbeteiligten", Zeugen und dem durch die Tat Verletzten unterschieden, den Begriff des „Beteiligten" mithin nicht als Synonym zu demjenigen des „Prozessbeteiligten" angesehen hat. …

[11] cc) Für dieses Ergebnis sprechen zudem systematische Erwägungen: Nach der Vorschrift des § 171b Abs. 3 GVG ist die Öffentlichkeit (zwingend) auszuschließen, wenn die Voraussetzungen von § 171b Abs. 1 und 2 GVG vorliegen und derjenige, dessen Lebensbereich betroffen ist, den Ausschluss beantragt. …

[12] dd) Auch die historische Auslegung des § 174 Abs. 1 Satz 1 GVG führt zu dem Ergebnis, dass der Begriff des „Beteiligten" auf die Personen zu erstrecken ist, die ein sachliches Interesse am Ausschluss der Öffentlichkeit haben können. …

[15] (2) In den Materialien zu den später eingeführten Änderungen der insoweit maßgeblichen Vorschriften des Gerichtsverfassungsgesetzes hat der Gesetzgeber indes zum Ausdruck gebracht, dass durch die Erweiterung der Ausschließungsgründe die Interessen und Rechte insbesondere der Zeugen, aber auch aller anderen, die ein berechtigtes Interesse an der Verhandlung in nicht öffentlicher Sitzung geltend machen können, im Strafverfahren besser geschützt werden sollten. Dies steht mit einer Auslegung in Einklang, die dieser Personengruppe ein eigenes Antragsrecht zubilligt, nicht aber mit einer Auslegung, die diese Personen lediglich als Objekte des Ausschließungsverfahrens ansieht, die zwar eine Ausschließung anregen, diese aber nicht durchsetzen können (so schon Kleinknecht, aaO). Im Einzelnen:

[16] Durch Gesetz vom 9. Mai 1975 (BGBl. I S. 1077) wurde das Gerichtsverfassungsgesetz neu gefasst und in § 172 GVG unter anderem in Nr. 2 und 3 als Gründe für die Ausschließung der Öffentlichkeit die Erörterung von Umständen aus dem persönlichen Lebensbereich eines Prozessbeteiligten oder Zeugen, eines wichtigen Geschäfts-, Betriebs-, Erfindungs- oder Steuergeheimnisses oder eines privaten Geheimnisses genannt. …

[17] Der Entwurf eines Ersten Gesetzes zur Verbesserung der Stellung des Verletzten im Strafverfahren (BT-Drucks. 10/5305) vom 10. April 1986 sieht eine weitere Stärkung des Schutzes der Opfer von Straftaten im Strafverfahren vor. In der Begründung zur Einführung des § 171b GVG heißt es: „Ein stärker als zur Zeit der Schaffung der StPO die Persönlichkeitserforschung erforderndes Straf- und Strafverfahrensrecht macht es notwendig, in der Hauptverhandlung mehr als früher Umstände aus dem persönlichen Lebensbereich, teilweise aus dem Intimbereich, sowohl des Angeklagten als auch von Zeugen und namentlich des Opfers zu erörtern. […] Angeklagte, Tatopfer und Zeugen müssen es, soweit zur Wahrheitserforschung unerläßlich, grundsätzlich hinnehmen, daß auch Umstände aus ihrem persönlichen Lebensbereich vor Gericht zur Sprache kommen. Es ist aber nicht unvermeidbar, daß eine solche Erörterung von Umständen aus dem persönlichen Lebensbereich vor den Ohren der Öffentlichkeit stattfindet. Hier kann es geboten sein, das Öffentlichkeitsprinzip hinter dem verfassungsrechtlich geschützten Anspruch auf Achtung der Privatsphäre zurücktreten zu lassen.“ Diesem Grundsatz folge zwar bereits das (damals) geltende Recht, insbesondere der damals geltende § 172 Nr. 2 GVG in der Fassung des Gesetzes vom 9. Mai 1975, in der Praxis werde von diesem Ausschließungsgrund aber kaum Gebrauch gemacht; insoweit sei Abhilfe zu schaffen (BT-Drucks. 10/5305, S. 22).

[18] Zum Schutz der Privatsphäre erweiterte der damals eingeführte § 171b GVG – insoweit bis heute unverändert – den Kreis der antragsberechtigten Personen über die Prozessbeteiligten und die Zeugen hinaus auf den Verletzten (BT-Drucks. 10/5305, S. 23). …

[19] Ebenfalls nur klarstellende Bedeutung hatte die mit Gesetz zur Bekämpfung des illegalen Rauschgifthandels und anderer Erscheinungsformen der Organisierten Kriminalität (OrgKG) vom 15. Juli 1992 (BGBl. I S. 1302) eingeführte Regelung des § 172 Abs. 1a GVG, nach der die Öffentlichkeit ausgeschlossen werden kann, wenn – ohne den Ausschluss – eine Gefährdung des Lebens, des Leibes oder der Freiheit eines Zeugen oder einer anderen Person zu besorgen ist; die Gefahr für Leib und Leben wurde bereits zuvor von der Rechtsprechung als Gefahr für die öffentliche Ordnung und damit als Ausschließungsgrund nach § 172 Nr. 1

GVG angesehen. Gleichwohl hielt es der Gesetzgeber für erforderlich, dies klarzustellen und den Ausschließungsgrund auch auf die Fälle zu erweitern, in denen durch die öffentliche Verhandlung „das besonders wichtige Rechtsgut der Freiheit" gefährdet ist (BT-Drucks. 12/989, S. 48).

[20] Durch das Gesetz zur Stärkung der Rechte von Opfern sexuellen Missbrauchs (StORMG) vom 26. Juni 2013 (BGBl. I S. 1805) ist schließlich den besonderen Belastungen minderjähriger Opfer von Straftaten überhaupt, insbesondere aber von Sexualstraftaten dadurch Rechnung getragen worden, dass bei Vernehmung minderjähriger Opfer solcher Taten die Öffentlichkeit – von Amts wegen – ausgeschlossen werden soll und auf deren Antrag auszuschließen ist. Dies soll sogar gelten, wenn die Opfer mittlerweile volljährig sind, aber als Kind oder Jugendlicher Opfer einer der in § 171b Abs. 2 GVG genannten schwerwiegenden Straftaten geworden waren (BT-Drucks. 17/12735, S. 17).

[21] All diese Regelungen schränken die Öffentlichkeit der Gerichtsverhandlung im Interesse schutzwürdiger Belange der Opfer von Straftaten, aber auch anderer Zeugen, ein. Gemessen an der ursprünglichen Konzeption des Gerichtsverfassungsgesetzes, die lediglich die Generalklausel enthielt, nach der die Öffentlichkeit bei Gefährdung der Staatssicherheit, der öffentlichen Ordnung oder der Sittlichkeit ausgeschlossen werden konnte, sind die Ausschließungsgründe stets erweitert worden, wobei der Gesetzgeber auch in den Blick genommen hat, dass bestehende Ausschließungsgründe – aus seiner Warte – lediglich in der Praxis nicht hinreichend angewendet worden seien und deshalb weitere Verbesserungen des Schutzes von insbesondere Zeugen und Verletzten für erforderlich gehalten hat. Dabei zeigt vor allem die Einführung des § 171b GVG, dass auch der Zeuge und – selbst wenn er nicht als Zeuge geladen war – der Verletzte als Träger subjektiver Rechte angesehen wurden, die sie in dem Prozess durch ein eigenes Antragsrecht auch geltend machen können sollten. Das Vorhandensein dieses Antragsrechts, mit dem die Ausschließung der Öffentlichkeit herbeigeführt werden kann, führt aus den genannten systematischen Gründen dazu, dieser Personengruppe auch ein Antragsrecht im Sinne von § 174 Abs. 1 Satz 1 Alt. 1 GVG zuzubilligen. Dann ist aber mit Blick auf die nur so stimmige Gesamtregelung auch davon auszugehen, dass der Gesetzgeber die von ihm mit eigenen Rechten ausgestatteten Personen als „Beteiligte" im Ausschließungsverfahren angesehen hat.

2. Ordnungswidrigkeitengesetz – OWiG

723 1. Auch bei unionsrechtskonformer Auslegung und unter Berücksichtigung der Vorschrift des § 81 Abs. 4 GWB in der Fassung der 7. GWB-Novelle zur Bemessung der Unternehmensgeldbuße kann nach **§ 30 Abs. 1 OWiG** gegen den **Rechtsnachfolger einer juristischen Person** oder einer Personenvereinigung wegen einer vor Inkrafttreten des § 30 Abs. 2a OWiG begangenen Tat ein Bußgeld nur verhängt werden, wenn zwischen der früheren und der neuen Vermögensverbindung bei wirtschaftlicher Betrachtungsweise Nahezu-Identität besteht (Bestätigung von BGH, Beschluss vom 10. August 2011, KRB 55/10, BGHSt 57, 193 – Versicherungsfusion).

2. Art. 5 Abs. 1 der Verordnung (EG) Nr. 1/2003 ermächtigt die nationalen Wettbewerbsbehörden und -gerichte nicht dazu, wegen eines Verstoßes gegen das

Wettbewerbsrecht der Europäischen Union ein Bußgeld gegen ein Unternehmen unabhängig von den nationalen Bußgeldvorschriften zu verhängen.[766]

3. Rechtsanwaltsvergütungsgesetz – RVG

Der Antragsteller war durch Verfügung des Vorsitzenden vom 24. Juli 2014 für die Revisionshauptverhandlung vom 7. Oktober 2014 zum Verteidiger der Angeklagten bestellt worden. Er begehrt vom Senat (§ 51 Abs. 2 Satz 2 RVG) für die Vorbereitung und die Teilnahme an der Revisionshauptverhandlung anstelle der gesetzlich bestimmten Gebühr in Höhe von 272 Euro gemäß VV RVG Nr. 4132 eine Pauschvergütung in Höhe von 800 Euro. **724**

Der Senat setzt gemäß § 51 Abs. 1 Satz 1 und 2 RVG die Pauschgebühr in der beantragten Höhe fest. Sie ist wegen des Umfangs und der besonderen Schwierigkeit der Vorbereitung und Wahrnehmung der Hauptverhandlung in dieser Höhe angemessen. Wie der Senat bereits in seinem in dieser Sache ergangenen Beschluss vom 29. April 2015 näher ausgeführt hat, waren in der Hauptverhandlung sowie in der Vorbereitung auf diese schwierige Rechtsfragen zu beurteilen. Auf die dortige Begründung wird Bezug genommen.

Die Umsatzsteuer wird dem Gesamtbetrag (Pauschgebühr und notwendige Auslagen) ohnehin zugerechnet und gesondert ausgewiesen (vgl. u.a. Senat, Beschlüsse vom 2. Mai 2012 – 1 StR 273/11 Rn. 2 und vom 19. Dezember 2012 – 1 StR 158/08 Rn. 3). Soweit dem Antragsteller bereits die gesetzlichen Gebühren in Höhe von 272 Euro erstattet worden sind, werden diese bei der Abrechnung in Abzug zu bringen sein (vgl. BGH, Beschluss vom 14. September 2010 – 3 StR 552/08 Rn. 3.[767]

1. Beanstandet die Staatsanwaltschaft im Revisionsverfahren, das Landgericht habe zu Unrecht davon abgesehen, den Verfall von Wertersatz anzuordnen, bemisst sich der Gegenstandswert für die Tätigkeit des Verteidigers im Revisionsverfahren – nicht anders als für den Vertreter eines Verfallsbeteiligten – nach dem wirtschaftlichen Interesse an der Abwehr der Revision der Staatsanwaltschaft, soweit diese das Unterlassen einer Verfallsanordnung beanstandet hat. **725**

2. Dem steht nicht entgegen, dass dem Verteidiger auch für die Verteidigung gegen den Tatvorwurf Gebühren zustehen.[768]

[1] 1. Das Landgericht hat den Angeklagten F. wegen versuchten Betruges in Tateinheit mit unrichtiger Darstellung gemäß § 400 Abs. 1 AktG und mit Beihilfe zur unrichtigen Darstellung der Verhältnisse einer Kapitalgesellschaft im Jahresabschluss (§ 331 Abs. 1 Nr. 1 HGB) zu einer Gesamtfreiheitsstrafe von vier Jahren verurteilt; eine Anordnung des Verfalls von Wertersatz (§ 73a StGB) hat es abgelehnt. Auf die Revision der Staatsanwaltschaft hat der Senat mit Urteil vom 29. Juni 2010 das landgerichtliche Urteil insoweit aufgehoben, als das Landge-

[766] BGH, Beschluss vom 16.12.2014 – KRB 47/13.
[767] BGH, Beschluss vom 02.09.2015 – 1 StR 182/14.
[768] BGH, Beschluss vom 24.02.2015 – 1 StR 245/09.

richt von der Anordnung des Verfalls von Wertersatz abgesehen hat. Dabei hat er die Feststellungen zur Höhe des Erlangten aufrechterhalten.

[2] 2. Der Antragsteller, Rechtsanwalt L., war im Revisionsverfahren Verteidiger des Angeklagten F. Er hat beantragt, den Gegenstandswert des Revisionsverfahrens hinsichtlich des Angeklagten F. auf 30.000.000,00 Euro festzusetzen, weil die Staatsanwaltschaft durchgängig und auch noch im Revisionsverfahren die Anordnung des Verfalls in dieser Höhe erstrebt hatte.

[3] 3. Der Senat setzt den Wert des Gegenstands der anwaltlichen Tätigkeit des Antragstellers zur Verteidigung des Angeklagten F. gegen Maßnahmen des Verfalls antragsgemäß auf 30.000.000,00 Euro fest.

[4] Gemäß § 32 Abs. 2 RVG kann der Rechtsanwalt aus eigenem Recht die Festsetzung des Werts des Gegenstands der anwaltlichen Tätigkeit beantragen. Ein Gegenstandswert war hier festzusetzen, weil die Staatsanwaltschaft mit ihrer Revision die Anordnung des Verfalls von Wertersatz gegen den Angeklagten F. erstrebte und sich die Verteidigung durch den Antragsteller hierauf erstreckte. Nr. 4142 Vergütungsverzeichnis (VV) sieht eine besondere Verfahrensgebühr als Wertgebühr vor, wenn der Rechtsanwalt bei Einziehung und verwandten Maßnahmen (§ 442 StPO) eine darauf bezogene Tätigkeit für den Beschuldigten ausübt. Diese Gebühr steht dem Rechtsanwalt für jeden Rechtszug zu (vgl. Kroiß in Mayer/Kroiß, Rechtsanwaltsvergütungsgesetz, 6. Aufl., 2013, Rn. 16 zu Nrn. 4141–4147 VV).

[5] Der vom Senat nach § 33 Abs. 1, § 2 Abs. 1 RVG festzusetzende Gegenstandswert für die Tätigkeit des Verteidigers im Revisionsverfahren bemisst sich insoweit – nicht anders als für den Vertreter eines Verfallsbeteiligten (vgl. BGH, Beschlüsse vom 30. April 2014 – 1 StR 245/09 und 1 StR 53/13 sowie vom 7. Oktober 2014 – 1 StR 166/07) – nach dem wirtschaftlichen Interesse an der Abwehr der Revision der Staatsanwaltschaft, soweit diese das Unterlassen einer Verfallsanordnung beanstandet hat. Dem steht nicht entgegen, dass dem Verteidiger auch für die Verteidigung gegen den Tatvorwurf Gebühren zustehen.

[6] Die Staatsanwaltschaft beanstandete im Revisionsverfahren, das Landgericht habe zu Unrecht davon abgesehen, hinsichtlich des Angeklagten F. den Verfall von Wertersatz anzuordnen. Wie der Antragsteller zutreffend dargelegt hat, verfolgte die Staatsanwaltschaft mit ihrer Revision weiterhin das Ziel einer Anordnung des Verfalls von Wertersatz in Höhe von 30.000.000,00 Euro gegen den Angeklagten F. Diese Summe beschreibt daher auch das wirtschaftliche Interesse des Angeklagten an der Abwehr der Revision der Staatsanwaltschaft (vgl. auch Kotz in BeckOK-RVG, RVG 4142 Rn. 15). Der Gegenstandswert für seine Verteidigung insoweit beträgt demgemäß 30.000.000,00 Euro.

[7] Anhaltspunkte für eine fehlende Durchsetzbarkeit der von der Staatsanwaltschaft erstrebten Verfallsanordnung bestehen hier – insbesondere im Hinblick auf die Höhe der erwirkten und vollstreckten Arreste – nicht. Der Senat braucht daher nicht zu entscheiden, ob dieser Umstand überhaupt zu einer Minderung des Gegenstandswerts führen könnte (ebenfalls offengelassen in BGH, Beschlüsse vom 30. April 2014 – 1 StR 245/09 und 1 StR 53/13 sowie vom 7. Oktober 2014 – 1 StR 166/07; vgl. aber auch BGH, Beschluss vom 24. März 2009 – 5 StR 225/06).

Bei der Bewilligung einer Pauschgebühr gemäß § 51 Abs. 1 RVG ist nur der Zeitaufwand berücksichtigungsfähig, der allein aus **verfahrensbezogenen Tätigkeiten des Pflichtverteidigers** herrührt, nicht hingegen solcher, der seinen Grund in nur verteidigerbezogenen/persönlichen Umständen hat.[769] **726**

[4] 2. Die Voraussetzungen für die Bewilligung einer Pauschgebühr nach § 51 Abs. 1 Satz 1 RVG für die Vorbereitung und Wahrnehmung der Revisionshauptverhandlung vor dem Bundesgerichtshof – nur insoweit ist der Bundesgerichtshof nach § 51 Abs. 2 Satz 2 RVG zuständig (BGH, Beschluss vom 8. September 1970 – 5 StR 704/68, BGHSt 23, 324) – liegen nicht vor.

[5] a) Gemäß § 51 Abs. 1 Satz 1 und 3 RVG ist Voraussetzung der Bewilligung einer Pauschgebühr, die über die gesetzlichen Gebühren hinausgeht, dass diese wegen des besonderen Umfangs oder der besonderen Schwierigkeit der Sache bzw. des betroffenen Verfahrensabschnitts nicht zumutbar ist. Die Bewilligung einer Pauschgebühr stellt dabei die Ausnahme dar; die anwaltliche Mühewaltung muss sich von sonstigen – auch überdurchschnittlichen Sachen – in exorbitanter Weise abheben (BGH, Beschluss vom 11. Februar 2014 – 4 StR 73/10, Rn. 5; Beschluss vom 17. September 2013 – 3 StR 117/12, Rn. 5). Bei der Beurteilung ist ein objektiver Maßstab zu Grunde zu legen (vgl. BVerfG, NJW 2005, 1264, 1265 mwN). Entscheidend ist, ob die konkrete Strafsache selbst umfangreich war und infolge dieses Umfangs eine zeitaufwändigere, gegenüber anderen Verfahren erhöhte Tätigkeit des Verteidigers erforderlich geworden ist. Dabei ist nur der Zeitaufwand berücksichtigungsfähig, der allein aus verfahrensbezogenen Tätigkeiten des Pflichtverteidigers herrührt, nicht hingegen solcher, der seinen Grund in nur verteidigerbezogenen/persönlichen Umständen hat (OLG Saarbrücken, Beschluss vom 24. August 2010 – 1 AR 2/09, Rn. 18 zitiert nach juris; OLG Hamm, NStZ 2007, 343).

[6] b) Gemessen daran erscheinen dem Senat die gesetzlichen Gebühren als angemessen und ausreichend. Die rechtlich nicht schwierige Strafsache hatte keinen besonderen Umfang. Dass die Wahrnehmung des Hauptverhandlungstermins für den Verteidiger mit einem erheblichen Zeitaufwand verbunden war, ändert daran nichts. Sie beruht auf in seiner Person liegenden Umständen und wird durch den Anspruch auf Erstattung der entstandenen Fahrt- und Übernachtungskosten sowie auf Zahlung eines Tages- und Abwesenheitsgeldes ausgeglichen (Nr. 7003 ff. VV zu § 2 Abs. 2 RVG), der von dem Verteidiger offensichtlich auch geltend gemacht worden ist (vgl. BGH, Beschluss vom 20. März 2002 – 4 StR 225/00 zu § 99 BRAGO; OLG Nürnberg, Beschluss vom 30. Dezember 2014 – 2 AR 36/14, Rn. 42 zitiert nach juris; OLG Saarbrücken, Beschluss vom 24. August 2010 – 1 AR 2/09, Rn. 18 zitiert nach juris; OLG Hamm, NStZ 2007, 343; Kroiß in: Mayer/Kroiß, RVG, 6. Aufl., § 51 Rn. 23 Stichwort Reisekosten; Burhoff, RVG Straf- und Bußgeldsachen, 3. Aufl., § 51 Rn. 99). Dass die Nichtberücksichtigung des erforderlichen Zeitaufwands für die Anreise zum Gerichtsort bei der Bemessung des Umfangs der Sache nach § 51 RVG zu einer Überschreitung der von Verfassungs wegen zu beachtenden Zumutbarkeitsgrenze führt, ist weder dargetan noch ersichtlich (vgl. BVerfG, NJW 2005, 1264, 1265).

---

[769] BGH, Urteil vom 01.06.2015 – 4 StR 267/11.

727 Die **Teilnahme** eines einem bei einer Straftat geschädigten Kindes **beigeordneten Nebenklägervertreters** an einer **Revisionshauptverhandlung,** in der über die Revision der Staatsanwaltschaft gegen das Unterbleiben der Anordnung der Sicherungsverwahrung gegen den Angeklagten zu entscheiden ist, ist zur Wahrnehmung der Interessen des Nebenklägers und seiner Rechte (§ 397 Abs. 1 StPO) geboten.[770]

[1] Der Antragsteller ist beigeordneter Nebenklägervertreter (§ 397a StPO) des durch die verfahrensgegenständlichen Straftaten geschädigten Kindes L. Er hat mit am 2. April 2015 eingegangenen Schriftsatz beantragt festzustellen, dass seine Reise zu der am 28. April 2015 vor dem Senat stattfindenden Hauptverhandlung über die Revision der Staatsanwaltschaft gegen das Urteil des Landgerichts München II vom 16. Juni 2014 erforderlich ist.

[2] Dem Antrag war gemäß § 46 Abs. 2 Satz 1 RVG zu entsprechen. Die Teilnahme des Antragstellers an der Revisionshauptverhandlung, in der über die Revision der Staatsanwaltschaft gegen das Unterbleiben der Anordnung der Sicherungsverwahrung gegen den Angeklagten zu entscheiden ist, ist zur Wahrnehmung der Interessen des Nebenklägers und seiner Rechte (§ 397 Abs. 1 StPO) geboten. Dass der Nebenkläger die Nichtanordnung der Sicherungsverwahrung nicht isoliert rügen könnte (§ 400 Abs. 1 StPO), steht nicht entgegen. Bei einem zulässigen Rechtsmittel der Staatsanwaltschaft bleiben die Beteiligungsrechte des Nebenklägers aus § 397 StPO bestehen. Dies begründet die Notwendigkeit der Reise des Antragstellers, der in die Strafsache aufgrund seiner Beiordnung bereits in erster Instanz eingearbeitet ist.

[3] Es wird darauf verwiesen, dass über die Angemessenheit von Auslagen erst bei der Festsetzung der Vergütung zu entscheiden ist.

4. Europäische Menschenrechtskonvention – EMRK

728 Soweit der vom Angeklagten erhobene Vorwurf nicht völlig unplausibel ist, hat die Staatsanwaltschaft zu beweisen, dass keine Tatprovokation stattgefunden hat.[771]

[87.] In Anbetracht dieser Merkmale ist der Gerichtshof überzeugt, dass die Behörden hinreichend triftige Gründe für den Verdacht hatten, dass der Beschwerdeführer in den Betäubungshandel verwickelt oder zumindest tatgeneigt war.

[88.] Was die Art und Weise angeht, auf die die Polizei in Bezug auf die Aktivitäten des Beschwerdeführers ermittelte, stellt der Gerichtshof fest, dass es die Polizei war, die über ihre Vertrauensperson X. Kontakt zu dem Beschwerdeführer aufnahm, um sich nach der Möglichkeit zu erkundigen, ein Betäubungsmittelgeschäft abzuschließen. Es ist jedoch nicht dargelegt worden, dass die Vertrauensperson X., die von dem Polizeibeamten K. geführt wurde und später mit C., einem ausgebildeten und nach einem entsprechenden Gerichtsbeschluss an der

---

770 BGH, Beschluss vom 27.04.2015 – 1 StR 594/14.
771 EGMR, Urteil vom 18.12.2014 – 14212/10.

Maßnahme beteiligten verdeckten Ermittler, zusammenarbeitete, während der Ermittlungen über das Verhalten eines „normalen“ Kunden eines Drogenhändlers hinausgegangen wäre. Die Vertrauensperson übte keinen unangemessenen Druck auf den Beschwerdeführer aus, die Betäubungsmittelgeschäfte abzuschließen.

[89.] Der Gerichtshof stellt insoweit fest, dass nicht dargelegt worden ist, dass die Vertrauensperson, die den Beschwerdeführer lediglich nach seiner Bereitschaft, Betäubungsmittel zu verkaufen, gefragt hatte, den Beschwerdeführer veranlasst hat, ihr tatsächlich Betäubungsmittel zu verkaufen. Der Beschwerdeführer erklärte sich seinerseits auf die Frage der Vertrauensperson hin sofort mit dem Abschluss von Betäubungsmittelgeschäften einverstanden. Hinsichtlich des Vortrags des Beschwerdeführers, er sei dadurch zum Verkauf von Betäubungsmitteln verleitet worden, dass ihm ein außergewöhnlich hoher Kaufpreis an der Obergrenze des Üblichen angeboten worden sei, nimmt der Gerichtshof ferner zur Kenntnis, dass nach den Feststellungen des Landgerichts Trier (siehe Rdnr. 26), die der Beschwerdeführer nicht grundlegend angegriffen hat, der von der Vertrauensperson gebotene Preis der regional übliche Durchschnittspreis für Amphetamin in dieser Menge und Qualität gewesen sei. Auch überzeugt das Vorbringen des Beschwerdeführers den Gerichtshof nicht, dass er zum Abschluss eines Betäubungsmittelgeschäfts verleitet worden sei, um den Weg für den Verkauf eines Motorrads zu ebnen. Es ist nicht dargelegt worden, dass die Vertrauensperson die Betäubungsmittelgeschäfte in irgendeiner Weise mit dem möglichen Kauf eines Motorrads von dem Beschwerdeführer in Zusammenhang gebracht hätte. Was den Vortrag des Beschwerdeführers angeht, die polizeilichen Ermittler hätten die Menge der bestellten Betäubungsmittel erhöht und ihn so dazu verleitet, mit größeren Mengen an Betäubungsmitteln zu handeln, stellt der Gerichtshof fest, dass die Vertrauensperson den Beschwerdeführer tatsächlich vor dem dritten Betäubungsmittelgeschäft gefragt hat, ob er ihr größere Mengen beschaffen könne. Die genaue Menge der bestellten Betäubungsmittel wurde von der Vertrauensperson jedoch erst dann mit 6,5 Kilogramm beziffert, nachdem der Beschwerdeführer erklärt hatte, er könne ihr so viele Betäubungsmittel beschaffen, wie sie wolle, fünf oder zehn Kilogramm (siehe Rdnr. 11). Der Gerichtshof kommt daher zu dem Ergebnis, dass die auf Anweisung der Polizei handelnde Vertrauensperson keinen unangemessenen Druck auf den Beschwerdeführer ausübte, die Betäubungsmitteldelikte, derer er später schuldig gesprochen wurde, zu begehen.

[90.] In Anbetracht der vorstehenden Ausführungen ist der Gerichtshof überzeugt, dass die Polizei in Bezug auf die Aktivitäten des Beschwerdeführers weitgehend passiv ermittelte und ihn nicht zur Begehung von Betäubungsmitteldelikten verleitete, die er nicht begangen hätte, wenn statt der Polizei ein „normaler“ Kunde an ihn herangetreten wäre. Die verdeckte Maßnahme stellte folglich keine polizeiliche Tatprovokation dar, wie sie in der Rechtsprechung des Gerichtshofs zu Artikel 6 Abs. 1 der Konvention definiert ist. Die spätere Verwertung der durch die verdeckte Maßnahme erlangten Beweismittel in dem gegen ihn geführten Strafverfahren wirft daher keine Frage nach Artikel 6 Abs. 1 auf.

[91.] Folglich ist Artikel 6 Abs. 1 der Konvention nicht wegen einer Tatprovokation durch die Polizei verletzt worden.

AUS DIESEN GRÜNDEN ENTSCHEIDET DER GERICHTSHOF WIE FOLGT:

1. Die Individualbeschwerde wird in Bezug auf die Rüge der fehlenden Möglichkeit, zwei Belastungszeugen zu befragen, mit Stimmenmehrheit für zulässig erklärt;

2. Die Individualbeschwerde wird in Bezug auf die Rüge wegen einer Tatprovokation durch die Polizei einstimmig für zulässig erklärt;

3. Er erkennt mit vier zu drei Stimmen, dass ein Verstoß gegen Artikel 6 Abs. 1 und 3 Buchst. d der Konvention wegen der fehlenden Möglichkeit, zwei Belastungszeugen zu befragen, nicht vorliegt;

4. Er erkennt einstimmig, dass ein Verstoß gegen Artikel 6 Absatz 1 der Konvention wegen einer Tatprovokation durch die Polizei nicht vorliegt.

Ausgefertigt in Englisch und schriftlich zugestellt am 18. Dezember 2014 nach Artikel 77 Abs. 2 und 3 der Verfahrensordnung des Gerichtshofs.

5. Internationale Rechtshilfe, Internationale Gerichtsbarkeit, Auslieferung, Beweiserhebung

729 Der **Spezialitätsgrundsatz** findet keine Anwendung, wenn die übergebene Person das Bundesgebiet innerhalb von 45 Tagen nach ihrer endgültigen Freilassung nicht verlassen hat, obwohl sie dazu die Möglichkeit hatte, oder nach Verlassen zurückgekehrt ist.[772]

[4] Der Spezialitätsgrundsatz (§ 83h Abs. 1 IRG) ist nicht verletzt.

[5] 1. Der Nachprüfung unterliegt insoweit folgendes Verfahrensgeschehen:

[6] a) Gegen den Angeklagten wurde durch die Staatsanwaltschaft Koblenz ein Strafverfahren wegen eines am 5. Dezember 2008 begangenen Raubes geführt. Auf Antrag der Staatsanwaltschaft erließ das Amtsgericht Koblenz am 7. Juli 2010 in jenem Verfahren einen Haftbefehl gegen den Angeklagten, auf dessen Grundlage die Staatsanwaltschaft Koblenz am 13. Juli 2010 einen Europäischen Haftbefehl ausstellte. Dieser führte zur Festnahme des Angeklagten in Belgien und am 20. Januar 2011 zu seiner Auslieferung nach Deutschland, wobei dieser nicht auf die Einhaltung des Grundsatzes der Spezialität verzichtete. Der Haftbefehl wurde am 21. Januar 2011 außer Vollzug gesetzt, ab 16. Dezember 2011 erneut vollstreckt und am 18. Januar 2012 während noch laufender Hauptverhandlung aufgehoben. Der Angeklagte wurde daraufhin am 19. Januar 2012 aus der Untersuchungshaft entlassen. In der Folge fanden bis zur Verhaftung des Angeklagten in der vorliegenden Sache am 6. März 2012 (dazu sogleich nachfolgend b) und auch danach weitere Hauptverhandlungstermine statt, an denen der Angeklagte jeweils teilnahm.

[7] Mit Urteil vom 22. März 2012 sprach das Landgericht den Angeklagten des schweren Raubes schuldig und verurteilte ihn unter Einbeziehung früherer Strafen zu einer Gesamtfreiheitsstrafe von drei Jahren und sechs Monaten. Dieses Urteil hob der Senat mit Beschluss vom 15. Januar 2013 – 2 StR 488/12 auf und verwies die Sache zu neuer Verhandlung und Entscheidung an eine andere Strafkammer des Landgerichts zurück. Auf Grund einer neuen Hauptverhandlung am

---

[772] BGH, Urteil vom 10.12.2014 – 2 StR 170/13.

3. und 9. September 2013 sprach das Landgericht den Angeklagten frei. Dieses Urteil vom 9. September 2013 ist rechtskräftig.

[8] b) Das vorliegende Verfahren wurde, nachdem es zuletzt von der Staatsanwaltschaft Essen geführt worden war, im März 2012 von der Staatsanwaltschaft Koblenz übernommen. Auf Antrag der Staatsanwaltschaft erließ das Amtsgericht Koblenz in dieser Sache am 6. März 2012 einen Haftbefehl gegen den Angeklagten. Er wurde am selben Tag verhaftet und befand sich bis zur Aufhebung des Haftbefehls durch Beschluss vom 19. Oktober 2012 für das vorliegende Verfahren in Untersuchungshaft. Im Anschluss befand er sich bis zu seiner Entlassung am 26. Februar 2013 im Verfahren wegen Raubes erneut in Untersuchungshaft.

[9] 2. Bei dieser Sachlage ist kein Verstoß gegen den Spezialitätsgrundsatz gegeben.

[10] Nach § 83h Abs. 1 Nr. 1 IRG dürfen Personen, die von einem Mitgliedsstaat auf Grund eines Europäischen Haftbefehls übergeben worden sind, wegen einer vor der Übergabe begangenen anderen Tat weder verfolgt noch verurteilt oder einer freiheitsentziehenden Maßnahme unterworfen werden. Die Taten, wegen derer der Angeklagte im hiesigen Verfahren verfolgt wird, waren nicht Gegenstand des Europäischen Haftbefehls. Der Angeklagte hat auch nicht auf die Einhaltung des Grundsatzes der Spezialität verzichtet. Die Bindung nach § 83h Abs. 2 Nr. 1 IRG ist jedoch entfallen. Nach dieser Vorschrift findet der Spezialitätsgrundsatz keine Anwendung, wenn die übergebene Person das Bundesgebiet innerhalb von 45 Tagen nach ihrer endgültigen Freilassung nicht verlassen hat, obwohl sie dazu die Möglichkeit hatte, oder nach Verlassen zurückgekehrt ist. Dies ist hier der Fall.

[11] a) Dabei kann offenbleiben, ob der Spezialitätsgrundsatz der Verfolgung schon deswegen nicht mehr entgegenstand, weil der Angeklagte im Verfahren wegen Raubes am 19. Januar 2012 aus der Untersuchungshaft entlassen worden war und danach bis zu seiner Verhaftung am 6. März 2012 Deutschland nicht innerhalb von 45 Tagen verlassen hatte. Gegen die Annahme, bei dieser Haftentlassung habe es sich um eine endgültige Freilassung im Sinne von § 83h Abs. 2 Nr. 1 IRG gehandelt, spricht immerhin, dass der Angeklagte wegen der laufenden Hauptverhandlung die Bundesrepublik Deutschland nicht dauerhaft verlassen konnte, ohne rechtliche Pflichten zu verletzen (vgl. Vogel/Burchard in Grützner/Pötz/Kreß, Internationaler Rechtshilfeverkehr in Strafsachen, § 11 IRG Rn. 86 [Stand: Juli 2011]). Wie sich aus § 230 Abs. 1 und § 231 Abs. 1 Satz 1 StPO ergibt, hat der Angeklagte in der Hauptverhandlung eine Anwesenheitspflicht, die mit Zwangsmitteln gemäß § 230 Abs. 2 StPO durchgesetzt werden kann. Auf die Möglichkeit, zu weiteren Hauptverhandlungsterminen aus dem Ausland anzureisen, müsste sich der Angeklagte nicht verweisen lassen. Durch diese Wiedereinreise wäre ihm dann nämlich der Schutz aufgrund des Spezialitätsgrundsatzes verloren gegangen. Von einer freiwilligen Entscheidung des Angeklagten (vgl. Vogel/Burchard aaO § 11 IRG Rn. 84f.; Walter NStZ 1993, 393) über sein Verbleiben oder die Ausreise kann in dieser Situation nicht ohne weiteres ausgegangen werden.

[12] b) Die Voraussetzungen des § 83h Abs. 2 Nr. 1 IRG für den Wegfall der Bindung nach dem Spezialitätsgrundsatz sind aber aus anderen Gründen erfüllt.

[13] Spätestens nach Aufhebung des neuen Haftbefehls und der Entlassung aus der Untersuchungshaft am 26. Februar 2013 war der Angeklagte endgültig freige-

lassen. Ab diesem Zeitpunkt bestanden jedenfalls keine seine Bewegungsfreiheit beschränkenden Maßnahmen mehr.

[14] Nach den vom Senat im Freibeweisverfahren durchgeführten Ermittlungen nahm der Angeklagte ausweislich des Hauptverhandlungsprotokolls an den Terminen der neuen Hauptverhandlung wegen des Vorwurfs des Raubes am 3. und 9. September 2013 teil. Demnach verblieb er nach seiner Entlassung aus der Untersuchungshaft am 26. Februar 2013 entweder mehr als 45 Tage im Bundesgebiet oder er kehrte im Falle einer Ausreise vor der neuen Hauptverhandlung wieder in das Bundesgebiet zurück. Beide Alternativen erfüllen die Voraussetzungen des § 83h Abs. 2 Nr. 1 IRG; eine dritte Variante kommt nicht in Frage. Die möglichen auslieferungsrechtlichen Konsequenzen eines längeren Aufenthalts im Bundesgebiet oder einer Aus- und Wiedereinreise wurden im Verfahren vor dem Landgericht Koblenz, auch auf Antrag der Verteidigung, umfassend thematisiert und waren daher dem Angeklagten bekannt.

[15] Dem Wegfall der Bindung aufgrund des Spezialitätsgrundsatzes steht nicht entgegen, dass der Angeklagte bei seiner Entlassung aus der Untersuchungshaft am 26. Februar 2013 auf Grund der Senatsentscheidung vom 15. Januar 2013 mit der Durchführung einer neuen Hauptverhandlung im vom Spezialitätsgrundsatz erfassten Verfahren wegen Raubes rechnen musste.

[16] Der Bundesgerichtshof hat bereits entschieden, dass nach einem tatrichterlichen Urteil und Einlegung der Revision allein die Tatsache, dass der Angeklagte für den Fall der Rechtskraft des Urteils mit einer Strafverbüßung rechnen muss, keine die Bewegungsfreiheit einschränkende Maßnahme darstellt (vgl. BGH, Beschluss vom 9. Februar 2012 – 1 StR 148/11, BGHSt 57, 138, 144 zu Art. 14 EuAlÜbk). Im Ergebnis dasselbe muss nach Aufhebung des erstinstanzlichen Urteils im Revisionsverfahren und Zurückverweisung der Sache an das Tatgericht mit offenem Verfahrensausgang gelten. Insbesondere würde der Angeklagte durch eine etwaige Ausreise bis zum Beginn einer neuen Hauptverhandlung weder seine Anwesenheitspflicht noch eine andere rechtliche Pflicht verletzen.

[17] Der Angeklagte konnte sich in dieser Situation auch frei entscheiden, ob er bis zu Beginn der neuen Hauptverhandlung ausreisen oder länger als 45 Tage in Deutschland bleiben wollte. Denn anders als während der laufenden Hauptverhandlung im hiesigen Verfahren, wo eine Wiedereinreise nach § 83h Abs. 2 Nr. 1 IRG zum Verlust des ihm zustehenden Spezialitätsschutzes geführt hätte, konnte eine Wiedereinreise in dem von der Spezialitätsbindung von Anfang an erfassten Verfahren wegen Raubes zu keinen weitergehenden nachteiligen Konsequenzen führen, als sie dem Angeklagten ohnehin schon drohten. Insoweit unterschied sich seine Lage nicht von derjenigen, die bestanden hätte, wenn er zuvor gar nicht ausgeliefert worden wäre. Auch in diesem Fall hätte er nicht nach Deutschland zurückkehren können, ohne sich der Strafverfolgung im Inland auszusetzen. Dies aber wäre allein die Folge der Tat, nicht der Auslieferung (vgl. BGH, Beschluss vom 9. Februar 2012 – 1 StR 148/11, BGHSt 57, 138, 144).

730 Fehlt im **Europäischen Haftbefehl** die Angabe der Tatzeit, liegt ein Verfahrenshindernis vor.[773]

[773] BGH, Beschluss vom 15.04.2015 – 2 StR 529/14.

[1] Das Landgericht hat den Angeklagten unter Freisprechung im Übrigen wegen Betrugs in sieben Fällen und versuchten Betrugs zu einer Gesamtfreiheitsstrafe von vier Jahren verurteilt. Außerdem hat es angeordnet, dass Auslieferungshaft, die der Angeklagte in Rumänien erlitten hat, im Verhältnis von zwei zu eins auf die Strafe angerechnet wird. Gegen dieses Urteil richtet sich die auf Verfahrensrügen und die Sachbeschwerde gestützte Revision des Angeklagten. Das Rechtsmittel führt zur Einstellung des Verfahrens wegen des Vorwurfs des versuchten Betrugs. Im Übrigen ist die Revision unbegründet im Sinne von § 349 Abs. 2 StPO.

[2] Nach § 83h Abs. 1 Nr. 1 IRG dürfen von einem Mitgliedstaat übergebene Personen wegen einer vor der Übergabe begangenen anderen Tat als derjenigen, die der Übergabe zugrunde liegt, weder verfolgt noch verurteilt noch einer freiheitsentziehenden Maßnahme unterworfen werden. Der Begriff der „anderen Tat" im Sinne von § 83h Abs. 1 Nr. 1 IRG knüpft dabei an die Beschreibung der Straftat in der Auslieferungsbewilligung, diese wiederum an den Europäischen Haftbefehl an. Eine Beschreibung der Tat vom 8. November 2012 fehlt in dem Europäischen Haftbefehl gegen den Angeklagten vom 18. Oktober 2013. Dort wurden ausschließlich die Tattage der vollendeten Betrugstaten genannt, denen sodann eine generelle Beschreibung ihres Tatbilds hinzugefügt wurde. Die abweichende Tatzeit des abgeurteilten versuchten Vergehens wurde in dem Europäischen Haftbefehl nicht erwähnt, der Versuchstatbestand dort nicht umschrieben und die Rechtsnormen der §§ 22, 23 StGB wurden darin nicht genannt. Deshalb fehlt es unbeschadet des Umstands, dass sich der Europäische Haftbefehl nach einer vorangestellten, allgemeinen Mitteilung „auf insgesamt 11 Taten" beziehen sollte, an einer ausreichenden Kennzeichnung des Vorwurfs eines versuchten Betrugs am 8. November 2012.

[3] Insoweit ist die Einstellung des Verfahrens angezeigt, da ein Ausnahmefall gemäß § 83h Abs. 2 IRG (vgl. Senat, Urteil vom 10. Dezember 2014 – 2 StR 170/13) hier nicht vorliegt. Damit entfällt die Einzelstrafe zu Fall der Urteilsgründe. Der Senat schließt aus, dass der Ausspruch über die Gesamtstrafe ohne die weggefallene Strafe niedriger ausgefallen wäre.

[4] Die Kostenentscheidung beruht auf § 473 Abs. 1 Satz 1 StPO. Wegen des geringen Erfolgs des Rechtsmittels ist es nicht unbillig, den Angeklagten mit Gebühren und Auslagen zu belasten (§ 473 Abs. 4 Satz 1 StPO).

Der **Europäische Haftbefehl** erfasst lediglich die in dem betreffen Verfahren ge- **731**
genständlichen Straftaten. Soweit um eine Auslieferung zur Vollstreckung einer anderen mit rechtskräftigen Urteil verhängten Freiheitsstrafe der ausliefernde Staat nicht ersucht und dementsprechend keine Zustimmung erteilt worden ist, sowie der Angeklagte nicht auf die Beachtung des Spezialitätsgrundsatzes verzichtet hat, besteht insoweit ein Vollstreckungshindernis, so dass auch eine Einbeziehung in eine Gesamtstrafe nicht zulässig ist.[774]

[4] 1. Die genannte Freiheitsstrafe durfte nicht in die zweijährige Gesamtfreiheitsstrafe einbezogen werden.

---

[774] BGH, Beschluss vom 25.06.2014 – 1 StR 218/14.

[5] a) Der Einbeziehung steht der das Auslieferungsrecht beherrschende Grundsatz der Spezialität (Art. 14 des Europäischen Auslieferungsübereinkommens, Art. 83h Abs. 1 IRG) entgegen.

[6] Wie der Generalbundesanwalt in seiner Antragsschrift vom 13. Mai 2014 zutreffend ausgeführt hat, ist die Angeklagte aufgrund eines durch das Amtsgericht Traunstein (5 Gs) am 25. Januar 2012 erlassenen Europäischen Haftbefehls in Irland festgenommen und aufgrund einer am 14. Oktober 2013 ergangenen Entscheidung des High Courts der Republik Irland ausgeliefert worden (vgl. Sachakten Band II S. 596). Der genannte Europäische Haftbefehl erfasst lediglich die im hiesigen Verfahren gegenständlichen Straftaten unter Einschluss derjenigen, hinsichtlich derer die Angeklagte freigesprochen worden ist. Um eine Auslieferung zur Vollstreckung der im rechtskräftigen Urteil des Amtsgerichts Rosenheim verhängten Freiheitsstrafe ist die Republik Irland nicht ersucht worden und hat dementsprechend insoweit keine Zustimmung erteilt. Die Angeklagte hat auf die Beachtung des Spezialitätsgrundsatzes auch nicht verzichtet (Sachakten Band II S. 598).

[7] Die Nichtbeachtung des auslieferungsrechtlichen Spezialitätsgrundsatzes bewirkt ein Vollstreckungshindernis (vgl. EuGH, Urteil vom 1. Dezember 2008 – Rs. C-388/08 [Leymann und Pustovarov], NStZ 2010, 35, 38 Rn. 57 mit Anmerkung Heine; BGH, Beschluss vom 7. August 2012 – 1 StR 314/12, NStZ-RR 2012, 345 mwN). Eine wegen dieses Hindernisses nicht vollstreckbare Strafe darf nicht in eine Gesamtstrafe einbezogen werden (BGH, Beschlüsse vom 12. August 1997 – 4 StR 345/97, NStZ 1998, 149 mwN; vom 27. Juli 2011 – 4 StR 303/11, NStZ 2012, 100; vom 4. Februar 2013 – 3 StR 395/12, NStZ-RR 2013, 178; aA – ohne nähere Begründung – Hackner in Schomburg/Lagodny/Gleß/Hackner, Internationale Rechtshilfe in Strafsachen, 5. Aufl., IRG § 83h Rn. 7 aE).

[8] b) Aus dem Umstand, dass die Vollstreckung der durch das Amtsgericht Rosenheim verhängten Freiheitsstrafe zur Bewährung ausgesetzt worden war, folgt nichts anderes. § 83h Abs. 2 Nr. 3 IRG bestimmt zwar, dass das Verbot des § 83h Abs. 1 IRG nicht gilt, wenn die Strafverfolgung nicht zur Anwendung einer die persönliche Freiheit beschränkenden Maßnahme führt. Wie der Bundesgerichtshof aber bereits entschieden hat, greift die Regelung des § 83h Abs. 2 Nr. 3 IRG bei der Einbeziehung einer für sich genommen zur Bewährung ausgesetzten Freiheitsstrafe in eine nicht aussetzungsfähige Gesamtstrafe nicht ein (BGH, Beschluss vom 27. Juli 2011 – 4 StR 303/11, NStZ 2012, 100). Denn ungeachtet der teilweise verbleibenden Eigenständigkeit der in eine Gesamtstrafe eingestellten Einzelstrafe würde die Berücksichtigung der selbständig wegen der Geltung des Spezialitätsgrundsatzes nicht vollstreckbaren Einzelstrafe in einer Gesamtstrafe insgesamt zu der Vollstreckung „einer die persönliche Freiheit beschränkenden Maßnahme“ führen, deren Teil die nicht zulässig vollstreckbare Freiheitsstrafe wäre (BGH, aaO). Eine Einbeziehung der fraglichen Einzelfreiheitsstrafe kommt daher erst dann in Betracht, wenn eine Bewilligung durch die Republik Irland, etwa im Rahmen eines Nachtragsersuchens, oder ein Verzicht (§ 83h Abs. 2 Nr. 5 und Abs. 3 IRG) auf die Anwendung des Spezialitätsgrundsatzes seitens der Angeklagten erklärt würde.

[9] 2. Da die Strafe aus dem Urteil des Amtsgerichts Rosenheim nicht vollstreckbar und damit (derzeit) nicht in eine Gesamtstrafe einbezogen werden kann, entfaltet sie keine Zäsurwirkung (vgl. BGH, Beschluss vom 12. August 1997 – 4 StR

345/97, NStZ 1998, 149 mwN; siehe auch BGH, Beschluss vom 7. März 2006 – 5 StR 58/06, StraFo 2006, 246). Der Senat verweist die Sache daher zur Bildung einer neuen Gesamtstrafe aus den für die 16 verfahrensgegenständlichen Betrugstaten verhängten Einzelstrafen zurück. Angesichts des dem Landgericht lediglich unterlaufenen Wertungsfehlers bei der bisherigen Gesamtstrafenbildung bedarf es der Aufhebung der zur Gesamtstrafe getroffenen Feststellungen nicht.

[10] Sollte die Strafe aus dem Urteil des Amtsgerichts Rosenheim zu einem späteren Zeitpunkt, etwa nach einem Nachtragsersuchen an die Republik Irland, vollstreckbar werden, so wären gemäß § 460 StPO aus dieser Strafe und aus den im hiesigen Verfahren festgesetzten Einzelstrafen (unter Auflösung der Gesamtstrafe) nachträglich neue Gesamtstrafen zu bilden (vgl. BGH, Beschlüsse vom 12. August 1997 – 4 StR 345/97, NStZ 1998, 149 sowie vom 27. Juli 2011 – 4 StR 303/11, NStZ 2012, 100).

Register der BVerfG-Entscheidungen (chronologisch)

(B = Beschluss; K = Kammerbeschluss; U = Urteil)

Art	Datum	Aktenzeichen	Fußnote
U	04.05.2011	2 BvR 2333/08	219
U	04.05.2011	2 BvR 2365/09	219
U	04.05.2011	2 BvR 571/10	219
U	04.05.2011	2 BvR 740/10	219
U	04.05.2011	2 BvR 1152/10	219
U	19.03.2013	2 BvR 2628/10	569, 631
U	19.03.2013	2 BvR 2883/10	569, 631
U	19.03.2013	2 BvR 2155/11	569, 631
K	26.05.2014	2 BvR 683/12	730
K	03.06.2014	2 BvR 517/13	762
K	12.06.2014	2 BvR 1004/13	606
K	30.06.2014	2 BvR 792/11	719
K	25.08.2014	2 BvR 2048/13	571
K	26.08.2014	2 BvR 2172/13	571
K	30.10.2014	2 BvR 1513/14	600
K	16.12.2014	2 BvR 2393/12	591
K	08.01.2015	2 BvR 2419/13	589
K	15.01.2015	2 BvR 2055/14	573, 635
B	22.01.2015	2 BvR 2049/13	191
B	22.01.2015	2 BvR 2445/14	191
K	29.01.2015	2 BvR 497/12	588
K	29.01.2015	2 BvR 498/12	588
K	29.01.2015	2 BvR 499/12	588
K	29.01.2015	2 BvR 1054/12	588
K	17.04.2015	2 BvR 1986/14	592
B	21.04.2015	2 BvR 2462/13	191
K	13.05.2015	2 BvR 616/13	586
K	28.06.2015	1 BvR 1837/12	585
K	13.07.2015	1 BvR 1089/13	590
K	13.07.2015	1 BvR 1090/13	590
K	28.08.2015	2 WD 9/15	700
B	02.09.2015	2 BvR 2343/14	184

Register der BVerfG-Entscheidungen (nach Aktenzeichen)

(B = Beschluss; K = Kammerbeschluss; U = Urteil)

Art	Datum	Aktenzeichen	Fußnote
K	28.06.2015	1 BvR 1837/12	585
K	13.07.2015	1 BvR 1089/13	590
K	13.07.2015	1 BvR 1090/13	590
U	04.05.2011	2 BvR 2333/08	219
U	04.05.2011	2 BvR 2365/09	219
U	04.05.2011	2 BvR 571/10	219
U	04.05.2011	2 BvR 740/10	219
U	04.05.2011	2 BvR 1152/10	219
U	19.03.2013	2 BvR 2628/10	569, 631
U	19.03.2013	2 BvR 2883/10	569, 631
K	30.06.2014	2 BvR 792/11	719
U	19.03.2013	2 BvR 2155/11	569, 631
K	29.01.2015	2 BvR 497/12	588
K	29.01.2015	2 BvR 498/12	588
K	29.01.2015	2 BvR 499/12	588
K	26.05.2014	2 BvR 683/12	730
K	29.01.2015	2 BvR 1054/12	588
K	16.12.2014	2 BvR 2393/12	591
K	03.06.2014	2 BvR 517/13	762
K	13.05.2015	2 BvR 616/13	586
K	12.06.2014	2 BvR 1004/13	606
K	25.08.2014	2 BvR 2048/13	571
B	22.01.2015	2 BvR 2049/13	191
K	26.08.2014	2 BvR 2172/13	571
K	08.01.2015	2 BvR 2419/13	589
B	21.04.2015	2 BvR 2462/13	191
K	30.10.2014	2 BvR 1513/14	600
K	17.04.2015	2 BvR 1986/14	592
K	15.01.2015	2 BvR 2055/14	573, 635
B	02.09.2015	2 BvR 2343/14	184
B	22.01.2015	2 BvR 2445/14	191
K	28.08.2015	2 WD 9/15	700

Register der BGH-Entscheidungen (chronologisch)

(B = Beschluss; U = Urteil; V = Verfügung)

Art	Datum	Aktenzeichen	Fußnote
U	01.08.2000	5 StR 624/99	84
U	01.04.2010	4 StR 637/09	1
B	11.01.2012	2 StR 346/11	724
U	11.01.2012	2 StR 482/11	724
B	31.07.2012	4 StR 238/12	1
B	22.01.2013	1 StR 557/12	1
U	10.07.2013	2 StR 47/13	572
B	25.07.2013	3 StR 143/13	482
B	11.12.2013	3 StR 302/13	388
B	04.02.2014	2 StR 487/13	608
B	25.02.2014	1 StR 657/13	720
U	11.03.2014	5 StR 563/13	220
B	01.04.2014	2 StR 603/13	220
B	05.05.2014	1 StR 82/14	720
B	06.05.2014	5 StR 160/14	614
B	08.05.2014	1 StR 726/13	576
B	04.06.2014	2 StR 656/13	624, 663
B	17.06.2014	4 StR 171/14	203
B	25.06.2014	1 StR 218/14	774
B	02.07.2014	1 StR 740/13	605
B	02.07.2014	4 StR 188/14	445
B	19.08.2014	3 StR 243/14	187
B	04.09.2014	1 StR 314/14	91
U	25.09.2014	4 StR 69/14	608
V	25.09.2014	2 StR 163/14	607
B	07.10.2014	1 StR 182/14	512
B	08.10.2014	2 StR 137/14	743
B	14.10.2014	3 StR 167/14	69, 716
B	16.10.2014	3 StR 329/14	191
U	20.10.2014	2 StR 509/13	674
U	22.10.2014	2 StR 509/13	92, 93
B	22.10.2014	1 StR 364/14	694
B	04.11.2014	2 StR 300/14	494, 495
U	05.11.2014	2 StR 186/14	73, 444
U	05.11.2014	1 StR 327/14	129, 698
B	06.11.2014	4 StR 384/14	754
B	11.11.2014	3 StR 451/14	480, 483

Art	Datum	Aktenzeichen	Fußnote
B	11.11.2014	3 StR 497/14	658
B	14.11.2014	3 StR 392/14	315
B	19.11.2014	4 StR 427/14	666
B	25.11.2014	2 StR 262/14	138
B	25.11.2014	3 StR 508/14	208
U	26.11.2014	2 StR 132/14	210, 214
B	27.11.2014	2 StR 311/14	440, 487
B	27.11.2014	3 StR 437/14	765
B	27.11.2014	3 StR 458/14	62
B	02.12.2014	1 StR 31/14	422
B	02.12.2014	4 StR 381/14	676, 689
B	03.12.2014	4 StR 292/14	746
B	03.12.2014	4 StR 342/14	294
B	03.12.2014	4 StR 512/14	496, 721
U	04.12.2014	4 StR 60/14	246, 594
U	04.12.2014	4 StR 213/14	131, 409, 410
B	09.12.2014	3 StR 62/14	552, 553, 554, 555
B	09.12.2014	2 StR 239/14	692
B	09.12.2014	2 StR 297/14	187
B	09.12.2014	2 StR 381/14	457
B	09.12.2014	2 StR 417/14	258, 259
U	09.12.2014	5 StR 422/14	281
B	09.12.2014	3 StR 438/14	231
B	09.12.2014	3 StR 442/14	618
B	09.12.2014	3 StR 502/14	116
U	10.12.2014	2 StR 170/13	772
U	10.12.2014	5 StR 136/14	386, 545
B	10.12.2014	2 StR 170/14	187
B	10.12.2014	2 StR 361/14	752
B	10.12.2014	2 StR 375/14	668
B	10.12.2014	3 StR 503/14	479
U	11.12.2014	3 StR 265/14	395, 534, 535
B	16.12.2014	KRB 47/13	539, 766
B	16.12.2014	4 ARs 21/14	664
B	16.12.2014	1 StR 496/14	60
B	16.12.2014	1 StR 515/14	222
B	17.12.2014	StB 10/14	64
B	17.12.2014	2 StR 78/14	50
B	17.12.2014	1 StR 324/14	516
B	17.12.2014	3 StR 377/14	187
B	17.12.2014	4 StR 406/14	544
B	17.12.2014	3 StR 484/14	350
B	17.12.2014	4 StR 486/14	168
U	17.12.2014	3 StR 487/14	228
B	17.12.2014	3 StR 510/14	682
B	17.12.2014	3 StR 511/14	38
B	17.12.2014	3 StR 521/14	138, 502
U	17.12.2014	4 StR 556/14	405

Art	Datum	Aktenzeichen	Fußnote
B	17.12.2014	2 BJs 14/14-4	64
B	18.12.2014	1 StR 242/14	645
B	18.12.2014	4 StR 323/14	567
B	18.12.2014	4 StR 324/14	567
U	18.12.2014	4 StR 468/14	336, 708
B	29.12.2014	2 StR 29/14	397
B	29.12.2014	2 StR 211/14	673, 753
U	30.12.2014	2 StR 439/13	601
B	30.12.2014	2 StR 403/14	683
B	07.01.2015	2 StR 163/14	359
B	07.01.2015	2 ARs 191/14	706
B	07.01.2015	2 StR 259/14	713
U	07.01.2015	2 StR 259/14	609
U	07.01.2015	2 StR 292/14	221
B	07.01.2015	2 StR 463/14	288
B	08.01.2015	3 ARs 20/14	625
B	08.01.2015	2 StR 123/14	643
B	08.01.2015	2 StR 233/14	117
B	08.01.2015	2 StR 252/14	460
B	08.01.2015	2 StR 263/14	194
B	08.01.2015	3 StR 543/14	39, 110
U	08.01.2015	3 StR 581/14	503, 504
B	08.01.2015	3 StR 590/14	192
B	08.01.2015	3 StR 600/14	217
B	09.01.2015	2 ARs 157/14	705
B	13.01.2015	4 StR 378/14	561
B	13.01.2015	5 StR 435/14	296
B	13.01.2015	4 StR 445/14	182
U	13.01.2015	1 StR 454/14	53, 70, 119, 175, 176, 177, 178, 406
U	14.01.2015	1 StR 302/13	431, 432, 433, 434, 435, 439, 498
B	14.01.2015	1 ARs 21/14	625
U	14.01.2015	1 StR 93/14	157, 515, 518, 526
B	14.01.2015	5 StR 196/14	747
B	14.01.2015	2 StR 224/14	672
U	14.01.2015	2 StR 290/14	699
U	14.01.2015	1 StR 351/14	691
B	14.01.2015	2 StR 352/14	375, 442
B	14.01.2015	4 StR 440/14	71, 255, 459
B	14.01.2015	2 StR 476/14	253
U	14.01.2015	5 StR 494/14	185, 336
B	14.01.2015	5 StR 522/14	457, 470
B	14.01.2015	1 StR 573/14	581
B	14.01.2015	5 StR 582/14	254
B	15.01.2015	2 StR 204/14	273
B	15.01.2015	1 StR 315/14	659
B	15.01.2015	2 StR 374/14	745

Art	Datum	Aktenzeichen	Fußnote
B	15.01.2015	4 StR 419/14	187, 343
B	15.01.2015	5 StR 473/14	186, 221, 227
B	15.01.2015	4 StR 503/14	162
B	15.01.2015	4 StR 560/14	54
B	20.01.2015	3 ARs 28/14	547, 548
B	20.01.2015	3 StR 523/14	368
B	20.01.2015	3 StR 551/14	272
U	21.01.2015	2 StR 247/14	360
B	21.01.2015	2 StR 270/14	617
U	21.01.2015	2 StR 272/14	674
B	22.01.2015	AK 34/14	597
U	22.01.2015	3 StR 233/14	337
U	22.01.2015	3 StR 301/14	324
B	22.01.2015	3 StR 410/14	338, 339
U	22.01.2015	3 StR 412/14	367
B	22.01.2015	3 StR 490/14	148, 750
B	22.01.2015	3 StR 490/14	750
B	22.01.2015	5 StR 520/14	136
B	22.01.2015	3 StR 528/14	628
B	22.01.2015	3 StR 535/14	136
B	22.01.2015	3 StR 585/14	289
B	27.01.2015	5 StR 310/13	641
B	27.01.2015	KRB 39/14	539
B	27.01.2015	5 ARs 64/14	626
B	27.01.2015	1 StR 142/14	72, 88, 248, 249
U	27.01.2015	1 StR 142/14	141, 527, 528, 529, 530
B	27.01.2015	2 ARs 278/14	733
B	27.01.2015	1 StR 393/14	638
B	27.01.2015	4 StR 476/14	74
B	27.01.2015	5 StR 549/14	546
B	27.01.2015	1 StR 613/14	239, 240
B	28.01.2015	2 StR 203/14	745
B	28.01.2015	5 StR 486/14	481, 497
B	28.01.2015	5 StR 491/14	735
B	28.01.2015	4 StR 514/14	194, 197
B	28.01.2015	4 StR 574/14	52
B	28.01.2015	1 StR 591/14	580
B	28.01.2015	5 StR 601/14	661
B	28.01.2015	1 StR 619/14	213
B	29.01.2015	1 StR 359/13	738
B	29.01.2015	1 StR 216/14	519
B	29.01.2015	4 StR 424/14	291
U	29.01.2015	4 StR 433/14	305, 307
B	29.01.2015	1 StR 587/14	23, 261, 396
U	03.02.2015	3 StR 541/14	313, 670
B	03.02.2015	3 StR 544/14	620
B	03.02.2015	3 StR 557/14	629

Art	Datum	Aktenzeichen	Fußnote
B	03.02.2015	3 StR 632/14	482
B	03.02.2015	3 StR 645/14	752
U	04.02.2015	2 StR 76/14	723
B	04.02.2015	2 StR 266/14	462
B	04.02.2015	2 StR 414/14	536
U	05.02.2015	3 StR 419/14	696
B	05.02.2015	3 StR 488/14	737
B	05.02.2015	2 StR 496/14	491
B	05.02.2015	StB 1/15	598
B	05.02.2015	2 StR 5/15	287
B	10.02.2015	1 StR 405/14	523, 524
B	10.02.2015	4 StR 418/14	183
U	10.02.2015	1 StR 488/14	65, 147, 155, 277, 407
B	10.02.2015	4 StR 519/14	731
B	10.02.2015	5 StR 594/14	479
B	10.02.2015	4 StR 595/14	660
B	10.02.2015	1 StR 640/14	719
B	10.02.2015	1 StR 20/15	583
U	11.02.2015	2 StR 210/14	346
B	11.02.2015	1 StR 335/14	637, 652
B	11.02.2015	2 StR 349/14	464
B	11.02.2015	2 StR 428/14	745
B	11.02.2015	4 StR 498/14	40, 42
B	11.02.2015	1 StR 571/14	86, 87
B	11.02.2015	5 StR 571/14	260
B	11.02.2015	1 StR 629/14	120, 136
U	12.02.2015	2 StR 109/14	386
B	12.02.2015	4 StR 391/14	96, 756
B	12.02.2015	4 StR 408/14	169
U	12.02.2015	4 StR 420/14	696
U	12.02.2015	1 StR 444/14	342, 364
B	12.02.2015	4 StR 551/14	325
B	17.02.2015	3 StR 547/14	230
U	18.02.2015	2 StR 38/14	50
B	18.02.2015	2 StR 278/14	688
B	18.02.2015	2 StR 523/14	639
B	19.02.2015	2 StR 343/14	140
U	19.02.2015	3 StR 546/14	497
B	24.02.2015	1 StR 245/09	768
B	24.02.2015	1 StR 75/14	735
B	24.02.2015	4 StR 444/14	740
U	24.02.2015	5 StR 621/14	687
B	24.02.2015	4 StR 11/15	334
B	24.02.2015	5 StR 12/15	284
B	24.02.2015	4 StR 37/15	503
B	25.02.2015	5 StR 258/13	647
B	25.02.2015	2 StR 495/13	36

Art	Datum	Aktenzeichen	Fußnote
B	25.02.2015	4 StR 470/14	661
B	25.02.2015	4 StR 516/14	156, 173, 461, 463
B	25.02.2015	4 StR 564/14	159
B	25.02.2015	4 StR 573/14	536
B	25.02.2015	4 StR 587/14	640, 650
B	25.02.2015	4 StR 16/15	446, 771
B	25.02.2015	5 StR 18/15	488
B	25.02.2015	4 StR 39/15	685
U	26.02.2015	4 StR 178/14	562, 566
U	26.02.2015	4 StR 233/14	562, 566
B	26.02.2015	4 StR 293/14	615
B	26.02.2015	4 StR 328/14	297
B	26.02.2015	4 StR 548/14	163, 164, 320
U	26.02.2015	1 StR 574/14	121, 317
B	03.03.2015	3 StR 595/14	132, 371
B	03.03.2015	3 StR 612/14	136
B	03.03.2015	3 StR 40/15	172
U	04.03.2015	2 StR 281/14	20
U	04.03.2015	2 StR 400/14	285, 319, 697
B	05.03.2015	3 ARs 29/14	745
U	05.03.2015	3 StR 514/14	688
B	10.03.2015	5 StR 521/14	290
B	10.03.2015	5 StR 22/15	171
B	10.03.2015	1 StR 64/15	437
U	11.03.2015	2 StR 323/14	378
U	11.03.2015	2 StR 423/14	315, 453, 466
B	11.03.2015	4 StR 570/14	118, 295
U	11.03.2015	5 StR 578/14	717
B	11.03.2015	1 StR 3/15	122
B	11.03.2015	1 StR 50/15	149
U	11.03.2015	2 StR 423/15	229
U	12.03.2015	VII ZR 173/13	725
B	12.03.2015	2 StR 322/14	241, 596
U	12.03.2015	4 StR 538/14	322, 348, 356, 362
B	12.03.2015	2 StR 13/15	740
B	17.03.2015	GSSt 1/14	458, 763
U	17.03.2015	2 StR 281/14	420, 671
U	17.03.2015	2 StR 379/14	99, 100
B	18.03.2015	2 StR 656/13	627
B	18.03.2015	2 StR 96/14	19
B	18.03.2015	2 StR 462/14	621
B	18.03.2015	3 StR 595/14	374
B	18.03.2015	3 StR 634/14	450
B	18.03.2015	3 StR 644/14	247
B	18.03.2015	3 StR 3/15	675
B	18.03.2015	3 StR 7/15	97, 138
B	18.03.2015	3 StR 29/15	207
U	18.03.2015	2 StR 54/15	101

Art	Datum	Aktenzeichen	Fußnote
U	19.03.2015	3 StR 570/14	499
B	19.03.2015	2 StR 35/15	447
U	24.03.2015	5 StR 521/14	674
U	24.03.2015	5 StR 6/15	94
B	24.03.2015	4 StR 24/15	693
B	24.03.2015	1 StR 39/15	204
B	25.03.2015	2 StR 409/14	33, 34
B	25.03.2015	4 StR 600/14	150, 275
B	25.03.2015	4 StR 612/14	377
B	25.03.2015	5 StR 70/15	761
B	25.03.2015	5 StR 82/15	644, 657
U	26.03.2015	4 StR 442/14	303, 331
B	26.03.2015	4 StR 463/14	595
U	26.03.2015	4 StR 463/14	247, 248, 249, 250
B	26.03.2015	2 StR 489/14	493
B	26.03.2015	2 StR 37/15	37
B	26.03.2015	4 StR 65/15	187, 191
B	31.03.2015	3 StR 630/14	449
B	31.03.2015	3 StR 21/15	484, 485
U	02.04.2015	3 StR 197/14	257
U	02.04.2015	3 StR 642/14	677
B	02.04.2015	3 StR 23/15	715
B	02.04.2015	3 StR 53/15	98
B	02.04.2015	3 StR 103/15	207
U	09.04.2015	4 StR 401/14	414
B	09.04.2015	2 StR 402/14	50, 53, 54, 58
B	09.04.2015	2 StR 424/14	183, 361
B	09.04.2015	2 StR 39/15	136
B	13.04.2015	5 StR 110/15	629
B	14.04.2015	3 StR 602/14	270
B	14.04.2015	3 StR 2/15	492
B	14.04.2015	5 StR 9/15	632, 633
U	14.04.2015	5 StR 20/15	646, 656
B	14.04.2015	5 StR 109/15	438, 452
B	14.04.2015	5 StR 131/15	210
U	15.04.2015	1 StR 337/14	276
B	15.04.2015	2 StR 529/14	773
B	15.04.2015	1 StR 112/15	714
B	16.04.2015	2 StR 348/14	749
B	16.04.2015	2 StR 437/14	593
B	16.04.2015	1 StR 490/14	525
B	16.04.2015	2 StR 518/14	669
U	16.04.2015	3 StR 605/14	89, 180
U	16.04.2015	3 StR 638/14	89, 90, 315
U	16.04.2015	3 StR 645/14	48, 302
B	16.04.2015	2 StR 48/15	321
B	21.04.2015	4 StR 422/14	403
B	21.04.2015	1 StR 555/14	701, 734

Art	Datum	Aktenzeichen	Fußnote
B	21.04.2015	4 StR 92/15	54, 75, 210, 218, 411
B	21.04.2015	4 StR 94/15	366
B	22.04.2015	2 StR 383/14	59, 63
U	22.04.2015	2 StR 393/14	197, 202
B	22.04.2015	2 StR 503/14	506
U	23.04.2015	4 StR 603/14	416
U	23.04.2015	4 StR 607/14	415, 417
B	27.04.2015	1 StR 594/14	770
B	28.04.2015	3 StR 532/14	279
U	28.04.2015	1 StR 594/14	223
B	28.04.2015	3 StR 647/14	130, 134
B	28.04.2015	3 StR 48/15	357
B	28.04.2015	3 StR 52/15	739
B	28.04.2015	3 StR 61/15	442, 456
B	28.04.2015	3 StR 86/15	556
B	28.04.2015	3 StR 92/15	106
B	29.04.2015	1 StR 235/14	404, 623, 648
B	29.04.2015	2 StR 398/14	678, 686
U	29.04.2015	2 StR 405/14	129
B	29.04.2015	2 StR 540/14	125
U	29.04.2015	2 StR 14/15	690
U	29.04.2015	5 StR 79/15	211
B	30.04.2015	1 StR 388/13	429
B	30.04.2015	1 StR 426/13	429
B	30.04.2015	1 StR 99/14	429
B	30.04.2015	5 StR 169/14	636
B	30.04.2015	5 StR 132/15	133
B	30.04.2015	1 StR 135/15	579, 582
B	05.05.2015	4 StR 580/11	707
B	05.05.2015	4 StR 510/14	731
B	05.05.2015	4 StR 605/14	718, 742
B	05.05.2015	2 ARs 28/15	704
B	06.05.2015	2 StR 359/14	469
B	06.05.2015	4 StR 89/15	174
B	11.05.2015	3 StR 115/15	353
U	13.05.2015	3 StR 460/14	309
B	13.05.2015	2 StR 488/14	324
U	13.05.2015	3 StR 498/14	402
B	19.05.2015	4 StR 124/15	257
B	19.05.2015	1 StR 128/15	501
B	19.05.2015	1 StR 152/15	104
B	19.05.2015	1 StR 200/15	107, 108
U	20.05.2015	2 StR 45/14	610
U	20.05.2015	2 StR 464/14	311, 314, 335
U	20.05.2015	5 StR 547/14	382
B	20.05.2015	4 StR 555/14	584
B	20.05.2015	1 StR 33/15	381
B	20.05.2015	5 StR 91/15	759

Art	Datum	Aktenzeichen	Fußnote
U	21.05.2015	3 StR 575/14	67
B	21.05.2015	4 StR 164/15	399, 413
B	26.05.2015	3 StR 143/15	32
B	26.05.2015	3 StR 159/15	205
B	28.05.2015	2 StR 32/15	105
U	28.05.2015	3 StR 89/15	61, 129, 138
U	01.06.2015	4 StR 267/11	769
B	01.06.2015	4 StR 21/15	392
B	01.06.2015	4 StR 91/15	491
U	02.06.2015	5 StR 80/15	113
B	02.06.2015	4 StR 144/15	471, 472
B	03.06.2015	2 StR 422/14	312
U	03.06.2015	2 StR 430/14	667
U	03.06.2015	2 StR 473/14	77, 78, 82
U	03.06.2015	5 StR 628/14	369
B	03.06.2015	5 StR 166/15	666
B	03.06.2015	4 StR 167/15	196, 197, 201
B	03.06.2015	4 StR 176/15	170
B	03.06.2015	4 StR 193/15	352
B	04.06.2015	5 StR 201/15	139
B	09.06.2015	2 StR 504/14	27, 299
U	09.06.2015	1 StR 606/14	76
B	09.06.2015	3 StR 45/15	394
B	09.06.2015	3 StR 113/15	630
B	09.06.2015	3 StR 146/15	357
B	09.06.2015	2 StR 166/15	316
B	09.06.2015	1 StR 198/15	662
U	10.06.2015	2 StR 97/14	728
B	10.06.2015	1 StR 399/14	21
B	10.06.2015	1 StR 399/14	421
B	10.06.2015	2 StR 454/14	136
B	10.06.2015	1 StR 190/15	190
B	10.06.2015	1 StR 193/15	667
B	11.06.2015	1 StR 368/14	232, 233, 235, 236, 237, 238, 242, 256
B	11.06.2015	1 StR 590/14	654
B	11.06.2015	2 StR 8/15	744
B	11.06.2015	2 StR 186/15	379
B	11.06.2015	5 StR 186/15	391
B	15.06.2015	5 StR 197/15	537
B	16.06.2015	2 StR 467/14	324
B	16.06.2015	2 StR 29/15	611, 674
B	16.06.2015	4 StR 215/15	136
U	17.06.2015	2 StR 139/14	653
U	17.06.2015	2 StR 358/14	189
U	17.06.2015	5 StR 75/15	26, 301
U	17.06.2015	5 StR 140/15	160
B	17.06.2015	4 StR 196/15	188

Art	Datum	Aktenzeichen	Fußnote
B	18.06.2015	4 StR 46/15	286
B	18.06.2015	4 StR 122/15	363
B	18.06.2015	4 StR 136/15	364
U	24.06.2015	2 StR 30/15	326
B	25.06.2015	1 StR 579/14	262, 650
B	25.06.2015	2 StR 203/15	489
B	30.06.2015	5 StR 71/15	278
B	30.06.2015	3 StR 171/15	330
B	30.06.2015	3 StR 179/15	685
B	30.06.2015	4 StR 188/15	412
B	30.06.2015	4 StR 190/15	401
B	30.06.2015	3 StR 193/15	376
B	30.06.2015	3 StR 202/15	612
B	30.06.2015	3 StR 219/15	448
U	01.07.2015	2 StR 310/14	303
U	01.07.2015	2 StR 524/14	688
B	01.07.2015	4 StR 576/14	649
U	01.07.2015	2 StR 63/15	679
B	01.07.2015	2 StR 137/15	35, 41
B	01.07.2015	4 StR 161/15	138
U	02.07.2015	4 StR 509/14	77, 78
B	02.07.2015	2 StR 134/15	360
B	02.07.2015	2 StR 146/15	44
U	02.07.2015	3 StR 157/15	234, 244
B	07.07.2015	3 StR 66/15	575
U	08.07.2015	2 StR 139/15	473, 474
B	09.07.2015	1 StR 7/15	577, 712
U	09.07.2015	3 StR 33/15	540, 541, 542
B	09.07.2015	2 StR 58/15	68
B	09.07.2015	1 StR 141/15	616
B	09.07.2015	2 StR 170/15	503
U	14.07.2015	5 StR 181/15	500
B	15.07.2015	4 StR 277/15	195
B	16.07.2015	2 StR 15/15	393
B	16.07.2015	2 StR 16/15	393
B	16.07.2015	4 StR 117/15	327, 408
B	16.07.2015	4 StR 219/15	46, 280, 292
B	16.07.2015	4 StR 265/15	250
B	16.07.2015	4 StR 279/15	399
U	21.07.2015	2 StR 441/14	351
B	21.07.2015	1 StR 16/15	298
B	21.07.2015	3 StR 84/15	79, 81
B	21.07.2015	3 StR 104/15	357
B	21.07.2015	3 StR 170/15	225
B	21.07.2015	3 StR 217/15	283
B	21.07.2015	3 StR 261/15	328
U	22.07.2015	2 StR 389/13	557, 558, 559, 560, 561, 564, 565

Art	Datum	Aktenzeichen	Fußnote
B	22.07.2015	1 StR 433/14	731
B	22.07.2015	1 StR 447/14	522
U	22.07.2015	1 StR 447/14	158, 519, 520, 521
B	22.07.2015	2 StR 214/15	101
U	23.07.2015	3 StR 470/14	622, 634
B	23.07.2015	3 StR 518/14	152, 153, 568
U	23.07.2015	3 StR 633/14	332
U	23.07.2015	3 StR 37/15	243
B	23.07.2015	1 StR 149/15	651
B	28.07.2015	1 StR 302/14	517
B	28.07.2015	4 StR 598/14	387
B	28.07.2015	1 StR 602/14	142, 143, 144, 531
B	28.07.2015	2 StR 38/15	400
B	28.07.2015	2 StR 109/15	360
B	28.07.2015	4 StR 132/15	674
B	28.07.2015	2 ARs 141/15	755
B	29.07.2015	4 StR 222/15	578
U	04.08.2015	1 StR 624/14	22, 85, 133
U	04.08.2015	1 StR 53/15	310
B	04.08.2015	3 StR 112/15	370
B	04.08.2015	3 StR 162/15	587
B	04.08.2015	3 StR 267/15	109, 349
B	04.08.2015	5 StR 295/15	354, 355
B	04.08.2015	1 StR 329/15	53
B	05.08.2015	5 StR 255/15	642, 655
B	05.08.2015	1 StR 300/15	619
B	05.08.2015	1 StR 328/15	24, 25, 207, 304
B	06.08.2015	2 BJs 58/15-8	599
B	12.08.2015	4 StR 14/15	345
U	12.08.2015	2 StR 115/15	419
B	13.08.2015	2 StR 26/15	621
B	13.08.2015	2 StR 62/15	741
U	13.08.2015	4 StR 99/15	57
U	18.08.2015	5 StR 78/15	690, 695
B	18.08.2015	3 StR 260/15	135
B	18.08.2015	3 StR 289/15	318
B	18.08.2015	3 StR 303/15	490
B	18.08.2015	3 StR 304/15	709
B	18.08.2015	1 StR 305/15	165
B	19.08.2015	5 StR 275/15	274
B	19.08.2015	1 StR 334/15	389
B	20.08.2015	3 StR 214/15	505
U	20.08.2015	3 StR 259/15	365
B	01.09.2015	1 StR 12/15	532
B	01.09.2015	5 StR 349/15	722
B	01.09.2015	1 StR 382/15	161
B	02.09.2015	1 StR 182/14	767
B	02.09.2015	1 StR 11/15	533

Art	Datum	Aktenzeichen	Fußnote
B	02.09.2015	2 StR 31/15	184
B	02.09.2015	2 StR 49/15	680
B	02.09.2015	1 StR 207/15	736
B	02.09.2015	1 StR 239/15	519, 520
B	02.09.2015	2 StR 239/15	187
B	02.09.2015	2 StR 242/15	681
B	02.09.2015	2 StR 292/15	137
B	02.09.2015	5 StR 314/15	384
B	03.09.2015	1 StR 235/14	736
B	03.09.2015	3 StR 236/15	454, 490, 563
B	03.09.2015	3 StR 242/15	748
U	03.09.2015	3 StR 242/15	126, 306
B	03.09.2015	1 StR 255/15	34, 98, 187, 193, 196, 198, 200, 293
B	07.09.2015	2 StR 194/15	27, 300
B	07.09.2015	2 StR 305/15	486
B	07.09.2015	2 StR 324/15	465
B	08.09.2015	2 AR 95/15	511
B	08.09.2015	2 ARs 142/15	511
B	08.09.2015	4 StR 272/15	703
B	08.09.2015	2 StR 304/15	727
B	09.09.2015	3 BGs 134/15	604
B	09.09.2015	4 StR 184/15	340
B	09.09.2015	4 StR 347/15	451
U	10.09.2015	4 StR 151/15	380
B	15.09.2015	2 StR 21/15	127
U	15.09.2015	5 StR 222/15	305, 311
B	15.09.2015	1 StR 307/15	736
B	15.09.2015	5 StR 341/15	43
B	15.09.2015	5 StR 363/15	418
U	16.09.2015	2 StR 431/14	687
U	16.09.2015	2 StR 483/14	300
B	16.09.2015	2 StR 71/15	355
U	16.09.2015	2 StR 71/15	47
B	16.09.2015	5 StR 331/15	373
B	16.09.2015	5 StR 364/15	651
B	17.09.2015	3 StR 11/15	602
B	22.09.2015	4 StR 152/15	183, 372
B	22.09.2015	4 StR 359/15	53, 54, 55, 56
U	23.09.2015	2 StR 485/14	695
B	24.09.2015	2 StR 126/15	478
B	24.09.2015	2 StR 362/15	112
B	29.09.2015	2 StR 128/15	114
B	29.09.2015	2 StR 309/15	53
B	29.09.2015	3 StR 323/15	751
B	29.09.2015	3 StR 336/15	66
B	29.09.2015	5 StR 394/15	179
B	30.09.2015	5 StR 367/15	329, 360

Art	Datum	Aktenzeichen	Fußnote
B	30.09.2015	1 StR 445/15	687
B	01.10.2015	3 StR 102/15	252, 684
B	01.10.2015	3 StR 287/15	468
B	05.10.2015	2 StR 396/14	574
B	06.10.2015	4 StR 38/15	154
B	06.10.2015	4 StR 352/15	53, 54, 55
B	07.10.2015	4 StR 327/15	688
U	08.10.2015	4 StR 86/15	187
B	08.10.2015	2 StR 103/15	702
B	13.10.2015	StB 10/15	758
B	13.10.2015	2 StR 238/15	124
B	13.10.2015	3 StR 260/15	146
B	13.10.2015	5 StR 414/15	710
B	13.10.2015	1 StR 416/15	180, 181
B	14.10.2015	2 StR 512/14	230
B	14.10.2015	1 StR 521/14	513, 549, 550, 551
B	14.10.2015	1 StR 56/15	709
B	14.10.2015	2 ARs 227/15	732
U	14.10.2015	2 StR 236/15	341
B	14.10.2015	2 StR 249/15	230
U	14.10.2015	5 StR 273/15	760
B	14.10.2015	5 StR 355/15	123, 124
B	14.10.2015	5 StR 385/15	358
B	14.10.2015	1 StR 415/15	207
B	14.10.2015	1 StR 473/15	344
B	15.10.2015	3 StR 63/15	115
B	15.10.2015	2 StR 274/15	509, 510
B	15.10.2015	3 StR 350/15	102, 103
B	15.10.2015	2 StR 390/15	703
B	20.10.2015	4 StR 182/15	347
B	20.10.2015	4 StR 343/15	537, 538
U	22.10.2015	4 StR 133/15	48, 49, 51, 508
U	22.10.2015	4 StR 275/15	95, 224
U	26.10.2015	1 StR 317/15	89, 441, 442, 443, 455, 475, 476, 477
B	27.10.2015	3 StR 124/13	430
U	27.10.2015	1 StR 142/15	195, 196, 197, 203
B	27.10.2015	1 StR 162/15	613
U	27.10.2015	3 StR 199/15	31, 80, 83
U	27.10.2015	3 StR 218/15	271
B	27.10.2015	3 StR 314/15	212
B	27.10.2015	3 StR 363/15	45
U	28.10.2015	1 StR 142/15	199
B	28.10.2015	5 StR 397/15	686
B	03.11.2015	4 StR 309/15	226
B	03.11.2015	4 StR 407/15	166, 467, 471
B	04.11.2015	4 StR 403/14	543
B	04.11.2015	4 StR 337/15	206

Art	Datum	Aktenzeichen	Fußnote
U	05.11.2015	4 StR 124/14	30, 245, 436
U	05.11.2015	4 StR 183/15	696
B	05.11.2015	2 StR 296/15	128
B	05.11.2015	2 StR 364/15	757
U	10.11.2015	5 StR 300/15	695
U	10.11.2015	5 StR 303/15	687
B	10.11.2015	5 StR 420/15	726
B	10.11.2015	5 StR 463/15	385
B	10.11.2015	1 StR 482/15	207, 215, 216
B	10.11.2015	1 StR 520/15	703
B	11.11.2015	1 StR 235/15	696
U	11.11.2015	5 StR 259/15	308
B	11.11.2015	2 StR 272/15	111
B	11.11.2015	1 StR 339/15	167
B	11.11.2015	5 StR 473/15	665
B	12.11.2015	3 StR 385/15	251
B	12.11.2015	2 StR 429/15	398
B	12.11.2015	5 StR 467/15	764
B	17.11.2015	4 StR 276/15	167
B	17.11.2015	4 StR 378/15	145
B	18.11.2015	4 StR 410/15	282
U	19.11.2015	4 StR 115/15	151, 383, 390
B	24.11.2015	1 StR 366/15	514
B	24.11.2015	1 StR 494/15	208
B	26.11.2015	1 StR 135/15	729
B	26.11.2015	1 StR 386/15	731
B	01.12.2015	4 StR 270/15	323, 603
B	01.12.2015	4 StR 397/15	98, 203
U	03.12.2015	4 StR 223/15	28, 29
U	03.12.2015	4 StR 387/15	27, 189. 507
B	03.12.2015	4 StR 430/15	461, 463
U	03.12.2015	1 StR 457/15	27, 49, 50, 51
B	03.12.2015	1 StR 576/15	209

Register der BGH-Entscheidungen (nach Aktenzeichen)

(B = Beschluss; U = Urteil; V= Verfügung)

Art	Datum	Aktenzeichen	Fußnote
B	14.01.2015	1 ARs 21/14	625
B	24.02.2015	1 StR 245/09	768
B	22.01.2013	1 StR 557/12	1
U	14.01.2015	1 StR 302/13	431, 432, 433, 434, 435, 439, 498
B	29.01.2015	1 StR 359/13	738
B	30.04.2015	1 StR 388/13	429
B	30.04.2015	1 StR 426/13	429
B	25.02.2014	1 StR 657/13	720
B	08.05.2014	1 StR 726/13	576
B	02.07.2014	1 StR 740/13	605
B	02.12.2014	1 StR 31/14	422
B	24.02.2015	1 StR 75/14	735
B	05.05.2014	1 StR 82/14	720
U	14.01.2015	1 StR 93/14	157, 515, 518, 526
B	30.04.2015	1 StR 99/14	429
B	27.01.2015	1 StR 142/14	72, 88, 248, 249
U	27.01.2015	1 StR 142/14	141, 527, 528, 529, 530
B	07.10.2014	1 StR 182/14	512
B	02.09.2015	1 StR 182/14	767
B	29.01.2015	1 StR 216/14	519
B	25.06.2014	1 StR 218/14	774
B	29.04.2015	1 StR 235/14	404, 623, 648
B	03.09.2015	1 StR 235/14	736
B	18.12.2014	1 StR 242/14	645
B	28.07.2015	1 StR 302/14	517
B	04.09.2014	1 StR 314/14	91
B	15.01.2015	1 StR 315/14	659
B	17.12.2014	1 StR 324/14	516
U	05.11.2014	1 StR 327/14	129, 698
B	11.02.2015	1 StR 335/14	637, 652
U	15.04.2015	1 StR 337/14	276
U	14.01.2015	1 StR 351/14	691
B	22.10.2014	1 StR 364/14	694
B	11.06.2015	1 StR 368/14	232, 233, 235, 236, 237, 238, 242, 256

Art	Datum	Aktenzeichen	Fußnote
B	27.01.2015	1 StR 393/14	638
B	10.06.2015	1 StR 399/14	21
B	10.06.2015	1 StR 399/14	421
B	10.02.2015	1 StR 405/14	523, 524
B	22.07.2015	1 StR 433/14	731
U	12.02.2015	1 StR 444/14	342, 364
B	22.07.2015	1 StR 447/14	522
U	22.07.2015	1 StR 447/14	158, 519, 520, 521
U	13.01.2015	1 StR 454/14	53, 70, 119, 175, 176, 177, 178, 406
U	10.02.2015	1 StR 488/14	65, 147, 155, 277, 407
B	16.04.2015	1 StR 490/14	525
B	16.12.2014	1 StR 496/14	60
B	16.12.2014	1 StR 515/14	222
B	14.10.2015	1 StR 521/14	513, 549, 550, 551
B	21.04.2015	1 StR 555/14	701, 734
B	11.02.2015	1 StR 571/14	86, 87
B	14.01.2015	1 StR 573/14	581
U	26.02.2015	1 StR 574/14	121, 317
B	25.06.2015	1 StR 579/14	262, 650
B	29.01.2015	1 StR 587/14	23, 261, 396
B	11.06.2015	1 StR 590/14	654
B	28.01.2015	1 StR 591/14	580
B	27.04.2015	1 StR 594/14	770
U	28.04.2015	1 StR 594/14	223
B	28.07.2015	1 StR 602/14	142, 143, 144, 531
U	09.06.2015	1 StR 606/14	76
B	27.01.2015	1 StR 613/14	239, 240
B	28.01.2015	1 StR 619/14	213
U	04.08.2015	1 StR 624/14	22, 85, 133
B	11.02.2015	1 StR 629/14	120, 136
B	10.02.2015	1 StR 640/14	719
B	11.03.2015	1 StR 3/15	122
B	09.07.2015	1 StR 7/15	577, 712
B	02.09.2015	1 StR 11/15	533
B	01.09.2015	1 StR 12/15	532
B	21.07.2015	1 StR 16/15	298
B	10.02.2015	1 StR 20/15	583
B	20.05.2015	1 StR 33/15	381
B	24.03.2015	1 StR 39/15	204
B	11.03.2015	1 StR 50/15	149
U	04.08.2015	1 StR 53/15	310
B	14.10.2015	1 StR 56/15	709
B	10.03.2015	1 StR 64/15	437
B	15.04.2015	1 StR 112/15	714
B	19.05.2015	1 StR 128/15	501
B	30.04.2015	1 StR 135/15	579, 582

Art	Datum	Aktenzeichen	Fußnote
B	26.11.2015	1 StR 135/15	729
B	09.07.2015	1 StR 141/15	616
U	27.10.2015	1 StR 142/15	195, 196, 197, 203
U	28.10.2015	1 StR 142/15	199
B	23.07.2015	1 StR 149/15	651
B	19.05.2015	1 StR 152/15	104
B	27.10.2015	1 StR 162/15	613
B	10.06.2015	1 StR 190/15	190
B	10.06.2015	1 StR 193/15	667
B	09.06.2015	1 StR 198/15	662
B	19.05.2015	1 StR 200/15	107, 108
B	02.09.2015	1 StR 207/15	736
B	11.11.2015	1 StR 235/15	696
B	02.09.2015	1 StR 239/15	519, 520
B	03.09.2015	1 StR 255/15	34, 98, 187, 193, 196, 198, 200, 293
B	05.08.2015	1 StR 300/15	619
B	18.08.2015	1 StR 305/15	165
B	15.09.2015	1 StR 307/15	736
U	26.10.2015	1 StR 317/15	89, 441, 442, 443, 455, 475, 476, 477
B	05.08.2015	1 StR 328/15	24, 25, 207, 304
B	04.08.2015	1 StR 329/15	53
B	19.08.2015	1 StR 334/15	389
B	11.11.2015	1 StR 339/15	167
B	24.11.2015	1 StR 366/15	514
B	01.09.2015	1 StR 382/15	161
B	26.11.2015	1 StR 386/15	731
B	14.10.2015	1 StR 415/15	207
B	13.10.2015	1 StR 416/15	180, 181
B	30.09.2015	1 StR 445/15	687
U	03.12.2015	1 StR 457/15	27, 49, 50, 51
B	14.10.2015	1 StR 473/15	344
B	10.11.2015	1 StR 482/15	207, 215, 216
B	24.11.2015	1 StR 494/15	208
B	10.11.2015	1 StR 520/15	703
B	03.12.2015	1 StR 576/15	209
B	08.09.2015	2 AR 95/15	511
B	09.01.2015	2 ARs 157/14	705
B	07.01.2015	2 ARs 191/14	706
B	27.01.2015	2 ARs 278/14	733
B	05.05.2015	2 ARs 28/15	704
B	28.07.2015	2 ARs 141/15	755
B	08.09.2015	2 ARs 142/15	511
B	14.10.2015	2 ARs 227/15	732
B	17.12.2014	2 BJs 14/14-4	64
B	06.08.2015	2 BJs 58/15-8	599
B	11.01.2012	2 StR 346/11	724

Art	Datum	Aktenzeichen	Fußnote
U	11.01.2012	2 StR 482/11	724
U	10.07.2013	2 StR 47/13	572
U	10.12.2014	2 StR 170/13	772
U	22.07.2015	2 StR 389/13	557, 558, 559, 560, 561, 564, 565
U	30.12.2014	2 StR 439/13	601
B	04.02.2014	2 StR 487/13	608
B	25.02.2015	2 StR 495/13	36
U	20.10.2014	2 StR 509/13	674
U	22.10.2014	2 StR 509/13	92, 93
B	01.04.2014	2 StR 603/13	220
B	04.06.2014	2 StR 656/13	624, 663
B	18.03.2015	2 StR 656/13	627
B	29.12.2014	2 StR 29/14	397
U	18.02.2015	2 StR 38/14	50
U	20.05.2015	2 StR 45/14	610
U	04.02.2015	2 StR 76/14	723
B	17.12.2014	2 StR 78/14	50
B	18.03.2015	2 StR 96/14	19
U	10.06.2015	2 StR 97/14	728
U	12.02.2015	2 StR 109/14	386
B	08.01.2015	2 StR 123/14	643
U	26.11.2014	2 StR 132/14	210, 214
B	08.10.2014	2 StR 137/14	743
U	17.06.2015	2 StR 139/14	653
V	25.09.2014	2 StR 163/14	607
B	07.01.2015	2 StR 163/14	359
B	10.12.2014	2 StR 170/14	187
U	05.11.2014	2 StR 186/14	73, 444
B	28.01.2015	2 StR 203/14	745
B	15.01.2015	2 StR 204/14	273
U	11.02.2015	2 StR 210/14	346
B	29.12.2014	2 StR 211/14	673, 753
B	14.01.2015	2 StR 224/14	672
B	08.01.2015	2 StR 233/14	117
B	09.12.2014	2 StR 239/14	692
U	21.01.2015	2 StR 247/14	360
B	08.01.2015	2 StR 252/14	460
B	07.01.2015	2 StR 259/14	713
U	07.01.2015	2 StR 259/14	609
B	25.11.2014	2 StR 262/14	138
B	08.01.2015	2 StR 263/14	194
B	04.02.2015	2 StR 266/14	462
B	21.01.2015	2 StR 270/14	617
U	21.01.2015	2 StR 272/14	674
B	18.02.2015	2 StR 278/14	688
U	04.03.2015	2 StR 281/14	20
U	17.03.2015	2 StR 281/14	420, 671

Art	Datum	Aktenzeichen	Fußnote
U	14.01.2015	2 StR 290/14	699
U	07.01.2015	2 StR 292/14	221
B	09.12.2014	2 StR 297/14	187
B	04.11.2014	2 StR 300/14	494, 495
U	01.07.2015	2 StR 310/14	303
B	27.11.2014	2 StR 311/14	440, 487
B	12.03.2015	2 StR 322/14	241, 596
U	11.03.2015	2 StR 323/14	378
B	19.02.2015	2 StR 343/14	140
B	16.04.2015	2 StR 348/14	749
B	11.02.2015	2 StR 349/14	464
B	14.01.2015	2 StR 352/14	375, 442
U	17.06.2015	2 StR 358/14	189
B	06.05.2015	2 StR 359/14	469
B	10.12.2014	2 StR 361/14	752
B	15.01.2015	2 StR 374/14	745
B	10.12.2014	2 StR 375/14	668
U	17.03.2015	2 StR 379/14	99, 100
B	09.12.2014	2 StR 381/14	457
B	22.04.2015	2 StR 383/14	59, 63
U	22.04.2015	2 StR 393/14	197, 202
B	05.10.2015	2 StR 396/14	574
B	29.04.2015	2 StR 398/14	678, 686
U	04.03.2015	2 StR 400/14	285, 319, 697
B	09.04.2015	2 StR 402/14	50, 53, 54, 58
B	30.12.2014	2 StR 403/14	683
U	29.04.2015	2 StR 405/14	129
B	25.03.2015	2 StR 409/14	33, 34
B	04.02.2015	2 StR 414/14	536
B	09.12.2014	2 StR 417/14	258, 259
B	03.06.2015	2 StR 422/14	312
U	11.03.2015	2 StR 423/14	315, 453, 466
B	09.04.2015	2 StR 424/14	183, 361
B	11.02.2015	2 StR 428/14	745
U	03.06.2015	2 StR 430/14	667
U	16.09.2015	2 StR 431/14	687
B	16.04.2015	2 StR 437/14	593
U	21.07.2015	2 StR 441/14	351
B	10.06.2015	2 StR 454/14	136
B	18.03.2015	2 StR 462/14	621
B	07.01.2015	2 StR 463/14	288
U	20.05.2015	2 StR 464/14	311, 314, 335
B	16.06.2015	2 StR 467/14	324
U	03.06.2015	2 StR 473/14	77, 78, 82
B	14.01.2015	2 StR 476/14	253
U	16.09.2015	2 StR 483/14	300
U	23.09.2015	2 StR 485/14	695
B	13.05.2015	2 StR 488/14	324

Art	Datum	Aktenzeichen	Fußnote
B	26.03.2015	2 StR 489/14	493
B	05.02.2015	2 StR 496/14	491
B	22.04.2015	2 StR 503/14	506
B	09.06.2015	2 StR 504/14	27, 299
B	14.10.2015	2 StR 512/14	230
B	16.04.2015	2 StR 518/14	669
B	18.02.2015	2 StR 523/14	639
U	01.07.2015	2 StR 524/14	688
B	15.04.2015	2 StR 529/14	773
B	29.04.2015	2 StR 540/14	125
B	05.02.2015	2 StR 5/15	287
B	11.06.2015	2 StR 8/15	744
B	12.03.2015	2 StR 13/15	740
U	29.04.2015	2 StR 14/15	690
B	16.07.2015	2 StR 15/15	393
B	16.07.2015	2 StR 16/15	393
B	15.09.2015	2 StR 21/15	127
B	13.08.2015	2 StR 26/15	621
B	16.06.2015	2 StR 29/15	611, 674
U	24.06.2015	2 StR 30/15	326
B	02.09.2015	2 StR 31/15	184
B	28.05.2015	2 StR 32/15	105
B	19.03.2015	2 StR 35/15	447
B	26.03.2015	2 StR 37/15	37
B	28.07.2015	2 StR 38/15	400
B	09.04.2015	2 StR 39/15	136
B	16.04.2015	2 StR 48/15	321
B	02.09.2015	2 StR 49/15	680
U	18.03.2015	2 StR 54/15	101
B	09.07.2015	2 StR 58/15	68
B	13.08.2015	2 StR 62/15	741
U	01.07.2015	2 StR 63/15	679
B	16.09.2015	2 StR 71/15	355
U	16.09.2015	2 StR 71/15	47
B	08.10.2015	2 StR 103/15	702
B	28.07.2015	2 StR 109/15	360
U	12.08.2015	2 StR 115/15	419
B	24.09.2015	2 StR 126/15	478
B	29.09.2015	2 StR 128/15	114
B	02.07.2015	2 StR 134/15	360
B	01.07.2015	2 StR 137/15	35, 41
U	08.07.2015	2 StR 139/15	473, 474
B	02.07.2015	2 StR 146/15	44
B	09.06.2015	2 StR 166/15	316
B	09.07.2015	2 StR 170/15	503
B	11.06.2015	2 StR 186/15	379
B	07.09.2015	2 StR 194/15	27, 300
B	25.06.2015	2 StR 203/15	489

Art	Datum	Aktenzeichen	Fußnote
B	22.07.2015	2 StR 214/15	101
U	14.10.2015	2 StR 236/15	341
B	13.10.2015	2 StR 238/15	124
B	02.09.2015	2 StR 239/15	187
B	02.09.2015	2 StR 242/15	681
B	14.10.2015	2 StR 249/15	230
B	11.11.2015	2 StR 272/15	111
B	15.10.2015	2 StR 274/15	509, 510
B	02.09.2015	2 StR 292/15	137
B	05.11.2015	2 StR 296/15	128
B	08.09.2015	2 StR 304/15	727
B	07.09.2015	2 StR 305/15	486
B	29.09.2015	2 StR 309/15	53
B	07.09.2015	2 StR 324/15	465
B	24.09.2015	2 StR 362/15	112
B	05.11.2015	2 StR 364/15	757
B	15.10.2015	2 StR 390/15	703
U	11.03.2015	2 StR 423/15	229
B	12.11.2015	2 StR 429/15	398
B	08.01.2015	3 ARs 20/14	625
B	20.01.2015	3 ARs 28/14	547, 548
B	05.03.2015	3 ARs 29/14	745
B	09.09.2015	3 BGs 134/15	604
B	27.10.2015	3 StR 124/13	430
B	25.07.2013	3 StR 143/13	482
B	11.12.2013	3 StR 302/13	388
B	09.12.2014	3 StR 62/14	552, 553, 554, 555
B	14.10.2014	3 StR 167/14	69, 716
U	02.04.2015	3 StR 197/14	257
U	22.01.2015	3 StR 233/14	337
B	19.08.2014	3 StR 243/14	187
U	11.12.2014	3 StR 265/14	395, 534, 535
U	22.01.2015	3 StR 301/14	324
B	16.10.2014	3 StR 329/14	191
B	17.12.2014	3 StR 377/14	187
B	14.11.2014	3 StR 392/14	315
B	22.01.2015	3 StR 410/14	338, 339
U	22.01.2015	3 StR 412/14	367
U	05.02.2015	3 StR 419/14	696
B	27.11.2014	3 StR 437/14	765
B	09.12.2014	3 StR 438/14	231
B	09.12.2014	3 StR 442/14	618
B	11.11.2014	3 StR 451/14	480, 483
B	27.11.2014	3 StR 458/14	62
U	13.05.2015	3 StR 460/14	309
U	23.07.2015	3 StR 470/14	622, 634
B	17.12.2014	3 StR 484/14	350
U	17.12.2014	3 StR 487/14	228

Art	Datum	Aktenzeichen	Fußnote
B	05.02.2015	3 StR 488/14	737
B	22.01.2015	3 StR 490/14	148, 750
B	22.01.2015	3 StR 490/14	750
B	11.11.2014	3 StR 497/14	658
U	13.05.2015	3 StR 498/14	402
B	09.12.2014	3 StR 502/14	116
B	10.12.2014	3 StR 503/14	479
B	25.11.2014	3 StR 508/14	208
B	17.12.2014	3 StR 510/14	682
B	17.12.2014	3 StR 511/14	38
U	05.03.2015	3 StR 514/14	688
B	23.07.2015	3 StR 518/14	152, 153, 568
B	17.12.2014	3 StR 521/14	138, 502
B	20.01.2015	3 StR 523/14	368
B	22.01.2015	3 StR 528/14	628
B	28.04.2015	3 StR 532/14	279
B	22.01.2015	3 StR 535/14	136
U	03.02.2015	3 StR 541/14	313, 670
B	08.01.2015	3 StR 543/14	39, 110
B	03.02.2015	3 StR 544/14	620
U	19.02.2015	3 StR 546/14	497
B	17.02.2015	3 StR 547/14	230
B	20.01.2015	3 StR 551/14	272
B	03.02.2015	3 StR 557/14	629
U	19.03.2015	3 StR 570/14	499
U	21.05.2015	3 StR 575/14	67
U	08.01.2015	3 StR 581/14	503, 504
B	22.01.2015	3 StR 585/14	289
B	08.01.2015	3 StR 590/14	192
B	03.03.2015	3 StR 595/14	132, 371
B	18.03.2015	3 StR 595/14	374
B	08.01.2015	3 StR 600/14	217
B	14.04.2015	3 StR 602/14	270
U	16.04.2015	3 StR 605/14	89, 180
B	03.03.2015	3 StR 612/14	136
B	31.03.2015	3 StR 630/14	449
B	03.02.2015	3 StR 632/14	482
U	23.07.2015	3 StR 633/14	332
B	18.03.2015	3 StR 634/14	450
U	16.04.2015	3 StR 638/14	89, 90, 315
U	02.04.2015	3 StR 642/14	677
B	18.03.2015	3 StR 644/14	247
B	03.02.2015	3 StR 645/14	752
U	16.04.2015	3 StR 645/14	48, 302
B	28.04.2015	3 StR 647/14	130, 134
B	14.04.2015	3 StR 2/15	492
B	18.03.2015	3 StR 3/15	675
B	18.03.2015	3 StR 7/15	97, 138

Art	Datum	Aktenzeichen	Fußnote
B	17.09.2015	3 StR 11/15	602
B	31.03.2015	3 StR 21/15	484, 485
B	02.04.2015	3 StR 23/15	715
B	18.03.2015	3 StR 29/15	207
U	09.07.2015	3 StR 33/15	540, 541, 542
U	23.07.2015	3 StR 37/15	243
B	03.03.2015	3 StR 40/15	172
B	09.06.2015	3 StR 45/15	394
B	28.04.2015	3 StR 48/15	357
B	28.04.2015	3 StR 52/15	739
B	02.04.2015	3 StR 53/15	98
B	28.04.2015	3 StR 61/15	442, 456
B	15.10.2015	3 StR 63/15	115
B	07.07.2015	3 StR 66/15	575
B	21.07.2015	3 StR 84/15	79, 81
B	28.04.2015	3 StR 86/15	556
U	28.05.2015	3 StR 89/15	61, 129, 138
B	28.04.2015	3 StR 92/15	106
B	01.10.2015	3 StR 102/15	252, 684
B	02.04.2015	3 StR 103/15	207
B	21.07.2015	3 StR 104/15	357
B	04.08.2015	3 StR 112/15	370
B	09.06.2015	3 StR 113/15	630
B	11.05.2015	3 StR 115/15	353
B	26.05.2015	3 StR 143/15	32
B	09.06.2015	3 StR 146/15	357
U	02.07.2015	3 StR 157/15	234, 244
B	26.05.2015	3 StR 159/15	205
B	04.08.2015	3 StR 162/15	587
B	21.07.2015	3 StR 170/15	225
B	30.06.2015	3 StR 171/15	330
B	30.06.2015	3 StR 179/15	685
B	30.06.2015	3 StR 193/15	376
U	27.10.2015	3 StR 199/15	31, 80, 83
B	30.06.2015	3 StR 202/15	612
B	20.08.2015	3 StR 214/15	505
B	21.07.2015	3 StR 217/15	283
U	27.10.2015	3 StR 218/15	271
B	30.06.2015	3 StR 219/15	448
B	03.09.2015	3 StR 236/15	454, 490, 563
B	03.09.2015	3 StR 242/15	748
U	03.09.2015	3 StR 242/15	126, 306
U	20.08.2015	3 StR 259/15	365
B	18.08.2015	3 StR 260/15	135
B	13.10.2015	3 StR 260/15	146
B	21.07.2015	3 StR 261/15	328
B	04.08.2015	3 StR 267/15	109, 349
B	01.10.2015	3 StR 287/15	468

Art	Datum	Aktenzeichen	Fußnote
B	18.08.2015	3 StR 289/15	318
B	18.08.2015	3 StR 303/15	490
B	18.08.2015	3 StR 304/15	709
B	27.10.2015	3 StR 314/15	212
B	29.09.2015	3 StR 323/15	751
B	29.09.2015	3 StR 336/15	66
B	15.10.2015	3 StR 350/15	102, 103
B	27.10.2015	3 StR 363/15	45
B	12.11.2015	3 StR 385/15	251
B	16.12.2014	4 ARs 21/14	664
U	01.04.2010	4 StR 637/09	1
U	01.06.2015	4 StR 267/11	769
B	05.05.2015	4 StR 580/11	707
B	31.07.2012	4 StR 238/12	1
U	04.12.2014	4 StR 60/14	246, 594
U	25.09.2014	4 StR 69/14	608
U	05.11.2015	4 StR 124/14	30, 245, 436
B	17.06.2014	4 StR 171/14	203
U	26.02.2015	4 StR 178/14	562, 566
B	02.07.2014	4 StR 188/14	445
U	04.12.2014	4 StR 213/14	131, 409, 410
U	26.02.2015	4 StR 233/14	562, 566
B	03.12.2014	4 StR 292/14	746
B	26.02.2015	4 StR 293/14	615
B	18.12.2014	4 StR 323/14	567
B	18.12.2014	4 StR 324/14	567
B	26.02.2015	4 StR 328/14	297
B	03.12.2014	4 StR 342/14	294
B	13.01.2015	4 StR 378/14	561
B	02.12.2014	4 StR 381/14	676, 689
B	06.11.2014	4 StR 384/14	754
B	12.02.2015	4 StR 391/14	96, 756
U	09.04.2015	4 StR 401/14	414
B	04.11.2015	4 StR 403/14	543
B	17.12.2014	4 StR 406/14	544
B	12.02.2015	4 StR 408/14	169
B	10.02.2015	4 StR 418/14	183
B	15.01.2015	4 StR 419/14	187, 343
U	12.02.2015	4 StR 420/14	696
B	21.04.2015	4 StR 422/14	403
B	29.01.2015	4 StR 424/14	291
B	19.11.2014	4 StR 427/14	666
U	29.01.2015	4 StR 433/14	305, 307
B	14.01.2015	4 StR 440/14	71, 255, 459
U	26.03.2015	4 StR 442/14	303, 331
B	24.02.2015	4 StR 444/14	740
B	13.01.2015	4 StR 445/14	182
B	26.03.2015	4 StR 463/14	595

Art	Datum	Aktenzeichen	Fußnote
U	26.03.2015	4 StR 463/14	247, 248, 249, 250
U	18.12.2014	4 StR 468/14	336, 708
B	25.02.2015	4 StR 470/14	661
B	27.01.2015	4 StR 476/14	74
B	17.12.2014	4 StR 486/14	168
B	11.02.2015	4 StR 498/14	40, 42
B	15.01.2015	4 StR 503/14	162
U	02.07.2015	4 StR 509/14	77, 78
B	05.05.2015	4 StR 510/14	731
B	03.12.2014	4 StR 512/14	496, 721
B	28.01.2015	4 StR 514/14	194, 197
B	25.02.2015	4 StR 516/14	156, 173, 461, 463
B	10.02.2015	4 StR 519/14	731
U	12.03.2015	4 StR 538/14	322, 348, 356, 362
B	26.02.2015	4 StR 548/14	163, 164, 320
B	12.02.2015	4 StR 551/14	325
B	20.05.2015	4 StR 555/14	584
U	17.12.2014	4 StR 556/14	405
B	15.01.2015	4 StR 560/14	54
B	25.02.2015	4 StR 564/14	159
B	11.03.2015	4 StR 570/14	118, 295
B	25.02.2015	4 StR 573/14	536
B	28.01.2015	4 StR 574/14	52
B	01.07.2015	4 StR 576/14	649
B	25.02.2015	4 StR 587/14	640, 650
B	10.02.2015	4 StR 595/14	660
B	28.07.2015	4 StR 598/14	387
B	25.03.2015	4 StR 600/14	150, 275
U	23.04.2015	4 StR 603/14	416
B	05.05.2015	4 StR 605/14	718, 742
U	23.04.2015	4 StR 607/14	415, 417
B	25.03.2015	4 StR 612/14	377
B	24.02.2015	4 StR 11/15	334
B	12.08.2015	4 StR 14/15	345
B	25.02.2015	4 StR 16/15	446, 771
B	01.06.2015	4 StR 21/15	392
B	24.03.2015	4 StR 24/15	693
B	24.02.2015	4 StR 37/15	503
B	06.10.2015	4 StR 38/15	154
B	25.02.2015	4 StR 39/15	685
B	18.06.2015	4 StR 46/15	286
B	26.03.2015	4 StR 65/15	187, 191
U	08.10.2015	4 StR 86/15	187
B	06.05.2015	4 StR 89/15	174
B	01.06.2015	4 StR 91/15	491
B	21.04.2015	4 StR 92/15	54, 75, 210, 218, 411
B	21.04.2015	4 StR 94/15	366
U	13.08.2015	4 StR 99/15	57

Art	Datum	Aktenzeichen	Fußnote
U	19.11.2015	4 StR 115/15	151, 383, 390
B	16.07.2015	4 StR 117/15	327, 408
B	18.06.2015	4 StR 122/15	363
B	19.05.2015	4 StR 124/15	257
B	28.07.2015	4 StR 132/15	674
U	22.10.2015	4 StR 133/15	48, 49, 51, 508
B	18.06.2015	4 StR 136/15	364
B	02.06.2015	4 StR 144/15	471, 472
U	10.09.2015	4 StR 151/15	380
B	22.09.2015	4 StR 152/15	183, 372
B	01.07.2015	4 StR 161/15	138
B	21.05.2015	4 StR 164/15	399, 413
B	03.06.2015	4 StR 167/15	196, 197, 201
B	03.06.2015	4 StR 176/15	170
B	20.10.2015	4 StR 182/15	347
U	05.11.2015	4 StR 183/15	696
B	09.09.2015	4 StR 184/15	340
B	30.06.2015	4 StR 188/15	412
B	30.06.2015	4 StR 190/15	401
B	03.06.2015	4 StR 193/15	352
B	17.06.2015	4 StR 196/15	188
B	16.06.2015	4 StR 215/15	136
B	16.07.2015	4 StR 219/15	46, 280, 292
B	29.07.2015	4 StR 222/15	578
U	03.12.2015	4 StR 223/15	28, 29
B	16.07.2015	4 StR 265/15	250
B	01.12.2015	4 StR 270/15	323, 603
B	08.09.2015	4 StR 272/15	703
U	22.10.2015	4 StR 275/15	95, 224
B	17.11.2015	4 StR 276/15	167
B	15.07.2015	4 StR 277/15	195
B	16.07.2015	4 StR 279/15	399
B	03.11.2015	4 StR 309/15	226
B	07.10.2015	4 StR 327/15	688
B	04.11.2015	4 StR 337/15	206
B	20.10.2015	4 StR 343/15	537, 538
B	09.09.2015	4 StR 347/15	451
B	06.10.2015	4 StR 352/15	53, 54, 55
B	22.09.2015	4 StR 359/15	53, 54, 55, 56
B	17.11.2015	4 StR 378/15	145
U	03.12.2015	4 StR 387/15	27, 189. 507
B	01.12.2015	4 StR 397/15	98, 203
B	03.11.2015	4 StR 407/15	166, 467, 471
B	18.11.2015	4 StR 410/15	282
B	03.12.2015	4 StR 430/15	461, 463
B	27.01.2015	5 ARs 64/14	626
B	25.02.2015	5 StR 258/13	647
B	27.01.2015	5 StR 310/13	641

Art	Datum	Aktenzeichen	Fußnote
U	11.03.2014	5 StR 563/13	220
U	10.12.2014	5 StR 136/14	386, 545
B	06.05.2014	5 StR 160/14	614
B	30.04.2015	5 StR 169/14	636
B	14.01.2015	5 StR 196/14	747
U	09.12.2014	5 StR 422/14	281
B	13.01.2015	5 StR 435/14	296
B	15.01.2015	5 StR 473/14	186, 221, 227
B	28.01.2015	5 StR 486/14	481, 497
B	28.01.2015	5 StR 491/14	735
U	14.01.2015	5 StR 494/14	185, 336
B	22.01.2015	5 StR 520/14	136
B	10.03.2015	5 StR 521/14	290
U	24.03.2015	5 StR 521/14	674
B	14.01.2015	5 StR 522/14	457, 470
U	20.05.2015	5 StR 547/14	382
B	27.01.2015	5 StR 549/14	546
B	11.02.2015	5 StR 571/14	260
U	11.03.2015	5 StR 578/14	717
B	14.01.2015	5 StR 582/14	254
B	10.02.2015	5 StR 594/14	479
B	28.01.2015	5 StR 601/14	661
U	24.02.2015	5 StR 621/14	687
U	03.06.2015	5 StR 628/14	369
U	24.03.2015	5 StR 6/15	94
B	14.04.2015	5 StR 9/15	632, 633
B	24.02.2015	5 StR 12/15	284
B	25.02.2015	5 StR 18/15	488
U	14.04.2015	5 StR 20/15	646, 656
B	10.03.2015	5 StR 22/15	171
B	25.03.2015	5 StR 70/15	761
B	30.06.2015	5 StR 71/15	278
U	17.06.2015	5 StR 75/15	26, 301
U	18.08.2015	5 StR 78/15	690, 695
U	29.04.2015	5 StR 79/15	211
U	02.06.2015	5 StR 80/15	113
B	25.03.2015	5 StR 82/15	644, 657
B	20.05.2015	5 StR 91/15	759
B	14.04.2015	5 StR 109/15	438, 452
B	13.04.2015	5 StR 110/15	629
B	14.04.2015	5 StR 131/15	210
B	30.04.2015	5 StR 132/15	133
U	17.06.2015	5 StR 140/15	160
B	03.06.2015	5 StR 166/15	666
U	14.07.2015	5 StR 181/15	500
B	11.06.2015	5 StR 186/15	391
B	15.06.2015	5 StR 197/15	537
B	04.06.2015	5 StR 201/15	139

Art	Datum	Aktenzeichen	Fußnote
U	15.09.2015	5 StR 222/15	305, 311
B	05.08.2015	5 StR 255/15	642, 655
U	11.11.2015	5 StR 259/15	308
U	14.10.2015	5 StR 273/15	760
B	19.08.2015	5 StR 275/15	274
B	04.08.2015	5 StR 295/15	354, 355
U	10.11.2015	5 StR 300/15	695
U	10.11.2015	5 StR 303/15	687
B	02.09.2015	5 StR 314/15	384
B	16.09.2015	5 StR 331/15	373
B	15.09.2015	5 StR 341/15	43
B	01.09.2015	5 StR 349/15	722
B	14.10.2015	5 StR 355/15	123, 124
B	15.09.2015	5 StR 363/15	418
B	16.09.2015	5 StR 364/15	651
B	30.09.2015	5 StR 367/15	329, 360
B	14.10.2015	5 StR 385/15	358
B	29.09.2015	5 StR 394/15	179
B	28.10.2015	5 StR 397/15	686
B	13.10.2015	5 StR 414/15	710
B	10.11.2015	5 StR 420/15	726
B	10.11.2015	5 StR 463/15	385
B	12.11.2015	5 StR 467/15	764
B	11.11.2015	5 StR 473/15	665
U	01.08.2000	5 StR 624/99	84
U	12.03.2015	VII ZR 173/13	725
B	22.01.2015	AK 34/14	597
B	17.03.2015	GSSt 1/14	458, 763
B	16.12.2014	KRB 47/13	539, 766
B	27.01.2015	KRB 39/14	539
B	17.12.2014	StB 10/14	64
B	05.02.2015	StB 1/15	598
B	13.10.2015	StB 10/15	758

Stichwortverzeichnis

Die Zahlen beziehen sich auf Randnummern

www.ingramcontent.com/pod-product-compliance
Lightning Source LLC
LaVergne TN
LVHW021245011026
849160LV00010BA/738
9783110465242